云南布依族传统宗教经典

《摩经》译注与研究

伍文义　编著

暨南大学出版社
JINAN UNIVERSITY PRESS

中国·广州

图书在版编目(CIP)数据

云南布依族传统宗教经典《摩经》译注与研究 / 伍文义编著.—广州：暨南大学出版社，2012.1
ISBN 978-7-81135-995-4

Ⅰ.①云… Ⅱ.①伍… Ⅲ.①布依族—原始宗教—宗教经典—研究—云南省 Ⅳ.①B933

中国版本图书馆 CIP 数据核字（2011）第 202530 号

出版发行：暨南大学出版社

地　址：中国广州暨南大学
电　话：总编室（8620）85221601
　　　　营销部（8620）85225284　85228291　85228292（邮购）
传　真：（8620）85221583（办公室）　85223774（营销部）
邮　编：510630
网　址：http：//www.jnupress.com　http：//press.jnu.edu.cn

排　版：广州市天河星辰文化发展部照排中心
印　刷：佛山市浩文彩色印刷有限公司

开　本：850mm × 1168mm　1/16
印　张：44.375
彩　插：8
字　数：1160 千
版　次：2012 年 1 月第 1 版
印　次：2012 年 1 月第 1 次
印　数：1—2000 册

定　价：128.00 元

云南布依族地区优美的自然环境与布依族人的生活（之一）/伍文义摄

云南布依族地区优美的自然环境与布依族人的生活(之二)/伍文义摄

云南布依族地区优美的自然环境与布依族人的生活（之三）/伍文义摄

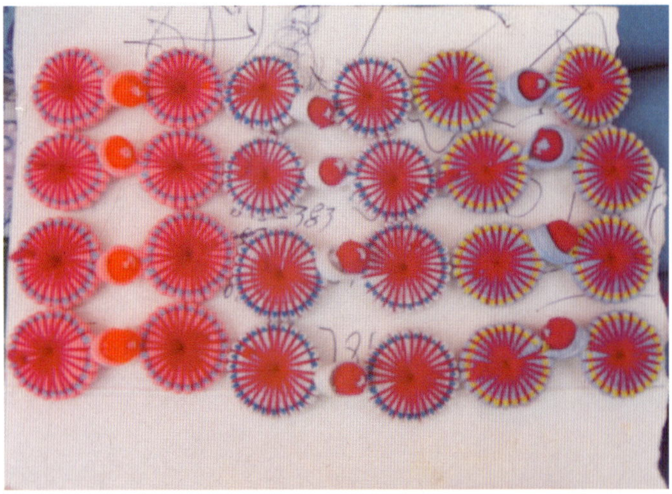

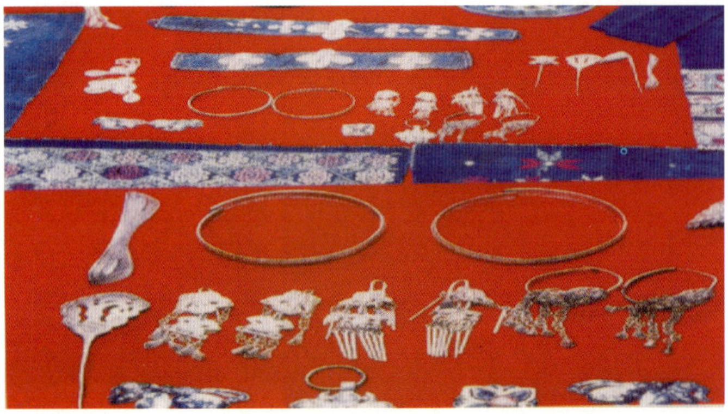

布依族地区优美的自然环境与布依族人的生活(之四)/伍文义、罗祖虞摄（左下两图转引自罗祖虞主编，云南人民出版社2007年出版的《布依族历史与文化研究》中王云奎、胡良辅提供的图片）

布依族传统宗教经典《摩经》与祭祖仪式中的“大竹图腾崇拜”/伍文义摄

布依族用牛祭祖仪式中的“大竹图腾崇拜”（之一）/伍文义摄

布依族用牛祭祖仪式中的“大竹图腾崇拜”（之二）/伍文义摄

布依族用牛祭祖仪式中的“大竹图腾崇拜”（之三）/伍文义摄

内容简介

本书《云南布依族传统宗教经典〈摩经〉译注与研究》是国家哲学社会科学规划基金项目，立项批准号 06BZJ017，结项证书号 20101018。国家哲学社会科学规划办鉴定等级为“良好”。编著者经过长达四年艰苦细致的调查研究，深入边远山区，收集拍摄了经书原文全部图片，并在当地农村根据“布摩”先生的念诵与解释，对经文逐字逐句进行布依语国际音标注音、汉语直译、意译和注释，总共破译了《摩经》达八部之多。

在《摩经》研究中，编著者坚持“汉藏语系一语三族”的历史语言学观点，即坚持汉藏语系包括“汉语”和“侗泰、苗瑶、藏缅”三个语族。汉藏语系族群在我国分布最广，人数最多。其中侗泰语族（亦称侗台语族或壮侗语族）又是我国少数民族中人口最多的族群，布依族即汉藏语系侗泰语族的主要民族之一。编著者认为布依族来源于古代“东夷”、“百越（粤）”、“南粤”、“蛮夷”、“西南夷”等，既然承认他们是原始汉藏语系族群的分支，研究布依族传统宗教经典《摩经》就不能将南、北文化截然分开，更不能将南、北文化对立起来。古代黄河流域、长江流域和珠江流域的水稻文化、竹文化、鸟文化、青铜文化等即为布依族传统宗教经典《摩经》的文化之源，甚至黄河流域旱地粟作农业中的鸟文化、蛙文化、鱼文化也可以在布依族《摩经》中得以传承。例如，布依族《摩经》中有《祭山经》、《祭水经》，汉族则有《山海经》或《山经、海经》，这种类型对应不是偶然的，当是汉藏语系族群先祖的文化传承。《摩经·祭山经》认为“越人（布依族先祖）、汉人、苗人”与“龙神根源”，都来源于创造人类的祖神——“燕鸟（玄鸟、凤凰）王神”，此即诸民族同源观与山神崇拜礼仪的记载；“越人（侗泰语族，亦称侗台语族、壮侗语族）、汉人、苗瑶人”同为汉藏语系族群，“龙神、燕鸟（玄鸟、凤凰）”亦同为汉藏语系族群的主要文化符号，这是中华汉藏语系族群同源的《摩经》历史文献依据。其与《山海经》、《楚辞》、《国语》、《左传》、《尚书》、《史记·封禅书》、《礼记·祭法》等相关记载和考古成果相吻合，说明了《摩经》中“燕鸟（玄鸟、凤凰）”图腾信仰与山神崇拜的密切关系，道出了《摩经·祭山经》历史文化之久远。其他如对“树文化”、“燕鸟文化”、“大竹文化”、“青铜文化”、“语言、文学、艺术”等《摩经》文化的深入考证，亦充分地体现了源远流长的中华民族文化共性与布依族文化个性特征，丰富了祖国的文化宝库。

由此，编著者提出：“研究我国任何民族文化，包括汉族和少数民族的传统文化，都不能将南北文化截然分开，更不能将南北文化对立起来，否则民族传统文化就可能成为文化的孤岛……我们提倡在中华文化的大背景下研究各民族传统文化，注重文化共性与个性并存，这既能提高人们对传统文化的认识水平，也能增强民族自信心和民族认同感，从而增强国家、民族凝聚力。”这一方法论和学术观点的提出是很有价值的。

序　一

《摩经》是学界公认的布依族传统宗教经典。唐宋以来，在汉文化影响下的布依族人创造性地运用汉字音韵和偏旁部首，记录原有布依族传统宗教的《经词》，以此作为祭师“布摩”先生在宗教仪式中唱诵的经书，从而传承了布依族的历史文化，这些转录的经书被称为《摩经》。它集中反映了布依族先民对日月星辰、天地山川、先祖神圣、古代氏族的观念与社会生活实际，不仅具有宗教学史料意义，而且对民族学、人类学、历史学、民族哲学、伦理学、民族科技、语言学、文学艺术等学科也有极高的学术价值。

作者经过长达四年艰苦细致的调查研究，深入边远山区，收集拍摄了经书原文全部图片，并在当地农村根据“布摩”先生的念诵与解释，对经文逐字逐句进行布依语国际音标注音、汉语直译、意译和注释，总共破译了《摩经》达八部之多。在全面、科学、系统地占有《摩经》文献资料的基础上，本书还对《摩经》的宗教仪式场景和若干文化专题，进行了多学科结合的细致考证与研究，从而揭开了《摩经》的神秘面纱。

近年来，有关民族文化的论著不少，但是它们在论述这些民族历史的时候，往往缺少本民族的文献引述。最近，我在广西、云南、贵州等地作学术考察，发现这些地区的古文献材料很多，不仅有西双版纳老傣文、德宏老傣文，还有古彝文和古布依文等。由于现代学者不认识这些古文字，目前还不能加以引用，实为憾事。伍文义是一位布依族学者，对本民族的热爱萌发的使命感，是他研究本民族文化的初衷。他又是一位语言学家，这使得他能够成功地破译古布依文。语言是文化的最重要的载体，两者互为表里。在语言学的层面上分析文化现象，能够达到科学的高度；反之，在文化的大背景下来分析语言，方能洞察语言的历史深度。这就是这本著作能够达到如此的学术广度与深度的原因。我乐为之序。

潘悟云

2011 年 8 月 20 日于上海师范大学

序　二

学术研究的发展一般都注重两个方面，一是在前人研究的基础上发掘新的史料；一是采用新方法，新的方法并提出新的学术观点。两者又是相互依存、相互促进的。《云南布依族传统宗教经典〈摩经〉译注与研究》一书可以说是一本既具有新的史料，又有新方法、新观点的著作。《摩经》是学界公认的布依族传统宗教经典，是唐宋以来布依族人创造性地应用汉字音韵和偏旁部首为符号，将原有布依族传统宗教的《经词》记录下来，作为祭师“布摩”先生在宗教仪式中唱诵的经书，从而传承了布依族历史文化，称为《摩经》。经书集中反映了布依族先民对日月星辰、天地山川、先祖神圣、古代氏族的观念与社会生活实际，不仅具有宗教学史料意义，对人类学、历史学、伦理学、民族科技、语言学、文学艺术等学科也很有学术研究价值。

作者在《摩经》研究中坚持“汉藏语系一语三族”的历史语言学观点，即坚持汉藏语系包括汉语和侗泰、苗瑶、藏缅三个语族。汉藏语系族群在我国人数最多，占全国人口的 95%以上，其中侗泰语族（亦称侗台语族或壮侗语族）又是我国少数民族中人口最多的族群。布依族即汉藏语系侗泰语族的主要民族之一。作者认为，布依族来源于“东夷”、“百越（粤）”、“南粤”、“蛮夷”、“西南夷”等，既然承认他们是原始汉藏语系族群的分支，研究布依族传统宗教经典《摩经》就不能将南、北文化截然分开，更不能将南、北文化对立起来。古代黄河流域、长江流域和珠江流域的青铜文化、水稻文化、竹文化、鸟文化等即为布依族传统宗教经典《摩经》的文化之源，甚至黄河流域旱地粟作农业中的鸟文化、蛙文化、鱼文化也可以在布依族《摩经》中得以传承。

作者还提出：研究我国所有民族，包括汉族和少数民族的传统文化，都不能将南、北文化截然分开，更不能将南、北文化对立起来，否则单一民族传统文化就可能成为文化孤岛；应该提倡在中华文化大背景下研究各族传统文化，注重文化共性与个性并存，这既能提高对传统文化的认识，也能增强各民族对中华民族的认同感，增强国家和民族凝聚力，具有重要的历史和现实意义。这一方法论和学术观点的提出是很有价值的。

该书的作者通过长达四年艰苦细致的调查研究，在边远山区农村根据“布摩”先生的念诵与解释，对经文逐字逐句进行布依语国际音标注音、汉语直译、意译和注释，总共破译了《摩经》达八部之多，并附上经书原文图片。在此基础上，本书还对《摩经》的宗教仪式场景和若干文化专题，进行了多学科结合的细致考证与研究。由此，作者以敏锐眼光审视布依族《摩经》的中华文化背景，为探寻布依族《摩经》文化找到了广阔的研究平台。作者在如下方面作出了独特的贡献：

关于“布依族《摩经》的山文化研究”。作者认为布依族《摩经》中有《祭山经》、《祭水经》，汉族则有《山海经》或《山经、海经》，这种类型对应不是偶然的，当是汉藏语系族群先祖的文化传承。《摩经·祭山经》认为“越人（布依族先祖）、汉人、苗人”与“龙神根源”，都来源于创造人类的祖神——“燕鸟（玄鸟、凤凰）王神”的汉藏语系诸民族同源观，并有关于龙神崇拜与山神崇拜礼仪来源的记载；“越人（侗泰语族，亦称侗台语族、壮侗语族）、汉人、苗瑶人”同为汉藏语系族群；“龙神、燕鸟（玄鸟、凤凰）”亦同为汉藏语系族群的主要文化符号；这是中华汉藏语系族群同源的《摩经》历史文献依据。著者进而结合《山海经》、《楚辞》、《国语》、《左传》、《尚书·舜典》、《史记·封禅书》、《礼记·祭法》等相关记载，吸取考古成果及前辈学者研究成果，将《摩经·祭山经》内容置于中华文化大背景下进行了全面深入的探讨，认为《摩经》中“燕鸟（玄鸟、凤凰）”图腾信仰与山神崇拜有着密切关系，道出了《摩经·祭山经》历史文化之久远。

布依族《摩经》祭“天神、山神、图腾祖神”是在高山顶设祭坛祭祀，可能是因为布依族先民们崇拜祈求“天神、山神、图腾祖神”保佑就是直接向“山”祭祀。这与《尚书·舜典》所言“舜在璇玑玉衡，以齐七改，遂类于上帝，禋于六宗，望山川，遍群神。辑五端，择吉月日，见四岳诸牧，还瑞。岁二月，东巡守，至于岱宗，泰山也。柴，望秩于川”的记载是相吻合的。周人用作祭山的牲畜主要是“牛、羊、猪三牲”，其中“牛最为贵重”。此礼当传承着夏、商王朝甚至更远的尧舜部落联盟之礼仪。布依族祭祀“天神”、“山神”也主要用“牛、羊、猪三牲”与“米酒”、“花糯米饭”，显示了稻作民族的特点。因此，布依族《摩经》的此种礼仪，即是华夏礼仪文化之传承。

关于“布依族《摩经》的大竹崇拜文化研究”。作者根据布依族《摩经·用牛祭祖词》中“大竹崇拜”的记载，结合布依族传统中的“舅家送竹即送子、人由竹生”的“保福”仪式、小孩出生“三朝栽竹”等“生育满三朝”仪式；以及年老仙逝的超度仪式上“立大竹神位”，“祖灵归入大竹神位、升上天堂”等大竹图腾崇拜的宗教仪式，特别是在田野调研过程中，先后三次遇到布依族同胞举行隆重的“用牛祭祖”的丧葬超度宗教仪式，于是翻山越岭，踏着崎岖山路赶赴现场调研，晚上跟着乡亲们熬更守夜竟然不觉得累，这是科学研究事业心使然吧。由是作者拍摄到“用牛祭祖”宗教仪式的三组珍贵图片，用第一手资料形象地阐明了布依族的“大竹图腾崇拜”文化，并对之进行了深入探讨。

同时作者还指出，类似布依族“大竹图腾崇拜”的丧葬宗教仪式，在我国南方汉藏语系族群许多民族中都有存在。通过比较分析，作者认为我国南方汉藏语系族群“竹崇拜”文化，体现了如下特征：第一，竹崇拜是汉族、布依族、傣族、仡佬族、彝族等汉藏语系族群的共性文化，主要表现在生育文化、丧葬仪式之中。其竹崇拜文化的一致性，说明汉藏语系各族有一个共同的文化源头。第二，竹崇拜文化以“竹”作为竹图腾崇拜标志物，在表现形式上又有不同类型特征。因此，作者参照考古学对旧石器文化之区分，即“大型砾石器”、“微型细石器”的分类方法，提出我国汉藏语系兄弟民族的竹图腾标志物，明显地也可分为“大型大竹”图腾标志物、“微型小竹”图腾标志物的两种竹崇拜文化类型。

汉藏语系族群的彝族竹图腾文化属于“微型小竹”图腾文化类型，且用“小竹”与他物共同组成祖灵牌“玛都”。彝族的竹图腾文化因是微型，如果不经过解释，一般人从外观上是难以识别和理解的。汉藏语系族群的汉族、布依族、傣族、仡佬族这四个民族的竹图腾文化则属于“大型大竹”图腾文化类型。这种竹崇拜文化类型因保留原竹的高大枝干，且竹尖留有几层竹叶，在特定的宗教仪式上“大竹”标志高大而明显，从外观上不经解释一般人都能识别和理解。这就是“大型大竹”图腾和“微型小竹”图腾两种文化类型的区别。如此细致、扎实的比较研究，前人是没有做过的。

指出我国汉藏语系族群的“大竹图腾崇拜型”、“小竹图腾崇拜型”的差异，当源于自然生态环境与生产生活方式的不尽一致，但两者同为中华汉藏语系族群竹图腾文化的重要组成部分，这是作者的重要学术观点。著名史学家陈寅恪先生曾指出中国文化是“竹的文化”。英国的李约瑟博士也认为中国的文明是“竹子的文明”。①

对于《摩经》中的“树文化、舟船文化、鸟文化、青铜文化”等专题研究亦然。《摩经》文化既可分类研究，然实为浑然一体。如《摩经》的青铜文化，包括了青铜农具、青铜兵器、青铜礼器三类。不仅有“铜桩”、“铜柱”、“铜板”、“喇叭口铜器”、“铜锣（铙）”、“大口铜锣（铙）”、“铜铓锣”、“铜锄”、“铜扇”、“铜刀”、“铜剑”、“铜鼓”等器物，还有铜矿开采、冶炼、铸造全过程。其中又有“大象崇拜”、“虎崇拜”、“龙崇拜”、“鸟崇拜”、“竹崇拜”等内容穿插其间，需要认真甄别梳理。特别是有使用“铜棺”、“铜鼓”安葬祖先，如《摩经·用牛祭祖词》(第一卷)《铜棺经》“铜衣（铜棺）”、“赤铜棺”、“青铜棺”、“双铜棺”、“用铜棺送祖去广阔仙界”的记载，等等。作者以数十年布依族历史文化的研究经历与积累，对《摩经》的诸文化事项，逐项进行了细致考证。从《尚书》、《诗经》到二十四史、地方史志、族谱；从考古资料到民族史、民族学、语言学、宗教学名著；从《摩经》本身的文化事项，到田野调查第一手资料与拍摄的实证图片，旁征博引，循序渐进，学理清晰，语言畅达，立意高远，读后令人为之振奋。

《云南布依族传统宗教经典〈摩经〉译注与研究》全书洋洋一百余万字，是一本全面、系统、很有学术价值的《摩经》译注与研究成果。该成果是国家社科基金立项项目，并顺利通过了国家哲学社会科学规划办的结项鉴定。项目主持者伍文义教授是我的朋友，对他多年的勤奋、严谨与不畏艰难的探索精神所取得的丰硕成果，我感到由衷高兴！对于布依族的《摩经》我没有涉猎过，相关的评价也不一定到位，留下这些文字以表达我对伍文义教授及其团队的敬意。

是为序。

周大鸣

湖南湘潭人，博士生导师，珠江学者特聘教授，中山大学移民与族群研究中心主任，中国人类学与民族学研究会副会长，中国民族学会副理事长，中国人民大学等兼职教授

2011年9月30日于中山大学

① 引自何明：《中国竹文化小史》，《寻根》1999年第2期。

序 三

近一年前，伍文义教授将他的国家项目的结题成果送来让我先睹为快。现在，该成果《云南布依族传统宗教经典〈摩经〉译注与研究》即将付梓，这是学界的盛事。

伍教授的大作凡七百页，卷轶浩繁，是真正的集大成之作。作者首先花了很大的篇幅对云南布依族传统宗教经典《摩经》逐一进行了详尽的译注，共破译了《摩经》达八部之多。这是非常困难而又意义重大的工作。伍教授是一位治学严谨的布依族学者，并且数十年来长期从事布依族研究，精通布依族的语言文化，故其"《摩经》译注"准确、流畅，达到了"信、达、雅"的翻译高标准。作者的这一工作将使同道获益。

在此基础上，伍教授将"《摩经》研究"放在我国汉藏语系族群文化大背景下，采用宗教学、人类学、历史学、考古学、民族学、语言学、伦理学、社会学等多学科结合的研究方法，分别就《摩经》的"山文化"、"树文化"、"燕鸟文化"、"大竹文化"、"青铜文化"、"语言、文学、艺术"等方面进行了深入、细致的专题考证与研究。在研究中持之有据，旁征博引，剖析得当。其立意高远，论证严谨、翔实，得出了不少关于汉藏语系族群文化与《摩经》文化的新观点，创见甚多。如通过"《摩经》铜棺文化"研究将现场拍摄的布依族丧葬仪式"灵位竹屋图"与出土的春秋时期"祥云大波那铜棺"原件图放在一起比较，发现两者形制和使用方法有惊人的一致性。"祥云大波那铜棺"上的"V形组纹"，实为古代汉藏语系族群百越（粤）或濮（卜）越先祖"干栏式"竹屋山墙呈现"V形竹编组纹"应用于青铜棺铸造的纹饰，表明《摩经》铜棺文化与考古成果的一致性。又如通过"《摩经》竹文化"研究指出我国汉藏语系族群有"大竹图腾崇拜型"、"小竹图腾崇拜型"两种类型，当源于自然生态环境与生产生活方式不尽一致。但两者都同为中华汉藏语系族群竹图腾文化的重要组成部分，等等。作者进而主张研究我国所有民族，包括汉族和少数民族的传统文化，都不能将南、北文化截然分开，更不能将南、北文化对立起来，否则单一民族传统文化就可能成为文化孤岛；应该提倡在中华文化大背景下研究各族传统文化，注重文化共性与个性并存。这既能提高人们对传统文化的认识，促进民族文化的发展，对增强国家和民族凝聚力也有重要的学术价值和历史现实意义。

时下各种学说纷呈，但对于我国少数民族语言文化的研究成果尚少。这更凸显了本书《云南布依族传统宗教经典〈摩经〉译注与研究》成果的可贵。

伍教授与我有校友之谊，为其大作作序实在十分荣幸。我恭疏短引如上，并与各位同道一起见证伍教授这一重要成果的诞生。

是为序。

班 弨

广西人，博士，暨南大学教授、博士生导师

2011年10月12日于暨南大学

目录

第一章 导 言

《摩经》是学术界公认的布依族传统宗教经典，但对云南布依族《摩经》的深入研究，至今尚未展开。其一是因认识不足，20世纪五六十年代国家在组织专家进行布依族社会历史调查时，只侧重于社会经济形态和阶级构成，对传统宗教经典等深层精神文化触及不多，且范围仅限于贵州。其二是20世纪80年代改革开放以来，学术界先后完成了国家民委五套丛书《布依族简史》、国家地方志《贵州省志·民族志·布依族志》、国家“七五”项目《中国少数民族哲学史·布依族哲学史》和国家“八五”项目《中国民族文化大观·布依族卷》等，但因云南地区的布依族《摩经》缺乏汉语译本，上述研究也就未能将其反映在项目成果之中；在近年出版的《中国原始宗教百科全书》（布依族条）中也找不到云南省的相关资料。至今为止，国内外学术界还没有专门研究云南布依族传统宗教经典《摩经》的与本课题相关的论文发表或专著出版。因此，我们选择的“云南布依族传统宗教经典《摩经》译注与汉藏语系族群文化研究”课题，具有重要学术意义和价值。

《摩经》是云南布依族的传统宗教经典，内容丰富。云南布依族同胞是古代“濮（卜）越（粤）”或“百越（粤）”人后裔，主要分布在珠江源头的曲靖地区之罗平、师宗、富源及昭通、马关等地，传统宗教活动在民间比较突出。云南布依族古代没有本民族文字，但自唐宋以来就有主动学习先进文化——汉语的布依族人士，创造性地用汉字音韵和偏旁部首作为记录布依语的符号，将本民族传统宗教中的《经词》记录下来并传承至今，由“布摩”先生（即祭师）在特定的宗教仪式中唱诵，因而保留了丰富的布依族传统宗教的经典文献，称为《摩经》。《摩经》因祭祀目的、礼仪不同而种类繁多。它们集中反映了布依族先祖对日月星辰、天地山川、各种神圣和远古氏族社会生活的群体宗教观念，不仅具有宗教学的研究意义，而且对人类学、哲学、伦理学、语言学、文学艺术等学科也有极高的学术研究价值。它们是中华传统文化的重要组成部分，也是研究中国布依族传统文化不可或缺的重要内容。全面探讨《摩经》的文化价值和传统宗教的发展足迹，也可为农村社会文明建设的研究提供珍贵史料。本课题的研究思路和方法是：

一、科学完成《摩经》文献的译注工作

云南布依族《摩经》经典种类多，不同的《摩经》只能在特定的宗教仪式中念诵，需要分类收集和整理。《摩经》一般为五言句，也有七言、九言、十一言的。词语生动含蓄，讲究韵律，具有重要的语言文学研究价值。

为了揭开布依族《摩经》的神秘面纱，必须对之进行汉语译注。这就要求调查者除熟悉汉语之外，还必须熟悉布依语和应用国际音标，并与布依族“布摩”先生紧密配合。

收集翻译时我们先请“布摩”先生逐句讲述，录音并用国际音标记音和汉语译注，讲述完毕后我们又把记录的《摩经》逐句念给他听，核实是否有遗（错）漏之处；译注时采取国际音标记录和汉语对照直译的方法，然后按自然段落顺序进行意译。由于《摩经》多为布依语的古语古词，翻译

难度大，有的概念词即使翻译出来了，意义也不太明白，难理解，我们便采取注脚解释。个别句子译文调整了语序，使其合乎汉语语法逻辑。经过努力，我们共破译了《摩经》八部，其内容丰富，显示了极高的学术研究价值。这种方法虽然很艰苦，工作量和难度很大，但其成果却体现出不可替代的科学性，能全面系统地展现原始文献资料，为我国云南布依族传统宗教经典的译注和研究工作作出了重要贡献。

二、对经典《摩经》使用实景的研究

布依族传统宗教经典《摩经》主要是在人生礼仪中的丧葬、结婚、生育、成年礼、节庆等宗教仪式中使用。对《摩经》的实际使用场景进行考察研究也很重要，这便于反映其作为传统宗教经典的社会学价值。我们在课题调研过程中拍摄了许多相关图片，这就使研究资料图文并茂，增强了项目成果的直观性和学理性。

三、在汉藏语系族群文化背景下的《摩经》文化研究

在完成上述第一、二项工作的基础上，把《摩经》经典放在中华汉藏语系族群文化的大背景下进行综合研究，深入探讨其中的历史学、人类学、宗教学、伦理学、文艺诗学等学科方面的学术意义，让人们切实了解布依族《摩经》的文化价值及重要意义，也为加强我国民族传统宗教经典文献的研究与促进农村社会文明建设提供珍贵史料。

布依族先祖自古以来就是中华民族的重要一员，布依族文化的产生和发展都是在大中华文化沃土之上生长和开花结果的。强调这一点，不仅有利于分析探寻《摩经》中的诸多文化专题的重要学术价值，而且对于增强布依族人民的自信心和对中华民族的认同感，对于深化中华民族文化研究、增强中华民族凝聚力都具有重大的现实意义和历史意义。

中华民族有五十六个成员，分属汉藏语系、阿尔泰语系、南亚语系、南岛语系和印欧语系等五个语系。其中属汉藏语系族群的人数众多，有近13亿人口；属阿尔泰语系族群的人数有一千多万人；属南亚语系族群的人数有三十多万人；属南岛语系的语言有高山族语言，也有三十多万人使用；属印欧语系的语言有两万多人使用。各系的语言，又根据亲属关系的远近，分属不同的语族和语支。汉藏语系族群在我国人数最多，包括汉语和侗泰、苗瑶、藏缅三个语族；其中侗泰语族人口又是我国少数民族中人口最多的族群，布依语即是汉藏语系侗泰语族（又称侗台语族或壮侗语族）的主要语言之一。

汉藏语系（Sino-Tibetan Family）是按谱系分类法划分的世界诸多语系之一。我国境内汉藏语系分布最广，包括布依族语在内的多数语种集中在我国中部、南部和西南部，其中又以云贵高原语种最多。西北部除汉语外，使用汉藏语系其他语言的民族较少，仅藏语在青海、甘肃等省仍有使用，历史上羌语也曾在甘肃、青海以及新疆东部一带使用过。在毗连我国西南的东南亚一带，缅甸、泰国、老挝的语言也属汉藏语系；柬埔寨和越南语言则属南亚语系（注：越南境内的侬语等属于汉藏语系，但其使用者是越南的少数民族）。由此可见，汉藏语系族群各语种在自然地理上的分布是连成一片的，即基本上聚居在东亚中南部，并形成了共同的语言和文化特征。

汉藏语系族群语言的共性特点有六个：①都是有声调语言（除个别语言如西藏珞巴语和青海安多藏语方言外）。②声调同声母、韵母的性质有密切的关系。③韵尾辅音一般是单辅音，其中-m、-n、

-ŋ 最常见，其次是 p、t、k 和 ʔ。韵尾辅音无除阻阶段。④单音节词根占多数。复音词大部分是由两个以上的单音节词根组成的，小部分由单音节词根加附加成分组成，多音节的单纯词较少。⑤词序和虚词是表达语法意义的主要手段。⑥有区别事物类别的量词。这些汉藏语系语言的共性特征，其形成绝非偶然，亦即应该来源于一个共同的源头——汉藏语系先祖之母语。在漫长的历史过程中，汉藏语系先祖产生了分支、分化，就形成了汉语和汉藏语系各少数民族的不同语言。语言学家吴安其教授在《历史语言学》中指出："今日汉藏语系不同支系的语言只是古代许多汉藏支系中的一部分。它们的发生学关系可表示为：原始汉藏语（8000—6000 年前）分出的原始汉语、原始藏缅语、原始侗台语、原始苗瑶语。各支系共同语的形成则有先有后，其中藏缅共同语（5000 年前）；侗台共同语（3000 多年前）；苗瑶共同语（东汉）；汉语方言共同语（西晋）。"[1]按此，作为汉藏语系重要语言之一的布依语是汉藏语系发展的重要支系之一。其"侗台共同语"在 3000 多年前（商代以前）还使用"原始汉藏语"的母语文化，这是探寻布依族传统宗教经典《摩经》的文化源流的重要科学依据。

文化是依靠特定的自然地理和族群先祖的主动创造而产生的。自然地理是相对静止的，但族群先祖却是不断流动的。今日布依族主要聚居在云贵高原，而"原始汉藏语"文化的共同之源，最早很可能就发生在云贵高原一带。考古发掘的云南元谋人已能用火，其距今 170 万年，是我国发现的最早古人类。汉藏语系先祖可能即由元谋人迁出，发展出珠江流域、长江流域、黄河流域文化，最终形成我国大地上星罗棋布的新石器时代汉藏语系农业文明。邵靖宇教授在《汉族祖源试说》中说："人类的发源地现已证实只有一处，在非洲东部。人类属一个物种。人科动物从南方古猿算起已有近 800 万年的历史，当年漫游的元谋直立人在约 170 万年前已经到达了我国的云南，但线粒体 DNA 分析显示现代东亚人类的祖先应该是晚期智人。不过这一结论应该还有商榷的余地。……现代黄色人种也许并非单独由晚期智人进化而来，直立人的后代应有可能参与了这个过程……换言之，区域进化假说与夏娃假说是可以在特定的条件下统一的。"邵靖宇教授还指出："汉语属汉藏语系，实际上是世界上使用人数最多的语种。这个独特的语系的原始语言当年在缅甸和我国云南边陲一带出现，并逐渐在此分化发展为许多语族、语支和语种，它们在地理上的分布特征是相互为邻，连成一片的。属于这个语系的大部分语种在我国境内，多数分布在西南一带，尤其集中在云南。"他还认为："原始汉语的远祖应是早年生活在我国西南滇缅一带并与汉藏语系其他兄弟民族有很密切的联系的，而又是当年最具进取心的一支，是后来外迁往北挺进走得最远的一支。……早年分布在长江以南的所谓'百越（粤）'应该就是生活在南方的汉族祖先，很明确的一点，他们的语言其实就是带有方言口音的南方汉语。"[2]正如恩格斯在《家庭、私有制和国家的起源》中指出的："蒙昧时代的低级阶段。这是人类的童年。人还住在自己最初居住的地方，即住在热带的或亚热带的森林中。他们以果实、坚果、根作为食物；音节清晰的语言的产生是这一时期的主要成就。在有史时期所知道的一切民族中，已经没有一个是处在这种原始状态的了。……不过，我们既然承认人是起源于动物界的，那么，我们就不能不承认这种过渡状态了。"到了"蒙昧时代中级阶段。从采用鱼类（我们把虾类、贝壳类及其他水栖动物都算在内）作为食物和使用火开始。这两者是互相联系着的，因为鱼类食物，只有用火才能做成完全可吃的东西。而自从有了这种新的食物以后，人们便不受气候和地域的限制了；他们沿着河流和海岸，甚至在蒙昧状态中也可以散布在大部分地面上"[3]。在我国，云贵高原的动植物种类最多，自然环境又有热带、亚热带和温带的综合立体状态优势，非常适宜于古代最早人类的生存繁衍，并从此不断迁出分布于中华大地，这是合乎恩格斯指出的人类迁徙原理的。

邵靖宇教授所说的“原始汉语”即对应于吴安其教授的“原始汉藏语”，两者内涵与外延基本一致，只是用词不同而已。特别值得重视的是，邵教授称“讲原始汉语者”为“汉祖”，其分布在长江以南者称为“南方汉祖百越（粤）”，这是很有见地的。“百越（粤）”即布依族先祖，布依族是“百越（粤）”后裔之一。这又与吴安其教授“原始汉藏语”分支为“原始汉语”和“原始侗台语”的表述无异。本课题译注的布依族传统宗教经典《摩经》之中，就有“越人（布依族）、汉族、苗族”与“龙神根源”都来源于创造人类之祖神“燕鸟王神”的汉藏语系族群“民族同源论”的记载。这就印证了上述两位教授“汉藏语同源”观点的正确性。

对于我国汉藏语系族群中的布依族先祖“百越（粤）”，著名历史学家、民族学家，中国民族学会会长宋蜀华先生曾指出：“百越（粤）即古代越族，是我国古代长江以南最大的一个族群。由于支系众多，战国末年又称为百越（粤）。百越（粤）的分布很广，主要分布于东南地区的苏、浙、闽、赣、台湾，岭南地区的粤、桂和西南地区的滇、黔等地，皖、湘、鄂地区也有一定数量的分布。百越（粤）人民对缔造伟大中华民族的历史与文化，作出了巨大的贡献。”[4]著名历史学家罗香林教授也说：“（中华夏越氏族集团）源流相同，然各有其分布的区域，各有其传统的习尚，而其个别的特性，也随而成……夏越氏族集团原分布于岷山地区和今日岷江流域一带，其后分为二支，北上一支，分布于陕西的漠水上游和渭水流域，以至山西河南等地；其西南一支，分布于今日的滇、黔、桂、粤、闽、浙等地。这集团的文化特质，一为‘钺’的使用特别发达，一为城郭的发明和运用。而这西南一支，后来又演称为‘钺’，亦书作‘越’。这就是因为他们善于用‘钺’而得名的。他们更由滇、黔、粤、桂、闽、浙，而再扩至台湾澎湖及接连滇桂的中南半岛。”[5]布依族传统宗教经典《摩经》的记载，从宗教学和民族古文献角度支持了学界的上述正确观点，同时也反映了布依族《摩经》的重要学术价值。

对于“原始汉藏语”族群先祖迁徙，邵靖宇教授进一步分析说，“汉祖”自西南外迁持续了好几千年，有了原始的农业后，相当一部分人在长江以南定居了，这就成了“百越（粤）”的主要成分。到达黄河流域的“汉祖”与属阿尔泰语系的北方游牧部族在此相遇，此后遇到的最大的威胁一直是来自北方。“生活在北方的‘汉祖’所遇到的生存压力远远比生活在南方的‘百越（粤）’大得多。他们从多次吃亏中理解了只有团结才能生存，因此汉人部族联盟的政权最初在北方的黄河流域首先出现，黄帝就是以汉人为主的部族联盟最早的首领。由于同样的原因，到了周代晚期北方诸侯国不得不考虑修筑大墙以挡住来自北方的敌人的入侵，到秦代完成了举世闻名的万里长城。生活在南方的汉祖[百越（粤）的主要部分]由于没有经受过北方游牧部族的侵扰，不能体会成立集中政权的必要，这是华夏政权首先在华北出现的原因。最早的汉人政权是迫于形势首先在黄河流域出现的，汉祖最初的栖息地应在我国西南边陲，历史应是如此。”[6]这是很有道理的。

还有一种经现代遗传学 mtDNA 检测，发现人类发源于非洲的观点，认为其中一支可能在 15 万年前左右从非洲到达东南亚，又从滇缅边境即云贵高原一带逐渐外迁分散到长江、珠江流域乃至中华全境。他们就成了当今的中国人。

上述两种观点尽管有迁徙年代上的差别，却都一致地肯定了云贵高原应为汉藏语系族群的祖源地；同时也说明汉藏语系族群先祖可能未经历成熟的游牧文化，而是从狩猎和采集文化直接进入了农业文明，以汉藏语系族群为主体的中华文明是一种早熟的农业文明（即使西北地区的氐、羌族群先民也是半农半牧文化）。原始汉藏语系族群最早的农耕文化大约在一万年前就已经产生了，由于中国幅员广大，汉藏语系祖先分散到各地，分隔时间长了，在语音、词汇上都有变化，这是必然的。气候不同，各地生活习惯也有差异，这也是自然的。当“汉祖”到达中原并在黄河流域建立了华夏政权之后，在北方汉藏语系族群眼中看来，生活在长江以南的南方汉藏语系各族与他们相比是落后的、不文明的，这就是史书上记载的“百越（粤）”或“濮（卜）越”、“夷越”、“西南夷”、“蛮夷”等，他们都是包括古代布依族先祖在内的南方汉藏语系族群的不同称谓。

其实“落后”与“非落后”，只是文明程度问题，正如今天的“东部与西部差别”、“城乡差别”、“港澳与内地差别”一样，城市虽然先进却源于乡村，也丝毫不能否定港澳文化与内地文化的同源性。布依族传统宗教经典《摩经》主要反映了先祖们的水稻文化和原始信仰，但假如从论证汉藏语系族群文化同源性的角度上看，它就具有特定历史时期的重要文化价值和学术价值。况且中华先祖建立了华夏政权之后，在巩固中原政治中心的同时，也不断促进南方汉藏语系族群的文化进步；南方汉藏语系族群从古至今从无分裂国家之举，他们历来都努力维护民族团结、促进文化进步，为大中华文化的统一发展作出了重要贡献。布依族来源于“百越（粤）”或“濮（卜）越”、“夷越”、“西南夷”、“蛮夷”等，既然承认他们是“原始汉藏语”族群的重要分支，研究布依族传统经典《摩经》时就不能将南北文化截然分开，更不能将南北文化对立起来。二者是有千丝万缕的联系的。如古代长江流域和珠江流域的水稻文化即为布依族传统经典《摩经》的重要文化背景，甚至黄河流域旱地粟作农业中的鸟崇拜、凤崇拜、蛙崇拜、龙崇拜、虎崇拜、山崇拜和树木崇拜也在布依族传统信仰中得以传承。所以，研究我国任何民族文化，包括汉族和少数民族的传统文化，都不能将南北文化截然分开，更不能将南北文化对立起来，否则民族传统文化就可能成为文化的孤岛，我们也不可能全面、正确地认识本民族传统文化价值。我们提倡在中华文化的大背景下研究各民族传统文化，注重文化共性与个性并存，这既能提高人们对传统文化的认识水平，也能增强民族自信心和民族认同感，从而增强国家、民族凝聚力，其方法是可行的，也具有重要的学术价值和历史、现实意义。

四、布依族传统宗教的发生、发展具有深刻的社会背景和历史根源

云南布依族传统宗教经典《摩经》大体可分为三类：一类是反映自然崇拜的《摩经・祭山经》与《摩经・祭水经》各一卷；一类是反映祖先崇拜的《摩经・用牛祭祖词》，又称《殡王经》六卷；还有一类是《摩经・船经》一卷。《摩经》中的“洪水神话”、“燕鸟王兄妹婚与人类再造神话”、“龙神神话”和“越人、汉人、苗人同源”、“人、龙同源”、“天王”、“父王”、“布光”、“天下”、祭师“布洛陀”、“青铜棺”、“青铜柱”、“铜刀宝剑”、“铜鼓”、“家族”、“家庭”、“孝道”、“大竹生人”、“仙逝者灵魂归入大竹神位，升入天堂”等宗教仪式和观念，说明布依族传统宗教产生于原始社会血源家族阶段至阶级社会初期的一种多神崇拜宗教，是古代布依族农耕社会的主要意识形态。它以自然崇拜和祖先崇拜为核心，以寨神、社神崇拜为羽翼，形成了相对固定的祭祀制度，成为维系布依族社会秩序和宗法家族体制的根本力量。

布依族宗教信仰作为一种意识形态，在古代社会发展过程中，曾占据重要位置，它直接反映社

会不同时代的经济状况、社会制度、思想意识和思想感情。其发生、发展和演变具有深刻的社会背景和历史根源。

（一）布依族宗教信仰并不是从来就有的

布依族宗教信仰并非自古有之，当人类处在蒙昧初期的时候，布依族先祖还分不清自身与自然的关系，在很大程度上只是本能地适应自然条件，就像其他动物一样，不可能产生信仰或崇拜的概念。考古发掘说明，在300万年以前森林古猿进化为人类后的200多万年里没有宗教，宗教信仰是后来产生的。正如吕大吉先生在《宗教学通论》中提出的："人类产生之初不可能有任何宗教观念。……宗教不是与人类相伴产生的。在人类出现于世之后的漫长历史年代里，没有也不可能有任何宗教观念和宗教信仰活动。宗教本质上是把支配人们日常生活的异己力量，用幻想的方法予以超自然化、超人间化的结果。宗教观念作为幻想的反映当然是虚假的，但却是一种相当复杂和高级的思维活动。它不可能产生于刚从类人猿脱颖而出的早期人类。原始人必须经历长期的发展，才有可能积淀出产生宗教观念所需的智力机能和相应的社会条件。"[7]

牟钟鉴先生在《中国宗教与文化》中也认为："在人类认识史上，人类最早的世界观，是在人的思维具备了相当的概括、联想能力之后形成的；而世界观以哲学理论的姿态出现则更晚。人类在最初一段漫长的岁月里，思维极其简单低下，不能形成关于事物的总体观念。"只有社会实践前进了，才能"提出种种具有世界观意义的问题，例如万物生成和宇宙起源的问题，人类起源和社会历史动力问题，生死和形神关系问题。能够提出这类问题是认识进步的表现。但是由于当时人们知识极度贫乏，抽象思维的不发达，人们不仅谈不上正确对待这些问题，甚至不能为这些问题提供一个理论性的答案。人们只能借助于想象力，在幻想中构造自己的世界图式，建立起最初的幼稚而又形象化的世界观"。因此，"原始社会的意识形态只能是宗教和神话，原始人最早的世界观只能采取有神论的形态，这是与当时低下的生产力和狭隘的生产关系相适应的，在世界、在中国都是如此。只有当社会实践的水平使人类的抽象思维达到这样的程度，能够从个别到一般，并产生出哲学的概念和范畴时，思维才冲破原始宗教和神话的形式，一步一步建立起具有内在逻辑联系的世界观体系，于是真正的哲学便诞生了。由此可知，哲学史同人类的文明史一样，也有自己的史前时期，文明时代的哲学就是从原始宗教和原始神话的胚胎中孕育出来的"。[8]随着人类的发展及其生存能力的提高，大脑也越来越发达。在谋生活动的长期实践中，人类开始逐步认识了一些自然现象与人类本身生存的关系，并开始萌发对自然现象的期望和控制，于是也就自然产生出一种幻想的反应，以求找到心灵上的平衡，这时才有了原始信仰和崇拜。马克思指出："古代各族是在幻想中、神话中经历了自己的史前时期。"[9]又说："哲学最初在意识的宗教形式中形成。"[10]马克思所揭示的是人类早期社会发展的一条普遍规律，布依族当然也不能例外。

布依族来源于汉藏语系，我国汉藏语系分布区的旧石器时代的考古人类，属于旧石器时代早期的有云南元谋人（距今170多万年）、陕西蓝田人（距今80多万年）、北京人（距今约50万至20万年）；属于旧石器时代中期的有湖北长阳人（距今19万年）、广东马坝人（距今13.5万至12.95万年）、山西丁村人（距今 10 万年左右）等；属于旧石器时代晚期的有广西柳江人（距今 5 万至 3 万年）、山顶洞人（距今 2 万至 1.8 万年）等。云南元谋人化石是我国考古学上发现的最早的人类化石，表明人类生息繁衍在我国这片广大而富饶的土地上至少已有170万年的悠久历史。然而往后的 160 多万年的漫长历史中，始终未见反映人类原始宗教观念的遗迹；直到距今 2 万至 1.8 万年的山顶洞人，才开始有了原始宗教观念的遗物。山顶洞人以燧石、石器、石珠、穿孔兽牙等物品随葬，并且死者身旁撒有红色的铁矿粉，可能认为死者的灵魂还要继续生活下去。在中国晚于山顶洞人遗址的甑皮岩遗址中，也曾发现反映宗教意识的资料。甑皮岩文化遗址位于广西壮族自治区桂林市独山西南麓，1973 年发掘，最早年代为距今 9000 年以上。洞穴中共清理出 18 具人骨架，人骨多呈垂手、弯腰、屈肢、蹲坐的姿势，有的头骨和盆骨上残存赤铁矿红色粉末，仅有一座墓随葬有两件收割用的蚌刀，可能当时已经产生了最原始的农业。[11]这也是中国内地发现的较早的宗教遗迹之一，对认识华南地区早期宗教的形成具有重要意义。这种情形颇能说明包括布依族先祖在内的我国汉藏语系原始人群思维发展的一般状况。

人类学者和宗教学者一般认为，原始人的墓葬，一方面表现了他们对亲人的眷恋之情或敬畏之心，说明人们之间已结成以血缘为纽带的社会关系，形成了氏族制度；另一方面则表明了原始人这时已有了某种关于灵魂不死和死后生活的遐想。C.G.F.布兰顿说：“埋葬死人……含有特别关心死亡或死者的意思。如有随葬食物或其他器物的情况，我们就有理由设想其中必然含有一种死后继续存在的观念。”[12]当代著名的美籍罗马尼亚宗教学者 M.伊利亚德则认为，灵魂观念在未有墓葬以前即已存在，墓葬的出现则进一步证实了死后存在的信仰。[13]埋葬死者无疑是一种以灵魂观念为内在根据的宗教性的行为。贾兰坡说，山顶洞人使用的赤铁矿粉，一般认为是血的象征，“人死血枯，加上同色的物质，希望他（她）们到另外的世界永生”[14]。牟钟鉴也说：“红色是血和生命的代表，是火与温暖的象征，撒赤矿粉可能表示给死者以温暖，企望死者获得再生。红色便是崇拜的对象。这是人的思维能力的一大进步。而丧葬有制，则知他们开始思考人死何往的问题，能从忙碌的现实生活中联想到死后的情景。这都证明思维已能离开当时的行为和对象而作类推和联想。山顶洞人‘灵魂不死’的观念，是由于对睡眠、做梦、生病、死亡等生理现象不理解和对死去亲人的怀念之情而引起的。在他们看来，精神是一种灵魂的活动，而灵魂既能寓于体内，又能离开肉体而独立存在。肉体与精神的关系问题，是哲学基本问题的最早表现。山顶洞人对生死的看法，可以说是一种最原始的形神观，也是最原始的宗教观念之一。从此以后，人类开始有了称得上为世界观的观念。”[15]北京山顶洞人和广西甑皮岩人为我们提供的最早的宗教资料清楚表明，早在 1.8 万至 0.9 万年以前，包括布依族先祖在内的我国汉藏语系古人类即知道有意识地埋葬死者，并以物随葬，产生了最早的宗教信仰和灵魂崇拜。这是我国汉藏语系族群先祖的一项重大发明，谱写了我国人类意识史上的光辉一页。可以说，布依族宗教信仰和灵魂崇拜当是这一时代产生的。

（二）布依族宗教信仰与水稻农业密切相关

布依族是稻作农耕民族，其传统宗教与我国南方水稻农业密切相关。

首先，从布依族传统节日祭祖敬神的水稻文化特征上看，布依族人民一年之中所过的节日主要有正月的“春节”，二月初二的“破土”节，三月初三的“祭山神”节，四月初八的“牛王节”，五月初五的“闹龙”节，六月初六的“祭田祭山”节，七月半的“祭祖”节，八月十五的“瓜节”，九月初九的“堵蛇洞”节等。这些节日均与古代稻作农业祭祀有密切关系，甚或源起于古代社会的农业宗教。

（1）春节的稻作农业祭祀。在黔桂边区的布依族地区，大年三十晚即除夕之夜，村寨的年轻人组成队伍，抬着一只“雅蝈”（布依语，意即“青蛙母神”）走村串户，每到一家，便异口同声地说：“‘雅蝈’今天来，你们送酒肉送米，它保佑你家来年庄稼长得好！”串完各户便把“雅蝈”及供品抬到田坝中供祭，企望得到“雅蝈”的保佑，来年获得水稻丰收。当今科学已证明，青蛙是益虫，它可吃掉水稻害虫，保护稻禾生长，古人对此不能正确理解，故把它视为神灵来供奉，于是出现了蛙神崇拜和祭蛙习俗。在辞旧迎新之际祭蛙神，一是对青蛙在旧年保护庄稼的报恩，二是祈求“雅蝈”来年保佑庄稼不受虫害。与此相应，每年正月初一、二、三和十五，云南和贵州两省毗邻地区的布依族群众聚集在威宁红岩大山过“蚂螂节”。届时将事先用彩丝编成的“蚂螂”互相对打、追撵。传说布依族祖先居住在稻田连绵的地方。有一年，稻谷正在抽穗，蚂螂（蝗虫）布满田间地头，吞食庄稼。人们用石头打，打不走蚂螂反坏了庄稼，后来人们用稻草扎成球对打，吓跑了蚂螂，保护了庄稼，为了纪念丰收的胜利，便定在过年的几天里举行此项活动。有的村寨还在正月十三至十五日祭祀龙神，并举行隆重的游山玩水和耍龙灯活动。

（2）二月初二“破土”节。农历二月初二的“破土”节，流行在黔桂边区的荔波县一带，主要祭祀“土地神”和“灶神”。通过供奉使冬眠了几个月的土地魂苏醒过来。届时，男女老幼带上食品一齐上山烧火破土，意在祈求来年丰收。

（3）三月初三“祭山神”节。农历三月初三是一年稻耕的开始，布依族要祭祀山神、土地神和祖先以及稻魂，做五色花糯米饭来供奉。黔西南一带在三月初三这天要集会纪念对稻作生产有功的“杉郎”和“树妹”。传说古时有只魔狼变成了一只大蝗虫，四处下蛋，繁殖很多小蝗虫，企图吃光稻禾，后来是树妹和杉郎用惊人的歌声赶走了那群蝗虫，稻禾才得以存活。因此，每年三月初三，男女青年集会唱歌，以祈求来年谷物丰收。贵阳市乌当区一带布依族群众在三月初三这天举行“地蚕会”，届时各家带上炒好的包谷，三五成群地沿田边土坎边走边唱，将包谷撒向田土中以祭地蚕、祭天，祈求天神保佑，不叫地蚕咬吃春播的种子，以期望五谷丰登。

（4）农历四月初八。布依族中有的地方称为“开秧节”，有的地方称为“牛王节”，均与稻作文化有关。从季节说，这是稻田插秧的开始，人们从此紧张生产，不误农时。从农业祭祀说，这天是牛神生日，要让牛休息一天，还做糯米饭喂牛。布依族《祭祀经》中说：“牛角是吉祥之物，左角可保护稻田和鱼塘，右角可保儿孙发财富贵。”此外，有些还在田坝举行“祭水神”活动。

（5）农历五月初五。这是布依族龙舟竞渡的节日。关于端午节龙舟竞渡，我国著名学者闻一多先生在其《端午考》中指出：“端午本是吴越民族举行图腾祭仪中半宗教半社会性的娱乐节日……它的起源远在屈原以前——不知道多远呢。”吴越民族的图腾是龙，而龙与稻作文化有着密切的联系。在布依族人意识里，龙是雨水的象征，有龙则雨，无龙则旱。在五六月间，若久旱不雨，人们便举行各种祭龙活动，祈龙降雨。每年农历五月端午节，贵州独山与广西南丹等县的布依族还举行龙王“赶祭”活动，当地群众集于扶宁坡“赶祭”，祭奠开井供人饮水和灌田的龙王。

（6）农历六月初六。这是布依族祭山神、田神的节日。有的用纸剪成三角旗或纸人、纸马插在田中，供上酒肉和粽子；有的将犁耙、箩担等农具置于堂中神龛下供祭，除供酒肉果品外，还斟三碗米酒，意为一碗敬天神，一碗敬家神，一碗敬牛神。贵州水城一带布依族每年六月初六一早，家家户户都拎着大公鸡来到田坝的水口边举行“祭水口”仪式，祈求祖先保佑风调雨顺，保护庄稼。有些地方布依族在六月初六这天，村村寨寨都要杀猪宰牛“打保符”，求神保佑，阻止蝗虫吃庄稼，保谷物丰收。福泉马场坪一带的布依族在六月初一或二十四举行祭祀活动，用绳子拉着一个装有轮子的木雕天狗，在街道缓慢而行，让沿途群众用鸡血淋它。中午，由主祭人在寨神庙或土地庙焚香祭供，迎神起位，然后抬着游街祈雨。长顺县古羊河畔的布依族每年农历六月初六之前，以村寨宗族为单位，抬着狗走村串寨，绕田坝，举行祭祀天神活动，边游行边将染着生血的三角小白旗插在田边地角，祈求天神保佑风调雨顺，不遭水灾、旱灾、虫灾、雹灾的袭击。

（7）农历七月半。布依族普遍过“祭祖”节。这个时期稻谷开始成熟，人们祈求祖先神灵消灾降福。都匀江洲一带的布依族过“祭祖”节，请祖先灵魂回来吃饭，又送祖先灵魂回去。让祖先带钱（烧的纸钱）去买田种稻，买塘养鱼。每年立秋前后的逢“龙”或逢“狗”天，布依族要过“尝新米”节，届时带上摘刀和谷袋到田中去选摘较为成熟的稻穗，拿回家做成饭，先给狗吃。布依族民间普遍流传的《狗为人们取谷种》中说：“在洪荒年代，人间没谷种，是狗历尽千难万险为人类取来了谷种，人们才种上五谷。”

（8）农历八月十五。晚上布依族少男少女邀约去“偷”瓜和糯米来煮粥吃，不得剩余。这天晚上，哪家的南瓜或糯谷被偷走了，主人不但没有一点怨言，反而暗自高兴，认为是自家的祖先或其他神灵驱使那些人来偷去给他尝新的，要是祖先尝到瓜稻尚未十分成熟，就会暗中保佑它们结实饱满，颗粒壮实，以至丰收。

（9）农历九月初九。布依族在农历九月初九这天，有的举行“扫火星”活动，有的打糯米粑“堵蛇洞”。“扫火星”是挨家挨户地把“火灾星”扫出寨门，让粮食入仓后不发生火灾。“堵蛇洞”意味着有部分黄熟了的稻谷还在田里，把蛇（雨水的象征）堵在山洞里，不让雨水泛滥，以保颗粒归仓。糯粑用以祭祀山神，由山神拿它去“堵蛇洞”，抑制雨水，使收割顺利进行。

布依族传统节日祭祖敬神的水稻文化特征是很突出的。这与布依族传统生产方式有关，布依族民间流行的《十二月生产歌》叙述了布依族一年四季的生产习俗：

正月不出门，在家抓织活；
多织土花布，祭“花园”（母神）几箩。
翻到二月春，赶整地播种；
鸟欢叫腾腾，请“花园”保种。
三月野菜长，找黑猪来养；
满圈肥厩厩，等“花园”来尝。
四月到立夏，赶紧撒匀秧；
多撒糯稻种，春节甜酒香。
五月暖洋洋，筑塘把鱼养；
多养些江河油鱼，等“花园”来尝。
到了六月天，造筒车塞滩；
蔸发苗又壮，糯饭祭“花园”。
七月到立秋，找肥猪来杀；
做肉馅肉粑，等“花园”来拿。

八月谷熟黄，人人收谷忙；
拿新米煮饭，请“花园”来尝。
九月谷归仓，各家把酒酿；
新米或旧米，酿酒等“花园”。
十月到立冬，买坛把肉腌；
新坛或旧坛，都腌等“花园”。
十一月隆冬，人人进山忙；
担柴又挑草，杀猪祭“花园”。
鲜花虽茂盛，到冬落旧根；
十二月冬干，祭完各方神。

“花园”是布依族对专管生产（包括生育）的母神的尊称，“花”在布依族意识中代表新的生命。从《十二月生产歌》可以看到，布依族的大致生产过程是：一月纺织，二月整田地，三月养猪，四月撒秧，五月养鱼，六月灌溉，七月祭祖，八月收割，九月酿酒，十月腌肉，十一月拾柴割草备冬，十二月祭祀各方神。《十二月生产歌》中几乎每个月、每项生产成果都祭祀“花园”这个专管生产（包括生育）的母神，反映了布依族农民的生产信仰，同时也表现了布依族的生产礼俗。此外，还可从歌中看到布依族的农副产品的品种，如要多撒“糯稻种”，养猪要养“黑猪”，养鱼要养“油鱼”，酿酒要酿“甜酒”，腌肉要腌“醅肉”（切新鲜生猪肉、牛肉拌上炒米、生姜、花椒等佐料放进坛里密封半月后即可食用。俗称“酸腌肉”，系布依族特产）等。

再从布依族生产信仰与禁忌上看，也有突出的水稻文化特征。

如生产信仰方面的：

（1）祭灶神。布依族在春耕之前，各家要祭灶神，祈求灶神保佑春耕生产的顺利进行。

（2）插草标。播种时节，每种完一块地、撒完一块秧田就要在田边地里插上一束“草标”，有的还立“草人”，以祈求种子发芽，幼苗成长，不受虫害和牲畜践踏。

（3）祭牛胎衣。哪家牛下崽，家族皆大欢喜，主家办一桌酒席，请布摩来念经，然后全家老少到牛圈边供祭牛神，再进餐欢饮。

（4）祭工具。布依族过春节，除夕把全部农具加上封条，以酒肉供祭，以确保财魂归家。春节过后开工生产时，又以酒肉供祭，启封农具上的封条。

（5）祭土地神、山神、田神、水神等。二月初二祭土地神，三月初三祭山神、田神，四月初八祭牛神，五月初五祭龙神，六月初六祭水神等。

生产礼俗方面的：

（1）“开秧门”。农历四月初八这天，各家备好酒肉供祖先。一群妇女在一块大田里比赛插秧，若有谁插得慢了，将被周围妇女插的秧包围在田中走不出来，被大伙取笑。

（2）“洗脚杆”。布依族插秧结束后，全寨杀牛或杀猪祭祖欢饮，俗称“洗脚杆”。倘若风调雨顺，实现满载满插，则“洗脚杆”仪式更为隆重。

（3）庆丰收。收割结束后，各寨杀牛或杀猪祭祖庆丰收，按人口将牛肉分到各家各户，也有集体聚餐者，俗称“打牙祭”。在酒席上，大家高唱酒歌，庆祝丰年。[16]

上述传统节日与生产生活文化的描述，说明布依族是稻作农耕民族，其传统精神信仰与水稻文化有密切关系。认识这一点，对探寻和认识布依族传统宗教经典《摩经》的丰富内容有重要作用。

（三）古代水稻农业是布依族传统宗教文化源头

水稻农业是我国南方农业文明的主要特征，从新石器时代以来的考古遗址中发现水稻农业已具有丰富多彩的宗教信仰内涵。在距今 1 万年左右，中华汉藏语系族群先祖的历史发展开始跨入一个新的阶段——出现了丰富多彩的新石器时代农耕文化。从此，这块古老的土地开始出现黄河文明、长江文明、珠江文明的萌芽。其中黄河文明为粟作农业或旱作农业；长江文明和珠江文明则是水稻农业。同为汉藏语系族群的人们，分别选择了从事旱作农业或水稻农业之分工，这是由当地土壤、气候、降雨量等客观条件所决定的。这就不能将粟作农业和稻作农业截然分开或对立起来，因为两者都是中华文明不可或缺的重要组成部分。粟作农业和稻作农业两者并无本质差别，其主要特征是农业文明需要的定居与相应的村落建筑设施，均能生产制作陶器，对农田要求精耕细作才能获得丰收等等。由此，汉藏语系族群先祖在农耕生产方式基础上所形成的天神信仰、鸟神信仰、蛙神信仰、山神信仰、大竹神信仰、龙凤信仰、玉石礼器信仰等精神文化方面都是相通的。其中蛙神信仰主要出现在新石器时代的黄河文明半坡文化遗址，这在上述布依族传统节日的宗教信仰中就还有蛙神信仰仪式的传承，但布依族文化可能更多的是对长江文明和珠江文明的继承和发展。

我国长江流域和珠江流域的水稻文化渊源久远，至今全国已发掘水稻文化遗址达200多处。时间从新石器时代早期起，直到湖南长沙马王堆汉墓出土的西汉年间的稻谷，跨度长达10000年左右，且有相对连续性。最早的距今约12000 年，如湖南道县玉蟾岩古水稻距今12000—9000年[17]，与江西万年仙人洞古水稻为同时代[18]，广东英德牛栏洞水稻植硅体也距今10000年左右。[19]龚子同、陈鸿昭先生等对我国古代水稻年代与分布进行了细致的研究，认为作为稻作起源地有四个必备条件：一是具有作为栽培稻祖先的普通野生稻存在，并有适宜水稻种植的自然条件；二是出土稻谷密集，特别是从年代序列和文化谱系上看，稻谷遗存有一定绵延连续性；三是发现古人类的稻作生产工具；四是当时有将野生稻驯育为栽培稻的技术条件和社会需求。研究结论是：我国华中地区双单季稻稻作区的古水稻遗存时间早、数量多、时间绵延连续性好，加上近年来在华东、华南地区湖南澧县城头山遗址和江苏吴县草鞋山遗址、昆山绰中心遗址等发现新石器时代稻作文化，反映出稻作文明由此向其他区域发展，进而向朝鲜和日本传播。其论著中的“中国古水稻遗存的时空分布图”很能说明问题。[20]现引用如下：

中国古水稻遗存的时空分布*

稻作发展阶段	Ⅰ 华南稻作区		Ⅱ 华中稻作区			Ⅲ 西南稻作区		Ⅳ 华北稻作区		Ⅴ 东北稻作区	Ⅵ 西北稻作区	遗址数（个）
	闽粤桂台	滇南	长江中下游	川陕盆地	江南丘陵平原	黔东湘西	滇川高原岭谷	华北北部	黄淮平原丘陵	辽河沿海	甘宁晋蒙	
第一阶段 12000—8000年			浙江2，湖北2，湖南6	湖北1	湖南2，江西1，广东1				河南1			16
第二阶段 6000—5000年	广东1		江苏11，浙江13，	陕西3	湖南2	湖南1			江苏2，安徽1，			45

（续上表）

稻作发展阶段	Ⅰ 华南稻作区		Ⅱ 华中稻作区			Ⅲ 西南稻作区		Ⅳ 华北稻作区		Ⅴ 东北稻作区	Ⅵ 西北稻作区	遗址数（个）
	闽粤桂台	滇南	长江中下游	川陕盆地	江南丘陵平原	黔东湘西	滇川高原岭谷	华北北部	黄淮平原丘陵	辽河沿海	甘宁晋蒙	
			安徽1，湖北1，湖南7						河南2			
第三阶段 6000—3000年	台湾岛6，福建3，广东1，广西1	云南1	上海3，江苏26，浙江22，安徽6，湖北19，河南2，湖南7	重庆2，湖北2，河南3	江西16，浙江3，广东4，广西1	湖南3	云南8，四川1，贵州1	山西1	江苏3，安徽10，山东5，河南10，陕西4	辽宁1	甘肃2	177
第四阶段 3000—2000年	广东1，广西3	云南3	江苏2，浙江1，安徽4，湖北5，湖南1	陕西1，四川2	湖南1，江西2，广东1		四川2，贵州2	河南2，北京1	江苏5，河南2，陕西1			42
遗址数（个）	16	4	141	14	34	4	14	4	46	1	2	280

＊Ⅰ—Ⅵ稻作区名这里为简写。

表中距今1.2万—0.8万年的第一阶段，我国水稻遗存只分布在浙江、江西、广东、湖南、湖北、河南等6个省。其中长江流域和珠江流域占了绝大部分，且年代最早。在往后的第二、三、四阶段，也以长江流域和珠江流域的水稻遗存分布最为密集。因此，布依族稻作文化源头只能在长江文明和珠江文明中寻找。今日布依族同胞主要聚居在云贵高原，这里新石器时代农耕文化遗址发现较多。考古学家汪宁生教授的《云南考古》将其分为“洱海地区”、“金沙江中游地区”、“滇池地区”、“澜沧江上中游地区”、“滇东北地区”等类型，认为“云南新石器时代远古居民族系复杂，仍属同一经济类型，即都以石斧、石刀和竹木工具经营原始农业，作为生活主要来源。主要农作物是稻”[21]。历史学家方铁教授在《中国西南边疆开发史》中认为，其“新石器时代遗址在云南全省每个县市均有分布”，已知的新石器时代遗址和石器出土地点达“300余处”，不少遗址“有稻谷遗存发现”，属“粳稻”类型。有的研究者认为“粳稻是旱地种植品种”是一种误解。[22]其实籼稻经长期栽培，才可进化成为粳稻，是水稻种植业发展进步的表现。粳稻产生很早，自古以来就是重要的水稻品种之一，比云贵高原稻谷遗存的年代更早的华东地区河姆渡文化遗址、松泽文化遗址等新石器时代的水稻遗存中就已有籼稻、粳稻之分，并且还有过渡型稻类。至今在布依族农村还广泛种植籼稻、粳稻的水稻品种。考古发掘的云贵高原稻谷遗存的年代只属于“第三阶段”；相邻云贵高原的广西新石器时代遗址“数量较多，从早至晚期形成序列”，亦发现了“稻谷遗存”，[23]亦属于“第三阶段”。说明云贵高原即珠江上游流域的汉藏语系“百越（粤）”族群先祖们种植水稻的历史相当久远，但水稻文化最早似从长江流域和珠江下游传入。如上述湖南省道县玉蟾岩水稻文化遗址与江西省万年仙人洞水稻文化遗址同为距今12000年至9000年，广东省英德牛栏洞水稻植硅体也距今10000年左右，它们才是我国最早的水稻文化。

进入新石器时代晚期，广西地区出现了被考古学界称为“桂南大石铲文化”的水稻农业工具，“从1962年到1978年，广西考古工作者在今广西南宁、钦州、玉林地区、百色地区东南部以及柳州地区南部，发现了60多处新石器时代晚期文化遗址，出土石铲340多件”。国家文物局文物保护研究所1978年5月对其中的隆安县大龙潭石铲遗址T3木炭标本进行C-14年代测定的结果为距今

5910±105年，树轮校正年代为6570±130年。其中有部分“桂南大石铲”已被当作“宗教祭祀的礼器”[24]，这就使人们找到了汉藏语系“百越（粤）”先祖的水稻农业与宗教信仰“礼器”的考古实物依据。这种“桂南大石铲”的材料主要是页岩、板岩及砂岩、石灰岩，个别是燧石和玉石。其形体硕大，棱角对称，打磨光洁，形制精美。可能起初是用于稻作农业起土的实用工具，后来才逐渐发展成专供“宗教祭祀的礼器”。原广西博物馆馆长、考古学家蒋廷瑜教授说：“在我国，耜耕法首先作用于不宜于用火耕法的江南沼泽地区。这些地区往往长有野生稻，是水稻的发源地。为了排除积水，翻耕水田和适时灌溉，人们便发明了耜。”[25]著名民族学家覃乃昌教授也认为：“直到解放初期，桂南桂西的一些壮族农村仍然使用与这种大石铲形式基本相同的铁木结构的铲：铲身和铲柄用一整块木板制作，铲口套上铁嘴，整铲为一人高左右，是烂泥田重要起土工具。这种铲在壮语中叫‘so:n’。有关专家认为，这种铁木结构的铲与大石铲有着渊源上的联系，是稻作农业的产物，汉语中称的‘铲’、‘锹’，可能就源于壮侗语族的‘so:n’。正是这种与稻作农业关系密切的工具，在它发展到一定程度的时候，必定给人们带来一种神秘感，从而演变为祭祀活动的礼器，以致在加工方面逐步注意其形式和外表美，从而脱离了生产实际。这种情况在其他民族中也不乏其例。总之，桂南大石铲是稻作文化的产物，其在5000—6000多年以前制作加工达到如此精美，反映了壮族地区当时稻作农业有了一定的发展。其性质从实用到作为祭祀的礼器，上升成为一种观念性的文化，……由此可以看出壮侗语民族地区稻作农业历史的悠久。”[26]结合布依族有在传统节日里 “祭祀稻作农具”的信仰习俗，我们认为上述分析是符合实际的。

反映水稻农业与宗教信仰关系的早期考古遗址，实物最丰富者当数长江流域新石器时代汉藏语系“百越（粤）”族群先祖的河姆渡文化遗址。河姆渡水稻文化距今7000年，属于母系氏族社会繁荣阶段，因1973年发掘于杭州湾姚江平原河姆渡村而得名。遗址旁有四明山区，姚江从村旁蜿蜒流过，村庄近山傍水，广阔田野中有小丘陵散布其间，环境宜人。“在距今6000—7000年期间，河姆渡一带的气候暖热湿润，与现代广东、广西的中部、南部和海南岛气候条件差不多。”[27]遗址自下而上叠压着四个文化层，文化内涵丰富。遗址中年代最早的第四文化层发现有大量人工栽培的稻谷、谷壳、稻杆和稻叶等的堆积，一般厚20—50厘米，最厚处超过3米。有人从稻谷堆积的厚度及面积推算，稻谷总量当在100吨左右，其数量之多，保存之完整，都是世界考古史上少有的。这是亚洲地区发掘出土数量最多最古老的水稻实物遗存。该层还发现骨耜多达176件，这说明当时的农业已进入耜耕——熟荒耕作制阶段，在它以前应该还有一个相当长的火耕——生荒耕作制阶段。著名考古学家石兴邦先生认为：“河姆渡文化是我国稻作农业的先驱……其内涵所体现的工艺技术之精，生产力水平之高和内涵的丰富多彩，是任何一个稻作文化聚落遗存所不及的。所以，自发现20多年来，以其独特之内涵，丰富之埋藏，年代之久远和价值之珍贵而享誉学坛，播扬寰宇。”[28]

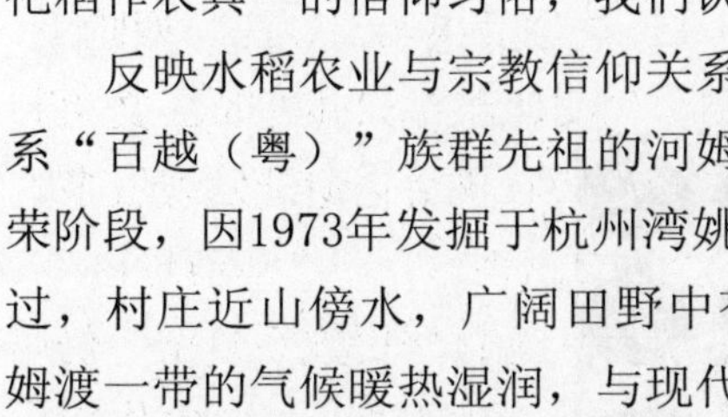

河姆渡文化：木耜

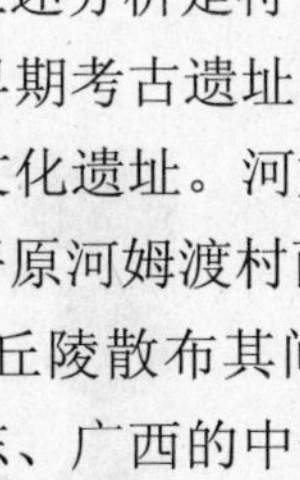

河姆渡文化：斜刃形骨耜

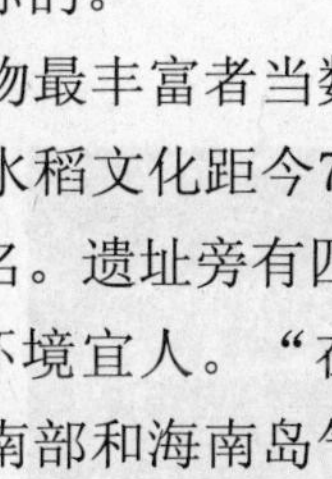

河姆渡文化：缠藤骨耜

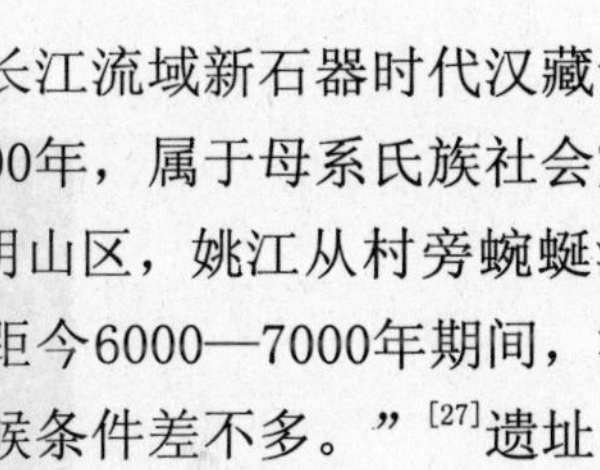

河姆渡文化：7000年前金黄稻谷[29]

第四文化层发现了成行排列的木桩和大量的梁、柱、地板等木构残件，总数有数千件之多，其中有大量榫卯残件。这是属于干栏式大长屋的构件，总计有大长屋五排，可能为五个氏族的部落所在地。单体大长屋的长度在23米以上，进深约7米，全体氏族成员都住在这里。这种情况正如恩格斯所说的塞讷卡部落易洛魁人的“老式长屋”，“火和石斧通常已经使人能够制造独木舟，有的地方已经使人能够用方木和木板来建筑房屋了。……在塞讷卡部落的易洛魁人中，当他们还住在老式长屋（包含几个家庭的共产制家户经济）中，那里总是由某一个克兰（氏族）占统治地位，通常是女方在家中支配一切。”[30]河姆渡遗址的大长屋是我国迄今发现年代最早的榫卯木结构的干栏式建筑。所谓干栏式建筑是以桩木为基础，其上架设大、小梁以承托楼板，构成架空的建筑座基，上边再立柱、架梁、盖顶，建成高于地面的楼层。这是江南多雨地区的典型建筑形式，至今尚盛行于我国西南的布依族、壮族、傣族、侗族、水族、瑶族等汉藏语系少数民族聚居的地区，布依族传统宗教经典《摩经》中住房建筑神话的记载在这里找到了考古学的原始物证。

第四文化层还发现了我国稻作文化区最早的彩陶。其制作方法是在饰纹外壁涂上一层稠浓陶衣，打磨光滑再绘彩，烧成后表面呈灰白色光亮面，纹彩则呈黑褐色或褐色，艺术特点浓厚，当为本地所制作。石兴邦先生认为：“从其彩陶纹样的风格看，很可能是与中原讯息交通后而制造的。这是我国稻作文化区最早的彩陶了。它比（关中地区）白家文化的彩陶要晚数百年时间。”[31]这就显示了黄河流域与长江流域农业文明相互交流的悠久历史和汉藏语系族群的共性文化特征。

长江流域河姆渡彩陶

黄河流域出土的彩陶

陶甑出现于河姆渡遗址第三文化层。陶甑是充分利用蒸汽热能来使食物熟化的一种炊具，是饮食文化上的飞跃。第三文化层还出现了陶鼎、猪嘴形陶支座、鸟形陶支座、陶灶与陶釜陶甑组合型炊具。该层出土的一件组合型陶炊具是难得的标本，灶的外形像一个大头盔，前面“灶门”开得很大，内壁有三个固定的大支丁，一丁在后壁，两丁在左右两侧，分别与外侧壁的两个大耳钮连成一体，底部有一周圈足着地，三丁可以架釜蒸煮，两耳可供提拿搬动，四周空隙可让烟散出。其结构科学，易于控制火焰，使用方便安全。全灶长约50厘米，宽约30厘米，足够多人炊用。这是我国迄今发现的最早的架釜蒸煮组合型炊具。[32]说明包括布依族人民在内的我国汉藏语系族群同胞，至今仍喜用甑子蒸饭食用和祭祀祖先的饮食文化习俗当源于此。

河姆渡文化：猪嘴形陶支座

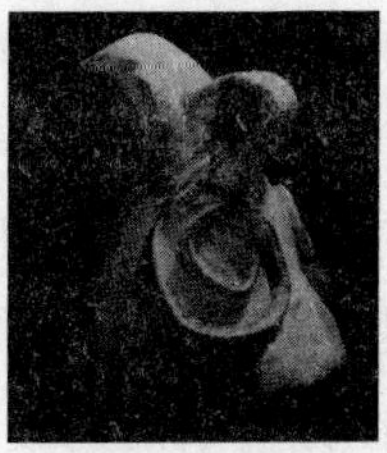

河姆渡文化：鸟形陶支座

河姆渡文化：陶釜炊煮食物图

河姆渡文化：陶灶与陶釜陶甑组合型炊具

河姆渡文化：陶鼎[33]

陶器是我国新石器时代农业文化的重要发明，它伴随着农业和村落定居而产生，并且品类越来越多，造型日趋完善。可能在旧石器时代晚期至新石器时代早期之间（距今 1 万多年），人类在实践中发现被火烧过的陶土坚硬，且不漏水，可以长期反复使用，于是受到启发而创制了陶器。陶器一产生便同饮食连在一起，或作为炊煮加热器，如陶釜、陶鼎、陶鬲等；或作储水储谷的容器，如瓮、罐等；或作为食器，如陶豆、陶盘、陶盆等；或作为切割器，如陶刀、陶斧等。这一时期汉藏语系族群先祖创造了农业，并创制了陶制的灶具、杵臼、磨盘等。农业生产使谷物大量进入人类的饮食，大约在 7000 年前的河姆渡文化时期，我国南方汉藏语系族群“百越（粤）”先祖已开始用陶甑蒸熟大米饭，用陶釜、陶鬲煮粥，以大米等粮食为主食的格局自此形成。

陶器的大量应用，使烹饪技术获得了突破性的发展，利用水为传热介质的水烹法随之问世，利用蒸汽为传热介质的汽蒸法也开始出现。由于烹饪技术的提高，以粮食为主的原料大量使用，加上简单调味，使人类饮食开创了有烹有调的格局，并形成了最初的烹饪工艺流程。在新石器时代的农业文化时期，陶器自然是与人们的生计关系最密切的炊器了。

综观我国黄河、长江两大流域主要新石器文化的炊用陶器，大致可分为两个群系：其一是黄河中上游区仰韶—龙山文化系统的斝鬲文化，这个系统的三足炊器酝酿时间较长，大概在庙底沟第二期文化（距今 4700 年）时期出现了陶斝，在它的推动下，陶鬲这种三足炊器在大范围的空间分布开来；其二是长江下游区杭州湾两岸的河姆渡文化—马家滨文化系统和黄河下游区后李文化—大汶口文化体系的釜鼎文化。从考古年代分析，浙江的河姆渡人和山东的后李人是这个釜鼎文化的创造者，我们称这种釜鼎为“原型鼎”。后来在长江下游的松泽、北阴阳营、薛家岗、黄河下游的大汶口文化以及山东的龙山文化、河南的部分龙山文化中，陶鼎便大量流行起来。可能釜鼎文化比斝鬲文化占有更大的优势，发展至阶级社会的鼎文化遂成为国家宗教祭祀之重器和中华民族的象征。而此类器物在河姆渡文化、后李文化中出现的年代要比黄河中游区早得多，创造东方文明的饮食器具应归功于后李文化和河姆渡文化。此当为布依族《摩经》中的饮食文化之源。

河姆渡遗址的第三、四文化层中还出土了六支划船木桨和两件夹碳黑陶质的小陶舟模型器。这说明新石器时代汉藏语系“百越（粤）”先祖已创造了水上交通工具和推进工具，能够在江河湖海进行生产活动，具有在江河与大海航行的能力。遗物中有大量的鱼类骨骼、蚌类的壳、菱角等水生动植物标本，其中有生活在深海的鲸鱼、鲨鱼，也有咸淡水交汇水域的鱼类，如鳃鱼、裸顶鲷等，都是河姆渡人捕捉的肉食对象。出土的划船木桨均系采用单一木料加工制成，但已有桨柄、桨叶的明显分化。其中保存较好的一件残长 92 厘米；[34]另一件是保存完好的桨叶的标本，叶长 50 厘米，宽

12.3厘米，厚2.1厘米。木桨的柄部切面是方形，可容手握，柄上刻满横线、斜线组成的几何形装饰花纹。就舟船的发展来说，船先桨后，有木桨则必定有舟船，但河姆渡遗址中未能发现木船的遗物。然而考古工作者继河姆渡遗址的发现之后，又在东海舟山群岛发现了一批新石器时代遗址，出土遗物属于河姆渡第三期文化，年代距今约5500年。说明河姆渡文化晚期，河姆渡人已使用海上交通线进行移民和海岛开发。对此，我国著名考古学家安志敏先生在分析了河姆渡遗址的玉器、漆器、稻作农业、干栏建筑等文化后曾指出："以河姆渡及其后继者为代表的长江下游的新石器文化的若干因素，可能影响到史前日本。"[35]这是汉藏语系族群先祖自古就有发明创造和开掘精神的生动表现。在布依族传统宗教经典《摩经》之中，也有"渡口"、"岛屿"、"河岸"、"船"、"大海"、"龙神"、"以鱼治病"、"用鱼祭祖"、"村寨"、"稻田"、"田地"、"寨老"、"寨神"等记载，并有《祭水经》和隆重的"祭水"宗教活动。究其文化之源，这些布依族传统观念应与新石器时代"百越（粤）"先祖的河姆渡水稻农耕文化有关。

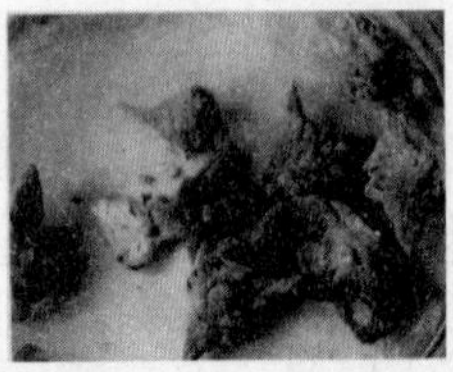

河姆渡遗址中出土的菱角

河姆渡遗址中出土的木桨[36]

河姆渡三期出土的玉玦

河姆渡遗址第三文化层发现一只木质漆碗，外表有薄层朱红涂料，微显光泽，经用化学方法和光谱分析，鉴定为生漆。这是我国迄今发现的最早的涂漆制品，当为古人祭祀仪式之用。在第二文化层则发现一口木构浅水井，这是我国迄今发现的最早的水井遗迹。第三、四文化层还出土有玉质的玦、璜、管、珠等，这是我国迄今发现的最早的玉器，显示出深厚的原始信仰特色。

拥有丰富的原始宗教信仰内容，是河姆渡遗址的文化特色。河姆渡人还采用捏塑、雕刻等方法，制作了大量陶、骨、木、象牙等原始艺术珍品，用于祭祀祖先和神灵，其中以鸟神或鸟神与太阳神结合的宗教崇拜图案最突出。出土的鸟形象牙圆雕、堆塑"双飞燕"、刻鸟骨片、连体鸟骨匕柄、木雕立鸟、"太阳纹"蝶形器、"双鸟朝阳"蝶形器等，数量远远超过大象、猪、狗、兔、羊、鱼等动物题材的作品，而选用的材料之好、雕刻之精美也非其他的作品可比，这在我国新石器时代遗址中是首屈一指的。董楚平教授指出："河姆渡的艺术风格是写实朴素的，只有鸟的形象富于幻想。例如，一件双鸟朝阳象牙雕刻，其中心为五个大小相套的同心圆，外圆边刻有烈焰，应为太阳。两侧各刻一昂首相望的鸟。太阳与鸟都不属写实，而富有浪漫情调。与此相仿的还有双鸟纹骨匕，匕的柄部正面刻两组相同的图案，每组都以一圆居中，右边一圆刻有四射的光芒，应为太阳。左边一圆没有光芒，似为月亮。两圆左右分别刻一对称的鸟。在远古时代，太阳与月亮是人们心目中最崇高、最神圣的东西，把鸟与它们连在一起，这就赋予鸟不同凡俗的含义，给它涂上神秘色彩。与此相关的是，在艺术手法上，鸟与猪、稻叶等东西不同，猪、稻叶等形象的刻画都是写实的，鸟的形象却是写意的、变形的。显然，在河姆渡人的精神生活中，鸟具有特殊的位置。河姆渡人可能崇拜鸟图腾。文明时代的'吴越人'也有崇拜鸟图腾的遗俗。两者之间相距四千年之久，可能有因袭关系。”[37]河姆渡遗址的鸟形器即长江流域汉藏语系水稻文明中的原始鸟图腾崇拜器物，是我国学术界的共识。宋兆麟先生也认为：“河姆渡鸟形器，与某些南方民族住宅鸟形图腾柱一样，也是当时干栏建筑顶部的一种建筑装饰，其所以雕成鸟形，与他们的信仰鸟图腾是分不开的。”[38]其观点无疑是正确的。

王士伦教授对河姆渡遗址出土的连体双鸟纹骨匕和双鸟朝阳纹象牙雕刻图像进行探索，认为前者“上面刻着两组双头鸟。每组有两个鸟头，朝着相反的方向伸颈，鸟体相连，中间有一个圆圈，头上有英冠，从形状判断似属鹰鸠之类”；后者“刻划两只振翅的鸟，鸟头相对，连体，中间有五重圆图，外绕火焰纹，好似太阳。鸟嘴尖，长尾，这种异首连体，并且中间刻有太阳，可能表示鸟是空中神秘的动物，是介于人天之间的神使；或者与鸟生的传说有关；连体意味着双鸟交感繁殖”。[39]万斗云先生却认为双鸟朝阳象牙雕刻蝶形器中的双鸟，与圆雕象牙鸟形匕中的鸟形象类似。从其图像看，好像鱼鹰身子长着孔雀的尾巴，大概是以鹗鹰作原型的。鹗是候鸟，也是凶猛的鱼鹰。我们的古人把这能感知鱼汛按时来去的鹗鹰叫做凤，说凤能知天时。万先生进而主张由于河姆渡遗址“凤鸟”形象的发现，说明河姆渡人已经掌握了天文历法的初步知识，并且形成一套祈年的风俗和祭祀礼仪。[40]牟永抗教授主张“河姆渡文化蝶形器的功能和良渚文化玉质的冠状器相似。前者可能是后者的早期形态，它们都是某种崇拜偶像的冠冕”[41]。林华东先生则主张：“事实上，河姆渡出土的蝶形器器形并不全都相同，不但质料不同，有木、骨、石和象牙等，而且形体大小也相差悬殊，故蝶形器之用途，当不可一概而论。如象牙雕刻品，制作相当考究，雕刻也十分精细，在当时，显然被视作神圣、庄严的象征，应与原始宗教活动有关。而以石质或木质制作的素面蝶形器，多有使用磨损痕迹（有些已残断），则又似为生产工具之属。但无论如何，就制作精细的双鸟朝阳象牙雕刻蝶形器、圆雕象牙鸟形匕、连体双鸟纹骨匕等，均足以表明鸟是河姆渡人的图腾崇拜。此种鸟的形象多作钩喙，显为猛禽类的鸷鸟之属，它曾对以后的良渚文化氏族和三代时的‘越族’产生过深远而又重大的影响。”[42]林华东先生所说的“古代越族”即我国长江流域汉藏语系族群先祖，其相同的农业文明和宗教信仰还存在于相邻“良渚文化氏族”之中，甚至影响到夏、商、周三代之后的中华广大地区。布依族是学术界公认的古代“百越（粤）”族群后裔之一，布依族传统宗教经典《摩经》中就有“鸟神”、“燕子王”创造人类、“仙逝者驾鸟神升天”等浓厚的鸟图腾崇拜记载，这当为“河姆渡文化”和“良渚文化”鸟图腾崇拜文化的传承。如下图：

河姆渡文化：“双鸟朝阳”纹牙雕

河姆渡文化：双鸟纹骨匕

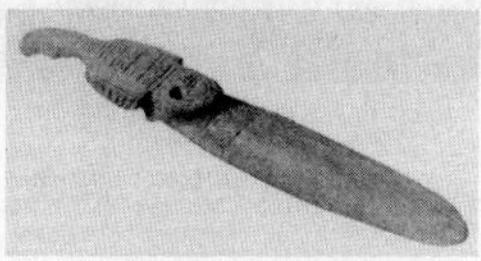

河姆渡文化：鸟形匕

新石器时代的河姆渡人除了崇拜鸟图腾之外，可能还崇拜多神。出土的雕塑器物纹饰显示以多种动物崇拜为主，也有水稻纹饰等植物崇拜，制作古朴但很传神，独具一种质朴的审美趣味，令人赞叹不已。

比如有一件珍贵的猪纹陶钵，钵平面为长方形，斜腹平底，外腹壁两个长侧面上各刻画一猪形。

猪竖耳长嘴，大眼，腹稍下垂，背上鬃毛竖立，四肢强健有力。从形象上看，还保留了较多的“狼奔豕突”的野性特征。从撅起的长嘴到摆动的尾巴，从身上的鬈毛到背上的竖鬃都表现得淋漓尽致。有人认为，这件陶钵是当时祈雨时所用的祭祀礼器。因为猪在民间习称为水畜，它们对雨水的感应是很灵敏的。而河姆渡人种植水稻，对雨水的要求很高，因此他们在陶钵上刻上猪的图案，用于祈雨。还有一件猪纹骨雕残片，原器不明，从骨片正面可见雕刻有一只行走状的猪纹图像。头部的眼睛阴刻圆圈纹，躯体即以树叶纹为饰。可以将其与陶钵猪纹图案相对照。此外有几件小陶猪出土，大多形态丰满，腹部下垂及地，四肢短小，猪头肥大，拱嘴，前后躯大体上各占一半，似乎还在笨拙地挪动着身躯。与陶钵上刻画的野猪纹对比，这显然已经是家猪形象了。[43]

另有一件圆雕木鱼，体态浑圆肥胖，鱼的嘴、眼、鳃盖均生动地表现出来。而鱼的身躯雕出大小不等的圆涡纹，象征着鳞片或水珠，把鱼的特征表现得淋漓尽致。也有木雕鱼形器柄，器柄呈 T 字形，是用整块木料制成的。柄部阴刻以直线和短斜线构成的几何形花纹，而把手的柄端圆雕成鱼形，用心颇巧。在一件夹砂红陶器盖上，器钮被捏塑成狗的形象，狗作昂首竖耳的趴卧状，表现了其卧地抬头、饱食之后正在悠然小憩的憨态。在另一陶块上也发现浮雕中有一只昂首翘尾作奔跑状的小狗，形象十分逼真。有一件陶羊，作昂首匍匐行走之状，身躯浑圆，并有意夸张了其肥大的臀部，形象生动有趣。有一件陶塑，外形如鱼，睁眼张嘴，两鳍塑成翅膀状，浑身戳以圆圈作为鳞纹，意在表现游鱼的腾跃之势。如下图：

河姆渡文化：猪纹陶钵

河姆渡文化：猪纹骨雕

河姆渡文化：陶猪

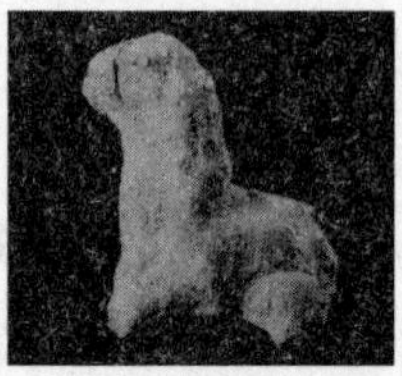
河姆渡文化：陶狗

河姆渡文化：陶鱼

河姆渡文化：圆雕木鱼

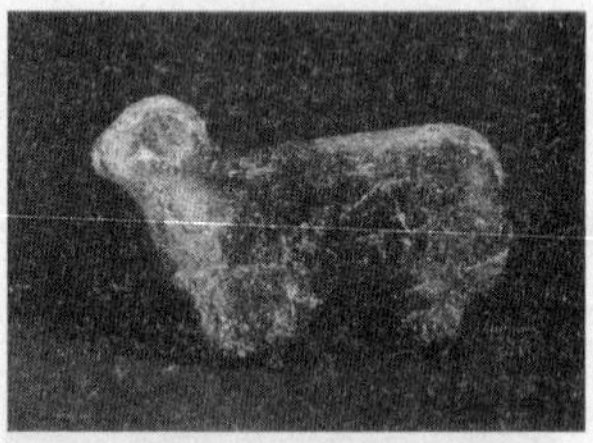
河姆渡文化：陶羊[44]

上述雕塑作品形体较小，论者以为“小的只有半个乒乓球那么大，大的也不过一只鸡蛋大小，肯定不会是实用的”[45]。这是正确的。我们认为，原始人精心制作这些雕塑作品并将它们作为冥器随葬，这应为河姆渡氏族丧葬祭祀中的祭品。如同今日布依族丧葬礼仪中，女婿方和舅父方是最重要的客人。特别是女婿方要送整牛、整猪、整羊等，还要做上荤菜、素菜各一桌前去供灵。荤桌为八大碗猪肉，素桌则是用米面捏成猪、牛、羊、鱼等各种动物，分为八大碗进行祭祀。这不就是很好的说明吗？

河姆渡遗址出土的大型作品——“陶塑大象”，也是为了祭祀之用。1977 年，在对河姆渡遗址进行第二次发掘时，考古工作者于第四文化层发现一件造型比较奇特的陶塑，其质地疏松，出土时莫辨全形，高 19 厘米，宽 24 厘水，器物较厚重。待拼合后一看，身躯呈倒 V 形，四腿并成两腿，通体饰短斜线纹和多面圆圈纹组成的图案。由于头、尾俱残，只含糊地将它定为“陶塑兽”，也有人认为像是独角犀的形象。后来，研究者又找到了一些散落的碎陶片，黏合之后，赫然出现了一头大象之形。联系遗址中曾出土不少大象骨骼，推想河姆渡人将大象作为陶塑的题材是完全可能的。可能河姆渡人不仅以大象为狩猎对象，还以大象为神物。但大象陶塑可能不是用于丧葬祭祀，而是用来祭祀山川之神。一是大象本身高大雄伟，力量极强，在河姆渡人心中是令人震撼的吉祥之神。因大象不是随便就能捕获的，才专门制作大型的大象陶塑，以供祭祀山川神之用。布依族也把“大象神”作为吉祥神，在布依族传统宗教经典《摩经·祭山经》中就有“大象神是吉祥神”，“大象神皮祭山神”的记载。这也是河姆渡人崇拜大象的重要注解。

河姆渡文化：陶塑大象[46]

河姆渡文化：　稻穗纹陶盆

河姆渡文化：　鸟、稻纹陶盆

在植物刻画陶器作品中，以“鸟、稻纹陶盆”、“稻穗纹陶盆”最为突出。“稻穗纹陶盆”器作弧敛口，深斜腹，平底。外腹壁阴刻有对称的稻穗纹和猪纹图画，惜器多残缺，难窥全貌。可喜的是稻穗纹基本完整，稻穗纹陶盆口径 30.5 厘米，高 16.8 厘米，底径 16 厘米。为成捆状，中者直立朝上，两侧稻穗因其穗长谷粒饱满而沉甸下垂。旁边还刻有猪纹（存后半部），独具匠心，情趣盎然，反映了农业发展与家畜饲养的相互依存关系。学者们有的称之为“鸟、稻纹陶盆”，有的则称之为“鱼稻纹盆”或“鸟禾纹盆”、“鱼藻纹盆”等。以“鸟禾纹盆”者认此为鸟图腾的纹饰，以“鱼藻纹盆”者认此为鱼图腾的纹饰。可谓见仁见智，都有一定的道理。我们认为，这可能是汉藏语系“百越（粤）”族群先祖为了特定的祖先崇拜和“稻神”祭祀活动而制作的。布依族《古歌·谷种》（韦永奎搜集）以简朴的语言叙述谷种来源。古歌唱道：

谷种在云端，
谷种在天上，
“雅韦”鸟把它带到了人间，
“雅韦”鸟把它带到了地上。
撒在哪里哪里就生，
撒在哪里哪里就长；
把它放进有水的地方，
把它放进浅浅的水田，
就吐出了苗，
就长出了秧。

古歌唱出了谷种的来之不易。这说明很早就从事农耕的布依族先祖，在原始社会的采集阶段就意识到了谷种的重要。[47]布依族每年在农历六月初六还有祭祀“稻神”的活动，祈求稻谷丰收。河姆渡氏族的“鸟、稻纹陶盆”、“稻穗纹陶盆”可能都是人们用于祭祀先祖神灵和“稻神”的礼器。其作用也当与布依族传统礼仪相类似。“鸟、稻纹陶盆”，也说明河姆渡氏族是以鸟神为图腾，将族徽——鸟神图腾与“稻神”纹饰放在一起，正是汉藏语系“百越（粤）”族群先祖祈求水稻丰收和氏族兴旺的良好愿望。

在我国新石器时代汉藏语系先祖的农耕文化里，类似浙江河姆渡遗址的水稻遗存很多。如长江下游的浙江桐乡罗家角、杭州水田畈、吴兴钱山漾，上海青浦崧泽、马桥，江苏无锡仙蠡墩、吴县草鞋山、南京庙山，安徽潜山薛家冈、固镇濠城镇和肥东大陈墩等；长江中游的湖北京山屈家岭、朱家咀、天门石家河、武昌放鹰台、宜都红花套、枝江关山庙山、江陵毛家山、郧县青龙泉、松滋桂花树，江西修水跳马岭、萍乡赤山、大宝山、新泉、大安里，湖南澧县三元官、平江舵上坪等。岭南及沿海地区的广东曲江石硖、泥岭，福建永春九兜山、东张，台湾台中营埔里等；西南地区的云南元谋大墩子、宾川白羊村、剑川海门口、滇池宫渡等；中原地区的河南郑州大河村、淅川下王冈、黄栋树等。这些发现稻谷标本的古文化遗址，除有三处在中原地区外，其他四十余处集中分布在长江流域和珠江流域。传统农业里，水稻耕作比旱地耕作的单位面积产量要高得多；如布依族农村至今还有“水田一角落，旱地一半坡”的农谚，意思是稻田一角落面积的产量就相当于一半坡旱地的产量。但中原地区的汉藏语系族群先祖的水稻耕作为何发展不起来？原因是中原地区的水土气候等不宜耕种水稻，人们为了生存发展而改为旱地粟作农业，这是受自然环境条件制约的因地制宜之举。可能正因这一原因，使往后我国数千年历史中“南粮北调”一直不断，“京杭”大运河的修建，即是中央王朝以南方经济中心支持北方政治中心的重要措施。这就充分说明了长江流域和珠江流域汉藏语系族群“百越（粤）”人民的水稻文明，自古以来就是大中华文明的重要组成部分，并为世界水稻文明的产生和发展作出了巨大贡献。

7000年前河姆渡文化中发现的稻谷遗迹，不仅是中国至今发现的数量最多的早期水稻标本，在世界上也是数量最多的早期水稻标本。过去，国外学者多认为印度是稻作文化发源地，有的日本学者甚至将籼稻命名为“印度亚种”[48]，实际印度发现的最早的稻谷标本也只在公元前2300—公元前2000年的史前遗址中，如古吉拉特邦的洛塞尔遗址和兰加普尔遗址[49]等。后来在泰国东北部发掘能诺他（Non Nok Tha）遗址和班清（Ban Ghiang）遗址以后，又认为东南亚中南小岛的北部是古代栽培稻发源地。但据C-14测定资料，能诺他遗址的时代当为公元前3590±320年左右[50]；班清遗址是在早期地层中发现有以稻糠作渗和料的陶片。其C-14测定年代为公元前3600年左右[51]，总之，这两处遗址的年代都不会超过公元前4000年，明显比中国南方水稻遗存的年代要晚。这说明水稻文明的创造者是生活在亚洲东部的汉藏语系“百越（粤）”族群先祖。

“百越（粤）”族群先祖，其后裔即今日汉族、布依族、壮族、傣族、侗族、水族、黎族、仫佬族等汉藏语系族群。上述发现稻谷标本的南方古文化遗址所包含的区域亦可称为“百越（粤）民族文化区”。我们将汉族和布依族、壮族等并列于“百越（粤）文化”族系之中，一是因他们同属于“原始汉藏语”族群后裔；二是他们至今仍是中国人口最多的农业民族族群，且人口分布地域相对集中；三是“百越（粤）”后裔布依族传统宗教经典《摩经》也认为“越人（布依族）、汉族、苗族”与“龙神根源”，都是来源于创造人类的始祖神——“燕鸟王神”。

布依族《摩经·祭山经》说：“好妻、好女人是鸟神造，好夫管高地是鸟神造。好地方、好伙伴都是鸟神造，火灭还剩炭是鸟神造。父死还剩儿是鸟神造，兄死还剩弟妹是鸟神造。靠嫂嫂经营地方是鸟神造，靠嫂嫂管村寨是鸟神造。”又说：“蛇神造水出，雷神发洪水，水淹地上人，一百二十氏族的人全淹死，只剩燕鸟王兄妹二人。……天王来安排，兄妹相逢燕相昵……生了个畸形儿。畸形儿无脚又无手，拿畸形儿来砍成节，拿畸形儿来剁成块，用肉块来排氏族，一块肉坨做越人（布依族），一块肉坨做苗人与汉人，部分肉块做龙神的根源。”这就是说越族（布依族）、汉族、苗族等汉藏语系先祖具有共同来源，他们都是“燕鸟王神”的后裔，还有共同的族群“龙神”根源的宗教观念。这与长江流域、珠江流域的稻作农耕遗存的“燕鸟图腾”文化是吻合的，甚至与黄河流域的粟作农耕遗存的“蛙、鸟图腾”文化也是相通的。

可能因布依族传统宗教经典《摩经》中有汉藏语系“越人（布依族）、汉族、苗族”与“龙神根源”都源于创造人类的祖神“燕鸟王神”的“民族同源论”，在我们数十年来所接触到的各地布依族《摩经》中，至今还未发现任何将我国南北文化截然分开甚至对立起来的内容，也未发现任何宣扬民族间争斗或民族歧视的记载。布依族《摩经》中，更多的是记载着越族（布依族）、汉族、苗族等汉藏语系先祖友好和睦相处，共同开展生产活动，共同享受劳动果实的友爱精神。我们认为布依族人民这种优秀文化传统，是应当充分肯定的。

考古发掘的长江流域和珠江流域的汉藏语系“百越（粤）”文化作为布依族《摩经》的文化源头，是《摩经》的研究逻辑应有的题中之义。诚如江西省博物馆馆长彭适凡教授在《百越民族对中国古代文明的卓越贡献》中指出的：“我国河姆渡文化及其以后的马家滨文化、崧泽文化、良渚文化，等等，都系先秦‘百越（粤）’民族的远祖水稻文化。正是‘百越（粤）’民族的祖先最先发明了水稻的种植，从而成了世界上最早种植水稻的民族之一。此后，历经商、周以降，水稻的种植始终是南方古越人农业中一个极重要部门。《逸周书·王会解》说：'东南曰扬州……其谷宜稻。'春秋时期的'吴越'，水稻的种植相当发达，吴王夫差一次就贷给越国稻谷'万石'；同样，越国也是'春种八谷，夏长而养，秋成而聚，冬熟而藏'，所谓'越地形沃、其稻甚嘉'，所以一次也给还吴王稻谷'万石'（《吴越春秋》）。"[52]

汉藏语系"百越（粤）"先祖的"良渚文化"，是1960年由我国著名考古学家夏鼎先生命名的。良渚文化发现较早，1936年，考古学者在长江下游杭嘉湖平原上的一个小镇良渚发掘到一些陶器、玉器，并写有《良渚》一书。其后又在良渚附近陆续发现了一批新石器时代文化遗址，范围包括浙江、江苏、上海等地。其年代分为三个阶段：第一阶段为马家滨文化（在嘉兴马家滨所发现），距今7000—6000年，相当于河姆渡文化。第二阶段为崧泽文化（上海青浦崧泽发现），距今6000—5300年。以上两个阶段又统称为"先良渚文化"。第三阶段为良渚文化，距今5300—4400年。[53]从1986年至1992年，考古工作者又在良渚附近的反山、瑶山、莫角山等地发掘了"琮、璧、钺、圭、璋、璜、管、珠"等大批精美的礼器玉器，文化遗址表明其社会已出现阶级分化，故而当时考古学界认为"中华文明曙光从良渚升起"，"良渚文化是中华文明的一个源头"。

1994年，国务院将"良渚遗址群"列入向联合国教科文组织申报《世界遗产名录》的预备清单；良渚遗址群的保护和开发，也同时被国家文物局向国务院上报推荐为"中国21世纪议程优先项目计划"。2006年6月至2007年，考古学家又在莫角山四周发掘了一座略呈圆角长方形，正南北方向的良渚古城遗址。良渚古城遗址东西长1 500—1 700米，南北长1 800—1 900米，总面积290多万平方米。城墙底部普遍铺垫石块作为基础，宽度40—60米，石头基础以上用黄土堆筑，部分地段地表还残留4米多高城墙。根据城墙外侧叠压的堆积中出土的陶片判断，良渚古城使用的下限不晚于良渚文化晚期。著名考古学家、北京大学教授严文明先生认为，良渚古城的发现可能改变了良渚文化"文明曙光初露"的看法，这是继20世纪殷墟发现之后中国考古界的又一重大发现，将推动中国文明史研究进程和考古学发展。[54]良渚遗址群的文化特征，是在水稻文化发展的基础之上发明了葛麻纺织和丝织业，并有大量人工堆筑而成的墓地和大型祭坛。出土有麻布、绢丝实物；陶器有宽沿釜、圆锥形足或扁锥形足陶鼎、牛鼻形耳陶罐、陶盉、陶盘、陶盆、陶钵、镂孔喇叭形陶豆等；各种玉器制作精细，是中华同时代遗址玉器加工水平的引领者。[55]如反山和瑶山，均有大量人工堆筑而成的墓地和大型祭坛，有排列规整的墓穴，有棺椁作葬具，特别是大量的随葬玉器。反山和瑶山玉器数量之多，品种之丰富，雕琢之精湛，可称集良渚玉器之大成。两处玉器总数多达2 000余件、组。其中串挂饰由多达上百颗玉管、玉珠组成。品种有琮、璧、钺、环、镯、璜、带钩、锥形饰、管、珠、坠、冠状饰、三叉形器、柱形器、鸟、鱼、龟、蝉等二十余种，很多器种是良渚玉器首次所见。大至琮璧，小至珠粒，均精雕细琢，打磨抛光。多见阴纹细刻、浅浮雕、半圆雕，还首次发现了透雕，常在一件器物上运用多种技法。图案纹样形式严谨，讲究和谐对称。有的缅刻纹纤细如毫，肉眼也不易辨认，雕琢技法十分高超。[56]良渚遗址群反映水稻文明的宗教观念，[57]就主要体现在玉制礼器之上。例如：

羽冠神人玉琮王（余反M12：98）：高8.8厘米，射径17.1—17.6厘米，孔径4.9厘米。器表呈黄白色，有不规则紫红色瑕斑。扁矮方柱体，内圆外方，上下端为圆面的射口，中有对钻圆孔，俯视如玉璧形。琮体四面中间为5厘米宽的直槽，四角由横槽分为等距的四节。器体宽阔硕大，重约 6 500 克，纹饰独特繁缛，为良渚文化玉琮之首，堪称“琮王”。直槽内琢刻八个羽人兽面复合像，单个图像四角纹饰均以转角为中轴线向两侧展开，两节为一组，左右对称，高 3 厘米、宽 4 厘米，用浅浮雕和明刻线两种技法雕琢。图像为头戴大羽冠之神人，双手扶持虎头，骑跨在虎身上。虎作蹲伏状，双眼圆睁，蒜鼻阔嘴，满口獠牙尖齿，前肢屈膝蹲伏，利爪毕现。整个图像精细繁缛，含义神秘奇特，是良渚人尊崇的徽象，可称为“良渚神徽”。组成八组神人兽面复合像。一组图像由上节之神人面纹与下节之兽面复合，构成良渚玉琮纹饰的基本特征和构图布列形式，这是神徽的简化。在有兽面纹的一节上，另一侧雕琢神鸟纹，亦为八只神鸟。这件玉琮是唯一在直槽内雕琢良渚神徽的孤品，其制作之精、纹饰之细，可谓神工鬼斧，是良渚玉器中的瑰宝。1986 年余杭反山墓地出土。

良渚文化：玉琮王（余反 M12：98）

玉琮王局部

羽人龙（蛇）身玉冠状器 1（余反 M16：4）：高 5.2 厘米，上宽 10.4 厘米,厚 0.3 厘米。器表呈黄白色，上端高耸，两侧略上翘，下端内折弧收。器形如同有双翅的冠，下端扁榫上钻有五个小孔。正反两面纹样相同对称，均以透雕和阴刻线相结合技法，雕琢羽人兽面图像。兽面纹居中，两侧各有一羽人图像，侧身侧脸，左右相向。龙（蛇）身舒展盘旋，透雕空白处又组成一兽面图。整器纹饰繁而不乱，构图严谨，线条流畅，是良渚玉器中罕见的精巧之作。1986 年余杭反山墓地出土。

鸟纹玉冠状器 2（余反阳 2：11）：高 4.25 米，上宽 8.35 厘米，厚 0.55 厘米。器表呈白色，有茶褐色块斑。上端中部琢成三层的冠顶状，两侧稍斜弧，近下端处凹弧内收，下端扁榫上钻有三个小孔。正反纹样相同对称，以浅浮雕和阴刻线结合技法在中部雕琢兽面纹，两侧上角各雕琢鸟纹。1986 年余杭反山墓地出土。

鸟纹玉三叉戟器（余反 M14：135）：通高 3.65 厘米，宽 5.9 厘米，器表呈灰白色。上端为三叉，左右两叉平齐，中叉略短，下端圆弧。正面稍有弧凸，背面三叉的上端和下端的正中部均有凸块，凸块上均钻有上下贯孔。正面中部为阴刻的蹲踞状兽面纹，左右两叉上端阴刻鸟纹一对。背面四个凸块上均以阴刻技法布满卷云纹、弧曲纹和重圆眼纹等。此器制作精细，构图严谨，尤其阴刻纹极纤细，肉眼难以辨认，为良渚玉器中刻纹纤细之冠。1986 年余杭反山墓地出土。

羽人兽面像串挂玉饰（余反 M22：8）：玉管长 2.7—3 厘米，直径 1—1.1 厘米，小玉璜宽 6.3 厘米，高 4.2 厘米。由 12 颗玉管和 1 件小玉璜组成挂饰。玉管呈白色，均带茶褐色斑点，玉色玉质一致，粗细基本吻合，为同一玉料分割制成。小玉璜呈白色，正面略弧凸，背面平整，两角各钻一小孔，与玉管连接系挂。玉璜正面用浅浮雕和阴刻线结合技法雕琢羽人兽面像。1986 年余杭反山墓地出土。

变体鸟纹朱砂透雕玉牌饰（瑶山 M7：55）：高 3.9 厘米，宽 7.1 厘米。器形呈不规则云纹带，上两角各刻一伫立云端、引颈回首的变体鸟纹。出土时凸出部位有朱砂痕迹，并和木质纤维朽痕相连。该器构图讲究，制作精纫，是良渚玉器中的精品。1987 年余杭下溪湾村瑶山出土。

羽人兽面玉冠状器（瑶山 M2：1）：高 5.8 厘米，上宽 7.7 厘米，厚 0.3 厘米。青白色，玉质优良，具有透光性。正面上雕刻羽人兽面图纹，器底边刻饰一卷的扁薄半圆体，全器用透雕和阴线刻法琢出兽面图纹，造型颇为奇特，正视为兽面，俯视似伏蛙。1987 年余杭下溪湾村瑶山出土。

大象纹透雕玉璜（瑶山 M11：84）：高 4.8 厘米，宽 12.7 厘米，厚 0.35 厘米。白玉质，两面对称透雕和阴线刻相结合技法，雕琢变体“大象纹”，大象长鼻卷曲，夸张生动。四周境饰镂孔和阴刻线。整器琢制痕迹极其清晰，是研究良渚文化琢玉工艺的珍贵标本。1987 年余杭下溪湾村瑶山出土。

玉鸟（瑶山 M2：50）：长 32 厘米，青玉质，整体近似三角形。正面尖端用浅浮雕和阴刻线琢出兽面团纹，背面平索而有三对隧孔。如将鸟嘴向下，犹如俯冲而下的青鸟，又似挺角露齿的牛首。1987 年余杭下溪湾村瑶山出土。

龙首玉璜（瑶山 M11：94）：高 3 厘米，宽 79 厘米，厚 0.55 厘米。白玉质，器形犹如倒置的桥形。在下端的边缘上等距离雕琢纵向布列、方向一致的龙首形象。出土时有玉管串饰相连。

良渚文化：羽人龙身玉冠状器

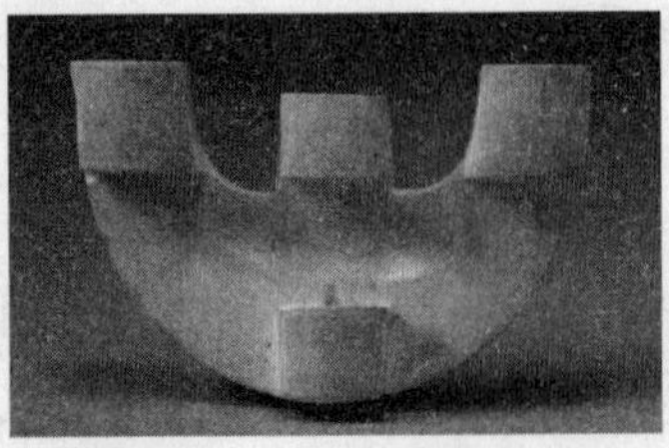

良渚文化：玉三叉戟器正面

良渚文化：玉三叉戟器反面

良渚文化：变体鸟纹朱砂透雕玉牌饰

良渚文化：羽人兽面玉冠状器

良渚文化：大象纹透雕玉璜

良渚文化：龙首玉璜

良渚文化：鸟首龙（蛇）身细刻豆盘残片

良渚文化：鸟首豆盘残片局部

鸟首龙（蛇）身细刻豆盘残片：纹饰线刻于泥质灰胎黑皮陶豆的豆盘外壁，以盘曲的龙躯体（蛇身）和尖喙、羽冠高耸的鸟头为主体构图，前后相连，盘壁一周原应有9组相同的纹饰，构图严谨，内涵深邃。1989年奉化市名山后遗址出土。

集财权、宗教祭祀权、军事权于一身的军事首领墓葬（汇观山M4）：位于祭台西南部，表土下开口，打破祭台灰土方框的西边。墓长4.75米、南端宽2.6米、北端宽2.3米、保留深度0.2米，向190°。这是目前所知规模最大的良渚墓葬。该墓有棺有椁，椁长3.87米、宽1.70米，棺长2.7米、宽1米。随葬陶器、玉璧、玉琮、玉钺器共计72件（组），其中仅钺器即有48件之多。学界认为玉璧代表财权，玉琮代表宗教祭祀权，玉钺代表军事权。可见该墓主人生前应是一位集财权、宗教祭祀权、军事权于一身的首领。另外该墓有棺有椁，格式高贵。在棺外椁内单独随葬一组陶器，也为目前所仅见。著名的雕刻羽人神兽纹族徽玉钺就出土于此。相反，其他墓葬之中，有的随葬品极少。说明南方汉藏语系“百越（粤）”先祖的良渚部落已出现阶级分化，开始迈入阶级社会的门槛。如下图：

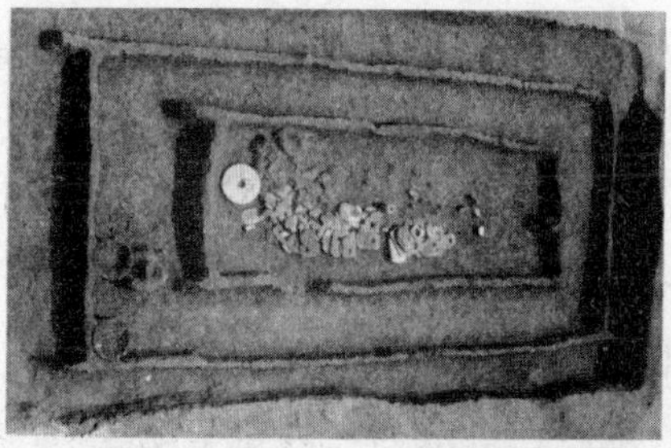
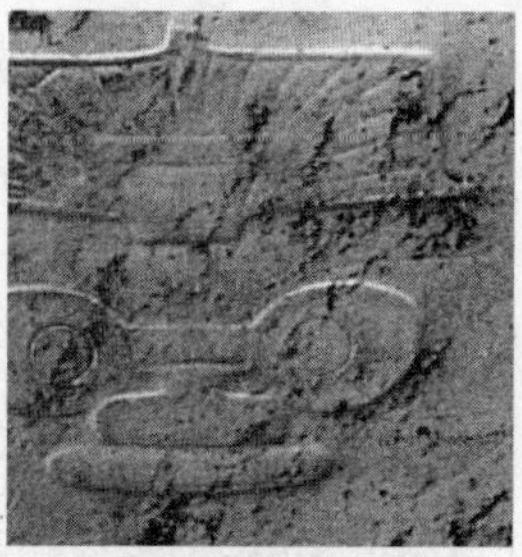

良渚文化：集玉璧、玉琮、玉钺于一身的首领墓葬（汇观山M4）

良渚文化：羽人神兽纹玉钺（汇观山M4）

良渚文化大型祭台（汇观山遗址）：位于余杭市瓶窑镇，为1990年当地居民在山顶建房时所发现。祭台形制与瑶山祭台一致，平面以挖沟填筑灰色黏土形成灰土方框，从而构成内外三重土色。灰土框南北长9.5—9.8米，东西宽7—7.7米。祭台总体约呈长方形覆斗状，东西长约45米，南北宽约33米，在东西两端各发现了两条南北向小沟。汇观山的发掘，首次证明此类祭台应该是呈阶梯状的立体结构，并将祭台的面积复原到1 400平方米以上，从而为进一步认识瑶山新石器文化提供了依据。

上述汉藏语系“百越（粤）”先祖的“河姆渡文化”和“良渚文化”可说是布依族传统宗教经典《摩经》的文化源头。理由是：其一，因布依族是学术界公认的汉藏语系“百越（粤）”先祖的后裔，布依族《摩经》文化理应是河姆渡文化和良渚文化宗教信仰的直接传承者；其二，《摩经》乃传统宗教经典，主要反映的也是布依族先祖“百越（粤）”族的原始信仰，两者之间相互印证具有历史的客观科学依据；其三，河姆渡文化和良渚文化区域的浙江、江苏、上海一带的汉语方言区之中，至今仍有包括布依语在内的“百越（粤）”族后裔“侗台语族”的底层语言和文化。如陈勤建教授在《中国鸟信仰：关于鸟化宇宙观的思考》中说，“百越（粤）”人“鸟信仰”的发生，首先与当地人们爱吃大米饭有关。初民对鸟食野生稻谷进行尝试性的食用和开发，是鸟信仰形成的第一个契机。我国稻作的源起和鸟有着极其密切的关系。流传久远的民间俗信观念认为，用以制作香喷喷的米饭的稻谷，最初不是人们自觉的创意，而是一些小动物为帮助人类，冒着巨大风险，舍生忘死从天上偷下来的，鸟类是其中一大功臣。由此激发人们萌生了对鸟由衷的谢意和敬仰，进而积淀成普遍的鸟信仰。至今，古“吴越”地的居民仍以稻米为主食，视稻谷为生命得以延续的保证，故对鸟的感恩之情也就得以较好地保存和流传下来。今天，流传于浙江各地关于“稻谷的来历”或“起源”的传说，形象生动地说明了这一点。陈勤建教授在书中还列举了许多民俗学典型资料。[58]著名百越史研究专家黄惠焜教授曾说：“古代中国的黄河流域地区，是华夏民族的发源地。古代中国的长江流域、珠江流域、澜沧江流域地区，则是‘越人’诞生的摇篮。越人文化相同，语言相通，支系繁杂，被称为‘百越（粤）’。著名的《汉书·臣瓒注》说：‘自交趾至会稽七八千里，百粤杂处，各有种姓。’交趾在今越南北部，会稽在今浙江省绍兴，加上云南省整个南部沿边地区,便构成为半月形的广阔弧形地带，这便是最早的百越（粤）文化区。‘越’出现于中国史书，大约已有3000多年。《史记·越王勾践世家》说，越王的祖先是著名夏帝大禹；《吴越春秋》说，夏帝少康为了祭祀大禹，将少子无余封于越；《会稽记》说：‘越国之称始此。’夏、商、周在中国合称‘三代’，夏的确切年代不能确指，大约起自公元前2205年至公元前1766年。此后是越人的发展和繁荣时代。直到公元4世纪即中国的东晋时代，史书还有‘越人’的记载。这就是说，在中国或者东南亚的历史舞台上，越人整整活动了近2000年。在这漫长的历史时期中，以不同名称活动于历史舞台的‘越人’支系很多，这是他们的一般情况。”又说：“‘百越（粤）’即后来形成的泰壮傣掸等各民族的共同祖先。……由于汉文化、印度文化、氐羌文化和高棉文化的影响，不同地区的越人文化出现了变异。大体来说，中国江苏、浙江、福建、广东地区的古代越人，由于很早受到华夏文化和楚文化的影响，通过同化的道路，已经变成为汉人。这一地区已经成为‘同化型地区’，其文化成为‘同化型文化’。为了叙述方便，我称这一地区为‘A型地区’和‘A型文化’，其文化人类学模式为A+B+C＝A。第二个地区是中国的广西、海南、贵州和云南东南部，这里的越人虽然受到汉楚文化及其他文化的影响，但他们并没有变成为汉人，只是汉文化程度较深。这是一个‘异化型地区’或‘异化型文化’，也可以视为‘过渡型地区’或‘过渡型文化’。为了叙述方便，我称这一地区为‘B型地区’和‘B型文化’，其文化人类学模式为A+B+C＝D。第三个地区是中国云南省西南部、泰国中北部、缅甸东北部以及印度阿萨姆邦部分地区。这里的‘古越人’被独特的地理环境和地理位置保护着，虽有汉文化影响但烙印不深，虽有印度文化影响但已被消化，由此走上了一条保留型道路，在此基础上形成了泰傣各族，其中的西双版纳地区和清迈兰那地区，应是仅存的标准泰人区。为了叙述的方便，我称这一地区为‘C型地区’和‘C型文化’，其文化人类学模式为A+B+C＝abc。由此可见，就整个越人文化的淡化而言，其顺序是自东而西，A区淡化最早最快，B区次之，C区又次之；就整个越人文化保留而言，其顺序是自西而东，C区保留得比较完整，B区次之，A区又次之。”[59]

上述汉藏语系“百越（粤）”族群A区的江苏、浙江、上海、福建、广东地区虽然属“同化型地区”，但“百越（粤）”族后裔“侗台语族”的底层语言仍未完全消失。这是我国语言学界的共识。以上海市为例，陈忠敏教授就曾提出上海话中有两个特点是“古越语”底层的痕迹。其一是先喉塞音，陈先生提出：“先喉塞音是一种很特殊的区域性的音类，不见于长江以北的汉语，只见于吴、闽、粤方言和侗台语。上海地区方言里的先喉塞音声母不仅种类跟侗台语的相同，而且性质、演变的途径也完全吻合。上海地区方言里松江区先喉塞音比较典型，松江区的先喉塞音有三种 ʔb、ʔd、ʔj；侗台语族中的布依语先喉塞音也有三种 ʔb、ʔd、ʔj。如果我们把上海地区的先喉塞音声母跟吴语的浙南某些地方的对应声母联系起来，比较侗台语族相应现象，就可以看出它们的底层联系了：

上海南汇话 → 浙江永康缙云话

帮 ʔbaŋ^{1}　兵 ʔbiŋ^{1}　⟶　帮 maŋ^{1}　兵 miŋ^{1}

当 ʔdaŋ^{1}　钉 ʔdiŋ^{1}　⟶　当 naŋ^{1}　钉 niŋ^{1}

稼 ʔjiaŋ^{5}

侗台语　ʔb⟶m　ʔd⟶n　ʔj⟶ʔ

壮语龙州话 → 壮语天等话

飞 ʔbin^{1}　村寨 ʔba:n^{3}　⟶　飞 min^{1}　村寨 ma:n^{3}

鼻子 ʔdaŋ^{1}　骂 ʔda^{5}　⟶　鼻子 naŋ^{2}　骂 na^{5}

布依语平塘西凉话 → 布依语长顺营盘话

泥蜂 ʔjai^{1}　⟶　泥蜂 ʔe^{1}[60]

同时，陈先生还提到次清声母对声调分化的作用：“汉语里声调的调类分平上去入四声，再按声母的清浊一分为二，最多应该是 8 个调类，汉语里声母对声调的分化只是清浊，侗台语族里声母对声调的分化因素就要多得多了，除清浊外，比较重要的是声母的送气与否（即是否次清声母），其中泰语和侗语这方面的表现比较突出，泰语有 5 个声调，对应于汉语的阴平有两个调 33、24，33 调属清声母字，24 调属次清声母字。很明显，次清声母对声调分化在阴平调里起作用。而侗语这方面的表现更为明显，阴平、阴上、阴去、阴入中声母的次清与否都对声调起分化作用，而且侗台语里还有一个显著特点，在次清声母对声调有分化的语种里，属次清声母字的声调调值都比清声母字的要低。上海地区方言里的练塘区方言，阴上也由于声母的次清而一分为二，次清声母的是 423，清声母的是 44，而且与侗台语相同，次清声母字声调调值低，清声母的调值高。”[61]刘民钢教授也认为：“陈氏指出的两个特点，其中第一个比较可靠。第二个可能还需要进一步研究。因为我们知道原始侗台语是没有送气音的，送气声母是后起的。上海方言中的送气声母和侗台语的送气声母不是同源的东西，不可简单类比。除陈氏指出的全浊声母之外，我们还可以发现其他的一些上海方言与侗台语相近的语音上的特点。……上海话存在的时间大约有 6000 年，而其中受到北方汉语影响的时间相对来说是比较短的，只有 2000 年左右。……上海话里应该还保留有相当的原来语言的痕迹。事实也确实如此，近年来已经有一些研究者注意到上海方言的语音，在某些方面不同于北方方言，却与侗台语有一定的相似。”[62]

刘民钢教授详细探讨了上海话里的“圆唇声母”、“舌尖后音（卷舌音）的缺乏”、“两套鼻音和边音”、“复辅音痕迹”等语音特点，并指出其与侗台语特点的一致性。刘教授是上海人，精通上海本地方言，列举的语言实证材料翔实可靠，令人信服。在“词汇上的证据”上，他认为：“语言的演变首先是从词汇的演变开始的。在语言演化过程中，特别是在发生了很大变化的语言里，完整保留整套旧有的词汇系统是不可能的。但是，即使词汇发生了较大变化，一般仍能保留一定的古词语，在上海话里，有相当数量的词语没有确切对当的汉字，通常叫做有音无字词。这些词汇即为底层词语。”刘教授列举了多达20条词汇的语言材料进行分析，认为这些词汇“本来就是纯粹的古越语词，所以没有对应的汉字。属于这种情况的，大多数应该能在侗台语中找到相对应的词。有音无字词，一般来说，它们的语音变化比较慢一些。这是因为由于没有对应的汉字，一般它不跟着汉字的音变走，特别是声母和韵腹、韵尾俱全的词音，其主要元音有前或后的约束，不易发生变化，比较容易保留其原始形式。因为这些词语的语音变化较慢，所以我们还能比较容易地找到它在侗台语里的对应词。”[63]这种分析是很有说服力的。

例如：上海话的“海[hɛ²]”。语言学家潘悟云先生曾经指出，吴语里的远指代词在南面的吴语中是“许”，如温州的he，但是早期形式应该是ha或han。远指代词“许”在庆元是haʔ（促化），青田是a（声母脱落）。这些地方的“许”都表明早期读音好像是ha或han。温州的远指代词虽然是he，但是它出现在另一些语词中却仍然保留ha的形式。如“那里”温州说hav（通常记作hau，实际读音是hav），它是hay duɔ的省略形式，hay duɔ则是“许屋宕”ha vuduɔ的合音结果。其中的“许”作ha。当开音节的ha变作he的时候，闭音节hav中的a不变，闭音节中的元音变得较慢。北部吴语的远指代词已经不用“许”了，但是仍然出现在一些固定词组中，如上海话的“海面”就是“那里”（有时“h”脱落变成“ɛ”，说成[ɛmi]；意思是一样的），“海”就是“许”字。“辣海”在昆山话中说laʔhe，又说ləha，其中的ha显然是从haŋ鼻化而来。“那里”（远指）绍兴话说haŋ（ha）tə，其中的haŋ也是“许”的变体。对此，刘民钢教授说：“潘先生的本意是证明鱼韵在中古以前的读音是a，恰巧他所举的例子是极有启发性的。我们猜想南部吴语的he的早期形式是ha。更早期的形式是北部吴语的ha，如昆山话。绍兴话里的haŋ实际上是一个鼻化的a，和昆山话是很接近的。这个han，我们在壮语等侗台语里也可以看到。傣语（德宏）远指代词是han^4（较远指和最远指相同），‘那边’叫pa^3han^4，壮语里远指代词‘那’是han^4，那儿、那里是han^3，和北部吴语是相同的。上海话里中古的an演变为ɛ，没有了han这个音，所以这个底层词里的han也成了he。上海话的‘海’就是‘那里’，除了‘海头’外，‘南边’老派上海话叫‘南海’（以前上海老城在租界的南边，所以说老城厢也叫‘南海’，旧写作‘南喊’），‘北边’叫‘北海’，‘东边’叫‘东海’，‘西边’叫‘西海’。下头过去也可以叫‘下海’，上头叫‘上海’。因此，上海话的‘海’字是从远指代词han丢失鼻音后演变而来的，可以和侗台语的han相对应。”[64]

又如：上海话的“驐[ton^1]”。上海话里驐字的意思是畜禽去势。《广韵》都昆切，端母魂韵平声，释义是：“去畜势。出《字林》。”这个字虽然出现很早，但是很少使用，只是到了宋代诗人的诗里才看到用例（如梅尧臣的诗《重送袁世弼》：“秋蕖出水似君才，驐鸡肥脆聊供膳。”）。所以我们仍然认为这是一个方言词。壮语里“阉过的”叫don[to:n]，和上述“驐”同词。侗台语里有两个词和我们讨论的这个[$tən^1$]有关。一个是“阉割”，一个是“阉鸡”。与[$tən^1$]相关的似乎是后一个词语。“阉割”一词在侗台语中的语音形式是：

龙州　$ji{:}m^1$　　水语　$ʔjem^1$

邕宁	i:m¹	毛南语	ʔje:m¹
武鸣	iəm¹	佯僙语	ʔjəm¹
柳江	ji:m¹	锦语	jim¹
侗南	jim¹	拉珈语	ĩ:m¹
仫佬	ʔje:m¹	标语	im¹

“阉鸡”一词在侗台语各种语言中的语音形式是：

泰语	ta:n²	柳江	to:n¹
老挝	tɔ:n¹	布依	ton¹
版纳	tɔ:n¹	临高	don¹
德宏	tɔn¹	琼山	don¹
傣拉	ton¹	锦语	ton¹
龙州	to:n¹	莫语	ton⁶
邕宁	to:n¹	黎语	dɯ:n¹
武鸣	to:n¹		

对此，刘民钢教授分析说：“我们认为‘阉割’一词的早期形式大概是*to:n，侗台语中现在表示阉割的词是一个借词，在这个词语借入以后，原先的表示阉割意的词语被专门化，专指‘阉鸡’。在上海话中保留‘阉割’一词的早期形式。”“根据上述讨论，我们认为上海方言底层所显示的是和侗台语的同源关系。”[65]刘先生的分析很细致，但“*to:n，在侗台语中是一个借词，在这个词语借入以后，原先的表示阉割意的词语被专门化，专指‘阉鸡’”的表述则欠妥。因为布依语第三土语“阉牛”称 to:n¹tsi²、“阉猪”称 to:n¹məu¹、“阉马”称 to:n¹ma⁴、“阉鸡”称 to:n¹kai⁵，等等，在布依语第三土语中“骟[to:n¹]”就是“去畜势”的意思，还保留“阉割”牲畜的本义，特在此给予补充。关键是刘先生为我们展示了一种可靠的研究方法，打开了我们的学术思路，证明了当地“百越（粤）”语底层词的客观存在，明确了“上海方言的底层词所显示的是和侗台语有同源关系的”。这就为我们考察“河姆渡文化”和“良渚文化”及“吴越文化”等汉藏语系“百越（粤）”族群先祖的文化，并用以印证和研究布依族传统宗教经典《摩经》文化提供了翔实科学的依据。

考古发掘表明，距今7000余年的浙江“河姆渡文化”、“仰韶文化”中都能找到汉藏语系族群先祖的凤鸟崇拜物证。而“河姆渡文化”是目前国内年代最早、最丰富的考古学凤鸟崇拜文化。考察5000年前的“良渚文化”、“大汶口文化”的文化符号，同样以凤鸟信仰最为突出。从河姆渡文化的象牙雕刻“双鸟朝阳”等精美艺术品，到良渚文化的玉雕刻“鸟文化宗神”或“鸟族徽”等源远流长的中华文明内涵，说明生活在长江流域的汉藏语系“百越（粤）”族群先祖早在新石器时代的早期水稻农业时期就已产生“鸟图腾”崇拜，将自己的厚爱、信赖和一片痴情寄寓于与之相异的鸟类，并创造发展了丰富多彩的物质与精神生活。如同陈勤建先生《中国鸟信仰：关于鸟化宇宙观的思考》所说：“初民鸟信仰意识，可能是在寻找自我生存的最基本的生活中，即求觅维系自身生命的主食——稻米的过程中逐步萌发和衍生出来的。”从河姆渡文化到良渚文化，显示了“人、稻、鸟”三者之间的特殊关联，为人们清晰地展现出长江、珠江流域汉藏语系“百越（粤）”先祖在文明初期的鸟信仰和稻作文化的密切关系。

我国南、北方汉藏语系族群的文化是相通的，汉藏语系语言文化原本是同根同源的。以此为线索，我们还将研究视野扩展至黄河流域的大汶口文化、龙山文化、仰韶文化的鸟信仰和农耕文化，并研究考察夏、商、周三代以降，中原文明对布依族传统文化的影响，用于解开布依族传统宗教经典《摩经》之谜。

总之，本课题主持者和参加者通过深入云南高原布依族山区，经过长期艰苦、细致的田野调查研究，在云南布依族传统宗教经典《摩经》译注工作中，我们要求一字不漏，准确翔实，对照经典原文逐字逐句地进行布依语国际音标注音，采取音译和意译相结合的方式，字词对译和汉语句式翻译注释相结合，以求达到翔实、全面地保存文献史料的目的，特别是译注成果还附上《摩经》经文原件图片，在以往其他地区的《摩经》译注成果中确实未有如此全面者，这就增强了《摩经》译注成果的科学性和完整性。在《摩经》的理论研究上，我们又以中华汉藏语系族群文化为背景，采用人类学、历史学、考古学、宗教学、民族学、语言学、哲学、社会学等多学科结合的方法分别对《摩经》的“山文化”、“树文化”、“舟船文化”、“燕鸟文化”、“大竹文化”、“青铜文化”及“《摩经》语言与文学艺术研究”等方面进行了深入探讨，并附上相关图片，图文并茂，突出地反映了汉藏语系“百越（粤）”族群后裔——布依族同胞的优秀文化及其与中华文化的深厚渊源关系，从而增强了布依族同胞的自信心，对促进布依族同胞的中华民族认同感和加强中华民族凝聚力具有重要的历史和现实意义，也为丰富中华民族文化宝库作出了应有的贡献。我们认为，在当今世界，中华民族还需要加强多学科结合的基础理论建设，才能进一步巩固民族凝聚力的理论大厦。本课题研究即为其中的开拓之作之一，我们的努力应该是成功的。

注释

[1]吴安其：《历史语言学》，上海教育出版社 2006 年版，第 130 页。

[2]邵靖宇：《汉族祖源试说》，浙江大学出版社 2001 年版，序言。

[3]恩格斯：《家庭、私有制和国家的起源》，中央编译局、人民出版社 2009 年版，第 21 页。

[4]宋蜀华：《中国少数民族文库·百越》，吉林教育出版社1991年版，第1页。

[5]罗香林：《中国民族史》，中华文化出版事业社 1953 年版，第 3 页。

[6]邵靖宇：《汉族祖源试说》，浙江大学出版社 2001 年版，序言。

[7]吕大吉：《宗教学通论》，中国社会科学出版社 1989 年版，第 344 页。

[8]牟钟鉴：《中国宗教与文化》，巴蜀书社 1989 年版，第 9—10 页。

[9]《马克思恩格斯选集》（第一卷），人民出版社 1995 年版，第 6 页。

[10]《马克思恩格斯选集》（第二十六卷），人民出版社 1995 年版，第 26 页。

[11]广西文物工作队：《广西桂林甑皮岩洞穴遗址试掘》，《考古》1976 年第 3 期。

[12]C. G. F. 布兰顿：《宗教的起源》，载《观念辞典》（第四卷），纽约 1973 年版，第 98 页。

[13]M. 伊利亚德：《宗教观念史》（第一卷），芝加哥 1978 年版，第 9 页。[12][13]转引自吕大吉：《宗教学

通论》，中国社会科学出版社 1989 年版，第 347 页。

[14]贾兰坡：《中国大陆上的远古居民》，天津人民出版社 1978 年版，第 10 页。转引自吕大吉：《宗教学通论》，中国社会科学出版社 1989 年版，第 347 页。

[15]牟钟鉴：《中国宗教与文化》，巴蜀书社 1989 年版，第 13 页。

[16]转引自黎汝标：《布依族科技》，见伍文义主编，周国茂、韦兴儒、黎汝标副主编：(国家社科八五规划艺术学科重点项目)《中国民族文化大观·布依族卷·第五章》(未刊稿)。

[17][18]刘志一：《从玉蟾岩与牛栏洞对比分析看中国稻作农业的起源》，《农业考古》2003年第1期。

[19]卫斯：《关于确定中国稻作起源地"三条标准"的补充——续说"中国稻作起源于长江中游"》，《农业考古》2000年第1期。

[20]龚子同等：《中国古水稻的时空分布及其启示意义》，《科学通报》2007年第25卷第5期。

[21]汪宁生：《云南考古》，云南人民出版社1980年版，第12—27页。

[22]方铁、方慧：(中国社会科学基金项目)《中国西南边疆开发史》，云南人民出版社1997年版，第5—6页。

[23]方铁、方慧：(中国社会科学基金项目)《中国西南边疆开发史》，云南人民出版社1997年版，第8页。

[24]广西文物训练班、广西文物工作队：《广西南部地区新石器时代晚期文化遗存》，见《广西文物报告集》，广西人民出版社1993年版。

[25]蒋廷瑜：《桂南大石铲研究》，《广西博物馆建馆60周年论文选集》，广西民族出版社1993年版。

[26]覃乃昌：《广西壮族农业史》，广西民族出版社1997年版，第60—61页。

[27]魏丰、吴维棠等：《浙江余姚河姆渡新石器时代遗址动物群》，海洋出版社 1989 年版，第 108 页。

[28]石兴邦：《河姆渡文化——我国稻作农业的先驱和"采集农业"的拓殖者》，见浙江省文物局、浙江省文物考古研究所等编：《河姆渡文化研究》，杭州大学出版社 1998 年版，第 2 页。

[29]"7000 年前金黄稻谷、骨耜"图片。转引自周新华：《稻米部族——河姆渡遗址考古大发现》，浙江文艺出版社 2002 年版，第 26 页。

[30]恩格斯：《家庭、私有制和国家的起源》，中央编译局、人民出版社 2009 年版，第 22、48 页。

[31]石兴邦：《河姆渡文化——我国稻作农业的先驱和"采集农业"的拓殖者》，见浙江省文物局、浙江省文物考古研究所等编：《河姆渡文化研究》，杭州大学出版社 1998 年版，第 5 页。

[32]周新华：《稻米部族——河姆渡遗址考古大发现》，浙江文艺出版社 2002 年版，第 45 页。

[33][34][36]周新华：《稻米部族——河姆渡遗址考古大发现》，浙江文艺出版社 2002 年版，第 87 页。

[35]安志敏：《长江下游史前文化对海东的影响》，《考古》1984 年第 5 期。

[37]董楚平：《吴越文化新探》，浙江人民出版社 1988 年版，第 71 页。

[38]宋兆麟：《河姆渡遗址出土蝶形器的研究》，载《中国原始文化论文集——纪念尹达八十诞辰》，文物出版社 1989 年版。

[39]王士伦：《越国鸟图腾和鸟崇拜的若干问题》，《浙江学刊》1990 年第 6 期。

[40]万斗云：《河姆渡文化与凤鸟的关系》，国际百越文化学术讨论会论文，1990 年 8 月于杭州。

[41]牟永抗：《钱塘江以南的古文化及其相关问题》，《福建文博》1990 年增刊。

[42]林华东：《河姆渡文化初探》，浙江人民出版社 1992 年版，第 234 页。

[43][44][45][46]周新华：《稻米部族——河姆渡遗址考古大发现》，浙江文艺出版社 2002 年版，第 117、119 页。

[47]王清士、韦廉舟等：《布依族文学史》，贵州人民出版社1983年版，第68页。

[48]丁颖：《中国栽培稻种的起源和演变》，《农业学报》1957年第8期。

[49][50][51]转引自彭适凡：《百越民族对中国古代文明的卓越贡献》，见中国百越民族史研究会、云南省民族事务委员会编：《百越史论集》，云南民族出版社1989年版，第251页。

[52]彭适凡：《百越民族对中国古代文明的卓越贡献》，见中国百越民族史研究会、云南省民族事务委员会编：《百越史论集》，云南民族出版社1989年版，第251页。

[53]《良渚文化考古记事》（1936—1987），见中国人民政治协商会议、浙江省余杭县委员会文史资料委员会编：《余杭文史资料》（第三辑），1987年，第169页。

[54]《广州日报》2007年12月1日。

[55]吴汝祚：《良渚遗址发掘的意义》，见中国人民政治协商会议、浙江省余杭县委员会文史资料委员会编：《余杭文史资料》（第三辑），1987年，第1页。

[56]王明达：《“良渚”遗址群概述》，见中国人民政治协商会议、浙江省余杭县委员会文史资料委员会编：《余杭文史资料》（第三辑），1987年，第121—122页。

[57]浙江省文物考古研究所编：《浙江考古精华》，文物出版社1999年版，第71—89页。

[58]陈勤建：《中国鸟信仰：关于鸟化宇宙观的思考》，学苑出版社2003年版，第4页。

[59]黄惠焜：《从越人到泰人》，云南民族出版社1992年版，第1—2页。

[60][61]陈忠敏：《上海地区方言的分区及其历史人文背景》，《复旦大学学报》1992年第4期。转引自刘民钢：《上海话语音简史》，学林出版社2004年版，第33页。

[62][63][64][65]刘民钢：《上海话语音简史》，学林出版社2004年版，第33、39、40、51页。

第二章 《摩经·祭山经》

第一节 《摩经·祭山经》原文图

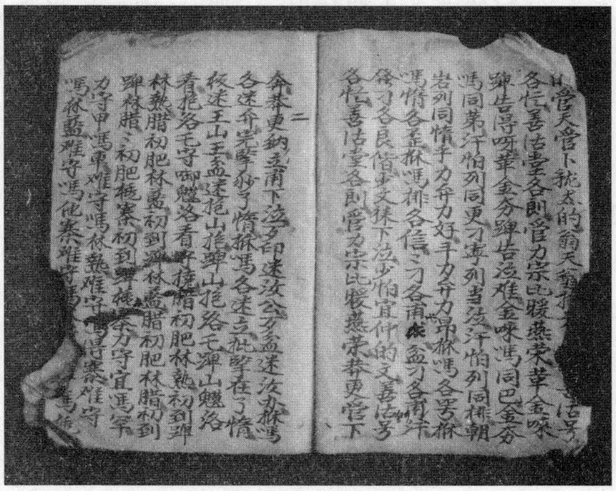

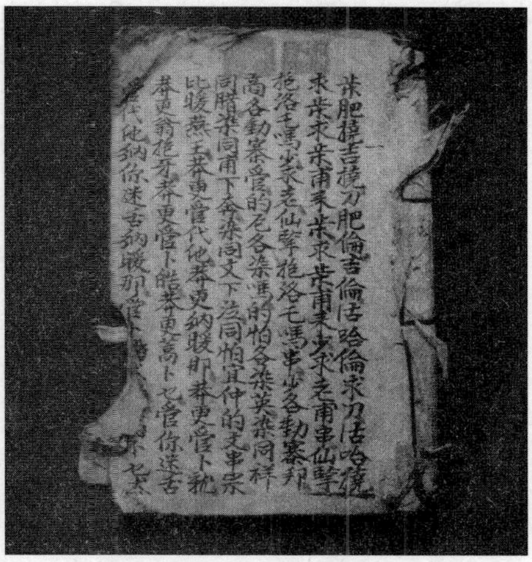

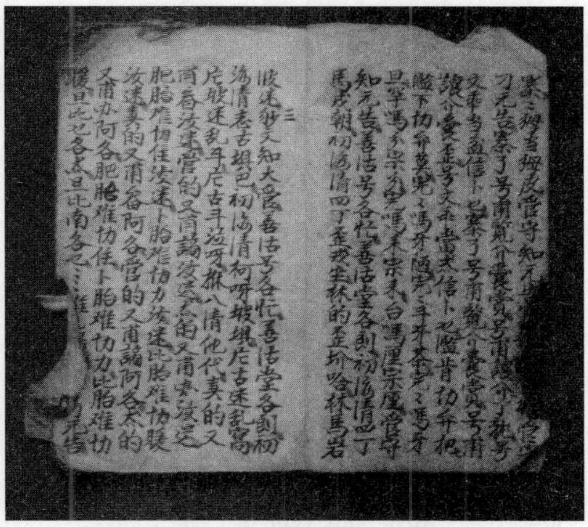

第二节 《摩经·祭山经》译注①

云南罗平县三江口有神山两座（山名叫 po^{33}ka^{33} 和 poŋ^{213}θai^{55}），当地布依族群众每年正月十五和三月初三祭山、三月初四祭水。在正月十五日祭 po^{33}ka^{33} 山，三月初三祭 poŋ^{213}θai^{55} 山。

① 本章经文中有的同一个词前后语音不同，是“一词两读”现象。详细说明，见本书“第十四章第一节《摩经》语言研究”。以下第三章至第九章同。

正月十五上午九时许祭 po^{33}ka^{33} 山，家长在家门外摆桌祭供，同时由各家年轻人自带香、纸、烛、爆竹到山顶神树脚烧纸点香，大家围拢神树脚跪求山神保佑，放爆竹然后回家。家长在大门外院子中摆桌祭供，桌上供酒（按家中人口，每人一碗酒）数碗，饭一箩，筷一把，腊肉、香肠、豆腐、鸡肉等敬供，烧纸点香，求神山保佑全家平安。此仪式布摩先生不出面。

三月初三下午三时许祭 poŋ^{213}θai^{55} 山。节日前，由寨老组织，各户出钱若干买猪一头、羊一只、大公鸡三只、酒若干；各家准备香、纸、烛、花糯米饭等物。节日当天，只准男性上山，各户家长由布摩带领到山顶祭祀。布摩念经并先杀牲畜敬供，称“生敬”；再将牲畜煮熟后又念经敬供，称“回熟敬供”。然后众人集中在山上吃酒吃肉（猪肝、羊肝当时不准吃，由布摩分配各家一小块，用神山树枝插上，仪式完后由各家带回），时至半夜，准备回寨之前，各户家长需举杯敬神山一杯酒，方才回寨。神山脚下，各户小孩等候迎接家长。分配各家一小块猪肝、羊肝，由家长将其炕在灶上（长年不吃），意为保佑田地庄稼丰收。有的村子届时还举行植树活动，保护环境。有的村子则宣布乡规民约，用来加强地方管理。

ɦən^{55}po^{33}θai^{213}
祭　山　官
《祭神山经》

za^{31}fi^{31}nau^{42}tɕiə^{42}nau^{42}
时　末　讲　想　讲　　古时未讲我想讲，

tau^{33}fi^{31}lən^{31}tɕiə^{42}lən^{31}
古　末　念　想　念　　古代未念我想念，

ku^{33}ɦa^{213}lən^{31}ɕiau^{31}tau^{33}
我　要　念　古代　　我要念古代的经，

ku^{33}ɦa^{213}nau^{31}ɕiau^{31}kuan^{213}
我　要　讲　前代　　我要讲前代的事。

ɕiau^{31}kuan^{213}pu^{55}laɯ^{31}sa:u^{55}
前代　人　哪　造　　前代哪位造经文？

ɕiau^{31}la:u^{55}pu^{55}laɯ^{31}suaŋ^{213}
老辈　人　哪　留　　老辈哪位留经文？

ɕian^{33}laŋ^{33}pau^{213}lok^{213}to^{42}ma^{33}sa:u^{55}
仙　和　布洛陀　来　造　　仙与“布洛陀”祖神来造，

ɕian^{33}laŋ^{33}pau^{213}lok^{213}to^{42}ma^{33}suaŋ^{213}
仙　和　布洛陀　来　放　　仙和“布洛陀”祖神留存。

sa:u^{55}kuə^{31}tsoŋ^{33}na^{55}ʔba:n^{33}
造　做　小地点　不成寨　　造小地点不成寨，

sa:ŋ^{33}kuə^{31}tsoŋ^{33}na^{55}kuan^{55}
造　做　小地点　无人管　　造小地方无人管。

te^{33}ŋɯ^{42}kuə^{31}zam^{55}ma^{33}
它 蛇 做 水 出 蛇神造水出，

te^{33}pja^{213}kuə^{31}zam^{55}ʔdiŋ^{33}
它 雷 做 水 洪 雷神发洪水，

zam^{55}tum^{31}jaŋ^{42}tum^{213}za^{213}
水 淹各样各种 水淹各样各种，

zam^{55}tum^{31}pu^{55}la^{213}ʔbən^{33}
水 淹 人 下 天 水淹天下人，

zam^{55}tum^{31}vən^{31}la^{213}ti^{31}
水 淹 人 下 地 水淹地上人，

tum^{31}pa:k^{213}ŋi^{31}tsoŋ^{213}te^{33}vən^{42}
淹 一百二十 姓 众 人 一百二十姓氏的人全淹死，

ɕuaŋ^{213}soŋ^{33}pi^{55}nuaŋ^{55}jan^{31}vaŋ^{42}
剩下 双 兄妹 燕子 王 只剩燕子王兄妹二人，

kən^{31}ʔbən^{33}kuan^{42}la^{213}ti^{31}
上 天 管 下 地 兄妹管天又管地，

pɯn^{33}kən^{42}na^{42}nuaŋ^{55}na^{42}
上方 田 妹 田 上方田是兄妹田，

puan^{33}kən^{42}kuan^{55}lɯŋ^{42}ta^{31}
上边 管 龙 河 上方之事河龙管，

puan^{33}la^{213}kuan^{55}mai^{55}ɦuŋ^{33}
下边 管 神树 下方之事神树管，

puan^{33}tɕa:ŋ^{33}kuan^{55}po^{33}ɕie^{55}
中间 管 神山 中间之事山神管。

kuan^{55}ka^{31}ɕie^{55}ti^{31}na:m^{31}
管 自 神 地 土 各山土地神自管，

kuan^{55}ka^{31}ɕie^{55}naŋ^{31}ni^{55}
管 自 神 座 这 各地山神也自管。

tian^{33}kuan^{55}tian^{33}luŋ^{31}mɯ^{31}
天 管 天 龙 脉 天管天龙脉，

ɦuŋ^{33}ten^{33}ɦuŋ^{33}pu^{55}θai^{213}
大 那 大 人 官 那神为大官，

kai^{213}ten^{33}kai^{213}pu^{55}vɯŋ^{42}
那种 是 天上人王 那神是天王。

tɕie^{42}ten^{33}kuan^{55}vən^{42}pɯŋ^{42}taŋ^{31}ɦo^{55}
这 那 管 人 地方 所有 天王管所有地方。

san^{42}ku^{33}ɦa:u^{213}ɦaɯ^{213}mjaŋ^{42}
语 我 说 给 算① 天王告诉我布摩，天王说话就算数。

san^{42}ku^{33}taŋ^{31}ku^{33}suaŋ^{213}
语 我 说 给 留 天王留话给我布摩，天王说话就算数。

① 此句是指布摩先生是古代人王的代言人。

kuan^{55}ka^{31}soŋ^{33}pi^{55}nuaŋ^{55}jan^{31}fuŋ^{42}
管 自 二 兄妹 燕子 逢　　天王来安排，兄妹相逢燕相昵，
kɯt^{213}zin^{33}zai^{55}pai^{33}kau^{31}tɯk^{213}ɦa^{42}
扛 石 磨子 去 滚 茅草坡①　　兄妹扛石磨，磨滚草坡磨相合。
kɯt^{213}zin^{33}pan^{42}pai^{33}kau^{31}ti^{31}na:m^{31}
扛 石 磨石 去 滚 地 土　　兄妹扛石磨去滚平地，
zin^{33}zai^{55}ma^{33}toŋ^{31}pa^{33}
石 磨子 来 合拢　　兄妹扛磨滚平地，石磨两扇也合拢，
zin^{33}pan^{42}ma^{33}toŋ^{31}tem^{213}
石 磨石 来 同 相叠　　石磨两扇也相叠，天意不可违兄妹才结亲。
ɦam^{55}pak^{213}le^{33}toŋ^{31}kən^{33}
磨石印痕 是 同 根　　石磨印痕是同根又同源呵，
ʔdjau^{33}nin^{42}le^{33}taŋ^{213}ti^{31}
睡醒 是 各 处　　兄妹睡醒又各处各。
ɦam^{55}pak^{213}le^{33}toŋ^{31}pai^{42}
磨石印痕 是 同 走　　石磨印痕是同根又同源呵，
sau^{42}ŋa:i^{42}le^{33}toŋ^{31}to^{31}
早晚 是 一起　　兄妹早晚在一起，
ʔu^{31}lək^{213}pan^{31}lək^{213}ɦau^{55}
生 儿 成 儿 畸形　　生了个畸形儿。
tau^{55}lək^{213}pan^{31}lək^{213}ŋam^{42}
养 儿 成 儿 无手脚形②　　畸形儿无脚又无手，
ʔau^{33}ma^{33}zam^{55}kuə^{31}ʔboŋ^{213}
拿 来 砍 成 节　　拿畸形儿来砍成节，
ʔau^{33}ma^{33}to^{55}kuə^{31}vai^{33}
拿 来 剁 成 块（宗支）　　拿畸形儿来剁成块，
ʔau^{33}ma^{33}pa:i^{31}kuə^{31}ɕiŋ^{213}
拿 来 排 成 人氏　　用肉块来排人氏宗氏，
ɕiŋ^{213}ʔdjeu^{33}kuə^{31}pu^{55}ʔjie^{55}
姓 一 做 人 越　　一块肉坨做“百越（粤）”人宗支，
pɯŋ^{42}ʔdjeu^{33}kuə^{31}pu^{55}mɯŋ^{33}pu^{55}ɦa:k^{213}
寨 一 做 人 苗 人 汉　　一块肉坨做苗人、汉人宗支……
fa:k^{213}ʔdjeu^{33}kuə^{31}lɯŋ^{42}sa:i^{42}
部分 一 做 龙神 根　　一部分肉坨做了龙神的根源。
sa:u^{55}vən^{31}la:i^{33}la^{213}ti^{31}
造 人 多 下 地　　造人多来好种地，
sa:u^{55}pa:k^{213}ŋi^{31}tɕoŋ^{213}te^{33}wən^{42}
造 一百二十 姓氏 类 人　　繁衍一百二十姓人类。

① 磨滚草坡磨相合：指石磨分上下阴阳两扇，兄妹分别从山坡两面滚磨，两扇却在山脚合拢相扣，象征“兄妹相逢燕相昵”之状。
② ʔu^{31} 生、tau^{55} 养：这里都是出生之意。当地汉语表达也有相同之说。

san^{42}ku^{33}ɦa:u^{213}ɦaɯ^{213}mjaŋ^{42}
语 我 说 给 算　　天王告诉我布摩，天王说话就算数。

san^{42}ku^{33}taŋ^{31}ku^{33}suaŋ^{213}
语 我 说 给 留　　天王留话给我布摩，天王说话就算数。

kuan^{55}jaŋ^{31}soŋ^{33}pi^{55}nuaŋ^{55}jan^{31}fuŋ^{42}
管 样 二 兄妹 燕 逢　　天王来安排，兄妹相逢燕相呢，

ʔbən^{33}kən^{42}kuan^{55}la^{213}ti^{31}
天 上 管 下 地　　兄妹管天下，

ʔdai^{55}ʔin^{31}mi^{31}zo^{55}ʔoŋ^{33}
得 事物 不 会 料理　　管事物不懂料理，

ʔdai^{55}pɯŋ^{31}mi^{31}zo^{55}pɑn^{213}
得 地方 不 会 安排　　管地方不会安排，

ʔau^{33}ma^{33}kuə^{31}mi^{31}pɑn^{42}
拿 来 做 不 成　　做哪样也做不成，

van^{42}laŋ^{33}se^{33}leu^{55}ʔdo^{213}
以后 荒废 了 整体　　天下都荒废了。

ʔau^{33}ma^{33}kuə^{31}mi^{31}ʔdi^{33}
拿 来 造 不 好　　造哪样也造不好，

pi^{33}laŋ^{33}saɯ^{213}leu^{55}ʔdo^{213}
年 后 用 了 整体　　几年财产都耗光。

ʔba:n^{55}mi^{31}vɯŋ^{31}sa:m^{33}vɯŋ^{42}
寨 有 王 问 王　　寨上有王就请教王，

pɯŋ^{42}mi^{31}pau^{213}sa:m^{33}pau^{213}
寨 有 爷 问 爷　　寨上有爷就请教爷，

pai^{33}sa:m^{33}pau^{213}lok^{213}to^{42}
去 问 布洛陀　　寨王寨爷都说去问“布洛陀”，

pai^{33}sa:m^{33}mo^{33}lok^{213}ka:p^{213}
去 问 姆洛珈　　寨王寨爷都说去问“姆洛珈”，

pai^{33}sa:m^{33}pau^{213}tiaŋ^{42}pɯŋ^{42}
去 问 爷 寨神庙　　去问寨神庙的寨神爷，

pai^{33}sa:m^{33}pau^{213}luaŋ^{213}tɕa:ŋ^{33}
去 问 公 寨神房①　　去问寨神房的寨神公，

pau^{213}lok^{213}to^{42}so^{55}ɦa:p^{213}
布洛陀 才 说　　“布洛陀”才说，

mo^{33}lok^{213}ka:p^{213}so^{55}nau^{42}
姆洛珈 才 告诉　　“姆洛珈”才讲，

pau^{213}tiaŋ^{42}pɯŋ^{42}so^{55}tɯn^{33}
爷 寨神庙 才 摆　　寨神庙的寨神爷才说，

① tiaŋ^{42}pɯŋ^{42}、luaŋ^{213}tɕa:ŋ^{33}：即“寨神庙”，又称为“老人房”。每年二月卯日（当月有两个卯日的，用第一个卯日；有三个卯日的，用第二个卯日）全寨敬供。

pau^{213}luaŋ^{213}tɕa:ŋ^{33}so^{55}ɦa:u^{213}
公　寨神房　才　说①　　　寨神房的寨神公才讲，
za^{31}su^{33}fi^{31}zim^{42}zɯk^{213}
那时 你们 未　备　礼物　　　那时你们未备礼物，
su^{33}ta:u^{213}pai^{33}zim^{42}zɯk^{213}
你们　回　去　备　礼物　　　你们去备礼物吧。
za^{31}su^{33}fi^{31}zim^{42}zak^{213}
那时 你们 未　收捡　　　那时你们未备祭品，
su^{33}ta:u^{213}pai^{33}zim^{42}zak^{213}
你们　回　去　收捡　　　你们回去备祭品吧。
za^{31}su^{33}fi^{31}tap^{213}soŋ^{42}
那时 你们 未　摆　桌　　　那时你们未摆供桌，
su^{33}pan^{31}ta:u^{213}tap^{213}soŋ^{42}
你们　回去　摆　桌　　　你们回去摆供桌吧。
lək^{213}so^{55}nɯ^{31}ma^{33}ʔak^{55}
儿　才　想　来　胸　　　小辈想在胸中，
lək^{213}so^{55}tsak^{213}ma^{33}sɯ^{33}
儿　才　记　来　心　　　小辈记在心里，
naŋ^{31}so^{55}ma^{33}zim^{42}zɯk^{213}
这时　才　来　备　礼　　　这时才来备礼物，
naŋ^{31}so^{55}ma^{33}zim^{42}zak^{213}
这时　才　来　收捡　　　这时才来备祭品，
naŋ^{31}so^{55}ma^{33}tap^{213}soŋ^{42}
这时　才　来　摆　桌　　　这时才来摆供桌。
tap^{213}lau^{213}jian^{31}po^{33}sa:ŋ^{33}
摆　酒　祭　山　高　　　摆酒祭高山，
tap^{213}soŋ^{31}na:i^{33}po^{33}ɕie^{55}
摆　桌　敬　山　神　　　摆桌敬山神，
ɕie^{55}po^{33}pa^{31}ɕie^{55}ka^{31}zoŋ^{33}
神　山　坳　神　垫　叶　　　山坳中又用树叶铺垫祭品敬山神。
ɕie^{55}vən^{31}pɯŋ^{31}taŋ^{31}ɦo^{55}
神　人　地方　全部　　　山神呵！地方众人皆敬您！
ɦau^{213}po^{33}la:u^{55}naŋ^{33}sa:ŋ^{55}
进　山　大　皮　大象　　　进大山里采得大象皮来祭，
ɕiŋ^{213}po^{33}sa:ŋ^{33}naŋ^{33}ɕie^{55}
供　山　高　皮　神　　　供山的象皮也是神皮。
ɕiŋ^{213}pu^{55}za:ŋ^{213}kai^{213}tin^{33}lɯŋ^{42}
请　智者　鸡卦　爪　龙　　　请智者画鸡卦的卦象如龙爪。
vən^{42}kua:i^{33}taŋ^{33}pɯŋ^{42}taŋ^{31}to^{31}
人　聪明　领头　地方　全部　　　选头脑聪明的人当地方领头人，

① ɦa:p^{213}、ɦa:u^{213}：意思相同，都是"说、讲"的意思。现在 ɦa:p^{213} 讲得少了。

siŋ^{213}pu^{55}zak^{55}kai^{213}taŋ^{33}pɯŋ^{42}
请　人　判断　鸡卦　领头　地方　　能判断鸡卦的人为地方领头人，

ɕiŋ^{213}vən^{31}taŋ^{33}pɯŋ^{42}taŋ^{31}to^{31}
请　人　领头　地方　全部　　请地方全部的领头人一起来祭。

ɕie^{55}po^{33}pa^{31}ɕie^{55}ŋa^{31}zam^{55}
神　山　坳　神　源　水①　　山坳神是水源神，

ɕie^{55}po^{33}pa^{31}ɕie^{55}ŋa^{31}sɯŋ^{33}
神　山　坳　神　源水停处　　山坳神之处是水源停留处。

ɕie^{55}tjaŋ^{31}pɯŋ^{42}ɕie^{55}luaŋ^{213}tɕa:ŋ^{33}
神　寨神房　神　寨神庙　　寨神房之神呵，寨神庙之神，

ɦat^{55}ma^{33}fɯŋ^{33}soŋ^{33}fɯŋ^{33}
早晨　来　回　二　回　　我们早晨来了一回又一回，

na:i^{33}ma^{33}ta:ŋ^{33}taŋ^{31}to^{31}
请　来　保佑　全部　　请您来保佑天下人；

ɦat^{55}ma^{33}fɑn^{33}soŋ^{33}fɑn^{33}
早晨　来　次　二　次　　我们早晨来了一趟又一趟，

na:i^{33}ma^{33}ta:ŋ^{33}taŋ^{31}to^{31}
请　来　保佑　全部　　请您来保佑全部的人。

pɯŋ^{31}so^{55}ʔdi^{33}jaŋ^{31}kau^{213}
地方　才　好　同　前　　让地方好如洪灾前的美景。

san^{42}ku^{33}ɦa:u^{213}ɦaɯ^{213}mjaŋ^{42}
语　我　说　给　算　　天王告诉我布摩，天王说话就算数。

san^{42}ku^{33}taŋ^{31}ku^{33}suaŋ^{213}
语　我　说　给　留　　天王留话给我布摩，天王说话就算数。

su^{33}ɦai^{55}sin^{33}θi^{31}tin^{33}ma^{33}zoŋ^{42}sau^{42}
你们　可　行　四　脚　来　下　晚饭　　山神说，你们去祭供山神的人可以手脚并用下山去吃晚饭，

su^{33}ɦai^{55}sin^{33}θi^{31}tin^{33}vai^{33}zoŋ^{42}sok^{213}
你们　可　行　四　脚　转　下　坝　　山神说，你们去祭供山神的人可以手脚并用转下坝。

zin^{42}ʔdi^{33}vai^{33}ka^{31}ɦau^{55}
午时　好　转　脚　进　　山神说，进入午时好下山，

zin^{42}ma^{33}ŋa:i^{42}ʔbo^{33}mi^{42}
午时　来　早饭　不　有　　山神说，进到午时你们还未吃早饭，

se^{33}vɯŋ^{42}ʔdi^{33}ka^{31}kuan^{55}
留　王　好　自　管　　你们转回寨，留下天王我自己会管好。

san^{42}ku^{33}ɦa:u^{213}ɦaɯ^{213}mjaŋ^{42}
语　我　说　给　算　　天王告诉我布摩，天王说话就算数。

san^{42}ku^{33}taŋ^{31}ku^{33}suaŋ^{213}
语　我　说　给　留　　天王留话给我布摩，天王说话就算数。

① 山坳：一般为分水岭的地貌之一，所以也是水源神之地。

su^{33}ɦai^{55}ɕin^{33}tsi^{31}kok^{55}fak^{213}pja^{33}

你们 可 行 树枝 脚 岩崖　　你们可顺着岩崖脚的树枝行，

su^{33}ɦai^{55}ɕin^{33}ko^{33}ɦa^{42}po^{33}pa^{31}

你们 可 行 棵 茅草 山包　　你们可顺着山包的茅草行，

pjak^{213}kut^{33}mi^{31}lum^{55}ʔo^{33}

蕨菜 有 像 出　　有的蕨菜好像已长嫩芽了，

pjak^{213}po^{33}mi^{31}lum^{55}tau^{55}

菜 山 有 像 生　　有的山菜好像已生嫩芽了，

pjak^{213}kut^{33}tau^{213}ti^{55}ɦa^{42}

蕨菜 生 底 茅草①　　蕨菜生在茅草底，人类要繁衍。

ʔau^{33}pa^{42}sin^{33}ta^{33}ta:i^{213}

要 妻 造 外公 外婆　　有妻才有外公和外婆，

mai^{213}ʔdi^{33}ʔju^{31}pu^{55}ʔbək^{55}zo^{55}mi^{31}

妻 好 有 女儿 知 不　　知不知好妻才生有好女儿？

kuan^{55}ʔdi^{33}ʔju^{31}vən^{31}sa:i^{33}zo^{55}mi^{31}

夫 好 有 男儿 知 不　　知不知好夫才生有好男儿？

pɯŋ^{42}ʔdi^{33}ʔju^{31}pu^{55}pan^{213}zo^{55}mi^{31}

地方 好 有 伙伴 知 不　　知不知好地方才有好伙伴？

fi^{31}ta:i^{33}naŋ^{213}lɯ^{33}tso^{213}zo^{55}mi^{31}

火 灭 还 剩 炭 知 不　　知不知火焰灭了还有火炭？

po^{31}ta:i^{33}naŋ^{213}lɯ^{33}lək^{213}zo^{55}mi^{31}

父 死 还 剩 儿 知 不　　知不知父死还有儿？

pi^{33}ta:i^{33}naŋ^{213}lɯ^{33}nuaŋ^{55}zo^{55}mi^{31}

兄 死 还 剩 弟妹 知 不　　知不知兄死还有弟妹？

mai^{213}ʔdi^{33}vən^{31}pu^{55}ʔbək^{55}ʔa^{213}sa:u^{55}

妻 好 人 女性 鸟神 造　　好妻、好女人是鸟神造，

kuan^{33}ʔdi^{33}ʔju^{213}pɯŋ^{31}sa:ŋ^{33}ʔa^{213}sa:u^{55}

夫 好 有 地方 高 鸟神 造　　好夫管高地是鸟神造。

pɯŋ^{42}ʔdi^{33}ʔju^{213}pu^{55}pan^{213}ʔa^{213}sa:u^{55}

地方 好 有 伙伴 鸟神 造　　好地方、好伙伴都是鸟神造。

fi^{31}ta:i^{33}naŋ^{213}lɯ^{33}tso^{213}ʔa^{213}sa:u^{55}

火 死 还 剩 炭 鸟神 造　　火灭还剩炭是鸟神造。

po^{31}ta:i^{33}naŋ^{213}lɯ^{33}lək^{213}ʔa^{213}sa:u^{55}

父 死 还 剩 儿 鸟神 造　　父死还剩儿是鸟神造。

pi^{33}ta:i^{33}naŋ^{213}lɯ^{33}nuaŋ^{55}

兄 死 还 剩 弟妹　　兄死还剩下弟妹是鸟神造。

to^{213}pi^{55}me^{31}kuə^{31}pɯŋ^{42}

靠 嫂嫂 做 地方　　靠嫂嫂经营地方是鸟神造。

to^{213}pi^{55}nan^{31}kuə^{31}ʔba:n^{55}

靠 嫂嫂 做 寨　　靠嫂嫂管寨是鸟神造。

① 蕨菜：又叫龙爪芽。生嫩芽，如同人也要有生育繁衍。

ʔba:n^{55}vən^{42}ʔdi^{33}lum^{213}kau^{31}
寨 人 好 像 以前
寨人过的好生活如同古代洪灾前的好生活。

ʔju^{213}sin^{33}mi^{31}ʔju^{213}həu^{213}
有 亲家 不 有 后代
只因有亲家没有后代，

ʔju^{213}pau^{213}mi^{31}ʔju^{213}la:n^{33}
有 爷 不 有 孙
只因有爷不见孙，

pan^{55}so^{55}kuaŋ^{31}po^{33}sa:ŋ^{33}pau^{213}kuan^{55}
众人 才 供 山 高 爷 管
众人才来祭高山，请山神爷保护地方。

ʔju^{213}siŋ^{33}mi^{31}ʔju^{213}ja^{42}
有 后代 不 有 奶
只因有孙不见奶，

ʔju^{213}ja^{31}mi^{31}ʔju^{213}la:n^{33}
有 奶 不 有 孙
只因有奶不见孙，

pan^{55}so^{55}kuə^{31}ja^{42}man^{31}
众人 才 做 奶 稳
众人才来祭高山，请山神奶保护地方。

tam^{33}sat^{213}kuə^{31}ja^{42}kuan^{55}
春 碓 做 奶 管
做奶奶的管春米。

ʔju^{213}sin^{33}mai^{213}ʔju^{213}həu^{213}
有 亲家 必 有 后代
有亲家必有后代，

mi^{31}pau^{213}mai^{213}mi^{31}la:n^{33}
有 爷 必 有 孙
有爷必有孙，

pan^{55}so^{55}ta^{31}kuə^{31}pau^{213}man^{31}
众人 才 达 做 爷 稳
众人有爷稳坐寨，

mi^{31}tam^{33}kuə^{31}pau^{213}man^{31}
有 踏实 做 爷 稳
爷爷踏实稳坐寨。

mi^{31}siŋ^{33}mai^{213}mi^{31}ja^{31}
有 后代 必 有 奶
有孙必有奶，

mi^{31}ja^{31}mai^{213}mi^{31}la:n^{33}
有 奶 必 有 孙
有奶必有孙。

pan^{55}so^{55}mi^{31}ta^{31}ta:i^{31}kuə^{31}man^{33}
众人 才 有 外公 外婆 做 花布
众人的外公外婆做花布给孙，

mi^{31}tam^{33}kuə^{31}ja^{31}kuan^{55}
有 踏实 做 奶 管
奶奶踏实来管家。

ʔbak^{55}tɕiau^{42}pɯŋ^{42}zau^{31}za:i^{31}
搭 桥 地方 我们 走
在地方搭桥给我们走，

pɯŋ^{42}zau^{31}zo^{55}sai^{31}lian^{31}zo^{55}ʔba:n^{55}
地方 我们 知 事 连 知 寨
我们地方才有知识懂治理村寨，

pɯŋ^{42}pan^{31}kən^{33}pan^{31}ʔdi^{33}tɕi^{55}ɕiau^{31}
地方 成 吃 成 好 几 辈
地方做得够好几辈人吃。

ɕiŋ^{213}pu^{55}kuan^{55}ɕiŋ^{213}mai^{55}kuan^{55}
请 人 管 请 树 管
请寨神房之神管、请大树神管，

ɕiŋ^{213}kuan^{55}kok^{55}kuan^{55}ko^{33}
请 管 根 管 棵 　　请山神管整树整林，
ɕiŋ^{213}kuan^{55}pɯŋ^{42}kok^{55}mɯ^{31}
请 管 地方 主 脉 　　请山神管主山与龙脉，
kuan^{55}ʔju^{213}kok^{55}po^{33}se^{31}
管 在 脚 “社”山[①] 　　管在“社”山脚，
kuan^{55}ʔju^{213}tse^{31}po^{33}tɕa:ŋ^{33}
管 在 槽 中部山 　　管在中部山。
kuan^{55}ʔju^{213}kok^{55}po^{33}se^{31}
管 在 脚 “社”山 　　管在“社”山脚，
kuan^{55}ʔju^{213}tse^{31}po^{33}sa:ŋ^{33}
管 在 槽 高山 　　管在高山上。
kuan^{55}ʔju^{213}kok^{55}po^{33}se^{31}
管 在 脚 “社”山 　　管在“社”山脚，
kuan^{55}ʔju^{213}tse^{31}po^{33}lo^{42}
管 在 槽 大山 　　管在大山槽。
kuan^{55}ʔju^{213}laŋ^{33}tiaŋ^{42}pɯŋ^{31}
管 在 后 寨神房 　　管在寨神房后面，
kuan^{55}ʔju^{213}tse^{31}luaŋ^{213}tsai^{33}
管 在 槽 寨 远 　　远离村寨的山也管。
kuan^{55}ʔju^{213}kok^{55}po^{33}se^{31}
管 在 脚 “社”山 　　管在“社”山脚，
kuan^{55}ʔju^{213}tse^{31}po^{33}θai^{213}
管 在 槽 神山 　　管在神山槽。
kuan^{55}ʔju^{213}kok^{55}sau^{33}me^{31}
管 在 脚 中柱 　　管在房屋中柱脚，
kuan^{55}ʔju^{213}tse^{31}sau^{33}tɕa:ŋ^{33}
管 在 榫 中柱 　　管在房屋中柱榫。
kuan^{55}ʔju^{213}kok^{55}sau^{33}me^{31}
管 在 脚 中柱 　　管在房屋中柱脚，
kuan^{55}ʔju^{213}tse^{31}sau^{33}ȵiu^{33}
管 在 槽 中柱头 　　管在房屋中柱头。
kuan^{55}ʔju^{213}kok^{55}sau^{33}me^{31}
管 在 脚 中柱 　　管在房屋中柱脚，
kuan^{55}ʔju^{213}tse^{31}sau^{33}zok^{213}
管 在 榫 外柱[②] 　　管在房屋外柱榫。
kuan^{55}ʔju^{213}laŋ^{33}fi^{31}tau^{31}
管 在 后 火塘 　　管在房屋火塘后，

① “社”山：地名。
② sau^{33}zok^{213}：外柱，指房角的那根柱子。

kuan^{55}ʔju^{213}laŋ^{33}sau^{31}naŋ^{55}
管 在 后 灶 甑　　管在厨房灶甑后。

kuan^{55}ʔju^{213}sam^{33}soŋ^{31}so^{31}
管 在 三 山洞 名　　管在山洞三个名，

kuan^{55}ʔju^{213}zok^{55}soŋ^{31}ɕiu^{31}
管 在 六 山洞 畜　　管在山洞六个畜。

kuan^{55}tse^{31}zok^{213}pok^{213}va^{33}
管 缝隙 外 板壁　　管板壁外面的缝隙，

kuan^{55}ta^{31}saŋ^{42}tɕa:ŋ^{33}luaŋ^{213}
管 河 阶地 寨中间　　管寨中河岸的阶地。

ɕiŋ^{213}kuan^{55}tsin^{33}pai^{33}tsin^{33}
供 管 清 去 清　　祭供全、管得清。

ɕiŋ^{213}kuan^{55}pa^{213}pai^{33}pa^{213}
请 管 山岭 去 山岭　　请管山岭您就去山岭，

ɕiŋ^{213}kuan^{55}kua^{213}pai^{33}ʔdoŋ^{33}
请 管 过 去 森林　　请管森林您就去森林，

ɕiŋ^{213}kuan^{55}zoŋ^{42}pai^{33}na:u^{213}
请 管 下 去 永远　　请您永远管下去，

sam^{213}kaŋ^{33}ka^{213}pɯŋ^{42}ni^{55}
伙 保护 地方 这　　请保护地方众人。

sam^{213}za^{31}zoŋ^{33}pɯŋ^{42}ni^{55}
伙 垫 叶 地方 这①　　众人在这里用树叶铺垫作供桌来供您，

ɕiŋ^{213}kuan^{55}za^{31}pai^{33}za^{33}
请 管 急 去 找　　请您急找需要管的地方去管；

ɕiŋ^{213}kuan^{55}fa:ŋ^{42}pai^{33}ta^{31}
请 管 鬼 去 河　　请您驱鬼去河中，让村寨众人平安。

pau^{42}fu^{31}pau^{42}jəu^{213}
保 福 保 佑　　保福保佑！

经文至此，又念《寨哉·请师》及与其他仪式共用部分的经文，仪式才结束。

注：《经文》诵读、讲解：布依族“布摩”先生王堂智（云南罗平县中寨村第四代“布摩”传人）。

① za^{31}zoŋ^{33}：垫叶，指供山神之时，山中祭祀用树叶铺垫在地上作为供桌。

第三章　《摩经·船经》

tɕuan^{31}zan^{31}

《船经》

ɕiu^{42}kuan^{35}wei^{31}ɕa:u^{55}ku^{42}ʔba:n^{35}
辈　早　未　造　做　寨　　　古代未造村寨时，

ɕiu^{42}kuan^{35}wei^{31}wan^{213}ku^{42}pəŋ^{53}
辈　早　未　创　做　世界　　　古代未造世界时，

kau^{33}ɕa^{31}la:u^{35}ka^{31}ka^{33}
藤　呷　大　像　脚①　　　呷藤大如人脚杆，

kau^{33}pja^{33}la:u^{35}ka^{31}ɦeŋ^{42}
藤　巴　大　像　小腿前部②　　　巴藤大如人小腿。

ɕiu^{42}kuan^{35}wei^{31}ɕa:u^{55}ku^{42}ʔban^{35}
辈　早　未　造　做　寨　　　古代未造村寨时，

ɕiu^{42}kuan^{35}wei^{31}wan^{42}ku^{42}ɾa:n^{53}
辈　早　未　造　做　房　　　古代未造住房时，

kau^{33}ka:t^{31}la:u^{42}ka^{31}tɕien^{33}
藤　旱　大　像　肩③　　　旱藤大如人肩膀，

kau^{33}zen^{42}la:u^{42}ka^{31}ɦeŋ^{42}
藤　联　大　像　小腿前部　　　联藤大如人小腿。

ʔəu^{33}pit^{55}kai^{213}wei^{31}zəŋ^{42}
养　鸭　鸡　未　群　　　养鸭鸡还未成群，

ʔəu^{33}məu^{33}joŋ^{53}wei^{31}ɕie^{31}
养　猪　羊　未　见　　　未见养猪羊。

po^{31}me^{31}tɕi^{213}wei^{31}tɕəu^{33}
父　母　老　未　寿　　　父母老人无寿延，

ʔəu^{33}ɕɯ^{42}ȵiao^{33}wa:i^{53}ȵiao^{33}wei^{31}ma^{213}
养　黄牛　瘦弱　水牛　瘦弱　未　成长　　　养牛瘦弱不见长，

---

① kau^{33}ɕa^{31}：葛根。

② kau^{33}pja^{33}：类葛根（叶不同）。

③ kau^{33}ka:t^{31}：类葛根（无毛）。

lək213tɕa55wei31pan31wen53
儿 孤 不 成 人　　孤儿众多不成人，

lək213lən53wei213foŋ33kui213
儿 幺 不 富 贵　　幺儿不富贵。

la:u33kat31wan213lək213ta:i31pu55veŋ42
怕 犯 影响 儿 人王皇帝①　　担心得罪人王皇帝影响到后代，

la:u33kat31wai31pa31ʔdəu42pu55veŋ42
怕 犯 影响 妻 第一（大）人 王　　担心得罪首代人王的大妻子，

ku213ni55kəu33ma33ʔda33
时 这 我 来 摆（祭坛）②　　布摩吉时摆祭坛！

***

ka33ni55kəu33ma33ɕiŋ35
边 这 我 来 请　　这边布摩来请神，

ɕiŋ35məŋ42pu42loŋ42ɕuan11
请 你 人 龙 船　　请"龙船人"，

mai42loŋ42ɕuan11
树 龙 船　　请"龙船树"，

pu42loŋ42jou31
人 龙 掌舵　　请"龙船掌舵头人"，

mai42loŋ42jou31
树 龙 掌舵　　请"龙舵大树"。

ɕiŋ35ɕuan11kɔk55sau33me31
请 船 根 柱 母（大）　　请的大船龙骨强如母柱根，

ɕiŋ35ɕuan11tɕe31sau33tɕa:ŋ33
请 船 节 柱 中　　请的大船龙骨坚如屋中柱。

ɕiŋ35ɕuan11kɔk55sau33me31
请 船 根 柱 母（大）　　请的大船龙骨大如母柱根，

ɕiŋ35ɕuan11tɕe31sau33ȵiu33
请 船 节 柱 高　　请的大船龙骨高如屋中柱。

ɕiŋ35məŋ53feŋ31mai55ŋuat31ʔbaɯ33ʔba:ŋ33
请 你 像是 树 然 叶 薄③　　请你薄叶的然树，

feŋ31mai55kaŋ42ta:ŋ213na:ŋ11
像 树 刚 另一个 山梁④　　像是另一山梁的大夜蒴树。

ɕiŋ35məŋ53feŋ31mai55ŋuat31ʔbaɯ33puaɯ35
请 你 像是 树 然 叶 团形　　请你团叶的然树，

feŋ31mai55zau33ta:ŋ213na:ŋ11
像 树 枫 另一个 山梁⑤　　像是另一山梁的大枫香树。

---

① ta:i31pu55veŋ42：人王皇帝。
② kəu33：我，这里指布摩先生。
③ mai55ŋuat31：树名。
④ mai55kaŋ42：夜蒴树。
⑤ mai55zau33：枫香树。

ɕiŋ^{35}məŋ^{53}fəŋ^{31}mai^{55}ŋuat^{31}ʔbaɯ^{33}sen^{33}
请　你　像是　树　然　叶　硬　　请你硬叶的然树，
fəŋ^{31}mai^{55}ʔiŋ^{33}ta:ŋ^{213}na:ŋ^{11}
像　树　英　另一个　山梁①　　像是另一山梁的大毛辣子树。
ɕiŋ^{35}məŋ^{53}fəŋ^{31}mai^{55}ŋuat^{31}ʔbaɯ^{33}mai^{213}
请　你　像是　树　然　叶　紫　　请你紫叶的然树，
fəŋ^{31}mai^{55}zai^{213}tɕa:ŋ^{33}ɦoŋ^{35}
像　树　锥栗　中　山窝②　　像是山梁窝的大锥栗树。
ɕiŋ^{35}məŋ^{53}fəŋ^{31}mai^{55}so^{31}ʔbaɯ^{33}lao^{55}
请　你　像是　树　梧桐　叶　大③　　请你大叶的梧桐树，
fəŋ^{31}mai^{55}ka:u^{55}ʔbaɯ^{33}ʔba:ŋ^{33}
像　树　考　叶　薄④　　像是薄叶的大胡椒树，
fəŋ^{31}mai^{55}tɕi^{33}tɕa:ŋ^{33}ɦaŋ^{31}
像　树　基　中　山梁⑤　　像是山梁窝的大松树。
ɕiŋ^{35}sau^{33}ɕuan^{11}lin^{42}sau^{33}mai^{55}
请　龙骨柱　船　和　龙骨柱　树　　请的龙骨船和龙骨树，
fa^{11}fa^{42}sau^{33}li^{55}
个　个　龙骨柱　吉祥　　个个龙骨柱吉祥。
ɕiŋ^{35}pe^{33}ɕuan^{11}lin^{31}pe^{33}mai^{55}
请　檩　船　和　檩　树　　请的船檩和檩树，
fa^{11}fa^{42}sau^{33}li^{55}
个　个　龙骨柱　吉祥　　个个龙骨柱吉祥。
ɕiŋ^{35}ɕuan^{11}ɕuan^{53}lin^{31}mai^{55}
请　船　檩　和　树　　请的船檩和檩树，
fa^{11}fa^{42}sau^{33}li^{55}
个　个　龙骨柱　吉祥　　个个龙骨柱吉祥。
ɕiŋ^{35}soŋ^{33}na:ŋ^{31}kən^{33}lau^{213}
请　俩　嫂　吃　酒　　请俩嫂喝酒，
ɕiŋ^{35}soŋ^{33}na:ŋ^{31}zao^{213}ɾa:n^{42}
请　俩　嫂　温暖　家　　有俩嫂管家家温暖，
ji^{213}tau^{213}ʔau^{213}ɾa:n^{42}zau^{213}ʔaŋ^{213}
客　来　到　家　热情　　有客到家也热情。
kəu^{33}ɕi^{55}ɕiŋ^{35}θəu^{33}zuŋ^{42}
我　想　请　你们　下来　　我布摩想请你们从天上下来，
kəu^{33}ɕu^{55}puoŋ^{33}θəu^{33}tau^{35}
我　想　邀　你们　来　　我布摩邀你们来，

① mai^{55}ʔiŋ^{33}：毛辣子树。
② mai^{55}zai^{213}：锥栗树。
③ mai^{55}so^{31}：梧桐树。
④ mai^{55}ka:u^{55}：大胡椒树。
⑤ mai^{55}tɕi^{33}：松树。

kəu^{33}ɕu^{55}ɕiŋ^{35}θəu^{33}ma^{33}
我　想　请　你们　到
我布摩请你们到。

至此，布摩念供桌上所摆供品名称，接着往下念经文。

kəu^{33}ɦa^{55}lən^{11}ɕiu^{31}tau^{33}
我　要　讲　辈　古
我布摩要讲古辈，

kəu^{33}ma^{33}nau^{42}ɕiu^{31}kuan^{213}
我　来　说　代　前
我布摩要谈前代，

kəu^{33}ma^{55}lən^{11}ʔdu^{213}man^{55}lin^{42}
我　来　说　朵　李树　和
ʔdu^{213}ləi^{42}
朵　梨树
我布摩要说李树和梨树开花朵。

tɯŋ^{33}taŋ^{42}ɦa:u^{33}ɕiu^{31}kuan^{213}
要　说　话　代　前
我布摩要讲前辈，

kəu^{33}ma^{55}lən^{11}ʔdu^{213}man^{55}lin^{42}
我　来　说　朵　李树　和
ʔdu^{213}ta:u^{42}
朵　桃树
我布摩要说李树和桃树开花朵。

tɯŋ^{33}taŋ^{42}ʔdəi^{33}ɕiu^{31}kuan^{213}
要　说　好　辈　前
我布摩要谈古代，

ɕiu^{31}kuan^{213}po^{31}vəŋ^{42}mi^{31}zo^{35}
辈　前　父　王　不　懂
taŋ^{213}jəu^{35}θan^{33}
建　房①
古代父王还不懂建大房，

ɕiu^{31}kuan^{213}po^{31}vəŋ^{42}mi^{31}zo^{35}
辈　前　父　王　不　懂
taŋ^{213}ɾa:n^{42}ʔiu^{213}
建　房　住
古代父王不懂建大房住人。

taŋ^{213}jəu^{55}ʔau^{33}mai^{55}ŋa:i^{11}ku^{42}sau^{33}
建　房　拿　树　蒿　做　柱
那时建房拿蒿树做柱，

taŋ^{213}ɾa:n^{42}ʔau^{33}mai^{55}pau^{42}ku^{42}kap^{42}
建　房　拿　树　竹　做　柱②
那时建房拿竹子做柱，

ʔau^{33}ʔbaɯ^{33}vaŋ^{42}ku^{31}ɦa^{42}
拿　大麻叶　当　茅草
拿大麻叶当茅草，

ʔau^{33}ʔbaɯ^{33}pa^{42}ku^{31}ŋa^{55}
拿　白芋叶　当　瓦
拿白芋叶当瓦盖屋。

wən^{33}tau^{35}tək^{42}pa^{31}ʔdik^{55}
雨　下　着　白芋　湿
天上下雨芋叶湿，

① po^{31}vəŋ^{42}：父王。jəu^{35}θan^{33}：房子。
② mai^{55}pau^{42}：类金竹之一种。

ʔdit^{55}tau^{35}tək^{42}pa^{31}zeu^{213}
太阳 晒 着 白芋 缩 　　太阳晒来芋叶缩。

me^{31}vəŋ^{42}ɕam^{33}pei^{33}la^{35}zoŋ^{31}ʔdən^{33}
妇 王 望 去 下 光 月 　　屋中王妇往下看得明月光，

ɕam^{33}pei^{33}kən^{42}zoŋ^{31}ʔdei^{213}
望 去 上 光 星 　　屋中王妇往上看得星星闪。

wən^{33}tau^{35}tək^{42}poi^{33}me^{31}vəŋ^{42}ʔdik^{55}
雨 下 淋 白线 妇 王 湿 　　下雨淋湿了王妇纺的白线，

ʔdit^{55}tau^{35}tək^{42}poi^{33}me^{31}vəŋ^{42}ðeu^{213}
太阳 出来 晒 白线 妇 王 焦 　　太阳出来晒焦了王妇纺的白线。

tək^{42}toŋ^{55}me^{31}vəŋ^{42}kan^{33}ʔa^{33}li^{53}
晒淋 肚子 妇 王 哼 哇 哇 　　日晒雨淋王妇肚痛哼哇哇，

tək^{42}ʔdəi^{33}me^{31}wən^{53}kan^{33}ʔa^{33}lan^{53}
晒淋 苦胆 妇 王 哼 呐 叫 　　雨淋日晒王妇胆痛哼呐叫。

me^{31}vəŋ^{42}ɕiu^{55}ʔda^{213}po^{31}vəŋ^{42}ʔi^{33}ʔja^{55}
妇 王 就 吵 父 王 轰 轰 　　王妇天天吵轰轰，

me^{31}vəŋ^{42}ɕiu^{55}ʔda^{213}po^{31}vəŋ^{42}li^{33}lan^{31}
妇 王 就 吵 父 王 喳 喳 　　王妇天天吵喳喳。

me^{31}vəŋ^{42}ɦe^{213}po^{31}vəŋ^{42}
妇 王 骂 父 王 　　王妇骂父王，

ɕiu^{31}məŋ^{42}ku^{31}po^{31}vəŋ^{42}mi^{31}ðo^{35}
求 你 做 父 王 不 知

taŋ^{213}ɾan^{31}
建 房 　　求你啦，为人父王不知建大屋？

me^{31}vəŋ^{42}miap^{42}san^{42}ʔdjau^{33}
妇 王 说 句 一 　　王妇说一句，

po^{31}vəŋ^{42}ɕiu^{55}tɕiak^{213}ma^{33}səɯ^{33}
父 王 就 记 来 心 　　父王记在心。

***

ɦa^{213}kən^{42}tau^{213}kai^{31}ma^{55}
汉族 灵巧 来 卖 马 　　父王说：聪明的汉人来卖马，

kəu^{33}ku^{55}toi^{31}ti^{33}pai^{33}
我 一起 就 去 　　我就一起去卖马；

ɦa^{213}la^{55}tau^{213}pən^{31}wa:i^{42}
汉族 灵巧 来 卖 水牛 　　聪明的汉人来卖水牛，

kəu^{33}ku^{55}toi^{31}ti^{33}pai^{33}
我 一起 就 去 　　我就一起去卖水牛；

pu^{55}noi^{31}ka:i^{33}məu^{33}joŋ^{42}
人 小 卖 猪羊 　　小生意人卖猪羊，

kəu^{33}ku^{55}toi^{31}ti^{33}pai^{33}
我 一起 就 去 　　我就一起去卖猪羊；

pan^{55}ta:u^{213}taŋ^{42}le^{33}ɦau^{55}
客　来　到　进　去
客人去到就进屋，

po^{31}vəŋ^{42}tau^{213}taŋ^{42}le^{33}ʔbo^{33}ɦau^{55}
父　王　来　到　进　不　去
父王去到不进屋；

pan^{55}ta:u^{213}taŋ^{42}le^{33}naŋ^{31}
客　来　到　进　坐
客人去到就进屋坐，

po^{31}vəŋ^{42}ta:u^{213}taŋ^{42}le^{33}ʔbo^{33}naŋ^{42}
父　王　来　到　进　不　坐
父王去到不进屋坐；

pei^{213}ʔbin^{42}ɦaɯ^{213}vəŋ^{42}nin^{53}
铺　席　给　王　睡
主人家铺席给王睡，

vəŋ^{42}jiŋ^{31}ʔbo^{33}ʔdai^{33}nin^{53}
王　也　不　得　睡
他也不去睡；

po^{31}vəŋ^{42}ɕiu^{55}pai^{33}ɕieŋ^{33}kən^{42}
父　王　就　去　观察　上
ɕieŋ^{33}la^{55}
观察　下
原来吖，父王上下去观察。

pai^{33}ta^{31}na^{55}ta^{31}laŋ^{33}
去　测量　前　测量　后
把房子测量一遍又一遍，

ta^{31}ɦau^{31}ra:n^{42}ʔdəi^{33}ɦau^{31}ra:n^{42}
测量　高度　房　得到　高度　房
tuŋ^{53}tək^{33}
同　样
得到的是同样的高度。

ta^{31}ləi^{31}ra:n^{42}laŋ^{33}faŋ^{33}ra:n^{53}
测量　间隔　房　得到　穿枋　房
tuŋ^{53}pai^{33}
同　样
得到的是同样的穿枋和间隔，

ta^{31}ʒai^{33}ra:n^{42}laŋ^{33}zai^{33}ra:n^{53}
测量　瓜　房　得到　瓜　房
tuŋ^{53}ho^{31}
同　样
得到同样的房瓜尺寸。

po^{31}vəŋ^{42}ɕiu^{55}pai^{33}ta^{31}sa:m^{33}tiu^{42}sau^{33}
父　王　就　去　测量　三　棵　柱
ðoŋ^{31}la^{55}
扇　下
父王去测量三棵排柱，

pai^{33}ta^{31}ɦa^{55}tiau^{31}sau^{33}ðoŋ^{31}kuan^{213}
去　测量　五　棵　柱　扇　前①
父王又去测量五棵排柱。

pai^{33}ta^{31}sa:m^{33}tieu^{55}sau^{33}ðoŋ^{43}ʔdəu^{55}
去　测量　三　棵　柱　扇　第一
去测量前边三棵排柱，

ta^{31}ku^{35}tieu^{31}θau^{33}ðoŋ^{31}kuan^{213}
测量　九　棵　柱　扇　前
测量前边九棵排柱；

① 以房柱为排列，一排列五柱落地称为“五柱”房。

pai^{33}ta^{31}sa:m^{33}ðoŋ^{55}to^{31}
去 测量 三 窗 下 　　去测量下面的三个窗户，

pai^{33}ta^{31}lok^{53}to^{31}ɕiŋ^{55}
去 测量 六 角 窗 　　去测量六个角的窗户边。

ɕim^{33}taŋ^{55}ʔdən^{33}leu^{53}ʔdo^{213}
观 全 所 完 记 　　观察牢记在心里，

nə^{31}tək^{55}pa^{213}tɕi^{33}tɕum^{55}
想 打 随心 记住① 　　全部记心中。

piak^{31}tən^{33}ɕi^{55}ta:u^{213}ma^{33}
转 脚 左 回 来 　　父王抬脚转回来，

ta:u^{213}ma^{33}taŋ^{53}su^{213}ta^{31}
回 来 到 边 河 　　回到了寨河边；

ʔau^{33}məi^{55}ŋaŋ^{31}taŋ^{35}ku^{31}ɾa:n^{53}
要 树 马桑 建 做 家② 　　用马桑树建做房，

ka^{213}laɯ^{53}pən^{55}ta^{33}za:i^{33}
试验 成 真的 　　试验真的成功了。

***

ɦat^{53}ɕo^{31}zoŋ^{31}tɕi^{33}tɕa:i^{33}
早 明 亮 很 亮 　　明早天亮明，

ŋa:i^{53}kən^{33}ɾoŋ^{31}zəu^{53}pəi^{33}
早餐 吃 下 咱们 去 　　吃完早餐咱们就上山；

ʔdoŋ^{33}laɯ^{31}pən^{53}wəi^{31}saŋ^{213}
森林 他 未 上③ 　　哪个森林别人未去，

zəu^{53}pai^{33}saŋ^{213}ʔdoŋ^{33}tiŋ^{33}
咱们 去 上 森点④ 　　咱们就去哪个森林；

na:ŋ^{31}lə^{42}pan^{55}vəi^{31}ʔau^{33}
山梁 腊 别人 没有 要⑤ 　　腊山梁别人未要，

zəu^{53}pai^{33}ʔau^{33}na:ŋ^{31}te^{33}
咱们 去 要 山梁 腊 　　咱们就去要腊山梁；

po^{31}vəŋ^{42}liu^{31}ʔdoŋ^{33}tok^{55}taŋ^{31}ʔdoŋ^{33}
父 王 由 森林 落 到 森林 　　父王由此森林翻到另一森林，

suan^{33}na:ŋ^{31}tok^{55}taŋ^{31}na:ŋ^{31}
游 山梁 落 到 山梁 　　由此山梁又翻到另一山梁；

tok^{55}taŋ^{31}na:ŋ^{31}mai^{55}sa^{33}
落 到 山梁 树 沙⑥ 　　来到长满皮子树的山梁，

① tɕi^{33}tɕum^{55}：记住。
② məi^{55}ŋaŋ^{31}：一种树名。
③ ʔdoŋ^{33}laɯ^{31}：森林名。
④ ʔdoŋ^{33}tiŋ^{33}：森林名。
⑤ ŋa:ŋ^{31}lə^{42}：山梁名。
⑥ mai^{55}sa^{33}：皮子树。

tok^{55}taŋ^{31}ʔba^{33}mai^{55}ko^{24}
落 到 山梁 树 构① 来到长满构树的山梁；

tok^{55}taŋ^{31}na:ŋ^{31}mai^{55}ðau^{33}
落 到 山梁 树 尧② 来到长满枫树的山梁，

tok^{55}taŋ^{31}ʔba^{33}mai^{55}ŋat^{33}
落 到 山梁 树 各③ 来到长满裂皮树的山梁；

tok^{55}taŋ^{31}na:ŋ^{31}mai^{55}tɕi^{33}
落 到 山梁 树 且 来到长满松树的山梁，

tok^{55}taŋ^{31}ʔben^{33}mai^{55}lap^{55}
落 到 密 树 莱④ 来到长满裂皮树的山梁；

tok^{55}taŋ^{31}na:ŋ^{31}mai^{55}ʔiŋ^{33}
落 到 山梁 树 英 来到长满毛辣子树的山梁，

tok^{55}taŋ^{31}ʔben^{33}mai^{55}tɕi^{42}
落 到 密 树 密 来到树林很密的山梁。

po^{31}vəŋ^{42}ɕiu^{55}zaŋ^{213}mai^{55}taŋ^{31}po^{33}fok^{213}
父 王 由 森林 到 山林 父王由森林又到另一山林，

pok^{213}mai^{55}taŋ^{31}po^{33}ɦa:u^{33}
修 树 到处 山 白 修树修得木渣遍山白；

zam^{213}mai^{55}zam^{213}van^{42}san^{33}
砍 树 砍 日 申 砍树的吉日是申日，

pən^{33}sau^{33}pən^{33}van^{31}zəu^{55}
锛 柱子 锛 日 酉 锛柱子的吉日选酉日。

zam^{213}mai^{55}ʔdai^{55}ku^{213}ʔdən^{33}
伐 树 得 九 月 伐树伐得九个月，

pən^{33}sau^{33}ʔdai^{55}ku^{213}ɦok^{213}
锛 柱子 得 九 街⑤ 锛柱子锛得九个街；

mai^{55}jəu^{55}po^{31}vəŋ^{42}ɕiam^{33}ʔdai^{55}to^{11}
树 有 父 王 都 得 全部 父王需要的木料都得全，

mai^{55}mo^{213}po^{31}vəŋ^{42}ɕiaŋ^{33}ʔdai^{55}taŋ^{42}
树 新 父 王 都 得 够 父王需要的木料都得够。

sɯ^{55}pi^{55}noŋ^{55}ma^{33}ɦa:i^{33}
请 兄弟姊妹 来 翻⑥ 请兄弟姊妹来翻晒，

zai^{42}vən^{53}la:i^{33}ma^{33}tɕat^{42}
喊 人 多 来 抬 喊众人来抬；

---

① mai^{55}ko^{24}：构树。

② mai^{55}ðau^{33}：枫树。

③ mai^{55}ŋat^{33}：裂皮树。

④ mai^{55}lap^{55}：也即裂皮树，这种树的特点是越密越成材。

⑤ ɦok^{213}：街（七天为一街进行商品交换）。

⑥ ɦa:i^{33}：这里是翻晒之意。

taŋ31ɦo55ɦə213taŋ31la:i33
齐　众　已经　齐　多　　众人已来齐，

san35laɯ42ʔbau33ma33zau42tak55lui55
棵　哪　轻　来　咱们　硬抬①　　哪棵轻咱们硬抬；

taŋ31san55zai42ma33zau42ʔda33tən33pit55
到　棵　长　来　咱们　捆八抬②　　那长的重的咱们捆八抬；

tak55lui55ta213ɕiu55jin42
硬抬　就　快③　　硬抬的方法快，

ʔda33tən33pin42 ɕiu55ʔdai55
捆八抬　慢④　　捆八抬的方法慢；

mai55ɕiu55kui31ma33ɾa:n42
树　请　抬　来　家　　将树抬回家，

mai55ɕiu55taŋ31tɕi31jiu55ʑom55ʑa:n42
树　请　到　屋基地　家　响通通⑤　　屋基地上放下响通通。

nian31mau213sat55pən33wa:n33
寅　卯　辰　锛　斧　　寅卯辰是做木工吉日，

zoŋ42pən33wa:n33ma33ɕa55
拿　锛　斧　来　等　　木工拿锛斧来等，

au33ma55pet33tɕi11ɾa:n42
拿　木马　支　地上　屋基　　屋基地上支木马，

tɕi31laɯ42taŋ213pən33ʔjo33
点　哪　凹　锛　铲　　哪点凹就用锛铲。

san213laɯ42ko42mak33fa:t33
棵　哪　弯　墨　弹　　哪棵弯就用墨弹，

mai213ko42pan42mai213so31
树　弯　成　树　直　　弯树变成了直树。

po31vəŋ42ɕiu55ma33mai33
父　王　请　来　画墨　　父王请木匠画墨，

vən42la:i33ɕiu55ma33ʔboŋ213
人　多　请　来　打柱眼　　又请众人打柱眼；

ʔa35so31ɾoŋ31ɦaɯ213pan53
明天　亮　给　成　　明天天亮给成功，

van42ʔdəi33ma33ɦan33zan55
天　好　来　急　路⑥　　吉日赶快到，

① tak55lui55：硬抬。
② ʔda33tən33pit55：捆八抬，即八人抬。
③ ɕiu55jin42：快。
④ ɕiu55ʔdai55：慢。
⑤ ʑom55ʑa:n42：声响词“响通通”。
⑥ ɦan33zan55：快到。

van^{31}laɯ^{31}ku^{31}van^{31}ʔdəi^{33}mo^{213}na^{42}
天 哪 做 天 吉 快 面① / 吉日赶快来；

səɯ^{42}laɯ^{31}ku^{31}səɯ^{42}ləi^{42}
时 哪 做 时 利 / 那时做大利，

səɯ^{42}mau^{53}ku^{31}səɯ^{42}ʔdəi^{33}
时 卯 做 时 吉 / 卯时做吉时，

ʔbo^{31}tɕit^{53}zən^{33}ti^{33}lɯŋ^{55}
不 影响 路 龙 / 我们不影响龙的路，

səɯ^{42}səi^{53}ku^{31}səɯ^{42}ləi^{42}
时 辰 做 时 利 / 辰时做大利，

ʔbo^{31}tɕit^{53}zən^{33}ti^{33}ŋɯ^{31}
不 影响 路 龙王 / 我们不影响龙王的路，

ŋɯ^{31}jiŋ^{31}ta:u^{213}pai^{33}θɯ^{33}
龙王 滚 回 去 潭 / 龙王滚回潭，

ləŋ^{42}jiŋ^{31}ta:u^{213}pai^{33}ɦa:i^{35}
龙王 滚 回 去 海 / 龙王滚回海，

ta:u^{213}pai^{33}səŋ^{33}ʔbi^{33}ʔbai^{55}
回 去 滩 快速② / 龙王快速滚下滩，

ta:u^{213}pai^{33}ɦa:i^{35}ʔbe^{33}ʔbən^{33}
回 去 海 快速③ / 龙王快速滚下海。

pan^{42}taŋ^{213}jiu^{55}foŋ^{33}an^{33}
别人 建 房 顺利④ / 别人建房顺利，

po^{31}vəŋ^{42}taŋ^{213}jiu^{55}ʔbo^{33}foŋ^{33}an^{33}
父 王 建 房 不 顺利 / 父王建房不顺利；

pan^{42}taŋ^{213}ɾa:n^{31}foŋ^{33}kui^{213}
别人 建 房 宝贵⑤ / 别人建房得富贵，

po^{31}vən^{31}taŋ^{213}ɾa:n^{31}ʔbo^{33}foŋ^{33}kui^{213}
父 王 建 房 不 宝贵 / 父王建房没富贵；

la:u^{55}pa^{31}kua:ŋ^{213}ʔdjau^{33}nau^{42}
老 嘴 宽 一 讲 / 有位心宽老人讲原因，

vən^{42}pa^{31}ʔbau^{33}ʔdjau^{33}ɦa:u^{213}
人 嘴 轻 一 告诉 / 有位快嘴之人讲原由；

la:u^{55}pa^{31}kua:ŋ^{213}ʔdjau^{33}na:i^{33}
老 嘴 宽 一 提醒 / 心宽老人来提醒，

vən^{42}pa^{31}kua:i^{33}ʔdjau^{33}ɦa:u^{213}
人 嘴 轻 一 告知 / 快嘴人来告知：

---

① mo^{213}na^{42}：快到。
② ʔbi^{33}ʔbai^{55}：形容很快。
③ ʔbe^{33}ʔbən^{33}：形容很快。
④ foŋ^{33}an^{33}：顺利。
⑤ foŋ^{33}kui^{213}：借汉语，宝贵之意。

ɕiu^{31}kun^{213}jiŋ^{31}ɕiu^{31}kun^{213}
辈 前 （语气）辈 前 前辈啊前辈，

ɕiu^{31}kun^{213}taŋ^{213}ɾa:n^{42}ʔbo^{33}ða^{33}səɯ^{33}
辈 前 建 房 不 找 书 前辈建房未看书，

taŋ^{213}ɾa:n^{42}ʔbo^{33}ða^{33}θa^{33}
建 房 不 找 八卦 建房未看八卦书，

ka^{31}səi^{53}ta^{33}ka^{31}taŋ^{213}
只 凭 眼 只 建 只凭眼看就去建房。

taŋ^{33}ɾa:n^{31}səɯ^{33}ʔbo^{33}sa^{33}
建 房 书 不 良 建房不看书，

taŋ^{33}ɾa:n^{31}və:n^{31}ʔbo^{33}ho^{31}
建 房 犯 不 合 建房不合时，

taŋ^{33}ɾa:n^{31}və:n^{31}tiŋ^{33}tɕam^{55}
建 房 犯 天 神 建房犯天神，

ɾa:n^{31}mi^{31}zam^{33}lum^{35}kəu^{213}
房 不 满 像 旧传统 房子要按传统建，

ʔau^{31}paɯ^{53}və:n^{31}tɕi^{31}θau^{213}
要 老婆 犯 地宿 不然娶老婆犯地宿神，

tip^{31}pien^{35}kəu^{213}vəi^{31}ɦɯ^{55}
踩 板子 旧 不 严 如同踩旧板子不严缝。

注：《经文》诵读、讲解：布依族“布摩”先生刘德坤（云南罗平县木纳村第二代“布摩”传人）。

第四章 《摩经·用牛祭祖词》（第一卷）

第一节 《摩经·用牛祭祖词》（第一卷）原文图

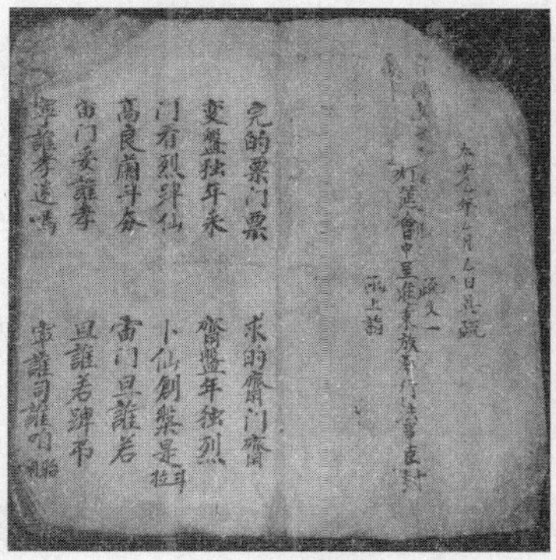

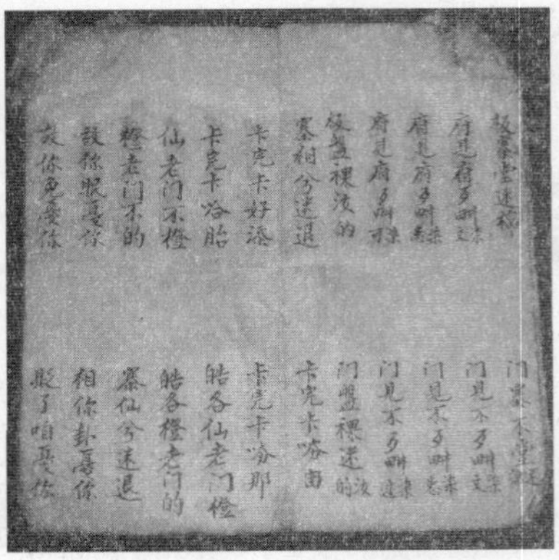

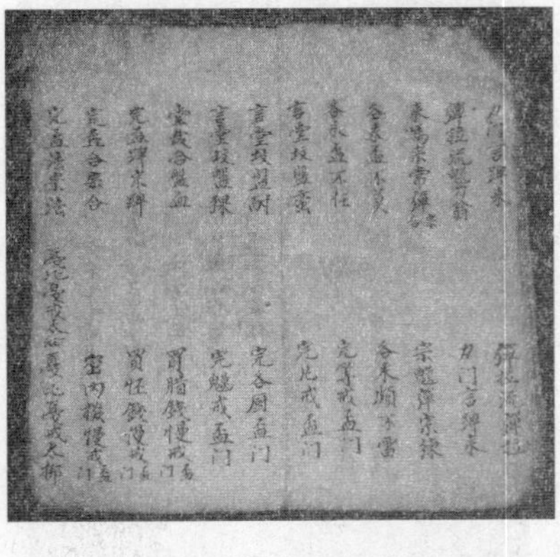

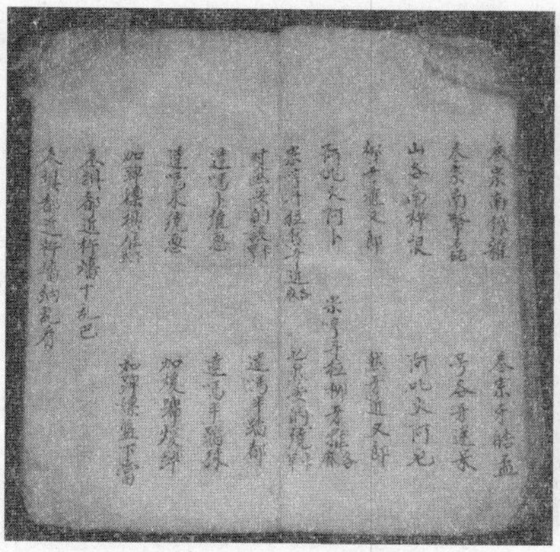

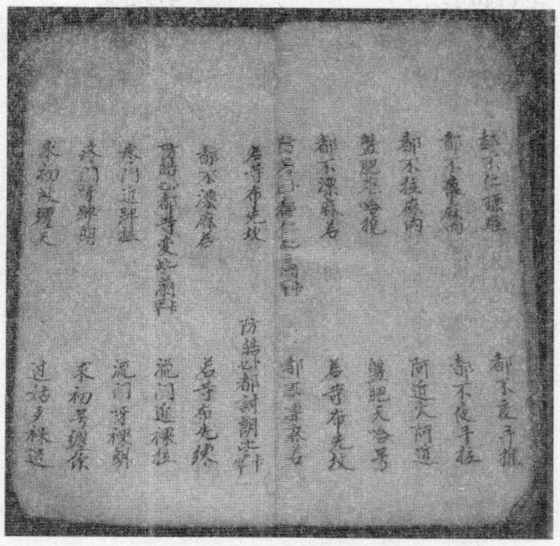

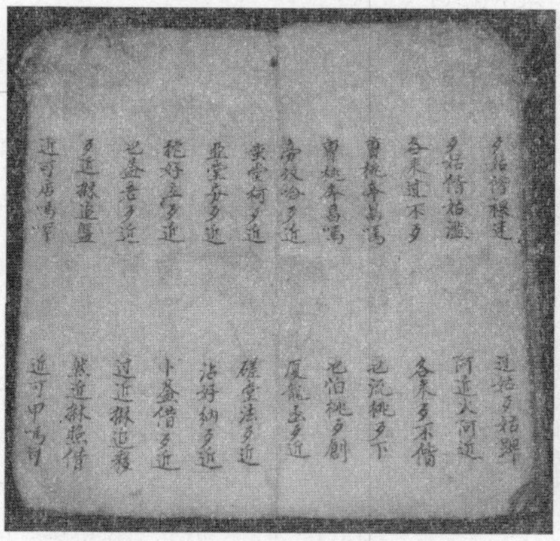

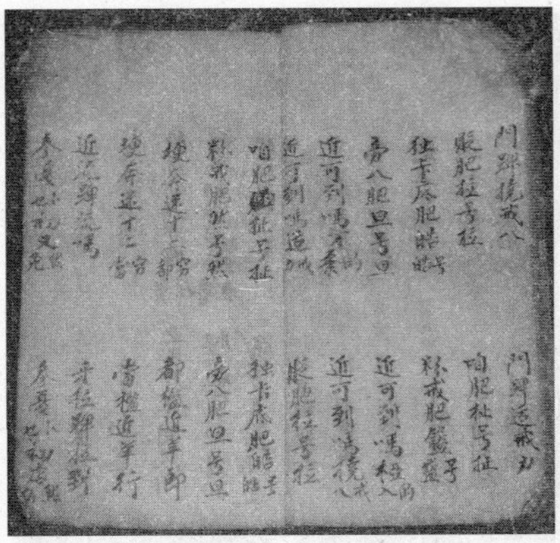

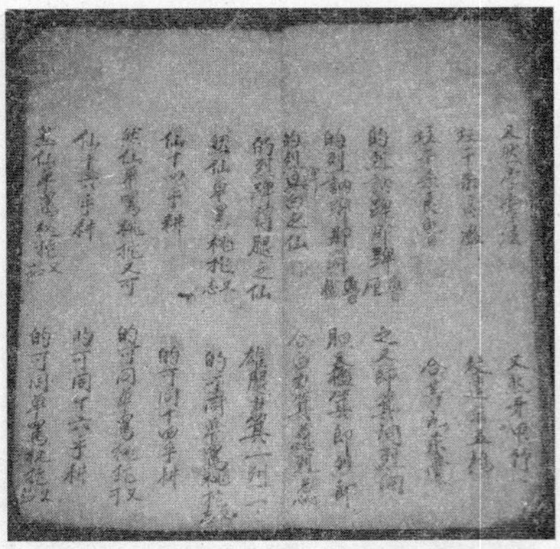

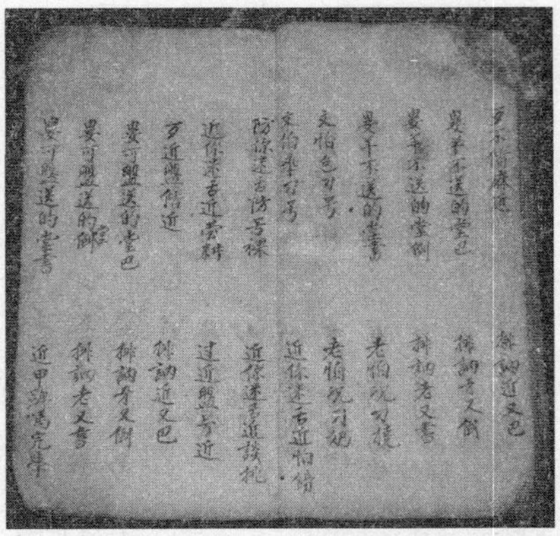

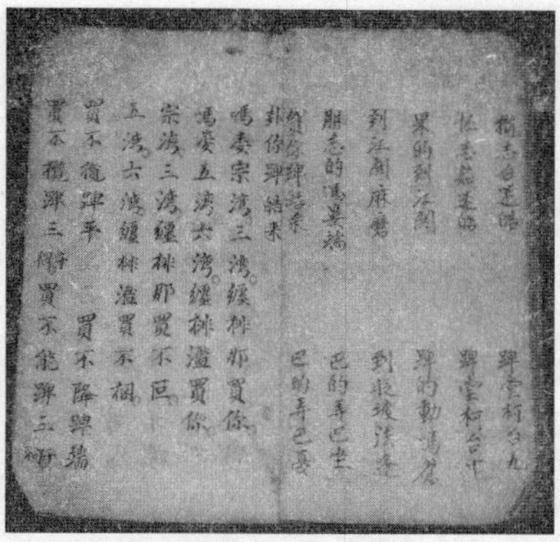
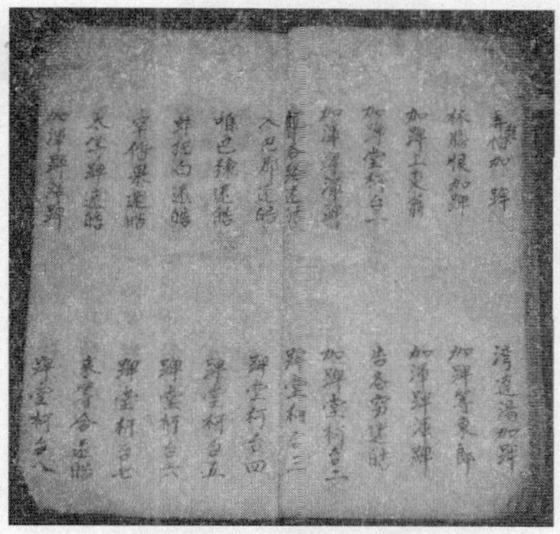

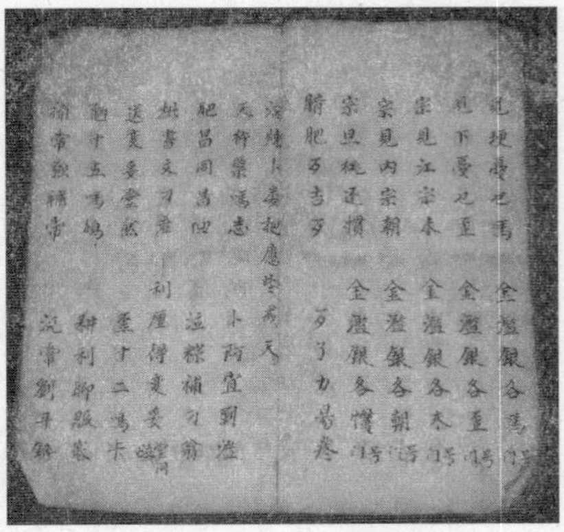

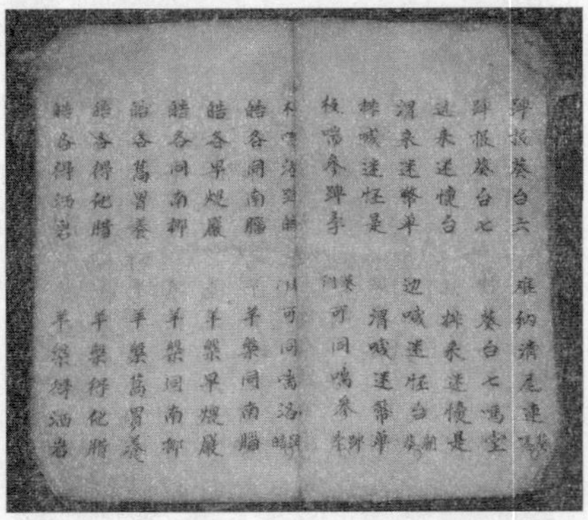

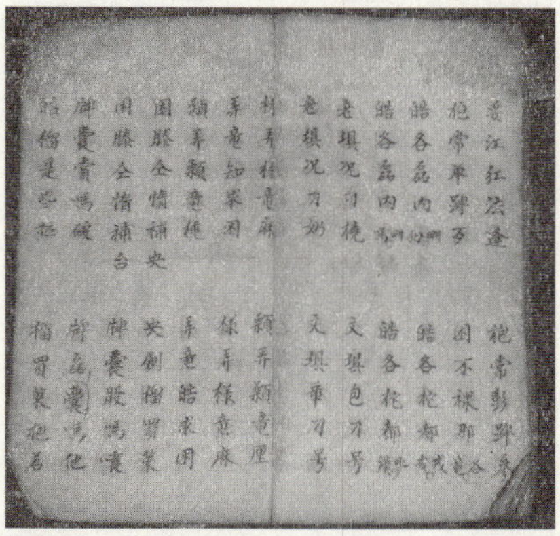

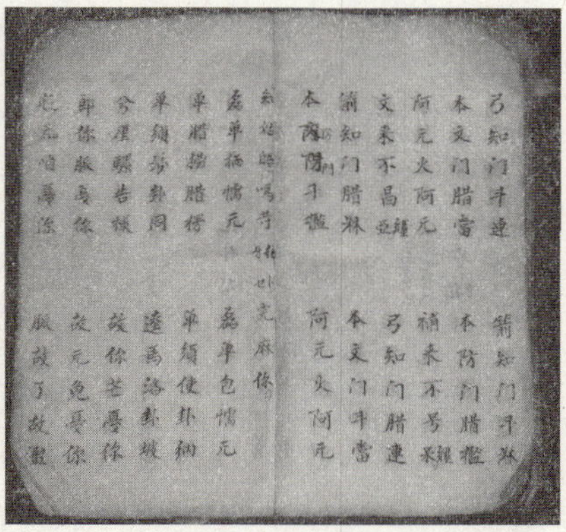

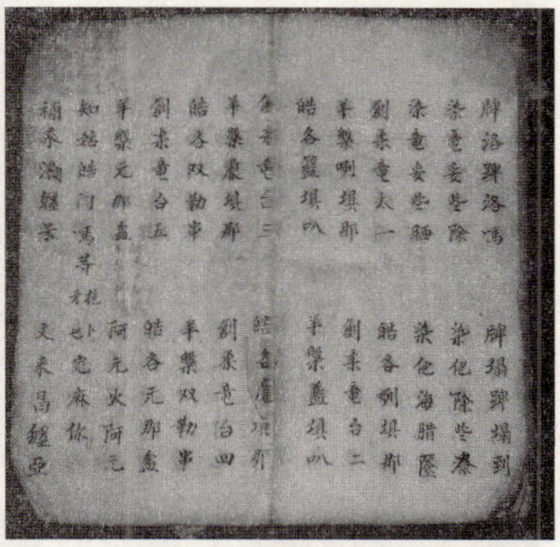

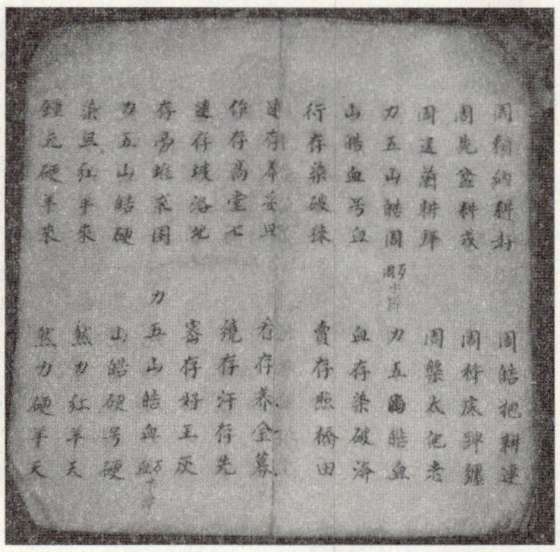

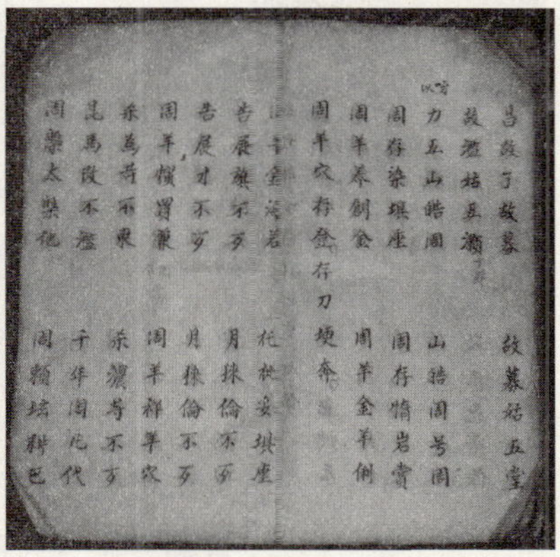

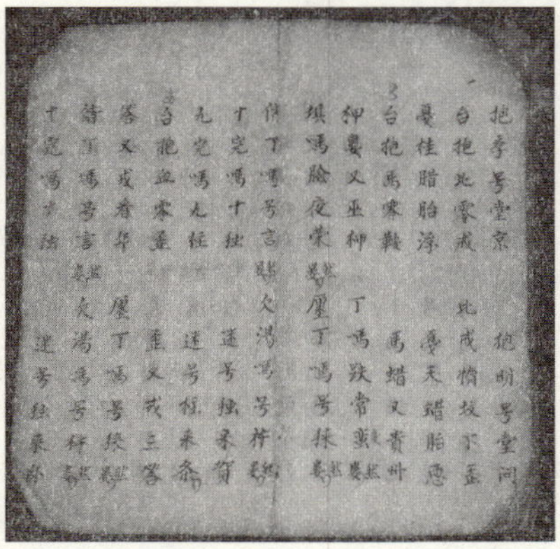

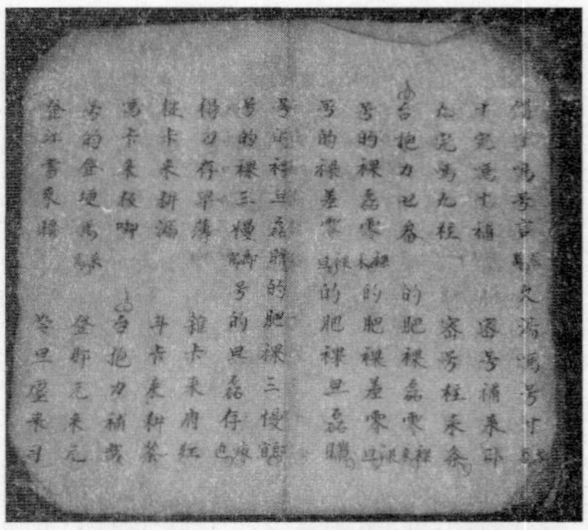

第二节　《摩经·用牛祭祖词》（第一卷）译注

ɦau^{35}pen^{35}
《入棺经》

《入棺经》又名《开路经》，为入殓后“设坛开路”的第一首经文。《开魂路》仪式，以十二地支推算，其算法称为“男对七，女隔三”：对男性归逝者，以棺材为中点，①如逢子日死，要在午方开路；②如逢丑日死，要在未方开路；③如逢寅日死，要在申方开路；④如逢卯日死，要在酉方开路；⑤如逢辰日死，要在戌方开路；⑥如逢巳日死，要在亥方开路；⑦如逢午日死，要在子方开路；⑧如逢未日死，要在丑方开路；⑨如逢申日死，要在寅方开路；⑩如逢酉日死，要在卯方开路；⑪如逢戌日死，要在辰方开路；⑫如逢亥日死，要在巳方开路。对女性归逝者，以棺材为中点，①如逢子日死，要在卯方开路；②如逢丑日死，要在辰方开路；③如逢寅日死，要在巳方开路；④如逢辰日死，要在未方开路；⑤如逢午日死，要在酉方开路；⑥如逢申巳死，要在亥方开路；⑦如逢卯日死，要在午方开路；⑧如逢戌日死，要在丑方开路；⑨如逢巳日死，要在申方开路；⑩如逢未日死，要在戌方开路；⑪如逢酉日死，要在子方开路；⑫如逢亥日死，要在寅方开路。

一、老人吉时归逝

仪式在孝家灵堂举行。

开始前，先将孝家族中人全部叫醒，孝家此时不准任何人睡觉，否则睡觉人的魂魄可能被逝世老人带走。首先，布摩先生用竹神棍（竹神棍上，扎有包大米的小块白色孝布）敲打棺材三下，意思是叫死亡者的灵魂站起来听布摩念经。然后，布摩先生又手持长剑在身边画圈，从左至右画圈三次，再从右至左画圈三次，接着端起酒碗向棺材用力喷酒一口，大声念：“人不见底，鬼不见身，急急如律令！”又向棺材喷酒一口，念：“奉太上老君！”再向棺材喷酒一口，接着念：

wan^{53}ʔdi^{33}pjau^{213}məŋ^{42}pjau^{213}
日　吉　搬　你　搬　　　　选着吉日你归逝，
ɕiau^{213}ʔdi^{33}ts‘ai^{33}məŋ^{42}ts‘ai^{33}
一生　吉祥　迁去　你　迁去　　　　一生吉祥你迁移。
pjan^{213}pan^{42}tuo^{31}neŋ^{42}zai^{42}
变　成　彩色虫　　　　变成彩虫飞极乐世界，
ts‘ai^{33}pan^{31}tuo^{31}neŋ^{31}θim^{31}
迁移　成　彩色虫　　　　变成彩虫迁移极乐世界。
məŋ^{42}kaŋ^{213}le^{31}pai^{33}ɕian^{33}
你　犟　多　去世　仙　　　　儿孙不让你归逝，你犟着要去仙界。

po^{31}ɕian^{33}ɕuaŋ^{213}pet^{31}si^{55}tau^{55}za^{33}

父 仙 放 兵 到处 找① 　　仙父派兵到处找，

kau^{33}leŋ^{31}la^{31}ta:u^{55}ɦam^{31}

敲 铃 锣 来 问 　　敲铃锣到处问，

tɕau^{24}məŋ^{42}tam^{55}se^{31}zok^{213}

头 你 穿过 神鸟纹枕头② 　　你的头已枕到仙界的鸟纹枕头，

tɕau^{24}məŋ^{42}tok^{55}se^{31}seu^{213}

头 你 落 神鸟纹枕头③ 　　你的头已落到神鸟纹的花枕头，

tam^{55}se^{31}zok^{213}pai^{33}ʔdjeu^{213}

穿过 神鸟纹枕头 去 上界 　　穿过有层层神鸟纹的枕头去天界，

nin^{42}se^{42}seu^{213}mi^{42}ma^{33}

睡眠 仙界的枕头 不 来 　　睡在仙界的鸟纹枕上不肯来，

nin^{42}se^{42}sə^{33}se^{42}sa^{33}ta:i^{33}na:u^{213}

睡觉 花 垫 花 盖 死 永远 　　睡在金花银花中永不回。

ko^{33}ɲie^{213}ta^{31}məŋ^{31}pai^{33}

棵 草 拉 你 走 　　草棵拉着你走，

ko^{33}ɦa^{42}nuaŋ^{31}məŋ^{31}pai^{33}

棵 草 拴 你 走 　　草棵拉着你走，

pjan^{213}pan^{31}vuə^{55}pai^{33}ʔdən^{33}

变 成 云雾 去 天 　　变成彩云飞上天。

ta:i^{33}pan^{31}wən^{42}na^{55}mo^{213}

死 成 人 脸 新 　　死后变成新面孔的人。

pjan^{213}pan^{31}vuə^{55}pai^{33}sa:ŋ^{33}

变 成 云雾 去 高天 　　变成云雾飞高天。

ta:i^{33}kap^{213}fa:ŋ^{42}na^{55}mo^{213}

死 拼拢 鬼 脸 新 　　死后拼拢仙人新脸孔。

tap^{213}miŋ^{42}məŋ^{42}tan^{55}pɯə^{31}ka^{31}pi^{33}ni^{55}

踏 命 你 穿 衣 想 年 今 　　命到今年你踏进仙界穿仙衣。

miŋ^{42}məŋ^{42}sap^{55}soŋ^{33}taŋ^{213}

命 你 遇 两 凳④ 　　你命遇着仙界坐高凳。

tap^{213}miŋ^{42}məŋ^{42}tan^{55}pɯə^{31}luaŋ^{42}pi^{33}ni^{55}

踏 命 你 穿 衣 铜 年 今 　　命到今年你踏进仙界穿铜衣。

miŋ^{42}məŋ^{42}sa:ŋ^{33}puəŋ^{42}mo^{213}

命 你 沾 地方 新 　　你命沾着仙界新地方。

məŋ^{42}ma^{33}lam^{55}ma^{33}lai^{42}

你 来 倒 来 念 　　你逝世了只请布摩来念经，

① si^{55}tau^{55}：到处。

② se^{31}zok^{213}：鸟纹枕头。

③ se^{31}seu^{213}：又称为 se^{31}zok^{213}，zok^{213} 即鸟。

④ soŋ^{33}taŋ^{213}：两凳，这里意为高凳。相传仙界人坐高凳。

məŋ^{31}ma^{33}ts'ai^{33}ma^{33}pjaŋ^{213}
你 来 归逝 来 祭 　　你归逝了布摩来祭祀。
ma^{33}pjaŋ^{55}məŋ^{31}pai^{33}kua:ŋ^{213}
来 祭 你 去 宽阔 　　来祭你去宽阔的地方，
ma^{33}sa:ŋ^{213}məŋ^{31}pai^{33}pat^{213}pai^{33}ɕian^{33}
来 拜 你 去 仙地 去 仙 　　来拜你去神仙居住的地方。
ku^{213}ni^{55}mian^{42}ka^{33}ni^{55}
首 这 完 点 这 　　这首完这点，
ɕiaŋ^{33}ni^{55}kua^{213}ka^{33}ni^{55}
段 这 完 点 这 　　这段完这点，
muət^{33}ku^{213}liau^{55}ku^{213}laŋ^{33}
节 首 完 首 后 　　这首吟完吟后首，
sa:ŋ^{33}ku^{213}liau^{55}ku^{213}mu^{213}
唱 首 完 首 新 　　唱完这首唱新首，
ku^{213}mo^{213}ku^{33}ɦa^{55}taŋ^{53}
首 新 我 要 到 　　新首我就到，
ku^{213}laŋ^{33}ku^{33}ɦa^{55}ɦau^{213}
首 后 我 要 念 　　后首我要念。

二、《铜剑经》

布摩先生端起酒碗向棺材喷酒一口，念：

ʔə^{33}ʔja:ŋ^{55}ɦə^{33}ʔə^{33}ʔja:ŋ^{55}
阿 铜剑 呵 阿 铜剑 　　铜剑呵铜剑，
to^{11}pi^{33}məŋ^{31}lap^{213}loŋ^{55}ʔbo^{33}ji^{11}
整 年 你 装 剑鞘 不 抽 　　整年你装在剑鞘不拔出，
to^{11}pi^{33}məŋ^{31}kɯ^{55}k'ui^{31}ʔbo^{33}ɦa:i^{33}
整 年 你 装 柜 不 开 　　整年你装在柜中不打开，
muət^{33}kən^{33}tam^{33}muət^{35}sai^{55}
虫子 吃 整 虫 锈 　　整年铜剑生铜锈，
nai^{55}kən^{33}taŋ^{33}muət^{33}san^{33}
霉 吃 整 虫 把 　　铜锈整剑把；
fəŋ^{42}ku^{33}ʔit^{55}məŋ^{42}ʔjoŋ^{213}məŋ^{42}ʔjoŋ^{213}
手 我 拉 你 冒出 你 冒出 　　我手拉铜剑冒就冒，
fəŋ^{31}ku^{33}tuan^{213}məŋ^{31}ɦa:i^{33}məŋ^{31}ɦa:i^{33}
手 我 敲 你 开 你 开 　　我手敲铜剑开就开；
fəŋ^{42}ku^{33}ʔit^{55}məŋ^{42}zoŋ^{33}sɯ^{42}ʔdən^{33}
手 我 拉 你 亮 是 月亮 　　我手拉铜剑亮如月，
məŋ^{31}ji^{55}zoŋ^{33}sɯ^{42}ʔdən^{33}
你 就 亮 是 月亮 　　铜剑就光亮如月；
fəŋ^{42}ku^{33}ʔit^{55}məŋ^{42}zoŋ^{33}sɯ^{31}ʔda:u^{33}
手 我 拉 你 亮 是 反射 　　我手拉铜剑亮反射，

məŋ^{42}ji^{55}zoŋ^{33}sɯ^{31}ʔda:u^{33}
你　就　亮　是　反射
铜剑就光亮反射；

ku^{213}ʔjaŋ^{55}min^{42}ka^{33}ni^{55}
首　铜剑　完　点　这
铜剑经念完到这点，

ɕiaŋ^{33}ʔjaŋ^{55}kua^{31}ka^{33}ni^{55}
首　铜剑　过　点　这
铜剑经念完这点完；

ku^{213}ʔji:ŋ^{55}mian^{55}ka^{33}ni^{55}
首　这　完　点　这
这首铜剑经完这点，

pjan^{213}ʔja:ŋ^{55}sɯ^{33}ka^{33}ni^{55}
变　铜剑　完　点　这
铜剑经最后完这点。

muət^{213}ku^{213}ni^{55}pai^{33}pja:i^{33}
完　首　这　去　尖
这首唱到尾，

ku^{33}ɦa^{55}na:i^{33}ku^{213}mu^{213}
我　要　请　首　新
我要请新首；

ku^{213}mo^{213}ku^{213}ɦa^{55}taŋ^{53}
首　新　我　要　到
新首我就到，

ku^{213}laŋ^{33}ku^{213}ɦa^{55}ɦau^{213}
首　后　我　要　念
后首我要念。

三、《铜棺经》

pi^{33}ni^{55}zum^{42}ta:i^{31}ma^{31}
年　今　风　暴　走
今年风暴起，

ɦa^{42}pjai^{33}pa^{31}ta:i^{33}liŋ^{42}
草　尖　打　死　晌午
晌午时候你被草尖打倒，

kuan^{31}tɕa:ŋ^{33}ʔdoŋ^{33}tai^{33}ta:u^{55}
树桩　中　森林　死　倒
死得像树桩在森林中倒下。

məŋ^{31}ka:p^{31}la:u^{55}pai^{33}θian^{33}
你　合　老　去　仙
你老去成仙，

ts‘ian^{33}nian^{31}pai^{33}fa:n^{31}θi^{31}
千　年　去　万　世
去千年，好万世；

tsit^{55}li^{31}ta:u^{55}tɯ^{31}pai^{33}
允许　来　领　去[1]
仙人允许仙领去，

ʔbən^{33}ʔdan^{33}ta:u^{55}ti^{31}zum^{42}
天　开　来　位置　占
天开给你占位置，

ti^{31}zum^{42}la:u^{55}pai^{33}ʔbən^{33}
位置　占　老　去　天
上天给你占位置；

ta:i^{33}ka:p^{55}wən^{31}na^{55}mo^{213}
死　合　人　脸　新
死后变成仙中人，

① tsit^{55}li^{31}：意为仙人允许。

ti^{31}zum^{42}la:u^{55}pai^{33}sa:ŋ^{33}
位置 占 老 去 高
高天有位给你占，

ta:i^{33}ka:p^{55}wən^{31}na^{55}mo^{213}
死 合 人 脸 新
死后变成仙上人。

tap^{31}miŋ^{31}məŋ^{42}tan^{55}pɯ^{31}luaŋ^{42}pi^{33}ni^{55}
达到 命 你 穿 衣 铜 年 今①
今年你命达到享受铜棺，

miŋ^{31}məŋ^{31}sa:ŋ^{33}pəŋ^{31}mo^{213}
命 你 换 地区 新
你命转换了新世界，

tap^{213}miŋ^{31}məŋ^{31}tan^{55}pɯ^{31}ka^{31}pi^{33}ni^{55}
达到 命 你 穿 衣 赤铜 年 今
今年你命达到享受赤铜棺；

miŋ^{31}məŋ^{31}sap^{55}soŋ^{33}taŋ^{213}
命 你 穿 两 套
你命达到享受双铜棺。

məŋ^{31}ma^{33}lam^{55}ma^{33}lai^{42}
你 来 倒 来 给
你倒下了来送你铜棺，

məŋ^{31}ma^{33}ta:i^{35}ma^{33}pjaŋ^{55}
你 来 死 来 送
你死了才来送你铜棺，

ma^{33}pjaŋ^{55}məŋ^{31}pai^{33}kua:ŋ^{213}
来 送给 你 去 广阔
双铜棺送给你去广阔的仙界，

ma^{33}sa:ŋ^{213}məŋ^{42}pai^{33}pat^{213}pai^{33}θian^{33}
来 送上 你 去 金台 去 仙②
双铜棺送给你去天上金银做成的仙台。

ku^{213}ni^{55}mian^{42}ka^{33}ni^{55}
首 这 完 点 这
这首经念毕，

ɕian^{33}ni^{55}kua^{213}ka^{33}ni^{55}
段 这 完 点 这
这段经念过了；

ku^{213}ni^{55}mian^{42}ka^{33}ni^{55}
首 这 完 点 这
这首经念毕，

pian^{213}liau^{42}sɯ^{33}ka^{33}ni^{55}
唱 完 全 点 这
唱完这首唱新首；

muət^{213}ku^{213}liau^{55}ku^{31}laŋ^{33}
完 首 了 首 后
唱完这首唱后首，

ku^{213}mo^{213}ku^{213}ɦa^{55}taŋ^{53}
首 新 我 要 到
新首我就到，

ku^{213}laŋ^{33}ku^{213}ɦa^{55}ɦau^{213}
首 后 我 要 念
后首我要念。

① pɯ^{31}luaŋ^{42}：铜衣，即铜棺。相传100多年前，三江口中寨江边有一小山名为“坡嘎”（po^{33}ka^{33}），原来坡嘎山上住有布依族王家共360户，后来在战乱中被火烧掉。有一年“坡嘎”山顶塌下时，冒出公母铜棺一对，滚入三江口江底。
② pat^{213}：意为天上金银做成的仙台。

四、叙述“药神两治”的生前医病

pan^{55}tset^{213}taŋ^{31}mi^{31}mai^{55}
别人 痛病 到 无 事
别人痛病可以医好，

məŋ^{31}tɕet^{213}ʔbo^{33}taŋ^{31}mi^{31}mai^{55}
你 痛病 不 到 无 事
到你痛病医治不好；

pan^{55}ɕai^{213}taŋ^{31}mi^{31}mjan^{31}
别人 得病 到 巫 医
别人得病巫医可以治好，

məŋ^{31}tɕet^{213}ʔbo^{33}taŋ^{31}mi^{31}mjan^{31}
你 痛病 不 到 巫 医
到你痛病巫医治不好；

fuə^{55}tɕet^{213}fuə^{55}ʔdai^{55}kən^{33}zam^{55}vɯə^{213}
别人 痛病 别人 得 吃 水 雾云
别人痛病别人得吃天上雾云水，

məŋ^{31}tɕet^{213}ʔbo^{33}ʔdai^{55}kən^{33}zam^{55}vɯə^{213}
你 痛病 不 得 吃 水 雾云
到你痛病不得吃天上雾云水；

fuə^{55}tɕet^{21}ʔdai^{55}kən^{33}zam^{55}k‘o^{213}
别人 痛病 得 吃 水 露珠
别人痛病得吃竹叶露珠水，

məŋ^{31}tɕet^{213}ʔbo^{33}ʔdai^{55}kən^{33}zam^{55}k‘o^{213}
你 痛病 不 得 吃 水 露珠
到你痛病不得吃竹叶露珠水；

fuə^{55}tɕet^{213}fuə^{55}ʔdai^{55}kən^{33}zam^{55}ɕuak^{33}
别人 痛病 别人 得 吃 水面自然蒸气水
别人痛病别人得吃大河水面自然蒸气水，

məŋ^{31}tɕet^{213}ʔbo^{33}ʔdai^{55}kən^{33}zam^{55}ɕuak^{33}
你 痛病 不 得 吃 水面自然蒸气水
到你痛病不得吃大河水面自然蒸气水；

pan^{55}pan^{31}ts‘o^{213}zo^{55}ʔdi^{33}
别人 得 冒出来的病会 好
别人得冒出来的病会好，

məŋ^{31}pan^{31}ts‘o^{213}ʔbo^{33}zo^{55}ʔdi^{33}
你 得 冒出来的病不 会 好
到你得冒出来的病不会好。

tɕai^{55}san^{33}ɕi^{33}mi^{31}t‘ui^{213}
巫医祭 求 神 不 退
巫医祭求神病不退，

k‘a^{33}van^{42} k‘a^{33}ŋam^{42}tɕau^{213}
一 天 一 歪 头
一天比一天头痛，

k‘a^{33}van^{42} k‘a^{33}au^{213}t‘em^{33}
一 天 一 加重
一天比一天严重，

k‘a^{33}van^{42} k‘a^{33}ŋam^{42}na^{213}
一 天 一 歪 脸
一天比一天脸肿，

k‘a^{33}van^{42} k‘a^{33}ɦa^{213}taːi^{33}
一 天 一 要 死
一天比一天要走，

ɦaːu^{31}kuə^{31}saŋ^{33}laːu^{55}məŋ^{31}t‘ət^{213}
说 是 春节 你 康复
说是春节你康复，

saŋ^{33}laːu^{55}məŋ^{31}ʔbo^{33}t‘ət^{213}
春节 你 不 康复
到了春节你不康复；

ɦa:u^{31}kuə^{31}saŋ^{33}la:u^{55}məŋ^{31}ʔdi^{33}
说 是 春节 你 好　　说是等到春节你身体会好，
saŋ^{33}la:u^{55}məŋ^{31}ʔbo^{33}ʔdi^{33}
春节 你 不 好　　到了春节你身体更不好。
tɕai^{55}san^{33}ɕi^{33}mi^{31}tʻui^{213}
巫医祭 求 神 不 退　　巫医祭求神病不退，
ka^{33}van^{42}ka^{33}ta:i^{33}nau^{213}
一 天 一 死 去　　最后一天你死去。
ku^{213}ni^{55}mian^{42}ka^{33}ni^{55}
首 这 完 点 这　　这首经念毕，
pian^{213}liau^{42}sɯ^{33}ka^{33}ni^{55}
唱 完 全 点 这　　唱完这首唱新首；
muət^{213}ku^{213}liau^{55}ku^{31}laŋ^{33}
完 首 了 首 后　　唱完这首唱后首，
ku^{213}mo^{213}ku^{213}ɦa^{55}taŋ^{53}
首 新 我 要 到　　新首我就到，
ku^{213}laŋ^{33}ku^{213}ɦa^{55}ɦau^{213}
首 后 我 要 念　　后首我要念。

五、叙述生前儿女们敬孝道

jaŋ^{31}lək^{213}ʔbək^{55}kən^{31}sa:i^{42}məŋ^{31}ni^{55}
是 儿 女 上 方 你 这[①]　　女儿在你的上方守着你，
pan^{55}θiau^{42}pjet^{213}ka:t^{213}tau^{55}ʔje^{33}θan^{33}
别人 说 菜 青 来 医疗　　听说可用青菜来医疗，
lək^{213}jaŋ^{31}ʔdai^{55}taŋ^{31}məŋ^{31}
儿 也 得 到 你　　儿也找到青菜心来医你；
pan^{55}θiau^{42}pjet^{213}tam^{42}ta:u^{55}ʔje^{33}na:i^{213}
别人 说 菜 水白 来 医治　　听说可用水白菜来医治，
lək^{213}jaŋ^{31}ʔdai^{55}taŋ^{42}məŋ^{31}
儿 也 得 到 你　　儿也找到水白菜来医你；
pan^{55}θiau^{42}mak^{213}man^{24}ʔje^{33}pak^{31}ʔam^{53}
别人 说 果 李子 医 嘴 苦　　听说可用李子果来治嘴苦，
lək^{213}jaŋ^{31}ʔdai^{55}taŋ^{42}məŋ^{31}
儿 也 得 到 你　　儿也找到李子果来医你；
pan^{55}θiau^{42}mak^{213}tam^{42}ʔje^{33}pak^{31}tɕaŋ^{213}
别人 说 果 酸 医 嘴 爽　　听说可用酸果来治嘴爽，
lək^{213}jaŋ^{31}ʔdai^{55}taŋ^{42}məŋ^{31}
儿 也 得 到 你　　儿也找到酸果来医你。

---

① kən^{31}sa:i^{42}：死后灵堂中女儿守孝位在棺头上方。

jaŋ^{31}lək^{213}sa:i^{33}la^{213}pan^{213}məŋ^{31}ni^{55}
是 儿 男 下 方 你 这[1] 男儿在你的下方守着你，
pan^{55}θiau^{42}pja^{33}po^{213}kuə^{31}su^{31}ɦau^{33}
别人 说 鱼 块 做 汤 鲜 听说可用鱼块做鲜汤来医，
lək^{213}jaŋ^{31}ʔdai^{55}taŋ^{42}məŋ^{31}
儿 也 得 到 你 儿也找到鱼块做鲜汤来医你；
pan^{55}θiau^{42}pja^{33}kau^{31}kuə^{31}su^{31}taŋ^{33}
别人 说 鱼 猪嘴 做 汤 酸 听说可用猪嘴鱼做酸汤来医，
lək^{213}jaŋ^{31}ʔdai^{55}taŋ^{42}məŋ^{31}
儿 也 得 到 你 儿也找到猪嘴鱼做酸汤来医你；
pan^{55}θiau^{42}pja^{33}ʔbaŋ^{33}kuə^{31}su^{31}si^{55}
别人 说 鱼 大马 做 汤 浓 听说可用大马鱼做浓汤来医疗，
lək^{213}jaŋ^{31}ʔdai^{55}taŋ^{42}məŋ^{31}
儿 也 得 到 你 儿也找到大马鱼做浓汤来医你。
ɦa:u^{31}kuə^{31}saŋ^{33}la:u^{55}məŋ^{31}tʻət^{213}
说 是 春节 你 康复 说是春节你会康复，
saŋ^{33}la:u^{55}məŋ^{31}ʔbo^{33}tʻət^{213}
春节 你 不 康复 到了春节你不康复；
ɦa:u^{31}kuə^{31}tʻet^{213}la:u^{55}məŋ^{31}ʔdi^{33}
说 是 季节 你 好 说是等到季节你身体会好，
tʻet^{213}la:u^{55}məŋ^{31}ʔbo^{33}ʔdi^{33}
季节 你 不 好 到了季节你身体更不好；
tsʻai^{55}san^{33}ɕi^{33}mi^{31}tʻui^{213}
巫医祭 求 神 不 退 巫医祭求神病不退，
ka^{33}van^{42}ka^{33}ɦau^{55}tem^{33}
一 天 一 严重 一天比一天严重，
ka^{33}van^{42}ka^{33}ŋam^{42}na^{55}
一 天 一 歪 脸 一天比一天脸肿，
ka^{33}van^{42}ka^{33}ɦa^{55}ta:i^{33}
一 天 一 要 死 最后一天你死去。
ku^{213}ni^{55}mian^{42}ka^{33}ni^{55}
首 这 完 点 这 这首经念毕，
pian^{213}liau^{42}sɯ^{33}ka^{33}ni^{55}
唱 完 全 点 这 唱完这首唱新首；
muət^{213}ku^{213}liau^{55}ku^{31}laŋ^{33}
完 首 了 首 后 唱完这首唱后首，
ku^{213}mo^{213}ku^{213}ɦa^{55}taŋ^{53}
首 新 我 要 到 新首我就到，
ku^{213}laŋ^{33}ku^{213}ɦa^{55}ɦau^{213}
首 后 我 要 念 后首我要念。

① la^{213}pan^{213}：死后灵堂中儿子守孝位在棺尾下方。

六、请巫医治病[1]

ʔdən^{33}ɕiaŋ^{33}pan^{55}tɕai^{213}tɕet^{213}
月 正 别人 巫医[2]　正月里别人请巫医治病，

lək^{213}məŋ^{31}jaŋ^{31}tɕai^{213}tɕet^{213}
儿子 你 也 巫医　到了正月你儿亦请巫医给你治病；

ʔdən^{33}la:p^{33}pan^{55}tɕai^{213}koŋ^{33}
月 腊 别人 巫医弓箭[3]　腊月里别人请巫医用弓箭治病，

lək^{213}məŋ^{31}jaŋ^{31}tɕai^{213}koŋ^{33}
儿子 你 也 巫医弓箭　到了腊月你儿亦请巫医用弓箭给你治病；

ʔdən^{33}ɕiaŋ^{33}pan^{55}pa^{31}mai^{55}sən^{213}tɕiau^{42}
月 正 别人 伐 木 搭 桥　正月里别人伐木搭桥修阴功治病，

lək^{213}məŋ^{31}jaŋ^{31}pa^{31}mai^{55}sən^{213}tɕiau^{42}
儿子 你 也 伐 木 搭 桥　到了正月你儿亦伐木搭桥修阴功给你治病；

ʔdən^{33}ɕiaŋ^{33}pan^{55}pjau^{33}sɯ^{33}liŋ^{31}pjau^{33}sa^{33}
月 正 别人 烧钱书 连 烧纸钱
ʔdam^{33}miŋ^{31}
医 命　正月里别人烧钱书纸钱治病，

lək^{213}məŋ^{31}ko^{33}jaŋ^{31}pjau^{33}sɯ^{33}liŋ^{31}pjau^{33}sa^{33}
儿子 你 两样 也 烧钱书 连 烧纸钱
ʔdam^{33}miŋ^{31}
医 命　到了正月你儿亦烧钱书纸钱给你治病；

fɯ^{55}tɕai^{213}tɕet^{213}fɯ^{55}soŋ^{42}
人家 巫医 人家 减轻　别人用巫医病情会减轻，

məŋ^{42}tɕai^{213}tɕet^{213}ʔbo^{33}soŋ^{42}
你 巫医 不 减轻　你用巫医，病情不减轻；

fɯ^{55}tɕai^{213}koŋ^{33}fɯ^{55}ʔju^{213}
别人 巫医弓箭 别人 存在　别人用巫医弓箭别人还在，

məŋ^{42}tɕai^{213}koŋ^{33}ʔbo^{33}ʔju^{213}
你 巫医弓箭 不 存在　到你得病，用巫医弓箭不存在；

fɯ^{55}tɕai^{213}zu^{31}fɯ^{55}tɕəu^{33}
别人 巫医 入 别人 活　别人用巫医治病别人成活，

məŋ^{42}tɕai^{213}zu^{31}ʔbo^{33}soŋ^{42}
你 巫医 入 不 活　到你生病，用巫医不能成活；

ɦa:u^{31}kuə^{31}saŋ^{33}lau^{55}məŋ^{31}tʻət^{213}
说 是 春节 你 康复　说是春节你会康复，

saŋ^{33}la:u^{55}məŋ^{31}ʔbo^{33}tʻət^{213}
春节 你 不 康复　到了春节你不康复；

---

[1] 有的巫医同时也是布摩先生，巫医治病时念经祈神趋鬼，也用一些草药。如布摩王开林同时也是当地为百姓治病的草医。这种情形，当地称为“药神两治”。

[2] tɕai^{213}tɕet^{213}：巫医，传说会念经治病。

[3] tɕai^{213}koŋ^{33}：巫医弓箭，一种仪式。做一竹箭，念经后朝屋外射击以求病愈。

ɦa:u^{31}kuə^{31}t'et^{213}la:u^{55}məŋ^{31}ʔdi^{33}
说 是 季节 你 好 说是等到季节你身体会好，

t'et^{213}la:u^{55}məŋ^{31}ʔbo^{33}ʔdi^{33}
季节 你 不 好 到了季节你身体更不好；

tɕai^{55}san^{33}ɕi^{33}mi^{31}t'ui^{213}
巫医祭 求 神 不 退 巫医祭求神病不退，

k'a^{33}van^{42}k'a^{33}ŋam^{42}ts'au^{213}
一 天 一 歪 头 一天比一天头痛，

k'a^{33}van^{42}k'a^{33}au^{213}t'em^{33}
一 天 一 加重 一天比一天严重，

k'a^{33}van^{42}k'a^{33}ŋam^{42}na^{213}
一 天 一 歪 脸 一天比一天脸肿，

k'a^{33}van^{42}k'a^{33}ɦa^{213}ta:i^{33}
一 天 一 要 死 最后一天你死去。

ku^{213}ni^{55}mian^{42}ka^{33}ni^{55}
首 这 完 点 这 这首经念毕，

ɕiaŋ^{33}ni^{55}kua^{213}ka^{33}ni^{55}
首 这 过 点 这 这首念过了；

muət^{213}ku^{213}liau^{55}ku^{31}laŋ^{33}
完 首 了 首 后 念完这首念后首，

ku^{213}mo^{213}ku^{213}ɦa^{55}taŋ^{53}
首 新 我 要 到 新首我就到，

ku^{213}laŋ^{33}ku^{213}ɦa^{55}ɦau^{213}
首 后 我 要 念 后首我要念。

七、生前，请布摩先生用鸡、鸭、黄牛、水牛祭鬼神

ta:n^{31}kən^{31}ʒeu^{42}ta:n^{31}kən^{31}
寨 上 说 寨 上 下寨传上寨，

ta:n^{31}kən^{31}ʒeu^{42}mo^{33}ʔdjau^{33}ja^{55}
寨 上 说 布摩 一 出名 听说上寨有个布摩很出名，

lək^{213}məŋ^{31}jiaŋ^{31}pai^{33}ʒai^{42}
儿 你 就 去 请 你儿就去请那个布摩；

ta:n^{31}la^{55}ʒeu^{31}ta:n^{31}la^{55}
寨 下 说 寨 下 上寨传下寨，

ta:n^{31}la^{55}ʒeu^{31}mo^{33}ʔdjau^{33}ɦuŋ^{33}
寨 下 说 布摩 一 更出名① 听说下寨有个布摩更出名，

lək^{213}məŋ^{31}jiaŋ^{31}pai^{33}ʒai^{42}
儿 你 就 去 请 你儿也请到那个布摩。

ʒai^{42}ma^{33}soŋ^{33}saŋ^{42}ʔdən^{33}soŋ^{33}ɦo^{42}
请 来 两 师 站 两 头 请来两师站祭坛两头，

① 这段经文观众特别爱听。据说不少听众会听得掉眼泪。

soŋ^{33}mo^{33}ʔdən^{33}soŋ^{33}fe:ŋ^{55}
两　摩　站　两　边　　请来两摩站祭坛两边。

kue^{31}laɯ^{31}pjok^{55}ʔbo^{33}ʒei^{42}
咋个　喊　不　醒　　咋个喊你都不醒，

kue^{31}laɯ^{31}p'ui^{33}ʔbo^{33}ʒən^{213}
咋个　拍　不　起　　咋个拍你都不起。

van^{42}tək^{55}kai^{31}p'ui^{33}məŋ^{42}
天　杀　鸡　为祭　你　　天天为你杀鸡来祭神退鬼，

jiaŋ^{31}taŋ^{31}fəŋ^{42}pan^{31}man^{31}
是　到　手　成　麻　　杀鸡杀到手发麻。

van^{31}fət^{213}kai^{31}p'ui^{33}məŋ^{42}
天　宰　鸡　为祭　你　　天天为你宰鸡来祭神退鬼，

jiaŋ^{31}taŋ^{31}fəŋ^{42}pan^{31}nai^{213}
是　到　手　成　酸　　宰鸡宰到手发酸。

van^{31}kue^{31}su^{42}p'ui^{33}məŋ^{42}
天　厨师　为祭　你　　天天为你请厨师炒菜来祭神退鬼，

jiaŋ^{31}taŋ^{31}fəŋ^{42}pan^{31}ts'o^{213}
是　到　手　成　捏得抻不开　　厨师炒菜累得手都捏起抻不开。

van^{31}mo^{33}kai^{31}p'ui^{33}məŋ^{42}
天　捏　鸡　为祭　你　　天天为你捏着鸡脖杀鸡来祭神退鬼，

taŋ^{31}sa:i^{33}ɦo^{42}pan^{31}ɕie^{31}
到　脖子　成　血　　捏鸡脖杀鸡累得满身都是鸡血。

mai^{55}zak^{33}lem^{33}man^{213}kai^{31}p'ui^{33}məŋ^{31}
金竹　削　卦　鸡　为祭　你　　为你用金竹削鸡卦来祭神退鬼，

van^{31}pai^{33}pjai^{33}soŋ^{33}pjai^{33}
天　去　香竹　二　香竹根①　　用香竹削鸡卦每天用去一两根。

mai^{55}fai^{42}lem^{33}man^{213}kai^{31}p'ui^{33}məŋ^{31}
大龙竹　削　卦　鸡　为祭　你　　为你用大龙竹削鸡卦来祭神退鬼，

van^{31}pai^{33}ɦo^{31}soŋ^{33}ɦo^{31}
天　去　龙竹筒　二　筒　　用龙竹削鸡卦每天用去一两筒。

mit^{213}noi^{31}lem^{33}man^{213}kai^{31}p'ui^{33}məŋ^{31}
刀　小　削　卦　鸡　为祭　你　　为你用小刀削鸡卦来祭神退鬼，

van^{31}pai^{33}fak^{55}soŋ^{33}fak^{55}
天　去　把　二　把　　削鸡卦的小刀一天用坏一两把。

ka^{213}pit^{55}ka^{213}kai^{31}tai^{31}pə:ŋ^{55}taŋ^{31}
杀　鸭　杀　鸡　走　供　地　　杀鸡、杀鸭，走到稻田，走到山坡，祭田

liŋ^{42}pə:ŋ^{55}na^{31}p'ui^{33}məŋ^{31}
连　供　田　为祭　你　　神、祭地神来为你求神退鬼。

① 香竹签鸡卦，是用细竹签插入鸡骨中看图形，根据图形解释凶吉。

pa:ŋ^{55}ta^{31}naŋ^{213}pan^{31}ɦan^{42}
岸 河 还 成 埂　　河岸还成埂，

ka^{213}pit^{55}ka^{213}kai^{31}tai^{31}pə:ŋ^{55}na^{31}liŋ^{42}
杀 鸭 杀 鸡 走 供 田 连　　杀鸡、杀鸭，走稻田，走山坡，祭田神、

pə:ŋ^{55}taŋ^{31}p'ui^{33}məŋ^{31}
供 地 为祭 你　　祭地神来到河岸为你求神退鬼。

pa:ŋ^{55}taŋ^{31}naŋ^{213}pan^{31}vɯə^{213}
岸 湖 还 成 溢洪道　　湖岸也有溢洪道，

van^{31}ka^{213}pit^{55}ka^{213}kai^{31}p'ui^{33}məŋ^{31}
天 杀 鸭 杀 鸡 为祭 你　　天天杀鸡、杀鸭走到湖岸为你求神退鬼。

jaŋ^{31}pai^{33}la:i^{33}pai^{33}ləu^{42}
是 去 多 去 啰　　为你求神退鬼的费用去多啰，

van^{31}ka^{213}ɕie^{42}ka^{213}va:i^{42}tau^{55}p'ui^{33}məŋ^{31}
天 杀 黄牛 杀 水牛 来 为祭 你　　天天杀黄牛水牛为你求神退鬼，

jaŋ^{31}pai^{33}ʒau^{31}pai^{33}ləu^{42}
是 去 超过 去 啰　　为你求神退鬼的费用超过多啰，

ka^{213}pit^{55}ka^{213}kai^{31}p'ui^{33}məŋ^{31}van^{42}pai^{33}
杀 鸭 杀 鸡 为祭 你 天 去

sɯŋ^{33}soŋ^{33}sɯŋ^{33}
笼 二 笼　　为你求神退鬼，杀鸭杀鸡每天用去一两笼；

ka^{213}mu^{33}ka^{213}juaŋ^{42}p'ui^{33}məŋ^{31}van^{31}pai^{33}
杀 猪 杀 羊 为祭 你 天 去

ʒoŋ^{213}soŋ^{33}ʒoŋ^{213}
圈 二 圈　　为你求神退鬼，杀猪杀羊每天用去一两圈；

ka^{213}mu^{33}tok^{31}p'ui^{33}məŋ^{31}van^{31}pai^{33}tuə^{31}
杀 猪 肥 为祭 你 天 去 头

soŋ^{33}tuə^{31}
二 头　　为你求神退鬼，杀大肥猪每天用去一两头；

ka^{213}va:i^{42}lian^{42}ka^{213}ɕie^{42}p'ui^{33}məŋ^{31}
杀 水牛 连 杀 黄牛 为祭 你

van^{31}pai^{33}me^{31}soŋ^{33}me^{31}
天 去 母 二 母　　为你求神退鬼，杀水牛黄牛每天用去一两母；

zoŋ^{31}pit^{55}zoŋ^{31}kai^{31}kuə^{31}seŋ^{55}va:i^{33}
骨渣 鸭 骨渣 鸡 坐 拦沟 坝

jiaŋ^{31}ʔdai^{55}
也 得　　鸡骨渣、鸭骨渣用来拦沟都成坝；

ʔdok^{33}ɕie^{42}ʔdok^{33}va:i^{42}pai^{42}seŋ^{55}zi^{31}
骨 黄牛 骨 水牛 排 拦 地

jiaŋ^{31}ʔdai^{55}
也 得　　黄牛骨头、水牛骨头用来拦地也成排；

kuə^{31}seŋ^{55}va:i^{33}jiaŋ^{31}ti^{31}
坐 栏 坝 也 得　　拿牛骨来做成栏水坝让人坐也得，

kuə^{31}seŋ^{55}zi^{31}jiaŋ^{31}taŋ^{42}
坐 栏 地 也 到　　用牛骨做成地边栅栏让人靠也够，

ɦaŋ^{42}seŋ^{55}səŋ^{33}jiaŋ^{31}mət^{213}
栅 栏 地边 也 满　　用牛骨做成栅栏的地边都筑满。

ɦa:u^{31}kuə^{31}saŋ^{33}la:u^{55}məŋ^{31}t'ui^{213}
说 是 春节 你 康复　　说是春节你康复，

saŋ^{33}la:u^{55}məŋ^{31}ʔbo^{33}t'ui^{213}
春节 你 不 康复　　到了春节你不康复；

ɦa:u^{31}kuə^{31}t'et^{213}lau^{55}məŋ^{31}ʔdi^{33}
说 是 季节 你 好　　说是等到季节你身体会好，

t'et^{213}lau^{55}məŋ^{31}ʔbo^{33}ʔdi^{33}
季节 你 不 好　　到季节你身体更不好；

tɕai^{55}san^{33}ɕi^{33}mi^{31}t'ui^{213}
巫医祭 求 神 不 退　　巫医祭求神病不退，

k'a^{33}van^{42}k'a^{33}ŋam^{42}tɕau^{213}
一 天 一 歪 头　　一天比一天头痛，

k'a^{33}van^{42}k'a^{33}au^{213}t'em^{33}
一 天 一 加重　　一天比一天严重，

k'a^{33}van^{42}k'a^{33}ŋam^{42}na^{213}
一 天 一 歪 脸　　一天比一天脸肿，

k'a^{33}van^{42}k'a^{33}ɦa^{213}ta:i^{33}
一 天 一 要 死　　最后一天你死去。

ku^{213}ni^{55}mian^{42}ka^{33}ni^{55}
首 这 完 点 这　　这首经念毕，

ɕiaŋ^{33}ni^{55}kua^{213}ka^{33}ni^{55}
段 这 过 点 这　　这段念过了；

muət^{213}ku^{213}liau^{55}ku^{31}laŋ^{33}
完 首 了 首 后　　念完这首念后首，

ku^{213}mo^{213}ku^{213}ɦa^{55}taŋ^{53}
首 新 我 要 到　　新首我就到，

ku^{213}laŋ^{33}ku^{213}ɦa^{55}ɦau^{213}
首 后 我 要 念　　后首我要念。

八、《请“雅俊”经》

pan^{55}ʒeu^{42}tɕim^{213}ʔju^{31}pja^{33}
别人 说 女布摩 在 石岩　　听说女布摩住在石岩，

lək^{213}məŋ^{31}ko^{55}taŋ^{31}pja^{33}
儿 你 也 到 石岩　　你儿也去石岩请。

pan^{55}ʒeu^{42}ja^{42}ʔju^{31}tau^{55}
别人 说 奶 在 岛　　听说“雅俊”住在岛上，

lək^{213}məŋ^{31}ko^{55}taŋ^{31}tau^{55}
儿 你 也 到 岛　　你儿也上岛去请。

pan^{55}zeu^{42}la:u^{55}ʔju^{31}su^{33}
别人 说 老 在 城①　　听说“雅俊”住在岛上石头城中，

lək^{213}məŋ^{31}ko^{55}taŋ^{31}su^{33}
儿 你 也 到 城　　你儿也进城去请。

ɦat^{55}sok^{213}ʒoŋ^{31}tɕi^{33}tɕa:i^{33}
晨 明 亮 明明　　明晨天亮时，

ɾa:n^{42}mi^{31}lək^{213}sau^{31}lək^{213}kuə^{31}ŋa:i^{31}zau^{213}
家 有 儿 喊 儿 做 早饭　　家里有儿叫儿做早饭，

ɾa:n^{42}mi^{31}paɯ^{55}sau^{213}paɯ^{55}kuə^{31}ɦa:u^{55}zom^{31}
家 有 儿媳 喊 儿媳 做 更早的早饭　　家里有媳叫媳做早点。

ʔdet^{33}soŋ^{33}ʔba:u^{33}ma^{33}ŋa:i^{42}
喊 二 小伙 来 早饭　　喊寨里两个小伙来吃早饭，

na:i^{33}soŋ^{33}tɕa^{33}ma^{33}lau^{55}
请 二 小伙 来 酒　　请寨中两个小伙来喝酒。

ɦa:u^{55}lək^{213}tɕoŋ^{31}tɕa^{33}kən^{33}
饭 装 竹饭篓 小伙 吃　　两个小伙来吃竹篓饭，

pjak^{33}lək^{33}pən^{42}tɕa^{33}net^{33}
菜 装 盆 小伙 拈　　盆装菜给两个小伙吃。

tɕa^{33}kən^{33}liau^{55}ma^{31}liau^{55}
小伙 吃 好 来 了　　两个小伙吃好了，

pjeu^{55}tɕau^{213}tɕe^{31}pai^{33}ʔdaɯ^{33}
收 东西 去 里面　　儿媳妇收碗筷去屋里面。

tɕap^{55}jie^{42}na^{213}tɕa^{33}kua^{31}
斗笠 戴 脸 小伙 过　　两个小伙头戴斗笠遮脸走，

lɯŋ^{55}pat^{213}ʔba^{31}tɕa^{33}pai^{33}
伞 放 肩 小伙 去　　两个小伙肩挎雨伞出门去。

tɕa^{33}ʔduan^{55}pai^{33}ʔduan^{55}pai^{33}
小伙 走着 走着　　两个小伙走着走着，

tɕa^{33}pai^{33}taŋ^{42}sok^{33}ta:i^{31}ʔjit^{55}
小伙 去 到 渡口 第一　　两个小伙来到第一个渡口，

zan^{33}soŋ^{33}ja^{31}taɯ^{31}pit^{55}
见 二 妇女 放 鸭　　见着两个妇女在牧鸭，

ɦa:u^{33}kuə^{31}ja^{31}mi^{31}ɦa:n^{33}
说 做 奶 不 答　　称她们做奶她们不回答，

sam^{33}kuə^{31}naŋ^{31}so^{55}ʔe^{31}
喊 做 姑姑 才 应声　　喊她们做姑姑才应声。

① 城：指“雅俊”居住的岛上石头城。

ʔə^{33}pi^{55}ɦə^{213}ʔə^{33}me^{31}
阿 姐 和 阿 妈 　　请问阿姐和阿妈，

ʔjiu^{35}ja^{31}ja^{42}ʔjiu^{31}lamɯ^{42}
家 “雅俊” 在 哪里 　　“雅俊”家住哪里？

ra:n^{31}ja^{31}tɕim^{213}ʔjiu^{31}lamɯ^{31}
屋 “雅俊” 在 哪里 　　“雅俊”屋在哪里？

ʔə^{33}pi^{55}ɦə^{213}ʔə^{33}po^{31}
阿 哥 和 阿 爹 　　阿姑应：阿哥和阿爹，

soŋ^{33}ʒə^{33}tau^{55}za^{33}ʔjiu^{35}ja^{31}ja^{42}kuə^{31}ma^{42}
俩 你 来 找 家 “雅俊” 做 哪样 　　你俩来找“雅俊”家做什么？

soŋ^{33}ʒə^{33}tau^{55}za^{33}ra:n^{31}ja^{31}tɕim^{213}
俩 你 来 找 屋 “雅俊”
kuə^{31}ma^{42}
做 哪样 　　你俩来找“雅俊”屋做什么？

me^{31}ra:n^{42}tok^{55}te^{33}jam^{31}ka^{33}ʔan^{55}
屋椽角 落 雨滴 飘 那里 　　八角楼屋椽角飘着雨滴的那家，

sɯ^{55}ra:n^{42}tok^{55}te^{33}jam^{55}ka^{33}ʔan^{55}
八角房山墙的屋椽 落 雨滴 飘 那里 　　八角楼山墙大屋椽滴着雨的那家就是。

tak^{213}ma^{33}pan^{31}tamɯ^{42}tu^{33}ka^{33}ʔan^{55}
雄 狗 边 守 门 那里 　　有只大雄狗守在大门边的那家，

tak^{213}ma^{33}pu^{42}ʒau^{213}ɦoŋ^{42}
雄 狗 壮 叫 院坝 　　有只壮雄狗在院坝中叫汪汪的那家，

tak^{213}ma^{33}pan^{213}tamɯ^{31}lai^{33}
雄 狗 边 守 门梯 　　有只大雄狗守在大门楼梯角的那家，

tak^{213}ma^{33}nai^{42}ʒau^{213}ɦoŋ^{42}
雄 狗 灰 叫 院坝 　　有只大灰狗在院坝中叫汪汪的那家就是。

tɕa^{33}ʔduan^{55}pai^{33}ʔduan^{55}pai^{33}
小伙 走着 走着 　　两个小伙又走着走着，

tɕa^{33}pai^{33}taŋ^{31}sok^{55}ta:i^{31}ŋi^{31}
小伙 去 到 渡口 第 二 　　来到第二个渡口，

ʒan^{33}soŋ^{33}ja^{31}vit^{55}ʔdau^{33}
见 二 妇女 漂染蓝靛布 　　望见妇女二人正在漂染蓝靛布，

ɦa:u^{33}kuə^{31}ja^{31}mi^{31}ɦa:n^{33}
说 做 奶 不 答 　　称她们做奶她们不回答，

sam^{33}kuə^{31}na:ŋ^{31}so^{55}ʔə^{31}
喊 做 姑姑 才 应声 　　喊她们做姑姑才应声。

ʔə^{33}pi^{55}ɦə^{213}ʔə^{33}me^{31}
阿 姐 和 阿 妈 　　请问阿姐和阿妈，

ʔjiu^{35}ja^{31}ja^{42}ʔjiu^{31}lamɯ^{31}
家 “雅俊” 在 哪里 　　“雅俊”家住哪里？

ɾa:n31ja31tɕim213ʔjiu31laɯ31
屋　　“雅俊”　　在　哪里　　　　“雅俊”屋在哪里？

ʔə33pi55ɦə213ʔə33po31
阿　哥　和　阿　爹　　　　阿姑应：阿哥和阿爹，

soŋ33ʒə33tau55za33ʔjiu35ja31ja42kuə31ma42
俩　你　来　找　家　“雅俊”　做　哪样　　　　你俩来找“雅俊”家做什么？

soŋ33ʒə33tau55za33ɾa:n31ja31tɕim213
俩　你　来　找　屋　“雅俊”

kuə31ma42
做　哪样　　　　你俩来找“雅俊”屋做什么？

ʔjəu55ja31ja42ʔju213ʔan55
指　“雅俊”　在　那　　　　阿姑指：“雅俊”在那里，

ɾa:n31ja31tɕim213ʔju213ʔan55
家　“雅俊”　在　那　　　　“雅俊”的家就在那里。

me31ɾa:n42tok55te33jam31ka33ʔan55
屋椽角　落　雨滴　飘　那里　　　　八角楼屋椽角飘着雨滴的那家，

sɯ55ɾa:n42tok55te33jam55ka33ʔan55
八角房山墙的屋椽　落　雨滴　飘　那里　　　　八角楼山墙大屋椽滴着雨的那家就是。

tak213ma33pan31taɯ42tu33ka33ʔan55
雄　狗　边　守　门　那里　　　　有只大雄狗守在大门边的那家，

tak213ma33pu42ʒau213ɦoŋ42
雄　狗　壮　叫　院坝　　　　有只壮雄狗在院坝中叫汪汪的那家，

tak213ma33pan213taɯ31lai33
雄　狗　边　守　门梯　　　　有只大雄狗守在大门楼梯角的那家，

tak213ma33nai42ʒau213ɦoŋ42
雄　狗　灰　叫　院坝　　　　有只大灰狗在院坝中叫汪汪的那家就是。

tsa33ʔduan55pai33ʔduan55pai33
小伙　走着　走着　　　　两个小伙又走着走着，

tɕa33pai33taŋ31sok55ta:i31sa:m33
小伙　去　到　渡口　第　三　　　　来到第三个渡口，

ʒan33soŋ33na:ŋ31sok55sa31
见　二　姑娘　洗衣　　　　见着两个姑娘在洗衣，

ʒan33soŋ33ja31au33p'ui33
见　二　奶　漂白线　　　　两个奶奶在漂白线，

ʒan33soŋ33na:ŋ31ʒuai33zok213
见　二　姑娘　梭线上织机　　　　还有两个姑娘梭线上织机。

ɦa:u33kuə31ja31mi31ɦa:n33
说　做　奶　不　答　　　　称她们做奶她们不回答，

sa:m33kuə31na:ŋ31so55ʔə31
喊　做　姑姑　才　应声　　　　喊她们做姑姑才应声。

ʔə^{33}pi^{55}ɦə^{213}ʔə^{33}me^{31}
阿 姐 和 阿 妈 请问阿姐和阿妈，

ʔjiu^{35}ja^{31}ja^{42}ʔjiu^{31}laɯ^{42}
家 “雅俊” 在 哪里 “雅俊”家住哪里？

ɾa:n^{31}ja^{31}tɕim^{213}ʔjiu^{31}laɯ^{31}
屋 “雅俊” 在 哪里 “雅俊”屋在哪里？

ʔə^{33}pi^{55}ɦə^{213}ʔə^{33}po^{31}
阿 哥 和 阿 爹 阿姑应：阿哥和阿爹，

soŋ^{33}ʒə^{33}tau^{55}za^{33}ʔjiu^{35}ja^{31}ja^{42}kuə^{31}ma^{42}
俩 你 来 找 家 “雅俊” 做 哪样 你俩来找“雅俊”家做什么？

soŋ^{33}ʒə^{33}tau^{55}za^{33}ɾa:n^{31}ja^{31}tɕim^{213}
俩 你 来 找 屋 “雅俊”
kuə^{31}ma^{42}
做 哪样 你俩来找“雅俊”屋做什么？

me^{31}ɾa:n^{42}tok^{55}te^{33}jam^{31}ka^{33}ʔan^{55}
屋檐角 落 雨滴 飘 那里 八角楼屋檐角飘着雨滴的那家就是，

sɯ^{55}ɾa:n^{42}tok^{55}te^{33}jam^{31}ka^{33}ʔan^{55}
八角房山墙的屋檐 落 雨滴 飘 那里 八角楼山墙大屋檐滴着雨的那家就是。

tak^{213}ma^{33}pan^{31}taɯ^{42}tu^{33}ka^{33}ʔan^{55}
雄 狗 边 守 门 那里 有只大雄狗守在大门边的那家，

tak^{213}ma^{33}pu^{42}ʒau^{213}ɦoŋ^{42}
雄 狗 壮 叫 院坝 有只壮雄狗在院坝中叫汪汪的那家，

tak^{213}ma^{33}pan^{213}taɯ^{31}lai^{33}
雄 狗 边 守 门梯 有只大雄狗守在大门楼梯角的那家，

tak^{213}ma^{33}nai^{42}ʒau^{213}ɦoŋ^{42}
雄 狗 灰 叫 院坝 有只大灰狗在院坝中叫汪汪的那家就是。

tɕa^{33}ʔduan^{55}pai^{33}ʔduan^{55}pai^{33}
小伙 走着 走着 两个小伙又走着走着，

tɕa^{33}pai^{33}taŋ^{31}pak^{213}naŋ^{31}la^{213}ɾa:n^{42}
小伙 去 到 口 场院 下 屋 走到“雅俊”的屋旁场院口，

tɕa^{33}pai^{33}taŋ^{31}pan^{31}la^{55}taŋ^{213}
小伙 去 到 院中 下 楼 来到“雅俊”院中的楼下，

ʒan^{33}pa:k^{31}tu^{33}tɕim^{213}suk^{55}ɕiaŋ^{42}ɕi^{31}lom^{55}
见 口 门 “雅俊” 筑 墙 像
pja^{33}
鱼 见着“雅俊”家的花鱼纹墙，

ʒan^{33}pa:k^{31}tu^{33}tɕim^{213}suk^{55}ɕiaŋ^{42}ɕi^{31}lom^{55}
见 口 门 “雅俊” 筑 墙 像
kam^{55}
半圆拱 见着“雅俊”家的半圆拱大门，

ʒan33pa:k31tu33tɕim213za:i31kuk55lian31
见 口 门 “雅俊” 画 虎 连
za:i31ŋək213
画 龙
见着“雅俊”家门上画虎又画龙。

la:u55pai33taŋ31ɕin33ta:u213
老 去 到 转 回
其他老人去到院场可转回，

ka31tɕa33ʔbo33ʔdai55ta:u213
们 小伙 不 得 回
这两个小伙必须进屋请。

ʔba:u213pai33taŋ31ɕin33ma33
小伙 去 到 转 来
其他小伙们去到院场可转回，

ka31tɕa33ʔbo33ʔdai55ma33
们 小伙 不 得 来
这两个小伙去请“雅俊”不得回。

tɕa33tam31ʔda:ŋ33tɕa33ɦau55
小伙 低 身 小伙 进
两个小伙低身进屋去，

tɕa33tam31tɕau55pai33ʔdaɯ33
小伙 低 头 去 里面
两个小伙进到屋里面，

ʒan33me31tɕim213tam33sa:t213
见 母 “雅俊” 舂 碓
见“雅俊”的母亲在舂碓，

ʒan33po31tɕim213pa213fən42
见 父 “雅俊” 劈 柴
见“雅俊”的父亲在劈柴，

ʒan33lək213tɕim213tim31kuan31
见 儿 “雅俊” 将碓中撒出的粮食拊回碓窝
见“雅俊”的儿子将碓中撒出的粮食拊回碓窝中。

tɕa33pak213nak55ʔbo33ʔdai55nau42
小伙 嘴笨 不 得 问
小伙嘴笨不敢问，

tɕim213pak213ʔbau33sa:m33kuan213
“雅俊”嘴巧 问 先
“雅俊”嘴巧就先问。

tɕa33pa:k213nak55ʔbo33ʔdai55na:i33
小伙 嘴笨 不 得 讲
小伙嘴笨不敢讲，

tɕim213pa:k213kua:i33sa:m33kuan213
“雅俊” 嘴 心宽 问 先
“雅俊”心宽就先问：

tau55kuə31ma31soŋ33tɕa33
来 做 什么 二 小伙
来做什么？二小伙。

ma33kuə31ma31soŋ33ʔba:u213
来 做 什么 二 小伙
二小伙，来做什么？

tau55ɦa:u213ma42soŋ33zə33
来 说 什么 二 位
二位有何事？

teŋ31na55pjak31ʒə33ma31ɦan33
望 脑门 滑 什么 紧急
满头大汗的有何紧急事？

ɕim33pja:i33fən42zə33ma31ʔɯ213
瞧 脸角 滑 什么 垮
垂头丧气为哪般？

na^{55}zɯ^{33}ma^{42}kɯ^{31}se^{33}lan^{42}
脸 你们 什么 变 这样
为啥脸色如此难看？

zo^{55}ʔda:ŋ^{33}zɯ^{33}tam^{31}ɕa^{55}
是否 身 你们 掉 刀
是否掉了护身刀？

zo^{55}na^{55}zɯ^{33}tam^{31}sak^{55}
是否 脸 你们 掉 躲藏
是否偷盗想躲藏？

zo^{55}zɯ^{33}ʒək^{213}ma^{31}lai^{42}
是否 你们 偷 来吧
你们偷了别人的东西没有？

zo^{55}zɯ^{33}au^{33}ma^{31}pan^{55}
是否 你们 要 东西 别人
你们乍要别人的东西没有？

zo^{55}zɯ^{33}pɯn^{31}pit^{55}kai^{31}pan^{55}ka:i^{33}
是否 你们 拿 鸭 鸡 别人 卖
是否你们偷了别人的鸡鸭去卖？

zo^{55}zɯ^{33}pɯn^{31}ɕiə^{42}va:i^{42}pan^{55}kɯ^{55}
是否 你们 拿 黄牛 水牛 别人 藏
是否你们偷了别人的黄牛水牛去藏？

zo^{55}zɯ^{33}pɯn^{31}pit^{55}kai^{31}pan^{55}kɯ^{55}ȵia^{33}
是否 你们 拿 鸭 鸡 别人 藏 草
是否你们偷了别人的鸡鸭藏在草窝中？

zo^{55}zɯ^{33}pɯn^{31}pa^{42}ʔja^{33}pan^{55}kɯ^{55}tɯn^{31}
是否 你们 拿 媳 白得 别人 藏 山林
是否你们拐得别人媳妇藏在山林里？

zo^{55}zɯ^{33}pɯn^{31}mu^{33}juaŋ^{42}
是否 你们 拿 猪 羊
是否你们偷了别人的猪羊？

zo^{55}zɯ^{33}ʒɯŋ^{42}sa:u^{33}naŋ^{31}
是否 你们 赶 姑娘 玩
是否你们追戏姑娘玩？

zo^{55}zɯ^{33}ʔjit^{213}tau^{55}ʔdɯi^{33}
是否 你们 歇气 来 无事
是否你们无事来歇脚？

zo^{55}zɯ^{33}zei^{33}ma^{31}nuai^{31}
是否 你们 打失 来 少
是否你们丢失什么东西过来找？

zo^{55}zɯ^{33}ʔjit^{213}tau^{55}ʔja^{33}
是否 你们 歇气 来 耍
是否你们无事过来玩？

zo^{55}zɯ^{33}za^{33}ma^{31}nuai^{31}
是否 你们 找 来 小
是否你们来找什么小东西？

ʔə^{33}tɕim^{31}mə^{55}ʔə^{33}tɕim^{31}
阿 俊 啊 阿 俊①
两个小伙回答："雅俊"啊"雅俊"，

teŋ^{31}na^{213}pja^{31}tu^{33}jiaŋ^{31}ʔbo^{33}ɦan^{33}
看 额头 我们 也 不 滑
ka^{213}lam^{42}
哪里
我们满头大汗是有急事，

sim^{33}pja:i^{33}fan^{42}tu^{33}jiaŋ^{31}ʔbo^{33}ɦɯ^{213}
瞧 脸色 我们 也 不 难看

---

① ʔə^{33}tɕim^{31}：阿俊，又称"雅俊"，是对女祭师的尊称。

ka^{33}laɯ^{42}
哪里
我们垂头丧气是有急事，

na^{55}tu^{33}jiaŋ^{31}ʔbo^{33}kɯ^{31}ɕe^{33}lan^{42}
脸 我们 也 不 难看 哪点
我们脸色难看是有急事。

ʔda:ŋ^{33}tu^{33}ʔbo^{33}taŋ^{31}sa^{55}
身 我们 不 掉 护身刀
我们没有掉护身刀，

na^{55}tu^{33}ʔbo^{33}taŋ^{31}sak^{213}
脸 我们 不 落 追杀
也没有被人追杀。

tu^{33}ʔbo^{33}ʒak^{213}ma^{31}lau^{42}
我们 不 偷 哪样
我们从不偷哪样，

tu^{33}ʔbo^{33}au^{33}ma^{31}pan^{55}
我们 不 要 东西 别人
也从不白要别人的东西。

tu^{33}ʔbo^{33}pɯn^{31}pit^{55}kai^{31}pan^{55}ka:i^{33}
我们 不 拿 鸭 鸡 别人 卖
我们不会白拿别人鸭鸡去卖钱，

tu^{33}ʔbo^{33}pɯn^{31}ɕie^{31}va:i^{31}pan^{55}kɯ^{55}
我们 不 拿 黄牛 水牛 别人 藏
也从不偷黄牛水牛去躲藏。

tu^{33}ʔbo^{33}pɯn^{31}pit^{55}kai^{31}pan^{55}kɯ^{55}ȵa^{33}
我们 不 拿 鸭 鸡 别人 藏 草
我们不会偷别人鸭鸡去藏在草窝中，

tu^{33}ʔbo^{33}pɯn^{31}pa^{42}ʔja^{33}pan^{55}kɯ^{55}tɯn^{31}
我们 不 拿 媳 白得 别人 藏 山林
更不会拐骗别人媳妇藏在山林里。

tu^{33}ʔbo^{33}pɯn^{31}mu^{33}juaŋ^{42}
我们 不 拿 猪 羊
我们不会偷猪羊，

tu^{33}ʔbo^{33}ʒɯŋ^{42}sa:u^{33}naŋ^{31}
我们 不 赶 姑娘 玩
也不追戏姑娘玩。

tu^{33}ʔbo^{33}ʔjit^{213}tau^{55}ʔdɯi^{33}
我们 不 歇气 来 无事
我们不会无事来歇脚，

tu^{33}ʔbo^{33}ʒei^{33}ma^{31}ȵoi^{31}
我们 不 打失 来 小
也不是丢失什么东西来寻找。

tu^{33}ʔbo^{33}ʔjit^{213}tau^{55}ʔja^{33}
我们 不 歇气 来 要
我们不是无事过来玩，

tu^{33}ʔbo^{33}za^{33}ma^{31}ȵoi^{31}
我们 不 找 来 小
也不来寻找什么小东西。

（一）《“雅俊”经——神鸟搬家》

ʔe^{33}tɕim^{31}ɦe^{55}ʔe^{33}tɕim^{31}
阿 俊 啊 阿 俊
“雅俊”啊“雅俊”，

pan^{31}fi^{31}naŋ^{31}ɦa^{55}nau^{42}
还 未 坐 要 说
还未坐下我们就要跟您说，

pan^{31}fi^{31}ʔjau^{33}ɦa^{55}ɦa:u^{33}
还 未 蹬 要 讲
还没蹬下我们就要跟您讲。

tu^{33}ʔbo^{33}pjau^{33}ma^{31}ʒok^{213}

我们 不 得罪神鸟 哪 鸟　　我们不曾得罪神鸟呀，

ʒok^{213}tək^{555}ʔbu^{213}ɕian^{33}ɦen^{55}

鸟 放 新位置 先 黄　　神鸟为何要搬家？神鸟的羽毛为何提前干黄？

fa:ŋ^{42}au^{33}po^{31}（me^{31}）tu^{33}ʒəŋ^{42}se^{33}laŋ^{33}

鬼 拿 父（母） 我们 跟上 留 跟着

ka^{31}ʔan^{55}

那点　　为何鬼神要我们的父（母）逝世？

tu^{33}ʔbo^{33}pjau^{33}ma^{31}ʒok^{213}

我们 不 得罪神鸟 哪 鸟　　我们不曾得罪神鸟呀，

ʒok^{213}tək^{555}ʔbu^{213}ɕian^{33}kan^{35}

鸟 放 新位置 先 寨墙门外　　神鸟为何要搬家？神鸟为何搬到寨墙外？

fa:ŋ^{42}au^{33}po^{31}（me^{31}）tu^{33}tau^{55}laŋ^{55}se^{33}laŋ^{33}

鬼 拿 父（母） 我们 倒 直 留 跟

ka^{33}ʔan^{55}

那点　　为何鬼神要我们的父（母）逝世？

tu^{33}ʔbo^{33}pjau^{33}ma^{31}ʒok^{213}

我们 不 得罪神鸟 哪 鸟　　我们不曾得罪神鸟呀，

ʒok^{213}tək^{555}ʔbu^{213}ɕian^{33}ȵian^{35}

鸟 放 新位置 先 寨墙门内　　神鸟为何要搬家？神鸟为何搬到寨墙内？

fa:ŋ^{42}au^{33}po^{31}（me^{31}）tu^{33}tau^{55}laŋ^{55}se^{33}laŋ^{33}

鬼 拿 父（母） 我们 倒 直 留 跟

ka^{33}ʔan^{55}

那点　　为何鬼神要我们的父（母）逝世？

tu^{33}ʔbo^{33}pjau^{33}ma^{31}ʒok^{213}

我们 不 得罪神鸟 哪 鸟　　我们不曾得罪神鸟呀，

ʒok^{213}tək^{555}ʔbu^{213}ɕian^{33}tie^{31}

鸟 放 新位置 先 贴寨墙　　神鸟为何要搬家？神鸟为何站在寨墙上？

fa:ŋ^{42}au^{33}po^{31}（me^{31}）tu^{33}tək^{55}pen^{55}se^{33}

鬼 拿 父（母） 我们 放 棺材 留　　为何鬼神要把我们的父（母）放进

laŋ^{33}ka^{33}ʔan^{55}

跟 那点　　棺材里？

ʒeu^{31}məŋ^{31}tɕim^{213}zo^{55}za^{33}

听说 您 “雅俊”会 找　　听说您“雅俊”会找，

tɯ^{31}məŋ^{31}tɕim^{213}pai^{33}za^{33}

带 您 “雅俊”去 找　　才请您“雅俊”去找回来。

ʒeu^{31}məŋ^{31}ja^{42}ʒo^{55}tau^{55}

听说 您 奶 会 测算　　听说您老会测算，

tɯ^{31}məŋ^{31}ja^{31}pai^{33}tau^{55}

带 您 奶 去 测算　　才请您老去测算。

ɕiau^{42}su^{33}ɦa:u^{31}san^{42}ni^{55}
算得 你们 说 句 这　　“雅俊”答：我已算得你们这样说，

ɕiau^{42}su^{33}pi^{55}san^{42}tan^{33}
算得 你们讲 句 此　　早已算得你们这样讲。

ko^{213}ku^{33}ʔdai^{55}ʒo^{55}mi^{31}
给 我 得 会 不　　是否给礼信？

tai^{55}ku^{33}sai^{42}ʒo^{55}mi^{31}
给 我 得 够 不　　给够礼信否？

ko^{213}ku^{33}ʔdai^{55}ku^{33}pai^{33}
价格 我 得 我 去　　给够礼信我就去，

tai^{55}ku^{33}sai^{42}ku^{33}ʔja:m^{213}
给 我 足 我 走　　礼信给足我就走。

ʔə^{33}tɕim^{213}ɦə^{55}ʔə^{33}tɕim^{213}
阿 俊 啊 阿 俊　　两个小伙答：“雅俊”啊“雅俊”，

kuə^{31}laɯ^{42}kuə^{31}ʔbo^{33}ʔdai^{55}
哪样 给 不 得　　您要哪样礼信都给足，

kuə^{31}laɯ^{42}tai^{55}ʔbo^{33}sai^{42}
哪样 给 不 够　　您要什么礼信都给够。

sa^{55}pan^{31}p‘ə^{33}saŋ^{33}ma^{33}
刚才 我们 开始 来　　刚来的时候，

me^{31}liau^{42}tap^{213}tai^{55}ɕa^{213}
妈 姑 准备 等①　　我家姑妈备有礼信等。

sa^{55}pan^{31}p‘ə^{33}saŋ^{33}ma^{33}
刚才 我们 开始 来　　才来的时候，

me^{31}pa^{213}tap^{213}tai^{55}suaŋ^{213}
母 姑姑 准备 留给　　我家姑母备有礼信留。

paŋ^{42}fɯ^{42}ɦa^{213}ʔdai^{55}tsim^{213}
布 色 五 得 “雅俊”　　五色布留给“雅俊”。

sa^{55}luaŋ^{42}ɦam^{213}ʔdai^{55}tɕim^{213}
刀 铜 给 得 “雅俊”　　铜刀也留等。

man^{31}taŋ^{42}ʔo^{33}ʔdai^{55}tɕim^{213}
辣 整 棵 给 “雅俊”　　辣子整棵给。

so^{33}taŋ^{31}fak^{213}ʔdai^{55}tɕim^{213}
锄头 整 把 给 “雅俊”　　锄头整把给，

ʔja:k^{213}taŋ^{31}kan^{42}ʔdai^{55}tɕim^{213}
板锄头 连锄把 给 “雅俊”　　板锄连把给。

ʔjam^{33}ɦa:u^{55}na^{31}ʔdai^{55}tɕim^{213}
青水稻 谷 田 给 “雅俊”　　田中尚青的稻谷也给，

va^{33}ɦa:u^{55}ʒi^{31}ʔdai^{55}tɕim^{213}
青旱稻 谷 地 给 “雅俊”　　地里尚青的旱稻都给。

① 这里用来请“雅俊”的钱物由姑母出，是因女性地位较高。

po^{31}kai^{31}tɕe^{213}ʔdai^{55}tɕim^{213}
雄 鸡 老 给 “雅俊” 大公鸡也给,
me^{31}kai^{31}la:u^{55}ʔdai^{55}tɕim^{213}
母 鸡 大 给 “雅俊” 老母鸡也送。
ko^{33}tɕim^{213}ʒim^{33}ts‘uai^{33}sai^{55}
给 “雅俊”满 大竹篓 冒 礼信装满大竹篓,
tai^{55}tɕim^{213}ʒim^{33}ts‘uai^{33}pan^{42}
给 “雅俊” 满 大筐篮 码高 礼筐码高层。
ɾan^{42}tɕim^{213}ʒim^{33}tɕau^{33}tɕe^{213}
家 “雅俊” 满 家具 需用家具都给齐。
tɕim^{213}ko^{55}tan^{213}ma^{33}ʔak^{55}
“雅俊”心爽 来 胸 “雅俊”心爽在胸,
tɕim^{213}ko^{55}tɕak^{55}ma^{33}sɯ^{33}
“雅俊”满意 来 心 “雅俊”满意在心。
ʔat^{55}sok^{31}ʒoŋ^{31}tɕi^{33}tɕa:i^{33}
晨 明 亮 明明 明晨天刚亮,
tɕim^{213}ko^{31}ʒap^{213}lian^{31}ma^{33}jie^{33}jai^{42}
“雅俊”一路 连 来 成排走 一路成排走。
ʔat^{55}sok^{31}kuai^{31}tɕi^{33}tɕit^{55}
晨 明 光 蒙蒙 明晨亮蒙蒙,
tɕim^{213}ko^{42}ʒap^{213}lian^{31}ma^{33}jie^{33}jian^{42}
“雅俊”一路 连 来 甩手走 一路甩手行。
ma^{33}lie^{33}lian^{31}ta^{33}ʒai^{55}
来 顺序走 真 认 一路顺序走,
ma^{33}za:p^{213}ts‘uai^{33}ta^{33}ʒa:i^{55}
来 挑 大竹篓 认真 挑着大竹篓。
tɕa^{33}tɯ^{42}tɕim^{33}ʔduan^{55}ma^{33}ʔduan^{55}ma^{33}
小伙 带 “雅俊”走着 走着 小伙带着“雅俊”走着走着,
ma^{33}taŋ^{31}po^{33}fak^{213}ʔun^{55}
来 到 山 那边 走到山那边,
ma^{33}taŋ^{31}po^{33}ʔun^{55}nie^{33}
来 到 山 那边 江 来到江那边,
ma^{33}taŋ^{31}ɕie^{33}ʔun^{55}ta^{31}
来 到 小沟 那边 河 过着那边河,
kuə^{31}lian^{31}ka^{213}fa:k^{31}ʔun^{55}sai^{33}
做 排 过 那边 大沟 踏过那边沟。
ma^{33}laŋ^{33}lai^{33}ta^{31}la^{55}
来 跟 流 河 下 顺着河流往下走,
tɕa^{33}tɯ^{42}tɕim^{33}ʔduan^{55}ma^{33}ʔduan^{55}ma^{33}
小伙 带 “雅俊”走着 走着 小伙带着“雅俊”走着走着,

tɕa^{33}tɯ^{42}tɕim^{33}ma^{33}taŋ^{31}pa:k^{213}naŋ^{31}la^{55}
小伙　带　“雅俊”来　到　口　　山丫　下
ɾa:n^{31}
屋
小伙带着“雅俊”来到屋下山丫口，

tɕa^{33}tɯ^{42}tɕim^{33}ma^{33}taŋ^{31}pan^{31}na^{55}taŋ^{213}
小伙　带　“雅俊”来　到　偏坡　前　场院
小伙带着“雅俊”来到院前的偏坡。

ʔjie^{33}ʔjat^{55}ʔən^{213}tak^{213}saŋ^{31}
用力样　上　走廊
用力踏上屋前的走廊，

ʔjie^{33}ʔjat^{55}ʔən^{213}ŋaŋ^{31}la:i^{33}
用力样　上　楼梯
使力蹬上门前的楼梯。

tɕa^{33}tɯ^{42}tɕim^{33}ma^{33}taŋ^{31}ɦoŋ^{31}taŋ^{31}lɯ^{55}
小伙　带　“雅俊”来　到　院子　到　大门前
小伙带着“雅俊”来到场院大门前，

tɕa^{33}tɯ^{42}tɕim^{33}ma^{33}taŋ^{31}sɯ^{55}taŋ^{31}ɾa:n^{31}
小伙　带　“雅俊”来　到　八角楼　到　家
小伙带着“雅俊”进八角楼的家。

（二）《“雅俊”经——上天庭》

soŋ^{42}si^{213}ka^{33}ma^{33}pek^{213}
桌　四　脚　来　放
抬八仙桌子来安祭坛，

taŋ^{31}ka^{33}vet^{213}ma^{33}foŋ^{42}
凳　脚　翘　来　摆
搬翘脚凳子来祭祀。

ʔjo^{33}jiaŋ^{33}tək^{55}kən^{31}taŋ^{31}
抬　香　放　上　凳
抬香放凳上，

ŋau^{31}jiaŋ^{33}tək^{55}kən^{31}soŋ^{42}
点　香　放　上　桌
点香放桌上。

sei^{33}jiaŋ^{33}ɕuaŋ^{213}pai^{33}pat^{213}
烟雾　香　放　去　天上金银台
香烟雾飘达天上金银台，

tɕim^{213}ma^{33}mjak^{213}so^{31}fa:ŋ^{42}
“雅俊”来　算　哪　鬼
“雅俊”来算是哪个鬼。

sei^{33}jiaŋ^{33}ɕuaŋ^{213}pai^{33}ɦau^{33}
烟雾　香　放　去　问
放香烟雾上天去问，

tɕim^{213}ma^{33}au^{213}lau^{31}kən^{31}ʔbən^{33}
“雅俊”来　转天台　上　天
“雅俊”上天转天台。

kən^{31}ʔbən^{33}mi^{31}sip^{213}ŋi^{31}ɕoŋ^{31}tu^{33}
上　天　有　十　二　洞　门
天上有十二洞门，

tu^{33}lamɯ^{31}tɕim^{213}ko^{55}lan^{31}
门　哪　“雅俊”　要　达
门门“雅俊”都到达。

kən^{31}ʔbən^{33}mi^{31}sip^{213}ŋi^{31}ɕoŋ^{31}ta:ŋ^{213}
上　天　有　十　二　洞　窗
天上有十二洞窗，

ta:ŋ^{213}lamɯ^{31}tɕim^{213}jiaŋ^{31}ɕian^{42}
窗　哪　“雅俊”　也　行
窗窗“雅俊”都走到。

tɕim^{213}liau^{31}pai^{33}liau^{31}ma^{33}
“雅俊” 转 去 转 来　　转去又转来，
ja^{31}ʒa^{33}pai^{33}ʒa^{33}ta:u^{213}
奶 找 去 找 来　　找来又找去。
ʒan^{33}ka^{31}me^{31}（po^{31}）su^{33}ʔjiu^{213}ɾa:n^{31}ʔuan^{55}
见 只 母（父） 你们 在 户 神秘　　只见你们母（父）住在天上神秘的仙家，
ʒan^{33}ka^{31}me^{31}（po^{31}）su^{33}tian^{55}ɾa:n^{31}ɕian^{33}
见 只 母（父） 你们 选 屋 仙　　只见你们母（父）选择了天上的仙屋。
ʔjiu^{213}ɾa:n^{31}li^{55}sa:ŋ^{31}fa^{42}
在 屋 理 师 铁　　坚定地住在仙屋心像铁，
ʔjiu^{213}ɾa:n^{31}ja^{42}tɕak^{213}tɕum^{31}
在 屋 奶 成 定　　坚定地去和先辈祖奶在一处。
fəŋ^{42}kam^{33}sak^{213}liaŋ^{31}la^{42}
手 捏 链 线 小锁　　先辈祖奶捏着小锁链不放，
fəŋ^{31}ta^{31}sak^{213}ɦa^{55}tɕeu^{33}
手 拉 链 五 根　　先辈祖奶手拉五根链不停，
fəŋ^{31}kam^{33}sak^{213}liaŋ^{31}lu^{55}
手 拿 链 线 大锁　　先辈祖奶手捏大锁链不放，
ɦo^{31}tək^{55}ku^{55}sak^{31}naŋ^{33}
脖子 拴 九 链子 皮　　脖子上还拴着九根仙皮带。
məŋ^{31}kuə^{31}laɯ^{42}ma^{33}na^{55}ma^{33}lu^{55}li^{42}
你 做 哪样 来 前 来 永远　　“雅俊”问：你为何来仙台不转回凡间？
ʔdi^{33}ʔju^{31}laŋ^{33}ɦa^{55}vɯ^{213}
苦胆 在 后 要 烂　　你肉身中的胆在凡间要腐烂了。
məŋ^{31}kuə^{31}laɯ^{31}ma^{33}na^{55}ma^{33}lu^{55}lan^{42}
你 做 哪样 来 前 来 永久　　你为何来仙界就永不回？
tap^{55}ʔju^{213}laŋ^{33}ɦa^{55}vɯ^{213}
肝 在 后 要 烂　　你肉身中的肝在凡间要腐烂了。
məŋ^{31}kuə^{31}laɯ^{31}ma^{33}tan^{55}pɯ^{31}ʔdi^{33}ɕian^{33}
你 做 哪样 来 穿 衣 好 仙　　你为何来仙界穿新衣？
ɦo^{31}pɯ^{31}lək^{213}jiaŋ^{31}ji^{42}
衣领 儿 也 脏　　你儿在凡间操心得衣领都脏了。
məŋ^{31}kuə^{31}laɯ^{31}ma^{33}tə^{31}tei^{55}ʔdi^{33}ɕian^{33}
你 做 哪样 来 用 碗 好 仙　　你为何来仙界端仙碗？
soŋ^{31}tei^{55}lək^{213}jiaŋ^{31}ji^{42}
桌 碗 儿 也 脏　　你儿在凡间操心得饭桌饭碗都脏了。

***

父（母）回答“雅俊”说：

ɾa:n^{31}ɕian^{33}ʔdam^{33}ma:k^{213}ta:u^{31}va^{33}ʔjiu^{213}
家 仙 栽 果 桃 花 发

tɕi^{31}

嫩芽　　仙家栽桃发嫩芽，

ku^{33}kuə^{55}toŋ^{31}ʔdam^{33}ma:k^{213}ta:u^{31}va^{33}

我　做　同　栽　果　桃　花

ʔjiu^{213}tɕi^{31}

发　嫩芽　　我也同样栽得桃树发嫩芽。

ɕian^{33}sip^{213}ɕi^{31}ʔu^{33}kən^{33}

仙　十　四　得　吃　　仙家栽桃十四天得收，

ku^{33}ko^{55}toŋ^{31}sip^{213}ɕi^{31}ʔu^{33}kən^{33}

我　同样　十　四　得　吃　　我同样也栽桃十四天得吃。

ra:n^{31}ɕian^{33}ʔdam^{33}ma:k^{213}ta:u^{31}va^{33}

家　仙　栽　果　桃　花

ʔjiu^{213}kok^{55}

发　根　　仙家栽桃树根发，

ku^{33}kuə^{55}toŋ^{31}ʔdam^{33}ma:k^{213}ta:u^{31}va^{33}

我　做　同　栽　果　桃　花

ʔjiu^{213}kok^{55}

发　根　　我也同样栽得桃树根发。

ran^{31}ɕian^{33}ʔdam^{33}ma:k^{213}ta:u^{31}va^{33}

家　仙　栽　果　桃　花

ʔjiu^{213}ʒu^{55}

发　嫩果　　仙家栽桃结嫩果，

ku^{33}kuə^{55}toŋ^{31}ʔdam^{33}ma:k^{213}ta:u^{31}va^{33}

我　做　同　栽　果　桃　花

ʔjiu^{213}ʒu^{55}

发　嫩果　　我也同样栽得桃树结嫩果。

ɕian^{33}sip^{213}ku^{55}ʔu^{33}kən^{33}

仙　十　九　得　吃　　仙家栽桃十九天得收，

ku^{33}ko^{55}toŋ^{31}sip^{213}ku^{55}ʔu^{33}kən^{33}

我　同样　十　九　得　吃　　我同样也栽桃十九天得吃。

pan^{55}ta:ŋ^{213}ʔjiu^{55}la:ŋ^{31}n̥i^{31}

别人　盖　房　宽　丈二　　凡间别人盖房宽丈二，

ku^{33}ko^{55}toŋ^{31}ta:ŋ^{213}ʔjiu^{55}la:ŋ^{31}n̥i^{31}

我　同样　盖　房　宽　丈二　　我同样也盖房宽丈二。

pan^{55}ta:ŋ^{213}ʔjiu^{55}ɕi^{213}sau^{33}

别人　盖　房　四　柱　　凡间别人盖的四柱房，

ku^{33}ko^{55}toŋ^{31}ta:ŋ^{213}ʔjiu^{55}ɕi^{213}sau^{33}

我　同样　盖　房　四　柱　　我也同样盖的四柱房。

ʔdan^{33}ʔdjau^{33}suaŋ^{213}su^{33}ɦa:u^{55}na^{213}la^{55}

房　一　留　装　粮　田　下　　我有一幢楼房装的下方田的稻谷，

suaŋ^{31}ɦa^{55}tɕa^{33}me^{31}lək^{212}（po^{31}lək^{213}）
留 五 他们 母 儿 （父 儿）
留给他们五母儿（或五父子）。

ʔdan^{33}ʔdjau^{33}suaŋ^{213}su^{33}ɦa:u^{55}na^{213}lok^{55}
房 一 留 装 粮 田 水车
我还有一幢楼房装的水车田的稻谷，

suaŋ^{31}ʒok^{55}tɕa^{33}me^{31}lək^{212}（po^{31}lək^{213}）
留 六 他们 母 儿 （父 儿）
留给他们六母儿（或六父子）。

suaŋ^{213}kuə^{31}mai^{213}ʔdi^{33}ɾa:n^{42}
留 做 卖 好 家
留下财物给他们卖了好当家。

ku^{213}mi^{31}nak^{55}ma^{31}fa:i^{31}
我 不 想 转回
我不想转回凡人，

ku^{213}mi^{31}ŋa:i^{31}ta:u^{213}laŋ^{33}
我 不 爱 回转
我不爱回转凡间。

məŋ^{31}pai^{33}nau^{42}kai^{31}pat^{213}
你 去 说 这样
你转去就这样说，

məŋ^{31}pai^{33}mjak^{42}kai^{31}lək^{55}
你 去 讲 给 儿
你回去给我儿讲。

pen^{55}fi^{31}ʒa^{33}ɦaɯ^{55}ʒa^{33}
大木 没 找 给 找
棺木未找就去找，

sa^{33}fi^{31}sɯ^{55}ɦaɯ^{213}sɯ^{55}
纸 没 买 给 买
孝房纸未买叫他买。

tuə^{31}ka^{33}ʔdi^{55}fi^{31}au^{33}ɦaɯ^{55}au^{33}
牲畜家禽等祭品 没 要 给 要
备全需用的牲畜家禽等祭品。

fən^{55}kai^{31}fi^{31}ʒət^{33}ɦaɯ^{55}ʒət^{33}
孝帕 没 剪 给 剪
孝帕没剪叫他剪，

paŋ^{31}pak^{33}fi^{31}tat^{55}ɦaɯ^{55}tat^{55}
布 白 没 割 给 割
孝布未备叫他备。

tɕim^{213}ko^{55}ta:u^{213}ma^{33}ʔja^{33}te^{33}ʒu^{31}
“雅俊”就 回 来 空 他 降
“雅俊”空手降天庭，

tɕim^{213}ko^{55}ta:u^{213}ma^{33}p‘jiu^{213}te^{33}ʒuaŋ^{42}
“雅俊”就 回 来 空 他 下
“雅俊”空手降凡间。

tɕim^{213}ko^{55}ta:u^{213}ma^{33}nau^{31}kai^{33}pat^{213}
“雅俊”就 回 来 讲 这样
回到丧家这样讲，

tɕim^{213}ko^{55}ta:u^{213}ma^{33}nau^{31}kai^{33}lək^{213}
“雅俊”就 回 来 讲 这 儿子
传话说给孝子听：

pen^{55}fi^{31}ʒa^{33}ɦaɯ^{55}ʒa^{33}
大木 没 找 给 找
棺木未找就去找，

sa^{33}fi^{31}sɯ^{55}ɦaɯ^{213}sɯ^{55}
纸 没 买 给 买
孝房纸未买叫你买。

tuə^{31}ka^{33}ʔdi^{55}fi^{31}au^{33}ɦaɯ^{55}au^{33}
牲畜家禽等祭品 没 要 给 要
备全需用的牲畜家禽等祭品。

<u>fən^{55}kai^{31}</u>fi^{31}ʒət^{33}ɦaɯ^{55}ʒət^{33}
孝帕 没 剪 给 剪
孝帕没剪叫你剪，

paŋ^{31}pa:k^{33}fi^{31}tat^{55}ɦaɯ^{55}tat^{55}
布 白 没 割 给 割
孝布未备叫你备。

kən^{31}ʔbən^{33}mi^{31}sip^{213}ŋi^{31}ɕoŋ^{31}tu^{33}
上 天 有 十 二 洞 门
天上有十二洞门，

tu^{33}laɯ^{31}tɕim^{213}jiaŋ^{31}lan^{31}
门 哪 “雅俊” 也 达
门门我“雅俊”都到达。

kən^{31}ʔbən^{33}mi^{31}sip^{213}ŋi^{31}ɕoŋ^{31}ta:ŋ^{213}
上 天 有 十 二 洞 窗
天上有十二洞窗，

ta:ŋ^{213}laɯ^{31}tɕim^{213}jiaŋ^{31}ɕian^{42}
窗 哪 “雅俊” 也 行
窗窗我“雅俊”都走到。

tɕim^{213}liau^{31}pai^{33}liau^{31}ma^{33}
“雅俊” 转 去 转 来
转去又转来，

ja^{31}ʒa^{33}pai^{33}ʒa^{33}ta:u^{213}
奶 找 去 找 来
找来又找去。

ʒan^{33}ka^{31}me^{31}（po^{31}）su^{33}ʔjiu^{213}ɾa:n^{31}ʔuan^{55}
见 只 母（父） 你们 在 户 神秘
只见你们母（父）住在天上神秘的仙家，

ʒan^{33}ka^{31}me^{31}（po^{31}）su^{33}tian^{55}ɾa:n^{31}ɕian^{33}
见 只 母（父） 你们 选 屋 仙
只见你们母（父）选择了天上的仙屋。

ʔjiu^{213}ɾa:n^{31}li^{55}sa:ŋ^{31}fa^{42}
在 屋 理 师 铁
他坚定地住在仙屋心像铁，

ʔjiu^{213}ɾa:n^{31}ja^{42}tɕak^{213}tɕum^{31}
在 屋 奶 成 定
他坚定地和先辈祖奶在一处。

fəŋ^{42}kam^{33}sak^{213}liaŋ^{31}la^{42}
手 捏 链 线 小锁
先辈祖奶捏着小锁链不放，

fəŋ^{31}ta^{31}sak^{213}ɦa^{55}tɕeu^{33}
手 拉 链 五 根
先辈祖奶手拉着五根链不停，

fəŋ^{31}kam^{33}sak^{213}liaŋ^{31}lu^{55}
手 拿 链 线 大锁
先辈祖奶手捏着大锁链不放，

ɦo^{31}tək^{55}ku^{55}sak^{31}naŋ^{33}
脖子 拴 九 链子 皮
他脖子上还拴着九根仙皮带。

ʔdi^{33}le^{33}nuai^{31}pai^{33}na^{55}pai^{33}<u>lu^{55}li^{42}</u>
胆 想 肉 去 前 去 永远
他说让凡间的肉胆永远烂，

tap^{55}ʔju^{213}laŋ^{33}tɕi^{42}vɯ^{31}le^{33}vɯ^{213}
肝 在 后 要 烂 就 烂
他说让凡间的肉肝永远腐。

ʔdi^{33}lian^{31}no^{31}pai^{33}na^{55}pai^{33}<u>lu^{55}lan^{42}</u>
胆 连 肉 去 前 去 永久
让胆肉永久烂。

tap^{55}ʔju^{213}laŋ^{33}tɕi^{42}vm^{231}le^{33}vɯ^{213}
肝 在 后 要 烂 就 烂
让肝永远腐。

te^{33}le^{33}pai^{33}tan^{55}pɯ^{31}ʔdi^{33}ɕian^{33}
他自己 去 穿 衣 好 仙　　他自己去到仙界穿好衣裳，

ɦo^{31}pɯ^{31}lək^{213}tɕie^{42}ji^{42}le^{33}ji^{42}
衣领者 儿 要 脏 就 脏　　他说儿的衣领要脏给它脏。

te^{33}le^{33}pai^{33}tə^{31}tei^{55}ʔdi^{33}ɕian^{33}
他自己 去 用 碗 好 仙　　他自己去到仙界端好碗，

soŋ^{31}tei^{55}lək^{213}tɕie^{42}ji^{42}le^{33}ji^{42}
桌 碗 儿 要 脏 就 脏　　他说儿的桌碗要脏给它脏。

ɾa:n^{42}ɕian^{33}ʔdam^{33}ma:k^{213}ta:u^{31}va^{33}
家 仙 栽 果 桃 花
ʔdiu^{213}tɕi^{213}
发 嫩芽　　仙家栽桃发嫩芽，

te^{33}ko^{55}toŋ^{31}ʔdam^{33}ma:k^{213}ta:u^{31}va^{33}
他 样 同 栽 果 桃 花
ʔdiu^{213}tɕi^{213}
发 嫩芽　　他同样栽桃发嫩芽；

ɕian^{33}sip^{213}ɕi^{31}ʔu^{33}kən^{33}
仙 十 四 得 吃　　仙家栽桃十四天得收，

te^{33}ko^{55}toŋ^{31}sip^{213}ɕi^{31}ʔu^{33}kən^{33}
他 样 同 十 四 得 吃　　他同样栽桃十四天得收；

ɾa:n^{42}ɕian^{33}ʔdam^{33}ma:k^{213}ta:u^{31}va^{33}
家 仙 栽 果 桃 花
ʔdiu^{213}kok^{55}
发 根　　仙家栽桃树发根，

te^{33}ko^{55}toŋ^{31}ʔdam^{33}ma:k^{213}ta:u^{31}va^{33}
他 样 同 栽 果 桃 花
ʔdiu^{213}kok^{55}
发 根　　他同样栽桃树发根；

ɕian^{33}sip^{213}ʒok^{55}ʔu^{33}kən^{33}
仙 十 六 得 吃　　仙家栽桃十六天得吃，

te^{33}ko^{55}toŋ^{31}sip^{213}ʒok^{55}ʔu^{33}kən^{33}
他 样 同 十 六 得 吃　　他同样栽桃十六天得吃。

ɾa:n^{42}ɕian^{33}ʔdam^{33}ma:k^{213}ta:u^{31}va^{33}
家 仙 栽 果 桃 花
ʔdiu^{213}ʒu^{55}
发 嫩果　　仙家栽桃结嫩果，

te^{33}ko^{55}toŋ^{31}ʔdam^{33}ma:k^{213}ta:u^{31}va^{33}
他 样 同 栽 果 桃 花
ʔdiu^{213}ʒu^{55}
发 嫩果　　他同样栽桃结嫩果；

ɕian^{33}sip^{213}ku^{55}ʔu^{33}kən^{33}
仙 十 九 得 吃
仙家栽桃十九天得收，

te^{33}ko^{55}toŋ^{31}sip^{213}ku^{55}ʔu^{33}kən^{33}
他 样 同 十 九 得 吃
他同样栽桃十九天得收。

pan^{55}taŋ^{213}ʔjiu^{55}la:ŋ^{31}ni^{31}
别人 盖 房 宽 丈二
凡间别人盖房宽丈二，

te^{33}ko^{55}toŋ^{31}taŋ^{213}ʔdiu^{55}la:ŋ^{31}ni^{31}
他 样 同 盖 房 宽 丈二
他同样盖房宽丈二。

pan^{55}taŋ^{213}ʔjiu^{55}ɕi^{31}sau^{33}
别人 盖 房 四 柱
凡间别人盖的四柱房，

te^{33}ko^{55}toŋ^{31}taŋ^{213}ʔdiu^{55}ɕi^{31}sau^{33}
他 样 同 盖 房 四 柱
他同样盖的四柱房。

ʔdan^{33}ʔdjau^{33}suaŋ^{213}su^{55}ɦa:u^{55}na^{31}la^{213}
房 一 留 装 稻 水田 下
他留下一幢楼房装下方田的稻谷，

suaŋ^{31}ɦa^{55}tɕa^{33}po^{31}（me^{31}）lək^{213}
留 五 他们 父（母） 儿
留给你们五父（母）儿。

suaŋ^{213}kuə^{31}mai^{213}ʔdi^{33}laŋ^{33}
留 做 卖 好 后
留下财物给你们卖了好当家。

ʔdan^{33}ʔdjau^{33}suaŋ^{213}su^{55}ɦa:u^{55}na^{31}lok^{55}
房 一 留 装 稻 水田 水车
他留下一幢楼房装下水车田的稻谷，

suaŋ^{213}ʒok^{55}tɕa^{33}po^{31}（me^{31}）lək^{213}
留 六 他们 父（母） 儿
留给你们六父（母）儿。

suaŋ^{213}kuə^{31}mai^{213}ʔdi^{33}laŋ^{33}
留 做 卖 好 后
留下财物给你们卖了好当家。

te^{33}nau^{31}mi^{31}nak^{55}ma^{31}fai^{31}
他 说 不 想 什么 东西
他说没有什么可留恋，

te^{33}nau^{31}mi^{31}ɦai^{31}ta:u^{213}laŋ^{33}
他 说 不 爱 回转
他说不爱转回凡间。

pen^{55}fi^{31}ʒa^{33}ɦaɯ^{55}ʒa^{33}
棺木 未 找 给 找
他说给儿："棺木未找就去找，

sa^{33}fi^{31}sɯ^{55}ɦaɯ^{213}sɯ^{55}
纸 未 买 给 买
孝房纸未买叫他买。

tu^{31}ka^{33}ʔdi^{55}fi^{31}au^{33}ɦaɯ^{55}au^{33}
牲畜家禽等祭品 没 要 给 要
备全需用的牲畜家禽等祭品。

fən^{55}kai^{31}fi^{31}ʒat^{213}ɦaɯ^{55}ʒat^{213}
孝帕 没 剪 给 剪
孝帕没剪叫他剪，

paŋ^{31}pa:t^{213}fi^{31}tat^{55}ɦaɯ^{213}tat^{55}
布 白 没 割 给 割
孝布未备叫他备。"

***

孝子孝女说:

tɕim213ni55tɕim213pa:k55paŋ42
"雅俊"这个 雅俊" 嘴 瞎吹　　"雅俊"是瞎吹,

fa:ŋ31ni55fa:ŋ31ɦa:u33lo55
鬼 这个 鬼 撒谎　　"雅俊"是撒谎鬼,

tɕim213ni55tɕim213tan31tau31
"雅俊"这个 "雅俊"瞎编　　"雅俊"是瞎编,

tɕim213ni55tɕim213lau31kən33
"雅俊"这个 "雅俊"骗吃　　"雅俊"是骗吃,

ko213mi31ʔdai55ma31tɕim231
请 不 得 哪 "雅俊"①　　给不得礼信,

tai55ʔbo33sai42ma31tɕim213
请 不 足 哪 "雅俊"　　礼信送不足。

pan55nau31tɕim213ʔjiu213pja33
别人 说 "雅俊" 住 石岩　　"雅俊"住在石岩,

ʒau31jiaŋ31mi31soŋ213te33taŋ31pja33
我们 也 不 送 她 到 石岩　　我们也不送她到石岩。

pan55nau31ja31ʔjiu213tau55
别人 说 "雅俊"住 岛　　"雅俊"住在岛上,

ʒau31jiaŋ31mi31soŋ213te33taŋ31tau55
我们 也 不 送 她 到 岛　　我们也不送她回岛上。

pan55nau31la:u55ʔjiu213su33
别人 说 老奶 住 城　　"雅俊"住在岛上石头城,

ʒau31jiaŋ31mi31soŋ213te33taŋ31su33
我们 也 不 送 她 到 城　　我们也不将她送到岛上石头城。

***

有个寨老来说话:

la:u55pa:k213kuaŋ213ʔdjau33nau42
寨老 嘴 宽 一 说　　寨老嘴宽寨老话,

vən42pa:k213ʔbau33ʔdjau33ɦa:u31
人 嘴 巧 一 讲　　寨人嘴巧寨人说。

la:u55pa:k213kuaŋ213ʔdjau33na:i33
寨老 嘴 宽 一 说　　寨老嘴宽寨老讲,

vən42pa:k213kua:i33ʔdjau33ɦa:u31
人 嘴 乖 一 话　　寨人嘴乖寨人传。

tɕim213ni55mi31sɯ31tɕim213pa:k213pja:ŋ42
"雅俊"这 不 是 "雅俊" 乱编　　"雅俊"不是胡乱编,

fa:ŋ31ni55mi31sɯ31fa:ŋ31ɦa:u31lo55
鬼 这 不 是 鬼 瞎说　　"雅俊"不是瞎说鬼,

① 以与"雅俊"争辩,甚至骂"雅俊"来表现孝道。

tɕim^{213}ni^{55}mi^{31}sɯ^{31}tɕim^{213}tan^{31}tau^{31}
"雅俊"这　不　是　"雅俊"　瞎讲　　她不是瞎讲，

tɕim^{213}ni^{55}mi^{31}sɯ^{31}tɕim^{213}lau^{31}kən^{33}
"雅俊"这　不　是　"雅俊"　骗吃　　她不是骗吃。

ko^{213}tɕim^{213}pan^{31}ɦaɯ^{55}tɕim^{213}
请　"雅俊"　定　给　"雅俊"　　请"雅俊"就要给礼信，

tai^{55}tɕim^{213}pan^{31}sai^{42}tɕim^{213}
请　"雅俊"　定　满足　"雅俊"　　"雅俊"的礼信要给足。

pan^{55}nau^{31}ja^{31}ʔjiu^{213}pja^{33}
别人　说　"雅俊"住　石岩　　"雅俊"住在石岩，

ʒau^{31}ko^{55}pan^{42}soŋ^{213}te^{33}taŋ^{31}pja^{33}
我们　一定　送　她　到　石岩　　我们就要送她到石岩。

pan^{55}nau^{31}ja^{31}ʔjiu^{213}tau^{55}
别人　说　奶　住　岛　　"雅俊"住在岛上，

ʒau^{31}ko^{55}pan^{42}soŋ^{213}te^{33}taŋ^{31}tau^{55}
我们　一定　送　她　到　岛　　我们就要送她到岛上。

pan^{55}nau^{31}lau^{55}ʔjiu^{213}su^{33}
别人　说　奶　住　城　　"雅俊"住在岛上石头城，

ʒau^{31}ko^{55}pan^{42}soŋ^{213}te^{33}taŋ^{31}su^{33}
我们　一定　送　她　到　城　　我们就要将她送到岛上石头城。

tɕim^{213}tɕak^{31}pai^{33}ma^{33}van^{31}sok^{213}
"雅俊"等　去　到　天　明　　等着到明天，

ɦo^{213}pai^{33}ma^{33}van^{31}θɯ^{42}
转　去　到　天　后　　已来到后天。

ɾa:n^{42}ɕian^{33}ma^{33}ku^{213}ma^{55}ɕip^{213}ma^{55}
家　仙　来　九　马　十　马　　仙家来九马十马，

naŋ^{213}mi^{31}ma^{55}ʔdjau^{33}saŋ^{42}
还　有　马　一　空　　还有一马空着等。

ɾa:n^{42}ɕian^{33}ma^{33}ku^{213}an^{33}ɕip^{213}an^{33}
家　仙　来　九　鞍　十　鞍　　仙家来九鞍十鞍，

naŋ^{213}mi^{31}an^{33}ʔdjau^{33}pɯŋ^{31}
还　有　鞍　一　空　　还有一鞍空着等。

tak^{213}ma^{55}pan^{213}ɕian^{33}ma^{33}
公　马　牵　仙　来　　仙牵胖马来，

an^{33}ma^{55}mo^{213}ɕian^{33}ma^{33}
鞍　马　新　仙　来　　新马鞍是仙配来，

so^{31}ma^{55}ʔjan^{33}ɕian^{33}ma^{33}
母　马　会孕　仙　来　　母马会孕仙送来。

ɾa:n^{31}ɕian^{33}ma^{33}ku^{213}ma^{55}ɕip^{213}ma^{55}
家　仙　来　九　马　十　马　　仙家来九马十马，

ma^{55}ʔdjau^{33}suk^{213}sau^{33}san^{42}
马　一　拴　柱　晒台　　一马拴在娄角晒台柱。

ɾa:n^{31}ɕian^{33}ma^{33}ku^{213}an^{33}ɕip^{213}an^{33}
家　仙　来　九　鞍　十　鞍　　仙家来九鞍十鞍，

an^{33}ʔdjau^{33}suk^{213}sau^{33}sɯ^{35}
马　一　拴　柱　角柱　　一马拴在娄角柱。

tuə^{42}ʔdjau^{33}lɯ^{213}ma^{33}ʔdaɯ^{33}
匹　一　看　进来　　一马看过来，

tak^{213}ma^{55}pan^{213}ma^{33}ɾa:n^{42}
公　马　肥　来　家　　肥马来到家。

ɕiŋ^{33}tɕan^{33}po^{31}（me^{31}）ɦən^{213}ma^{55}
牵　手　父（母）　上　马　　手牵父（母）上仙马，

po^{31}（me^{31}）ʔbo^{33}ɕin^{33}ɦən^{213}ma^{55}
父（母）　不　牵　上　马　　父（母）不愿上马。

ɕiŋ^{33}tɕan^{33}po^{31}（me^{31}）ɦən^{213}lo^{42}
牵　手　父（母）　上　骡　　手牵父（母）坐仙骡，

po^{31}（me^{31}）ʔbo^{33}ɕin^{33}ɦən^{213}lo^{42}
父（母）　不　牵　上　骡　　父（母）不想坐仙骡。

tsat^{213}pjan^{33}naŋ^{33}ɦa^{213}ti^{31}
扁　鞭　皮　要　抽　　仙拿皮鞭要抽父（母），

tsat^{213}pjan^{33}ma^{55}ɦa^{213}lei^{31}
扁　鞭　马　要　吓　　仙拿马鞭要吓父（母），

tsat^{213}pjan^{33}vai^{42}ɦa^{213}fʻət^{213}
扁　鞭　牛　要　打　　仙拿牛鞭要打父（母）。

ɕiŋ^{33}tsan^{33}po^{31}（me^{31}）ɦən^{213}ma^{55}
牵　手　父（母）　上　马　　手牵父（母）上仙马，

po^{31}（me^{31}）so^{55}ɕin^{33}ɦən^{213}ma^{55}
父（母）　才　听　上　马　　父（母）才服从仙上马。

ɕiŋ^{33}tɕan^{33}po^{31}（me^{31}）ɦən^{213}lo^{42}
牵　手　父（母）　上　骡　　手牵父（母）坐仙骡，

po^{31}（me^{31}）so^{55}ɕin^{33}ɦən^{213}lo^{42}
父（母）　才　听　上　骡　　父（母）才服从坐仙骡。

fət^{213}ma^{55}pai^{33}pan^{42}ʔbən^{33}
打　马　去　半　天　　仙人打马上去半天中，

po^{31}（me^{31}）kat^{213}sɯ^{33}tam^{55}tat^{213}
父（母）　停气　停止　　父（母）　停气又停身，

fat^{213}lo^{42}pai^{33}tam^{55}tat^{213}
抽　落　去　停止　　呼吸也停止。

po^{31}（me^{31}）ɦap^{213}fan^{42}tam^{55}tat^{213}
父（母）　咬紧　牙　停止　　父（母）咬紧牙，

ɦeu^{213}ʔa^{33}ŋak^{213}ʔja:k^{213}fa^{42}
牙　露嘴　难　看　　露牙嘴难看。

tam^{31}sap^{213}fan^{213}məŋ^{42}ʔbo^{33}ʔjai^{55}
握拳抖着样　翻　你　不　知　　握拳抖着他（她）不知，

ɦak^{213}pa:k^{213}sa^{55}ʔbo^{33}ʔba:n^{31}
啃　口　刀　不　烂　　好像嘴咬刀口不知痛。

sɯ^{33}ʔjak^{213}lək^{213}ʔa^{213}fət^{213}
心　难受　儿　要　捧　　儿心难受用力捧，

sɯ^{33}ɦan^{33}lək^{213}ɦa^{213}fat^{31}
心　着急　儿　要　拉　　儿心着急用力拉。

fat^{31}fat^{31}tɯ^{42}pai^{33}pjau^{213}
拉　拉　带　去　消失　　再难舍老人也仙去，

ɕiau^{213}ɕau^{213}tɯ^{42}pai^{33}se^{33}
再孝　带　去　消失　　再孝老人也逝世。

ʔboŋ^{213}ʔdjau^{33}se^{33}ti^{31}ʔdjau^{33}
节　一　留　位　一　　仙路他（她）留记号，

tuan^{31}ʔdjau^{33}se^{33}tɕaŋ^{33}po^{33}
段　一　留　中　山　　一段山中留一符，

se^{33}koŋ^{33}lo^{42}kau^{55}jiaŋ^{213}
留　老鹰　看　样　　留下老鹰作看样。

tuan^{31}ʔdjau^{33}se^{33}ti^{31}ʔdjau^{33}
段　一　留　位　一　　仙人路上留记号，

tuan^{31}ʔdjau^{33}se^{33}tɕaŋ^{33}na^{42}
节　一　留　中　田　　一片稻田留一符，

se^{33}pjan^{213}mu^{33}kai^{213}ma^{33}
留　变　猪　鸡　狗　　田中留下猪鸡狗。

la:u^{55}pa:k^{213}kua:ŋ^{213}ʔdjau^{33}nau^{42}
寨老　嘴　宽　一　说　　寨老嘴宽寨老话，

wen^{42}pa:k^{213}ʔbau^{33}ʔdjau^{33}ɦa:u^{213}
人　嘴　巧　一　话　　寨人巧嘴寨人说，

la:u^{55}pa:k^{213}kua:ŋ^{213}ʔdjau^{33}na:i^{33}
寨老　嘴　宽　一　讲　　寨老嘴宽寨老讲，

wen^{42}pa:k^{213}kua:i^{33}ʔdjau^{33}ɦa:u^{213}
人　嘴　乖　一　说　　寨人巧嘴寨人传。

ɕie^{31}va:i^{31}ta:i^{33}sa:u^{55}ɦe^{31}
黄牛　水牛　死　兴　剥　　黄牛水牛死了兴剥皮，

ɦe^{31}ɦaɯ^{213}ʔbak^{55}lin^{31}kui^{213}
剥　给　女儿　连　贵　　剥给儿女得富贵。

po^{31}me^{31}ta:i^{33}sa:u^{33}pjaŋ^{55}
父　母　逝世　兴　闹丧　　父母逝世兴闹丧，

pjaŋ^{55}pai^{33}kua:ŋ^{31}

闹丧　去　宽阔　　闹丧（超度）送他（她）去宽阔仙界，

sa:ŋ^{213}pai^{33}ʔbən^{33}

高　去　天①　　闹丧（超度）送他（她）去彩云高天，

lək^{213}kuə^{31}pan^{31}kən^{33}tɕi^{55}ɕiau^{31}

儿　做　成　吃　几　辈　　让儿做成吃几辈。

pjaŋ^{55}pai^{33}kua:ŋ^{31}

闹丧　去　宽阔　　闹丧（超度）送他（她）去宽阔仙界，

sa:ŋ^{213}pai^{33}sa:ŋ^{33}

高　去　高天　　闹丧（超度）送他（她）去彩云高天，

lək^{213}kuə^{31}pan^{31}ra:n^{31}tɕi^{55}ɕiau^{31}

儿　做　成　家　几　辈　　让儿发家几辈。

jiaŋ^{31}ʒap^{213}va:i^{31}po^{31}（me^{31}）ʒau^{42}ʔdam^{33}

这　根　棉花　父（母）　我们　栽

ka^{33}laɯ^{42}

哪里　　我们的父（母）选着哪里栽棉花？

ʒap^{213}va:i^{31}po^{31}（me^{31}）ʒau^{42}ʔdam^{33}

根　棉花　父（母）　我们　栽

pan^{55}tam^{42}

边　湖　　我们的父（母）选着湖边栽棉花。

ʒap^{213}peŋ^{42}po^{31}（me^{31}）ʒau^{31}ten^{213}

根　贵　父（母）　我们　点

ka^{33}laɯ^{42}

哪里　　我们的父（母）选中哪点得富贵？

ʒap^{213}peŋ^{42}po^{31}（me^{31}）ʒau^{31}ten^{213}paŋ^{42}ta^{31}

根　贵　父（母）　我们　点　边　河　　我们的父（母）选中河边得富贵。

九、选大树做棺木

ɦat^{55}sok^{31}ʒoŋ^{31}tɕi^{33}tɕai^{33}

晨　明　亮　蒙蒙　　明晨亮蒙蒙，

ra:n^{31}mi^{31}lək^{213}sau^{213}lək^{213}kuə^{31}ŋa:i^{31}ʒau^{55}

家　有　儿　喊　儿　做　饭　热　　叫儿热早饭，

ra:n^{31}mi^{31}paɯ^{55}sau^{213}paɯ^{55}kuə^{31}ɦa:u^{55}ʒoŋ^{31}

家　有　儿媳　喊　儿媳　做　饭　早　　喊媳做早饭。

ʔdet^{213}soŋ^{33}ʔba:u^{31}ma^{33}ŋa:i^{42}

叫　二　小伙　来　早饭　　叫两个小伙来吃早饭，

na:i^{33}soŋ^{33}tɕa^{33}ma^{33}lau^{55}

请　二　小伙　来　酒　　请两个小伙来喝酒。

① pjaŋ^{55}、sa:ŋ^{213}：超度义。

ɦa:u^{55}lap^{33}tɕoŋ^{31}tɕa^{33}kən^{33}
饭 装 竹饭箩 小伙 吃　　竹饭箩装饭给小伙吃，

pjak^{213}lap^{33}pən^{42}tɕa^{33}nit^{55}
菜 装 盆 小伙 拈　　拿盆装菜给小伙拈。

tɕa^{33}kən^{33}liu^{55}ma^{33}liu^{55}
小伙 吃 完 过后　　小伙吃好饭，

pjeu^{55}tɕau^{31}tɕe^{31}pai^{33}ʔdaɯ^{33}
收 东西 去 里　　收拾碗筷进厨房。

tɕap^{55}jie^{42}ʔdit^{55}tɕa^{33}kua^{31}
草帽 遮 太阳 小伙 过　　小伙戴着草帽遮阳走，

lə:ŋ^{55}pat^{213}ʔba^{31}tɕa^{33}pai^{33}
伞 挂 肩 小伙 走　　肩挂雨伞走出门。

va:n^{33}ta^{31}ʔda:ŋ^{33}tɕa^{33}pai^{33}
斧 搭 身 小伙 去　　身带斧子小伙去，

θiŋ^{42}suk^{213}ɦət^{213}tɕa^{33}pai^{33}
午饭 拴 腰 小伙 走　　腰别午饭小伙走。

tɕa^{33}pai^{33}tək^{55}ʔdoŋ^{33}la:ŋ^{31}
小伙 走 到 森林 大　　走到大森林，

tɕa^{33}pai^{33}sa:ŋ^{213}ʔdoŋ^{33}wuŋ^{33}
小伙 走 转 森林 宽　　转到宽森林。

tɕa^{213}ʔduan^{55}pai^{33}ʔduan^{33}pai^{33}
小伙 穿 去 穿 去　　在林中穿来又穿去，

tɕa^{33}pai^{33}taŋ^{31}ko^{33}ta:i^{213}ʔjit^{55}
小伙 走 到 棵 第 一　　找到第一棵，

kau^{31}kuə^{31}soŋ^{31}mi^{31}au^{33}
啄木鸟 做 洞 不 要　　有啄木鸟做洞他不要。

tɕa^{213}ʔduan^{55}pai^{33}ʔduan^{33}pai^{33}
小伙 穿 去 穿 去　　林中穿来又穿去，

tɕa^{33}pai^{33}taŋ^{31}ko^{33}ta:i^{31}ni^{31}
小伙 走 到 棵 第 二　　找到第二棵，

lɯŋ^{42}kuə^{31}lu^{213}mi^{31}au^{33}
雷 做 雷劈纹 不 要　　树上有雷劈纹不要。

pai^{33}taŋ^{31}ko^{33}ta:i^{31}sa:ŋ^{33}
走 到 棵 第 三　　找到第三棵，

ʒuŋ^{31}ʔbaɯ^{33}ʔba:ŋ^{33}mi^{31}au^{33}
摸 叶 薄 不 要　　摸着树叶薄不要。

pai^{33}taŋ^{31}ko^{33}ta:i^{31}ɕi^{213}
走 到 棵 第 四　　找到第四棵，

sa^{33}ʔbaɯ^{33}ɦen^{55}mi^{31}au^{33}
纸叶树 叶 黄 不 要　　叶子黄的纸叶树不要。

pai^{33}taŋ^{31}ko^{33}ta:i^{31}ɦa^{55}
走 到 棵 第 五　　找到第五棵，
ʔboŋ^{213}ʔba^{55}pəɯ^{42}mi^{31}au^{33}
蝴蝶 成堆 不 要　　树丫有蝴蝶成堆不要。
pai^{33}taŋ^{31}ko^{33}ta:i^{31}ʒok^{55}
走 到 棵 第 六　　找到第六棵，
ɦat^{55}sai^{31}kok^{55}mi^{31}au^{33}
竹鹨 咬 根 不 要　　竹鹨咬树根不要。
pai^{33}taŋ^{31}ko^{33}ta:i^{31}sat^{55}
走 到 棵 第 七　　找到第七棵，
ʔdai^{213}tək^{55}pja:i^{33}mi^{31}au^{33}
飞竹虫 啃 树尖 不 要　　飞竹虫啃树尖不要，
ʒai^{31}tək^{55}ɦo^{31}mi^{13}au^{33}
竹虫 啃 节 不 要　　竹虫啃树身不要。
tɕa^{213}ʔduan^{55}pai^{33}ʔduan^{33}pai^{33}
小伙 穿 去 穿 去　　小伙林中穿来又穿去，
pai^{33}taŋ^{31}ko^{33}ta:i^{31}pet^{55}
走 到 棵 第 八　　找到第八棵，
ʒak^{55}tɕi^{31}pja:i^{33}mi^{31}au^{33}
断 处 尖 不 要　　断尖树不要。
pai^{33}taŋ^{31}ko^{33}tai^{31}ku^{55}
走 到 棵 第 九　　找到第九棵，
va:i^{31}tɕi^{31}ʒu^{55}mi^{31}au^{33}
断 嫩丫 不 要　　嫩丫断的树不要。
pai^{33}taŋ^{31}ko^{33}ta:i^{31}ɕip
走 到 棵 第 十　　找到第十裸，
kok^{55}te^{33}tau^{55}tɕaŋ^{33}ɦoŋ^{55}
根 它 长 中 沟　　它根长在山沟中，
pja:i^{33}te^{33}ʒoŋ^{55}ma^{33}θa:ŋ^{33}
尖 它 长 来 高　　尖尖冒高上。
tau^{55}tɕaŋ^{33}ɦoŋ^{55}ma^{42}mo^{213}
生 中 沟 很 新　　生在沟中很新奇，
tau^{55}ʒet^{213}po^{33}fak^{213}foŋ^{42}
生 边沟 坡 好欣赏　　生在沟边坡好欣赏。
poŋ^{42}tɕsi^{213}ma^{33}ʒau^{42}ʔdoŋ^{33}
摸 枝 来 我们 砍　　摸枝来我们砍，
ʔbaɯ^{33}te^{33}lum^{55}ʔbaɯ^{33}sok^{213}
叶 它 像 叶 泡桐　　树叶好像泡桐叶，
ɦok^{213}ni^{55}pai^{33}laɯ^{42}ʒa^{33}
错过 这里 去 哪 找　　错过这里去哪找。

ʔbaɯ^{33}te^{33}lum^{55}ʔbaɯ^{33}ka^{31}
叶　它　像　叶　青虎草叶　　　　树叶好像青虎草叶，
kua^{31}ni^{55}pai^{33}laɯ^{42}ʒa^{33}
过　这里　去　哪　找　　　　过了这里去哪见。
ma^{33}ʒau^{42}soŋ^{33}va:n^{33}sa:ŋ^{33}va:n^{33}sam^{31}
来　我们　二　斧　三　斧　砍
pa:i^{31}na^{55}mai^{55}ni^{55}
前面　树　这　　　　来，我们两斧三斧砍前面这棵。
ma^{33}ʒau^{42}ɦa^{213}va:n^{33}ʒok^{55}va:n^{33}sam^{31}
来　我们　五　斧　六　斧　砍
pa:i^{3}laŋ^{33}mai^{55}ni^{55}
后面　树　这　　　　来，我们五斧六斧砍后面这棵。
soŋ^{33}va:n^{33}sa:ŋ^{33}va:n^{33}sam^{31}pa:i^{31}na^{55}
二　斧　三　斧　砍　前面
mai^{55}ʔbo^{33}ʔbok^{55}
树　不　刀口　　　　两斧三斧砍前面树不见刀口，
ɦa^{213}va:n^{33}ʒok^{55}va:n^{33}sam^{31}pa:i^{3}laŋ^{33}
五　斧　六　斧　砍　后面
mai^{55}ʔbo^{33}kuan^{213}
树　不　断　　　　五斧六斧砍后面树不断。
mai^{55}ʔbo^{33}lam^{55}pai^{33}pjaŋ^{31}
树　不　倒　去　平　　　　树不倒去平台地，
mai^{55}ʔbo^{33}tɕiaŋ^{213}pai^{33}ʔdoŋ^{33}
树　不　降　去　森林　　　　树不降去大森林，
mai^{55}ʔbo^{33}lam^{55}pai^{33}sa:m^{33}ʒeŋ^{33}tɘak^{13}
树　不　倒　去　三　千　片　　　　树不降去压倒三千片，
mai^{55}ʔbo^{33}tɕiaŋ^{213}pai^{33}sa:m^{33}ʒeŋ^{33}ko^{33}
树　不　降　去　三　千　棵　　　　树不降去压倒三千棵，
mai^{55}ʔbo^{33}lam^{55}pai^{33}sa:m^{33}ʒeŋ^{33}pjau^{213}
树　不　倒　去　三　千　回　　　　树不倒去三千次，
mai^{55}ʔbo^{33}lam^{55}pai^{33}ɕi^{21}ʒeŋ^{33}na^{42}
树　不　倒　去　四　千　田　　　　树不倒去压着四千田。
va:i^{42}ʔju^{31}toŋ^{31}ʔbo^{33}ʔjo^{33}kau^{33}
牛　在　坝　不　抬　角　　　　牛在坝中不抬角，
pau^{33}ʔju^{33}toŋ^{31}ʔbo^{33}ʔjo^{33}kuaŋ^{213}
螃蟹　在　坝　不　抬　脚　　　　螃蟹在坝中不抬脚，
ŋɯ^{42}ʔju^{213}soŋ^{31}ʔbo^{33}ʔden^{213}lin^{55}
蛇　在　洞　不　伸　舌①　　　　蛇在洞中不伸舌，
sa:u^{33}tɯ^{42}ʒa:p^{213}ʔbo^{33}pin^{213}ɦa:n^{42}
姑娘　挑箩　不　翻　扁担　　　　姑娘挑箩不翻担，

① 指古人细致观察领悟才能办到。

ŋaŋ213ʔun31fat213ʔbo33ʒəi33
枝 嫩 打 不 断
嫩枝打不断。

la:u55pa:k213kua:ŋ213ʔdjau33nau42
寨老 嘴 宽 一 说
寨老嘴宽寨老话，

wen42pa:k213ʔbau33ʔdjau33ɦa:u213
人 嘴 巧 一 话
寨人巧嘴寨人说，

la:u55pa:k213kua:ŋ213ʔdjau33na:i33
寨老 嘴 宽 一 讲
寨老嘴宽寨老讲，

wen42pa:k213kua:i33ʔdjau33ɦa:u213
人 嘴 乖 一 说
寨人巧嘴寨人传。

mai55la:u55mai55mi31fa:ŋ31
树 大 树 有 鬼
树大树有鬼，

mai55sa:ŋ33mai55mi31ɕie55
树 高 树 有 神
树高树有神。

su33fi31ɕian42ɕi55wei55tɕi31pja:i33
你们 没 纸钱 挂 枝 尖
你们原来没用纸钱挂树尖敬鬼，

su33ɦaɯ213ɕian42ɕi55wei55tɕi31pja:i33
你们 给 纸钱 挂 枝 尖
你们要用纸钱挂树尖敬鬼。

su33fi31sa33sai42na:i33tɕiaŋ213kok55
你们 没 纸钱 求 树脚 根
你们原来没在树脚烧纸钱求神，

su33ɦaɯ213sa33sa:i42na:i33tɕiaŋ213kok55
你们 给 纸钱 求 树脚 根
你们要在树脚烧纸钱求神。

soŋ33va:n33sa:ŋ33va:n33sam31pai31na55
二 斧 三 斧 砍 前面
mai55so55ʔbok55
树 才 刀口
两斧三斧砍前面树才见刀口，

ɦa55va:n33ʒok553va:n33sam31pa:i31laŋ33
五 斧 六 斧 砍 后面
mai55so55kuan31
树 才 断
五斧六斧砍后面树才断，

mai55so55lam55pai33pjaŋ31
树 才 倒 去 平地
树才倒去平台地，

mai55so55tɕaŋ31pai33ʔdoŋ33
树 才 降 去 森林
树才降去大森林，

mai55so55lam55pai33sa:ŋ33ʒeŋ33tɯk31
树 才 倒 去 三 千 片
树才倒去三千片，

mai55so55luok213pai33sa:ŋ33ʒeŋ33ko33
树 才 降 去 三 千 棵
树才降去三千棵，

mai55so55lam55pai33sa:ŋ33ʒeŋ33pjau213
树 才 倒 去 三 千 回
树才倒去三千回，

mai^{55}so^{55}lam^{55}pai^{33}θi^{31}ʒeŋ^{33}na^{42}
树 才 降 去 四 千 田
树才降去四千田。

va:i^{31}ʔjiu^{213}toŋ^{31}so^{55}ʔjiu^{213}kau^{33}
水牛 在 坝 才 抬 角
水牛在坝中才抬角，

pau^{33}ʔjiu^{213}toŋ^{31}so^{55}ʔjiu^{213}kua:ŋ^{213}
螃蟹 在 坝 才 抬 脚
螃蟹在坝中才抬脚，

ŋɯ^{42}ʔjiu^{213}soŋ^{31}so^{55}ʔden^{213}lin^{55}
蛇 在 洞 才 伸 舌
蛇在洞中才伸舌，

sa:u^{33}tɯ^{42}ʒak^{213}pin^{55}ɦa:n^{42}
姑娘 挑 箩 翻 扁担①
姑娘挑箩翻扁担，

pin^{55}ʔun^{33}fa:t^{31}so^{55}ʒəi^{33}
翻 嫩 打 才 消失
嫩木时间长会烂，

ma^{33}ʒau^{31}pu^{55}lan^{31}pai^{33}lan^{31}pai^{33}
来 我们 每人 慢游 慢游
来，我们绕树选定下斧点，

wən^{31}sa:i^{31}kok^{55}sa:i^{31}kok^{55}
人 开斧 树脚 开斧 树脚
砍树脚的砍树脚。

ma^{33}ʒau^{31}pu^{55}tɕian^{213}tin^{213}wət^{213}ʒan^{33}
来 我们 每人 愚蠢 砍草开路
让愚蠢人去砍草开路，

wən^{31}tɕian^{33}ɦan^{33}ʒam^{213}mai^{55}
人 手臂 有力 砍 树
有力的人去砍树。

pu^{55}θe^{31}lin^{55}θe^{31}lin^{55}
每人 加 楔 加 楔
加楔的加楔，

pu^{55}ʔbiŋ^{55}θe^{31}ʔbiŋ^{55}θe^{31}
每人 加楔 加楔
加楔又加楔，

ma^{33}ʒau^{31}pa^{31}mai^{55}kuə^{31}ɕi^{31}ɕin^{55}
来 我们 破 木 做 四 片
来我们破木做四片，

ʔbin^{55}mai^{55}kuə^{31}ɕi^{31}liak^{213}
凿 木 做 四 块
凿木做四块，

le^{31}nau^{31}au^{33}tɕet^{213}kən^{42}
选 说 要 块 上
先选上面那一块，

tɕet^{213}kən^{42}vɯ^{31}naŋ^{33}mu^{33}mi^{31}au^{33}
块 上 裂 皮 猪 不 要
上块开裂像猪皮不要。

le^{31}nau^{31}au^{33}tɕet^{213}la^{213}
选 说 要 块 下
再选下面那一块，

tɕet^{213}la^{213}vɯ^{31}naŋ^{33}ma^{33}mi^{31}au^{33}
块 下 裂 皮 狗 不 要
下块开裂像狗皮不要。

le^{31}nau^{31}au^{33}tɕet^{213}tɕa:ŋ^{33}
选 说 要 块 中
又选中间那一块，

tɕet^{213}tɕa:ŋ^{33}pan^{31}sɯ^{33}tek^{213}mi^{31}au^{33}
块 中 成 心 破 不 要
中间有裂缝不要。

① 挑担习俗，女人前面稍低，男人前面稍高。这与女人的身材和衣着有关。

le^{31}nau^{31}au^{33}tɕet^{213}ʒek^{213}
选 说 要 块 边
又说要选边上那一块，

tɕet^{213}ʒek^{213}pan^{31}ta^{33}kuan^{33}mi^{31}au^{33}
块 边 成 眼 孔 不 要
边上那块有眼孔不要。

ta:u^{31}ma^{33}ʔja^{33}te^{33}ʒu^{31}
回 来 空 他 入
空手转回来，

ta:u^{31}ma^{33}p'jiu^{213}te^{33}zuaŋ^{42}
回 来 空 他 原地
空手转回家。

lək^{213}məŋ^{31}ʔjiu^{213}pa:k^{213}taŋ^{213}ʔan^{55}ʔdoŋ^{33}
儿 你 在 口 廊道 那点 敲
你儿在廊道口边敲打边叹气，

ʔdən^{33}tu^{33}məŋ^{42}ʔan^{55}jau^{213}
站 门 望 那 看
站在门边看。

lək^{213}məŋ^{31}ʔjiu^{213}pa:k^{213}ta:ŋ^{213}ʔan^{55}kan^{33}
儿 你 在 口 廊道 那 喊
你儿在廊道口那里喊，

ʔdən^{33}tu^{33}sa:n^{31}ʔan^{55}ʔjau^{213}
站 门 晒台 那 看
站在晒台门边望。

vən^{31}laɯ^{31}jat^{213}taŋ^{31}ʔan^{55}fat^{213}foŋ^{31}
人 哪些 排 到 那 成排
哪些人那边成排走？

vən^{31}laɯ^{31}zoŋ^{31}taŋ^{31}ʔan^{55}fat^{213}foŋ^{31}
人 哪些 下 到 那 成排
哪些人那边成排地下来？

ɦa:u^{31}kuə^{31}pu^{55}sat^{213}ŋa:i^{31}
说 是 人 送 早饭
该是送早饭的人吧？

ʔbo^{33}te^{33}sɯ^{31}pu^{55}sat^{213}ŋa:i^{31}
不 他 是 人 送 早饭
哦，不是送早饭的人。

ɦa:u^{31}kuə^{31}vən^{42}sai^{31}nə^{213}kok^{55}
说 是 人 背 弓箭 虎
该是背弓箭上山猎虎的人吧？

ʔbo^{33}te^{33}sɯ^{31}vən^{42}sai^{31}nə^{213}kok^{55}
不 他 是 人 背 弓箭 虎
哦，不是背弓箭上山猎虎的人。

ɦa:u^{31}kuə^{31}pu^{55}sat^{213}sau^{42}
说 是 人 送 晚饭
该是送晚饭的人吧？

ʔbo^{33}te^{33}sɯ^{31}pu^{55}sat^{213}sau^{42}
不 他 是 人 送 晚饭
哦，不是送晚饭的人。

ɦa:u^{31}kuə^{31}vən^{42}au^{33}nə^{213}kok^{55}
说 是 人 要 弓箭 虎
该是讨弓箭上山猎虎的人吧？

ʔbo^{33}te^{33}sɯ^{31}wən^{42}au^{33}nə^{213}kok^{55}
不 他 是 人 要 弓箭 虎
哦，不是讨弓箭上山猎虎的人。

ka^{31}laɯ^{42}pu^{55}ʒa^{33}pje^{213}tək^{55}ta:i^{33}
原来 人 找 棺材 放 死人
原来他们在找棺木放死人，

ka^{31}laɯ^{42}pu^{55}ʒa^{33}sa:i^{31}tək^{55}po^{31}（me^{31}）
原来 人 找 棺木 放 父（母）
原来他们在找棺木放父（母）。

ka^{31}lamɯ^{42}pu^{55}ʒa^{33}pen^{213}tək^{55}loŋ^{42}
原来 人 找 棺板 放 姑父（姑母） 客人也说：他们在找棺木放姑父（姑母）。

ka^{31}lamɯ^{42}pu^{55}ʒa^{33}suŋ^{42}tək^{55}po^{31}（me^{31}）
原来 人 找 棺木 放 父（母） 原来他们在找棺木放父（母）。

su^{33}kuə^{213}lamɯ^{31}ma^{33}ʔja^{33}te^{33}ʒu^{31}
你们 为何 到 空 他 入 你们为何空手转回来？

su^{33}kuə^{213}lamɯ^{31}ta:u^{213}ma^{33}p‘jiu^{31}te^{33}ʒuaŋ^{42}
你们 为何 回 来 空 他 空手 你们为何空手转回家？

***

成排走的人回答：

tu^{33}nau^{42}le^{31}au^{33}tɕiep^{213}kən^{31}
我们 说 选 要 块 上 我们要选上面那块，

tɕiep^{213}kən^{31}vɯ^{31}naŋ^{33}mu^{33}mi^{55}au^{33}
块 上 裂 皮 猪 不 要 上块裂得像猪皮才不要。

tu^{33}nau^{42}le^{31}au^{33}tɕiep^{213}la^{55}
我们 说 选 要 块 下 我们要选下面那块，

tɕiep^{213}la^{55}vɯ^{31}naŋ^{33}ma^{33}mi^{55}au^{33}
块 下 裂 皮 狗 不 要 下块裂得像狗皮才不要。

tu^{33}nau^{42}le^{31}au^{33}tɕiep^{213}tɕa:ŋ^{33}
我们 说 选 要 块 中间 我们又选中间那块，

tɕiep^{213}tɕa:ŋ^{33}pan^{31}sɯ^{33}tet^{213}mi^{31}au^{33}
块 中间 成 心 破 不 要 那块中心破裂才不要。

tu^{33}nau^{42}le^{31}au^{33}tɕiep^{213}ʒek^{213}
我们 说 选 要 块 边 我们再选边上那块，

tɕiep^{213}ʒek^{213}pan^{31}ta^{33}kuan^{33}mi^{31}au^{33}
块 边 成 眼 孔 不 要 边上那块有眼孔才不要。

tu^{33}so^{55}ta:u^{31}ma^{33}ʔja^{33}te^{33}ʒu^{31}
我们 才 回 去 白 他 入 没有合适的棺木，我们才空手回转。

tu^{33}so^{55}ta:u^{31}ma^{33}pjiu^{31}te^{33}ʒuaŋ^{42}
我们 才 回 去 空 他 进入 没有合适的棺木，我们才空手回家。

***

寨老来说话：

la:u^{55}pa:k^{213}kua:ŋ^{213}ʔdjau^{33}nau^{42}
寨老 嘴 宽 一 说 寨老嘴宽寨老话，

wen^{42}pa:k^{213}ʔbau^{33}ʔdjau^{33}ɦa:u^{213}
人 嘴 巧 一 话 寨人巧嘴寨人说，

la:u^{55}pa:k^{213}kua:ŋ^{213}ʔdjau^{33}na:i^{33}
寨老 嘴 宽 一 讲 寨老嘴宽寨老讲，

wen^{42}pa:k^{213}kua:i^{33}ʔdjau^{33}ɦa:u^{213}
人 嘴 乖 一 说 寨人巧嘴寨人传。

ku33le33ʒan33ku31ʔdjau33ka:i33tɕa:ŋ33
我 呢 见 棺材料 一 卖 中
kai31ka33ʔan55
街上 那点
我曾见街上有一处卖棺材料，

ku33le33ʒan33ku31ʔdjau33mai213tɕa:ŋ31
我 呢 见 棺材料 一 卖 中
ɦɯ33ka33ʔan55
街上 那点
我曾见街上有人做得棺材料卖。

ku31tan33san31tək55po31（me31）kaŋ213ka33
棺 那点 常 放 父（母） 官人
官人之家也常去那里买棺材料来用，

san31tək55pa42veŋ42tai213
常 放 夫人 皇 帝
还有皇帝夫人死了也去那里买棺材料。

san31tək55lək213sai31pan31veŋ42
常 放 儿 官 成 皇帝
据说买那里的棺材料后代能升官。

十、派人上街买棺材

ɦat55sok31ʒoŋ31tɕi33tɕa:i33
晨 明 亮 蒙蒙
明晨亮蒙蒙，

ɾa:n31mi31lək213sa:u213lək213kuə31
家 有 儿 喊 儿 做
ŋa:i31ʒau55
饭 热
叫儿热早饭，

ɾa:n31mi31paɯ55sau213paɯ55kuə31ɦa:u55ʒoŋ31
家 有 儿媳 喊 儿媳 做 饭 早
喊媳做早饭。

ʔdet213soŋ33ʔba:u31ma33ŋa:i42
叫 二 小伙 来 早饭
叫两个小伙来吃早饭，

ŋa:i33soŋ33tɕa33ma33lau55
请 二 小伙 来 酒
请两个小伙来喝酒。

ɦa:u55lap33tɕoŋ31tɕa33kən33
饭 装 竹饭箩 小伙 吃
竹饭箩装饭给小伙吃，

pjak213lap33pən42tɕa33nit55
菜 装 盆 小伙 拈
拿盆装菜给小伙拈。

tɕa33kən33liu55ma33liu55
小伙 吃 完 过后
小伙吃好饭，

pjeu55tɕau31tɕe31pai33ʔdaɯ33
收 东西 去 里
收拾碗筷进厨房。

tɕak55jie42ʔdit55tɕa33kua31
草帽 遮 太阳 小伙 过
小伙戴着草帽遮阳走，

lə:ŋ55pat213ʔba31tɕa33pai33
伞 挂 肩 小伙 走
肩挂雨伞走出门。

ŋa:i⁴²ta³¹ʔda:ŋ³³tɕa³³pai³³
早饭　挂　身　　小伙　去　　　　　　　　　　早饭挂身他们去，

ʒak⁵⁵ʔjiaŋ⁵⁵va:ŋ³³sa:i³¹ɦət²¹³tɕa³³pai³³
刀壳　刀　横　别　腰　小伙　去　　　　　　　横别腰刀他们走。

tɕa³³ʔduan⁵⁵pai³³ʔduan⁵⁵pai³³
小伙　走着　　　走着　　　　　　　　　　　　走着走着，

tɕa³³pai³³taŋ³¹ku³¹ta:i²¹³ʔit⁵⁵
小伙　去　到　棺材料　第　一　　　　　　　　街上见到第一件棺材料，

tɕep²¹³kən⁴²vɯ²¹³naŋ³³mu³³mi³¹au³³
块　上　裂　皮　猪　不　要　　　　　　　　上块开裂像猪皮不要。

tsa³³pai³³taŋ³¹ku³¹tai²¹³ŋi³¹
小伙　去　到　棺材料　第　二　　　　　　　　见到第二件棺材料，

tɕep²¹³la⁵⁵vɯ²¹³naŋ³³ma³³mi³¹au³³
块　下　裂　皮　狗　不　要　　　　　　　　下块开裂像狗皮不要。

tɕa³³pai³³taŋ³¹ku³¹ta:i²¹³sa:ŋ³³
小伙　去　到　棺材料　第　三　　　　　　　　见到第三件棺材料，

tɕep²¹³tɕa:ŋ³³pan³¹sɯ⁵⁵tek²¹³mi³¹au³³
块　中间　成　心　破　不　要　　　　　　　中间块破心也不要。

tɕa³³pai³³taŋ³¹ku³¹ta:i²¹³θi²¹³
小伙　去　到　棺材料　第　四　　　　　　　　见到第四件棺材料，

tɕep²¹³ʒet²¹³pan³¹ta³³kuan³³mi³¹au³³
块　边　成　眼　孔　不　要　　　　　　　　边上块有眼孔不要。

tɕa³³pai³³taŋ³¹ku³¹ta:i²¹³ɦa⁵⁵
小伙　去　到　棺材料　第　五　　　　　　　　见到第五件棺材料，

ʔju³¹la²¹³ʔjiu⁵⁵pu⁵⁵pan³³
在　下　屋　人　楼底　　　　　　　　　　　好棺材料摆在汉人的楼底，

ʔju³¹la²¹³ɾa:n³¹pu⁵⁵ɦa²¹³
在　下　屋　人　汉①　　　　　　　　　　　好棺材料摆在汉人的屋下。

lək²¹³məŋ³¹ɕin³³pai³³ʒo³¹tɕep²¹³kən³¹
儿　你　看　去　敲　块　上　　　　　　　　你儿上去敲上块，

tɕep²¹³kən³¹ʔdaŋ³³taŋ³¹pja⁵⁵
块　上　响　到　雷　　　　　　　　　　　　上块响声震到雷。

lək²¹³məŋ³¹ɕin³³pai³³ʒo³¹tɕep²¹³la⁵⁵
儿　你　看　去　敲　块　下　　　　　　　　你儿上去敲下块，

tɕep²¹³la⁵⁵ʔdaŋ³³taŋ³¹ŋək²¹³
块　下　响　到　水底龙　　　　　　　　　　下块响声震到龙。

ku³¹ten³³san³¹tək⁵⁵me³¹kaŋ²¹³ka³³
棺料　那种　常　放　母　官人

　ta²¹³ʒa:i⁵⁵
　真实　　　　　　　　　　　　　　　　　　　这种棺木料才是官家用的棺材料，

---

① 相传古代布依族和汉族比邻而居，两族关系极好。

san^{31}tək^{55}pa^{31}vəŋ^{42}tai^{33}
常 放 夫人 皇 帝
这个才是皇帝夫人用的棺材料。

san^{31}tək^{55}lək^{213}sai^{31}pan^{42}vəŋ^{42}
常 放 儿 官 成 皇帝
这种棺材料用了儿孙能升官。

lək^{213}məŋ^{42}lɯ^{213}sɯ^{42}tɕim^{33}
儿 你 看 像 金
你儿看它像金子，

lək^{213}məŋ^{31}ɕim^{33}mi^{42}ʔim^{213}
儿 你 望 不 够
左看右看看不够。

lək^{213}məŋ^{31}lɯ^{213}sɯ^{42}ŋan^{42}
儿 你 看 像 银
你儿看它像银子，

lək^{213}məŋ^{31}ʒan^{33}mi^{31}ʔim^{213}
儿 你 见 不 够
左看右看看不够。

（一）谈价

汉人问：

pu^{42}laɯ^{31}ʒo^{31}ku^{31}lo^{31}ku^{31}ten^{33}
人 哪 敲 棺材料 我 呢
何人敲我的棺材料呢？

ku^{31}lo^{31}ku^{31}fi^{31}ka:i^{33}
棺材料 我 没 卖
我的棺材料还没卖。

pu^{42}laɯ^{31}ʒo^{31}kan^{33}sa:i^{42}ku^{33}tan^{33}
人 哪 敲 棺材料 我 呢
何人敲我的棺材料呢？

kan^{33}sa:i^{42}ku^{33}fi^{31}mai^{213}
棺材料 我 未 卖
我的棺材料还未卖。

***

布依小伙答：

ʔə^{33}ɦa:k^{31}ɦɯ^{55}ʔə^{33}ɦa:k^{31}
阿 汉人 呵 阿 汉人
汉人呵汉人，

ku^{31}lo^{31}məŋ^{31}fi^{31}ka:i^{33}
棺木料 你 未 卖
你的棺材料还未卖，

ma^{33}ka:i^{33}ɦaɯ^{213}ku^{33}kən^{33}ka^{31}
来 卖 给 我 吃 价
卖给我有好价钱。

kan^{33}sa:i^{42}məŋ^{31}fi^{31}mai^{213}
棺材料 你 未 卖
你的棺材料还没卖，

ma^{33}mai^{31}ɦaɯ^{55}ku^{33}kən^{33}sen^{42}
来 卖 给 我 吃 钱
好价钱来卖给我。

（二）值钱的木料

汉人问：

ʔə^{33}ʔjei^{55}ɦe^{213}ʔə^{33}ʔjaŋ^{33}
阿 越人 呵 阿 扬人①
越人呵扬人，

① 越人、扬人：布依族的古代族名。

ku^{31}lo^{31}ku^{33}fi^{11}ka:i^{33}
棺材料　我　未　卖　　　　　　　　这个棺材料我未卖，
ka:i^{33}ɦaɯ^{213}məŋ^{31}kən^{33}ka^{31}
卖　给　你　吃　价　　　　　　　　好价钱我卖给你。
kan^{33}sa:i^{42}ku^{33}fi^{31}mai^{213}
棺材料　我　没　卖　　　　　　　　这个棺材料我没卖，
mai^{31}ɦaɯ^{55}məŋ^{31}kən^{33}sen^{42}
卖　给　你　吃　钱　　　　　　　　我卖给你好价钱。
tɕep^{213}kən^{31}ka^{31}me^{31}ma^{55}
块　上　价　母　马　　　　　　　　上块值母马一匹，
məŋ^{31}au^{33}ma^{42}kue^{31}ma^{55}ɦaɯ^{213}ku^{33}
你　要　什么　做　马　给　我　　　　你拿什么作母马价给我？
tɕep^{213}la^{55}ka^{31}me^{31}va:i^{42}
块　下　价　母　水牛　　　　　　　　下块值母水牛一头，
məŋ^{31}au^{33}ma^{42}kue^{31}va:i^{42}ɦaɯ^{213}ku^{33}
你　要　什么　做　水牛　给　我　　　　你拿什么作水牛价给我？
soŋ^{33}tsep^{213}tɕa:ŋ^{33}soŋ^{33}wei^{213}
二　块　中　二　丫头　　　　　　　　棺墙两块值丫头两个，
məŋ^{31}au^{33}ma^{42}kue^{31}wei^{213}ɦaɯ^{213}ku^{33}
你　要　什么　做　丫头　给　我　　　　你拿什么作丫头价给我？
soŋ^{33}tɕep^{213}ȵuai^{31}soŋ^{33}sau^{42}
二　块　棺头尾　二　榫　　　　　　　　棺木头尾都可做榫，
məŋ^{31}au^{33}ma^{42}kue^{31}sau^{42}ɦaɯ^{213}ku^{33}
你　要　什么　做　榫头　给　我　　　　你拿什么作榫头价给我？
soŋ^{33}taŋ^{213}tau^{42}kuan^{31}kuan^{213}
二　凳　垫　珍贵　　　　　　　　　　还有两个珍贵的长凳垫棺木材料，
məŋ^{31}au^{33}ma^{42}kue^{31}kuan^{213}ɦaɯ^{213}ku^{33}
你　要　什么　做　贵　给　我　　　　你又拿什么珍贵东西作价给我？
***

布依小伙答：

ʔə^{33}ɦa:k^{213}ɦe^{55}ʔə^{33}ɦa:k^{213}
阿　汉人　呵　阿　汉人　　　　　　　汉人呵汉人，
tɕep^{213}kən^{31}ka^{31}me^{31}ma^{55}
块　上　价　母　马　　　　　　　　上块值母马一匹，
tɕim^{33}laŋ^{33}ŋaŋ^{42}kue^{31}ma^{55}ɦaɯ^{213}məŋ^{42}
金　和　银　做　马　给　你　　　　　我拿金和银作母马价给你。
tɕep^{213}la^{55}ka^{31}me^{31}va:i^{42}
块　下　价　母　水牛　　　　　　　　下块值母水牛一头，
tɕim^{33}laŋ^{33}ŋaŋ^{42}ka^{31}va:i^{42}ɦaɯ^{213}məŋ^{42}
金　和　银　做　水牛　给　你　　　　金和银作水牛价给你。

soŋ^{33}tɕep^{213}tɕa:ŋ^{33}soŋ^{33}wei^{213}ɦaɯ^{213}məŋ^{42}
二 块 中 二 丫头 给 你 　棺墙两块值丫头两个，

tɕim^{33}laŋ^{33}ŋaŋ^{42}kue^{31}wei^{213}ɦaɯ^{213}məŋ^{42}
金 和 银 做 丫头 给 你 　金和银作丫头价给你。

soŋ^{33}tɕep^{213}ɳuai^{31}soŋ^{33}sau^{42}
二 块 棺头尾 二 榫 　棺材头尾都可做榫，

tɕim^{33}laŋ^{33}ŋan^{42}kue^{31}sau^{42}ɦaɯ^{213}məŋ^{42}
金 和 银 做 榫头 给 你 　金和银作榫头价给你。

soŋ^{33}taŋ^{213}tau^{42}kuan^{31}kuan^{213}
二 凳 垫 珍贵 　还有两个珍贵的长凳垫棺木，

tɕim^{33}laŋ^{33}ŋan^{42}kue^{31}kuan^{213}ɦaɯ^{213}məŋ^{42}
金 和 银 做 贵 给 你 　我又拿金和银作价给你。

ʒa^{31}fi^{31}ʔdai^{55}tɕie^{42}ʔdai^{55}
找 不 得 想 得 　未得好棺木时想找好棺木，

ʔdai^{55}liau^{55}lək^{213}ji^{31}tɯ^{42}
得 后 儿 气 使① 　得到好棺木后儿却生气地使用。

tɕap^{55}ɦan^{213}po^{31}（me^{31}）ʒau^{31}ʔbak^{55}ʔjian^{213}
棺面 黄 父（母） 我们 把 愿意 　未漆的棺面木纹漂亮黄澄澄，父（母）

se^{213}kai^{213}tien^{33}
留 那点 　呵，这是儿女的心意。

tien^{33}so^{55}pan^{31}ma^{55}tɕi^{31}
那点 才 成 齐全 　得到好棺木心意才齐全。

po^{31}（me^{31}）ʔa^{33}ji^{213}ta:u^{213}laŋ^{33}
父（母） 回忆 到 后 　父（母）逝世母（父）恋，

fi^{31}saŋ^{33}toŋ^{31}saŋ^{33}va^{55}
没 害 亲戚 害 家门 　没害着亲戚和家门。

ti^{31}soŋ^{213}pu^{55}ʔdjau^{33}wuŋ^{33}
两亲 人 一 说了算数者 　亲戚和家门中一人说了这样的话，

koŋ^{33}su^{33}vən^{42}ʔdjau^{33}la:u^{55}
文明者 人 一 大 　一位文明的大人说了这样的话：

ʔdi^{33}ʒi^{42}tɯ^{42}pen^{213}tok^{55}taŋ^{31}ti^{31}
稀奇 带 棺木 到位 　将稀奇的棺木材料带去到位，

soŋ^{213}pen^{55}tok^{55}taŋ^{31}ɾa:n^{31}
送 棺木 到达 家 　把稀奇的棺木材料送到家。

va:i^{31}ɕip^{213}ŋi^{31}ma^{33}ka^{55}
水牛 十 二 来 杀 　杀水牛十二头来庆，

lau^{55}ɕip^{213}ɦa^{55}ma^{33}tɕeu^{33}
酒 十 五 来 饮 　抬十五坛酒来饮。

kən^{33}le^{33}liau^{55}mət^{213}ɦam^{31}
吃 连 接 到黑 　亲戚家门连接吃到天黑。

① 生气，是指花费许多金银给父母治病，老人却逝世丢下儿女所致。

pu^{55}sa:ŋ^{31}jiaŋ^{31}pu^{55}sa:ŋ^{31}

智者师傅　也是　智者师傅　　　　智者师傅会传名，

ʒiau^{42}sa:ŋ^{31}zo^{55}tau^{55}pən^{33}

传名　师　会　用　锛　　　　智者师傅会用锛。

mak^{213}tam^{33}mə^{31}so^{55}lan^{42}

墨　连　墨　才　直　　　　墨线连墨线才直，

kam^{33}tɕau^{213}lan^{55}ta:u^{213}laŋ^{33}

握　头　抬　朝　后　　　　手拿墨线抬头弹，

mai^{33}ʔdjau^{33}sam^{55}pai^{31}ʔdjau^{33}

线　一　搭　面　一　　　　一线搭一头，

mak^{213}ʔdjau^{33}ta^{55}pai^{31}ʔdjau^{33}

墨　一　放　面　一　　　　一墨放一面。

kuek^{213}mai^{55}kuə^{31}soŋ^{33}ʔuan^{55}sa:ŋ^{33}ʔuan^{55}

剖　树　做　二　拱　三　拱　　　　剖树做二拱三拱，

ʔuaŋ^{55}ʔdjau^{33}su^{55}ʒok^{213}vet^{213}

拱　一　装　鸟　啄　　　　做一拱像鸟窝形。

kuek^{213}mai^{55}kuə^{31}soŋ^{33}kuŋ^{31}sa:ŋ^{33}kuŋ^{31}

剖　树　做　二　拱　三　拱　　　　剖树做二拱三拱，

kuŋ^{31}ʔdjau^{33}su^{55}ʔan^{31}pjai^{33}

拱　一　装　小燕　　　　做一拱像燕窝形。

kuek^{213}mai^{55}kuə^{31}soŋ^{33}ʔuan^{33}sa:ŋ^{33}ʔuan^{33}

剖　树　做　二　拱　三　拱　　　　剖树做二拱三拱，

ʔuan^{33}ʔdjau^{33}su^{55}θa^{213}lan^{31}lian^{31}su^{55}ʒai^{42}

拱　一　装　绞线机　连　纺线机　　　　做一拱像绞线机和纺线机。

kuek^{213}mai^{55}kuə^{31}soŋ^{33}kuŋ^{31}sa:ŋ^{33}kuŋ^{31}

剖　树　做　二　拱　三　拱　　　　剖树做二拱三拱，

kuŋ^{31}ʔdjau^{33}su^{55}sai^{33}lian^{31}su^{55}ʒa:u^{213}

拱　一　装　犁头　连　耙田机　　　　做一拱像犁头和耙田机。

mai^{55}ni^{55}zam^{55}tək^{55}ʔdaɯ^{33}mi^{31}ʒo^{31}

棺木　这　水　放　里　不　漏　　　　这棺木真好，水放也不渗，

man^{55}kai^{213}so^{213}mi^{31}tɯ^{42}

鸡卦细竹签　插　不　入　　　　鸡卦细竹签也插不入，

ʒum^{42}tai^{31}fɯ^{33}mi^{42}pjau^{213}

风　力　冲　不　漏气　　　　大风也不漏气。

ku^{33}le^{33}au^{33}məŋ^{31}ma^{33}tək^{55}mai^{55}ni^{55}

我　们　要　您　来　放　棺　这　　　　我们要这棺材来装您父（母）。

十一、派人去姑爷家报丧

pai^{33}pa:u^{213}kəi^{31}ta:i^{213}ʔit^{55}

去　报　姑爷　第　一　　　　去报大姑爷，

ʔdjaŋ^{55}sa^{55}lɯ^{33}ka^{31}ɦok^{55}kəi^{42}ma^{33}
别 刀 剩 只 壳 姑爷 来
大姑爷急得别刀只剩刀壳来，刀掉路上都不知。

pai^{33}pa:u^{213}kəi^{31}ta:i^{213}ŋi^{42}
去 报 姑爷 第 二
去报二姑爷，

tan^{55}ma:t^{213}lɯ^{33}ka^{31}sa:i^{33}kəi^{42}ma^{33}
穿 袜 剩 只 带 姑爷 来
二姑爷急得穿袜只剩袜带来。

pai^{33}pa:u^{213}kəi^{31}ta:i^{213}sa:ŋ^{33}
去 报 姑爷 第 三
去报三姑爷，

tan^{55}ɦa:i^{42}lɯ^{33}ka^{31}jiau^{213}kəi^{42}ma^{33}
穿 鞋 剩 只 鞋底 姑爷 来
三姑爷急得穿鞋只剩鞋底来。

pai^{33}pa:u^{213}kəi^{31}ta:i^{213}ɕi^{213}
去 报 姑爷 第 四
去报四姑爷，

to^{213}ʒok^{213}lɯ^{33}ka^{31}jian^{213}kəi^{42}ma^{33}
栽纺织绕线桩 剩 只 线节 姑爷 来
四姑爷正栽纺织绕线桩，急得身上沾着断线来。

pai^{33}pa:u^{213}kəi^{31}ta:i^{213}ɦa^{55}
去 报 姑爷 第 五
去报五姑爷，

nam^{31}ʒi^{31}ɕin^{33}vit^{55}ka^{33}kəi^{42}ma^{33}
土 地 还 沾 脚 姑爷 来
五姑爷在地里急得脚沾泥赶来。

pai^{33}pa:u^{213}kəi^{31}ta:i^{213}ʒok^{55}
去 报 姑爷 第 六
去报六姑爷，

nan^{31}na^{31}ɕin^{33}vit^{55}ɦen^{31}kəi^{31}ma^{33}
土 田 还 沾 脚杆 姑爷 来
六姑爷在田里急得田泥沾脚杆来。

pai^{33}pa:u^{213}kəi^{31}ta:i^{213}sat^{55}
去 报 姑爷 第 七
去报七姑爷，

kəi^{31}ta:i^{31}sat^{55}ma^{33}taŋ^{31}
姑爷 第 七 来 到
七姑爷来到。

十二、女婿砍龙竹，立“大竹神位”

布依族设立“大竹神位”之礼是：孝家女婿找上数名帮手，带香、烛、纸钱、鞭炮等为礼物到龙竹林。选定一棵大龙竹后，先点香烛、烧纸钱、放鞭炮，孝家女婿跪拜大龙竹三次，然后才能砍竹。因大龙竹重量很大，砍时需多人扶住大龙竹竹身，不能让竹尖落地（若不慎竹尖落地就要选另一棵），再一同抬到孝家祭祀场栽上，设立“大竹神位”。“大竹神位”要让竹尖朝向孝家八角楼的滴水屋角。此竹尖部留有几层大龙竹竹叶，高 20—30 米，上挂五彩纸做的圆柱形“吊龙幡”，象征“十二层天”，意为“仙逝老人灵魂归入大竹神位，上升天堂”。

pjan^{33}law^{31}mi^{31}fai^{31}ta:i^{31}
边 哪 有 龙竹
哪里有龙竹？

pa:i^{31}lɯ^{31}mi^{31}fai^{31}ɕi^{55}
方　哪　有　大龙竹　　　　哪方有大龙竹？
vi^{213}lɯ^{31}mi^{31}fai^{31}ʔdam^{33}
沟　哪　有　栽种的龙竹　　　　哪沟栽龙竹？
pjan^{33}ʔan^{55}mi^{31}fai^{31}ta:i^{31}sau^{42}kei^{42}
边　那　有　龙竹　阿　姑爷　　　　那里有龙竹呵，姑爷。
pa:i^{31}ʔan^{55}mi^{31}fai^{31}ɕi^{55}
方　那　有　大龙竹　　　　那边有大龙竹。
vi^{213}ʔən^{55}mi^{31}fai^{31}ʔdam^{33}
沟　那　有　栽龙竹　　　　那沟栽有龙竹。
pan^{55}ʔduan^{55}ʒan^{33}pai^{33}so^{31}
别人　穿　路　去　边上　　　　别人穿路去竹林，
kəi^{31}məŋ^{42}ko^{55}toŋ^{31}ʔduan^{55}ʒan^{33}pai^{33}so^{31}
姑爷　你　同样　穿　路　去　边上　　　　姑爷你也穿路去竹林。
pan^{55}ʔduan^{5}lo^{31}pai^{33}au^{33}
别人　穿　路　去　要　　　　别人穿路去要龙竹，
kəi^{31}məŋ^{42}ko^{55}toŋ^{31}ʔduan^{55}lo^{31}pai^{33}au^{33}
姑爷　你　同样　穿　路　去　要　　　　姑爷你也穿路去要龙竹。
au^{3}kuə^{31}toŋ^{31}na:ŋ^{31}nau^{55}
要　做　神位大竹竿　　　　要龙竹来做大竹神位，
jiaŋ^{31}pan^{31}toŋ^{31}na:ŋ^{31}nau^{55}
也　成　神位大竹竿　　　　也成大竹神位。
au^{3}kuə^{31}sau^{55}wei^{213}ȵian^{42}
要　做　幡杆　挂　圆柱形吊龙幡①　　　　要做圆柱形吊龙幡，
jiaŋ^{31}pan^{31}sau^{55}wei^{55}ȵian^{42}
也　成　幡杆　挂　圆柱形吊龙幡　　　　也成圆柱形吊龙幡。
au^{3}kuə^{31}toŋ^{31}na:ŋ^{31}no^{42}
要　做　神位大竹竿　　　　要龙竹来做大竹神位，
jiaŋ^{31}pan^{31}toŋ^{31}na:ŋ^{31}no^{42}
也　成　神位大竹竿　　　　也成大竹神位。
au^{3}kuə^{31}wo^{33}wei^{55}ʔjia:ŋ^{55}
要　做　钩　挂　长剑　　　　要做竹钩挂长剑，
jiaŋ^{31}pan^{31}wo^{33}wei^{55}ʔjia:ŋ^{55}
也　成　钩　挂　长剑　　　　也成竹钩挂长剑。
au^{3}kuə^{31}ʔbaŋ^{213}ta^{33}ʒak^{213}
要　做　竹筒　竹节疙瘩　　　　要做竹饭筒的竹节疙瘩好穿绳，
jiaŋ^{31}pan^{31}ʔbaŋ^{213}ta^{33}ʒak^{213}
也　成　竹筒　竹节疙瘩　　　　也成竹饭筒的竹节疙瘩好穿绳。
au^{3}kuə^{31}ʔbaŋ^{213}sɯ^{213}ŋa:i^{42}
要　做　竹筒　送　早饭　　　　要做竹筒送早饭，

① 圆柱形吊龙幡，顶部有一竹编飞天鹅。

jiaŋ^{31}pan^{31}ʔbaŋ^{213}sɯ^{213}ŋa:i^{42}
也 成 竹筒 送 早饭　　也成竹筒送早饭。

au^{3}kuə^{31}tɯ^{31}ta^{33}ʒak^{213}ʔduk^{55}ʔdjak^{213}
要 做 竹筷 染 蓝 圆柱形龙幡挂角　　要做竹筷染花蓝色圆柱形龙幡挂角，

jiaŋ^{31}pan^{31}tɯ^{31}ta^{33}ʒak^{213}ʔduk^{55}ʔdjak^{213}
也 成 竹筷 染 蓝 圆柱形龙幡挂角　　也成竹筷染花蓝色圆柱形龙幡挂角。

au^{3}kuə^{31}tɯ^{31}ta^{33}ɕi^{213}ʔduk^{55}ʔdjaŋ^{33}
要 做 竹筷 染 紫 圆柱形龙幡挂边　　要做竹筷染花紫色圆柱形龙幡挂边，

jiaŋ^{31}pan^{31}tɯ^{31}ta^{33}ɕi^{213}ʔduk^{55}ʔdjaŋ^{33}
也 成 竹筷 染 紫 圆柱形龙幡挂边　　也成竹筷染花紫色圆柱形龙幡挂边。

au^{3}kuə^{31}ʔbaŋ^{213}ta^{31}ɕi^{33}tɕuk^{55}tɕiak^{213}
要 做 竹筒 染 丝 圆柱形大龙幡吊　　要做竹筒染丝圆柱形大龙幡吊，

jiaŋ^{31}pan^{31}ʔbaŋ^{213}ta^{31}ɕi^{33}tɕuk^{55}tɕiak^{213}
也 成 竹筒 染 丝 圆柱形大龙幡吊　　也成竹筒染丝圆柱形大龙幡吊。

au^{3}kuə^{31}ʔbaŋ^{213}ta^{33}ʒak^{213}
要 做 竹筒 竹节疙瘩　　要做竹饭筒的竹节疙瘩穿绳，

jiaŋ^{31}pan^{31}ʔbaŋ^{213}ta^{33}ʒak^{213}
也 成 竹筒 竹节疙瘩　　也成竹饭筒的竹节疙瘩穿绳。

au^{3}kuə^{31}ʔbaŋ^{213}sɯ^{33}ŋa:i^{42}
要 做 竹筒 送 早饭　　要做竹筒送早饭，

jiaŋ^{31}pan^{31}ʔbaŋ^{213}sɯ^{33}ŋa:i^{42}
也 成 竹筒 送 早饭　　也成竹筒送早饭。

au^{3}kuə^{31}ʔbaŋ^{213}ta^{33}zak^{213}ʔduk^{55}ʔdi^{55}
要 做 竹筒 染 蓝 圆柱形龙幡角　　要做竹筒染蓝圆柱形龙幡角，

jiaŋ^{31}pan^{31}ʔbaŋ^{213}ta^{33}zak^{213}ʔduk^{55}ʔdi^{55}
也 成 竹筒 染 蓝 圆柱形龙幡角　　也成竹筒染蓝圆柱形龙幡角。

au^{3}kuə^{31}ʔbaŋ^{213}ta^{33}ɕi^{213}ʔduk^{55}ʔdjaŋ^{33}
要 做 竹筒 染 紫 圆柱形龙幡尖　　要做竹筒染紫圆柱形龙幡尖，

jiaŋ^{31}pan^{31}ʔbaŋ^{213}ta^{33}ɕi^{213}ʔduk^{55}ʔdjaŋ^{33}
也 成 竹筒 染 紫 圆柱形龙幡尖　　也成竹筒染紫圆柱形龙幡尖。

au^{3}kuə^{31}ʔbaŋ^{213}ta^{31}ɕi^{33}tɕuk^{55}tɕiak^{213}
要 做 竹筒 染 丝 圆柱形大龙幡吊　　要做竹筒染丝圆柱形大龙幡吊，

jiaŋ^{31}pan^{31}ʔbaŋ^{213}ta^{31}ɕi^{33}tɕuk^{55}tɕiak^{213}
也 成 竹筒 染 丝 圆柱形大龙幡吊　　也成竹筒染丝圆柱形大龙幡吊。

pjan^{33}laɯ^{31}mi^{31}fai^{31}ta:i^{31}
边 哪 有 活龙竹　　哪边有活龙竹？

pa:i^{31}laɯ^{31}mi^{31}fai^{31}ɕi^{55}
方 哪 有 生龙竹　　哪方有生龙竹？

vi^{213}laɯ^{31}mi^{31}fai^{31}ʔjan^{33}
沟 哪 有 龙竹蓬　　哪沟有龙竹蓬？

pjan^{33}ʔan^{55}mi^{31}fai^{31}ta:i^{31}sa:u^{42}kɯi^{31}
边　那　有　活龙竹　呵　姑爷　　我来说给你：那边有活龙竹。

pa:i^{31}ʔan^{55}mi^{31}fai^{31}ɕi^{55}
方　那　有　生龙竹　　那方有生龙竹。

vi^{213}ʔan^{55}mi^{31}fai^{31}ʔjan^{33}
沟　那　有　龙竹蓬　　那沟有龙竹蓬。

pan^{55}ʔduan^{55}zan^{33}pai^{33}so^{31}
别人　穿　路　去　竹林边　　别人穿路去竹林边，

kə^{31}məŋ^{31}ko^{55}toŋ^{31}ʔduan^{55}zan^{33}pai^{33}so^{31}
亡人的姑爷　同样　穿　路　去　竹林边　　你的姑爷同样穿路去竹林边。

pan^{33}ʔduan^{55}lo^{31}pai^{33}ʔau^{33}
别人　穿　路　去　要　　别人穿路去要大龙竹，

kə^{31}məŋ^{31}ko^{55}toŋ^{31}ʔduan^{55}lo^{31}pai^{33}ʔau^{33}
亡人的姑爷　同样　穿　路　去　要　　你的姑爷同样穿路去要大龙竹。

pai^{33}taŋ^{31}sok^{213}ta:i^{213}ʔit^{55}
去　到　渡口　第　一　　去到第一个渡口，

ʔuai^{213}pak^{213}ʔbaŋ^{31}pai^{33}la^{55}
转　口　竹筒　去　下　　转头说再往下走。

pai^{33}taŋ^{31}sok^{213}ta:i^{213}ŋi^{31}
去　到　渡口　第　二　　去到第二个渡口，

ɕin^{33}ʔdai^{55}sa^{55}mi^{31}au^{33}
看　见　弯　不　要　　见那棵弯竹不要。

pai^{33}taŋ^{31}sok^{213}ta:i^{31}sa:m^{33}
去　到　渡口　第　三　　去到第三个渡口，

va:i^{213}pa:k^{213}ʔbaŋ^{31}ma^{33}sa:ŋ^{33}
转　口　竹筒　来　高　　转头说这棵竹节长得高。

ɕin^{213}ʔdai^{55}tɕan^{213}pai^{33}au^{33}
看　见　直壮又沾皮　去　要　　就选这棵又直又壮还沾皮的大龙竹。

kuə^{31}ʔjat^{213}ma^{33}le^{33}ləu^{42}
做　排　来　团聚　　众人做排来团聚，

kuə^{31}tɕiau^{33}ma^{33}le^{33}lən^{42}
做　顺序　来　众多　　众人按顺序来团拢。

tai^{31}po^{33}tək^{55}fən^{31}za^{31}kɯi^{31}ma^{33}
走　山　烧　柴　毛辣树　姑爷　来　　姑爷上山拿来毛辣柴，

tai^{31}ta^{31}tək^{55}fən^{31}sum^{33}fən^{31}sa^{33}kɯi^{31}ma^{33}
走　河　烧　柴　轻树　柴　桑树　姑爷　来　　姑爷顺河拿来轻树桑树柴。

kɯi^{31}ma^{33}taŋ^{31}tu^{33}ŋa^{55}
姑爷　来　到　门　瓦　　姑爷拿柴来到瓦屋门，

kɯi^{31}ma^{33}taŋ^{31}la^{55}ta:ŋ^{213}
姑爷　来　到　下　楼梯角　　姑爷拿柴来到楼梯角。

kɯi^{31}ma^{33}taŋ^{31}tu^{33}ŋa^{55}
姑爷 来 到 门 瓦　　　　姑爷拿柴来到瓦屋门，

kɯi^{31}ma^{33}taŋ^{31}na^{213}fi^{42}
姑爷 来 到 前 火塘　　　　姑爷拿柴来到火塘前，

ts'jaŋ^{42}sa:m^{33}ka^{33}ma^{33}pe^{42}
火塘三脚 三 脚 来 放　　　　三脚架在火塘上，

sau^{213}zɯ^{42}vet^{213}ma^{33}foŋ^{42}
锅 耳 交叉 来 支　　　　锅耳交叉锅装水。

fən^{31}mai^{55}sum^{33}mai^{55}sa^{33}ma^{33}ʔdaŋ^{55}
柴 树 轻树 柴 桑树 来 点①　　　　用轻树桑树柴点火，

fən^{31}mai^{55}zaŋ^{213}mai^{55}ko^{31}ma^{33}sam^{31}
柴 树 铁树 柴 串丈树 来 引　　　　用铁树柴和串丈树柴来引火。

zam^{55}ni^{55}ʒau^{35}ʒum^{31}ʔdi^{33}ma:t^{213}ji^{42}
水 这 温热 好 抹 身　　　　这水温热好抹身，

ʔdi^{33}sa:t^{213}ji^{31}məŋ^{31}pu^{42}la:u^{55}
好 洗 身 你 人 老　　　　好为老人洗身体，

zam^{55}ni^{55}ʒau^{35}ʒum^{31}ʔdi^{33}ma:t^{213}ɦa:ŋ^{42}
水 这 温热 好 抹 下巴　　　　好为老人洗下巴，

ʔdi^{33}sa:t^{213}lin^{55}məŋ^{31}pu^{42}la:u^{55}
好 洗 舌 你 人 老　　　　好为老人洗舌头。

ʔdi^{33}sa:t^{213}na^{55}kuə^{31}lək^{213}ɦa:k^{213}kun^{55} toŋ^{33}
好 洗 脸 做 儿 汉人 管 东方　　　　洗好老人的脸面，保佑儿孙做官去管东方的汉人，

jiaŋ^{31}pan^{31}lək^{213}ɦa:k^{213}kun^{55}toŋ^{33}
也 成 儿 汉人 管 东方　　　　儿孙也能做官管东方的汉人。

ʔdi^{33}sa:t^{213}na^{55}kuə^{31}lək^{213}noŋ^{42}kuan^{213} fu^{55}
好 洗 脸 做 儿 侬人 管 府②　　　　洗好老人的脸面，保佑儿孙做官去管府里的侬人，

jiaŋ^{31}pan^{31}lək^{213}ɦa:k^{213}（noŋ^{42}）kun^{55}fu^{55}
也 成 儿 汉人（侬人） 管 府　　　　儿孙也能做官管府里的侬人。

ʔdi^{33}sa:t^{213}na^{213}kuə^{31}lək^{213}su^{55}kun^{55}pin^{33}
好 洗 脸 做 儿 主人 管 兵　　　　洗好老人的脸面，保佑儿孙做主人去管兵马；

jiaŋ^{31}pan^{31}lək^{213}su^{55}kun^{55}pin^{33}
也 成 儿 主人 管 兵　　　　儿孙也能做主人去管兵马。

① 用黄果叶、柑橘叶、大芦竹叶煮温水洗尸。
② 侬人：布依族的一个支系。

十三、入殓装棺礼

ʔdi^{33}ku^{33}au^{33}məŋ^{42}ma^{33}tək^{55}mai^{55}ni^{55}
好 我布摩 要 你 来 放 棺木 这　　我布摩要你好好放进这棺材。

ʔbo^{33}sɯ^{31}ka^{31}ku^{33}au^{33}məŋ^{42}ʒoŋ^{31}la^{213}
不 是 光 我 要 你 放 下　　布摩不是光把你尸来装棺，

tau^{31}sam^{33}kam^{33}ʒoŋ^{31}la^{55}
灰 三 把 放 下　　而是先放灰三把。

paŋ^{42}fɯ^{42}ɦa^{55}ʒoŋ^{42}kun^{213}
布 五色 放 先　　先垫五色布，

ka^{213}məŋ^{31}ʔuan^{31}tok^{55}laŋ^{33}
光 你 轻放 在 后　　后放你尸身。

ʔbo^{33}sɯ^{31}ka^{31}ku^{33}au^{33}məŋ^{31}ʒoŋ^{42}ʔdu^{55}
不 是 光 我 要 你 放 先头　　布摩不是先放你尸身，

tau^{31}sa:m^{33}kam^{33}ʒoŋ^{42}ʔdu^{55}
灰 三 把 放 先头　　而是先放灰三把。

paŋ^{42}fə^{42}ku^{213}ʒoŋ^{31}kuan^{31}
布 九色 放 先　　先垫九色布，

ka^{31}məŋ^{31}ʔuan^{213}tok^{55}laŋ^{33}
光 你 轻放 在 后　　后放你尸体。

ʔbo^{33}sɯ^{31}ka^{31}ku^{33}au^{33}məŋ^{42}nin^{31}tau^{31}
不 是 光 我 要 你 睡 灰　　不是布摩要你去睡灰，

ɕi^{33}su^{33}ma^{33}nin^{31}tau^{31}jiaŋ^{31}laɯ^{42}
穿山甲 来 睡 灰 怎样①　　穿山甲睡灰成哪样，

au^{33}məŋ^{42}nin^{31}tau^{31}jiaŋ^{31}ten^{33}
要 你 睡 灰 那样　　要你睡灰成那样。

ʒa^{213}ɦat^{55}sau^{42}nin^{31}tau^{31}jiaŋ^{31}laɯ^{42}
竹鼷 黑 睡 灰 怎样②　　夜晚竹鼷睡灰成哪样，

au^{33}məŋ^{42}nin^{31}tau^{31}jiaŋ^{31}ten^{33}
要 你 睡 灰 那样　　要你睡灰成那样。

ʔa^{33}nin^{31}ɦan^{55}nin^{31}tau^{31}jiaŋ^{31}laɯ^{42}
乌鸦 睡 早晨 睡 灰 怎样　　早晨乌鸦睡灰成哪样，

au^{33}məŋ^{42}nin^{31}tau^{31}jiaŋ^{31}ten^{33}
要 你 睡 灰 那样　　要你睡灰成那样。

au^{33}məŋ^{42}ʔit^{213}ʔdi^{33}ʔdin^{55}
要 你 伸直 好 席　　要你伸直睡好席，

au^{33}məŋ^{42}lin^{55}θi^{33}taŋ^{213}
要 你 搭 面 凳　　珍贵长凳要你坐，

① 穿山甲：兽类动物，全身可入药。
② 竹鼷：竹林兽类动物，全身可入药。

au^{33}məŋ^{42}naŋ^{31}se^{33}laŋ^{33}

要 你 坐 靠 背 　　要你舒服坐靠背。

ɕian^{31}ni^{55}nak^{55}ma^{42}nak^{55}kɯi^{31}ta:i^{31}

回 这 重意 就 重意 姑爷 砍龙竹者① 　　这回重意就重意砍龙竹的姑爷。

na:i^{31}ma^{42}na:i^{213}kɯi^{31}saɯ^{55}

累 就 累 姑爷 给舅家做菜者② 　　此回累就累给舅家做菜的姑爷。

kɯi^{31}ʔjiu^{213}tɕaɯ^{55}ʔjiu^{31}tɕai^{33}

姑爷 在 近 在 远 　　姑爷在近处还是在远处？

kɯi^{42}ʔjiu^{213}tɕaɯ^{55}pai^{33}ʒai^{42}

姑爷 在 近 去 喊 　　姑爷在近就去喊，

kɯi^{31}ʔjiu^{213}tɕai^{33}pai^{33}ɦeu^{31}

姑爷 在 远 去 叫 　　姑爷在远就去叫。

ɦeu^{31}kɯi^{31}ma^{33}ʔjo^{33}ɕi^{55}tam^{55}ʒa^{33}

喊 姑爷 来 起 竿 安龙竹神位 　　喊姑爷来安龙竹神位，

ɦeu^{31}kɯi^{31}ma^{33}ʔjo^{33}sa^{33}tam^{55}ʒoŋ^{213}

喊 姑爷 来 起 纸 安大竹神幡 　　叫姑爷来安大竹神幡。

ɦeu^{31}kɯi^{31}ma^{33}ʔjo^{33}toŋ^{31}na:ŋ^{31}nau^{55}

喊 姑爷 来 起 五彩圆柱吊龙幡 　　喊姑爷来安五彩圆柱吊龙幡，

ɦeu^{31}kɯi^{31}ma^{33}ʔjo^{33}sau^{55}wen^{33}nian^{42}

喊 姑爷 来 起 竿 人骑大竹飞天鹅 　　叫姑爷来安人骑竹编飞天鹅。

ɦeu^{31}kɯi^{31}ma^{33}ʔjo^{33}toŋ^{31}na:ŋ^{31}no^{42}

喊 姑爷 来 起 安幡尖 　　喊姑爷来安幡尖，

ɦeu^{31}kɯi^{31}ma^{33}ʔjo^{33}ɦo^{33}wei^{55}ʔja:ŋ^{55}

喊 姑爷 来 起 勾 神剑 　　叫姑爷来挂神剑。

tɕjaŋ^{31}au^{55}po^{55}ko^{55}ʔjo^{33}ma^{33}sa:ŋ^{33}

大竹神位的竹粮斗 同 起 来 高

sa:u^{42}kɯi^{31}

伙 姑爷 　　姑爷那伙人来竖起大竹神位的竹粮斗。

十四、棺头祭灵

ʔjo^{33}lak^{55}ʔjo^{33}kua^{31}ɦo^{213}

起 不要 起 过 膝③ 　　起用围棺头供桌的竹栅栏不能高过膝，

ʔjo^{33}ɦo^{31}so^{213}kən^{42}soŋ^{42}

起 慢 放 上 桌 　　供品要慢慢放桌上，

ʔjo^{33}ɦo^{31}foŋ^{42}kən^{42}taŋ^{213}

起 慢 放 上 台 　　供品要慢慢放台上。

ʒa^{31}məŋ^{31}li^{55}te^{33}vən^{42}

那时 你 活 他 人 　　你老活着时，

---

① 几个姑爷，哪位砍龙竹，他就最受重视。

② 几个姑爷，哪位被安排给舅家做饭，他就最累。当天舅家的地位最高。当地办丧事有“重就重姑爷，累就累姑爷”的俗语。

③ 灵堂上用来围棺头供桌的竹栅栏，由姑爷编制，仪式结束此供桌归姑爷带走。

ɦeu^{31}kɯi^{31}ma^{33}jian^{31}lau^{55}
喊　姑爷　来　递　酒　　　　喊姑爷来递酒，
kɯi^{31}ʔbo^{33}ma^{33}jian^{31}lau^{55}
姑爷　不　来　递　酒　　　　他不来递酒。
ɦaɯ^{55}kɯi^{33}ma^{33}saɯ^{213}ɕa^{42}
喊　姑爷　来　敬　茶　　　　喊姑爷来敬茶，
kɯi^{31}ʔbo^{33}ma^{33}saɯ^{213}ɕa^{42}
姑爷　不　来　敬　茶　　　　他不来敬茶。
ni^{55}məŋ^{31}ta:i^{33}pan^{42}fa:ŋ^{42}
现　你　死　成　鬼　　　　现你死成鬼，
ɦaɯ^{55}kɯi^{33}ma^{33}jian^{31}lau^{55}
喊　姑爷　来　递　酒　　　　叫姑爷来递酒，
kɯi^{33}so^{55}ma^{33}jian^{31}lau^{55}
姑爷　才　来　递　酒　　　　他才来递酒。
ɦaɯ^{55}kɯi^{33}ma^{33}saɯ^{213}ɕa^{42}
喊　姑爷　来　敬　茶　　　　叫姑爷来敬茶，
kɯi^{33}so^{55}ma^{33}saɯ^{213}ɕa^{42}
姑爷　才　来　敬　茶　　　　他才来敬茶。
ʒa^{31}məŋ^{31}li^{55}te^{33}vən^{42}
那时　你　活　他　人　　　　你老活着时，
ɦaɯ^{55}kɯi^{33}ma^{33}pa:i^{213}jiaŋ^{33}
喊　姑爷　来　拜　香　　　　喊姑爷来拜香，
kɯi^{31}ʔbo^{33}ma^{33}pa:i^{213}jiaŋ^{33}
姑爷　不　来　拜　香①　　　　姑爷不敢来拜香。
ni^{55}məŋ^{31}ta:i^{33}pan^{31}fa:ŋ^{42}
现　你　死　成　鬼　　　　现你死成鬼，
ɦaɯ^{55}kɯi^{33}ma^{33}pa:i^{213}jiaŋ^{33}
喊　姑爷　来　拜　香　　　　喊姑爷来拜香，
kɯi^{31}so^{55}ma^{33}pa:i^{213}jiaŋ^{33}
姑爷　才　来　拜　香　　　　他才来拜香。
pai^{42}kui^{31}sa:m^{33}pai^{42}sa^{55}sa:u^{42}kɯi^{31}
哪回　跪　三　回　动作　他　姑爷　　　　姑爷每跪三回拜，
pai^{42}kui^{31}ɦa^{213}pai^{42}nau^{42}
哪回　跪　五　回　说　　　　姑爷下跪五回说。
kui^{31}liau^{55}ta:u^{213}ma^{33}laŋ^{33}
跪　了　转　来　后　　　　姑爷跪了转朝后，
ta:u^{213}ma^{33}saŋ^{33}ti^{31}kau^{213}
转　来　直站　原位　　　　姑爷跪完站在原位说：
kai^{31}tak^{55}tam^{33}ɦa:u^{55}po^{55}məŋ^{31}mi^{31}
鸡　舀　蹬　米　碓窝　你　有　　　　鸡蹬碓窝稻米你也有，

① 按礼活人不准受别人拜香，所以说“姑爷不敢来拜香”。

kai^{31}to^{213}tam^{33}ɦau^{55}ŋai^{42}məŋ^{31}mi^{31}
鸡 供 蹬 早饭 你 有
供鸡供早饭你有，

kai^{31}ɦa:i^{33}ʒan^{33}pai^{33}kuan^{213}məŋ^{31}mi^{31}
鸡 开 路 去 前 你 有
鸡开路走前你有。

kai^{31}tak^{55}tam^{33}ɦa:u^{55}po^{55}məŋ^{31}mi^{31}
鸡 舀 蹬 米 碓窝 你 有
鸡蹬碓窝稻米你也有，

kai^{31}to^{213}tam^{33}ɦa:u^{55}ʒiŋ^{42}məŋ^{31}mi^{31}
鸡 供 蹬 午饭 你 有
供鸡供午饭你有，

kai^{31}lin^{55}ʒan^{33}pai^{33}kuan^{213}məŋ^{31}mi^{31}
鸡 带 路 去 前 你 有
鸡带路上前你有。

kai^{31}tak^{55}tam^{33}mau^{55}po^{55}məŋ^{31}mi^{31}
鸡 舀 蹬 米 碓窝 你 有
鸡蹬碓窝稻米你也有，

kai^{31}to^{213}tam^{33}ɦa:u^{55}sau^{42}məŋ^{31}mi^{31}
鸡 供 蹬 晚饭 你 有
供鸡供晚饭你有，

kai^{31}nau^{42}ʒan^{33}pai^{33}kuan^{213}məŋ^{31}mi^{31}
鸡 说 路 去 前 你 有
鸡指路上前你有。

tak^{213}sam^{213}lau^{213}ta:i^{213}ʔit^{55}
舀 头回 酒 第 一
先舀头回酒，

məŋ^{42}ma^{33}van^{42}liaŋ^{42}lok^{213}
你 来 天 冷 六
你来冷那天，

ta:u^{213}pai^{33}pa:i^{31}liaŋ^{31}lok^{213}
转 去 方面 冷 六
转回冷那天。

tak^{55}sam^{213}lau^{213}ta:i^{31}ŋi^{31}
舀 头回 酒 第 二
舀酒第二回，

məŋ^{31}ʔok^{213}van^{42}liaŋ^{42}pəŋ^{42}
你 出 天 凉 地区
你从凉爽地方来，

ta:u^{213}pai^{33}pa:i^{31}liaŋ^{31}pəŋ^{42}
转 去 方面 凉 地区
转回凉爽地方去。

sa^{213}kəŋ^{33}və^{42}lau^{55}taŋ^{213}
等 吃 亲戚 供酒
亲戚供酒等您吃，

ʒən^{213}tai^{213}ku^{31}pen^{213}mai^{55}fuŋ^{33}məŋ^{31}ma^{33}
起 走 棺材 树 细叶 你 来
您从细叶木棺材起身，

ʒən^{213}tai^{213}ku^{31}soŋ^{42}mai^{55}vak^{213}məŋ^{31}ma^{33}
起 走 棺木 树 厚皮 你 来
您从厚皮木棺材起来，

ʒən^{213}tai^{213}ku^{31}tap^{213}mai^{55}tɕ‘e^{33}məŋ^{31}ma^{33}
起 走 棺 光滑 树 松 你 来
您从光滑松木棺起身。

pen^{213}mai^{55}tɕ‘e^{33}nin^{42}net^{213}
棺 树 松 睡 安
树松做棺你睡安，

pen^{213}mai^{55}pet^{213}nin^{42}ʔdi^{33}
棺 树 八丫 睡 好
八丫树做棺你睡好，

pen^{213}mai^{55}θi^{33}nin^{42}sam^{55}
棺 树 心 睡 凉爽
树心做棺你睡得凉爽。

wən^{33}tau^{55}məŋ^{31}ʔiu^{33}la^{55}
雨 下 你 在 下
雨下淋不着，

pja^{35}pek^{213}məŋ^{31}ʔiu^{213}ʔdaɯ^{33}
雷 响 你 在 里面
雷响您也不受惊。

məŋ^{31}lak^{213}ka:i^{33}kən^{33}ka^{31}
你 不要 卖 吃 价
您呵，千万不要卖棺材吃价，

məŋ^{31}lak^{213}ɦa^{31}kən^{33}ɕian^{42}
你 不要 卖 吃 钱
您呵，千万不要卖棺材吃钱，

lək^{213}kuə^{31}pen^{53}ɦaɯ^{213}tɕai^{31}
儿 做 本 给 寨
儿给的棺材已经价值超村寨。

ku^{213}pen^{55}waŋ^{42}ka^{33}ni^{55}
棺材 了 这里
棺头经念到这里，

ʒaŋ^{42}pen^{55}mət^{213}ka^{33}ni^{55}
棺木 满 这里
棺头经念满这里，

ku^{213}pen^{55}mian^{55}ka^{33}ni^{55}
棺材 明 这里
棺头经念明到这里，

pen^{55}liau^{42}saɯ^{33}ka^{33}ni^{55}
棺材 大 完 这里
大棺材经念完到这里。

mət^{213}ku^{31}liau^{55}ku^{31}liaŋ^{33}
完 首 完 首 后
念完这首念后首，

saŋ^{33}ku^{31}liau^{55}ku^{31}mo^{213}
唱 首 完 首 新
唱完这首唱新首，

ku^{213}mo^{213}ku^{213}ɦa^{55}taŋ^{42}
首 新 我 要 到
新首我要到，

ku^{213}laŋ^{33}ku^{213}ɦa^{55}ɦau^{213}
首 后 我 要 唱
后首我要唱。

十五、铜矿、冶炼与铜器、铜鼓

ɕiau^{31}kuan^{213}kok^{55}luaŋ^{42}ʔiu^{213}ka^{33}laɯ^{42}
代 古 源 铜 在 哪里
古代铜源在哪里？

kok^{55}luaŋ^{42}ʔiu^{213}po^{33}sa:m^{33}səp^{213}
源 铜 在 山 三 高山台地
古代铜源在三座高山相连的台地。

ɕiau^{31}kuan^{213}ʒak^{213}luaŋ^{42}ʔiu^{213}ka^{33}laɯ^{42}
代 古 矿石 铜 在 哪里
古代铜矿石在哪里？

ʒak^{213}luaŋ^{42}ʔiu^{213}po^{33}sa:m^{33}sau^{55}
矿石 铜 在 山 三 柱
古代铜矿石在高高的三柱山。

ʒak^{213}luaŋ^{42}ʔiu^{213}po^{33}tau^{55}ʔbən^{33}
矿石 铜 在 山 擎 天
古代铜矿石在高高的擎天山。

wən^{33}tau^{213}kau^{33}luaŋ^{42}ʒa^{213}
雨 下 响 铜 滴
雨下滴着铜矿石响，

pja^{213}pet^{213}ʒak^{213}luaŋ^{42}θin^{42}
雷 爆 矿石 铜 飞
雷爆引得铜矿石飞。

ti^{31}tok^{55}ti^{31}ʔbo^{33}tok^{55}
位置 掉 位置 不 掉
铜矿石飞去掉哪处？

tok^{55}tsaŋ^{33}ʒek^{213}fak^{213}foŋ^{42}
掉 中 边 发 宝
铜矿石飞去掉在山中边发宝。

ɦoŋ^{42}tok^{55}ɦoŋ^{42}ʔbo^{33}tok^{55}
塘 掉 塘 不 掉
铜矿石飞去掉哪塘？

tok^{55}tɕa:ŋ^{213}ɦoŋ^{42}fak^{213}fuŋ^{42}
掉 中 塘 发 冠子
铜矿石飞去掉在塘中发冠子。

pau^{213}sa:ŋ^{31}pum^{31}pai^{33}zan^{33}
爷 智者 摸 去 见
智者“商爷”摸去采铜矿，

pau^{213}sa:ŋ^{31}ʔdam^{33}pai^{33}ʔdai^{55}
爷 智者 穿 去 得
智者“商爷”穿去得铜矿。

kuan^{213}ʔbo^{33}ʒo^{55}na^{213}kuə^{31}luaŋ^{42}
古 不 知 道 是 铜
古代不知是铜，

au^{33}kuə^{31}ʒuə^{213}nuai^{31}kə^{33}mu^{33}
要 当 槽 小 喂 猪
拿当猪槽喂小猪，

au^{33}kuə^{31}va^{33}tu^{33}ʒuŋ^{42}kai^{213}
要 当 板 门 圈 鸡
要当门板拦鸡圈，

au^{33}kuə^{31}ʒuə^{213}nuai^{31}kə^{33}ma^{33}
要 当 槽 小 喂 狗
拿当狗槽喂小狗。

au^{33}kuə^{31}va^{33}tu^{33}pit^{55}ɦa:n^{213}
要 当 板 门 鸭 鹅
要当门板拦鸭鹅圈，

la:u^{55}pa:k^{213}kua:ŋ^{213}ʔdjau^{33}nau^{42}
寨老 嘴 宽 一 说
寨老嘴宽寨老话，

wen^{42}pa:k^{213}ʔbau^{33}ʔdjau^{33}ɦa:u^{213}
人 嘴 巧 一 话
寨人巧嘴寨人说，

la:u^{55}pa:k^{213}kua:ŋ^{213}ʔdjau^{33}na:i^{33}
寨老 嘴 宽 一 讲
寨老嘴宽寨老讲，

wen^{42}pa:k^{213}kua:i^{33}ʔdjau^{33}ɦa:u^{213}
人 嘴 乖 一 说
寨人巧嘴寨人传。

jiaŋ^{213}lum^{55}jiaŋ^{213}luaŋ^{42}ma^{42}
样子 像 样 铜 哪
铜是哪种铜？

sau^{33}lum^{55}sau^{33}luaŋ^{42}li^{42}
柱 像 柱 铜 哪
“铜柱”像哪种铜柱？

lum^{55}luaŋ^{42}ʔdi^{33}ɕiau^{31}kuan^{213}
像 铜 好 代 古
“铜柱”是古代好铜像。

jiaŋ^{213}lum^{55}jiaŋ^{213}luaŋ^{42}ma^{42}
样子　像　样　铜　哪
“铜柱”纹样像哪样？

sau^{33}lum^{55}sau^{33}luaŋ^{42}ta:u^{42}
柱　像　柱　铜　桃花
“铜柱”花纹闪亮像桃花，

lum^{55}luaŋ^{42}ɦa:u^{33}ɕiau^{31}kuan^{213}
如同　铜　白　代　古
如同古代的白铜。

kuan^{213}le^{33}si^{33}to^{213}pu^{55}jaŋ^{33}
古　时　合拢　人皇①
古时“人皇”率领来炼铜。

jaŋ^{33}ɕuaŋ^{213}ziau^{42}mai^{55}zai^{213}
皇　留下　树　吹榴树
人皇留下吹榴树。

kuan^{213}le^{33}si^{33}to^{213} pu^{55}kai^{31}
古　时　合拢　人皇台
古时先祖们归在“人皇台”。

pei^{31}naŋ^{33}kuk^{55}ma^{33}zaŋ^{213}
鼓风器 皮　虎　来　挣破
曾经炼铜用的虎皮风箱也挣破，

pei^{31}naŋ^{33}sa:ŋ^{55}ma^{33}po^{213}
鼓风器 皮　大象　来　裂
曾经炼铜用的大象皮风箱也拉裂，

pei^{31}naŋ^{33}zok^{213}ma^{33}ʔdaɯ^{33}
鼓风器 皮　鸟　进来 里面
只有炼铜用的大鸟皮风箱撑得住。

au^{33}ziau^{42}si^{55}se^{33}za^{33}
要　留住　是　永久留找
留东西就要找到能够永久留下的铜器，

ziau^{31}mai^{55}zai^{31}pai^{31}zok^{213}
留　树　吹榴树　面　外
还要留下外面那棵吹榴树为证。

pei^{31}lok^{213}pai^{33}lok^{213}ma^{33}
鼓风器 拉　去　拉　来
鼓风炼铜扯去又吸来，

pei^{31}ta^{42}pai^{33}ta^{42}ta:u^{213}
鼓风器 扯　去　扯　来
鼓风炼铜吸来又扯去，

zam^{55}luaŋ^{42}tok^{55}se^{33}si^{55}
液　铜　掉　冶铜范（盒）②
铜液掉在那装铜液的铜范，

zam^{55}ta^{33}si^{55}se^{33}liaŋ^{33}
泪　眼　装铜液盒　拼
铜液炼出了，制铜者激动得眼泪掉进范盒与铜液拼合；

zam^{55}luaŋ^{42}tok^{55}se^{33}sai^{55}
液　铜　掉　冶铜范（盒）③
铜液掉在那装铜液的各种盒，

zam^{55}ta^{33}ɦai^{55}lak^{213}lie^{42}
泪　眼　淌　掺　连
铜液炼出了，制铜者激动得眼泪淌入范盒与铜液掺连连。

suaŋ^{213}zam^{55}luaŋ^{42}tai^{213}ʔit^{55}
放　液　铜　第　一
第一次放液铜啦！

① “人皇”时代，是传说中最古的年代之一。
② se^{33}si^{55}：冶铜范，装铜液的模具，因花样多、工艺精，民间也称之为工艺范。
③ se^{33}sai^{55}：也是冶铜范，装铜液的模具，有泥范、石范、陶范、沙蜡范等很多种。

au^{33}kuə^{31}le^{42}pa:k^{213}na^{55}

要 做 喇叭口　　要铸成喇叭口铜器，

jiaŋ^{31}pan^{31}le^{42}pa:k^{213}na^{55}

也 成 喇叭口　　也成喇叭口铜器。

suaŋ^{213}zam^{55}luaŋ^{42}ta:i^{213}ŋi^{31}

放 液 铜 第 二　　第二次放液铜啦！

au^{33}kuə^{31}laɯ^{42}pa:k^{213}pɯn^{42}

要 铸 锣（铙）面 大口　　要铸成大口锣（铙），

jiaŋ^{31}pan^{31}la^{42}pa:k^{213}pɯn^{42}

也 成 锣（铙）面 大口　　也成大口锣（铙）。

suaŋ^{213}zam^{55}luaŋ^{42}ta:i^{213}sam^{33}

放 液 铜 第 三　　第三次放液铜啦！

au^{33}kuə^{31}ȵian^{42}pak^{213}na^{55}

要 铸 铜鼓 面 前　　要铸成铜鼓面上的花纹，

jiaŋ^{31}pan^{31}ȵian^{42}pa:k^{213}na^{55}

也 成 铜鼓 面 前　　也成铜鼓面上的花纹。

suaŋ^{213}zam^{55}luaŋ^{42}ta:i^{213}ɕi^{213}

放 液 铜 第 四　　第四次放液铜啦！

au^{33}kuə^{31}ɕuaŋ^{33}ʔdɯ^{33}suat^{213}

要 铸 铓锣 铓锣中部冒出的敲击点　　要铸成铓锣中部冒出的敲击点，

jiaŋ^{31}pan^{31}ɕuaŋ^{33}ʔdɯ^{33}suat^{213}

也 成 铓锣 铓锣中部冒出的敲击点　　也成铓锣中部冒出的敲击点。

suaŋ^{213}ʒam^{55}luaŋ^{42}ta:i^{213}ɦa^{55}

放 液 铜 第 五　　第五次放液铜啦！

au^{33}kuə^{31}ȵian^{31}na^{55}pəŋ^{42}

要 铸 铜鼓 面上 地区　　要铸成全部村寨使用的铜鼓，

jiaŋ^{31}pan^{31}ȵian^{31}na^{55}pɯŋ^{42}

也 成 铜鼓 面上 地区　　也成全部村寨使用的铜鼓。

au^{33}kuə^{31}ȵian^{31}kən^{33}lau^{55}

要 铸 铜鼓 吃 酒　　要铸铜鼓来办酒，

jiaŋ^{31}pan^{31}ȵian^{31}kən^{33}lau^{55}

也 成 铜鼓 吃 酒　　也成铜鼓来办酒。

au^{33}kuə^{31}ȵian^{42}zau^{213}ɾa:n^{42}

要 铸 铜鼓 热闹 家　　要铸铜鼓热闹家，

jiaŋ^{31}pan^{31}ȵian^{31}zau^{213}ɾa:n^{42}

也 成 铜鼓 热闹 家　　也成铜鼓热闹家。

au^{33}kuə^{31}ȵian^{31}kən^{33}lau^{55}

要 铸 铜鼓 吃 酒　　要铸铜鼓办喜酒，

jiaŋ^{31}pan^{31}ȵian^{31}kən^{33}lau^{55}

也 成 铜鼓 吃 酒　　也成铜鼓办喜酒。

au^{33}kuə^{31}ȵian^{31}tək^{55}tɕau^{213}pu^{55}ta:i^{33}
要 铸 铜鼓 放置 头 人 死　　要铸铜鼓来放置死人的头，

jiaŋ^{31}pan^{31}ȵian^{31}tək^{55}tɕau^{213}pu^{55}ta:i^{33}
也 成 铜鼓 放置 头 人 死　　也成铜鼓来放置死人的头。

ʔə^{33}ȵian^{42}ɦə^{213}ʔə^{33}ȵian^{42}
阿 铜鼓 呵 阿 铜鼓　　阿铜鼓呵，阿铜鼓！

ʔdi^{33}ku^{33}au^{33}məŋ^{31}ma^{33}tək^{55}tɕau^{55}pau^{55}（ja^{31}）
好 我 要 你 来 放置 头 爷（奶）　　吉祥，我要用你铜鼓来放置爷（奶）的头！

po^{31}（me^{31}）van^{31}ma^{31}məŋ^{31}ni^{55}
父（母） 哪天 你 啊　　父（母）归逝哪天啊？

pu^{55}laɯ^{31}ɦa:u^{213}san^{31}ɦan^{33}
人 哪 说 话 急　　哪个人说急话？

vən^{31}laɯ^{31}saŋ^{33}san^{31}ʔjak^{213}
人 哪 讲 话 恶　　哪个人讲恶话？

koŋ^{33}ʔdi^{33}məŋ^{31}tau^{55}lian^{42}
弓 好 你 来 捡　　好弓你铜鼓来捡，

ɕian^{31}ʔdi^{33}məŋ^{31}tau^{55}θim^{42}
箭 好 你 来 修　　好箭你铜鼓来修。

pɯn^{55}vən^{31}məŋ^{31}lak^{213}taŋ^{33}
类 人 你 不要 拦　　好人类你铜鼓莫拦，

pɯn^{55}fa:ŋ^{42}məŋ^{31}lak^{213}zam^{31}
类 鬼 你 不要 阻　　好鬼类你铜鼓莫阻挡。

ʔə^{33}ȵian^{42}ɦə^{213}ʔə^{33}ȵian^{42}
阿 铜鼓 呵 阿 铜鼓　　阿铜鼓呵，阿铜鼓！

pu^{55}laɯ^{31}ɦa:u^{213}san^{31}ɦan^{33}
人 哪 说 话 急　　哪个人说急话？

vən^{31}laɯ^{31}saŋ^{33}san^{31}ʔjak^{213}
人 哪 讲 话 恶　　哪个人讲恶话？

koŋ^{33}ʔdi^{33}məŋ^{42}lak^{213}lian^{42}
弓 好 你 来 捡　　好弓你铜鼓来捡，

ɕian^{31}ʔdi^{33}məŋ^{31}lak^{213}θim^{42}
箭 好 你 来 修　　好箭你铜鼓来修。

pɯn^{55}vən^{31}məŋ^{31}tau^{55}taŋ^{33}
类 人 你 来 拦　　你铜鼓来拦住坏人，

pɯn^{55}fa:ŋ^{42}məŋ^{31}tau^{55}zam^{31}
类 鬼 你 来 阻　　你铜鼓来阻挡坏鬼。

ʔə^{33}ȵian^{42}ɦə^{213}ʔə^{33}ȵian^{42}
阿 铜鼓 呵 阿 铜鼓　　阿铜鼓呵，阿铜鼓！

ʔdi^{33}ku^{33}au^{33}məŋ^{31}ma^{33}tək^{55}pau^{55}（ja^{31}）
好 我 要 你 来 放置 爷（奶）　　吉祥，我要用你铜鼓来放置爷（奶）！

po^{31}（me^{31}）van^{31}ma^{31}məŋ^{31}ni^{55}
父（母） 哪天 你 啊
父（母）归逝哪天啊？

zo^{213}ʔdaŋ^{33}ʔbu^{33}no^{213}ȵian^{42}
敲 响 轻 呵 铜鼓
铜鼓轻敲响呵，

zo^{213}ʔdaŋ^{33}ʔbau^{33}no^{213}ȵian^{42}
敲 响 轻音 呵 铜鼓
铜鼓响轻音，

ʔdaŋ^{33}lak^{55}la:u^{33}lak^{55}lən^{42}
响 不 怕 不 惊
铜鼓响不怕不惊，

ʔdaŋ^{33}si^{33}si^{55}kua^{55}na^{42}
响 长音 过 稻田
铜鼓响长音过稻田，

ʔdaŋ^{33}si^{33}ɕua^{55}kua^{55}toŋ^{31}
响 拉长音 过 田坝
铜鼓拉着长音过田坝。

tak^{213}ma^{55}lok^{213}kua^{31}po^{33}
公 马 驮 过 山
骏马驮铜鼓过山，

θi^{33}zi^{42}lo^{42}kau^{55}jiaŋ^{213}
找 印 骡 看 样
想看样子找脚印。

ku^{213}ni^{55}waŋ^{42}ka^{33}ni^{55}
首 这 望 这边
这首止这点，

zaŋ^{42}ni^{55}mət^{213}ka^{33}ni^{55}
节 这 完 这边
这节完这页。

ku^{213}ȵian^{42}mjan^{55}ka^{33}ni^{55}
首 铜鼓 免 这里
这首铜鼓经念完，

pjan^{55}ȵian^{42}θaɯ^{33}ka^{33}ni^{55}
篇 铜鼓 毕 这里
这首铜鼓经念毕。

mət^{213}ku^{31}liau^{55}ku^{31}liaŋ^{33}
毕 首 完 首 后
念毕这首念后首，

saŋ^{33}ku^{31}liau^{55}ku^{31}mo^{213}
唱 首 完 首 新
唱完这首唱新首，

ku^{213}mo^{213}ku^{213}ɦa^{55}taŋ^{42}
首 新 我 要 到
新首我要到，

ku^{213}laŋ^{33}ku^{213}ɦa^{55}ɦau^{213}
首 后 我 要 唱
后首我要唱。

十六、心愿：儿孙们坚强、勇敢、长寿

lək^{213}ɦa^{55}sa:m^{33}au^{33}tɕau^{33}
儿 想 问 要 寿
儿孙想问要寿，

sa:m^{33}au^{33}tɕau^{33}ɦaɯ^{55}tɕau^{33}
问 要 寿 给 寿
问要寿就给寿。

tɕau^{33}sɯ^{31}zam^{55}pa:k^{213}sok^{213}
活 如 水 渡口
长寿如渡口长流水。

tɕau^{33}sɯ^{31}ʔdok^{213}ŋan^{31}sa:ŋ^{55}
寿 如 骨 银 大象　　长寿如大象白银骨。

tɕau^{33}jaŋ^{31}ʔjaŋ^{55}suaŋ^{213}tɕin^{33}
寿 像 铜剑 留 金　　长寿像神铜剑宝长留。

tɕau^{33}jaŋ^{31}zin^{33}jaŋ^{31}ze^{213}
寿 像 石头 像 河边圆彩石　　长寿像河边坚硬又古老的圆彩石。

tɕau^{33}jaŋ^{31}se^{31}sɯ^{42}ʔdɯn^{33} sɯ^{42}ʔdau^{33}
寿 像 雪山 月亮 星星　　长寿如永远不化的雪山，长寿如天上月

kən^{31}ʔbən^{33}
上 天　　亮和星星。

tɕau^{33}jaŋ^{31}zin^{33}ɦai^{55}zok^{213}
寿 像 鸟纹石　　长寿像河边坚硬又古老的鸟纹石，

to^{213}pi^{33}tok^{55}pa:k^{213}sok^{213}
整 年 立 渡口　　整年坚定立渡口，

kau^{33}sap^{55}tɕi^{42}ʔbo^{33}ʔdai^{55}
牛角 插 旗 不 得①　　硬朗得牛角插旗也插不入，

jie^{42}la:i^{33}lən^{31}ʔbo^{33}ʔdai^{55}
众 多 压 不 得　　硬朗得众人压不得，

kau^{31}tɕap^{55}sai^{33}ʔbo^{33}ʔdai^{55}
牛角 绑 拉 不 得　　硬朗得绳绑牛角众人拉不动。

ȵie^{42}la:i^{33}lən^{31}ʔbo^{33}ʔdai^{55}
众 多 压 不 得　　硬朗得众人压不得，

tɕau^{33}jaŋ^{31}kuan^{213}mai^{55}tɕiaŋ^{33}
寿 像 桩 树 香樟树　　因为儿寿像香樟树的大树桩，

tɕau^{33}jaŋ^{31}ɕiaŋ^{42}jaŋ^{31}ɕie^{31}
寿 像 墙 像 墙基　　因为儿寿像山墙的墙基。

sak^{31}ve^{31}tək^{55}ʔbo^{33}toŋ^{33}
链子 围 打 不 动　　链子围打也不动，

sak^{213}noŋ^{31}tək^{55}ʔbo^{33}ʔdai^{55}
链子 拔 打 不 晃　　链子拔他也不晃，

ʔuən^{213}ma^{55}kai^{55}ʔbo^{33}lak^{213}
运输的马帮 撬 不 垮　　大队马帮震不垮，

tɕʻian^{213}ȵian^{31}tɕau^{33}fan^{31}ta:i^{31}
千 年 活 万 世　　长寿千年又万代。

tɕau^{33}pan^{31}ta:i^{31}pan^{31}ta^{33}
寿 成 外婆 成 外公　　儿女寿到能当外婆和外公，

tɕau^{33}zai^{31}tam^{42}kən^{33}pja^{33}
寿 造 坝 吃 鱼　　长寿儿女造坝有鱼吃。

① "牛角插旗"习俗：杀牛祭归逝老人亡灵，需每个女婿送一头牛为供品。因牛多会相互争斗，布摩先生就用白纸糊一面大三角旗（旗上画一头长着尖角的壮牛）插在五方金竹幡中的中央戊己土金竹幡脚，又选女婿送来最壮的供牛去与旗上之牛相斗。风吹旗动，壮牛疑为生牛，就与它相搏斗。当壮牛用角将纸旗插破，布摩先生就杀此壮牛来供祀归逝老人的亡灵。

tɕau^{33}zai^{31}na^{42}kən^{33}ɦa:u^{55}
寿　办　田　吃　饭　　长寿种田得米粮。
tɕau^{33}au^{33}paɯ^{55}kən^{33}zeŋ^{42}
寿　要　儿媳　吃　力　　长寿娶得儿媳享侍奉。
tɕau^{33}sen^{33}pəŋ^{42}kən^{33}zum^{31}
寿　先头　地方　吃　租税　　长寿带头传村寨享受租税。
tɕau^{33}so^{55}ʔdi^{55}pai^{33}pja:i^{33}
寿　是　顶　去　尖　　寿延长整辈。
tɕau^{33}mi^{31}lan^{33}kən^{33}pai^{213}
寿　有　孙　吃　供　　寿至儿孙满堂，
tɕau^{33}pan^{31}ta:i^{213}ta^{33}la:u^{55}
寿　成　外婆　外公　老　　长寿儿孙多，寿当外婆外公老。
lək^{213}ɦa^{55}sam^{33}au^{33}tɕau^{33}ʔdai^{55}tɕau^{33}
儿　想　问　要　寿　得　寿　　儿问寿得寿。
mət^{213}ku^{31}liau^{55}ku^{31}liaŋ^{33}
毕　首　完　首　后　　念毕这首念后首，
saŋ^{33}ku^{31}liau^{55}ku^{31}mo^{213}
唱　首　完　首　新　　唱完这首唱新首，
ku^{213}mo^{213}ku^{213}ɦa^{55}taŋ^{42}
首　新　我　要　到　　新首我要到，
ku^{213}laŋ^{33}ku^{213}ɦa^{55}ɦa:u^{213}
首　后　我　要　唱　　后首我要唱。

十七、心愿：儿孙多财富

lək^{213}ɦa^{213}sa:m^{33}au^{33}se^{31}
儿　问　说　要　富　　儿孙要财富，
sa:m^{33}au^{33}se^{31}ɦɯ^{55}se^{31}
说　要　富　给　富　　要富给儿富。
se^{31}sɯ^{42}zam^{55}ʔbo^{213}ʔbən^{33}
富　像　水　井　冒　　钱财来如井水冒。
ɕin^{42}sɯ^{42}zam^{55}ʔbo^{213}lai^{33}
均匀　像　水　井　淌　　财富来像井水淌。
man^{31}sɯ^{42}tɕau^{55}tɕiau^{31}teŋ^{42}
稳　如　头　桥　桩　　财富稳如桥头桩。
zaŋ^{42}sɯ^{42}ʔjaŋ^{55}tok^{55}tam^{213}
力　如　铜剑　下　砍　　财力如同铜剑砍下之力。
kan^{213}sɯ^{42}ʔjia:ŋ^{55}tɕin^{33}mo^{213}
稳当　如　铜剑　金　新　　钱财稳当如铜剑、新金。
so^{31}sɯ^{42}kau^{33}taŋ^{42}sat^{55}
直　如　高　到　七层　　钱财码高上七层。

sau^{55}sɯ^{42}ɦan^{213}sɯ^{42}se:n^{33}
柱　如　高塔　如　带头　　钱柱高如塔。

zen^{42}sɯ^{42}po^{33}lo^{42}ti^{213}
使力　如　山　落　地　　财力大如山。

mi^{31}sɯ^{31}ɦau^{55}vɯŋ^{42}wai^{33}
有　如　米　皇王　灰　　钱财密像皇王的存灰米。

sɯ^{31}paŋ^{42}ʔduai^{33}ɕiau^{31}kuan^{213}
如　布　织机绕线筒　辈　古　　钱财密像古辈绕线筒上的织布线。

lək^{213}ɦa^{213}sa:m^{33}au^{33}se^{31}ʔdai^{55}se^{31}
儿　想　问　要　富　得　富　　儿要富得富。

mət^{213}ku^{31}liau^{55}ku^{31}liaŋ^{33}
毕　首　完　首　后　　念毕这首念后首，

saŋ^{33}ku^{31}liau^{55}ku^{31}mo^{213}
唱　首　完　首　新　　唱完这首唱新首，

ku^{213}mo^{213}ku^{213}ɦa^{55}taŋ^{42}
首　新　我　要　到　　新首我要到，

ku^{213}laŋ^{33}ku^{213}ɦa^{55}ɦau^{213}
首　后　我　要　唱　　后首我要唱。

十八、心愿：儿孙发家

lək^{213}ɦa^{55}sa:m^{33}au^{33}ɦən^{55}
儿　想　问　要　发家　　儿孙问要发家，

sa:m^{33}au^{33}ɦən^{55}ɦaɯ^{55}ɦən^{55}
问　要　发家　给　发家　　问要发家给发家。

zam^{55}tam^{31}ɦoŋ^{42}jaŋ^{31}laɯ^{42}
水　大湖　区域　哪样　　大湖宽又广，

ra:n^{42}lək^{213}ɦoŋ^{42}jaŋ^{31}ten^{33}
家　儿　区域　那样　　儿家发展的区域宽又广。

tsoŋ^{33}ȵian^{42}ɦən^{213}jaŋ^{31}laɯ^{42}
皮鼓　铜鼓　发家　哪样①　　皮鼓、铜鼓鼓点“发家”多，

ra:n^{42}lək^{213}ɦən^{213}jaŋ^{31}ten^{33}
家　儿　发家　那样　　儿家发展如皮鼓、铜鼓的鼓点那样多。

ɦən^{213}jaŋ^{31}ʔbo^{33}ʔdai^{55}soŋ^{42}
发家　如　不　得　停　　发家不得停，

ɦən^{213}jaŋ^{31}ɕoŋ^{42}ʔdai^{55}mi^{31}
发家　如　桌　得　密　　人多饭桌密。

ɦən^{213}jaŋ^{31}tɕi^{213}mai^{55}lu^{55}
发家　如　丫　树　柳　　发家如春天柳树丫。

ɦən^{213}jaŋ^{31}zu^{213}mən^{42}taŋ^{33}
发家　如　油灯芯发花　　发家如燃灯开芯花。

① 此处“发家”，指如皮鼓、铜鼓的鼓点般的发展速度。

ɦən^{213}jaŋ^{31}mat^{213}ɦən^{213}toŋ^{31}
发家　如　蚂蚁　上　坝　　　发家如蚂蚁搬家在坝中。

ɦən^{213}jaŋ^{31}ʔbo^{213}ɦən^{55}pja^{33}
发家　如　鱼洞　游　鱼　　　发家如鱼洞众游鱼。

ɦən^{213}jaŋ^{31}na^{42}ɦən^{55}ɦa:u^{55}
发家　如　田　发　稻谷　　　发家如田中发稻谷。

sau^{55}sɯ^{42}ɦan^{213}sɯ^{42}se:n^{33}
柱　如　高塔　如　带头　　　发家钱柱高如塔。

zen^{42}sɯ^{42}po^{33}lo^{42}ti^{213}
使力　如　山　落　地　　　发家财力大如山。

mi^{31}sɯ^{31}ɦa:u^{55}vueŋ^{42}wai^{33}
有　如　米　皇　灰　　　钱财密像皇帝家的存灰米。

sɯ^{31}paŋ^{42}ʔduai^{33}ɕiau^{31}kuan^{213}
如　布　织机绕线筒　辈　古　　　钱财密像古辈绕线筒上的织布线。

θai^{42}lap^{213}ɦən^{213}jaŋ^{31}ʔdai^{55}
大笼　装　发家　也　得　　　发家钱财有的是大笼装。

ʔdai^{55}ɦən^{213}ʔdai^{55}ʔbo^{33}zim^{33}
得　发家　得　不　满　　　发家发不满。

θai^{42}lap^{213}ɦən^{213}jaŋ^{31}me:ŋ^{33}
大笼　装　发家　像　彝人　　　发家像彝人大笼装。

me:ŋ^{33}ɦən^{213}me:ŋ^{33}zo^{55}tui^{213}
彝人　发家　彝人　会　退　　　彝人发家彝人会退，

ɦo^{31}sat^{213}ɦo^{31}ɦən^{55}ʔdi^{33}
越　来到　越　发家　好　　　你儿发家越来越红火。

sa:m^{33}au^{33}ɦən^{55}ʔdai^{55}ɦən^{55}
问　要　发家　得　发家　　　你儿问要发家得发家。

mət^{213}ku^{31}liau^{55}ku^{31}liaŋ^{33}
毕　首　完　首　后　　　念毕这首念后首，

saŋ^{33}ku^{31}liau^{55}ku^{31}mo^{213}
唱　首　完　首　新　　　唱完这首唱新首，

ku^{213}mo^{213}ku^{213}ɦa^{55}taŋ^{42}
首　新　我　要　到　　　新首我要到，

ku^{213}laŋ^{33}ku^{213}ɦa^{55}ɦau^{213}
首　后　我　要　唱　　　后首我要唱。

十九、保佑子孙后代

lək^{213}ɦa^{55}sa:m^{33}au^{33}pa:u^{55}
儿　想　问　要　保佑　　　儿孙问要保佑，

sa:m^{33}au^{33}pa:u^{55}ɦaɯ^{55}pa:u^{55}
问　要　保佑　给　保佑　　　问要保佑给保佑。

ta:i^{31}ʔit^{55}pa:u^{55}ɦau^{55}θi^{42}
第 一 保佑 旱地稻谷 　　第一保佑旱地稻谷，
ɦaɯ^{55}te^{33}pan^{42}ʔjan^{33}lian^{42}va^{33}
给 它 成 堆 和 座 　　给它丰收成堆和成座。
ta:i^{31}ŋi^{31}pa:u^{55}ɦa:u^{55}na^{31}
第 二 保佑 水稻 田 　　第二保佑水田稻，
ɦaɯ^{55}te^{33}pan^{42}tɕa^{31}lian^{42}fai^{31}
给 它 成 干净 和 饱满 　　给它丰收干净和饱满。
ta:i^{31}sam^{33}pa:u^{55}pja^{33}no^{31}
第 三 保佑 鱼 肉 　　第三保佑生活有鱼肉。
ta:i^{31}si^{213}pa:u^{55}so^{31}min^{42}
第 四 保佑 名称 名 　　第四保佑有名声，
pa:u^{55}so^{31}ɦaɯ^{55}taŋ^{31}tɕin^{33}
保佑 名称 给 到 京 　　保佑名声传京城，
pa:u^{55}min^{3131}ɦaɯ^{55}taŋ^{31}vɯ^{55}
保佑 名称 给 到 云 　　保佑名声传到天上的云层。
ta:i^{31}pa:u^{55}pit^{55}lian^{31}kai^{31}
第 保佑 鸭 和 鸡 　　保佑鸭和鸡成群，
pit^{55}kai^{31}to^{55}fət^{213}la^{55}va:i^{33}
鸭 鸡 摇 翅 下 坝 　　鸭鸡在下坝摇翅，
ka^{33}kua^{31}lak^{213}ta:i^{33}fu^{42}
脚 挂 不 死 浮 　　鸭鸡不染病，
ka^{33}ten^{33}lak^{213}ta:i^{33}ɦo^{31}
那点 莫 死 漂 　　鸭鸡病不染。
ta:i^{31}pa:u^{55}ma^{55}lian^{31}an^{33}
第 保佑 马 和 鞍 　　保佑有马和有鞍，
ma^{55}lan^{31}ʔiu^{213}kui^{213}tsu^{33}
马 壮 在 贵 州 　　壮马在贵州，
tɕak^{213}liau^{42}ʔiu^{213}ku^{42}tsaŋ^{31}
马鞭 传名 在 古牂① 　　马鞭传名在古牂。
tin^{33}ma^{33}tiap^{213}saŋ^{31}pen^{55}ɾa:n^{42}zau^{42}
脚 来 踩 楼 板 家 我们 　　马脚来踩我们家门前楼梯角的楼板，
pak^{213}ma^{33}ɦen^{55}ʔbaɯ^{33}zoŋ^{33}ɾa:n^{42}zau^{42}
嘴 来 咬 树叶 家 我们 　　马嘴来咬我们家的树叶，
θi^{42}tin^{33}ma^{33}ɦau^{55}lai^{33}ɾa:n^{42}zau^{42}
印 脚 来 进 梯 家 我们 　　马脚印来到我们家门前楼梯角，
sai^{42}tin^{33}ma^{33}ɦau^{55}jian^{31}ɾa:n^{42}zau^{42}
全 脚 来 进 院 家 我们 　　马匹进院内，
ɕian^{31}ʔdaŋ^{33}ma^{33}ɦau^{55}sok^{55}ɾa:n^{42}zau^{42}
转 身 来 进 吊脚楼底层 家 我们 　　马匹转身走进吊脚楼底层的马圈。

① 古牂：地名，在南盘江对岸的广西西宁县。

ɕip^{213}van^{42}ma^{33}ɕip^{213}tuə^{31}
十　天　来　十　匹　　　十天来十匹，
mi^{31}ɦaɯ^{55}tuə^{31}laɯ^{31}ʔok^{213}
不　让　匹　哪　出　　　不让哪匹出。
ku^{55}van^{31}ma^{33}ku^{55}tɕok^{213}
九　天　来　九　帮　　　九天来九个马帮，
mi^{31}ɦaɯ^{55}tɕok^{213}laɯ^{31}tjeu^{42}
不　让　帮　哪　走　　　不让哪帮走。
ta:i^{31}pa:u^{55}ɕie^{31}lian^{31}va:i^{31}
第　保佑　黄牛　和　水牛　　　保佑有黄牛和水牛，
va:i^{31}ʔiu^{213}zuŋ^{31}sa:m^{33}ta:t^{213}
水牛　在　坝　三　台　　　水牛放去三台坝，
ta:t^{213}ʔiu^{213}zuŋ^{31}kap^{213}neŋ^{42}
台　在　坝　抓　稳　　　牛吃草，牛尾在台坝悠闲地甩着。
zi^{42}tin^{33}ma^{33}ɦau^{55}lai^{33}ɾa:n^{42}zau^{42}
印　脚　来　进　梯　家　我们　　　牛脚来踩我们家门前楼梯角，
sai^{42}tin^{33}ma^{33}ɦau^{55}jian^{31}ɾa:n^{42}zau^{42}
全　脚　来　进　院　家　我们　　　牛群进院内，
ɕian^{31}ʔdaŋ^{33}ma^{33}ɦau^{55}sok^{55}ɾa:n^{42}zau^{42}
转　身　来　进　吊脚楼底层　家　我们　　　牛群转身走进吊脚楼底层的牛圈。
ɕip^{213}van^{42}ma^{33}ɕip^{213}tuə^{31}
十　天　来　十　头　　　十天来十头，
mi^{31}ɦaɯ^{55}tuə^{31}laɯ^{31}ʔok^{213}
不　让　头　哪　出　　　不让哪头出。
ku^{55}van^{31}ma^{33}ku^{55}tɕok^{213}
九　天　来　九　群　　　九天来九个牛群，
mi^{31}ɦaɯ^{55}tɕok^{213}laɯ^{31}tjeu^{42}
不　让　群　哪　走　　　不让哪群走。
ta:i^{31}pa:u^{55}wəi^{213}lian^{31}wən^{42}
第　保佑　丫环（奴）和　主人　　　保佑主人和丫环都健康，
wəi^{213}ʔiu^{213}pai^{31}<u>nam^{42}ȵaŋ^{33}</u>
丫环（奴）在　方面　南边上　　　丫环站在南边客人后服侍。
ta:u^{213}ma^{33}sian^{42}lək^{213}naŋ^{31}
回　来　全　儿　坐　　　全部来同坐，
ta:u^{213}ma^{33}sam^{31}lək^{213}kən^{33}
回　来　同　儿　吃　　　全体来同吃。
pu^{55}kən^{33}ɦa:u^{55}la^{213}kai^{33}zau^{31}mi^{31}
人　吃　饭　下　中堂的楼棱　我们　有　　　我们有在中堂的楼棱下吃饭的主人，
vən^{31}kən^{33}ŋa:i^{42}saɯ^{213}ɦek^{213}zau^{31}mi^{31}
人　吃　早饭　服侍　客　我们　有　　　也有服侍客人吃早饭的丫环。

pu^{55}kən^{33}ɦa:u^{55}kok^{55}sau^{33}zau^{31}mi^{31}
人 吃 饭 脚 柱 我们 有　　也有人背靠柱脚在吃饭。

vən^{31}kən^{33}sau^{42}saɯ^{213}ɦek^{213}zau^{31}mi^{31}
人 吃 晚饭 服侍 客 我们 有　　也有服侍客人吃晚饭的丫环。

sam^{31}tin^{33}ma^{33}ɦau^{55}lai^{33}ɾa:n^{42}zau^{42}
齐 脚 来 进 梯 家 我们　　人群齐上我们家楼梯，

sai^{42}tin^{33}ma^{33}ɦau^{55}ȵian^{31}ɾa:n^{42}zau^{42}
全齐 脚 来 进 院 家 我们　　齐脚进到我们家院子，

ɕian^{31}ʔda:ŋ^{33}ma^{33}ɦau^{55}sɯ^{55}ɾa:n^{42}zau^{42}
转 身 来 进 楼角 家 我们　　人群转身走进我们家楼角。

ɕip^{213}van^{42}ma^{33}ɕip^{213}pu^{55}
十 天 来 十 人　　十天来十人，

mi^{31}ɦaɯ^{55}pu^{55}laɯ^{31}ʔok^{213}
不 让 人 哪 出　　不让哪人出。

ku^{55}van^{31}ma^{33}ku^{55}tɕok^{213}
九 天 来 九 群　　九天来九伙人，

mi^{31}ɦaɯ^{55}tɕok^{213}laɯ^{31}tjeu^{42}
不 让 群 哪 走　　不让哪伙人走。

ta:i^{31}pa:u^{55}jəu^{55}lian^{31}jau^{42}
第 保佑 友 和 情　　保佑儿孙友和情，

jəu^{42}ʔiu^{213}pai^{31}na:m^{42}ȵiaŋ^{33}
友 在 面 南方①　　友客坐南面，

ta:u^{213}ma^{33}sian^{42}lək^{213}naŋ^{31}
回 来 全 儿 坐　　全部来同坐，

ta:u^{213}ma^{33}sam^{31}lək^{213}kən^{33}
回 来 同 儿 吃　　全体来同吃。

pu^{55}kən^{33}ɦa:u^{55}la^{213}kai^{33}zau^{31}mi^{31}
人 吃 饭 下 中堂的楼棱 我们 有　　我们有在中堂的楼棱下吃饭的主人，

vən^{31}kən^{33}ŋa:i^{42}saɯ^{213}ɦek^{213}zau^{31}mi^{31}
人 吃 早饭 服侍 客 我们 有　　也有服侍客人吃早饭的丫环。

pu^{55}kən^{33}ɦa:u^{55}kok^{55}sau^{33}zau^{31}mi^{31}
人 吃 饭 脚 柱 我们 有　　也有人背靠柱脚在吃饭。

vən^{31}kən^{33}sau^{42}saɯ^{213}ɦek^{213}zau^{31}mi^{31}
人 吃 晚饭 服侍 客 我们 有　　也有服侍客人吃晚饭的丫环。

sam^{31}tin^{33}ma^{33}ɦau^{55}lai^{33}ɾa:n^{42}zau^{42}
齐 脚 来 进 梯 家 我们　　人群齐上我们家楼梯，

sai^{42}tin^{33}ma^{33}ɦau^{55}ȵian^{31}ɾa:n^{42}zau^{42}
全齐 脚 来 进 院 家 我们　　齐脚进到我们家院子，

ɕian^{31}ʔda:ŋ^{33}ma^{33}ɦau^{55}sɯ^{55}ɾa:n^{42}zau^{42}
转 身 来 进 楼角 家 我们　　人群转身走进我们家楼角。

① 古代饮食座位南北两方最重要，北面坐主人，南面坐客人，丫环站客人身后服侍。

ɕip^{213}van^{42}ma^{33}ɕip^{213}pu^{55}
十 天 来 十 人　　十天来十人，

mi^{31}ɦaɯ^{55}pu^{55}laɯ^{31}ʔok^{213}
不 让 人 哪 出　　不让哪人出。

ku^{55}van^{31}ma^{33}ku^{55}tɕok^{213}
九 天 来 九 群　　九天来九伙人，

mi^{31}ɦaɯ^{55}tɕok^{213}laɯ^{31}tjeu^{42}
不 让 群 哪 走　　不让哪伙人走。

ta:i^{31}pa:u^{213}lək^{213}me^{31}ʔbək^{55}
第 保佑 儿 姑娘　　保佑女儿们。

te^{33}fi^{31}zo^{55}zok^{213}lian^{42}zo^{55}zai^{42}
她 未 知 织布机 和 知 纺线机　　她不懂织布机和纺线机，

ɦaɯ^{213}te^{33}zo^{55}zok^{213}lian^{31}zo^{55}zai^{42}
给 她 会 织布机 和 知 纺线机　　给她懂织布机和纺线机。

te^{33}fi^{33}zo^{55}sai^{33}lian^{42}zo^{55}tam^{213}
她 未 知 纺线 和 知 织布　　她不懂纺线和织布，

ɦaɯ^{213}te^{33}zo^{55}sai^{33}lian^{31}zo^{55}tam^{213}
给 她 会 纺线 和 知 织布　　给她会纺线和织布。

te^{33}fi^{33}zo^{55}tam^{213}zok^{213}man^{33}
她 未 知 织 花布　　她不懂织五色花布，

ɦaɯ^{213}te^{33}zo^{55}tam^{213}zok^{213}man^{33}
给 她 会 织 花布　　给她会织五色花布。

te^{33}fi^{33}zo^{55}sa:n^{33}ma:n^{33}lian^{31}ŋi^{31}
她 未 知 编 床单 宽 二　　她不懂编宽丈二的床单，

ɦaɯ^{213}te^{33}zo^{55}sa:n^{33}ma:n^{33}lian^{31}ŋi^{31}
给 她 会 编 床单 宽 二　　给她会编宽丈二的床单。

ɦaɯ^{213}te^{33}zo^{55}tam^{213}zok^{213}sɯ^{42}ɦe:u^{55}pau^{33}
给 她 会 织 花布 像 绕线机上多层线　　给她会织布绕成坨。

tɯ^{42}tau^{33}sɯ^{42}sa:u^{55}poŋ^{31}
用 梭子 像 竹竿 丢　　给她用梭子快得像丢竹竿那样。

sat^{213}ka^{33}laɯ^{42}fɯ^{55}soŋ^{42}
到 哪点 人家 赞美　　给她走到哪里都被人赞美。

zoŋ^{42}ka^{33}laɯ^{42}kən^{33}lau^{55}
停 哪点 吃 酒　　给她停哪里人家都招待吃酒。

tau^{55}ka^{33}laɯ^{42}kən^{33}tɕa^{42}
走 哪点 吃 茶　　给她走到哪里人家都招待吃茶。

ma^{33}ka^{33}laɯ^{42}pan^{55}ɦan^{42}
来 哪点 伙伴 捧　　给她来去哪里都有伙伴捧。

ta:i^{31}pa:u^{213}lək^{213}pu^{55}sa:i^{33}
第 保佑 儿 男子　　保佑儿子们。

ɦaɯ^{213}te^{33}ʔdən^{33}kən^{42}ma^{55}zai^{42}ma^{55}
给 他 站 上 马 喊 马①　　给他拥有马队多又多。

ʔdən^{33}na^{213}ȵian^{42}zai^{42}ȵian^{42}
站 前 铜鼓 喊 铜鼓②　　他拥有铜鼓多又多。

ʔdən^{33}tɕa:ŋ^{33}su^{33}zai^{42}zə:n^{31}
站 中 大城 喊 力量③　　他统领大城显力量。

se^{33}taŋ^{31}san^{31}zai^{42}sɯ^{33}
留 蹬 台 写 字④　　他留下蹬台好写字。

se^{33}tɕa:ŋ^{33}su^{33}ɦa:k^{213}məi^{31}
留 中 大城 汉人 稀奇　　他留在城中管理人。

pen^{55}ka^{33}laɯ^{42}fɯ^{55}ɦoŋ^{42}
走遍 哪里 人家 赞美　　他走到哪里都被人赞美。

zoŋ^{42}ka^{33}laɯ^{42}kən^{33}lau^{55}
停 哪点 吃 酒　　他走到哪里都吃招待酒。

tau^{55}ka^{33}laɯ^{42}kən^{33}tɕa^{42}
走 哪点 吃 茶　　他走到哪里都吃招待茶。

ma^{33}ka^{33}laɯ^{42}pan^{55}ɦeu^{42}
来 哪点 伙伴 请　　他走到哪里都有伙伴请。

sa:m^{33}au^{33}pa:u^{55}ɦaɯ^{55}pa:u^{55}
问 要 保佑 得 保佑　　儿要保佑得保佑。

二十、留下“宝印”重价

lək^{213}ɦa^{55}sa:m^{33}au^{33}tɕeu^{55}
儿 想 问 要 重价　　儿问要重价，

sa:m^{33}au^{33}tɕeu^{55}ɦaɯ^{55}tɕeu^{55}
问 要 重价 给 重价　　问要重价给重价。

ʔin^{31}ʒok^{213}kok^{55}tɕeu^{55}ɕian^{42}jaŋ^{31}laɯ^{31}
印 鸟 虎 重价 钱 哪样⑤　　“鸟虎印”那样的重价，

au^{33}ma^{33}lək^{213}kuə^{213}tɕeu^{55}
要 来 儿 做 重价　　要来做重价给儿。

wan^{42}ma^{33}sa:m^{33}ɕip^{213}ɕian^{42}
每天 来 三 十 钱　　每天进得三十金钱，

ʔin^{31}ʒok^{213}ʒei^{33}tɕeu^{213}ɦau^{55}jaŋ^{31}laɯ^{31}
印 鸟 狮 重价 钱 哪样⑥　　“鸟狮印”那样的重价。

van^{31}ma^{33}sa:m^{33}ɕip^{213}ɦa:u^{55}
每天 来 三 十 粮米　　每天进得三十粮米，

① 骑在马上又喊马：形容众多马队的拥有者。
② 站在铜鼓前面喊铜鼓：形容身份高贵，可调动铜鼓者。
③ 站在大城中喊力量：形容可调兵遣将，统领大城者。
④ 蹬台写文章：古时写字有台无凳，古人盘腿坐于台前写字。
⑤ 鸟虎印：虎纽鸟文的古代王之印玺。
⑥ 鸟狮印：狮纽鸟文的古代王之印玺。

au^{33}ma^{33}lək^{213}kuə^{213}tɕeu^{55}
要　来　儿　做　重价
要来做重价给儿。

to^{213}ȵuai^{31}tɕap^{55}ʒan^{33}ɦuŋ^{33}
射　少　逢　箭　多
给儿用箭射少留箭多。

to^{213}ȵuai^{31}poŋ^{31}so^{213}kau^{213}
射　少　遇　乐意
给儿用箭射少收获丰。

pu^{55}tək^{55}ȵiə^{213}pu^{55}ȵiə^{31}pu^{55}ȵian^{42}
人　拉弓　射箭　人　射　人　瞄准
给儿拉弓射箭瞄得准。

ta:u^{55}zek^{213}tjaŋ^{42}zek^{213}ɾa:n^{31}
中　边　篷　边　房
给儿在篷边房边也射中。

tak^{213}ma^{55}pan^{31}pu^{55}pan^{33}
公　马　肥　有名人
给儿成名骑壮马。

tau^{213}lian^{31}ɾa:n^{31}lian^{42}ɕie^{31}
到　连　家　连　周围
给儿把家与周围地方都管住。

vət^{31}ʒi^{31}ʔdai^{55}kau^{33}ʔit^{55}
测　地　得　古藤①
测地得古藤，

sit^{55}zi^{31}ʔdai^{55}kau^{33}ɕiə^{55}
烧　地　得　神藤
烧地得神藤。

to^{31}nɯ^{213}ʔdai^{55}kau^{33}veŋ^{42}kau^{33}fa:n^{42}
造　弓箭　得　王藤　角　獐子
kap^{213}suk^{55}ɕip^{213}
抓　握　紧②
造箭猎獐取麝香，

au^{33}ma^{33}lək^{213}kuə^{31}tɕeu^{55}
要　来　儿　做　重价
要来做重价给儿。

muə^{31}ja^{31}suat^{213}tɕeu^{55}sau^{33}jaŋ^{31}laɯ^{31}
墓　祖奶　冒　重价　柱　哪样③
祖奶墓地冒出重价柱，

van^{31}ma^{33}sam^{33}ɕip^{213}sau^{33}
每天　来　三　十　柱
每天进得三十宝，

au^{33}ma^{33}lək^{213}kuə^{31}tɕeu^{55}
要　来　儿　做　重价
要来做重价给儿。

ʔja:ŋ^{55}veŋ^{31}sau^{42}tɕeu^{213}ɕak^{213}jaŋ^{31}laɯ^{31}
长刀　皇帝用　重价　恋　哪样
皇帝恋着宝剑那样的重价，

van^{31}ma^{33}sa:m^{33}ɕip^{213}ɕak^{31}
每天　来　三　十　恋
每天也来三十回，

au^{33}ma^{33}lək^{213}kuə^{31}tɕeu^{55}
要　来　儿　做　重价
要来做重价给儿。

kuə^{31}ɕak^{213}ɦaɯ^{213}tɕeu^{55}vən^{42}
做　恋　给　重价　人（儿）
重价给儿做纪念，

① 古藤：大林中缠绕古树的一种粗藤。传说其有神，对它不能光脚踩，更不能砍伐。所以，测地先生上山测地也必须穿鞋，如果因此生病则要请布摩先生改吉。
② 獐子：产麝香的动物。
③ 墓地冒柱：祖坟自然地长出柱子般的土包，预示后代发家。

kuə31soŋ42ɦaɯ213tɕeu55tɕau33
做 雄 给 重价 寿
让儿英雄又得寿。

ku213ni55waŋ42ka33ni55
首 这 望 这边
这首望这点，

ɕiaŋ42ni55kua213ka33ni55
节 这 过 这边
这节过这页。

ku213ni55mjan55ka33ni55
首 这 免 这里
这首经念完，

pjan55liau5542saɯ33ka33ni55
篇 了 毕 这里
这首经念毕。

mət213ku31liau55ku31liaŋ33
毕 首 完 首 后
念毕这首念后首，

saŋ33ku31liau55ku31mo213
唱 首 完 首 新
唱完这首唱新首，

ku213mo213ku213ɦa55taŋ42
首 新 我 要 到
新首我要到，

ku213laŋ33ku213ɦa55ɦa:u213
首 后 我 要 唱
后首我要唱。

二十一、禁忌

tin33lai33tau55zat55sau55
脚 梯 出 黄菌
梯脚长黄菌。

tɕau213lai33tau55zat55zap213
头 梯 出 鸡棕菌
梯头长鸡棕菌。

kap213ɾan42tau213zat55ʔdaŋ55
屋檐 出 药菌
屋檐长药菌。

ŋɯ42ta:i213la:u55ma33ɾa:n42
蛇 太 大 来 家
大蛇进家来。

fa:n42ma33po33tam55zoŋ213
獐子 来 山 进 圈
山上獐子进畜圈。

jieu31ma33poŋ31sau33su33
老鹰 来 冲 柱 中
老鹰飞来撞中柱。

te33mu33zuŋ55lək213tok213
它 猪 养 儿 独
母猪生独崽。

tam55zok213neŋ42jian33ka42
织布 苍蝇 拦
织布苍蝇拦。

koŋ213su33vət55fi31tau31
蟾蜍 扒 火 灰
蟾蜍扒火塘炭灰。

te33ma33ʔok213zok213sat55
它 狗 生 窝 七
母狗一窝生七崽。

te^{33}nu^{33}zau^{213}ȵiu^{33}ɾa:n^{42}
它 鹭鸟 叫 顶 房
鹭鸟站在房顶叫。

te^{33}mi^{31}jin^{33}ma^{31}jin^{33}
它 不 阴 哪 阴
此种不阴哪种阴。

te^{33}ko^{55}jin^{33}la:u^{55}lo^{31}
它 就 阴 大 亡人
它就阴归逝老人。

te^{33}ko^{55}jin^{33}to^{31}ʔdjau^{33}məŋ^{42}
它 就 阴 个 一 你
只阴您亡人一个。

***

ɦa:u^{55}san^{33}ʔdaŋ^{33}ɕi^{33}sat^{213}
大米 响 滴答
粮囤中的大米无故响滴答。

ɦa:u^{55}kak^{31}ʔdaŋ^{33}ɕi^{33}sit^{55}
稻谷 响 滴答
粮囤中的稻谷无故响滴答。

me^{31}pit^{55}pan^{31}soŋ^{33}tɕau^{55}
母 鸭 成 两 头
母鸭长成两个头。

me^{31}kai^{31}tau^{55}soŋ^{33}ʔdan^{33}
母 鸡 生 两 蛋
母鸡一次生俩蛋。

van^{31}ʔdjeu^{33}tau^{55}soŋ^{33}ta:u^{55}
天 一 生 两 道
一天生蛋生两次。

ʔdau^{213}ʔdjeu^{33}tau^{55}soŋ^{33}pai^{42}
季节 一 生 两 回
一个季节生蛋生两回。

te^{33}mi^{31}jin^{33}ma^{31}jin^{33}
它 不 阴 哪 阴
此种不阴哪种阴。

te^{33}ko^{55}jin^{33}la:u^{55}lo^{31}
它 就 阴 大 亡人
它就阴归逝老人。

te^{33}ko^{55}jin^{33}to^{31}ʔdjau^{33}məŋ^{42}
它 就 阴 个 一 你
只阴您亡人一个。

***

me^{31}kai^{31}ɦan^{33}tɕau^{55}loŋ^{55}
母 鸡 叫 楼上
母鸡在楼上叫。

te^{33}mu^{33}zoŋ^{213}kən^{31}fi^{31}
它 猪 跳 上 火
猪跳上火塘。

koŋ^{213}su^{33}vət^{55}fi^{31}tau^{31}
蟾蜍 扒 火 灰
蟾蜍扒火塘炭灰。

te^{33}ʔa^{33}zau^{31}ȵiu^{213}ɾa:n^{42}
它 乌鸦 叫 顶 房
乌鸦站在房顶叫。

te^{33}mi^{31}jin^{33}ma^{31}jin^{33}
它 不 阴 哪 阴
此种不阴哪种阴。

te^{33}ko^{55}jin^{33}la:u^{55}lo^{31}
它 就 阴 大 亡人
它就阴归逝老人。

te^{33}ko^{55}jin^{33}to^{31}ʔdjau^{33}məŋ^{42}
它 就 阴 个 一 你　　只阴您亡人一个。

***

sa:u^{213}ʔdi^{33}tɕiaŋ^{42}toŋ^{42}vit^{55}
锅 和 三脚 相 粘　　锅和火塘三脚相粘为一体。

pit^{55}ʔdi^{33}kai^{42}toŋ^{42}ʒɯŋ^{42}
鸭 和 鸡 相 跟　　鸭和鸡相跟。

mu^{33}ʔdi^{33}juaŋ^{42}toŋ^{31}tɕaŋ^{31}
猪 和 羊 相 碰撞　　猪和羊相碰撞。

te^{33}mi^{31}jin^{33}ma^{31}jin^{33}
它 不 阴 哪 阴　　此种不阴哪种阴。

te^{33}ko^{55}jin^{33}la:u^{55}lo^{31}
它 就 阴 大 亡人　　它就阴归逝老人。

te^{33}ko^{55}jin^{33}to^{31}ʔdjau^{33}məŋ^{42}
它 就 阴 个 一 你　　只阴您亡人一个。

***

sa:u^{213}ʔdi^{33}tɕiaŋ^{42}toŋ^{42}vit^{55}
锅 和 三脚 相 粘　　锅和火塘三脚相粘为一体。

pit^{55}ʔdi^{33}kai^{213}toŋ^{42}pja^{42}
鸭 和 鸡 相 爬　　鸭和鸡相爬。

ɕie^{42}ʔdi^{33}va:i^{42}toŋ^{42}tɕaŋ^{31}
黄牛 和 水牛 相 碰撞　　黄牛和水牛相碰撞。

te^{33}mi^{31}jin^{33}ma^{31}jin^{33}
它 不 阴 哪 阴　　此种不阴哪种阴。

te^{33}ko^{55}jin^{33}la:u^{55}lo^{31}
它 就 阴 大 亡人　　它就阴归逝老人。

te^{33}ko^{55}jin^{33}to^{31}ʔdjau^{33}məŋ^{42}
它 就 阴 个 一 你　　只阴您亡人一个。

***

ɦa:u^{55}tɕa:ŋ^{33}zət^{55}pan^{42}va^{213}
饭 中 筲箕 成 裹片　　饭在筲箕里裹成片。

tɕa^{213}tɕa:ŋ^{31}na^{42}pan^{31}mjum^{31}
稻秧 中 田 成 堆堆　　田中稻秧成堆堆。

te^{33}mi^{31}jin^{33}ma^{31}jin^{33}
它 不 阴 哪 阴　　此种不阴哪种阴。

te^{33}ko^{55}jin^{33}la:u^{55}lo^{31}
它 就 阴 大 亡人　　它就阴归逝老人。

te^{33}ko^{55}jin^{33}to^{31}ʔdjau^{33}məŋ^{42}
它 就 阴 个 一 你　　只阴您亡人一个。

***

jin^{33}ɾa:n^{42}ku^{213}nau^{31}kuan^{213}

阴 家 我 说 先　　阴家我先说。

jin^{33}tɯn^{31}ku^{213}nau^{31}laŋ^{33}

阴 山地 我 说 后　　阴山地我后说。

pai^{33}tɯn^{31}zan^{33}mjau^{42}tɯn^{31}

去 山地 见 野猫　　去山地见着野猫。

ʔjiu^{213}ɾa:n^{42}zan^{33}mjua^{42}ɾa:n^{42}

在 家 见 家猫　　在家见着家猫。

pai^{33}tɯn^{42}zan^{33}tuə^{42}ta^{33}ɦeu^{33}

去 山地 见 个 眼 绿　　去山地见着眼绿兽。

te^{33}mi^{31}jin^{33}ma^{31}jin^{33}

它 不 阴 哪 阴　　此种不阴哪种阴。

te^{33}ko^{55}jin^{33}la:u^{55}lo^{31}

它 就 阴 大 亡人　　它就阴归逝老人。

te^{33}ko^{55}jin^{33}to^{31}ʔdjau^{33}məŋ^{42}

它 就 阴 个 一 你　　只阴您亡人一个。

***

pai^{33}tɯn^{42}zan^{33}mu^{33}tɯn^{42}zum^{31}tɕau^{213}taŋ^{55}

去 山地 见 野猪 滚 头 沟　　去山地见野猪滚沟头。

pai^{33}tɯn^{42}zan^{33}mu^{33}tɯn^{42}zum^{42}ɦaŋ^{55}na^{42}

去 山地 见 野猪 滚 尾 田　　去山野见野猪滚田尾。

zum^{42}ʔua:i^{31}na^{213}ma^{33}va:ŋ^{33}

滚 转 脸 来 拦　　滚转脸来拦。

zum^{42}ʔua:i^{31}laŋ^{33}ma^{33}so^{42}

滚 转 背 来 看　　滚转背来看。

te^{33}mi^{31}jin^{33}ma^{31}jin^{33}

它 不 阴 哪 阴　　此种不阴哪种阴。

te^{33}ko^{55}jin^{33}la:u^{55}lo^{31}

它 就 阴 大 亡人　　它就阴归逝老人。

te^{33}ko^{55}jin^{33}to^{31}ʔdjau^{33}məŋ^{42}

它 就 阴 个 一 你　　只阴您亡人一个。

***

pai^{33}tɯn^{42}zan^{33}mui^{33}mət^{55}ta^{213}na^{31}la^{55}

去 山地 见 熊 踩 田 下　　去山地见熊踩下田，

mui^{33}ma^{55}ta^{213}na^{31}kən^{42}

熊 壮 踩 田 上　　壮熊踩上田，

ta^{213}ʔua:i^{31}na^{55}ma^{33}va:ŋ^{33}

踩 转 脸 来 拦　　熊转脸来拦，

ta^{213}ʔua:i^{31}laŋ^{33}ma^{33}so^{42}

踩 转 背 来 看　　熊转背来看。

te^{33}mi^{31}jin^{33}ma^{31}jin^{33}
它 不 阴 哪 阴　　　　此种不阴哪种阴。
te^{33}ko^{55}jin^{33}la:u^{55}lo^{31}
它 就 阴 大 亡人　　　　它就阴归逝老人。
te^{33}ko^{55}jin^{33}to^{31}ʔdjau^{33}məŋ^{42}
它 就 阴 个 一 你　　　　只阴您亡人一个。
***
pai^{33}tɯn^{31}zan^{33}fuət^{213}ʒam^{31}tok^{55}na^{42}tsa^{213}
去 田坝 见 翅膀 老鹰 落 田 秧　　　　去田坝见老鹰翅膀落秧田。
fuət^{213}ʔa^{33}tok^{55}na^{213}θi^{31}
翅膀 乌鸦 落 面前 地　　　　去田坝见乌鸦翅膀落面前。
te^{33}mi^{31}jin^{33}ma^{31}jin^{33}
它 不 阴 哪 阴　　　　此种不阴哪种阴。
te^{33}ko^{55}jin^{33}la:u^{55}lo^{31}
它 就 阴 大 亡人　　　　它就阴归逝老人。
te^{33}ko^{55}jin^{33}to^{31}ʔdjau^{33}məŋ^{42}
它 就 阴 个 一 你　　　　只阴您亡人一个。
***
pai^{33}tɯn^{31}pi^{213}nai^{42}tau^{213}lət^{213}tɕit^{55}
去 山地 喷嚏 出 血 冷　　　　去山地打喷嚏出冷血，
pi^{213}nai^{42}tau^{213}lət^{213}tɕet^{213}
喷嚏 出 血 血块　　　　打喷嚏出冷血块。
te^{33}mi^{31}jin^{33}ma^{31}jin^{33}
它 不 阴 哪 阴　　　　此种不阴哪种阴。
te^{33}ko^{55}jin^{33}la:u^{55}lo^{31}
它 就 阴 大 亡人　　　　它就阴归逝老人。
te^{33}ko^{55}jin^{33}to^{31}ʔdjau^{33}məŋ^{42}
它 就 阴 个 你　　　　只阴您亡人一个。
***
pai^{33}tɯn^{31}zan^{33}tɕi^{213}mai^{55}zak^{55}pai^{31}na^{55}
去 山地 见 丫 树 断 面前　　　　去山地见树丫断面前。
tɕi^{213}mai^{55}kua^{55}pai^{31}laŋ^{33}
丫 树 倒 背后　　　　去山地见树丫倒背后。
te^{33}mi^{31}jin^{33}ma^{31}jin^{33}
它 不 阴 哪 阴　　　　此种不阴哪种阴。
te^{33}ko^{55}jin^{33}la:u^{55}lo^{31}
它 就 阴 大 亡人　　　　它就阴归逝老人。
te^{33}ko^{55}jin^{33}to^{31}ʔdjau^{33}məŋ^{42}
它 就 阴 个 一 你　　　　只阴您亡人一个。

***

pai^{33}tɯn^{31}na^{55}na^{31}pan^{42}
去 田坝 埂 田 崩溃 　　去田坝见田埂崩溃。

pai^{33}tɯn^{31}zan^{33}na^{31}lak^{33}
去 田坝 见 田 垮 　　去田坝见田垮。

te^{33}mi^{31}jin^{33}ma^{31}jin^{33}
它 不 阴 哪 阴 　　此种不阴哪种阴。

te^{33}ko^{55}jin^{33}la:u^{55}lo^{31}
它 就 阴 大 亡人 　　它就阴归逝老人。

te^{33}ko^{55}jin^{33}to^{31}ʔdjau^{33}məŋ^{42}
它 就 阴 个 一 你 　　只阴您亡人一个。

***

pai^{33}tɯn^{31}sak^{55}vɯŋ^{31}fa:n^{42}
去 田坝 见 王 獐子① 　　去田坝见獐子王。

ma^{33}ɾan^{31}sak^{55}te^{33}lin^{31}
来 家 逢 穿山甲 　　回家逢见穿山甲。

te^{33}mi^{31}jin^{33}ma^{31}jin^{33}
它 不 阴 哪 阴 　　此种不阴哪种阴。

te^{33}ko^{55}jin^{33}la:u^{55}lo^{31}
它 就 阴 大 亡人 　　它就阴归逝老人。

te^{33}ko^{55}jin^{33}to^{31}ʔdjau^{33}məŋ^{42}
它 就 阴 个 一 你 　　只阴您亡人一个。

***

jin^{31}ɾa:n^{31}ni^{55}ʔbo^{33}mi^{31}
阴 家 这 不 有 　　阴这家没有？

jin^{33}pi^{42}nuaŋ^{42}ta:u^{213}pja^{31}
阴 舅家的亲戚 　　阴舅家的亲戚？

jin^{33}ta^{33}ta:i^{213}tau^{55}vɯə^{213}
阴 外公 外婆 出 破裂 　　阴外公外婆出事？

pɯə^{31}ma^{33}sa:u^{55}jin^{33}pai^{33}
衣服 来 扫 阴 走 　　用衣服来扫阴走。

sa:u^{55}ma^{33}kuak^{213}jin^{33}pai^{33}
竹竿 来 刮 阴 走 　　拿竹竿来刮阴去。

kuak^{213}jin^{33}pai^{33}liau^{55}liau^{55}
刮 阴 走 了 了 　　刮阴去了了。

pjiau^{55}jin^{33}pai^{33}saɯ^{33}saɯ^{33}
搬 阴 走 干干净净 　　搬阴走净净。

tɯ^{42}jin^{33}pai^{33}lak^{213}tək^{55}tɕok^{213}zok^{213}
带 阴 走 不要 放 墙 外 　　带阴走不能放墙外，

① 獐子王：管獐子群的头子。

za31ʔdjau33lək213ʔdək213zan33zo55pan42
然后 儿 小 见 会 成
va:n42
哑巴
不然小孩见着会成哑巴。

tɯ42jin33pai33lak213tək55zok213ra:n42
带 阴 走 不要 放 外 家
带阴走不能放外家，

za31ʔdjau33lək213lan33zan33zo55pan42ʔua55
然后 儿 孙 见 会 成 憨包
不然孙儿见着会成憨包。

tɯ31pai33ɦam33sa:m33ɕip213ɕiau31fai31ʔdok55
带 去 埋 三 十 代 程度
带阴走埋到三十代程度，

ʒok55ɕip213ɕiau31fai31ʔdam33
六 十 代 远程
带阴走埋到六十代远程。

tɯ31pai33ɦam33pak213ʔdjeu33
带 去 埋 秘密地方
带阴走埋到秘密地方，

jin33lap213loŋ55pai33pɯn42
阴 装 笼 去 地方
将阴装笼去仙界地方，

jin33lap213sɯŋ33kɯ55suaŋ33
阴 装 柜 藏 留
将阴装柜去仙界地方。

taŋ31tɕau213tɕiau31luaŋ42məŋ31ɦo31ji31
到 头 桥 铜 您 慢揭笼盖
走到仙界铜桥头您慢揭笼盖，

na213jiu55si213məŋ42ɦo31ɦai33
面 友 恋 您 慢开柜盖①
走到仙界铜桥头面对恋友您慢开柜盖。

ku213jin33vaŋ42ka33ni55
首 阴 完 这边
这首阴完这点，

zaŋ42jin33mət213ka33ni55
节 这 结束 这边
这节过这页。

ku213jin33mjan55ka33ni55
首 阴 免 这里
这首经念完，

pjan55jin33saɯ33ka33ni55
篇 阴 毕 这里
这首经念毕。

mət213ku31liau55ku31liaŋ33
毕 首 完 首 后
念毕这首念后首，

saŋ33ku31liau55ku31mo213
唱 首 完 首 新
唱完这首唱新首，

ku213mo213ku213ɦa55taŋ42
首 新 我 要 到
新首我要到，

ku213laŋ33ku213ɦa55ɦau213
首 后 我 要 唱
后首我要唱。

① 仙界铜桥头面对恋友：意为生前相恋不成对，死后仙游要同乐。传说生前没有恋人者，守桥天将就不让其通过，也进不了仙界。

***

mau^{33}van^{33}ʔə^{55}mau^{33}van^{33}
阿　魂　呵　阿　魂　　参加仪式众人的阿魂呵阿魂，

mau^{33}van^{33}men^{31}pɯ^{31}pai^{31}laŋ^{33}ku^{33}ma^{33}
阿　魂　衣脚　后背　我　来　　众人的魂随着布摩的衣角转回来。

mau^{33}van^{33}ta^{213}paŋ^{42}pai^{31}na^{213}ku^{33}ma^{33}
阿　魂　眼　布　前面　我　来　　众人的魂随着布摩的布眼转回来。

məŋ^{31}ko^{55}kai^{213}lak^{213}kam^{33}van^{33}ku^{33}pai^{33}
你　可不能　捏　魂　我　去
kuan^{213}
先　　您亡人可不能捏我魂先去，

za^{31}ʔdjau^{33}lək^{213}ku^{33}zo^{55}zam^{213}lək^{213}məŋ^{42}
不然　儿　我　会　砍　儿　你　　不然我儿会砍您儿。

məŋ^{31}ko^{55}kai^{213}lak^{213}kam^{33}van^{33}ku^{33}pai^{33}na^{55}
你　可不能　捏　魂　我　去　前　　您亡人可不能捏我魂前去，

za^{31}ʔdjau^{33}lək^{213}ku^{33}zo^{55}ka^{213}lək^{213}məŋ^{42}
不然　儿　我　会　杀　儿　你①　　不然我儿会杀您儿。

məŋ^{31}ko^{55}kai^{213}lak^{213}kam^{33}van^{33}ku^{33}pai^{33}
你　可不能　捏　魂　我　去
taŋ^{31}tɕaŋ^{33}toŋ^{31}
到　中　坝　　您亡人可不能捏我魂去坝中。

fəŋ^{31}sei^{55}soŋ^{213}van^{33}ku^{33}ma^{33}
手　左　送　魂　我　来　　左手送我的魂来，

məŋ^{31}ko^{55}kai^{213}lak^{213}kam^{33}van^{33}ku^{33}pai^{33}
你　可不能　捏　魂　我　去
taŋ^{31}tɕaŋ^{33}na^{42}
到　中　田　　您亡人可不能捏我魂去田中。

fəŋ^{42}kua^{31}ɕua^{33}van^{33}ku^{33}ta:u^{31}
手　右　送　魂　我　转　　右手让我的魂转，

ta:ŋ^{213}van^{33}ta:ŋ^{213}ma^{33}so^{31}
各　魂　各　来　入　　众人各魂入各身，

ta:ŋ^{213}van^{33}ta:ŋ^{213}ma^{33}ʔda:ŋ^{33}
各　魂　各　来　身　　众人各魂入各体。

ɕi^{33}so^{31}ma^{33}pei^{31}van^{33}
直来　来　呵　魂　　直来呵阿魂。

va:t^{213}pai^{31}sɯ^{55}van^{33}ma^{33}
招　左手　魂　来　　招左手魂来，

kua^{33}pai^{31}kua^{42}van^{33}tau^{213}
招　右手　魂　来到　　招右手魂到。

① “砍、杀”两句现在布摩先生都省略不念。

ʔja:ŋ⁵⁵ku³³le³³lap²¹³ɦok⁵⁵
宝剑　我　要　入　鞘　　　　　　　　　　　我布摩先生长剑要入鞘，
zok²¹³ku³³le³³ʔjin³³va³³
竹神棍　我　要　靠　竹墙[①]　　　　　　　　我布摩先生竹神棍靠竹墙。
lək³¹sam⁵⁵ɕua³³tai⁵⁵po³¹（me³¹）
儿　伤心　哭　父（母）　　　　　　　　　　儿伤心地哭父（母）亲。
tai⁵⁵po³¹（me³¹）tɕa⁵⁵（ʒau⁴²）au³³tɕau³³
哭　父（母）　亲（侄）　要　寿　　　　　　儿哭父（母）得寿，
tai⁵⁵po³¹（me³¹）zau⁴²au³³tɕeu³³
哭　父（母）　我们　要　得名得财　　　　　儿哭父（母）得名得财。
tai⁵⁵liau⁵⁵ka³¹pan³¹kən³³pan³¹ʔdi³³tɕi⁵⁵
哭　了　会　成　吃　成　好　数
ɕiau³¹
辈　　　　　　　　　　　　　　　　　　　　哭了幸福数辈好。

注:《经文》诵读、讲解:布依族“布摩”先生王堂智(云南罗平县中寨村第四代“布摩”传人)。

① 此处“竹神棍”是指布摩先生在此仪式中开坛用的竹神棍，长约 2.3 米。据说此竹神棍法力无边，布摩先生在整个念经仪式中时时不离手。

第五章　《摩经·用牛祭祖词》(第二卷)

第一节　《摩经·用牛祭祖词》(第二卷)原文图

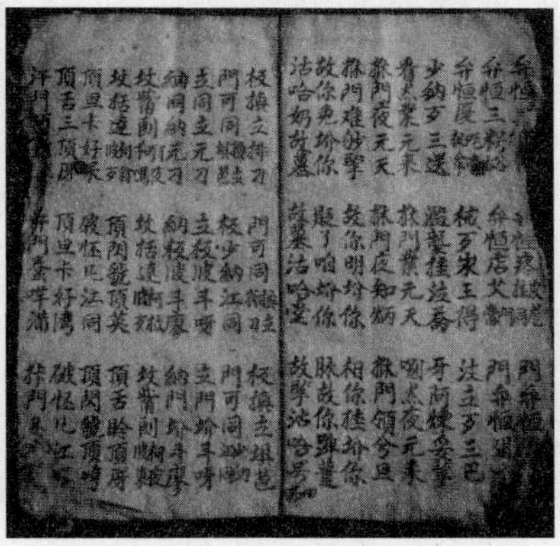

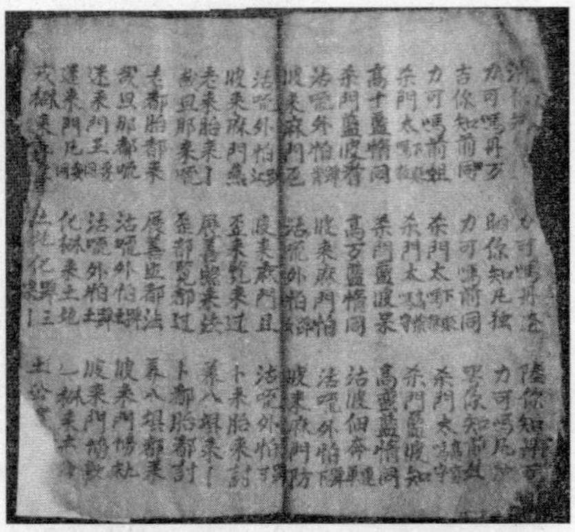

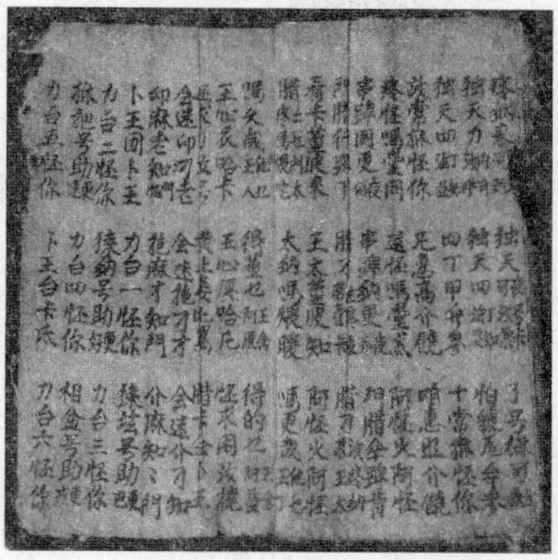

第二节 《摩经·用牛祭祖词》（第二卷）译注

祭祀仪式在孝家寨旁宽敞处举行，立上“大竹”一至三棵为“大竹神幡”，其中最高一棵大竹的尖部需留有竹叶。仪式即在“大竹神幡”下举行。

大竹神幡周围分为东、西、南、北、中央，各方又各插金竹一棵，称为“五方金竹”。大龙竹神幡脚设供桌一张，桌上供九杯或九碗。其中酒三杯（表示辈辈有）、茶三杯（表示辈辈发）、饭三碗。表示以“三”、“九”之数为尊，儿孙发达久远。又置稻谷一斗，表示粮食丰收；粮斗上置白孝布数叠，表示尽孝道；酒一壶，表示永久；黄豆串（黄豆泡涨后用竹片穿成串），表示庄稼好；芭蕉一段，用来插香。孝子孝女手持燃香听布摩念经毕，又将燃香插于芭蕉上才转回家。供桌四角还有糯米饭、糍粑、糕饼、蔗糖等物。大竹神幡脚，面对供桌中间供有白龙神牌位；大竹神幡脚又插有孝婿送来的小金竹神幡、竹孝伞（每个女婿一把孝伞和一个孝房，但孝房摆在屋中灵堂）、备有马鞍的大竹马等物。

离最高大龙竹神幡不远处，又设无尖大龙竹神幡两棵，分高矮排列。矮者挑圆柱形彩纸“吊龙幡”两个，需做成一头矮一头高；中高者，也挂圆柱形彩纸“吊龙幡”一个。它们组成三级神台形状。此神竹，需选择当地江河边生长的高二三十米的大龙竹，由孝婿亲自上竹林砍来栽上，上挂漂亮的圆柱形彩纸称为“吊龙幡”，表示十二层天，天上飘着层层彩云。层层彩云之上，有莲花一座。莲花座上，有四方斗台（内装稻谷）。斗台上站一只竹编飞天鹅。飞天鹅上骑有身穿花彩衣服者一人，表示死者灵魂归回“大竹神”，“经由大竹神升到天堂”。

布摩先生先在堂屋灵堂念经，念到祭牛时，又走到“大竹神幡”底部的供桌前继续念经。

一、老人吉时归逝

van^{31}ʔdi^{33}p‘jau^{213}məŋ^{31}p‘jau^{213}
日　　吉　　去逝　　您　　去逝　　　　　选着吉日您归逝，

ɕiau^{31}ʔdi^{33}tɕ‘ai^{33}məŋ^{42}tɕ‘ai^{33}
一生　　吉祥　归　　你　　归　　　　　一生吉祥你迁移。

pjan^{213}pan^{42}tuə^{42}neŋ^{31}ʒai^{31}
变　　成　　彩蝴蝶　　　　　变成彩蝶飞往极乐世界，

tɕ‘ai^{33}pan^{42}tuə^{42}neŋ^{31}ve^{31}
归　　成　　大彩蝶　　　　　变成大彩蝶飞往极乐世界，

məŋ^{31}kaŋ^{213}le^{31}pai^{33}ɕian^{33}
您　　选择　　去　仙　　　　　您老选择去仙界。

po^{31}θian^{33}suaŋ^{213}pat^{213}si^{55}ta:u^{55}ʒa^{33}
父　仙　　放　　神钵　　来　　找　　　　　仙父放神钵来找，

kau^{33}liaŋ^{42}la^{42}ta:u^{55}ɦam^{213}
敲　　小钗　锣　来　问　　　　　仙父敲钗锣来到处问。

tɕau²¹³məŋ³¹tam²¹³sei⁴²ʒok²¹³ 头 您 搭 鸟枕头	您的头已搭在仙界的枕头，
tɕau²¹³məŋ³¹tok⁵⁵sei⁴²seu²¹³ 头 您 落 花枕头	您的头已落到仙界的花枕头。
tam²¹³sei³¹ʒok²¹³pai³³ʔdjau²¹³ 穿过 有层层花枕头 去 上界	穿过有层层花的枕头去上界，
nin³¹sei³¹seu²¹³mi³¹ma³³ 睡眠 仙界的枕头 不 回	睡在仙界的枕头上不回，
nin³¹sei³¹sɯ³sei³¹sa³³ta:i³³nau²¹³ 睡觉 花 垫 花 盖 死 永远	睡在金花银花中永不回。
ko³³n̥ie⁵⁵ta³¹məŋ³¹pai³³ 长叶草 拉 你 走	长叶草拉着你走，
ko²¹³ɦa⁴²nuaŋ³¹məŋ³¹pai³³ 棵 草 拴 你 走	草棵拉着你走，
pian²¹³pan³¹vɯə⁵⁵pai³³ʔbən³³ 变 成 云雾 去 天	变成彩云飞上天。
ta:i³³pan³¹vən³¹na⁵⁵mo²¹³ 死 成 人 脸 新	死后变成新面孔的人。
pian²¹³pan³¹vɯə⁵⁵pai³³sa:ŋ³³ 变 成 云雾 去 高天	变成云雾飞高天。
ta:i³³kap²¹³fa:ŋ³¹na⁵⁵mo²¹³ 死 拼拢 鬼 脸 新	死后拼拢仙人成新脸孔。
tap²¹³miŋ³¹məŋ³¹tən²¹³pɯ³¹ka³¹pi³³ni⁵⁵ 踏 命 你 穿 衣 想 年 今	命到今年你踏进仙境穿仙衣。
miŋ³¹məŋ³¹sap⁵⁵soŋ³³taŋ²¹³ 命 你 遇 两 凳①	你命遇着去仙界坐双凳。
tap²¹³miŋ³¹məŋ³¹tən²¹³pɯ³¹luaŋ⁴²pi³³ni⁵⁵ 踏 命 你 穿 衣 铜 年 今②	命到今年你踏进仙境享青铜棺。
miŋ³¹məŋ³¹sap⁵⁵soŋ³³taŋ²¹³ 命 你 遇 两 凳	你命遇着去仙界坐双凳。
məŋ³¹ma³³lam⁵⁵ma³³la:i⁴² 你 来 倒 来 念	你逝世了只请布摩来念经，
məŋ³¹ma³³ta:i³³ma³³pjaŋ²¹³ 你 来 死 来 祭	你归逝了布摩来祭祀，
ma³³pjaŋ²¹³məŋ³¹pai³³kua:ŋ³¹ 来 祭（超度）你 去 宽阔	来祭（超度）你去宽阔的地方。
ma³³sa:ŋ²¹³məŋ³¹pai³³pat²¹³pai³³ɕian³³ 来 拜（超度）你 去 仙地 去 仙	来拜（超度）你去神仙居住的地方。

① 两凳：意为灵堂垫棺的双凳。
② 铜衣：即铜做的棺材。

ku^{213}ni^{55}mian^{42}ka^{33}ni^{55}
首 这 完 点 这　　这首完这点，
pian^{213}liau^{55}saɯ^{33}ka^{33}ni^{55}
遍 了 清 点 这　　这遍清这点，
muət^{33}k‘u^{213}ni^{55}pai^{33}pja:i^{33}
毕 首 这 去 尖　　这节吟完吟后头，
ku^{33}ɦa^{213}na:i^{33}ku^{213}mu^{213}
我 要 请 首 新　　我要请新首，
ku^{213}mo^{213}ku^{213}ɦa^{55}taŋ^{53}
首 新 我 要 到　　新首我就到，
ku^{213}laŋ^{33}ku^{213}ɦa^{55}ɦau^{213}
首 后 我 要 念　　后首我要念。

二、《铜剑经》

布摩先生端起酒碗向棺材喷酒一口，念：

ʔə^{33}ʔja:ŋ^{55}ɦə^{33}ʔə^{33}ʔja:ŋ^{55}
阿 铜剑 像 阿 铜剑　　铜剑呵铜剑，
to^{11}pi^{33}məŋ^{31}lap^{213}loŋ^{55}ʔbo^{33}ji^{11}
整 年 你 装 剑鞘 不 抽　　整年你装在剑鞘不拔出，
to^{11}pi^{33}məŋ^{31}kɯ^{55}k‘ui^{31}ʔbo^{33}ɦa:i^{33}
整 年 你 装 柜 不 开　　整年你装柜不开，
muət^{33}kən^{33}tam^{33}muət^{35}sai^{55}
虫子 吃 整 虫 锈　　整年铜剑生铜锈，
nai^{55}kən^{33}taŋ^{33}muət^{33}san^{33}
霉 吃 整 虫 把　　整把铜剑生铜锈。
fəŋ^{42}ku^{33}ʔit^{55}məŋ^{42}ʔjoŋ^{213}məŋ^{42}ʔjoŋ^{213}
手 我 拉 你 冒出 你 冒出　　我手拉铜剑冒就冒，
fəŋ^{31}ku^{33}tuan^{213}məŋ^{31}ɦa:i^{33}məŋ^{31}ɦa:i^{33}
手 我 敲 你 开 你 开　　我手敲铜剑开就开；
fəŋ^{42}ku^{33}ʔit^{55}məŋ^{42}zoŋ^{33}sɯ^{42}ʔdən^{33}
手 我 拉 你 亮 是 月亮　　我手拉铜剑亮如月，
məŋ^{31}ji^{55}zoŋ^{33}sɯ^{42}ʔdən^{33}
你 就 亮 是 月亮　　铜剑就光亮如月；
fəŋ^{42}ku^{33}ʔit^{55}məŋ^{42}zoŋ^{33}sɯ^{31}ʔda:u^{33}
手 我 拉 你 亮 是 反射　　我手拉剑亮反射，
məŋ^{42}ji^{55}zoŋ^{33}sɯ^{31}ʔda:u^{33}
你 就 亮 是 反射　　铜剑就光亮反射。
ku^{213}ʔjaŋ^{55}min^{42}ka^{33}ni^{55}
首 铜剑 完 点 这　　铜剑经念完到这点；
ɕiaŋ^{33}ʔjaŋ^{55}kua^{31}ka^{33}ni^{55}
首 铜剑 过 点 这　　铜剑经念完这点完。

ku^{213}ʔjiŋ^{55}mian^{55}ka^{33}ni^{55}
首　这　完　点　这　　这首铜剑经完这点，

pjan^{213}ʔja:ŋ^{55}sɯ^{33}ka^{33}ni^{55}
遍　铜剑　完　点　这　　铜剑经最后完这点。

muət^{213}ku^{213}ni^{55}pai^{33}pja:i^{33}
完　首　这　去　尖　　这首唱到尾，

ku^{33}ɦa^{55}na:i^{33}ku^{213}mu^{213}
我　要　请　首　新　　我要请新首；

ku^{213}mo^{213}ku^{213}ɦa^{55}taŋ^{53}
首　新　我　要　到　　新首我就到，

ku^{213}laŋ^{33}ku^{213}ɦa^{55}ɦau^{213}
首　后　我　要　念　　后首我要念。

三、暴风倒蛮竹，老人归逝

pi^{33}ni^{55}ʒum^{42}ta:i^{31}ma^{31}
年　今　风　太　暴　　今年风太暴，

tək^{213}ko^{33}ka^{31}ʒau^{31}ʒei^{33}
打着　沙仁草　我们　消失　　打着沙仁草消失。

pi^{33}ni^{55}ʒum^{42}ta:i^{31}səi^{33}
年　今　风　太　猛　　今年风太猛，

tək^{213}ko^{33}ləi^{33}ʒau^{31}ʒak^{55}
打着　蛮竹　我们　倒　　打倒了我们的蛮竹。

tək^{213}la:u^{55}tɕa:ŋ^{33}ʔbaŋ^{55}ʒau^{31}ta:i^{33}
打着　老　中　村　我们　死　　打着我们村中老人死。

tək^{213}ka^{31}la:u^{55}sɯ^{33}so^{31}
打着　光　老　心　直　　光打着心直的老人。

tək^{213}ka^{31}po^{31}（me^{31}）sɯ^{33}ʔdi^{33}
打着　光　父（母）　心　好　　光打着心好的父（母）。

po^{31}（me^{31}）sɯ^{33}ʔdi^{33}sɯ^{33}ʔak^{55}
父（母）　心　好　心　胸宽　　光打着心胸宽阔的父（母）。

la:u^{55}kok^{55}sak^{55}ʒau^{31}tɕiaŋ^{31}
老　主力　我们　降　　我们村的老主力降了。

la:u^{55}tan^{213}tɕin^{33}tan^{213}tɕian^{31}ʒau^{31}ta:i^{33}
老　穿　金　穿　银　我们　死　　穿金穿银的老人归逝了。

ɾa:n^{31}mi^{31}tɕin^{33}mi^{31}tɕian^{213}
家　有　金　有　银　　家有金有银，

tɕin^{33}tɕian^{213}tau^{55}suai^{33}ʒa^{31}
金　钱　来　衰退　多①　　金钱用去多。

① 衰退多：金钱用去多，指老人生前重病期间“药神两治”的费用很多。见《ɦau^{35}pen^{35}》（《入棺经》）之四“叙述‘药神两治’的生前医病”、之七“生前，请布摩先生用鸡、鸭、黄牛、水牛祭鬼神”：“为你求神退鬼，杀水牛黄牛每天用去一两母；鸡骨渣、鸭骨渣用来拦沟都成坝。”然后，老人又归逝，家里物产损失多，故有“衰退多”之说。

ra:n^{31}mi^{31}ɕiə^{31}mi^{31}wa:i^{31}
家 有 黄牛 有 水牛
家有黄牛和水牛，

ɕiə^{31}wa:i^{31}tau^{55}sua:i^{33}sok^{55}
黄牛 水牛 来 衰退 牛圈
黄牛和水牛用去了半圈。

ra:n^{31}mi^{31}ta^{31}mi^{31}sɯŋ^{33}
家 有 河 有 水坝
家有河又有水坝，

pak^{213}ta^{31}tau^{213}sua:i^{33}sɯŋ^{33}
口 河 来 衰退 水坝
河口水坝的水已消退。

ra:n^{31}mi^{31}mu^{33}mi^{31}juaŋ^{31}
家 有 猪 有 羊
家有猪又有羊，

mu^{33}juaŋ^{31}tau^{213}sua:i^{31}ʒa^{31}
猪 羊 来 衰退 多
猪羊数量也衰退多。

ra:n^{31}mi^{31}ta^{213}mi^{31}sɯŋ^{33}
家 有 河 有 水坝①
家有河又有水坝，

pa:k^{213}ta^{31}ta:u^{213}sua:i^{33}sɯŋ^{33}
口 河 来 衰退 水坝
河口水坝的水也消退。

tam^{31}pəŋ^{31}pan^{55}sau^{55}tɕet^{213}
整 寨 人家 兴 解神
整寨人家兴解神，

tɕet^{213}ka^{31}məŋ^{31}ta:i^{213}sau^{55}
解神 光 您 死 兴
您老归逝也兴解神。

tam^{31}məŋ^{42}puŋ^{42}ta:i^{31}sak^{55}
到 您 碰 台 穿
别人解神别人好，到您解神碰台穿。

ta:i^{31}sak^{55}tɯ^{42}məŋ^{31}ta:i^{33}
台 穿 带 您 死
神台穿了，您也死了。

tam^{31}məŋ^{42}puŋ^{42}ta:i^{31}sa:i^{33}
到 您 碰 台 祭
别人解神别人好，到您解神碰台祭。

ta:i^{31}sa:i^{33}tɯ^{42}məŋ^{31}lam^{55}
台 穿 带 您 倒
神台穿了，您也倒了。

tɯ^{42}məŋ^{31}lam^{55}sat^{55}lai^{33}ʔbo^{33}pit^{213}
带 您 倒 掉 梯 永别
您倒在楼梯就永别。

miŋ^{31}məŋ^{42}jiaŋ^{31}miŋ^{31}məŋ^{42}
命 您 呵 命 您
您命呵您命，

miŋ^{31}məŋ^{42}tok^{55}pa:k^{213}ʔden^{213}ʒum^{42}pjaŋ^{33}
命 您 落 山包 风 吹
您命被风吹落山包。

tok^{55}laŋ^{33}ȵiu^{42}ʒum^{42}toŋ^{213}
掉 和 牛 风 痛
您命掉去牛群被风痛。

tok^{55}tɕa:ŋ^{33}ɦoŋ^{213}zam^{55}suak^{213}
掉 中 沟 水 冒
您命掉去冒水沟。

tok^{55}pa:k^{213}sok^{213}va:i^{42}ȵian^{55}
落 渡口 水牛 踩
您命落渡口被水牛踩。

① 此处与上句重复，是为了布摩先生念唱顺口。

tok^{55}pa:k^{213}kam^{55}va:i^{42}ȵam^{31}
落 围墙口 水牛 踏
您命落围墙口被黄牛踏。

tok^{55}tɕa:ŋ^{33}ta^{31}ɦan^{31}koŋ^{33}
掉 中 河 不见
您命掉河中不见。

tok^{55}tɕa:ŋ^{33}ʔdoŋ^{33}mai^{55}nap^{55}
掉 中 森林 树 压
您命落森林中被树压，

nap^{55}tək^{213}miŋ^{31}məŋ^{31}ʔdok^{55}
压 着 命 您 烂
您的命被压烂。

pjok^{55}tək^{213}miŋ^{31}məŋ^{31}lan^{31}
白蚁 着 命 您 腐
白蚁拱着您命腐。

miŋ^{31}məŋ^{31}ʔdok^{55}mai^{55}na:m^{31}
命 您 烂 木 土
命烂入木土中，

na:m^{31}tɯ^{42}miŋ^{31}məŋ^{31}ʔdok^{55}
土 带 命 您 烂
土中您命烂。

pjok^{55}tɯ^{42}miŋ^{31}məŋ^{31}nau^{31}
白蚁 带 命 您 腐
白蚁拱着您命腐。

kai^{31}tɯ^{42}miŋ^{31}məŋ^{31}ɦau^{33}
鸡 带 命 您 臭[1]
鸡带您命臭。

pau^{33}tɯ^{42}miŋ^{31}ɦau^{33}soŋ^{31}
螃蟹 带 命 进 洞
螃蟹带您命进洞。

tam^{31}kok^{55}miŋ^{31}məŋ^{31}man^{42}
谈 根 命 您 完
谈您的命根已完，

tam^{31}soŋ^{42}kən^{31}məŋ^{31}mət^{213}
谈 桌 吃 您 毕
谈您的饭桌已毕。

ku^{213}ni^{55}mian^{55}ka^{33}ni^{55}
首 这 明 点 这
这首明这点，

ɕiaŋ^{33}ni^{55}kua^{213}ka^{33}ni^{55}
春天 这 过 点 这
春天这点过；

muət^{213}ku^{213}ni^{55}pai^{33}pja:i^{33}
完 首 这 去 尖
这首唱到尾，

ku^{33}ɦa^{55}na:i^{33}ku^{213}mu^{213}
我 要 请 首 新
我要请新首；

ku^{213}mo^{213}ku^{213}ɦa^{55}taŋ^{53}
首 新 我 要 到
新首我就到，

ku^{213}laŋ^{33}ku^{213}ɦa^{55}ɦau^{213}
首 后 我 要 念
后首我要念。

四、说梦

məŋ^{31}pan^{31}ɦən^{31}ʔdən^{33}ɕiaŋ^{33}
您 做 梦 月 正
您老正月做梦：

① 鸡带命：相传古代入殓时，还要在棺内放入一只小鸡，意为让小鸡带仙路。

pan31ɦəŋ31ɦok55sa55vɯə31tɕa:ŋ33ʔda:ŋ33
做 梦 鞘 剑 破 腰身
梦见剑鞘破腰身。

məŋ31pan31ɦən31ʔdən33ŋi31
您 做 梦 月 二
您老二月做梦：

pan31ɦəŋ31p'ɯ31ȵiu33ɾa:n42
做 梦 裂 顶 房
梦见房顶裂。

məŋ31pan31ɦən31ʔdən33sa:m33
您 做 梦 月 三
您老三月做梦：

pan31ɦəŋ31sa213luaŋ42ʔdu33
做 梦 剑 铜 长冠
梦见铜剑长冠帽，

pan31ɦəŋ31sa213luaŋ31ʔdau33
做 梦 剑 铜 反光
梦见剑铜反光。

məŋ31pan31ɦən31ʔdən33θi31
您 做 梦 月 四
您老四月做梦：

pan31ɦəŋ31ʔiu55tam31sam33
做 梦 屋 一边倒
梦见屋一边倒，

pan31ɦən31ɾa:n42tam213θɯ55
做 梦 屋 倒 房角
梦见屋倒房角。

məŋ31pan31ɦən31ʔdən33ɦa55
您 做 梦 月 五
您老五月做梦：

pan31ɦən31tɯ31nɯ213mai55sa33
做 梦 带 弓 树
梦见带树弓，

pan31ɦən31tɯ31ka213mai55ȵie31
做 梦 带 箭 树
梦见带树箭。

məŋ31pan31ɦən31ʔdən33ʒok55
您 做 梦 月 六
您老六月做梦：

pan31ɦən31ʔa33kuan31mok213
做 梦 乌鸦 叼 被子
梦见乌鸦叼被子，

pan31ɦən31ʒok213kuan31pɯə31
做 梦 乌鸦 叼 衣服
梦见乌鸦叼衣服。

kuan31pɯə31su55pai33tɕiai33
叼 衣服 主 去 远
梦见乌鸦叼主人衣服走远，

kuan31pai33ʔbo33kuan31ta:u213
叼 去 不 叼 回
梦见乌鸦叼去不叼回。

kuan31pai33ka:i33tɕa:ŋ33sau31
叼 去 卖 中 街
梦见乌鸦叼衣卖街中，

kuan31pai33mai31tɕa:ŋ33ɦɯ33
叼 去 卖 中 城
梦见乌鸦叼衣卖城中。

məŋ31pan31ɦən42ʔdən33sat55
您 做 梦 月 七
您老七月做梦：

pan^{31}ɦəŋ^{31}tan^{213}tɕap^{55}ɦen^{213}kua^{213}na^{42}
做 梦 戴 草帽 黄 过 田　　梦见戴着黄草帽过田，

pan^{31}ɦəŋ^{31}tɯ^{31}pi^{42}sɯ^{33}pi^{42}sa^{33}kua^{31}toŋ^{31}
做 梦 带 扇 书 扇 纸 过 坝　　梦见带书扇纸扇过坝。

məŋ^{31}pan^{31}ɦən^{42}ʔdən^{33}pet^{213}
您 做 梦 月 八　　您老八月做梦：

pan^{31}ɦəŋ^{31}tan^{213}tɕap^{55}ɦen^{213}kua^{213}pɯŋ^{42}
做 梦 戴 草帽 黄 过 田　　梦见戴着黄草帽过田，

pan^{31}ɦəŋ^{31}tɯ^{31}pi^{31}luaŋ^{31}kua^{213}toŋ^{42}
做 梦 带 扇 铜 过 坝　　梦见带着铜扇过坝。

məŋ^{31}pan^{31}ɦəŋ^{31}ʔdɯn^{33}ku^{55}
您 做 梦 月 九　　您老九月做梦：

pan^{31}ɦəŋ^{31}sa:n^{33}tɕoi^{33}kut^{213}ku^{55}
做 梦 编 竹篮 圆形　　梦见编圆形竹篮，

pan^{31}ɦəŋ^{31}tem^{213}ʒu^{213}məŋ^{31}taŋ^{33}
做 梦 点 灯芯开花　　梦见点灯芯开花。

məŋ^{31}pan^{31}ɦəŋ^{31}ʔdɯn^{33}ɕip^{213}
您 做 梦 月 十　　您老十月做梦：

pan^{31}ɦəŋ^{31}sak^{55}sok^{213}taŋ^{31}ʔbe^{33}ʔbai^{55}
做 梦 砍 蓝靛草 到 倒大片　　梦见砍蓝靛草倒了一大片。

sai^{213}ʔdai^{55}ʔdəi^{55}sa:m^{33}tɯk^{213}
割 嫩蓝靛草 得 三 片　　做梦割得三片嫩的蓝靛草，

vət^{213}ʒi^{31}ʔdai^{55}sa:m^{33}ʔba^{33}
测 地 得 三 块　　做梦测地得三块，

sau^{55}na^{31}ʔdai^{55}sa:m^{33}soŋ^{55}
造 田 得 三 丘　　做梦造田得三丘。

ʒa:p^{213}loŋ^{55}kua^{213}ti^{31}tɕem^{31}
挑 箩 过 窄路　　做梦挑箩过窄路，

ja^{31}ʔa^{33}ʒem^{55}tok^{55}laŋ^{33}
奶 摇摆 走 后　　做梦见着老奶奶摇摆走到身后才死。

kap^{213}ra:n^{31}ne^{42}jiaŋ^{31}laɯ^{42}
顺 房 支 哪样①　　顺房是哪样，

au^{33}məŋ^{42}ne^{42}jiaŋ^{31}ten^{33}
要 您 支 那样　　死后支您支成那个样。

pi^{33}ra:n^{42}ʔit^{213}jiaŋ^{31}laɯ^{42}
梁 房 伸直 哪样　　房梁伸直成哪样，

au^{33}məŋ^{42}ʔit^{213}jiaŋ^{31}ten^{33}
要 您 伸直 那样　　死后要您伸直成那样。

au^{33}məŋ^{42}ʔit^{213}ʔdi^{33}ʔbin^{55}
要 您 伸直 和谐　　要您伸直睡和谐，

① 顺房支：指老人归逝后在堂屋设灵堂时停放棺材的方向，有顺梁、脚蹬大门两种停棺方式。

au^{33}məŋ^{42}lin^{55}θi^{33}taŋ^{213}
要 您 伸直 横 凳① 要您伸直在横凳上，

au^{33}məŋ^{42}naŋ^{31}se^{33}laŋ^{33}
要 您 坐 靠 背② 要您坐靠背。

ku^{213}ni^{55}mian^{55}ka^{33}ni^{55}
首 这 明 点 这 这首明这点，

ɕiaŋ^{33}ni^{55}kua^{213}ka^{33}ni^{55}
春天 这 过 点 这 春天这点过；

ku^{213}ni^{55}min^{55}ka^{33}ni^{55}
首 这 明 点 这 这首明这点，

pian^{213}liau^{55}saɯ^{33}ka^{33}ni
遍 完 毕 点 这 这遍毕这点；

muət^{213}ku^{213}ni^{55}pai^{33}pja:i^{33}
完 首 这 去 尖 这首唱到尾，

ku^{33}ɦa^{55}na:i^{33}ku^{213}mu^{213}
我 要 请 首 新 我要请新首；

ku^{213}mo^{213}ku^{213}ɦa^{55}taŋ^{53}
首 新 我 要 到 新首我就到，

ku^{213}laŋ^{33}ku^{213}ɦa^{55}ɦau^{213}
首 后 我 要 念 后首我要念。

五、"王太"

pan^{55}vət^{213}ʒi^{31}pa:i^{31}ʔdjau^{33}
别人 测 地 方 一③ 别人测地向一方，

məŋ^{31}ko^{55}toŋ^{31}vət^{213}ʒi^{31}pa:i^{31}ʔdjau^{33}
您 也 同 测 地 方 一 您也测地向一方。

pan^{55}vət^{213}ʒi^{31}pa:k^{213}pja^{33}
别人 测 地 石岩山包 别人测地在有石岩的山包，

məŋ^{31}ko^{55}toŋ^{31}vət^{213}ʒi^{31}pa:k^{213}pja^{33}
您 也 同 测 地 石岩山包 您也测地在有石岩的山包。

pan^{55}sau^{55}na^{31}tɕa:ŋ^{33}toŋ^{31}
别人 造 田 中 坝 别人造田在坝中，

məŋ^{31}ko^{55}toŋ^{31}sa:u^{55}na^{31}tɕa:ŋ^{231}toŋ^{31}
您 也 同 造 田 中 坝 您也造田在坝中。

ʒi^{31}toŋ^{31}ʒi^{31}jiaŋ^{31}ʔdjau^{33}
地 与 地 样 一 地也是一样的地，

ʒi^{31}pan^{55}ʔbo^{33}tau^{213}ɦa^{42}
地 别人 不 长 长叶草 别人的地不长长叶草，

① 伸直在横凳上：指灵堂时停放的棺材不能直接放在地上，下面必须垫两张长凳。意为靠台睡息。
② 坐靠背：指棺材下面垫两张长凳。
③ 测地：此处不是指阴阳先生测地，而是指选择地块种庄稼。

ʒi^{31}məŋ^{31}ka^{31}tau^{213}ɦa^{42}
地 您 光 长 长叶草 您的地光长长叶草。

na^{31}toŋ^{42}na^{31}jiaŋ^{213}ʔdjau^{33}
田 与 田 样 一 田也是一样的田,

na^{31}pan^{55}ʔbo^{33}tau^{213}ɦeu^{55}
田 别人 不 长 开裂 别人的稻田不开裂,

na^{31}məŋ^{31}ka^{31}tau^{213}ɦeu^{55}
田 您 光 长 开裂 您的稻田光开裂。

fəŋ^{31}sei^{55}lok^{55}ko^{33}ɲie^{55}ʔbo^{33}ma^{33}
手 左 拔 棵 草 不 来 左手拔草拔不出来,

fəŋ^{31}kua^{31}ta^{31}ko^{33}ɦoŋ^{33}ʔbo^{33}ʔdai^{55}
手 右 拔 棵 三棱草 不 得 右手拔三棱草也拔不得。

fəŋ^{31}sei^{55}lok^{55}ko^{33}ɲie^{55}ʔbo^{33}toŋ^{33}
手 左 拔 棵 草 不 动 左手拔草拔不动,

fəŋ^{31}kua^{31}ta^{31}ko^{33}ɦoŋ^{33}ʔbo^{33}ʔdai^{55}
手 右 拔 棵 三棱草 不 得 右手拔三棱草也拔不得。

ʔdit^{55}sat^{55}ŋuat^{213}ʔdit^{55}ʔdiŋ^{33}
太阳 时 照 太阳 红 太阳照时太阳红,

ʔdit^{55}sɯ^{42}ʒiŋ^{42}ʔdit^{55}ʔja^{55}
太阳 时 午 太阳 厉辣 太阳午时太阳辣。

ʔdit^{55}ʔdat^{213}ka^{213}ɦa:u^{55}van^{33}
太阳 晒 杀 稻 种 太阳晒杀稻种干,

pɯ^{31}va:i^{42}fan^{42}tɕa:ŋ^{33}toŋ^{42}
破 水牛 倒 中 坝 晒得水牛倒坝中。

ʔdit^{55}sat^{55}ŋuat^{213}ʔdit^{55}ɦan^{33}
太阳 时 照 太阳 激烈 太阳照时太阳烈,

ʔdit^{55}sɯ^{42}san^{33}ʔdit^{55}ʔja^{55}
太阳 时 申 太阳 厉害 申时太阳很厉害。

ʔdit^{55}ʔdat^{213}ka^{213}ɦa:u^{55}van^{33}
太阳 晒 杀 稻 种 太阳晒杀稻种干,

p‘ɯ^{213}va:i^{42}fan^{42}tɕa:ŋ^{33}ʒuŋ^{42}
破 水牛 倒 中 田野 晒得水牛倒田野。

ɦam^{31}məŋ^{31}suaŋ^{213}mi^{31}mu^{31}
问 您 留 不同意 说您让您留,您又不同意。

ɦam^{31}məŋ^{31}suaŋ^{213}mi^{31}mai^{55}
问 您 留 不喜欢 说您让您留,您又不喜欢。

məŋ^{31}sin^{33}ʔbo^{33}ʔdai^{55}au^{33}
您 犟 不 得 要 您犟要不得。

ɦam^{31}məŋ^{31}suaŋ^{213}mi^{31}mu^{31}
问 您 留 不同意 说您让您留,您又不同意。

ɦam^{31}məŋ^{31}suaŋ^{213}mi^{31}mai^{55}
问 您 留 不喜欢 说您让您留，您又不喜欢。

ɦap^{213}məŋ^{31}ʔju^{213}ʒa:i^{31}kən^{31}
准 您 在 丘 上 准您在上丘，

sap^{55}məŋ^{31}ʔju^{213}ʒa:i^{31}la^{55}
给 您 在 丘 下 给您在下丘。

məŋ^{31}sin^{33}ʔbo^{33}ʔdai^{55}au^{33}
您 犟 不 得 要 您犟要不得。

məŋ^{31}sin^{33}pai^{33}ʒum^{42}sok^{213}ta^{31}
您 犟 去 在水中滚 渡口 您犟去渡口水中滚。

sok^{213}ʔa:p^{213}sok^{213}ʔbo^{31}ʔa:p^{213}
渡 洗 渡 不 洗 渡洗渡不洗。

pai^{33}ʔa:p^{213}sok^{213}ta:i^{213}ʔit^{55}
去 洗 渡 第 一 去洗第一渡，

sap^{55}lok^{213}toŋ^{31}su^{33}ma^{33}
逢 波浪 猛 来 逢着浪猛来。

sok^{213}ʔa:p^{213}sok^{213}ʔbo^{31}ʔa:p^{213}
渡 洗 渡 不 洗 渡洗渡不洗。

pai^{33}ʔa:p^{213}sok^{213}ta:i^{31}ŋi^{31}
去 洗 渡 第 二 去洗第二渡，

sap^{55}vɯŋ^{31}ʔa^{55}ko^{31}mo^{31}
逢 王 乌鸦 做 堡 逢着乌鸦王扒沙做堡。

sok^{213}ʔa:p^{213}sok^{213}ʔbo^{31}ʔa:p^{213}
渡 洗 渡 不 洗 渡洗渡不洗。

pai^{33}ʔa:p^{213}sok^{213}ta:i^{31}sa:m^{33}
去 洗 渡 第 三 去洗第三渡，

sap^{55}vɯŋ^{31}ʔa^{55}to^{55}tɕai^{213}
逢 王 乌鸦 啄 彩石 逢着乌鸦王啄彩石。

sap^{55}vɯŋ^{31}ta:i^{213}ʒip^{213}van^{31}ɦa:u^{55}
逢 王 太 收 种子 稻① 逢着"王太"收稻种。

sap^{55}vɯŋ^{31}ta:i^{213}sa:u^{55}van^{31}vəŋ^{42}
逢 王 太 扫荡 魂 人 逢着"王太"收人魂。

ʔba:n^{55}au^{33}ʒoŋ^{213}soŋ^{33}ʒoŋ^{213}
寨 要 畜圈 二 畜圈 畜圈每寨要收一二圈，

toŋ^{31}au^{33}ʒɯ:ŋ^{33}soŋ^{33}ʒɯ:ŋ
坝 要 稻穗 二 稻穗 稻穗每坝要收一二穗。

pɯŋ^{31}au^{33}pu^{55}soŋ^{33}pu^{55}
地方 要 人 二 人 还收地方一二人的魂。

ʒap^{213}məŋ^{31}ji^{55}au^{33}məŋ^{31}
遇 您 就 要 您 她"王太"遇您就要您，

① 王太：传说中收人魂的仙界女王神，可能是王母娘娘。所以人们不能对她讲真话，否则魂就会被她收走，人也就归逝了。

mi^{31}poŋ^{42}məŋ^{31}au^{33}pan^{55}
不 碰 您 要 别人　　不碰着您，她“王太”就要别人。

tɯ^{31}məŋ^{31}ka:ŋ^{213}liaŋ^{31}li^{31}
领 您 讲 年龄　　您跟“王太”讲年龄时虚报了，

tɯ^{31}məŋ^{31}lən^{31}pi^{33}ʔdən^{33}
领 您 论 年月　　您跟“王太”论年月讲过头了。

liaŋ^{31}li^{31} kuə^{213}laɯ^{31}tɯ:n^{33}
年龄 咋个 说　　年龄咋个说？

pi^{33}ʔdən^{33} kuə^{213}laɯ^{31}lən^{31}
年月 咋个 论　　年龄咋个论？

məŋ^{31}ʔdai^{55}ʔit^{55}ɕip^{213}pi^{33}
您 得 一 十 岁　　您有十岁，

məŋ^{31}nau^{42}ŋi^{31}ɕip^{213}pi^{33}kai^{31}te^{33}
您 告诉 二 十 岁 是 她　　告诉她是二十岁。

məŋ^{31}ʔdai^{55}ŋi^{31}ɕip^{213}pi^{33}
您 得 二 十 岁　　您有二十岁，

məŋ^{31}nau^{42}sa:m^{33}ɕip^{213}pi^{33}kai^{31}te^{33}
您 告诉 三 十 岁 是 她　　告诉她是三十岁。

məŋ^{31}ʔdai^{55}sa:m^{33}ɕip^{213}pi^{33}
您 得 三 十 岁　　您有三十岁，

məŋ^{31}nau^{42}θi^{31}ɕip^{213}pi^{33}kai^{31}te^{33}
您 告诉 四 十 岁 是 她　　告诉她是四十岁。

məŋ^{31}ʔdai^{55}θi^{31}ɕip^{213}pi^{33}
您 得 四 十 岁　　您有四十岁，

məŋ^{31}nau^{42}ɦa^{55}ɕip^{213}pi^{33}kai^{31}te^{33}
您 告诉 五 十 岁 是 她　　告诉她是五十岁。

məŋ^{31}ʔdai^{55}ɦa^{55}ɕip^{213}pi^{33}
您 得 五 十 岁　　您有五十岁，

məŋ^{31}nau^{42}zok^{55}ɕip^{213}pi^{33}kai^{31}te^{33}
您 告诉 六 十 岁 是 她　　告诉她是六十岁。

məŋ^{31}ʔdai^{55}ʒok^{55}ɕip^{213}pi^{33}
您 得 六 十 岁　　您有六十岁，

məŋ^{31}nau^{42}sat^{55}ɕip^{213}pi^{33}kai^{31}te^{33}
您 告诉 七 十 岁 是 她　　告诉她是七十岁。

məŋ^{31}ʔdai^{55}sat^{55}ɕip^{213}pi^{33}
您 得 七 十 岁　　您有七十岁，

məŋ^{31}nau^{42}pet^{213}ɕip^{213}pi^{33}kai^{31}te^{33}
您 告诉 八 十 岁 是 她　　告诉她是八十岁。

məŋ^{31}ʔdai^{55}pet^{213}ɕip^{213}pi^{33}
您 得 八 十 岁　　您有八十岁，

məŋ^{31}nau^{42}ku^{213}ɕip^{213}pi^{33}kai^{31}te^{33}
您 告诉 九 十 岁 是 她　　告诉她是九十岁。

məŋ^{31}ʔdai^{55}ku^{213}ɕip^{213}pi^{33}
您 得 九 十 岁　　您有九十岁，

məŋ^{31}nau^{42}pa:k^{213}ʔdjau^{33}pi^{33}kai^{31}te^{33}
您 告诉 百 一 岁 是 她　　告诉她是一百岁。

məŋ^{31}ʔbo^{33}sin^{33}nau^{31}ʔjan^{55}
您 不 犟 报 虚　　您犟虚报啦。

məŋ^{31}ʔbo^{33}sin^{33}kan^{55}kua^{213}
您 不 犟 说过头　　您说过头啦。

mjak^{213}ta^{33}te^{33}ʔbo^{33}ʔjai^{55}
躲 眼 她 不 捡　　躲她她不捡，

tai^{55}ta^{33}te^{33}ʔbo^{33}ten^{31}
藏 眼 她 不 见　　藏她她不见，

ʔden^{213}ta^{33}te^{33}ʔbo^{33}au^{33}
避 眼 她 不 见　　避她她不收。

məŋ^{31}ka^{31}sin^{31}nau^{31}ʔjan^{55}
您 直 犟 虚报　　您直犟虚报。

məŋ^{31}ʔbo^{33}sin^{33}kan^{55}kua^{213}
您 不 犟 说过头　　您说过了头。

mjak^{213}ta^{33}te^{33}so^{55}ʔjai^{55}
躲 眼 她 才 捡　　躲她她才捡，

lai^{55}ta^{33}te^{33}so^{55}ten^{31}
不藏 眼 她 才 见　　不藏她才见，

ʔdən^{33}ta^{33}te^{33}so^{55}au^{33}
站 眼 她 才 见　　站在眼前她才收。

te^{33}ɦa^{213}au^{33}məŋ^{31}to^{213}ʔdan^{33}po^{33}
她 想 要 您 合 山坡　　“王太”她想要您去合山坡，

la:u^{33}lək^{213}pɯŋ^{42}po^{33}ʒo^{55}va:i^{31}
怕 儿 地方 山 会 垮　　怕儿的山坡会垮。

te^{33}ɦa^{213}au^{33}məŋ^{31}to^{213}ʔdan^{33}ɦa:i^{55}
她 想 要 您 合 海子　　“王太”她想要您去合大海，

la:u^{33}lək^{213}pɯŋ^{42}ɦa:i^{55}ʒo^{55}ziau^{42}
怕 儿 地方 海 会 流　　怕儿的海水会流。

te^{33}ɦa^{213}au^{33}məŋ^{31}to^{213}ʔdan^{33}tɕiau^{42}
她 想 要 您 合 座桥　　“王太”她想要您去合座桥，

la:u^{33}lək^{213}pɯŋ^{42}tɕiau^{42}ʒo^{55}zai^{31}
怕 儿 地方 桥 会 走　　怕儿要走桥上过。

te^{33}ɦa^{213}au^{33}məŋ^{31}to^{213}tɕap^{55}luaŋ^{42}
她 想 要 您 合 板 铜　　“王太”她想要您去合铜板，

la:u^{33}tɕap^{55}luaŋ^{42}ʒo^{55}luan^{213}
怕 板 铜 会 乱　　怕铜板会乱响。

te^{33}ɦa^{213}au^{33}məŋ^{31}to^{213}kuan^{213}luaŋ^{42}
她 想 要 您 合 桩 铜　　“王太”她想要您去合铜桩，

la:u^{33}kuan^{213}luaŋ^{42}ʒo^{55}ji^{31}
怕 桩 铜 会 散　　怕铜桩会散。

te^{33}ɦa^{213}au^{33}məŋ^{31}to^{213}ʔben^{55}zi^{31}
她 想 要 您 合 块 地　　“王太”她想要您去合地块，

la:u^{33}ja^{31}ɕak^{213}ʒo^{55}fa^{31}
怕 土地婆婆 会 发火　　怕土地婆婆会骂。

te^{33}ɦa^{213}au^{33}məŋ^{31}to^{213}zek^{55}na^{42}
她 想 要 您 合 边 田　　“王太”她想要您去合田边，

ja^{31}liaŋ^{31}la^{31}tau^{55}tuan^{55}
奶 神田神地 来 堵　　神田神地奶来堵。

te^{33}ɦa^{213}au^{33}məŋ^{31}to^{213}vɯ^{213}fo:n^{55}
她 想 要 您 合 云 黑　　“王太”她想要您去合黑云，

la:u^{33}vɯ^{213}fo:n^{55}ʒo^{55}ta:ŋ^{33}
怕 云 黑 会 挡　　怕黑云会挡。

te^{33}ɦa^{213}au^{33}məŋ^{31}to^{213}vɯ^{55}vaŋ^{33}
她 想 要 您 合 云 混沌　　“王太”她想要您去合混沌云，

la:u^{33}vɯ^{213}vaŋ^{33}ʒo^{55}zam^{31}
怕 云 混沌 会 遮　　怕混沌云会遮。

au^{33}məŋ^{31}to^{213}ɾa:n^{31}ʔuan^{55}
要 您 合 家 晚　　要您合家时已晚，

au^{33}məŋ^{31}tan^{55}ɾa:n^{31}ɕian^{33}
要 您 放 家 仙　　只能让您去仙家。

ʔju^{213}ɾa:n^{31}li^{55}saŋ^{31}fa^{42}
在 家 理 动 扳　　按理还在家，

ʔju^{213}ɾa:n^{31}ja^{42}tɕak^{213}tɕum^{31}
在 家 叫 敲响　　仙将到家叫敲响。

fɯŋ^{42}kam^{33}sak^{213}liaŋ^{31}la^{42}
手 捏 链 小锁　　仙人捏着小锁链不放，

fɯŋ^{31}ta^{42}sak^{213}ɦa^{55}tɕiau^{33}
手 拉 链 五 根　　仙将手拉五根链不停，

fɯŋ^{42}kam^{33}sak^{213}liaŋ^{31}lu^{55}
手 拿 链 线 大锁　　仙将手捏大锁链不放，

ɦo^{31}tək^{55}ku^{213}sak^{31}naŋ^{33}
脖子 拴 九 链子 皮　　脖子上还拴着九根仙反带。

ku^{213}ni^{55}mian^{55}ka^{33}ni^{55}
首 这 明 点 这　　这首明这点，

ɕiaŋ^{33}ni^{55}kua^{213}ka^{33}ni^{55}
春天 这 过 点 这　　春天这点过；
ku^{213}ni^{55}mian^{55}ka^{33}ni^{55}
首 这 明 点 这　　这首明这点，
pian^{213}liau^{55}saɯ^{33}ka^{33}ni^{55}
遍 完 毕 点 这　　这遍毕这点。
muət^{213}ku^{213}ni^{55}pai^{33}pja:i^{33}
完 首 这 去 尖　　这首唱到尾，
ku^{33}ɦa^{55}na:i^{33}ku^{213}mu^{213}
我 要 请 首 新　　我要请新首；
ku^{213}mo^{213}ku^{213}ɦa^{55}taŋ^{53}
首 新 我 要 到　　新首我就到，
ku^{213}laŋ^{33}ku^{213}ɦa^{55}ɦau^{213}
首 后 我 要 念　　后首我要念。

六、感恩父母的孝顺伦理

nau^{31}sɯ^{42}ȵuai^{31}sɯ^{42}ʒiŋ^{42}
进 时 少 时 晌午　　进到晌午时分，
nau^{31}sɯ^{42}ʔdiŋ^{33}tok^{55}fak^{213}
进 时 刚生红孩 生 出　　进到红婴孩生时。
tai^{55}sa:m^{33}pa:k^{213}ʔa^{33}jie^{42}
哭 三 声 阿 月儿　　婴孩生时啼三声，
po^{31}ten^{213}tɕe^{33}ma^{33}jau^{213}
父 点 明柴火 来 瞧　　父点明柴火来瞧。
tai^{55}sa:m^{33}pa:k^{213}ʔa^{33}ja^{42}
哭 三 声 阿 呀　　婴孩生时啼三声，
po^{31}ten^{213}ɦa^{42}ma^{33}jau^{213}
父 点 草火 来 望　　父点草火照来望。
ʒa^{31}ten^{33}me^{31}kam^{33}tɕen^{33}
那时 母 捏 手杆　　那时母捏婴手臂，
ʒa^{31}ten^{33}po^{31}zam^{55}θei^{213}
那时 父 水 洗　　那时父用水洗儿。
ʒa^{31}ten^{33}me^{31}kam^{33}ʔak^{55}
那时 母 搂 胸　　那时母亲搂婴胸，
ʒa^{31}ten^{33}po^{31}fit^{55}ʒam^{55}
那时 父 拊 水　　那时父用手沾水洗儿。
ʒa^{31}ten^{33}me^{31}niŋ^{31}tuŋ^{31}
那时 母 睡 尿布　　那时母亲睡尿布，
ʒa^{31}ten^{33}lək^{213}ʒuŋ^{42}ʔi^{213}
那时 儿 抱 腋下　　母亲护儿在腋下。

ʒa31ten33me31niŋ31ʔbin55
那时 母 睡 席子　　那时母亲睡席子，

ʒa31ten33lək213jin55sa31
那时 儿 裙 垫　　母亲用裙垫孩儿。

ʒa31ten33ʒai42ʒam55ʒai42kuə213ʔi33
那时 喊 水 喊 做 辣　　那时孩儿喊水叫“辣辣”，

ʒai42ȵie33ʒai42kuə213ta31
喊 江 喊 做 河　　喊江错喊做“河”，

ʒai42tɕap213tɕa33kuə31ʔdoŋ55
喊 大龙竹的笋壳 做 簸箕　　喊龙竹笋壳做“簸箕”，

poŋ55ʔak55ʒai42kuə31ʔi33
拍 胸 喊 做 疼　　拍胸喊做“疼”。

ʒa31ten33kən33no31suaŋ213ka33ʔba:n33
那时 吃 肉 留 肉腿　　那时母亲吃肉时留肉腿给儿。

kən33vəŋ31kən33fa:n42suaŋ213ʔdi213ʔun213
吃 王 吃 獐子 留 块 熟软　　母亲吃獐子肉时留熟软肉块给儿。

kən33no31ʔiŋ55lak213la42
吃 肉 撕 肚囊皮　　母亲吃肉时给儿撕去肚囊皮，让儿吃净肉。

kən33pja33ʔiŋ55ŋaŋ213ʔun213
吃 鱼 拔 鱼刺　　吃鱼时母亲给儿拔鱼刺。

kən33tuŋ31suaŋ213ʔboŋ33tɕa:ŋ33
吃 插秧苞 留 节 中　　吃插秧苞时留中节秧苞给儿。

kən33ɾa:ŋ42suaŋ213ʔboŋ33ȵuai31
吃 竹笋 留 节 笋尖　　吃竹笋时留笋尖给儿。

fi31zo55kən33le33ȵia:i55
未 会 吃 嚼喂　　儿不会吃饭时嚼烂了喂。

fi31zo55pja:i213le33tie31
未 会 走 扶 背　　儿不会走时扶儿背。

tie31ɦam213ji55la:u33ta:i33
背 扑 也 怕 死　　扑着背怕死，

tie31ɦa:i33ji55la:u33zak55
背 仰 也 怕 断　　仰着背怕断。

tat55ɦoŋ33tɕit55ɦoŋ33tɕian213kuə31ʔda33
剪 花布绿布 做 背巾　　剪花布绿布来做背巾背儿，

tat55ɦoŋ33su42ɦoŋ33la42kuə31tuŋ31
剪 色布纹布 做 围披　　剪色布纹布来做围披护儿。

tai213liŋ213me31kam33tɕen33
走 陡处 母 牵手　　走到陡处时母牵儿手，

tai213pjaŋ31lək213pen42ʔba213
走 平处 儿 爬 肩　　走到平处时儿爬母肩。

pai^{33}vi^{213}ʔdai^{55}tiaŋ^{33}zi^{31}
去 沟 得 瓜 地　　去沟得地瓜，
au^{33}ma^{33}ɦaɯ^{213}lək^{213}kuə^{31}va:i^{42}
要 来 给 儿 做 水牛　　拿来给儿做牛玩。
pai^{33}ʒi^{31}ʔdai^{55}tiaŋ^{33}ʒa:i^{31}
去 地 得 瓜 花　　去地得花瓜，
au^{33}ma^{33}ɦaɯ^{213}lək^{213}kuə^{31}ŋue^{55}
要 来 给 儿 做 牛　　拿来给儿做牛耍。
pai^{33}tɯn^{31}zan^{33}tuk^{55}ʔbai^{55}
去 田地 见 嫩芦笋　　去田地见嫩芦笋，
jiaŋ^{31}au^{33}ma^{33}ɦaɯ^{213}lək^{213}
也 要 来 给 儿　　也要来给儿。
ma^{213}ɾa:n^{31}vai^{55}tok^{213}tuŋ^{31}
来 家 顺带 秧苞茎　　从田地中回家顺带秧苞茎，
jiaŋ^{31}au^{33}ma^{33}ɦaɯ^{213}lək^{213}
也 要 来 给 儿　　也要来给儿。
pai^{33}koŋ^{31}ʔdai^{55}ʔbu^{213}meŋ^{42}
去 山窝 得 芦花　　去山窝采得芦花，
jiaŋ^{31}au^{33}ma^{33}ɦaɯ^{213}lək^{213}
也 要 来 给 儿　　也要来给儿。
pai^{33}ɦɯ^{33}sɯ^{55}kuə^{33}ʔdaŋ^{213}
去 街 买 盐 咸　　去街上买得咸盐，
jiaŋ^{31}au^{33}ma^{33}ɦaɯ^{213}lək^{213}
也 要 来 给 儿　　也要来给儿。
pai^{33}ɦɯ^{33}saŋ^{31}tɕin^{33}ŋan^{42}
去 街 挣 金 银　　去街上挣得金银，
jiaŋ^{31}au^{33}ma^{33}ɦaɯ^{213}lək^{213}
也 要 来 给 儿　　也要来给儿。
me^{31}so^{31}lək^{213}ma^{31}ma^{213}ma^{31}ma^{213}
母 跟 儿 越 长 越 长　　儿跟着母亲越长越长，
ma^{213}liau^{55}sa:m^{33}au^{33}pa^{42}
长 了 问 要 媳　　等到孩儿长大时，母亲又去问要媳。
ma^{213}liau^{55}ʒa^{33}au^{33}paɯ^{55}
长 了 找 要 儿媳　　母亲为儿找儿媳，
au^{33}paɯ^{55}ɦaɯ^{213}mi^{31}la:n^{33}
要 儿媳 给 有 孙　　要儿媳来有孙儿，
pan^{31}ɾa:n^{31}ɦaɯ^{213}fuŋ^{33}kui^{213}
成 家 给 丰 贵　　让儿成家丰收又宝贵。
kət^{213}ʒok^{213}ɦeŋ^{213}ʔduai^{33}pai^{31}au^{33}paɯ^{55}
扛 绕线筒 上 路 半陡不平 要 儿媳①　　母亲呵，请媒扛着绕线筒走在半陡不平

① 古时请媒特别重要，但现在有些地方已不需请媒人了。

的路上去问儿媳。

sin^{33}va:i^{42}tai^{213}tiau^{42}ta^{31}au^{33}paɯ^{55}
牵 水牛 走 顺 河 要 儿媳
母亲呵，请媒牵着水牛顺河走去找儿媳。

kət^{213}zok^{213}ɦəŋ^{213}ʔduai^{33}pau^{42}au^{33}paɯ^{55}
扛 绕线筒 上 路 陡冒 要 儿媳
母亲呵，请媒扛着绕线筒翻山越岭去问儿媳。

sin^{33}ȵiu^{42}tai^{213}tiau^{42}ta^{31}au^{33}paɯ^{55}
牵 牛 走 顺 河 要 儿媳
母亲请媒牵牛顺河走去找儿媳。

au^{33}paɯ^{55}ɦaɯ^{213}mi^{31}la:n^{33}
要 儿媳 给 有 孙
要儿媳来发儿孙，

pan^{31}ɾa:n^{31}ɦaɯ^{213}fuŋ^{33}kui^{213}
成 家 给 丰 贵
让儿成家丰收又宝贵。

pit^{55}kuə^{55}so^{31}na^{31}ȵuai^{31} jiaŋ^{31}laɯ^{42}
子鸭 想 水田 哪样
子鸭想游水田成哪样，

me^{31}so^{31}lək^{213}jiaŋ^{31}ten^{33}
母 念 儿 那样
母念儿就成那样，

lək^{213}so^{31}me^{31}jiaŋ^{31}ten^{33}
儿 念 母 那样
儿也念母成那样。

lək^{213}ȵe^{42}so^{31}se^{55}me^{31}jiaŋ^{31}laɯ^{42}
儿 小 啰唆 母 哪样
儿小啰唆母亲成哪样，

me^{31}so^{31}lək^{213}jiaŋ^{31}ten^{33}
母 念 儿 那样
母念儿就成那样，

lək^{213}so^{31}me^{31}jiaŋ^{31}ten^{33}
儿 念 母 那样
儿也念母成那样。

pja^{33}pem^{31}nak^{55}ʒin^{33}ʔba:n^{33}jiaŋ^{31}laɯ^{42}
鱼 油 想 石头 扁 哪样
油鱼想念河中扁石成哪样，

me^{31}so^{31}lək^{213}jiaŋ^{31}ten^{33}
母 念 儿 那样
母念儿就成那样，

lək^{213}so^{31}me^{31}jiaŋ^{31}ten^{33}
儿 念 母 那样
儿也念母成那样。

pja^{33}ʒɯŋ^{42}nak^{55}ta^{31}ȵuai^{31}jiaŋ^{31}laɯ^{42}
鱼 鳊 想 河 小 哪样
鳊鱼想念小河成哪样，

me^{31}so^{31}lək^{213}jiaŋ^{31}ten^{33}
母 念 儿 那样
母念儿就成那样，

lək^{213}so^{31}me^{31}jiaŋ^{31}ten^{33}
儿 念 母 那样
儿也念母成那样。

ɕian^{33}ɦo^{55}jiaŋ^{31}ɕian^{33}ɦo^{55}
仙 阿 呵 仙 阿
阿仙呵阿仙！

ɕian^{33}ɦo^{55}ʔbo^{33}mi^{31}ma^{31}ɕian^{33}ɦan^{33}
仙 阿 没 有 哪样 仙 急
阿仙为何那样急？

ɕian^{33}ɦan^{33}jiaŋ^{31}ɕian^{33}ɦan^{33}
仙 急 呵 仙 急 阿仙急呵阿仙急！

ɕian^{33}ɦan^{33}ʔbo^{33}mi^{31}ma^{31}ɕian^{33}ɦo^{55}
仙 急 没 有 哪样 仙 忙 阿仙为何那样忙？

kan^{42}au^{33}tɕi^{42}paŋ^{42}paɯ^{55}ɕia^{31}le^{31}
闹 要 那 布 儿媳 垫 先[1] 闹要儿媳送的布垫先，

jiaŋ^{31}ɦaɯ^{213}tɕi^{42}paŋ^{42}paɯ^{55}ɕia^{31}le^{31}
就 给 那 布 儿媳 垫 先 就给儿媳送的布垫先。

kan^{42}au^{33}tɕi^{42}paŋ^{42}tɕie^{213}ɕia^{31}ʔda:ŋ^{33}
闹 要 那 布 老 垫 身 闹要古老布垫身，

jiaŋ^{31}ɦaɯ^{213}tɕi^{42}paŋ^{42}tɕie^{213}ɕia^{31}ʔda:ŋ^{33}
就 给 那 布 老 垫 身 就给古老布垫身。

kan^{42}au^{33}ŋan^{42}sa:m^{33}sa:ŋ^{42}sok^{213}ɦət^{213}
闹 要 银 三 钱 拴 腰 闹要银三钱拴腰，

jiaŋ^{31}ɦaɯ^{213}ŋan^{42}sa:m^{33}sa:ŋ^{42}sok^{213}ɦət^{213}
就 给 银 三 钱 拴 腰 就给银三钱拴腰。

kan^{42}au^{33}tɕi^{42}paŋ^{42}paɯ^{55}ɕia^{31}le^{31}
闹 要 那 布 儿媳 垫 先 闹要儿媳送的布垫先，

jiaŋ^{31}ɦaɯ^{213}tɕi^{42}paŋ^{42}paɯ^{55}ɕia^{31}le^{31}
就 给 那 布 儿媳 垫 先 就给儿媳送的布垫先。

kan^{42}au^{33}tɕi^{42}paŋ^{42}tɕie^{213}ɕia^{31}la^{55}
闹 要 那 布 老 垫 下 闹要古老布垫下，

jiaŋ^{31}ɦaɯ^{213}tɕi^{42}paŋ^{42}tɕie^{213}ɕia^{31}la^{55}
就 给 那 布 老 垫 下 就给古老布垫下。

kan^{42}au^{33}tɕi^{42}paŋ^{42}ɦa^{55}ɦam^{31}kən^{42}
闹 要 那 布 五色 盖 上 闹要五色布盖上，

jiaŋ^{31}ɦaɯ^{213}tɕi^{42}paŋ^{42}ɦa^{55}ɦam^{31}kən^{42}
就 给 那 布 五色 盖 上 就给五色布盖上。

kan^{42}au^{33}ŋan^{42}sa:m^{33}sa:ŋ^{42}ʔam^{31}pa:k^{213}
闹 要 银 三 两 含 口 闹要银三两含口中，

jiaŋ^{31}ʔdai^{55}ŋan^{42}sa:m^{33}sa:ŋ^{42}ʔam^{31}pa:k^{213}
就 得 银 三 两 含 口 就得银三两含口中。

jiaŋ^{31}lək^{213}sa:i^{33}tɕin^{33}tɕi^{55}məŋ^{31}ni^{55}
就 儿 男 真正 您 这 这就是您真正的男儿，

jiaŋ^{31}lək^{213}sa:i^{33}li^{55}ʔdiŋ^{33}məŋ^{31}ni^{55}
就 儿 男 真心 您 这 这就是您真心的男儿，

jiaŋ^{31}lək^{213}sa:i^{33}tɕin^{33}sən^{33}li^{55}nuai^{31}
就 儿 男 亲 生 理想

məŋ^{31}ni^{55}
您 这 这就是您理想的男儿。

① 儿媳送的布垫先：指入殓时把孝子孝女孝媳们所送布料、银钱等物品拿来装棺的顺序。

jiaŋ^{31}ta:i^{33}tɕie^{213} pa:i^{31}na^{55}məŋ^{31}ni^{55}
就 母舅家 前面 您 这 前面的物品是母舅家的，

jiaŋ^{31}nuaŋ^{55}na^{55} pa:i^{31}laŋ^{33}məŋ^{31}ni^{55}
就 舅家 后面 您 这 后面的物品是舅家的。

te^{33}ko^{55}sin^{33}so^{31}məŋ^{31}ʒak^{213}
他 同 心 说 您 深 他们同心深深地挂念您，

te^{33}ko^{55}sin^{33}nak^{55}məŋ^{31}ʒa^{31}
他 同 心 想 您 多 他们同心多多地想念您。

so^{31}ʔbo^{33}ʔdai^{55}tɯ^{31}na:i^{31}
说 不 得 传 语 因老人归逝太伤心，他们传不得话语。

nak^{55}ʔbo^{33}ʔdai^{55}tɯ^{31}na:i^{33}
想 不 得 传 话 因老人归逝太伤心，他们想不到传话。

so^{31}ʔbo^{33}ʔdai^{55}tai^{33}ʔdi^{55}
说 不 得 抬 低 他们说得不彻底，

so^{31}ʔbo^{33}ʔdai^{55}vi^{55}ʒan^{33}
说 不 得 尾 路 他们讲不成仙路，

so^{31}ʔbo^{33}ʔdai^{55}san^{31}taŋ^{213}
说 不 得 话 送① 他们更讲不成如何送仙路的话。

məŋ^{31}ta:i^{33}te^{33}ʔbo^{33}ʔdai^{55}nau^{31}
您 死 他 不 得 讲

fat^{213}fai^{31}kai^{213}məŋ^{31}
范围 给 您 您归逝后，他们不得讲范围给您，

ɦaɯ^{213}ku^{33}ma^{33}nau^{42}fat^{213}fai^{31}kai^{213}məŋ^{31}
给 我 来 讲 范围 给 您 给我布摩来讲范围给您。

məŋ^{31}ta:i^{33}te^{33}ʔbo^{33}ʔdai^{55}nau^{42}ta:i^{31}ȵiu^{42}
您 死 他 不 得 讲 牛类

kai^{213}məŋ^{31}
给 您 您归逝后，他们不得讲牛群给您，

ɦaɯ^{213}ku^{33}ma^{33}nau^{42}ta:i^{31}ȵiu^{42}kai^{213}məŋ^{31}
给 我 来 讲 牛类 给 您 给我布摩来讲牛群给您。

məŋ^{31}ta:i^{33}te^{33}ʔbo^{33}ʔdai^{55}pɯ^{213}ɕie^{42}ʔjan^{33}
您 死 他 不 得 祭 黄牛 增产 您归逝后，他们不得祭黄牛增产，

ɦaɯ^{213}ku^{33}ma^{33}nau^{42}pɯ^{213}ɕie^{42}ʔjan^{33}
给 我 来 讲 祭 黄牛 增产

kai^{213}məŋ^{31}
给 您 给我布摩来祭黄牛增产给您。

pɯ^{213}ɕie^{42}ʔjan^{33}ʔi^{33}ʔjiɯ^{55}
祭 黄牛 增产 详细 祭黄牛增产说详细，

pɯ^{213}ɕie^{42}sɯ^{55}ʔi^{33}ʔjan^{31}
祭 黄牛 买 详明 买得黄牛来祭祀也说详明。

① 送仙路：指归逝者上天台之路途，只有布摩先生懂得。

ve31tuə31ni55kai213məŋ31
围　头　这　给　您①　　孝布围上这头牛给您，

vi55tuə31ten33kai213məŋ31
数　头　那　给　您　　数头牛送给您。

au33pat33si55tau55ʒa33
要　发　话　来　找　　布摩发话您来找，

au33ɕian42sa:i42tau213sɯ55
要　钱　财　来　买　　要钱财给您来买。

vi213lamɯ42ʔdi33ʔdam33pɯk31
沟　哪　好　种　芋头　　哪个沟好种芋头，

lək213ɦa55pai33ʔdaŋ33pɯk31
儿　要　去　种　芋头　　儿要去种芋头。

luok213lamɯ31ʔdi33ʔdam33ʔda:i55
槽　哪　好　种　花　　哪个山槽好种花，

lək213ɦa55pai33ʔdam33ʔda:i55
儿　要　去　种　花　　儿要去种花。

sa:i55lamɯ31ʔdi33fak213tuə31
凹　哪　好　砍　牛　　哪个山坳好砍牛，

lək213ɦa55pai33fak213tuə31
儿　要　去　砍　牛　　儿要去砍牛。

tɕie42lamɯ31ʔdi33ɕian31toŋ31
地　哪　好　转　坝　　哪个地方好转坝，

lək213ɦa55pai33ɕian31toŋ31
儿　要　去　转　坝　　儿要去转坝。

ʔboŋ31lamɯ31ʔdi33ɦau55tɕie55
段　哪　好　转　场　　哪段路好转场，

lək213ɦa55pai33ɦau55tɕie55
儿　要　去　转　场　　儿要去转场。

sak213məŋ42tai213la213pen55pai33au33
晃　您　走　下　棺板　去　要②　　晃您从棺板之下去要祭牛，

sak213məŋ42tai213kau33suŋ42pai33su55
晃　您　走　角　棺　去　收　　晃您从棺角去收祭牛。

sak213məŋ42tai213la213pen55pai33ʒa33
晃　您　走　下　棺板　去　找　　晃您走下棺板找祭牛，

sak213məŋ42tai213kau33sa:i31pai33su55
晃　您　走　角　棺材　去　收　　晃您走出棺材角去收祭牛。

sak213məŋ42lan31ʔbo33ʔdi33
晃　您　踏　不　好　　晃您怕您走不好，

① 围牛祭祀：有两层意思，一是指被用来祭祀的牛羊，牛角上都有白孝帕围着；二是指孝子孝女孝媳等盛装围着祭牛转场的隆重场面。
② 晃灵：指布摩先生用竹神棍探棺材三下，意为提醒归逝老人去领取祭牛。

kau^{33}ɕip^{213}lan^{31}to^{213}toŋ^{31}
魂线 踏 到 坝①
还有魂线牵到坝。

sak^{213}məŋ^{42}lan^{31}ʔbo^{33}ɦan^{33}
晃 您 踏 不 紧
晃您怕您走不稳，

kau^{33}man^{42}lan^{31}to^{213}toŋ^{31}
神线 踏 到 坝
还有神线拉到坝。

sak^{213}məŋ^{42}lan^{31}ʔbo^{33}ka:t^{213}
晃 您 踏 不 断
晃您踏不断，

kau^{33}ʔdai^{55}lan^{31}to^{213}toŋ^{31}
古线 踏 到 坝
古线拉到坝。

ɕie^{55}sa:m^{33}tuə^{31}so^{31}ɾa:n^{33}ni^{55}
神 三 个 说 家 这
说这家有三个神。

ɕie^{55}ʒok^{55}tuə^{31}ɕiu^{31}ɾa:n^{31}ni^{55}
神 六 个 管 家 这
说这家有六个神，

ɕie^{55}ka^{33}tɕa^{213}su^{55}van^{33}ɾa:n^{31}ni^{55}
神 火塘上挂东西的脚架 装 魂 家 这
火塘上挂的架神装这家的魂。

ɕie^{55}ka^{33}ʔdan^{33}su^{55}ɦa:u^{55}ɾa:n^{31}ni^{55}
神 脚 柜 装 粮米 家 这
神脚柜装这家的粮米。

pan^{55}kuə^{31}ɕie^{55}zo^{55}ta:ŋ^{33}
别人 做 神 会 挡
别人家神会挡灾难，

məŋ^{31}kuə^{31}ɕie^{55}ʔbo^{33}ʒo^{55}ta:ŋ^{33}
您 做 神 不 会 挡
您家神不会挡灾难。

pan^{55}kuə^{31}fa:ŋ^{31}ʒo^{55}ɦa^{31}
别人 做 鬼 会 阻
别人家神会拦鬼，

məŋ^{31}kuə^{31}fa:ŋ^{31}ʔbo^{33}ʒo^{55}ɦa^{31}
您 做 鬼 不 会 阻
您家神不会拦鬼。

fa:ŋ^{31}lo^{31}la^{31} ma^{33}ʔdaɯ^{33}
鬼 乱 进来
乱鬼进家来，

ʒek^{213}fa:ŋ^{31}tok^{55}ʒuŋ^{31}pit^{55}
边 鬼 落 圈 鸭
落鸭圈边上。

ʒek^{213}fa:ŋ^{31}fit^{55}ma^{33}ʔdaɯ^{33}
边 鬼 飞 进来
乱鬼飞进家，

ʒek^{213}faŋ^{31}tok^{55}ʒuŋ^{42}ɦan^{213}
边 鬼 落 圈 鹅
落鹅圈边上。

ʒek^{213}fa:ŋ^{31}pan^{213}ma^{33}ʔdaɯ^{33}
边 鬼 看 进来
乱鬼看进家，

ma^{33}tək^{213}la:u^{55}sɯ^{33}so^{31}
来 整着 老人 心 直
整着您心直的老人，

① 魂线：祭牛前，由布摩先生从灵堂棺盖角牵出白线一根，一直拉到祭牛场地牌位处，称为“魂线”。意为指引归逝老人到祭牛场去领祭祀的牛。当布摩先生念到剪“魂线”时，转祭场的孝子孝女争抢掐断“魂线”，意为不让活人魂搭着“魂线”走。所以谁将“魂线”掐断得最多，就认为他最吉祥。

ma^{33}tək^{213}po^{31}（ma^{31}）sɯ^{33}ʔdi^{33}

来 整着 父（母） 心 好　　整着您心好的老人，

po^{31}（ma^{31}）sɯ^{33}ʔdi^{33}sɯ^{33}ʔak^{55}

父（母） 心胸宽阔　　整着您心胸宽阔的老人。

la:u^{55}kok^{55}sak^{55}ʒau^{31}tɕiaŋ^{31}

老 主力 我们 降　　我们村的老主力降了，

la:u^{55}tan^{213}tɕin^{33}tan^{213}tɕian^{31}ʒau^{31}ta:i^{33}

老 穿 金 穿 银 我们 死　　穿金穿银的老人归逝了。

so^{31}ȵoi^{31}fa^{31}ȵoi^{31}fa^{31}

讲 少 发 少 发　　讲少发少发，

fa^{31}fi^{31}ʒo^{55}tɕi^{33}ʔba:n^{213}

发 未 知 之 半　　发未到一半。

so^{31}ȵoi^{31}tan^{213}ȵoi^{31}tan^{213}

说 少 谈 少 谈　　说少谈少谈，

tan^{213}fi^{31}ʒo^{55}tɕi^{33}ɦa:u^{33}

谈 未 知 之 坦白　　还未坦白地谈。

tam^{55}tɕuŋ^{213}tɕau^{33}ʔdi^{33}ʒəi^{33}

穿 蜘蛛网 好 密　　道理密如蜘蛛网。

ku^{33}poŋ^{55}mok^{213}məŋ^{31}ʒəi^{31}

我 拍 被子 您 醒　　布摩我拍被子让您醒，

ku^{33}poŋ^{55}naŋ^{33}məŋ^{31}ʒən^{52}

我 拍 皮 您 起　　布摩我拍棺皮让您起。

ku^{213}ɦa^{213}tɕaŋ^{31}ɕi^{33}lai^{33}

我 要 移 顺 梯　　布摩我移您顺梯，

ku^{213}ɦa^{213}pai^{33}ɕi^{33}se^{31}

我 要 去 顺 台　　布摩我移您顺台。

ɕie^{55}va^{33}tu^{33}mai^{55}lian^{31}ɾa:n^{31}ni^{55}

神 板 门 树 连 家 这　　这家连树做的神门板，

ɕie^{55}ɦen^{213}tu^{33}mai^{55}mjia^{42}ɾa:n^{31}ni^{55}

神 销 门 树 野芒果 家 这　　这家野芒果树做神门销。

pan^{55}kuə^{31}ɕie^{55}zo^{55}ta:ŋ^{33}

别人 做 神 会 挡　　别人家神会挡灾难，

məŋ^{31}kuə^{31}ɕie^{55}ʔbo^{33}zo^{55}ta:ŋ^{33}

您 做 神 不 会 挡　　您家神不会挡灾难。

pan^{55}kuə^{31}faŋ^{31}zo^{55}ɦa^{31}

别人 做 鬼 会 阻　　别人家神会拦鬼，

məŋ^{31}kuə^{31}fa:ŋ^{31}ʔbo^{33}ʒo^{55}ɦa^{31}

您 做 鬼 不 会 阻　　您家神不会拦鬼。

fa:ŋ^{31}lo^{31}la^{31} ma^{33}ʔdaɯ^{33}

鬼 乱 进来　　乱鬼进家来，

ʒek^{213}fa:ŋ^{31}tok^{55}ʒuŋ^{31}pit^{55}
边　鬼　落　圈　鸭　　　落鸭圈边上。

ʒek^{213}fa:ŋ^{31}fit^{55}ma^{33}ʔdaɯ^{33}
边　鬼　飞　进来　　　乱鬼飞进家，

ʒek^{213}fa:ŋ^{31}tok^{55}ʒuŋ^{42}ɦa:n^{213}
边　鬼　落　圈　鹅　　　落鹅圈边上。

ʒek^{213}fa:ŋ^{31}pan^{213}ma^{33}ʔdaɯ^{33}
边　鬼　看　进来　　　乱鬼看进家，

ma^{33}tək^{213}la:u^{55}sɯ^{33}so^{31}
来　整着　老人　心　直　　　整着您心直的老人，

ma^{33}tək^{213}po^{31}（ma^{31}）sɯ^{33}ʔdi^{33}
来　整着　父（母）　心　好　　　整着您心好的老人，

po^{31}（ma^{31}）sɯ^{33}ʔdi^{33}sɯ^{33}ʔak^{55}
父（母）　心胸宽阔　　　整着您心胸宽阔的老人。

la:u^{55}kok^{55}sak^{55}ʒau^{31}tɕiaŋ^{31}
老　主力　我们　降　　　我们村的老主力降了，

la:u^{55}tan^{213}tɕin^{33}tan^{213}tɕian^{31}ʒau^{31}ta:i^{33}
老　穿　金　穿　银　我们　死　　　穿金穿银的老人归逝了。

so^{31}ȵoi^{31}fa^{31}ȵoi^{31}fa^{31}
讲　少　发　少　发　　　讲少发少发，

fa^{31}fi^{31}ʒo^{55}tɕi^{33}ʔba:n^{213}
发　未　知　之　半　　　发未到一半。

so^{31}ȵoi^{31}ta:n^{213}ȵoi^{31}ta:n^{213}
说　少　谈　少　谈　　　说少谈少谈，

ta:n^{213}fi^{31}ʒo^{55}tɕi^{33}ɦa:u^{33}
谈　未　知　之　坦白　　　还未坦白地谈。

tam^{55}tɕuŋ^{213}tɕau^{33}ʔdi^{33}ʒei^{33}
穿　蜘蛛网　好　密　　　道理密如蜘蛛网。

mɯŋ^{33}soŋ^{213}pjak^{55}soŋ^{213}ɾa:ŋ^{42}
彝人　送　菜　送　竹笋①　　　彝人送来饭菜和竹笋祭你，

jiaŋ^{33}soŋ^{213}pja^{33}soŋ^{213}no^{31}
扬人　送　鱼　送　肉②　　　扬人送来鱼和肉祭你，

kɯi^{31}soŋ^{213}pjak^{55}soŋ^{213}ɾa:ŋ^{42}
姑爷　送　菜　送　竹笋　　　姑爷送来饭菜和竹笋祭你，

kɯi^{31}soŋ^{213}jiaŋ^{33}soŋ^{213}no^{31}
姑爷　送　香　送　肉　　　姑爷送香又送肉祭你，

pi^{55}nuaŋ^{55} so^{31}ma^{33}laŋ^{33}
弟兄亲戚　跟着来　　　弟兄亲戚跟着来祭你。

① 彝人：指彝族人。
② 扬人：古代布依族的一个支系。布依语习惯称之为“布越布扬”。

jiaŋ^{31}tai^{31}tu^{33}ni^{55}ma^{33}
也　走　门　这　来　　　　走此门进来，

jiaŋ^{31}ʒa^{33}tu^{33}ni^{55}ɦen^{55}
也　找　门　这　上　　　　找此门上来。

ku^{33}poŋ^{55}mok^{213}məŋ^{31}ʒei^{31}
我　拍　被子　您　醒　　　　布摩我拍被子让您醒。

ku^{33}poŋ^{55}naŋ^{33}məŋ^{31}ʒei^{52}
我　拍　皮　您　醒　　　　布摩我拍棺皮让您醒。

ku^{213}ɦa^{213}tɕaŋ^{31}ɕi^{33}lai^{33}
我　要　移　顺　梯　　　　布摩我移您顺梯。

ku^{213}ɦa^{213}pai^{33}ɕi^{33}se^{31}
我　要　去　顺　台　　　　布摩我移您顺台。

ɕie^{55}ʔbak^{55}lai^{33}ra:n^{31}ni^{55}
神　台　梯　家　这　　　　台是这家神梯台，

ɕie^{55}kai^{33}tau^{213}ra:n^{31}ni^{55}
神　梁头　家　这　　　　梁是这家神梁头。

pan^{55}kuə^{31}ɕie^{55}ʒo^{55}ta:ŋ^{33}
别人　做　神　会　挡　　　　别人家神会挡灾难，

məŋ^{31}kuə^{31}ɕie^{55}ʔbo^{33}ʒo^{55}ta:ŋ^{33}
您　做　神　不　会　挡　　　　您家神不会挡灾难。

pan^{55}kuə^{31}fa:ŋ^{31}ʒo^{55}ɦa^{31}
别人　做　鬼　会　阻　　　　别人家神会拦鬼，

məŋ^{31}kuə^{31}fa:ŋ^{31}ʔbo^{33}ʒo^{55}ɦa^{31}
您　做　鬼　不　会　阻　　　　您家神不会拦鬼。

fa:ŋ^{31}lo^{31}la^{31} ma^{33}ʔdaɯ^{33}
鬼　乱　进来　　　　乱鬼进家来，

ʒek^{213}fa:ŋ^{31}tok^{55}ʒuŋ^{31}pit^{55}
边　鬼　落　圈　鸭　　　　落鸭圈边上。

ʒek^{213}fa:ŋ^{31}fit^{55}ma^{33}ʔdaɯ^{33}
边　鬼　飞　进来　　　　乱鬼飞进家，

ʒek^{213}fa:ŋ^{31}tok^{55}ʒuŋ^{42}ɦa:n^{213}
边　鬼　落　圈　鹅　　　　落鹅圈边上。

ʒek^{213}fa:ŋ^{31}pan^{213}ma^{33}ʔdaɯ^{33}
边　鬼　看　进来　　　　乱鬼看进家，

ma^{33}tək^{213}la:u^{55}sɯ^{33}so^{31}
来　整着　老人　心　直　　　　整着您心直的老人，

ma^{33}tək^{213}po^{31}（ma^{31}）sɯ^{33}ʔdi^{33}
来　整着　父（母）　心　好　　　　整着您心好的老人，

po^{31}（ma^{31}）sɯ^{33}ʔdi^{33}sɯ^{33}ʔak^{55}
父（母）　心胸宽阔　　　　整着您心胸宽阔的老人。

la:u^{55}kok^{55}sak^{55}ʒau^{31}tɕiaŋ^{31}
老 主力 我们 降 　　我们村的老主力降了，

la:u^{55}tan^{213}tɕin^{33}tan^{213}tɕian^{31}ʒau^{31}ta:i^{33}
老 穿 金 穿 银 我们 死 　　穿金穿银的老人归逝了。

so^{31}ȵoi^{31}fa^{31}ȵoi^{31}fa^{31}
讲 少 发 少 发 　　讲少发少发，

fa^{31}fi^{31}ʒo^{55}tɕi^{33}ʔba:n^{213}
发 未 知 之 半 　　发未到一半。

so^{31}ȵoi^{31}ta:n^{213}ȵoi^{31}ta:n^{213}
说 少 谈 少 谈 　　说少谈少谈，

ta:n^{213}fi^{31}ʒo^{55}tɕi^{33}ɦa:u^{33}
谈 未 知 之 坦白 　　还未坦白地谈。

tam^{55}tɕuŋ^{213}tɕau^{33}ʔdi^{33}ʒəi^{33}
穿 蜘蛛网 好 密 　　道理密如蜘蛛网。

mɯŋ^{33}soŋ^{213}pjak^{55}soŋ^{213}ɾa:ŋ^{42}
彝人 送 菜 送 竹笋 　　彝人送来饭菜和竹笋祭你，

jiaŋ^{33}soŋ^{213}pja^{33}soŋ^{213}no^{31}
扬人 送 鱼 送 肉 　　扬人送来鱼和肉祭你，

kɯi^{31}soŋ^{213}pjak^{55}soŋ^{213}ɾa:ŋ^{42}
姑爷 送 菜 送 竹笋 　　姑爷送来饭菜和竹笋祭你，

kɯi^{31}soŋ^{213}jiaŋ^{33}soŋ^{213}no^{31}
姑爷 送 香 送 肉 　　姑爷送香又送肉祭你，

pi^{55}nuaŋ^{55} so^{31}ma^{33}laŋ^{33}
弟兄亲戚 跟着来 　　弟兄亲戚跟着来祭你。

jiaŋ^{31}tai^{31}tu^{33}ni^{55}ma^{33}
也 走 门 这 来 　　走此门进来，

jiaŋ^{31}za^{33}tu^{33}ni^{55}ɦən^{55}
也 找 门 这 上 　　找此门上来。

ku^{33}poŋ^{55}mok^{213}məŋ^{31}ʒəi^{31}
我 拍 被子 您 醒 　　布摩我拍被子让您醒，

ku^{33}poŋ^{55}naŋ^{33}məŋ^{31}ʒəi^{52}
我 拍 皮 您 醒 　　布摩我拍棺皮让您醒。

ku^{213}ɦa^{213}tɕaŋ^{31}ɕi^{33}lai^{33}
我 要 移 顺 梯 　　布摩我移您顺梯，

ku^{213}ɦa^{213}pai^{33}ɕi^{33}se^{31}
我 要 去 顺 台 　　布摩我移您顺台。

念经至此，布摩走出灵堂，下田坝砍牛。

七、祭牛场

vi^{213}lamɯ^{42}ʔdi^{33}ʔdam^{33}pɯk^{31}
沟 哪 好 种 芋头 　　哪个沟好种芋头，

lək^{213}ɦa^{55}pai^{33}ʔdam^{33}pɯk^{31}
儿 要 去 种 芋头　　儿要去种芋头。
luok^{213}lamɯ^{31}ʔdi^{33}ʔdam^{33}ʔda:i^{55}
槽 哪 好 种 花　　哪个山槽好种花，
lək^{213}ɦa^{55}pai^{33}ʔdam^{33}ʔda:i^{55}
儿 要 去 种 花　　儿要去种花。
sa:i^{55}lamɯ^{31}ʔdi^{33}fak^{213}tuə^{31}
凹 哪 好 砍 牛　　哪个山坳好砍牛，
lək^{213}ɦa^{55}pai^{33}fak^{213}tuə^{31}
儿 要 去 砍 牛　　儿要去砍牛。
tɕie^{42}lamɯ^{31}ʔdi^{33}ɕian^{31}toŋ^{31}
地 哪 好 转 坝　　哪个地方好转坝，
lək^{213}ɦa^{55}pai^{33}ɕian^{31}toŋ^{31}
儿 要 去 转 坝　　儿要去转坝。
ʔboŋ^{31}lamɯ^{31}ʔdi^{33}ɦau^{55}tɕie^{55}
段 哪 好 转 场　　哪段路好转场，
lək^{213}ɦa^{55}pai^{33}ɦau^{55}tɕie^{55}
儿 要 去 转 场　　儿要去转场。
sak^{213}məŋ^{42}tai^{213}la^{213}pen^{55}pai^{33}au^{33}
晃 您 走 下 棺板 去 要　　晃您，请您从棺板之下去要祭牛。
sak^{213}məŋ^{42}tai^{213}kau^{33}suŋ^{42}pai^{33}su^{55}
晃 您 走 角 棺木 去 收　　晃您，请您从棺木角去收祭牛。
sak^{213}məŋ^{42}tai^{213}la^{213}pen^{55}pai^{33}ʒa^{33}
晃 您 走 下 棺板 去 找　　晃您，请您走下棺板去找祭牛。
sak^{213}məŋ^{42}tai^{213}kau^{33}sa:i^{31}pai^{33}su^{55}
晃 您 走 角 棺材 去 收　　晃您，请您走出棺材角去收祭牛。
sak^{213}məŋ^{42}lan^{31}ʔbo^{33}ʔdi^{33}
晃 您 踏 不 好　　晃您怕您走不好，
kau^{33}ɕip^{213}lan^{31}to^{213}toŋ^{31}
魂线 踏 到 坝　　还有魂线牵到坝。
sak^{213}məŋ^{42}lan^{31}ʔbo^{33}ɦan^{33}
晃 您 踏 不 紧　　晃您怕您走不稳，
kau^{33}man^{42}lan^{31}to^{213}toŋ^{31}
神线 踏 到 坝　　还有神线拉到坝。
sak^{213}məŋ^{42}lan^{31}ʔbo^{33}ka:t^{213}
晃 您 踏 不 断　　晃您踏不断，
kau^{33}ʔdai^{55}lan^{31}to^{213}toŋ^{31}
古线 踏 到 坝　　古线拉到坝。
ku^{33}ʔbo^{213}ten^{31}ʔbən^{33}lian^{31}ʔdan^{33}
我 不 骂 天 连 高天　　我布摩不骂高天。

ku^{33}ɦeu^{42}ʔua:i^{213}pa:k^{213}pai^{33}kən^{42}
我　喊　转　嘴　去　上　　我布摩喊嘴朝上，

ʔbo^{33}ʒai^{42}ma^{31}məŋ^{31}pja^{213}
不　叫　那　你　雷　　不喊你那雷。

ku^{213}ɦeu^{42}ʔua:i^{213}pa:k^{213}pai^{33}la^{213}
我　喊　转　嘴　朝　下　　我布摩喊嘴朝下，

ʔbo^{33}ʒai^{42}ma^{31}məŋ^{31}ŋək^{33}
不　叫　那　你　龙　　不叫你那龙。

ku^{213}ɦeu^{42}ʔua:i^{213}pa:k^{213}pai^{33}luak^{213}
我　喊　转　嘴　去　凹塘　　我布摩喊嘴朝凹塘，

ʔbo^{33}ʒai^{42}ma^{31}məŋ^{31}fa:ŋ^{42}
不　叫　那　你　鬼　　不叫你那鬼。

ku^{213}ɦeu^{42}ʔua:i^{213}pak^{213}pai^{33}tɕa:ŋ^{33}
我　喊　转　嘴　去　中央　　我布摩喊嘴朝中央，

ʔbo^{33}ʒai^{42}ma^{31}məŋ^{31}ɕie^{55}
不　叫　那　你　神　　不叫你那神。

ku^{213}ɦeu^{42}ʔua:i^{213}pak^{213}pai^{33}sɯ^{213}
我　喊　转　嘴　去　角　　我布摩喊嘴朝房角，

ʔbo^{33}ʒai^{42}ma^{31}məŋ^{31}ʔa:n^{213}
不　叫　那　你　雁　　不叫你那雁。

vai^{33}laɯ^{31}ʒak^{55}laɯ^{31}ko^{213}
宝　哪　丢失　哪　哼　　哪人丢宝哪人哼，

po^{31}（me^{31}）laɯ^{31}ta:i^{33}laɯ^{31}tau^{55}
父（母）　哪　死　哪　闹　　哪人死父（母）哪人闹，

lau^{55}laɯ^{31}tai^{33}laɯ^{31}zai^{42}
老人　哪　死　哪　喊　　哪家死了老人哪家喊。

tɕap^{55}sam^{213}tɕau^{33}ku^{33}ʒai^{42}
斗笠　戴　头　我　喊　　请我布摩头戴斗笠喊，

ʔja:ŋ^{55}pat^{213}ʔba^{31}ku^{33}zai^{42}
长剑　搭　肩　我　喊　　请我布摩肩扛长剑喊，

sa:i^{33}sam^{213}na^{213}ku^{33}ɦeu^{42}
孝　遮　脸　我　吼　　请我布摩孝布遮脸吼。

ku^{33}ɦeu^{42}ʔua:i^{213}pa:k^{213}pai^{33}ʔdu^{55}
我　喊　转　嘴　去　先　　请布摩我先喊头声：

ʔbo^{33}ʒai^{42}məŋ^{31}paŋ^{42}ku^{213}ɕip^{213}sa:ŋ^{31}
不　叫　你　布　九　十　两①　　不惊动你布九十两，

mi^{31}ʒai^{42}məŋ^{31}vɯŋ^{42}tok^{55}toŋ^{31}
不　叫　你　皇帝　到　坝　　不叫你皇帝到坝。

① 叫布：也称“惊动布”，指布依族妇女配蓝靛水染布时，忌男子和孕妇在旁边，认为会惊动蓝靛水使之变坏，布就染得变黑。所以古时染缸一般都放在秘密处。

ku33ɦeu42ʔua:i213pa:k213pai33ʔdu55
我 喊 转 嘴 去 先
布摩我先喊头声：

ʔbo33ʒai42məŋ31paŋ42ku213ɕip213soŋ42
不 叫 你 布 九 十 层
不惊动你布九十层，

mi31ʒai42məŋ31fa:n42tok55toŋ31
不 叫 你 獐子 落 牛坝①
不叫你獐子落牛坝。

hua213ka33lamɯ42 tu55ti213
划 哪里 土地②
划在哪里好呵土地？

ji31ka33lamɯ42 tu55koŋ33
定 哪里 土地公
定在哪里好呵土地公？

ʒoŋ42ka33lamɯ42 tu55ti213
下定 哪里 土地
土地神定给哪里下牛桩？

tu55ti213hua213pai33sam33soŋ33sam33
土地 划 去 庹 二 庹
土地神划去两三庹，

tu55koŋ33ʒoŋ42pai33pan213soŋ33pan213
土地公 下定 去 庹 二 庹③
土地神定了两三庹。

hua213pai33na55ɕiau31ʒim33
划 去 前 一生 满
划给一生您用满，

hua213pai33tɕai33ɕiau31tɕai31
划 去 远 一生 足
划给一辈您用足。

ʒa31sək213ɦau213ku33na:i33
时 到 进 我 说
时候进到我布摩来说，

ʒa31ɦau55ʔdamɯ33ku33ɦau213
时 进 里面 我 说
进到祭场里我布摩来讲：

ʔja:ŋ55ku33ʔja:ŋ55ʔbo33ɦok55
长剑 我 长剑 不 剑鞘
我布摩的长剑出剑鞘，

zok213ku33zok213ʔbo33kan42
竹神棍 我 竹神棍 无 把
我布摩的竹神棍是无把的神棍。

ʒa31ʔdjau33pja:i33ʔja:ŋ55kap213ku33tau55
时 一 尖 长剑 父（母）我 来
pja42su33saŋ42
砍 伸 长
吉时我的长剑尖自然会伸长，砍牛来祭父（母）。

ʒa31ʔdjau33pja:i33ji33ku33tau55ŋuat213
时 一 竹神棍尖 我 来 刺
su33saŋ42
伸 长
那时我的竹神棍尖自然会伸长，刺牛来祭父（母）。

ʔja:ŋ55ku33ʔja:ŋ55soŋ213tɕin33
长剑 我 长剑 重 威力
我布摩的长剑威力大，

---

① 不叫你獐子落牛坝：指不准獐子等野物干扰祭牛活动。
② 划地：由布摩先生在幡杆周围用长剑尖边指边念经，划出一定范围之地，作为砍牛转场用。并同时交代清楚，让土地公不得干涉祭牛活动。
③ 两三庹："庹(tuǒ)"，布依族人念"pan213"或"sam33"，是民间一种长度单位，指成人两臂左右平伸时两手之间的距离，约合5尺。

kua^{213}sok^{33}su^{33}ɦo^{31}tɯ^{42}

过　明天　你们　才　带　　过了明天你们土地才能带。

ʒɯ^{42}su^{33}ja^{55}tɕi^{31}kuan^{55}

后天　你们　想　不　管　　后天你们土地也不能管。

kua^{213}ʒɯ^{42}su^{33}ɦo^{31}kuan^{55}

过　后天　你们　才　管①　　过了后天你们土地才能管。

tu^{55}ti^{213}ʔiu^{213}pa:i^{31}kua^{42}

土地　在　方　右　　土地在右方，

ɕian^{31}ɕi^{33}tok^{55}pa:i^{31}kua^{42}

纸钱　买　方　右②　　就用纸钱买右方。

tu^{55}ti^{213}ʔiu^{213}pa:i^{31}səi^{55}

土地　在　方　左　　土地在左方，

ɕian^{31}ɕi^{33}tok^{55}pa:i^{31}səi^{55}

纸钱　买　方　左　　就用纸钱买左方。

ku^{213}ni^{55}mian^{42}ka^{33}ni^{55}

首　这　完　点　这　　这首经念毕，

ɕian^{33}ni^{55}kua^{213}ka^{33}ni^{55}

段　这　完　点　这　　这段经念完这点；

ku^{213}ni^{55}mian^{42}ka^{33}ni^{55}

首　这　完　点　这　　这首经念毕，

pian^{213}liau^{42}sɯ^{33}ka^{33}ni^{55}

唱　完　全　点　这　　唱完这首唱新首。

muət^{213}ku^{213}ni^{55}pai^{33}pja:i^{33}

完　首　这　去　尖　　这首唱到尾，

ku^{213}ɦa^{213}na:i^{33}ku^{213}mo^{213}

我　要　请　首　新　　我要请新首。

ku^{213}mo^{213}ku^{213}ɦa^{55}taŋ^{53}

首　新　我　要　到　　新首我就到，

ku^{213}laŋ^{33}ku^{213}ɦa^{55}ɦau^{213}

首　后　我　要　念　　后首我要念。

（一）转祭牛场

vən^{31}jiaŋ^{31}laɯ^{31}sa:u^{55}ʔdu^{55}

人　哪样　造　先　　哪些人先造礼节？

pu^{55}jiaŋ^{31}laɯ^{31}sa:u^{55}ɕian^{31}

人　哪样　造　转场③　　哪些人造的转场礼？

① 过了后天你们土地才能管：指古代祭牛仪式共需要三天时间，此期限内土地公不准干涉祭牛场的活动。

② tok^{55}：原意是“落”，此处是“买”，即买地砍祭牛。经此仪式，砍祭牛用过的这块地方就不能用作建房、埋坟等其他用途。

③ 转场礼：指祭牛场中孝家子女、亲戚等人盛装跟着布摩先生旋转的礼仪。其礼为：布摩先生肩扛长剑（“文革”期间不少布摩先生的经书和长剑都被收缴并毁掉，留下的已经很少）、手持神竹棍走在前面，边走边念经。孝家亲戚等人皆反穿衣服，头戴长孝帕，手持燃香、稻谷穗等随后跟上，其顺序为最前是大孝子，其余是其他孝子孝媳孝孙、亲戚等人。首先从右至左转三遍，再从左至右转三遍。转到最后第三遍，孝家众人即抢着剪断归逝老人的“魂线”。之后又按顺序站在布摩先生背后，听布摩念《金竹小魂幡经》。

la:u^{55}su^{33}fa:ŋ^{31}sa:u^{55}ɕian^{31}
古　寨主　造　转场　　　古寨主先造转场礼，
kuaŋ^{213}ʔba:n^{55}ni^{55}sa:u^{55}ɕian^{31}
寨老　这　造　转场　　　寨老造转场礼。
me^{31}kai^{213}ko^{55}ɕian^{31}ʒuŋ^{42}jiaŋ^{31}laɯ^{42}
母　鸡　同　转场　圈　哪样　　　母鸡转圈同哪样，
lək^{213}zo^{55}fa^{31}ma^{33}ɕian^{31}
儿　会　发　来　转场　　　儿会发来转场成那样。
me^{31}mu^{33}ɦuŋ^{33}ɕian^{31}ʒoŋ^{31}jiaŋ^{31}laɯ^{42}
母　猪　胖　转场　圈　哪样　　　母猪转圈同哪样，
lək^{213}zo^{55}fa^{31}ma^{33}ɕian^{31}
儿　会　发　来　转场　　　儿会发来转场成那样。
ʒok^{213}ʒau^{33}ɕian^{31}ʔbu^{33}ɦa:u^{55}jiaŋ^{31}laɯ^{42}
斑鸠鸟　转　稻茎　稻　哪样　　　斑鸠鸟转稻茎同哪样，
lək^{213}zo^{55}fa^{31}ma^{33}ɕian^{31}
儿　会　发　来　转场　　　儿会发来转场成那样。
ʒok^{213}ʔa^{33}ɕian^{31}ma:k^{31}jiaŋ^{31}laɯ^{42}
乌鸦鸟　转　果　哪样　　　乌鸦鸟转果子同哪样，
lək^{213}ʒo^{55}fa^{31}ma^{33}ɕian^{31}
儿　会　发　来　转场　　　儿会发来转场成那样。
ɦa:k^{213}la^{55}ɕian^{31}soŋ^{42}sɯ^{33}jiaŋ^{31}laɯ^{42}
汉人　下　转　桌子　书　哪样①　　　下方汉人转书桌同哪样，
lək^{213}ʒo^{55}fa^{31}ma^{33}ɕian^{31}
儿　会　发　来　转场　　　儿会发来转场成那样。
lək^{42}sa:u^{33}mei^{31}ɕian^{31}jəu^{55}jiaŋ^{31}laɯ^{42}
伙子　恋　妹　转　友　哪样②　　　伙子恋妹友同哪样，
lək^{213}ʒo^{55}fa^{31}ma^{33}ɕian^{31}
儿　会　发　来　转场　　　儿会发来转场成那样。
ʒuə^{42}ɕian^{31}sak^{213}jiaŋ^{31}laɯ^{42}
船　转　船绳　哪样　　　船转船绳同哪样，
lək^{213}ʒo^{55}fa^{31}ma^{33}ɕian^{31}
儿　会　发　来　转场　　　儿会发来转场成那样。
to^{213}ɕian^{31}ʒuŋ^{42}jiaŋ^{31}laɯ^{42}
马蜂　转　窝　哪样③　　　马蜂转窝同哪样，
lək^{213}zo^{55}fa^{31}ma^{33}ɕian^{31}
儿　会　发　来　转场　　　儿会发来转场成那样。

① 下方汉人转书桌：此句有两层意思，一是汉人居住于布依族之下方（据说为“东方”）；二是汉人喜读书写字，这对布依族很有影响。
② 伙子恋妹友：指青年男女相恋，双方舍不得分离之情形。据说，因古代父母包办，婚姻不自由，往往有相恋男女一同躲藏到远方生活，在新地方成家发寨，并起新的寨名，新的布依族村寨于是相继产生。所以，不少布依族地方小村小寨较多。
③ 马蜂转窝：指马蜂天冷时在蜂窝周围飞来转去，舍不得离开之状。马蜂生命力极强，天热季节在山上拼命造窝生产，天冷就迁移入人房屋瓦下过冬。春天一到，又飞回山林，一对马蜂造一个新窝。

tɕoŋ^{33}ɕian^{31}wan^{55}jiaŋ^{31}lauɯ^{42}
鼓 转 鼓槌 哪样
鼓转鼓槌同哪样，

lək^{213}zo^{55}fa^{31}ma^{33}ɕian^{31}
儿 会 发 来 转场
儿会发来转场成那样。

loŋ^{55}ɕian^{31}jie^{42}jiaŋ^{31}laɯ^{42}
竹笼 转 笼盖 哪样①
竹笼转笼盖同哪样，

lək^{213}zo^{55}fa^{31}ma^{33}ɕian^{31}
儿 会 发 来 转场
儿会发来转场成那样。

jie^{42}ɕian^{31}ti^{31}jiaŋ^{31}laɯ^{42}
笼盖 转 位置 哪样②
笼盖转位置同哪样，

lək^{213}zo^{55}fa^{31}ma^{33}ɕian^{31}
儿 会 发 来 转场
儿会发来转场成那样。

ɦa:u^{55}kam^{33}kok^{55}ma^{33}sa^{55}sa:u^{42}kɯi^{42}
糯米饭 装 甑 来 供 每个 姑爷
每个姑爷都拿糯米饭装甑来祭供。

tok^{55}pau^{42}ji^{55}ɕoŋ^{213}pau^{42}
撒 粑坨 给 可留 粑坨
撒去的粑坨还留有。

ɕoŋ^{213}pai^{33}tək^{55}tɕau^{55}li^{42}
留 去 放 灵堂棺头供桌③
留下粑坨放在灵堂棺头的供桌上。

ɕoŋ^{213}pit^{55}kai^{213}ʒau^{31}kən^{33}
留 鸭 鸡 我们 吃
留给我们喂鸡鸭。

ɕoŋ^{213}mu^{33}ɦuŋ^{33}ʒau^{31}sat^{213}
留 猪 羊 我们 嚼
留给我们喂猪羊。

ɕoŋ^{213}lək^{213}paɯ^{55}ʒim^{33}ra:n^{42}
留 儿子 儿媳 满 堂
留儿子儿媳满堂。

ɕoŋ^{213}lək^{213}la:n^{33}ʒim^{33}ʔbuan^{213}
留 孙子 满 床
留孙子满床。

pu^{55}ʔiu^{213}kən^{31}ɕian^{31}kən^{31}
人 在 上 转 上
人在上方转上方，

vən^{31}ʔiu^{213}la^{213}ɕian^{31}la^{213}
人 在 下 转 下
人在下方转下方。

ɕian^{31}pai^{33}kən^{31}ʔdai^{33}ma^{55}
转 去 上 得 马
转去上方得马匹，

ɕian^{31}pai^{33}la^{55}ʔdai^{33}va:i^{42}
转 去 下 得 水牛
转去下方得水牛。

ɕian^{31}pai^{33}la:i^{33}ʔdai^{33}wei^{213}
转 去 多 得 丫环
转得多者得丫环，

① 竹笼转笼盖：指竹笼与笼盖不忍分离。布依族地区竹类多，人们喜欢编织竹笼来装物件，民间竹笼有很多种，大小形状不同，有美观大方、轻巧耐用、不易被虫蛀之特点。

② 笼盖转位置：指笼盖所放位置，都在笼身之旁。

③ 灵堂棺头供桌：指用小桌一张，四周又用竹篾编成高不能过膝的栅栏围上，桌上放香炉、燃灯一盏、酒、糯米粑（竹筷交叉插在粑上）、水果、蔗糖、糕点、纸钱等供品。小供桌旁紧靠棺头处还有金竹挂上归逝老人牌位。牌位写明死者出生的年月日，享年多少岁，某年某月某日某时归仙位。灵牌两旁对联："三魂悠悠上天堂，七魄渺渺归阴府。"此金竹牌位，出丧时由大孝子扛着在棺材前引路上山。下丧完毕，由布摩先生念经并将金竹牌位插于坟头之上。

ɕian^{31}n̥oi^{31}ʔdai^{55}mu^{33}juaŋ^{42}
转　少　得　猪　羊　　　转得少者得猪羊。
ɕian^{31}pəŋ^{31}ʔdai^{55}wei^{213}saɯ^{55}
转　地方　得　丫环　服侍　　　转遍地方者得丫环服侍。
ɕian^{31}liau^{55}ta:u^{31}ɾa:n^{31}ɦa:u^{55}
转　完　到　家　粮　　　转完粮到家。
ɕian^{31}liau^{55}ɦau^{55}ɾa:n^{31}ɕian^{31}
转　完　进　家　钱　　　转完钱进家。
ɕian^{31}liau^{55}ta:u^{213}ma^{33}lian^{31}ti^{213}kau^{213}
转　完　回　来　站　位　原　　　转完回来站原位。
ɕian^{31}liau^{55}ta:u^{213}ma^{33}tau^{31}ɾa:n^{31}ɦa:u^{55}
转　完　回　来　到　家　粮　　　转完回来粮到家。
ɕian^{31}liau^{55}ɦau^{213}ɾa:n^{31}ŋa:i^{31}
转　完　进　家　早饭　　　转完进家吃早饭。
ɕian^{31}liau^{55}ma^{33}ti^{213}kau^{213}
转　完　回　位　原　　　转完然后回原位。

（二）剪魂线阴阳分离

vən^{31}jiaŋ^{31}laɯ^{31}sa:u^{55}ʔdu^{55}
人　哪样　造　先　　　哪些人先造礼节？
pu^{55}jiaŋ^{31}laɯ^{31}sa:u^{55}zat^{213}
人　哪样　兴　剪魂线　　　哪些人兴剪魂线？
la:u^{55}su^{33}fa:ŋ^{31}sa:u^{55}zat^{213}
老人房的寨主　兴　剪魂线[1]　　　老人房的寨主兴剪魂线，
kua:ŋ^{213}ʔba:n^{55}ni^{55}sa:u^{55}zat^{213}
古寨主　这　兴　剪魂线　　　古寨主兴剪魂线。
kua:ŋ^{213}ʔba:n^{55}ni^{55}sa:u^{55}zat^{213}
寨老　这　造　剪魂线　　　寨老兴剪魂线。
me^{31}kai^{213}ko^{55}ʒat^{213}zuŋ^{42}jiaŋ^{31}laɯ^{42}
母　鸡　同　剪　圈　哪样　　　母鸡剪圈同哪样，
lək^{213}zo^{55}fa^{31}ma^{33}ʒat^{213}
儿　会　发　来　剪　　　儿会发就剪成那样。
me^{31}mu^{33}ɦuŋ^{33}zat^{213}ʒoŋ^{31}jiaŋ^{31}laɯ^{42}
母　猪　胖　剪　圈　哪样　　　母猪剪圈同哪样，
lək^{213}zo^{55}fa^{31}ma^{33}ʒat^{213}
儿　会　发　来　剪　　　儿会发就剪成那样。
ʒok^{213}zau^{33}ʒat^{213}ʔbu^{33}ɦa:u^{55}jiaŋ^{31}laɯ^{42}
斑鸠鸟　剪　稻茎　稻　哪样　　　斑鸠鸟剪稻茎同哪样，

① 老人房：布依族每个村寨都有一座四方形木建筑的寨神房，上盖瓦，称为“老人房”。每年农历二月初卯日，全寨出钱买猪、鸡、蛋、香、纸钱等集中祭供，祭供畜禽的皮毛等就地放入房角专门挖的小窝塘中，用大石板盖上。饭前念经，全村男子在老人房处吃饭。饭后又念经，由布摩将供桌倒着放在原处。祭期三天，期间不准外人进出村寨，不准妇女参加，也不准其妻有身孕者听布摩念经，待布摩念经毕才准其参加吃饭。三天后布摩又去念经收回供桌，宣布欢迎客人进寨。

lək^{213}ʒo^{55}fa^{31}ma^{33}ʒat^{213}
儿 会 发 来 剪　　儿会发就剪成那样。

ʒok^{213}ʔa^{33}ʒat^{213}ma:k^{31}jiaŋ^{31}laɯ^{42}
乌鸦鸟 剪 果 哪样　　乌鸦鸟剪果子同哪样，

lək^{213}ʒo^{55}fa^{31}ma^{33}ʒat^{213}
儿 会 发 来 剪　　儿会发就剪成那样。

ɦa:k^{213}la^{55} ʒat^{213}soŋ^{42}sɯ^{33}jiaŋ^{31}laɯ^{42}
汉人 下 剪 桌子 书 哪样　　下方汉人剪书桌同哪样，

lək^{213}ʒo^{55}fa^{31}ma^{33}zat^{213}
儿 会 发 来 剪　　儿会发就剪成那样。

lək^{42}sa:u^{33}mei^{31}ʒat^{213}jəu^{55}jiaŋ^{31}laɯ^{42}
伙子 恋 妹 剪 友 哪样　　伙子恋妹难分同哪样，

lək^{213}ʒo^{55}fa^{31}ma^{33}ʒat^{213}
儿 会 发 来 剪　　儿会发就剪成那样。

ʒuə^{42}ʒat^{213}sak^{213}jiaŋ^{31}laɯ^{42}
船 剪 船绳 哪样　　船剪船绳同哪样，

lək^{213}ʒo^{55}fa^{31}ma^{33}ʒat^{213}
儿 会 发 来 剪　　儿会发就剪成那样。

to^{213}ʒat^{213}ʒuŋ^{42}jiaŋ^{31}laɯ^{42}
马蜂 剪 窝 哪样　　马蜂剪窝同哪样，

lək^{213}ʒo^{55}fa^{31}ma^{33}ʒat^{213}
儿 会 发 来 剪　　儿会发就剪成那样。

tɕoŋ^{33}ʒat^{213}wan^{55}jiaŋ^{31}laɯ^{42}
鼓 剪 鼓槌 哪样　　鼓剪鼓槌同哪样，

lək^{213}ʒo^{55}fa^{31}ma^{33}ʒat^{213}
儿 会 发 来 剪　　儿会发就剪成那样。

loŋ^{55}ʒat^{213}jie^{42}jiaŋ^{31}laɯ^{42}
竹笼 剪 笼盖 哪样　　竹笼剪笼盖同哪样，

lək^{213}ʒo^{55}fa^{31}ma^{33}ʒat^{213}
儿 会 发 来 剪　　儿会发就剪成那样。

jie^{42}ʒat^{213}ti^{31}jiaŋ^{31}laɯ^{42}
笼盖 剪 位置 哪样　　笼盖剪位置同哪样，

lək^{213}ʒo^{55}fa^{31}ma^{33}ʒat^{213}
儿 会 发 来 剪　　儿会发就剪成那样。

ɦa:u^{55}kam^{33}kok^{55}ma^{33}sa^{55}sa:u^{42}kɯi^{42}
糯米饭 装 甑 来 供 每个 姑爷　　每个姑爷都拿糯米饭装甑来祭供，

tok^{55}pau^{42}ji^{55}ɕoŋ^{213}pau^{42}
撒 粑坨 给 可留 粑坨　　撒去的粑坨还留有，

ɕoŋ^{213}pai^{33}tək^{55}tɕau^{55}li^{42}
留 去 放 灵堂棺头供桌　　留下粑坨放在灵堂棺头的供桌上。

ɕoŋ^{213}pit^{55}kai^{213}ʒau^{31}kən^{33}
留 鸭 鸡 我们 吃　　留给我们喂鸡鸭，

ɕoŋ^{213}mu^{33}ɦuŋ^{33}ʒau^{31}sat^{213}
留 猪 羊 我们 嚼　　留给我们喂猪羊，

ɕoŋ^{213}lək^{213}paɯ^{55}zim^{33}ɾa:n^{42}
留 儿子 儿媳 满 堂　　留儿子儿媳满堂，

ɕoŋ^{213}lək^{213}la:n^{33}zim^{33}ʔbuan^{213}
留 孙子 满 床　　留孙子满床。

pu^{55}ʔiu^{213}kən^{31}zat^{213}kən^{31}
人 在 上 剪 上　　人在上方剪上方，

vən^{31}ʔiu^{213}la^{213}zat^{213}la^{213}
人 在 下 剪 下　　人在下方剪下方。

zat^{213}pai^{33}kən^{31}ʔdai^{33}ma^{55}
剪 去 上 得 马　　剪去上方得马匹，

zat^{213}pai^{33}la^{55}ʔdai^{33}va:i^{42}
剪 去 下 得 水牛　　剪去下方得水牛。

zat^{213}pai^{33}la:i^{33}ʔdai^{33}wei^{213}
剪 去 多 得 丫环　　剪得多者得丫环，

zat^{213}ȵoi^{31}ʔdai^{55}mu^{33}juaŋ^{42}
剪 少 得 猪 羊　　剪得少者得猪羊，

zat^{213}pəŋ^{31}ʔdai^{55}wei^{213}saɯ^{55}
剪 地方 得 丫环 服侍　　剪遍地方者得丫环服侍。

zat^{213}liau^{55}ta:u^{31}ɾa:n^{31}ɦau^{55}
剪 完 到 家 粮　　剪完粮到家，

zat^{213}liau^{55}ɦau^{55}ɾa:n^{31}ɕian^{31}
剪 完 进 家 钱　　剪完钱进家。

zat^{213}liau^{55}ta:u^{213}ma^{33}lian^{31}ti^{213}kau^{213}
剪 完 回 来 站 位 原　　剪完回来站原位。

zat^{213}liau^{55}ta:u^{213}ma^{33}tau^{31}ɾa:n^{31}ɦau^{55}
剪 完 回 来 到 家 粮　　剪完回来粮到家。

zat^{213}liau^{55}ɦau^{213}ɾa:n^{31}ŋa:i^{31}
剪 完 进 家 早饭　　剪完进家吃早饭。

zat^{213}liau^{55}ma^{33}ti^{213}kau^{213}
剪 完 回 位 原　　剪完然后回原位。

八、五方竹引路

kok^{55}fa:n^{33}ni^{55}kuə^{31}lam^{31}ma^{33}ʔdjau^{213}
根 竹幡 这 为何 来 飘

toŋ^{31}kum^{42}
坝 窝[1]　　竹幡为何飘坝窝？

[1] 竹幡根：指祭牛场所用的神幡。其中，东、南、西、北、中央等五方各用带叶金竹一棵，其他方位则用六种树各一棵，上挂“引幡引路”等语。此金竹由丧家亲戚去山上砍来，只有大龙竹必须是由姑爷亲自去山上砍来。

toŋ^{31}fa:n^{33}ni^{55}kuə^{31}laɯ^{31}ma^{33}ʔdjau^{213}
坝　幡　这　为何　来　飘
tu^{33}ɾa:n^{42}
门口
竹幡为何飘门口？

pja:i^{33}fa:n^{33}ni^{55}kuə^{31}laɯ^{31}ma^{33}ʔdjau^{213}
尖　幡　这　为何　来　飘
la^{213}sɯə^{213}
下　房角
幡尖为何飘房角？

kok^{55}fa:n^{33}ni^{55}pu^{55}laɯ^{31}za:i^{31}
脚　幡　这　人　哪　写
幡文是谁来写？

naŋ^{31}ta^{33}kok^{55}fi^{31}za:i^{42}
还　头个字　未　写
还有头个字未写，

tɯ^{31}pai^{33}ɦaɯ^{213}ɕian^{33}za:i^{42}
带　去　给　仙　写
带给仙去写。

pja:i^{33}fa:n^{33}ni^{55}pu^{55}laɯ^{31}ve^{31}
尖　幡　这　人　哪　描
幡尖是谁来描？

tɯ^{31}pai^{33}ɦaɯ^{213}ɕian^{33}ve^{31}
带　去　给　仙　描
带去给仙描。

ɦat^{55}ɕian^{33}pan^{31}soŋ^{42}ma^{42}
早晨　仙　办　桌　什么
早晨仙办什么桌？

ɦat^{55}ɕian^{33}pan^{31}soŋ^{42}sɯ^{33}
早晨　仙　办　桌　书
早晨仙办的书桌。

ɕian^{33}ɦan^{33}pai^{33}ma^{33}soŋ^{31}lau^{55}ʔbo^{33}zo^{55}
仙　急　去　来　桌子　酒　不　知
仙急来酒桌不知。

ɕian^{33}ɦan^{33}pai^{33}ɦau^{213}soŋ^{31}sa^{42}ʔbo^{33}zo^{55}
仙　急　去　进　桌子　茶　不　知
仙急到茶桌不知。

ɕian^{33}pai^{33}ma^{33}ti^{31}kau^{31}ʔbo^{33}zo^{55}
仙　去　来　原位　不　知
仙到原位也不知。

zai^{42}kuə^{31}tuŋ^{33}faŋ^{33}tɕin^{33}tʻi^{31}tɕa^{31}
喊　做　东　方　青　帝　甲
ji^{31}mu^{31}
乙　木
喊做东方青帝甲乙木，

waŋ^{31}səŋ^{31}jin^{42}fa:n^{33}jin^{31}lu^{213}
亡　神　引　幡　引　路
亡神引幡引路，

waŋ^{33}san^{33}fu^{213}si^{213}sən^{33}
旺　三　父　四　孙
旺三父四孙。

zai^{42}kuə^{31}nan^{31}faŋ^{33}tsʻi^{31}ti^{213}pin^{55}
喊　做　南　方　赤　帝　丙
tin^{33}ho^{55}
丁　火
喊做南方赤帝丙丁火，

waŋ^{31}səŋ^{31}jin^{42}fa:n^{33}jin^{31}lu^{213}
亡　神　引　幡　引　路
亡神引幡引路，

waŋ^{33}sa:n^{33}nan^{31}sa:n^{33}ni^{42}
旺　三　男　三　女
旺三男三女。

zai^{42}kuə^{31}si^{33}faŋ^{33}pə^{31}ti^{213}kən^{33}
喊　做　西　方　白　帝　庚
sin^{33}tɕin^{33}
辛　金
喊做西方白帝庚辛金，

waŋ^{31}səŋ^{31}jin^{42}fa:n^{33}jin^{31}lu^{213}
亡　神　引　幡　引　路
亡神引幡引路，

waŋ^{33}nu^{213}p'i^{31}ȵiu^{31}ma^{42}
旺　奴　婢　牛　马
旺奴婢牛马。

zai^{42}kuə^{31}pə^{31}faŋ^{33}hə^{31}ti^{213}zən^{31}
喊　做　西（北）方　黑　帝　壬
kui^{213}sui^{42}
癸　水
喊做西（北）方黑帝壬癸水，

waŋ^{31}səŋ^{31}jin^{42}fa:n^{33}jin^{31}lu^{213}
亡　神　引　幡　引　路
亡神引幡引路，

waŋ^{33}t'ian^{31}ti^{213}mu^{33}juaŋ^{42}
旺　田　地　猪　羊
旺田地猪羊。

zai^{42}kuə^{31}tsoŋ^{33}jiaŋ^{33}huaŋ^{31}ti^{213}wu^{213}
喊　做　中　央　黄　帝　戊
tɕi^{31}t'u^{42}
己　土
喊做中央黄帝戊己土，

waŋ^{31}səŋ^{31}jin^{42}fa:n^{33}jin^{31}lu^{213}
亡　神　引　幡　引　路
亡神引幡引路，

waŋ^{33}zu^{31}tɕin^{213}sa:n^{33}pa:u^{42}
旺　入　进　三　宝
旺入进三宝，

fu^{213}kui^{213}hau^{42}tɕ'ian^{33}ȵian^{42}
富　贵　好　千　年
富贵好千年，

tɕ'ian^{33}ȵian^{42}ʔdi^{33}wan^{213}ta:i^{213}
千　年　好　万　代
千年好万代，

wu^{42}faŋ^{33}wu^{42}li^{213}
五　方　五　利
五方五利，

tɕ'ian^{31}ts'ai^{31}hau^{42}
钱　财　好
钱财好，

ȵiu^{31}ma^{42}lai^{31}
牛　马　来
牛马来，

tɕ'ian^{31}ts'ai^{31}waŋ^{42}
钱　财　旺
钱财旺，

ta^{213}tɕi^{31}ta^{213}li^{213}
大 吉 大 利
大吉大利。

zən^{31}si^{42}tsai^{213}saŋ^{33}sɯ^{33}
人 死 在 丧 车
人死在丧车，

saŋ^{33}sɯ^{33}zai^{42}jin^{55}lu^{213}
丧 车 来 引 路
丧车来引路。

zən^{31}si^{42}tsai^{213}tsoŋ^{33}jiaŋ^{33}
人 死 在 中 央
人死在中央，

tsoŋ^{33}jiaŋ^{33}zai^{42}jin^{55}lu^{213}
中 央 来 引 路
中央来引路。

θi^{33}laŋ^{33}kok^{55}fa:n^{33}mo^{213}məŋ^{31}pai^{33}
跟着 脚 幡 新 您 去
跟着新幡脚您去，

θi^{33}laŋ^{33}pai^{31}saŋ^{33}sɯ^{33}məŋ^{31}pai^{33}
跟着 摆 丧 车 您 去
跟着摆丧车您去，

θi^{33}laŋ^{33}zam^{55}məŋ^{31}ʔua:i^{31}
跟着 水 您 转
跟着水您转，

θi^{33}ta:i^{31}pai^{213}məŋ^{31}pai^{33}
跟 台 摆 您 去
跟着魂幡摆您去。

kok^{55}fa:n^{33}mjaŋ^{42}ka^{33}ni^{55}
根 竹幡 完 这点
这根竹幡止这点。

zaŋ^{42}fa:n^{33}mət^{213}ka^{33}ni^{55}
棵 竹幡 完 这点
这棵竹幡完这点。

ku^{213}fa:n^{33}mjaŋ^{42}ka^{33}ni^{55}
首 竹幡 终 这点
这首竹幡经这点终，

pjan^{213}liau^{55}samɯ^{33}ka^{33}ni^{55}
遍 了 清 这点
这遍竹幡经这点了。

mət^{213}ku^{213}ni^{55}pai^{33}pja:i^{33}
毕 首 这 去 尖
这遍竹幡经念到尾，

ku^{213}ɦa^{213}na:i^{33}ku^{213}mo^{213}
我 要 请 首 新
我要请新首。

ku^{213}mo^{213}ku^{213}ɦa^{55}taŋ^{31}
首 新 我 要 到
新首我要到，

ku^{213}laŋ^{33}ku^{213}ɦa^{55}ɦau^{213}
首 后 我 要 唱
后首我要唱。

九、渡口城神街

pa:k^{213}sak^{55}kau^{33}zuə^{42}mo^{213}
渡口 划 船 新①
渡口划新船，

pa:k^{213}sok^{213}kau^{33}zuə^{42}sɯn^{42}
渡口 划 船 密
渡口划船密。

① pa:k^{213}sak^{55}：地名，古代南盘江一个大渡口。

pa:k^{213}sak^{55}kau^{33}zuə^{42}mo^{213}
渡口　划　船　新　　　　渡口划新船，

pa:k^{213}sok^{213}kau^{33}zuə^{42}ɦən^{55}
渡口　划　船　上　　　　渡口划船上。

pu^{55}sən^{213}pu^{55}pai^{33}ka:i^{33}
人　接　人　去　街上　　　　人接人来赶街去，

ma^{33}taŋ^{42}ŋa:m^{42}ʔdau^{33}ʔdi^{213}
来　到　山丫口　很高的山　　　　来到很高的山丫口，

ma^{33}taŋ^{42}ti^{31}ɕiau^{213}su^{33}
来　到　位置　面对　　　　来到街对面，

ma^{33}taŋ^{42}su^{33}pa:k^{213}ta^{31}
来　到　城　口　河①　　　　来到“河口城”。

ma^{33}pa:k^{213}ta^{31}po^{33}wa:ŋ^{33}
来　口　河　山　偏路　　　　来到河口偏坡路，

taŋ^{31}ti^{33}waŋ^{42}ni^{31}toŋ^{213}
到　位置　有名　宜　动②　　　　到了有名的“宜动”寨。

ma^{33}ʔjie^{213}na:i^{213}kok^{55}zau^{33}
来　休息　脚　枫香树　　　　枫香树脚来休息，

ma^{33}kən^{33}sau^{42}kok^{55}wək^{213}
来　吃　晚饭　脚　青杠树　　　　停在青杠树脚吃晚饭。

tɕak^{213}pa:k^{213}lok^{213}pai^{33}kən^{31}
移　嘴　说　去　上　　　　嘴说移上去，

pai^{33}taŋ^{42}su^{33}ku^{42}sak^{31}
来　到　城　古　藏③　　　　来到“古藏城”。

ku^{42}saŋ^{31}kuə^{31}ɦɯ^{33}pjau^{55}
古　藏　做　街　丑日　　　　古藏做街赶丑日。

ku^{42}saŋ^{31}ɦau^{55}ɦɯ^{33}fat^{213}
古　藏　做　街　未日　　　　古藏做街赶未日。

sat^{55}van^{31}ɦau^{213}soŋ^{33}ɦok^{213}
七　天　赶　二　场　　　　七天赶两场，

ɦok^{213}van^{31}ɦau^{33}sa:m^{33}ɦɯ^{33}
场　天　赶　三　街　　　　一场赶三天。

tɯ^{31}pai^{33}taŋ^{31}lo^{31}tian^{213}
带　去　到　洛　店④　　　　带去城中洛店街，

ɦa:k^{213}la^{213}ni^{55}ma^{31}kua:i^{33}jiaŋ^{31}kua:i^{33}
汉人　下方　这　哪样　聪明　又　聪明　　　　这里的下方汉人聪明又聪明，

① 河口城：传说古代大渡口边上，里面有一条神街，人鬼共街分不清，一年到头只赶街一次，一次赶三天。街上人很多，又叫“百家姓街”。每年赶街会失踪一对情侣，要到第二年赶街时才能见到他们。所以河口城很出名。

② 宜动：地名，在今天生桥电站大坝下方。

③ 古藏城：在今滇黔桂交界三江口不远处的大渡口边上。现已被水淹没，新的赶街日期已为午日，场面也很隆重。

④ 洛店：古藏城中的街名。

ta:ŋ^{213}ɾa:n^{31}kuə^{31}soŋ^{33}tɯt^{213}
盖　房　做　二　层　　盖房盖两层，

ta:ŋ^{213}ɾa:n^{31}kuə^{31}sa:m^{33}tɯt^{213}
盖　房　做　三　层　　盖房盖三层。

tɯt^{213}kən^{31}su^{55}tɯŋ^{31}ŋa^{55}
层　上　装　蔗糖　瓦①　　上层装蔗糖瓦，

tɯt^{213}la^{213}su^{55}tɯŋ^{31}ʔboŋ^{33}
层　下　装　蔗糖　白　　下层装蔗糖白。

ka:i^{33}tɕa:ŋ^{33}tɕau^{213}ʔdi^{33}tan^{31}tan^{31}
卖　中　头街　好　稀奇　　街中卖的作物好稀奇。

tɯt^{213}kən^{31}su^{55}tɯŋ^{31}ŋa^{55}
层　上　装　蔗糖　瓦　　上层装蔗糖瓦，

tɯt^{213}la^{213}su^{55}tɯŋ^{31}nai^{33}
层　下　装　蔗糖　冰　　下层装蔗糖冰，

ka:i^{33}ʔit^{55}vai^{33}ŋi^{31}jiaŋ^{31}
卖　一　歪　二　样②　　琳琅满目。

tɕət^{213}pa:k^{213}lok^{213}pai^{33}kən^{42}
移　嘴　说　去　上　　嘴说移上去，

ɕin^{42}θi^{33}ka:i^{33}pai^{213}la^{55}
行　跟　街　去　下　　跟着行下街。

pu^{213}kən^{42}pu^{213}la:u^{55}ma^{55}
铺　上　铺　大　马　　上铺卖的是大马，

pu^{213}la^{55}pu^{213}la:u^{55}faŋ^{33}
铺　下　铺　大　木材　　下铺卖的大木材，

pu^{213}tɕa:ŋ^{33}pu^{213}la:u^{55}lo^{31}
铺　中　铺　老　少　　中铺老少卖东西。

la:u^{55}lo^{31}ka:i^{33}tɯŋ^{42}nai^{33}
老　少　卖　糖　冰　　老少卖的有冰糖，

ka:i^{33}ʔit^{55}vai^{33}ŋi^{31}jiaŋ^{31}
卖　一　歪　二　样　　琳琅满目。

la:u^{55}lo^{31}ka:i^{33}tɯŋ^{31}sa^{33}
老　少　卖　糖　纸③　　老少卖的有纸糖，

ka:i^{33}ʔit^{55}sa^{33}ŋi^{31}jiaŋ^{31}
卖　一　歪　二　样　　琳琅满目。

tak^{213}kuə^{31}tak^{55}sa^{33}ɦa:u^{33}
叠　做　叠　纸　白　　白纸论叠卖。

pau^{33}kuə^{31}pau^{33}sa^{33}ʔa:i^{213}
包　做　包　纸　黄　　黄纸论包卖。

① 蔗糖瓦：指瓦形蔗糖。
② 一歪二样：指卖的物品丰富地排列。
③ 纸糖：用纸包着卖的糖。

ka:i^{31}kuə^{31}ka:i^{31}ʔdi^{33}kən^{33}

样　做　样　好　吃

食品做得样样都好吃。

zən^{31}ma^{33}ku^{33}nau^{42}kok^{55}pjak^{213}mo^{213}

起　来　我　告诉　古　菜　新

kai^{33}məŋ^{42}

的　你

喊您老起来，我布摩告诉您新古菜。

zən^{31}ma^{33}ku^{33}nau^{42}so^{31}pjak^{213}teŋ^{42}

起　来　我　告诉　名　菜　野绿菜

kai^{33}məŋ^{42}

的　你

喊您老起来，我布摩告诉您野绿菜。

zən^{31}ma^{33}ku^{33}nau^{42}zeŋ^{42}ma:k^{213}nan^{55}

起　来　我　告诉　根　果　绿果菜

kai^{33}məŋ^{42}

的　你

喊您老起来，我布摩告诉您绿果菜。

nau^{42}ma:k^{213}nan^{55}tɯŋ^{31}nai^{33}

告诉　果　绿果菜　糖　冰

告诉您有绿果野菜和冰糖。

nau^{42}tɯŋ^{31}nai^{33}kau^{33}pin^{55}

告诉　糖　冰　糕　饼

告诉您有冰糖和糕饼。

nau^{42}mak^{213}nan^{55}ta:u^{31}ɦoŋ^{42}

告诉　神藤果　桃　红①

告诉您有红桃和神藤果。

nau^{42}tɯŋ^{42}ʔboŋ^{33}pu^{55}ɦa:k^{213}

告诉　糖　包　人　汉

告诉您有汉人做的包糖。

nau^{42}mak^{213}ɦau^{31}ʒa:i^{42}va^{33}

告诉　果　草　花纹

告诉您草果的花纹。

nau^{42}tiaŋ^{33}kua^{33}ɦa:k^{213}ɦaɯ^{55}

告诉　黄花瓜　汉人　给

告诉您汉人给的黄花瓜。

ku^{33}nau^{42}pɯk^{213}la^{55}ʔdan^{33}

我　讲　芋　下　天

我讲天下的芋头，

ku^{33}nau^{42}mən^{42}la^{55}ti^{31}

我　念　薯　地下世界

我念地下世界的薯类。

ku^{33}nau^{42}pɯk^{213}la^{55}ʔdan^{33}

我　讲　芋　下　天

我讲天下的芋头，

ku^{33}nau^{42}mən^{42}la^{55}na:m^{31}

我　念　薯　下　地

我念地下的薯类。

ku^{33}nau^{42}teŋ^{213}tuə^{31}ʒa:ŋ^{33}

我　讲　串　黄豆　炒

我讲炒的黄豆串。

ku^{33}nau^{42}sa^{33}tu^{31}fu^{31}

我　念　盘　豆腐

我念盘中的豆腐。

① 神藤果：植物，藤状，三月开花，五月果子成熟，果皮开裂，果肉香浓。果子开裂前叫“mak^{213}nan^{55}”，果子开裂掉地时又称为“mak^{213}mei^{55}”。水淹之前，黄泥河河边生长较多。当地人将此果加入蔗糖中，制成瓦糖、白糖。

ku^{33}nau^{42}teŋ^{213}tuə^{31}ʒa:ŋ^{33}
我 讲 串 黄豆 炒　　　我讲炒的黄豆串。

nau^{42}ɾa:ŋ^{42}kan^{33}pjak^{213}tɕai^{213}
念 笋 干 菜 晒　　　我念晒干的笋和菜。

nau^{42}ȵiak^{213}ȵai^{213}tɕa:ŋ^{33}ɦɯ^{33}
讲 零嘴 中 街　　　我讲零嘴街中卖。

ʒən^{213}ma^{33}kən^{33}kok^{55}pjak^{55}mo^{213}məŋ^{31}pei^{31}
起 来 吃 源 菜 新 您 呵　　　您起来吃呵，起来吃新鲜的菜。

ʒən^{213}ma^{33}kən^{33}so^{31}pjak^{55}teŋ^{42}məŋ^{31}pei^{31}
起 来 吃 名 菜 绿 您 呵　　　您起来吃呵，起来吃绿色的名菜。

ʒən^{213}ma^{33}kən^{33}mak^{213}nan^{55}məŋ^{31}pei^{31}
起 来 吃 神藤果 您 呵　　　您起来吃呵，起来吃新鲜的神藤果。

kən^{33}mak^{213}nan^{55}tɯŋ^{42}nai^{33}
吃 神藤果做的冰糖　　　您起来吃神藤果做的冰糖。

kən^{33}tɯŋ^{31}nai^{33}kau^{33}pin^{55}
吃 糖 冰 糕 饼　　　您吃冰糖糕饼。

kən^{33}mak^{213}nan^{55}ta:u^{31}ɦoŋ^{42}
吃 神藤果 桃 红　　　您吃红桃和神藤果。

kən^{33}tɯŋ^{42}ʔboŋ^{33} pu^{55}ɦa:k^{55}
吃 棉糖 汉人　　　汉人做的棉糖给你吃。

kən^{33}mak^{213}nan^{55} ta:u^{31}va^{33}
吃 神藤果 双胞桃　　　您吃双胞桃和神藤果。

kən^{33}tiaŋ^{33}kua^{33}ɦa:k^{55}ɦaɯ^{55}
吃 黄花瓜 汉人 送　　　汉人送做的黄花瓜给你吃。

ma^{33}kən^{33}pjɯk^{213}la^{55}ʔdan^{33}
来 吃 芋 下 天　　　来吃天下的芋头。

ma^{33}kən^{33}man^{31}la^{55}ti^{31}
来 吃 薯 地下世界　　　来吃地下世界的薯类。

ma^{33}kən^{33}pjɯk^{213}la^{55}ʔdan^{33}
来 吃 芋 下 天　　　来吃天下的芋头。

ma^{33}kən^{33}man^{31}la^{55}na:m^{31}
来 吃 薯 下 地　　　来吃地下的薯类。

ma^{33}kən^{33}teŋ^{213}tuə^{31}za:ŋ^{33}
来 吃 串 黄豆 炒　　　来吃炒的黄豆串。

ma^{33}kən^{33}sa^{33}tu^{31}fu^{31}
来 吃 盘 豆腐　　　来吃盘中的豆腐。

ma^{33}kən^{33}teŋ^{213}tuə^{31}za:ŋ^{33}
来 吃 串 黄豆 炒　　　来吃炒的黄豆串。

kən^{33}za:ŋ^{31}kan^{33}pjak^{213}tɕai^{213}
吃 笋 干 菜 晒　　　来吃晒干的笋和菜。

kən^{33}ȵiak^{55}ȵai^{33}tɕa:ŋ^{33}ɦɯ^{33}
吃　零食　中　街　　来吃零食街中卖。
kən^{33}tam^{33}lau^{213}kuə^{31}sam^{42}
吃　下　酒　做　玩　　吃下酒做玩。
kən^{33}tam^{33}ȵiam^{42}tam^{33}ȵuai^{31}
吃　下　零嘴　做　要　　吃零嘴玩耍。
ku^{213}ni^{55}mian^{42}ka^{33}ni^{55}
首　这　完　点　这　　这首经念毕，
ɕian^{33}ni^{55}kua^{213}ka^{33}ni^{55}
段　这　完　点　这　　这段经念完这点；
ku^{213}ni^{55}mian^{42}ka^{33}ni^{55}
首　这　完　点　这　　这首经念毕，
pian^{213}liau^{42}sɯ^{33}ka^{33}ni^{55}
唱　完　全　点　这　　唱完这首唱新首；
muət^{213}ku^{213}ni^{55}pai^{33}pja:i^{33}
完　首　这　去　尖　　这首唱到尾，
ku^{213}ɦa^{213}na:i^{33}ku^{213}mo^{213}
我　要　请　首　新　　我要请新首。
ku^{213}mo^{213}ku^{213}ɦa^{55}taŋ^{53}
首　新　我　要　到　　新首我就到，
ku^{213}laŋ^{33}ku^{213}ɦa^{55}ɦau^{213}
首　后　我　要　念　　后首我要念。

十、晕人

kən^{42}ʔbən^{33}mi^{42}tuə^{31}ʔdjau^{33}tak^{55}lo^{31}
上天　有　只　一　蝗虫飞扑响①　　天上蝗虫飞扑响，地上有蝗灾。
po^{31}viŋ^{55}suan^{31}se^{33}laŋ^{33}
父　晕　数　留　后②　　晕人之父会想前算后。
kən^{42}ʔbən^{33}mi^{42}tuə^{31}ʔdjau^{33}tak^{55}tau^{31}
上天　有　只　一　蝗虫　灰色　　天上灰虫飞扑响，地上蝗灾重。
po^{31}viŋ^{55}sa:u^{55}se^{33}laŋ^{33}
父　晕　造　留　后　　晕人之父造留后。
ʔə^{33}viŋ^{55}ɦə^{213}ʔə^{33}viŋ^{55}
阿　晕　呵　阿　晕　　阿晕人呵阿晕人，
ɦam^{31}məŋ^{31}pɯn^{33}te^{33}tap^{55}
晚上　你　镑挖　叮　响　　晚上你使镑挖叮响。
ɦat^{55}məŋ^{31}pɯn^{33}te^{33}tiat^{31}
早上　你　镑挖　嘀　声　　早上你拿镑挖嘀声。

① 天上蝗虫飞扑响，地上有蝗灾：指古时发生蝗灾，“晕人”无粮食吃，发生了食死人肉的现象。
② 晕父：古代吃生肉、人肉的野蛮人。

pɯn33kuə31ma55pu55viŋ55
铸挖 做 哪 人 晕　　　晕人用铸挖这做什么？
ɦam31məŋ31pɯn33te33tap55
晚上 你 铸挖 叮 响　　　晚上你使铸挖叮响。
ɦat55məŋ31pɯn33te33tiat31
早上 你 铸挖 嘀 声　　　早上你拿铸挖嘀声。
pɯn33kuə31ʒuə213ȵuai31kə33mu33
铸挖 做 槽 小 喂 猪　　　我用铸挖做的小槽来喂猪。
pɯn33kuə31va33tu33ʒuŋ42kai213
铸挖 做 板 门 圈 鸡　　　我用铸挖来做鸭鹅圈门板。
ʔə33viŋ55ɦə213ʔə33vin55
阿 晕 呵 阿 晕　　　阿晕人呵阿晕人，
ɦam31məŋ31pɯn33te33tap55
晚上 你 铸挖 叮 响　　　晚上你使铸挖叮响。
ɦat55məŋ31pɯn33te33tiat31
早上 你 铸挖 嘀 声　　　早上你拿铸挖嘀声。
pɯn33kuə213ma31pu55viŋ55
铸挖 做 哪 人 晕　　　晕人用铸挖这做什么？
ʔə33vin55ɦə213ʔə33viŋ55
阿 晕 呵 阿 晕　　　阿晕人呵阿晕人，
ɦam31məŋ31pɯn33te33tap55
晚上 你 铸挖 叮 响　　　晚上你使铸挖叮响。
ɦat55məŋ31pɯn33te33tiat31
早上 你 铸挖 嘀 声　　　早上你拿铸挖嘀声。
pɯn33kuə31zuə213ȵuai31kə33ma33
铸挖 做 槽 小 喂 狗　　　我用铸挖做的小槽来喂狗。
pɯn33kuə31va33tu33pit55ɦa:n31
铸挖 做 板 门 鸭 鹅　　　我用铸挖来做鸭鹅圈门板。
ʔə33viŋ55ɦə213ʔə33viŋ55
阿 晕 呵 阿 晕　　　阿晕人呵阿晕人，
ɦam31məŋ31pɯn33te33tap55
晚上 你 铸挖 叮 响　　　晚上你使铸挖叮响。
ɦat55məŋ31pɯn33te33tiat31
早上 你 铸挖 嘀 声　　　早上你拿铸挖嘀声。
pɯn33kuə213ma31pu55viŋ55
铸挖 做 哪 人 晕　　　晕人用铸挖这做什么？
ʔə33vin55ɦə213ʔə33viŋ55
阿 晕 呵 阿 晕　　　阿晕人呵阿晕人，
ɦam31məŋ31pɯn33te33tap55
晚上 你 铸挖 叮 响　　　晚上你使铸挖叮响。

ɦat^{55}məŋ^{31}pɯn^{33}te^{33}tiat^{31}
早上　你　锛挖　嘀　声　　　　早上你拿锛挖嘀声。
pɯn^{33}kue^{31}loŋ^{55}pai^{33}pɯŋ^{42}
锛挖　做　笼　去　地方　　　　我用锛挖做笼去地方。
pɯn^{33}kue^{31}sɯŋ^{33}su^{55}po^{31}（me^{31}）
锛挖　做　棺　装　父（母）　　　　我用锛挖做棺来装父（母）。
ʒa^{31}-fi^{31}sa:u^{55}kən^{33}no^{31}ɕie^{42}ni^{55}
那时　未　兴　吃　肉　黄牛　这　　　　那时未兴吃牛肉，
kai^{33}ra:n^{31}viŋ^{55}ɦa^{213}zak^{55}
房顶搭的楼棱　晕　要　断　　　　蝗灾重得房顶搭的楼棱都要断，
kak^{213}ra:n^{31}viŋ^{55}ɦa^{213}ʔba:n^{31}
屋檐　晕　要　烂　　　　蝗灾重得盖的屋檐都要烂。
lək^{213}viŋ^{55}ʔik^{213}ʔbo^{213}ŋa:i^{42}
儿　晕　饿　不　早饭　　　　晕儿饿无早饭吃，
po^{31}-viŋ^{55}ta:i^{33}viŋ^{55}zo^{55}
父　晕　饿　晕　知　　　　晕父挨饿晕也知。
lək^{213}viŋ^{55}ʔik^{213}ʔbo^{213}sau^{42}
儿　晕　饿　不　晚饭　　　　晕儿饿无晚饭吃，
po^{31}viŋ^{55}ɦau^{33}viŋ^{55}zo^{55}
父　晕　臭　晕　知　　　　晕父死臭晕也知。
ma^{33}ʒau^{42}ɕip^{213}pu^{55}ɕip^{213}san^{213}ɦa^{42}
来　我们　十　人　十　根　小长叶草　　　　来，我们十人十根小长叶草，
ma^{33}ʒau^{42}pai^{33}sa^{42}no^{31}viŋ^{55}
来　我们　去　烧　肉　晕　　　　来，我们去烧晕肉食。
ma^{33}ʒau^{42}ɕip^{213}pu^{55}ɕip^{213}san^{213}ȵiu^{42}
来　我们　十　人　十　根　稻草　　　　来，我们十人十根稻草，
ma^{33}ʒau^{42}pai^{33}zɯŋ^{42}no^{31}viŋ^{55}
来　我们　去　赶　肉　晕　　　　来，我们去赶晕肉食。
ʔə^{33}viŋ^{55}ɦe^{213}ʔə^{33}viŋ^{55}
阿　晕　呵　阿　晕　　　　阿晕人呵阿晕人，
no^{31}vi^{31}ɦaɯ^{55}su^{33}sa^{42}
肉　不　给　你们　烧①　　　　人肉不给你们烧，
ka^{31}mi^{31}ɦaɯ^{55}su^{33}ɦe^{31}
脚　不　给　你们　割　　　　人脚不给你们割，
ɦeŋ^{31}mi^{31}ɦaɯ^{55}su^{33}pan^{33}
脚杆　不　给　你们　分　　　　人的脚杆不给你们分。
ʔə^{33}viŋ^{55}ɦe^{213}ʔə^{33}viŋ^{55}
阿　晕　呵　阿　晕　　　　阿晕人呵阿晕人，

① 人肉不给你们烧：虽然蝗灾严重得无粮可食，发生了食死人肉的现象，但有些晕人已经能“想前算后”而觉悟到不能吃人肉、生肉，并拼命用锛挖小槽来养牲畜家禽维生。他们据理力争，讲述不能吃人肉的道理，坚持不让自己死去的父（母）亲被野蛮晕人吃，还自己做棺材来埋葬归逝的父（母）亲。

no^{31}vi^{31}ɦaɯ^{55}su^{33}sa^{42}

肉 不 给 你们 烧　　人肉不给你们烧，

ka^{31}mi^{31}ɦaɯ^{55}su^{33}ɦe^{31}

脚 不 给 你们 割　　人脚不给你们割，

ɦeŋ^{31}mi^{31}ɦaɯ^{55}su^{33}pan^{33}

脚杆 不 给 你们 分　　人的脚杆不给你们分。

sok^{213}su^{33}kən^{33}no^{31}po^{31}（me^{31}）tu^{33}

明天 你们 吃 肉 父（母） 我们　　明天你们吃我们归逝的父（母），我们

le^{33}nan^{42}

很难受　　很难受。

sok^{213}su^{33}kən^{33}no^{31}po^{31}（me^{31}）fa:ŋ^{31}

明天 你们 吃 肉 父（母） 鬼　　明天你们吃我们成鬼的父（母），我们

le^{213}ʔjai^{31}

很害怕　　很害怕。

ʔə^{33}viŋ^{55}ɦe^{213}ʔə^{33}viŋ^{55}

阿 晕 呵 阿 晕　　阿晕人呵阿晕人，

sok^{213}tu^{33}kən^{33}no^{31}po^{31}（me^{31}）su^{33}

明天 我们 吃 肉 父（母） 你们　　明天我们吃你们归逝的父（母），你们

le^{33}na:n^{42}

很难受　　一样很难受。

sok^{213}su^{33}kən^{33}no^{31}po^{31}（me^{31}）fa:ŋ^{31}

明天 你们 吃 肉 父（母） 鬼　　明天我们吃你们成鬼的父（母），你们

le^{213}ʔjai^{31}

很害怕　　同样很害怕。

no^{31}po^{31}（me^{31}）su^{33}na:n^{42}ʔdi^{31}ka^{31}ɦa^{42}

肉 父（母） 你们 难 块 那么大　　你们父（母）肉块难有那么大。

ka^{33}po^{31}（me^{31}）su^{33}na:n^{42}ʔdi^{31}la:u^{33}lian^{55}

腿 父（母） 你们 难 块 大如脸　　你们父（母）肉块难有人脸大。

ʔə^{33}viŋ^{55}ɦe^{213}ʔə^{33}viŋ^{55}

阿 晕 呵 阿 晕　　阿晕人呵阿晕人，

no^{31}po^{31}（me^{31}）tu^{33}naŋ^{31}zen^{33}ka:m^{55}ɾa:n^{42}

肉 父（母） 我们 还 挂 屋檐下　　父（母）肉还挂在屋檐下，

ka^{33}po^{31}（me^{31}）tu^{33}naŋ^{31}ven^{33}lap^{213}len^{55}

肉 父（母） 我们 还 吊 快 烂　　父（母）肉还吊得快烂了，

van^{31}jie^{55}kam^{33}soŋ^{33}kam^{33}

每天 缩 把 二 把　　每天缩掉一两把，

van^{42}lak^{213}tjau^{42}soŋ^{33}tjau^{42}

每天 刮 条 二 条　　每天刮掉一两条，

viŋ^{55}kuak^{213}man^{31}la^{33}ɲeŋ^{42}

晕 捧 蚂蚁 赶 蚊　　蚂蚁还是爬在烂肉上，晕人赶蚊又捧蚂蚁丢。

ma^{33}ti^{42}tɕoŋ^{33}sam^{55}sat^{213}
来 敲 鼓 响 声 晕人去敲鼓响声赶虫类。

sa:u^{55}kuə^{31}mat^{31}jie^{42}suŋ^{42}
兴 做 蚂蚁 搬 泥① 晕人才兴学蚂蚁搬泥做坟墓。

ma^{33}sa:n^{33}zeu^{33}kut^{55}ku^{55}
来 编 棺头竹编圆栅栏 晕人兴用棺头竹编圆栅栏，

sa:u^{55}teŋ^{213}zu^{213}məŋ^{31}taŋ^{33}
兴 点 花 灯芯 晕人才兴点灯灯芯会开花，

lap^{33}ziŋ^{55}ʔdən^{33}viŋ^{55}sa:u^{55}
祭 晌午 月 晕 兴② 晕人才兴祭晌午月，

ɕi^{31}tək^{55}tɕau^{213}viŋ^{55}sa:u^{55}
粑 放 棺头供桌 晕 兴 晕人才兴祭粑粑放在棺头供桌上。

lap^{33}ra:n^{42}ɦau^{33}viŋ^{55}sa:u^{55}
祭 大竹房 晕 兴③ 晕人兴造大竹房来祭归逝老人。

ra:n^{42}tək^{55}tɕau^{213}viŋ^{55}sa:u^{55}
小竹房 晕 兴④ 晕人兴造小竹房放棺头来祭归逝老人。

lau^{213}kap^{213}sɯ^{33}viŋ^{55}sa:u^{55}
酒 供 心 晕 兴 晕人兴祭酒表心意。

ma^{55}lan^{31}kuə^{213}ma^{55}tɕe^{33}viŋ^{55}sa:u^{55}
竹编大马 做 马 站 晕 兴⑤ 晕人兴做竹编大马来祭供。

po^{31}le^{42}ji^{33}ɕiaŋ^{33}ji^{213}viŋ^{55}sa:u^{55}
吹 唢呐 调 相 依 晕 兴⑥ 晕人兴吹唢呐相依来供拜。

ma^{55}lan^{31}kuə^{213}ma^{55}sa^{33}viŋ^{55}sa:u^{55}
竹编大马 做 马 纸 晕 兴 晕人兴做竹编纸马来祭供。

po^{213}le^{42}pa^{33}ɕiaŋ^{33}ji^{213}viŋ^{55}sa:u^{55}
吹 唢呐口 相 依 晕 兴 晕人兴吹唢呐相依来祭灵。

ku^{213}viŋ^{55}mian^{42}ka^{33}ni^{55}
首 晕 完 点 这 这首晕经念毕，

ɕian^{33}viŋ^{55}kua^{213}ka^{33}ni^{55}
段 晕 完 点 这 这段晕经念完这点，

ku^{213}viŋ^{55}mian^{42}ka^{33}ni^{55}
首 晕 完 点 这 这首经念毕。

zaŋ^{31}viŋ^{55}muət^{213}ka^{33}ni^{55}
唱 晕 全 点 这 唱晕这首全这点。

① 兴学蚂蚁搬泥：指人类受到蚂蚁搬泥做土包的启发，产生了做坟墓埋藏死者的习俗。
② 晌午月：指阳界是白天，阴界是夜晚，所以阳间人吃晌午饭时，正是阴间的夜晚月圆时。
③ 大竹房：又称“大孝房”，表示归逝老人的住房。
④ 小竹房：又称“小孝房”，表示归逝老人的厨房。
⑤ 竹编大马：指祭祀时摆在大龙竹神幡脚的竹编大马，马背上有五色花垫马鞍，供桌边上还有椅子、衣物等。意为归逝老人骑马上天堂之用。
⑥ 吹唢呐相依来供拜：指祭牛场众人旋转祭灵时，布摩先生带头，孝子们跟随，接着就是唢呐队敲锣打鼓，再后是孝媳孝孙、舅家、姑爷及其他亲戚，队伍由左至右，再由右至左各旋转三遍的礼仪。意为念经祭牛，将纸马等物送给归逝老人上天堂。

ku^{213}viŋ^{55}mian^{55}ka^{33}ni^{55}
首　晕　免　点　这　　　　唱晕这首免这点。
pjan^{213}viŋ^{55}saɯ^{33}ka^{33}ni^{55}
遍　晕　清　点　这　　　　唱晕这遍清这点。
muət^{213}ku^{213}ni^{55}pai^{33}pja:i^{33}
完　首　这　去　尖　　　　这首唱到尾，
ku^{213}ɦa^{213}na:i^{33}ku^{213}mo^{213}
我　要　请　首　新　　　　我要请新首。
ku^{213}mo^{213}ku^{213}ɦa^{55}taŋ^{53}
首　新　我　要　到　　　　新首我就到，
ku^{213}laŋ^{33}ku^{213}ɦa^{55}ɦau^{213}
首　后　我　要　念　　　　后首我要念。

十一、祭牛

vən^{33}tau^{55}nət^{213}ta:m^{33}nət^{213}
雨　下　滴　连　滴　　　　天上下雨滴连滴，
vən^{33}tau^{55}za^{31}ta:m^{33}za^{31}
雨　下　场　连　场　　　　天上下雨场连场。
po^{33}pa^{213}ko^{55}pan^{31}tam^{42}
野外　同　成　湖泊　　　　野外变湖泊，
po^{33}pa^{213}ko^{55}pan^{31}na^{42}
野外　同　成　田　　　　野外成稻田。
po^{31}vɯŋ^{42}au^{33}me^{31}vɯŋ^{42}pai^{33}tɯ^{42}na^{42}
父　皇　要　母　皇　去　耙　田　　　　父皇要母皇耙田，
kua:ŋ^{33}vɯŋ^{42}au^{33}pa^{42}vɯŋ^{42}pai^{33}sa:u^{31}za:u^{31}
光　王　要　媳　王　去　拉　耙机[①]　　　　光王要王媳拉耙机，
sa:u^{31}taŋ^{31}ka^{33}ɦa^{213}zak^{55}
拉　到　脚　要　断　　　　拉耙累到脚杆都要断，
sa:u^{31}taŋ^{31}ʔak^{55}ɦa^{213}ʔba:n^{213}
拉　到　胸　要　脱层皮　　　　拉耙累到胸都脱层皮。
me^{31}vɯŋ^{42}ɦa:u^{213}san^{42}nɯŋ^{31}
母　皇　说　句　一　　　　母皇说一句，
me^{31}vɯŋ^{42}tɯn^{33}san^{42}ʔdjau^{33}
母　皇　提　句　一　　　　母皇提一句。
po^{31}vɯŋ^{31}ɦa^{213}po^{31}vɯŋ^{31}
父　皇　呵　父　皇　　　　父皇呵父皇，
ɕiau^{31}məŋ^{31}mi^{31}sa:u^{55}ɕie^{42}
辈　您　不　兴　黄牛　　　　您辈不兴造黄牛，
ɕiau^{31}məŋ^{31}mi^{31}sa:u^{55}va:i^{42}
辈　您　不　兴　水牛　　　　您辈不兴造水牛。

① 光王：“光”为官名，是管一方的王；“光王”可能是古代部落的首领。

ku^{33}zo^{55}ta:i^{33}van^{31}lɯŋ^{31}
我 会 死 天 哪　　母皇说，我哪天累死啦咋办？

po^{31}vɯŋ^{31}nɯ^{31}ka^{33}ʔak^{55}
父 皇 想 来 胸　　父皇扪心来思考，

po^{31}vɯŋ^{31}tɕak^{55}ma^{33}sɯ^{33}
父 皇 换 来 心　　父皇多方来思量，

zoŋ^{31}tɕat^{213}li^{31}sa:u^{55}zu^{42}
亮 转 立即 造 牛耳　　父皇天亮立即造牛耳。

ja^{31}pjan^{33}pi^{42}sa:u^{55}lau^{213}
奶 偏僻山里 造 酒　　山里偏僻奶造酒，

zoŋ^{31}ku^{33}tɕau^{213}sa:u^{55}mak^{213}
亮 我 照样 造 可　　天亮我父皇照样可造；

ja^{31}lok^{213}lak^{213}sa:u^{55}ɕie^{31}
奶 突然 造 黄牛①　　山里突然奶造黄牛，

ja^{31}lok^{213}lak^{213}sa:u^{55}wa:i^{42}
奶 突然 造 水牛　　山里突然奶造水牛，

sa:u^{55}ɕie^{31}sa:u^{55}paŋ^{55}tam^{42}
造 黄牛 造 岸 湖泊　　我父皇也在湖泊岸上造黄牛，

soŋ^{33}kau^{33}ŋam^{42}pai^{33}na^{35}
两 角 弯 朝 前　　造的黄牛两角弯朝前。

sa:u^{55}va:i^{42}sa:u^{55}paŋ^{55}ta^{31}
造 水牛 造 边 河　　我父皇也在河边造水牛，

soŋ^{33}kau^{33}ŋua^{31}ta:u^{213}laŋ^{33}
两 角 围 朝 后　　造的水牛两角围朝后。

sa:u^{55}ma^{55}sa:u^{213}pa:ŋ^{55}ɦuŋ^{42}
造 马 造 边 塘　　父皇在塘边来造马，

pɯn^{33}suaŋ^{33}foŋ^{42}ʔdi^{33}fai^{31}
马鬃 乱 好 搭　　乱的马鬃毛好造。

ʔau^{33}fi^{42}kuə^{31}ta^{33}
用 火 做 眼　　用火做马眼，

ʔau^{33}fa^{42}kuə^{31}ɦeu^{213}
用 铁 做 牙齿　　用铁做马牙，

ʔau^{33}zeu^{55}kuə^{31}kau^{33}
用 藤 做 角②　　用藤做马角，

ʔau^{33}ʔdau^{33}kuə^{31}lət^{213}
用 盐水 做 血　　用盐水做马血，

ʔau^{33}mai^{55}ko^{213}kuə^{31}ka^{33}
用 树 梅 做 腿　　用梅树做马腿，

ʔau^{33}mai^{33}sa^{33}kuə^{31}ɦeŋ^{42}
用 树 构 做 脚杆　　用构树做马脚杆，

① 突然：人名。
② 马角：马长角，可能是马鹿或“四不像”。

ʔau^{33}ma:k^{213}ko^{213}kuə^{31}ɦan^{42}na^{42}

用　果子　梅　做　肚子里的千层叶毛①　　　　用梅果子做马肚里的千层叶毛，

ʔau^{33}ma:k^{213}sa^{33}kuə^{31}tuŋ^{55}nan^{42}

用　果子　构　做　肚子　　　　用构果做马肚，

ʔau^{33}fat^{213}kuə^{31}ma^{55}naŋ^{33}

用　野草　做　马　皮　　　　用野草做马皮，

pi^{42}sai^{33}ʔdjau^{213}kuə^{31}zɯŋ^{33}

扇子　飘穗　做　尾　　　　用扇子飘穗做马尾。

ʔau^{33}kuə^{31}zɯŋ^{33}pat^{55}neŋ^{42}

用　做　尾　扫　蚊虫　　　　用做马尾扫蚊虫，

jiaŋ^{31}pan^{31}zɯŋ^{33}pat^{55}neŋ^{42}

也　成　尾　扫　蚊虫　　　　也成马尾扫蚊虫。

ʔau^{33}kuə^{31}ze:ŋ^{42}sau^{31}za:u^{213}

用　做　力　拖　耙机　　　　用做大力拖耙机，

jiaŋ^{31}pan^{31}ze:ŋ^{42}sau^{31}za:u^{213}

也　成　力　拖　耙机　　　　也成大力拖耙机。

sa:u^{55}ma:k^{213}man^{213} ma:k^{213}ta:u^{42}

兴　李子果　桃子果　　　　兴栽李子桃子果，

sa:u^{55}va:i^{31}ɦa:u^{33}va:i^{31}fuan^{55}

兴　牛　白　牛　黑　　　　兴养白牛与黑牛，

sa:u^{55}ma:k^{213}man^{213} ma:k^{213}lo^{31}

兴　李子果　果类　　　　兴种李子及果类，

sa:u^{55}va:i^{31}tak^{213}va:i^{31}so^{31}

兴　牛　公　牛　母　　　　兴养公牛与母牛。

kuan^{213}le^{33}kok^{55}ɕie^{42}ʔiu^{213}ka^{33}lamɯ^{42}

古代　源　黄牛　在　哪里　　　　古代黄牛源头在哪里？

kok^{55}ɕie^{42}laŋ^{33}ɦak^{213}

源　黄牛　拼　汉人　　　　黄牛源于古汉人。

kuan^{213}le^{33}kok^{55}ɕie^{42}ʔiu^{213}ka^{33}lamɯ^{42}

古代　源　黄牛　在　哪里　　　　古代黄牛源头在哪里？

zak^{213}ɕie^{42}ʔiu^{213}laŋ^{33}mɯ^{33}

根源　黄牛　在　拼　莫人②　　　　黄牛根源在莫人。

ɦok^{213}ʔdən^{33}ɕiaŋ^{33}sau^{213}ʔit^{55}

转　月　正　初　一　　　　转到新年正月初一，

pit^{55}ʔdi^{33}kai^{213}saŋ^{31}zoŋ^{213}pai^{33}ʔau^{33}

鸭　和　鸡　同　笼　去　要　　　　拿鸭和鸡同笼去换。

sau^{42}soŋ^{33}faŋ^{31}pai^{33}su^{55}

钱财　二　叠　去　收　　　　用钱财两叠去买。

① 肚子里的千层叶毛：指胃中用来帮助消化的一层层叶毛。

② 莫人：指古代的一个人类族群。他们可能是仫佬族先民，也可能是布依族莫家的先民，待考。

pit^{55}ʔdi^{33}kai^{213}saŋ^{31}zoŋ^{213}pai^{33}za^{33}
鸭 和 鸡 同 笼 去 找　　拿鸭和鸡同笼去找。

sa^{33}soŋ^{33}faŋ^{31}pai^{33}sɯ^{55}
钱票 二 叠 去 买　　用钱票两叠去买。

pai^{33}taŋ^{31}tuə^{31}ta:i^{31}ʔit^{55}
去 到 头 第 一　　找到第一头，

zo^{55}taŋ^{213}sɯn^{33}kən^{33}ʔoi^{55}
会 碰 地 吃 甘蔗　　那头会碰地吃甘蔗，

lək^{213}ʔbo^{33}ʔau^{33}tuə^{31}teŋ^{33}
儿 不 要 头 那　　儿不要那头。

pai^{33}taŋ^{31}tuə^{31}ta:i^{31}ŋi^{31}
去 到 头 第 二　　找到第二头，

zo^{55}taŋ^{213}tɕuai^{213}kən^{33}nok^{33}
会 用角碰 芭蕉树 吃 芭蕉果　　那头会用角碰倒芭蕉树吃芭蕉果，

ɕian^{42}ʔbo^{33}sɯ^{55}tuə^{42}teŋ^{33}
钱 不 买 头 那　　钱不买那头。

pai^{33}taŋ^{42}tuə^{31}ta:i^{31}sa:m^{33}
去 到 头 第 三　　找到第三头，

pai^{33}tɯn^{31}zo^{55}tam^{213}ɦan^{55}na^{42}
去 田野 会 用角撬 埂 田　　那头在田野会用牛角撬田埂，

lək^{213}ʔbo^{33}za^{33}tuə^{31}teŋ^{33}
儿 不 找 头 那　　儿不要那头。

pai^{33}taŋ^{31}tuə^{31}ta:i^{31}θi^{31}
去 到 头 第 四　　找到第四头，

ma^{33}ɾan^{42}zo^{55}ta^{31}zau^{213}tɕe^{31}
回 家 会 踩 耙田机　　那头回家会踩耙田机，

sa^{33}ʔbo^{33}sɯ^{55}tuə^{31}teŋ^{33}
钱财 不 买 头 那　　钱财不能买那头。

pai^{33}taŋ^{31}tuə^{31}ta:i^{31}ɦa^{55}
去 到 头 第 五　　找到第五头，

tɯ^{42}na^{42}ȵuai^{31}mi^{31}zo^{55}pai^{33}
耙 田 小 不 会 走　　那头耙小田不会走，

lək^{213}ləu^{31}tuə^{42}tuə^{42}teŋ^{33}
牛胎 流产 头 头 那　　那头牛胎会流产。

pai^{33}taŋ^{31}tuə^{31}ta:i^{31}zok^{55}
去 到 头 第 六　　找到第六头，

tɯ^{42}na^{42}zai^{42}mi^{31}zo^{55}tau^{213}
耙 田 长 不 会 转弯　　那头耙长田不会转弯，

ŋan^{42}ʔbo^{33}sɯ^{55}tuə^{42}teŋ^{33}
银 不 买 头 那　　银不买那头。

pai^{33}taŋ^{31}tuə^{31}ta:i^{31}sat^{55}
去 到 头 第 七　　　　找到第七头，
ʔek^{213}ɦau^{213}ka^{33}mi^{31}zo^{55}pjau^{213}
牛弯 套 脚 不 会 抬脚　　　　那头牛弯套脚不会抬牛脚，
lək^{213}ʔbo^{33}za^{33}tuə^{42}teŋ^{33}
儿 不 找 头 那　　　　儿不买那头。
pai^{33}taŋ^{31}tuə^{31}ta:i^{31}pet^{213}
去 到 头 第 八　　　　找到第八头，
zeu^{33}ɦau^{213}ka^{33}mi^{31}zo^{55}sua:i^{31}
耙绳 套 脚 不 会 收脚　　　　那头耙绳套脚不会收牛脚，
sa^{33}ʔbo^{33}sɯ^{55}tuə^{31}teŋ^{33}
钱票 不 买 头 那　　　　钱票不能买那头。
pai^{33}taŋ^{31}tuə^{31}ta:i^{213}ku^{55}
去 到 头 第 九　　　　找到第九头，
lək^{213}ɲuai^{31}mi^{31}zo^{55}ʔu^{33}
牛崽 小 不 会 生　　　　那头不会生牛崽，
lək^{213}ʔbo^{33}ʔau^{33}tuə^{42}teŋ^{33}
儿 不 找 头 那　　　　儿不要那头，
sau^{42}ʔbo^{33}sɯ^{55}tuə^{42}teŋ^{33}
出钱 不 找 头 那　　　　出钱不能买那头。
pai^{33}taŋ^{31}tuə^{31}ta:i^{213}ɕip^{213}
去 到 头 第 十　　　　找到第十头，
tuə^{31}teŋ^{33}mi^{31}zo^{55}tam^{55}sɯn^{33}kən^{33}ʔoi^{55}
头 那 不 会 用角碰 地 吃 甘蔗　　　　那头不会用角碰地吃甘蔗。
tuə^{31}teŋ^{33}mi^{31}zo^{55}tam^{55}tɕuai^{213}kən^{33}nok^{213}
头 那 不 会 用角碰 芭蕉树 吃 芭蕉果　　　　那头不会用角碰倒芭蕉树吃芭蕉果。
pai^{33}tɯn^{31}mi^{31}zo^{55}tam^{213}ɦan^{42}na^{42}
去 田野 不 会 用角撬 埂 田　　　　那头去田野不会用角撬田埂。
ma^{213}ra:n^{42}mi^{31}zo^{55}ta^{31}zau^{31}tɕe^{31}
回 家 不 会 踩 耙田机　　　　那头回家不会踩耙田机。
pai^{33}tɯn^{31}tɯ^{42}na^{42}ɲuai^{31}ko^{55}zo^{55}pai^{33}
去 田坝 耙 田 小 也 会 走　　　　去田坝，那头耙小田也会走。
tɯ^{42}na^{42}zai^{42}ko^{55}zo^{55}ta:u^{213}
耙 田 长 也 会 转弯　　　　那头耙长田也会转弯。
tuə^{31}teŋ^{33}ʔek^{213}ɦau^{213}ka^{33}ko^{55}zo^{55}pjau^{213}
头 那 牛弯 套 脚 也 会 抬脚　　　　那头牛弯套脚也会收抬牛脚。
zeu^{55}ɦau^{213}ka^{33}ko^{55}zo^{55}ɕuai^{31}
耙绳 套 脚 也 会 修正　　　　那头耙绳套脚也会慢修正。
tuə^{31}teŋ^{33}lək^{213}ŋuai^{31}ko^{55}zo^{55}ʔu^{33}
头 那 儿 崽 也 会 生　　　　那头也会生牛崽。

tuə^{31}teŋ^{33}θi^{213}tin^{33}ʔdi^{33}fak^{213}sa^{55}
头 那 四 脚 牢固 金属柴刀
那头四脚牢固如金属柴刀。

pa:k^{213}ŋuak^{213}ŋua^{55}pan^{42}zan^{33}
嘴 反咀嚼草 边 路
那头牛嘴反咀嚼草在路边。

tuə^{31}teŋ^{33}θi^{213}tin^{33}ʔdi^{33}fak^{213}ʔjak^{213}
头 那 四 脚 牢固 金属板锄
那头四脚牢固如金属板锄。

θi^{213}tin^{33}tɕak^{213}pan^{31}zan^{33}
四 脚 走 边 路
那头四脚走路边。

ɕip^{213}sa:ŋ^{42}ʔau^{33}ɕie^{42}ni^{55}
十 两银 要 黄牛 这
十两银子买这头黄牛，

ɕip^{213}sa:ŋ^{42}ʔau^{33}tuə^{31}ni^{55}
十 两银 要 头 这
十两银子要这头，

ku^{213}sa:ŋ^{42}ʔau^{33}tuə^{31}ni^{55}
九 两银 要 头 这
九两银子要这头，

fan^{31}wei^{55}kau^{33}kai^{213}ʒau^{42}
纸马 挂 角 是 我们①
我们把纸马挂在牛角上，

sa^{33}wei^{55}tɕau^{213}kai^{213}ʒau^{42}
纸 挂 头 是 我们
纸钱挂头的牛是我们的。

tɯ^{42}ɕie^{42}ma^{33}taŋ^{42}toŋ^{31}
牵 黄牛 来 到 坝
我们牵黄牛来到坝，

soŋ^{213}ɕie^{42}ma^{33}taŋ^{42}ɾa:n^{42}
送 黄牛 来 到 家
我们赶黄牛来到家。

ʔe^{33}ɕie^{42}ɦe^{213}ʔe^{33}ɕie^{42}
阿 黄牛 呵 阿 黄牛
阿黄牛呵阿黄牛，

soŋ^{213}pai^{33}toŋ^{31}kən^{33}ȵiə^{55}ʔda^{33}
放 去 坝 吃 草 嫩
放牛去坝吃嫩草，

soŋ^{213}pai^{33}na^{42}kən^{33}ȵiə^{55}ʔun^{213}
放 去 田 吃 草 青
放牛去田吃青草。

məŋ^{42}lak^{33}sat^{55}pai^{33}kən^{42}
你 莫 跑 去 上
牛呵，你莫跑去上方。

məŋ^{42}lak^{33}ɕin^{42}pai^{33}la^{55}
你 莫 行 去 下
牛呵，你莫行去下方。

zo^{55}tək^{213}zi^{31}pu^{55}kaŋ^{213}ka^{33}
会 糟蹋 地 恶人
不然会糟蹋恶人的庄稼地，

za^{31}ʔdjau^{33}tək^{55}na^{42}pu^{55}vɯŋ^{31}ta:i^{213}
不然 糟蹋 田 人 王 太
不然会糟蹋“王太”的庄稼田。

kaŋ^{213}ka^{33}tuŋ^{55}ʔbo^{213}zai^{31}
恶人 肚 不 宽
恶人肚不宽，

vɯŋ^{31}tai^{213}tuŋ^{55}ʔbo^{213}ʔdi^{33}
王 太 肚 不 好
“王太”心不好。

① 纸马挂牛角：指布摩先生剪纸马挂在牛角上，表示赎买。

ʔə³³ɕie⁴²ɦə²¹³ʔə³³ɕie⁴²
阿 黄牛 呵 阿 黄牛 阿黄牛呵阿黄牛,

za³¹ʔdu⁵⁵me³¹məŋ⁴²tai²¹³tɯn³¹ma³³wai⁵⁵va³³
古代 母 你 从 田野 来 用角撬 竹墙 古代牛母从田野来用角撬竹墙,

tai²¹³na⁴²ma³³wai⁵⁵nuan⁵⁵
从 田 来 用角撬 晒的被子 牛母从田坝来用角撬人们晒的被子,

ma³³kən³³sa:i³³ʔda³³me³¹vɯŋ³¹leu⁵⁵
来 吃 背带 母 王 了 牛母曾经吃了母王背小孩的背巾带,

ma³³tɕiau⁵⁵sa:i³³ʔda³³me³¹vɯŋ³¹muət²¹³
来 嚼 背带 母 王 完 牛母曾经嚼完母王背小孩的背巾带。

tək²¹³tuŋ⁵⁵me³¹vɯŋ³¹van³¹ʔa³³li⁴²
影响 肚 母 王 缩 成 皱纹 影响母王气愤得肚子缩成皱纹,

tək²¹³ʔdi³³me³¹vɯŋ³¹van³¹ʔa³³lan³¹
影响 胆 母 王 缩 成 破 影响母王气愤得苦胆缩破了。

vɯŋ³¹ɕin³³ji³³ɦa⁵⁵ka⁵⁵
王 心 火气 要 杀 王心火气要杀牛,

vɯŋ³¹ɕin³³sa⁵⁵ɦa⁵⁵fət³¹
王 心 剑 要 砍 王心火气要剑砍。

ɕie³¹ɕiau²¹³kuan²¹³zo⁵⁵nau⁴²
黄牛 古代 会 说 古代黄牛会人话,

ɕie³¹ɕiau²¹³tau³³zo⁵⁵ɦa:u²¹³
黄牛 远古 会 讲 远古黄牛会言语:

kuan³¹tɕit⁵⁵lo⁴²pi⁵⁵ma³¹
求饶恕 呵 母王 “求饶恕呵母王!

lak²¹³ka²¹³wai³¹po³¹vɯŋ⁴²
不要 杀 我牛奴 父 王 父王不要杀我牛奴!

wai²¹³mi³¹ʔin³³ʔdjau³³lau⁵⁵
我牛奴 有 品种 一 优点 牛奴有一种优点,

wai²¹³mi³¹pa:u⁵⁵ʔdjau³³sei³¹
我牛奴 有 保护 一 能力 牛奴有一种保护能力,

wai²¹³mi³¹kai²¹³ʔdjau³³ʔdi³³
我牛奴 有 种 一 好处 牛奴还有一种好处。”

ʔin³¹ma⁴²lau⁵⁵ʔdjau³³sai³¹
哪种 优 一 才 父王说:“你有哪种优点和才能?

pa:u⁵⁵ma³¹sai³¹ʔdi³³məŋ⁴²
保 哪样 才 好 你 你哪样才能值得保,好好说给我听。

kai²¹³ma³¹ʔdi³³ʔdi³³məŋ⁴²
什么 好 好 你 什么好你讲。”

po^{31}vɯŋ^{31}ɦə^{55}po^{31}vɯŋ^{31}
父　王　啊　父　王　　　　牛答：“父王啊父王！
lək^{213}ta:i^{31}ʔit^{55}ɕie^{31}ni^{55}
牛崽　第　一　黄牛　这　　　　第一，黄牛会生崽，
zai^{31}tam^{42}ɦaɯ^{213}su^{55}kən^{33}pja^{33}
修　湖　给　主人　吃　鱼　　　　修湖给主人吃鱼虾。
lək^{213}ta:i^{31}ŋi^{31}ɕie^{31}ni^{55}
牛崽　第　二　黄牛　这　　　　第二，黄牛会生崽，
zai^{31}na^{42}ɦaɯ^{213}su^{55}kən^{33}ɦa:u^{55}
修　田　给　主人　吃　饭　　　　修田给主人吃米饭。
lək^{213}ta:i^{31}sa:m^{33}ɕie^{31}ni^{55}
牛崽　第　三　黄牛　这　　　　第三，黄牛会生崽，
au^{33}paɯ^{55}ɦaɯ^{213}su^{33}kən^{33}ze:ŋ^{42}
要　儿媳　给　主人　吃　劳力　　　　要媳给主人享劳力。
lək^{213}ta:i^{31}θi^{31}ɕie^{31}ni^{55}
牛崽　第　四　黄牛　这　　　　第四，黄牛会生崽，
seŋ^{33}pɯŋ^{42}ɦaɯ^{55}su^{55}kən^{33}zum^{31}
霸占　地方　给　主人　吃　租　　　　霸占地方给主人享租。
lək^{213}ta:i^{31}ɦa^{55}ɕie^{31}ni^{55}
牛崽　第　五　黄牛　这　　　　第五，黄牛会生崽，
po^{31}vɯŋ^{31}tai^{31}ka^{33}ʔdi^{55}
父　王　抬　脚　低　　　　父王要慢慢消火气。
lək^{213}ta:i^{31}zok^{55}ɕie^{31}ni^{55}
牛崽　第　六　黄牛　这　　　　第六，黄牛会生崽，
po^{31}vɯŋ^{31}li^{55}ka^{33}pɯŋ^{42}
父　王　活　管　地方　　　　父王活着管地方。
lək^{213}ta:i^{31}sat^{55}ɕie^{31}ni^{55}
牛崽　第　七　黄牛　这　　　　第七，黄牛会生崽，
pɯŋ^{42}lək^{213}ȵe^{42}ɕian^{31}ʔda^{33}tɕau^{55}
地方　牛崽　小　见　低　头　　　　见着地方小牛崽低头吃嫩草。
lək^{213}ta:i^{31}pet^{213}ɕie^{31}ni^{55}
牛崽　第　八　黄牛　这　　　　第八，黄牛会生崽，
pɯŋ^{42}lək^{213}ȵe^{42}zau^{55}ʔdaɯ^{33}ʔdaɯ^{33}
地方　牛崽　小　热　闹　闹　　　　地方小牛崽热闹。
lək^{213}ta:i^{31}ku^{55}ɕie^{31}ni^{55}
牛崽　第　九　黄牛　这　　　　第九，黄牛会生崽，
zai^{31}na^{42}ʔbɯn^{33}
修　田　望天落雨　　　　可修望天落雨田。
lək^{213}ta:i^{31}ɕip^{213}ɕie^{31}ni^{55}
牛崽　第　十　黄牛　这　　　　第十，黄牛会生崽，

zai^{31}na^{42}fɯ^{42}
修 田 荒 　　修理荒田好种稻。
lək^{213}ɕip^{213}ʔit^{55}ɕie^{31}ni^{55}
牛崽 十 一 黄牛 这 　　第十一，黄牛会生崽，
zai^{31}na^{42}sa:ŋ^{33}
修 田 高 　　修理高田好种粮。
lək^{213}ɕip^{213}ŋi^{31}ɕie^{31}ni^{55}
牛崽 十 二 黄牛 这 　　第十二，黄牛会生崽，
sa:ŋ^{33}na^{42}vɯ^{213}
修 田 望云落雨 　　修理望云落雨田。”
kun^{33}sak^{213}tok^{55}toŋ^{31}kən^{42}
官 兵 驻 坝 上 　　官兵不答应，官兵驻上坝，
tuə^{31}ʔdjau^{33}ʔau^{33}pai^{33}ka^{213}toŋ^{31}kən^{42}
头 一 要 去 杀 坝 上 　　要牛一头去上坝杀，
zam^{55}ʔbo^{33}zaŋ^{213}laŋ^{33}ɕie^{42}
雨水 不 干旱 跟 牛 　　雨水不跟着牛干旱，
pɯŋ^{31}ʔbo^{33}vai^{31}laŋ^{33}ɕie^{42}
地方 不 损坏 跟 牛 　　地方不跟着牛损坏。
kun^{33}sak^{213}tok^{55}toŋ^{31}la^{213}
官 兵 驻 坝 下 　　官兵不答应，官兵驻下坝，
tuə^{31}ʔdjau^{33}ʔau^{33}pai^{33}ka^{213}toŋ^{31}la^{55}
头 一 要 去 杀 坝 下 　　要牛一头去下坝杀，
zam^{55}ʔbo^{33}zaŋ^{213}laŋ^{33}ɕie^{42}
雨水 不 干旱 跟 牛 　　雨水不跟着牛干旱，
pɯŋ^{31}ʔbo^{33}va:i^{31}laŋ^{33}ɕie^{42}
地方 不 损坏 跟 牛 　　地方不跟着牛损坏。
sa:u^{31}kɯi^{31}ɦa^{55}sa:u^{31}kɯi^{31}
们 姑爷 呵 们 姑爷 　　布摩说：姑爷们呵姑爷们，
su^{33}ko^{55}kai^{33}naŋ^{213}mjaŋ^{42}ta^{33}teŋ^{31}
你们 应 该 还 睁 眼 瞧 　　你们应该睁眼瞧，
su^{33}ko^{55}kai^{33}naŋ^{213}tem^{213}zɯ^{42}ȵie^{33}
你们 应 该 还 洗 耳 听 　　你们还应该洗耳听。
pu^{55}laɯ^{31}kən^{33}no^{31}ɕie^{31}ni^{55}
人 哪 吃 肉 黄牛 这 　　哪人吃这黄牛肉？
kən^{33}no^{31}lak^{213}kən^{33}ka^{33}
吃 肉 不要 吃 牛腿 　　吃肉不要吃牛腿，
ka^{33}te^{33}kai^{213}pu^{55}mo^{33}
腿 那 属 布 摩 　　那牛腿属于布摩先生。
pu^{55}laɯ^{31}kən^{33}no^{31}lak^{213}kən^{33}naŋ^{33}
人 哪 吃 肉 不要 吃 牛皮 　　每个人吃肉不要吃牛皮，
naŋ^{33}te^{33}kai^{213}pu^{55}sɯ^{33}
牛皮 那 属 人 写 　　牛皮属于那写幡人。

pu^{55}laɯ^{31}kən^{33}no^{31}lak^{213}kən^{33}tin^{33}
人 哪 吃 肉 不要 吃 牛脚　　　每个人吃肉不要吃牛脚，
tin^{33}tɕau^{213}pu^{55}ti^{31}n̥ian^{42}
牛脚 头 人 敲 铜鼓　　　牛脚牛头属于敲铜鼓人。
pu^{55}n̥oi^{31}lak^{213}kən^{33}zɯŋ^{33}
人 小孩 不能 吃 尾巴　　　小孩不能吃牛尾巴，
kən^{33}no^{31}zɯŋ^{33}te^{33}pu^{55}fak^{213}tue^{42}
吃 肉 尾巴 它 人 砍 牛　　　牛尾巴属于砍牛人。
pu^{55}n̥oi^{31}lak^{213}kən^{33}tap^{55}
人 小孩 不能 吃 牛肝　　　小孩不能吃牛肝，
tap^{55}te^{33}pu^{55}po^{213}le^{42}
牛肝 它 人 吹唢呐　　　牛肝属于吹唢呐人。
kən^{33}n̥oi^{31}lak^{213}kən^{33}θai^{55}
人 小孩 不能 吃 牛肠　　　小孩不能吃牛肠，
θai^{55}te^{33}pu^{55}ti^{42}sam^{55}sa^{213}
牛肠 它 人 敲 钗 锣　　　牛肠属于敲钗锣人。
kən^{33}n̥oi^{31}lak^{213}kən^{33}ɦaŋ^{55}
人 小孩 不能 吃 牛坐腿　　　小孩不能吃牛坐腿，
ɦaŋ^{55}te^{33}pu^{55}kut^{213}kuŋ^{42}
牛坐腿 它 人 挖 墓井　　　牛坐腿属于挖墓井的人，
ɦaŋ^{55}te^{33}vən^{42}ʔboŋ^{213}soŋ^{31}
委托 他 人 凿 棺槽　　　还有委托凿棺槽的人。
səm^{213}po^{31}ʔau^{33}ɾa:n^{31}ni^{55}
那伙 姑爹 家 这　　　这家的那伙姑爹，
sau^{31}lək^{213}po^{31}ɾa:n^{31}ni^{55}
伙 孝家族人 家 这　　　这伙孝家族人，
tɕok^{213}ɾa:n^{31}vən^{42}ɾa:n^{31}ni^{55}
家族亲戚 人 家 这　　　这家的家族亲戚们，
səm^{213}toŋ^{42}tuŋ^{55}ʔdjau^{33}ma^{213}məŋ^{31}ni^{55}
那伙 同 度过 一 成长 你 这　　　那伙一同度过成长期的人们，
səm^{213}toŋ^{42}ja^{31}ʔdjau^{33}ʔu^{33}məŋ^{31}ni^{55}
那伙 同 女人 一 生 你 这　　　那伙同娘生养的女人，
səm^{213}toŋ^{42}tuŋ^{55}ʔdjau^{33}se^{31}
那伙 同 度过 一 血脉　　　那伙同一个血脉的家族人，
səm^{213}toŋ^{42}tuŋ^{55}me^{31}ʔdjau^{33}ʔu^{33}
那伙 同 度过 母 一 生　　　同娘生养的那伙人，
pu^{55}laɯ^{31}lak^{213}kən^{33}no^{31}ɕie^{31}ni^{55}
人 哪 不要 吃 肉 黄牛 这　　　每个人都不要吃这黄牛肉。
tok^{55}tuŋ^{55}pan^{31}tuŋ^{55}tam^{42}
下 肚 成 肚 酸　　　吃下肚成肚酸，
tok^{55}ʔdan^{33}pan^{31}ʔdan^{33}kɯ^{31}
下 胃 成 胃 胀　　　吃下胃成胃胀，

tok^{55}tuŋ^{55}pan^{31}tuŋ^{55}seŋ^{33}
下　肚　成　肚　疼　　吃下肚成肚疼，

tok^{55}ze:ŋ^{31}pan^{31}ze:ŋ^{31}nai^{213}
下　力　成　力　累　　吃下力成力弱，

tok^{55}ka^{33}pan^{31}ka^{33}ten^{55}
下　腿　成　腿　抖　　吃下腿成抖腿，

tok^{55}ɦeŋ^{31}pan^{31}ɦeŋ^{31}zo^{42}
下　小腿　成　小腿　干　　吃下小腿成小腿干，

tok^{55}ɦo^{42}pan^{31}ɦo^{42}na:i^{213}
下　脖　成　脖　累　　吃下脖成脖累。

səm^{213}po^{31}ʔau^{33}ra:n^{31}ni^{55}
那伙　姑爹　家　这①　　这家那伙长辈姑爹们，

sau^{31}lək^{213}po^{31}ra:n^{31}ni^{55}
伙　孝家族人　家　这　　孝家族人这伙人，

tɕok^{213}ra:n^{31}vən^{42}ra:n^{31}ni^{55}
家族亲戚　人　家　这　　这家的家族亲戚们，

səm^{213}toŋ^{42}tuŋ^{55}ʔdjau^{33}ma^{213}məŋ^{31}ni^{55}
那伙　同　度过　一　成长　你　这　　那伙一同度过成长期的人们，

səm^{213}toŋ^{42}ja^{31}ʔdjau^{33}ʔu^{33}məŋ^{31}ni^{55}
那伙　同　女人　一　生　你　这　　那伙同娘生养的女人，

səm^{213}toŋ^{42}tuŋ^{55}ʔdjau^{33}se^{31}
那伙　同　度过　一　血脉　　那伙同一个血脉的家族人，

səm^{213}toŋ^{42}tuŋ^{55}me^{31}ʔdjau^{33}ʔu^{33}
那伙　同　度过　母　一　生　　同娘生养的那伙人，

pu^{55}laɯ^{31}lak^{213}kən^{33}no^{31}ɕie^{31}ni^{55}
人　哪　不要　吃　肉　黄牛　这　　每个人都不要吃这黄牛肉。

loŋ^{213}kən^{42}le^{33}ʔbo^{33}sai^{31}
寨　上　没有　事　　人人不吃黄牛肉，寨上就没事。

ta:i^{213}kən^{42}naŋ^{213}so^{55}ʔdi^{33}
台　上　坐　才　好　　人人不吃黄牛肉，归逝老人上台坐才好。

tok^{55}tuŋ^{55}pan^{31}tuŋ^{55}tam^{42}
下　肚　成　肚　酸　　如果不听从，吃下肚成肚酸，

tok^{55}ʔdan^{33}pan^{31}ʔdan^{33}kɯ^{31}
下　胃　成　胃　胀　　如果不听从，吃下胃成胃胀，

tok^{55}pɯt^{55}pan^{31}pɯt^{55}seŋ^{33}
下　肺　成　肺　疼　　如果不听从，吃下肺成肺疼，

tok^{55}zeŋ^{31}pan^{31}zeŋ^{31}na:i^{213}
下　力　成　力　累　　如果不听从，吃下力成力弱，

tok^{55}ka^{33}pan^{31}ka^{33}ten^{55}
下　腿　成　腿　抖　　如果不听从，吃下腿成抖腿，

① 姑爹：此处"姑爹"与上文"姑爷"不同。上文"姑爷"是指同辈的，此处"姑爹"是指父辈的。

tok^{55}ɦeŋ^{31}pan^{31}ɦeŋ^{31}zo^{42}
下　小腿　成　小腿　干
如果不听从，吃下小腿成小腿干，

tok^{55}ɦo^{42}pan^{31}ɦo^{42}na:i^{213}
下　脖　成　脖　累
如果不听从，吃下脖成脖累。

sa:u^{31}kɯi^{31}ɦə^{55}sa:u^{31}kɯi^{31}
伙　姑爷　呵　伙　姑爷
那伙姑爷呵那伙姑爷，

ti^{31}lamɯ^{31}ʔdi^{33}to^{55}za^{33}
哪点　好　全　找
哪点好全找。

sa:u^{31}kɯi^{31}ɦə^{55}sa:u^{31}la:n^{33}
伙　姑爷　呵　伙　外孙
那伙姑爷呵那伙外孙，

pan^{31}lamɯ^{31}ʔdi^{33}to^{55}kuə^{31}
哪片　好　全　寻
哪片好全寻。

miŋ^{31}kɯi^{42}laŋ^{33}miŋ^{31}ka^{33}ma^{42}
命　姑爷　外甥　命　什么
什么是姑爷命和外甥命？

miŋ^{31}kɯi^{42}miŋ^{31}zin^{33}pja^{33}
命　姑爷　命　白色方解石
姑爷命硬如白色方解石，

ʔja:ŋ^{55}θat^{213}ŋai^{31}θat^{213}ʔba:n^{213}
剑　插　岩　插　掉口
剑插岩石剑掉口。

miŋ^{31}ɕie^{42}miŋ^{31}zin^{33}ze^{213}
命　黄牛　命　细石头
黄牛命如细石头，

ʔja:ŋ^{55}ji^{55}ɦe^{31}ji^{55}ta:i^{33}
剑　指　割　指　死
剑指牛就死。

miŋ^{31}va:i^{42}miŋ^{31}mai^{55}tɕʻuai^{213}
命　水牛　命　树　芭蕉树
水牛命如芭蕉树，

ʔja:ŋ^{55}ji^{55}vai^{213}ji^{55}ta:i^{33}
剑　指　挂　指　死
剑挂脖牛死。

pa:k^{213}lak^{213}ʔbo^{33}no^{213}ɕie^{42}
嘴　不要　张　啦　黄牛
嘴不要张开啦！黄牛。

pa:k^{213}lak^{213}ʔbo^{33}no^{213}ɯa:i^{42}
嘴　不要　张　啦　水牛
嘴不要张圆啦！水牛。

θei^{33}lak^{213}soŋ^{31}no^{213}ɯa:i^{42}
气　不要　送　啦　水牛
不要出气啦！水牛。

θei^{33}lak^{213}soŋ^{31}no^{213}ɕie^{42}
气　不要　送　啦　黄牛
不要出气啦！黄牛。

miŋ^{31}ɕie^{42}lam^{55}pai^{33}ta:i^{31}
魂　黄牛　倒　去　台
黄牛之魂倒下台，

miŋ^{31}va:i^{42}lam^{55}θi^{33}zan^{33}
魂　水牛　倒　顺　路
水牛之魂倒顺路，

miŋ^{31}vən^{42}la:i^{33}ma^{33}ɦa:u^{55}
魂　人　多　来　饭
众人之魂转回家吃饭。

ma^{33}van^{33}ɦə^{55}ma^{33}van^{33}
来　魂　呵　来　魂①
布摩喊魂：“魂来呵！魂来！

① 《祭牛经》至此结束，布摩先生喊魂转归家。

ma^{33}van^{33}ɦa:u^{55}la^{213}pa:m^{33}
来 魂 粮 下 楼[1]
粮魂下楼来，

ma^{33}van^{33}ma^{33}ɾa:n^{42}kau^{213}
来 魂 来 家 自
全家之魂，归来！

ma^{33}van^{33}sam^{213}lək^{213}ʔbək^{55}kən^{31}sa:i^{42}
来 魂 伙 儿 女 上方 棺材
mən^{31}ni^{55}
你 这
那伙棺材上方女儿们之魂，归来！

ma^{33}van^{33}sam^{213}lək^{213}sa:i^{33}la^{213}pen^{213}
来 魂 伙 儿 男 下方 棺板
məŋ^{31}ni^{55}
你 这
那伙棺板下方男儿们之魂，归来！

ma^{33}van^{33}pa:k^{213}pu^{55}mo^{33}tu^{33}ni^{55}
来 魂 口 布 摩 我们 这
顺着我们布摩之声音，魂归来！

ma^{33}van^{33}səm^{213}ɦo^{42}pu^{55}ta:u^{31}tu^{33}ni^{55}
来 魂 那伙 脖 布摩公 我们 这
顺着我们布摩公脖子的哼音，魂归来！

taŋ^{213}van^{33}taŋ^{213}ma^{33}so^{31}
每 魂 每 回来
每人之魂，归回自身来！

taŋ^{213}no^{31}taŋ^{213}ma^{33}ʔda:ŋ^{33}
每 肉 每 回 身
每人之肉魂，归回自身来！

va:t^{213}pai^{31}se^{55}van^{33}ma^{33}
招 边 左 魂 来
左手招魂，魂归来！

kua^{33}pai^{31}kua^{42}van^{33}ta:u^{213}
招 边 右 魂 回
右手招魂，魂归来！

ʔja:ŋ^{55}ku^{33}le^{33}lak^{213}ɦok^{55}
长剑 我 要 入 剑鞘
魂已归来！我布摩先生长剑就要入剑鞘。

zok^{213}ku^{33}le^{33}ʔjiŋ^{33}wa^{33}
竹神棍 我 要 靠 墙壁
魂已归来！我布摩先生竹神棍就要靠墙壁。

ʔjo^{33}ka^{33}ta:u^{213}ti^{31}zuŋ^{31}
抬 脚 回 原位
魂已归来！我布摩先生抬脚回原位。

ʔja:ŋ^{55}ku^{33}le^{33}səu^{33}kɯ^{55}
长剑 我 要 收藏
魂已归来！我布摩先生长剑要收藏了。

zok^{213}ku^{33}le^{33}səu^{33}pai^{33}
竹神棍 我 要 收 去
魂已归来！我布摩先生竹神棍要收去了。

ʔjo^{213}kuaŋ^{213}ta:u^{213}ti^{231}ɾa:n^{42}
抬 腿 回 位 家
魂已归来！我布摩先生把家还。”

注:《经文》诵读、讲解:布依族“布摩”先生王堂智(云南罗平县中寨村第四代“布摩”传人)。

[1] 粮魂下楼来：指古代居住干栏式建筑，粮食收藏于楼下。

第六章　《摩经·用牛祭祖词》(第三卷)

第一节　《摩经·用牛祭祖词》(第三卷)原文图

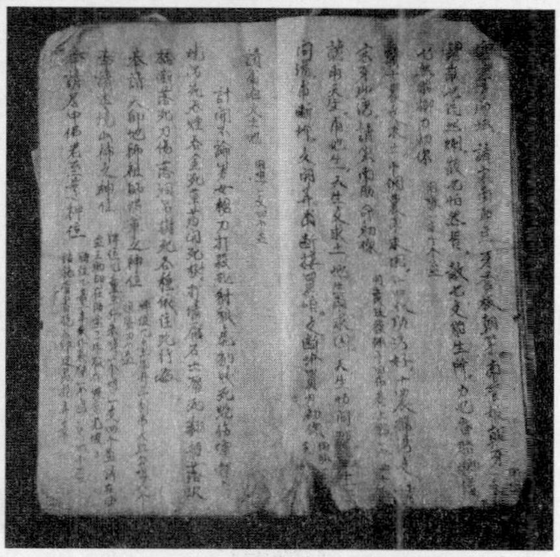

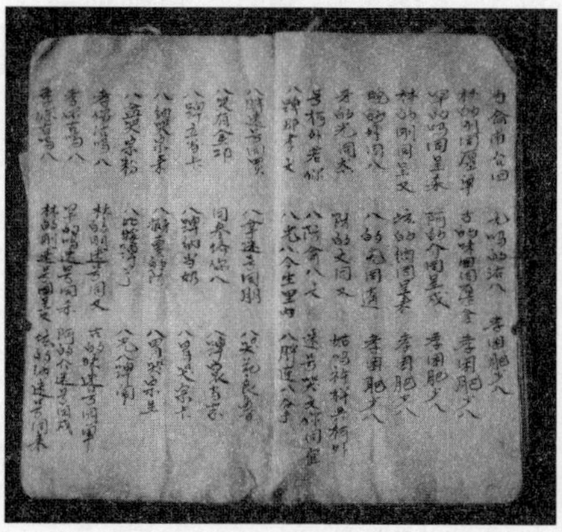

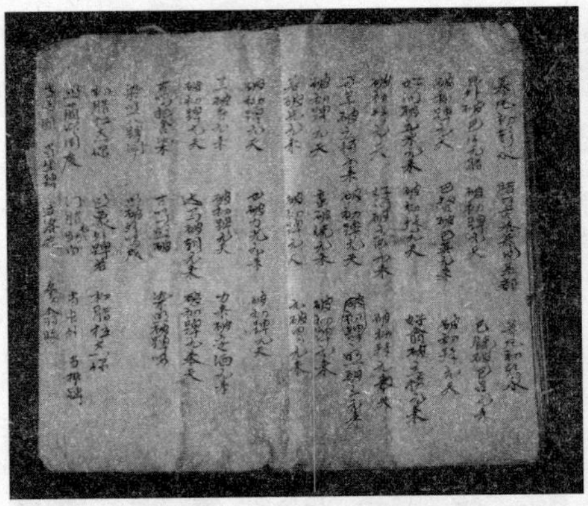

第二节 《摩经·用牛祭祖词》（第三卷）译注

一、《供大竹幡经》

《寨 哉 惰 哉 惰 司 苍 防 请 穷 生》（共用本）
tsai^{213}sai^{33}to^{213}sai^{33}to^{213}sɯ^{33}ɦaŋ^{213}fa:ŋ^{42}siŋ^{213}soŋ^{42}sɯŋ^{33}
请 师 供 师 供 书 求 鬼 请 桌 鬼神种种

请师、供师、供书、求鬼神种种（共用本）。

（寨 哉 等 三 坟 補 三 散 香 三 芭
tsai^{213}sai^{33}tək^{55}sa:m^{33}fɯŋ^{31}ʔbu^{55}sa:m^{33}sən^{35}jaŋ^{33}sa:m^{33}ʔbaɯ^{33}
请 师 放 三 葫芦 三 根 香 三 张
犭 咱 票 奔 介）
sa^{33}ɕian^{42}pjau^{33}pən^{33}kai^{213}
纸 钱 烧 毛 鸡

《请师》：用葫芦三个、香三根、纸钱三张，烧鸡毛三根。

该仪式为各种仪式开头共用。届时，在大龙竹神幡脚置供桌一张，上摆装酒的葫芦三个、香三炷、纸钱三张等，供桌下拴大公鸡一只。布摩手提长剑念经，然后杀鸡供大龙竹幡，念经完毕，用火烧鸡毛。届时，孝家子女亲友全部人等下跪拜大龙竹幡。

ɦa^{31}ji^{33}jaŋ^{31}pau^{213}（ja^{31}）wan^{31}ma^{31}
啊 噫 指 公（奶） 哪天
məŋ^{31}ni^{55}
你 这
啊噫！你这公（奶）死在哪天？

məŋ^{31}ko^{55}wan^{31}tɕet^{213}wan^{31}ʔbo^{33}tset^{213}
你 怎么 日 病 日 不 病
你怎么一天病一天不病？

ma^{33}tɕet^{213}wan^{31}ɕip^{213}tɕai^{55}
来 病 天 很不吉
得病那天很不吉利。

wan^{31}tɕai^{55}wan^{31}ʔbo^{33}tɕai^{55}
日 重病 日 不 重病
你怎么一天病重一天不病重？

ma^{33}tɕai^{55}wan^{31}suat^{213}miŋ^{31}
来 重病 日 出生 命
得重病那天命终了。

tau^{213}tiŋ^{31}tək^{213}məŋ^{31}tai^{33}
来 定 碰 你 死
来碰着你老归逝，

kan^{33}sai^{42}tək^{213}məŋ^{31}lam^{55}
栏杆 棺材 碰 你 倒
你碰着棺材栏杆带你倒，

tək^{213}məŋ^{31}lam^{55}sɯ^{42}lai^{33}
碰 你 倒 存 梯
碰你倒存梯，

tək^{213}məŋ^{31}ta:i^{33}ɕɯ^{31}ʔdat^{213}
碰 你 倒 时 梯
碰你倒梯时，

ɕian^{31}kam^{33}la:u^{55}ko^{55}ʔju^{31}
钱财 保 老 也 有
也有钱财保你老，

ɕian^{31}zu^{31}la:u^{55}ʔbo^{33}wən^{42}
钱财 入 老 不 成
出钱财来保你保不成。

la:u^{55}tɕin^{33}ɕian^{31}sat^{55}lai^{33}
老 惊 旋转 掉 梯
你受惊吓掉楼梯，

la:u^{55}tɕin^{33}lai^{33}sat^{55}lɯt^{213}
老 惊 梯 掉 血脉
你受惊吓掉血脉。

ta:i^{33}θak^{55}ma:k^{213}man^{213}lian^{42}ma:k^{213}lo^{31}
死 遇（离别） 李子果 连 果 路
你死去遇着（离别）路边李子果，

ta:i^{33}θak^{55}lɯk^{213}to^{31}pi^{55}nuaŋ^{55}
死 遇 血脉 全 兄弟姐妹
你死去遇着家庭血脉，

ta:i^{33}θak^{55}ma:k^{213}man^{213}lian^{42}ma:k^{213}ta:u^{42}
死 遇 李子果 连 桃子果
你死去遇着路边桃李果，

ta:i^{33}θak^{55}sa:u^{42}po^{31}ʔa:u^{33}ʔbo^{33}taŋ^{213}
死 遇 伙 叔叔 不 供①
八字不合的那伙叔叔不供灵。

ta:i^{33}θak^{55}ʔbaŋ^{213}zam^{55}kən^{33}
死 遇 舀水筒 水 吃②
你死遇着用竹筒舀水吃，

ta:i^{33}θak^{55}pən^{42}sɯi^{213}na^{55}
死 遇 盆 洗 脸
你死遇着洗脸盆，

ta:i^{33}θak^{55}ma^{55}lian^{31}ʔan^{33}
死 遇 马 连 鞍
你死遇着马连鞍，

ta:i^{33}θak^{55}sɑn^{42}lian^{42}lian^{31}
死 遇 晒台 连接③
你死遇着连接晒台，

ta:i^{33}θak^{55}ɕian^{31}lian^{31}su^{33}
死 遇 旋转 连 街
你死遇着转鬼街，

ta:i^{33}θak^{55}lu^{42}lian^{42}wɯə^{55}
死 遇 集中 连 云
你死时遇着天上云集中。

ko^{33}ȵiə^{55}ta^{31}məŋ^{31}pai^{33}
棵 草 拉 你 去
草棵拉你去，

ko^{33}ɦa^{42}nuaŋ^{31}məŋ^{31}pai^{33}
棵 茅草 拖 你 去
茅草拖你奔，

pjan^{213}pan^{31}wɯə^{55}kən^{31}ʔbən^{33}
变 成 云 上 天
你死变成天上云，

pjan^{213}pan^{31}wɯə^{55}kən^{31}ʔbən^{33}pai^{33}ləu^{42}
变 成 云 上 天 去 了
变成彩云上天啦！

ta:i^{33}pan^{31}vən^{42}na^{35}mo^{213}
死 成 人 脸 生
你死变成生脸人，

pjan^{213}pan^{31}wɯə^{55}pai^{33}sa:ŋ^{33}
变 成 云 去 高
变成彩云上高天。

ta:i^{33}pan^{31}fa:ŋ^{31}na^{35}mo^{213}
死 成 鬼 脸 新
你死变成新脸人，

li^{55}ʔok^{213}so^{31}pai^{33}ɕian^{33}pai^{33}ləu^{42}
理 出 名 去 仙 去 了
你出名啦，成仙去啦！

pjan^{213}pan^{31}tuə^{31}ȵe:ŋ^{31}zai^{42}
变 成 彩色虫
你变成彩虫飞仙界，

tɕa:i^{33}pan^{31}tuə^{31}ȵe:ŋ^{31}we^{31}
消 成 大雄虫
变成大雄虫飞仙界，

pan^{31}ȵe:ŋ^{31}zai^{42}pai^{33}ze^{31}
成 彩虫 去 围
变成彩虫围拢在仙界，

pan^{31}pau^{213}（ja^{31}） tɕe^{213}pai^{33}ɕian^{33}
成 公（奶） 老 去 仙

① ʔbo^{33}taŋ^{213}：指八字不合的叔叔辈者不准参加供灵。
② ʔbaŋ^{213}：古代用竹子做的舀水筒。
③ sɑn^{42}：用竹竿做的晒台。lian^{42}lian^{31}：竹子根根相连状。

pai^{33}ləu^{42}
去 了
你成老公（老奶）仙去啦！

tɕin^{33}tian^{33}lian^{31}fa:n^{31}ta:i^{31}
今 天 连 万 代
你今天去了连万代，万代永不回。

məŋ^{31}pau^{213}（ja^{31}）ma^{33}lam^{55}ma^{33}la:i^{42}
你 公（奶） 来 倒 来 祭
你公（奶）倒了，儿孙来祭供。

məŋ^{31}ma^{33}ta:i^{33}ma^{33}pjaŋ^{55}
你 来 死 来 闹（超度）
你公（奶）死了，众人都来热闹。

ɕin^{33}pjaŋ^{55}məŋ^{31}pai^{33}kua:ŋ^{213}
设 闹 你 去 宽阔
布摩先生超度你去宽阔天，

ɕin^{33}sa:ŋ^{213}məŋ^{31}pai^{33}ʔbən^{33}
设 孝（超度）你 去 天
儿孙超度你上天去，

ɦaɯ^{55}lək^{213}kuə^{31}pan^{31}kən^{33}pan^{31}ʔdi^{33}
给 儿 做 成 吃 成 富
tɕi^{55}ɕiau^{31}
几 辈
闹你、孝你，让儿成吃成富几辈。

ɕin^{33}pjaŋ^{55}məŋ^{31}pai^{33}kua:ŋ^{213}
设 闹 你 去 宽阔
布摩先生超度你去宽阔天，

ɕin^{33}sa:ŋ^{213}məŋ^{31}pai^{33}sa:ŋ^{33}
设 孝 你 去 高
儿孙超度你上高天，

ɦaɯ^{55}lək^{213}kuə^{31}pan^{31}kua:ŋ^{33}pan^{31}ɾa:n^{42}
给 儿 做 成 名人 成 家
tɕi^{55}ɕiau^{31}
几 辈
闹你、孝你，让儿成名人成富人发几辈。

naŋ^{31}so^{55}ʔbak^{55}sɯi^{33}jaŋ^{33}ni^{55}ma^{33}pa:u^{31}
开始 扇 气 香 这 来 报
开始扇香气，报祖师。

ŋau^{31}sɯi^{33}jaŋ^{33}ni^{55}ma^{33}nau^{42}
摇晃 气 香 这 来 告诉
摇晃香气，告祖师。

jiaŋ^{33}ma^{33}ʔbak^{55}ma^{33}pa:u^{31}
香 来 摇晃 来 报
摇晃香柱来报告，

jiaŋ^{33}ma^{33}ʔbak^{55}tin^{33}mau^{31}
香 来 摇晃 孝房角
香来摇晃孝房角，

jiaŋ^{33}ma^{33}pa:u^{213}tin^{33}sa:i^{42}
香 来 报 脚 棺材
香烟来报棺材脚，

jiaŋ^{33}ma^{33}nau^{31}na^{55}po^{31}（me^{31}）
香 来 告诉 面前 父（母）
香到父（母）面前来告诉，

jiaŋ^{33}wak^{213}kuə^{31}tiau^{31}zan^{33}
香 材料 做 条 路
香烟材料做条路，

jiaŋ^{33}san^{33}kuə^{31}tiau^{31}lo^{31}
香 各种 做 条 大路
各种香烟成大路。

ku^{33}le^{33}mi^{31}ɕiŋ^{55}vən^{31}laɯ^{31}ʔdu^{55}
我布摩 呵 不 请 人 哪 首先　　我布摩呵，不先请哪人，

mi^{31}na:i^{33}pu^{55}laɯ^{31}kuan^{213}
不 邀 人 哪 先　　不请哪人先，

mi^{31}ɕin^{55}so^{31}laɯ^{31}tɕai^{33}
不 请 名 哪 远　　不请哪位名声远，

mi^{31}na:i^{33}wai^{33}laɯ^{31}kuan^{213}
不 邀 伙 哪 首先　　不先请哪伙，

mi^{31}ɕin^{55}pu^{55}pa:i^{31}kən^{42}
不 请 人 上方　　不请上方人，

mi^{31}na:i^{33}vən^{31}pa:i^{31}la^{55}
不 邀 人 下方　　不邀下方人，

mi^{31}ɕin^{55}pu^{55}pa:i^{31}sa:ŋ^{33}
不 请 人 高处　　不请高处人，

mi^{31}na:i^{33}kua:ŋ^{33}pa:i^{31}la^{55}
不 邀 人 下方　　不邀下方人，

ɕin^{55}ka^{31}pu^{55}tian^{33}θai^{33}
请 只 人 天 师　　我布摩呵，只请天师人，

ɕin^{55}ka^{31}pu^{55}ti^{31}θai^{33}
请 只 人 地 师　　我布摩呵，只请地师人。

tian^{33}θai^{33}vən^{31}ɕiau^{31}ʔdu^{55}
天 师 人 辈 古　　天师古辈人，

ti^{31}θai^{33}pu^{55}ɕiau^{31}kuan^{213}
天 师 人 辈 前　　天师前辈人：

pau^{213}lok^{213}to^{42} mo^{33}lok^{213}ka:p^{213}
布洛陀 姆洛珈①　　“布洛陀”、“姆洛珈”，

pau^{213}wan^{31}saɯ^{24} pau^{213}wan^{213}pjau^{35}
子日祖 丑日爷　　子日祖、丑日爷。

sam^{213}pu^{55}mai^{55}pu^{55}tai^{55}sɯ^{33}
伙 人 喜欢 人 先生 师　　奉请喜欢的那伙人、当先生的师人，

ɕin^{35}ɕin^{33}zoŋ^{42}pjoŋ^{33}ɕin^{33}tau^{55}
请 必 下 邀 必 来　　请必下，邀必来，

ɕin^{35}ɕin^{33}ma^{33}za^{33}ɕin^{33}tau^{55}
请 必 来 找 必 到　　请必来，找必到，

tau^{55}naŋ^{31}soŋ^{42}wa:ŋ^{33}naŋ^{31}suai^{31}
到 坐 桌 横 坐 齐　　请到桌边来坐齐。

tau^{55}ɲoi^{31}mi^{31}zo^{55}fa^{31}
到 少 不 知 法　　祖师们到少我不知，

① 布洛陀、姆洛珈：“布洛陀”是布摩先生信奉的首代祖师，“姆洛珈”是第二代祖师。相传他们住在天上，只有当其弟子布摩先生奉请时才下到人间办事。

ma^{33}la:i^{33}mi^{31}zo^{55}ʔde^{213}
到 多 不 知道 祖师们到多我不知。

jiaŋ^{33}jian^{31}kueə^{31}pu^{55}pa:u^{213}
香 样 做 人 报 香烟带信来告诉,

sen^{33}kau^{213}kueə^{31}pu^{55}sa:m^{33}
木卦 做 人 问① 丢木卦来问,

sa:m^{33}sen^{33}kau^{213}ʔau^{33}pa:k^{213}
问 木卦 要 话 问木卦要话,

sen^{33}kau^{213}mjak^{213}ʔau^{33}san^{42}
木卦 甩 要 语 甩木卦要语:

soŋ^{33}ɦam^{213}la:i^{33}soŋ^{33}ŋai^{33}tau^{55}
双 扑 多 双 开 到 卦象双扑是祖师多,卦象双开是祖师到。

ɦam^{55}ma^{33}la:i^{33}ɦa:i^{33}ma^{33}leu^{55}
扑 来 多 开 来 齐 卦象扑来多,卦象开来齐。

ɦam^{55}le^{33}lian^{42}ȵeŋ^{33}le^{33}ku^{33}mi^{31}suan^{213}
扑 啦 连 歪 啦 我 不 算 卦象歪着扑的我不算,

seŋ^{33}kau^{213}ʔdai^{55}tɕep^{213}mai^{55}ɦa:n^{33}
木卦 得 块 木 答 木卦丢出木卦答。

ɕin^{55}ʔbo^{33}ʔdei^{33}zɯi^{42}ʔbo^{33}pju^{213}
请 不 空 念 不 空 不空请,不空念。

ɕin^{55}ʔbo^{33}ʔja^{33}za^{33}ʔbo^{33}pju^{213}
请 不 白 找 不 空 不白请,不空找。

ɕin^{55}mi^{42}mju^{213}jiaŋ^{33}va^{33}
请 有 捆 香 花 有捆香花用来请,

ɕin^{55}mi^{31}sa^{42}jiaŋ^{33}suk^{55}
请 有 茶 香 壶 有壶香茶用来请,

ɕin^{55}mi^{31}tueə^{42}jiaŋ^{33}san^{33}
请 有 雾 香 生 有香雾用来请,

ɕin^{55}mi^{31}wan^{33}jiaŋ^{33}ɕian^{31}
请 有 魂 香 旋转 有魂香旋转来请,

ɕin^{55}mi^{31}sa:m^{33}fan^{31}ma^{55}
请 有 三 叠 纸马 有三叠纸马来请,

ɕin^{55}mi^{31}ɦa^{55}fan^{31}ɕian^{31}
请 有 五 叠 纸钱 有五叠纸钱来请,

ɕin^{55}mi^{31}fa:n^{31}ɕian^{31}na^{33}
请 有 万 纸钱 厚 有万数厚纸钱来请,

ɕin^{55}mi^{31}fa:n^{31}sa^{33}mo^{213}
请 有 万 纸 新 有万数新纸来请;

① sen^{33}kau^{213}:木卦,由长约两寸的树枝破成对半的两块。布摩先生用来丢卦看祖师请到否。卦双盖为祖师未到,卦单开为祖师未到齐,卦双开为祖师已到齐。

ɕin^{55}mi^{31}po^{31}kai^{31}tɕe^{31}
请 有 公 鸡 老
有大公鸡来请，
ɕin^{55}mi^{31}me^{31}kai^{31}la:u^{55}
请 有 母 鸡 大
有老母鸡来请，
ɕin^{55}mi^{31}sa:m^{33}fəŋ^{31}ʔbu^{55}
请 有 三 半 葫芦
三半葫芦请师来，
ɕin^{55}mi^{31}ku^{55}fəŋ^{31}ka^{213}
请 有 九 半 酒缸
九半酒缸请师来，
ɕin^{55}mi^{31}ka^{213}lau^{55}θa:ŋ^{33}
请 有 坛 酒 高
高坛好酒请师来，
ɕin^{55}mi^{31}ka:ŋ^{33}lau^{55}ja^{42}
请 有 缸 酒 舀
大缸舀酒请师来。
to^{31}jaŋ^{31}ɕin^{33}tap^{213}sai^{42}ma^{33}ʔau^{33}
全部 配 摆 够 来 要
全部配摆够来要，
to^{31}wai^{33}ɕin^{33}tap^{213}leu^{55}ma^{33}ʔau^{33}
全 礼品 配 摆 齐 来 要
全部配摆齐来要。

经文至此，往下分别为“寨哉”、“憜司”。

二、寨哉

pan^{31}le^{33}ɕin^{55}su^{33}zoŋ^{42}
正在 请 你们 下
正在请你们下，
pan^{31}le^{33}pjoŋ^{33}su^{33}tau^{55}
正在 请 你们 来
正在请你们来，
pai^{42}ni^{55}ɦaɯ^{35}su^{33}kən^{33}
现在 给 你们 吃
现在给你们吃。
no^{31}zuŋ^{33}suk^{213}ɦau^{33}mat^{55}
肉 煮 熟 味道
肉煮熟味道，
no^{31}zuŋ^{33}fat^{213}ʔdi^{33}kən^{33}
肉 煮 柴火 好 吃
柴火煮肉好吃，
no^{31}taŋ^{42}pən^{33}ʔdi^{33}ȵek^{213}
肉 带 毛 好 闻
肉带毛好闻，
no^{31}zuŋ^{33}fat^{213}ɦau^{33}taŋ^{33}
肉 煮 柴火 香味
柴火煮肉香，
no^{31}taŋ^{42}maŋ^{42}ʔdi^{33}ȵek^{213}
肉 整只 好 闻
肉整只好闻，
sa:u^{213}la:u^{55}ti^{31}ni^{55}ʔbo^{33}mi^{42}
锅 大 这里 不 有
大锅这里没有，
tɯ^{42}pai^{33}sa:u^{213}la:u^{55}su^{33}zuŋ^{33}
带 去 锅 大 你们 煮
带去大锅给你们煮。

tɕʻiaŋ42ɦuŋ33ti31ni55ʔbo33mi42
三脚灶 大 这里 不 有　　三脚大灶这里没有，

tɯ42pai33tsʻaŋ42ɦuŋ33su33ʔdaŋ55
带 去 三脚灶 大 你们 笼火煮　　带去三脚大灶给你们笼火煮。

no31kai213na33ka33kai213maŋ31ma33kən33
肉 鸡 厚 腿 鸡 粗 来 吃　　厚鸡肉粗鸡腿来吃，

sa:m33fɯŋ31ʔbu55ku55fɯŋ31ka213ma33kən33
三 半 葫芦 九 半 坛 来 吃　　三半葫芦九半坛来吃。

ɕiau31kuan213fi31sa:u55tɕai55tʻian33sai33
古代 未 造 祭 天 师　　古代未造祭天师，

fi31sa:u55tɕai55ti31sai33
未 造 祭 地 师　　未造祭地师，

tʻian33sai33kap213ti31fu55
天 师 合 地 府　　天师合地府，

po31mu55kap213tɕa33sən42
师婆 合 家 神　　师婆合家神，

mo33ɦuŋ33kuan55mo33ȵoi31
布摩 大 管 布摩 小　　大布摩管小布摩。

ɕiau31ni55so55sa:u55ma33tɕai55tʻian33sai33
现代 才 造 来 祭 天 师　　现代才造祭天师，

so55ma33tɕai55ti213sai33
才 来 祭 地 师　　现代才有祭地师。

tʻian33sai33mi31ɦaɯ55kap213ti31fu55
天 师 不 给 合 地 府　　天师不与地府合，

po31mu55mi31ɦaɯ55kap213tɕa33sən42
师婆 不 给 合 家 神　　师婆家神各是各。

mo33ɦuŋ33mi31ɦaɯ55kuan55mo33ȵoi31
布摩 大 不 给 管 布摩 小　　不给大布摩管小布摩。

tɕai213leu55sam213pu55kən33ɦa:u55ʔdaɯ33
祭 了 伙 人 吃 饭 里面
zai33za:n31ni55
甑 家 这　　祭了丧家吃一甑饭的那伙人，

sai31kən33ɦa:u55ʔdaɯ33sa:u213za:n31ni55
全部 吃 饭 里面 锅 家 这　　丧家全部同吃一锅饭的人，

pa:u55sam213pu55kən33ɦa:u55kən42soŋ42
保 伙 人 吃 饭 上 桌
za:n31ni55
家 这　　保佑同吃桌上饭的人，

pa:u55sam31pu55kuə31ɦoŋ33ʔdaɯ33tɯn31
保 伙 人 做 活 里 地

za:n^{31}ni^{55}
家　这　　　　保佑丧家地里同做活的那伙人，

pa:u^{55}sam^{31}pu^{55}ɦən^{55}lai^{33}pai^{33}ta:u^{213}
保　伙　人　上　梯　去　转

ma^{33}za:n^{31}ni^{55}
来　家　这　　　　保佑丧家出入梯坎的那伙人，

pa:u^{55}sa:m^{33}ɕip^{213}pa:i^{31}na^{55}
保　三　十　前面　　　　保佑三十前面，

pa:u^{55}ɦa^{55}ɕip^{213}pa:i^{31}laŋ^{33}
保　五　十　后面　　　　保佑五十后面，

pa:u^{55}tɕiau^{213}ʔdoŋ^{33}soŋ^{33}fɯŋ^{55}
保　亲家　两　边　　　　保佑两边亲家，

pa:u^{213}pi^{55}nuaŋ^{55}soŋ^{33}pa:i^{31}
保　亲戚　两　面　　　　保佑两方亲戚。

三、惰司

pan^{31}le^{33}ɕin^{55}su^{33}zoŋ^{42}
正在　请　你们　下①　　　　正在请你们下，

pan^{31}le^{33}pjoŋ^{33}su^{33}tau^{55}
正在　请　你们　来　　　　正在请你们来，

pai^{42}ni^{55}ɦaɯ^{35}su^{33}kən^{33}
现在　给　你们　吃　　　　现在给你们吃。

sam^{35}lau^{55}ȵeŋ^{33}ma^{33}kən^{33}
舀　酒　液　来　吃　　　　舀酒液来吃，

pjeŋ^{31}lau^{55}ȵiam^{31}ma^{33}kən^{33}
酒壶　酒　香　来　吃　　　　酒壶酒香来吃，

tɯi^{55}ɦa:u^{55}ɦa:u^{33}ma^{33}kən^{33}
碗　白米饭　来　吃　　　　碗白米饭来吃，

sa^{33}ɦa:u^{55}mo^{31}ma^{33}kən^{33}
盘　饭　冒　来　吃　　　　盘饭冒来吃，

tɕau^{55}pja^{33}suaŋ^{33}ma^{33}kən^{33}
头　双鱼　来　吃②　　　　头双鱼来吃，

zɯŋ^{33}pja^{33}ta^{31}ma^{33}kən^{33}
尾　鱼　河　来　吃　　　　河尾鱼来吃，

po^{31}kai^{213}tɕe^{213}ma^{33}kən^{33}
雄　鸡　老　来　吃　　　　大雄鸡来吃，

me^{31}kai^{213}la:u^{55}ma^{33}kən^{33}
母　鸡　大　来　吃　　　　老母鸡来吃，

① 你们：指祭大龙竹幡上花纸吊龙幡中间的长条经文（在外边看不见）上的神。
② pja^{33}suaŋ^{33}：双鱼，一种鱼的名称。

to^{31}jaŋ^{31}ɕin^{33} tap^{213}sai^{42}ma^{33}kən^{33}
全部 样样 周到 来 吃　　全部样样配周到来吃，

to^{31}wai^{33}ɕin^{33} tap^{213}leu^{55}ma^{33}kən^{33}
全部 齐全 彻底 来 吃　　全部齐全配彻底来吃。

kən^{33}leu^{55}lak^{213}kən^{33}ʔja^{33}
吃 了 莫 白吃　　吃了莫白吃，

kən^{33}kai^{31}lak^{213}kən^{33}ʔdɯi^{33}
吃 供品 莫 白吃[①]　　吃供品莫白吃，

kən^{33}leu^{55}tu^{33}ɦa^{55}soŋ^{213}sɯ^{33}la:u^{55} ɦɯŋ^{55}ʔbən^{33}
吃 了 我们 要 送 竹幡古老经书 上 天[②]　　吃了我们要送竹幡古老经文上天，

soŋ^{213}sɯ^{33}ɦuŋ^{33} ɦɯŋ^{55}fu^{55}
送 竹幡古代经书 上 府　　送竹幡古代经文上天府，

tu^{33}ɦa^{55}soŋ^{213}sɯ^{33}la:u^{55}ɦɯŋ^{55}sa:ŋ^{33}
我们 要 送 竹幡古老经书 上 高　　我们要送竹幡古老经文上高天，

soŋ^{213}sɯ^{33}va:ŋ^{33}pai^{33}fu^{55}
送 古代经书 横 去 阴府　　送古代经文横去天府。

ʔbe^{33}ʔbaŋ^{213}pai^{33}pai^{42}sɯ^{33}
飘展 去 啦 经书　　飘展去啦经文，

ʔbe^{33}ʔbau^{33}pai^{33}pai^{42}kau^{31}
飘扬 去 啦 龙竹幡　　飘扬去啦龙竹幡，

ʔbe^{33}ʔbaŋ^{213}pai^{33}pai^{42}sa^{33}
飘展 去 啦 彩纸　　飘展去啦彩纸，

ʔbe^{33}ʔba^{33}pai^{33}pai^{42}ka:u^{31}
飘迁 去 啦 龙竹幡　　飘迁去啦龙竹幡。

məŋ^{42}pai^{33}lak^{213}kuə^{31}kui^{55}ʔboŋ^{33}sɯ^{33}
你 去 莫 做 鬼 圆坨 经书　　经文呵，你去莫做圆坨鬼。

məŋ^{42}pai^{33}lak^{213}kuə^{31}toŋ^{31}zeu^{55}no^{31}sɯ^{33}
你 去 莫 做 同 绞 呵 经书　　经书呵，你去莫绞成捱。

məŋ^{42}pai^{33}lak^{213}kuə^{31}kui^{55}no^{31}sa^{33}
你 去 莫 做 鬼 呵 彩纸　　彩纸呵，你去莫做彩纸鬼。

məŋ^{42}pai^{33}lak^{213}kuə^{31}zau^{55}toŋ^{31}no^{31}sɯ^{33}
你 去 莫 做 绕 同 呵 经书　　经书呵，你去莫绕成形。

zum^{42}tɯ^{42}məŋ^{42}pai^{33}pai^{31}si^{55}
风 带 你 去 子方　　风带你去子方，

zum^{42}vi^{55}məŋ^{42}pai^{33}pan^{42}zan^{33}
风 指 你 去 半 路　　风指你去半路，

---

① kən^{33}ʔja^{33}、kən^{33}ʔdɯi^{33}：都是指吃了不管事的意思。

② sɯ^{33}la:u^{55}：指大龙竹幡古老经书，吊在驾仙鸟升天的有层层彩纸吊龙幡芯中，约有手掌宽，长度与层层彩纸一样，意为升天的指路牌。

məŋ^{42}ji^{55}pai^{33}pan^{42}zan^{33}no^{31}sɯ^{33}
你 就 去 半 路 呵 经书　　你就去半路呵经书。

zum^{42}pan^{33}məŋ^{42}pai^{33}fuŋ^{33}kui^{213}
风 分 你 去 富贵　　风分你去富贵，

məŋ^{42}ji^{55}pai^{33}fuŋ^{33}kui^{213}
你 就 去 富贵　　你就去富贵。

kən^{33}leu^{55}pa:u^{213}sam^{213}pu^{55}kən^{33}ɦa:u^{55}
吃 了 保 伙 人 吃 饭
ʔdaɯ^{33}zai^{33}za:n^{31}ni^{55}
里面 甑 家 这　　吃了保丧家吃一甑饭的那伙人，

sai^{31}kən^{33}ɦa:u^{55}ʔdaɯ^{33}sa:u^{213}za:n^{31}ni^{55}
全部 吃 饭 里面 锅 家 这　　丧家全部同吃一锅饭的人，

pa:u^{55}sam^{213}pu^{55}kən^{33}ɦa:u^{55}kən^{42}soŋ^{42}
保 伙 人 吃 饭 上 桌
za:n^{31}ni^{55}
家 这　　保佑同吃桌上饭的人，

pa:u^{55}sam^{31}pu^{55}kuə^{31}ɦoŋ^{33}ʔdaɯ^{33}tɯn^{31}
保 伙 人 做 活 里 地
za:n^{31}ni^{55}
家 这　　保佑丧家地里同做活的那伙人，

pa:u^{55}sam^{31}pu^{55}ɦen^{55}lai^{33}pai^{33}ta:u^{213}ma^{33}
保 伙 人 上 梯 去 转 来
za:n^{31}ni^{55}
家 这　　保佑丧家出入梯坎的那伙人。

pa:u^{55}sa:m^{33}ɕip^{213}pa:i^{31}na^{55}
保 三 十 前面　　保佑三十前面，

pa:u^{55}ɦa^{55}ɕip^{213}pa:i^{31}laŋ^{33}
保 五 十 后面　　保佑五十后面，

pa:u^{55}tɕiau^{213}ʔdoŋ^{33}soŋ^{33}fɯŋ^{55}
保 亲家 两 边　　保佑两边亲家，

pa:u^{213}pi^{55}nuaŋ^{55}soŋ^{33}pa:i^{31}
保 亲戚 两 面　　保佑两方亲戚。

经文至此，“寨哉”、“惰司”合用下文：

pa:u^{213}taŋ^{31}to^{31}ʔdi^{33}sai^{42}
保 全体 好过　　保全体好过，

pa:u^{213}wai^{33}wən^{42}ʔdi^{33}leu^{55}
保 所有 人 好在　　保所有人好在，

pa:u^{213}wən^{42}laɯ^{31}lak^{213}ɦaɯ^{55}pan^{31}
保 人 哪 莫 给 成

puŋ³¹pa:u⁵⁵
呆傻 保哪人都莫给成呆傻，

pa:u²¹³pu⁵⁵lamɯ³¹lak²¹³ɦamɯ⁵⁵pan³¹
保 人 哪 莫 给 成
zau²¹³niŋ⁴²
壳睡 保哪人都莫给成壳睡，

wən⁴²lamɯ³¹lak²¹³pan³¹lum⁴²laŋ⁵⁵
人 哪 莫 成 停脑 哪人都莫成停脑，

pu⁵⁵lamɯ³¹lak²¹³pan³¹taŋ⁵⁵smɯ³³
人 哪 莫 成 停心 哪人都莫成停心，

ɦamɯ³³te³³zum³¹ta³³ɦa:u³³
给 他 眼睛明 给他眼睛明，

ɦamɯ³³te³³samɯ³³ta³³jau³¹
给 他 清 眼 鹰 给他眼清明如鹰，

wən⁴²lamɯ³¹tɕet²¹³lak²¹³ʔdai⁵⁵
人 哪 病 莫 得 谁都不得病，

pu⁵⁵lamɯ³¹tɕai⁵⁵lak²¹³zan³³
人 哪 灾 莫 见 谁都不受灾，

ɦamɯ²¹³ʔju³¹sam⁵⁵mət²¹³pi³³
给 在 凉爽 整 年 给整年的凉爽，

ɦamɯ²¹³ʔju³¹ʔdi³³mət²¹³ɕiau³¹
给 在 好 整 辈 给整辈的好生活。

kən³³leu⁵⁵pau²¹³sam²¹³pak²¹³pu⁵⁵mo³³
吃 了 保 伙 嘴 布摩
tu³³ni⁵⁵
我们 这 吃了保我们这伙布摩，

pa:u²¹³sa:m²¹³ɦo⁴²pu⁵⁵ta:u³¹tu³³ni⁵⁵
保 伙 喉 布摩 我们 这 保我们这伙布摩好喉音，

ɦamɯ⁵⁵tu³³kuə³¹mo³³pan³¹mo³³kua:ŋ²¹³
给 我们 做 布摩 成 著名布摩 给我们布摩成名布摩，

kuə³¹sa:ŋ³¹pan³¹sa:ŋ³¹ɦuŋ³³
做 师 成 大师 做师成大师。

pa:k²¹³pi⁵⁵ʔbo³³ɦo³¹pi⁵⁵tau³¹
嘴 发音 准 喉 发音 强 嘴发音准喉发音强，

jin³³pjaŋ³¹pa:k²¹³na⁵⁵pjaŋ³¹ɲiə³³
音 顺合 口 脸面 顺合 听 声音顺口又好听。

pa:u²¹³lak²¹³ɦamɯ⁵⁵pan³¹zam⁵⁵mok²¹³
保 莫 给 成 云雾
tum³¹ta³³
遮 眼 保莫让云雾遮眼，

lak^{213}ɦaɯ^{55}pan^{31}lap^{213}la^{42}tum^{31}lai^{55}
莫 给 成 白内障 遮 眼珠 莫给成白内障遮着眼珠。

ɦaɯ^{55}tu^{33}zum^{31}ʔbaɯ^{33}mai^{55}
给 我们 光滑 叶 树 给我们光滑如树叶，

pa:u^{213}ɦaɯ^{55}lai^{55}taŋ^{33}van^{42}
保 给 如 太阳 保给如太阳，

pa:u^{213}ɦaɯ^{55}zan^{33}jaŋ^{31}kau^{213}
保 给 见 正常 保给见正常。

kən^{33}leu^{55}pa:u^{213}lək^{213}ʔbək^{55} kən^{31}sa:i^{42}
吃 了 保 女儿 棺材上方 吃了保棺材上方女儿们，

pa:u^{213}lək^{213}sa:i^{33} la^{55}pen^{55}
保 男儿 棺材下方 吃了保棺材下方男儿们，

pa:u^{213}lək^{213}ʔbək^{55} li^{55}ʔdiŋ^{33}
保 女儿 家脉 保女儿的家脉长，

lək^{213}tɕin^{33}sən^{33}li^{55}n̥uai^{31}məŋ^{31}ni^{55}
儿 亲 生 里 内 你 这 保你内里亲生儿，

pa:u^{213}lək^{213}ʔbək^{55}toŋ^{31}ma^{213}məŋ^{31}ni^{55}
保 女儿 同 长 你 这 保女儿同长，

pi^{55}nuaŋ^{55}sa:i^{33}toŋ^{31}me^{31}məŋ^{31}ni^{55}
哥 弟 男 同 娘 你 这 保同娘兄弟。

pa:u^{213}ɦaɯ^{55}tɕau^{33}fa^{31}zu^{55}
保 给 活 铁 久 保给活得久如铁，

pa:u^{213}ɦaɯ^{55}tɕau^{33}ku^{55}ɕiau^{31}
保 给 活 九 辈 保给活九辈，

pa:u^{213}ɦaɯ^{55}tɕau^{33}fa^{31}ʔdip^{55}
保 给 活 铁 生 保给活久如生铁，

pa:u^{213}ɦaɯ^{55}tɕau^{33}ɕip^{213}ɕiau^{31}
保 给 活 十 辈 保给活十辈。

tɕau^{33}ɕip^{213}ɕiau^{31}mai^{55}wak^{213}
活 十 辈 青丝椰树① 活十辈如青丝椰树，

tɕau^{33}pak^{213}ɕiau^{31}mai^{55}zim^{42}
活 百 辈 黑刀树 活百辈如黑刀树。

mai^{55}zim^{42}tɕet^{213}jan^{31}laɯ^{31}
黑刀树 硬 哪样 黑刀树硬成哪样，

ɦaɯ^{55}lək^{213}tɕet^{213}jan^{31}ten^{33}
给 儿 硬 那样 给儿硬成那样。

mai^{55}vet^{213}ɦeu^{33}jan^{31}laɯ^{31}
树 绿 青 哪样 树绿茂盛成哪样，

ɦaɯ^{55}lək^{213}ɦeu^{33}jaŋ^{31}ten^{33}
给 儿 青 那样 给儿茂盛成那样，

① mai^{55}wak^{213}：青丝椰树，木质硬，是做红木家具的好木材之一。

kua:ŋ^{33}tɕau^{33}ɦaɯ^{55}pan^{31}ta^{33}
男 活 给 成 外公　　给男儿活长成外公，
pa^{31}tɕau^{33}ɦaɯ^{55}pan^{31}ta:i^{31}
女 活 给 成 外婆　　给女儿活长成外婆。
ʔden^{213}ɕi^{33}sət^{55}ɦən^{55}ɕi^{33}sat^{213}
跟 着 走 上 着 到　　跟着走，跟上到，
tai^{31}tɕit^{55}tai^{31}li^{31}tai^{31}pau^{55}
带 请 带 离 带 保　　祭你，离别你，请你保佑。

经文至此，分为《寨哉前独》、《寨哉叵防享》、《寨哉旦防》三部分。

四、请师祭牛《寨哉前独》

tɕai^{213}θai^{33}ɕian^{31}tuə^{42}
请 师 转 牛类　　请师转牛类，
tɕai^{213}leu^{35}ti^{31}laɯ^{31}ʔdi^{33}ʔdam^{33}ʔda:i^{55}
请 了 哪里 好 栽 花　　请了哪里好栽花，
lək^{213}ɦa^{35}pai^{33}ʔdam^{33}ʔda:i^{55}
儿 要 去 栽 花　　儿要去栽花。
sa:i^{35}laɯ^{31}ʔdi^{33}ʔdam^{33}pɯk^{31}
凹 哪 好 栽 芋头　　哪个山凹好栽芋头，
lək^{213}ɦa^{35}pai^{33}ʔdam^{33}pɯk^{31}
儿 要 去 栽 芋头　　儿要去栽芋头。
luak^{213}laɯ^{31}ʔdi^{33}ʔdam^{33}ʔda:i^{55}
槽 哪 好 种 花　　哪个山槽好种花，
lək^{213}ɦa^{35}pai^{33}ʔdam^{33}ʔda:i^{55}
儿 要 去 种 花　　儿要去种花。
sa:i^{35}laɯ^{31}ʔdi^{33}ɕian^{31}tuə^{42}
凹 哪 好 转 牛　　哪个山凹好转牛，
lək^{213}ɦa^{35}pai^{33}ɕian^{31}tuə^{42}
儿 要 去 转 牛　　儿要去转牛。
ɕian^{31}tuə^{42}po^{31}（me^{31}）ʔau^{33}ʔu^{33}
转 牛 父（母） 要 养　　转牛要给父（母）去养，
ɕian^{31}tuə^{42}ni^{55}ʔau^{33}tɕau^{33}
转 牛 这 要 活　　转牛给儿活，
ɕian^{31}tuə^{42}rau^{31}ʔau^{33}so^{31}
转 牛 我们 要 名　　转牛给我们布摩名声，
ɕian^{31}leu^{35}ɦaɯ^{213}pan^{31}kən^{33}pan^{31}ʔdi^{33}
转 了 给 成 吃 成 富
kai^{213}lək^{213}
伙 儿　　转了给儿们那伙成吃成富，

ɕian^{31}leu^{35}ɦaɯ^{213}lək^{213}kuə^{31}pan^{31}kən^{33}pan^{31}
转 了 给 儿 做 成 吃 成
ra:n^{42}tɕi^{35}ɕiau^{31}kai^{213}lək^{213}
家 儿 辈 伙 儿　　转了给儿们那伙做成吃成家儿辈人。

五、二次葬《寨哉叵防享》

tɕa:i^{213}θai^{33}pjok^{55}fa:ŋ^{42}ɕiaŋ^{55}
请 师 喊醒 逝世时间长的鬼[1]　　请师喊醒逝世时间长的鬼，
tɕa:i^{213}leu^{42}tu^{33}ɦa^{55}pjok^{55}fa:ŋ^{42}ta:i^{33}
请 了 我们 要 喊醒 鬼 死
wan^{42}ma^{42}
哪天　　请了我们要喊醒死哪天的鬼，
tu^{33}ɦa^{55}ɦa:i^{33}fa:ŋ^{42}rən^{213}wan^{42}ni^{55}
我们 要 开 鬼 起 天 这　　这天，我们要闹鬼起来，
jiaŋ^{31}po^{31}（me^{31}）ra:n^{42}ma^{42}tɕa^{33}ni^{55}
指 父（母） 哪姓 家 这　　这家父（母）姓什么？
miŋ^{31}məŋ^{31}lam^{55}pai^{33}na:n^{42}
命 你 倒 去 久　　你命倒去久啦，
ʔda:ŋ^{33}məŋ^{31}ta:i^{33}pai^{33}ʔdɯə^{55}
身 你 死 去 时长　　你身死去时长，
ta:i^{33}pai^{33}ʔdɯə^{55}fi^{31}wa:n^{42}
死 去 时长 未 孝　　死去时间长未超度，
lək^{213}məŋ^{31}wa:n^{42}van^{42}ni^{55}
儿 你 孝 天 这　　你儿这天超度，
ta:i^{33}pai^{33}na:n^{42}fi^{31}pjaŋ^{55}
死 去 久 未 闹　　死去久未超度，
lək^{213}məŋ^{31}pjaŋ^{55}van^{42}ni^{55}
儿 你 闹 天 这　　你儿这天超度。
lək^{213}pjaŋ^{55}po^{31}（me^{31}）pai^{33}kua:ŋ^{213}
儿 闹（超度）父（母） 去 宽　　儿闹（超度）父（母）去宽，
lək^{213}saŋ^{213}po^{31}（me^{31}）pai^{33}ʔbən^{33}
儿 供（超度）父（母） 去 天　　儿供（超度）父（母）上天，
ɦaɯ^{55}pan^{31}kən^{33}pan^{31}ʔdi^{33}tɕi^{55}ɕiau^{31}
给 成 吃 成 富 儿 辈　　给儿成吃成富儿辈人，
lək^{213}sa:ŋ^{213}po^{31}（me^{31}）pai^{33}saŋ^{33}
儿 供 父（母） 去 高　　儿供父（母）去高天，
lək^{213}pan^{31}ran^{31}tɕi^{55}ɕiau^{31}
儿 成 家 几 代　　给儿成家几代人。

① fa:ŋ^{42} ɕiaŋ^{55}：家族大者，用大家的八字推算，总有人的八字被年月日时太岁冲着，往往几年才找到吉日，故称为祭“faŋ^{42}ɕiaŋ^{55}”。

六、《寨哉旦防》

tɕa:i^{213}θai^{33}taŋ^{31}fa:ŋ^{42}

祭　师　念经送魂

祭师念经送魂

ʔit^{55}tu^{33}tiŋ^{33}tu^{33}tɕa:i^{55}

一　门　亭　我们 供　　　你儿请我们布摩来供到一门亭，

ŋi^{31}tu^{33}tiŋ^{33}tu^{33}tɕa:i^{55}

二　门　亭　我们 供　　　我们供到二门亭，

sa:m^{33}ka^{33}vi^{55}toŋ^{31}kap^{213}jaŋ^{31}tɕa:i^{55}

三　条 沟　交叉　也　供　　　三条沟交叉也供，

θi^{31}pa:k^{213}sap^{213} toŋ^{31}puŋ^{42}jaŋ^{31}tɕa:i^{55}

四　山嘈　相碰　也　供　　　四山嘈相碰也供，

θi^{31}ka^{33}ɦuŋ^{33}toŋ^{31}so^{31}jaŋ^{31}tɕa:i^{55}

四　条　路　同指　也　供　　　四条路同指也供。

sa:m^{33}ka^{33}vi^{55}toŋ^{31}ka:p^{213}jaŋ^{31}tɕa:i^{55}

三　条　沟　交叉　也　供　　　三条沟交叉也供，

θi^{31}pa:k^{213}sap^{213} toŋ^{31}taŋ^{42}jaŋ^{31}tɕa:i^{55}

四　山嘈　同到　也　供　　　四山嘈同到也供，

θi^{31}ka^{33}soŋ^{42}toŋ^{31}ʔok^{213}jaŋ^{31}tɕa:i^{55}

四　脚　桌　同出　也　供　　　四脚桌同出也供。

sa:m^{33}ka^{33}vi^{55}toŋ^{31}ka:p^{213}jaŋ^{31}tɕa:i^{55}

三　条　沟　交叉　也　供　　　三条沟交叉也供，

θi^{31}pa:k^{213}sap^{213} toŋ^{31}pja^{42}jaŋ^{31}tɕa:i^{55}

四　山嘈　同插　也　供　　　四山嘈同插也供，

θi^{31}ka^{33}fa:ŋ^{42}toŋ^{31}so^{31}jaŋ^{31}tɕa:i^{55}

四　脚　鬼　同名　也　供　　　四脚鬼同名也供。

pan^{55}ma^{33}tɕa:i^{55}soŋ^{33}sɯŋ^{33}

众人　来　供　两　供品　　　众人来供两供品，

ku^{33}ma^{33}tɕa:i^{55}soŋ^{33}sɯŋ^{33}

我　来　供　两　供品　　　我来供两供品。

pan^{55}ma^{33}tɕa:i^{55}soŋ^{33}su^{55}

众人　来　供　两　主①　　　众人来供两主，

ku^{33}ma^{33}tɕa:i^{55}soŋ^{33}su^{55}

我　来　供　两　主　　　我来供两主。

po^{31}mu^{55}ka:p^{213}tɕa^{33}sən^{42}

师婆　合　家　神　　　师婆合家神，

---

① soŋ^{33}su^{55}：两主，指天师和地师。

mo³³ɦuŋ³³kuan⁵⁵mo³³ȵoi³¹
大布摩 管 小布摩 　　大布摩管小布摩。
tɕa:i⁵⁵tɯk³¹ŋo⁵⁵ sam⁵⁵səi³³
供 神竹林 相遇 　　供神竹林相遇，
tɕa:i⁵⁵sam⁵⁵ɕi⁵⁵wai³³wən⁴²
供 遇 是 全部 人 　　祭供相遇全部人，
tɕa:i⁵⁵sam⁵⁵pɯŋ⁴²pan⁴²ɦɯ³³
供 遇 地方 成 街 　　祭供地方成街道。

经文至此，往下经文三部分共用。

sa:m³³fɯŋ³¹ʔbu⁵⁵ku²¹³fɯŋ³¹ka²¹³
三 半 葫芦 九 半 缸
ma³³sat²¹³
来 用 　　把三半葫芦九半缸来用，
sam²¹³lau⁵⁵ȵeŋ³³pjeŋ³¹lau⁵⁵ȵiam³¹
液 酒 淌 壶 酒 香
ma³³sat²¹³
来 用 　　把液酒淌壶的香酒来用，
təi⁵⁵lau⁵⁵ja⁴²ka³³kai²¹³maŋ³¹ma³³sat²¹³
碗 酒 圆 腿 鸡 粗 来 用 　　把圆酒碗和粗鸡腿来用，
no²¹³kai³³na³³ka³³kai²¹³ʔun²¹³ma³³sat²¹³
肉 鸡 厚 腿 鸡 嫩 来 用 　　厚鸡肉嫩鸡腿来用，
təi⁵⁵ɦa:u⁵⁵ɦa:u³³sa³³ɦa:u⁵⁵mo³¹ma³³sat²¹³
碗 米 白 盘 饭 冒 来 用 　　碗米白盘饭冒来用，
tɕau²¹³pja³³suaŋ³³zɯŋ³³pja³³ta³¹ma³³sat²¹³
头 “双鱼” 尾 鱼 河 来 用 　　“双鱼”头河鱼尾来用。
kən³³leu⁵⁵tɕap²¹³ɕi⁵⁵ʔju³¹pɯŋ³³san³³
吃 了 甲 子 在 方 申 　　吃了甲子在申方，
tɕa:i²¹³pai³³ma³³pɯŋ³³san³³
供 去 来 方 申 　　供去来申方。
tɕa:p²¹³san³³ʔju³¹pɯŋ³³zu⁵⁵
甲 申 在 方 酉 　　甲申在酉方，
tɕa:i²¹³pai³³ma³³pɯŋ³³zu⁵⁵
供 去 来 方 酉 　　供去来酉方。
tɕa:p²¹³ɕi⁵⁵ʔju³¹pɯŋ³³ɕi⁴²
甲 子 在 方 辰 　　甲子在辰方，
tɕa:i²¹³pai³³ma³³pɯŋ³³ɕi⁴²
供 去 来 方 辰 　　供去来辰方。
le³³le³¹ʔju³¹pɯŋ³³sɯ⁵⁵
换 选 在 方 巳 　　换着在巳方，

tɕa:i^{213}pai^{33}ma^{33}pɯŋ^{33}sɯ^{55}
供 去 来 方 巳　　供去来巳方。

ta:i^{31}ʔit^{55}mu^{55}tɕi^{33}tɕa:i^{213}
第 一 母 鸡 供　　第一母鸡供，

ta:i^{31}ŋi^{31}koŋ^{33}tɕi^{33}tɕa:i^{213}
第 二 公 鸡 供　　第二公鸡供，

ʔden^{31}ɕi^{33}sət^{55}ɦɯn^{55}ɕi^{33}sat^{213}
跟 着 走 上 着 到　　跟着走，跟上到，

tai^{31}tɕit^{55}tai^{31}li^{31}tai^{31}pa:u^{55}
带 请 带 离 带 保　　祭你、离别你，请你保佑。

对非正常死者的祭祀牌位的礼仪经文：

七、计开巷甫胎坛虫生

计 开 巷 甫 胎 坛 虫 生

<u>sa:u^{55}ʔdu^{55}</u>ɦaŋ^{213}pu^{55}<u>ta:i^{33}tam^{42}</u>soŋ^{31}sɯŋ^{33}

开始 闹 人 非正常死 桌 所有供品

开始闹非正常死者桌上的所有供品

仪式用羊一、猪一、鸭一、鹅一、鸡蛋十、酒碗八、刀头肉一、升斗利是各一、香七、纸钱三、茶杯五、花布三排等祭供。将牌位四个分别插在龙幡底部的四个供桌上：

(1)“奉请天师地师祖师将军之神位”，用升斗利是各一、大公鸡一、鸡蛋八、酒碗四、香炷三、纸钱三、白布四排等祭供。

(2)“奉请本进山神之神位”，用米半升、羊一、酒碗四、香炷三、纸钱三等祭供。在哪寨用即请哪寨的山神来坐神坛。

(3)“奉请居中佛老至德尊神位”，此神位系指寨内的老人房之神位。用猪一、鸡一、酒碗四、香炷三、纸钱三等祭供。在哪寨用即请哪寨的老人房神来坐。

(4)“奉请汗王文孝土汗王甫孝困之神位”，此神位系用汉字写布依语，汗王（ɦan^{213}wɯŋ^{42}）指古代管理天地之王神，“wɯŋ^{42}”即王之义。用鹅一、鸡一、米半升、酒碗四、香炷三、纸钱三等祭供。

ɕiŋ^{213}mɯŋ^{31}ɕiə^{55}ti^{31}na:m^{31}pɯŋ^{31}ni^{55}
请 你 神 地 土 地方 这　　请你这方土地神，

θi^{31}ɕiə^{55}pɯŋ^{31}pɯŋ^{31}ni^{55}
四 神 寨 地方 这　　这地方的四寨神，

ɕiŋ^{213}soŋ^{33}ja^{31}su^{213}tam^{42}
请 两 奶 主 湖　　请主湖两奶，

ɕiŋ^{213}soŋ^{33}na:ŋ^{42}su^{213}tiŋ^{31}
请 两 仙奶 主 管　　请两仙奶主管，

ja^{31}kuan^{55}ʔba:n^{55}sa:u^{42}laŋ^{33}
奶 官 寨 伙 后代　　官奶管寨子后代，

naŋ^{31}kuan^{55}ʔba:n^{55}sa:u^{42}kuan^{213}
奶 官 寨 伙 古代　　官奶管寨子的古代那伙人，

sam^{213}me^{31}leu^{42}ɾa:n^{31}la^{213}
伙 母 婶 家 下　　下家婶母那伙人，

sam^{213}me^{31}pa^{213}ɾa:n^{31}kən^{42}
伙 母 姑妈 家 上　　上家姑母那伙人，

sam^{213}ta:i^{33}sɯŋ^{33}so^{55}lək^{213}me^{31}ʔbək^{55}
伙 非正常死 所 母女　　非正常死的所有母女那伙人，

lək^{213}me^{31}ʔbək^{55}ta:i^{33}laŋ^{33}ʔda:ŋ^{33}
母女 死 连 身　　母女死连身，

me^{31}ɾa:n^{42}ta:i^{33}laŋ^{33}lək^{213}su^{33}ni^{55}
家妇 死 孕身 伙 这　　家妇孕身死的这伙人。

ɕiŋ^{33}noŋ^{42}wən^{42}ɕiau^{31}ʔdu^{55}
“兴农”神 人 古代　　古代“兴农”神，

ɕiŋ^{33}noŋ^{42}pu^{55}ɕiau^{31}kuan^{213}
“兴农”神 人 古辈　　古辈“兴农”神，

ɕiŋ^{33}noŋ^{42}su^{213}wan^{33}ɦa:u^{55}
“兴农”神 主 种子 稻　　“兴农”神主水稻的种子，

ɕiŋ^{33}noŋ^{42}sa:u^{55}wan^{33}wən^{42}
“兴农”神 造 魂 人　　“兴农”神造人魂。

ɕiŋ^{33}soŋ^{33}ja^{31}su^{55}wan^{33}su^{33}ni^{55}
请 两 奶 接 魂 你们 这　　请你们这两奶接魂，

ɕiŋ^{33}soŋ^{33}na:ŋ^{31}su^{55}miŋ^{31}su^{33}ni^{55}
请 两 仙奶 管 命 你们 这　　请你们这两仙奶管命。

经文念至此，布摩先生用白布盖上供桌的供品，并喷酒一口封闭，表示只让该神位单独享受。

八、计开请穷生巷防

计 开 请 穷 生 巷 防

sau^{55}ʔdu^{55}tsiŋ^{42}soŋ^{31}sɯŋ^{33} ɦaŋ^{213}waŋ^{42}

开始 祭 非正常死者 汗王

开始祭汗王超度非正常死者

此仪式为妇女难产死者专用。用羊一、猪一、狗一、鸭一、鹅一、酒碗八、刀头肉一、升斗利是各一、香七、纸钱三、茶杯五、花布三排等祭供。用牌位四个分别插在龙幡（此仪式只用金竹神位）底部的四层供桌（供桌为临时砍来的十一种树枝搭成的桌形）上：

（1）“奉请天师地师祖师将军之神位”，用升斗利是各一、狗一、大公鸡一、酒碗四、香炷三、纸钱三、白布四排等祭供。

(2)“奉请本进山神之神位”，用米半升、羊一、酒碗四、香炷三、纸钱三等祭供。在哪寨用即请哪寨的山神来坐神坛。

(3)“奉请居中佛老至德尊神位”，此神位系指寨内的老人房之神位。用猪一、鸡一、酒碗四、香炷三、纸钱三等祭供。在哪寨用即请哪寨的老人房神来坐神坛。

(4)“奉请汗王文孝土汗王甫孝困之神位”，此神位系用汉字写布依语，汗王（ɦan^{213}wɯŋ^{42}）指古代管理天地之王神。“wɯŋ^{42}”即王之义。用鹅一、鸡一、米半升、酒碗四、香炷三、纸钱三等祭供。

ɕiŋ^{55}ɕip^{213}noŋ^{31}wən^{31}ɕiau^{31}ʔdu^{55}
请 “十农”神 人 古代   请古代的“十农”神，
ɕip^{213}noŋ^{31}pu^{55}ɕiau^{31}kuan^{213}
“十农”神 人 古辈   古辈“十农”神，
ɕiŋ^{33}noŋ^{42}su^{213}wan^{33}ɦa:u^{55}
“十农”神 管 种子 稻   “十农”神管水稻种子，
ɕiŋ^{33}noŋ^{42}sa:u^{55}wan^{33}wən^{42}
“十农”神 造 魂 人   “十农”神造人魂。
ɕiŋ^{33}soŋ^{33}ja^{31}su^{55}wan^{33}
请 两 奶 接 魂   请两奶接魂，
ɕiŋ^{33}soŋ^{33}na:ŋ^{31}su^{55}miŋ^{31}su^{33}ni^{55}
请 两 仙奶 管 命 你们 这   请你们这两仙奶管命。
ɕiŋ^{55}pu^{55}tian^{33}sɯŋ^{33}
请 人 天 非正常   请造出非正常死亡的天人，
ɕiŋ^{55}pu^{55}ti^{31}sɯŋ^{33}
请 人 地 非正常   请造出非正常死亡的地人。
tian^{33}sɯŋ^{33}wən^{31}ɕiau^{31}ʔdu^{55}
天 非正常 人 古代   古代造非正常死亡的天人，
ti^{31}sɯŋ^{33}pu^{55}ɕiau^{31}kuan^{213}
地 非正常 人 古辈   古辈造非正常死亡的地人。
tian^{33}sɯŋ^{33}lək^{213}vɯ^{55}na^{33}
天 非正常 儿 云 厚   造非正常的天儿是厚云，
ti^{31}sɯŋ^{33}vɯŋ^{31}vɯ^{55}na:m^{31}
地 非正常 王 云 土   造非正常的地王是云土，
vɯ^{55}na^{33}pu^{55}tuan^{213}ka^{42}
云 厚 人 解 卡   云厚解卡人，
vən^{31}ɦa:i^{33}luŋ^{55}
人 开 锁   开锁人，
pu^{55}tuan^{213}tɕiə^{31}mai^{55}sa^{33}
人 砍 接 构皮树   砍接构皮树的人，

vən^{42}tuan^{213}ka^{33}mai^{55}ȵie^{42}
人　砍　杆　“聂树”①　　砍“聂树”造牛脚杆的人，
ɕiŋ^{55}pu^{55}sa^{33}ɦo^{55}
请　人　“沙奥”神②　　请的是“沙奥”神，
ɕiŋ^{55}pu^{55}to^{213}ti^{31}su^{33}ni^{55}
请　人　土地神　你们 这　　请的是你们这些土地神。

九、计开不论男女枪刀打杀死，豺、虎、豹咬死，蛇伤、雷打、火烧、吊死，吞金死，草药闹死，树打、墙压、石土压死，翻船、落水、桥断落死，刀伤、落洞、吊树死，各种依着此行

仪式用羊一、猪一、鸭一、鹅一、鸡蛋十、酒碗八、刀头肉一、升斗利是各一、香七、纸钱三、茶杯五、花布三排等祭供。用牌位四个分别插在大龙竹幡底部的四个供桌（供桌一为大竹簸、供桌二至四均为大芭蕉叶铺设而成）上，大龙竹幡上吊布摩先生专用彩布画图：

（1）“奉请天师地师祖师将军之神位”，用升斗利是各一、大公鸡一、鸡蛋八、酒碗四、香炷三、纸钱三、白布四排等祭供。

（2）“奉请本进山神之神位”，用米半升、羊一、大公鸡一、酒碗四、香炷三、纸钱三等祭供。在哪寨用即请哪寨的山神来坐神坛。

（3）“奉请居中佛老至德尊神位”，此神位系指寨内的老人房之神位。用猪一、羊一、鸡一、酒碗四、香炷三、纸钱三等祭供。在哪寨用即请哪寨的老人房神来坐神坛。

（4）“奉请汗王文孝土汗王甫孝困之神位”，此神位系用汉字写布依语，汗王（ɦan^{213}wɯŋ^{42}）指古代管理天地之王神，“wɯŋ^{42}”即王之义。用猪一、鹅一、鸡一、米半升、酒碗四、香炷三、纸钱三等祭供。

ɕiŋ^{55}ɕip^{213}noŋ^{31}wən^{31}ɕiau^{31}ʔdu^{55}
请　“十农”神　人　古代　　请古代“十农”神，
ɕip^{213}noŋ^{31}pu^{55}ɕiau^{31}kuan^{213}
“十农”神　人　古辈　　古辈“十农”神，
ɕiŋ^{33}noŋ^{42}su^{213}wan^{33}ɦau^{55}
“十农”神　管　种子　稻　　“十农”神管水稻种子，
ɕiŋ^{33}noŋ^{42}sa:u^{55}wan^{33}wən^{42}
“十农”神　造　魂　人　　“十农”神造人魂。
ɕiŋ^{33}soŋ^{33}ja^{31}su^{55}wan^{33}
请　两　奶　接　魂　　请两奶接魂，
ɕiŋ^{33}soŋ^{33}na:ŋ^{31}su^{55}miŋ^{31}
请　两　仙奶　管　命　　请两仙奶管命。
ɕiŋ^{55}pu^{55}tian^{33}sɯŋ^{33}
请　人　天　非正常　　请造出非正常死亡的天人，

① 聂树：一种树名，传说古代是用它来造牛脚杆，又用构皮树造牛肩等。
② sa^{33}ɦo^{55}：“沙奥”神，是专管神树的神。

ɕiŋ^{55}pu^{55}ti^{31}sɯŋ^{33}
请　人　地　非正常　　　　请造出非正常死亡的地人。

tian^{33}sɯŋ^{33}wən^{31}ɕiau^{31}ʔdu^{55}
天　非正常　人　古代　　　　古代造成非正常死亡的天人，

tian^{33}sɯŋ^{33}lək^{213}vɯ^{55}na^{33}
天　非正常　儿　云　厚　　　　造非正常的天儿是厚云，

ti^{31}sɯŋ^{33}vɯŋ^{31}vɯ^{55}na:m^{31}
地　非正常　王　云　土　　　　造非正常的地王是云土，

vɯ^{55}na^{33}pu^{55}tuan^{213}ka^{42}
云　厚　人　解　卡　　　　云厚解卡人，

vən^{31}ɦa:i^{33}luŋ^{55}
人　开　锁　　　　开锁人，

pu^{55}tuan^{213}tɕiə^{31}mai^{55}sa^{33}
人　砍　接　构皮树　　　　砍接构皮树的人，

vən^{42}tuan^{213}ka^{33}mai^{55}ȵie^{42}
人　砍　杆　“聂树”　　　　砍“聂树”造牛脚杆的人，

ɕiŋ^{55}pu^{55}sa^{33}ɦo^{55}
请　人　“沙奥”神　　　　请的是“沙奥”神，

ɕiŋ^{55}pu^{55}to^{213}ti^{31}su^{33}ni^{55}
请　人　土地神　你们　这　　　　请的是你们这些土地神。

十、《模八难·夫妻阴阳别经》

“mo^{33}pjak^{213}naŋ^{42}”意为《分别阴阳经》，经过“布摩”先生的念经仪式，表示夫妻阴阳已相隔，然后寡夫(妇)就可以再娶(嫁)。

mo^{33}pja:k^{213}naŋ^{42}
经　分别　阴阳　　　　经分别阴阳，

noŋ^{55}pja:k^{213}jaŋ^{31}noŋ^{55}pja:k^{213}
夫(妻)分别　样　夫(妻)分别　　　　夫(妻)分别成何样？

noŋ^{55}pja:k^{213}sen^{42}kuə^{31}mo^{55}
夫(妻)分别　话　做　墓　　　　夫(妻)分别话做墓，

noŋ^{55}pja:k^{213}to^{35}kuə^{31}wa:i^{33}
夫(妻)分别　垒　做　坝　　　　夫(妻)分别垒做坝，

mi^{31}nam^{31}ta:i^{33}toŋ^{31}pja:k^{55}
想不到　死　离别　　　　想不到生死离别。

ni^{55}ma^{31}ta:i^{33}toŋ^{31}pja:k^{55}
现　为何　死　离别　　　　为何死离别？

kua:ŋ^{33}(na:ŋ^{42})pja:k^{55}sen^{42}lai^{33}lak^{213}
夫(妻)　分别　话　淌　深　　　　夫(妻)分别话淌深，

mi^{31}nam^{31}pja:k^{55}ta:u^{213}laŋ^{33}
想不到　分别　回　后　　　　想不到现今又分别。

ni^{55}ma^{31}pja:k^{55}ta:u^{213}laŋ^{33}
现 为何 分别 回 后
为何返回又分别？

kua:ŋ^{33}（na:ŋ^{42}）pja:k^{55}sen^{42}zai^{33}paŋ^{42}
夫（妻） 分别 话 长 布
夫（妻）分别的话长如布，

mi^{31}nam^{31}taŋ^{42}ni^{55}ta:u^{213}
想不到 到 此 回
想不到到此就归逝，

ni^{55}ma^{31}taŋ^{42}ni^{55}ta:u^{213}
现 为何 到 此 回
想不到生死离别此回。

kuə^{31}laɯ^{42}ta:i^{33}pai^{33}la^{213}na:m^{31}fuan^{55}
为什么 死 去 下 土 黑
为什么死去黑土下？

kuə^{31}laɯ^{42}ʔduan^{55}pai^{33}la^{213}na:m^{31}ʔdiŋ^{33}
为什么 穿 去 下 土 红
为什么穿去红土下？

ta:i^{33}mi^{31}jin^{33}mi^{31}ji^{213}
死 不 想 不 记
死了不会想也不会记。

kuə^{31}laɯ^{42}ta:i^{33}pai^{33}la^{213}na:m^{31}na^{42}
为什么 死 去 下 土 田
为什么死去田土下？

ta:i^{33}mi^{33}ja^{42}mi^{31}ʔai^{213}
死 不 叫 不 爱
死了不会叫也不会爱，

pan^{31}sa:m^{33}tɕai^{213}lu^{55}li^{42}
成 三 寨 六 里
好像距离三寨六里远，

pan^{31}sa:m^{33}ku^{33}wai^{33}wəŋ^{31}
成 三 我 全部 失
我心如丢失了三倍全部东西那样多。

taŋ^{31}la^{55}ʔbən^{33}tɕau^{33}to^{31}
全 天下 活 齐
全天下的夫妻都活着，只有我夫（妻）死了。

naŋ^{31}ka^{31}soŋ^{31}ta:i^{33}sau^{55}
只剩 洞 台 早
只剩早台洞，

naŋ^{31}ka^{31}soŋ^{31}ɦau^{55}tɕeu^{33}
只剩 洞 入 索①
只剩入索洞。

ta:i^{33}mi^{33}suan^{213}tok^{55}laŋ^{33}
死 不 算 后面
死不算后面还有多少好生活，

kua:ŋ^{33}（na:ŋ^{42}）mɯŋ^{42}za^{33}pu^{55}pai^{33}ɦɯ^{33}
夫妻 你 找 人 去 街
kən^{31}ʔbo^{33}zɑn^{33}
上 没有
你的夫（妻）找人去街上都没有，

kua:ŋ^{33}（na:ŋ^{42}）mɯŋ^{42}za^{33}pu^{55}pai^{33}ɦɯ^{33}
夫（妻） 你 找 人 行 街
la^{55}ʔbo^{33}zɑn^{33}
下 没有
你的夫（妻）找人去街下都没有，

① 早台洞、入索洞：指生殖器之洞。

za^{33}pu^{55}pai^{33}ɦɯ^{33}sɯ^{55}kuə^{33}ʔdaŋ^{31}
找 人 去 街 买 盐 咸
ʔbo^{33}zɑn^{33}
没有　　你的夫（妻）找人去街买盐都没有，

za^{33}pu^{55}te:m^{213}taŋ^{42}za:n^{42}ʔbo^{33}zɑn^{33}
找 人 接 到 家 没有　　赶场时无人接到家，

za^{33}pu^{55}ʔau^{33}lək^{213}ȵie^{42}ʔbo^{33}zɑn^{33}
找 人 要 儿 婴 没有　　找人要婴儿没有，

za^{33}pu^{55}zim^{42}kai^{31}tɑn^{213} ʔbo^{33}zɑn^{33}
找 人 收 衣类 没有　　找人收衣类没有，

za^{33}pu^{55}saɯ^{213}kai^{31}kən^{33} ʔbo^{33}zɑn^{33}
找 人 服侍 吃类 没有　　找人服侍吃没有，

za^{33}pu^{55}sa:i^{31}pɯ^{31}va^{31}ʔbo^{33}zɑn^{33}
找 人 制 衣 裤 没有　　找人制衣裤没有，

za^{33}pu^{55}tak^{213}mok^{213}nin^{42}ʔbo^{33}zɑn^{33}
找 人 晒 被子 睡 没有　　找人晒睡被没有，

za^{33}pu^{55}pɯi^{33}pa:k^{213}ku^{33}ʔbo^{33}zɑn^{33}
找 人 喂 嘴 我 没有　　生病找人喂我嘴没有，

za^{33}pu^{55}ʔu^{33}mu^{33}tɕap^{213} ʔbo^{33}zɑn^{33}
找 人 养 母猪 没有　　找人养母猪没有，

za^{33}pu^{55}tam^{213}ɾok^{213}θi^{33}ʔbo^{33}zɑn^{33}
找 人 织布 线织布 没有　　找人用布线织布没有，

za^{33}pak^{213}ʔdi^{33}toŋ^{55}ʔjak^{213}ʔbo^{33}zɑn^{33}
找 菜 好 肚 饿 没有　　肚饿找好菜没有，

tam^{33}sa:k^{213}za^{33}pu^{55}pat^{55}ʔbo^{33}zɑn^{33}
舂 碓 找 人 扫 没有　　舂碓找人扫没有，

ʔau^{33}zam^{55}za^{33}pu^{55}kən^{33}ʔbo^{33}zɑn^{33}
要 水 找 人 吃 没有　　挑水找人吃没有，

ʔau^{33}fən^{42}za^{33}pu^{55}tək^{55}ʔbo^{33}zɑn^{33}
要 水 找 人 烧 没有　　要水找人烧没有，

za^{33}pu^{55}saɯ^{213}po^{31}me^{31}ʔbo^{33}zɑn^{33}
找 人 服侍 父 母 没有　　找人来服侍父母没有，

za^{33}pu^{55}le^{31}wa:i^{213}ȵian^{42}ʔbo^{33}zɑn^{33}
找 人 选 棉花 籽 没有　　找人挑选棉花籽没有，

za^{33}pu^{55}zɯŋ^{55}tɕa^{31}ʔdan^{33} ʔbo^{33}zɑn^{33}
找 人 洗 家具 没有　　找人洗家具没有，

za^{33}pu^{55}ʔdam^{33}na^{42}kum^{31}ʔbo^{33}zɑn^{33}
找 人 插秧 田 窝 没有　　找人插秧田没有，

za^{33}pu^{55}kuaŋ^{31}ʔdjeu^{33}ȵin^{42}ʔbo^{33}zɑn^{33}
找 人 共同 一 睡 没有　　找人共同睡没有，

za^{33}pu^{55}sən^{55}ɕiau^{31}laŋ^{33} ʔbo^{33}zɑn^{33}
找　人　接　后代　　没有　　　找人接后代没有，

za^{33}vən^{42}ta:ŋ^{213}ɕiau^{31}laŋ^{31} ʔbo^{33}zɑn^{33}
找　人　当　后代　没有　　　找人当后代没有。

ja^{31}（pau^{213}）ʔdi^{33}pan^{31}ja^{31}（pau^{213}）
奶（爷）　好　成　奶（爷）
fa:ŋ^{42}
鬼　　　好奶（爷）已成奶（爷）鬼，

kua:ŋ^{33}（na:ŋ^{42}）ʔdi^{33}pan^{31}kua:ŋ^{33}（na:ŋ^{42}）
夫（妻）　好　成　夫（妻）
pan^{55}
鬼　　　好夫（妻）已成鬼夫（妻），

pja:k^{213}te^{33}pan^{31}ɕie^{55}tɯn^{31}
分别　他　成　神　家外　　　分别的他成了家外神。

te^{33}mi^{31}mɯn^{31}məŋ^{42}faŋ^{42}
他　不　望　你　鬼　　　他已成鬼望都不望你，

te^{33}mi^{31}tan^{33}məŋ^{42}kui^{55}
他　不　盼　你　鬼　　　他已成鬼盼都不盼你，

kua:n^{33}məŋ^{42}ʔau^{33}kua:n^{33}mo^{213}
夫（妻）　你　要　夫（妻）　新　　　你夫（妻）要了新的夫（妻），

kua:n^{33}məŋ^{42}to^{31}pu^{55}ʔja^{33}
夫（妻）　你　靠　别人　　　你夫（妻）已靠别人。

kua:n^{33}məŋ^{42}za^{33}kua:n^{33}fu^{55}
夫（妻）你　找　夫（妻）　府　　　夫（妻）你已住在新的夫（妻）府，

kua:n^{33}məŋ^{42}pan^{31}ɕie^{55}tɯn^{31}
夫（妻）你　成　神　家外　　　夫（妻）你已成家外神。

san^{31}soŋ^{42}pai^{33}pai^{31}kən^{42}
搬　桌子　去　上方　　　搬桌子到上方去，

ʔau^{33}məŋ^{42}kuə^{31}pau^{213}ja^{33}
要　你　做　祖宗　　　要你做祖宗。

san^{31}soŋ^{42}pai^{33}pa:i^{31}sa:ŋ^{33}
搬　桌子　去　高处　　　搬桌子到高处去，

ʔau^{33}kua:n^{33}kuə^{31}pau^{213}ja^{33}
要　夫（妻）　做　祖宗　　　要夫（妻）做祖宗。

se^{33}pa^{31}kok^{55}mi^{31}ʔau^{33}
留　夫（妻）前　不　要　　　留下前夫（妻）不要，

ta:i^{33}pan^{31}fa:ŋ^{31}mi^{31}sɯ^{31}
死　成　鬼　不　是　　　死成不是的鬼，

se^{33}kan^{31}ʔja:k^{213}ma:i^{213}sam^{33}
留　锄把　寡　山　　　留锄把寡山，

se^{33}po^{31}kua:ŋ^{33}ja^{31}lən^{55}
留 父 夫(妻)哼 孤单
留父夫(妻)哼孤单,

se^{33}po^{31}kua:ŋ^{33}ɦa^{55}te^{33}
留 父 夫(妻) 想 他
留下年老父母活着想他。

tɕau^{55}nu^{213}mi^{31}pan^{31}ʔau^{33}
头 乱 不 成 要
活着的夫(妻)头乱不成要,你莫要他(她)去,

tɕau^{55}zau^{33}mi^{31}pan^{31}pau^{213}
头 虱 不 成 夫(妻)
头虱不成夫(妻),你莫要他(她)去,

məŋ^{31}ka^{31}ʔau^{33}pu^{55}ʔja^{33}
你 自 要 人 别
你自己去要别人。

məŋ^{31}ka^{31}za^{33}kua:n^{33}fa:ŋ^{42}
你 自 找 夫(妻)鬼[1]
你自己去找鬼做夫(妻),

pau^{213}ni^{55}mi^{31}pan^{31}za^{33}
夫(妻)这 不 能 找
这活着的夫(妻)你不能找,

kua:n^{33}ni^{55}mi^{31}pan^{31}nɯ^{31}
夫(妻)这 不 能 想
这活着的夫(妻)你不能想。

mi^{31}ɦaɯ^{55}se^{33}so^{213}ʔak^{55}
不 给 留 在 胸
不给你留在胸,

mi^{31}ɦaɯ^{55}nak^{55}so^{213}sɯ^{33}
不 给 念 在 心
不给你念在心,

pau^{213}pa:k^{213}ʔdiŋ^{33}ʔju^{213}ʔan^{55}
夫(妻)嘴 红 在 那
天上的夫(妻)嘴红在那点,

pin^{33}pa:k^{213}mai^{31}ʔju^{213}ʔan^{55}
兵 嘴 紫 在 那
天上的兵嘴紫也在那点,

kua:ŋ^{33}na^{213}mai^{31}ʔju^{213}ʔan^{55}
夫(妻)嘴 紫 在 那
天上的夫(妻)嘴紫在那点,

θai^{31}na^{55}ʔboŋ^{33}ʔju^{213}ʔan^{55}
官 脸 光滑 在 那
天上的官脸光滑也在那点,

toŋ^{42}na^{55}lən^{31}ʔju^{213}ʔan^{55}
友 脸 笑容 在 那
天上的友脸笑容也在那点,你去那里找。

lək^{213}me^{31}ʔbək^{55}sɯ^{31}nan^{42}pjai^{33}
女儿 是 漂泊 尖尖
女儿之命是漂泊命,

lək^{213}pu^{55}sa:i^{33}sɯ^{31}fən^{42}kuan^{213}
男儿 是 柴 桩
男儿之命是柴桩命。

pu^{55}laɯ^{31}ʔdi^{33}ɕi^{42}za^{33}
人 哪 好 自 找
哪人好你自己找,

kua:n^{33}laɯ^{31}ʔdi^{33}ɕi^{42}le^{31}
夫(妻)哪 好 自 选
哪夫(妻)好你自己选。

① kuan^{33}、kuaŋ^{33}、pau^{213}、pa^{31}:指夫或妻。"kuan^{33}"指年龄较大;"kuaŋ^{33}"指较年轻;"pau^{213}"指年老;"pa^{31}"不分年龄。

ʔau^{33}pu^{55}lamɯ^{31}ko^{55}pau^{213}ja^{31}
要　人　哪　是　夫　妻　　选要哪人是夫妻，

ŋa:i^{31}pu^{55}lamɯ^{31}ko^{55}pau^{213}ja^{31}
爱　人　哪　是　夫　妻　　爱上哪人是夫妻，

se^{33}kua:n^{33}vən^{42}sau^{55}ɕiau^{31}
留　夫（妻）人　抚养　辈　　留下活着的夫（妻）抚养儿整辈。

ɕiau^{31}kuan^{31}le^{33}kaŋ^{31}pi^{55}
古代　换　敢　比　　布摩说：换古代不造人离别，

ɕiau^{31}ni^{55}wai^{213}ma^{33}tɯ^{42}
辈　这　我　来　代　　这辈我布摩来代神造。

sɯ^{42}ni^{55}ɾau^{31}ma^{33}ɦa:u^{213}
时　这　我们　来　说　　这时我们布摩来说，

sa:u^{33}mi^{31}mai^{55}ɕian^{31}ta:u^{213}
姑娘　不　爱　钱　还①　　姑娘不爱就用钱还，

ʔba:u^{213}mi^{31}mai^{55}ɕian^{31}tem^{33}
小伙　不　爱　钱　添　　小伙不爱就用钱添。

sa:m^{33}ɕip^{213}sa:ŋ^{42}kuə^{31}ka^{31}ma^{55}
三　十　两　做　价　码　　三十两做价码还，

ɦa^{55}ɕip^{213}sa:ŋ^{42}kuə^{31}ka^{31}se^{33}
五　十　两　做　价　留　　五十两做价留添。

se^{33}pai^{33}po^{33}ɦa^{31}ma^{55}
带　去　山　茅草　长　　带去山上茅草长，

se^{33}pai^{33}pa^{213}ɦa^{31}mɯŋ^{31}
带　去　坝　茅草　遍　　带去坝中茅草遍，

se^{33}pai^{33}pɯŋ^{31}pau^{213}ja^{213}
带　去　地方　祖宗　　带去地方成祖宗，

se^{33}pai^{33}po^{33}ɦa^{31}ma^{55}
带　去　山　茅草　长　　带去山上茅草长，

se^{33}pai^{33}pa^{213}ɦa^{31}miŋ^{33}
带　去　坝　茅草　茂密　　带去坝中茅草茂密，

se^{33}pai^{33}pɯŋ^{31}pau^{213}ja^{31}
带　去　地方　祖宗　　带去祖宗的地方，

se^{33}pai^{33}po^{33}ɦa^{31}ma^{55}
带　去　山　茅草　长　　带去山上茅草长，

se^{33}pai^{33}pa^{213}ɦa^{31}θin^{33}
带　去　坝　茅草　石　　带去坝石长茅草，

se^{33}pai^{33}mian^{33}pau^{213}ja^{31}
带　去　方面　祖宗　　带去祖宗在的方向。

ka^{31}ʔdi^{33}ɦaɯ^{55}məŋ^{31}taŋ^{31}
价　好　给　你　到　　好价还你到，

① 用钱还：指女方还男方钱财，就可解除婚约。

ŋan^{31}ʔdi^{33}ɦaɯ^{55}məŋ^{31}leu^{55}
银 好 给 你 完
好银给你完。

ka^{31}ni^{55}sɯŋ^{33}pai^{33}na^{55}
从 现在 起 往前
从现在起往前，

pu^{55}mi^{31}ma^{55}ta:u^{213}ɾa:n^{42}
人 有 马 回 家①
人有马回家，

məŋ^{31}lak^{213}ta:u^{213}ma^{33}ɾa:n^{42}
你 莫 回 来 家
你莫回来家。

pu^{55}mi^{31}kua:ŋ^{33}tau^{213}ʔjau^{55}
人 有 夫（妻）来 屋
人有夫（妻）来屋，

məŋ^{31}lak^{213}ta:u^{213}ma^{33}ʔjau^{55}
你 莫 回 来 屋
你莫回来屋。

lək^{213}kua:n^{33}se^{33}laŋ^{33}kua:n^{33}
儿 夫（妻）留 和 夫（妻）
小儿留给活着的夫（妻）抚养，

lan^{33}pau^{213}se^{33}laŋ^{33}pau^{213}
孙 爷 留 和 爷
爷孙留给爷抚养，

lək^{213}kua:n^{33}se^{33}laŋ^{33}kua:n^{33}
儿 夫（妻）留 和 夫（妻）
小儿留给活着的夫（妻）抚养，

la:n^{33}ja^{31}se^{33}laŋ^{33}ja^{31}
孙 奶 留 和 奶
奶孙留给奶抚养，

məŋ^{31}pan^{31}kui^{55}lak^{213}za^{33}
你 成 鬼 莫 找
你已成鬼莫来找。

məŋ^{31}pan^{31}fa:ŋ^{31}lak^{213}ɦa^{31}
你 成 鬼 莫 挨边
你已成鬼莫挨边。

vən^{31}jaŋ^{13}laɯ^{31}sa:u^{55}ʔdu^{55}
人 哪些 造 古
哪些人造的古代？

pu^{55}jaŋ^{13}laɯ^{31}sa:u^{55}pja:k^{213}
人 哪些 造 分
哪些人造的分别？

po^{33}laŋ^{42}tai^{213}sa:u^{55}pja:k^{213}
“郎岱”山 造 分
“郎岱”山造分别，

vɯŋ^{31}ʔuan^{31}tan^{31}sa:u^{55}pja:k^{213}
“万登”王 造 分
“万登”王造分别，

pja^{213}kən^{31}ʔbən^{33}sa:u^{55}pja:k^{213}
雷 上 天 造 分
上天雷造分别，

wən^{33}suaŋ^{31}za^{213}sa:u^{55}pja:k^{213}
雨 放 场 造 分
猛雨来造分别，

ta^{31}pan^{31}ɦoŋ^{42}sa:u^{55}pja:k^{213}
河 成 塘 造 分
河成塘造分别，

tɕoŋ^{33}ma^{33}ʔba:n^{55}sa:u^{55}pja:k^{213}
鼓 来 寨 造 分
鼓来寨造分别，

① mi^{31}：是“有”之义。

pau^{213}ma:i^{213}pa^{31}fa:ŋ^{31}ta:i^{33}
夫（妇）寡　　夫（妻）鬼　死
　sa:u^{55}pja:k^{213}
　造　　分

寡夫（妻）鬼死造分别，

pa^{31}ʔdi^{33}pja:k^{213}kua:n^{33}ʔdu^{55}
夫（妻）好　别　　夫（妻）　前
　sa:u^{55}pja:k^{213}
　造　　分

好夫（妻）别离是前古时造分。

lək^{213}zo^{55}pja:k^{213}zin^{33}ʔba:n^{33}sa:u^{55}
儿　　会　别　　石　扁　　造
　pja:k^{213}
　分[1]

儿会别扁石造分，

pa^{31}ʔdi^{33}pja:k^{213}kua:n^{33}kau^{213}sa:u^{55}
夫（妻）好　别　　夫（妻）自　　造
　pja:k^{213}
　分

好夫（妻）自己造分，

pau^{213}ja^{31}li^{55}pa^{31}fa:ŋ^{31}ta:i^{33}sa:u^{55}
祖宗　　　活　夫（妻）鬼　死　　造
　pja:k^{213}
　分

古代祖宗活时夫妻离别死成鬼，才造离别。

wən^{33}ɕiau^{31}kuan^{213}sa:u^{55}ʔdu^{55}
人　古代　　　　造　　早

古代人造早，

pu^{55}ɕiau^{31}kuan^{213}pja:k^{213}na:ŋ^{42}
人　前辈　　　　别　　姑娘（小伙）

前辈人就有姑娘（小伙）分别，

fa:ŋ^{31}ta:i^{33}so^{55}sa:u^{55}pja:k^{213}
鬼　　死　　才　　造　　分

死了成鬼才造分别。

pa:ŋ^{55}ta^{31}mi^{42}jin^{33}ʔba:n^{33}
岸　　河　有　　石　扁

河岸有扁石，

jaŋ^{31}ma^{33}ʔdi^{33}ku^{33}pja:k^{213}
也　　来　　好　　我　　分

也来找我布摩念《别经》，

sa:u^{33}ʔdi^{33}ʔju^{31}pa:ŋ^{55}ta^{31}
姑娘（小伙）好 在　岸　　　河

姑娘（小伙）曾在河岸好，

jaŋ^{31}ma^{33}ʔdi^{33}ku^{33}pja:k^{213}
也　　来　　好　　我　　分

也来找我布摩念《别经》。

zok^{213}lai^{213}ʔju^{31}soŋ^{31}ɕiaŋ^{42}
麻雀　　　　在　　洞　　墙

麻雀在洞墙中好，

jaŋ^{31}ma^{33}ʔdi^{33}ku^{33}pja:k^{213}
也　　来　　好　　我　　分

也来找我布摩念《别经》。

---

① 古代小孩在扁石上玩耍，不离开也要离开，才兴造离别。

pja^{33}θiaŋ^{42}ʔju^{31}tɕau^{55}za:i^{213}
油鱼　在　水头流急处
油鱼在水头流急处好，

jaŋ^{31}ma^{33}ʔdi^{33}ku^{33}pja:k^{213}
也　来　好　我　分
也来找我布摩念《别经》。

lək^{213}ta:i^{31}pu^{55}θian^{33}kun^{33}
儿　台　人　仙　坤方
坤方仙台儿自好，

jaŋ^{31}ma^{33}ʔdi^{33}ku^{33}pja:k^{213}
也　来　好　我　分
也来找我布摩念《别经》。

lək^{213}lɯn^{31}pu^{55}ta:i^{213}θian^{213}
么儿　人　台　仙
仙台人的么儿好，

jaŋ^{31}ma^{33}ʔdi^{33}ku^{33}pja:k^{213}
也　来　好　我　分
也来找我布摩念《别经》。

ɕiau^{31}kuan^{213}fi^{31}sa:u^{55}pja:k^{213}
古代　未　造　分
古代未造分，

liŋ^{42}ʔdi^{33}kaŋ^{33}toŋ^{31}sam^{31}ʔdam^{33}
猴　合好　猿　同　共同　窝
猴猿合好共同窝，

kok^{55}ʔdi^{33}mɯi^{33}toŋ^{31}sam^{31}ʔap^{213}
虎　合好　狮　同　共同　做爱
虎狮合好同做爱。

ɕiau^{31}kuan^{213}fi^{31}sa:u^{55}pja:k^{213}
古代　未　造　分
古代未造分，

ɦat^{55}ʔdi^{33}ma^{33}toŋ^{31}sam^{31}sak^{213}
竹留　合好　狗　同　共同　拴①
竹留与狗合好共同拴，

ʔa^{33}ʔdi^{33}kai^{213}toŋ^{31}sam^{31}ɾuŋ^{42}
鸦　合好　鸡　同　共同　巢
鸦与鸡合好共同巢。

ɕiau^{31}kuan^{213}fi^{31}sa:u^{55}pja:k^{213}
古代　未　造　分
古代未造分，

liŋ^{42}ʔdi^{33}kaŋ^{33}toŋ^{31}sam^{31}ʔju^{31}
猴　合好　猿　同　共同　住
猴猿合好共同住，

tam^{31}ʔdi^{33}na^{42}toŋ^{31}sam^{31}zai^{31}
湖　合好　田　同　共同　遍
湖田合好共同遍。

ɕiau^{31}kuan^{213}fi^{31}sa:u^{55}pja:k^{213}
古代　未　造　分
古代未造分，

vat^{55}ʔdi^{33}wa:i^{213}toŋ^{31}pja^{42}
沾刺　合好　棉花　同　沾
沾刺棉花好相沾，

pa^{42}ʔdi^{33}kua:n^{33}toŋ^{31}sam^{31}ʔbuan^{213}
夫（妻）合好　妻（夫）同　共同　床
夫妻合好共一床。

ɕiau^{31}kuan^{213}fi^{31}sa:u^{55}pja:k^{213}
古代　未　造　分
古代未造分，

ja^{31}ʔdi^{33}kua:n^{33}toŋ^{31}ɾa:n^{42}
妻　合好　夫　同　家
夫妻合好同一家，

① 竹留：一种野兽。此兽喜以竹根为食，故曰竹留。

fa:ŋ42ʔdi33vən42sam31ʔju213
鬼　合好　人　共同　在
鬼人合好共同在。

ku33ma33sok55ɕiaŋ42kom31ko33wa:i213
我　来　冲　墙壁　压　棵　棉花
我来冲墙壁压了棵棉花，

ɦaɯ213ko33wa:i213ni55zo42
给　棵　棉花　这　干
给这棵棉花干，

pja:k213fa:ŋ31lian42pja:k213vən42
分　鬼　连　别　人
把鬼与人分别。

mi31ɦaɯ55ku31wən42ni55toŋ31nɯ31
不　给　双　人　这　同　想
不给这对人相互同想。

pja:k213pai33na213ɕiau31wən42
分　去　前　辈　人
分去前辈人，

pja:k213kua:n33pa42tɕin33sən33li55ȵoi31
分　夫　妻　亲　身　这时
这时分别夫妻身。

pja:k213ʔbak213lian31pja:k213laŋ33
分　掰开　连　别　后
布摩掰开分别后，

pja:k213ʔbak213mi31ɦaɯ55toŋ31ma:i55
分　掰开　不　给　相爱
掰开不给你们再相爱，

pja:k213ʔbak213mi31ɦaɯ55toŋ31pum42
分　掰开　不　给　相逢
掰开不给你们再相逢。

pja:k213ku31va33liaŋ31lu55
分　对　“良鲁”花
对人分如“良鲁”花，

pja:k213ku31jiu55tɕim33ŋan42
分　对　友　金银
对友别如分金银，

toŋ42zan33ka31ni55pja:k213
共　见　至此　分别
共见至此别永远。

pja:k213pai33ʔdoŋ33ta:ŋ213tɕ‘i213
分　去　林　外　枝
分如树木分外枝，

pja:k213pai33θi31ta:ŋ213ka33
分　去　地　外　条
分如地分块分条。

pja:k213pai33na42ta:ŋ213ten42
分　去　田　外　台
分去外台田，

pja:k213vi55kuə31soŋ33ka33
分　沟　做　二　条
分沟做两条，

pja:k213na42kuə31soŋ33zai31
分　田　做　二　丘
分田做两丘，

pja:k213pau213（ja31）mai213ʔdi33faŋ42
分　夫（妻）　寡　合好　鬼
分死去的夫（妻）去要鬼。

pja:k213vi55kuə31soŋ33sɯŋ33
分　沟　做　二　槽
分沟做两槽，

pja:k^{213}pɯŋ^{42}kuə^{31}soŋ^{33}fɯŋ^{55}
分 地方 做 二 边　　　　分地方做两边，

pja:k^{213}pi^{55}nuaŋ^{55}pai^{33}ʔja^{33}
分 哥妹 去 空　　　　分哥妹去空，

pja:k^{213}kua:ŋ^{33}pa^{31}pai^{33}na:u^{213}
分 夫 妇 去 永远　　　　分夫妇分别永远。

ɕiau^{31}ni^{55}ku^{33}ma^{33}pja:k^{213}
辈 这 我 来 分别　　　　这辈我布摩来分别，

lin^{42}ʔdi^{33}kaŋ^{33}mi^{31}ɦaɯ^{55}toŋ^{31}ʔju^{31}
猴 合好 猿 不 给 同 住　　　　猴与猿不给同住，

kuk^{55}ʔdi^{33}mɯi^{33}mi^{31}ɦaɯ^{55}toŋ^{31}tam^{33}
虎 合好 狮 不 给 同 做爱　　　　虎与狮不给同做爱。

ɕiau^{31}ni^{55}ku^{33}ma^{33}pja:k^{213}
辈 这 我 来 分别　　　　这辈我布摩来分别，

ɦat^{55}ʔdi^{33}ma^{33}mi^{31}ɦaɯ^{55}toŋ^{31}sak^{213}
竹留 合好 狗 不 给 同 拴　　　　竹留与狗不给同拴，

ʔa^{33}ʔdi^{33}kai^{213}mi^{31}ɦaɯ^{55}toŋ^{31}zuŋ^{42}
鸦 合好 鸡 不 给 同 巢　　　　鸦与鸡不给同巢。

ɕiau^{31}ni^{55}ku^{33}ma^{33}pja:k^{213}
辈 这 我 来 分别　　　　这辈我布摩来分别，

lin^{42}ʔdi^{33}kaŋ^{33}mi^{31}ɦaɯ^{55}toŋ^{31}ʔju^{31}
猴 合好 猿 不 给 同 住　　　　猴与猿不给同住，

tam^{42}ʔdi^{33}na^{42}mi^{31}ɦaɯ^{55}toŋ^{31}zai^{31}
湖 合好 田 不 给 同 遍　　　　湖与田不给同遍。

ɕiau^{31}ni^{55}ku^{33}ma^{33}pja:k^{213}
辈 这 我 来 分别　　　　这辈我布摩来分别，

vat^{55}ʔdi^{33}wa:i^{213}mi^{31}ɦaɯ^{55}toŋ^{31}pja^{42}
沾刺 合好 棉花 不 给 同 沾　　　　沾刺与棉花不给同沾，

pa^{42}ʔdi^{33}kua:n^{33}taŋ^{213}ʔju^{213}
夫 合好 妻 各 在　　　　夫与妻各在两世界。

ɕiau^{31}ni^{55}ku^{33}ma^{33}pja:k^{213}
辈 这 我 来 分别　　　　这辈我布摩来分别，

ja^{31}ʔdi^{33}kua:n^{33}taŋ^{213}ɾa:n^{42}
妻 合好 夫 各 家　　　　妻与夫各家两世界，

fa:ŋ^{42}ʔdi^{33}wən^{42}ta:ŋ^{213}ʔju^{213}
鬼 合好 人 各 在　　　　鬼与人各在，

fa:ŋ^{42}laɯ^{31}lak^{213}ma^{33}ʔdi^{55}
鬼 哪 莫 来 跟　　　　哪鬼莫来跟，

kui^{55}laɯ^{31}lak^{213}ma^{33}laŋ^{33}
鬼 哪 莫 来 跟后　　　　哪鬼莫来跟后。

ma^{33}sak^{55}ku^{33}zam^{55}ka^{33}
来 叉 我 砍 脚杆
鬼来叉，我布摩砍它脚杆，

ma^{33}laŋ^{33}ku^{33}zam^{55}ȵian^{42}
来 跟后 我 砍 小腿
鬼来跟后，我布摩砍它小腿。

suaŋ^{31}po^{31}（me^{31}）meŋ^{31}ta:u^{55}ɾa:n^{42}
放 父（母） 你 来 家
放你父（母）回家来，

suaŋ^{31}kua:n^{33}（pa^{31}）meŋ^{31}ta:u^{55}ʔju^{55}
放 夫（妻） 你 来 家①
放你前世夫（妻）回家。

pja^{55}zai^{42}zum^{42}zai^{42}zum^{42}
雷 响 风 响 风
雷响风响风，

pja^{55}zai^{42}zum^{42}kən^{31}ʔbən^{33}
雷 响 风 上 天
雷响风上天，

wən^{33}tau^{55}la^{55}sai^{31}sɯ^{31}
雨 落 下 淋 时
雨落淋下时，

pja^{55}zai^{42}po^{31}（me^{31}）fa:ŋ^{42}ta:i^{33}
雷 响 父（母） 鬼 死
雷响父（母）已死变鬼。

pja^{55}zai^{42}zum^{42}zai^{42}zum^{42}
雷 响 风 响 风
雷响风响风，

pja^{55}zai^{42}zum^{42}kən^{31}sa:ŋ^{33}
雷 响 风 上 高
雷响风上高，

wən^{33}tau^{55}la^{55}sai^{31}tɕai^{213}
雨 落 下 淋 晒
雨落下淋晒，

pja^{55}zai^{42}ʔai^{213}fa:ŋ^{42}ta:i^{33}
雷 响 害 鬼 死
雷响害鬼死。

wən^{42}jiaŋ^{31}lam^{31}sa:u^{55}ʔdu^{55}
人 哪样 造 早
哪样人造早？

pu^{55}jiaŋ^{31}lam^{31}sa:u^{55}pja:k^{213}
人 哪样 造 分别
哪样人造分别？

pja^{55}kən^{31}sa:ŋ^{33}sa:u^{55}pja:k^{213}
雷 上 高 造 分别
上天雷造分别，

kua:ŋ^{33}ɕiau^{31}kuan^{213}sa:u^{55}pja:k^{213}
“光” 古辈 造 分别
古辈“光”造分别。

pja:k^{213}la:u^{42}kua:ŋ^{33}（na:ŋ^{42}）
分别 啦 夫（妻）
pja:k^{213}la:u^{42}
分别 啦
分别啦！夫妻分别啦。

vat^{55}pja:k^{213}vat^{55}zoŋ^{31}lai^{33}
时晚 分别 时晚 下 梯
下梯之时就是分别时，

vat^{55}pja:k^{213}vat^{55}zoŋ^{31}kum^{42}
时晚 分别 时晚 下 墓井
下墓井时就是分别时。

① ɾa:n^{42}，ʔju^{55}：家。两词音不同意同，是“家”的不同读音。

me^{42}lu^{33}wa:i^{33}pja:k^{213}ta^{31}jaŋ^{31}lamɯ^{42}

青苔 坝 分别 河 哪样 　　青苔坝别河成哪样，

pja:k^{213}su^{33}pai^{33}jaŋ^{31}ten^{33}

分别 你们 去 那样 　　分别你们去那样。

na^{55}kai^{31}ʔba:u^{213}pja:k^{213}sa:u^{33}jaŋ^{31}lamɯ^{42}

鸡叫时 小伙 分别 姑娘 哪样 　　鸡叫时小伙分别姑娘成哪样，

pja:k^{213}su^{33}pai^{33}jaŋ^{31}ten^{33}

分别 你们 去 那样 　　分别你们去那样。

sa:m^{33}ɦop^{213}zam^{55}ʔbo^{213}se^{31}jaŋ^{31}lamɯ^{42}

三 转 水 井 满 哪样 　　井水转满流出成哪样，

pja:k^{213}su^{33}pai^{33}jaŋ^{31}ten^{33}

分别 你们 去 那样 　　分别你们去那样。

θi^{31}ɦop^{213}zam^{55}ʔbo^{213}wa:i^{33}jaŋ^{31}lamɯ^{42}

三 转 水 井 坝 哪样 　　井水转坝不回成哪样，

pja:k^{213}su^{33}pai^{33}jaŋ^{31}ten^{33}

分别 你们 去 那样 　　分别你们去那样。

pa^{42} ɦat^{55}ta:u^{213}kai^{31}ɦat^{55}

夫（妻）那 还 给 还 　　夫（妻）该还已给还，

tɕat^{55}lin^{31}ta:u^{213}kai^{31}lin^{31}

鳞甲 穿山甲 还 给 穿山甲 　　穿山甲鳞甲还给穿山甲。

ʔin^{31}kua:n^{33}（na:ŋ^{42}）ta:u^{213}kai^{31}

财产 夫（妻） 还 给

kua:n^{33}（na:ŋ^{42}）

夫（妻） 　　谁的财产已还给谁，

na^{42}nuaŋ^{55}ta:u^{213}kai^{31}nuaŋ^{55}

田 哥（妹）还 给 哥（妹） 　　谁的田已还给谁，

tɕat^{55}lin^{31}ta:u^{213}kai^{31}lin^{31}

鳞甲 穿山甲 还 给 穿山甲 　　穿山甲鳞甲还给穿山甲。

ʔin^{31}fa:n^{42}ta:u^{213}kai^{31}fa:n^{42}

财物 獐子 还 给 獐子 　　獐子的财物还给了獐子，

ɾa:n^{42}nuaŋ^{55}ta:u^{213}kai^{31}nuaŋ^{55}

家 哥（妹）还 给 哥（妹） 　　谁家哥（妹）还给谁家。

pau^{213}（ja^{31}）ni^{55}pau^{213}（ja^{31}）tɕau^{55}zau^{33}

夫（妻） 这 夫（妻） 头 虱 　　这夫（妻）的头长虱，

su^{33}lak^{213}ʔau^{33}pau^{213}（ja^{31}）ni^{55}

你们 莫 要 夫（妻） 这 　　你们莫要这人做夫（妻）。

pau^{213}（ja^{31}）ni^{55}pau^{213}（ja^{31}）tɕau^{55}ɳa^{33}

夫（妻） 这 夫（妻） 头 乱 　　这人头发乱难看，

su^{33}lak^{213}za^{33}pau^{213}（ja^{31}）ni^{55}

你们 莫 要 夫（妻） 这 　　你们莫要这人做夫（妻）。

za^{31}ʔdeu^{33}ku^{33}ta^{31}ʔja:ŋ^{55}zam^{55} zok^{213}va^{33}
不然 我 拉 长剑 砍 外 墙壁
不然我布摩拉长剑砍外墙壁，

ʔja:ŋ^{55}fat^{213}su^{33}sau^{31}joŋ^{55}
长剑 劈 你们 逃 远
长剑劈你们逃远。

za^{31}ʔdeu^{33}ku^{33}ta^{31}ʔja:ŋ^{55}zam^{55}zok^{213}tu^{33}
不然 我 拉 长剑 砍 外 门
不然我布摩拉长剑砍外门，

ʔja:ŋ^{55}fat^{213}su^{33}sau^{31}ȵoi^{31}
长剑 劈 你们 逃 累
长剑劈你们逃得累。

ʔbaɯ^{33}va:i^{213}pja:k^{213}ʔbaɯ^{33}zau^{33} jaŋ^{31}laɯ^{31}
叶 棉花 分别 叶 枫香 哪样
棉花叶分别枫香叶成哪样，

pja:k^{213}su^{33}pai^{33}jaŋ^{31}ten^{33}
分别 你们 去 那样
分别你们去那样。

ʔbaɯ^{33}zau^{33}pja:k^{213}ʔbaɯ^{33}tɕuai^{55} jaŋ^{31}laɯ^{31}
叶 枫香 分别 叶 芭蕉 哪样
枫香叶分别芭蕉叶成哪样，

pja:k^{213}su^{33}pai^{33}jaŋ^{31}ten^{33}
分别 你们 去 那样
分别你们去那样。

ʔbaɯ^{33}tɕuai^{55}pja:k^{213}ʔbaɯ^{33}jin^{33} jaŋ^{31}laɯ^{31}
叶 芭蕉 分别 叶 姜 哪样
芭蕉叶分别姜叶成哪样，

pja:k^{213}su^{33}pai^{33}jaŋ^{31}ten^{33}
分别 你们 去 那样
分别你们去那样。

ɦa:u^{55}vɯŋ^{213}pja:k^{213}θi^{31}ʔdoŋ^{33}jaŋ^{31}laɯ^{31}
小米 分别 地 森林 哪样
小米分别林地成哪样，

pja:k^{213}su^{33}pai^{33}jaŋ^{31}ten^{33}
分别 你们 去 那样
分别你们去那样。

ɦa:u^{55}ɦoŋ^{33}pja:k^{213}θi^{31}lau^{31}jaŋ^{31}laɯ^{31}
糯小米 分别 地 熟 哪样
糯小米分别熟地成哪样，

pja:k^{213}su^{33}pai^{33}jaŋ^{31}ten^{33}
分别 你们 去 那样
分别你们去那样。

ɦa:u^{55}vɯŋ^{213}pja:k^{213}θi^{31}pja^{33}jaŋ^{31}laɯ^{31}
小米 分别 地 岩 哪样
小米分别岩地成哪样，

pja:k^{213}su^{33}pai^{33}jaŋ^{31}ten^{33}
分别 你们 去 那样
分别你们去那样。

ɦa:u^{55}ja:ŋ^{42}pja:k^{213}θi^{31}lau^{31}jaŋ^{31}laɯ^{31}
高粱 分别 地 熟 哪样
高粱分别熟地成哪样，

pja:k^{213}su^{33}pai^{33}jaŋ^{31}ten^{33}
分别 你们 去 那样
分别你们去那样。

tɕau^{213}ʔbu^{31}sam^{33}jaŋ^{31}laɯ^{31}
头 蒜 尖 哪样
蒜头尖瓣分别成哪样，

pja:k^{213}su^{33}pai^{33}jaŋ^{31}ten^{33}
分别 你们 去 那样
分别你们去那样。

man^{31}ɾeu^{55}pɯk^{213}jaŋ^{31}laɯ^{31}
野芋 家芋 哪样
野芋家芋分别成哪样，

pja:k^{213}su^{33}pai^{33}jaŋ^{31}ten^{33}
分别 你们 去 那样
分别你们去那样。

zok^{213}pja:k^{213}tɕai^{213}jaŋ^{31}laɯ^{31}
鸟 分别 鸟蛋壳 哪样
鸟分别鸟蛋壳成哪样，

pja:k^{213}su^{33}pai^{33}jaŋ^{31}ten^{33}
分别 你们 去 那样
分别你们去那样。

ʔen^{31}pja:k^{213}vi^{55}jaŋ^{31}laɯ^{31}
燕 分别 沟 哪样
燕分别沟成哪样，

pja:k^{213}su^{33}pai^{33}jaŋ^{31}ten^{33}
分别 你们 去 那样
分别你们去那样。

me^{31} pja:k^{213}lək^{213}kua:n^{33}jaŋ^{31}laɯ^{31}
母（父）分别 儿 夫（妻） 哪样
母（父）分别已死儿夫（妻）成哪样，

pja:k^{213}su^{33}pai^{33}jaŋ^{31}ten^{33}
分别 你们 去 那样
分别你们去那样。

la:n^{33}pjɯk^{213}ja^{31}pai^{33}vi^{55}jaŋ^{31}laɯ^{31}
孙 分别 奶 去 沟 哪样
孙儿分别已死奶奶成哪样，

pja:k^{213}su^{33}pai^{33}jaŋ^{31}ten^{33}
分别 你们 去 那样
分别你们去那样。

lək^{213}wai^{31}pja:k^{213}ʔan^{33}sa^{55} jaŋ^{31}laɯ^{31}
仆儿 分别 绕线机 哪样
仆儿分别绕线机成哪样.

pja:k^{213}su^{33}pai^{33}jaŋ^{31}ten^{33}
分别 你们 去 那样
分别你们去那样。

tak^{213}ma^{55}pja:k^{213}sau^{42}jaŋ^{31}laɯ^{31}
公 马 分别 马槽 哪样
公马分别马槽成哪样，

pjɯk^{213}su^{33}pai^{33}jaŋ^{31}ten^{33}
分别 你们 去 那样
分别你们去那样。

ku^{33}ma^{33}ʔbak^{55}ʔan^{213}zam^{55}
我 来 打记号 封 水
我布摩来打记号封水，

ku^{33}ma^{33}zam^{213}tɕau^{55}pja:k^{213}
我 来 砍 头 家芋①
我布摩来砍芋头，

① 布摩先生用长刀将芋头破开，表示阴阳分别。

zam^{55}tsau^{55}pja:k^{213}pai^{33}ma^{33}
砍 头 家芋 去 来
用芋头来砍分别，

zam^{55}tɕau^{55}pa^{42}pai^{33}na:u^{213}
砍 头 夫（妻）去 永远
砍阴间阳间两世界的夫（妻）别永远。

tɕau^{55}pja:k^{213}ʔua:i^{213}ma^{33}la^{55}
头 家芋 转 朝下
砍掉芋头转朝下，

su^{33}lak^{213}za^{33}ɾa:n^{42}ni^{55}
你们 莫 找 家 这
你莫找这家。

tɕau^{55}pja:k^{213}ʔua:i^{213}pai^{33}zok^{213}
头 家芋 转 朝外
砍掉芋头转朝外，

su^{33}lak^{213}za^{33}ɾa:n^{42}ni^{55}
你们 莫 找 家 这
你莫找此家。

tɕau^{55}ʔbu^{31}ni^{55}toŋ^{31}to^{213}
蒜头 这 同 掉
砍这蒜头同掉下，

məŋ^{31}lak^{213}za^{33}su^{55}pɯ^{31}
你 莫 找 活人
你莫找这家活着的人。

ta:ŋ^{213}ka^{33}ʔua:i^{213}
各 路 转
阴间阳间两世界，各转路各走。

ta:ŋ^{213}pa:i^{31}pai^{33}
各 方 去
阴间阳间两世界，各转各方去。

ta:ŋ^{31}ka^{33}ʔok^{213}
各 路 出
各路出，

ta:ŋ^{213}sok^{213}pai^{33}
各 渡 去
各渡去，

ta:i^{31}lo^{31}kuŋ^{42}
台 路 宽
台路宽，

zan^{33}ɦuŋ^{33}mjɯt^{213}
见 神 绝
见神绝，

ta:i^{31}lo^{31}mjaŋ^{42}
台 路 亡
台路亡，

zan^{33}fa:ŋ^{42}mjɯt^{213}
见 鬼 绝
见鬼绝。

太上老君急急如律令。

注：《经文》诵读、讲解：布依族“布摩”先生王堂智（云南罗平县中寨村第四代“布摩”传人）。

第七章　《摩经·用牛祭祖词》(第四卷)

第一节　《摩经·用牛祭祖词》(第四卷)原文图

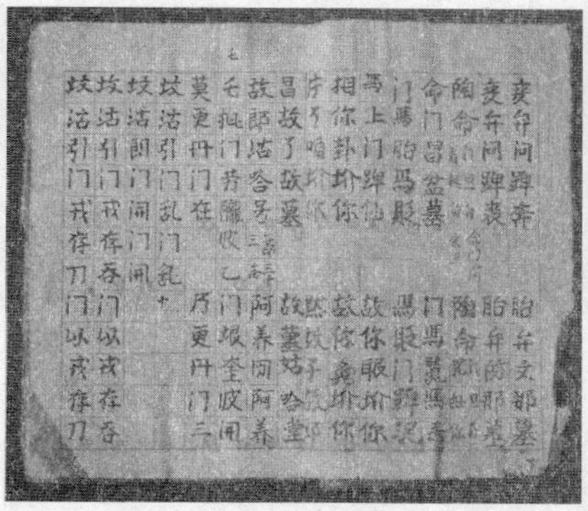

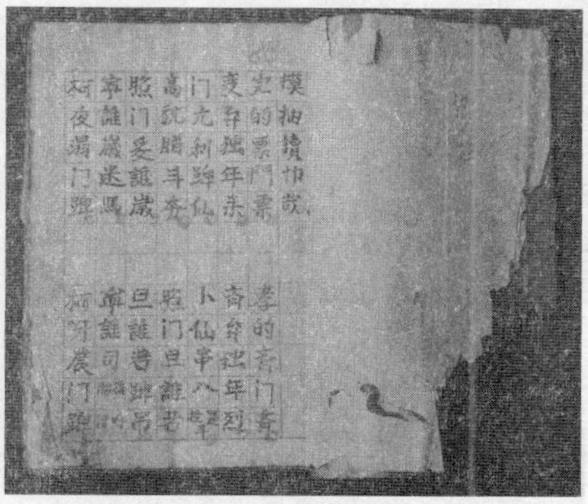

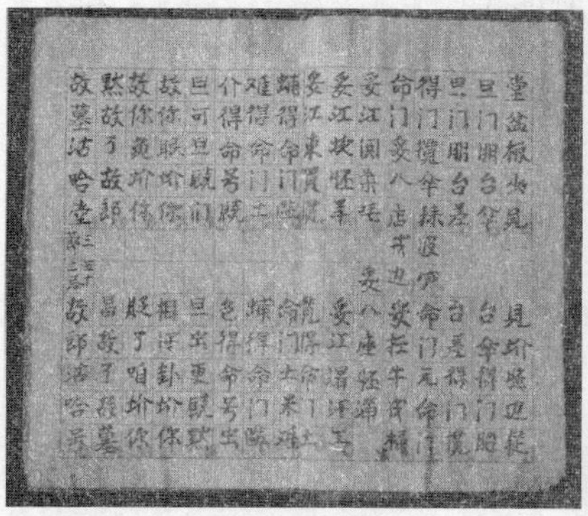

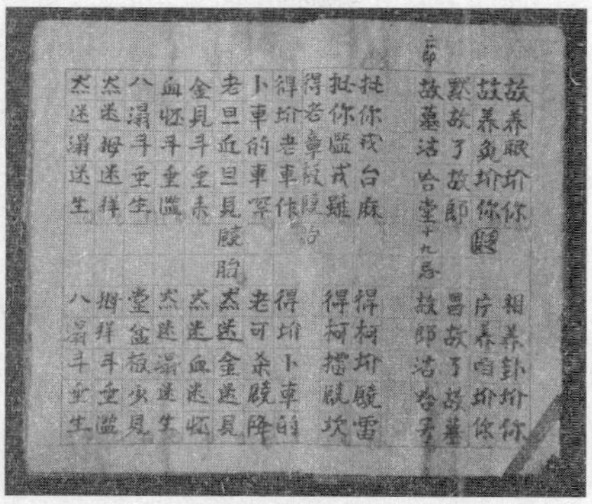

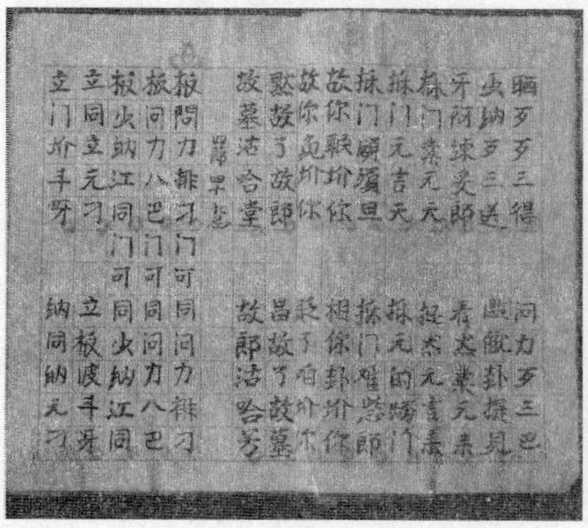

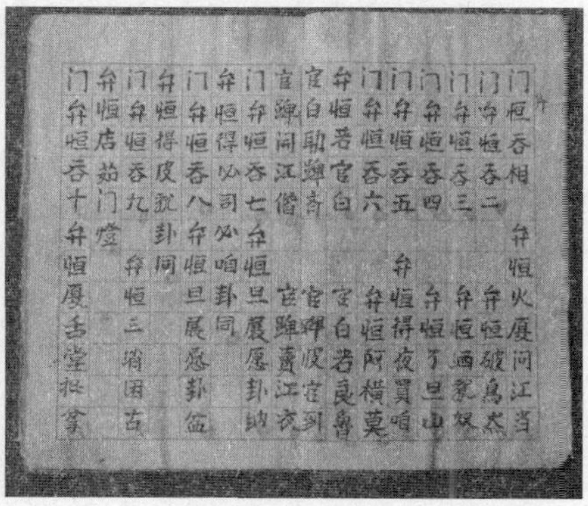

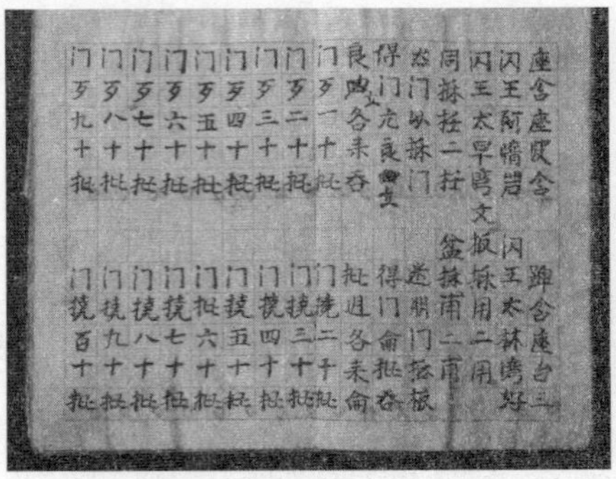

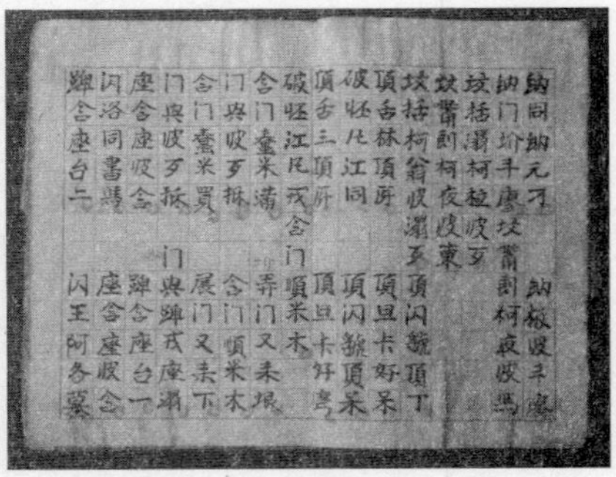

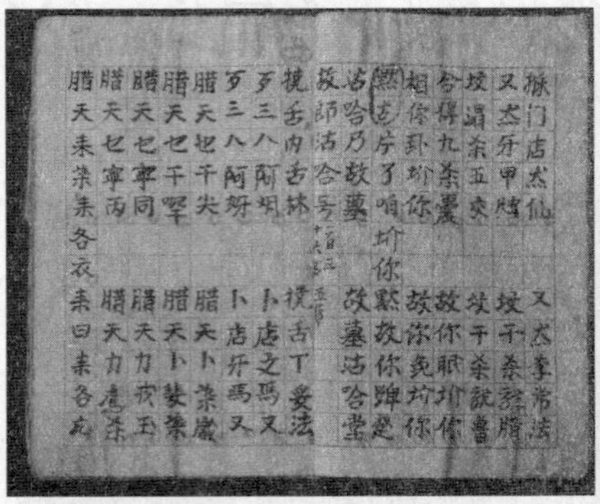

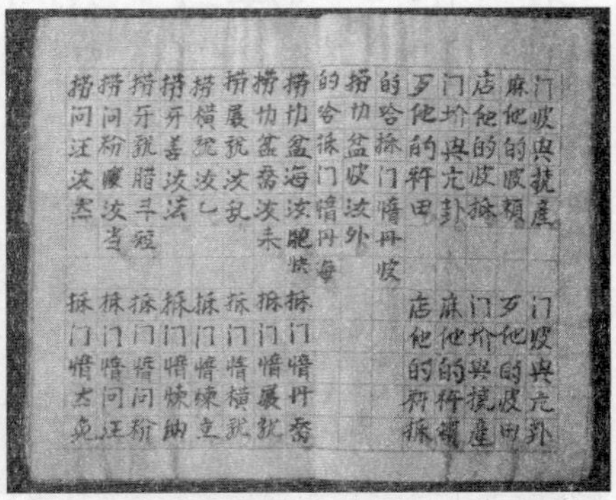

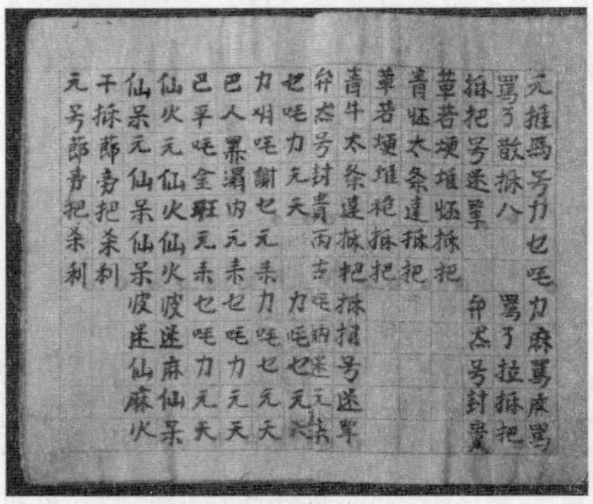

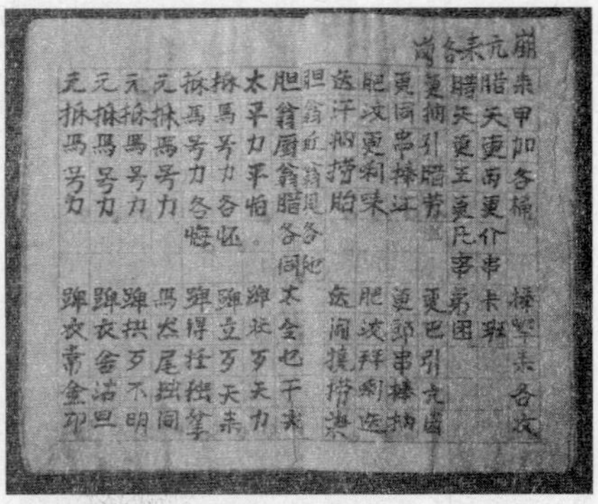

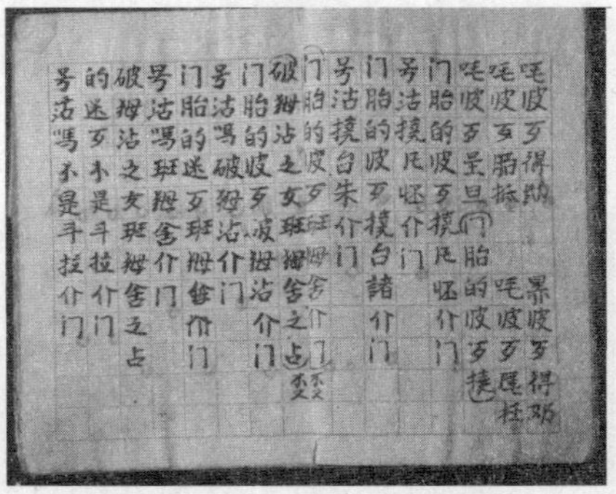

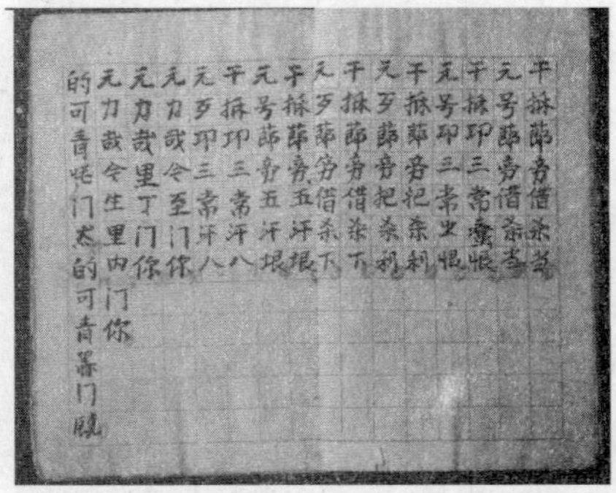

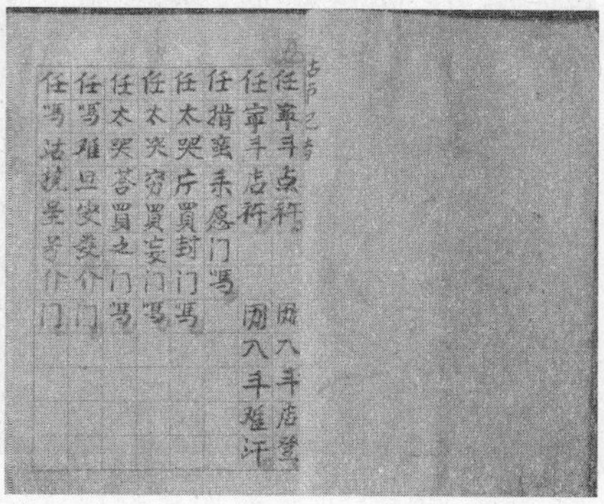
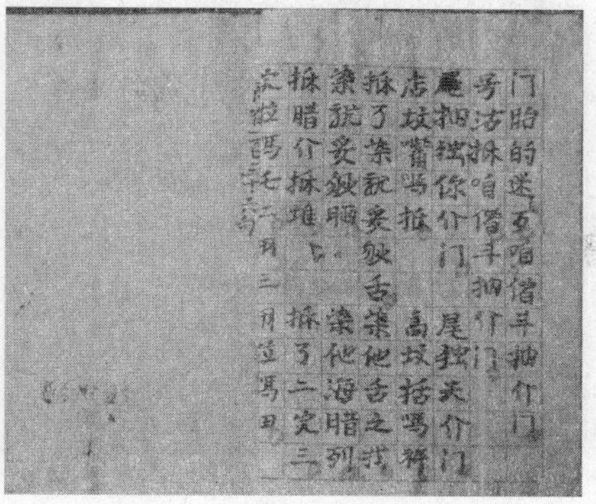
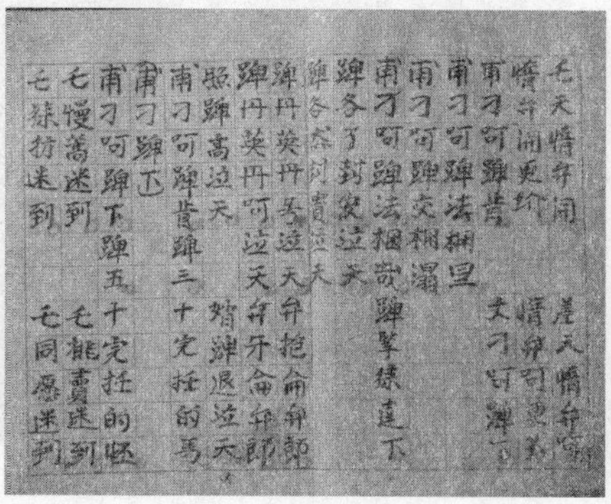
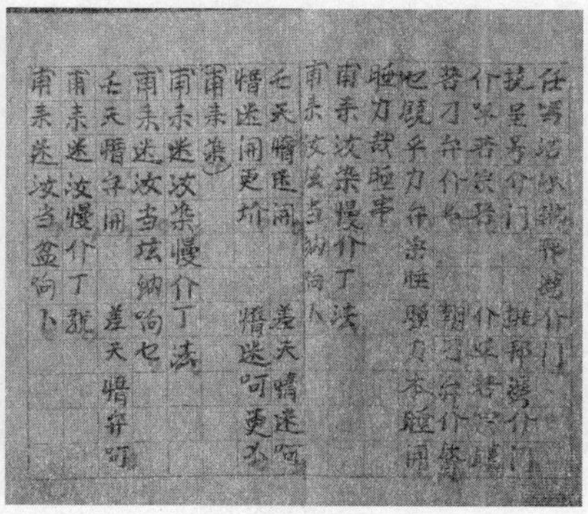
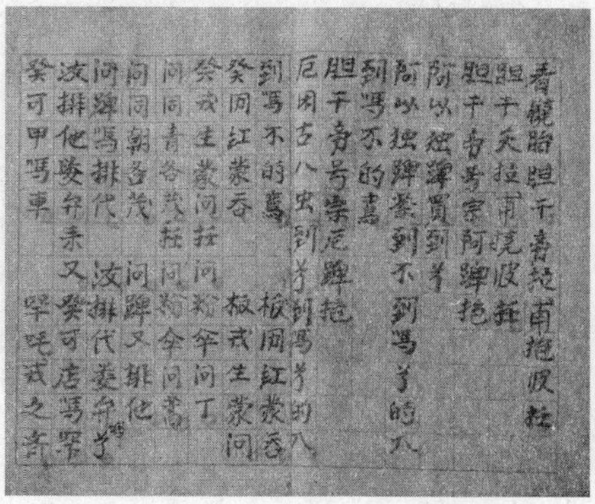
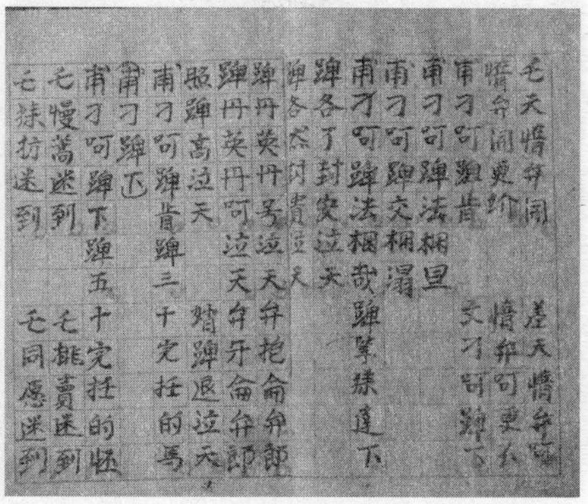
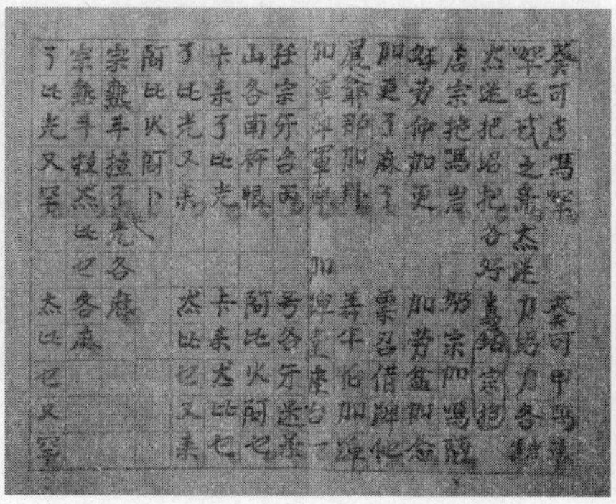
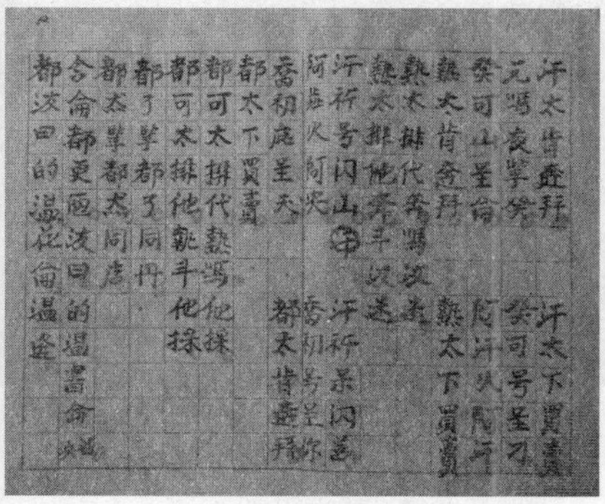

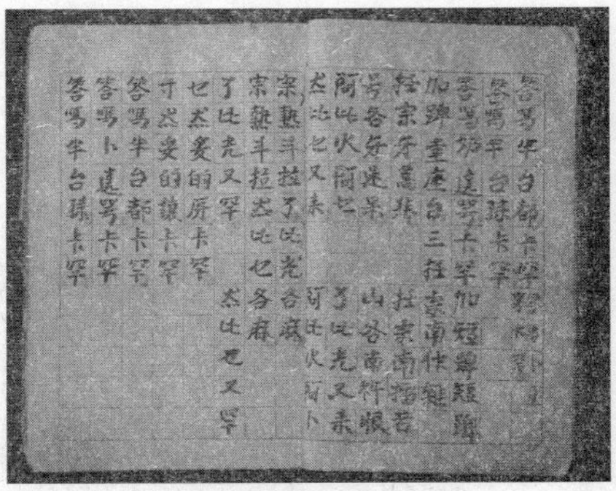

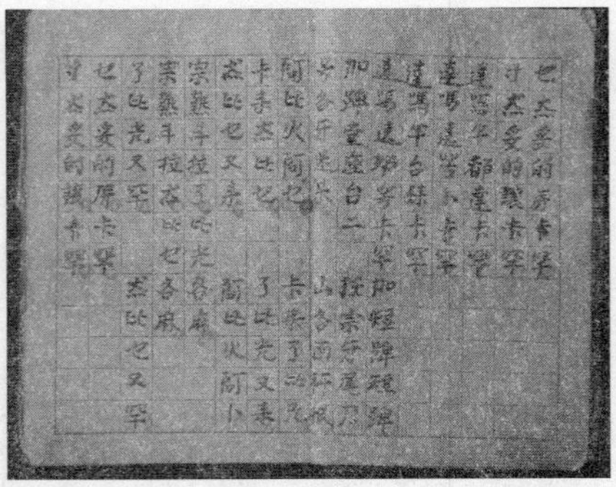

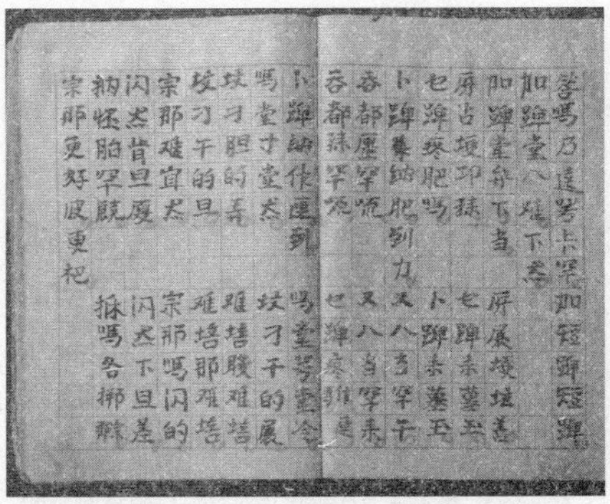

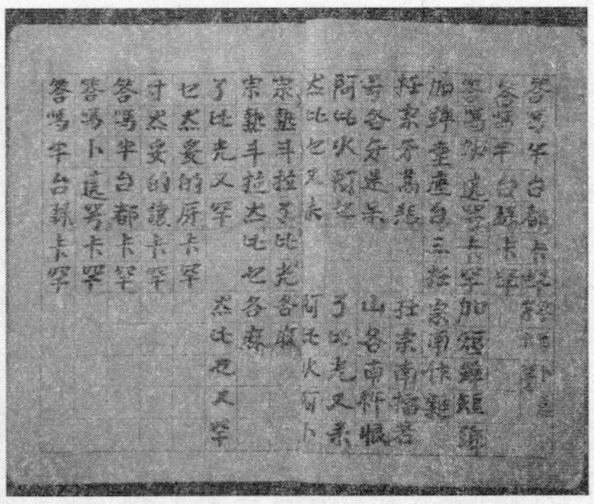

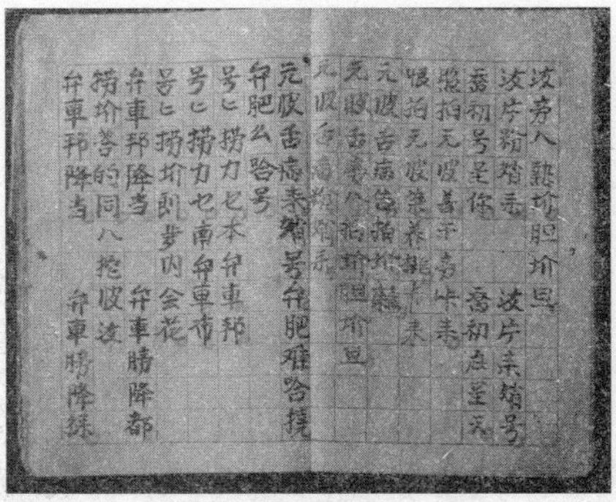

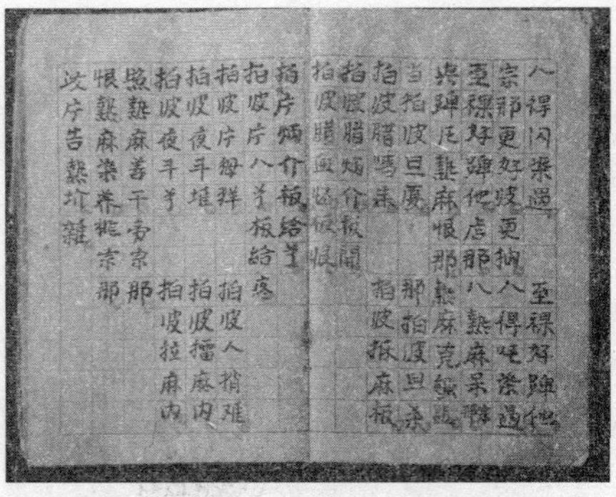

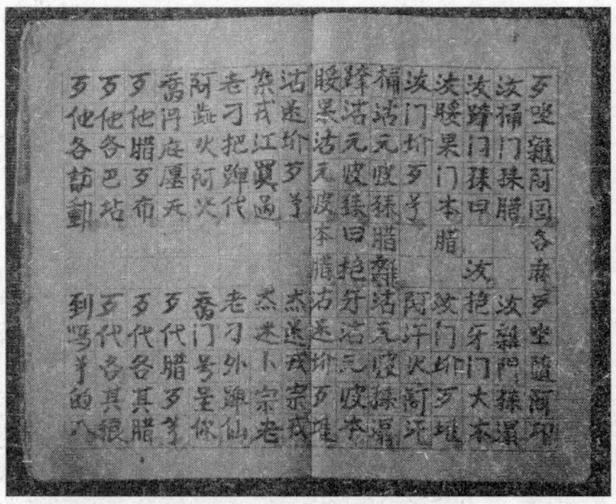

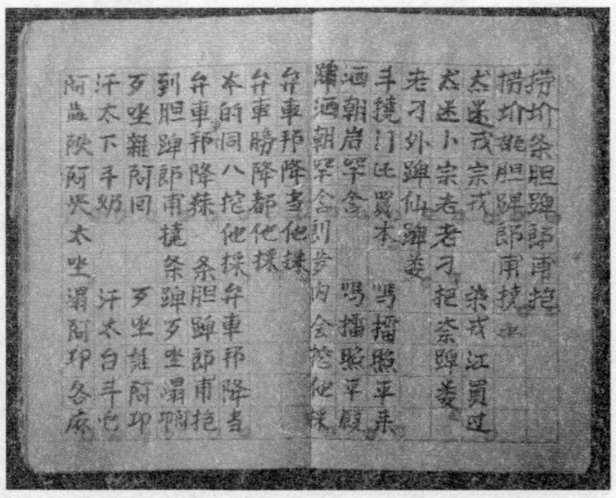

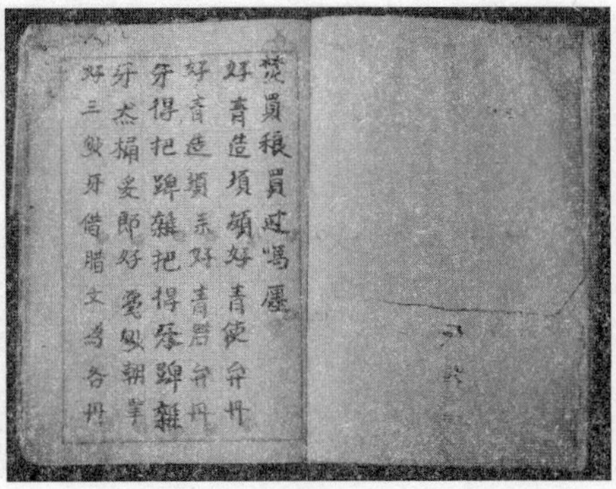
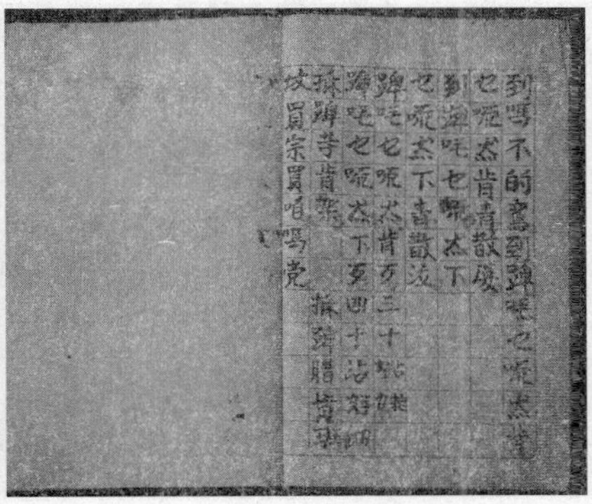

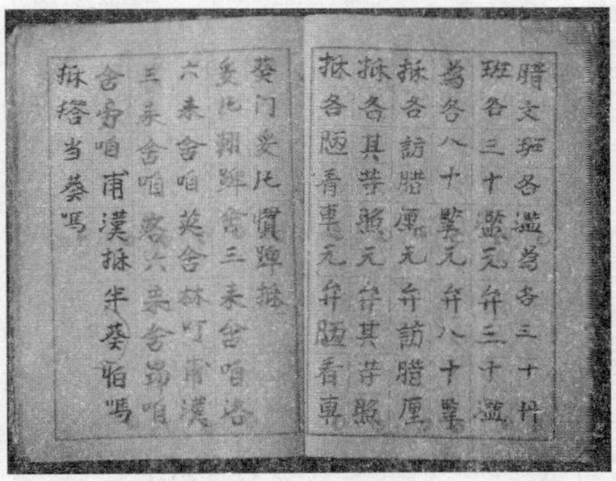

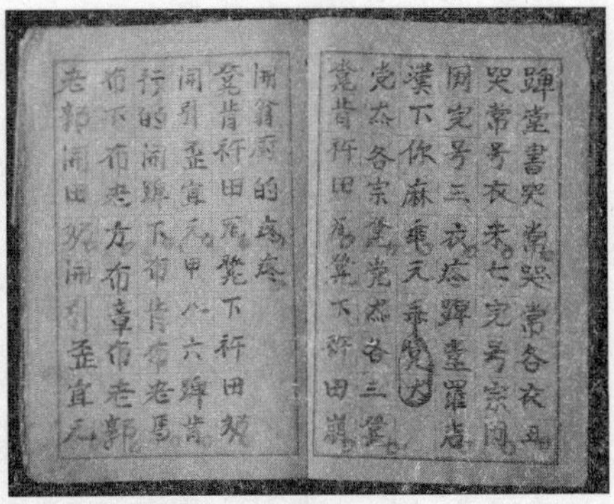

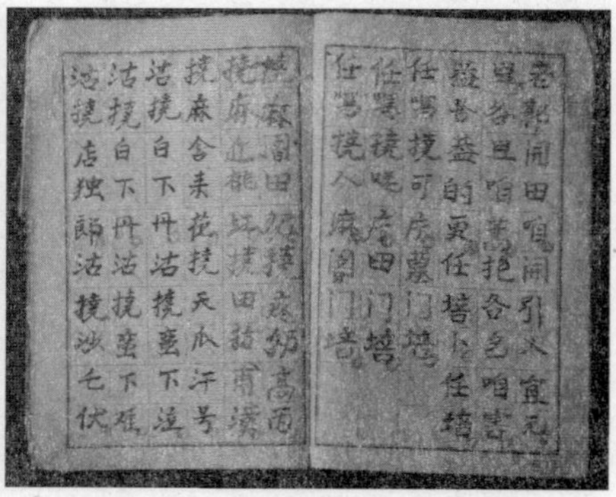

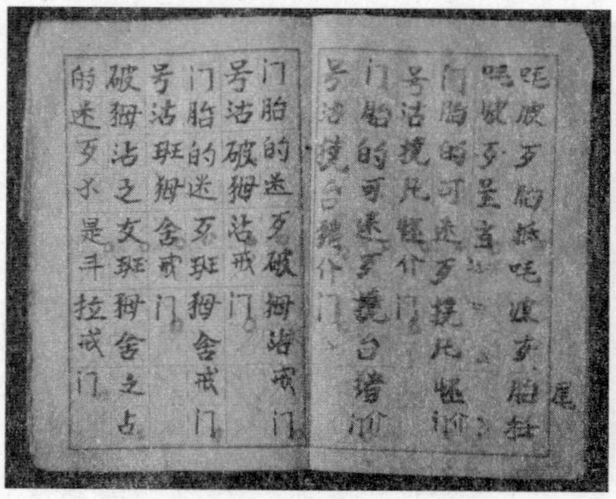

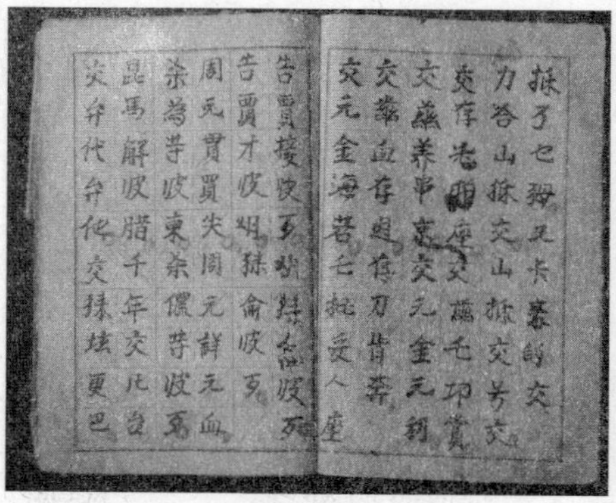

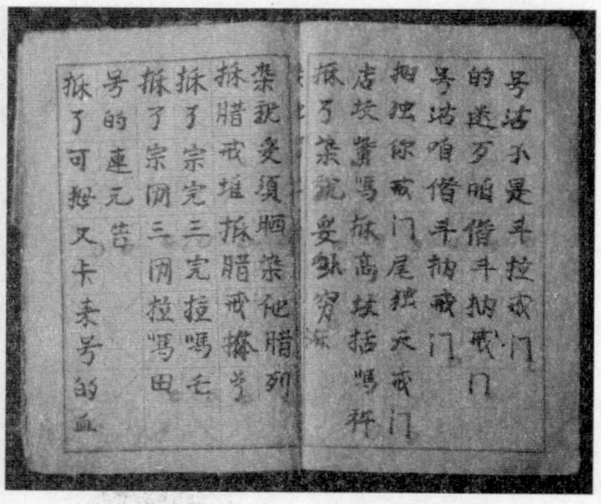

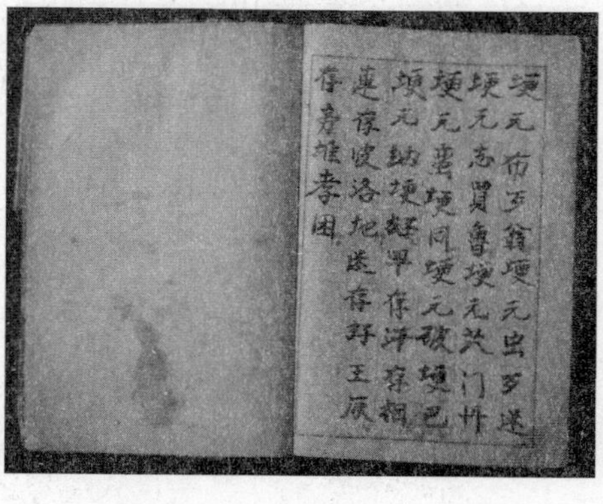

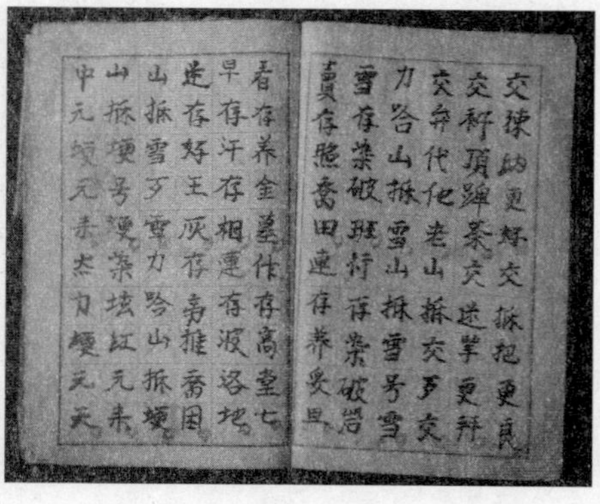

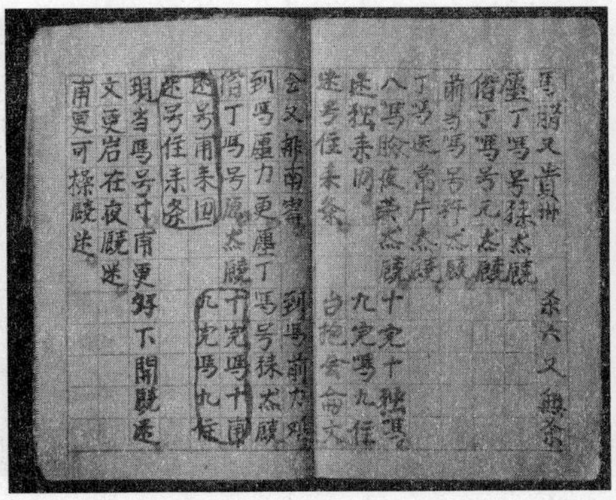
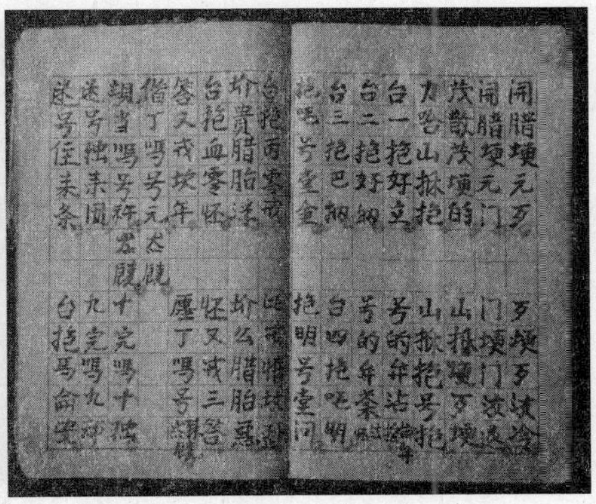
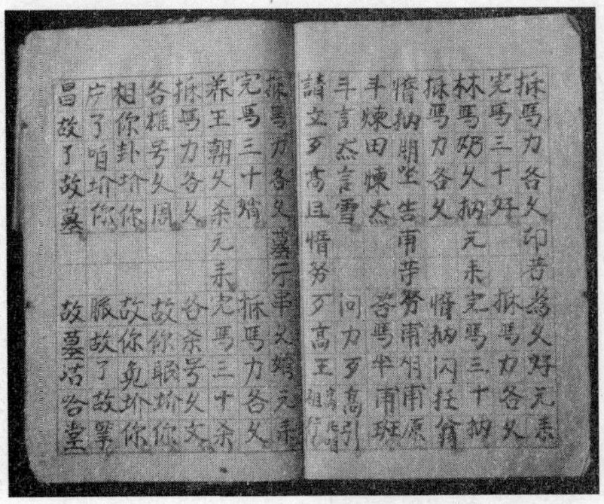
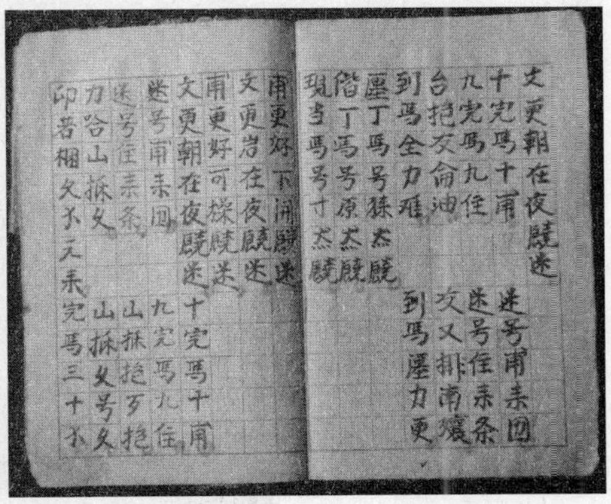
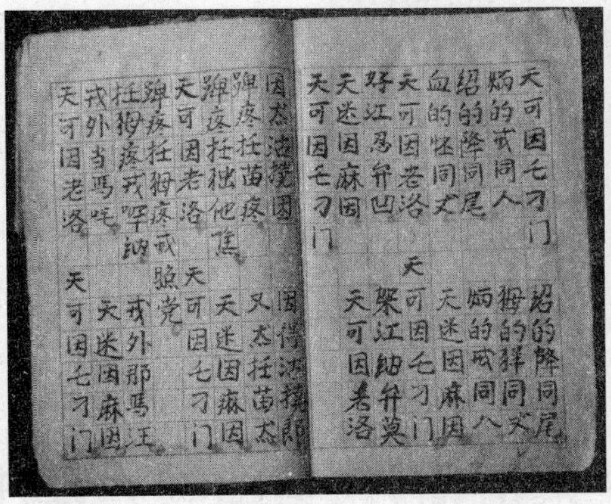
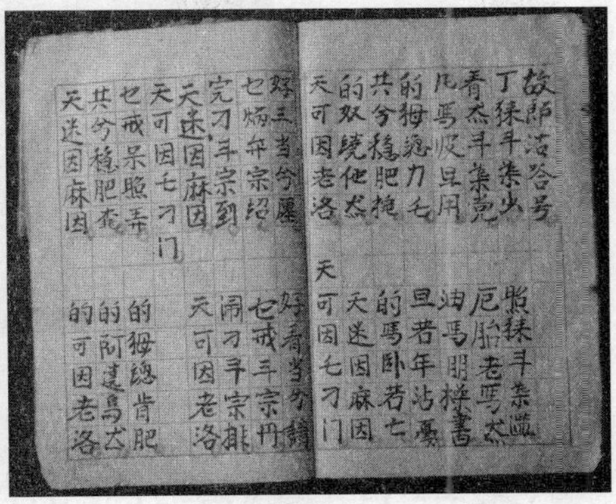
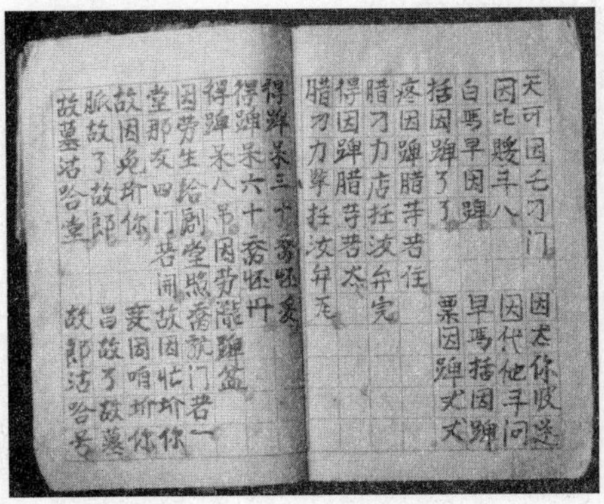
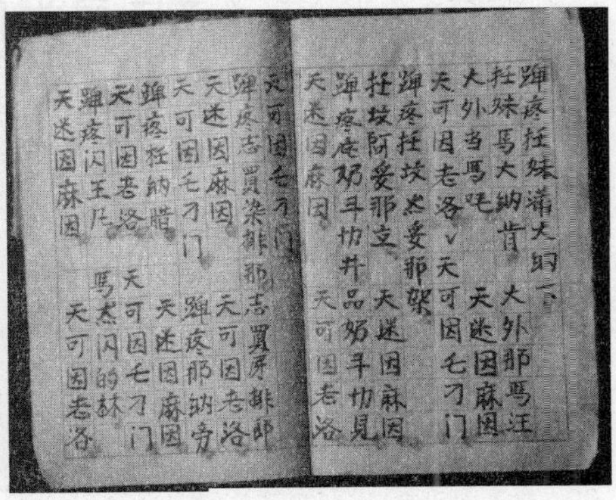

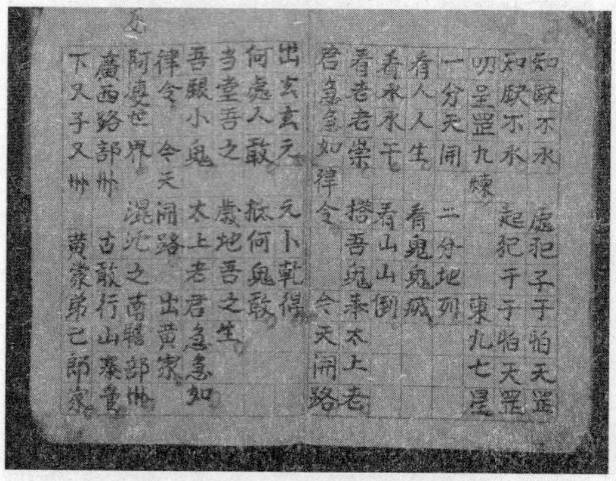
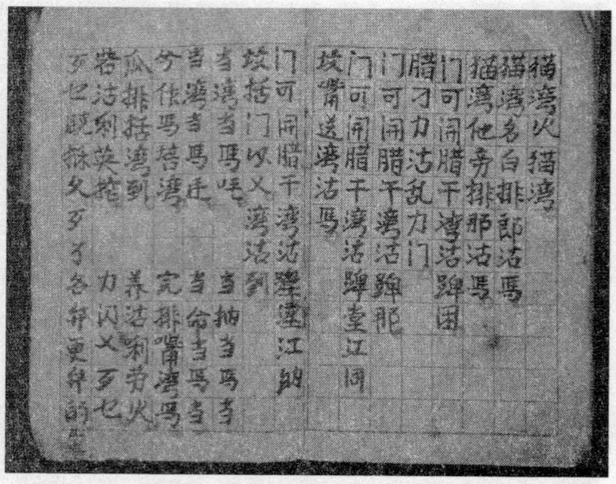
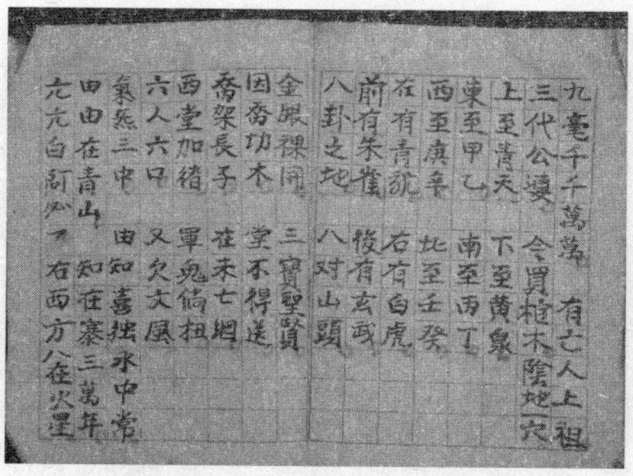
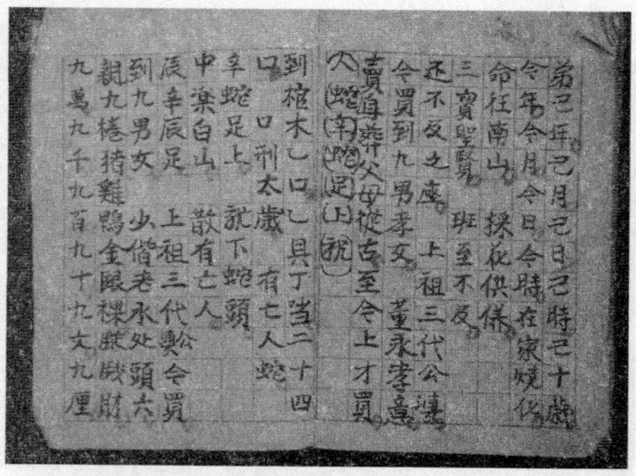
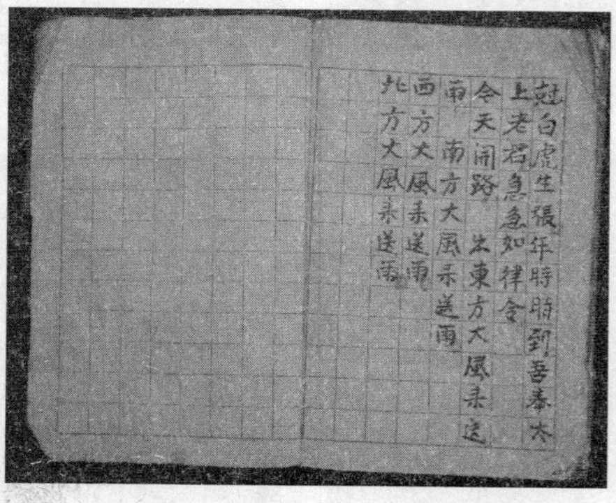

第二节 《摩经·用牛祭祖词》（第四卷）译注

《孝家灵堂供祭牲畜经[①]》

mo³³nuat²¹³tuə⁴²lək²¹³sa:i³³

念经 指给 牲畜 儿 男

一、老人吉时归逝

van³¹ʔdi³³p'jau²¹³məŋ³¹p'jau²¹³

日 吉祥 轻轻走 你 轻轻走 选着吉日你轻轻离，

① 在孝家堂屋的灵堂中，各方亲戚带来整猪、整羊、糖果等物向亡灵供祭时，要向灵位跪拜。届时，孝子孝女也陪同亲戚一起跪拜，并由布摩先生念诵此经文。

ɕiau^{31}ʔdi^{33}ts‘ai^{33}məŋ^{31}ts‘ai^{33}
辈　吉祥　轻轻归　你　轻轻归　　　一生吉祥你轻松归。

pian^{213}pan^{42}tuə^{31}ȵeŋ^{42}zai^{42}
变　成　彩色虫　　　变成彩色虫飞极乐世界，

ts‘ai^{33}pan^{31}tuə^{31}ȵeŋ^{31}ve^{31}
轻轻归　成　五彩虫　　　变成五彩虫悠悠归极乐世界。

məŋ^{31}kaŋ^{213}le^{31}pai^{33}ɕian^{33}
你　犟　多　去世　仙　　　儿孙不让你归逝，你犟着要去仙界。

po^{31}ɕian^{33}ɕuaŋ^{213}pat^{213}si^{55}tau^{55}za^{33}
父　仙　放　兵　到处　找①　　　仙父派兵到处找，

pau^{33}luaŋ^{42}la^{42}tau^{55}ɦam^{33}
敲　铜　锣　来　询问　　　敲铜锣到处询。

tsau^{55}məŋ^{31}tam^{213}se^{31}zok^{213}
头　你　落　鸟枕头②　　　你的头已落到仙界的鸟枕头，

tsau^{213}məŋ^{42}tok^{55}se^{31}seu^{213}
头　你　掉　花枕头③　　　你的头已掉到仙界神鸟纹的花枕头，

tam^{55}se^{31}zok^{213}pai^{33}ʔdjau^{213}
穿过　鸟枕头　去　上界　　　穿过有层层花的枕头去上界，

nin^{42}sei^{42}ɕiau^{213}mi^{31}ma^{33}
睡眠　仙界的枕头　不　来　　　睡在仙界的枕头不肯来。

nin^{42}sei^{42}sɯ^{33} sei^{42}sa^{33}ta:i^{33}na:u^{213}
觉　金花垫　银花盖　死　永远　　　睡在金花银花永不回。

kuə^{33}ȵie^{55}ta^{31}məŋ^{31}pai^{33}
棵　草　牵　你　走　　　草棵牵着你走，

kuə^{33}ɦa^{42}nuaŋ^{31}məŋ^{31}pai^{33}
棵　草　拴　你　走　　　草棵拖着你走，

pian^{213}pan^{31}vɯ^{55}pai^{33}ʔbən^{33}
变　成　云雾　去　天　　　变成彩云飞上天。

ta:i^{213}pan^{31}vən^{31}na^{55}mo^{213}
死　成　人　脸　新　　　死后变成新面孔的人。

pian^{213}pan^{31}vɯ^{55}pai^{33}sa:ŋ^{33}
变　成　云雾　去　高天　　　变成云雾飞高天。

ta:i^{213}pan^{31}fa:ŋ^{31}na^{55}mo^{213}
死　成　鬼　脸　新　　　死后变成仙人新脸鬼。

tap^{213}miŋ^{31}məŋ^{42}tan^{213}puə^{31}ka^{31}pi^{33}ni^{55}
踏　命　你　穿　衣　想　年　今　　　命到今年你踏进仙界穿仙衣。

---

① si^{55}tau^{55}：到处。
② se^{31}zok^{213}：仙界有层层鸟纹的花枕头。家中枕头称为 tsau^{55}se^{31}。
③ se^{31}seu^{213}：又称为 se^{31}zok^{213}，zok^{213} 即神鸟。意为神鸟纹花枕头。

miŋ31məŋ42sap55soŋ33taŋ213
命 你 遇 两 凳① 你命遇着仙界坐双凳。

tap213miŋ31məŋ42tan213pue31luaŋ42pi33ni55
踏 命 你 穿 衣 铜 年 今② 命到今年你踏到仙界享青铜棺。

miŋ31məŋ42sa:ŋ33peŋ42mo213
命 你 沾 地方 新 你命沾着仙界新地方。

məŋ31ma33zak55ma33lai42
你 来 倒 来 祭 你逝世了只请布摩来祭，

məŋ31ma33ta:i33ma33pjaŋ55
你 来 归逝 来 供 你归逝了来供。

ma33pjaŋ55məŋ31pai33kua:ŋ213
来 供 你 去 宽阔 来供你去宽阔的地方。

ma33sa:ŋ213məŋ31pai33ɕian33
来 拜 你 去 仙 来拜你去神仙居住的地方。

ku213ni55min42ka33ni55
首 这 完 点 这 这首完这点，

ɕiaŋ33ni55kua213ka33ni55
段 这 过 点 这 这段完这点，

ku213ni55mjan55ka33ni55
节 这 免 点 这 这节免这点，

pjan213liau55saɯ33ka33ni55
遍 完 毕 点 这 这遍完这点，

muət213ku213liau55ku213laŋ33
节 首 完 首 后 这首吟完吟后首，

saŋ33ku213liau55ku213mo213
唱 首 完 首 新 唱完这首唱新首，

ku213mo213ku33ɦa55taŋ31
首 新 我 要 到 新首我就到，

ku213laŋ33ku33ɦa55ɦau213
首 后 我 要 念 后首我要念。

二、《长刀经》

端起酒碗向棺材喷酒一口，念：

ʔe213ʔja:ŋ55ɦe213ʔe33ʔja:ŋ55
阿 长剑 呵 阿 长剑 长剑呵长剑，

to31pi33məŋ31lap213loŋ55ʔbo33ji31
整 年 你 装 剑壳 不 抽 整年你装在剑壳不拔出，

---

① soŋ33taŋ213：两凳，意为灵堂垫棺的双凳。

② pue31luaŋ42：意为铜衣，即铜棺材。

məŋ^{31}kɯ^{55}kui^{31}ʔbo^{33}ɦa:i^{33}
你 装 柜 不 开
你装在柜中柜不开，

muat^{213}kən^{33}taŋ^{33}muət^{213}sai^{55}
虫子 吃 整 虫 锈
整年被虫吃生锈，

nai^{55}kən^{33}taŋ^{33}muət^{213}san^{33}
霉 吃 整 虫 把
发霉到剑把；

fəŋ^{42}ku^{33}ʔit^{55}məŋ^{31}ʔjoŋ^{213}məŋ^{31}ʔjoŋ^{213}
手 我 拉 你 冒出 你 冒出
我手拉你冒就冒，

fəŋ^{42}ku^{33}tuan^{213}məŋ^{31}ɦa:i^{33}məŋ^{31}ɦa:i^{33}
手 我 敲 你 开 你 开
我手敲你开就开；

fəŋ^{42}ku^{33}ʔit^{55}məŋ^{31}zoŋ^{31}sɯ^{42}ʔdən^{33}
手 我 拉 你 亮 是 月亮
我手拉你闪亮如月光，

məŋ^{31}ji^{55}zoŋ^{31}sɯ^{42}ʔdən^{33}
你 就 亮 是 月亮
你就闪亮同月光；

fəŋ^{42}ku^{33}ʔit^{55}məŋ^{31}zoŋ^{31}sɯ^{42}ʔdau^{33}
手 我 拉 你 亮 是 反射
我手拉你亮反射，

məŋ^{31}ji^{55}zoŋ^{31}sɯ^{42}ʔdau^{33}
你 就 亮 是 反射
你就亮反射。

ku^{213}ʔja:ŋ^{55}min^{42}ka^{33}ni^{55}
首 剑 完 点 这
剑经念完到这点，

ɕiaŋ^{33}ʔja:ŋ^{55}kua^{213}ka^{33}ni^{55}
首 剑 过 点 这
剑经念完这点完；

ku^{213}ʔja:ŋ^{55}mjan^{55}ka^{33}ni^{55}
首 这 完 点 这
这首刀经完这点，

pjan^{213}ʔja:ŋ^{55}saɯ^{33}ka^{33}ni^{55}
变 剑 完 点 这
剑经最后完这点；

muət^{213}ku^{213}lau^{55}ku^{213}laŋ^{33}
完 首 了 首 后
唱完这首唱后首，

saŋ^{33}ku^{213}liau^{55}ku^{213}mo^{213}
唱 首 完 首 新
唱完这首唱新首；

ku^{213}mo^{213}ku^{33}ɦa^{55}taŋ^{31}
首 新 我 要 到
新首我就到，

ku^{213}laŋ^{33}ku^{33}ɦa^{55}ɦau^{213}
首 后 我 要 念
后首我要念。

三、风暴断大竹，老人归仙台

pi^{33}ni^{55}zum^{42}ta:i^{31}ma^{31}
年 今 风 暴 起
今年风暴起，

tək^{213}ko^{33}ka^{31}zau^{31}zei^{33}
撞 沙仁草 我们 失
我们沙仁草被撞失。

pi^{33}ni^{55}zum^{42}ta:i^{31}sɯi^{33}
年 今 风 暴 猛
今年风暴猛，

tək^{213}ko^{33}ləi^{33}zau^{31}zak^{55}
撞 棵 大竹 我们 断①
风暴猛得我们的蛮竹被冲断，

tək^{213}lau^{55}tsaŋ^{33}ʔban^{55}zau^{31}tai^{33}
撞 老人 中间 寨 我们 死
风暴猛撞我们寨中的老人死。

tək^{213}ka^{31}la:u^{55}sɯ^{33}so^{31}（se^{31}）
撞 只 老人 心 直（宽）②
风暴只撞心直心宽的老人，

tək^{213}ka^{31}po^{31}（me^{31}）sɯ^{33}ʔdi^{33}
撞 只 父（母） 心 好
风暴只撞心好的老父或老母。

po^{31}（me^{31}）sɯ^{33}ʔdi^{33}sɯ^{33}ʔak^{55}
父（母） 心 好 心 胸③
父（母）慈祥、宽容，处处为人着想，

la:u^{55}kok^{55}sak^{55}zau^{31}tɕiaŋ^{31}
老人 寨主 我们 丢失
慈祥、宽容，处处为人着想的寨主老人归逝啦，

la:u^{55}tan^{213}tsin^{33}tan^{213}tɕian^{213}
老人 穿 金 穿 银
zau^{31}ta:i^{33}
我们 死
穿金穿银的老人离别我们啦。

ɾa:n^{31}mi^{31}tsin^{33}mi^{31}tsian^{213}
家 有 金 有 银
家有金有银，

tsin^{33}tsian^{213}tau^{213}ɕuai^{33}zai^{42}
金 银 来 衰 多
老人病重以来金银也衰多；

ɾa:n^{31}mi^{31}ɕie^{42}mi^{31}va:i^{42}
家 有 黄牛 有 水牛
家有黄牛有水牛，

ɕie^{42}va:i^{42}tau^{213}ɕuai^{33}za:u^{213}
黄牛 水牛 来 衰 犁耙④
老人病重以来犁耙已空闲得多；

ɾa:n^{31}mi^{31}ta^{31}mi^{31}sɯ:ŋ^{33}
家 有 河 有 坝⑤
家有河，又有溪边洗染用的小坝，

pak^{213}ta^{31}tau^{213}ɕuai^{33}sɯ:ŋ^{33}
口 河 来 衰 坝
老人病重以来河坝的水已消退得多。

taŋ^{31}pəŋ^{31}pan^{55}sau^{55}tset^{213}
整个 地方 别人 兴 祭鬼神
整个地方人都兴祭鬼神。

ɾa:n^{31}mi^{31}mu^{33}mi^{31}juaŋ^{42}
家 有 猪 有 羊
家有猪有羊，

① ləi^{33}：大竹，又称蛮竹。布依语竹类分为许多种。
② 当地语言习惯，男人讲 sɯ^{33}so^{31}，即心直；女人讲 sɯ^{33}se^{31}，即心宽。
③ sɯ^{33}ʔdi^{33}sɯ^{33}ʔak^{55}：慈祥、宽容，处处为人着想的意思。
④ za:u^{213}：犁耙等工具。
⑤ sɯ:ŋ^{33}：溪边洗染用的小坝。

mu^{33}juaŋ^{42}ta:u^{213}ɕuai^{33}la:n^{31}
猪 羊 来 衰 圈
老人病重以来猪羊已衰圈；

ɾa:n^{31}mi^{31}ta^{31}mi^{31}sɯ:ŋ^{33}
家 有 河 有 坝
家有河，又有溪边洗染用的小坝，

pak^{213}ta^{31}ta:u^{213}ɕuai^{33}sɯ:ŋ^{33}
口 河 来 衰 坝
老人病重以来河坝的水已消退得多。

taŋ^{31}pəŋ^{31}pan^{55}sa:u^{55}tset^{213}
整个 地方 别人 兴 祭鬼神
整个地方人都兴祭鬼神。

tset^{213}ka^{31}tsau^{55}pian^{33}foŋ^{42}
祭鬼神 只 开头 边 位置
你祭鬼神只祭开头边上的位置，

tam^{213}məŋ^{42}poŋ^{42}ta:i^{31}sak^{55}
到 你 逢 仙台 插①
到你逢仙台入座，

ta:i^{31}sak^{55}tə^{31}məŋ^{31}ta:i^{33}
仙台 插 带 你 死
仙台带你死。

tam^{213}məŋ^{42}poŋ^{42}ta:i^{31}sa:i^{33}
到 你 逢 仙台 自然归逝②
你逢仙台到了自然归逝时，

ta:i^{31}sa:i^{33}tə^{31}məŋ^{31}lam^{55}
仙台 自然归逝 带 你 倒
仙台带你倒归逝，

tə^{31}məŋ^{31}lam^{55}sak^{55}lai^{33}ʔbo^{33}pit^{213}
带 你 倒 掉 梯 不 离别
仙台带你掉梯去成仙。

miŋ^{31}məŋ^{42}jiaŋ^{31}miŋ^{31}məŋ^{42}
命 你 啊 命 你③
你天命啊你天命，

miŋ^{31}məŋ^{42}tok^{55}pak^{213}ʔden^{31}zum^{42}pjaŋ^{33}
命 你 落 山包 风 吹
天命让你落在山包被风吹，

tok^{55}zɯŋ^{33}ȵiu^{42}zum^{42}toŋ^{213}
落 尾 牛 风 冻
天命让你落在牛尾被风冻，

tok^{55}tsa:ŋ^{33}ɦoŋ^{213}zam^{55}ɕuak^{213}
落 中间 山巢 水 出
天命让你落在山巢中间水冒出，

tok^{55}pak^{213}ɕuok^{213}va:i^{31}ȵian^{55}
落 渡口 牛 踩
天命让你落在渡口被牛踩，

tok^{55}pak^{213}kam^{55}va:i^{31}ȵiam^{31}
落 围墙的大门 牛 踏
天命让你落在围墙的大门被牛踏，

tok^{55}tsa:ŋ^{33}ta^{31}ɦan^{31}koŋ^{33}
落 中间 河 鹅 过
天命让你落在河中间被鹅游过，

tok^{55}tsa:ŋ^{33}ʔdoŋ^{33}mai^{55}nap^{55}
落 中间 森林 树木 压
天命让你落在森林中间被树压，

nap^{55}tək^{213}miŋ^{31}məŋ^{31}ʔdok^{55}
压 着 命 您 烂
压着您命烂。

---

① ta:i^{31}：指天上仙台。相传天上有仙台十二层，凡间人到一定年龄就可插入仙台就座，称为“sak^{55}”。
② sa:i^{33}：非因病痛引起的逝世，即年老后的自然归逝。
③ miŋ^{31}：命、天命。

pjok^{55}tək^{213}miŋ^{31}məŋ^{31}la:n^{31}
白蚁　着　命　您　腐　　白蚁拱着您命腐。

miŋ^{31}məŋ^{31}ʔdok^{55}mai^{55}ȵiaŋ^{31}
命　您　烂　木　土　　您命烂入木土中，

na:m^{31}tək^{213}miŋ^{31}məŋ^{31}ʔdok^{55}
土　着　命　您　烂　　土中您命烂。

pjok^{55}tək^{213}miŋ^{31}məŋ^{31}la:n^{31}
白蚁　着　命　您　腐　　白蚁拱着您命腐。

kai^{31}tək^{213}miŋ^{31}ɦau^{55}zau^{33}
鸡　着　命　穿　转　　鸡带您命转。

pau^{33}tɯ^{42}miŋ^{31}ɦau^{55}soŋ^{31}
螃蟹　带　命　穿　洞　　螃蟹带您命穿洞。

tam^{31}kok^{55}miŋ^{31}məŋ^{42}muan^{42}
谈　根　命　您　完　　谈您的命根已完。

tam^{31}ɕuaŋ^{31}kən^{33}məŋ^{42}muət^{213}
谈　桌　吃　您　毕　　谈您的饭桌已毕。

ku^{213}ni^{55}min^{42}ka^{33}ni^{55}
首　这　明　点　这　　这首明这点，

ɕiaŋ^{33}ni^{55}kua^{213}ka^{33}ni^{55}
春天　这　过　点　这　　春天这点过；

ku^{213}ni^{55}mjan^{55}ka^{33}ni^{55}
首　这　免　点　这　　这首免这点。

pjan^{213}liau^{55}saɯ^{33}ka^{33}ni^{55}
遍　了　清　点　这　　这遍清这点。

muət^{213}ku^{213}liau^{55}ku^{213}laŋ^{33}
毕　首　了　首　后　　这首毕了到后首，

saŋ^{33}ku^{213}liau^{55}ku^{213}mo^{213}
唱　首　了　首　新　　唱了这首唱新首，

ku^{213}mo^{213}ku^{33}ɦa^{55}taŋ^{31}
首　新　我　要　到　　新首我就到，

ku^{213}laŋ^{33}ku^{213}ɦa^{55}ɦau^{213}
首　后　我　要　念　　后首我要念。

四、说十个月梦忌

məŋ^{31}pan^{31}ɦən^{31}ʔdɯn^{33}ɕiaŋ^{33}
您　做　梦　月　正　　您老正月做噩梦：

pan^{31}ɦəŋ^{31}ɦok^{55}sa^{55}vɯə^{31}tsa:ŋ^{33}ʔda:ŋ^{33}
做　梦　壳　刀　破　腰身　　梦见刀壳破腰身。

məŋ^{31}pan^{31}ɦən^{31}ʔdɯn^{33}ŋi^{31}
您　做　梦　月　二　　您老二月做噩梦：

pan^{31}ɦeŋ^{31}p'ɯ^{31}ȵiu^{33}ɾa:n^{42}
做 梦 裂 顶 房　　梦见房顶在开裂。

məŋ^{31}pan^{31}ɦen^{31}ʔdwn^{33}sa:m^{33}
您 做 梦 月 三　　您老三月做噩梦：

pan^{31}ɦeŋ^{31}sa^{213}luaŋ^{31}ʔdu^{33}
做 梦 刀 铜 长冠　　梦见铜刀长冠帽。

məŋ^{31}pan^{31}ɦen^{31}ʔdwn^{33}θi^{31}
您 做 梦 月 四　　您老四月做噩梦：

pan^{31}ɦeŋ^{31}ʔiu^{55}tam^{31}sam^{33}
做 梦 屋 一边倒　　梦见屋子一边倒。

məŋ^{31}pan^{31}ɦen^{31}ʔdwn^{33}ɦa^{55}
您 做 梦 月 五　　您老五月做噩梦：

pan^{31}ɦen^{31}tɯ^{31}nɯ^{213}mai^{55}sa^{33}
做 梦 带 弓 树　　梦里带着树弓。

məŋ^{31}pan^{31}ɦen^{31}ʔdwn^{33}ʒok^{55}
您 做 梦 月 六　　您老六月做噩梦：

pan^{31}ɦen^{31}ʔa^{33}kuan^{31}mok^{213}
做 梦 乌鸦 叼 被子　　梦见乌鸦叼被子。

pan^{31}ɦen^{31}ʒok^{213}kuan^{31}pɯə^{31}
做 梦 乌鸦 叼 衣服　　梦见乌鸦叼衣服。

kuan^{31}pɯə^{31}ʒok^{213}liaŋ^{31}lu^{55}
叼 衣服 “良陆”鸟[①]　　梦见“良陆”鸟叼衣服。

kuan^{31}pɯə^{31}su^{55}pai^{33}tɕai^{33}
叼 衣服 主 去 远　　梦鸦叼主人衣服去远。

kuan^{31}pai^{33}ʔbo^{33}kuan^{31}tau^{213}
叼 去 不 叼 回　　梦见鸦叼去不叼回。

kuan^{31}pai^{33}kai^{33}tsaŋ^{33}sau^{31}
叼 去 卖 中 街　　梦见乌鸦叼衣卖街中。

kuan^{31}pai^{33}mai^{31}tsa:ŋ^{33}ɦɯ^{33}
叼 去 卖 中 城　　梦见乌鸦叼衣卖城中。

məŋ^{31}pan^{31}ɦen^{42}ʔdwn^{33}sat^{55}
您 做 梦 月 七　　您老七月做噩梦：

pan^{31}ɦeŋ^{31}tan^{213}tsap^{55}ɦen^{213}kua^{213}na^{42}
做 梦 戴 草帽 黄 过 田　　梦见戴着黄草帽过田。

pan^{31}ɦeŋ^{31}tɯ^{31}pi^{42}sɯ^{33}pi^{42}sa^{33}kua^{31}toŋ^{31}
做 梦 带 扇 书 扇 纸 过 坝　　梦见带书扇纸扇过坝。

məŋ^{31}pan^{31}ɦen^{42}ʔdən^{33}pet^{213}
您 做 梦 月 八　　您老八月做噩梦：

pan^{31}ɦeŋ^{31}tan^{213}tsap^{55}ɦen^{213}kua^{213}pɯŋ^{42}
做 梦 戴 草帽 黄 过 地区　　梦见戴着黄草帽过地区。

---

① ʒok^{213}liaŋ^{31}lu^{55}：“良陆”鸟，一种神鸟的名称。

pan^{31}ɦeŋ^{31}tɯ^{31}pi^{31}luaŋ^{31}kua^{213}toŋ^{31}
做 梦 带 扇 铜 过 坝
梦见带铜扇过坝。

məŋ^{31}pan^{31}ɦeŋ^{31}ʔdɯn^{33}ku^{55}
您 做 梦 月 九
您老九月做噩梦：

pan^{31}ɦeŋ^{31}san^{33}zeu^{33}kut^{213}ku^{55}
做 梦 编 竹筐 圆形
梦见编圆形竹筐。

pan^{31}ɦeŋ^{31}tem^{213}ʒu^{213}məŋ^{31}taŋ^{33}
做 梦 点 灯芯开花
做梦点灯芯开花。

məŋ^{31}pan^{31}ɦeŋ^{31}ʔdɯn^{33}ɕip^{213}
您 做 梦 月 十
您老十月做噩梦：

pan^{31}ɦeŋ^{31}sak^{55}sok^{213}taŋ^{31}ʔbe^{33}ʔba:i^{55}
做 梦 砍 蓝靛草 到 倒大片
梦里砍得蓝靛草倒了一大片。

sa:i^{213}ʔda:i^{55}ʔdəi^{55}sa:m^{33}tɯk^{213}
割 嫩蓝靛草 得 三 片
做梦割得三片嫩的蓝靛草。

vət^{213}ʒi^{31}ʔdai^{55}sa:m^{33}ʔba^{33}
测 地 得 三 块
做梦测地得三块。

sa:u^{55}na^{31}ʔdai^{55}sa:m^{33}soŋ^{55}
造 田 得 三 丘
做梦造田得三丘。

ʒa:p^{213}loŋ^{55}kua^{213}ti^{31}tsem^{31}
挑 箩 过 窄路
做梦挑箩过窄路，

ja^{31}ʔa^{33}ʒem^{55}tok^{55}laŋ^{33}
奶 摇摆 走 后
做梦见着老奶摇摆走身后才死。

ka:p^{213}ɾa:n^{31}ne^{42}jiaŋ^{31}laɯ^{42}
顺 房 支 哪样①
顺房是哪样，

au^{33}məŋ^{42}ne^{42}jiaŋ^{31}ten^{33}
要 您 支 那样
死后支您支成那个样。

pi^{33}ɾa:n^{42}ʔit^{213}jiaŋ^{31}laɯ^{42}
梁 房 伸直 哪样
房梁伸直成哪样，

au^{33}məŋ^{42}ʔit^{213}jiaŋ^{31}ten^{33}
要 您 伸直 那样
死后要您伸直成那样。

au^{33}məŋ^{42}ʔit^{213}ʔdi^{33}ʔbin^{55}
要 您 伸直 和谐
要您伸直睡和谐。

au^{33}məŋ^{42}lin^{55}θi^{33}taŋ^{213}
要 您 伸直 横 凳②
要您伸直横凳上。

ku^{213}ni^{55}min^{55}ka^{33}ni^{55}
首 这 明 点 这
这首明这点，

ɕiaŋ^{33}ni^{55}kua^{213}ka^{33}ni^{55}
春天 这 过 点 这
春天这点过；

① 顺房支：指老人归逝后在堂屋设灵堂时停放棺材的方向，有顺梁、脚蹬大门两种停棺方式。
② 伸直横凳：指在灵堂停放的棺材不能直接放在地上，下面必须垫两张长凳，意为靠台睡息。

ku^{213}ni^{55}mjan^{55}ka^{33}ni^{55}
首 这 免 点 这　　　　这首免这点，
pian^{213}liau^{55}saɯ^{33}ka^{33}ni^{55}
遍 完 毕 点 这　　　　这遍毕这点。
muət^{213}ku^{213}liau^{55}ku^{213}laŋ^{33}
毕 首 了 首 后　　　　这首毕了到后首，
saŋ^{33}ku^{213}liau^{55}ku^{213}mo^{213}
唱 首 了 首 新　　　　唱了这首唱新首，
ku^{213}mo^{213}ku^{33}ɦa^{55}taŋ^{31}
首 新 我 要 到　　　　新首我就到，
ku^{213}laŋ^{33}ku^{213}ɦa^{55}ɦau^{213}
首 后 我 要 念　　　　后首我要念。

五、自然灾害、虚报年岁与"王太"收魂

pan^{55}vət^{213}zi^{31}pai^{31}ʔdjau^{33}
别人 测 地 方 一①　　　　别人测地向一方，
məŋ^{31}ko^{55}toŋ^{31}vət^{213}zi^{31}pai^{31}ʔdjau^{33}
您 也 同 测 地 方 一　　　　您也测地向一方。
pan^{55}vət^{213}zi^{31}pak^{213}pja^{33}
别人 测 地 石岩山包　　　　别人测地在有石岩的山包，
məŋ^{31}ko^{55}toŋ^{31}vət^{213}ʒi^{31}pak^{213}pja^{33}
您 也 同 测 地 石岩山包　　　　您也测地在有石岩的山包。
pan^{55}sau^{55}na^{31}tsa:ŋ^{33}toŋ^{31}
别人 造 田 中 坝　　　　别人造田在坝中，
məŋ^{31}ko^{55}toŋ^{31}sa:u^{55}na^{31}tɕa:ŋ^{231}toŋ^{31}
您 也 同 造 田 中 坝　　　　您也造田在坝中。
zi^{31}toŋ^{31}zi^{31}jiaŋ^{31}ʔdjau^{33}
地 与 地 样 一　　　　地是一样的地，
zi^{31}pan^{55}ʔbo^{33}tau^{213}ɦa^{42}
地 别人 不 长 长叶草　　　　别人的地不长长叶草，
zi^{31}məŋ^{31}ka^{31}tau^{213}ɦa^{42}
地 您 光 长 长叶草　　　　您的地光长长叶草。
na^{31}toŋ^{42}na^{31}jiaŋ^{213}ʔdjau^{33}
田 与 田 样 一　　　　田也是一样的田，
na^{31}pan^{55}ʔbo^{33}tau^{213}ɦeu^{55}
田 别人 不 长 开裂　　　　别人稻田不开裂，
na^{31}məŋ^{31}ka^{31}tau^{213}ɦeu^{55}
田 您 光 长 开裂　　　　您的稻田光开裂。

① 测地：此处不是指阴阳先生测地，而是指选择地块种何种庄稼。

fəŋ31səi55lok55ko33ȵie55ʔbo33ma33
手　左　拔　棵　草　不　来　　左手拔草拔不来，
fəŋ31kua31ta31ko33ɦoŋ33ʔbo33ʔdai55
手　右　拔　棵　三棱草　不　得　　右手拔棵三棱草也拔不得，
fəŋ31səi55lok55ko33ȵie55ʔbo33toŋ33
手　左　拔　棵　草　不　动　　左手拔草拔不动，
fəŋ31kua31ta31ko33ɦoŋ33ʔbo33ʔdai55
手　右　拔　棵　三棱草　不　得　　右手拔棵三棱草也拔不得。
ʔdit55sat55ŋuat213ʔdit55ʔdiŋ33
太阳　时　照　太阳　红　　太阳照时太阳红，
ʔdit55sɯ42ziŋ42ʔdit55ʔja55
太阳　时　午　太阳　厉辣　　太阳午时太阳辣，
ʔdit55ʔda:t213ka213ɦau55van33
太阳　晒　杀　稻　种　　太阳晒杀稻种干，
pɯ31va:i42fan42tɕa:ŋ33toŋ42
破　水牛　倒　中　坝　　晒得水牛倒坝中。
ʔdit55sat55ŋuat213ʔdit55ɦan33
太阳　时　照　太阳　激烈　　太阳照时太阳烈，
ʔdit55sɯ42san33ʔdit55ʔja55
太阳　时　卯　太阳　厉害　　卯时太阳很厉害，
ʔdit55ʔda:t213ka213ɦa:u55van33
太阳　晒　杀　稻　种　　太阳晒杀稻种干，
pʻɯ213va:i42fan42tsa:ŋ33zuŋ42
破　水牛　倒　中　田野　　晒得水牛倒田野。
ɦam31məŋ31suaŋ213mi31mu31
问　您　留　不同意　　说您让您留，您又不同意。
ɦam31məŋ31suaŋ213mi31mai55
问　您　留　不喜欢　　说您让您留，您又不喜欢。
məŋ31sin33ʔbo33ʔdai55au33
您　犟　不　得　要　　您犟要不得。
ɦam31məŋ31suaŋ213mi31mu31
问　您　留　不同意　　说您让您留，您又不同意。
ɦam31məŋ31suaŋ213mi31mai55
问　您　留　不喜欢　　说您让您留，您又不喜欢。
ɦap213məŋ31ʔju213za:i31kən31
准　您　在　丘　上　　准您在上丘。
sap55məŋ31ʔju213za:i31la55
给　您　在　丘　下　　给您在下丘。
məŋ31sin33ʔbo33ʔdai55au33
您　犟　不　得　要　　您犟要不得。

məŋ^{31}sin^{33}pai^{33}ʒum^{42} sok^{213}ta^{31}
您　犟　去　在水中滚 渡口　　　您犟去渡口水中滚。

sok^{213}ʔa:p^{213}sok^{213}ʔbo^{31}ʔa:p^{213}
渡　洗　渡　不　洗　　　渡洗渡不洗。

pai^{33}ʔa:p^{213}sok^{213}ta:i^{213}ʔit^{55}
去　洗　渡　第　一　　　去洗第一渡，

sap^{55}lok^{213}toŋ^{31}su^{33}ma^{33}
逢　波浪　猛　来　　　逢着浪猛来；

sok^{213}ʔa:p^{213}sok^{213}ʔbo^{31}ʔa:p^{213}
渡　洗　渡　不　洗　　　渡洗渡不洗。

pai^{33}ʔa:p^{213}sok^{213}ta:i^{31}ŋi^{31}
去　洗　渡　第　二　　　去洗第二渡，

sap^{55}vɯŋ^{31}ʔa^{55}ko^{31}mo^{31}
逢　王　乌鸦　做　堡①　　　逢着乌鸦王扒沙做堡；

sok^{213}ʔa:p^{213}sok^{213}ʔbo^{31}ʔa:p^{213}
渡　洗　渡　不　洗　　　渡洗渡不洗。

pai^{33}ʔa:p^{213}sok^{213}ta:i^{31}sa:m^{33}
去　洗　渡　第　三　　　去洗第三渡，

sap^{55}vɯŋ^{31}ʔa^{55}to^{55}tsai^{213}
逢　王　乌鸦　啄　彩石　　　逢着乌鸦王啄彩石，

sap^{55}vɯŋ^{31}tai^{213}zip^{213}van^{31}ɦau^{55}
逢　王　太　收　种子　稻②　　　逢着“王太”收稻种，

sap^{55}vɯŋ^{31}tai^{213}sa:u^{55}van^{31}veŋ^{42}
逢　王　太　扫荡　魂　人　　　逢着“王太”收人魂。

ʔban^{55}au^{33}zoŋ^{213}soŋ^{33}zoŋ^{213}
寨　要　畜圈　二　畜圈　　　畜圈每寨要收一两圈，

toŋ^{31}au^{33}ʒɯ:ŋ^{33}soŋ^{33}ʒɯ:ŋ
坝　要　稻穗　二　稻穗　　　稻穗每坝要收一两穗，

pɯŋ^{31}au^{33}pu^{55}soŋ^{33}pu^{55}
地方　要　人　二　人　　　还收地方一两人的魂。

sap^{213}məŋ^{31}ji^{55}au^{33}məŋ^{31}
遇　您　就　要　您　　　她“王太”遇您就要您，

mi^{31}poŋ^{42}məŋ^{31}au^{33}pan^{55}
不　碰　您　要　别人　　　不碰着您，她“王太”就要别人。

tɯ^{31}məŋ^{31}ka:ŋ^{213}liaŋ^{31}li^{31}
领　您　讲　年龄　　　您跟“王太”讲年龄时虚报了，

tɯ^{31}məŋ^{31}lən^{31}pi^{33}ʔdən^{33}
领　您　论　年月　　　您跟“王太”论年月讲过头了。

① 乌鸦王做堡：是指古代乌鸦用脚和嘴搬沙做成土堡。

② 王太：传说中收人魂的仙界女王神，可能是王母娘娘，所以人们不能对她讲真话，否则魂就被她收走，人也就归逝了。

liaŋ^{31}li^{31} kuə^{213}laɯ^{31}tɯ:n^{33}
年龄 咋个 说 　　年龄咋个说？

pi^{33}ʔdən^{33} kuə^{213}laɯ^{31}lən^{31}
年月 咋个 论 　　年龄咋个论？

məŋ^{31}ʔdai^{55}ʔit^{55}ɕip^{213}pi^{33}
您 得 一 十 岁 　　您有十岁，

məŋ^{31}nau^{42}ŋi^{31}ɕip^{213}pi^{33}
您 告诉 二 十 岁 　　告诉她是二十岁。

məŋ^{31}ʔdai^{55}ŋi^{31}ɕip^{213}pi^{33}
您 得 二 十 岁 　　您有二十岁，

məŋ^{31}nau^{42}sa:m^{33}ɕip^{213}pi^{33}
您 告诉 三 十 岁 　　告诉她是三十岁。

məŋ^{31}ʔdai^{55}sa:m^{33}ɕip^{213}pi^{33}
您 得 三 十 岁 　　您有三十岁，

məŋ^{31}nau^{42}θi^{31}ɕip^{213}pi^{33}
您 告诉 四 十 岁 　　告诉她是四十岁。

məŋ^{31}ʔdai^{55}θi^{31}ɕip^{213}pi^{33}
您 得 四 十 岁 　　您有四十岁，

məŋ^{31}nau^{42}ɦa^{55}ɕip^{213}pi^{33}
您 告诉 五 十 岁 　　告诉她是五十岁。

məŋ^{31}ʔdai^{55}ɦa^{55}ɕip^{213}pi^{33}
您 得 五 十 岁 　　您有五十岁，

məŋ^{31}nau^{42}zok^{55}ɕip^{213}pi^{33}
您 告诉 六 十 岁 　　告诉她是六十岁。

məŋ^{31}ʔdai^{55}zok^{55}ɕip^{213}pi^{33}
您 得 六 十 岁 　　您有六十岁，

məŋ^{31}nau^{42}sat^{55}ɕip^{213}pi^{33}
您 告诉 七 十 岁 　　告诉她是七十岁。

məŋ^{31}ʔdai^{55}sat^{55}ɕip^{213}pi^{33}
您 得 七 十 岁 　　您有七十岁，

məŋ^{31}nau^{42}pet^{213}ɕip^{213}pi^{33}
您 告诉 八 十 岁 　　告诉她是八十岁。

məŋ^{31}ʔdai^{55}pet^{213}ɕip^{213}pi^{33}
您 得 八 十 岁 　　您有八十岁，

məŋ^{31}nau^{42}ku^{213}ɕip^{213}pi^{33}
您 告诉 九 十 岁 　　告诉她是九十岁。

məŋ^{31}ʔdai^{55}ku^{213}ɕip^{213}pi^{33}
您 得 九 十 岁 　　您有九十岁，

məŋ^{31}nau^{42}pak^{213}ɕip^{213}pi^{33}
您 告诉 百 十 岁 　　告诉她是一百岁。

məŋ^{31}ʔbo^{33}sin^{33}nau^{31}ʔjan^{55}
您 不 犟 报 虚 　　　　您犟虚报啦。

məŋ^{31}ʔbo^{33}sin^{33}kan^{55}kua^{213}
您 不 犟 说过头 　　　　您犟说过头啦。

mjak^{213}ta^{33}te^{33}ʔbo^{33}ʔjai^{55}
躲 眼 她 不 捡 　　　　躲她她不捡，

tai^{55}ta^{33}te^{33}ʔbo^{33}ten^{31}
藏 眼 她 不 见 　　　　藏她她不见，

ʔden^{213}ta^{33}te^{33}ʔbo^{33}au^{33}
避 眼 她 不 收 　　　　避她她不收。

məŋ^{31}ka^{31}sin^{31}nau^{31}ʔjan^{55}
您 直 犟 虚报 　　　　您直犟虚报。

məŋ^{31}ʔbo^{33}sin^{33}kan^{55}kua^{213}
您 不 犟 说过头 　　　　您犟说过了头。

mjak^{213}ta^{33}te^{33}so^{55}ʔjai^{55}
躲 眼 她 才 捡 　　　　躲她她才捡。

lai^{55}ta^{33}te^{33}so^{55}ten^{31}
不藏 眼 她 才 见 　　　　不藏她才见，

ʔdən^{33}ta^{33}te^{33}so^{55}au^{33}
站 眼 她 才 收 　　　　站在眼前她才收。

au^{33}məŋ^{31}to^{213}ʔdan^{33}po^{33}
要 您 合 山坡 　　　　“王太”她想要您去合山坡，

lau^{33}lək^{213}pɯŋ^{42}po^{33}zo^{55}vai^{31}
怕 儿 地方 山 会 垮 　　　　怕儿的山坡会垮。

au^{33}məŋ^{31}to^{213}ʔdan^{33}ɦa:i^{55}
要 您 合 海子 　　　　“王太”她想要您去合大海，

lau^{33}lək^{213}pɯŋ^{42}ɦa:i^{55}zo^{55}kua:i^{42}
怕 儿 地方 海 会 意见 　　　　怕儿的海水会有意见。

au^{33}məŋ^{31}to^{213}ʔdan^{33}tɕau^{42}
要 您 合 座桥 　　　　“王太”她想要您去合座桥，

la:u^{33}lək^{213}pɯŋ^{42}tɕau^{42}zo^{55}za:i^{31}
怕 儿 地方 桥 会 走 　　　　怕儿要打桥上过。

au^{33}məŋ^{31}to^{213}tsap^{55}luaŋ^{42}
要 您 合 板 铜 　　　　“王太”她想要您去合铜板，

la:u^{33}tsap^{55}luaŋ^{42}zo^{55}luan^{213}
怕 板 铜 会 乱 　　　　怕铜板会乱响。

au^{33}məŋ^{31}to^{213}kuan^{213}luaŋ^{42}
要 您 合 桩 铜 　　　　“王太”她想要您去合铜桩，

lau^{33}kuan^{213}luaŋ^{42}zo^{55}ji^{31}
怕 桩 铜 会 散 　　　　怕铜桩会散。

au^{33}məŋ^{31}to^{213}zek^{213}zi^{31}
要　您　合　边　地　　“王太”她想要您去合地边，
la:u^{33}ja^{31}ɕak^{213}zo^{55}fa^{31}
怕　土地婆婆　会　发火　　怕土地婆婆会骂。
au^{33}məŋ^{31}to^{213}zek^{55}na^{42}
要　您　合　边　田　　“王太”她想要您去合田边，
lau^{33}ja^{31}liaŋ^{31}la^{31}ta:u^{55}tuan^{55}
怕　奶　神田神地　来　堵　　怕神田神地奶来堵。
au^{33}məŋ^{31}to^{213}vɯ^{213}fo:n^{55}
要　您　合　云　黑　　“王太”她想要您去合黑云，
la:u^{33}vɯ^{213}fo:n^{55}zo^{55}ta:ŋ^{33}
怕　云　黑　会　挡　　怕黑云会挡。
au^{33}məŋ^{31}to^{213}vɯ^{55}vaŋ^{33}
要　您　合　云　混沌　　“王太”她想要您去合混沌云，
la:u^{33}vɯ^{213}vaŋ^{33}zo^{55}zam^{31}
怕　云　混沌　会　遮　　怕混沌云会遮。
au^{33}məŋ^{31}to^{213}za:n^{31}ʔuan^{55}
要　您　合　家　晚　　要您合家时已晚，
au^{33}məŋ^{31}tan^{55}za:n^{31}ɕian^{33}
要　您　放　家　仙　　只能让您去仙家。
ʔju^{213}za:n^{31}li^{55}sa:ŋ^{31}fa^{42}
在　家　理　动　扳　　按理还在家活动，
ʔju^{213}za:n^{31}ja^{42}tsak^{213}tsum^{31}
在　家　叫　敲响　　仙将到家叫敲响。
fɯŋ^{42}kam^{33}sak^{213}liaŋ^{31}la^{42}
手　捏　链　小锁　　仙人捏着小锁链不放，
fɯŋ^{31}ta^{42}sak^{213}ɦa^{55}tɕau^{33}
手　拉　链　五　根　　仙将手拉五根链不停，
fɯŋ^{42}kam^{33}sak^{213}liaŋ^{31}lu^{55}
手　捏　链　线　大锁　　仙将手捏大锁链不放，
ɦo^{31}tək^{55}ku^{213}sak^{31}naŋ^{33}
脖子　拴　九　链子　皮　　脖子还拴着九根仙皮带。
ku^{213}ni^{55}min^{55}ka^{33}ni^{55}
首　这　明　点　这　　这首明这点，
ɕiaŋ^{33}ni^{55}kua^{213}ka^{33}ni^{55}
春天　这　过　点　这　　春天这点过；
ku^{213}ni^{55}mian^{55}ka^{33}ni^{55}
首　这　免　点　这　　这首免这点，
pian^{213}liau^{55}saɯ^{33}ka^{33}ni
遍　完　毕　点　这　　这遍毕这点。

muət213ku213ni55pai33pja:i33
完 首 这 去 尖　　　这首唱到尾，

ku33ɦa55nai33ku213mu213
我 要 请 首 新　　　我要请新首，

ku213mo213ku213ɦa55taŋ53
首 新 我 要 到　　　新首我就到，

ku213laŋ33ku213ɦa55ɦau213
首 后 我 要 念　　　后首我要念。

六、子女孝父母的伦理

nau31sɯ42n̥uai31sɯ42ziŋ42
进 时 少 时 晌午　　　进到晌午时分，

nau31sɯ42ʔdiŋ33tok55fak213
进 时 刚生红孩 生 出　　　进到红婴孩生时。

tai55sa:m33pak213ʔa33jie42
哭 三 声 阿 月儿　　　婴孩生时啼三声，

po31ten213tse33ma33jau213
父 点 明柴火 来 瞧　　　父点柴火把来瞧。

tai55sa:m33pak213ʔa33ja42
哭 三 声 阿 呀　　　婴孩生时啼三声，

po31ten213ɦa42ma33jau213
父 点 草火 来 望　　　父点草火把来望。

ʒa31ten33me31kam33tsen33
那时 母 捏 手杆　　　那时母捏婴手杆，

ʒa31ten33po31ʒam55θei213
那时 父 水 洗　　　那时父用水洗儿。

ʒa31ten33me31kam33ʔak55
那时 母 搂 胸　　　那时母亲搂婴胸，

ʒa31ten33po31fit55ʒam55
那时 父 拊 水　　　那时父用手沾水洗儿。

ʒa31ten33me31niŋ31tuŋ31
那时 母 睡 尿布　　　那时母亲睡尿布，

ʒa31ten33lək213ʒuŋ42ʔi213
那时 儿 抱 腋下　　　母亲护儿在腋下。

ʒa31ten33me31niŋ31ʔbin55
那时 母 睡 席子　　　那时母亲睡席子，

ʒa31ten33lək213jin55sa31
那时 儿 裙 垫　　　母亲用裙垫孩儿。

ʒa31ten33zai42zam55zai42kuə213ʔi33
那时 喊 水 喊 做 辣　　　那时孩儿喊水叫“辣辣”。

zai^{42}ȵie^{33}zai^{42}kuə^{213}kan^{55}
喊　江　喊　做　小河①
喊江喊作“小河”。

zai^{42}tsap^{213}tsa^{33}kuə^{31}ʔoŋ^{55}
喊　大龙竹的笋壳　做　捧
喊龙竹笋壳作“捧”。

poŋ^{55}ʔak^{55}zai^{42}kuə^{31}ʔi^{33}
拍　胸　喊　做　疼
拍胸喊作“疼”。

ʒa^{31}ten^{33}kən^{33}pit^{55}kən^{33}kai^{31}suaŋ^{213}
那时　吃　鸭　吃　鸡　留
ka^{33}ʔban^{33}
肉腿
那时母吃鸭吃鸡留肉腿给儿。

kən^{33}vəŋ^{31}kən^{33}fan^{42}suaŋ^{213}ʔdi^{213}ʔun^{213}
吃　王　吃　獐子　留　块　熟软
母吃獐子肉时留熟软肉块给儿。

kən^{33}no^{31}ʔiŋ^{55}lak^{213}la^{42}
吃　肉　撕　肚囊皮
母吃肉时给儿撕去肚囊皮（让儿吃净肉）。

kən^{33}pja^{33}ʔiŋ^{55}ŋaŋ^{213}ʔun^{213}
吃　鱼　拔　鱼刺
吃鱼时母给儿拔鱼刺。

kən^{33}tuŋ^{31}suaŋ^{213}ʔboŋ^{33}tsaŋ^{33}
吃　插秧苞　留　节　中②
吃插秧苞时留中节秧苞给儿。

kən^{33}ɾaŋ^{42}suaŋ^{213}ʔboŋ^{33}ȵuai^{31}
吃　竹笋　留　节　笋尖
吃竹笋时留笋尖给儿。

fi^{31}ʒo^{55}kən^{33}le^{33}ȵa:i^{55}
未　会　吃　嚼喂
儿不会吃时嚼喂饭。

fi^{31}ʒo^{55}pja:i^{213}le^{33}tie^{31}
未　会　走　扶　背
儿不会走时扶儿背。

tie^{31}ɦam^{213}ji^{55}la:u^{33}ta:i^{33}
背　扑　也　怕　死
怕扑着背会死，

tie^{31}ɦa:i^{33}ji^{55}la:u^{33}ʒak^{55}
背　仰　也　怕　断
怕仰着背会断。

tat^{55}ɦoŋ^{33}tsit^{55}ɦoŋ^{33}tsian^{213}kuə^{31}ʔda^{33}
剪　花布绿布　做　背巾
剪花布绿布来做背巾背儿，

tat^{55}ɦoŋ^{33}su^{42}ɦoŋ^{33}la^{42}kuə^{31}tuŋ^{31}
剪　色布纹布　做　围披
剪色布纹布来做围披护儿。

tai^{213}liŋ^{213}mə^{31}kam^{33}tsen^{33}
走　陡处　母　牵手
走到陡处时母牵手，

tai^{213}pjaŋ^{31}lək^{213}pen^{42}ʔba^{213}
走　平处　儿　爬　肩
走到平处时儿爬母肩。

pai^{33}vi^{213}ʔdai^{55}tiaŋ^{33}zi^{31}
去　沟　得　瓜　地
去沟得地瓜，

au^{33}ma^{33}ɦaɯ^{213}lək^{213}kuə^{31}va:i^{42}
要　来　给　儿　做　水牛
拿来给儿做牛玩。

① kan^{55}：水面平静的小河。
② 插秧苞：是指田坝中野生的一种果子。

pai^{33}zi^{31}ʔdai^{55}tiaŋ^{33}za:i^{31}
去 地 得 瓜 花 — 去地得花瓜，

au^{33}ma^{33}ɦaɯ^{213}lək^{213}kuə^{31}ŋue^{55}
要 来 给 儿 做 牛 — 拿来给儿做牛耍。

pai^{33}tɯn^{31}zan^{33}tuk^{55}ʔba:i^{55}
去 田地 见 嫩芦笋 — 去田地见嫩芦笋，

jiaŋ^{31}au^{33}ma^{33}ɦaɯ^{213}lək^{213}
也 要 来 给 儿 — 也要来给儿。

ma^{213}ɾa:n^{31}vai^{55}tok^{213}tuŋ^{31}
来 家 顺带 秧苞茎 — 从田地中回家顺带秧苞茎，

jiaŋ^{31}au^{33}ma^{33}ɦaɯ^{213}lək^{213}
也 要 来 给 儿 — 也要来给儿。

pai^{33}koŋ^{31}ʔdai^{55}ʔbu^{213}meŋ^{42}
去 山窝 得 芦花 — 去山窝采得芦花，

jiaŋ^{31}au^{33}ma^{33}ɦaɯ^{213}lək^{213}
也 要 来 给 儿 — 也要来给儿。

pai^{33}ɦɯ^{33}sɯ^{55}kuə^{33}ʔdaŋ^{213}
去 街 买 盐 咸 — 去街上买咸盐，

jiaŋ^{31}au^{33}ma^{33}ɦaɯ^{213}lək^{213}
也 要 来 给 儿 — 也要来给儿。

pai^{33}ɦɯ^{33}sa:ŋ^{31}tsin^{33}ŋan^{42}
去 街 挣 金 银 — 去街上挣得金银，

jiaŋ^{31}au^{33}ma^{33}ɦaɯ^{213}lək^{213}
也 要 来 给 儿 — 也要来给儿。

me^{31}so^{31}lək^{213}ma^{31}ma^{213}ma^{31}ma^{213}
母 跟 儿 越 长 越 长 — 儿跟着母亲越长越大，

ma^{213}liau^{55}sa:m^{33}au^{33}paɯ^{55}
长 了 问 要 儿媳 — 等到孩儿长大时，母亲又去问儿媳。

ma^{213}liau^{55}za^{33}au^{33}paɯ^{55}
长 了 找 要 儿媳 — 母亲为儿找儿媳，

au^{33}paɯ^{55}ɦaɯ^{213}mi^{31}lan^{33}
要 儿媳 给 有 孙 — 要儿媳来有儿孙，

pan^{31}ɾa:n^{31}ɦaɯ^{213}fuŋ^{33}kui^{213}
成 家 给 丰 贵 — 让儿成家丰收又宝贵。

kət^{213}ʒok^{213}ɦeŋ^{213}ʔduai^{33}pai^{31}au^{33}paɯ^{55}
扛 绕线筒 上 路 半陡不平 要 儿媳① — 母亲呵，请媒扛着绕线筒走在半陡不平的路上去问儿媳。

sin^{33}va:i^{42}tai^{213}tiau^{42}ta^{31}au^{33}paɯ^{55}
牵 水牛 走 顺 河 要 儿媳 — 母亲呵，请媒牵着水牛顺河走去找儿媳。

① 古时娶媳妇请媒人特别重要，但现在布依族有些人已不需请媒人。

kət^{213}zok^{213}ɦəŋ^{213}ʔduai^{33}pau^{42}au^{33}paɯ^{55}
扛 绕线筒 上 路 陡冒 要 儿媳
母亲呵，请媒扛着绕线筒翻山越岭去问儿媳。

sin^{33}ȵiu^{42}tai^{213}tiau^{42}ta^{31}au^{33}paɯ^{55}
牵 牛 走 顺 河 要 儿媳
母亲请媒牵牛顺河走去找儿媳。

au^{33}paɯ^{55}ɦaɯ^{213}mi^{31}la:n^{33}
要 儿媳 给 有 孙
要儿媳来发儿孙，

pan^{31}ɾa:n^{31}ɦaɯ^{213}fuŋ^{33}kui^{213}
成 家 给 丰 贵
让儿成家丰收又宝贵。

pit^{55}kuə^{55}so^{31}na^{31}ȵuai^{31} jiaŋ^{31}laɯ^{42}
子鸭 想 水田 哪样
子鸭想游水田成哪样，

me^{31}so^{31}lək^{213}jiaŋ^{31}ten^{33}
母 念 儿 那样
母念儿就成那样，

lək^{213}so^{31}me^{31}jiaŋ^{31}ten^{33}
儿 念 母 那样
儿也念母成那样。

lək^{213}ȵe^{42}so^{31}se^{55}me^{31}jiaŋ^{31}laɯ^{42}
儿 小 啰唆 母 哪样
儿小啰唆母亲成哪样，

me^{31}so^{31}lək^{213}jiaŋ^{31}ten^{33}
母 念 儿 那样
母念儿就成那样，

lək^{213}so^{31}me^{31}jiaŋ^{31}ten^{33}
儿 念 母 那样
儿也念母成那样。

pja^{33}pem^{31}nak^{55}ʒin^{33}ʔba:n^{33}jiaŋ^{31}laɯ^{42}
鱼 油 想 石头 扁 哪样
油鱼想念河中扁石成哪样，

me^{31}so^{31}lək^{213}jiaŋ^{31}ten^{33}
母 念 儿 那样
母念儿就成那样。

pja^{33}ʒɯŋ^{42}nak^{55}ta^{31}ȵuai^{31}jiaŋ^{31}laɯ^{42}
鱼 鳊 想 河 小 哪样
鳊鱼想念小河成哪样，

me^{31}so^{31}lək^{213}jiaŋ^{31}ten^{33}
母 念 儿 那样
母念儿就成那样。

ɕian^{33}ɦo^{55}jiaŋ^{31}ɕian^{33}ɦo^{55}
仙 阿 呵 仙 阿
阿仙呵阿仙！

ɕian^{33}ɦo^{55}ʔbo^{33}mi^{31}ma^{31}ɕian^{33}ɦan^{33}
仙 阿 没 有 哪样 仙 急
阿仙为何那样急？

ɕian^{33}ɦan^{33}jiaŋ^{31}ɕian^{33}ɦan^{33}
仙 急 呵 仙 急
阿仙急呵阿仙急！

ɕian^{33}ɦo^{33}ʔbo^{33}mi^{31}ma^{31}ɕian^{33}ɦan^{55}
仙 阿 没 有 哪样 仙 忙
阿仙为何那样忙？

kan^{42}au^{33}tɕi^{42}paŋ^{42}paɯ^{55}ɕia^{31}le^{31}
闹 要 那 布 儿媳 垫 先①
闹要儿媳送的布先垫，

jiaŋ^{31}ɦaɯ^{213}tɕi^{42}paŋ^{42}paɯ^{55}ɕia^{31}le^{31}
就 给 那 布 儿媳 垫 先
就给儿媳送的布先垫，

① 儿媳送的布垫先：指入殓时把孝子孝女孝媳们所送布料、银钱等物品拿来装棺的顺序。

kan^{42}au^{33}tɕi^{42}paŋ^{42}tɕie^{213}ɕia^{31}ʔda:ŋ^{33}

闹 要 那 布 老 垫 身　　　　闹要古老布垫身，

jiaŋ^{31}ɦaɯ^{213}tɕi^{42}paŋ^{42}tɕie^{213}ɕia^{31}ʔda:ŋ^{33}

就 给 那 布 老 垫 身　　　　就给古老布垫身。

kan^{42}au^{33}ŋan^{42}sa:m^{33}sa:ŋ^{42}sok^{213}ɦət^{213}

闹 要 银 三 两 拴 腰　　　　闹要银三两拴腰，

jiaŋ^{31}ɦaɯ^{213}ŋan^{42}sa:m^{33}sa:ŋ^{42}sok^{213}ɦət^{213}

就 给 银 三 两 拴 腰　　　　就给银三两拴腰。

kan^{42}au^{33}tɕi^{42}paŋ^{42}paɯ^{55}ɕia^{31}le^{31}

闹 要 那 布 儿媳 垫 先　　　　闹要儿媳送的布先垫，

jiaŋ^{31}ʔdai^{55}tɕi^{42}paŋ^{42}paɯ^{55}ɕia^{31}le^{31}

就 得 那 布 儿媳 垫 先　　　　就得儿媳送的布先垫，

kan^{42}au^{33}tɕi^{42}paŋ^{42}tɕie^{213}ɕia^{31}la^{55}

闹 要 那 布 老 垫 下　　　　闹要古老布垫下，

jiaŋ^{31}ʔdai^{55}tɕi^{42}paŋ^{42}tɕie^{213}ɕia^{31}la^{55}

就 得 那 布 老 垫 下　　　　就得古老布垫下。

kan^{42}au^{33}tɕi^{42}paŋ^{42}ɦa^{55}ɦam^{31}kən^{42}

闹 要 那 布 五色 盖 上　　　　闹要五色布盖上，

jiaŋ^{31}ʔdai^{55}tɕi^{42}paŋ^{42}ɦa^{55}ɦam^{31}kən^{42}

就 得 那 布 五色 盖 上　　　　就得五色布盖上。

kan^{42}au^{33}ŋan^{42}sa:m^{33}sa:ŋ^{42}ʔam^{31}pak^{213}

闹 要 银 三 两 含 口　　　　闹要银三两含口，

jiaŋ^{31}ʔdai^{55}ŋan^{42}sa:m^{33}sa:ŋ^{42}ʔam^{31}pak^{213}

就 得 银 三 两 含 口　　　　就得银三两含口。

jiaŋ^{31}lək^{213}sa:i^{33}tsin^{33}tsi^{55}məŋ^{31}ni^{55}

就 儿 男 真正 您 这　　　　这就是您真正的男儿，

jiaŋ^{31}lək^{213}sa:i^{33}li^{55}ʔdiŋ^{33}məŋ^{31}ni^{55}

就 儿 男 真心 您 这　　　　这就是您真心的男儿，

jiaŋ^{31}lək^{213}sa:i^{33}tsin^{33}sən^{33}li^{55}nuai^{31}

就 儿 男 亲 生 理想

məŋ^{31}ni^{55}

您 这　　　　这就是您理想的男儿。

te^{33}ko^{55}sin^{33}so^{31}məŋ^{31}lak^{213}

他 同 心 说 您 深　　　　他们同心深深地挂念您，

te^{33}ko^{55}sin^{33}nak^{55}məŋ^{31}zau^{31}

他 同 心 想 您 多　　　　他们同心多多地想念您。

so^{31}ʔbo^{33}ʔdai^{55}tɯ^{31}nai^{31}

说 不 得 传 语　　　　因老人归逝太伤心，他们传不得话语。

nak^{55}ʔbo^{33}ʔdai^{55}tɯ^{31}na:i^{33}

想 不 得 传 话　　　　因老人归逝太伤心，他们想不到传话。

so^{31}ʔbo^{33}ʔdai^{55}tai^{33}ʔdi^{55}
说 不 得 抬 低　　他们说得不彻底，

so^{31}ʔbo^{33}ʔdai^{55}vi^{55}zan^{33}
说 不 得 指 路　　他们讲不成仙路，

so^{31}ʔbo^{33}ʔdai^{55}san^{31}taŋ^{213}
说 不 得 话 送①　　他们更讲不成如何送仙路的话。

məŋ^{31}ta:i^{33}te^{33}ʔbo^{33}ʔdai^{55}nau^{31}fat^{213}fai^{31}
您 死 他 不 得 讲 范围
kai^{213}məŋ^{31}
给 您　　您归逝后，他们不得讲范围给您，

ɦaɯ^{213}ku^{33}nau^{42}fat^{213}fai^{31}kai^{213}məŋ^{31}
给 我 讲 范围 给 您　　让我布摩来指明范围给您。

məŋ^{31}ta:i^{33}te^{33}ʔbo^{33}ʔdai^{55}nau^{42}ta:i^{31}mu^{33}
您 死 他 不 得 讲 猪类
kai^{213}məŋ^{31}
给 您　　您归逝后，他们不得讲猪类给您，

ɦaɯ^{213}ku^{33}nau^{42}ta:i^{31}mu^{33}kai^{213}məŋ^{31}
给 我 讲 猪类 给 您　　让我布摩来讲猪类给您。

məŋ^{31}ta:i^{33}te^{33}ʔbo^{33}ʔdai^{55}pɯ^{213}mu^{33}ʔjan^{33}
您 死 他 不 得 供 猪 增产　　您归逝后，他们不得念供猪增产，

ɦaɯ^{213}ku^{33}nau^{42}pɯ^{213}mu^{33}ʔjan^{33}kai^{213}məŋ^{31}
给 我 讲 供 猪 增产 给 您　　让我布摩来念供猪增产给您。

pɯ^{213}mu^{33}ʔjan^{33}ʔi^{33}ʔjiɯ^{55}
供 猪 增产 详细　　供猪增产详细。

pɯ^{213}mu^{33}sɯ^{55}ʔi^{33}ʔjan^{31}
供 猪 买 详明　　供买猪详明。

te^{33}ʔbo^{33}ʔdai^{55}ɕian^{31}sɯ^{55}tau^{55}za^{33}
他 不 得 钱 买 来 找
kai^{213}məŋ^{31}
给 您　　您死后，他们不得烧纸钱给您，

ɦaɯ^{55}ku^{33}ma^{33}ɕian^{31}sɯ^{55}tau^{55}za^{33}kai^{213}məŋ^{31}
给 我 来 钱 买 来 找 给 您　　让我来烧纸钱给您。

məŋ^{31}ta:i^{33}te^{33}mi^{31}ʔdai^{55}sa^{33}sa:i^{42}
您 死 他 没 得 纸钱
ta:u^{55}nuat^{213}kai^{213}məŋ^{31}
来 供 给 您　　您死后，他们不得烧纸钱供您，

ɦaɯ^{55}ku^{33}ʔau^{33}sa^{33}sa:i^{42}tau^{55}nuat^{213}
给 我 拿 纸钱 来 供
kai^{213}məŋ^{31}
给 您　　让我来烧纸钱供您。

① 送仙路：指归逝者上天台之路途，只有布摩先生懂得。

ve³¹tuə³¹ni⁵⁵kai²¹³məŋ³¹ 指 头 这 给 您[①]	念指这头猪给您。
vi⁵⁵tuə³¹ten³³kai²¹³məŋ³¹ 数 头 那 给 您	数那头猪给您。
ʔden²¹³fɯŋ⁴²səi⁵⁵ma³³ʔau³³ 伸 手 左 来 要	请您伸左手来要,
kua³³fɯŋ⁴²kua⁴²ma³³su⁵⁵ 抬 手 右 来 收	请您抬右手来收。
ʔau³³liau⁵⁵zam⁵⁵luaŋ⁴²tok⁵⁵ɕi³³sɯ⁵⁵ 收 了 水 龙 落 时 巳(蛇)	收了龙水巳(蛇)时落,
zam⁵⁵ta³³sɯ⁵⁵tɕi³³za³³ 泪水 时 那 找	儿孙流泪来供祭,您要了钱财以后莫再找儿孙。
zam⁵⁵luaŋ⁴²tok⁵⁵ɕi³³sai²¹³ 水 龙 落 时 午	收了龙水午时落,
zam⁵⁵ta³³ɦai⁵⁵lak²¹³lie⁴² 泪水 海 不 裂	儿孙流泪来供祭,您的钱财以后如同海水不会裂。
ʔau³³liau⁵⁵lak²¹³ʔau³³ʔdɯi³³ 收 了 不 白收	收了不白收,
ʔau³³liau⁵⁵lak²¹³ʔau³³ʔja³³ 要 了 不 白要	要了不白要。
ʔau³³liau⁵⁵soŋ³³van⁴²sa:m³³van⁴²za³³ 要 了 二 天 三 天 找 ma³³to³¹ 来 还[②]	要了两天三天保金钱来还儿孙,
ʔau³³liau⁵⁵soŋ³³ɦok²¹³sa:m³³ɦok²¹³za³³ 要 了 二 街场 三 街场 找 ma³³tian⁴² 来 补	要了二街场三街场保钱财来补儿孙。

七、姑爷祭祀

zən²¹³nin⁴²ten²¹³taŋ³³suk⁵⁵ 起 睡 点 灯 花	请你睡醒起来点灯花,
ʔok²¹³zuk²¹³ta:u²¹³ten³⁵taŋ³³ 出 住处 来 点 灯	请你从住处出来点灯。
zən²¹³nin⁴²ten²¹³taŋ³³suk⁵⁵ 起 睡 点 灯 花	请你睡醒起来点灯花,

① 这里有两层意思,一是指被用来祭祀的猪羊等,供时用纸钱烧猪头上的毛;二是指孝子孝女等盛装于灵堂中跪着献祭的隆重场面。

② to³¹:还(钱财)。意为此后儿孙能顺利发财,是归逝老人将所得的供祭钱财返还给了儿孙。

ʔok^{213}zuk^{213}ta:u^{213}naŋ^{31}ʔa:n^{213}
出　住处　来　坐　安　　　请你从住处出来安坐，
zən^{213}kən^{33}mak^{213}za:i^{31}ɦan^{55}məŋ^{31}ma^{33}
起　吃　果　花　黄　你　来　　　请你起来吃黄花果。
zən^{213}tai^{213}ku^{31}pen^{213}mai^{55}fuŋ^{33}məŋ^{31}ma^{33}
起　走　棺材　树　枫　你　来①　　　请你从枫树棺材起来，
zən^{213}tai^{213}ku^{31}suŋ^{31}mai^{55}vak^{213}məŋ^{31}ma^{33}
起　走　棺材　树　厚皮　你　来②　　　请你从厚皮树棺材起来，
zən^{213}tai^{213}ku^{213}tat^{213}mai^{55}tse^{33}məŋ^{31}ma^{33}
起　走　棺材　树　松　你　来　　　请你从松树棺材起来，
zən^{213}ma^{33}naŋ^{31}taŋ^{213}ʔa:n^{33}la:u^{42}
起　来　坐　凳　安　乐
kai^{213}məŋ^{42}
是　你　　　起来坐你的安乐凳。
zən^{213}ma^{33}ku^{33}nau^{42}san^{31}ɦa:u^{213}kai^{213}məŋ^{42}
起　来　我　讲　句　话　是　你　　　起来布摩讲句话给的是你，
zən^{213}ma^{33}ku^{33}ji^{31}pa:i^{31}na^{55}van^{33}
起　来　我　解　前面　魂
kai^{213}məŋ^{42}
是　你　　　起来布摩解前面魂魄给的是你，
nau^{31}san^{31}ɦa:u^{213}kai^{213}məŋ^{42}
讲　句　话　是　你　　　布摩讲句话给的是你，
pa:i^{31}pa:k^{213}van^{33}kai^{213}məŋ^{42}
前　嘴　魂　是　你　　　布摩嘴解的魂是你。
mu^{33}ʔu^{33}zoŋ^{213}soŋ^{33}zoŋ^{213}
猪　养　笼　二　笼　　　猪养一二笼，
kai^{213}ʔu^{33}zoŋ^{42}soŋ^{33}zau^{31}
鸡　养　笼　二　圈　　　鸡养一二圈。
zoŋ^{213}ʔdjau^{33}pan^{31}kai^{213}zau^{33}
笼　一　成　鸡　灰　　　一笼成灰鸡，
sau^{42}ʔdjau^{33}pan^{31}kai^{213}suai^{55}
窝　一　成　鸡　种　　　一窝鸡成很多种。
me^{31}zau^{31}ʔu^{33}lək^{213}pan^{31}soŋ^{33}suai^{55}
母　我们　养　儿　成　二　种　　　我们母亲养儿又养女，
suai^{55}ʔdjau^{33}pan^{31}jiaŋ^{31}ʔdjau^{33}
种　一　成　样　一　　　一孩成一样，
suai^{55}ʔdjau^{33}pan^{31}lək^{213}me^{31}ʔbək^{55}
种　一　成　儿　母　女　　　一孩成女儿，

① 相传古代多用整棵枫树挖空做成棺材。
② 棺材有三种名称：ku^{31}pen^{213}、ku^{31}suŋ^{31}、ku^{213}tat^{213}。

suai^{55}ʔdjau^{33}pan^{31}lək^{213}pu^{33}sa:i^{33}
种 一 成 儿 人 男
一孩成男儿。

suai^{55}lək^{213}ʔbək^{55}suai^{55}ka:i^{33}
种 儿 女 种 嫁
成女儿出嫁，

suai^{55}lək^{213}sa:i^{33}suai^{55}suaŋ^{213}
种 儿 男 种 留
成男儿当家。

pu^{55}laɯ^{31}zo^{55}zak^{55}ma:n^{55}kai^{31}teŋ^{33}fa^{42}
人 哪 会 削 卦 鸡 钉子
谁会削鸡卦与做钉子就定他留当家。

pu^{55}laɯ^{31}zo^{55}ta:ŋ^{33}na^{42}ɕaŋ^{55}po^{31} (me^{31})
人 哪 会 耕 田 养 父（母）
谁会耕田养父（母）就定他留当家。

to^{31}ten^{33}to^{55}mi^{31}ka:i^{33}
个 那 就 不 嫁
那个男儿不能嫁，

sa:i^{31}ten^{33}to^{55}mi^{31}ɦai^{213}
位 那 就 不 放
那位男儿不能放，

to^{55}mi^{31}ka:i^{33}kən^{33}ka^{31}
个 不 嫁 吃 价
男儿不能嫁吃价，

to^{55}mi^{31}ɦa^{213}kən^{33}ɕian^{42}
个 不 嫁 吃 钱
男儿不能嫁吃钱。

pu^{55}laɯ^{31}mi^{31}zo^{55}zak^{55}ma:n^{55}kai^{31}teŋ^{33}fa^{42}
人 哪 不 会 削 卦 鸡 钉子
哪人不会削鸡卦与做钉子，

pu^{55}laɯ^{31}mi^{31}zo^{55}ta:ŋ^{33}na^{42}ɕaŋ^{55}po^{31} (me^{31})
人 哪 不 会 耕 田 养 父（母）
哪人不会耕田养父（母），

to^{31}ten^{33}to^{55}pan^{31}ka:i^{33}
个 那 就 成 嫁
那个女儿就成嫁，

sa:i^{31}ten^{33}to^{55}pan^{31}ɦai^{213}
位 那 就 成 放
那位女儿就成放。

to^{55}pan^{31}ka:i^{33}kən^{33}ka^{31}
就 成 嫁 吃 价
女儿就成嫁吃价，

to^{55}pan^{31}ɦa^{213}kən^{33}ɕian^{42}
就 成 嫁 吃 钱
女儿就成嫁吃钱。

pu^{55}laɯ^{31}mi^{31}zo^{55}zak^{55}ma:n^{55}kai^{31}
人 哪 不 会 削 卦 鸡
teŋ^{33}luaŋ^{42}
铜钉
哪人不会削鸡卦与做铜钉，

pu^{55}laɯ^{31}mi^{31}zo^{55}ta:ŋ^{33}pɯŋ^{42}ɕaŋ^{55}
人 哪 不 会 坐 地方 养
po^{31} (me^{31})
父（母）
哪人不会坐地方上养父（母），

sa:i^{31}ten^{33}to^{55}pan^{31}ɦai^{213}
位 那 就 成 放
那位女儿就成放，

to^{55}pan^{31}ka:i^{33}kən^{33}ka^{31}

就　成　嫁　吃　价　　女儿就成嫁吃价，

to^{55}pan^{31}ɦa^{213}kən^{33}ɕian^{42}

就　成　嫁　吃　钱　　女儿就成嫁吃钱。

pu^{55}ʔdjau^{33}ɦa^{213}pai^{33}kən^{42}

人　一　嫁　去　上　　一人嫁到上方去坐家，

vən^{31}ʔdjau^{33}ɦa^{213}pai^{33}la^{55}

人　一　嫁　去　下　　一人嫁到下方去安家，

pu^{55}ʔdjau^{33}ɦa^{213}pai^{33}fak^{213}ʔun^{55}ȵiə^{33}

人　一　嫁　去　那边　江　　一人嫁到江那边立家，

pu^{55}ʔdjau^{33}ɦa^{213}pai^{33}tɕau^{33}ʔun^{55}ta^{31}

人　一　嫁　去　那方　河　　一人嫁到河那边成家，

pu^{55}ʔdjau^{33}ɦa^{213}pai^{33}fak^{213}ʔun^{55}θai^{33}

人　一　嫁　去　那边　岸　　一人嫁到岸那边发家。

pai^{33}laŋ^{33}lai^{33}ta^{31}la^{55}

去　跟　流水　河　下　　去跟下方流水河，

pai^{33}kuə^{31}ʔiu^{55}fuŋ^{33}ʔan^{33} ti^{31}ten^{33}

去　做　房　吉安　那里　　去那里建房吉安，

pai^{33}kuə^{31}ɾa:n^{31}fuŋ^{33}kui^{213} ti^{31}ten^{33}

去　做　房　富贵　那里　　去那里建房富贵。

pai^{33}ʔdam^{33}ɦiŋ^{33}ʔdam^{33}ɦa:u^{55}ti^{31}ten^{33}

去　栽　姜　栽　稻　那里　　去那里栽姜栽稻，

pai^{33}pan^{31}pau^{55}pan^{31}ja^{31}ti^{31}ten^{33}

去　成　爷　成　奶　那里　　去那里成爷成奶。

pai^{33}ʔdam^{33}ɦiŋ^{33}ʔdam^{33}ɦa:u^{213}ti^{31}ten^{33}

去　栽　姜　栽　谷　那里　　去那里栽姜栽谷，

pai^{33}pan^{31}ja^{31}pan^{31}na:ŋ^{42}ti^{31}ten^{33}

去　成　奶　成　娘　那里　　去那里成爷成娘。

pai^{33}tsau^{213}ɦa:u^{33}ti^{31}ten^{33}

去　头　白　那里　　去那里生活到白头，

sa:u^{33}pai^{33}tui^{213}ti^{31}ten^{33}

姑娘　去　老　那里　　去那里姑娘变成了老人。

pu^{55}ʔdjau^{33}ɦa^{213}pai^{33}kən^{42}pai^{33}

人　一　嫁　去　上　去

sa:m^{33}ɕip^{213}van^{31}zan^{33}te^{33}ma^{55}

三　十　天　路　的　马　　一人嫁去上方去了三十天的马路程。

pu^{55}ʔdjau^{33}ɦa^{213}pai^{33}la^{55}pai^{33}

人　一　嫁　去　下　去

ɦa^{55}ɕip^{213}van^{31}zan^{33}te^{33}va:i^{42}

五　十　天　路　的　水牛　　一人嫁去下方去了五十天的牛路程。

ʔdok^{213}mən^{213}ɦa:u^{33}mi^{42}ta:u^{213}
花 李树 白 不 回
李树开白花了她不回，

ʔdok^{213}tau^{42}məi^{213}mi^{31}ta:u^{213}
花 桃树 粉红 不 回
桃树开粉红花她不回，

ʔdok^{213}za:i^{213}ʔboŋ^{33}mi^{42}ta:u^{213}
花 石榴 不 回
石榴开花也不回，

ʔdok^{213}toŋ^{31}nuan^{31}mi^{42}ta:u^{213}
花 桐 大红 不 回
桐树开满大红花她也不回。

po^{31}me^{31}ta:i^{33}za^{33}pu^{55}pa:u^{213}ʔbo^{33}zan^{33}
父 母 死 找 人 报信 不 见
父母死了找不见人去报信，

po^{31}me^{31}ta:i^{33}za^{33}pu^{55}nau^{31}ʔbo^{33}zan^{33}
父 母 死 找 人 传话 不 见
父母死了找不见人去传话，

tak^{55}kan^{33}jau^{31}za^{33}pu^{55}nau^{31}ʔbo^{33}zan^{33}
剪 白布巾 找 人 传话 不 见
要剪白布巾还找不见传话人，

tak^{55}kan^{33}paŋ^{31}ɦau^{33}za^{33}pu^{55}nau^{31}ʔbo^{33}zan^{33}
剪 白布头巾 找 人 传话 不 见
要剪白布头巾还找不见传话人。

tak^{55}kan^{33}pak^{213}ɦaɯ^{55}soŋ^{33}ʔa^{33}pai^{33}pa:u^{213}
剪 孝布 给 二 乌 去 报信
要剪孝布只好托二乌去报信，

ʔa^{33}ji^{55}pai^{33}tu^{31}pja:i^{33}mai^{55}ta:u^{213}ʔja^{33}
乌 也 去 站 尖 树 回 空
乌也去站树尖空空回，

ʔa^{33}ji^{55}tu^{31}pja:i^{33}sa^{42}ta:u^{213}pjiu^{213}
乌 也 站 尖 树丫 回 空白
乌也去站树丫空白回，

ta:u^{213}ma^{33}ʔja^{33}te^{33}zu^{31}
回 来 空 它 入
回来它空入，

ta:u^{213}ma^{33}pjiu^{213}te^{33}zuam^{42}
回 来 空白 它 降
回来它空降。

tak^{55}kan^{33}pak^{213}ɦaɯ^{55}soŋ^{33}ŋɯ^{42}pai^{33}pa:u^{213}
剪 孝布 给 二 蛇 去 报信
要剪孝布只好托二蛇去报信，

ŋɯ^{42}pai^{33}kut^{213}ku^{55}pak^{213}lu^{31}ta:u^{213}ʔja^{33}
蛇 去 盘旋 口 洞 回 空
蛇去洞口盘旋空空回，

ta:u^{213}ma^{33}ʔja^{33}te^{33}zu^{31}
回 来 空 它 入
回来它空入，

ta:u^{213}ma^{33}pjiu^{213}te^{33}zuam^{42}
回 来 空白 它 降
回来它空降。

pan^{55}ʔok^{213}ɦoŋ^{31}kau^{213}ʔdɯn^{33}
别人 出外 看 月亮
别人出外看月亮，

kɯi^{31}ʔok^{213}ɦoŋ^{31}məŋ^{31}ʔdɯn^{33}
姑爷 出外 望 月亮
你家姑爷也同出外望月亮。

pan^{55}zoŋ^{31}sɯn^{33}kau^{213}vɯ^{213}
别人 下 地 看 云
别人下地看彩云，

kɯi^{31}zoŋ^{31}sɯn^{33}məŋ^{31}vɯ^{213}
姑爷 下 地 望 云
你家姑爷也同下地看彩云。

zan^{33}vɯ^{35}fuan^{55}θak^{55}vɯ^{55}ʔdiŋ^{33}
见 云 黑 插 云 红
只见黑云插红云，

vɯ^{55}toŋ^{42}siŋ^{33}kuə^{31}mjum^{213}
云 同 牵 做 堆
彩云牵手做成堆；

zan^{33}vɯ^{35}fuan^{55}θak^{55}vɯ^{55}ɦa:u^{33}
见 云 黑 插 云 白
只见黑云插白云，

vɯ^{55}toŋ^{33}sa:u^{42}kuə^{31}ȵum^{213}
云 同 叉 做 垛
彩云同叉做成垛。

vɯ^{55}pai^{33}ʔju^{213}pa:i^{31}ta^{33}
云 去 在 方 外公
彩云飘荡在外公方，

vɯ^{55}pai^{33}ma^{33}pa:i^{31}ta:i^{213}
云 来 回 方 外婆
彩云萦绕在外婆方。

zo^{55}pa:i^{31}ta:i^{213}zau^{31}pan^{31}ma^{31}ʔja^{33}
是 方 外婆 我们 成 哪样
是不是我们外婆成哪样？

zo^{55}pa:i^{31}ta^{33}zau^{42}pan^{31}laɯ^{31}ʔju^{213}
是 方 外公 我们 成 哪般
是不是我们外公成哪般？

kɯi^{31}ko^{55}ʔdet^{213}ma^{33}ʔak^{55}
姑爷 就 记 来 胸
姑爷望云记在胸，

kɯi^{31}ko^{55}tsak^{213}ma^{33}sɯ^{33}
姑爷 就 挂 来 心
姑爷望云挂在心。

ɦat^{55}sok^{213}zoŋ^{31}tsi^{33}tsai^{33}
晨 明 亮 曚胧
明晨亮曚胧，

ɦa:k^{213}tai^{213}kən^{31}pən^{33}pai^{213}
汉人 从 上 过路人多
上面那条路汉人过路的人多，

ɦa:k^{213}tai^{213}la^{213}ka:i^{33}sɯ^{55}
汉人 从 下 卖 买
下面那条路汉人过路做买卖。

jiaŋ^{31}ma^{33}ʔjie^{213}laŋ^{33}kɯi^{31}
也 来 歇 和 姑爷
过路的汉人也来姑爷家歇气，

kɯi^{31}ko^{55}ɦa:u^{213}san^{31}ʔdjau^{33}
姑爷 就 讲 句 一
姑爷讲一句，

kɯi^{31}ko^{55}sam^{213}san^{31}lɯŋ^{31}
姑爷 就 问 句 话
姑爷问句话：

ʔə^{33}ɦak^{213}ʔɯ^{55}ʔə^{33}ɦak^{213}
阿 汉人 呵 阿 汉人
阿汉人呵阿汉人，

zɯ^{33}tai^{213}kən^{31}pən^{33}pai^{213}
你们 从 上 过路人多
上面那条路你们过路的人多，

zɯ^{33}tai^{213}la^{55}ka:i^{33}sɯ^{55}
你们 从 下 卖 买
下面那条路你们过路做买卖。

zɯ^{33}tai^{213}pa:i^{31}ta:i^{213}pɯ^{33}ma^{33}zo^{55}mi^{31}
你们 从 方 外婆 我们 来 是 不　　你们是不是从我们外婆那方来?

zɯ^{33}tai^{213}pa:i^{31}ta^{33}pɯ^{33}ta:u^{213}zo^{55}mi^{31}
你们 从 方 外公 我们 来 是 不　　你们是不是从我们外公那方来?

ɦa:k^{213}so^{55}ɦa:u^{213}sam^{55}san^{33}
汉人 急忙 话 快 答　　汉人急忙快答话,

ɦa:k^{213}so^{55}ɦan^{33}sam^{55}sat^{213}
汉人 急忙 话 快 应　　汉人急忙快应答。

ʔə^{33}ʔjie^{55}ʔɯ^{55}ʔə^{33}ʔjaŋ^{33}
阿 越人 呵 阿 越人①　　阿越人呵阿越人,

ɕiau^{31}su^{33}ɦa:u^{213}san^{31}ni^{55}
但愿 你们 话 句 这　　佢愿你们问这话,

ɕiau^{31}su^{33}pi^{55}san^{31}ten^{33}
但愿 你们 编 句 那　　佢愿你们讲这句。

tu^{33}tai^{213}kən^{31}pən^{33}pai^{213}
我们 从 上 过路人多　　上面那条路我们过路的人多,

tu^{33}tai^{213}la^{55}ka:i^{213}sɯ^{55}
我们 从 下 卖 买　　下面那条路我们过路做买卖。

tu^{33}ko^{55}tai^{213}pa:i^{31}ta:i^{213}zɯ^{33}ma^{33}
我们 是 从 方 外婆 你们 来
ta^{33}za:i^{55}
是真　　我们是从你们外婆那方来是真。

tu^{33}ko^{55}tai^{213}pa:i^{31}ta^{33}zɯ^{33}tau^{213}
我们 是 从 方 外公 你们 出
ta^{33}za:i^{55}
是真　　我们是从你们外公那方出是真。

tu^{33}ʔju^{55}laŋ^{33}tu^{33}ʔju^{55}toŋ^{42}ta:m^{33}
门 房 和 门 房 连接②　　门房和门房连接居住,

tu^{33}ɾa:n^{42}laŋ^{33}tu^{33}ɾa:n^{42}toŋ^{42}ten^{31}
门 家 和 门 家 并排　　家门和家门并排居住。

ɦam^{31}lɯ:n^{42}tu^{33}kən^{33}lau^{55}zo^{55}ȵiə^{33}
晚 昨 我们 吃 酒 听见　　昨晚我们吃酒时听见,

te^{33}vən^{33}su^{33}lian^{42}vən^{33}sa^{33}
他 唱 书 连 唱 经　　听见他们家唱书连唱经,

tu^{33}zo^{55}ȵiə^{33}te^{33}vən^{33}va^{33}lian^{42}vən^{33}fuŋ^{31}
我们 听见 他 唱 拉长音 连 唱 话语　　听见他们家唱书唱经拉长音。

kɯi^{31}ko^{55}ʔdet^{213}ma^{33}ʔak^{55}
姑爷 就 记 来 胸　　姑爷听了记在胸,

① ʔə^{33}ʔjaŋ^{33}:阿越人,即布依族人。
② 相传古代曾有部分布依族人和汉族人共住一个地方,双方关系很好。

kɯi^{31}ko^{55}tsak^{213}ma^{33}sɯ^{33}
姑爷 就 挂 来 心　　姑爷听了挂在心。

ɦat^{55}sok^{213}zoŋ^{31}tsi^{33}tsai^{33}
晨 明 亮 曚昽　　明晨亮曚昽，

ɾa:n^{42}mi^{31}lək^{213}sau^{31}lək^{213}kuə^{31}ŋa:i^{31}zau^{213}
家 有 儿 喊 儿 做 早饭　　家里有儿叫儿做早饭，

ɾa:n^{42}mi^{31}paɯ^{55}sau^{213}paɯ^{55}kuə^{31}ɦa:u^{55}zom^{31}
家 有 儿媳 喊 儿媳 做 更早的早饭　　家里有媳叫媳做早点。

ʔdet^{33}soŋ^{33}ʔba:u^{33}ma^{33}ŋa:i^{42}
喊 二 小伙 来 饭　　喊寨里两个小伙来吃早饭，

na:i^{33}soŋ^{33}tsa^{33}ma^{33}lau^{55}
请 二 小伙 来 酒　　请寨中两个小伙来喝酒。

ɦa:u^{55}lək^{213}tsoŋ^{31}tsa^{33}kən^{33}
饭 装 竹饭箩 小伙 吃　　两个小伙来吃竹箩饭，

pjak^{33}lək^{33}pən^{42}tsa^{33}net^{33}
菜 装 盆 小伙 拈　　盆装菜给两个小伙吃。

tsa^{33}kən^{33}liau^{55}ma^{31}liau^{55}
小伙 吃 好 来 了　　两个小伙吃好了，

pjeu^{55}tsau^{213}tse^{31}pai^{33}ʔdaɯ^{33}
收 东西 去 里面　　儿媳妇收碗筷去屋里面。

tsap^{55}jie^{42}na^{213}tsa^{33}kua^{31}
斗笠 戴 脸 小伙 过　　两个小伙头戴斗笠遮脸走，

lɯŋ^{55}pat^{213}ʔba^{31}tsa^{33}pai^{33}
伞 放 肩 小伙 去　　两个小伙肩挎雨伞出门去。

tsa^{33}ʔduan^{55}pai^{33} ʔduan^{55}pai^{33}
小伙 走着 走着　　两个小伙问着走着，

tsa^{33}pai^{33}taŋ^{42}sok^{33}ta:i^{31}ʔjit^{55}
小伙 去 到 渡口 第 一　　两个小伙来到第一个渡口，

zan^{33}soŋ^{33}ja^{31}taɯ^{31}pit^{55}
见 二 妇女 放 鸭　　见着两个妇女在牧鸭，

ɦa:u^{33}kuə^{31}ja^{31}mi^{31}ɦa:n^{33}
说 做 奶 不 答　　称她们做奶她们不回答，

sam^{33}kuə^{31}na:ŋ^{31}so^{55}ʔə^{31}
喊 做 姑姑 才 应声　　喊她们做姑姑才应声。

ʔə^{33}pi^{55}ɦə^{213}ʔə^{33}me^{31}
阿 姐 和 阿 妈　　请问阿姐和阿妈，

ka^{31}laɯ^{31}ʔju^{55}pi^{55}kua:ŋ^{33}
哪里 房 姐夫　　哪里是姐夫的房？

ka^{31}laɯ^{31}ɾa:n^{31}pi^{55}me^{31}
哪里 家 姐娘　　哪里是姐娘的家？

ʔju^{55}pi^{55}kua:ŋ^{33}ʔju^{213}lamɯ^{42}
房 姐夫 在 哪　　姐夫房在哪里？

ɾa:n^{31}pi^{55}me^{31}ʔju^{213}lamɯ^{42}
家 姐娘 在 哪　　姐娘家在哪里？

ʔə^{33}pi^{55}ɦə^{213}ʔə^{33}po^{31}
阿 哥 和 阿 爹　　阿姑应：阿哥和阿爹，

soŋ^{33}ʒe^{33}ta:u^{55}za^{33}ʔjiu^{35}pi^{55}kua:ŋ^{33}
俩 你 来 找 家 姐夫

kuə^{31}ma^{42}
做 哪样　　你俩来找姐夫家做哪样？

soŋ^{33}ʒe^{33}tau^{55}za^{33}za:n^{31}pi^{55}me^{31}kuə^{31}ma^{42}
俩 你 来 找 屋 姐娘 做 哪样　　你俩来找姐娘屋做什么？

ʔju^{35}pi^{55}kua:ŋ^{33}ʔju^{213}ʔan^{55}
屋 姐夫 在 那里　　姐夫家的屋在那里，

zan^{42}pi^{55}me^{31}ʔju^{213}ʔan^{55}
家 姐娘 在 那里　　姐娘家的房在那里。

me^{31}ɾa:n^{42}tok^{55}te^{33}jam^{31}ka^{33}ʔan^{55}
屋椽角 家 落 雨滴 飘 那里　　八角楼屋椽角飘着雨滴的那家，

sɯ^{55}ɾa:n^{42}tok^{55}te^{33}jam^{55}ka^{33}ʔan^{55}
八角房山墙的屋椽 落 雨滴 飘 那里　　八角楼山墙大屋椽滴着雨的那家就是。

tak^{213}ma^{33}pan^{31}taɯ^{42}tu^{33}ka^{33}ʔan^{55}
雄 狗 边 守 门 那里　　有只大雄狗守在大门边的那家，

tak^{213}ma^{33}pu^{42}zau^{213}ɦoŋ^{42}ka^{33}ʔan^{55}
雄 狗 壮 叫 院坝 那里　　有只壮雄狗在院坝中叫汪汪的那家，

tak^{213}ma^{33}pan^{213}taɯ^{31}lai^{33}ka^{33}ʔan^{55}
雄 狗 边 守 门梯 那里　　有只大雄狗守在大门楼梯角的那家，

tak^{213}ma^{33}nai^{42}zau^{213}ɦoŋ^{42}ka^{33}ʔan^{55}
雄 狗 灰 叫 院坝 那里　　有只大灰狗在院坝中叫汪汪的那家就是。

tsa^{33}ʔduan^{55}pai^{33} ʔduan^{55}pai^{33}
小伙 走着 走着　　两个小伙又问着走着，

tsa^{33}pai^{33}taŋ^{31}sok^{55}ta:i^{31}ŋi^{31}
小伙 去 到 渡口 第 二　　去到第二个渡口，

zan^{33}soŋ^{33}ja^{31}vit^{55}ʔdau^{33}
见 二 妇女 漂染蓝靛布　　望见妇女二人正在漂染蓝靛布，

ɦau^{33}kuə^{31}ja^{31}mi^{31}ɦan^{33}
称说 做 奶 不 答　　称她们做奶她们不回答，

sam^{33}kuə^{31}na:ŋ^{31}so^{55}ʔə^{31}
喊 做 姑姑 才 应声　　喊她们做姑姑才应声。

ʔə^{33}pi^{55}ɦə^{213}ʔə^{33}me^{31}
阿 姐 和 阿 妈　　请问阿姐和阿妈，

ka^{31}law^{31}ʔju^{55}pi^{55}kuaŋ^{33}
哪里 房 姐夫　　哪里是姐夫的房？

ka^{31}law^{31}ɾa:n^{31}pi^{55}me^{31}
哪里 家 姐娘　　哪里是姐娘的家？

ʔju^{55}pi^{55}kua:ŋ^{33}ʔju^{213}law^{42}
房 姐夫 在 哪　　姐夫房在哪里？

ɾa:n^{31}pi^{55}me^{31}ʔju^{213}law^{42}
家 姐娘 在 哪　　姐娘家在哪里？

ʔə^{33}pi^{55}ɦə^{213}ʔə^{33}po^{31}
阿 哥 和 阿 爹　　阿姑应：阿哥和阿爹，

soŋ^{33}zə^{33}tau^{55}za^{33}ʔjiu^{35}pi^{55}kua:ŋ^{33}
俩 你 来 找 家 姐夫

kuə^{31}ma^{42}
做 哪样　　你俩来找姐夫家做哪样？

soŋ^{33}zə^{33}tau^{55}za^{33}ɾa:n^{31}pi^{55}me^{31}kuə^{31}ma^{42}
俩 你 来 找 屋 姐娘 做 哪样　　你俩来找姐娘屋做什么？

ʔju^{35}pi^{55}kua:ŋ^{33}ʔju^{213}ʔan^{55}
屋 姐夫 在 那里　　姐夫家的屋在那里，

ɾa:n^{42}pi^{55}me^{31}ʔju^{213}ʔan^{55}
家 姐娘 在 那里　　姐娘家的房在那里。

me^{31}ɾa:n^{42}tok^{55}te^{33}jam^{31}ka^{33}ʔan^{55}
屋椽角 落 雨滴 飘 那里　　八角楼屋椽角飘着雨滴的那家，

sɯ^{55}ɾa:n^{42}tok^{55}te^{33}jam^{55}ka^{33}ʔan^{55}
八角房山墙的屋椽 落 雨滴 飘 那里　　八角楼山墙大屋椽滴着雨的那家就是。

tak^{213}ma^{33}pan^{31}taw^{42}tu^{33}ka^{33}ʔan^{55}
雄 狗 边 守 门 那里　　有只大雄狗守在大门边的那家，

tak^{213}ma^{33}pu^{42}zau^{213}ɦoŋ^{42}ka^{33}ʔan^{55}
雄 狗 壮 叫 院坝 那里　　有只壮雄狗在院坝中叫汪汪的那家，

tak^{213}ma^{33}pan^{213}taw^{31}lai^{33}ka^{33}ʔan^{55}
雄 狗 边 守 门梯 那里　　有只大雄狗守在大门楼梯角的那家，

tak^{213}ma^{33}nai^{42}zau^{213}ɦoŋ^{42}ka^{33}ʔan^{55}
雄 狗 灰 叫 院坝 那里　　有只大灰狗在院坝中叫汪汪的那家就是。

tsa^{33}ʔduan^{55}pai^{33} ʔduan^{55}pai^{33}
小伙 走着 走着　　俩小伙又问着走着，

tsa^{33}pai^{33}taŋ^{31}sok^{55}ta:i^{31}sa:m^{33}
小伙 去 到 渡口 第 三　　去到第三个渡口，

ʒan^{33}soŋ^{33}na:ŋ^{31}sok^{55}sa^{31}
见 二 姑娘 洗衣　　见着两个姑娘在洗衣，

ʒan^{33}soŋ^{33}ja^{31}au^{33}p‘ui^{33}
见 二 奶 漂白线　　两个奶奶在漂白线，

ʒan33soŋ33na:ŋ31ʒuai33zok213
见 二 姑娘 梭线上织机　　还有两个姑娘梭线上织机。

ɦau33kuə31ja31mi31ɦan33
说 做 奶 不 答　　称她们做奶她们不回答，

sa:m33kuə31na:ŋ31so55ʔə31
喊 做 姑姑 才 应声　　喊她们做姑姑才应声。

ʔə33pi55ɦə213ʔə33me31
阿 姐 和 阿 妈　　请问阿姐和阿妈，

ʔju55pi55kua:ŋ33ʔju213laɯ42
房 姐夫 在 哪　　姐夫房在哪里？

ɾa:n31pi55me31ʔju213laɯ42
家 姐娘 在 哪　　姐娘家在哪里？

ʔə33pi55ɦə213ʔə33po31
阿 哥 和 阿 爹　　阿姑应：阿哥和阿爹，

soŋ33zə33tau55za33ʔjiu35pi55kua:ŋ33
俩 你 来 找 家 姐夫
kuə31ma42
做 哪样　　你俩来找姐夫家做哪样？

soŋ33zə33tau55za33ɾan31pi55me31kuə31ma42
俩 你 来 找 屋 姐娘 做 哪样　　你俩来找姐娘屋做什么？

ʔju35pi55kua:ŋ33ʔju213ʔan55
屋 姐夫 在 那里　　姐夫家的屋在那里，

ɾa:n42pi55me31ʔju213ʔan55
家 姐娘 在 那里　　姐娘家的房在那里。

me31ɾa:n42tok55te33jam31ka33ʔan55
屋椽角 落 雨滴 飘 那里　　八角楼屋椽角飘着雨滴的那家，

sɯ55ɾa:n42tok55te33jam55ka33ʔan55
八角房山墙的屋椽 落 雨滴 飘 那里　　八角楼山墙大屋椽滴着雨的那家就是。

tak213ma33pan31taɯ42tu33ka33ʔan55
雄 狗 边 守 门 那里　　有只大雄狗守在大门边的那家，

tak213ma33pu42ʒau213ɦoŋ42ka33ʔan55
雄 狗 壮 叫 院坝 那里　　有只壮雄狗在院坝中叫汪汪的那家，

tak213ma33pan213taɯ31lai33ka33ʔan55
雄 狗 边 守 门梯 那里　　有只大雄狗守在大门楼梯角的那家，

tak213ma33nai42ʒau213ɦoŋ42ka33ʔan55
雄 狗 灰 叫 院坝 那里　　有只大灰狗在院坝中叫汪汪的那家就是。

tsa33ʔduan55pai33 ʔduan55pai33
小伙 走着 走着　　俩小伙又问着走着，

tsa33pai33taŋ31pak213naŋ31la213ɾa:n42
小伙 去 到 口 场院 下 屋　　走到布摩奶的屋旁场院口，

tsa^{33}pai^{33}taŋ^{31}pan^{31}la^{55}ta:ŋ^{213}
小伙 去 到 院中 下 楼　　来到布摩奶院中的楼下，

ʔi^{33}ʔjat^{55}ɦən^{213}tap^{213}sam^{31}
伸脚 上 院台　　伸脚上院台，

ʔi^{33}ʔjat^{55}ɦən^{213}ŋam^{31}lai^{33}
伸脚 上 门台　　抬脚上门台。

me^{31}pai^{33}laɯ^{31}mo^{213}ʔi^{213}
母 去 哪 女孩①　　小妹妹，你母亲去哪了？

me^{31}pai^{33}tən^{31}fi^{31}ma^{33}
母 去 地 未 来　　小妹妹回答：我母亲去地里未回。

po^{31}pai^{33}laɯ^{31}mo^{213}ʔi^{24}
父 去 哪 女孩　　小妹妹，你父亲去哪了？

po^{31}pai^{33}na^{42}fi^{31}ta:u^{213}
父 去 田 未 回　　小妹妹回答：我父亲去田里未回。

pai^{33}tu^{33}ʔju^{55}ʔan^{55}kan^{33}
去 门 房 那 喊　　小孩去房门那儿喊，

ʔdən^{33}tu^{33}sa:n^{42}ʔan^{55}ɦeu^{31}
站 门 晒台 那 叫　　去站晒台门那儿叫，

ʔju^{213}tu^{33}ta:ŋ^{213}ʔan^{55}zai^{42}
在 窗口 那 叫喊　　去站窗口那儿喊，

ʔdən^{33}tu^{33}lai^{33}ʔan^{55}ɦeu^{31}
站 门 梯 那 叫　　去站楼梯口那儿叫。

ɦeu^{31}me^{31}me^{31}so^{31}lian^{42}ma^{33}
叫 妈 妈 直接 来　　叫妈妈从地里快回，

po^{31}pai^{33}na^{42}so^{31}lian^{31}ta:u^{213}
父 去 田 直接 回　　叫父亲从田里快回。

ma^{33}taŋ^{42}ɦoŋ^{31}taŋ^{31}lɯ^{55}
来 到 场 到 院　　来到场到院，

ma^{33}taŋ^{42}sɯ^{55}taŋ^{31}zan^{31}
来 到 房角 到 家　　到房角到家，

fəŋ^{42}ʔdjau^{33}van^{213}te^{33}tsap^{55}
手 一 提 着 斗笠　　父母一手提着斗笠，

fəŋ^{42}ʔdjau^{33}tap^{55}te^{33}ləŋ^{35}
手 一 捏 着 伞　　一手提着伞进家。

naŋ^{31}pei^{31}nuaŋ^{55}naŋ^{31}pei^{31}
请坐 弟 请坐　　父母对客人说：请坐！兄弟，请坐！

fəŋ^{42}ʔdjau^{33}van^{213}te^{33}tsap^{55}
手 一 提 着 斗笠　　父母一手提着斗笠，

fəŋ^{42}ʔdjau^{33}tap^{55}te^{33}taŋ^{213}
手 一 提 着 凳　　一手提着凳子。

① mo^{213}ʔi^{213}：指三五岁的女孩。

naŋ31pei31na55naŋ31pei31
请坐　　舅舅 请坐　　父母对客人说：请坐！舅舅，请坐！

soŋ33na55nan55ni31ma33
俩　舅　盼望　来　　盼望俩舅来，

soŋ33tsa33nan55ni31sap55
俩　小伙　盼望　到　　盼望俩舅到，

sap55ɾa:n31kən31tam31sa55
到　家　上　失财　　俩舅到家正好碰着上家失财，

sap55ɾa:n31la55tam31va:i33
到　家　下　失畜　　俩舅到家正好碰着下家失畜，

no31va:i42ta:i33ʔan55zau31
肉　水牛　死　那　多　　那家死的水牛肉多，

ʔau33kuə31pak55soŋ33na55
拿　做　菜　俩　舅　　拿水牛肉做菜给俩舅吃，

soŋ33na55kuə31laɯ31kən33ɦa:u55ʔbo33
俩　舅　为何　吃　饭　不

kən55pak55
吃　菜　　俩舅为何吃菜不吃饭？

pak213tɯ31sap55zam55ko213
尖　筷子　插　沾水①　　俩舅筷尖插沾水，

si31lo55ɦa:u55pai33ʔdaɯ33
用筷扒　饭　去　里面　　俩舅用筷光扒饭。

soŋ33na55kuə31laɯ31kən33lau55ʔbo33kən55no31
俩　舅　为何　吃　酒　不　吃　肉　　俩舅为何吃酒不吃肉？

pak213tɯ31so31zam55ko213
尖　筷子　插　沾水　　俩舅筷尖插沾水，

si31lo55ɦa:u55pai33ʔdaɯ33
用筷扒　饭　去　里面　　俩舅用筷光扒饭。

teŋ31na55pjak213zɯ33ma31ɦan33soŋ33na55
瞧　额头　你们　什么　紧急　俩　舅　　瞧俩舅额头，你们有什么紧急事？

sim33pja:i33fan42zɯ33ma31ɦɯ31
欣赏　尖　鼻　你们　什么　脸垮②　　欣赏俩舅尖鼻，你们为什么脸垮？

na213zɯ33kɯ31ɕie33la:n42
脸　你们　胀　难看　　为何俩舅的脸涨得这么难看？

ʔda:ŋ33pɯə33ʔbo33ta:m31sa55
身体　我们　不　谈　刀　　俩舅答：我们脸垮不谈刀，

na55p'ɯə33ʔbo33ta:m31sak213
脸　我们③　不　谈　杀　　我们脸垮不谈杀，

① zam55ko213：沾水。用一小碗装上辣椒面及食盐水为饮食佐料，称“沾水”。

② “脸垮”或“垮脸”是指没有笑容很严肃生气的样子。

③ p'ɯə33，我们；pɯə33，我们：声母“我们”有送气和不送气两读。

pɯə33ʔbo33zak213ma31lai42
我们 不 偷 什么 来　　我们不是偷什么才脸垮，

pɯə33ʔbo33ʔau33ma31pan55
我们 不 偷 什么 别人　　我们不是偷了别人才脸垮，

pɯə33ʔbo33zak213pit55kai31pan55ka:i33
我们 不 偷 鸭 鸡 别人 卖　　我们不会偷别人鸭鸡去卖钱，

pɯə33ʔbo33zak213ɕiə31va:i31pan55kɯ55
我们 不 偷 黄牛 水牛 别人 藏　　也从不偷黄牛水牛去躲藏。

pɯə33ʔbo33pan31pit55kai31pan55kɯ55ȵa33
我们 不 贪 鸭 鸡 别人 藏 草　　我们不会贪别人鸭鸡藏在草窝中，

pɯə33ʔbo33pan31paɯ42ʔja33pan55kɯ55tɯ:n31
我们 不 贪 媳 白要 别人 藏 山上　　更不会拐骗别人媳妇藏在山林里。

pɯə33ʔbo33pan31mu33juaŋ42
我们 不 贪 猪 羊　　我们不会偷猪羊，

pɯə33ʔbo33zəŋ42sa:u33naŋ13
我们 不 赶 姑娘 坐玩　　也不追戏姑娘玩，

p‘ɯə33ʔbo33ʔjet213tau55ʔdəi33
我们 不 赶 姑娘 玩　　也不追戏姑娘耍。

pɯə33ʔbo33zəi33ma31ȵoi31
我们 不 失 什么 小　　也不丢失什么小东西就来寻找。

pɯə33ʔbo33ʔjet213tau55ʔja33
我们 不 歇气 来 空白　　我们不是无事过来玩，

pɯə33ʔbo33za33ma31ȵoi31
我们 不 找 什么 小　　也不来寻找什么小东西。

tsau55zɯ33ma31sam55kan33pak213soŋ33na55
头 你们 什么 戴 孝帕 俩 舅　　父母又问：为何俩舅头上戴孝帕？

zo55pjak55kau213zɯ33ka31zəi33
是否 菜 干 你们 打 湿　　是否你们的菜干被打湿？

zo55paŋ31pak213zɯ33ka31tat55ka31tan213
是否 布 白 你们 自 剪 自 戴　　是否你们用白布自剪自戴？

zo55ʔban31fuan55sa:u33ja:i42
是否 帕 黑 姑娘 给　　是否黑帕是唱歌时姑娘给你们的？

zo55ʔban31za:i42sa:u33ɦɯ55
是否 帕 花 姑娘 送①　　是否花帕是唱歌时姑娘送你们的？

ɕau42su33ɦau31san42ni55
愿 你们 讲 句 这　　但愿你们讲的是这句话，

ɕau42su33pi55san31ten33
愿 你们 编 句 那　　但愿你们编的是这句语。

tsau33p‘ɯə33jiaŋ31ʔbo33sam55kan33pak213
头 我们 也 不 戴 孝帕

① 年轻人通过唱歌谈恋爱时，姑娘一般会送花帕给小伙当做定情物。

ka^{33}laɯ^{42}

哪里　　我们头上不乱戴孝帕，

ɦət^{213}pʻɯə^{33}jiaŋ^{31}ʔbo^{33}zak^{55}ʔja:ŋ^{55}tau^{31}

腰　我们　也　不　挂　长剑　灰

ka^{33}laɯ^{42}

哪里　　我们腰上不乱挂长剑。

jiaŋ^{31}ʔbo^{33}sɯ^{31}ʔben^{213}kau^{213}pɯə^{33}ka^{31}zɯi^{33}

也　不　是　帕　旧　我们　自　失　　也不是我们的旧头帕丢失，

jiaŋ^{31}ʔbo^{33}sɯ^{31}paŋ^{42}pak^{213}pɯə^{33}ka^{31}tat^{55}

也　不　是　布　白　我们　自　剪

ka^{31}ten^{55}

自　戴　　更不是我们用白布自剪自戴。

jiaŋ^{31}ʔbo^{33}sɯ^{31}ʔben^{213}fuan^{55}sa:u^{33}ja:i^{42}

也　不　是　帕　黑　姑娘　给　　我们的黑帕不是唱歌姑娘给，

jiaŋ^{31}ʔbo^{33}sɯ^{31}ʔben^{213}za:i^{42}sa:u^{33}ɦɯ^{55}

也　不　是　帕　花　姑娘　送　　我们的花帕不是唱歌姑娘送。

pan^{31}fi^{31}naŋ^{31}ɦa^{55}nau^{42}

我　未　坐　要　说　　我未坐要说，

pan^{31}fi^{31}ʔjau^{33}ɦa^{55}ɦau^{213}

我　未　蹲　要　讲　　我未蹲要讲，

ɦa:u^{213}ɦa:u^{213}la:u^{33}ka^{31}lək^{213}me^{31}ʔbək^{55}

讲　讲　怕　只　儿　母　女孩

sɯ^{33}ʔba:ŋ^{33}

心　薄　　讲来只怕母女孩儿心肠软，

ɦa:u^{213}ɦa:u^{213}la:u^{33}ka^{31}lək^{213}me^{31}na:ŋ^{42}

说　说　怕　只　儿　母　娘

sɯ^{33}ʔbu^{213}

心　飘　　说来只怕母女孩儿心肠飘，

saŋ^{33}saŋ^{33}la:u^{33}ka^{31}lək^{213}me^{31}ʔbək^{55}

谈　谈　怕　只　儿　母　女孩

tuat^{213}soi^{55}ȵoi^{31}ɦoi^{55}va^{33}

脱　耳环　小　挂　墙　　谈来只怕母女孩儿脱下小耳环挂墙。

pan^{42}sɯ^{33}ʔba:ŋ^{33}tɕaŋ^{31}taŋ^{213}

成　心　薄　跳　门槛　　心软难受跳门槛，

pan^{42}sɯ^{33}ʔba:ŋ^{213}tɕaŋ^{31}tu^{33}

成　心　漂　跳　门楼　　心飘难受跳门楼，

la:u^{33}ka^{31}ta^{31}ʔdi^{33} toŋ^{31}pja^{42}va^{33}ʔbo^{33}zo^{55}

怕　只　踩不稳　同碰　墙　不　知　　只怕你们路也走不稳，碰墙也不知。

pan^{42}sɯ^{33}ʔba:ŋ^{33}tɕaŋ^{31}taŋ^{213}

成　心　薄　跳　门槛　　心软难受跳门槛，

pan42sɯ33ʔba:ŋ213tɕaŋ31lai33
成 心 飘 跳 门梯　　心飘难受跳门梯，

la:u33ka31tiau31tat55pai33laŋ33pu55pa:u213
怕 只 跑 急 去 跟 报丧人　　只怕你们急跑跟着报丧人去，

la:u33ka31tiau31ta:u31pai33laŋ33pu55nau42
怕 只 跑 逃 去 跟 报信人　　只怕你们跑路跟着报信人去。

ʔba:n55mi42zoŋ42soŋ33zoŋ42
寨 有 鸟巢 二 鸟巢　　寨有鸟巢是双鸟巢，

zam55zoŋ42tsa:ŋ33mai55ko213
水 冲巢 中间 构树　　构树中间鸟巢被水冲。

ɾa:n31mi31me31（po31）soŋ33la:u55
家 有 母（父） 二 老　　家有父母俩老人，

la:u55ʔdjau33pat55pai33ʔdai213pai33ləu42
老 一 逝 去 高台 去 了　　一老逝去高台了，

la:u55ʔdjau33vai31pai33θian33pai33ləu42
老 一 归 去 仙 去 了　　一老逝去归仙了。

ta:u35nau31məŋ31pi55me31ʔbək55
到 说 你 姐娘 女　　我们来给姐娘你报信。

ma33zoi33tsau213pjaŋ31zai42
来 梳 头 平 草地[1]　　让你披发像草地，

saɯ213sau42ŋa:i42ɦat55ɦam31
服侍 晚 早 晨 暮　　让你去早晚尽孝。

ma33zoi33tsau213pjaŋ31zau42
来 梳 头 平 草原　　让你披发像草原，

pai33saɯ213sau42ɦat55ɦam31
去 服侍 晚 晨 暮　　去整天服侍尽孝。

tuat213soi213ɲoi31ɦoi55va33ta33za:i55
脱 耳环 小 挂 墙 当真　　姐娘听见了，当真脱耳环挂墙。

pan42sɯ33ʔba:ŋ33tɕaŋ31taŋ213ta33za:i55
成 心 薄 跳 门槛 当真　　姐娘真的心软难受跳门槛，

pan42sɯ33ʔba:ŋ213tɕaŋ31tu33ta33za:i55
成 心 飘 跳 门楼 当真　　姐娘真的心飘难受跳门楼，

pan42sɯ33ʔbu213pat213va33ta33za:i55
成 心 空 挂 墙 当真　　姐娘真的难受如同心挂墙，

pan42sɯ33ʔba:ŋ31tɕaŋ31tu33ta33za:i55
成 心 飘 跳 门楼 当真　　姐娘真的心飘难受跳门楼，

pan42sɯ33ʔba:ŋ31tɕaŋ31lai33ta33za:i55
成 心 飘 跳 门梯 当真　　姐娘真的心飘难受跳门梯。

tiau31tak55pai33laŋ33pu55pa:u213
跑 急 去 和 人 报信　　姐娘急急跟着报信人去，

---

① 孝女听到父（母）逝世时，须当即脱下耳环，改包头为披发。

tiau^{31}ta:u^{31}pai^{33}laŋ^{33}pu^{55}nau^{42}
跑 逃奔 去 和 人 说信
姐娘逃奔跟着报丧人去，

tiau^{31}pai^{33}tai^{55}sok^{213}ta^{31} ʔa^{33}ŋak^{55}
跑 去 哭 渡口 丧调
跑去渡口哭丧调，

tai^{55}tok^{55}sak^{55} ʔa^{33}ŋɯi^{42}
哭 沟坝 丧音
跑去沟坝哭丧音，

tai^{55}tok^{213}səi^{42} ʔa^{33}ŋan^{31}
哭 沙滩 心寒调
跑去沙滩痛哭心寒调。

ɦa:k^{213}təi^{213}la^{55}tau^{55}na:i^{33}
汉人 走 下 到 请
汉人从下方来请，

ɦa:k^{213}təi^{213}tai^{31}ma^{33}ɦa:u^{213}
汉人 走 台 来 说
汉人从山台来问。

ʔə^{213}ʔje^{55}ɦə^{213}ʔə^{33}ʔja:ŋ^{33}
阿 越人 呵 阿 扬人①
阿越人呵阿扬人，

tai^{55}sok^{55}ta^{31} ʔa^{33}ŋak^{55} kuə^{31}ma^{42}
哭 渡口 丧调 做什么
为何渡口哭丧调？

tai^{55}tok^{213}sak^{55} ʔa^{33}ŋɯi^{42} kuə^{31}ma^{42}
哭 沟坝 丧音 做什么
为何沟坝哭丧音？

tai^{55}tok^{213}səi^{42} ʔa^{33}ŋan^{31} kuə^{31}ma^{42}
哭 沙滩 心寒调 做什么
为何沙滩痛哭心寒调？

zo^{55}toŋ^{55}pui^{33}lai^{33}lak^{33}
是否 桶 线 淌 深
是否线桶淌深水？

zo^{55}sak^{55}pui^{33}lai^{33}ta^{31}
是否 洗 线 淌 河
是否洗线流深河？

zo^{55}sa^{31} məŋ^{31}lai^{33}ȵiə^{33}
是否 洗东西 你 淌 江
是否你洗掉东西流顺江？

zo^{55}pau^{213}ja^{31}məŋ^{31}la^{31}mɯŋ^{55}
是否 爷 奶 你 病逝
是否你爷奶病逝？

zo^{55}nuaŋ^{55}kuə^{55}məŋ^{31}ta:i^{33}fuə^{55}lak^{31}
是否 妹娘 你 死 怀胎
是否你妹娘怀胎死？

zo^{55}məŋ^{31}ka^{31}tai^{55}ʔdɯi^{33}
是否 你 自己 哭 无故
是否你自己无故哭？

zo^{55}məŋ^{31}ka^{31}tai^{55}ʔja^{33}
是否 你 自己 哭 无事
是否你自己无事哭？

ʔə^{33}ɦa:k^{213}ɦə^{213}ʔə^{33}ɦa:k^{213}
阿 汉人 呵 阿 汉人
答：河汉人呵阿汉人，

toŋ^{55}ku^{33}jiaŋ^{31}ʔbo^{33}lai^{33}lak^{213}
线桶 我 也 不 淌 深
我的线桶没有淌深水，

sak^{213}ku^{33}jiaŋ^{31}ʔbo^{33}lai^{33}ta^{31}
洗 我 也 不 淌 河
我的洗线没有流深河，

① 越人、扬人：两者都是古代对布依族人的称呼。

sa^{31}ku^{33}jiaŋ^{31}ʔbo^{33}lai^{33}ȵiə^{33}
洗东西 我 也 不 淌 江　　我洗东西没有顺江流。

pau^{213}ja^{31}ku^{33}jiaŋ^{31}ʔbo^{33}la^{31}mɯŋ^{55}
爷 奶 我 也 不 病逝　　我的爷奶没病逝。

nuaŋ^{55}kuə^{55}ku^{33}jiaŋ^{31}ʔbo^{33}ta:i^{33}fuə^{55}lak^{31}
妹娘 我 也 不 死 怀胎　　我的妹娘也没怀胎死。

ku^{33}mi^{42}ka^{31}tai^{55}ʔdɯi^{33}
我 不 自己 哭 无故　　我不无故自乱哭。

ku^{33}mi^{42}ka^{31}tai^{55}ʔja^{33}
我 不 自己 哭 无事　　我不无事自乱哭。

ra:n^{31}mi^{42}zoŋ^{42}soŋ^{33}zoŋ^{42}
家 有 鸟巢 二 鸟巢　　家有鸟巢是双鸟巢，

zam^{55}zoŋ^{42}tsaŋ^{33}mai^{55}ko^{213}
水 冲巢 中间 构树　　树上鸟巢被水冲。

ra:n^{31}mi^{31}me^{31}（po^{31}）soŋ^{33}la:u^{55}
家 有 母（父） 二 老　　家有父母俩老人，

la:u^{55}ʔdjau^{33}pat^{55}pai^{33}ʔdai^{213}
老 一 逝 去 高台　　一老逝去高台了，

la:u^{55}ʔdjau^{33}va:i^{31}pai^{33}θian^{33}
老 一 归 去 仙　　一老逝去归仙了。

ʔə^{213}ʔjie^{55}ɦə^{213}ʔə^{33}ʔja:ŋ^{33}
阿 越人 呵 阿 扬人　　汉人说：阿越人呵阿扬人，

ɕau^{42}su^{33}ɦa:u^{31}san^{42}ni^{55}
愿 你们 讲 句 这　　但愿你们讲的是这句话，

ɕau^{42}su^{33}pi^{55}san^{31}ten^{33}
愿 你们 编 句 那　　但愿你们编的是这句语。

tai^{55}ta:i^{213}lak^{213}tai^{55}ʔja^{33}
哭 外婆 不能 哭 白　　哭外婆不能白哭，

tai^{55}ta^{33}lak^{213}tai^{55}pju^{213}
哭 外公 不能 哭 空　　哭外公不能空哭。

ta:i^{55}ta:i^{213}kuə^{31}ɕi^{42}ʔba^{33}
哭 外婆 做 粑 大块　　哭外婆要做大块粑，

tai^{55}ta^{33}kuə^{31}ʔba^{33}ʔdek^{31}
哭 外公 做 包 春粑　　哭外公要做春粑包，

tai^{55}ta:i^{213}kuə^{31}ɕi^{42}zaŋ^{55}
哭 外婆 做 粑 花纹　　哭外婆要做花纹粑，

tai^{55}ta^{33}kuə^{31}faŋ^{55}tum^{213}
哭 外公 做 粽粑　　哭外公要做粽粑。

ta:u^{213}ma^{33}ʔja^{33}te^{33}zu^{31}
回 来 空 她 入　　回来姐娘她空入，

ta:u^{213}ma^{33}pjiu^{213}te^{33}zuam^{42}
回　来　空白　她　进　　回来姐娘她空进。

ta:u^{213}ma^{33}so^{31}me^{31}liau^{42}ɾa:n^{31}kən^{31}
回　来　问　婶婶　家　上　　回来问上家婶婶，

me^{31}liau^{42}ɾa:n^{31}kən^{31}ɕin^{33}ʔdai^{55}sa^{213}
婶婶　家　上　剩　得　有　　下家婶婶剩得有。

ta:u^{213}ma^{33}so^{31}me^{31}liau^{42}za:n^{31}la^{213}
回　来　问　婶婶　家　下　　回来问下家婶婶，

me^{31}liau^{42}ɾa:n^{31}la^{213}ɕin^{33}ʔdai^{55}suaŋ^{213}
婶婶　家　下　剩　得　留　　上家婶婶留得有。

pai^{33}so^{31}me^{31}liau^{42}ɾa:n^{31}kən^{31}ʔdai^{55}
去　借　婶婶　家　上　给

sa:m^{33}ɕip^{213}va^{33}ɦa:u^{55}zi^{31}
三　十　斗　谷　地　　去借上家婶婶三十斗地谷，

pai^{33}so^{31}me^{31}liau^{42}ɾa:n^{31}la^{213}ʔdai^{55}
去　借　婶婶　家　下　给

ɕi^{31}ɕip^{213}va^{33}ɦa:u^{55}na^{42}
四　十　斗　稻　田　　去借下家婶婶四十斗地稻。

ʔau^{33}ma^{33}ʔjaŋ^{55}kən^{31}tsa^{213}
拿　来　炕　上　炕架　　拿来放在炕架炕，

ʔau^{33}ma^{33}za^{31}kən^{31}pa:m^{33}
拿　来　晒　上　楼　　拿来放在楼上晒。

fən^{31}mai^{55}sum^{33}mai^{55}sa^{33}ma^{33}ʔdaŋ^{55}
柴　树　宋　树　桑　来　点　　用宋树桑树柴来点，

fən^{42}mai^{55}zaŋ^{213}mai^{55}ko^{213}ma^{33}sam^{42}
柴　树　樟　树　梅桂　来　烧　　用樟树梅桂树柴来烧，

ɦa:u^{55}kak^{213}za:u^{213}ʔdi^{33}ʔdit^{55}
稻谷　干　好　生　　生稻谷炕得干又好。

ɦa:u^{55}ɕi^{33}ɕit^{55}pan^{31}tsəi^{31}
干粹谷　成　剥　　干粹谷剥成，

ɦa:u^{55}kak^{213}za:u^{213}ʔi^{33}ʔjəi^{31}
稻谷　干　好　筛　　干稆谷筛好，

ɦa:u^{55}ɕit^{213}tsai^{31}pan^{31}tam^{33}
糯谷　齐　成　舂　　糯谷舂成米。

ja^{31}tɯ^{31}paɯ^{55}ma^{33}sat^{213}
奶　带　媳　来　踩碓　　奶带儿媳来踩碓，

paɯ^{55}tɯ^{31}ja^{31}ma^{33}sat^{213}
媳　带　奶　来　踩碓　　儿媳带奶来踩碓。

ja^{31}za:p^{213}ʔdoŋ^{55}tok^{55}laŋ^{33}
奶　挑　簸箕　走　后　　儿媳走在前，奶挑簸箕跟后，

ɦa:u^{55}ka^{31}se^{33}sa:u^{42}la:n^{33}

稻谷　留　伙　孙　　　　稻谷留下给群孙。

ɦa:u^{55}sa:n^{33}se^{33}ja^{31}vi^{213}

大米　留　奶　簸　　　　奶奶簸大米，

za^{31}vən^{42}ve^{31}kuə^{213}ʔdan^{33}

找　人　加工　做　块　　　　找人加工做粑块，

za^{31}vən^{42}pan^{33}kuə^{213}za:p^{213}

找　人　分　做　挑　　　　找人分成挑。

ve^{31}kuə^{31}sa:m^{33}ɕip^{213}ʔdan^{33}

加工　做　三　十　块　　　　加工做成三十块，

pan^{33}kuə^{31}sa:m^{33}ɕip^{213}za:p^{213}

分　做　三　十　挑　　　　分做三十挑，

jiaŋ^{31}pan^{31}sa:m^{33}ɕip^{213}za:p^{213}

也　成　三　十　挑　　　　也成三十挑。

ve^{31}kuə^{31}pet^{213}ɕip^{213}za:m^{33}

加工　做　八　十　抬　　　　加工做成八十抬，

jiaŋ^{31}pan^{31}pet^{213}ɕip^{213}za:m^{33}

也　成　八　十　抬　　　　也成八十抬。

ʔau^{33}kuə^{31}faŋ^{55}lap^{213}li^{42}

拿　做　粽粑　装　围篮①　　　　拿做粽粑装围篮，

jiaŋ^{31}pan^{31}faŋ^{55}lap^{213}li^{42}

也　成　粽粑　装　围篮　　　　也成粽粑装围篮。

ʔau^{33}kuə^{31}ɕi^{42}tək^{55}tsau^{55}

拿　做　粑　放　头　　　　拿做粑粑放在桌头供，

jiaŋ^{31}pan^{31}ɕi^{42}tək^{55}tsau^{55}

也　成　粑　放　头　　　　也成粑粑放在桌头供。

ʔau^{33}kuə^{31}lau^{55}kat^{213}sɯ^{33}

拿　做　酒　停　气　　　　拿做老人停气酒，

jiaŋ^{31}pan^{31}lau^{55}kat^{213}sɯ^{33}

也　成　酒　停　气　　　　也成老人停气酒。

kɯi^{31}məŋ^{31}tok^{55}fa:n^{31}kun^{213}pai^{33}ʔau^{33}

姑爷　你　出　万　贯　去　拿　　　　你家姑爷出钱万贯去换来。

tok^{55}fa:n^{31}sau^{42}pai^{33}sɯ^{55}

出　万　排　去　买　　　　你家姑爷出钱万排去买来。

sa:m^{33}tap^{213}sɯ^{55}sa^{33}lo^{31}

三　叠　买　纸　绿　　　　出钱三叠买绿纸，

zok^{55}tap^{213}sɯ^{55}sa^{33}ʔdiŋ^{33}

六　叠　买　纸　红　　　　出钱六叠买红纸，

sɯ^{55}liŋ^{31}tiŋ^{33}pu^{55}ɦa:k^{213}

买　各种各样　人　汉　　　　买汉人各种各样的纸。

---

① li^{42}：指灵堂棺材头的供桌上的竹围篮。

sa:m^{33}tap^{213}sɯ^{55}sa^{33}lo^{31}
三 叠 买 纸 绿 　　出钱三叠买绿纸，
zok^{55}tap^{213}sɯ^{55}sa^{33}ŋan^{42}
六 叠 买 纸 银 　　出钱六叠买银纸，
sɯ^{55}paŋ^{31}ɦa:u^{33}pu^{55}ɦa:k^{213}
买 布 白 人 汉 　　买汉人织的白布。
ʔau^{33}pat^{213}ʔba^{31}kɯi^{31}ma^{33}
拿 挂 肩 姑爷 来 　　姑爷拿挂肩走来，
ʔau^{33}ta^{213}ʔda:ŋ^{33}kɯi^{31}ma^{33}
拿 搭 身 姑爷 来 　　姑爷拿搭身走来。
kɯi^{31}ma^{33}kua^{213}na:ŋ^{31}tok^{55}taŋ^{31}na:ŋ^{31}
姑爷 来 过 小山 绕 到 小山 　　姑爷过绕过层层小山，
kua^{213}ŋa:m^{42}tok^{55}taŋ^{31}ŋa:m^{42}
过 山丫 绕 到 山丫 　　过了山头绕山丫，
ma^{33}taŋ^{31}su^{33}ti^{31}kau^{213}
来 到 街 原地 　　姑爷来到原地街。
kua^{213}na:ŋ^{31}tok^{55}taŋ^{31}na:ŋ^{31}
过 小山 绕 到 小山 　　姑爷过山绕小山，
kua^{213}po^{33}tok^{55}taŋ^{31}na:ŋ^{31}
过 大山 绕 到 小山 　　过了大山到小山，
ma^{33}taŋ^{31}ɾa:n^{31}ti^{31}kau^{213}
来 到 家 原地 　　姑爷来到岳丈家。
pu^{55}jiaŋ^{31}laɯ^{31}zo^{55}zat^{213}
人 哪样 会 剪 　　什么人会剪？
vən^{31}ɕi^{31}fu^{55}zo^{55}zat^{213}
人 “四福” 会 剪 　　“四福”人会剪，
pu^{55}ɕi^{31}ɕian^{31}zo^{55}zat^{213}
人 “四贤” 会 剪① 　　“四贤”人会剪。
zat^{213}kuə^{31}tuə^{31}ma^{31}ʔdu^{55}
剪 做 动物 什么 头 　　头剪做什么动物呢？
zat^{213}kuə^{31}ku^{42}ma^{31}kuan^{213}
剪 做 圆形 什么 先 　　先剪做什么圆形？
zat^{213}kuə^{31}foŋ^{42}ʔiu^{31}la^{213}
剪 做 凤鸟 在 底 　　剪做凤鸟贴下面。
jiaŋ^{31}pan^{31}foŋ^{42}ʔiu^{31}la^{213}
也 成 凤鸟 在 底 　　也成凤鸟贴下面。
zat^{213}kuə^{31}ʔba^{55}ʔiu^{31}kən^{42}
剪 做 彩蝶 在 上 　　剪做彩蝶贴上面。
jiaŋ^{31}pan^{31}ʔba^{55}ʔiu^{31}kən^{42}
也 成 彩蝶 在 上 　　也成彩蝶贴上面。

① 四福、四贤：相传是古代能人，具体含义待考。

zat^{213}kuə^{31}ɾa:n^{42}liaŋ^{31}li^{31}
剪 做 小孝房① 剪做小孝房，
jiaŋ^{31}pan^{31}ɾa:n^{31}liaŋ^{31}li^{31}
也 成 小孝房 也成小孝房，
ɕi^{213}ɕi^{31}tək^{55}ʔdan^{33}ʔdən^{33}
四 角 贴 弯月亮 四角贴着弯月亮。
ʔau^{33}ma^{33}sap^{55}la^{213}sa:i^{31}
拿 来 插 下方 棺材 拿来放在灵堂棺材前，
ʔau^{33}ma^{33}na:i^{33}ta^{33}（ta:i^{213}）
拿 来 供 外公（外婆） 拿来供外公（外婆）。
kuan^{213}le^{33}ɦam^{31}jan^{213}pan^{31}va^{33}
古代 换 栏杆 院 成 花 古代院栏杆做成花，
ʔdan^{33}jan^{213}jiaŋ^{31}ʔbo^{33}pan^{31}va^{33}
周围 院 也 不 成 花 周围院也不成花。
suŋ^{42}le^{213}ɦam^{31}ʔdan^{33}tsa^{42}pan^{31}fuŋ^{31}
棺四周 换 栏杆 周围 雕 成 凤鸟 棺四周雕成栏杆和凤鸟，
ʔdan^{33}jiaŋ^{31}ʔbo^{33}tsa^{42}pan^{31}fuŋ^{31}
周围 也 不 雕 成 凤鸟 周围也不雕成栏杆和凤鸟。
tɕi^{31}ji^{55}zam^{55}ji^{55}zo^{31}
久远 也 水 也 漏 久远了，水也会漏，
ko^{213}ji^{55}zam^{55}ji^{55}lai^{33}
古远 也 水 也 流 古远了，水也会流。
zai^{31}ʔdək^{213}ʔba:u^{213}ma^{33}saŋ^{33}
喊 众 小伙 来 商量 姑爷喊众小伙来商量，
zai^{31}vən^{31}ʔdaɯ^{33}tan^{31}ma^{33}la:u^{213}
喊 众 寨中 来 误工 姑爷喊寨中人误工来帮忙。
mət^{213}fo:n^{55}ta:m^{33}mət^{213}fo:n^{55}
蚂蚁 黑 连接 蚂蚁 黑 众人多得就像黑蚂蚁连接黑蚂蚁，
mət^{213}fo:n^{55}ta:m^{33}mət^{213}fo:n^{55}toŋ^{31}tsau^{42}
蚂蚁 黑 连接 蚂蚁 黑 同 叉
kɯi^{31}ma^{33}
姑爷 来 众人随着姑爷来，
tɕi^{42}ɦa:u^{33}ta:m^{213}tɕi^{42}ɦa:u^{33}toŋ^{31}tuai^{31}
旗 白 连接 旗 白 同路
kɯi^{31}ma^{33}
姑爷 来 姑爷方与众亲戚白旗连白旗地来。
mət^{213}fo:n^{55}ta:m^{33}mət^{213}fo:n^{55}toŋ^{31}tsiŋ^{42}
蚂蚁 黑 连接 蚂蚁 黑 同 牵
kɯi^{31}ma^{33}
姑爷 来 众人多得就像黑蚂蚁连接黑蚂蚁，

① ɾa:n^{42}liaŋ^{31}li^{31}：活人称它为“小孝房”，死者称它为“灶房”。

tɕi42ʔdiŋ33ta:m213tɕi42ʔdiŋ33toŋ31tuai31
旗 红 连接 旗 红 同路
kɯi31ma33
姑爷 来　　姑爷方与众亲戚红旗接红旗地来。

kɯi31ʔduan55ma33ʔduan55ma33
姑爷 走 来 走 来　　姑爷走着走着，

kɯi31ma33taŋ31tsa:ŋ33toŋ31
姑爷 来 到 中 田坝　　姑爷来到田坝中，

po213lu55ʔdaŋ33si33sa33
吹 号 响 拉音　　吹号响拉音，

le31pa33ʔdaŋ33si33sat213
唢呐 响 长音　　唢呐响长音。

po213lu55ʔdaŋ33si33sa33
吹 号 响 拉音　　吹号响拉音，

le31pa33ʔdaŋ33ɕiaŋ33ji213
唢呐 响 动心　　唢呐响动心。

kɯi31ʔduan55ma33ʔduan55ma33
姑爷 走 来 走 来　　姑爷走着走着，

kɯi31ma33taŋ31pak213naŋ31la55ɾa:n31
姑爷 来 到 近院场处 下 家　　姑爷来到家下院场处，

kɯi31ma33taŋ31pa:n31na55ta:ŋ213
姑爷 来 到 偏坡 门前　　姑爷来到门前偏坡。

pu55ŋam31jiu55ŋam31jiu55
人 看 友 看 友　　人们看友的看友，

vən31su55za:p213su55za:p213
人 接 礼担 接 礼担　　人们接礼担的接礼担。

ʔau33pai33tək55tu33tiŋ33
要 去 放 门 槛　　接礼担去放门槛，

ʔau33pai33ven33pai31zok213
要 去 挂 门前　　接礼物去放门前。

ʔau33pai33sat55na213sa:i31
要 去 垛 灵堂　　要礼品去供灵堂，

ʔau33pai33na:i33ta33（ta:i213）
要 去 供 外公（外婆）　　要礼品去供外公（外婆）。

kɯi31məŋ31tok55fa:n31kuan213pai33ʔau33
姑爷 你 出 万 贯 去 拿　　你家姑爷出钱万贯去换来。

kɯi31məŋ31tok55fa:n31sa:u42pai33sɯ55
姑爷 你 出 万 排 去 买　　你家姑爷出钱万排去买来。

sɯ55ʔdai33sa:m33ɕip213pok213jaŋ33va33
买 得 三 十 捆 香 望　　买得三十捆香点燃香雾望，

sɯ55ʔdai33pa:k213ŋi31pok213jaŋ33san33
买 得 百 二 捆 香 生　　买得一百二十捆香点燃香雾生。

ʔau33ma33sap55na213sa:i31
要 来 垛 灵堂　　供品要来摆灵堂，

ʔau33ma33na:i33ta33（ta:i213）
要 来 供 外公（外婆）　　要来供外公（外婆）。

sat213taŋ31le33sat213ɦau213
走 到 连 走 进　　姑爷走进门，

tau213taŋ31le33tau213kui31
来 到 连 来 跪　　来到灵堂就下跪。

pai31kui31sa:m33pai31sa55sa:u42kɯi31
回 跪 三 次 叩头 伙 姑爷　　姑爷那伙一跪三叩首，

pai31kui31ɦa213pai31jau42sa:u42kɯi31
回 跪 五 次 低头 伙 姑爷　　姑爷那伙一跪三叩头。

kui31liau55ta:u213ma33laŋ33
跪 了 退 回 后　　拜了退回后，

tau213ma33ʔdən33ti31kau213
退 回 立 地 原　　拜了回原地。

ku213ni55min42ka33ni55
首 这 明 这点　　这首明这点，

ɕaŋ33ni55mjan55ka33ni55
段 这 免 这点　　这段免这点，

pjan213ni55saɯ33ka33ni55
遍 这 清 这点　　这遍清这点。

ku33ɦa213nuat213ʔbaɯ33fai42
我 要 念 大龙竹叶　　布摩我要念到大龙竹叶，

ku33ɦa55na:i33ku213mo213
我 要 唱 首 新　　布摩我要唱新首。

ku33ɦa55nuat213ʔbaɯ33pau42
我 要 念 大叶树树叶　　布摩我要念到大叶树树叶，

ku33ɦa55nau31ku213mo213
我 要 唱 首 新　　布摩我要唱新首。

ku213mo213ku33ɦa55taŋ31
首 新 我 要 到　　新首我要到，

ku213laŋ3ku33ɦa55ɦau213
首 后 我 要 唱　　后首我要唱。

八、姑爷供菜供糖果

pak213sak55kau33ʒuə42mo213
渡口 划 船 新[①]　　渡口划新船，

① pak213sak55：地名，古代南盘江一个大渡口。

pak^{213}sok^{213}kau^{33}ʒuə^{42}sɯn^{42}

渡口　划　船　密　　　　渡口划船密。

pak^{213}sak^{55}kau^{33}ʒuə^{42}mo^{213}

渡口　划　船　新　　　　渡口划新船，

pak^{213}sok^{213}kau^{33}ʒuə^{42}ɦən^{55}

渡口　划　船　上　　　　渡口划船上。

pu^{55}sən^{213}pu^{55}pai^{33}ka:i^{33}

人　接　人　去　街上　　　　人接人来赶街去，

ma^{33}taŋ^{42}ŋa:m^{42}ʔdau^{33}ʔdi^{213}

来　到　山丫口　很高的山　　　　来到很高的山丫口，

ma^{33}taŋ^{42}ti^{31}ɕiau^{213}su^{33}

来　到　位置　面对　　　　来到街对面，

ma^{33}taŋ^{42}su^{33}pak^{213}ta^{31}

来　到　城　口　河①　　　　来到“河口城”。

taŋ^{31}ti^{33}waŋ^{42}ni^{31}toŋ^{213}

到　位置　有名　宜　动②　　　　到了有名的“宜动”寨，

ma^{33}ʔjie^{213}na:i^{213}kok^{55}zau^{33}

来　休息　脚　枫香树　　　　枫香树脚来休息，

ma^{33}kən^{33}sau^{42}kok^{55}wək^{213}

来　吃　晚饭　脚　青杠树　　　　停在青杠树脚吃晚饭。

tsak^{213}pa:k^{213}lok^{213}pai^{33}kən^{31}

移　嘴　说　去　上　　　　嘴说移上去，

pai^{33}taŋ^{42}su^{33}ku^{42}sak^{31}

来　到　城　古　藏③　　　　来到“古藏城”。

ku^{42}sa:ŋ^{31}kuə^{31}ɦɯ^{33}pjau^{55}

古　藏　做　街　丑日　　　　古藏做街赶丑日。

ku^{42}sa:ŋ^{31}ɦau^{55}ɦɯ^{33}fat^{213}

古　藏　做　街　未日　　　　古藏做街赶未日。

sat^{55}van^{31}ɦau^{213}soŋ^{33}ɦok^{213}

七　天　赶　二　场　　　　七天赶两场，

ɦok^{213}van^{31}ɦau^{33}sa:m^{33}ɦɯ^{33}

场　天　赶　三　街　　　　一场赶三天。

tɯ^{31}pai^{33}taŋ^{31}lo^{31}tian^{213}

带　去　到　洛　店④　　　　带去城中洛店街，

ɦa:k^{213}la^{213}ni^{55}ma^{31}kua:i^{33}jiaŋ^{31}kua:i^{33}

汉人　下方　这　哪样　聪明　又　聪明　　　　这里的下方汉人聪明又聪明，

---

① 河口城：传说古代大渡口边上，里面有一个神街，人鬼共街分不清，一年到头只赶街一次，一次赶三天。街上人很多，又叫“百家姓街”。每年赶街会失踪一对情侣，要到第二年赶街时才见到他们。所以河口城很出名。

② 宜动：地名。在今天生桥电站大坝下方。

③ 古藏城：在今滇、黔、桂交界三江口不远处的大渡口边上。现已被水淹没，新的赶街日期已为午日，场期也很隆重。

④ 洛店：古藏城中的街名。

taŋ^{213}ɾa:n^{31}kuə^{31}soŋ^{33}tɯt^{213}

盖 房 做 二 层　　盖房盖两层，

taŋ^{213}ɾa:n^{31}kuə^{31}sa:m^{33}tɯt^{213}

盖 房 做 三 层　　盖房盖三层。

tɯt^{213}kən^{31}su^{55}tɯŋ^{31}ŋua^{55}

层 上 装 蔗糖 瓦①　　上层装蔗糖瓦，

tɯt^{213}la^{213}su^{55}tɯŋ^{31}ʔboŋ^{33}

层 下 装 蔗糖 白　　下层装蔗糖白。

kai^{33}ɦoŋ^{33}su^{55}ʔdi^{33}<u>tan^{31}tan^{31}</u>

卖 花布 各样 好 真真　　卖各样花布真真好，

tɯt^{213}kən^{31}su^{55}tɯŋ^{31}ŋa^{55}

层 上 装 蔗糖 瓦　　上层装蔗糖瓦，

tɯt^{213}la^{213}su^{55}tɯŋ^{31}nai^{33}

层 下 装 蔗糖 冰　　下层装蔗糖冰。

ka:i^{33}ʔit^{55}vai^{33}ŋi^{31}jiaŋ^{31}

卖 一 歪 二 样②　　琳琅满目。

tsət^{213}pa:k^{213}lok^{213}pai^{33}kən^{42}

移 嘴 说 去 上　　嘴说移上去，

ɕin^{42}θi^{33}ka:i^{33}pai^{213}la^{55}

行 跟 街 去 下　　跟着行下街，

pu^{213}kən^{42}pu^{213}la:u^{55}ma^{55}

铺 上 铺 大 马　　上铺卖的是大马，

pu^{213}la^{55}pu^{213}la:u^{55}faŋ^{33}

铺 下 铺 大 木材　　下铺卖的大木材。

pu^{213}tsa:ŋ^{33}pu^{213}la:u^{55}lo^{31}

铺 中 铺 老 少　　中铺卖的是老少爱的东西，

la:u^{55}lo^{31}ka:i^{33}tɯŋ^{42}nai^{33}

老 少 卖 糖 冰　　卖老少爱的冰糖。

kai^{33}ʔit^{55}vai^{33}ŋi^{31}jiaŋ^{31}

卖 一 歪 二 样　　琳琅满目，

la:u^{55}lo^{31}ka:i^{33}tɯŋ^{31}sa^{33}

老 少 卖 糖 纸③　　卖老少爱的纸糖。

ka:i^{33}ʔit^{55}sa^{33}ŋi^{31}jiaŋ^{31}

卖 一 歪 二 样　　琳琅满目，

tak^{213}kuə^{31}tak^{55}sa^{33}ɦa:u^{33}

叠 做 叠 纸 白　　白纸论叠卖。

pau^{33}kuə^{31}pau^{33}sa^{33}ʔa:i^{213}

包 做 包 纸 黄　　黄纸论包卖。

---

① 蔗糖瓦：指瓦形蔗糖。
② 一歪二样：指卖的物品丰富地排列。
③ 纸糖：用纸包着卖的糖。

kai^{31}kue^{31}kai^{31}ʔdi^{33}kən^{33}
样　做　样　好　吃　　　食品做得样样都好吃，

zən^{213}pəi^{31}po^{31}（me^{31}）zən^{213}pəi^{31}
起　可以　父（母）　起　可以　　　起来！父（母）可以起来了，

zən^{213}ma^{33}ku^{33}nau^{31}kok^{55}pjak^{55}mo^{213}
起　来　我　说　源　菜　新
məŋ^{31}pəi^{31}
您　呵　　　起来听我说新菜的来源给您。

zən^{213}ma^{33}ku^{33}nau^{31}so^{31}pjak^{55}teŋ^{42}
起　来　我　讲　名　菜　绿
məŋ^{31}pəi^{31}
您　呵　　　起来听我说名菜绿菜给您。

zən^{213}ma^{33}ku^{33}nau^{31}zɯŋ^{42}mak^{213}nan^{55}
起　来　我　讲　认　神藤果
məŋ^{31}pəi^{31}
您　呵　　　起来讲给您认识神藤果。

nau^{31}mak^{55}nan^{55}tɯŋ^{42}nai^{33}
说　神藤果做的冰糖　　　说神藤果做的冰糖，

nau^{31}tɯŋ^{42}nai^{33}kau^{33}piŋ^{55}
说　糖　冰　糕　饼　　　说冰糖糕饼。

nau^{31}mak^{55}nan^{55}ta:u^{31}ɦoŋ^{42}
说　神藤果　桃　红　　　说红桃和神藤果，

nau^{31}tɯŋ^{42}ʔboŋ^{33} pu^{55}ɦa:k^{213}
说　棉糖　汉人　　　说汉人做的棉糖。

nau^{31}mak^{55}nan^{55} tau^{31}va^{33}
说　神藤果　双胞桃　　　说双胞桃和神藤果，

nau^{31}tiaŋ^{33}kua^{33}ɦa:k^{55}ɦaɯ^{55}
说　黄花瓜　汉人　送　　　说汉人送的黄花瓜。

ku^{33}nau^{31}pjɯk^{213}la^{55}ʔdan^{33}
我　说　芋　下　天　　　我说吃天下的芋头，

ku^{33}nau^{31}man^{42}la^{55}ti^{31}
我　说　薯　地下世界　　　我说吃地下世界的薯类。

ku^{33}nau^{31}pjɯk^{213}la^{55}ʔdan^{33}
我　说　芋　下　天　　　我说吃天下的芋头。

ku^{33}nau^{31}man^{42}la^{55}na:m^{31}
我　说　薯　下　地　　　我说吃地下的薯类。

ku^{33}nau^{31}teŋ^{213}tue^{31}za:ŋ^{33}
我　说　串　黄豆　炒　　　我说吃炒的黄豆串。

ku^{33}nau^{31}sa^{33}tu^{31}fu^{42}
我　说　盘　豆腐　　　我说吃盘中的豆腐。

ku^{33}nau^{31}teŋ^{213}tuə^{31}za:ŋ^{33}
我 说 串 黄豆 炒
我说吃炒的黄豆串。

nau^{31}za:ŋ^{31}ka:n^{33}pjak^{213}tsai^{213}
说 笋 干 菜 晒
我说吃晒干的笋和菜。

nau^{31}ȵiap^{55}ȵai^{213}tsa:ŋ^{33}ɦɯ^{33}
说 零食 中 街
我说零食街中卖。

ma^{33}kən^{33}kok^{55}pjak^{55}mo^{213}məŋ^{31}pəi^{31}
来 吃 源 菜 新 您 呵
你呵，来吃根源的新菜。

ma^{33}kən^{33}so^{31}pjak^{55}teŋ^{42}məŋ^{31}pəi^{31}
来 吃 名 菜 绿 您 呵
你呵，来吃名菜和绿菜。

ma^{33}kən^{33}zɯŋ^{31}mak^{55}nan^{55}məŋ^{31}pəi^{31}
来 吃 认 神藤果 您 呵
你呵，来吃你认识的神藤果。

kən^{33}mak^{55}nan^{55}tɯŋ^{42}nai^{33}
吃 神藤果做的冰糖
吃神藤果做的冰糖，

kən^{33}tɯŋ^{42}nai^{33}kau^{33}piŋ^{55}
吃 糖 冰 糕 饼
吃冰糖糕饼。

kən^{33}mak^{55}nan^{55}ta:u^{31}ɦoŋ^{42}
吃 神藤果 桃 红
吃红桃和神藤果，

kən^{33}tɯŋ^{42}ʔboŋ^{33} pu^{55}ɦa:k^{213}
吃 棉糖 汉人
吃汉人做的棉糖。

kən^{33}mak^{55}nan^{55} tau^{31}va^{33}
吃 神藤果 双胞桃
吃双胞桃和神藤果，

kən^{33}tiaŋ^{33}kua^{33}ɦa:k^{55}ɦaɯ^{55}
吃 黄花瓜 汉人 送
吃汉人送的黄花瓜。

ma^{33}kən^{33}pjɯk^{213}la^{55}ʔdan^{33}
来 吃 芋 下 天
来吃天下的芋头。

ma^{33}kən^{33}man^{42}la^{55}ti^{31}
来 吃 薯 地下世界
来吃地下世界的薯类。

ma^{33}kən^{33}pjɯk^{213}la^{55}ʔdan^{33}
来 吃 芋 下 天
来吃天下的芋头。

ma^{33}kən^{33}man^{42}la^{55}na:m^{31}
来 吃 薯 下 地
来吃地下世界的薯类。

ma^{33}kən^{33}teŋ^{213}tuə^{31}za:ŋ^{33}
来 吃 串 黄豆 炒
来吃炒的黄豆串。

ma^{33}kən^{33}sa^{33}tu^{31}fu^{31}
来 吃 盘 豆腐
来吃盘中的豆腐。

ma^{33}kən^{33}teŋ^{213}tuə^{31}za:ŋ^{33}
来 吃 串 黄豆 炒
来吃炒的黄豆串。

kən^{33}za:ŋ^{31}ka:n^{33}pjak^{213}tsai^{213}
吃 笋 干 菜 晒
吃晒干的笋和菜。

kən^{33}ȵiap^{55}ȵai^{213}tsa:ŋ^{33}ɦɯ^{33}
吃 零食 中 街　　　　吃零食街中卖。

kən^{33}tam^{33}lau^{213}kuə^{31}sam^{42}
吃 下 酒 做 玩　　　　吃下酒做玩。

kən^{33}tam^{33}ȵiam^{42}tam^{33}ȵoi^{31}
吃 玩乐玩意　　　　吃玩乐玩意。

ku^{213}pjak^{55}min^{42}ka^{33}ni^{55}
首 菜 明 这点　　　　这首供菜明这点，

ɕiaŋ^{33}pjak^{55}kua^{213}ka^{33}ni^{55}
段 菜 过 这点　　　　这段供菜过这点，

ku^{213}pjak^{55}mjan^{55}ka^{33}ni^{55}
首 菜 免 这点　　　　这首供菜免这点，

pjan^{213}pjak^{55}saɯ^{33}ka^{33}ni^{55}
遍 菜 清 这点　　　　这遍供菜清这点。

muət^{213}ku^{213}ni^{55}pai^{33}pjai^{33}
毕 首 这 去 尖　　　　这首毕这点，

ku^{33}ɦa^{55}nai^{33}ku^{213}mo^{213}
我 要 念 首 新　　　　我要念新首，

ku^{213}mo^{213}ku^{33}ɦa^{55}taŋ^{31}
首 新 我 要 到　　　　新首我要到，

ku^{213}laŋ^{33}ku^{33}ɦa^{55}ɦau^{213}
首 后 我 要 唱　　　　后首我要唱。

九、姑爷孝礼

jiaŋ^{31}lək^{213}kɯi^{31}tsin^{33}tsi^{55}məŋ^{31}ni^{55}
伙 儿 姑爷 真正 你 这　　　　你老这真正的姑爷伙，

jiaŋ^{31}lək^{213}kɯi^{31}li^{55}ʔdiŋ^{33}məŋ^{31}ni^{55}
伙 儿 姑爷 懂礼 你 这　　　　你老这懂礼的姑爷伙，

jiaŋ^{31}lək^{213}kɯi^{31}tsin^{33}sən^{33} li^{55}ȵuai^{31}
伙 儿 姑爷 亲生 讲礼
məŋ^{31}ni^{55}
你 这①　　　　你老这懂礼的亲生姑爷伙。

te^{33}ko^{55}ɕin^{33}so^{31}məŋ^{31}zak^{213}
他 同 心 寒 你 满　　　　你老归逝了，姑爷他心寒，

te^{33}ko^{55}ɕin^{33}nak^{55}məŋ^{31}zau^{31}
他 同 心 想 你 多　　　　你老归逝了，姑爷他心悲。

so^{31}ʔbo^{33}ʔdai^{55}tɯ^{31}nai^{31}
寒 不 得 带 服侍　　　　姑爷心寒生前不得好好服侍你，

nak^{55}ʔbo^{33}ʔdai^{55}tɯ^{31}na:i^{33}
想 不 得 带 请　　　　姑爷心悲生前不得好好地请你，

① 念经文至此，由布摩先生让孝姑爷报上姓名、哪村人士。布摩先生又把孝姑爷所送的礼物即猪、糖果等各种供品依次清点并说明。

so^{31}ʔbo^{33}ʔdai^{55}ta:i^{213}ʔdi^{55}
寒 不 得 死 扶
姑爷心寒归逝前不得扶着你。

so^{31}ʔbo^{33}ʔdai^{55}vi^{55}zan^{33}
寒 不 得 指 路
姑爷心再寒也不能为你指路，

so^{31}ʔbo^{33}ʔdai^{55}san^{31}taŋ^{213}
寒 不 得 话 送
姑爷心再酸也不能送话给你。

məŋ^{31}ta:i^{33}te^{33}ʔbo^{33}ʔdai^{55}nau^{31}
你 死 他 不 得 说
fat^{213}fai^{31}kai^{213}məŋ^{31}
凡间 是 你
你老死前远处姑爷没能和你多谈话，

ɦaɯ^{55}ku^{33}ma^{33}nau^{31}fat^{213}fai^{31}kai^{213}məŋ^{31}
给 我 来 说 凡间 是 你
让我布摩来传话给你。

məŋ^{31}ta:i^{33}te^{33}mi^{31}ʔdai^{55}nau^{31}
你 死 他 不 得 说
tai^{31}mu^{33}kai^{213}məŋ^{31}
猪类 是 你
你老死前远处姑爷没能送猪类给你，

ɦaɯ^{55}ku^{33}ma^{33}nau^{31}tai^{31}mu^{33}kai^{213}məŋ^{31}
给 我 来 说 猪类 是 你
让我布摩来送猪类给你。

məŋ^{31}ta:i^{33}te^{33}mi^{31}ʔdai^{55}pɯ^{31}
你 死 他 不 得 送
mu^{33}ʔjan^{33}kai^{213}məŋ^{31}
猪 养 是 你
你老死前远处姑爷没能送猪给你养，

ɦaɯ^{55}ku^{33}pɯ^{31}mu^{33}ʔjan^{33}kai^{213}məŋ^{31}
给 我 送 猪 养 是 你
让我布摩来送猪给你养。

məŋ^{31}ta:i^{33}te^{33}mi^{31}ʔdai^{55}pan^{33}mu^{33}sɯ^{55}
你 死 他 不 得 分 猪 买
kai^{213}məŋ^{31}
是 你
你老死前远处姑爷没能买猪给你，

ɦaɯ^{55}ku^{33}pan^{33}mu^{33}sɯ^{55}kai^{213}məŋ^{31}
给 我 分 猪 买 是 你
让我布摩送他买的猪给你。

pɯ^{213}mu^{33}ʔjan^{33}ʔi^{33}ʔjɯ^{55}
送 猪 养 孝女
生前养孝女，死后得送猪，

pan^{33}mu^{33}sɯ^{55}ʔi^{33}ʔjan^{31}
分 猪 买 孝女伙
分孝女们买的猪给你。

te^{33}mi^{31}ʔdai^{55}ɕian^{31}ɕi^{55}ta:u^{55}za^{33}
他 不 得 钱 纸 来 找
kai^{213}məŋ^{31}
是 你
你老死前远处姑爷没能送纸钱给你，

ɦaɯ^{55}ku^{33}ma^{33}ɕian^{31}ɕi^{55}ta:u^{55}za^{33}
给 我 来 钱 纸 来 找

kai²¹³məŋ³¹
是 你 | 让我布摩送纸钱给你。

te³³mi³¹ʔdai⁵⁵sa³³sa:i⁴²ta:u⁵⁵nuat²¹³
他 不 得 纸钱 来 供
kai²¹³məŋ³¹
是 你 | 你老死前远处姑爷没能送纸钱供你,

ɦaɯ⁵⁵ku³³ma³³sa³³sa:i⁴²ta:u⁵⁵nuat²¹³
给 我 来 纸钱 来 供
kai²¹³məŋ³¹
是 你 | 让我布摩用纸钱供你。

nuat²¹³tuə³¹ni⁵⁵kai²¹³məŋ³¹
念 头 这 给 你 | 念指这头猪给您。

vi⁵⁵tuə³¹ten³³kai²¹³məŋ³¹
数 头 那 给 你 | 数那头猪给您。

ʔden²¹³fɯŋ⁴²səi⁵⁵ma³³ʔau³³
伸 手 左 来 要 | 请你伸左手来要,

kua³³fɯŋ⁴²kua⁴²ma³³su⁵⁵
抬 手 右 来 收 | 请你抬右手来收。

ʔau³³liau⁵⁵zam⁵⁵luaŋ⁴²tok⁵⁵ɕi³³soŋ⁴²
收 了 水 龙 落 时 洞 | 收了龙水落洞时,

zam⁵⁵ta³³soŋ³¹tɕi³³za³³
泪水 滴 那 找 | 儿孙滴泪来供祭,你要了钱财以后莫再找儿孙。

zam⁵⁵luaŋ⁴²tok⁵⁵ɕi³³sai²¹³
水 龙 落 时 午 | 收了龙水午时落,

zam⁵⁵ta³³ɦa:i⁵⁵lak²¹³lie⁴²
泪水 海 不 裂 | 儿孙流泪来供祭,你的钱财以后如同海水不会裂。

ʔau³³liau⁵⁵lak²¹³ʔau³³ʔdɯi³³
收 了 不 白收 | 收了不白收,

ʔau³³liau⁵⁵lak²¹³ʔau³³ʔja³³
要 了 不 白要 | 要了不白要。

ʔau³³liau⁵⁵soŋ³³van⁴²sam³³van⁴²za³³
要 了 二 天 三 天 找
ma³³to³¹
来 还 | 要了两天三天保金钱来还儿孙,

ʔau³³liau⁵⁵soŋ³³ɦok²¹³sa:m³³ɦok²¹³za³³
要 了 二 街场 三 街场 找
ma³³tian⁴²
来 补 | 要了二街场三街场保钱财来补儿孙。

ʔau33liau55ta:u213ma33ɕian31ti321kau213
要　了　回　来　钱　原地
要了金钱回原地，

ʔau33liau55kok55mu33ʔju213ka33lamɯ42
要　了　原　猪　在　哪里
ɦaɯ55se31
给　全
要了供猪给儿养的猪满圈，

ʔau33liau55me31mu33ʔju213ka33laɯ42
要　了　母　猪　在　哪里
ɦaɯ55te33tsau33
给　他　活
要了供猪给儿养母猪成发。

lək213ɦa55sam33ʔau33tsau33
儿　想　问　要　长寿
儿孙想问要长寿，

sam33ʔau33tsau33ɦaɯ55tsau33
问　要　活　给　长寿
问要长寿给长寿。

tsau33sɯ31ʒam55pak213sok213
活　如　水　渡口
长寿如渡口长流水。

tsau33sɯ31ʔdok213ŋan31sa:ŋ55
寿　如　骨　银　大象
长寿如大象白银骨。

tsau33jaŋ31ʔja:ŋ55suaŋ213tsin33
寿　像　剑　留　金
长寿如神剑金长留。

tsau33jaŋ31ʒin33jaŋ31ʒe213
寿　像　石头　像　河边圆彩石
长寿像河边坚硬又古老的圆彩石。

tsau33jaŋ31se31sɯ42ʔdɯn33 sɯ42ʔda:u33
寿　像　雪山　月亮　星星
kən31ʔbən33
上　天
长寿如永远不化的雪山，长寿如天上月亮和星星。

tsau33jaŋ31ʒin33ɦai55ʒok213
寿　像　鸟纹石
长寿像河边坚硬又古老的鸟纹石，

to213pi33tok55pak213sok213
整　年　立　渡口
整年坚定立渡口，

kau33sap55tsi42ʔbo33ʔdai55
牛角　插　旗　不　得①
硬朗得牛角连旗也插不入，

jie42la:i33lən31ʔbo33ʔdai55
众　多　压　不　得
硬朗得众人压不得，

kau31tsap55sai33ʔbo33ʔdai55
牛角　绑　拉　不　得
硬朗得绳绑牛角众人拉不动。

ɲie42la:i33lən31ʔbo33ʔdai55
众　多　压　不　得
硬朗得众人压不得，

① 牛角插旗：杀牛祭归逝老人亡灵，需每个女婿送一头牛为供品。因牛多会发生牛打架，布摩先生就用白纸糊一面大三角旗（旗上画一头长着尖角的壮牛）插在五方金竹幡中的中央戊己土金竹幡脚，又选女婿送来最壮的供牛去与旗上之牛相斗。风吹旗动，壮牛疑为生牛，就与它相搏斗。壮牛用角将纸旗捅破后，布摩先生就先杀此壮牛来供祀归逝老人的亡灵。

tsau^{33}jaŋ^{31}kuan^{213}mai^{55}tɕiaŋ^{33}
寿 像 桩 树 香樟树
因为儿寿像香樟树的大树桩，

tsau^{33}jaŋ^{31}ɕiaŋ^{42}jaŋ^{31}ɕie^{31}
寿 像 墙 像 墙基
因为儿寿像山墙的墙基。

sak^{31}ve^{31}tək^{55}ʔbo^{33}toŋ^{33}
链子 围 打 不 动
链子围打也不动，

sak^{213}noŋ^{31}tək^{55}ʔbo^{33}ʔdai^{55}
链子 拔 打 不 动
链子拔他也不晃，

ʔuən^{213}ma^{55}kai^{55}ʔbo^{33}lak^{213}
运输的马帮 撬 不 垮
大队马帮震不垮，

ts'ian^{213}ȵian^{31}tsau^{33}fa:n^{31}ta:i^{31}
千 年 活 万 世
长寿千年又万代。

tsau^{33}pan^{31}ta:i^{31}pan^{31}ta^{33}
寿 成 外婆 成 外公
儿女长寿到能当外婆和外公，

tsau^{33}ʒai^{31}tam^{42}kən^{33}pja^{33}
寿 造 坝 吃 鱼
长寿儿女造坝有鱼吃。

tsau^{33}ʒai^{31}na^{42}kən^{33}ɦau^{55}
寿 办 田 吃 饭
长寿种田得米粮。

tsau^{33}au^{33}paɯ^{55}kən^{33}ʒen^{42}
寿 要 儿媳 吃 梨
长寿娶得儿媳送寿梨。

tsau^{33}so^{55}ʔdi^{55}pai^{33}pja:i^{33}
寿 是 顶 去 尖
寿延长整辈。

tsau^{33}mi^{31}la:n^{33}kən^{33}pa:i^{213}
寿 有 孙 吃 供
寿到儿孙满堂，

tsau^{33}pan^{31}ta:i^{213}ta^{33}la:u^{55}
寿 成 外婆 外公 老
长寿儿孙多，寿当外婆外公老。

sa:m^{33}ʔau^{33}tsau^{33}ʔdai^{55}tsau^{33}
问 要 活 得 长寿
问要寿得寿，

lək^{213}ɦa^{213}sa:m^{33}au^{33}se^{31}
儿 问 说 要 富
儿孙要财富，

sa:m^{33}au^{33}se^{31}ʔdai^{55}se^{31}
说 要 富 得 富
儿要富得富。

se^{31}sɯ^{42}ʒam^{55}ʔbo^{213}ʔbən^{33}
富 像 水 井 冒
钱财来如水井冒。

ɕin^{42}sɯ^{42}ʒam^{55}ʔbo^{213}lai^{33}
均匀 像 水 井 淌
财富来像井水淌。

man^{31}sɯ^{42}tsau^{55}tɕiau^{31}teŋ^{42}
稳 如 头 桥 桩
财富稳如桥头桩。

ʒaŋ^{42}sɯ^{42}ʔjaŋ^{55}tok^{55}tam^{213}
力 如 刀 下 砍
财力如同刀砍下之力。

kan^{213}sɯ^{42}ʔjiaŋ^{55}tsin^{33}mo^{213}
稳当 如 刀 金 新　　钱财稳当如金刀。

so^{31}sɯ^{42}ɦau^{33}taŋ^{42}sat^{55}
直 如 亮 到 七层　　钱财码亮上七层。

sau^{55}sɯ^{42}ɦan^{213}sɯ^{42}se:n^{33}
柱 如 高塔 如 带头　　钱柱高如塔。

zen^{42}sɯ^{42}po^{33}lo^{42}ti^{213}
使力 如 山 落 地　　财力大如山。

mi^{31}sɯ^{31}ɦa:u^{55}vɯŋ^{42}wai^{33}
有 如 米 皇 灰　　钱财密像皇帝家的存米灰。

sɯ^{31}paŋ^{42}ʔduai^{33}ɕiau^{31}kuan^{213}
如 布 织机绕线筒 辈 古　　钱财密像古辈绕线筒上的织布线。

sa:m^{33}au^{33}se^{31}ʔdai^{55}se^{31}
问 要 富 得 富　　儿要富得富。

lək^{213}ɦa^{213}sa:m^{33}ʔau^{33}ɦən^{55}
儿 想 问 要 发　　儿想问要发，

sa:m^{33}ʔau^{33}ɦən^{55}ɦaɯ^{55}ɦən^{55}
问 要 发 给 发　　问要发给发。

zam^{55}taŋ^{31}ɦoŋ^{42}jiaŋ^{31}laɯ^{42}
水 停 坝 哪样　　水停水坝成哪样，

tsoŋ^{33}ɦən^{55}ɦo:n^{55}jiaŋ^{31}laɯ^{42}
鼓 发 鼓槌 哪样　　鼓槌发鼓成哪样，

ɾa:n^{31}lək^{213}ɦən^{55}jiaŋ^{31}ten^{33}
家 儿 发 那样　　儿家就发成那样。

ɦən^{55}jiaŋ^{31}p'jiu^{213}ʔdai^{55}ɦuŋ^{33}
发 成 布 得 多彩　　儿家发如多彩布，

ɦən^{55}jiaŋ^{31}soŋ^{42}ɦən^{55}mi^{31}
发 成 桌 发 有　　发成桌发有，

ɦən^{55}jiaŋ^{31}tsi^{31}mai^{55}lu^{55}
发 成 丫 树 柳　　儿家发如柳树丫。

ɦən^{55}jiaŋ^{31}zu^{55}mən^{31}taŋ^{33}
发 成 花 芯 灯　　儿家发成灯芯花，

ɦən^{55}jiaŋ^{31}mat^{213}ɦən^{55}p'ɯi^{33}
发 成 蚂蚁 爬 洞泥　　儿家发如蚂蚁爬洞泥，

ɦən^{55}jiaŋ^{31}ʔbo^{213}ɦən^{55}pja^{33}
发 成 井 上 鱼　　儿家发如井上鱼，

ɦən^{55}jiaŋ^{31}na^{42}ɦən^{55}ɦau^{55}
发 成 田 长 稻　　儿家发如稻发蔸。

sau^{55}sɯ^{42}ɦan^{213}sɯ^{42}se:n^{33}
柱 如 高塔 如 带头　　钱柱高如塔。

zen^{42}sɯ^{42}po^{33}lo^{42}ti^{213}
使力 如 山 落 地 财力大如山。

mi^{31}sɯ^{31}ɦau^{55}vɯŋ^{42}wai^{33}
有 如 米 皇 灰 钱财密像皇帝家的存米灰。

sɯ^{31}paŋ^{42}ʔduai^{33}ɕiau^{31}kuan^{213}
如 布 织机绕线筒 辈 古 钱财密像古辈绕线筒上的织布线。

kai^{213}laɯ^{13}ɦən^{55}jiaŋ^{31}ʔdai^{55}
哪样 发 都 得 哪样发都得,

ʔdai^{55}ɦən^{55}ʔdai^{55}ʔbo^{33}zim^{33}
得 发 得 不 满 得发得不满。

kai^{213}laɯ^{31}ɦən^{55}jiaŋ^{31}muan^{42}
哪样 发 都 尾 哪样发都到尾,

muan^{42}ɦən^{55}muan^{42}zo^{55}tui^{213}
尾 发 尾 会 退 尾发尾会退,

mu^{213}sap^{55}mu^{213}ɦən^{55}ʔdi^{33}
越 来 越 发 好 越来越发好。

sam^{33}ʔau^{33}ɦən^{55}ʔdai^{55}ɦən^{55}
问 要 发 得 发 问要发得发,

lək^{213}ɦa^{55}sam^{33}ʔau^{33}pa:u^{55}
儿 想 问 要 保 儿想问要保佑,

sam^{33}ʔau^{33}pau^{55}ɦaɯ^{55}pa:u^{55}
问 要 保 给 保 问要保佑得保佑。

ta:i^{213}ʔit^{55}pa:u^{55}ɦa:u^{55}zi^{31}
第 一 保 谷 地 第一保地谷,

ɦaɯ^{55}te^{33}pan^{31}ʔjam^{33}lian^{31}pan^{31}va^{33}
给 它 成 蓬 连 成 排 给它成蓬连成排。

ta:i^{213}ŋi^{31}pau^{55}ɦa:u^{55}na^{31}
第 二 保 稻 田 第二保田稻,

ɦaɯ^{55}te^{33}pan^{31}fa^{31}lian^{31}pan^{31}fai^{31}
给 它 成 发 连 成 堆 给它成发连成堆。

ta:i^{213}sa:m^{33}pau^{55}pja^{33}no^{31}
第 三 保 鱼 肉 第三保鱼肉,

ta:i^{213}ɕi^{55}pau^{55}so^{31}min^{42}
第 四 保 名 传 第四保传名,

pa:u^{55}so^{31}ɦaɯ^{55}taŋ^{31}tsin^{33}
保 名 给 到 京 保儿传名到京城,

pa:u^{55}min^{31}ɦaɯ^{55}taŋ^{31}vɯ^{55}
保 传名 给 到 云 保儿传名到云间。

ta:i^{31}pau^{55}pit^{55}lian^{31}kai^{31}
第 保 鸭 连 鸡 保鸭连鸡,

pit^{55}kai^{31}to^{55}fət^{213}la^{55}va:i^{33}
鸭 鸡 抖 翅 下 坝　　保鸭鸡在下坝抖翅，
kaɯ^{31}kui^{213}lək^{213}ta:i^{33}fu^{42}
只 贵 不 死 浮　　鸭鸡价贵无瘟病，
zok^{213}zau^{33}lək^{213}ta:i^{33}ɦo^{31}
斑鸠 不 死 断　　斑鸠不死断。
ta:i^{213}pa:u^{55}ɕie^{31}lian^{31}va:i^{31}
第 保 黄牛 连 水牛　　保黄牛连水牛，
va:i^{31}ʔju^{213}zuŋ^{31}sa:m^{33}tak^{213}
水牛 在 田坝 三 公　　保三只公水牛在田坝传种，
tak^{213}ʔju^{213}zuŋ^{31}ʔda^{31}ne:ŋ^{42}
公牛 在 田坝 赶 蚊　　保公牛在田坝赶蚊。
sam^{31}tin^{33}ma^{33}ɦau^{55}lai^{33}ɾa:n^{42}zau^{42}
双 脚 来 进 梯 家 我们　　双脚来进我们家门前楼梯角，
sai^{42}tin^{33}ma^{33}ɦau^{55}jian^{31}ɾa:n^{42}zau^{42}
全 脚 来 进 院 家 我们　　全脚进院内。
ɕian^{31}ʔda:ŋ^{33}ma^{33}ɦau^{55}sok^{55}ɾa:n^{42}zau^{42}
转 身 来 进 吊脚楼底层 家 我们　　转身走进吊脚楼底层的畜圈。
ɕip^{213}van^{42}ma^{33}ɕip^{213}tue^{31}
十 天 来 十 头　　十天来十头，
mi^{31}ɦaɯ^{55}tue^{31}laɯ^{31}ʔok^{213}
不 让 头 哪 出　　不让哪头出。
ku^{55}van^{31}ma^{33}ku^{55}tsok^{213}
九 天 来 九 帮　　九天来九帮，
mi^{31}ɦaɯ^{55}tsok^{213}laɯ^{31}tjeu^{42}
不 让 帮 哪 走　　不让哪帮走。
ta:i^{31}pa:u^{55}ma^{55}lian^{31}a:n^{33}
第 保佑 马 和 鞍　　保佑有马和有鞍，
ma^{55}lan^{31}ʔiu^{213}kui^{213}tsu^{33}
马 壮 在 贵 州　　壮马在贵州，
tɕak^{213}liau^{42}ʔiu^{213}ku^{42}tsaŋ^{31}
马鞭 传名 在 古牂①　　马鞭传名在古牂。
sam^{31}tin^{33}ma^{33}ɦau^{55}lai^{33}ɾa:n^{42}zau^{42}
双 脚 来 进 梯 家 我们　　双脚来进我们家门前楼梯角，
sai^{42}tin^{33}ma^{33}ɦau^{55}jian^{31}ɾa:n^{42}zau^{42}
全 脚 来 进 院 家 我们　　全脚进院内。
ɕian^{31}ʔda:ŋ^{33}ma^{33}ɦau^{55}sok^{55}ɾa:n^{42}zau^{42}
转 身 来 进 吊脚楼底层 家 我们　　转身走进吊脚楼底层的畜圈。
tin^{33}ma^{33}tiap^{213}saŋ^{31}pen^{213}ɾa:n^{31}zau^{42}
脚 来 踩 楼板 家 我们　　马脚踩我们家畜圈的楼板，

① 古牂：地名，在南盘江对岸的广西西宁县。

pak^{213}ma^{33}ɦen^{55}kau^{33}zan^{42}ɾa:n^{31}zau^{42}
嘴 来 嚼 角 房 家 我们
马嘴在我们家房角嚼马料。

ɕip^{213}van^{31}ma^{33}ɕip^{213}ma^{55}
十 天 来 十 马
十天来十马,

mi^{31}ɦaɯ^{55}ma^{55}laɯ^{31}ʔok^{213}
不 给 马 哪 出
不让哪个马匹出。

ku^{55}van^{31}ma^{33}ku^{55}tsok^{213}
九 天 来 九 帮
九天来九帮,

mi^{31}ɦaɯ^{55}tsok^{213}laɯ^{31}tjeu^{42}
不 给 帮 哪 跑
不让哪个马帮跑。

ta:i^{31}pa:u^{55}wəi^{213}lian^{31}wən^{42}
第 保佑 丫环(奴)和 主人
保佑主人和丫环都健康,

wəi^{213}ʔiu^{213}pa:i^{31}na:m^{42}ȵaŋ^{33}
丫环(奴)在 方面 南边上
丫环站在南边客人后服侍。

ta:u^{213}ma^{33}sian^{42}lək^{213}naŋ^{31}
回 来 全 儿 坐
全部来同坐,

ta:u^{213}ma^{33}sam^{31}lək^{213}kən^{33}
回 来 同 儿 吃
全体来同吃。

sam^{31}tin^{33}ma^{33}ɦau^{55}lai^{33}ɾa:n^{42}zau^{42}
双 脚 来 进 梯 家 我们
双脚来进我们家门前楼梯角,

sai^{42}tin^{33}ma^{33}ɦau^{55}jian^{31}ɾa:n^{42}zau^{42}
全 脚 来 进 院 家 我们
全脚进院内。

ɕian^{31}ʔda:ŋ^{33}ma^{33}ɦau^{55}sɯ^{213}ɾa:n^{42}zau^{42}
转 身 来 进 吊脚楼底层 家 我们
转身走进我们家的吊脚楼底层。

pu^{55}kən^{33}ɦau^{55}la^{213}kai^{33}zau^{31}mi^{31}
人 吃 饭 下 中堂的楼棱 我们 有
我们有在中堂的楼棱下吃饭的主人,

vən^{31}kən^{33}ŋa:i^{42}saɯ^{213}ɦek^{213}zau^{31}mi^{31}
人 吃 早饭 服侍 客 我们 有
也有服侍客人吃早饭的丫环,

pu^{55}kən^{33}ɦa:u^{55}kok^{55}sau^{33}zau^{31}mi^{31}
人 吃 饭 脚 柱 我们 有
也有人背靠柱脚在吃饭,

vən^{31}kən^{33}sau^{42}saɯ^{213}ɦek^{213}zau^{31}mi^{31}
人 吃 晚饭 服侍 客 我们 有
也有服侍客人吃晚饭的丫环。

ɕip^{213}van^{42}ma^{33}ɕip^{213}pu^{55}
十 天 来 十 人
十天来十人,

mi^{31}ɦaɯ^{55}pu^{55}laɯ^{31}ʔok^{213}
不 让 人 哪 出
不让哪人出。

ku^{55}van^{31}ma^{33}ku^{55}tsok^{213}
九 天 来 九 群
九天来九伙人,

mi^{31}ɦaɯ^{55}tsok^{213}laɯ^{31}tjeu^{42}
不 让 群 哪 走
不让哪伙人走。

ta:i^{31}pa:u^{55}jəu^{55}lian^{31}jau^{42}
第 保佑 友 和 情　　保佑儿孙友和情，

jəu^{42}ʔiu^{213}pai^{31}nam^{42}ȵiaŋ^{33}
友 在 面 南方[1]　　友客坐南面，

ta:u^{213}ma^{33}sian^{42}lək^{213}naŋ^{31}
回 来 全 儿 坐　　全部来同坐，

ta:u^{213}ma^{33}sam^{31}lək^{213}kən^{33}
回 来 同 儿 吃　　全体来同吃。

sam^{31}tin^{33}ma^{33}ɦau^{55}lai^{33}ɾa:n^{42}zau^{42}
双 脚 来 进 梯 家 我们　　双脚来进我们家门前楼梯角，

sai^{42}tin^{33}ma^{33}ɦau^{55}jian^{31}ɾa:n^{42}zau^{42}
全 脚 来 进 院 家 我们　　全脚进院内。

ɕian^{31}ʔda:ŋ^{33}ma^{33}ɦau^{55}sɯ^{213}ɾa:n^{42}zau^{42}
转 身 来 进 吊脚楼屋檐 家 我们　　转身走进我们家的吊脚楼底层。

pu^{55}kən^{33}ɦa:u^{55}la^{213}kai^{33}zau^{31}mi^{31}
人 吃 饭 下 中堂的楼棱 我们 有　　我们有在中堂的楼棱下吃饭的主人，

vən^{31}kən^{33}ŋa:i^{42}saɯ^{213}ɦek^{213}zau^{31}mi^{31}
人 吃 早饭 服侍 客 我们 有　　也有服侍客人吃早饭的丫环，

pu^{55}kən^{33}ɦa:u^{55}kok^{55}sau^{33}zau^{31}mi^{31}
人 吃 饭 脚 柱 我们 有　　也有人背靠柱脚在吃饭，

vən^{31}kən^{33}sau^{42}saɯ^{213}ɦek^{213}zau^{31}mi^{31}
人 吃 晚饭 服侍 客 我们 有　　也有服侍客人吃晚饭的丫环。

ɕip^{213}van^{42}ma^{33}ɕip^{213}pu^{55}
十 天 来 十 人　　十天来十人，

mi^{31}ɦaɯ^{55}pu^{55}laɯ^{31}ʔok^{213}
不 让 人 哪 出　　不让哪人出。

ku^{55}van^{31}ma^{33}ku^{55}tsok^{213}
九 天 来 九 群　　九天来九伙人，

mi^{31}ɦaɯ^{55}tsok^{213}laɯ^{31}tjeu^{42}
不 让 群 哪 走　　不让哪伙人走。

sam^{33}ʔau^{33}pa:u^{55}ʔdai^{55}pa:u^{55}
问 要 保 得 保　　儿要保佑得保佑。

lək^{213}ɦa^{55}sam^{33}au^{33}tɕeu^{55}
儿 想 问 要 重价　　儿问要重价，

sam^{33}au^{33}tɕeu^{55}ɦaɯ^{55}tɕeu^{55}
问 要 重价 给 重价　　问要重价给重价，

ʔin^{31}ʒok^{213}kuan^{31}tɕeu^{55}ɕian^{42}jaŋ^{31}laɯ^{31}
印 鸟 官 重价 钱 哪样[2]　　鸟官印那样的重价。

---

[1] 古代饮食的习俗：南北两方最重要，北面坐主人，南面坐客人，丫环站在客人身后服侍。

[2] 鸟官印：古代王之印玺，上有虎形和鸟形。

wan^{42}ma^{33}sa:m^{33}ɕip^{213}ɕian^{42}
每天　来　三　十　钱　　　每天进得三十两钱，
au^{33}ma^{33}lək^{213}kuə^{213}tɕeu^{55}
要　来　儿　做　重价　　　要来做重价给儿。
ʔin^{31}zok^{213}zei^{33}tɕeu^{213}ɦau^{55}jaŋ^{31}laɯ^{31}
印　鸟　狮　重价　钱　哪样①　　　鸟狮印那样的重价。
van^{31}ma^{33}sa:m^{33}ɕip^{213}ɦa:u^{55}
每天　来　三　十　粮米　　　每天进得三十石粮米，
au^{33}ma^{33}lək^{213}kuə^{213}tɕeu^{55}
要　来　儿　做　重价　　　要来做重价给儿。
lin^{31} ma^{33}nai^{42}tɕeu^{55}no^{31}jiaŋ^{31}laɯ^{42}
穿山甲 来　鳞甲　重价　肉　哪样　　　如同穿山甲鳞甲与肉重价成那样。
van^{31}ma^{33}sa:m^{33}ɕip^{213}no^{31}
每天　来　三　十　肉　　　每天收三十斤肉，
ʔau^{33}ma^{33}lək^{213}kuə^{31}tɕeu^{55}
要　来　儿　做　重价　　　要来给儿做重价。
to^{213}n̥uai^{31}tɕap^{55}ʒan^{33}ɦuŋ^{33}
射　少　逢　箭　多　　　给儿用箭射少留箭多。
to^{213}n̥uai^{31}poŋ^{31}so^{213}kau^{213}
射　少　遇　乐意　　　给儿用箭射少收获丰。
pu^{55}tək^{55}n̥iə^{213}pu^{55}n̥iə^{31}pu^{55}n̥ian^{42}
人　拉弓 射箭　人　射　人　瞄准　　　给儿拉弓射箭瞄得准。
ta:u^{55}zek^{213}tjaŋ^{42}zek^{213}ɾa:n^{31}
中　边　篷　边　房　　　给儿在篷边房边也射中。
tak^{213}ma^{55}pan^{31}pu^{55}pan^{33}
公　马　肥　有名人　　　给儿成名骑壮马。
tau^{213}jian^{31}ɾa:n^{31}lian^{42}ɕie^{31}
到　院　家　连　周围　　　给儿把院家周围地方都管住。
vət^{31}zi^{31}ʔdai^{55}kau^{33}ʔit^{55}
测　地　得　古藤②　　　测地得古藤。
sit^{55}zi^{31}ʔdai^{55}kau^{33}ɕiə^{55}
烧　地　得　神藤　　　烧地得神藤。
to^{31}nɯ^{213}ʔdai^{55}kau^{33}vəŋ^{42}kau^{33}fa:n^{42}
造　弓箭　得　王藤　角　獐子
sa^{33}suk^{55}ɕip^{213}
我们　握　紧③　　　我们造箭猎獐取麝香，
au^{33}ma^{33}lək^{213}kuə^{31}tɕeu^{55}
要　来　儿　做　重价　　　要来做重价给儿。

---

① 鸟狮印：古代王之印玺，上有狮形和鸟形。
② 古藤：大林中缠绕古树的一种粗藤。传说其有神，对它不能光脚踩，更不能砍伐。所以，测地先生上山测地也必须穿鞋，如果因此生病要请布摩先生改吉。
③ 獐子：产麝香的动物。

muə31ja31suat213tɕeu55sau33jaŋ31laɯ31
墓 祖奶 冒 重价 柱 哪样[1]
祖奶墓地冒出重价柱，

van31ma33sa:m33ɕip213sau33
每天 来 三 十 柱
每天进得三十宝，

au33ma33lək213kuə31tɕeu55
要 来 儿 做 重价
要来做重价给儿。

ʔjaŋ55vəŋ31sau42tɕeu213sak213jaŋ31laɯ31
长剑 皇帝 用 重价 恋 哪样
皇帝恋着长剑那样的重价，

van31ma33sa:m33ɕip213ɕak31
每天 来 三 十 恋
每天也来三十回，

au33ma33lək213kuə31tɕeu55
要 来 儿 做 重价
要来做重价给儿。

kuə31ɕak213ɦaɯ213tɕeu55vɯŋ42
做 恋 给 重价 王
重价给王做纪念，

kuə31soŋ42ɦaɯ213tɕeu55tsau33
做 雄 给 重价 寿
让儿英雄又得寿。

ku213ni55min42ka33ni55
首 这 明 这边
这首明这点，

ɕiaŋ42ni55kua213ka33ni55
节 这 过 这边
这节过这页。

ku213ni55mjan55ka33ni55
首 这 免 这里
这首经念完，

pjan55liau5542saɯ33ka33ni55
篇 了 毕 这里
这首经念毕。

mət213ku31liau55ku31liaŋ33
毕 这首 首 后
念毕这首念后首，

saŋ33ku31liau55ku31mo213
唱 首 完 首 新
唱完这首唱新首，

ku213mo213ku213ɦa55taŋ42
首 新 我 要 到
新首我要到，

ku213laŋ33ku213ɦa55ɦau213
首 后 我 要 唱
后首我要唱。

十、“重阳忌阴”的禁忌种种

tin33lai33tau55zat55sau55
脚 梯 出 黄菌
梯脚长黄菌。

tsau213lai33tau55zat55zap21
头 梯 出 鸡棕菌
梯头长鸡棕菌。

kap213ra:n42tau213zat55ʔdaŋ55
屋檐 出 药菌
屋檐长药菌。

① 墓地冒柱：祖坟自然地长出柱子般的土包，预示后代会因发现宝贝而发家。

ŋɯ^{42}tai^{213}la:u^{55}ma^{33}ɾa:n^{42}
蛇 太 大 来 家　　大蛇进来家。

fa:n^{42}ma^{33}po^{33}tam^{55}zoŋ^{213}
獐子 来 山 进 圈　　山上獐子来进畜圈。

jieu^{31}ma^{33}poŋ^{31}sau^{33}su^{33}
老鹰 来 冲 柱 中　　老鹰飞来撞中柱。

te^{33}mu^{33}zuŋ^{55}lək^{213}tok^{213}
它 猪 养 儿 独　　母猪生独崽。

tam^{55}zok^{213} neŋ^{42}jian^{33}ka^{42}
织布 苍蝇 拦　　织布拦苍蝇。

koŋ^{213}su^{33}vət^{55}fi^{31}tau^{31}
蟾蜍 扒 火 灰　　蟾蜍扒火塘炭灰。

te^{33}ma^{33}ʔok^{213}zok^{213}sat^{55}
它 狗 生 窝 七　　母狗一窝生七崽。

te^{33}nu^{33}zau^{213}ʔdaɯ^{33}zan^{42}
它 鹭鸟 叫 内 房　　鹭鸟站在房内叫。

ten^{33}mi^{31}jin^{33}ma^{31}jin^{33}
它 不 阴 哪 阴　　此种不阴哪种阴。

ten^{33}ko^{55}jin^{33}la:u^{55}lo^{31}
它 就 阴 大 亡人　　它就阴归逝老人。

ten^{33}ko^{55}jin^{33}to^{31}ʔdjeu^{33}meŋ^{42}
它 就 阴 个 一 你　　只阴您亡人一个。

***

ɦa:u^{55}san^{33}ʔdaŋ^{33}ɕi^{33}sat^{213}
大米 响 滴答　　粮囤中的大米无故响滴答。

ɦa:u^{55}kak^{31}ʔdaŋ^{33}ɕi^{33}sit^{55}
稻谷 响 滴答　　粮囤中的稻谷无故响滴答。

me^{31}pit^{55}pan^{31}soŋ^{33}tsau^{55}
母 鸭 成 两 头　　母鸭长成两个头。

me^{31}kai^{31}tau^{55}soŋ^{33}ʔdan^{33}
母 鸡 生 两 蛋　　母鸡一次生两蛋。

van^{31}ʔdjeu^{33}tau^{55}soŋ^{33}ta:u^{55}
天 一 生 两 道　　一天生蛋生两次。

ʔdau^{213}ʔdjeu^{33}tau^{55}soŋ^{33}pai^{42}
季节 一 生 两 回　　一个季节生蛋生两回。

ten^{33}mi^{31}jin^{33}ma^{31}jin^{33}
它 不 阴 哪 阴　　此种不阴哪种阴。

ten^{33}ko^{55}jin^{33}la:u^{55}lo^{31}
它 就 阴 大 亡人　　它就阴归逝老人。

ten^{33}ko^{55}jin^{33}to^{31}ʔdjeu^{33}məŋ^{42}
它 就 阴 个 一 你　　只阴您亡人一个。

me^{31}kai^{31}ɦan^{33}tsau^{55}loŋ^{55}
母 鸡 叫 楼上
母鸡叫楼上。

te^{33}mu^{33}ʒoŋ^{213}kən^{31}fi^{31}
它 猪 跳 上 火
猪跳上火塘。

koŋ^{213}si^{33}vət^{55}fi^{31}tau^{31}
牛角虫 扒 火 灰
牛角虫扒火塘炭灰。

te^{33}ʔa^{33}ʒau^{31}n̥iu^{213}ra:n^{42}
它 乌鸦 叫 顶 房
乌鸦叫房顶。

ten^{33}mi^{31}jin^{33}ma^{31}jin^{33}
它 不 阴 哪 阴
此种不阴哪种阴。

ten^{33}ko^{55}jin^{33}la:u^{55}lo^{31}
它 就 阴 大 亡人
它就阴归逝老人。

ten^{33}ko^{55}jin^{33}to^{31}ʔdjeu^{33}məŋ^{42}
它 就 阴 个 一 你
只阴您亡人一个。

sa:u^{213}ʔdi^{33}tɕaŋ^{42}toŋ^{42}vit^{55}
锅 和 三脚 相 粘
锅和火塘三脚相粘为一体。

pit^{55}ʔdi^{33}kai^{42}toŋ^{42}ʒɯŋ^{42}
鸭 和 鸡 相 跟
鸭和鸡相跟。

mu^{33}ʔdi^{33}juaŋ^{42}toŋ^{31}tsaŋ^{31}
猪 和 羊 相 碰撞
猪和羊相碰撞。

sa:u^{213}ʔdi^{33}tɕaŋ^{42}toŋ^{42}vit^{55}
锅 和 三脚 相 粘
锅和火塘三脚相粘为一体。

pit^{55}ʔdi^{33}kai^{213}toŋ^{42}pja^{42}
鸭 和 鸡 相 处
鸭和鸡相伙一处。

ɕie^{42}ʔdi^{33}va:i^{42}toŋ^{42}tsaŋ^{31}
黄牛 和 水牛 相 碰撞
黄牛和水牛相碰撞。

ten^{33}mi^{31}jin^{33}ma^{31}jin^{33}
它 不 阴 哪 阴
此种不阴哪种阴。

ten^{33}ko^{55}jin^{33}la:u^{55}lo^{31}
它 就 阴 大 亡人
它就阴归逝老人。

ten^{33}ko^{55}jin^{33}to^{31}ʔdjeu^{33}məŋ^{42}
它 就 阴 个 一 你
只阴您亡人一个。

ɦa:u^{55}tsa:ŋ^{33}ʒət^{55}pan^{42}va^{213}
饭 中 筲箕 成 裹片
饭在筲箕裹成片。

tsa^{213}tsa:ŋ^{31}na^{42}pan^{31}mjum^{31}
稻秧 中 田 成 堆堆
田中稻秧成堆堆。

ten^{33}mi^{31}jin^{33}ma^{31}jin^{33}
它 不 阴 哪 阴
此种不阴哪种阴。

ten^{33}ko^{55}jin^{33}la:u^{55}lo^{31}
它 就 阴 大 亡人
它就阴归逝老人。

ten33ko55jin33to31ʔdjeu33məŋ42
它 就 阴 个 一 你 　　只阴您亡人一个。

***

jin33ɾa:n42ku213nau31kuan213
阴 家 我 说 先 　　阴家我说先。

jin33tɯn31ku213nau31laŋ33
阴 山地 我 说 后 　　阴山地我说后。

pai33tɯn31za:n33mjau42tɯn31
去 山地 见 野猫 　　去山地见着野猫。

ʔjiu213ɾa:n42zan33mjau42ɾa:n42
在 家 见 家猫 　　在家见着家猫。

pai33tɯn42zan33tuə42ta33ɦeu33
去 山地 见 个 眼 绿 　　去山地见着眼绿兽。

ten33mi31jin33ma31jin33
它 不 阴 哪 阴 　　此种不阴哪种阴。

ten33ko55jin33la:u55lo31
它 就 阴 大 亡人 　　它就阴归逝老人。

ten33ko55jin33to31ʔdjeu33məŋ42
它 就 阴 个 一 你 　　只阴您亡人一个。

***

pai33tɯn42zan33mu33tɯn42ʒum31tsau213taŋ55
去 山地 见 野猪 滚 头 沟 　　去山地见野猪滚沟头，

pai33tɯn42zan33mu33tɯn42ʒum42ɦaŋ55na42
去 山地 见 野猪 滚 尾 田 　　去山地见野猪滚田尾，

ʒum42ʔuai31na213ma33vaŋ33
滚 转 脸 来 拦 　　滚转脸来拦，

ʒum42ʔuai31laŋ33ma33so42
滚 转 背 来 看 　　滚转背来看。

ten33mi31jin33ma31jin33
它 不 阴 哪 阴 　　此种不阴哪种阴。

ten33ko55jin33la:u55lo31
它 就 阴 大 亡人 　　它就阴归逝老人。

ten33ko55jin33to31ʔdjeu33məŋ42
它 就 阴 个 一 你 　　只阴您亡人一个。

***

pai33tɯn42zan33mui33mət55ta213na31la55
去 山地 见 熊老 踩 田 下 　　去山地见老熊踩下田，

zan33mui33ma55ta213na31kən42
见 熊 壮 踩 田 上 　　见壮熊踩上田，

ta213ʔua:i31na55ma33vaŋ33
踩 转 脸 来 拦 　　熊转脸来拦，

ta^{213}ʔuai^{31}laŋ^{33}ma^{33}so^{42}
踩 转 背 来 看　　熊转背来看。
ten^{33}mi^{31}jin^{33}ma^{31}jin^{33}
它 不 阴 哪 阴　　此种不阴哪种阴。
ten^{33}ko^{55}jin^{33}la:u^{55}lo^{31}
它 就 阴 大 亡人　　它就阴归逝老人。
ten^{33}ko^{55}jin^{33}to^{31}ʔdjeu^{33}məŋ^{42}
它 就 阴 个 一 你　　只阴您亡人一个。
***
pai^{33}tɯn^{31}zan^{33}fuət^{213}zam^{31}tok^{55}na^{42}tsa^{213}
去 田坝 见 翅膀 老鹰 落 田 秧　　去田坝见老鹰翅膀落秧田，
zan^{33}fuət^{213}ʔa^{33}tok^{55}na^{213}θi^{31}
见 翅膀 乌鸦 落 面前 地　　去田坝见乌鸦翅膀落面前。
ten^{33}mi^{31}jin^{33}ma^{31}jin^{33}
它 不 阴 哪 阴　　此种不阴哪种阴。
ten^{33}ko^{55}jin^{33}la:u^{55}lo^{31}
它 就 阴 大 亡人　　它就阴归逝老人。
ten^{33}ko^{55}jin^{33}to^{31}ʔdjeu^{33}məŋ^{42}
它 就 阴 个 一 你　　只阴您亡人一个。
***
pai^{33}tɯn^{31}pi^{213}nai^{42}ta:u^{213}lət^{213}tsit^{55}
去 山地 喷嚏 出 血 冷　　在山地打喷嚏出冷血，
pi^{213}nai^{42}ta:u^{213}lət^{213}tset^{213}
喷嚏 出 血 血块　　打喷嚏出冷血块。
ten^{33}mi^{31}jin^{33}ma^{31}jin^{33}
它 不 阴 哪 阴　　此种不阴哪种阴。
ten^{33}ko^{55}jin^{33}la:u^{55}lo^{31}
它 就 阴 大 亡人　　它就阴归逝老人。
ten^{33}ko^{55}jin^{33}to^{31}ʔdjeu^{33}məŋ^{42}
它 就 阴 个 一 你　　只阴您亡人一个。
***
pai^{33}tɯn^{31}tsi^{213}mai^{55}zak^{55}pai^{31}na^{55}
去 山地 丫 树 断 面前　　去山地树丫断面前，
tsi^{213}mai^{55}kua^{55}pai^{31}laŋ^{33}
丫 树 倒 背后　　去山地见树丫倒背后。
ten^{33}mi^{31}jin^{33}ma^{31}jin^{33}
它 不 阴 哪 阴　　此种不阴哪种阴。
ten^{33}ko^{55}jin^{33}la:u^{55}lo^{31}
它 就 阴 大 亡人　　它就阴归逝老人。
ten^{33}ko^{55}jin^{33}to^{31}ʔdjeu^{33}məŋ^{42}
它 就 阴 个 一 你　　只阴您亡人一个。
***

pai^{33}tɯn^{31}na^{55}na^{31}pan^{42}

去　田坝　埂　田　崩溃　　　　去田坝见田埂崩溃，

pai^{33}tɯn^{31}zan^{33}na^{31}lak^{33}

去　田坝　见　田　垮　　　　去田坝见田垮。

ten^{33}mi^{31}jin^{33}ma^{31}jin^{33}

它　不　阴　哪　阴　　　　此种不阴哪种阴。

ten^{33}ko^{55}jin^{33}la:u^{55}lo^{31}

它　就　阴　大　亡人　　　　它就阴归逝老人。

ten^{33}ko^{55}jin^{33}to^{31}ʔdjeu^{33}məŋ^{42}

它　就　阴　个　一　你　　　　只阴您亡人一个。

***

pai^{33}tɯn^{31}sak^{55}vɯŋ^{31}fa:n^{42}

去　田坝　见　王　獐子①　　　　去田坝见獐子王，

ma^{33}ɾa:n^{31}sak^{55}te^{33}lin^{31}

来　家　逢　穿山甲　　　　回家逢见穿山甲。

ten^{33}mi^{31}jin^{33}ma^{31}jin^{33}

它　不　阴　哪　阴　　　　此种不阴哪种阴。

ten^{33}ko^{55}jin^{33}la:u^{55}lo^{31}

它　就　阴　大　亡人　　　　它就阴归逝老人。

ten^{33}ko^{55}jin^{33}to^{31}ʔdjeu^{33}məŋ^{42}

它　就　阴　个　一　你　　　　只阴您亡人一个。

***

jin^{31}ɾa:n^{31}ni^{55}ʔbo^{33}mi^{31}

阴　家　这　不　有　　　　阴这家没有？

jin^{33}pi^{55}nuaŋ^{55}ta:u^{213}pja^{31}

阴　舅家的亲戚　　　　阴舅家的亲戚？

jin^{33}ta^{33}ta:i^{213}ta:u^{55}vɯe^{213}

阴　外公　外婆　出　破裂　　　　阴外公外婆出事？

pɯe^{31}ma^{33}sau^{55}jin^{33}pai^{33}

衣服　来　扫　阴　走　　　　用衣服来扫阴走。

sau^{55}ma^{33}kuak^{213}jin^{33}pai^{33}

竹竿　来　刮　阴　走　　　　拿竹竿来刮阴去。

kuak^{213}jin^{33}pai^{33}liau^{55}liau^{55}

刮　阴　走　了了　　　　刮阴去了了。

pjiau^{55}jin^{33}pai^{33}tsaŋ^{213}tsaŋ^{213}

搬　阴　走　净净　　　　搬阴走净净。

tɯ^{42}jin^{33}pai^{33}lak^{213}tək^{55}tsok^{213}zok^{213}

带　阴　走　不要　放　墙　外　　　　带阴走不能放墙外，

① 王獐子：管獐子群的头子。

ʒa^{31}ʔdjeu^{33}lək^{213}ʔdek^{213}zan^{33}ʒo^{55}

然后 儿 小 见 会

pan^{42}va:n^{42}

成 哑巴 不然小孩见着会成哑巴。

tɯ^{42}jin^{33}pai^{33}lak^{213}tək^{55}zok^{213}ɾa:n^{42}

带 阴 走 不要 放 外 家 带阴走不能放外家，

ʒa^{31}ʔdjeu^{33}lək^{213}la:n^{33}zan^{33}ʒo^{55}pan^{42}ʔua^{55}

然后 儿 孙 见 会 成 憨包 不然孙儿见着会成憨包。

tɯ^{31}pai^{33}ɦam^{33}sa:m^{33}ɕip^{213}ɕiau^{31}fai^{31}ʔdok^{55}

带 去 埋 三 十 代 程度 带阴去埋三十代程度，

ʒok^{55}ɕip^{213}ɕiau^{31}fai^{31}ʔdam^{33}

六 十 代 远程 带阴去埋六十代远程。

tɯ^{31}pai^{33}ɦam^{33}pak^{213}ʔdjeu^{33}

带 去 埋 秘密地方 带阴去埋秘密地方。

jin^{33}lap^{213}loŋ^{55}pai^{33}pɯŋ^{42}

阴 装 笼 去 地方 阴装笼去仙界地方。

jin^{33}lap^{213}sɯŋ^{33}kɯ^{55}suaŋ^{33}

阴 装 柜 藏 留 阴装柜去仙界地方。

taŋ^{31}tsau^{213}tɕau^{31}luaŋ^{42}məŋ^{31}ɦo^{31}ji^{31}

到 头 桥 铜 您 慢揭笼盖 走到仙界铜桥头您慢揭笼盖。

taŋ^{31}na^{213}jiu^{55}ɕi^{213}məŋ^{42}ɦo^{31}ɦai^{33}

到 面 友 恋 您 慢开柜盖① 走到仙界铜桥头面对恋友您慢开柜盖。

ku^{213}jin^{33}vaŋ^{42}ka^{33}ni^{55}

首 阴 完 这边 这首阴完这点，

ku^{213}jin^{33}mjan^{55}ka^{33}ni^{55}

首 阴 免 这里 这首经念完，

pjan^{55}jin^{33}saɯ^{33}ka^{33}ni^{55}

篇 阴 毕 这里 这首经念毕。

mət^{213}ku^{31}lieu^{55}ku^{31}liaŋ^{33}

毕 这首 首 后 念毕这首念后首，

saŋ^{33}ku^{31}lieu^{55}ku^{31}mo^{213}

唱 首 完 首 新 唱完这首唱新首，

ku^{213}mo^{213}ku^{213}ɦa^{55}taŋ^{42}

首 新 我 要 到 新首我要到，

ku^{213}laŋ^{33}ku^{213}ɦa^{55}ɦau^{213}

首 后 我 要 唱 后首我要唱。

***

mau^{33}van^{33}ʔə^{55}mau^{33}van^{33}

阿 魂 呵 阿 魂 参加仪式众人的阿魂呵阿魂。

① 仙界铜桥头面对恋友：意为生前相恋不成对，死后仙游要同乐。传说生前没有恋人者，守桥天将就不给通过，也进不了仙界。

mau^{33}van^{33}men^{31}pɯ^{31} pai^{31}laŋ^{33}ku^{33}ma^{33}
阿　魂　衣角　后背　我　来　　众人的魂随着布摩的衣角转回来。

mau^{33}van^{33}ta^{213}paŋ^{42}pai^{31}na^{213}ku^{33}ma^{33}
阿　魂　眼　布　前面　我　来　　众人的魂随着布摩的布眼转回来。

məŋ^{31}ko^{55}kai^{213}lak^{213}kam^{33}van^{33}ku^{33}
您　可不能　捏　魂　我
pai^{33}kuan^{213}
去　先　　您亡人可不能捏我魂先去，

ʒa^{31}ʔdjeu^{33}lək^{213}ku^{33}zo^{55}zam^{213}lək^{213}məŋ^{42}
不然　儿　我　会　砍　儿　你　　不然我儿会砍您儿。

məŋ^{31}ko^{55}kai^{213}lak^{213}kam^{33}van^{33}ku^{33}
你　可不能　捏　魂　我　　您亡人可不能捏我魂前去，
pai^{33}na^{55}
去　前

ʒa^{31}ʔdjeu^{33}lək^{213}ku^{33}ʒo^{55}ka^{213}lək^{213}məŋ^{42}
不然　儿　我　会　杀　儿　你[①]　　不然我儿会杀您儿。

məŋ^{31}ko^{55}kai^{213}lak^{213}kam^{33}van^{33}ku^{33}pai^{33}
你　可不能　捏　魂　我　去
taŋ^{31}tɕa:ŋ^{33}toŋ^{31}
到　中　坝　　您亡人可不能捏我魂去坝中，

fəŋ^{31}sei^{55}soŋ^{213}van^{33}ku^{33}ma^{33}
手　左　送　魂　我　来　　左手送我的魂来。

məŋ^{31}ko^{55}kai^{213}lak^{213}kam^{33}van^{33}ku^{33}pai^{33}
你　可不能　捏　魂　我　去
taŋ^{31}tɕaŋ^{33}na^{42}
到　中　田　　您亡人可不能捏我魂去田中，

fəŋ^{42}kua^{31}ɕua^{33}van^{33}ku^{33}ta:u^{31}
手　右　送　魂　我　转　　右手让我的魂转。

ta:ŋ^{213}van^{33}ta:ŋ^{213}ma^{33}so^{31}
各　魂　各　来　入　　众人各魂入各身。

ta:ŋ^{213}no^{31}ta:ŋ^{213}ma^{33}ʔda:ŋ^{33}
各　肉　各　来　身　　众人各肉各来体。

ta:ŋ^{213}van^{33}ta:ŋ^{213}ma^{33}tiŋ^{31}
各　魂　各　来　定　　众人各魂各来定。

ta:ŋ^{213}miŋ^{31}ta:ŋ^{213}ma^{33}ʔda:ŋ^{33}
各　命　各　来　身　　众人各命各来身。

ɕi^{33}so^{31}ma^{33}pei^{42}van^{33}
直来　来　呵　魂　　直来呵阿魂，

vat^{213}pai^{31}sɯ^{55}van^{33}ma^{33}
招　左手　魂　来　　招左手魂来，

① “砍杀”两句，现在布摩先生都省略不念。

kua^{33}pai^{31}kua^{42}van^{33}ta:u^{213}

右　右手　魂　来到　　招右手魂到。

ʔja:ŋ^{55}ku^{33}le^{33}lap^{213}ɦok^{55}

长剑　我　要　入　鞘　　我布摩长剑要入鞘。

ʒok^{213}ku^{33}le^{33}ʔjin^{33}va^{33}

竹神棍　我　要　靠　竹墙①　　我布摩先生竹神棍靠竹墙。

lək^{31}sam^{55}ɕua^{33}tai^{55}po^{31}（me^{31}）

儿　伤心　哭　父（母）　　儿伤心地哭父（母）亲。

tai^{55}po^{31}（me^{31}）tsa^{55}（ʒau^{42}）au^{33}tsau^{33}

哭　父（母）　亲（侄）　要　寿　　儿哭父（母）得寿。

tai^{55}po^{31}（me^{31}）zau^{42}au^{33}tɕeu^{33}

哭　父（母）　我们　要　得名得财　　儿哭父（母）得名得财。

tai^{55}liau^{55}ka^{31}pan^{31}kən^{33}pan^{31}ʔdi^{33}

哭　了　会　成　吃　成　好

tɕi^{55}ɕau^{31}

数　辈　　哭了幸福数辈好。

注：此《经文》由布依族“布摩”先生王堂智（云南罗平县中寨村第四代“布摩”传人）诵读、讲解。

① 竹神棍：是指布摩先生在此仪式中开坛用的竹棍，长约2.3米。据说此竹神棍法力无边，布摩在整个仪式中都不离手。

第八章　《摩经·用牛祭祖词》（第五卷）

第一节　《摩经·用牛祭祖词》（第五卷）原文图

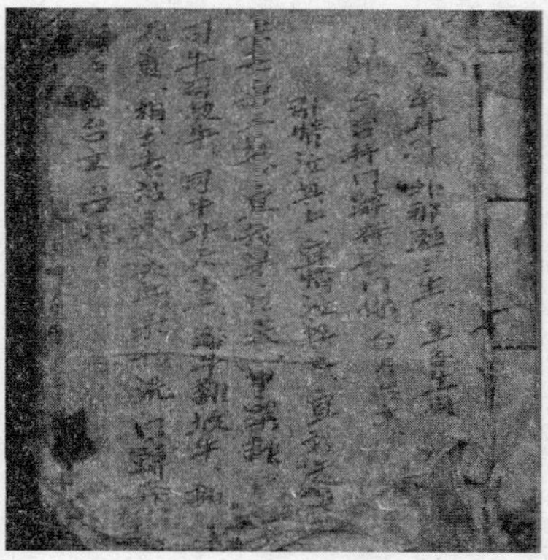

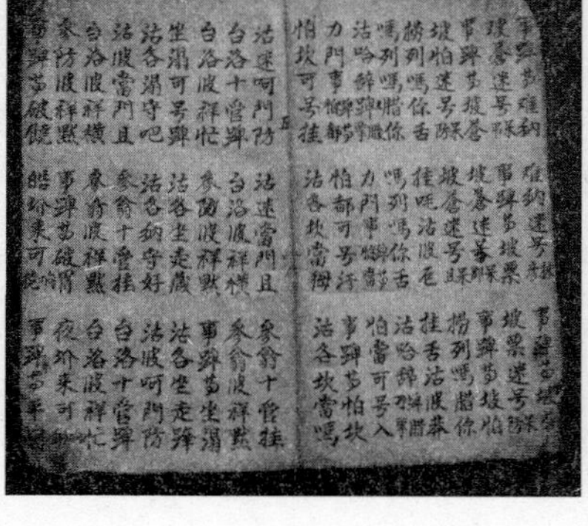

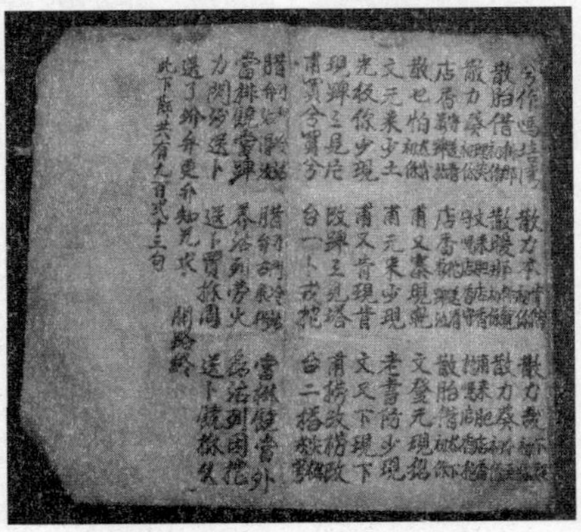

第二节　《摩经·用牛祭祖词》（第五卷）译注

《送魂上天堂经》

mo³³taŋ²¹³

念经　送魂

“送魂上天堂”的仪式在灵堂举行。布摩先生设祭坛讲究方位：如逢逝世者在正月子日死，祭坛要放在棺材脚；逢二月辰日死，祭坛要放在棺材头；逢三月亥日死，祭坛要放在棺材中部。此称为“大将军祭坛”。丧家的跪拜也讲究方位，由布摩先生推算并规定：如逝世者逢酉日死，孝子孝女不准在祭坛的午方跪拜；逢未日死，孝子孝女不准在祭坛的辰方跪拜；逢申日死，孝子孝女不准在祭坛的亥方跪拜；整个仪式中孝子孝女不准从布摩先生前面走过。此称为“小将军祭坛”。

布摩先生安送魂桌，桌上置香炉一只（上点五支香）、茶五杯、酒一壶、葫芦瓢五个装酒、纸钱三叠、公鸡毛三根和糕饼糖果等。供桌脚拴大公鸡一只，称为“带路鸡”。布摩先生先念《供师经》，再用长剑围身，又用竹神棍围身。接着，布摩先生手抱“带路鸡”念唱《开路经》，且此段经文必须快速念完才有气势。

一、《开路经》

ʔit^{55}to^{213}ti^{31}ɕin^{33}ɕin^{33}

一　供　土地　清　清　　　一供土地清清，

ŋi^{31}to^{123}ti^{31}ɕin^{33}ɕin^{33}

二　供　土地　清　清　　　二供土地清清。

ŋi^{31}ɦo^{55}kap^{213}va^{213}ȵiu^{42}

二　我　抓　花　牛　　　二我抓花牛，

ɕiaŋ^{33}luŋ^{42}ʔbo^{33}ɦau^{55}tsai^{55}

香　炉　不　进　祭　　　家神不见怪。

ta:i^{213}ʔit^{55}sap^{213}ka^{213}tɕaŋ^{42}

第　一　到　火塘三脚　　　第一赶到火塘三脚处，

ta:i^{213}ŋi^{31}sap^{213}ka^{213}tɕaŋ^{42}

第　二　到　火塘三脚　　　第二赶到火塘三脚处。

fiaŋ^{31}fiaŋ^{31}tau^{55}ʔju^{213}li^{55}

飞　飞　来　在　里面　　　布摩飞跑来在里面，

po^{31}kai^{213}ʒu^{55}ʔbin^{33}pai^{33}

公　鸡　冠　飞　去　　　布摩的公鸡冠带着飞去，

po^{31}kai^{213}sai^{33}ʔbin^{33}ta:u^{213}

公　鸡　师　飞　回①　　　公鸡师飞回。

po^{31}kai^{213}zu^{55}ʔbin^{33}sa:u^{42}

公　鸡　冠　飞　朝　　　布摩的公鸡冠带着飞去，

po^{31}kai^{213}ɦa:u^{33}ʔbin^{33}ta:u^{213}

公　鸡　白　飞　回　　　白公鸡飞回。

ʔua:i^{213}na^{55}pai^{33}sa:m^{33}səp^{213}

转　脸　去　三　次　　　你，转脸去三次，

səp^{213}kuə^{31}səp^{213}ta:u^{213}su^{55}

次　连　次　来　接　　　一次连一次来望儿孙，

ʔua:i^{213}na^{55}pai^{33}sa:m^{33}sɯŋ^{33}

转　脸　去　三　回　　　你，转脸去三回，

sɯŋ^{33}kuə^{31}sɯŋ^{33}ta:u^{55}ɦam^{31}

回　连　回　来　盖　　　布摩先生治水法来盖。

θi^{33}laŋ^{33}zam^{55}məŋ^{31}ʔua:i^{213}

跟着　水　你　转　　　布摩给你跟水转，

θi^{33}tai^{31}pai^{213}məŋ^{31}pai^{33}

跟　开路　你　去　　　布摩开路给你去。

θi^{33}pai^{33}pɯŋ^{33}lam^{42}məŋ^{31}pai^{33}

跟　去　方　哪　你　去　　　开路是哪方，你就去哪方。

ta:i^{31}tsit^{55}ta:i^{31}li^{31}ta:i^{31}pa:u^{213}

台　请　台　力　台　保　　　请你、吓你、保佑你。

① po^{31}kai^{213}sai^{33}，公鸡师：指布摩先供其师，其师放公鸡下来带路。

ʔit^{55}to^{213}ti^{31}ɕin^{33}ɕin^{33}
一 供 土地 清 清　　一供土地清清，

ŋi^{31}to^{123}ti^{31}ɕin^{33}ɕin^{33}
二 供 土地 清 清　　二供土地清清。

ŋi^{31}ɦo^{55}suŋ^{213}ja^{31}tian^{33}taŋ^{42}
二 我 送 奶 天 堂　　到我布摩念经送奶（公）去天堂，

ka^{33}tok^{55}soŋ^{33}sa:m^{33}ʔi^{31}
脚 落 二 三 地　　奶（公）快快脚落天堂地。

ŋi^{31}ɦo^{55}pan^{213}kun^{33}lai^{42}
二 我 做 官 赶　　到我布摩做官念经赶，

tsap^{213}tsai^{213}pai^{31}kun^{33}ʒak^{213}
竹笋壳 祭拜 官 借　　祭拜了竹神，我布摩借官做来念经赶。

sɯ^{33}ȵok^{213}sɯ^{33}ʔbo^{33}ȵok^{213}
书 念 书 不 念　　别样经书不念，

sɯ^{33}ȵok^{213}tau^{55}tian^{33}taŋ^{42}
书 念 来 天 堂　　只念上天堂经书。

fan^{33}ȵok^{213}fan^{33}ʔbo^{33}ȵok^{213}
翻 念 翻 不 念　　别样经书不翻，

fan^{33}ȵok^{213}tau^{55}tian^{33}kui^{213}
翻 念 来 天 贵　　只念上天堂贵经。

seŋ^{33}ji^{31}la:u^{55}ku^{33}lai^{42}
大命 大 我 赶　　布摩命大布摩赶，

tian^{33}ɦa:i^{33}ʒai^{42}ku^{33}sit^{55}
天 开 喊 我 治水法　　天神喊我布摩治水法，

sit^{55}məŋ^{31}pai^{33}pɯŋ^{31}laɯ^{42}məŋ^{31}pai^{33}
治水法 你 去 方 哪 你 去　　治水法指哪方，你就去哪方。

ta:i^{31}tsit^{55}ta:i^{31}li^{31}ta:i^{31}pa:u^{213}
台 请 台 力 台 保　　请你、吓你、保佑你。

tian^{33}ti^{213}fɯŋ^{33}li^{31}ti^{213}fɯŋ^{33}
天 地 分 立 地 分　　天地分，立地分。

vən^{33}mɯŋ^{42}tsai^{213}pat^{213}li^{31}
雨 毛 祭 喷 历　　喷水法，成毛雨。

ɦa:i^{33}tin^{33}ʔbən^{33}ʔan^{55}ʔok^{213}
开 脚 天 那 出　　开天路给你出，

ŋuat^{213}tin^{33}ʔbən^{33}ʔan^{55}ta:u^{213}
封 脚 天 那 回　　封天脚你就不能回。

fan^{33}ʔau^{33}tian^{33}pai^{33}la^{55}
翻 要 天 去 下　　翻要天到下面去，

fa^{55}ʔau^{33}ti^{31}ma^{33}sa:ŋ^{33}
反 要 地 来 高　　反要地来高。

tian^{33}tau^{33}tau^{33}ti^{213}tau^{33}tau^{33}
天 滔滔 地 滔滔　　　　天滔滔，地滔滔。

θi^{33}laŋ^{33}zam^{55}məŋ^{31}ʔua:i^{213}
跟着 水 你 转　　　　布摩给你跟水转，

θi^{33}tai^{31}pai^{213}məŋ^{31}pai^{33}
跟 开路 你 去　　　　布摩开路给你去。

θi^{33}pai^{33}pɯŋ^{33}laɯ^{42}məŋ^{31}pai^{33}
跟 去 方 哪 你 去　　　　开路是哪方，你就去哪方。

ta:i^{31}tsit^{55}ta:i^{31}li^{31}ta:i^{31}pa:u^{213}
台 请 台 力 台 保　　　　请仙台保佑你。

《开路经》念毕，布摩接着念唱《送魂上天堂经》上卷。

二、《送魂上天堂经》（上）

mo^{33}taŋ^{213}
念经 送魂

（一）

zən^{31}nin^{42}tem^{213}taŋ^{33}sok^{55}
起 睡 点 灯 海①　　　　睡醒来点你的海灯，

ʔok^{213}zuk^{213}tau^{55}tem^{213}taŋ^{33}
出 睡处 来 点 灯　　　　走出睡处来点你的海灯。

zən^{31}nin^{31}tem^{213}taŋ^{33}sok^{55}
起 睡 点 灯 海　　　　睡醒来点你的海灯，

ʔok^{213}zuk^{213}tau^{55}naŋ^{31}ʔan^{33}
出 睡处 来 坐 安　　　　走出睡处来安坐。

zən^{31}kən^{31}ma:n^{33}za:i^{31}ɦan^{213}məŋ^{31}ma^{33}
起 上 布 花 黄 你 来　　　　请你从黄花布上睡醒起来，

zən^{31}tai^{213}ku^{31}pen^{213}mai^{55}fuŋ^{33}məŋ^{31}ma^{33}
起 从 棺材 树 枫 你 来　　　　请你从枫树棺材里起来，

zən^{31}tai^{213}ku^{31}suŋ^{42}mai^{55}vak^{33}məŋ^{31}ma^{33}
起 从 棺木 树 厚皮 你 来　　　　请你从厚皮树棺材里起来，

zən^{31}tai^{213}ku^{31}tat^{213}mai^{55}tse^{33}məŋ^{31}ma^{33}
起 从 棺材 树 松 你 来　　　　请你从松树棺材里起来，

zən^{31}tai^{213}la^{213}sa:i^{31}ɦua^{55}ɕip^{213}ŋi^{33}
起 从 下 房 瓦 十 二
fan^{33}məŋ^{31}ma^{33}
柱枋 你 来②　　　　请你从十二间大瓦屋起来，

① taŋ^{33}sok^{55}，灯海：指放于棺底中部的内装糯米饭、灯芯线和茶油的盆灯（现改用大碗）。海，大之意。

② 十二柱枋：指十二间的大房屋。

zən^{31}tai^{213}la^{213}ɾan^{42}sa^{33}ɕip^{213}ŋi^{33}tət^{213}
起　从　下　孝房　十　二　层
mən^{31}ma^{33}
你　来
请你从十二层大孝房起来。

zən^{31}ma^{33}naŋ^{31}taŋ^{213}ʔa:n^{33}la:u^{42}
起　来　坐　凳　安然
起来坐凳安然，

zən^{31}ma^{33}ku^{33}nau^{42}za:n^{33}zɯi^{31}
起　来　我　告诉　路途
起来我布摩念经告诉你路程，

zən^{31}ma^{33}ku^{33}nau^{42}p‘ui^{213}zan^{33}pai^{33}
起　来　我　告诉　开　路　走
起来我布摩念经指路给你走。

nau^{42}zan^{33}zɯi^{31}kai^{213}məŋ^{42}
告诉　路途　是　你
告诉路途给你，

p‘ui^{213}zan^{33}pai^{33}kai^{213}məŋ^{42}
开　路　去　是　你
念开路经给的是你。

zən^{213}ma^{33}ku^{33}nau^{42}ʔbo^{213}pja^{33}man^{42}
起　来　我　告诉　井　鱼　马
kai^{213}məŋ^{42}
是　你
起来我布摩告诉你，井中的马鱼是你的。

zən^{213}ma^{33}ku^{33}nau^{42}zan^{33}pau^{213}ja^{31}
起　来　我　告诉　路　祖爷　祖奶
kai^{213}məŋ^{42}
是　你
起来我布摩告诉你，祖先路是你走的路。

zən^{213}ma^{33}ku^{33}nau^{42}ʔbo^{213}pja^{33}suaŋ^{33}
起　来　我　告诉　井　鱼　白
kai^{213}məŋ^{42}
是　你
起来我布摩告诉你，井中的白鱼是你的。

zən^{213}ma^{33}ku^{33}nau^{42}pɯŋ^{42}pau^{213}ja^{31}
起　来　我　告诉　地域　祖爷　祖奶
kai^{213}məŋ^{42}
是　你
起来我布摩告诉你，祖先的地域是你的地域。

zən^{213}ma^{33}ku^{33}nau^{42}ʔbo^{213}pja^{33}ɦa:u^{55}
起　来　我　告诉　井　大狗鲶鱼
kai^{213}məŋ^{42}
是　你
起来我布摩告诉你，井中的大狗鲶鱼是你的。

zən^{213}ma^{33}ku^{33}nau^{42}tam^{42}na^{42}sa:u^{55}pau^{213}
起　来　我　告诉　坝　田　造　祖爷
ja^{31}kai^{213}məŋ^{42}
祖奶 是　你
起来我布摩告诉你，祖先造的田坝是你的田坝。

zən^{213}ma^{33}ku^{33}nau^{42}lau^{213}zi^{31}fɯŋ^{42}
起　来　我　告诉　台　地　稻草
kai^{213}məŋ^{42}
是　你
起来我布摩告诉你，台地上的稻草是你的稻草。

zən^{213}ma^{33}ku^{33}nau^{42}pɯŋ^{42}pau^{213}ja^{31}
起 来 我 告诉 地域 祖爷 祖奶
kai^{213}məŋ^{42}
是 你

起来我布摩告诉你，祖先的地域是你的地域。

zən^{213}ma^{33}ku^{33}nau^{42}lau^{213}zi^{31}ɦuŋ^{33}
起 来 我 告诉 台 地 宽阔
kai^{213}məŋ^{42}
是 你

起来我布摩告诉你，宽阔的台地是你的。

zən^{213}ma^{33}ku^{33}nau^{42}ʔdoŋ^{33}pau^{213}ja^{31}
起 来 我 告诉 林 祖爷 祖奶
kai^{213}məŋ^{42}
是 你

起来我布摩告诉你，祖先的森林是你的森林。

zən^{213}ma^{33}ku^{33}nau^{42}lau^{213}zi^{31}ɦa^{42}
起 来 我 告诉 台 地 长草
kai^{213}məŋ^{42}
是 你

起来我布摩告诉你，宽阔的台地长草是你的。

zən^{213}ma^{33}ku^{33}nau^{42}na^{42}pau^{213}ja^{31}
起 来 我 告诉 田 祖爷 祖奶
kai^{213}məŋ^{42}
是 你

起来我布摩告诉你，祖先的田是你的田。

zən^{213}ma^{33}ku^{33}nau^{42}zin^{33}pan^{31}sa^{55}
起 来 我 告诉 石 磨 刀
kai^{213}məŋ^{42}
是 你

起来我布摩告诉你，磨刀石是你的磨刀石。

zən^{213}ma^{33}ku^{33}nau^{42}na^{55}pan^{31}van^{33}
起 来 我 告诉 块 磨 斧
kai^{213}məŋ^{42}
是 你

起来我布摩告诉你，磨斧石是你的磨斧石。

zən^{213}ma^{33}ku^{33}nau^{42}ra:n^{42}pau^{213}ja^{31}
起 来 我 告诉 家 祖爷 祖奶
kai^{213}məŋ^{42}
是 你

起来我布摩告诉你，祖先家是你的家。

zən^{213}ma^{33}ku^{33}nau^{42}zin^{33}kuə^{31}mo^{213}
起 来 我 告诉 石 做 锅
kai^{213}məŋ^{42}
是 你[1]

起来我布摩告诉你，古代的石头做锅是你的。

zən^{213}ma^{33}ku^{33}nau^{42}so^{213}pɯŋ^{31}ɕian^{33}
起 来 我 告诉 顺 地域 仙

① 相传人类最早用石头挖成窝做锅烧饭。

kai^{213}məŋ^{42}
是 你　　起来我布摩告诉你，顺着仙住的地域你去。

zən^{213}ma^{33}ku^{33}nau^{42}zin^{33}pak^{213}mit^{213}
起 来 我 告诉 扁像尖刀的石头
kai^{213}məŋ^{42}
是 你　　起来我布摩告诉你，古代的石刀是你的。

zən^{213}ma^{33}ku^{33}nau^{42}ɕip^{213}ɕiau^{31}pɯŋ^{31}ɕian^{33}
起 来 我 告诉 十 辈 地域 仙
kai^{213}məŋ^{42}
是 你①　　起来我布摩告诉你，十辈仙住的地域是你的。

ta:i^{31}θi^{213}lək^{213}pu^{55}ʔdi^{33}
辈 四 儿 人 好　　四辈人儿好，

seŋ^{33}si^{33}lək^{213}pu^{55}ɦo^{213}
一辈 儿 人 穷　　一辈人儿穷，

tsap^{213}ɦo^{55}lək^{213}pu^{55}kuan^{33}
甲 午 儿 人 仙游　　甲午年人老归仙游。

ɕip^{213}ɕau^{31}zau^{42}kuə^{31}su^{55}pɯŋ^{31}ni^{55}
十 辈 我们 做 主 地域 这　　十辈我们做主这个地域，

ku^{55}ɕau^{31}zau^{42}kuə^{31}kuan^{33}pɯŋ^{31}ni^{55}
九 辈 我们 做 管 地域 这　　九辈我们管这个地域。

ɕip^{213}ɕau^{31}zau^{42}kuə^{31}su^{55}pɯŋ^{31}ni^{55}
十 辈 我们 做 主 地域 这　　十辈我们做主这个地域，

ku^{55}ɕau^{31}zau^{42}kuə^{31}pin^{33}pɯŋ^{31}ni^{55}
九 辈 我们 做 将领 地方 这　　九辈我们做将统领这个地域。

pjan^{33}kai^{213}kam^{33}zoŋ^{33}tsa^{33}ti^{31}naŋ^{31}
边 界 握 竹笋壳 地 土
pɯŋ^{31}ni^{55}
地域 这　　祖先手握竹笋壳划出这地域的边界。

kau^{33}ka:t^{213}zau^{42}ta^{42}pɯŋ^{31}ni^{55}
爬地藤 我们 围绕 地域 这②　　爬地藤围绕我们的地域，

kau^{33}ʔjuaŋ^{33}zau^{42}lam^{31}pɯŋ^{31}ni^{55}
神藤 我们 爬 地域 这③　　我们的神藤爬着这地域。

fa:n^{31}pjan^{33}zau^{42}pai^{33}jəu^{55}pɯŋ^{31}ni^{55}
万代 我们 走 友 地域 这　　万代我们在这地域交友，

ku^{55}pjan^{33}zau^{42}pai^{33}jau^{42}pɯŋ^{31}ni^{55}
九 代 我们 走 情 地方 这　　九代我们在这地域交情。

---

① 至此喊家谱（即送老人魂去吃某地、某地的田坝。实际上就是古代家族的迁徙路线和迁徙经过），用一张高凳放在布摩先生身后，又让亲戚一人背大孝子（大孝子身背葫芦一个）站在凳上喊家谱。

② kau^{33}ka:t^{213}，爬地藤：此藤皮容易分开，可用来纺线。古代人用来加工成吊床睡。

③ 神藤，春天其花露水极甜。相传古代神藤又长又大，可跨江为桥。

soŋ^{31}zak^{213}zau^{42}fi^{31}ka:i^{33}
古石桌　我们　未　卖①　　古石桌我们未卖，

soŋ^{31}ta:i^{42}zau^{42}fi^{31}ɦa^{213}
古石台　我们　未　嫁②　　古石台我们未出售。

pau^{213}ja^{31}ʔju^{31}ni^{33}sai^{42}
祖爷　祖奶　在　全部　　祖先齐排在，

vai^{33}vən^{42}ʔju^{31}ni^{33}leu^{55}
所有祖宗　在　全体　　所有祖宗全齐，

kuan^{55}ka^{31}ni^{55}kuə^{31}su^{33}
管　这里　做　家谱　　管这些，做家谱，

zu^{42}ka^{33}ni^{55}kuə^{31}ʔjin^{213}
进　这里　做　印　　在这里造印。

tiŋ^{31}ka^{33}ni^{55}kuə^{31}pɯŋ^{42}
定　这里　做　地域　　定这里为地域，

zɯŋ^{42}ka^{33}ni^{55}kuə^{31}ʔba:n^{42}
赶　这里　做　寨　　赶这些地方做村寨。

məŋ^{42}ko^{55}kai^{33}lak^{213}lum^{42}su^{33}ni^{55}
你　可　千万别　忘记　家谱　这　　你可千万别忘记这家谱呵！

ɕau^{31}məŋ^{42}lum^{42}su^{33}ni^{55}
假若　你　忘记　家谱　这　　假若你忘记这家谱，

kən^{33}lau^{55}ɕian^{33}mi^{31}za^{33}taŋ^{31}məŋ^{42}
吃　酒　仙　不　找　到　你　　仙人吃酒就不找到你。

ɕau^{31}məŋ^{42}lum^{42}su^{33}ni^{55}
假若　你　忘记　家谱　这　　假若你忘记这家谱，

kən^{33}tsa^{42}ɕian^{33}mi^{31}ʒen^{31}taŋ^{31}məŋ^{42}
吃　茶　仙　不　念　到　你　　仙人吃茶就不念到你。

məŋ^{42}ʔbo^{33}lum^{42}su^{33}ni^{55}
你　不　忘记　家谱　这　　你不忘记这家谱，

kən^{33}lau^{55}ɕian^{33}naŋ^{33}za^{33}taŋ^{31}məŋ^{42}
吃　酒　仙　还　找　到　你　　仙人吃酒就找到你。

məŋ^{42}ʔbo^{33}lum^{42}su^{33}ni^{55}
你　不　忘记　家谱　这　　你不忘记这家谱，

kən^{33}tsa^{42}ɕian^{33}naŋ^{33}ʒen^{31}taŋ^{31}məŋ^{42}
吃　茶　仙　还　念　到　你　　仙人吃茶就念到你。

si^{33}laŋ^{33}ʔbo^{31}pja^{33}man^{42}məŋ^{42}pai^{33}
跟着　井　鱼　马　你　去　　跟着井中游着的马鱼，你去。

si^{33}laŋ^{33}zan^{33}pau^{213}ja^{31}məŋ^{42}pai^{33}
跟着　路　祖爷　祖奶　你　去　　顺着祖先的路，你去。

① soŋ^{31}zak^{213}，古石桌：古代用石头垒成脚，上盖石板的简单石桌。
② soŋ^{31}ta:i^{42}，古石台：古代用石头垒成脚，上盖石板的简单石台。

si³³laŋ³³ʔbo³¹pja³³suaŋ³³məŋ⁴²pai³³
跟着　　井　鱼　白　你　去　　跟着井中游着的白鱼，你去。

si³³laŋ³³pɯŋ³¹pau²¹³ja³¹məŋ⁴²pai³³
跟着　　地域　祖爷　祖奶　你　去　　顺着祖先的地域，你去。

si³³laŋ³³ʔbo³¹pja³³ɦa:u⁵⁵məŋ⁴²pai³³
跟着　　井　鱼　鲶　你　去　　跟着井中游着的鲶鱼，你去。

si³³laŋ³³tam⁴²na⁴²sa:u⁵⁵pau²¹³ja³¹
跟着　　坝子　田　造　祖爷　祖奶

məŋ⁴²pai³³
你　去　　顺着祖先造的田坝，你去。

si³³laŋ³³lau²¹³ʒi³¹fɯŋ⁴²məŋ⁴²pai³³
跟着　　台　地　稻草　你　去　　跟着台地上的稻草，你去。

si³³laŋ³³pɯŋ³¹pau²¹³ja³¹məŋ⁴²pai³³
跟着　　地域　祖爷　祖奶　你　去　　顺着祖先的地域，你去。

si³³laŋ³³lau²¹³zi³¹ɦoŋ³³məŋ⁴²pai³³
跟着　　台　地　宽阔　你　去　　跟着宽阔的台地，你去。

si³³laŋ³³ʔdoŋ³³pau²¹³ja³¹məŋ⁴²pai³³
跟着　　林　祖爷　祖奶　你　去　　顺着祖先的森林，你去。

si³³laŋ³³lau²¹³zi³¹ɦa⁴²məŋ⁴²pai³³
跟着　　台　地　长草　你　去　　跟着宽阔台地长草，你去。

si³³laŋ³³na⁴²pau²¹³ja³¹məŋ⁴²pai³³
跟着　　田　祖爷　祖奶　你　去　　顺着祖先的田，你去。

si³³laŋ³³zin³³pan³¹sa⁵⁵məŋ⁴²pai³³
跟着　　石　磨　刀　你　去　　跟着磨刀石，你去。

si³³laŋ³³na⁵⁵pan³¹van³³məŋ⁴²pai³³
跟着　　块　磨　斧　你　去　　顺着磨斧石，你去。

si³³laŋ³³ɾa:n³¹pau²¹³ja³¹məŋ⁴²pai³³
跟着　　家　祖爷　祖奶　你　去　　跟着祖先家，你去。

si³³laŋ³³zin³³kuə³¹mo⁵⁵məŋ⁴²pai³³
跟着　　石　做　锅　你　去　　顺着石做锅，你去。

si³³laŋ³³so²¹³pɯŋ⁴²ɕian³³məŋ⁴²pai³³
跟着　　顺　地域　仙　你　去　　跟着仙人的地域，你去。

si³³laŋ³³ zin³³pak²¹³mit²¹³məŋ⁴²pai³³
跟着　　扁像尖刀的石头　你　去　　顺着古石刀，你去。

si³³laŋ³³ɕip²¹³ɕau³¹pɯŋ³¹ɕian³³məŋ⁴²pai³³
跟着　　十　辈　地域　仙　你　去　　跟着十辈仙人地域，你去。

si³³laŋ³³kok⁵⁵ɕan³¹suaŋ²¹³məŋ⁴²pai³³
跟着　　根源　古铜钱　你　去　　顺着古铜钱根源，你去。

si³³laŋ³³ tuaŋ³¹sa³³ven³³məŋ⁴²pai³³
跟着　　吊纸马　你　去①　　跟着吊纸马，你去。

① 吊纸马：仪式中吊在布摩先生竹神棍上，念经至此，布摩撕下吊纸马，由孝子拿去点火烧化，其吊纸马灰又由舅家用白布缝成钱袋装上，到出丧时放在棺材上抬上山，下葬时放在棺材头一起埋葬。意为灵魂上天后有钱用。

si^{33}laŋ^{33}zam^{55}məŋ^{42}ɦua:i^{213}
跟着　水　你　转①　　顺着布摩的喷神水，你去。

si^{33}ta:i^{31}pai^{213}məŋ^{31}pai^{33}
跟　台　拜　你　去②　　跟着拜台仙路，你去。

ku^{33}nau^{42}tsa:i^{31}tok^{55}tsa:i^{31}
我　说　财　数　财　　我布摩说财又数财。

ku^{33}tsa:i^{31}san^{42}taŋ^{31}san^{42}
我　讲　句　到　句　　我讲了这句到下句。

ku^{33}ʔban^{33}tuaŋ^{213}tok^{55}tuaŋ^{213}
我　念　首　念　首　　我念了这首又念下首。

ku^{33}suaŋ^{213}san^{42}taŋ^{31}san^{42}
我　播　句　到　句　　我播了这句到那句。

（二）

ʔut^{55}ʔu^{31}zai^{42}kai^{31}kai^{33}zən^{31}kai^{31}tɯn^{31}
晨鸟　鸣　森林鸡　闹　野鸡
　ɦan^{33}ʔbən^{33}ʔdan^{33}zoŋ^{31}
　叫　天空　蒙亮　　晨鸟鸣，林鸡闹，野鸡叫，天蒙亮，

zoŋ^{31}taŋ^{31}ʔan^{55}tsi^{33}tsai^{33}
亮　到　那边　明明　　亮得到处见明明，

kua:i^{42}taŋ^{31}ʔan^{55}tsi^{33}tsit^{55}
直　到　那方　日出　　直到东方太阳出。

tsau^{213}sɯi^{42}kuet^{213}zok^{213}vet^{213}zai^{42}
枕头　晃　穿田鸟　鸣　　枕头晃、穿田鸟鸣、林鸡闹、野鸡叫、
　kai^{31}kai^{33}zən^{31}kai^{31}tɯn^{31}
　森林鸡　闹　野鸡③　　天蒙亮，

ɦan^{33}ʔbən^{33}ʔdan^{33}zoŋ^{31}zoŋ^{31}taŋ^{31}ʔan^{55}
叫　天空　亮　亮　到　那方
　tsi^{33}tsai^{33}
　明明　　亮得到处见明明，

kua:i^{42}taŋ^{31}ʔan^{55}tsi^{33}tsit^{55}
直　到　那方　日出　　直到东方太阳升。

zam^{55}mok^{213}tum^{31}ma^{33}sɯ^{55}
雾气　扑　来　孝房角　　等到雾气扑来孝房角，

lək^{213}paɯ^{55}fɯ^{55}zim^{33}ɾa:n^{42}
儿　媳　你　满　家　　你保佑的儿媳已满家。

zam^{55}mok^{213}tum^{31}ma^{33}ɾa:n^{42}
雾气　扑　来　家　　等到雾气扑来家，

① 念经至此，布摩向棺材喷神水。神水由布摩用只有他懂的“治水法”制成，并预先装于碗中。
② ta:i^{31}pai^{213}：台拜，是指用竹片挂吊马纸插在丧家堂屋上方的柱头上用来“开天路”。
③ 枕头晃：传说归逝老人的睡枕天亮时会自然提醒。

lək^{213}la:n^{33}zim^{33}ʔdaɯ^{33}ʔuan^{31}
儿　孙　满　床铺　　你保佑的儿孙满床铺。

pit^{55}fu^{55}zim^{33}toŋ^{31}la^{213}
鸭　家族　满　坝　下　　保佑家族养鸭满下坝，

ma^{55}fu^{55}zim^{33}toŋ^{31}kən^{42}
马　家族　满　坝　上　　保佑家族养马满上坝，

lək^{213}lən^{42}zim^{33}pak^{213}luaŋ^{31}
儿　幺　满　村寨广场①　　保佑幼童满村寨广场。

pit^{55}fu^{55}zim^{33}toŋ^{31}la^{213}
鸭　家族　满　坝　下　　保佑家族养鸭满下坝，

ma^{55}fu^{55}zim^{33}toŋ^{31}saŋ^{33}
马　家族　满　坝　高　　保佑家族养马满高坝，

lək^{213}la:n^{33}zim^{33}pak^{213}luaŋ^{213}
儿　孙　满　村中广场　　保佑儿孙满村寨广场。

zən^{213}pəi^{42}po^{31}（me^{31}）zən^{213}pəi^{42}
起　啦　父（母）　起　啦　　起来啦，老父（老母）起来啦，

zən^{213}sa:ŋ^{33}tsau^{213}saŋ^{33}zɯə^{42}
起　梳　头　洗　耳　　起来洗脸和梳头，

zən^{213}sa:ŋ^{33}sɯə^{33}pɯə^{31}va^{33}
起　打扮　衣　裤　　打扮穿上衣和裤。

zən^{213}sa:ŋ^{33}sa^{213}van^{42}zan^{33}
起　选定　天　路　　起来选定上天那条路。

zən^{213}pəi^{42}po^{31}（me^{31}）zən^{213}pəi^{42}
起　啦　父（母）　起　啦　　起来啦，老父（老母）起来啦，

zən^{213}sa:ŋ^{33}tsau^{213}sa:ŋ^{33}zɯə^{42}
起　梳　头　洗　耳　　起来梳头和洗耳，

zən^{213}sa:ŋ^{33}sɯə^{33}pɯə^{31}va^{33}
起　打扮　衣　裤　　起来打扮衣和裤，

zən^{213}sa:ŋ^{33}sa^{213}mok^{213}nin^{42}
起　选定　被子　睡　　起来选定上天的铺盖。

zən^{213}pəi^{42}po^{31}（me^{31}）zən^{213}pəi^{42}
起　啦　父（母）　起　啦　　起来啦，老父（老母）起来啦。

zən^{213}nin^{31}tan^{213}pɯə^{31}fon^{55}
起床铺　穿　衣　黑②　　起床铺，穿黑衣。

zən^{213}nin^{31}suan^{55}pɯə^{31}ɦuŋ^{33}
起床铺　穿　衣　古③　　起床铺，穿古衣。

zən^{213}nin^{31}tan^{213}tɕaŋ^{31}sak^{55}
起床铺　穿　纽扣衣　　起床铺，穿纽扣衣。

---

① pak^{213}luaŋ^{31}：“村寨广场”，指村寨供大家玩乐的公共场所。
② pɯə^{31}ɦuŋ^{33}：古衣，又叫老衣。生前由舅家派人来缝制。
③ suan^{55}：指用多件衣服套起来穿。

zən^{213}nin^{31}sak^{55}ɦa:i^{42}ȵiə^{33}
起床铺　穿　翘首鞋　　起床铺，穿翘首鞋。

zən^{213}nin^{31}tan^{213}tɕaŋ^{31}sak^{55}
起床铺　穿　纽扣衣　　起床铺，穿纽扣衣。

zən^{213}nin^{31}sak^{55}ɦa:i^{42}lɯŋ^{42}
起床铺　穿　翘统鞋　　起床铺，穿翘统鞋。

ɦa:i^{42}soŋ^{33}sa:i^{33}za:ŋ^{213}ʔdat^{55}
鞋　二　带　勒　紧　　勒紧二条鞋带，

fat^{213}soŋ^{33}sa:i^{33}tsat^{55}mən^{31}
鞋带　二　带　拴　稳　　拴稳鞋带二条。

məŋ^{42}la:u^{33}tsau^{213}məŋ^{42}ȵa^{33}
你　怕　头　你　乱　　你怕你的头发乱，

ʔau^{33}zoi^{33}ŋak^{213}pai^{33}pja^{42}
要　梳　齐　去　尖　　你要把头发梳齐尖，

ʔau^{33}zoi^{33}ja^{42}pai^{33}pat^{213}
要　梳　大　去　披肩　　你要把头发梳作大披肩。

pat^{213}ʔbat^{213}zoi^{33}ta:i^{31}ʔit^{55}
披肩　搭　梳　第　一　　第一回梳头，发搭肩。

pjam^{33}məŋ^{42}ma^{42}sat^{55}tau^{31}
头发　你　成　层　弹性　　你的头发有弹性。

pat^{213}ʔbat^{213}ʒuai^{33}ta:i^{31}ŋi^{42}
披肩　搭　梳　第　二　　第二回梳头，发搭肩。

pjam^{33}məŋ^{42}luaŋ^{35}pai^{33}pop^{213}
头发　你　光滑　去　整体　　你的头发光滑而整齐。

pat^{213}ʔbak^{213}zoi^{33}ta:i^{31}sa:m^{33}
披肩　搭　梳　第　三　　第三回梳头，发搭肩。

tsau^{213}məŋ^{42}luaŋ^{55}pai^{33}pja:i^{33}
头　你　光滑　去　尖　　你的头发光滑到发尖。

za^{31}məŋ^{42}li^{55}te^{33}vən^{42}
那时　你　活　他　人　　你活那时像他人，

ʒoi^{33}tsau^{55}ŋak^{213}pai^{33}pja:i^{33}
梳　头　齐　去　尖　　梳头整齐到发尖。

ni^{55}məŋ^{42}ta:i^{33}pan^{31}fa:ŋ^{42}
现在　你　死　成　鬼　　现在你死成鬼，

zoi^{33}tsau^{55}ŋaŋ^{42}tau^{55}tam^{213}
梳　头　反　倒　落地①　　梳头头发反倒落地，

zoi^{33}tsau^{55}tan^{31}to^{31}lai^{33}
梳　头　底　拼　梯　　梳得头发落梯也不知。

məŋ^{42}la:u^{33}pa:k^{213}məŋ^{42}ɦau^{33}
你　怕　嘴　你　臭　　你怕你嘴臭，

① 梳头反倒落地：指睡着的死者头发散披在地（按当地礼仪由布摩先生为死者梳头）。

məŋ42ʔau33ʔdəu33zuaŋ55pa:k213
你 要 温水 漱 口
你要用温水漱口，

məŋ42ʔau33ma:k213zuaŋ55ɦo42
你 要 果 漱 喉
你要水果来漱喉。

ma:k213mi31sɯ31ma:k213ʔdɯi33
果 不 是 果 一般
这果不是一般果，

ma:k213mi31sɯ31ma:k213ʔja33
果 不 是 果 平常
这果不是平常果。

ma:k213θi31zep55ʔdan33ŋi31
果 四 包 亚 二①
果形是一果四包二亚形。

ma:k213θi31ɕip213ʔdan33ɦɯ33
果 四 十 天上街
天上四十街才有这种果，

ma:k213pi55lu31ta31ɦa:i55
果 比 六 河 海
这种果价值比得上天下的六河海。

tɯ42pai33pa:k213məŋ42kən33
带 去 嘴 你 吃
带去嘴你吃，

mjak213pai33sɯ33məŋ42kən33
嚼 去 心 你 吃
嚼咽去你心。

məŋ42kən33leu55mi31leu55
你 吃 了 不 了
你吃得了吃不了，

kən33leu55tseu213pai33vɯŋ31
吃 了 记 去 王
吃了记得王，

kən33leu55suaŋ31ʔdi33kaŋ33
吃 了 留 安康
吃了留安康。

ma33kən33vɯ31lau55taŋ213
来 吃 壶 酒 送
来吃供的壶中酒。

məŋ42kən33leu55mi31leu55
你 吃 了 不 了
你吃得了吃不了，

kən33leu55lok213fuŋ33sɯ33tu33ʔok213
吃 了 拉 棺头金竹幡 我们 出
吃了跟着棺头，金竹幡你出。

kən33leu55lok213fuŋ33sɯ33tu33pai33
吃 了 拉 棺头金竹幡 我们 去
吃了跟着棺头，金竹幡你去。

si33laŋ33kok55ɕan31suaŋ213məŋ42pai33
跟着 根源 古铜钱 你 走
跟着古铜钱根源你走。

si33laŋ33tuaŋ31sa33ven33məŋ42pai33
跟着 马 纸 吊 你 去
跟着吊纸马你走。

si33laŋ33zam55məŋ42ɦua:i213
跟着 水 你 转
顺着布摩的喷神水，你去。

si33ta:i31pai213məŋ31pai33
跟 台 拜 你 去
跟着拜台仙路，你去。

① 一果四包二亚：古代的一种水果，果内有四包，包内又分两亚。

ku^{33}nau^{42}tsa:i^{31}tok^{55}tsa:i^{31}
我 说 财 数 财　　我有摩说财又数财。
ku^{33}tsa:i^{31}san^{42}taŋ^{31}san^{42}
我 讲 句 到 句　　我讲了这句到下句。
ku^{33}ʔban^{33}tuaŋ^{213}tok^{55}tuaŋ^{213}
我 念 首 念 首　　我念了这首又念下首。
ku^{33}suaŋ^{213}san^{42}taŋ^{31}san^{42}
我 播 句 到 句　　我播了这句到下句。

(三)

lək^{213}məŋ^{31}sɯ^{213}pai^{33}tək^{55}pa:k^{213}ta:ŋ^{31}
儿 你 过 去 放 前 窗　　你儿拿你遗体放窗前,
pa:k^{213}ta:ŋ^{31}ʔbo^{33}ɦaɯ^{55}ʒu^{42}
前 窗 不 给 入　　窗前神不给入。
lək^{213}məŋ^{31}sɯ^{213}pai^{33}tək^{55}pa:k^{213}tu^{33}
儿 你 过 去 放 前 门　　你儿拿你遗体放门前,
pa:k^{213}tu^{33}ʔbo^{33}ɦaɯ^{55}ɦa:m^{55}
前 门 不 给 跨　　门前神不给过。
lək^{213}məŋ^{31}sɯ^{213}pai^{33}tək^{55}pa:k^{213}kam^{55}
儿 你 过 去 放 前 围墙　　你儿拿你遗体放围墙,
pak^{213}kam^{55}ʔbo^{33}ɦaɯ^{55}kua^{213}
前 围墙 不 给 过　　围墙神不给搁。
sɯ^{213}pai^{33}tək^{55}sok^{213}ta^{31}
过 去 放 滩 河　　拿你遗体放滩河,
sok^{213}ta^{31}mi^{31}ɦaɯ^{55}pai^{33}
滩 河 不 给 过　　滩河神不给过。
sɯ^{213}pai^{33}tək^{55}po^{213}vet^{213}
过 去 放 草蓬　　拿你遗体去放草蓬,
ʔjak^{213}ka^{31}laɯ^{42}ʔbo^{33}ɕaŋ^{55}sau^{42}
饿 哪样 不 供 晚饭　　饿成哪样也不供晚饭。
sɯ^{213}pai^{33}tək^{55}po^{213}zau^{42}
过 去 放 大草蓬　　拿你遗体去放大草蓬,
ɦau^{33}kaɯ^{31}laɯ^{42}ʔbo^{33}ɕaŋ^{55}nau^{31}
臭 哪样 不 供 烂臭　　臭成哪样供不烂。
sɯ^{213}pai^{33}tək^{55}pjaŋ^{31}ta:i^{31}
过 去 放 坪台　　拿你遗体过去放坪台,
pjaŋ^{31}ta:i^{31}mi^{31}ɦaɯ^{213}mok^{55}ka^{33}
坪台 不 给 埋 脚杆　　坪台神不给埋脚杆。
sɯ^{213}pai^{33}tək^{55}pjaŋ^{31}ɾa:n^{42}
过 去 放 屋基　　拿你遗体过去放屋基,

pjaŋ³¹ɾa:n⁴²mi³¹ɦaɯ²¹³mok⁵⁵miŋ³¹
屋基 不 给 埋 命 屋基神不给埋命。

sɯ²¹³pai³³tək⁵⁵na:m³¹zi³¹
过 去 放 地 土 拿你遗体放地中土，

na:m³¹zi³¹mi³¹ɦaɯ²¹³mok⁵⁵ka³³
地 土 不 给 埋 脚杆 地中土神不给埋脚杆。

sɯ²¹³pai³³tək⁵⁵na:m³¹na⁴²
过 去 放 地 田 拿你遗体放坝中田，

na:m³¹na⁴²mi³¹ɦaɯ²¹³mok⁵⁵ɦeŋ³¹
地 田 不 给 埋 小腿 田土神不给埋小腿。

sɯ²¹³pai³³tək⁵⁵po³³sa:ŋ³³
过 去 放 山 高 拿你遗体放高山，

po³³sa:ŋ³³mi³¹ɦaɯ²¹³ɦam³³ʔdjeu²¹³
山 高 不 给 葬 魂 高山神不给葬魂。

sɯ²¹³pai³³tək⁵⁵po³³pjeu²¹³
过 去 放 山 圆 拿你遗体放圆山，

po³³pjeu²¹³mi³¹ɦaɯ²¹³ɦam³³fa:ŋ⁴²
山 圆 不 给 葬 鬼 圆山神不给葬鬼。

sɯ²¹³pai³³tək⁵⁵po³³sa:ŋ³³
过 去 放 山 高 拿你遗体放高山，

po³³sa:ŋ³³mi³¹ɦaɯ²¹³ɦam³³na²¹³
山 高 不 给 葬 脸 高山神不给葬脸。

sɯ²¹³pai³³tək⁵⁵po³³pa³¹
过 去 放 山 丫（野） 拿你遗体放山丫（野外），

po³³pa³¹mi³¹ɦaɯ²¹³ɦam³³faŋ⁴²
山 丫 不 给 葬 鬼 山丫（野外）神不给葬鬼。

po³³sa:ŋ³³mi³¹ɦaɯ²¹³ɦam³³ɕie⁵⁵
山 高 不 给 葬 神 高山神不给葬人间神，

la:u³³le³³ma³³za³¹ni⁵⁵
要不 来 现在 山神说：要来现在来。

la:u³³le³³ma³³ʔdi⁵⁵sɯ⁴²
要不 来 这时 要来这时来。

kua²¹³sok²¹³ku³³ʔbo³³ŋɯ⁴²
过 明晨 我 不 念 过了明晨我不念，

kua²¹³sɯ⁴²ku³³ʔbo³³maŋ⁵⁵
过 时 我 不 望 过了这时我不望。

ma³³le³³ma³³za³¹ni⁵⁵
来 就 来 现在 要来现在来。

ma³³le³³ma³³ʔdi⁵⁵sɯ⁴²
来 就 来 这时 要来这时来。

ku33ɦa213sin33pai33ʒa31ʔdeu33laŋ33
我　要　分　去　那一边　后　　山神又说：若现在不来，我就去别处。

ku33ɦa213sin33pai33zan33ʔdeu33mo213
我　要　分　去　那一套　新　　我要分去新地方。

lək213məŋ31sɯ213pai33tək55pa:k213ta:ŋ31
儿　你　过　去　放　前　窗　　听到山神这样说，你儿拿你遗体放窗前，

pa:k213ta:ŋ31ko55ɦaɯ55ʒu42
前　窗　也　给　入　　窗前神给入。

lək213məŋ31sɯ213pai33tək55pa:k213tu33
儿　你　过　去　放　前　门　　听到山神这样说，你儿拿你遗体放门前，

pa:k213tu33ko55ɦaɯ55ɦam55
前　门　也　给　跨　　门前神给过。

lək213məŋ31sɯ213pai33tək55pa:k213kam55
儿　你　过　去　放　前　围墙　　你儿拿你遗体放围墙，

pa:k213kam55ko55ɦaɯ55kua213
前　围墙　也　给　过　　围墙神给过。

ku33kuə31kam55ta:ŋ33mu33
我　做　围墙　拦　猪　　围墙神说：我做围墙是拦猪的。

ku33kuə31kam55ta:ŋ33ma33
我　做　围墙　拦　狗　　我做围墙是拦狗的。

ku33mi31ɦa213məŋ42fa:ŋ42
我　不　阻　你　鬼　　围墙拦猪拦狗不拦鬼。

ku33mi31ta:ŋ33məŋ42ɕie55
我　不　拦　你　神　　围墙拦猪拦狗不阻神。

zan33ɦuŋ33si42kuan55kua213
见　所有　自由　过　　人类所有自由过，

tai31lo31 si42kuan55pai33
路程　自由　走　　人类路程自由走。

tai31lo31ʔbo33ɕaŋ42koŋ42
路程　不　会　绝　　人类路程不会绝，

zan33ɦuŋ33ʔbo33ɕaŋ42muət213
见　所有　不　会　断　　人类所有不会断。

tai31lo31ʔbo33ɕiaŋ42mjaŋ42
路程　不　会　完　　人类路程不会完。

ʒan33faŋ42ʔbo33ɕaŋ42muət213
路　鬼　不　会　断①　　仙路不会断。

sɯ31pai33tək55sok213ta31
拿　去　放　滩　河　　拿你遗体放河滩，

sok213ta31ko55ɦaɯ55pai33
滩　河　也　给　去　　河滩神给放。

① 路鬼：指去世老人走往仙界的路程。

ku^{33}kuə^{31}sok^{213}su^{55}sak^{213}
我 做 滩 装 洗的东西　　河滩神说：我做滩是洗涤用的。

ku^{33}kuə^{31}sok^{213}su^{55}sa^{31}
我 做 滩 装 洗的衣服　　我做滩是装洗的衣服用的。

ku^{33}kuə^{31}ta^{31}su^{55}pja^{33}
我 做 河 装 鱼　　我做河是装鱼的。

ku^{33}kuə^{31}na^{31}su^{55}ɦa:u^{55}
我 做 田 装 稻　　田神也说：我做田是装稻的。

ku^{33}mi^{31}ɦa^{213}məŋ^{42}fa:ŋ^{42}
我 不 阻 你 鬼　　做田装稻不阻鬼。

ku^{33}mi^{31}ta:ŋ^{33}məŋ^{42}ɕie^{55}
我 不 拦 你 神　　做田装稻不拦神。

zan^{33}ɦuŋ^{33}si^{42}kuan^{55}kua^{213}
见 所有 自由 过　　人类所有自由过，

tai^{31}lo^{31}si^{42}kuan^{55}pai^{33}
路程 自由 走　　人类路程自由走。

tai^{31}lo^{31}ʔbo^{33}ɕaŋ^{42}koŋ^{42}
路程 不 会 绝　　人类路程不会绝，

zan^{33}ɦuŋ^{33}ʔbo^{33}ɕaŋ^{42}muət^{213}
见 所有 不 会 断　　人类所有不会断。

tai^{31}lo^{31}ʔbo^{33}ɕaŋ^{42}mjaŋ^{42}
路程 不 会 完　　人类路程不会完。

zan^{33}fa:ŋ^{42}ʔbo^{33}ɕaŋ^{42}muət^{213}
路 鬼 不 会 断　　仙路不会断。

sɯ^{213}pai^{33}tək^{55}po^{213}vet^{213}
过 去 放 草蓬　　拿你遗体放草蓬，

ʔjak^{213}kaɯ^{31}laɯ^{42}ko^{55}ɕaŋ^{55}sau^{42}
饿 哪样 也 供 晚饭　　饿成哪样也供晚饭。

sɯ^{213}pai^{33}tək^{55}po^{213}zau^{42}
过 去 放 大草蓬　　拿你遗体放大草蓬，

ɦau^{33}kaɯ^{31}laɯ^{42}ko^{55}ɕaŋ^{55}nau^{31}
臭 哪样 也 供 烂　　臭成哪样也供烂。

sɯ^{213}pai^{33}tək^{55}pjaŋ^{31}tau^{31}
过 去 放 坪台　　拿你遗体放坪台，

pjaŋ^{31}tau^{31}ko^{55}ɦaɯ^{213}mok^{55}ʔda:ŋ^{33}
坪台 也 给 埋 身　　坪台神也给埋身。

sɯ^{213}pai^{33}tək^{55}pjaŋ^{31}ɾa:n^{42}
过 去 放 屋基　　拿你遗体放屋基，

pjaŋ^{31}ɾa:n^{42}ko^{55}ɦaɯ^{213}mok^{55}miŋ^{31}
屋基 也 给 埋 命　　屋基神也给埋命。

sɯ^{213}pai^{33}tək^{55}na:m^{31}zi^{31}
过 去 放 地 土 　　拿你遗体放地土，
na:m^{31}zi^{31}ko^{55}ɦaɯ^{213}mok^{55}ka^{33}
地 土 也 给 埋 脚杆 　　地土神给埋脚杆。
sɯ^{213}pai^{33}tək^{55}na:m^{31}na^{42}
过 去 放 地 田 　　拿你遗体放地田，
na:m^{31}na^{42}ko^{55}ɦaɯ^{213}mok^{55}ɦeŋ^{31}
地 田 也 给 埋 小腿 　　地田神给埋小腿。
sɯ^{213}pai^{33}tək^{55}po^{33}sa:ŋ^{33}
过 去 放 山 高 　　拿你遗体放高山，
po^{33}sa:ŋ^{33}ko^{55}ɦaɯ^{213}ɦam^{33}ʔdjeu^{213}
山 高 也 给 葬 魂 　　高山神也给葬魂。
sɯ^{213}pai^{33}tək^{55}po^{33}pjeu^{213}
过 去 放 山 圆 　　拿你遗体放圆山，
po^{33}pjeu^{213}ko^{55}ɦaɯ^{213}ɦam^{33}fa:ŋ^{42}
山 圆 也 给 葬 鬼 　　圆山神也给葬鬼。
sɯ^{213}pai^{33}tək^{55}po^{33}sa:ŋ^{33}
过 去 放 山 高 　　拿你遗体放高山，
po^{33}sa:ŋ^{33}ko^{55}ɦaɯ^{213}ɦam^{33}na^{213}
山 高 也 给 葬 脸 　　高山神也给葬脸。
sɯ^{213}pai^{33}tək^{55}po^{33}pa^{31}
过 去 放 山 野外 　　拿你遗体放野外，
po^{33}pa^{31}ko^{55}ɦaɯ^{213}ɦam^{33}fa:ŋ^{42}
山 野外 也 给 葬 鬼 　　野外神也给葬鬼。
po^{33}sa:ŋ^{33}ko^{55}ɦaɯ^{213}ɦam^{33}ɕie^{55}
山 高 也 给 葬 神 　　高山神给葬人间神。
si^{33}laŋ^{33}kok^{55}ɕan^{31}suaŋ^{213}məŋ^{42}pai^{33}
跟着 根源 古铜钱 你 走 　　吃了供品跟着古铜钱根源你走。
si^{33}laŋ^{33}tuaŋ^{31}sa^{33}ven^{33}məŋ^{42}pai^{33}
跟着 马 纸 吊 你 去 　　跟着吊纸马你走。
si^{33}laŋ^{33}zam^{55}məŋ^{42}ɦua:i^{213}
跟着 水 你 转 　　顺着布摩的喷神水，你去。
si^{33}tai^{31}pai^{213}məŋ^{31}pai^{33}
跟 台 拜 你 去 　　跟着拜台仙路，你去。
ku^{33}nau^{42}tsa:i^{31}tok^{55}tsa:i^{31}
我 说 财 数 财 　　我布摩说财又数财。
ku^{33}tsa:i^{31}san^{42}taŋ^{31}san^{42}
我 讲 句 到 句 　　我讲了这句到下句。
ku^{33}ʔban^{33}tuaŋ^{213}tok^{55}tuaŋ^{213}
我 念 首 念 首 　　我念了这首又念下首。

$ku^{33}suaŋ^{213}san^{42}taŋ^{31}san^{42}$
我 播 句 到 句　　我播了这句到下句。

（四）

$pjoŋ^{31}ɦən^{42}taŋ^{31}pjoŋ^{31}ɦən^{42}$
半 夜 到 半 夜　　半夜到半夜，
$pjoŋ^{31}ɦən^{42}taŋ^{31}le^{33}lai^{31}$
半 夜 到 近 来　　近到半夜来，
$na^{213}kai^{31}taŋ^{31}le^{33}lian^{42}$
鸡叫时 到 近 连　　近到鸡叫时，
$lək^{213}məŋ^{31}pai^{213}ɦeu^{42}tu^{33}loŋ^{213}ku^{33}ləu^{42}$
儿 你 去 喊 门 后 我 啦　　归逝老人你儿去我家后门喊我啦，
$lək^{213}məŋ^{31}pai^{213}poŋ^{55}tu^{33}ra:n^{42}ku^{33}ləu^{42}$
儿 你 去 拍 门 家 我 啦　　你儿去拍我家的门啦，
$lək^{213}məŋ^{31}pai^{213}pan^{42}ku^{33}ma^{33}taŋ^{213}$
儿 你 去 请 我 来 祭送　　你儿去请我布摩来祭送。
$ku^{33}naŋ^{213}liap^{213}tok^{55}sai^{42}$
我 还 破 篾 笼　　我还正在破篾笼，
$lək^{213}məŋ^{31}pai^{213}zai^{42}ku^{33}ma^{33}taŋ^{213}$
儿 你 去 求 我 来 祭送　　你儿去请我布摩来祭送。
$ku^{33}naŋ^{213}liap^{213}tok^{55}pɯn^{42}$
我 还 破 篾 笼口　　我还在编破篾笼口，
$lək^{213}məŋ^{31}pai^{213}kuan^{42}ku^{33}ma^{33}taŋ^{213}$
儿 你 去 邀 我 来 祭送　　你儿去请我布摩来祭送。
$ku^{33}naŋ^{213}liap^{213}tok^{55}va^{33}$
我 还 破 篾 笼墙　　我还正在破篾做笼墙，
$lək^{213}məŋ^{31}pai^{213}za^{33}ku^{33}ma^{33}taŋ^{213}$
儿 你 去 找 我 来 祭送　　你儿去请我布摩来祭送。
$pjoŋ^{31}ɦən^{42}taŋ^{31}pjoŋ^{31}ɦən^{42}$
半 夜 到 半 夜　　半夜到半夜，
$pjoŋ^{31}ɦən^{42}taŋ^{31}le^{33}lai^{31}$
半 夜 到 近 来　　近到半夜来，
$na^{213}kai^{31}taŋ^{31}le^{33}lian^{42}$
鸡叫时 到 近 连　　近到鸡叫时，
$lək^{213}məŋ^{31}pai^{213}ɦeu^{42}tu^{33}loŋ^{213}ku^{33}ləu^{42}$
儿 你 去 喊 门 后 我 啦　　归逝老人你儿去我家后门喊我啦，
$lək^{213}məŋ^{31}pai^{213}poŋ^{55}tu^{33}ra:n^{42}ku^{33}ləu^{42}$
儿 你 去 拍 门 家 我 啦　　你儿去拍我家的门啦，
$lək^{213}məŋ^{31}pai^{213}sa:u^{42}ku^{33}ma^{33}taŋ^{213}$
儿 你 去 闹 我 来 祭送　　你儿去闹我布摩来祭送。

la^{213}sok^{55}ku^{33}ʒim^{33}ʒi^{42}ɦai^{42}lək^{213}məŋ^{42}
楼下 我 满 印 鞋 儿 你 　　我楼下满是你儿焦急的鞋印，

la^{213}kai^{33}ku^{33}zim^{33}zi^{42}tɕaŋ^{31}lək^{213}məŋ^{42}
楼板下 我 满 印 脚踩 儿 你 　　我楼底满是你儿脚踩的印。

ku^{33}naŋ^{213}kət^{31}ʔjak^{31}pai^{33}na^{42}
我 还 扛 板锄 去 田 　　那时我还扛板锄去田，

ku^{33}naŋ^{213}siŋ^{33}ma^{33}pai^{33}tau^{213}
我 还 牵 狗 去 打猎 　　我还牵狗去打猎，

ku^{33}naŋ^{213}kuə^{31}zau^{31}lian^{31}kuə^{31}ɦoŋ^{33}
我 还 做 事 连 做 活 　　我还做事连做活，

ku^{33}naŋ^{213}ɕan^{31}tɕau^{213}ʔdoŋ^{33}kən^{33}lau^{55}no^{31}
我 还 陪 亲家 吃 酒 肉 　　我还陪亲家吃酒肉。

ʔə^{33}mo^{33}ɦɯ^{55}ʔə^{33}mo^{33}
阿 布摩 呵 阿 布摩 　　你儿说：阿布摩呵，阿布摩！

pan^{55}ziau^{42}məŋ^{42}ziau^{42}məŋ^{42}
别人 传 你 传 你 　　众人都在传你布摩的名声，

ziau^{42}məŋ^{42}tan^{55}ku^{31}sak^{55}za:i^{31}ɲiə^{33}
传 你 穿 双 统 走 江 　　传你脚穿双统走过江；

tan^{55}ku^{31}θiə^{33}za:i^{31}ta^{31}
穿 双 神鞋 走 河 　　穿双神鞋走过河；

za:i^{31}ka^{33}va^{213}ʔbo^{33}pit^{213}
走 脚 裤 不 别① 　　踩江不沾水，裤脚不用别；

za:i^{31}ka^{33}va^{213}ʔbo^{33}pja^{42}
走 脚 裤 不 动 　　走河不湿水，裤脚都不动。

ziau^{42}məŋ^{42}taŋ^{213}fa:ŋ^{42}pai^{33}ʔbo^{33}ta:u^{213}
传 你 祭送 鬼 去 不 回 　　传你布摩祭送的鬼神去不回，

pai^{33}na:u^{213}pai^{33}lam^{55}lin^{42}
去 远 去 万代 　　祭送的鬼神去万代，

so^{31}sɯ^{42}zin^{33}ʔduŋ^{213}zam^{55}
直 像 石 丢 水 　　直像拿石丢水，

zin^{33}ʔduŋ^{213}zam^{55}naŋ^{213}lai^{33}
石 丢 水 还 流 　　石丢水石还流。

ziau^{42}məŋ^{42}taŋ^{213}fa:ŋ^{42}pai^{33}ʔbo^{33}ta:u^{213}
传 你 祭送 鬼 去 不 回 　　传你布摩祭送的鬼神去不回，

pan^{55}kuə^{31}sa:ŋ^{31}ɾa:n^{42}lo^{42}
别人 做 匠 家 大 　　别人做匠家业大，

məŋ^{42}kuə^{31}mo^{33}ɾa:n^{42}ɦən^{55}
你 做 布摩 家 发 　　你做布摩家业发；

pan^{55}kuə^{31}sa:ŋ^{31}ɾa:n^{42}sa:ŋ^{33}
别人 做 匠 家 高 　　别人做匠住高楼，

① “过河过水别裤脚”：指古人的裤管很大，一般人过河过水时拉起裤管别在腰上。

məŋ^{42}mo^{33}fa:ŋ^{42}ɾa:n^{42}se^{31}

你　念经 鬼　家　兴旺　　　　你做布摩念经家兴旺。

pan^{55}ziau^{42}ku^{33}ziau^{42}ku^{33}se^{33}za:i^{55}

别人　传　我　传　我　是真的　　　　布摩说：别人传我名声是事实，

ziau^{42}ku^{33}tan^{55}ku^{31}sak^{55}za:i^{31}ȵiə^{33}

传　我　穿　双　统　走　江　　　　传我脚穿双统靴过江；

ziau^{42}ku^{33}tan^{55}ku^{31}θiə^{33}za:i^{31}ta^{31}

传　我　穿　双　神鞋　走　河　　　　传我穿双神鞋走过河；

za:i^{31}ka^{33}va^{213}ʔbo^{33}pit^{213}

走　脚　裤　不　别　　　　踩江不沾水，裤脚不用别；

za:i^{31}ka^{33}va^{213}ʔbo^{33}pja^{42}

走　脚　裤　不　动　　　　走河不湿水，裤脚都不动。

ziau^{42}ku^{33}taŋ^{213}fa:ŋ^{42}pai^{33}ʔbo^{33}ta:u^{213}

传　我　祭送　鬼　去　不　回　　　　传我布摩祭送的鬼神去不回，

pai^{33}na:u^{213}pai^{33}lam^{55}lin^{42}

去　远　去　万代　　　　祭送的鬼神去万代，

so^{31}sɯ^{42}zin^{33}ʔduŋ^{213}zam^{55}

直　像　石　丢　水　　　　如像石丢水，

ʒim^{33}ʔduŋ^{213}zam^{55}naŋ^{213}lai^{33}

石　丢　水　还　流　　　　石在水中水还流。

ziau^{42}ku^{33}taŋ^{213}fa:ŋ^{42}pai^{33}mi^{31}ta:u^{213}

传　我　祭送　鬼　去　不　回　　　　传我布摩祭送的鬼神去不回，

pan^{55}kuə^{31}sa:ŋ^{31}ɾa:n^{42}lo^{42}

别人　做　匠　家　大　　　　别人做匠家业大，

ku^{33}kuə^{31}mo^{33}ɾa:n^{42}ɦən^{55}

我　做　布摩　家　发　　　　我做布摩家业发；

pan^{55}kuə^{31}sa:ŋ^{31}ɾa:n^{42}sa:ŋ^{33}

别人　做　匠　家　高　　　　别人做匠住高楼，

ku^{33}mo^{33}fa:ŋ^{42}ɾa:n^{42}se^{31}

我　念经 鬼　家　兴旺　　　　我念经祭送鬼神家业多兴旺。

ɕau^{42}su^{33}ɦa:u^{31}san^{42}ni^{55}

算得　你们　说　句　这　　　　我已算得你们这样说，

ɕau^{42}su^{33}pi^{55}san^{42}tan^{33}

算得　你们　讲　句　此　　　　早已算得你们这样讲。

ko^{213}ku^{33}ʔdai^{55}zo^{55}mi^{31}

给　我　得　会　不　　　　是否给礼信？

tai^{55}ku^{33}sai^{42}zo^{55}mi^{31}

给　我　得　够　不　　　　给够礼信否？

ko^{213}ku^{33}ʔdai^{55}ku^{33}pai^{33}

价格　我　得　我　去　　　　给够礼信我就去，

tai⁵⁵ku³³sai⁴²ku³³ʔja:m²¹³
给 我 足 我 走 礼信给足我就走。

ʔə³³mo³³ɦə⁵⁵ʔə³³mo³³
阿 布摩 啊 阿 布摩 两个小伙答：布摩啊布摩，

kuə³¹lamɯ⁴²kuə³¹ʔbo³³ʔdai⁵⁵
哪样 给 不 得 您要哪样礼信都给足，

kuə³¹lamɯ⁴²tai⁵⁵ʔbo³³sai⁴²
哪样 给 不 够 要什么礼信都给够。

sa⁵⁵pan³¹pə³³saŋ³³ma³³
刚才 我们 开始 来 刚来的时候，

me³¹liau⁴²tap²¹³tai⁵⁵ɕa²¹³
妯 娌 准备 等[①] 我家妯娌备有礼信等。

sa⁵⁵pan³¹pə³³saŋ³³ma³³
刚才 我们 开始 来 才来的时候，

me³¹pa²¹³tap²¹³tai⁵⁵suaŋ²¹³
母 姑姑 准备 留给 我家姑母备有礼信留。

paŋ⁴²fɯ⁴²ɦa²¹³ʔdai⁵mo³³
布 色 五 得 布摩 五色布留给。

sa⁵⁵luaŋ⁴²ɦam²¹³ʔdai⁵⁵mo³³
刀 铜 给 得 布摩 铜刀也留等。

man³¹taŋ⁴²ʔo³³ʔdai⁵⁵mo³³
辣 整 棵 给 布摩 辣子整棵给。

so³³taŋ³¹fak²¹³ʔdai⁵⁵mo³³
锄头 整 把 给 布摩 锄头整把给。

ʔjak²¹³taŋ³¹kan⁴²ʔdai⁵⁵mo³³
板锄头 连锄把 给 布摩 板锄连把给。

ʔjam³³ɦa:u⁵⁵na³¹ʔdai⁵⁵mo³³
青水稻 谷 田 给 布摩 田中尚青的稻谷也给，

va³³ɦa:u⁵⁵zi³¹ʔdai⁵⁵mo³³
青旱稻 谷 地 给 布摩 地里尚青的旱稻都给。

po³¹kai³¹tsie²¹³ʔdai⁵⁵mo³³
雄 鸡 老 给 布摩 大公鸡也给，

me³¹kai³¹la:u⁵⁵ʔdai⁵⁵mo³³
母 鸡 大 给 布摩 老母鸡也送。

ko³³mo³³zim³³tsuai³³sai⁵⁵
给 布摩 满 大竹篓 冒 礼信装满大竹篓，

tai⁵⁵mo³³zim³³tsuai³³pan⁴²
给 布摩 满 大筐篮 码高 礼筐码高层。

ɾa:n⁴²mo³³zim³³tsau³³tse²¹³
家 布摩 满 家具 需用家具都给齐。

① 这里用来请布摩的钱物是由姑母出，是女性地位较高的表现。

mo^{33}ko^{55}tan^{213}ma^{33}ʔak^{55}
布摩 心爽 来 胸　　布摩听了心里爽快在胸，
mo^{33}ko^{55}tsak^{55}ma^{33}sɯ^{33}
布摩 满意 来 心　　布摩听了满意在心。
soŋ^{33}ʔbau^{213}ɦɯ^{55}soŋ^{33}kua:ŋ^{33}
俩 伙子 呵 俩 青年　　布摩答：俩小伙子呵，俩青年！
ɕau^{42}su^{33}ɦa:u^{31}san^{42}ni^{55}
算得 你们 说 句 这　　我已算得你们要这样说，
ɕau^{42}su^{33}pi^{55}san^{42}tan^{33}
算得 你们 讲 句 此　　早已算得你们要讲这样话。
ʔdu^{55}ku^{33}lək^{213}pu^{55}ta:i^{31}la:ŋ^{42}
古 我 儿 人 太 郎　　古代我是太郎人的儿子，
ʔdi^{33}ku^{33}naŋ^{213}pai^{33}ɦam^{213}pu^{55}ta:i^{31}la:ŋ^{42}
好 我 要 去 问 人 太 郎　　我要去问太郎人。
ʔda:ŋ^{33}ku^{33}lək^{213}vən^{31}pu^{55}ta:i^{31}ɕian^{33}
身 我 儿 人 人 太 仙　　古代我身是太仙人的儿子，
ʔdi^{33}ku^{33}naŋ^{31}pai^{33}ɦam^{13}ta:i^{31}ɕian^{33}
好 我 要 去 问 太 仙　　我要去问太仙。
ta:i^{31}la:ŋ^{42}pju^{33}ɦaɯ^{55}ku^{33}ʒoŋ^{42}ʒɯn^{31}
太 郎 批准 给 我 出门　　太郎批准我出门，
ku^{33}so^{55}ʔdai^{55}ʒoŋ^{42}ʒɯn^{31}
我 才 得 出门　　我才能出门。
ta:i^{31}ɕian^{33}pju^{33}ɦaɯ^{55}ku^{33}zoŋ^{42}ɾa:n^{42}
太 仙 批准 给 我 出 家　　太郎批准我出家，
ku^{33}so^{55}ʔdai^{55}zoŋ^{42}ɾa:n^{42}
我 才 得 出 家　　我才能够出家。
ta:i^{31}ɕian^{33}mjak^{213}san^{42}ʔdjeu^{33}
太 仙 讲 句 一　　太仙同情讲一句，
ta:i^{31}la:ŋ^{42}pjeu^{33}san^{42}lɯŋ^{31}
太 仙 漏 句 允许　　太仙漏话允许去。
ʔə^{33}mo^{33}ɦe^{55}ʔə^{33}mo^{33}
阿 布摩 呵 阿 布摩　　太仙说：阿布摩呵，阿布摩！
ko^{11}məŋ^{42}ʔdai^{55}məŋ^{42}pai^{33}
给 你 得 你 去　　他们送礼你得去，
tai^{55}məŋ^{42}sai^{42}məŋ^{42}ʔja:m^{31}
礼 你 够 你 起步　　礼够你起步，
pai^{33}ʔdoŋ^{33}ʔau^{33}pɯŋ^{55}kuk^{55}ʔdi^{33}ku^{33}
去 林 取 皮 虎 好 我　　你去林中取我的好虎皮，
pai^{33}zu^{31}ʔau^{33}pɯŋ^{55}fa:ŋ^{42}ʔdi^{33}ku^{33}
去 入 取 皮 鬼 好 我　　你入林中取我的好鬼皮，

pai^{33}tsa:ŋ^{33}ʔau^{33}pɯŋ^{55}ɕie^{55}ʔdi^{33}ku^{33}
去 中间 取 皮 神 好 我　　你进中间取我的好神皮，

pai^{33}sɯ^{213}ʔau^{33}pɯŋ^{55}ʔen^{31}ʔdi^{33}ku^{33}
去 角 取 皮 燕 好 我　　你去角落处取我的好燕皮。

ku^{33}ʔduan^{55}ma^{33}ʔduan^{55}ma^{33}
我 走 来 走 来　　布摩说：我走来走来。

ŋɯ^{42}nan^{31}kuə^{31}sai^{33}kan^{33}ku^{33}ma^{33}
红脖蛇 做 带 巾 我 来　　红脖蛇做巾带我布摩来，

ŋɯ^{42}pan^{42}kuə^{31}sai^{33}ʔja:ŋ^{55}ku^{33}ma^{33}
扁脖蛇 做 带 长剑 我 来　　扁脖蛇做长剑带我布摩来，

pi^{42}ʔba^{55}tək^{55}ʔdam^{33}pɯ^{31}ku^{33}ma^{33}
扇 蝴蝶 放 内 衣 我 来　　蝴蝶扇风放衣内我布摩来，

soŋ^{33}ŋɯ^{42}kuə^{31}soŋ^{33}tin^{33}ku^{33}ma^{33}
双 蛇 做 双 脚 我 来　　双脚踏双蛇我布摩来，

soŋ^{33}lɯŋ^{42}tau^{55}soŋ^{33}ʔi^{31}ku^{33}ma^{33}
双 龙 立 双 腋 我 来　　双龙立双腋我布摩来，

tuə^{31}ʔdu^{55}ʔdi^{31}pa:u^{55}ʔda:ŋ^{33}ku^{33}ma^{33}
只 鸣蝉 保 身 我 来　　鸣蝉保身我布摩来。

ku^{33}ʔduan^{55}ma^{33}ʔduan^{55}ma^{33}
我 走 来 走 来　　布摩说：我走来走来。

ku^{33}ma^{33}taŋ^{42}soŋ^{33}ʔdoŋ^{33}sa:m^{33}ʔdoŋ^{33}
我 来 到 双 林 三 林　　我走过一林又一林，

ʔdoŋ^{33}ʔdjeu^{33}laŋ^{42}ʔdi^{33}ku^{33}
林 一 深 好 我　　其中一林好深，

van^{42}te^{33}liŋ^{42}kən^{33}ma:k^{213}
天 它 猴 吃 果　　林中见猴在吃果。

ku^{33}ma^{33}taŋ^{42}soŋ^{33}sat^{213}sa:m^{33}sat^{213}
我 来 到 两 步 三 步　　我走两步三步，

sak^{213}ʔdjeu^{33}ŋui^{42}ʔdi^{33}ku^{33}
步 一 回音 好 我　　走一步好像有回音，

van^{42}te^{33}nak^{31}kən^{33}pja^{33}
天 水獭 吃 鱼　　原来是水獭在吃鱼。

ku^{33}ma^{33}taŋ^{42}soŋ^{33}ɦo^{33}lok^{55}sa:m^{33}ɦo^{33}lok^{55}
我 来 到 两 筒 水车 三 筒 水车　　我布摩来到有众多水车的地方，

lok^{55}ʔdjeu^{33}sok^{55}ʔdi^{33}ku^{33}
水车 一 满水 好 我　　见有一架水车水好满。

van^{42}ʔdi^{33}kau^{31}na^{42}ta:i^{33}ʒeŋ^{55}
天 好 虫 田 死 干　　田坝中有死干虫。

ku^{33}tok^{55}toŋ^{31}si^{33}sua^{213}
我 走 坝 响声　　我布摩走坝响声，

ku^{33}tok^{55}na^{31}si^{33}sat^{213}
我 走 田 响惊　　　我布摩走田响惊。

ʔda:ŋ^{33}ku^{33}pan^{31}sa^{31}seu^{55}
身 我 成 蓬 云绕样　　　我布摩身成云绕样的壮观。

ɦɯt^{213}ku^{33}zeu^{55}tsin^{33}ŋan^{42}
腰 我 云绕样 金 银　　　我布摩腰挂云绕样的金银。

ʔda:ŋ^{33}ku^{33}pan^{31}fu^{31}zən^{31}taŋ^{31}məŋ^{42}
身 我 成 福气 祭送 你　　　我布摩用我的福气来祭送你，

tak^{55}ku^{55}ɦam^{31}zin^{33}zai^{55}
肝 我 盖 洗涤用滚石　　　我布摩的肝可盖洗涤用的滚石，

sai^{55}ku^{33}ɦam^{31}zin^{33}pan^{42}
肠 我 盖 磨石　　　我布摩的肠能盖磨石。

ʔda:ŋ^{33}ku^{33}pan^{31}fu^{31}zən^{31}taŋ^{31}məŋ^{42}
身 我 成 福气 祭送 你　　　我布摩用我的福气来祭送你，

tak^{55}ku^{55}ɦam^{31}zin^{33}zai^{55}
肝 我 盖 洗涤用滚石　　　我布摩的肝可盖洗涤用的滚石，

sai^{55}ku^{33}ɦam^{31}ɦan^{42}na^{42}
肠 我 盖 埂 田　　　我布摩的肠能盖田埂。

ka^{33}ku^{33}za:i^{42}tsin^{55}lian^{31}za:i^{31}tsen^{213}
脚杆 我 龙纹 连 虎纹　　　我布摩的脚杆有龙纹连虎纹来

taŋ^{31}məŋ^{42}
祭祀 你　　　祭祀你。

jiaŋ^{31}na^{55}pjak^{213}ku^{33}ni^{55}pan^{31}soŋ^{33}ʒuaŋ^{42}
样 脑门 我 这 成 双 槽印

saŋ^{42}
立　　　我布摩的脑门立着双槽印。

jiaŋ^{31}soŋ^{33}soŋ^{31}ʔdaŋ^{33}ku^{33}ni^{55}pan^{31}soŋ^{33}
样 双 鼻孔 我 这 成 双

soŋ^{31}lin^{31}
洞 圆　　　我布摩的鼻孔成双圆洞。

ʔdi^{33}ku^{33}toŋ^{55}na^{213}jəu^{55}mi^{31}la:u^{33}jəu^{55}
好 我 招呼 友 不 怕 友　　　我布摩招呼友又不怕友。

ɦa:u^{213}na^{213}ʔba:u^{213}（ʔun^{213}）mi^{31}la:u^{33}
说 脸 男（死者）女（死者） 不 怕

peu^{33}
得罪　　　对你男死者或女死者不怕得罪。

ȵa^{42}ma^{42}ʔdən^{33}na^{213}loŋ^{55}
才 简单 站 你面前　　　不怕得罪你，我布摩才简单地站你面前。

ȵa^{42}ma^{42}toŋ^{55}na^{213}məŋ^{42}
才 简单 提醒 面前 你　　　不怕得罪你，我布摩才简单地在面前提醒你。

si³³laŋ³³kok⁵⁵ɕian³¹suaŋ²¹³məŋ⁴²pai³³
跟着 根源 古铜钱 你 走
吃了供品跟着古铜钱根源你走。

si³³laŋ³³tuaŋ³¹sa³³ven³³məŋ⁴²pai³³
跟着 马 纸 吊 你 去
跟着吊纸马你走。

si³³laŋ³³zam⁵⁵məŋ⁴²ɦua:i²¹³
跟着 水 你 转
顺着布摩的喷神水，你去。

si³³ta:i³¹pai²¹³məŋ³¹pai³³
跟 台 拜 你 去
跟着拜台仙路，你去。

ku³³nau⁴²tsa:i³¹tok⁵⁵tsa:i³¹
我 说 财 数 财
我布摩说财又数财。

ku³³tsa:i³¹san⁴²taŋ³¹san⁴²
我 讲 句 到 句
我讲了这句到下句。

ku³³ʔban³³tuaŋ²¹³tok⁵⁵tuaŋ²¹³
我 念 首 念 首
我念了这首又念下首。

ku³³suaŋ²¹³san⁴²taŋ³¹san⁴²
我 播 句 到 句
我播了这句到下句。

（五）

lək²¹³məŋ⁴²mi³¹ʔdai⁴²nau⁴²san³¹ʔdaŋ³¹
儿 你 不 得 讲 句 重话
kai²¹³məŋ⁴²
是 你
你儿不得讲重话给你，

ɦaɯ⁵⁵ku³³nau⁴²san³¹ʔdaŋ³¹kai²¹³məŋ⁴²
给 我 讲 句 重话 是 你
请我布摩讲重话给你。

lək²¹³məŋ⁴²mi³¹ʔdai⁴²ʔdaŋ³¹san³¹ɦa:u³³
儿 你 不 得 重话 句 坦言
kai²¹³məŋ⁴²
是 你
你儿不得讲坦言给你，

ɦaɯ⁵⁵ku³³ʔdaŋ³¹san³¹ɦa:u³³kai²¹³məŋ⁴²
给 我 重话 句 坦言 是 你
请我布摩讲坦言给你。

lək²¹³məŋ⁴²nak⁵⁵məŋ⁴²se³³ʔdan³³ɾuŋ⁴²
儿 你 想 你 留 卧室
你儿想你留你遗体在卧室，

lək²¹³məŋ⁴²nɯ⁴²məŋ⁴²suaŋ²¹³se³³ɾa:n⁴²
儿 你 想 你 摆 留 家
你儿想你留你遗体摆在家。

pjan³³məŋ⁴²nau³¹sak²¹³sau⁵⁵
发尖 你 烂 杂乱
只怕你的发尖烂杂乱，

tsau²¹³məŋ³¹nau³¹sak²¹³san³¹
头 你 烂 糟糟
只怕你头乱糟糟，

pjan³³məŋ⁴²zuai⁴²sau³³si⁵⁵
发尖 你 脱 落光
只怕你发尖脱落光，

nau^{31}məŋ^{42}tok^{55}la^{213}sok^{55}
烂 你 掉 下 楼　　只怕你肉烂掉楼下。

va:i^{31}kok^{55}lək^{213}ʔbo^{33}pan^{31}
牛 根 儿 不 成　　只怕牛养儿不成，

va:i^{31}ʔjan^{33}lək^{213}ʔbo^{33}se^{31}
牛 母 儿 不 发　　只怕母牛不生崽。

lək^{213}ʔau^{33}tsie^{213}pai^{33}kuat^{213}
儿 拿 粪扒 去 刮　　儿拿粪扒去刮丢。

lək^{213}ʔau^{33}ʔjak^{213}pai^{33}mok^{55}
儿 拿 板锄 去 埋　　儿拿板锄挖土埋，

va:i^{31}ko^{55}lək^{213}so^{55}pan^{42}
牛 根 儿 才 成　　牛养儿才成，

va:i^{31}ʔjan^{33}lək^{213}so^{55}se^{31}
牛 母 儿 才 发　　母牛才生崽。

lək^{213}məŋ^{42}nak^{55}məŋ^{42}se^{33}ʔdan^{33}ɾuŋ^{42}
儿 你 想 你 留 卧室　　你儿想你留你遗体在卧室，

lək^{213}məŋ^{42}nɯ^{42}məŋ^{42}suaŋ^{213}se^{33}ɾa:n^{42}
儿 你 想 你 摆 留 家　　你儿想你留你遗体摆在家。

pjan^{33}məŋ^{42}nau^{31}sak^{213}sau^{55}
发尖 你 烂 杂乱　　只怕你的发尖烂杂乱，

tsau^{213}məŋ^{31}nau^{31}sak^{213}san^{31}
头 你 烂 糟糟　　只怕你头乱糟糟，

pjan^{33}məŋ^{42}zuai^{42}sau^{33}si^{55}
发尖 你 脱 落光　　只怕你发尖脱落光，

nau^{31}məŋ^{42}tok^{55}pai^{33}pak^{213}tu^{33}jie^{42}
烂 你 掉 去 口 门 灶　　只怕你肉烂掉灶门。

jie^{42}ɦa:u^{55}lək^{213}ʔbo^{33}zim^{33}
灶 饭 儿 不 满　　儿灶煮饭饭不熟，

lək^{213}ʔau^{33}tsie^{213}pai^{33}kuat^{213}
儿 拿 粪扒 去 刮　　儿拿粪扒去刮丢，

lək^{213}ʔau^{33}ʔja:k^{213}pai^{33}mok^{55}
儿 拿 板锄 去 埋　　儿拿板锄挖土埋，

jie^{42}ɦa:u^{55}lək^{213}so^{55}zim^{33}
灶 饭 儿 才 满　　儿灶煮饭饭才熟。

lək^{213}məŋ^{42}nak^{55}məŋ^{42}se^{33}ʔdan^{33}ɾuŋ^{42}
儿 你 想 你 留 卧室　　你儿想你留你遗体在卧室，

lək^{213}məŋ^{42}nɯ^{42}məŋ^{42}suaŋ^{213}se^{33}ɾa:n^{42}
儿 你 想 你 摆 留 家　　你儿想你留你遗体摆在家。

pjan^{33}məŋ^{42}nau^{31}sak^{213}sau^{55}
发尖 你 烂 杂乱　　只怕你的发尖烂杂乱，

pɯ^{213}ɾa:n^{42}suŋ^{42}ʔau^{33}tsau^{213}
划开 棺材 要 值钱　　野人划开棺材找值钱物。

ɦak^{213}le^{33}ɦa^{213}ʔdat^{55}zam^{55}ta^{31}ʔau^{33}ji^{42}
野人 要 吸 水 河 拿 底　　野人要吸河水拿宝，

pɯ^{213}ɾa:n^{42}suŋ^{42}ʔau^{33}no^{31}
划开 棺材 要 肉　　野人划开棺材要臭肉。

saŋ^{31}taŋ^{33}saŋ^{31}lak^{213}loŋ^{55}
布幡 挨 布幡 装 笼　　棺内布幡挨布幡装笼，

soŋ^{55}taŋ^{33}soŋ^{55}laŋ^{42}ʔba^{33}
层 挨 层 大 粑　　棺内层挨层的大粑粑。

soŋ^{213}laŋ^{31}ʔba^{33}sam^{55}sat^{213}
桌 大 粑 响声　　粑是供桌上的大粑粑，

kam^{33}ʔdi^{33}məŋ^{42}pan^{31}vɯ^{213}
捏 好 你 成 裂　　你手捏粑粑已开裂。

pɯ^{31}woi^{213}sa:u^{55}pan^{31}ji^{42}
衣 挂 竹竿 成 灰尘　　棺内衣是灵堂竹竿挂的衣，

lək^{213}vən^{31}ʔdi^{33}ʔbo^{33}pan^{42}ɕan^{31}
儿 人 好 不 成 全　　棺内衣各式各样配齐全。

kam^{33}ʔdi^{33}məŋ^{13}pan^{31}vɯ^{213}
捏 好 你 成 裂　　你捏好不要让它开裂，

pɯ^{31}woi^{213}sa:u^{55}pan^{31}ɦən^{42}
衣 挂 竹竿 成 梦　　衣挂竹竿成好梦。

lək^{213}lən^{42}ʔdi^{33}pan^{42}ɕan^{31}
儿 幺 好 成 全　　你的儿孙好成全。

la:u^{55}pa:k^{213}kua:ŋ^{213}ʔdjau^{33}nau^{42}
寨老 嘴 宽 一 说　　寨老嘴宽寨老话，

vən^{42}pak^{213}ʔbau^{33}ʔdjau^{33}ɦa:u^{31}
人 嘴 巧 一 讲　　寨人嘴巧寨人说。

la:u^{55}pak^{213}kua:ŋ^{213}ʔdjau^{33}na:i^{33}
寨老 嘴 宽 一 说　　寨老嘴宽寨老讲，

vən^{42}pak^{213}kua:i^{33}ʔdjau^{33}ɦa:u^{31}
人 嘴 乖 一 话　　寨人嘴乖寨人传。

po^{31}（me^{31}）ta:i^{33}nak^{55}kaɯ^{31}laɯ^{42}
父（母） 死 想重 哪样　　父（母）死去，想念成哪样也不得留

ʔbo^{33}ʔdai^{55}se^{33}ʔdan^{33}ɾuŋ^{31}
不 得 留 卧室　　遗体在卧室，

nɯ^{31}kaɯ^{31}laɯ^{42}ʔbo^{33}ʔdai^{55}suaŋ^{213}se^{33}ɾa:n^{42}
想 哪样 不 得 摆 留 家　　想念成哪样也不得留遗体摆在家，

ta:i^{33}ji^{55}tɯ^{42}pai^{33}ti^{31}
死 就 带 去 龙脉地　　死就带遗体去龙脉地，

ta:i^{33}ji^{55}ji^{31}pai^{33}ʔbən^{33}
死 就 松开 去 天 　　死就灵魂轻松上天堂。

ta:i^{33}ji^{55}tɯ^{42}pai^{33}ti^{31}
死 就 带 去 龙脉地 　　死就带遗体去龙脉地，

ta:i^{33}ji^{55}ji^{31}pai^{33}ɕian^{33}
死 就 松开 去 仙 　　死就灵魂轻松上仙台。

pu^{55}jiaŋ^{31}lamɯ^{13}zo^{55}ti^{31}
人 什么 知 龙脉地 　　什么人知龙脉地？

ʔan^{33}po^{33}sa^{55}zo^{55}ti^{31}
丫 萨坡 知 龙脉地 　　住在萨坡丫口的人知龙脉地，

ɦa:k^{213}po^{33}tam^{42}zo^{55}ti^{31}
汉人 坡 大湖 知 龙脉地① 　　住在大湖坡后山的汉人知龙脉地，

ɾa:n^{42}sa:m^{33}ta:n^{213}zo^{55}ti^{31}
家 三 台 知 龙脉地 　　家住三台山那人知龙脉地，

pu^{55}se^{31}ʔdan^{33}zo^{55}ti^{31}
人 边 天 知 龙脉地 　　家住天边那人知龙脉地，

ɾa:n^{42}pu^{55}tui^{213}zo^{55}ti^{31}
家 人 贵 知 龙脉地 　　家中贵人知龙脉地，

pu^{55}ʔu^{33}ti^{42}zo^{55}ti^{31}
人 无 敌 知 龙脉地 　　人无敌知龙脉地，

ti^{42}ʔu^{33}sa^{55}zo^{55}ti^{31}
敌 无 差 知 龙脉地 　　敌无差知龙脉地，

ɦak^{213}la^{55}pu^{55}sa:ŋ^{33}tɕau^{31}zo^{55}ti^{31}
布摩 下 人 高 桥 知 龙脉地 　　高桥下布摩他知龙脉地，

pɯŋ^{42}tsa:ŋ^{33}vən^{42}ta:i^{31}sat^{213}zo^{55}ti^{31}
地域 中间 人 太 根源 知 龙脉地 　　更古地域中的人太他知龙脉地。

ɦat^{55}sok^{213}ʒoŋ^{31}tsi^{33}tsai^{33}
晨 明 亮 明明 　　明晨天亮时，

ɾa:n^{42}mi^{31}lək^{213}sau^{31}lək^{213}kuə^{31}ŋa:i^{31}zau^{213}
家 有 儿 喊 儿 做 早饭 热 　　家里有儿叫儿热早饭，

ɾa:n^{42}mi^{31}pamɯ^{55}sau^{213}pamɯ^{55}kuə^{31}ɦa:u^{55}zom^{31}
家 有 儿媳 喊 儿媳 做 更早的 早饭 　　家里有媳叫媳做早点。

ʔdet^{33}soŋ^{33}ʔba:u^{33}ma^{33}ŋa:i^{42}
喊 二 小伙 来 早饭 　　喊寨里两个小伙来吃早饭，

na:i^{33}soŋ^{33}tsa^{33}ma^{33}lau^{55}
请 二 小伙 来 酒 　　请寨中两个小伙来喝酒。

ɦa:u^{55}lək^{213}tsoŋ^{31}tsa^{33}kən^{33}
饭 装 竹饭箩 小伙 吃 　　两个小伙来吃竹箩饭，

pjak^{33}lək^{33}pən^{42}tsa^{33}net^{33}
菜 装 盆 小伙 拈 　　盆装菜给两个小伙吃。

① po^{33}tam^{42}：po^{33} 即山或丘，tam^{42} 即大湖。po^{33}tam^{42} 疑为“滇池”。

tsa33kən33lieu55ma31lieu55
小伙 吃 好 来 了
俩小伙吃好了，

pjeu55tsau213tse31pai33ʔdaɯ33
收 东西 去 里面
儿媳妇收碗筷去屋里面。

tsap55jie42na213tsa33kua31
斗笠 戴 脸 小伙 过
两个小伙头戴斗笠遮脸走，

lɯŋ55pat213ʔba31tsa33pai33
伞 放 肩 小伙 去
两个小伙肩挎雨伞出门去。

ʒak55ʔja:ŋ55va:ŋ33sai31ɦət213tsa33pai33
插 长剑 横 背 腰 小伙 去
两个小伙腰上横背长剑出门去。

tsa33ʔduan55pai33 ʔduan55pai33
小伙 走着 走着
两个小伙问着走着，

tsa33pai33taŋ42sok33ta:i31ʔjit55
小伙 去 到 渡口 第 一
两个小伙来到第一个渡口，

zan33soŋ33ja31taɯ31pit55
见 二 妇女 放 鸭
见着两个妇女在放鸭，

ɦau33kuə31ja31mi31ɦa:n33
说 做 奶 不 答
称她们做奶她们不回答，

sam33kuə31na:ŋ31so55ʔə31
喊 做 姑姑 才 应声
喊她们做姑姑才应声。

ʔə33pi55ɦə213ʔə33me31
阿 姐 和 阿 妈
请问阿姐和阿妈，

ʔjiu35pu55pa:n33ʔjiu31laɯ42
家 布摩先生① 在 哪里
布摩家住哪里？

ɾa:n31pu55ɦak213ʔjiu31laɯ31
屋 布摩先生 在 哪里
布摩屋在哪里？

ʔə33pi55ɦə213ʔə33po31
阿 哥 和 阿 爹
阿姑答：阿哥和阿爹，

soŋ33zə33tau55za33ʔjiu35pu55pa:n33
俩 你 来 找 家 布摩
kuə31ma42
做 哪样
你俩来找布摩奶家做哪样？

soŋ33zə33tau55za33ɾa:n31pu55ɦak213
俩 你 来 找 屋 布摩
kuə31ma42
做 哪样
你俩来找布摩奶屋做什么？

ʔjiu35pu55pa:n33ʔju31ʔan55
家 布摩 在 那
布摩家在那，

① "布摩先生"有三种称呼：pu55pa:n33(平时尊称)，pu55ɦak213(非尊称)，pu53mo33(做仪式时尊称)。

ɾa:n^{31}pu^{55}ɦak^{213}ʔju^{31}ʔan^{55}
屋 布摩 在 那 布摩屋在那。

me^{31}ɾa:n^{42}tok^{55}te^{33}ʔjak^{55}ka^{33}ʔan^{55}
屋椽角 落 雨滴 滴 那里 八角楼屋椽角滴着雨滴的那家，

sɯ^{55}ɾa:n^{42}tok^{55}te^{33}jam^{31}ka^{33}ʔan^{55}
八角房山墙的屋椽 落 雨滴 飘 那里 八角楼山墙大屋椽滴着雨的那家就是。

tak^{213}ma^{33}pan^{31}taɯ^{42}tu^{33}ka^{33}ʔan^{55}
雄 狗 边 守 门 那里 有只大雄狗守在大门边的那家，

tak^{213}ma^{33}pu^{42}zau^{213}ɦoŋ^{42}ka^{33}ʔan^{55}
雄 狗 壮 叫 院坝 那里 有只壮雄狗在院坝中叫汪汪的那家，

tak^{213}ma^{33}pan^{213}taɯ^{31}lai^{33}ka^{33}ʔan^{55}
雄 狗 边 守 门梯 那里 有只大雄狗守在大门楼梯角的那家，

tak^{213}ma^{33}nai^{42}zau^{213}ɦoŋ^{42}ka^{33}ʔan^{55}
雄 狗 灰 叫 院坝 那里 有只大灰狗在院坝中叫汪汪的那家就是。

tsa^{33}ʔduan^{55}pai^{33} ʔduan^{55}pai^{33}
小伙 走着 走着 两个小伙又问着走着，

tsa^{33}pai^{33}taŋ^{31}sok^{55}ta:i^{31}ŋi^{31}
小伙 去 到 渡口 第 二 去到第二个渡口，

zan^{33}soŋ^{33}ja^{31}vit^{55}ʔdau^{33}
见 二 妇女 漂染蓝靛布 望见妇女两人正在漂染蓝靛布。

ɦa:u^{33}kuə^{31}ja^{31}mi^{31}ɦa:n^{33}
说 做 奶 不 答 称她们作奶她们不回答，

sa:m^{33}kuə^{31}na:ŋ^{31}so^{55}ʔə^{31}
喊 做 姑姑 才 应声 喊她们作姑姑才应声。

ʔə^{33}pi^{55}ɦə^{213}ʔə^{33}me^{31}
阿 姐 和 阿 妈 请问阿姐和阿妈，

ʔju^{55}pu^{55}pa:n^{33}ʔju^{31}laɯ^{31}
家 布摩 在 哪里 布摩家住哪里？

ɾa:n^{31}pu^{55}ɦak^{213}ʔjiu^{31}laɯ^{31}
屋 布摩 在 哪里 布摩屋在哪里？

ʔə^{33}pi^{55}ɦə^{213}ʔə^{33}po^{31}
阿 哥 和 阿 爹 阿姑答：阿哥和阿爹，

soŋ^{33}ʒə^{33}tau^{55}za^{33}ʔju^{35}pu^{55}pa:n^{33}kuə^{31}ma^{42}
俩 你 来 找 家 布摩 做 哪样 你俩来找布摩家做哪样？

soŋ^{33}zə^{33}tau^{55}za^{33}ɾa:n^{31}pu^{55}ɦak^{213}kuə^{31}ma^{42}
俩 你 来 找 屋 布摩 做 哪样 你俩来找布摩屋做什么？

me^{31}ɾa:n^{42}tok^{55}te^{33}jam^{31}ka^{33}ʔan^{55}
屋椽角 落 雨滴 飘 那里 八角楼屋椽角飘着雨滴的那家，

sɯ^{55}ɾa:n^{42}tok^{55}te^{33}jam^{55}ka^{33}ʔan^{55}
八角房山墙的屋椽 落 雨滴 飘 那里 八角楼山墙大屋椽滴着雨的那家就是。

tak^{213}ma^{33}pan^{31}taɯ^{42}tu^{33}ka^{33}ʔan^{55}
雄　狗　边　守　门　那里　　有只大雄狗守在大门边的那家，

tak^{213}ma^{33}pu^{42}ʒau^{213}ɦoŋ^{42}ka^{33}ʔan^{55}
雄　狗　壮　叫　院坝　那里　　有只壮雄狗在院坝中汪汪叫的那家，

tak^{213}ma^{33}pan^{213}taɯ^{31}lai^{33}ka^{33}ʔan^{55}
雄　狗　边　守　门梯　那里　　有只大雄狗守在大门楼梯角的那家，

tak^{213}ma^{33}nai^{42}zau^{213}ɦoŋ^{42}ka^{33}ʔan^{55}
雄　狗　灰　叫　院坝　那里　　有只大灰狗在院坝中汪汪叫的那家就是。

tsa^{33}ʔduan^{55}pai^{33} ʔduan^{55}pai^{33}
小伙　走着　走着　　两个小伙又问着走着，

tsa^{33}pai^{33}taŋ^{31}sok^{55}ta:i^{31}sa:m^{33}
小伙　去　到　渡口　第　三　　去到第三个渡口，

zan^{33}soŋ^{33}na:ŋ^{31}sok^{55}sa^{31}
见　二　姑娘　洗衣　　见着两个姑娘在洗衣，

zan^{33}soŋ^{33}ja^{31}au^{33}pui^{33}
见　二　奶　漂白线　　两个奶奶在漂白线，

zan^{33}soŋ^{33}na:ŋ^{31}zuai^{33}zok^{213}
见　二　姑娘　梭线上织机　　还有两个姑娘梭线上织机。

ɦa:u^{33}kuə^{31}ja^{31}mi^{31}ɦa:n^{33}
说　做　奶　不　答　　称她们作奶她们不回答，

sa:m^{33}kuə^{31}na:ŋ^{31}so^{55}ʔə^{31}
喊　做　姑姑　才　应声　　喊她们作姑姑才应声。

ʔə^{33}pi^{55}ɦə^{213}ʔə^{33}me^{31}
阿　姐　和　阿　妈　　请问阿姐和阿妈，

ʔju^{35}pu^{55}pa:n^{33}ʔjiu^{31}laɯ^{42}
家　布摩　在　哪里　　布摩家住哪里？

ɾa:n^{31}pu^{55}ɦak^{213}ʔjiu^{31}laɯ^{31}
屋　布摩　在　哪里①　　布摩屋在哪里？

ʔə^{33}pi^{55}ɦə^{213}ʔə^{33}po^{31}
阿　哥　和　阿　爹　　阿姑答：阿哥和阿爹，

soŋ^{33}zə^{33}tau^{55}za^{33}ʔju^{35}pu^{55}pa:n^{33} kuə^{31}ma^{42}
俩　你　来　找　家　布摩　做　哪样　　你俩来找布摩家做哪样？

soŋ^{33}zə^{33}tau^{55}za^{33}ɾa:n^{31}pu^{55}ɦak^{213} kuə^{31}ma^{42}
俩　你　来　找　屋　布摩　做　哪样　　你俩来找布摩屋做什么？

me^{31}ɾa:n^{42}tok^{55}te^{33}ʔjak^{55}ka^{33}ʔan^{55}
屋椽角　落　雨滴　滴　那里　　八角楼屋椽角滴着雨滴的那家就是，

sɯ^{55}ɾa:n^{42}tok^{55}te^{33}jam^{31}ka^{33}ʔan^{55}
八角房山墙的屋椽　落　雨滴　飘　那里　　八角楼山墙大屋椽飘着雨的那家就是。

tak^{213}ma^{33}pan^{31}taɯ^{42}tu^{33}ka^{33}ʔan^{55}
雄　狗　边　守　门　那里　　有只大雄狗守在大门边的那家，

① pu^{55}pa:n^{33}、pu^{55}ɦak^{213}：皆为布摩先生的别称。

tak^{213}ma^{33}pu^{42}ɾau^{213}ɦoŋ^{42}ka^{33}ʔan^{55}
雄 狗 壮 叫 院坝 那里
有只壮雄狗在院坝中叫汪汪的那家，

tak^{213}ma^{33}pan^{213}taɯ^{31}lai^{33}ka^{33}ʔan^{55}
雄 狗 边 守 门梯 那里
有只大雄狗守在大门楼梯角的那家，

tak^{213}ma^{33}nai^{42}zau^{213}ɦoŋ^{42}ka^{33}ʔan^{55}
雄 狗 灰 叫 院坝 那里
有只大灰狗在院坝中叫汪汪的那家就是。

tsa^{33}ʔduan^{55}pai^{33} ʔduan^{55}pai^{33}
小伙 走着 走着
两个小伙又走着、问着，

tsa^{33}pai^{33}taŋ^{31}pak^{213}naŋ^{31}la^{213}ɾa:n^{42}
小伙 去 到 口 场院 下 屋
走到布摩屋旁场院口，

tsa^{33}pai^{33}taŋ^{31}pan^{31}la^{55}ta:ŋ^{213}
小伙 去 到 院中 下 楼
来到布摩屋院中的楼下，

zan^{33}pak^{31}tu^{33}ɦak^{213}suk^{55}ɕaŋ^{42}
见 口 门 布摩 筑 土墙
ɕi^{31}lom^{55}pja^{33}
像 鱼
见着布摩家的花鱼纹土墙，

zan^{33}pak^{31}tu^{33}ɦak^{213}suk^{55}ɕaŋ^{42}
见 口 门 布摩 筑 土墙
na^{42}loŋ^{55}kam^{55}
像 半圆拱
见着布摩家的半圆拱大门，

zan^{33}pak^{31}tu^{33}ɦak^{213}za:i^{31}kuk^{55}lian^{31}
见 口 门 布摩 画 虎 连
za:i^{31}ŋək^{213}
画 蛟龙
见着布摩家门上画虎又画龙。

la:u^{55}pai^{33}taŋ^{31}ɕin^{33}ta:u^{213}
老 去 到 转 回
其他老人去到院场可转回，

ka^{31}tsa^{33}ʔbo^{33}ʔdai^{55}ta:u^{213}
们 小伙 不 得 回
这两个小伙必须进屋请。

ʔba:u^{213}pai^{33}taŋ^{31}ɕin^{33}ma^{33}
小伙 去 到 转 来
其他小伙们去到院场可转回，

ka^{31}tsa^{33}ʔbo^{33}ʔdai^{55}ma^{33}
们 小伙 不 得 来
这两个小伙去请布摩不得回。

tsa^{33}tam^{31}ʔda:ŋ^{33}tsa^{33}ɦau^{55}
小伙 低 身 小伙 进
小伙低身进屋去，

tsa^{33}tam^{31}tsau^{55}pai^{33}ʔdaɯ^{33}
小伙 低 头 小伙 里面
小伙进到屋里面，

zan^{33}me^{31}ɦak^{213}tam^{33}sa:t^{213}
见 母 布摩 舂 碓
见布摩的母亲在舂碓，

zan^{33}po^{31}ɦak^{213}pa^{213}fəŋ^{42}
见 父 布摩 劈 柴
见布摩的父亲在劈柴，

zan³³lək²¹³ɦak²¹³tim³¹kuan³¹
见 儿 布摩 拊粮回碓窝 见布摩的儿子将碓中撒出的粮食拊回碓窝中。

tsa³³pa:k²¹³nak⁵⁵ʔbo³³ʔdai⁵⁵nau⁴²
小伙 嘴笨 不 得 问 小伙嘴笨不敢问,

ɦak²¹³pak²¹³ʔbau³³sa:m³³kuan²¹³
布摩 嘴巧 问 先 布摩嘴巧就先问。

tsa³³pak²¹³nak⁵⁵ʔbo³³ʔdai⁵⁵na:i³³
小伙 嘴笨 不 得 讲 小伙嘴笨不敢讲,

ɦak²¹³pak²¹³kua:i³³sa:m³³kuan²¹³
布摩 嘴 心宽 问 先 布摩心宽就先问:

tau⁵⁵kuə³¹ma³¹soŋ³³tsa³³
来 做 什么 二 小伙 来做什么?俩小伙。

ma³³kuə³¹ma³¹soŋ³³ʔba:u²¹³
来 做 什么 二 小伙 俩小伙,来做什么?

tau⁵⁵ɦa:u²¹³ma⁴²soŋ³³zɯ³³
来 说 什么 二 位 二位有何事?

teŋ³¹na⁵⁵pjak³¹ʒə³³ma³¹ɦan³³
望 脑门 滑 什么 紧急 淌头大汗的有何紧急事?

ɕim³³pja:i³³fən⁴²zə³³ma³¹ɦɯ²¹³
瞧 脸角 滑 什么 阴沉 阴沉着脸为哪般?

na⁵⁵zɯ³³ma⁴²kɯ³¹se³³lan⁴²
脸 你们 什么 变 这样 为啥脸色如此难看?

zo⁵⁵ʔda:ŋ³³zɯ³³tam³¹ɕa⁵⁵
是否 身 你们 掉 刀 是否掉了护身刀?

zo⁵⁵na⁵⁵zɯ³³tam³¹sak⁵⁵
是否 脸 你们 掉 躲藏 是否偷盗想躲藏?

zo⁵⁵zɯ³³zək²¹³ma³¹lai⁴²
是否 你们 偷 来吧 你们偷了别人的东西没有?

zo⁵⁵zɯ³³au³³ma³¹pan⁵⁵
是否 你们 要 东西 别人 你们白要别人的东西没有?

zo⁵⁵zɯ³³zak²¹³pit⁵⁵kai³¹pan⁵⁵ka:i³³
是否 你们 偷 鸭 鸡 别人 卖 是否你们偷了别人的鸡鸭去卖?

zo⁵⁵zɯ³³zak²¹³ɕiə⁴²va:i⁴²pan⁵⁵kɯ⁵⁵
是否 你们 偷 黄牛 水牛 别人 藏 是否你们偷了别人的黄牛水牛去藏?

zo⁵⁵zɯ³³pɯn³¹pit⁵⁵kai³¹pan⁵⁵kɯ⁵⁵ȵia³³
是否 你们 拿 鸭 鸡 别人 藏 草 是否你们偷了别人的鸡鸭藏在草窝中?

zo⁵⁵zɯ³³pɯn³¹pa⁴²ʔja³³pan⁵⁵kɯ⁵⁵tɯn³¹
是否 你们 拿 媳 白得 别人 藏 山林 是否你们拐得别人媳妇藏在山林里?

zo⁵⁵zɯ³³pɯn³¹mu³³juaŋ⁴²
是否 你们 拿 猪 羊 是否你们偷了别人的猪羊?

zo^{55}zɯ^{33}zɯŋ^{42}sa:u^{33}naŋ^{31}
是否 你们 赶 姑娘 玩　　是否你们去赶姑娘玩？

zo^{55}zɯ^{33}ʔjit^{213}tau^{55}ʔdɯi^{33}
是否 你们 歇气 来 无事　　是否你们无事来歇脚？

zo^{55}zɯ^{33}zei^{33}ma^{31}ȵoi^{31}
是否 你们 打失 来 少　　是否你们打失什么东西过来找？

zo^{55}zɯ^{33}ʔjit^{213}tau^{55}ʔja^{33}
是否 你们 歇气 来 耍　　是否你们无事过来玩？

zo^{55}zɯ^{33}za^{33}ma^{31}ȵoi^{31}
是否 你们 找 来 小　　是否你们来找什么小东西？

ʔə^{33}ɦak^{213}ɦə^{55}ʔə^{33}ɦak^{213}
阿 布摩 啊 阿 布摩　　两个小伙回答：布摩啊，布摩。

teŋ^{31}na^{213}pjak^{31}pɯ^{33}jiaŋ^{31}ʔbo^{33}ɦan^{33}
看 额头 我俩 也 不 滑
ka^{213}laɯ^{42}
哪里样　　我俩满头大汗是有急事。

sim^{33}pja:i^{33}fan^{42}pɯ^{33}jiaŋ^{31}ʔbo^{33}ɦɯ^{213}
瞧 脸色 我俩 也 不 难看
ka^{33}laɯ^{42}
哪里　　我俩垮脸是有急事，

na^{55}pɯ^{33}jiaŋ^{31}ʔbo^{33}kɯ^{31}ɕe^{33}lan^{42}
脸 我俩 也 不 难看 哪点　　难看的脸色是有急事。

ʔda:ŋ^{33}pɯ^{33}ʔbo^{33}taŋ^{31}sa^{55}
身 我俩 不 掉 护身刀　　我们没有掉护身刀，

na^{55}pɯ^{33}ʔbo^{33}taŋ^{31}sak^{213}
脸 我俩 不 落 追杀　　也没有被人追杀。

pɯ^{33}ʔbo^{33}zak^{213}ma^{31}la:u^{42}
我俩 不 偷 哪样　　我们从不偷东西，

pɯ^{33}ʔbo^{33}au^{33}ma^{31}pan^{55}
我俩 不 要 东西 别人　　也从不白要别人的东西。

pɯ^{33}ʔbo^{33}zak^{213}pit^{55}kai^{31}pan^{55}ka:i^{33}
我俩 不 偷 鸭 鸡 别人 卖　　我们不会偷别人鸡鸭去卖钱，

pɯ^{33}ʔbo^{33}zak^{213}ɕiə^{31}va:i^{31}pan^{55}kɯ^{55}
我俩 不 偷 黄牛 水牛 别人 藏　　我们也从不偷黄牛水牛去躲藏。

pɯ^{33}ʔbo^{33}zak^{213}pit^{55}kai^{31}pan^{55}kɯ^{55}ȵa^{33}
我俩 不 偷 鸭 鸡 别人 藏 草　　我们不会偷别人鸡鸭去藏在草窝中，

pɯ^{33}ʔbo^{33}pɯn^{31}pa^{42}ʔja^{33}pan^{55}kɯ^{55}tɯn^{31}
我俩 不 拿 媳 白得 别人 藏 山林　　更不会拐骗别人媳妇藏在山林里。

pɯ^{33}ʔbo^{33}pɯn^{31}mu^{33}juaŋ^{42}
我俩 不 拿 猪 羊　　我们不会偷猪羊，

pɯ33ʔbo33zɯŋ42sa:u33naŋ31
我俩 不 赶 姑娘 玩
也不追戏姑娘玩。

pɯ33ʔbo33ʔjit213tau55ʔdɯi33
我俩 不 歇气 来 无事
我们不会无事来歇脚，

pɯ33ʔbo33zei33ma31ȵoi31
我俩 不 打失 来 少
也不打失什么东西来寻找。

pɯ33ʔbo33ʔjit213tau55ʔja33
我俩 不 歇气 来 耍
我们不是无事过来玩，

pɯ33ʔbo33za33ma31ȵoi31
我俩 不 找 来 小
也不来寻找什么小东西。

（六）《神鸟搬家》

ʔə33ɦak213ɦə55ʔə33ɦak213
阿 布摩 啊 阿 布摩
布摩啊，布摩。

pan31fi31naŋ31ɦa55nau42
还 未 坐 要 说
还未坐下我们就要跟您说，

pan31fi31ʔjau33ɦa55ɦa:u33
还 未 蹬 要 讲
还没蹬下我们就要跟您讲。

tu33ʔbo33pjau33ma31zok213
我们 不 得罪神鸟 哪 鸟
我们不曾得罪神鸟呀，

zok213tək55ʔbu213ɕian33fɯŋ42
鸟 放 新位置 先 稻草
神鸟为何要搬家？神鸟的羽毛为何早早干黄如稻草？

fa:ŋ42au33ka:p213tu33zəŋ42se33laŋ33 ka31ʔan55
鬼 拿 父（母）我们 跟上 留 跟着 那点[①]
为何鬼神要拉我们的父（母）跟着它走？

tu33ʔbo33pjau33ma31zok213
我们 不 得罪神鸟 哪 鸟
我们不曾得罪神鸟呀，

zok213tək55ʔbu213ɕan33kan35
鸟 放 新位置 先 寨墙门外
神鸟为何要搬家？神鸟为何搬到寨墙外？

fa:ŋ42au33ka:p213tu33tau55laŋ55se33laŋ33 ka33ʔan55
鬼 拿 父（母）我们 倒 直 留 跟 那点
为何鬼神要拉我们的父（母）跟着它走？

tu33ʔbo33pjau33ma31zok213
我们 不 得罪神鸟 哪 鸟
我们不曾得罪神鸟呀，

zok213tək55ʔbu213ɕan33ȵan35
鸟 放 新位置 先 寨墙门内
神鸟为何要搬家？神鸟为何搬到寨墙内？

---

① ka:p213：指父或母（布摩语言）；孝子们则称 po31 或 me31。

fa:ŋ⁴²au³³ka:p²¹³tu³³tək⁵⁵pen⁵⁵se³³laŋ³³
鬼 拿 父（母） 我们 放 棺板 留 跟
ka³³ʔan⁵⁵
那点

为何鬼神要拉我们的父（母）放进棺材里？

zeu³¹məŋ³¹ɦak²¹³zo⁵⁵sɯ³³
听说 您 布摩 懂 书

听说您布摩懂经书，

tɯ³¹məŋ³¹pai³³si³³ti³¹
带 您 去 找 地龙脉

才请您布摩去找龙脉。

zeu³¹məŋ³¹ɦak²¹³zo⁵⁵sa³³
听说 您 布摩 懂 纸书

听说您布摩懂古书，

tɯ³¹məŋ³¹pai³³si³³ti³¹
带 您 去 找 地龙脉

才请您布摩去找龙脉。

ʔə³³ʔjie⁵⁵ɦə²¹³ʔə³³ʔja:ŋ³³
阿 越人 啊 阿 扬人

阿越人啊，阿扬人！

ɕau⁴²su³³ɦa:u³¹san⁴²ni⁵⁵
算得 你们 说 句 这

布摩答： 我已算得你们这样说，

ɕau⁴²su³³pi⁵⁵san⁴²tan³³
算得 你们 讲 句 此

早已算得你们这样讲。

ko²¹³ku³³ʔdai⁵⁵zo⁵⁵mi³¹
给 我 得 会 不

是否给礼信？

tai⁵⁵ku³³sai⁴²zo⁵⁵mi³¹
给 我 得 够 不

给够礼信否？

ko²¹³ku³³ʔdai⁵⁵ku³³pai³³
价格 我 得 我 去

给够礼信我就去，

tai⁵⁵ku³³sai⁴²ku³³ʔja:m²¹³
给 我 足 我 走

礼信给足我就走。

ʔə³³ɦak²¹³ɦə⁵⁵ʔə³³ɦak²¹³
阿 布摩 啊 阿 布摩

两个小伙答：布摩啊，布摩。

kuə³¹lauɯ⁴²kuə³¹ʔbo³³ʔdai⁵⁵
哪样 给 不 得

您要哪样礼信都给足，

kuə³¹lauɯ⁴²tai⁵⁵ʔbo³³sai⁴²
哪样 给 不 够

您要什么礼信都给够。

sa⁵⁵pan³¹pə³³saŋ³³ma³³
刚才 我们 开始 来

刚来的时候，

me³¹liau⁴²tap²¹³tai⁵⁵ɕa²¹³
妈 姑 准备 等

我家姑妈备有礼信等。

sa⁵⁵pan³¹pə³³saŋ³³ma³³
刚才 我们 开始 来

才来的时候，

me³¹pa²¹³tap²¹³tai⁵⁵suaŋ²¹³
母 姑姑 准备 留给

我家姑母备有礼信留。

paŋ^{42}fɯ^{42}ɦa^{213}ʔdai^{55}ɦak^{213}
布　筘　五　得　布摩[①]　　五百根纱筘门的布留给。

sa^{55}luaŋ^{42}ɦam^{213}ʔdai^{55}ɦak^{213}
刀　铜　给　得　布摩　　铜刀也留等。

man^{31}taŋ^{42}ʔo^{33}ʔdai^{55}ɦak^{213}
辣　整　棵　给　布摩　　辣子整棵留给。

so^{33}taŋ^{31}fak^{213}ʔdai^{55}ɦak^{213}
锄头　整　把　给　布摩　　锄头整把留给，

ʔja:k^{213}taŋ^{31}kan^{42}ʔdai^{55}ɦak^{213}
板锄头　连锄把　给　布摩　　板锄连锄把留给。

ʔjam^{33}ɦa:u^{55}na^{31}ʔdai^{55}ɦak^{213}
青水稻　谷　田　给　布摩　　田中尚青的稻谷也留给，

va^{33}ɦa:u^{55}ʒi^{31}ʔdai^{55}ɦak^{213}
青旱稻　谷　地　给　布摩　　地里尚青的旱稻都留给。

po^{31}kai^{31}tse^{213}ʔdai^{55}ɦak^{213}
雄　鸡　老　给　布摩　　大公鸡也留给，

me^{31}kai^{31}la:u^{55}ʔdai^{55}ɦak^{213}
母　鸡　大　给　布摩　　老母鸡也送。

ko^{33}ɦak^{213}zim^{33}ts'uai^{33}sai^{55}
给　布摩　满　大竹篓　冒　　礼信装满大竹篓，

tai^{55}ɦak^{213}zim^{33}tsuai^{33}pan^{42}
给　布摩　满　大筐篮　码高　　礼筐码高层。

ɾan^{42}ɦak^{213}zim^{33}tsau^{33}tse^{213}
家　布摩　满　家具　　需用家具都给齐。

ɦak^{213}ko^{55}tan^{213}ma^{33}ʔak^{55}
布摩　心爽　来　胸　　布摩心里爽快在胸，

ɦak^{213}ko^{55}tsak^{55}ma^{33}sɯ^{33}
布摩　满意　来　心　　布摩满意在心。

ɦat^{55}sok^{31}zoŋ^{31}tsi^{33}tsai^{33}
晨　明　亮　蒙蒙亮　　昕晨天刚亮，

ɦak^{213}tam^{33}sat^{213}ma^{33}ŋa:i^{42}
布摩　春　谷　来　饭　　布摩春谷做早饭。

na:i^{33}soŋ^{33}tsa^{33}ma^{33}lau^{55}
请　二　小伙　来　酒　　请寨中两个小伙来喝酒。

ɦa:u^{55}lək^{213}tsoŋ^{31}tsa^{33}kən^{33}
饭　装　竹饭箩　小伙　吃　　两个小伙来吃竹箩饭，

pjak^{33}lək^{33}pən^{42}tsa^{33}net^{33}
菜　装　盆　小伙　拈　　盆装菜给两个小伙吃。

tsa^{33}kən^{33}liau^{55}ma^{31}liau^{55}
小伙　吃　好　来　了　　两个小伙吃好了，

① fɯ^{42}：筘。fɯ^{42}ɦa^{213}：指布有五百根纱那么宽的筘门。

pjeu^{55}tsau^{213}tse^{31}pai^{33}ʔdaɯ^{33}
收 东西 去 里面
儿媳妇收碗筷去屋里面。

ʔə^{33}ɦak^{213}ɦə^{55}ʔə^{33}ɦak^{213}
阿 布摩 呵 阿 布摩
俩小伙说：阿布摩呵，阿布摩！

tai^{31}lak^{213}ma^{33}pɯ^{33}tɯ^{42}
口袋 来 我们 带
你的口袋拿来我们背，

tai^{31}sɯ^{33}ma^{33}pɯ^{33}pa^{55}
袋 书 来 我们 背
你的书袋给我们拿。

ʔə^{33}ʔjəi^{55}ɦə^{213}ʔə^{33}ʔja:ŋ^{33}
阿 越人 呵 阿 扬人
布摩说：俩小伙呵，俩小伙！

ma^{33}zau^{42}taŋ^{213}tai^{31}lak^{213}taŋ^{213}tɯ^{42}
来 我们 各 口袋 各 带
各人口袋各人背，

taŋ^{213}tai^{31}sɯ^{3}taŋ^{213}pa^{55}
各 袋 书 各 背
各人书袋各人拿。

za^{31}ʔdeu^{33}su^{33}tək^{213}tai^{31}lak^{213}ku^{33}ji^{42}
不然 你们 会 口袋 我 脏
不然你们会弄脏我的口袋，

za^{31}ʔdeu^{33}su^{33}tək^{213}tai^{31}sɯ^{33}ku^{33}ʔduk^{55}
不然 你们 会 书袋 我 腐
不然你们会弄腐我的书袋，

pjuk^{55}tək^{55}sɯ^{33}ku^{33}la:n^{31}
白蚁 啃 书 我 烂
不然白蚁会啃烂我的书。

tsa^{33}tɯ^{31}ɦak^{213}tai^{31}po^{33}
小伙 带 布摩 走 山
小伙带布摩走山，

ɦak^{213}tɯ^{31}tsa^{33}tai^{31}po^{33}
布摩 带 小伙 走 坡
布摩带小伙走坡，

tai^{31}po^{33}toŋ^{42}tai^{31}po^{33}
走 山 同 走 山
走山同走山。

tsa^{33}tɯ^{31}ɦak^{213}tai^{31}vi^{213}
小伙 带 布摩 走 沟
小伙带布摩走沟，

ɦak^{213}tɯ^{31}tsa^{33}tai^{31}vi^{213}
布摩 带 小伙 走 沟
布摩带小伙走沟，

tai^{31}vi^{213}toŋ^{42}tai^{31}vi^{213}
走 沟 同 走 沟
走沟同走沟。

ɦak^{213}vi^{55}tsa^{33}tai^{31}ʔdeu^{213}
布摩 指 小伙 走 陡
布摩指小伙走陡，

tai^{31}ʔdeu^{213}toŋ^{42}tai^{31}ʔdeu^{213}
走 陡 同 走 陡
走陡同走陡。

ɦak^{213}θi^{31}kui^{31}pai^{33}ʔbən^{33}
布摩 手脚并用 去 顶
布摩手脚并用爬山顶，

pu^{55}ɦak^{213}ʔju^{31}ka^{33}laɯ^{42}ka^{31}ka:ŋ^{33}lɯŋ^{35}paŋ^{42}
布摩 在 哪里 自己 打布伞
布摩在哪里自己打布伞，

taŋ⁴²ka³³laɯ⁴²ka³¹ka:ŋ³³lɯŋ³⁵pu³¹
到 哪里 自己 打轻伞 布摩在哪里自己打轻伞。
suan²¹³ti³¹mo²¹³ʔji³³ʔjau³³
算 位 坟 选 朝 算坟位，选朝向，
suan²¹³ti³¹pan⁴²ʔji³³ʔjuk⁵⁵
算 位置 偏坡 选 转 算位置，转偏坡，
suk⁵⁵ȵiaŋ³¹fɯŋ⁴²ʔji³³ʔjan³¹
点 拇指 手 选 斜 布摩掰着拇指算，
tan³¹ȵiaŋ³¹fɯŋ⁴²ʔji³³ʔjau³³
弹 拇指 手 选 朝 布摩弹着拇指测朝向。
tsa³³tɯ⁴²ɦak²¹³ʔduan⁵⁵ma³³ʔduan⁵⁵ma³³
小伙 带 布摩 走 来 走 来 小伙带布摩走来走来，
ɦak²¹³tɯ⁴²tsa³³ʔduan⁵⁵ta:u²¹³ʔduan⁵⁵ta:u²¹³
布摩 带 小伙 走 前（回） 走 前（回） 布摩带小伙走着走着。
tsa³³tɯ⁴²ɦak²¹³ma³³taŋ³¹ti³¹ta:i³¹ʔit⁵⁵
小伙 带 布摩 来 到 位置 第一 小伙带布摩来到第一位置，
ti³¹zuk⁵⁵zik⁵⁵zuk⁵⁵zɯ⁵⁵
位置 乱七八糟 第一位置乱七八糟。
lək²¹³tok⁵⁵tsin³³ʔbo³³sɯ⁵⁵ʔdan³³ti³¹
儿 出 金 不 买 那 位置
ti³¹ten³³
那点 儿出金不买那点，
tok⁵⁵ŋan⁴²ʔbo³³sɯ⁵⁵ti³¹ti³¹ten³³
出 银 不 买 位置 那点 儿出银不买那点。
lək²¹³ɦa²¹³tək⁵⁵ti³¹kuaŋ²¹³
儿 要 放 位置 宽 儿要选宽阔的位置，
lək²¹³ɦa²¹³sa:ŋ²¹³ti³¹ɦuŋ³³
儿 要 安 位置 雄厚 儿要选雄厚的位置。
ti³¹kuaŋ²¹³so⁵⁵pan⁴²kən³³
位置 宽 才 成 吃 宽阔的位置才成吃，
ti³¹ɦuŋ³³so⁵⁵ʔju²¹³so²¹³
位置 雄厚 才 在 乐 雄厚的位置才成乐。
ɦak²¹³so⁵⁵zo⁵⁵ti³¹ʔdi³³
布摩 才 知 位置 好 布摩才知位置好，
ti³¹laɯ³¹ʔdi³³ɦak²¹³zo⁵⁵
位置 哪 好 布摩 懂 好位置布摩才知，
ti³¹laɯ³¹so⁵⁵ɦak²¹³zan³³
位置 哪 乐 布摩 见 好位置布摩才见，
ʔdan³³laɯ³¹pan⁴²ɦak²¹³ɕau²¹³
地点 哪 成 布摩 认识 好位置布摩认识。

tsa^{33}tɯ^{42}ɦak^{213}ʔduan^{55}ma^{33}ʔduan^{55}ma^{33}
小伙　带　布摩　走　来　走　来　　小伙带布摩走来走来，
ɦak^{213}tɯ^{42}tsa^{33}ʔduan^{55}ta:u^{213}ʔduan^{55}ta:u^{213}
布摩　带　小伙　走　前（回）走　前（回）　布摩带小伙走着走着。
tsa^{33}tɯ^{42}ɦak^{213}ma^{33}taŋ^{31}ti^{31}ta:i^{31}ŋi^{31}
小伙　带　布摩　来　到　位置 第二　　小伙带布摩来到第二位置，
ti^{31}teŋ^{33}ti^{31}zok^{55}zi^{55}fa:ŋ^{42}kɯ^{55}
那点　位置　杂乱　鬼　躲　　第二位置杂乱有鬼躲。
lək^{213}tok^{55}tsin^{33}ʔbo^{33}sɯ^{55}ʔdan^{33}ti^{31}
儿　出　金　不　买　那　位置
ti^{31}ten^{33}
那点　　儿出金不买那点，
tok^{55}ŋan^{42}ʔbo^{33}sɯ^{55}ti^{31}ti^{31}ten^{33}
出　银　不　买　位置　那点　　儿出银不买那点。
lək^{213}ɦa^{213}tək^{55}ti^{31}kua:ŋ^{213}
儿　要　放　位置　宽　　儿要选宽阔的位置，
lək^{213}ɦa^{213}sa:ŋ^{213}ti^{31}ɦuŋ^{33}
儿　要　安　位置 雄厚　　儿要选雄厚的位置。
ti^{31}kua:ŋ^{213}so^{55}pan^{42}kən^{33}
位置　宽　才　成　吃　　宽阔的位置才成吃，
ti^{31}ɦuŋ^{33}so^{55}ʔju^{213}so^{213}
位置 雄厚　才　在　乐　　雄厚的位置才成乐。
ɦak^{213}so^{55}zo^{55}ti^{31}ʔdi^{33}
布摩　才　知　位置　好　　布摩才知位置好，
ti^{31}lawɯ^{31}ʔdi^{33}ɦak^{213}zo^{55}
位置　哪　好　布摩　懂　　好位置布摩才知，
ti^{31}lawɯ^{31}so^{55}ɦak^{213}zan^{33}
位置　哪　乐　布摩　见　　好位置布摩才见，
ʔdan^{33}lawɯ^{31}pan^{42}ɦak^{213}ɕau^{213}
地点　哪　成　布摩　认识　　好位置布摩认识。
tsa^{33}tɯ^{42}ɦak^{213}ʔduan^{55}ma^{33}ʔduan^{55}ma^{33}
小伙　带　布摩　走　来　走　来　　小伙带布摩走来走来，
ɦak^{213}tɯ^{42}tsa^{33}ʔduan^{55}ta:u^{213}ʔduan^{55}ta:u^{213}
布摩　带　小伙　走　前（回）　走　前（回）　布摩带小伙走着走着。
tsa^{33}tɯ^{42}ɦak^{213}ma^{33}taŋ^{31}ti^{31}ta:i^{31}sa:m^{33}
小伙　带　布摩　来　到　位置 第三　　小伙带布摩来到第三位置，
ti^{31}teŋ^{33}ti^{31}zok^{55}zɯ^{55}fa:ŋ^{42}ʔju^{31}
那点　位置　荒芜　鬼　在　　第三位置荒芜有鬼在。
lək^{213}tok^{55}tsin^{33}ʔbo^{33}sɯ^{55}ʔdan^{33}ti^{31}
儿　出　金　不　买　那　位置

ti31ten33
那点　　儿出金不买那点，

tok55ŋan42ʔbo33sɯ55ti31ti31ten33
出　银　不　买　位置 那点　　儿出银不买那点。

lək213ɦa213tək55ti31kua:ŋ213
儿　要　放　位置 宽　　儿要选宽阔的位置，

lək213ɦa213sa:ŋ213ti31ɦuŋ33
儿　要　安　位置 雄厚　　儿要选雄厚的位置。

ti31kua:ŋ213so55pan42kən33
位置 宽　才　成　吃　　宽阔的位置才成吃，

ti31ɦuŋ33so55ʔju213so213
位置 雄厚 才　在　乐　　雄厚的位置才成乐。

ɦak213so55zo55ti31ʔdi33
布摩　才　知 位置 好　　布摩才知位置好，

ti31lamɯ31ʔdi33ɦak213zo55
位置　哪　好　布摩　懂　　好位置布摩才知，

ti31lamɯ31so55ɦak213zan33
位置　哪　乐　布摩　见　　好位置布摩才见，

ʔdan33lamɯ31pan42ɦak213ɕau213
地点　哪　成　布摩　认识　　好位置布摩认识。

tsa33tɯ42ɦak213ʔduan55ma33ʔduan55ma33
伙子　带　布摩　走　来　走　来　　伙子带布摩走来走来，

ɦak213tɯ42tsa33ʔduan55ta:u213ʔduan55
布摩　带　小伙　走　前(回)走

ta:u213
前(回)　　布摩带小伙走着走着。

tsa33tɯ42ɦak213ma33taŋ31ti31ta:i31θi31
小伙　带　布摩　来　到　位置 第四　　小伙带布摩来到第四位置，

ti31teŋ33zam55tsa:ŋ33ʔa:n31
那点　水　中间　稀泥　　第四位置水中是稀泥。

lək213tok55tsin33ʔbo33sɯ55ʔdan33ti31
儿　出　金　不　买　那　位置

ti31ten33
那点　　儿出金不买那点，

tok55ŋan42ʔbo33sɯ55ti31ti31ten33
出　银　不　买　位置 那点　　儿出银不买那点。

lək213ɦa213tək55ti31kua:ŋ213
儿　要　放　位置 宽　　儿要选宽阔的位置，

lək213ɦa213sa:ŋ213ti31ɦuŋ33
儿　要　安　位置 雄厚　　儿要选雄厚的位置。

ti^{31}kua:ŋ^{213}so^{55}pan^{42}kən^{33}
位置 宽 才 成 吃　　宽阔的位置才成吃，

ti^{31}ɦuŋ^{33}so^{55}ʔju^{213}so^{213}
位置 雄厚 才 在 乐　　雄厚的位置才成乐。

ɦak^{213}so^{55}zo^{55}ti^{31}ʔdi^{33}
布摩 才 知 位置 好　　布摩才知位置好，

ti^{31}lamɯ^{31}ʔdi^{33}ɦak^{213}zo^{55}
位置 哪 好 布摩 懂　　好位置布摩才知，

ti^{31}lamɯ^{31}so^{55}ɦak^{213}zan^{33}
位置 哪 乐 布摩 见　　好位置布摩才见，

ʔdan^{33}lamɯ^{31}pan^{42}ɦak^{213}ɕau^{213}
地点 哪 成 布摩 认识　　好位置布摩认识。

tsa^{33}tɯ^{42}ɦak^{213}ʔduan^{55}ma^{33}ʔduan^{55}ma^{33}
小伙 带 布摩 走 来 走 来　　小伙带布摩走来走来，

ɦak^{213}tɯ^{42}tsa^{33}ʔduan^{55}ta:u^{213}ʔduan^{55}ta:u^{213}
布摩 带 小伙 走 前（回） 走 前（回）　　布摩带小伙走着走着。

tsa^{33}tɯ^{42}ɦak^{213}ma^{33}taŋ^{31}ti^{31}ta:i^{31}ɦa^{55}
小伙 带 布摩 来 到 位置 第五　　小伙带布摩来到第五位置，

ti^{31}teŋ^{33}ɦan^{31}tsa:ŋ^{33}ʔdoŋ^{33}
那点 旱 中间 林　　第五位置是林中不见阳光的旱地。

lək^{213}tok^{55}tsin^{33}ʔbo^{33}sɯ^{55}ʔdan^{33}ti^{31}
儿 出 金 不 买 那 位置

ti^{31}ten^{33}
那点　　儿出金不买那点，

tok^{55}ŋan^{42}ʔbo^{33}sɯ^{55}ti^{31}ti^{31}ten^{33}
出 银 不 买 位置 那点　　儿出银不买那点。

lək^{213}ɦa^{213}tək^{55}ti^{31}kua:ŋ^{213}
儿 要 放 位置 宽　　儿要选宽阔的位置，

lək^{213}ɦa^{213}sa:ŋ^{213}ti^{31}ɦuŋ^{33}
儿 要 安 位置 雄厚　　儿要选雄厚的位置。

ti^{31}kua:ŋ^{213}so^{55}pan^{42}kən^{33}
位置 宽 才 成 吃　　宽阔的位置才成吃，

ti^{31}ɦuŋ^{33}so^{55}ʔju^{213}so^{213}
位置 雄厚 才 在 乐　　雄厚的位置才成乐。

ɦak^{213}so^{55}zo^{55}ti^{31}ʔdi^{33}
布摩 才 知 位置 好　　布摩才知位置好，

ti^{31}lamɯ^{31}ʔdi^{33}ɦak^{213}zo^{55}
位置 哪 好 布摩 懂　　好位置布摩才知，

ti^{31}lamɯ^{31}so^{55}ɦak^{213}zan^{33}
位置 哪 乐 布摩 见　　好位置布摩才见，

ʔdan^{33}laɯ^{31}pan^{42}ɦak^{213}ɕau^{213}

地点 哪 成 布摩 认识 　　好位置布摩认识。

tsa^{33}tɯ^{42}ɦak^{213}ʔduan^{55}ma^{33}ʔduan^{55}ma^{33}

小伙 带 布摩 走 来 走 来 　　小伙带布摩走来走来，

ɦak^{213}tɯ^{42}tsa^{33}ʔduan^{55}ta:u^{213}ʔduan^{55}ta:u^{213}

布摩 带 小伙 走 前(回) 走 前(回) 　　布摩带小伙走着走着。

tsa^{33}tɯ^{42}ɦak^{213}ma^{33}taŋ^{31}ti^{31}ta:i^{31}zok^{55}

小伙 带 布摩 来 到 位置 第六 　　小伙带布摩来到第六位置，

lək^{213}pu^{55}sa:i^{33}ta:i^{33}tək^{213}ka^{213}ti^{31}teŋ^{33}

儿 人 男 死 被 杀 那点 　　那位置会出男儿被杀死。

lək^{213}tok^{55}tsin^{33}ʔbo^{33}sɯ^{55}ʔdan^{33}ti^{31}

儿 出 金 不 买 那 位置

ti^{31}ten^{33}

那点 　　儿出金不买那点，

tok^{55}ŋan^{42}ʔbo^{33}sɯ^{55}ti^{31}ti^{31}ten^{33}

出 银 不 买 位置 那点 　　儿出银不买那点。

lək^{213}ɦa^{213}tək^{55}ti^{31}kua:ŋ^{213}

儿 要 放 位置 宽 　　儿要选宽阔的位置，

lək^{213}ɦa^{213}sa:ŋ^{213}ti^{31}ɦuŋ^{33}

儿 要 安 位置 雄厚 　　儿要选雄厚的位置。

ti^{31}kua:ŋ^{213}so^{55}pan^{42}kən^{33}

位置 宽 才 成 吃 　　宽阔的位置不愁吃，

ti^{31}ɦuŋ^{33}so^{55}ʔju^{213}so^{213}

位置 雄厚 才 在 乐 　　雄厚的位置才有乐。

ɦak^{213}so^{55}zo^{55}ti^{31}ʔdi^{33}

布摩 才 知 位置 好 　　布摩才知位置好，

ti^{31}laɯ^{31}ʔdi^{33}ɦak^{213}zo^{55}

位置 哪 好 布摩 懂 　　好位置布摩才知，

ti^{31}laɯ^{31}so^{55}ɦak^{213}zan^{33}

位置 哪 乐 布摩 见 　　好位置布摩才见，

ʔdan^{33}laɯ^{31}pan^{42}ɦak^{213}ɕau^{213}

地点 哪 成 布摩 认识 　　好位置布摩认识。

tsa^{33}tɯ^{42}ɦak^{213}ʔduan^{55}ma^{33}ʔduan^{55}ma^{33}

小伙 带 布摩 走 来 走 来 　　小伙带布摩走来走来，

ɦak^{213}tɯ^{42}tsa^{33}ʔduan^{55}ta:u^{213}ʔduan^{55}ta:u^{213}

布摩 带 小伙 走 前(回) 走 前(回) 　　布摩带小伙走着走着。

tsa^{33}tɯ^{42}ɦak^{213}ma^{33}taŋ^{31}ti^{31}ta:i^{31}sat^{55}

小伙 带 布摩 来 到 位置 第七 　　小伙带布摩来到第七位置，

lək^{213}me^{31}ʔbək^{55}ta:i^{33}na^{213}ȵiə^{42}ti^{31}teŋ^{33}

儿 母 女 死 难产 那点 　　那位置会出妇女被难产死。

lək^{213}tok^{55}tsin^{33}ʔbo^{33}sɯ^{55}ʔdan^{33}ti^{31}
儿 出 金 不 买 那 位置
ti^{31}ten^{33}
那点 儿出金不买那点，

tok^{55}ŋan^{42}ʔbo^{33}sɯ^{55}ti^{31}ti^{31}ten^{33}
出 银 不 买 位置 那点 儿出银不买那点。

lək^{213}ɦa^{213}tək^{55}ti^{31}kua:ŋ^{213}
儿 要 放 位置 宽 儿要选宽阔的位置，

lək^{213}ɦa^{213}sa:ŋ^{213}ti^{31}ɦuŋ^{33}
儿 要 安 位置 雄厚 儿要选雄厚的位置。

ti^{31}kua:ŋ^{213}so^{55}pan^{42}kən^{33}
位置 宽 才 成 吃 宽阔的位置不愁吃，

ti^{31}ɦuŋ^{33}so^{55}ʔju^{213}so^{213}
位置 雄厚 才 在 乐 雄厚的位置才有乐。

ɦak^{213}so^{55}zo^{55}ti^{31}ʔdi^{33}
布摩 才 知 位置 好 布摩才知位置好，

ti^{31}laɯ^{31}ʔdi^{33}ɦak^{213}zo^{55}
位置 哪 好 布摩 懂 好位置布摩才知，

ti^{31}laɯ^{31}so^{55}ɦak^{213}zan^{33}
位置 哪 乐 布摩 见 好位置布摩才见，

ʔdan^{33}laɯ^{31}pan^{42}ɦak^{213}ɕau^{213}
地点 哪 成 布摩 认识 好位置布摩认识。

tsa^{33}tɯ^{42}ɦak^{213}ʔduan^{55}ma^{33}ʔduan^{55}ma^{33}
小伙 带 布摩 走 来 走 来 小伙带布摩走来走来，

ɦak^{213}tɯ^{42}tsa^{33}ʔduan^{55}ta:u^{213}ʔduan^{55}ta:u^{213}
布摩 带 小伙 走 前（回） 走 前（回） 布摩带小伙走着走着。

tsa^{33}tɯ^{42}ɦak^{213}ma^{33}taŋ^{31}ti^{31}ta:i^{31}pet^{213}
小伙 带 布摩 来 到 位置 第八 小伙带布摩来到第八位置，

sam^{31}lək^{213}ʔbək^{55} pan^{31}ʔda:i^{33} ti^{31}teŋ^{33}
伙 女孩 被强暴 那点 那位置会出女孩被强暴。

sam^{31}ɕiə^{42}va:i^{42}pan^{31}θa^{31} ti^{31}teŋ^{33}
伙 黄牛 水牛 被瘟 那点 那位置会出黄牛水牛被瘟。

lək^{213}tok^{55}tsin^{33}ʔbo^{33}sɯ^{55}ʔdan^{33}ti^{31}
儿 出 金 不 买 那 位置
ti^{31}ten^{33}
那点 儿出金不买那点，

tok^{55}ŋan^{42}ʔbo^{33}sɯ^{55}ti^{31}ti^{31}ten^{33}
出 银 不 买 位置 那点 儿出银不买那点。

lək^{213}ɦa^{213}tək^{55}ti^{31}kua:ŋ^{213}
儿 要 放 位置 宽 儿要选宽阔的位置，

ləkˀ^{213}ɦa^{213}sa:ŋ^{213}ti^{31}ɦuŋ^{33}
儿　要　安　位置 雄厚
儿要选雄厚的位置。

ti^{31}kua:ŋ^{213}so^{55}pan^{42}kən^{33}
位置 宽　才　成　吃
宽阔的位置不愁吃，

ti^{31}ɦuŋ^{33}so^{55}ʔju^{213}so^{213}
位置 雄厚 才　在　乐
雄厚的位置才有乐。

ɦak^{213}so^{55}zo^{55}ti^{31}ʔdi^{33}
布摩　才　知　位置 好
布摩才知位置好，

ti^{31}lamɯ^{31}ʔdi^{33}ɦak^{213}zo^{55}
位置 哪　好　布摩　懂
好位置布摩才知，

ti^{31}lamɯ^{31}so^{55}ɦak^{213}zan^{33}
位置 哪　乐　布摩　见
好位置布摩才见，

ʔdan^{33}lamɯ^{31}pan^{42}ɦak^{213}ɕau^{213}
地点　哪　成　布摩　认识
好位置布摩认识。

tsa^{33}tɯ^{42}ɦak^{213}ʔduan^{55}ma^{33}ʔduan^{55}ma^{33}
小伙　带 布摩　走　来　走　来
小伙带布摩走来走来，

ɦak^{213}tɯ^{42}tsa^{33}ʔduan^{55}ta:u^{213}ʔduan^{55}
布摩　带　小伙　走　前（回） 走
ta:u^{213}
前（回）
布摩带小伙走着走着。

tsa^{33}tɯ^{42}ɦak^{213}ma^{33}taŋ^{31}ti^{31}ta:i^{31}ku^{55}
小伙　带　布摩　来　到　位置　第九
小伙带布摩来到第九位置，

sam^{31}pi^{55}ta:i^{31}pan^{31}ʔiŋ^{33}ti^{31}teŋ^{33}
伙　兄 姐　成　病　那点
那位置会出兄姐伙成病。

sam^{31}nuaŋ^{55}lən^{42}pan^{31}θai^{31}ti^{31}teŋ^{33}
伙　弟　妹　成　祸事　那点
那位置会出弟妹成祸事。

ləkˀ^{213}tok^{55}tsin^{33}ʔbo^{33}sɯ^{55}ʔdan^{33}ti^{31}
儿　出　金　不　买　那　位置
ti^{31}ten^{33}
那点
儿出金不买那点，

tok^{55}ŋan^{42}ʔbo^{33}sɯ^{55}ti^{31}ti^{31}ten^{33}
出　银　不　买 位置 那点
儿出银不买那点。

ləkˀ^{213}ɦa^{213}tək^{55}ti^{31}kua:ŋ^{213}
儿　要　放　位置 宽
儿要选宽阔的位置，

ləkˀ^{213}ɦa^{213}sa:ŋ^{213}ti^{31}ɦuŋ^{33}
儿　要　安　位置 雄厚
儿要选雄厚的位置。

ti^{31}kua:ŋ^{213}so^{55}pan^{42}kən^{33}
位置　宽　才　成　吃
宽阔的位置不愁吃，

ti^{31}ɦuŋ^{33}so^{55}ʔju^{213}so^{213}
位置 雄厚　才　在　乐
雄厚的位置才成乐。

ɦak^{213}so^{55}zo^{55}ti^{31}ʔdi^{33}
布摩 才 知 位置 好　　布摩才知位置好，
ti^{31}lauɯ^{31}ʔdi^{33}ɦak^{213}zo^{55}
位置 哪 好 布摩 懂　　好位置布摩才知，
ti^{31}laɯ^{31}so^{55}ɦak^{213}zan^{33}
位置 哪 乐 布摩 见　　好位置布摩才见，
ʔdan^{33}laɯ^{31}pan^{42}ɦak^{213}çau^{213}
地点 哪 成 布摩 认识　　好位置布摩认识。
tsa^{33}tɯ^{42}ɦak^{213}ʔduan^{55}ma^{33}ʔduan^{55}ma^{33}
小伙 带 布摩 走 来 走 来　　小伙带布摩走来走来，
ɦak^{213}tɯ^{42}tsa^{33}ʔduan^{55}ta:u^{213}ʔduan^{55}ta:u^{213}
布摩 带 小伙 走 前（回） 走 前（回）　　布摩带小伙走着走着。
tsa^{33}tɯ^{42}ɦak^{213}ma^{33}taŋ^{31}ti^{31}ta:i^{31}çip^{213}
小伙 带 布摩 来 到 位置 第十　　小伙带布摩来到第十位置，
ta:i^{31}ta^{33}zim^{33}çan^{42}fa:t^{213}ti^{31}teŋ^{33}
舅家 满 钱 发 那点　　那位置会使舅家钱财发。
lək^{213}tok^{55}tsin^{33}ʔbo^{33}sɯ^{55}ʔdan^{33}ti^{31}
儿 出 金 不 买 那 位置
ti^{31}ten^{33}
那点　　儿出金不买那点，
tok^{55}ŋan^{42}ʔbo^{33}sɯ^{55}ti^{31}ti^{31}ten^{33}
出 银 不 买 位置 那点　　儿出银不买那点。
lək^{213}ɦa^{213}tək^{55}ti^{31}kua:ŋ^{213}
儿 要 放 位置 宽　　儿要选宽阔的位置，
lək^{213}ɦa^{213}sa:ŋ^{213}ti^{31}ɦuŋ^{33}
儿 要 安 位置 雄厚　　儿要选雄厚的位置。
ti^{31}kua:ŋ^{213}so^{55}pan^{42}kən^{33}
位置 宽 才 成 吃　　宽阔的位置才成吃，
ti^{31}ɦuŋ^{33}so^{55}ʔju^{213}so^{213}
位置 雄厚 才 在 乐　　雄厚的位置才成乐。
ɦak^{213}so^{55}zo^{55}ti^{31}ʔdi^{33}
布摩 才 知 位置 好　　布摩才知位置好，
ti^{31}laɯ^{31}ʔdi^{33}ɦak^{213}zo^{55}
位置 哪 好 布摩 懂　　好位置布摩才知，
ti^{31}laɯ^{31}so^{55}ɦak^{213}zan^{33}
位置 哪 乐 布摩 见　　好位置布摩才见，
ʔdan^{33}laɯ^{31}pan^{42}ɦak^{213}çau^{213}
地点 哪 成 布摩 认识　　好位置布摩认识。
tsa^{33}tɯ^{42}ɦak^{213}ʔduan^{55}ma^{33}ʔduan^{55}ma^{33}
小伙 带 布摩 走 来 走 来　　小伙带布摩走来走来，

ɦak^{213}tɯ^{42}tsa^{33}ʔduan^{55}ta:u^{213}ʔduan^{55}
布摩　带　小伙　走　前（回）　走
ta:u^{213}
前（回）
布摩带小伙走着走着。

tsa^{33}tɯ^{42}ɦak^{213}ma^{33}taŋ^{31}ti^{31}
小伙　带　布摩　来　到　位置
ta:i^{31}ɕip^{213}ʔit^{55}
第十一
小伙带布摩来到第十一位置，

ti^{31}ten^{33}ti^{31}ʔa^{33}ŋak^{213}tsen^{33}sa^{35}
那点　位置　弯台　纺车把手
那位置是一个纺车把手似的弯台，

ti^{31}ʔa^{33}ŋa^{55}kau^{33}va:i^{42}
位置　弯形　角　水牛
位置弯形如水牛角，

ti^{31}ɦa:i^{33}mja:i^{42}ʔdi^{33}ʔju^{213}
位置　开　远处　好　在
可观远处开阔好地点。

ti^{31}ten^{33}ti^{31}ʔa^{33}ŋak^{213}tsen^{33}sa^{35}
那点　位置　弯台　纺车把手
那立置是一个纺车把手似的弯台，

ti^{31}ʔa^{33}ŋa^{55}kau^{33}juaŋ^{42}
位置　弯形　角　羊
位置弯形如羊角，

ti^{31}kuan^{33}pɯŋ^{42}ʔdi^{33}ʔju^{213}
位置　管　地域　好　在
是后人管理地域的好地点。

ti^{31}ten^{33}tin^{33}ti^{31}suat^{213}mo^{213}ɦa:u^{55}
那点　坐向　位置　冒　鼎罐　饭
位置的坐向如冒饭的鼎罐，

tsau^{55}ti^{31}sau^{55}ʔdan^{33}pa:n^{42}
坐地　立　圆形　盘
坐地像立着的圆盘，

lək^{213}pan^{31}ɾa:n^{42}laŋ^{33}ti^{31}ti^{13}ten^{33}
儿　成　家　靠　位置　那点
那是儿孙成家依靠的位置。

ti^{31}ten^{33}tin^{33}ti^{31}suat^{213}mo^{213}ɦa:u^{55}
那点　坐向　位置　冒　鼎罐　饭
位置的坐向如冒饭的鼎罐，

tsau^{55}ti^{31}sau^{55}ʔdan^{33}ku^{42}
坐地　立　圆形　朵
坐地像立着的圆形朵，

lək^{213}pan^{31}su^{33}laŋ^{33}ti^{31}ti^{13}ten^{33}
儿　成　家　靠　位置　那点
那是儿孙成家依靠的位置。

ti^{31}ten^{33}zum^{42}pat^{213}pai^{33}pat^{213}ma^{33}
那点　风　吹　去　吹　来
那旦有风吹去又吹来，

pat^{213}pja:i^{33}ɦa^{42}kuə^{31}sau^{55}
吹　尖　草　集中
风吹草尖在那儿集中，

po^{31}（me^{31}）pai^{33}ʔju^{213}lək^{213}kuə^{31}pan^{42}
父（母）　去　在　儿　做　成
kən^{33}pan^{42}ʔdi^{33}ti^{31}ten^{33}
吃　成　好　那点
父（母）埋葬在那位置，儿孙发家好富贵。

ti^{31}ten^{33}zum^{42}pat^{213}pai^{33}pat^{213}ma^{33}
那点 风 吹 去 吹 来
那里有风吹去又吹来，

pat^{213}pja:i^{33}ɦa^{42}kuə^{31}mjum^{31}
吹 尖 草 合拢
风吹草尖在那儿合拢，

po^{31}（me^{31}）pai^{33}ʔju^{213}lək^{213}kuə^{31}pan^{42}
父（母） 去 在 儿 做 成
父（母）埋葬在那位置，儿孙富贵好发家。

kən^{33}pan^{42}ʔdi^{33}ti^{31}ten^{33}
吃 成 好 那点

ɕip^{213}ti^{31}ka^{31}ti^{31}ni^{55}ɦan^{33}
十 位置 只 位置 这 稳
十多个位置只有这位置稳，

ɕip^{213}ʔdan^{33}ka^{31}ʔdan^{33}ni^{55}ɦɯŋ^{213}
十 地位 只 地位 这 闪亮
十多个地位只有这地位闪亮，

ʔdai^{31}ʔau^{33}pja:i^{33}tau^{55}ȵiə^{33}ti^{31}ti^{31}ten^{33}
竹虫 拿 尖 来 听 位置 那点
竹虫飞来停那儿的树尖，

va:i^{42}ʔau^{33}ɦo^{31}tau^{55}ȵiə^{33}ti^{31}ti^{31}ten^{33}
水牛 拿 脖 来 听 位置 那点
水牛拿脖来亲热那儿的地点，

to^{31}ʔau^{33}zuŋ^{42}tau^{55}ȵiə^{33}ti^{31}ti^{31}ten^{33}
马蜂 拿 窝 来 听 位置 那点
马蜂建窝来听热闹的位置，

tsoŋ^{33}ʔau^{33}ɦuan^{55}tau^{55}ȵiə^{33}ti^{31}ti^{31}ten^{33}
鼓 拿 鼓槌 来 听 位置 那点
像鼓与鼓槌形状的位置，

kam^{55}ʔau^{33}jiə^{42}tau^{55}ȵiə^{33}ti^{31}ti^{31}ten^{33}
蟾蜍 拿 飞蚁 来 听 位置 那点
蟾蜍和飞蚁来听的位置，

ʒuə^{42}ʔau^{33}sak^{213}tau^{55}ȵiə^{33}ti^{31}ti^{31}ten^{33}
船 拿 船绳 来 听 位置 那点
像船与船绳形状的位置，

ɦak^{213}ʔau^{33}sɯ^{33}tau^{55}ȵiə^{33}ti^{31}ti^{31}ten^{33}
布摩 拿 书 来 听 位置 那点
布摩拿书看中的位置。

jəu^{55}ʔau^{33}jau^{42}tau^{55}ȵiə^{33}ti^{31}ti^{31}ten^{33}
友 拿 情 来 听 位置 那点
那是友合情的位置。

jiə^{42}ʔau^{33}ti^{31}tau^{55}ȵiə^{33}ti^{31}ti^{31}ten^{33}
爷 拿 地 来 听 位置 那点
那是爷拿地的位置。

ti^{31}ten^{33}kok^{55}ti^{31}tai^{213}laɯ^{31}ma^{33}
那点 根源 龙脉 从 哪 来
根源龙脉从哪来？

kok^{55}ti^{31}tai^{213}lok^{213}tɯn^{55}pja:i^{213}
根源 龙脉 从 洛山 主 尖
根源龙脉从洛山主峰来，从主峰蓬树的

sa^{42}ʔan^{55}ma^{33}
蓬 那 来①
尖顶来。

ti^{31}ten^{33}pja:i^{33}ti^{31}tai^{213}laɯ^{31}tau^{55}
那点 尖 龙脉 从 哪 来
根源龙脉从哪来？

pja:i^{33}ti^{31}tai^{213}lok^{213}sa^{33}pja:i^{213}mai^{55}
尖 龙脉 从 洛山 分 尖 树

① lok^{213}：洛山，指龙脉根源之山，山形为中间是主山，从主山分出三条以上的连绵山脉。lok^{213}tɯn^{55}即为龙脉宝山。

ʔan55tau55
那 来
从洛山主峰蓬树分尖来。

ti31ten33mi31zan33tɕə31laɯ31zam31
那点 不 见 什么 拦
那点不见什么拦，

ti31ten33mi31zan33tam31laɯ31loŋ55
那点 不 见 台 哪 拖
那点不见哪台拖，

ti31ten33mi31zan33toŋ55laɯ31kui55
那点 不 见 躲 哪 鬼
那点不见哪鬼阻。

ma33zau42kut213na:m31fon55kuə31koŋ42
来 我们 挖 土 黑 做 窝
布摩说：来，我们挖黑土做窝，

kut213na:m31ʔdiŋ33kuə31ti31
挖 土 红 做 位置
挖红土做葬坟位置。

ɦa42θi31si31ma33ʔbak55
长叶草 四角 来 吊方向
用长叶草来吊四角方向，

zak55san213ɦa42kau55jiaŋ213
拆 根 长叶草 看 样
拆根长叶草看样。

suaŋ213zam55pai33kaɯ33laɯ42
放 水口 去 哪里
放水口去哪里？

suaŋ213zam55pai33tam31lo31
放 水口 去 大湖 落
放水口朝大湖落。

tam31na31po31（me31）tau55so31
大湖 田 父（母） 来 算
用父（母）的大湖田来算。

suaŋ213zam55pai33kaɯ33laɯ42
放 水口 去 哪里
放水口去哪里？

suaŋ213zam55pai33tam31la:ŋ31
放 水口 去 大湖 宽大
放水口朝宽大湖。

tam31na31kua:ŋ213tau55ten33
湖 田 宽阔 立 边上
宽阔的湖田立湖边。

suaŋ213zam55pai33ka33laɯ42
放 水口 去 哪里
放水口去哪里？

suaŋ213zam55pai33kui213sa:m33
放 水口 去 贵 三①
放水口得三贵水。

sam31pit55kai31zim33sɯŋ33
类 鸭 鸡 满 笼
鸡鸭类满笼，

sam31mu33juaŋ42zim33sok55
类 猪 羊 满 圈
猪羊类满圈，

sam31pit55kai31zim33va:i33
类 鸭 鸡 满 沟坝
鸡鸭满沟坝，

sam31ɕie42va:i42zim33sok55
类 黄牛 水牛 满 圈
黄牛和水牛类满圈，

① 三贵水：包括“埋坟者一贵，开向山一贵，一渚水一贵”三贵。

sam³¹lək²¹³paɯ⁵⁵zim³³ɾa:n⁴²
类 儿 儿媳 满 家 儿媳满家庭，

sam³¹lək²¹³la:n³³ʒim³³ʔuan²¹³
类 儿 孙 满 床铺 儿孙满床铺。

ɦa⁴²ti³¹laɯ³¹ɦa⁴²ɦuŋ³³
占 位置 不能 占 广大 布摩说：位置不能占广大，

ɦa⁴²ɦuŋ³³lək²¹³tɯ³¹ɦa:i³³
占 广大 儿 得 开 占广大了儿孙开钱多。

ɦa⁴²ti³¹laɯ³¹ɦa⁴²la:i³³
占 位置 不能 占 多 位置你不能占多，

ɦa⁴²la:i³³lək²¹³ʔdai⁵⁵sai³¹
占 多 儿 得 惹事 位置占多你儿会惹事。

ɦa⁴²ti³¹ʔdjeu³³ka³¹naŋ³³ʔba²¹³
占 位置 一 块 皮 肩膀 占一块和肩膀一样宽的位置，

ɦa⁴²kua³¹ʔdjeu³³ka³¹naŋ³³va:i⁴²
占 片 一 块 皮 水牛 占一块有水牛皮宽的地面。

tsi³¹pai³³la:i³³pan⁵⁵kuan⁵⁵
想 去 多 别人 骂 想占多会被别人骂。

ɦa⁴²ti³¹ʔdjeu³³ka³¹naŋ³³ʔba²¹³
占 位置 一 块 皮 肩膀 占一块和肩膀一样宽的位置，

ɦa⁴²kua²¹³ʔdjeu³³ka³¹naŋ³³ɕie⁴²
占 片 一 块 皮 黄牛 占一块有黄牛皮宽的地面。

tsi³¹pai³³la:i³³pan⁵⁵kuan⁵⁵
想 去 多 别人 骂 想占多会被别人骂。

li⁵⁵ȵuai³¹məŋ³¹ɦam³³tsin³³
有 理由 你 管 清 有理由你管得清，

ku³³nau⁴²tsin³³kai²¹³məŋ⁴²
我 说 清 是 你 我布摩说清给你。

li⁵⁵ʔdiŋ³³məŋ³¹ɦam³³ti³¹
有 道理 你 管 位置 你有道理管位置，

ku³³nau³¹ti³¹kai²¹³məŋ⁴²
我 说 位置 是 你 我布摩说位置给你。

pan⁵⁵nau³¹ʒi³¹vɯk²¹³sa³³
别人 说 地 牢固 别人说土地牢固，

ku³³nau³¹ʒi³¹vɯk²¹³sa³³kai²¹³məŋ⁴²
我 说 地 牢固 是 你 我布摩说土地牢固给你。

pan⁵⁵nau³¹ʔba³³vɯŋ⁴²ta:i²¹³
别人 说 大块 王 太 别人说大块土地是王太的，

ku³³nau³¹ʔba³³vɯŋ⁴²ta:i²¹³kai²¹³məŋ⁴²
我 说 大块 王 太 是 你 我布摩说王太的土地给你。

pan^{55}nau^{31}tək^{213}mai^{213}neŋ^{33}
别人 说 林 铁榴树
别人说铁榴树林，

ku^{33}nau^{31}tək^{213}mai^{213}neŋ^{33}kai^{213}məŋ^{42}
我 说 林 铁榴树 是 你
我布摩说铁榴树林给你。

pan^{55}nau^{31}ʔden^{33}ɦa^{42}tai^{213}
别人 说 边 长叶草 带
别人说边界的长叶草，

ku^{33}nau^{31}ʔden^{33}ɦa^{42}tai^{213}kai^{213}məŋ^{42}
我 说 边 长叶草 带 是 你
布摩说边界的长叶草给你。

pan^{55}nau^{31}sai^{213}ɦa^{42}mɯŋ^{42}
别人 说 晃 长叶草 鸣
别人说晃着长叶草会鸣，

ku^{33}nau^{31}sai^{213}ɦa^{42}məŋ^{42}kai^{213}məŋ^{42}
我 说 晃 长叶草 鸣 是 你
我布摩说晃着长叶草会鸣给你。

pan^{55}nau^{31}pɯŋ^{42}pau^{213}ja^{31}
别人 说 地域 祖爷 祖奶
别人说祖先地域，

ku^{33}nau^{31}pɯŋ^{42}pau^{213}ja^{31}kai^{213}məŋ^{42}
我 说 地域 祖爷 祖奶 是 你
我布摩说祖先地域给你。

ku^{213}ti^{31}waŋ^{42}ka^{33}ni^{55}
龙脉 完 这里
龙脉完这里，

zaŋ^{42}ti^{31}muət^{213}ka^{33}ni^{55}
根 位置 毕 这里
龙脉根念毕这里，

ku^{213}ti^{31}mjan^{55}ka^{33}ni^{55}
龙脉 免 这里
龙脉免这里，

pjan^{55}ti^{31}saɯ^{33}ka^{33}ni^{55}
遍 位置 清 这里
龙脉位置清这里。

si^{33}laŋ^{33}kok^{55}ɕan^{31}suaŋ^{213}məŋ^{42}pai^{33}
跟着 根源 古铜钱 你 走
吃了跟着古铜钱根源你走。

si^{33}laŋ^{33}tuaŋ^{31}sa^{33}ven^{33}məŋ^{42}pai^{33}
跟着 马 纸 吊 你 去
跟着吊纸马你走。

si^{33}laŋ^{33}zam^{55}məŋ^{42}ɦuai^{213}
跟着 水 你 转
顺着布摩的喷神水，你去。

si^{33}ta:i^{31}pai^{213}məŋ^{31}pai^{33}
跟 台 拜 你 去
跟着拜台仙路，你去。

ku^{33}nau^{42}tsa:i^{31}tok^{55}tsa:i^{31}
我 说 财 数 财
我布摩说财又数财。

ku^{33}tsa:i^{31}san^{42}taŋ^{31}san^{42}
我 讲 句 到 句
我讲了这句到下句。

ku^{33}ʔban^{33}tuaŋ^{213}tok^{55}tuaŋ^{213}
我 念 首 念 首
我念了这首又念下首。

ku^{33}suaŋ^{213}san^{42}taŋ^{31}san^{42}
我 播 句 到 句
我播了这句到下句。

（七）

ʔa33ȵian55ɦə213ʔa33ȵian55
阿　野猫　呵　阿　野猫　　阿野猫呵，阿野猫，

ʔa33ȵian55kuan55ku213ʒən33pi33kuə31ȵoi31
阿　野猫　古代　九　千　年　以内　　古代野猫九千年。

ʔuan31tan31ɦə213ʔuan31tan31
黄鼠狼　呵　黄鼠狼　　黄鼠狼呵，黄鼠狼，

ʔuan31tan31ta:i33laŋ33ɕak213
黄鼠狼　死　随　绳链　　黄鼠狼死随猎人的绳链，

ʔuan31tan31ta:i33laŋ33ten31
黄鼠狼　死　随　夹匣　　黄鼠狼死随猎人的夹匣，

ʒo55pan42tak55lu55li42
会　成　肝　破裂　　黄鼠狼被抓会成肝破裂，

pjan213pan42ʔdi33lak213lan31
变　成　胆　淌流　　黄鼠狼被抓会成胆汁流，

na213pjak213za:i42sɯ42ȵian33
额头　花　像　野猫　　你额头花纹像野猫，

pai31laŋ33za:i42sɯ42kuk55
脊背　花　像　虎　　你脊背花纹像老虎，

suk55pau42tsau55te33kai213
吞　整个　头　它　鸡　　你想吞整个鸡头。

taŋ42to31ka31kai213ni55ɦuŋ33
转圈　只　鸡　这　恶　　黄鼠狼转圈想吃鸡，这只鸡很恶。

taŋ42kum42ka31kai213ni55la:u55
转圈　只　鸡　这　大　　黄鼠狼转圈想吃鸡，这只鸡很大。

kai213ni55sa:i31kən33ɦa:u55kən42
鸡　这　扒　吃　谷　上

tsa213zau31tan31
架　我们　台　　这鸡扒吃我们台架上的谷。

kai213ni55ŋuat213kən33ɦa:u55kən42
鸡　这　抓　吃　谷　上

pa:m33zau31tan31
楼板　我们　台　　这鸡抓吃我们楼板上的谷。

kai213ni55waŋ35kən33ɦa:u55
鸡　这　胀　吃　谷

saŋ42ziŋ35zau31tan31
碗台　我们　台　　这鸡吃胀我们碗台上的谷。

kai213ni55ʔbin33pai33tu31tɕaŋ213tse33
鸡　这　飞　去　踩　松树丫　　这鸡飞去踩松树丫，

tse33ɕin33ʔbak213
松树　裂　断　　松树断裂。

kai^{213}ni^{55}ʔbin^{33}pai^{33}tu^{31}tɕaŋ^{213}mai^{55}
鸡 这 飞 去 踩 树丫　　这鸡飞去踩树丫，
mai^{55}ɕin^{33}pan^{42}
树 裂 横　　树断裂。
kai^{213}ni^{55}ʔbin^{33}pai^{33}tu^{31}tɕaŋ^{213}ka:ŋ^{42}
鸡 这 飞 去 踩 夜蒿树丫　　这鸡飞去踩夜蒿树丫，
ka:ŋ^{42}ɕin^{33}ʔbak^{213}
夜蒿树 裂 断　　夜蒿树断裂。
kai^{213}ni^{55}ʔbin^{33}pai^{33}tu^{31}tɕaŋ^{213}mai^{55}
鸡 这 飞 去 踩 树丫　　这鸡飞去踩树丫，
mai^{55}ɕin^{33}θo^{42}
树 裂 干　　树断裂。
ka^{33}ʔdi^{33}kuə^{31}sən^{55}zok^{213}jiaŋ^{31}ʔdai^{55}
脚 好 做 竹神棍 也 得　　鸡脚好，用它做竹神棍也得。
ʔdok^{213}ʔdi^{33}kuə^{31}sən^{55}ȵɯ^{213}jiaŋ^{31}ʔdai^{55}
骨 好 做 箭镞 也 得　　鸡骨好，用它做箭镞也得。
fɯŋ^{42}ʔdi^{33}ɦam^{213}sɯ^{213}ra:n^{42}jiaŋ^{31}ʔdai^{55}
翅膀 好 盖 房角 也 得　　翅膀大，用它盖房角也得。
suŋ^{31}fət^{213}ʔdi^{33}ʔa:n^{33}ma^{55}jiaŋ^{31}ʔdai^{55}
嘴啄 好 马鞍 来 也 得　　嘴啄利，用它叼马鞍也得。
ʔə^{33}kai^{31}ɦə^{55}ʔə^{33}kai^{31}
阿 鸡 呵 阿 鸡　　阿鸡呵，阿鸡！
sən^{55}zok^{213}ku^{33}ʔjok^{55}məŋ^{31}ʔjo^{213}məŋ^{31}ʔjo^{213}
竹神棍 我 碰 你 哼 你 哼　　我用竹神棍碰你，你就哼。
sən^{55}zok^{213}ku^{33}to^{213}məŋ^{31}ɦan^{33}məŋ^{31}ɦan^{33}
竹神棍 我 戳 你 叫 你 叫　　我用竹神棍戳你，你就叫。
ɦan^{33}ko^{55}lak^{213}ɦan^{33}ja^{42}
叫 也 莫 叫 恶　　叫也莫叫恶，
ɦan^{33}ja^{42}lək^{213}tɯ^{42}ɦo^{213}
叫 恶 儿 想 难　　叫恶儿难想。
ɦan^{33}ko^{55}lak^{213}ɦan^{33}ʔjo^{55}
叫 也 莫 叫 哼　　叫也莫叫哼，
ɦan^{33}ʔjo^{55}lək^{213}tɯ^{42}la:i^{213}
叫 哼 儿 想 多　　叫哼儿想多。
ɦan^{33}ko^{55}lak^{213}ɦan^{33}la:i^{33}
叫 也 莫 叫 多　　叫也莫叫多，
ɦan^{33}la:i^{33}lək^{213}ʔdai^{55}sai^{31}
叫 多 儿 得 惹事　　叫多儿会得惹事。
taŋ^{42}ti^{31}məŋ^{31}lo^{31}ɦan^{33}
到 位置 你 才能 叫　　到位置你才能叫，

taŋ^{42}ti^{31}pan^{42}ɦo^{31}ʔjo^{213}
到 位置 偏坡 才 哼
到偏坡的位置你才哼。

ʔjok^{55}ʔjo^{213}pu^{55}si^{31}ku^{42}zo^{55}ȵiə^{33}
鸣哼 人 边 远 听见
鸣哼远方人听见。

ʔoŋ^{213}ʔu^{33}vən^{42}si^{31}kua:ŋ^{213}zo^{55}ȵiə^{33}
高叫 人 边 宽 听见
高叫宽阔神听见。

ɦan^{33}la:u^{55} ʔba:n^{55}te^{33}fa:ŋ^{42} zo^{55}ȵiə^{33}
大叫 鬼寨 听见
大叫鬼寨会听见。

ɦan^{33}la:i^{33}ɾa:n^{42}ɕian^{33}mo^{213}zo^{55}ȵiə^{33}
叫多 家 仙 新 听见
叫多新仙家听见。

ɦan^{33}lai^{33}to^{31}lok^{213}pu^{55}kən^{31}ʔbən^{33}
叫多 守卫 人 上 天
zo^{55}ȵiə^{33}
听见
叫多天上守卫人听见。

ɦan^{33}la:i^{33}vən^{31}la^{55}ti^{31}zo^{55}ȵiə^{33}
叫多 人 下 地 听见
叫多地下人听见。

ʔə^{33}kai^{31}ɦə^{55}ʔə^{33}kai^{31}
阿 鸡 呵 阿 鸡
阿鸡呵，阿鸡！

ʔdi^{33}zi^{42}məŋ^{42}tɯ^{42}su^{213}tok^{55}taŋ^{31}ti^{31}
稀奇 你 带 主 落 到 位置
稀奇啊，你带主到位置，

ji^{31}su^{213}tok^{55}taŋ^{31}ɕian^{33}
领 主 落 到 仙
领主落仙处。

ʔdi^{33}zi^{42}məŋ^{42}tɯ^{42}su^{213}tok^{55}taŋ^{31}ti^{31}
稀奇 你 带 主 落 到 位置
稀奇啊，你带主到位置，

ji^{31}su^{213}tok^{55}taŋ^{31}ʔdan^{33}
领 主 落 到 天
领主上到天。

pɯi^{33}nam^{31}tok^{55}pa:i^{31}kən^{31}
堆 土 落 上方
堆土落上方，

məŋ^{31}lak^{213}sai^{31}pa:i^{31}kən^{42}
你 莫 爬 上方
你莫爬上方。

pɯi^{33}na:m^{31}sin^{42}pa:i^{31}la^{213}
堆 土 滑 下方
堆土滑下方，

məŋ^{31}lak^{213}sai^{31}pa:i^{31}la^{213}
你 莫 爬 下方
你莫爬下方。

ku^{213}kai^{213}waŋ^{42}ka^{33}ni^{55}
首 鸡 亡 点 这
鸡经念完到这点，

zaŋ^{42}kai^{213}muət^{213}ka^{33}ni^{55}
首 鸡 绝 点 这
鸡经念毕到这点；

ku^{213}kai^{213}mjan^{55}ka^{33}ni^{55}
首 鸡 免 点 这
这首鸡经免这点，

pjan⁵⁵kai²¹³saɯ³³ka³³ni⁵⁵
遍 鸡 清 点 这 这遍鸡经清这点。
si³³laŋ³³kok⁵⁵ɕian³¹suaŋ²¹³məŋ⁴²pai³³
跟着 根源 古铜钱 你 走 吃了跟着古铜钱根源你走。
si³³laŋ³³tuaŋ³¹sa³³ven³³məŋ⁴²pai³³
跟着 马 纸 吊 你 去 跟着吊纸马你走。
si³³laŋ³³zam⁵⁵məŋ⁴²ɦuai²¹³
跟着 水 你 转① 顺着布摩的喷神水，你去。
si³³tai³¹pa:i²¹³məŋ³¹pai³³
跟 台 拜 你 去 跟着拜台仙路，你去。
ku³³nau⁴²tsa:i³¹tok⁵⁵tsa:i³¹
我 说 财 数 财 我布摩说财又数财。
ku³³tsai³¹san⁴²taŋ³¹san⁴²
我 讲 句 到 句 我讲了这句到下句。
ku³³ʔban³³tuaŋ²¹³tok⁵⁵tuaŋ²¹³
我 念 首 念 首 我念了这首又念下首。
ku³³suaŋ²¹³san⁴²taŋ³¹san⁴²
我 播 句 到 句 我播了这句到下句。

（八）

zən²¹³pəi⁴²kak²¹³zən²¹³pəi⁴²
起啦 父（母）起啦② 起啦！父（母）起啦！
za³¹ʔdjeu³³soŋ³³ta:u³¹na:i³³
时 一 二 道 请 一时二道请。
pəi⁴²pai³¹soŋ³³ta:u³¹ŋɯ⁴²
回 供 二 道 奉 一回二道供。
zən²¹³pəi⁴²kak²¹³zən²¹³pəi⁴²
起啦 父（母）起啦 起啦！父（母）起啦！
za³¹ʔdjeu³³soŋ³³ta:u³¹na:i³³
时 一 二 道 请 一时二道请。
pəi⁴²pa:i³¹soŋ³³ta:u³¹siŋ⁵⁵
回 供 二 道 邀 一回二道供。
zən²¹³pəi⁴²kak²¹³zən²¹³pəi⁴²
起啦 父（母）起啦 起啦！父（母）起啦！
zən²¹³kən³³ɦa:u⁵⁵zeu⁵⁵za³¹
起 吃 饭 拌 樱籽 起来吃拌的樱籽饭，
zən²¹³kən³³pja³³ɕian³³tsa:i²¹³
起 吃 鱼 炒 蛋 起来吃鱼炒蛋，

① 念经至此，布摩向棺材喷神水。神水，由布摩用只有他懂的“治水法”制成，并预先装于碗中。
② kak²¹³ 是布摩对死者（不论是男性或女性）的称呼，意为布摩的辈分比死者大。

zən^{213}kən^{33}tuə^{31}taŋ^{31}zuai^{55}
起　吃　黄豆串
起来吃黄豆串，

zən^{213}kən^{33}tsuai^{55}taŋ^{31}nok^{213}
起　吃　芭蕉整串
起来吃芭蕉整串。

ɕiam^{31}ni^{55}nak^{55}ma^{31}nak^{55}kɯi^{31}ta:i^{31}
这回　重　就　重　姑爷　伙
这回重就重姑爷那伙，

na:i^{213}ma^{31}na:i^{213}kɯi^{31}saɯ^{213}
累　就　累　姑爷　主要①
累就累主要姑爷。

kɯi^{31}ʔjiu^{213}tsaɯ^{55}ʔjiu^{31}tsa:i^{33}
姑爷　在　近　在　远②
姑爷在近处还是在远处？

kɯi^{42}ʔjiu^{213}tsaɯ^{55}pai^{33}zai^{42}
姑爷　在　近　去　喊
姑爷在近就去喊，

kɯi^{31}ʔjiu^{213}tsa:i^{33}pai^{33}ɦeu^{31}
姑爷　在　远　去　叫
姑爷在远就去叫。

ɦeu^{31}kɯi^{31}ma^{33}jian^{31}lau^{55}
喊　姑爷　来　递　酒
喊姑爷来递酒，

ɦaɯ^{55}kɯi^{33}ma^{33}saɯ^{213}ɕa^{42}
给　姑爷　来　敬　茶
给姑爷来敬茶，

za^{31}məŋ^{42}li^{55}te^{33}vən^{42}
那时　你　活　他　人
那时你和他人一样活着，

ɦeu^{31}kɯi^{31}ma^{33}jian^{31}lau^{55}
喊　姑爷　来　递　酒
喊姑爷来递酒，

kɯi^{31}ʔbo^{33}ma^{33}jian^{31}lau^{55}
姑爷　不　来　递　酒
他不来递酒。

ni^{55}məŋ^{31}ta:i^{33}pan^{42}fa:ŋ^{42}
现　你　死　成　鬼
现你死成鬼，

ɦaɯ^{55}kɯi^{33}ma^{33}jian^{31}lau^{55}
给　姑爷　来　递　酒
给姑爷来递酒，

kɯi^{33}so^{55}ma^{33}jian^{31}lau^{55}
姑爷　才　来　递　酒
他才来递酒。

za^{31}məŋ^{42}li^{55}te^{33}vən^{42}
那时　你　活　他　人
那时你和他人一样活着，

ɦaɯ^{55}kɯi^{33}ma^{33}saɯ^{213}ɕa^{42}
喊　姑爷　来　敬　茶
喊姑爷来敬茶，

kɯi^{31}ʔbo^{33}ma^{33}saɯ^{213}ɕa^{42}
姑爷　不　来　敬　茶
他不来敬茶。

ni^{55}məŋ^{31}ta:i^{33}pan^{42}fa:ŋ^{42}
现　你　死　成　鬼
现你死成鬼，

① 主要姑爷，指负责砍大龙竹来做吊龙幡的那个姑爷。
② 当地办丧事有“重就重姑爷，累就累姑爷”的俗语。

ta:u²¹³ku³¹tak²¹³ mai⁵⁵tse³³
回 棺材 松树 回松对棺材,
vən³³ta:u⁵⁵məŋ⁴²ʔju²¹³la⁵⁵
雨 下 你 在 下 下雨淋不着下面的你,
pja³⁵pe²¹³məŋ⁴²ʔju²¹³ʔdaɯ³³
雷 响 你 在 内 响雷不影响在内的你。
məŋ⁴²lak²¹³kai³³kən³³ka³¹
你 莫 卖 吃 价 你莫出卖棺吃价,
məŋ⁴²lak²¹³ɦa²¹³kən³³ɕian⁴²
你 莫 嫁 吃 钱 你莫售卖棺吃钱,
lək²¹³kuə³¹peŋ⁴²ɦaɯ⁵⁵tsai³¹
儿 做 棺 给 扎实 儿做扎实的棺材给你。
ku²¹³ni⁵⁵min⁴²ka³³ni⁵⁵
首 这 完 点 这 这首完这点,
ɕiaŋ³³ni⁵⁵kua²¹³ka³³ni⁵⁵
遍 了 清 点 这 这遍清这点,
ku²¹³ni⁵⁵mjan⁴²ka³³ni⁵⁵
首 这 免 点 这 这首免这点,
pjan²¹³leu⁵⁵saɯ³³ka³³ni⁵⁵
遍 了 清 点 这 这遍经文清这点。
si³³laŋ³³kok⁵⁵ɕian³¹suaŋ²¹³məŋ⁴²pai³³
跟着 根源 古铜钱 你 走 吃了跟着古铜钱根源你走。
si³³laŋ³³tuaŋ³¹sa³³ven³³məŋ⁴²pai³³
跟着 马 纸 吊 你 去 跟着吊纸马你走。
si³³laŋ³³zam⁵⁵məŋ⁴²ɦua:i²¹³
跟着 水 你 转 顺着布摩的喷神水,你去。
si³³ta:i³¹pai²¹³məŋ³¹pai³³
跟 台 拜 你 去 跟着拜台仙路,你去。
ku³³nau⁴²tsa:i³¹tok⁵⁵tsa:i³¹
我 说 财 数 财 我布摩说财又数财。
ku³³tsa:i³¹san⁴²taŋ³¹san⁴²
我 讲 句 到 句 我讲了这句到下句。
ku³³ʔban³³tuaŋ²¹³tok⁵⁵tuaŋ²¹³
我 念 首 念 首 我念了这首又念下首。
ku³³suaŋ²¹³san⁴²taŋ³¹san⁴²
我 播 句 到 句 我播了这句到下句。

(九)

sam²¹³lək²¹³ʔdek²¹³ɾa:n⁴²fa:ŋ⁴²məŋ⁴²ni⁵⁵
伙 儿 孩 家 丧 你 这 你这伙孝家的孩儿们,
sam²¹³lək²¹³la:n³³ɾa:n⁴²ni⁵⁵
伙 儿 孩 家 这 你这伙丧家的孩子们,

ʔbo^{33}mi^{31}ma^{42}taŋ^{31}məŋ^{42}
不 有 什么 祭供 你　　　　他们没有什么祭供你，
mi^{213}toŋ^{42}lai^{42}taŋ^{31}məŋ^{42}
木炭 同 染 祭供 你①　　　　木炭染布祭供你，
nai^{42}toŋ^{31}ʔuət^{213}taŋ^{31}məŋ^{42}
木炭水 同 画 祭供 你　　　　炭水画图祭供你。
sam^{213}ʔba:n^{55}vaŋ^{33}məŋ^{42}ni^{55}
伙 村 同 你 这　　　　你的这伙同村人，
sam^{213}ran^{42}taŋ^{213}məŋ^{42}ni^{55}
伙 家连家 你 这　　　　同村众人家连家，
ʔbo^{33}mi^{31}ma^{31}taŋ^{31}məŋ^{42}
不 有 哪样 祭供 你　　　　他们也没有哪样祭供你，
ta:u^{213}sa:n^{33}man^{33}ʔbo^{33}ȵiə^{42}taŋ^{31}məŋ^{42}
来 编 五色布 不 戴 祭供 你　　　　编五色花布来祭供你，
ta:u^{213}sa:n^{33}jiə^{42}ʔbo^{33}zaŋ^{35}taŋ^{213}məŋ^{42}
来 编 白布 不 拴 祭供 你　　　　编白布来祭供你。
sam^{213}po^{31}ʔa:u^{33}məŋ^{42}ni^{55}
伙 叔伯 你 这　　　　你的这伙叔伯们，
sau^{31}lək^{213}po^{31}məŋ^{42}ni^{55}
群 家族 你 这　　　　你的这群家族人，
tsok^{213}ra:n^{42}vən^{42}məŋ^{42}ni^{55}
家门 人 你 这　　　　你的这群家门人，
ʔbo^{33}mi^{42}ma^{42}taŋ^{31}məŋ^{42}
不 有 哪样 祭供 你　　　　他们没有哪样来祭供你，
ti^{31}liaŋ^{55}sam^{33}taŋ^{31}məŋ^{42}
敲锣打鼓 声音 祭送 你　　　　用敲锣打鼓祭供你，
kaŋ^{33}lɯŋ^{55}man^{31}taŋ^{213}məŋ^{42}
打 雨伞 斗笠 祭供 你　　　　他们打雨伞戴斗笠来祭供你。
sam^{213}lək^{213}ʔbək^{55}kən^{31}sa:i^{42}məŋ^{42}ni^{55}
伙 女儿 上方 棺 你 这　　　　棺材上方这伙是你的女儿们，
ʔbo^{33}mi^{42}ma^{42}sa:ŋ^{213}məŋ^{42}
不 有 哪样 上 你　　　　她们没有哪样祭供你，
tat^{55}kan^{33}paŋ^{42}kan^{33}ja:u^{213}sa:ŋ^{213}məŋ^{42}
剪 巾 布 巾 孝 上 你　　　　她们剪巾剪布为你戴孝帕；
sam^{213}lək^{213}sa:i^{33}la^{213}pe:ŋ^{55}məŋ^{42}ni^{55}
伙 男儿 下方 棺板 你 这　　　　棺板下方这伙是你的男儿们，
ʔbo^{33}mi^{42}ma^{42}sa:ŋ^{213}məŋ^{42}
不 有 哪样 上 你　　　　他们没有哪样祭供你，
lau^{55}lap^{213}peŋ^{42}lap^{213}ka:ŋ^{33}sa:ŋ^{213}məŋ^{42}
酒 装 壶 装 罐 上 你　　　　用壶用罐装酒祭供你，

① mi^{213}toŋ^{42}lai^{42}：是用木炭化水对姑爷方的客人画花脸的习俗。古代对归逝老人也行画花脸之俗。

mu^{33}ɕip^{213}ʔda:ŋ^{33}ku^{213}ʔda:ŋ^{33}sa:ŋ^{213}məŋ^{42}
猪 十 身 九 身 上 你　　用猪十头九头祭供你，

lau^{55}lap^{213}peŋ^{42}lap^{213}tem^{33}sa:ŋ^{213}məŋ^{42}
酒 装 壶 装 添 上 你　　添些酒壶酒罐祭供你，

mu^{33}ka^{31}peŋ^{42}ka^{213}kap^{31}sa:ŋ^{213}məŋ^{42}
猪 价 贵 价 肥 上 你　　用价贵的肥猪祭供你。

pak^{213}pu^{55}mo^{33}tu^{33}ni^{55}
嘴 布 摩 我们 这　　我们布摩先生只用嘴，

ɦo^{42}pu^{55}ta:u^{31}tu^{33}ni^{55}
喉 人 念经 我们 这　　我们这些人用喉念经，

ʔbo^{33}mi^{31}ma^{31}taŋ^{31}məŋ^{42}
不 有 哪样 祭送 你　　我们没有哪样祭送你，

soŋ^{33}tin^{33}ku^{33}tjap^{213}va^{33}ɦa:u^{55}taŋ^{31}məŋ^{42}
双 脚 我 踏 甑盖 祭送 你　　我双脚踏甑盖念经祭送你，

tsau^{55}ku^{33}sam^{55}kan^{33}pak^{213}taŋ^{31}məŋ^{42}
头 我 戴 巾 布 祭供 你①　　我布摩头戴孝布祭供你，

ɦɯt^{213}ku^{33}zak^{55}ʔja:ŋ^{55}tau^{31}taŋ^{31}məŋ^{42}
腰 我 别 长剑 壳 祭供 你　　我布摩腰别长剑壳祭供你，

pak^{213}ku^{33}ɦa:u^{213}so^{31}məŋ^{42}taŋ^{31}məŋ^{42}
嘴 我 话 讲 你 祭送 你　　我布摩用嘴念经祭供你，

taŋ^{31}pan^{42}ɦa:u^{55}pai^{33}na^{55}
祭供 成 谷 去 田　　祭供去田中成稻谷，

ɕin^{33}pan^{42}sa^{42}fat^{213}fai^{31}
造 成 蓬 发达　　祭供造成田中稻禾蓬发达。

zek^{213}pai^{33}ʔdam^{33}mi^{42}van^{42}
桩 去 栽 未完　　去栽桩拴牛未做完，

ɦam^{213}pai^{33}zam^{31}mi^{42}van^{42}
栅 去 栏 未完　　去做栅栏关牛马还未做完，

tɕau^{42}pai^{33}ʔau^{33}mi^{31}van^{42}
桥 去 要 未完　　去架桥还未架完，

tɕau^{33}pai^{33}su^{55}mi^{31}van^{42}
轿 去 收 未完　　轿去收祭品来祭供你还未收完。

taŋ^{31}pan^{31}pja^{33}pai^{33}ta^{31}
祭供 成 鱼 去 河　　祭供河中的鱼，

pan^{31}tuə^{31}ŋua^{31}tsau^{213}ɦoŋ^{42}
成 摆尾 头 塘　　祭供头塘的摆尾鱼。

man^{31}pai^{33}pju^{33}mi^{31}van^{42}
撒网 去 撒 未完　　撒网捕鱼未完工，

tau^{33}pai^{33}tiŋ^{31}mi^{31}van^{42}
鱼兜 去 捉 未完　　用鱼兜捉鱼未完活，

① pak^{213}、paŋ^{42}：两者都是指布。卷成捆的布称 paŋ^{42}，剪出的布段称 pak^{213}。

sep^{213}pai^{33}ʔau^{33}mi^{31}van^{42}
鱼钩 去 要 未完　　用鱼钩钓鱼未完工，

tau^{33}pai^{33}wəi^{55}mi^{31}van^{42}
鱼兜 去 围 未完　　鱼兜去围未完活。

lək^{213}məŋ^{31}vək^{213}zi^{31}ʔdai^{55}ɕan^{33}ɦa^{55}
儿 你 砍 地 得 千 五　　你儿砍地开荒开得千五百，

ma^{55}ʔbo^{213}mi^{31}fɯə^{55}soŋ^{213}
马 不 有 别人 送　　祭供用马不需别人送，

toŋ^{31}ʔbo^{33}mi^{31}fɯə^{55}za^{33}
坝 不 有 别人 找　　祭牛马用的坝子不需别人找。

ma^{42}ʔbo^{213}mi^{31}ɦa:k^{213}ɦaɯ^{55}
东西 不 有 汉人 给　　若仍缺东西汉人给，

paɯ^{55}ʔbo^{213}mi^{31}ɦa:k^{213}soŋ^{213}
媳 不 有 汉人 送　　若没有孝媳汉人送。

lək^{213}məŋ^{31}vət^{213}zi^{31}ʔdai^{55}ɕan^{33}la:i^{33}
儿 你 砍 地 得 千 多　　你儿砍地开荒开得多，

ma^{42}ʔbo^{213}mi^{31}fɯ^{55}soŋ^{213}
东西 不 有 别人 送　　祭供用的东西不需别人送，

toŋ^{31}ʔbo^{33}mi^{31}fɯə^{55}ʒa^{33}
坝 不 有 别人 找　　祭牛马用的坝子不需别人找。

ma^{42}ʔbo^{213}mi^{31}ɦa:k^{213}ɦaɯ^{55}
东西 不 有 汉人 给　　若仍缺东西汉人给，

paɯ^{55}ʔbo^{213}mi^{31}ɦa:k^{213}soŋ^{213}
媳 不 有 汉人 送　　若没有孝媳汉人送。

pa:k^{213}ku^{33}na:i^{213}ku^{33}kən^{33}ɦiŋ^{33}
嘴 我 累 我 吃 姜　　我布摩嘴累我吃姜，

ka^{33}məŋ^{42}ʔin^{33}ʔjiə^{213}na:i^{213}
脚杆 你 疼 休息①　　你归逝老人站得脚杆疼你就休息。

pa:k^{55}ku^{33}na:i^{213}ku^{33}kən^{33}ʔdau^{33}
嘴 我 累 我 吃 温水　　我布摩嘴累我吃温水，

ka^{33}məŋ^{42}tau^{33}ʔjiə^{213}na:i^{213}
脚杆 你 软 休息　　你归逝老人站得脚杆软你就休息。

pa:k^{55}ku^{33}na:i^{213}ku^{33}kən^{33}ko^{55}
嘴 我 累 我 吃 东西　　我布摩嘴累我吃东西，

məŋ^{42}fi^{31}zo^{55}ti^{31}pai^{33}
你 未 知 位置 去　　你归逝老人位置未知去哪里。

pap^{213}sa^{42}vet^{213}ten^{33}ʔjau^{33}
按 蓬 小茅草 那点 蹲　　你按蓬小草在那点蹲，

pap^{213}sa^{42}ʒau^{42}ten^{33}naŋ^{31}
按 蓬 大茅草 那点 坐　　你按蓬大茅在那点坐。

① 祭祀过程中，布摩先生都要站着念经。

naŋ^{31}ten^{33}sa^{213}ku^{33}nau^{42}
坐　那点　等　我　说
你坐那点等我说，

ʔjau^{33}ten^{33}sa^{213}ku^{33}ɦa:u^{31}
那点　蹲　等　我　讲
你那点蹲等我讲。

məŋ^{31}ko^{33}kai^{33}naŋ^{31}mjaŋ^{42}ta^{33}teŋ^{31}
你　也　还在　瞄　眼　观
你也还在瞄眼观，

məŋ^{31}ko^{33}kai^{33}naŋ^{31}ten^{213}zɯə^{42}ȵiə^{33}
你　也　还在　竖　耳　听
你也还在竖耳听。

ɕau^{42}məŋ^{42}ʔbo^{33}mjaŋ^{42}ta^{33}teŋ^{31}
愿　你　不　瞄　眼　观
愿你不要瞄眼观，

ɕau^{42}məŋ^{42}ʔbo^{33}ten^{213}zɯə^{42}ȵiə^{33}
愿　你　不　竖　耳　听
请你不必竖耳听。

sok^{213}ʔbo^{33}mi^{31}pu^{55}nuat^{213}taŋ^{31}məŋ^{42}
明天　不　有　人　念　祭供　你
明天无人念经祭送你，

zɯ^{42}ʔbo^{33}mi^{31}pu^{55}pəi^{213}taŋ^{31}məŋ^{42}
后天　不　有　人　排　祭供　你
后天无人摆酒祭供你，

məŋ^{31}ko^{33}kai^{33}naŋ^{31}mjaŋ^{42}ta^{33}teŋ^{31}
你　也　还在　瞄　眼　观
你也还在瞄眼观，

məŋ^{31}ko^{33}kai^{33}naŋ^{31}ten^{213}zɯə^{42}ȵiə^{33}
你　也　还在　竖　耳　听
你也还在竖耳听。

sok^{213}ʔbo^{33}mi^{31}pu^{55}nuat^{213}taŋ^{31}məŋ^{42}
明天　不　有　人　念　祭送　你
明天无人念经祭送你，

zɯ^{42}ʔbo^{33}mi^{31}pu^{55}pəi^{213}taŋ^{31}məŋ^{42}
后天　不　有　人　排　祭送　你
后天无人摆酒祭送你，

sa^{213}mo^{33}la:u^{55}ku^{33}zəi^{31}məŋ^{42}ɦo^{31}zəi^{31}
等　布摩　老　我　提醒　你　就　提醒
等到老布摩我提醒你才醒，

sa^{213}mo^{33}kau^{213}ku^{33}pəi^{213}məŋ^{42}pai^{33}
等　布摩　老　我　排　你　去
məŋ^{42}ɦo^{31}pai^{33}
你　就　去
等到老布摩我安排你去你就去，

sa^{213}mo^{33}la:u^{55}ku^{33}zəi^{31}məŋ^{42}ɦo^{31}zəi^{31}
等　布摩　老　我　提醒　你　就　提醒
等布摩老我提醒你就醒，

sa^{213}ta:i^{31}kau^{213}ku^{33}pəi^{213}məŋ^{42}pai^{33}
等　太　老　我　排　你　去
məŋ^{42}ɦo^{31}pai^{33}
你　就　去
等到老布摩我安排你去你就去。

注：经文念诵至此（大约凌晨3—4点钟），布摩先生休息吃早饭。同时供灵给归逝老人吃饭，孝子孝女把竹簸箕置于灵堂地上当作桌子吃饭，表示“最后与归逝老人同桌吃饭”。然后，布摩先生继续念《送魂上天堂》下卷“送魂上天”。

二、《送魂上天堂》（下）

（一）

ʔjə^{213}na:i^{213}lak^{213}ʔjə^{213}ʔdə^{55}
休息 莫 停 长　　休息不要时间长，

ʔjə^{213}ʔdə^{55}za^{213}taŋ^{31}kua:i^{31}
停 长 不然 到 晚　　不然停长时间晚。

ʔjə^{213}na:i^{213}lak^{213}ʔjə^{213}la:i^{33}
休息 莫 停 多　　休息不要时间多，

ʔjə^{213}la:i^{33}ʒa^{213}taŋ^{31}ɦam^{31}
停 多 不然 到 黑　　不然停多到天黑。

pan^{31}le^{33}ku^{33}taŋ^{31}sat^{213}
刚过 我 祭供 彻底　　我刚祭过，我要祭彻底。

za^{31}teŋ^{33}sat^{213}pai^{33}vi^{55}
那时 彻底 去 尾　　上面那首经文已念毕，

pan^{31}le^{33}ku^{33}taŋ^{31}ʔbin^{55}
刚过 我 祭供 席　　上面我刚供酒席，

za^{31}teŋ^{33}ʔbin^{33}ʔiŋ^{33}va^{33}
那时 席 靠 墙　　上面酒席靠墙摆，

ni^{55}məŋ^{42}pai^{33}ŋa:i^{42}pɯŋ^{42}mo^{213}
现在 你 去 早饭 地域 新　　现在请你吃早饭的地方是新地方。

pan^{31}le^{33}ku^{33}taŋ^{31}sat^{213}
刚过 我 祭供 席　　上面我刚供酒席，

za^{31}teŋ^{33}sat^{213}pai^{33}vi^{55}
那时 彻底 去 尾　　上面那首经文已念毕，

pan^{31}le^{33}ku^{33}taŋ^{31}ʔbin^{55}
刚过 我 祭供 席　　上面我刚供酒席，

za^{31}teŋ^{33}ʔbin^{33}ʔiŋ^{33}sau^{33}
那时 席 靠 柱　　上面酒席靠柱摆，

ni^{55}məŋ^{42}pai^{33}sau^{42}pɯŋ^{42}mo^{213}
现在 你 去 晚饭 地域 新　　现在请你吃晚饭的地方是新地方。

ni^{55}ku^{33}nau^{42}zan^{33}zɯi^{31}
现在 你 说 路程　　现在和你说路程，

ni^{55}ku^{33}pəi^{31}zan^{33}pai^{33}
现在 你 排 路 去　　现在指你上路去。

sa:u^{31}pu^{55}ɦə^{213}sa:u^{31}pu^{55}
女仆 呵 女仆　　女仆呵，女仆！

za:p^{213}po^{31}（me^{31}）tu^{33}fi^{31}ʔda^{33}ma^{33}ʔda
礼担 父（母） 我们 未 备 来 备　　我们父（母）礼担未备快来备；

ma^{55}fi^{31}suk^{213}ma^{33}suk^{213}
马 未 拴 来 拴　　我们父（母）的马未拴你们来拴；

lək^{213}fi^{31}tie^{31}ma^{33}tie^{31}
小孩　末　背　来　背　　　女仆呵，女仆！你的小孩未背快来背。
ʔda^{33}za:p^{213}po^{31}（me^{31}）tu^{33}ʔda^{33}ʔdat^{55}
备　担子　父（母）　我们　备　担子　　　快为我们父（母）备礼担，
tsat^{55}za:p^{213}po^{31}（me^{31}）tu^{33}tsat^{55}ɦan^{33}
捆　担子　父（母）　我们　捆　稳　　　快将我们父（母）礼担捆稳，
taŋ^{31}tuan^{31}zan^{33}ja^{55}ɕuai^{31}
到　半　路　免　修　　　礼担要捆紧，到半路免松，
fat^{213}taŋ^{31}toŋ^{31}ja^{55}ʔda^{33}
挂着　到　坝　免　备　　　礼担到坝中挂着免得整理，
taŋ^{31}tsa:ŋ^{33}na^{31}ja^{55}tɯə^{31}
到　中　田　免　修理　　　礼担到田中挂着也免得修理。
pu^{55}za:p^{213}pit^{55}za:p^{213}kai^{31}po^{31}（me^{31}）
人　担　鸭　担　鸡　父（母）　　　为我们父（母）担鸡担鸭的人
tu^{33}pai^{33}ʔju^{31}ta:i^{31}kai^{33}
我们 去　在　院台　　　快去在院台，
pu^{55}siŋ^{33}ɕie^{42}siŋ^{33}va:i^{42}po^{31}（me^{31}）
人　牵　黄牛　牵　水牛　父（母）　　　为我们父（母）牵黄牛牵水牛的人
tu^{33}pai^{33}ʔju^{31}zok^{213}tsok^{213}
我们　去　在　墙外　　　快去站墙外。
pit^{55}kai^{213}ni^{55}tai^{213}lamɯ^{31}ma^{33}
鸭　鸡　这　从　哪　来　　　这些鸡鸭从哪来？
mu^{33}ma^{33}ni^{55}tai^{213}lamɯ^{31}tau^{55}
猪　狗　这　从　哪　来　　　这些猪狗从哪来？
pit^{55}kai^{213}tsai^{213}kuŋ^{33}wa:ŋ^{42}
鸭　鸡　祭　供　亡　　　用鸡鸭祭供亡灵，
mu^{33}ma^{33}tsai^{213}tai^{31}pai^{213}
猪　狗　祭　魂幡鬼神①　　　用猪狗祭供魂幡鬼神。
pit^{55}kai^{213}kai^{213}lək^{213}ʔbək^{55}məŋ^{42}jai^{42}
鸭　鸡　是　女儿　你　给　　　鸡鸭是你的女儿们给，
ɕie^{42}va:i^{42}kai^{213}lək^{213}sa:i^{33}məŋ^{42}ɦaɯ^{55}
黄牛　水牛　是　男儿　你　给　　　黄牛和水牛是你的男儿们送，
sau^{42}paŋ^{42}kai^{213}lək^{213}paɯ^{55}məŋ^{42}jan^{31}
各种　布　是　媳妇　你　给　　　各种布料是你儿媳们给。
ʔau^{33}ɕian^{31}si^{55}məŋ^{42}jai^{42}
拿　钱　你　付　　　你路上问路拿钱付，
ʔau^{33}sa^{33}sa:i^{42}məŋ^{42}ɦaɯ^{55}
拿　钱　你　给　　　你路上问方向用钱给，
ʔbuŋ^{213}ʔdjeu^{33}ɦaɯ^{55}pu^{55}ʔdjeu^{33}
段路　一　给　人　一　　　一段路程给一人，

① tai^{31}pai^{213}：指门外用鸭鸡猪狗祭供的竹木围成的祭场，场所中间设有祭台。

ɕian^{31}laɯ^{31}ʔbau^{33}məŋ^{42}ɦaɯ^{55}
钱 哪 轻 你 给　　　　哪个钱少你给哪个钱，

sau^{42}laɯ^{31}ȵoi^{31}məŋ^{42}ɦaɯ^{55}
布节 哪 短 你 给　　　　哪节布短你给哪节，

ɕan^{31}laɯ^{31}ʔba:ŋ^{33}məŋ^{42}ɦaɯ^{55}
钱 哪 薄 你 给　　　　哪个钱薄你给哪个钱，

sa:ŋ^{42}laɯ^{31}ȵoi^{31}məŋ^{42}ɦaɯ^{55}
两 哪 少 你 给　　　　哪个银锭有磨损你给哪锭。

sau^{42}paŋ^{42}paɯ^{55}lak^{213}jan^{31}
各种 布 儿媳 莫 递　　　　儿媳们送你各种布料你莫递，

ɕan^{31}si^{55}ko^{213}pu^{55}zan^{33}
钱 收买 人 路　　　　用钱收买路上人，

pu^{55}zan^{33}so^{55}nau^{31}zan^{33}məŋ^{42}so^{31}
人 路 才 说 路 你 直　　　　路上人才为你指直路，

ɕan^{31}si^{55}ko^{213}pu^{55}lo^{31}
钱 收买 人 半路　　　　用钱收买半路人，

pu^{55}lo^{31}so^{55}nau^{31}lo^{31}məŋ^{42}teu^{42}
人 半路 才 说 半路 你 真　　　　半路人才为你指真路，

pan^{55}so^{55}zai^{42}kuə^{31}la:u^{42}sɯ^{33}so^{31}（se^{31}）
众人 才 喊 做 老 心 直 直①　　　　众人才捧你是个老心直，

pan^{55}so^{55}zai^{42}kuə^{31}po^{31}（me^{31}）sɯ^{33}ʔdi^{33}
众人 才 喊 做 父（母） 心 好　　　　众人才论你是个好心父（母）。

tok^{55}ɕan^{42}leu^{55}ma^{31}leu^{55}
出 钱 了 就 了　　　　出钱给就了，

tok^{55}ɕan^{42}leu^{55}ma^{31}kua^{213}
出 钱 了 就 过　　　　出钱了就过，

tok^{55}ka^{31}leu^{55}ma^{31}pai^{33}
出 价 了 就 去　　　　出价了就去。

tai^{31}lo^{31}ʔbo^{33}ɕaŋ^{42}kuŋ^{42}
路程 不 会 断　　　　路程不会断，

zan^{33}ɦuŋ^{33}ʔbo^{33}ɕaŋ^{42}muət^{213}
路 宽 不 会 绝　　　　路宽不会绝。

tai^{31}lo^{31}ʔbo^{33}ɕaŋ^{42}mjaŋ^{42}
路程 不 会 完　　　　路程不会完，

zan^{33}fa:ŋ^{42}ʔbo^{33}ɕaŋ^{42}muət^{213}
路 鬼 不 会 绝　　　　仙路不会绝。

ka^{33}pai^{33}na^{55}ka^{33}ɦuŋ^{33}
越 去 前 越 大　　　　越往前越大，

ka^{33}pai^{33}kən^{42}ka^{33}kua:ŋ^{213}
越 去 上 越 宽　　　　越上去越宽。

① so^{31}（se^{31}）：直。语言习惯，男老人用 so^{31}，女老人用 se^{31}。

ʔduan55pɯŋ213laŋ31ʔduan55pai33
走 玩乐 走 去 边玩乐边走，

tan213tɕaŋ31pai33ti33tat55
穿 统鞋 去 响声 穿统鞋踏在路上带着响声去，

sat213ɦa:i42pai33ti33tet213
穿 鞋 去 响回音 穿好鞋踏在路上响着有回音。

tsap55jie42ʔdit55məŋ42pai33
斗笠 遮 太阳 你 去 斗笠遮太阳你去，

pi31fit55ɦa:n31məŋ42pai33
扇 风 汗水 你 去 风扇扇汗水你去，

lɯŋ213jie42ɦuen33məŋ42pai33
伞 遮 雨 你 去 伞遮雨你去，

tɯn33tsai213man31məŋ42pai33
谈话 解闷 疲乏 你 去 与仆人谈话解闷解乏你去。

（二）

məŋ42lan31taŋ42lan31taŋ42
你 走 到 走 到 你辵着走着，

lan31lan31taŋ42ka:p213ka33zan33 ta:i213ʔit55
走 走 到 交叉路 第一 走到第一个交叉路，

zan33su55si55pai33zi31
路 野鬼 去 地 见路上野鬼去旱地。

məŋ42lan31taŋ42lan31taŋ42
你 走 到 走 到 你走着走着，

lan31lan31taŋ42ka:p213ka33zan33 ta:i213ŋi31
走 走 到 交叉路 第二 走到第二个交叉路，

zan33su55si55pai33na42
路 野鬼 去 田 见路上野鬼去水田。

məŋ42lan31taŋ42lan31taŋ42
你 走 到 走 到 你走着走着，

lan31lan31taŋ42ka:p213ka33zan33 ta:i213sa:m33
走 走 到 交叉路 第三 走到第三个交叉路，

zan33pan42vaŋ33pai33vi55
路 偏坡 横 去 沟 路在偏坡横去沟，

ʔau33ɕian31si55məŋ42ja:i42
拿 钱 你 付 你路上问路拿钱付，

ʔau33sa33sa:i42məŋ42ɦaɯ55
拿 钱 你 给 你路上问方向用钱给，

ʔbuŋ213ʔdjeu33ɦaɯ55pu55ʔdjeu33
段路 一 给 人 一 一段路程给一人，

ɕian31laɯ31ʔbau33məŋ42ɦaɯ55
钱 哪 轻 你 给 哪个钱少你给哪个钱，

sau^{42}laɯ^{31}ȵoi^{31}məŋ^{42}ɦaɯ^{55}
布节 哪 短 你 给 | 哪节布短你给哪节，

ɕian^{31}laɯ^{31}ʔba:ŋ^{33}məŋ^{42}ɦaɯ^{55}
钱 哪 薄 你 给 | 哪个钱薄你给哪个钱，

sa:ŋ^{42}laɯ^{31}ȵoi^{31}məŋ^{42}ɦaɯ^{55}
两 哪 少 你 给 | 哪个银锭有磨损你给哪锭。

sau^{42}paŋ^{42}paɯ^{55}lak^{213}jan^{31}
各种 布 儿媳 莫 递 | 儿媳们送你各种布料你莫递，

ɕian^{31}si^{55}ko^{213}pu^{55}zan^{33}
钱 收买 人 路 | 用钱收买路上人，

pu^{55}zan^{33}so^{55}nau^{31}zan^{33}məŋ^{42}so^{31}
人 路 才 说 路 你 直 | 路上人才为你指直路，

ɕian^{31}si^{55}ko^{213}pu^{55}lo^{31}
钱 收买 人 半路 | 用钱收买半路人，

pu^{55}lo^{31}so^{55}nau^{31}lo^{31}məŋ^{42}teu^{42}
人 半路 才 说 半路 你 真 | 半路人才为你指真路，

pan^{55}so^{55}zai^{42}kuə^{31}la:u^{42}sɯ^{33}so^{31}（se^{31}）
众人 才 喊 做 老 心 直 | 众人才捧你是个老心直，

pan^{55}so^{55}zai^{42}kuə^{31}po^{31}（me^{31}）sɯ^{33}ʔdi^{33}
众人 才 喊 做 父（母） 心 好 | 众人才论你是个好心父（母）。

tok^{55}ɕian^{42}leu^{55}ma^{31}leu^{55}
出 钱 了 就 了 | 出钱给就了，

tok^{55}ɕian^{42}leu^{55}ma^{31}kua^{213}
出 钱 了 就 过 | 出钱了就过，

tok^{55}ka^{31}leu^{55}ma^{31}pai^{33}
出 价 了 就 去 | 出价了就去。

tai^{31}lo^{31}ʔbo^{33}ɕaŋ^{42}kuŋ^{42}
路程 不 会 断 | 路程不会断，

zan^{33}ɦuŋ^{33}ʔbo^{33}ɕaŋ^{42}muət^{213}
路 宽 不 会 绝 | 路宽不会绝。

tai^{31}lo^{31}ʔbo^{33}ɕaŋ^{42}mjaŋ^{42}
路程 不 会 完 | 路程不会完，

zan^{33}fa:ŋ^{42}ʔbo^{33}ɕaŋ^{42}muət^{213}
路 鬼 不 会 绝 | 仙路不会绝。

ka^{33}pai^{33}na^{55}ka^{33}ɦuŋ^{33}
越 去 前 越 大 | 越往前越大，

ka^{33}pai^{33}kən^{42}ka^{33}kua:ŋ^{213}
越 去 上 越 宽 | 越上去越宽。

ʔduan^{55}pɯŋ^{213}laŋ^{31}ʔduan^{55}pai^{33}
走 玩乐 走 去 | 边玩乐边走，

tan^{213}tɕaŋ^{31}pai^{33}ti^{33}tat^{55}
穿 统鞋 去 响声
穿统鞋踏在路上带着响声去，

sat^{213}ɦa:i^{42}pai^{33}ti^{33}tet^{213}
穿 鞋 去 响回音
穿好鞋踏在路上响着有回音。

tsap^{55}jiə^{42}ʔdit^{55}məŋ^{42}pai^{33}
斗笠 遮 太阳 你 去
斗笠遮太阳你去，

pi^{31}fit^{55}ɦa:n^{31}məŋ^{42}pai^{33}
扇 风 汗水 你 去
风扇扇汗水你去，

lɯŋ^{213}jiə^{42}ɦuən^{33}məŋ^{42}pai^{33}
伞 遮 雨 你 去
伞遮雨你去，

tɯn^{33}tsa:i^{213}man^{31}məŋ^{42}pai^{33}
谈话 解闷 疲乏 你 去
与仆人谈话解闷解乏你去。

（三）

məŋ^{42}lan^{31}taŋ^{42}lan^{31}taŋ^{42}
你 走 到 走 到
你走着走着，

lan^{31}lan^{31}taŋ^{42}zan^{33}kən^{42}
走 走 到 路 上
你走在上条路，

zan^{33}kən^{42}zan^{33}pan^{42}ma^{55}
路 上 路 马的路
见路上方还有马走的路；

lan^{31}lan^{31}taŋ^{42}zan^{33}la^{35}
走 走 到 路 下
你走到下条路，

zan^{33}la^{35}zan^{33}pan^{42}va:i^{42}
路 下 路 牛的路
见路下方还有牛走的路；

məŋ^{42}lan^{31}taŋ^{42}lan^{31}taŋ^{42}
你 走 到 走 到
你走着走着，

lan^{31}lan^{31}taŋ^{42}zan^{33}tsa:ŋ^{33}
走 走 到 路 中间
你走到路中间，

zan^{33}tsa:ŋ^{33}kai^{33}pit^{55}kai^{213}
路 中间 卖 鸭 鸡
路中有人卖鸡鸭。

sam^{31}po^{31}ʔa:u^{33}məŋ^{42}ni^{55}
伙 父 伯 你 这
还有你伯父这伙，

sau^{42}lək^{213}po^{31}məŋ^{42}ni^{55}
群 家族 你 这
还有你家族这群。

tsok^{213}ɾa:n^{42}vən^{42}məŋ^{42}ni^{55}
家门 人 你 这
你的这些家门人，

kuə^{31}jat^{213}ma^{33}ȵiə^{33}ȵiu^{42}
做 排 来 高低秩序
高低秩序成排来，

kuə^{31}tseu^{33}ma^{33}le^{33}lən^{31}
做 成行 来 众多
成行来众多。

ma^{33}ɦa:i^{33}ka^{33}ni^{55}kuə^{31}soŋ^{31}
来 开 这里 做 洞
他们开这里做洞，

ʔboŋ^{213}ka^{33}ni^{55}kuə^{31}tu^{33}
打　这里　做　门　　　　他们打这里做门。

ɦa:i^{33}kuə^{31}soŋ^{31}ʔdi^{33}ʒu^{42}
开　做　洞　好　入　　　　开做洞好入，

ɦa:i^{33}kuə^{31}tu^{33}ʔdi^{33}ɦau^{213}
开　做　门　好　进　　　　开做门好进。

soŋ^{31}ka^{31}ʔda:ŋ^{33}məŋ^{42}ɦau^{213}
洞　大　身　你　进　　　　洞大你的身可进，

soŋ^{31}ka^{31}tsau^{55}məŋ^{42}kua^{31}
洞　大　头　你　过　　　　洞大你的头可过。

ʔau^{33}ɕian^{31}si^{55}məŋ^{42}jai^{42}
拿　钱　你　给　　　　他们拿钱你付，

ʔau^{33}sa^{33}sa:i^{42}məŋ^{42}ɦaɯ^{55}
拿　钱　你　给　　　　他们要钱你给。

ʔbuŋ^{213}ʔdjeu^{33}ɦaɯ^{55}pu^{55}ʔdjeu^{33}
段路　一　给　人　一　　　　一段路程给一人，

ɕan^{31}laɯ^{31}ʔbau^{33}məŋ^{42}ɦaɯ^{55}
钱　哪　轻　你　给　　　　哪个钱少你给哪个钱，

sau^{42}laɯ^{31}ȵoi^{31}məŋ^{42}ɦaɯ^{55}
布节　哪　短　你　给　　　　哪节布短你给哪节，

ɕan^{31}laɯ^{31}ʔba:ŋ^{33}məŋ^{42}ɦaɯ^{55}
钱　哪　薄　你　给　　　　哪个钱薄你给哪个钱，

sa:ŋ^{42}laɯ^{31}ȵoi^{31}məŋ^{42}ɦaɯ^{55}
两　哪　少　你　给　　　　哪个银锭有磨损你给哪锭。

sau^{42}paŋ^{42}paɯ^{55}lak^{213}jan^{31}
各种　布　儿媳　莫　递　　　　儿媳们送你各种布料你莫递，

tok^{55}ɕan^{42}leu^{55}ma^{31}leu^{55}
出　钱　了　就　了　　　　出钱了就了，

tok^{55}ɕan^{42}leu^{55}ma^{31}kua^{213}
出　钱　了　就　过　　　　出钱了就过，

tok^{55}ka^{31}leu^{55}ma^{31}pai^{33}
出　价　了　就　去　　　　出价了就去。

tai^{31}lo^{31}ʔbo^{33}ɕaŋ^{42}kuŋ^{42}
路程　不　会　断　　　　路程不会断，

zan^{33}ɦuŋ^{33}ʔbo^{33}ɕaŋ^{42}muət^{213}
路　宽　不　会　绝　　　　路宽不会绝。

tai^{31}lo^{31}ʔbo^{33}ɕaŋ^{42}mjaŋ^{42}
路程　不　会　完　　　　路程不会完，

zan^{33}fa:ŋ^{42}ʔbo^{33}ɕaŋ^{42}muət^{213}
路　鬼　不　会　绝　　　　仙路不会绝。

ka^{33}pai^{33}na^{55}ka^{33}ɦuŋ^{33}
越 去 前 越 大 越往前越大，
ka^{33}pai^{33}kən^{42}ka^{33}kua:ŋ^{213}
越 去 上 越 宽 越上去越宽。
ʔduan^{55}pɯŋ^{213}laŋ^{31}ʔduan^{55}pai^{33}
走 玩乐 走 去 边玩乐边走，
tan^{213}tɕiaŋ^{31}pai^{33}ti^{33}tat^{55}
穿 统鞋 去 响声 穿统鞋踏在路上带着响声去，
sat^{213}ɦa:i^{42}pai^{33}ti^{33}tet^{213}
穿 鞋 去 响回音 穿好鞋踏在路上响着有回音，
tsap^{55}jiə^{42}ʔdit^{55}məŋ^{42}pai^{33}
斗笠 遮 太阳 你 去 斗笠遮太阳你去，
pi^{31}fit^{55}ɦa:n^{31}məŋ^{42}pai^{33}
扇 风 汗水 你 去 风扇扇汗水你去，
lɯŋ^{213}jiə^{42}ɦuən^{33}məŋ^{42}pai^{33}
伞 遮 雨 你 去 伞遮雨你去，
tɯn^{33}tsa:i^{213}man^{31}məŋ^{42}pai^{33}
谈话 解闷 疲乏 你 去 与仆人谈话解闷解乏你去。

（四）

məŋ^{42}lan^{31}taŋ^{42}lan^{31}taŋ^{42}
你 走 到 走 到 你走着走着，
lan^{31}lan^{31}taŋ^{42}ʒum^{31}sam^{33}ka^{33} ta:i^{123}ʔit^{55}
走 走 到 三叉坝 第一 你走到第一座三叉坝，
zan^{55}pu^{55}tək^{55}nɯ^{213}taŋ^{42}pe^{33}pop^{33}
见 人 射 箭 到处 箭印 见人射箭到处是箭印，
ka^{33}ten^{33}nɯ^{213}mai^{55}saɯ^{33}
那点 箭 构皮树 那里有人在用构皮木做箭。
məŋ^{42}lan^{31}taŋ^{42}lan^{31}taŋ^{42}
你 走 到 走 到 你走着走着，
lan^{31}lan^{31}taŋ^{42}ʒum^{31}sam^{33}ka^{33} ta:i^{123}ŋi^{31}
走 走 到 三叉坝 第二 你走到第二座三叉坝。
zan^{55}pu^{55}poŋ^{31}zok^{213}taŋ^{42}ʔde^{33}ʔdan^{33}
见 人 安 神箭 到处 设备架① 见到处有在人设备架上安神箭，
ʔau^{33}mai^{33}se^{33}tam^{42}kuə^{31}kan^{31}zok^{213}
要 青杠树 做 神箭杆 那里有人在青杠木做神箭杆。
məŋ^{42}lan^{31}taŋ^{42}lan^{31}taŋ^{42}
你 走 到 走 到 你走着走着，
lan^{31}lan^{31}taŋ^{42}zum^{31}sam^{33}ka^{33} ta:i^{123}sa:m^{33}
走 走 到 三叉坝 第三 你走到第三座三叉坝。

① zok^{213}：神箭，用大龙竹弯曲于木架（ʔde^{33}ʔdan^{33}）上，可射击众多飞箭。

zan^{33}va:i^{31}la:u^{55}ɦən^{55}ʔduai^{33}pau^{42}
见 水牛 老 上 陡坡　　见到老水牛爬上陡坡，

zan^{33}va:i^{31}la:u^{55}lok^{213}sai^{33}nak^{55}
见 水牛 老 拉 犁 重　　见到老水牛拉着重犁。

ʔba^{31}te^{33}tɯ^{31}sai^{33}pan^{42}
肩膀 他 带 犁 光滑　　又见到有人肩扛着光滑的犁，

ʔda:ŋ^{33}te^{33}saŋ^{31}zau^{213}tse^{213}
身 他 背 耙机　　还看到有人身背耙田的耙机。

te^{33}kuə^{31}ten^{33}kən^{33}ka^{31}
他 做 那种 吃 价　　他做那种是想吃价，

ɦam^{42}ɦa^{213}məŋ^{42}kən^{33}ɕan^{42}
霸占 你 吃 钱　　他是想霸占你吃你钱，

te^{33}kuə^{31}ten^{33}hə^{31}məŋ^{42}ko^{55}lak^{213}la:u^{33}
他 做 那种 吓 你 可 莫 怕　　他做那种（姿势）吓你可莫害怕，

te^{33}kuə^{31}ten^{33}pau^{33}məŋ^{42}ko^{55}lak^{213}lən^{31}
他 做 那种 围 你 可 莫 抖　　他做那种（姿势）围你可莫抖。

ʔau^{33}ɕian^{31}si^{55}məŋ^{42}ja:i^{42}
拿 钱 你 给　　他们拿钱你付，

ʔau^{33}sa^{33}sa:i^{42}məŋ^{42}ɦaɯ^{55}
拿 钱 你 给　　他们要钱你给。

ʔbuŋ^{213}ʔdjeu^{33}ɦaɯ^{55}pu^{55}ʔdjeu^{33}
段路 一 给 人 一　　一段路程给一人，

ɕan^{31}laɯ^{31}ʔbau^{33}məŋ^{42}ɦaɯ^{55}
钱 哪 轻 你 给　　哪个钱少你给哪个钱，

sau^{42}laɯ^{31}ɲoi^{31}məŋ^{42}ɦaɯ^{55}
布节 哪 短 你 给　　哪节布短你给哪节，

ɕan^{31}laɯ^{31}ʔba:ŋ^{33}məŋ^{42}ɦaɯ^{55}
钱 哪 薄 你 给　　哪个钱薄你给哪个钱，

sa:ŋ^{42}laɯ^{31}ɲoi^{31}məŋ^{42}ɦaɯ^{55}
两 哪 少 你 给　　哪个银锭有磨损你给哪锭。

sau^{42}paŋ^{42}paɯ^{55}lak^{213}jan^{31}
各种 布 儿媳 莫 递　　儿媳们送你各种布料你莫递，

tok^{55}ɕan^{42}leu^{55}ma^{31}leu^{55}
出 钱 了 就 了　　出钱了就了，

tok^{55}ɕan^{42}leu^{55}ma^{31}kua^{213}
出 钱 了 就 过　　出钱了就过，

tok^{55}ka^{31}leu^{55}ma^{31}pai^{33}
出 价 了 就 去　　出价了就去。

tai^{31}lo^{31}ʔbo^{33}ɕaŋ^{42}kuŋ^{42}
路程 不 会 断　　路程不会断，

zan^{33}ɦuŋ^{33}ʔbo^{33}ɕaŋ^{42}muət^{213}
路　宽　不　会　绝　　　　路宽不会绝。

tai^{31}lo^{31}ʔbo^{33}ɕaŋ^{42}mjaŋ^{42}
路程　不　会　完　　　　路程不会完，

zan^{33}fa:ŋ^{42}ʔbo^{33}ɕaŋ^{42}muət^{213}
路　鬼　不　会　绝　　　　仙路不会绝。

ka^{33}pai^{33}na^{55}ka^{33}ɦuŋ^{33}
越　去　前　越　大　　　　越往前越大，

ka^{33}pai^{33}kən^{42}ka^{33}kua:ŋ^{213}
越　去　上　越　宽　　　　越上去越宽。

ʔduan^{55}pɯŋ^{213}la:ŋ^{31}ʔduan^{55}pai^{33}
走　玩乐　走　去　　　　边玩乐边走，

tan^{213}tɕaŋ^{31}pai^{33}ti^{33}tat^{55}
穿　统鞋　去　响声　　　　穿统鞋踏在路上带着响声去，

sat^{213}ɦa:i^{42}pai^{33}ti^{33}tet^{213}
穿　鞋　去　响回音　　　　穿好鞋踏在路上响着有回音，

tsap^{55}jiə^{42}ʔdit^{55}məŋ^{42}pai^{33}
斗笠　遮　太阳　你　去　　　　斗笠遮太阳你去，

pi^{31}fit^{55}ɦa:n^{31}məŋ^{42}pai^{33}
扇　风　汗水　你　去　　　　风扇扇汗水你去，

lɯŋ^{213}jiə^{42}ɦuən^{33}məŋ^{42}pai^{33}
伞　遮　雨　你　去　　　　伞遮雨你去，

tɯn^{33}tsa:i^{213}man^{31}məŋ^{42}pai^{33}
谈话　解闷　疲乏　你　去　　　　与仆人谈话解闷解乏你去。

（五）

məŋ^{42}lan^{31}taŋ^{42}lan^{31}taŋ^{42}
你　走　到　走　到　　　　你走着走着，

lan^{31}lan^{31}taŋ^{42}kok^{55}ko^{33}mai^{55}la:u^{55}
走　走　到　根脚　棵　大树

ʔdjeu^{33}ɦuŋ^{33}
一　很大　　　　你走到一棵极大的树脚，

taŋ^{31}kok^{55}ko^{33}zuŋ^{42}ʔdjeu^{33}la:u^{55}
到　根脚　棵　榕　一　大　　　　那是一棵大榕树，

ko^{33}mai^{55}la:u^{55}ka^{31}ʔbuŋ^{33}
棵　大树　竹编方形大粮囤①　　　　榕树干大如竹编方形大粮囤，

ko^{33}zuŋ^{31}la:u^{55}ka^{31}saŋ^{31}
棵　榕　大　竹编圆形大粮囤②　　　　榕树干大如竹编圆形大粮囤，

---

① ka^{31}ʔbuŋ^{33}：竹编粮囤，方形，每囤可装稻谷千斤。

② ka^{31}saŋ^{31}：竹编粮囤，圆形，比 ka^{31}ʔbuŋ^{33} 要大。

muan^{42}pja:i^{33}so^{31}lak^{213}lu^{31}
远观　尖　直　像　路　　　远观树尖直得像条路，

kok^{55}te^{33}tau^{55}fat^{213}fai^{31}
根脚　它　长　发　旺　　　它根脚越长越发旺，

tɕi^{31}te^{33}ʔua:i^{31}zan^{33}ɦuŋ^{33}
丫　它　朝　路　大　　　它树丫朝向大路，

tɕi^{31}kok^{55}ʔdi^{33}tak^{213}zai^{42}
丫　根脚　好　晒　东西　　　榕树根丫正好晒东西，

məŋ^{42}ko^{55}kai^{213}lak^{213}tak^{213}zai^{42}
你　不能　莫　晒　东西　　　可你不能在那根丫上晒东西；

tɕi^{213}pja:i^{33}ʔdi^{33}tak^{213}ʔben^{213}
丫　尖　好　晒　巾　　　榕树的丫尖好晒巾，

məŋ^{42}ko^{55}kai^{33}lak^{213}tak^{213}ʔben^{213}
你　不能　莫　晒　巾　　　可你莫在那丫尖上晒巾；

ti^{31}ten^{33}kam^{42}zin^{33}ʔba:n^{33}ʔdi^{33}naŋ^{31}
那里　块　石　偏　好　坐　　　那里有块偏石很好坐，

məŋ^{42}ko^{55}kai^{33}lak^{213}naŋ^{31}
你　不能　莫　坐　　　可你莫在那石上坐；

pan^{55}taŋ^{31}san^{42}məŋ^{42}pai^{33}
众人　送　话　你　去　　　那里众人送话让你过去，

məŋ^{42}ko^{55}kai^{33}lak^{213}pai^{33}
你　不能　莫　去　　　你可不能去；

ti^{31}ten^{33} mum^{31}θai^{33}tsap^{55}ʔju^{31}ten^{33}
那里　满脸胡子　在　那　　　有满脸胡子的人在那里，

vən^{31}kok^{55}ʔdat^{55} ɕau^{31}kuan^{31}ʔju^{31}ten^{33}
人　主神　古代　在　那　　　古代人的主神在那里。

mum^{31}θai^{33}ɕian^{33}ʔju^{31}ten^{33}
满脸胡子仙人　在　那　　　满脸胡子仙人在那里。

vən^{31}jan^{33}tɕa^{33} ɕau^{31}kuan^{213}ʔju^{31}ten^{33}
人　冤家　古代　在　那　　　古代人有冤家在那里。

lək^{213}pu^{55}sa:i^{33}ta:i^{33}tək^{213}ka^{35}ti^{31}ten^{33}
儿　人　男　死　被　杀　那点　　　那点有男儿被杀死。

lək^{213}me^{31}ʔbək^{55}ta:i^{33}na^{213}ȵie^{42} ti^{31}ten^{33}
妇女　死　难产　那点　　　那点有妇女难产死。

ʔdan^{33}ta^{31}ka^{31}zoŋ^{31}pit^{55}
河流　大　笼　鸭　　　河中流着大笼鸭，

fit^{35}pai^{33}na^{55}kua^{213}sam^{33}
泼水　去　前　过　庹①　　　它们往前泼水长过庹，

fit^{35}pai^{33}laŋ^{33}kua^{213}ʔba^{31}
泼水　去　后　过　肩　　　它们往后泼水高过肩。

① sam^{33}：是一种民间长度单位，汉语中念“庹(tuǒ)”，表示两臂伸直的距离。

te^{33}kuə^{31}ten^{33}hə^{31}məŋ^{42}ko^{55}lak^{213}la:u^{33}
它 做 那种 吓 你 可 莫 怕　　它们做那种（姿势）吓你可莫害怕，

te^{33}kuə^{31}ten^{33}pau^{33}məŋ^{42}ko^{55}lak^{213}lən^{31}
它 做 那种 围 你 可 莫 抖　　它们做那种（姿势）围你可莫抖。

ʔau^{33}ɕan^{31}si^{55}məŋ^{42}ja:i^{42}
拿 钱 你 给　　他们要钱你付，

ʔau^{33}sa^{33}sa:i^{42}məŋ^{42}ɦaɯ^{55}
拿 钱 你 给　　他们要钱你给。

ʔbuŋ^{213}ʔdjeu^{33}ɦaɯ^{55}pu^{55}ʔdjeu^{33}
段路 一 给 人 一　　一段路程给一人，

ɕan^{31}laɯ^{31}ʔbau^{33}məŋ^{42}ɦaɯ^{55}
钱 哪 轻 你 给　　哪个钱少你给哪个钱，

sau^{42}laɯ^{31}ȵoi^{31}məŋ^{42}ɦaɯ^{55}
布节 哪 短 你 给　　哪节布短你给哪节，

ɕan^{31}laɯ^{31}ʔba:ŋ^{33}məŋ^{42}ɦaɯ^{55}
钱 哪 薄 你 给　　哪个钱薄你给哪个钱，

sa:ŋ^{42}laɯ^{31}ȵoi^{31}məŋ^{42}ɦaɯ^{55}
两 哪 少 你 给　　哪个银锭有磨损你给哪锭。

sau^{42}paŋ^{42}paɯ^{55}lak^{213}jan^{31}
各种 布 儿媳 莫 递　　儿媳们送你各种布料你莫递，

tok^{55}ɕan^{42}leu^{55}ma^{31}leu^{55}
出 钱 了 就 了　　出钱了就了，

tok^{55}ɕan^{42}leu^{55}ma^{31}kua^{213}
出 钱 了 就 过　　出钱了就过，

tok^{55}ka^{31}leu^{55}ma^{31}pai^{33}
出 价 了 就 去　　出价了就去。

tai^{31}lo^{31}ʔbo^{33}ɕaŋ^{42}kuŋ^{42}
路程 不 会 断　　路程不会断，

zan^{33}ɦuŋ^{33}ʔbo^{33}ɕaŋ^{42}muət^{213}
路 宽 不 会 绝　　路宽不会绝。

tai^{31}lo^{31}ʔbo^{33}ɕaŋ^{42}mjaŋ^{42}
路程 不 会 完　　路程不会完，

zan^{33}fa:ŋ^{42}ʔbo^{33}ɕaŋ^{42}muət^{213}
路 鬼 不 会 绝　　仙路不会绝。

ka^{33}pai^{33}na^{55}ka^{33}ɦuŋ^{33}
越 去 前 越 大　　越往前越大，

ka^{33}pai^{33}kən^{42}ka^{33}kua:ŋ^{213}
越 去 上 越 宽　　越上去越宽。

ʔduan^{55}pɯŋ^{213}laŋ^{31}ʔduan^{55}pai^{33}
走 玩乐 走 去　　边玩乐边走，

tan^{213}tɕaŋ^{31}pai^{33}ti^{33}tat^{55}
穿　统鞋　去　响声
穿统鞋踏在路上带着响声去，

sat^{213}ɦa:i^{42}pai^{33}ti^{33}tet^{213}
穿　鞋　去　响回音
穿好鞋踏在路上响着有回音，

tsap^{55}jiə^{42}ʔdit^{55}məŋ^{42}pai^{33}
斗笠　遮　太阳　你　去
斗笠遮太阳你去，

pi^{31}fit^{55}ɦa:n^{31}məŋ^{42}pai^{33}
扇　风　汗水　你　去
风扇扇汗水你去，

lɯŋ^{213}jiə^{42}ɦuən^{33}məŋ^{42}pai^{33}
伞　遮　雨　你　去
伞遮雨你去，

tɯn^{33}tsa:i^{213}man^{31}məŋ^{42}pai^{33}
谈话　解闷　疲乏　你　去
与仆人谈话解闷解乏你去。

（六）

məŋ^{42}lan^{31}taŋ^{42}lan^{31}taŋ^{42}
你　走　到　走　到
你走着走着，

lan^{31}lan^{31}taŋ^{42}za:i^{31}na^{42}sa:m^{213}pa:k^{213}tan^{55}
走　走　到　丘　田　三　百　水淌
你走到丘田三百有水流淌，

ɦaŋ^{55}na^{42}sa:m^{213}pa:k^{213}te^{31}
尾　田　三　百　挑
大田一块的田尾就产三百挑。

me^{31}ʔdi^{33}lək^{213}toŋ^{31}zan^{33}
母　和　儿　相　见
你们归逝的母和儿就在那儿相见。

ŋan^{31}sa:m^{33}sa:ŋ^{42}suk^{213}ɦet^{213}
银　三　两　拴　腰
你要用银子三两放在腰间，

pɯn^{33}ʔdi^{33}ɦaɯ^{213}lin^{42}ɕian^{31}
分　好　给　领　钱
好分给他们钱财。

pu^{55}ɕian^{33}jiaŋ^{31}pu^{55}ɕian^{33}
人　仙　啊　人　仙
仙人啊，仙人！

kuə^{31}sɯ^{42}fa:ŋ^{42}pa:k^{213}ʔbo^{213}
做　成　鬼　口　井
仙人做的井口鬼。

ka:ŋ^{213}sɯ^{42}lo^{31}sɯ^{42}ʔdaɯ^{33}pɯŋ^{42}ɕian^{33}
说　成　路　成　内　地域　仙
说到仙人地域之内的道路，

pu^{55}ɦau^{213}pu^{55}mi^{31}zo^{55}
人　进　人　不　知
人进去人不知方向，

pu^{55}ʔok^{213}pu^{55}mi^{31}zan^{33}
人　出　人　不　见
人出来人不见踪影，

ti^{31}tsoŋ^{33}naŋ^{33}sɯ^{42}vɯ^{55}ɕan^{31}
敲　鼓　皮　成　云　转
只听皮鼓震响彩云转。

te^{33}kuə^{31}ten^{33}he^{31}məŋ^{42}ko^{55}lak^{213}la:u^{33}
他　做　那种　吓　你　可　莫　怕
他们做那种（姿势）吓你可莫害怕，

te^{33}kuə^{31}ten^{33}pau^{33}məŋ^{42}ko^{55}lak^{213}lən^{31}
他　做　那种　围　你　可　莫　抖
他们做那种（姿势）围你可莫抖。

ʔau^{33}ɕian^{31}si^{55}məŋ^{42}ja:i^{42}
拿　钱　你　给　　　　他们要钱你付，

ʔau^{33}sa^{33}sa:i^{42}məŋ^{42}ɦaɯ^{55}
拿　钱　你　给　　　　他们要钱你给。

ʔbuŋ^{213}ʔdjeu^{33}ɦaɯ^{55}pu^{55}ʔdjeu^{33}
段路　一　给　人　一　　　　一段路程给一人，

ɕan^{31}laɯ^{31}ʔbau^{33}məŋ^{42}ɦaɯ^{55}
钱　哪　轻　你　给　　　　哪个银锭有磨损你给哪锭，

sau^{42}laɯ^{31}ȵoi^{31}məŋ^{42}ɦaɯ^{55}
布节　哪　短　你　给　　　　哪节布短你给哪节，

ɕan^{31}laɯ^{31}ʔba:ŋ^{33}məŋ^{42}ɦaɯ^{55}
钱　哪　薄　你　给　　　　哪个钱薄你给哪个钱，

sa:ŋ^{42}laɯ^{31}ȵoi^{31}məŋ^{42}ɦaɯ^{55}
两　哪　少　你　给　　　　哪个银锭有磨损你给哪锭。

sau^{42}paŋ^{42}paɯ^{55}lak^{213}jan^{31}
各种　布　儿媳　莫　递　　　　儿媳们送你各种布料你莫递，

tok^{55}ɕan^{42}leu^{55}ma^{31}leu^{55}
出　钱　了　就　了　　　　出钱了就了，

tok^{55}ɕan^{42}leu^{55}ma^{31}kua^{213}
出　钱　了　就　过　　　　出钱了就过，

tok^{55}ka^{31}leu^{55}ma^{31}pai^{33}
出　价　了　就　去　　　　出价了就去。

tai^{31}lo^{31}ʔbo^{33}ɕaŋ^{42}kuŋ^{42}
路程　不　会　断　　　　路程不会断，

zan^{33}ɦuŋ^{33}ʔbo^{33}ɕaŋ^{42}muət^{213}
路　宽　不　会　绝　　　　路宽不会绝。

tai^{31}lo^{31}ʔbo^{33}ɕaŋ^{42}mjaŋ^{42}
路程　不　会　完　　　　路程不会完，

zan^{33}fa:ŋ^{42}ʔbo^{33}ɕaŋ^{42}muət^{213}
路　鬼　不　会　绝　　　　仙路不会绝。

ka^{33}pai^{33}na^{55}ka^{33}ɦuŋ^{33}
越　去　前　越　大　　　　越往前越大，

ka^{33}pai^{33}kən^{42}ka^{33}kua:ŋ^{213}
越　去　上　越　宽　　　　越上云越宽。

ʔduan^{55}pɯŋ^{213}laŋ^{31}ʔduan^{55}pai^{33}
走　玩乐　走　去　　　　边玩乐边走，

tan^{213}tɕaŋ^{31}pai^{33}ti^{33}tat^{55}
穿　统鞋　去　响声　　　　穿统鞋踏在路上带着响声去，

sat^{213}ɦa:i^{42}pai^{33}ti^{33}tet^{213}
穿　鞋　去　响回音　　　　穿好鞋踏在路上响着有回音，

tsap55jie42ʔdit55məŋ42pai33
斗笠 遮 太阳 你 去 斗笠遮太阳你去，
pi31fit55ɦa:n31məŋ42pai33
扇 风 汗水 你 去 风扇扇汗水你去，
lɯŋ213jie42ɦuən33məŋ42pai33
伞 遮 雨 你 去 伞遮雨你去，
tɯn33tsa:i213man31məŋ42pai33
谈话 解闷 疲乏 你 去 与仆人谈话解闷解乏你去。

（七）

məŋ42lan31taŋ42lan31taŋ42
你 走 到 走 到 你走着走着，
lan31lan31taŋ42soŋ42ka:i33ta:i213ʔit55
走 走 到 层 卖 第一 你走到做买卖的第一层，
mat213ʔau33poi33kuə31ka:i33ti31ten33
蚂蚁 拿 搬土 做 卖 那点 蚂蚁搬土在那里做买卖。
taŋ42soŋ31ka:i33ta:i31ŋi31
到 层 卖 第二 你走到做买卖的第二层，
mui33ʔau33ʒoŋ213kuə31ka:i33ti31ten33
狮 拿 笼 做 卖 那点 狮拿狮笼在那里做买卖。
taŋ42soŋ31ka:i33ta:i31sa:m33
到 层 卖 第三 你走到做买卖的第三层，
ŋɯ42ʔau33soŋ31kuə31ka:i33ti31ten33
蛇 拿 洞 做 卖 那点 蛇拿蛇洞在那里做买卖。
taŋ42soŋ31ka:i33ta:i31θi213
到 层 卖 第四 你走到做买卖的第四层，
ka55ʔau33ɦɯ33kuə31ka:i33ti31ten33
蟾蜍 拿 街 做 卖 那点 蟾蜍做街道在那里做买卖。
taŋ42soŋ31ka:i33ta:i31ɦa55
到 层 卖 第五 你走到做买卖的第五层，
tau213ʔau33se35kuə31ka:i33ti31ten33
梭 拿 线 做 卖 那点 梭拿线在那里做买卖。
taŋ42soŋ31ka:i33ta:i31zok55
到 层 卖 第六 你走到做买卖的第六层，
tok55ɕian31si44tɕaŋ31lo31
落 钱 半 路 钱撒落半路之上，
pu55ta:i213lam55taŋ31ʔdən33
人 死 倒 站着 那里有死人倒站着，
vən213ta:i213nin42taŋ31kuan31
人 死 睡 灌着 那里有死人灌着睡，
pu55ta:i213lam55taŋ31ʔdən33
人 死 倒 站着 那里有死人倒站着，

vən²¹³ta:i²¹³nin⁴²taŋ³¹kai³¹ 人 死 睡 盖着	那里有死人盖着睡。
taŋ⁴²soŋ³¹ka:i³³ta:i³¹sat⁵⁵ 到 层 卖 第七	你走到做买卖的第七层，
zan³³te³³lin⁴²kən³³ȵa:i³¹ 见 它 猴 吃 嚼	见着它猴群动嘴吃又嚼。
taŋ⁴²soŋ³¹ka:i³³ta:i³¹pet²¹³ 到 层 卖 第八	你走到做买卖的第八层，
zan³³te³³tai³¹kən³³mɯŋ⁴² 见 它 竹虫 吃 竹签①	见着竹虫它在吃竹签。
taŋ⁴²soŋ³¹ka:i³³ta:i³¹ku⁵⁵ 到 层 卖 第九	你走到做买卖的第九层，
pu⁵⁵zum⁴²ta:u²¹³ka:i³³tsoŋ²¹³ 人 风 来 卖 箩	看见风神来卖箩。
taŋ⁴²soŋ³¹ka:i³³ta:i³¹ɕip²¹³ 到 层 卖 第十	你走到做买卖的第十层，
ʔbən³³lap⁵⁵taŋ³¹tu⁵⁵tet²¹³ 天 黑 到处 土 裂	黑天处处土崩裂，
pja²¹³pet²¹³taŋ³¹tu⁵⁵ten⁴² 雷 响 到处 土 飞	响雷到处土纷飞，
zum⁴²muan⁴²ma³³tu⁵⁵tet²¹³ 风 猛风 来 土 裂	风猛吹得土旱裂。
ʔit⁵⁵soŋ³¹ka:i⁵⁵məŋ⁴²kua²¹³ 引发 层 那 你 过	你引发体力闯过那层，
naŋ³¹ka³¹na²¹³soŋ³¹tau⁵⁵ 只有 成 层 顶	还有顶上猛风层未到，
naŋ³¹ka³¹tsau⁵⁵soŋ³¹muan⁴² 只有 头 层 猛风	那里只有猛风在吹刮。
taŋ⁴²soŋ³¹muan⁴²ta:i³¹ʔit⁵⁵ 到 层 猛风 第一	你上到猛风第一层，
muan⁴²to²¹³ku⁴²ɦau⁵⁵ɦɯ³³ 猛风 打 圆物 入 街	见着猛风打圆球入街。
taŋ⁴²soŋ³¹muan⁴²ta:i³¹ŋi³¹ 到 层 猛风 第二	你上到猛风第二层，
muan⁴²to²¹³lau⁴²ɦau²¹³ɦa:i²¹³ 猛风 打 飘 入 海	见着猛风打飘物入海。
taŋ⁴²soŋ³¹muan⁴²ta:i³¹sa:m³³ 到 层 猛风 第三	你上到猛风第三层，
muan³¹lak⁵⁵tum³³lak⁵⁵tiŋ³³ 猛风 黑 咚 黑 漆	见着猛风黑咚咚黑漆漆挺吓人。

① tai³¹：专吃嫩竹笋的竹虫。

taŋ^{42}soŋ^{31}muan^{42}ta:i^{31}θi^{31}
到 层 猛风 第四　　你上到猛风第四层，

muan^{42}sam^{33}tsin^{33}sam^{33}ɕian^{213}
猛风 扇 金 扇 钱　　猛风扇金扇银钱。

taŋ^{42}soŋ^{31}muan^{42}ta:i^{31}ɦa^{55}
到 层 猛风 第五　　你上到猛风第五层，

tok^{55}ɕian^{42}si^{55}tɕa:ŋ^{31}lo^{31}
撒落 钱 半 路　　银钱撒落在半路上。

taŋ^{42}soŋ^{31}muan^{42}ta:i^{31}zok^{55}
到 层 猛风 第六　　你上到猛风第六层，

pu^{55}ta:i^{213}lam^{55}taŋ^{31}ʔdən^{33}
人 死 倒 站着　　那里有死人倒站着，

vən^{213}ta:i^{213}nin^{42}taŋ^{31}kuan^{31}
人 死 睡 灌着　　那里有死人灌着睡。

pu^{55}ta:i^{213}lam^{55}taŋ^{31}ʔdən^{33}
人 死 倒 站着　　那里有死人倒着站，

vən^{213}ta:i^{213}nin^{42}taŋ^{31}kai^{31}
人 死 睡 盖着　　那里有死人盖着睡。

taŋ^{31}soŋ^{31}muan^{42}ta:i^{31}sat^{55}
到 层 猛风 第七　　你上到猛风第七层，

zan^{33}te^{33}lin^{42}kən^{33}ȵai^{31}
见 它 猴 吃 嚼　　见着它猴群动嘴吃又嚼。

taŋ^{42}soŋ^{31}muan^{42}ta:i^{31}pet^{213}
到 层 猛风 第八　　你上到猛风第八层，

ʒan^{33}te^{33}tai^{31}kən^{33}mɯŋ^{42}
见 它 竹虫 吃 竹签　　见着竹虫它吃竹签。

taŋ^{42}soŋ^{31}muan^{42}ta:i^{31}ku^{55}
到 层 猛风 第九　　你上到猛风第九层，

pu^{55}zum^{42}ta:u^{213}kai^{33}tsoŋ^{213}
人 风 来 卖 箩　　见着风神来卖箩。

taŋ^{42}soŋ^{31}muan^{42}ta:i^{31}ɕip^{213}
到 层 猛风 第十　　你上到猛风第十层，

ʔbən^{33}lap^{55}taŋ^{31}tu^{55}tet^{213}
天 黑 到处 土 裂　　黑天处处土崩裂，

pja^{213}pet^{213}taŋ^{31}tu^{55}ten^{42}
雷 响 到处 土 飞　　响雷到处土纷飞，

zum^{42}muan^{42}ma^{33}tu^{55}tet^{213}
风 猛风 来 土 裂　　风猛吹得土旱裂。

ʔit^{55}soŋ^{31}kai^{55}məŋ^{42}kua^{213}
引发 层 那 你 过　　你引发体力闯过那层，

naŋ^{31}ka^{31}na^{213}soŋ^{31}tau^{55}
只有 成 层 顶　　再有顶层上未到，
naŋ^{31}ka^{31}tsau^{55}soŋ^{31}muan^{42}
只有 头 层 猛风　　那层只有猛风在吹刮。

（八）

taŋ^{42}soŋ^{31}tiŋ^{33}ta:i^{31}ʔit^{55}
到 层 顶 第一　　你到顶层的第一层，
ɕip^{213}vɯŋ^{42}ʔju^{213}ten^{33}sa^{35}
十 王 在 那 等　　天上十个王在那儿等你。
taŋ^{42}soŋ^{31}tiŋ^{33}ta:i^{31}ŋi^{31}
到 层 顶 第二　　你到顶层的第二层，
ɦa^{55}vɯŋ^{42}ʔju^{213}ten^{33}tem^{31}
五 王 在 那 守　　见着天上五个王守在那儿。
taŋ^{42}soŋ^{31}tiŋ^{33}ta:i^{31}sam^{33}
到 层 顶 第三　　你到顶层的第三层，
ta^{42}sa^{55}ɦa:u^{33}ɦa^{213}fak^{213}
抽 刀 亮 要 砍　　那里的神见人就抽出亮刀要砍。
taŋ^{42}soŋ^{31}tiŋ^{33}ta:i^{31}θi^{31}
到 层 顶 第四　　你到顶层的第四层，
lok^{213}sa^{55}ɦa:u^{33}ɦa^{213}tiŋ^{31}
拉 刀 亮 要 刺　　那里的神见人就拉出亮刀要刺。
taŋ^{42}soŋ^{31}tiŋ^{33}ta:i^{31}ɦa^{55}
到 层 顶 第五　　你到顶层的第五层，
vɯŋ^{42}siŋ^{33}sa^{55}ɦa^{213}ka^{213}
王 宝剑 要 杀　　那里的王提着宝剑要杀人。
vɯŋ^{42}siŋ^{33}sa^{55}ɦa^{213}fat^{213}
王 宝剑 要 砍　　那里的王提着宝剑要砍人。
taŋ^{42}soŋ^{31}tiŋ^{33}ta:i^{31}zok^{55}
到 层 顶 第六　　你到顶层的第六层，
soŋ^{33}kuan^{31}zin^{33}soŋ^{33}fak^{213}
双 宝石 双 边　　见着宝石一双两边摆。
taŋ^{42}soŋ^{31}tiŋ^{33}ta:i^{31}sat^{55}
到 层 顶 第七　　你到顶层的第七层，
ta^{33}kuk^{55}zai^{42}sa^{55}sai^{42}
眼 虎 啸 威力　　见着虎啸虎眼显威力。
taŋ^{42}soŋ^{31}tiŋ^{33}ta:i^{31}pet^{213}
到 层 顶 第八　　你到顶层的第八层，
pa:k^{213}kuk^{55}ʔua:i^{31}kən^{33}vən^{42}
嘴 虎 转 吃 人　　见着虎嘴旋转要吃人。
te^{33}kuə^{31}ten^{33}hə^{31}məŋ^{42}ko^{55}lak^{213}la:u^{33}
他 做 那种 吓 你 可 莫 怕　　他做那种（姿势）吓你可莫害怕，

te^{33}kuə^{31}ten^{33}pau^{33}məŋ^{42}ko^{55}lak^{213}lən^{31}
他 做 那种 围 你 可 莫 抖　　他做那种（姿势）围你可莫发抖。

taŋ^{42}soŋ^{31}tiŋ^{33}ta:i^{31}ku^{55}
到 层 顶 第九　　你到顶层的第九层，

ka^{33}ten^{33}ɦau^{35}soŋ^{42}p'ju^{213}
那里 入 层 闲　　那里入闲层，

ka^{33}ten^{33}ʔju^{213}soŋ^{42}fɯ^{42}
那里 有 层 空　　那里有空层。

taŋ^{42}soŋ^{31}tiŋ^{33}ta:i^{31}ɕip^{213}
到 层 顶 第十　　你到顶层的第十层，

ʔbən^{33}lap^{55}taŋ^{31}tu^{55}tet^{213}
天 黑 到处 土 裂　　黑天处处土崩裂，

pja^{213}pet^{213}taŋ^{31}tu^{55}ten^{42}
雷 响 到处 土 飞　　响雷到处土纷飞，

zum^{42}muan^{42}ma^{33}tu^{55}tet^{213}
风 猛风 来 土 裂　　风猛吹得土旱裂。

ʔit^{55}soŋ^{31}kai^{33}məŋ^{42}kua^{213}
引发 层 那 你 过　　你引发体力闯过那层，

naŋ^{31}ka^{31}na^{213}soŋ^{31}tau^{55}
只有 成 层 顶　　还有顶上那层未到，

naŋ^{31}ka^{31}na^{213}soŋ^{31}tau^{55}
只有 成 层 顶　　还要去顶上那层。

naŋ^{31}ka^{31}tsau^{55}soŋ^{31}zak^{213}
只有 头 层 偷　　只有阳间偷过的人过不了这偷层。

taŋ^{31}soŋ^{31}zak^{213}ta:i^{31}ʔit^{55}
到 层 偷 第一　　你上到偷层第一层，

pu^{55}ʒak^{213}pit^{55}ʒak^{213}kai^{31}
人 偷 鸭 偷 鸡　　见着偷鸭偷鸡的人，

pit^{55}kai^{31}ta:u^{55}pɯ^{33}ka^{55}ti^{31}ten^{33}
鸭 鸡 到 堆 杀 那里　　成堆的鸭鸡被杀在那里。

li^{55}te^{33}ʔbo^{33}ʔdai^{55}poi^{42}
活着 他 不 得 赔　　活着时他不曾赔偿，

ta:i^{33}ko^{55}ta:u^{213}pai^{33}poi^{42}ti^{31}ten^{33}
死 同 转 去 赔 那点　　死后他就转去那点赔偿。

taŋ^{31}soŋ^{31}zak^{213}ta:i^{31}ŋi^{31}
到 层 偷 第二　　你上到偷层第二层，

pu^{55}zak^{213}mu^{33}zak^{213}ma^{33}
人 偷 猪 偷 狗　　见着偷猪偷狗人，

mu^{33}ma^{33}tau^{55}pɯ^{33}ɦeŋ^{31}ti^{31}ten^{33}
猪 狗 到 堆 杀 那里　　成堆猪狗被杀在那里。

li⁵⁵te³³ʔbo³³ʔdai⁵⁵poi⁴²
活着他　不　得　赔　　　　活着时他不曾赔偿，

ta:i³³ko⁵⁵ta:u²¹³pai³³poi⁴²ti³¹ten³³
死　同　转　去　赔　那点　　　　死后他就转去那点赔偿。

taŋ³¹soŋ³¹zak²¹³ta:i³¹sa:m³³
到　层　偷　第三　　　　你上到偷层第三层，

pu⁵⁵zak²¹³pit⁵⁵zak²¹³kai³¹
人　偷　鸭　偷　鸡　　　　见着偷鸡偷鸭的人，

pit⁵⁵kai³¹tau⁵⁵lan³¹θɯŋ³³ti³¹ten³³
鸭　鸡　来　栏　菜园　那里　　　　拿偷来鸡鸭栏菜园那点，

li⁵⁵te³³ʔbo³³ʔdai⁵⁵poi⁴²
活着他　不　得　赔　　　　活着时他不曾赔偿，

ta:i³³ko⁵⁵ta:u²¹³pai³³poi⁴²ti³¹ten³³
死　同　转　去　赔　那点　　　　死后他就转去那点赔偿。

taŋ³¹soŋ³¹zak²¹³ta:i³¹θi³¹
到　层　偷　第四　　　　你上到偷层第四层，

pu⁵⁵zak²¹³mu³³zak²¹³juaŋ⁴²
人　偷　猪　偷　羊　　　　见着偷猪偷羊的人，

mu³³juaŋ⁴²tau⁵⁵tiŋ³¹sok²¹³ti³¹ten³³
猪　羊　来　堆　渡口　那点　　　　偷来的猪羊堆渡口那点。

taŋ³¹soŋ³¹zak²¹³ta:i³¹ɦa⁵⁵
到　层　偷　第五　　　　你上到偷层第五层，

pu⁵⁵zak²¹³pjak²¹³pjak²¹³nap⁵⁵ʔda:ŋ³³
人　偷　菜　菜　压　身

ti³¹ten³³
那里　　　　见着偷菜被菜压身死的人，

li⁵⁵te³³ʔbo³³ʔdai⁵⁵poi⁴²
活着他　不　得　赔　　　　活着时他不曾赔偿，

ta:i³³ko⁵⁵tau²¹³pai³³poi⁴²ti³¹ten³³
死　同　转　去　赔　那点　　　　死后他就转去那点赔偿。

taŋ³¹soŋ³¹zak²¹³ta:i³¹zok⁵⁵
到　层　偷　第六　　　　你上到偷层第六层，

pu⁵⁵zak²¹³ɾa:ŋ⁴²ɾa:ŋ⁴²nap⁵⁵ɦet²¹³ti³¹ten³³
人　偷　竹笋　竹笋　压　腰　那点　　　　见着偷竹笋被竹笋压腰死的人，

li⁵⁵te³³ʔbo³³ʔdai⁵⁵poi⁴²
活着他　不　得　赔　　　　活着时他不曾赔偿，

ta:i³³ko⁵⁵ta:u²¹³pai³³poi⁴²ti³¹ten³³
死　同　转　去　赔　那点　　　　死后他就转去那点赔偿。

taŋ³¹soŋ³¹zak²¹³ta:i³¹sat⁵⁵
到　层　偷　第七　　　　你上到偷层第七层，

pu^{55}zak^{213}zom^{35}zaŋ^{42}sok^{213}na^{213}te^{33}
人 偷 蓝靛草 偷 蓝靛 脸 他
见着偷蓝靛草和偷蓝靛的人，

fuan^{55}jiaŋ^{31}sok^{213}
黑 样 蓝靛
死后他脸黑如同蓝靛样，

na^{55}te^{33}lok^{213}jiaŋ^{31}zom^{35}
脸 他 绿 样 蓝靛草
他的脸绿得像生蓝靛草，

li^{55}te^{33}ʔbo^{33}ʔdai^{55}poi^{42}
活着 他 不 得 赔
活着时他不曾赔偿，

ta:i^{33}ko^{55}ta:u^{213}pai^{33}poi^{42}ti^{31}ten^{33}
死 同 转 去 赔 那点
死后他就转去那点赔偿。

taŋ^{31}soŋ^{31}zak^{213}ta:i^{31}pet^{213}
到 层 偷 第八
你上到偷层第八层，

pu^{55}zak^{213}ɕie^{42}zak^{213}va:i^{42}
人 偷 黄牛 偷 水牛
见着偷黄牛水牛的人，

kau^{33}pai^{33}ŋua^{31}ti^{31}ten^{33}
角 去 卡 那点
牛角用去卡那点，

pa:k^{213}pai^{33}tap^{55}ti^{31}ten^{33}
角 去 拴 那点
牛角用去拴那点，

li^{55}te^{33}ʔbo^{33}ʔdai^{55}poi^{42}
活着 他 不 得 赔
活着时他不曾赔偿，

ta:i^{33}ko^{55}ta:u^{213}pai^{33}poi^{42}ti^{31}ten^{33}
死 同 转 去 赔 那点
死后他就转去那点赔偿。

taŋ^{31}soŋ^{31}zak^{213}ta:i^{31}ku^{55}
到 层 偷 第九
你上到偷层第九层，

pu^{55}zak^{213}jəu^{55}zak^{213}jau^{42}
人 偷 友 偷 情
见着偷友偷情人，

li^{55}te^{33}ʔbo^{33}ʔdai^{55}poi^{42}
活着 他 不 得 赔
活着时他不曾赔偿，

ta:i^{33}ko^{55}ta:u^{213}pai^{33}poi^{42}ti^{31}ten^{33}
死 同 转 去 赔 那点
死后他就转去那点赔偿。

taŋ^{31}soŋ^{31}zak^{213}ta:i^{31}ɕip^{213}
到 层 偷 第十
你上到偷层第十层，

pu^{55}zak^{213}tsin^{33}fi^{31}pan^{33}
人 偷 金 未 分
见着偷金未分的人，

jiaŋ^{31}pai^{33}pan^{33}ti^{31}ten^{33}
也 去 分 那点
他们也还去那点分；

pu^{55}zak^{213}ŋan^{42}fi^{31}saŋ^{31}
人 偷 银 未 称
见着偷银还未称着分的人，

jiaŋ^{31}pai^{33}saŋ^{31}ti^{31}ten^{33}
也 去 称 那点
他们也还去那点称；

li^{55}te^{33}ʔbo^{33}ʔdai^{55}poi^{42}
活着 他 不 得 赔　　活着时他们不曾赔偿，

ta:i^{33}ko^{55}ta:u^{213}pai^{33}poi^{42}ti^{31}ten^{33}
死 同 转 去 赔 那点　　死后他们就转去那点赔偿。

lau^{55}zan^{42}tu^{33}sɯ^{33}so^{31}
老 家 我们 心 直　　我们家归逝老人心直，

po^{31}（me^{31}）ɾa:n^{42}tu^{33}sɯ^{33}ʔdi^{33}
父（母） 家 我们 心 好　　我们家父（母）心好。

tai^{213}tɯn^{31}ʔbo^{33}zak^{213}pja^{33}pu^{55}laɯ^{42}
走 地 不 偷 鱼 人 哪　　他（她）走地不偷哪人的鱼，

tai^{213}na^{42}ʔbo^{33}zak^{213}ɦa:u^{55}pu^{55}laɯ^{42}
走 田 不 偷 粮 人 哪　　他（她）走田不偷哪人的粮，

ɦau^{55}ɾa:n^{42}ʔbo^{33}zak^{213}sa:u^{33}pu^{55}laɯ^{42}
进 家 不 偷 姑娘 人 哪　　他（她）进家不偷哪人的姑娘。

la:u^{55}ɾa:n^{42}tu^{33}sɯ^{33}so^{31}ʔiŋ^{31}so^{31}
老 家 我们 心 直 又 直　　我们家归逝老人的心直又直，

po^{31}（me^{31}）ɾa:n^{42}tu^{33}sɯ^{33}ʔdi^{33}ʔiŋ^{31}ʔdi^{33}
父（母） 家 我们 心 好 又 好　　我们家归逝父（母）的心好又好，

mi^{31}ʔdai^{55}zak^{213}pjak^{213}sɯn^{33}ʔoi^{55}pu^{55}laɯ^{42}
不 得 偷 菜 地 甘蔗 人 哪①　　他（她）不曾偷哪人菜地的甘蔗，

mi^{31}ʔdai^{55}zak^{213}ʔoi^{55}sɯn^{33}ɕaŋ^{42}pu^{55}laɯ^{42}
不 得 偷 甘蔗 地 墙 人 哪　　他（她）不曾偷哪人墙边地中的甘蔗，

mi^{31}ʔdai^{55}zak^{213}tiaŋ^{31}zi^{31}va:i^{213}pu^{55}laɯ^{42}
不 得 偷 黄瓜 地 棉花 人 哪　　他（她）不曾偷哪人棉花地中的黄瓜，

mi^{31}ʔdai^{55}tam^{213}zai^{31} kən^{33}ʔja^{33}pu^{55}laɯ^{42}
不 得 蒙脸 白吃 人 哪　　他（她）不曾蒙脸白吃哪个人，

mi^{31}ʔdai^{55}zak^{213}za:i^{31}kən^{42}kən^{33}za:i^{31}la^{55}
不 得 偷 上丘 吃 下丘
pu^{55}laɯ^{42}
人 哪　　他（她）不曾偷哪人的上丘又吃下丘，

mi^{31}ʔdai^{55}zak^{213}toŋ^{31}tsa^{55} kən^{33}me^{31}na^{42}
不 得 偷 秧苗块 吃 大田
pu^{55}laɯ^{42}
人 哪　　他（她）不曾偷哪人秧苗又吃大田块，

mi^{31}ʔdai^{55}kən^{33}ʔja^{33}pu^{55}vən^{42}laɯ^{42}
不 得 白吃 人 人 哪　　他（她）不曾白吃哪人的东西，

mi^{31}ʔdai^{55}kən^{33}ɦoi^{31}pu^{55}ɦo^{213}vən^{42}laɯ^{42}
不 得 吃 丫环 穷人 人 哪　　他（她）不曾白吃哪个丫环和穷人，

lian^{31}ʔbo^{33}ʔdai^{55}tam^{33}ɦa:u^{55}sa^{55}pu^{55}laɯ^{42}
更 不 得 踏 米 碓窝 人 哪　　他（她）更不曾踩过别人的米碓窝，

① sɯn^{33}：离家远的菜地；θɯŋ^{33}：离家近的菜地。

ʔbo^{33}ʔdai^{55}pa^{55}sai^{31}ʔdai^{33}pu^{55}laɯ^{42}
不　得　背　丑事　人　哪　　他（她）不曾背着哪人干丑事，

la:u^{55}za:n^{42}tu^{33}sɯ^{33}so^{31}ʔiŋ^{31}so^{31}
老　家　我们 心　直　又　直　　我们家归逝老人的心直又直，

po^{31}（me^{31}）ɾa:n^{42}tu^{33}sɯ^{33}ʔdi^{33}ʔiŋ^{31}ʔdi^{33}
父（母）　家　我们 心　好　又　好　　我们家归逝父（母）的心好又好。

mi^{31}ʔdai^{55}ʔau^{33}mai^{55}ma:k^{213}pu^{55}laɯ^{42}
不　得　要　树　果　人　哪　　他（她）不曾要过哪人的果树，

mi^{31}ʔdai^{55}zak^{213}va:i^{31}kan^{33}pu^{55}laɯ^{42}
不　得　偷　水牛崽　人　哪　　他（她）不曾偷哪人的水牛崽，

mi^{31}ʔdai^{55}zak^{213}ma^{55}tsa:ŋ^{33}sa:u^{31}pu^{55}laɯ^{42}
不　得　偷　马料槽　人　哪　　他（她）不曾偷哪人槽中的马料，

mi^{31}ʔdai^{55}zak^{213}va:i^{31}ɦa:u^{33}la^{213}sok^{55}
不　得　偷　水牛　白　楼下
pu^{55}laɯ^{42}
人　哪　　他（她）不曾偷哪人楼下的白水牛，

mi^{31}ʔdai^{55}zak^{213}pjak^{213}zi^{31}ʔdoŋ^{33}pu^{55}laɯ^{42}
不　得　偷　菜　地　林　人　哪　　他（她）不曾偷哪人林地的菜，

mi^{31}ʔdai^{55}zak^{213}ɦa:u^{55}ɦoŋ^{33}zi^{31}la:u^{213}
不　得　偷　小米　地　熟
pu^{55}laɯ^{42}
人　哪　　他（她）不曾偷哪人熟地的小米，

mi^{31}ʔdai^{55}zak^{213}ɦa:u^{55}tsa:ŋ^{33}na^{42}
不　得　偷　稻　中　田
pu^{55}laɯ^{42}
人　哪　　他（她）不曾偷哪人田中的水稻。

mi^{31}ʔdai^{55}zak^{213}ɕan^{42}tsa:ŋ^{33}kui^{31}
不　得　偷　钱　中　柜
pu^{55}laɯ^{42}
人　哪　　他（她）不曾偷哪人柜中的钱财，

mi^{31}ʔdai^{55}zak^{213}ɦa:u^{55}tsa:ŋ^{33}jie^{42}
不　得　偷　稻　中　竹粮囤
pu^{55}laɯ^{42}
人　哪　　他（她）不曾偷哪人竹粮囤中的水稻，

mi^{31}ʔdai^{55}ʒak^{213}ɕie^{42}tsaŋ^{33}koŋ^{31}
不　得　偷　黄牛　中　圈
pu^{55}laɯ^{42}
人　哪　　他（她）不曾偷哪人圈中的黄牛，

mi^{31}ʔdai^{55}ʒak^{213}pja^{33}tsaŋ^{33}ʔbo^{213}
不　得　偷　鱼　中　井

pu^{55}laɯ^{42}

人 哪　　他（她）不曾偷哪人井中的鱼，

mi^{31}ʔdai^{55}zak^{213}to^{31}tsa:ŋ^{33}zuŋ^{42}

不 得 偷 马蜂 中 窝

pu^{55}laɯ^{42}

人 哪　　他（她）不曾偷哪人窝中的马蜂，

mi^{31}ʔdai^{55}zak^{213}kuan^{31}tsa:ŋ^{33}tsen^{33}

不 得 偷 手镯 中 手腕

pu^{55}laɯ^{42}

人 哪　　他（她）不曾偷哪人手腕上的手镯，

mi^{31}ʔdai^{55}zak^{213}ŋan^{31}tsa:ŋ^{33}kui^{31}

不 得 偷 银 中 柜

pu^{55}laɯ^{42}

人 哪　　他（她）不曾偷哪人柜中的银钱，

mi^{31}ʔdai^{55}zak^{213}va:i^{213}zi^{31}man^{31}

不 得 偷 棉花 地 辣椒

pu^{55}laɯ^{42}

人 哪　　他（她）不曾偷哪人棉花地中的辣椒，

mi^{31}ʔdai^{55}zak^{213}paŋ^{31}tak^{213}sau^{55}

不 得 偷 布 晒 竹竿

pu^{55}laɯ^{42}

人 哪　　他（她）不曾偷哪人晒在竹竿上的布，

mi^{31}ʔdai^{55}zak^{213}zom^{35}tsa:ŋ^{33}zi^{31}

不 得 偷 蓝靛草 中 地

pu^{55}laɯ^{42}

人 哪　　他（她）不曾偷哪人地中的蓝靛草，

mi^{31}ʔdai^{55}zak^{213}sok^{213}tsa:ŋ^{33}kuŋ^{42}

不 得 偷 蓝靛 中 缸

pu^{55}laɯ^{42}

人 哪　　他（她）不曾偷哪人缸中染布的蓝靛，

mi^{31}ʔdai^{55}zak^{213}pjak^{213}tsa:ŋ^{33}sɯn^{33}

不 得 偷 菜 中 菜园

pu^{55}laɯ^{42}

人 哪　　他（她）不曾偷哪人菜园中的菜，

mi^{31}ʔdai^{55}zak^{213}za:ŋ^{42}tsa:ŋ^{33}po^{213}

不 得 偷 笋 中 篷

pu^{55}laɯ^{42}

人 哪　　他（她）不曾偷哪人竹篷中的竹笋，

mi^{31}ʔdai^{55}zak^{213}tsin^{33}tie^{213}ʔdan^{33}

不 得 偷 金 底 箱

pu^{55}laɯ^{42}
人 哪　　他（她）不曾偷哪人箱底的金钱，
mi^{31}ʔdai^{55}zak^{213}ŋan^{42}tie^{55}kui^{31}
不 得 偷 银 底 柜
pu^{55}laɯ^{42}
人 哪　　他（她）不曾偷哪人柜底的银子，
la:u^{55}ɾa:n^{42}tu^{33}sɯ^{33}so^{31}ʔiŋ^{31}so^{31}
老 家 我们 心 直 又 直　　我们家归逝老人的心直又直，
po^{31}（me^{31}）ɾa:n^{42}tu^{33}sɯ^{33}ʔdi^{33}ʔiŋ^{31}ʔdi^{33}
父（母） 家 我们 心 好 又 好　　我们家归逝父（母）的心好又好。
ɕie^{31}lau^{55}sam^{213}ji^{55}poi^{42}lau^{55}wan^{33}
借 酒 酸 就 还 酒 好　　他（她）曾借了哪人的酸酒就还好酒，
ɕie^{31}va:i^{31}fan^{42}ji^{55}poi^{42}te^{33}zaŋ^{35}
借 水牛 瘦 就 还 它 壮　　他（她）曾借哪人的瘦水牛就还它壮牛。
ɕip^{213}soŋ^{31}zak^{213}məŋ^{42}kua^{31}
十 层 偷 你 过　　那偷层的十层你过了，
naŋ^{13}ka^{31}za^{31}tɕau^{42}tau^{55}
还有 那 桥 顶　　那顶层的桥还未过，
naŋ^{13}ka^{31}tsau^{55}tɕau^{42}ɕian^{33}
还有 头 桥 仙　　还有仙桥头未过。
taŋ^{31}tɕau^{31}ɕian^{33}ta:i^{31}ʔit^{55}
到 桥 仙 第一　　你上到第一座仙桥，
ʔbən^{33}lap^{55}taŋ^{31}tu^{55}tet^{213}
天 黑 到处 土 裂　　黑天到处土崩裂。
taŋ^{31}tɕau^{31}ɕian^{33}ta:i^{31}ŋi^{31}
到 桥 仙 第二　　你上到第二座仙桥，
pja^{213}pet^{213}taŋ^{31}tu^{55}ten^{42}
雷 响 到处 土 飞　　响雷处处土纷飞。
taŋ^{13}tɕau^{31}ɕian^{33}ta:i^{31}sa:m^{33}
到 桥 仙 第三　　你上到第三座仙桥，
zum^{42}muan^{42}ma^{33}tu^{55}tet^{213}
风 猛风 来 土 裂　　猛风刮得土旱裂。
ʔjit^{55}tɕau^{42}ɕian^{33}məŋ^{42}kua^{213}
引发 桥 仙 你 过　　你引发体力过了仙桥，
naŋ^{31}ka^{31}ʒa^{213}tɕau^{42}tau^{55}
还有 那 桥 顶　　还有高层那座桥未过，
naŋ^{31}ka^{31}tsau^{55}tɕau^{42}luaŋ^{42}
还有 头 桥 铜　　还有铜桥头未过。
naŋ^{31}ka^{31}sɯŋ^{33}zam^{35}lət^{213}
还有 可怜 水 血　　铜桥头流淌着可怜的血水。

məŋ^{42}lan^{31}taŋ^{42}lan^{31}taŋ^{42}
你 走 到 走 到 　　你走着走着，

lan^{31}lan^{31}taŋ^{42}tɕau^{42}luaŋ^{42}ta:i^{31}ʔit^{55}
走 走 到 桥 铜 第一 　　你云到第一座铜桥，

tɕau^{42}luaŋ^{42}ka^{31}pa:k^{213}sa^{55}
桥 铜 大 口 刀 　　铜桥上横着大口刀，

tɕau^{42}luaŋ^{42}ɦa^{55}sam^{33}kuaŋ^{213}
桥 铜 五 庹 宽 　　铜桥宽度约五庹，

tɕau^{42}luaŋ^{42}la:ŋ^{31}pai^{33}tsai^{33}
桥 铜 拉 去 远 　　铜桥的长度拉很远。

tɕau^{42}luaŋ^{42}ʔbo^{33}lan^{31}za:i^{31}
桥 铜 不 易 走 　　铜桥不易走，

tɕau^{42}ʔai^{213}ʔbo^{33}lan^{31}pai^{33}
桥 坏 不 易 去 　　坏桥不易过。

pu^{55}mi^{31}jiu^{55}mi^{31}jiau^{31}
人 有 友 有 情 　　人有友有情，

sam^{31}jiau^{31}taŋ^{42}pau^{213}ja^{31}
同 情 到 祖爷 祖奶 　　祖爷祖奶同情你，

pau^{213}ja^{31}tau^{55}tɯ^{31}pai^{33}
祖爷 祖奶 来 带 去 　　祖爷祖奶来带你过。

pu^{55}ʔbo^{33}jiu^{55}ʔbo^{33}jiau^{31}
人 无 友 无 情 　　人无友无情，

ʔdeŋ^{33}pai^{33}la^{213}tɕau^{42}lən^{31}
推 去 下 桥 流水 　　就被推下桥顺流水去，

san^{31}pai^{33}la^{55}tɕau^{42}luaŋ^{42}
挤 去 下 桥 铜 　　或者被挤到铜桥下去，

se^{33}pja^{33}ʔbaŋ^{33}kən^{33}sai^{35}
给 大马鱼 吃 肠 　　给大马鱼吃尸肠。

van^{31}ten^{33}tai^{55}ɦa^{55}ta:i^{33}
天 那 哭 要 死 　　那天哭得要死呵。

məŋ^{42}lan^{31}taŋ^{42}lan^{31}taŋ^{42}
你 走 到 走 到 　　你走着走着，

lan^{31}lan^{31}taŋ^{42}tɕau^{42}luaŋ^{42}ta:i^{31}ŋi^{6}
走 走 到 桥 铜 第二 　　你走到第二座铜桥，

tɕau^{42}luaŋ^{42}ka^{31}pa:k^{213}mit^{213}
桥 铜 大 口 剑 　　铜桥立着大口剑，

tɕau^{42}luaŋ^{42}ɕip^{213}sam^{33}kua:ŋ^{213}
桥 铜 十 庹 宽 　　铜桥宽度约十庹，

tɕau^{42}luaŋ^{42}laŋ^{31}pai^{33}tsai^{33}
桥 铜 十 庹 宽 　　铜桥约有十庹宽，

tɕau^{42}luaŋ^{42}laŋ^{31}pai^{33}tsai^{33}
桥　铜　拉　去　远　　　铜桥长度拉去远，
tɕau^{42}luaŋ^{42}ʔbo^{33}lan^{31}ʒai^{31}
桥　铜　不　易　走　　　铜桥不易走，
tɕau^{42}ʔai^{213}ʔbo^{33}lan^{31}pai^{33}
桥　害　不　易　去　　　害桥不易行。
pu^{55}mi^{31}jiu^{55}mi^{31}jiau^{31}
人　有　友　有　情①　　　人有友有情得过，
sam^{31}jiau^{31}taŋ^{42}pau^{213}ja^{31}
同　情　到　祖爷　祖奶　　　重友重情的人会得到祖爷祖奶的同情，
pau^{213}ja^{31}tau^{55}tɯ^{31}pai^{33}
祖爷　祖奶　来　带　去　　　祖爷祖奶来带你过。
pu^{55}ʔbo^{33}jiu^{55}ʔbo^{33}jiau^{31}
人　无　友　无　情　　　人若无友又无情，
ʔdeŋ^{33}pai^{33}la^{213}tɕau^{42}lən^{31}
推　去　下　桥　流水　　　就被推下桥顺流水去，
san^{31}pai^{33}la^{55}tɕau^{42}luaŋ^{42}
挤　去　下　桥　铜　　　或者被挤到铜桥下去，
se^{33}pja^{33}suaŋ^{33}kən^{33}sai^{35}
给　白条鱼　吃　肠　　　给白条鱼吃尸肠，
van^{31}ten^{33}tai^{55}taŋ^{31}ta^{33}ʔok^{213}lɯt^{213}
天　那　哭　到　眼　出　血　　　那天哭到眼出血。
vən^{42}lamɯ^{31}mi^{31}sa:m^{33}ɕip^{213}jiu^{55}
人　哪　有　三　十　友　　　哪人有三十友？
ka:p^{213}tu^{33}mi^{31}sa:m^{33}ɕip^{213}jiu^{55}
父（母）我们　有　三　十　友　　　我们归逝父（母）有三十友。
vən^{213}lamɯ^{31}mi^{31}ku^{55}ɕip^{213}jiau^{42}
人　哪　有　九　十　情　　　哪人有九十情？
ka:p^{213}tu^{33}mi^{31}ku^{55}ɕip^{213}jiau^{42}
父（母）我们　有　九　十　情　　　我们归逝父（母）有九十情。
sam^{31}jiau^{31}taŋ^{42}pau^{213}ja^{31}
同　情　到　祖爷　祖奶　　　我们归逝父（母）得到祖爷祖奶同情，
pau^{213}ja^{31}tau^{55}tɯ^{31}pai^{33}
祖爷　祖奶　来　带　去　　　祖爷祖奶来带你去。
jiu^{55}ta:i^{31}ʔit^{55}ka:p^{213}tu^{33}ma^{33}taŋ^{42}
友　第一　父（母）我们　来　到　　　我们父（母）的第一友来到，
sa^{213}fat^{213}taŋ^{31}le^{33}lo^{42}
等　草叶　到　已　干　　　他（她）在天上等得草叶已干枯。
jiu^{55}ta:i^{31}ŋi^{31}ma^{33}taŋ^{42}
友　第二　来　到　　　我们父（母）的第二友来到，

① “人有友有情得过铜桥”：意为生前年轻时不会恋爱者，死后过不了铜桥。

ʔdan^{33}ʔdən^{33}taŋ^{42}le^{33}za:i^{31}
月亮　到　已　出
他（她）在天上已等到月亮出来。

jiu^{55}ta:i^{31}sa:m^{33}ma^{33}taŋ^{42}
友　第三　来　到
我们父（母）的第三友来到，

tan^{213}tɕaŋ^{31}pai^{33}ti^{33}tat^{55}
穿　统鞋　去　响声
他（她）穿统鞋走路发响声。

jiu^{55}ta:i^{31}θi^{31}ma^{33}taŋ^{42}
友　第四　来　到
我们父（母）的第四友来到，

sat^{213}ɦa:i^{42}pai^{33}ti^{33}tet^{213}
穿　鞋　去　响回音
他（她）穿鞋踏地响回音。

jiu^{55}ta:i^{31}ɦa^{55}ma^{33}taŋ^{42}
友　第五　来　到
我们父（母）的第五友来到，

tan^{55}pɯə^{31}ma^{33}le^{33}lian^{42}
穿　衣　来　牵连
他（她）穿新衣来牵连。

jiu^{55}ta:i^{31}zok^{55}ma^{33}taŋ^{42}
友　第六　来　到
我们父（母）的第六友来到，

ʔau^{33}te^{33}lɯŋ^{35}tau^{55}kaŋ^{33}
要　他　伞　来　打
要他（她）的伞来打过桥。

jiu^{55}ta:i^{31}sat^{55}ma^{33}taŋ^{42}
友　第七　来　到
我们父（母）的第七友来到，

ʔau^{33}te^{33}tsap^{55}tau^{55}ɦaŋ^{213}
要　他　斗笠　来　遮
要他（她）的斗笠来遮过桥。

jiu^{55}ta:i^{31}pet^{55}ma^{33}taŋ^{42}
友　第八　来　到
我们父（母）的第八友来到，

ʔau^{33}ʔdok^{213}va^{33}tau^{213}su^{55}
持　朵　花　来　接
他（她）持花朵来接过桥。

jiu^{55}ta:i^{31}ku^{55}ma^{33}taŋ^{42}
友　第九　来　到
我们父（母）的第九友来到，

va^{42}ʔdok^{213}zu^{213}tau^{55}ʔau^{33}
拿　朵　花　来　要
他（她）持花朵来接过桥。

jiu^{55}ta:i^{31}ɕip^{213}ma^{33}taŋ^{42}
友　第十　来　到
我们父（母）的第十友来到，

kuə^{31}jiat^{213}ma^{33}ne^{33}ȵiu^{42}
做　排　来　高低顺序
他们（她们）做排来高低顺序，

kuə^{31}tɕau^{33}ma^{33}le^{33}lən^{42}
做　行　来　众多
他们（她们）成行来众多。

jiu^{55}ɕip^{213}ʔit^{55}kam^{33}ʔji^{31}
友　第十一　抓　腋
第十一友抓着我们父（母）的腋，

jiu^{55}ɕip^{213}ŋi^{31}kam^{33}tsen^{33}
友　第十二　捏　手杆
第十二友捏着我们父（母）的手杆，

jiu^{55}ɕip^{213}sa:m^{33}tɯ^{42}tsau^{213}
友　第十三　扶　头　　第十三友扶着捏着我们父（母）的头，

jiu^{55}ɕip^{213}θi^{31}tau^{55}tin^{33}
友　第十四　抵　脚　　第十四友抵着捏着我们父（母）的脚，

tau^{55}tɯ^{42}məŋ^{42}kua^{213}pak^{213}tɕiau^{42}tau^{55}
来　带　你　过　口　桥　立①　　他们（她们）来带你过桥头桥墩，

tɯ^{42}məŋ^{42}kua^{213}tsau^{35}tɕau^{42}luaŋ^{42}
带　你　过　头　桥　铜　　他们（她们）来带你过铜桥头，

tɯ^{42}məŋ^{42}kua^{213}pai^{33}sɯŋ^{33}zam^{55}lɯt^{213}
带　你　过　去　可怜　水　血　　他们（她们）来带你跨过可怜的血水。

tɯ^{42}məŋ^{42}kua^{213}pai^{33}po^{33}fak^{213}ʔun^{55}
带　你　过　去　山　那边　　他们（她们）来带你过去那边仙山，

məŋ^{42}si^{55}ʔa^{33}loŋ^{55}ti^{31}
你　就　忘记　这条路　　你老就忘记这条路。

（九）

kua^{213}ka^{31}ten^{33}ɦa^{213}taŋ^{31}pat^{213}
过　那里　要　到　堂（佛）　　到了那里要走到房中的厅堂，

tsak^{213}ka^{31}ten^{33}ɦa^{213}taŋ^{31}ɕian^{33}
移　那里　要　到　仙　　移那里要到仙家。

ti^{31}ten^{33}kua^{31}ti^{31}məŋ^{42}ʔdan^{33}ɦa:i^{55}
那点　过　位置　你　个　海　　那里的位置有个海，

sai^{213}ten^{33}ɕau^{213}ɾa:n^{42}ɕian^{33}
那点　对面　家　仙　　那里对面是仙家。

kua^{31}ti^{31}mɯŋ^{42}ɾa:n^{42}ɕian^{33}
过　位置　望　家　仙　　过此位置望仙家，

sa^{213}pɯə^{31}kam^{55}luŋ^{42}kən^{33}lau^{55}
等　长衣　吃　酒　　休息喝酒等长衣，

sa^{213}pjau^{33}pjən^{55}pau^{55}ɦam^{213}ʔda:ŋ^{33}
等　烧遗物　宝　盖　身②　　等烧遗物宝盖身，

sa^{213}pɯə^{31}kən^{42}lau^{55}kən^{42}jiaŋ^{42}
等　衣　收　酒　收　样③　　等着收衣服和酒，

sa^{213}pɯə^{31}nai^{33}jiaŋ^{33}sat^{55}ŋuat^{213}
等　衣　拔　香　甩　烟　　等香烟之气送去的衣服，

sa^{213}ta:i^{33}tse^{31} pai^{31}laŋ^{33}məŋ^{42}pjau^{33}pjən^{55}
等　舅家　在后　你　烧遗物　　等舅家在后给你烧遗物，

sa^{213}lək^{213}ʔbək^{55} pai^{31}na^{213}məŋ^{42}
等　女儿　前面　你

① pak^{213}tɕiau^{42}：桥头；tɕiau^{42}tau^{55}：桥墩。
② 老人归逝后，生前他（她）的遗物都要烧化送给他（她），所以叫“等烧遗物宝盖身”。
③ kən^{42}：收；kən^{33}：吃。两者发音音调不同。

pjau^{33}pɯi^{35}

烧扫出的遗物

等着女儿在前给你烧扫出的遗物，

sa^{213}mai^{55}ŋo^{55}ku^{33}tek^{213}

等 竹神棍 我布摩 裂

等我布摩的竹神棍也烧开裂，

sa^{213}mai^{55}vet^{213}məŋ^{42}ʔdaŋ^{33}

等 做孝房竹 你 响

等着为你做孝房的竹子烧响声，

sa^{213}ʔuan^{31}fi^{42}məŋ^{42}zɯi^{33}

等 烟 火 你 熄

等着为你烧的烟火熄。

sa^{213}sɯi^{33}fi^{42}məŋ^{42}ɦən^{55}

等 气 火 你 上

等香烟烛火之气为你送上，

sɯi^{33}fi^{42}tɯ^{42}pai^{33}ti^{31}

气 火 带 去 位置

香烟烛火之气带去你的位置，

məŋ^{42}ji^{55}toŋ^{31}pai^{33}ti^{31}

你 就 同 去 位置

你就同去那位置。

sɯi^{33}fi^{42}ji^{31}pai^{33}ʔdan^{33}

气 火 解 去 天

香烟烛火之气押解宝物去高天，

məŋ^{42}ji^{55}toŋ^{31}pai^{33}ʔdan^{33}

你 就 同 去 天

你就一同去高天。

sɯi^{33}fi^{42}tɯ^{42}pai^{33}ti^{31}

气 火 带 去 位置

香烟烛火之气带去你的位置，

məŋ^{42}ji^{55}toŋ^{31}pai^{33}ti^{31}

你 就 同 去 位置

你就同去那位置。

sɯi^{33}fi^{42}ji^{31}pai^{33}ɕian^{33}

气 火 带 去 仙

香烟烛火之气押解宝物去仙境，

məŋ^{42}ji^{55}toŋ^{31}pai^{33}ɕian^{33}

你 就 同 去 仙

你就一同去仙境。

tsi^{33}tsat^{55}ɦən^{55}ʔdoi^{33}ze^{31}

用力 上 坡路 小石多

用力上坡，上坡路小石多。

pan^{31}pe^{31}ɦən^{55}ʔdoi^{33}ʔdiŋ^{33}

转身 上 坡路 红

转身上坡，上坡路红土路。

tsi^{33}tsat^{55}ɦən^{55}ʔdoi^{33}ze^{31}

用力 上 坡路 小石多

用力上坡，上坡路小石多。

pan^{31}pe^{31}ɦən^{55}ʔdoi^{33}ɕian^{33}

转身 上 坡路 仙

转身上坡，上坡路是仙路。

tsat^{55}ɦən^{55}po^{33}sa:m^{33}sap^{213}

力 上 坡 三重

力上三重坡，

tsat^{55}ɦən^{55}po^{33}sa:m^{3}sau^{55}

力 上 坡 三柱

力上三柱坡，

tsat^{55}ɦən^{55}po^{33}tau^{55}ʔbən^{33}

力 上 坡 顶天

力上顶天坡，

ɦən^{55}pai^{33}vi^{55}ʔdok^{213}pjak^{213}
上 去 沟 花 菜
上去菜花沟，

ɦən^{55}pai^{33}luak^{213}zan^{42}ɕian^{33}
上 去 地方 家 仙
上去仙家好地方。

ɦən^{55}pai^{33}vi^{55}ʔdok^{213}ʔda:i^{213}
上 去 沟 花 太
上去太花沟，

ɦən^{55}pai^{33}pai^{31}ɾa:n^{42}ɕian^{33}
上 去 方 家 仙
去上方仙家。

pai^{33}ʒan^{33}ɕian^{33}ȵɯ^{55}jiaŋ^{31}ɕian^{33}ȵɯ^{55}
去 见 仙 女 样 仙 女
你去见美女和仙女，

ɕian^{33}ȵɯ^{55}tsam^{35}zok^{213}pjan^{33}
仙 女 织鸟纹布 编①
去见仙女在织鸟纹布。

van^{31}ʔdai^{33}sam^{33}ʔiŋ^{31}sam^{33}
天 得 庹 接 庹
仙女织布快得一庹接一庹，

van^{31}ʔdai^{33}sam^{33}ʔiŋ^{31}pan^{31}
天 得 庹 接 半
仙女织布快得一庹连半庹。

kən^{42}ʔbən^{333}mi^{31}ɕip^{213}ŋi^{31}ʔa:n^{31}
上 天 有 十 二 地位
上天有十二个地位，

naŋ^{31}mi^{42}ʔa:n^{31}ʔdjeu^{33}fɯ^{42}
还 有 地位 一 闲
还有一个地位闲；

kən^{42}ʔbən^{333}mi^{31}ɕip^{213}ŋi^{31}ʔdaɯ^{33}ʔbən^{33}
上 天 有 十 二 内 天
上天有十二内天，

naŋ^{31}mi^{42}ʔdaɯ^{33}ʔbən^{33}ʔdjeu^{33}piu^{213}
还 有 内 天 一 空闲
还有一个内天空闲。

ti^{31}ten^{33}pu^{55}kuə^{31}su^{55}ʔbo^{33}mi^{42}
那里 人 做 主 不 有
那地点还无人做主，

su^{55}məŋ^{31}pai^{33}kuə^{31}su^{55}ti^{31}ten^{33}
迎 你 去 做 主 那里
仙家迎你去那地点做主。

ti^{31}ten^{33}pu^{55}kuə^{31}pin^{33}ʔbo^{33}mi^{42}
那里 人 做 将 不 有
那地点无人做将，

su^{55}məŋ^{31}pai^{33}kuə^{31}pin^{33}ti^{31}ten^{33}
迎 你 去 做 将 那点
仙家迎你去那地点做将。

pai^{33}kuə^{31}su^{55}ɕuaŋ^{213}min^{42}
去 做 主 留 名
迎你去做主留名，

pai^{33}kuə^{31}pin^{33}ɕuaŋ^{213}se^{31}
去 做 主 留 牌
迎你去做主留牌。

kuə^{31}po^{31}（me^{31}）lak^{213}la:u^{33}fa:ŋ^{42}ti^{31}ten^{33}
做 父（母） 莫 怕 鬼 那点
父（母）你莫怕那地点的鬼，

kuə^{31}kuaŋ^{33}lak^{213}la:u^{33}ɕie^{55}ti^{31}ten^{33}
做 威力 莫 怕 神 那点
父（母）你做威力莫怕那地点的神。

① tsam^{35}zok^{213}：织布，zok^{213} 即鸟，相传古代人见鸟用草叶树枝做巢，受到启发发明织布，所以称 tsam^{35}zok^{213} 为织布。

pai^{33}zan^{33}ɕian^{33}ȵ̥ɯ^{55}jiaŋ^{31}ɕian^{33}ȵ̥ɯ^{55}
去 见 仙 女 样 仙 女　　你去见美女和仙女，

ɕian^{33}ȵ̥ɯ^{55}tsam^{35}zok^{213}pjan^{33}
仙 女 织鸟纹布 编　　仙女织编鸟纹布，

van^{31}ʔdai^{33}sam^{33}ʔiŋ^{31}sam^{33}
天 得 庹 接 庹　　仙女织布快得一庹接一庹，

van^{31}ʔdai^{33}sam^{33}ʔiŋ^{31}tuan^{31}
天 得 庹 接 节　　仙女织布快得庹连节。

kən^{42}ʔbən^{333}mi^{31}ɕip^{213}ŋi^{31}luak^{213}
上 天 有 十 二 地域　　上天有十二地域，

naŋ^{31}mi^{42}luak^{213}ʔdjeu^{33}fɯ^{42}
还 有 地域 一 闲　　还有一个地域闲。

kən^{42}ʔbən^{333}mi^{31}ɕip^{213}ŋi^{31}ʔdaɯ^{33}ʔbən^{33}
上 天 有 十 二 内 天　　上天有十二内天，

naŋ^{31}mi^{42}ʔdaɯ^{33}ʔbən^{33}ʔdjeu^{33}piu^{213}
还 有 内 天 一 空闲　　还有一内天空闲。

ti^{31}ten^{33}pu^{55}kuə^{31}su^{55}ʔbo^{33}mi^{42}
那里 人 做 主 不 有　　那地点还无人做主，

su^{55}məŋ^{31}pai^{33}kuə^{31}su^{55}ti^{31}ten^{33}
迎 你 去 做 主 那里　　仙家迎你去那地点做主。

ti^{31}ten^{33}pu^{55}kuə^{31}pin^{33}ʔbo^{33}mi^{42}
那里 人 做 将 不 有　　那地点无人做将，

su^{55}məŋ^{31}pai^{33}kuə^{31}pin^{33}ti^{31}ten^{33}
迎 你 去 做 将 那点　　仙家迎你去那地点做将。

pai^{33}kuə^{31}su^{55}ɕuaŋ^{213}min^{42}
去 做 主 留 名　　迎你去做主留名，

pai^{33}kuə^{31}pin^{33}ɕuaŋ^{213}se^{31}
去 做 主 留 牌　　迎你去做主留牌。

kuə^{31}po^{31}（me^{31}）lak^{213}lau^{33}faŋ^{42}ti^{31}ten^{33}
做 父（母） 莫 怕 鬼 那点　　父（母）你莫怕那地点的鬼，

kuə^{31}kuaŋ^{33}lak^{213}la:u^{33}ɕie^{55}ti^{31}ten^{33}
做 威力 莫 怕 神 那点　　父（母）你做威力莫怕那地点的神。

ti^{31}ten^{33}fat^{213}pjaŋ^{31}laɯ^{42}pjaŋ^{31}laɯ^{42}si^{35}
那点 扫 平台 哪 平台 哪 绿　　那个地方风景美，扫到哪个平台哪个平台的花草都绿茵茵。

ka^{33}ten^{33}si^{35}tin^{33}tɕau^{42}
那点 绿 脚 桥　　那个地方风景美，桥边桥脚草树绿。

ka:ŋ^{35}pa:i^{31}laɯ^{42}pa:i^{31}laɯ^{42}sa:ŋ^{33}
讲 哪方 哪方 高　　讲哪方来哪方高，

ka^{33}ten^{33}ka:ŋ^{33}ʔju^{213}ʔan^{55}
那里 讲 在 那　　讲哪里是在仙境。

pu^{55}zɯŋ^{42}pu^{55}pai^{33}pat^{213}
人 跟 人 去 仙（佛）堂
人跟人去仙（佛）堂，

jiaŋ^{31}ʔbo^{33}lak^{213}ɦeu^{42}ʔdeu^{33}
也 不 莫 喊 出声
人们不用出声喊。

pu^{55}zɯŋ^{42}pu^{55}pai^{33}ʔba:n^{55}
人 跟 人 去 寨
人跟人去仙寨，

ɾa:n^{42}toŋ^{42}ɾa:n^{42}jiaŋ^{31}ʔdjeu^{33}
家 同 家 一样
家家都同样富足。

məŋ^{42}lan^{31}taŋ^{42}lan^{31}taŋ^{42}
你 走 到 走 到
你走着走着，

lan^{31}lan^{31}taŋ^{42}kok^{55}ko^{33}jiaŋ^{33}
走 走 到 脚 香炉
你走到香炉脚。

ʔju^{55}ɕian^{33}sa:ŋ^{33}ti^{31}ten^{33}
屋子 仙 高 那里
那里仙屋高，

ɾa:n^{42}ɕian^{33}mo^{213}ti^{31}ten^{33}
家 仙 新 那点
那里仙家房子新。

ʔju^{55}ɕian^{33}sa:ŋ^{33}ti^{31}ten^{33}
屋子 仙 高 那点
那里仙屋高，

ɾa:n^{42}ɕian^{33}ȵɯ^{55}ti^{31}ten^{33}
家 仙 女 那点
那里就是女仙家。

məŋ^{42}lan^{31}taŋ^{42}lan^{31}taŋ^{42}
你 走 到 走 到
你走着走着，

lan^{31}lan^{31}taŋ^{42}po^{33}ka:p^{213}ɦau^{213}
走 走 到 山 归仙老人 进①
你走到归仙老人进的那座山，

pau^{213}ja^{31}ʔju^{213}ten^{33}sai^{42}
祖爷 祖奶 在 那 全
祖爷祖奶全部在那里，

wai^{33}vən^{42}ʔju^{213}ten^{33}leu^{55}
先去世 人 在 那 完全
先去世祖辈完全在那里。

məŋ^{42}lan^{31}taŋ^{42}lan^{31}taŋ^{42}
你 走 到 走 到
你走着走着，

lan^{31}lan^{31}taŋ^{42}za:i^{31}na^{42}pa:k^{213}tu^{33}
走 走 到 丘 田 门口
ka:m^{55}ɾa:n^{42}ɕian^{33}
围墙门 家 仙
你走到丘田房边仙家的围墙门口，

lan^{31}lan^{31}taŋ^{42}za:i^{31}na^{42}pa:k^{213}tu^{33}
走 走 到 丘 田 门口
kua^{213}ɾa:n^{42}ɕian^{33}
过 家 仙
你走过丘田房边仙家的围墙门口，

zan^{33}pak^{213}tu^{33}ka:m^{55}ɾa:n^{42}ɕian^{33}ve^{31}
见 门口 大门 家 仙 画

① ka:p^{213}：布摩语指办仪式的归仙老人。

kau^{213}va:i^{42}
角 水牛
你见着仙家大门上画的水牛角图，

ʔdaɯ^{33}te^{33}zai^{42}tsin^{55}tɕan^{213}
里面 划 种种花古纹
屋里刻划的种种花古纹。

ʒan^{33}pak^{213}tu^{33}kam^{55}zan^{42}ɕian^{33}ve^{31}
见 门口 大门 家 仙 画
kau^{213}juaŋ^{42}
角 羊
你见着仙家大门上画的羊角图，

ʔdaɯ^{33}te^{33}zɯŋ^{42}tsin^{55}tɕan^{213}
里面 刻 种种花古纹
屋里刻划的种种花古纹。

ɾa:n^{42}ɕian^{33}ʔdi^{33}ʔiŋ^{213}ʔdi^{33}
家 仙 好 又 好
仙家好又好，

ɾa:n^{42}ɕian^{33}ʔdi^{33}ʔiŋ^{213}so^{35}
家 仙 好 又 乐
仙家好又乐，

ɕian^{33}ʔbo^{33}ɦo^{55}ma^{31}pɯŋ^{42}
仙 不 难 什么 地域
家仙地域无难事，

ɕian^{33}ʔbo^{33}zɯŋ^{42}ma^{31}ʔba:n^{55}
仙 不 赶得上 什么 寨
没有什么寨能赶得上仙寨。

ɕian^{33}ʔbo^{33}ɦo^{55}ma^{31}sat^{213}
仙 不 难 什么 晒席
仙不缺晒席晒东西，

ɾa:n^{42}ɕian^{33}mi^{31}sat^{213}tsin^{33}sat^{213}ŋan^{42}
家 仙 有 晒席 金 晒席 银
仙家有许多金晒席和银晒席，

sat^{213}ʔdjeu^{33}za^{33}pu^{55}lin^{55}ʔbo^{33}zan^{33}
晒席 一 找 人 领 不有
还有一张金银晒席找不到人领，

ɦaɯ^{35}məŋ^{42}ka:p^{213}pai^{33}lin^{55}
给 你 归仙老人 去 领
是给你归仙老人去领来用。

ɾa:n^{42}ɕian^{33}mi^{31}ʔbin^{55}tsin^{33}lian^{42}
家 仙 有 睡席 金 连
ʔbin^{55}ŋan^{42}
睡席 银
仙家有许多金睡席连银睡席，

ʔbin^{55}ʔdjeu^{33}za^{33}pu^{55}ȵin^{42}ʔbo^{33}zan^{33}
睡席 一 找 人 睡 不有
还有一张金银睡席找不到人睡，

ɦaɯ^{35}məŋ^{42}ka:p^{213}pai^{33}ȵin^{42}
给 你 归仙老人 去 睡
是给你归仙老人去领来睡。

ɾa:n^{42}ɕian^{33}mi^{31}tɯi^{35}tsin^{33}lian^{42}tɯi^{55}ŋan^{42}
家 仙 有 碗 金 连 碗 银
仙家有许多金碗连银碗，

tɯi^{55}ʔdjeu^{33}za^{33}pu^{55}tɯ^{42}ʔbo^{33}zan^{33}
碗 一 找 人 用 不有
还有一个金银碗找不到人用，

ɦaɯ^{35}məŋ^{42}ka:p^{213}pai^{33}tɯ^{42}
给 你 归仙老人 去 用
是给你归仙老人去领来用。

ɾa:n^{42}ɕian^{33}ʔdi^{33}ʔiŋ^{213}ʔdi^{33}
家 仙 好 又 好　　仙家好又好，

ɾa:n^{42}ɕian^{33}ʔdi^{33}ʔiŋ^{213}so^{35}
家 仙 好 又 乐　　仙家好又乐，

ɕian^{33}ʔbo^{33}ɦo^{55}ma^{31}ŋan^{42}
仙 不 穷难 什么 银　　仙家不缺什么银，

tsin^{33}ŋan^{42}sɯ^{42}tsam^{213}tsai^{31}ɾa:n^{42}ɕan^{33}
金 银 成 水白菜 家 仙　　仙家有金银做成的水白菜。

ɕian^{33}ʔbo^{33}ɦo^{55}ma^{31}va:i^{213}
仙 不 穷难 什么 棉花　　仙家不缺什么棉花，

va:i^{213}ka^{31}ɦa:u^{33}tək^{213}ɦa^{42}ɾa:n^{42}ɕian^{33}
棉花 自然 开 片 草 家 仙　　仙家的草地自然棉花开成片。

ɕian^{33}ʔbo^{33}ɦo^{55}ma^{31}na^{42}
仙 不 穷难 什么 田　　仙家不缺什么田，

zai^{31}na^{42}sɯ^{42}ve^{213}to^{31}ɾa:n^{42}ɕian^{33}
丘 田 成 层层马蜂窝 家 仙①　　仙家的丘田像层层马蜂窝。

ɕian^{33}ʔbo^{33}ɦo^{55}ma^{31}zam^{55}
仙 不 穷难 什么 水　　仙家不缺什么水，

zam^{55}po^{33}lai^{33}ma^{33}so^{31}
水 山 流 来 近　　山中清水自然流到近处。

ɕian^{33}ʔbo^{33}ɦo^{55}ma^{31}no^{31}
仙 不 穷难 什么 肉　　仙家不缺什么肉，

to^{213}ka^{31}kuan^{42}ma^{33}ɾa:n^{42}
马蜂 自然 叼 来 家　　马蜂自然叼肉送到家。

ɕian^{33}ʔbo^{33}ɦo^{55}ma^{31}ɾa:n^{42}
仙 不 穷难 什么 房　　仙家不缺什么屋，

ɾa:n^{42}ti^{31}po^{31}ti^{31}pjaŋ^{31}ɕian^{33}ʔju^{213}
家 位置 宝 平地 仙 在　　家仙位置在宝平地。

ɾa:n^{42}ɕian^{33}ʔdi^{33}ʔiŋ^{213}ʔdi^{33}
家 仙 好 又 好　　仙家好又好，

ɾa:n^{42}ɕian^{33}ʔdi^{33}ʔiŋ^{213}so^{35}
家 仙 好 又 乐　　仙家好又乐，

ɕian^{33}ʔbo^{33}ɦo^{55}ma^{31}pit^{213}
仙 不 穷难 什么 蝉　　仙家不缺什么蝉，

pit^{213}ji^{55}zɯn^{42}ji^{55}lai^{33}
蝉 越 叫 越 多　　蝉儿越叫越多，

pɯŋ^{42}ɦa:i^{33}mja:i^{42}ʔdi^{33}ʔju^{31}pɯŋ^{42}ɕian^{33}
地域 开阔 好 在 地域 仙　　开阔好在的地域是仙地域。

ɕian^{33}ʔbo^{33}ɦo^{55}ma^{31}pit^{213}
仙 不 穷难 什么 蝉　　仙家不缺什么蝉，

① 传说古人受马蜂建层层窝启发而造田。

pit^{213}ji^{55}ʒɯn^{42}ji^{55}sau^{42}
蝉 越 叫 越 晚饭　　　　听蝉叫就吃晚饭。

pɯŋ^{42}ɦai^{33}lau^{42}ʔdi^{33}ʔju^{31}pɯŋ^{42}ɕian^{33}
地域 开大 好 在 地域 仙　　　　开阔好住的地域是仙地域。

ɾa:n^{42}ɕian^{33}ʔdi^{33}ʔiŋ^{213}ʔdi^{33}
家 仙 好 又 好　　　　仙家好又好，

ɾa:n^{42}ɕian^{33}ʔdi^{33}ʔiŋ^{213}so^{35}
家 仙 好 又 乐　　　　仙家好又乐，

ɕian^{33}ʔbo^{33}ɦo^{55}ma^{31}kuə^{33}
仙 不 穷难 什么 盐　　　　仙家不缺什么盐，

ka^{31}puŋ^{55}pak^{213}ka^{31}zo^{33}
自然 拍 筷尖 自然 盐味　　　　拍拍筷尖自然有盐味，

ka^{31}puŋ^{55}ɦo^{42}ka^{31}kən^{33}
自然 拍 筷尖 自然 吃　　　　拍拍筷尖自然有得吃，

ka^{31}puŋ^{55}pak^{213}ka^{31}zo^{33}
自然 拍 筷尖 自然 盐味　　　　拍拍筷尖自然有盐味，

ka^{31}puŋ^{55}tsem^{55}ka^{31}va:n^{33}
自然 拍 脸颊 自然 香味　　　　拍拍脸颊自然有香味。

ɾa:n^{42}ɕian^{33}ʔdi^{33}ʔiŋ^{213}ʔdi^{33}
家 仙 好 又 好　　　　仙家好又好，

ɾa:n^{42}ɕian^{33}ʔdi^{33}ʔiŋ^{213}so^{35}
家 仙 好 又 乐　　　　仙家好又乐，

ɕian^{33}ʔbo^{33}ɦo^{55}ma^{31}pɯŋ^{42}
仙 不 穷难 什么 地域　　　　仙家不缺什么地域，

ɕian^{33}ʔbo^{33}ʒɯŋ^{42}ma^{31}ʔba:n^{55}
仙 不 赶得上 什么 寨　　　　没有什么村寨能赶得上仙寨。

tak^{55}tai^{213}kuə^{31}kai^{213}ʔu^{33}pɯŋ^{42}ɕian^{33}
蟋蟀 做 鸡 养 地域 仙　　　　蟋蟀做鸡肉营养着仙域的仙人，

nu^{33}lu^{42}kuə^{31}ma^{33}ta^{31}pɯŋ^{31}ɕian^{33}
花领獐 做 狗 守 地域 仙　　　　花领獐做狗守卫着仙域之地。

pau^{31}tse^{213}ʔdai^{55}ja^{31}sa:u^{33}pɯŋ^{42}ɕian^{33}
爷老 得 妻 仙姑娘 地域 仙　　　　老爷得仙域的仙姑娘做妻子，

tsau^{35}ɦa:u^{33}ʔdai^{55}sa:u^{33}zeu^{31}pɯŋ^{42}ɕian^{33}
头发 白 得 仙姑娘 年轻 地域 仙　　　　头发白了还得年轻仙姑娘相伴，

ɕian^{33}pan^{33}na^{42}lak^{213}ɦaɯ^{213}na^{42}lin^{42}
仙 分 田 莫 给 田 零散　　　　仙分田莫给零散田，

na^{42}lin^{42}po^{31}（me^{31}）tu^{33}mi^{31}zo^{55}
田 零散 父（母） 我们 不 会　　　　分给零散田我们父（母）难得为保水

kuat^{213}ʔjak^{213}
抽田埂　　　　抽田埂；

ɕian33pan33na42lak213ɦaɯ213na42za:i31la213
仙 分 田 莫 给 田 下丘
仙分田莫给下丘田，

na42za:i31la213po31（me31）tu33mi31zo55
田 下丘 父（母） 我们 不 会
pok213
铲田埂
分给下丘田我们父（母）不会铲田埂；

ɕian33pan33na42lak213ɦaɯ213na42kum31
仙 分 田 莫 给 田 窝
仙分田莫给窝荡田，

na42kum31po31（me31）tu33mi31zo55sai33
田 窝 父（母） 我们 不 会 犁
分给窝荡田我们父（母）难得犁田。

ɕian33pan33na42lak213ɦaɯ213na42zai42
仙 分 田 莫 给 田 长
仙分田莫给长田，

na42zai42po31（me31）tu33mi31zo55ɕuai31
田 长 父（母） 我们 不 会 耙
长田我们父（母）不会耙田。

na42ȵoi31mi31zo55ʔu33
田 小 不 会 收
小田不会收，

ti31laɯ42ʔdi33ɕian33za33
哪里 好 仙 找
哪里好田仙找，

na42laɯ42tsaɯ55ɕian33ja:i42
田 哪 近 仙 给
哪里田近仙给，

na42laɯ42lai33ɕian33soŋ213
田 哪 多 仙 送
哪里田多仙送，

ɦaɯ35na42la:u55la213ɾa:n42
给 田 大 下 家
仙分给家下的大田，

ɦaɯ35na42ɦuŋ33la213ta:ŋ213
给 田 宽 下 窗
仙分给窗下宽田。

pa:k213ku33ɦa:u213ni55ʔdɯi33
嘴 我 讲 这 白
我布摩讲这白嘴，

sɯi33ku33nau42ni55piu213
气 我 说 这 空
我布摩说这空气。

ka31məŋ42tok55za:i31kən42
价 你 出 丘 上
你若出价买上丘，

məŋ42lo31kən33za:i31kən42
你 就 吃 丘 上
你就吃上丘。

ɕen42məŋ42tok55za:i31la213
钱 你 出 丘 下
你若出钱买下丘，

məŋ42lo31kən33za:i31la213
你 就 吃 丘 下
你就吃下丘。

ʒa31məŋ42ma33fi31ʔdai55sa:m33ɦat55
那时 你 来 未 得 三 晨
那时你来到未得三个早晨的时间，

ʒa^{31}məŋ^{42}ma^{33}fi^{31}ʔdai^{55}sat^{55}van^{42}
那时 你 来 未 得 七 天　　那时你来到未得七天的时间，

ʔda:ŋ^{33}məŋ^{42}fi^{31}ɦau^{33}ɕaŋ^{33}ji^{213}
身 你 未 闻 香 气　　你身还未闻到仙界香气，

pak^{213}məŋ^{42}fi^{31}ɦau^{33}tsi^{213}ɕian^{33}
嘴 你 未 闻 仙味　　你嘴还未闻仙味，

ʔdaŋ^{33}məŋ^{42}fi^{31}ɦau^{33}pin^{33}laŋ^{31}
身 你 未 闻 槟榔　　你身未闻到仙界槟榔味。

ɦat^{55}ɕian^{33}tɯ^{42}məŋ^{42}pai^{33}pai^{213}pat^{213}
晨 仙 带 你 去 拜 堂（佛）　　早晨仙带着你去拜堂，

məŋ^{42}ji^{55}lak^{213}pai^{33}pai^{213}pat^{213}
你 就 莫 去 拜 堂（佛）　　你就莫去拜堂。

ɦam^{31}ɕian^{33}tɯ^{42}məŋ^{42}pai^{33}pai^{213}miau^{31}
晚 仙 带 你 去 拜 庙　　晚上仙带着你去拜庙，

məŋ^{42}ji^{55}lak^{213}pai^{33}pai^{213}miau^{31}
你 就 莫 去 拜 庙　　你就莫去拜庙。

ɕiau^{31}ɕian^{33}tɯ^{42}məŋ^{42}pai^{33}pai^{213}sai^{31}
古 仙 带 你 去 拜 官　　古仙带你去拜官，

məŋ^{42}ji^{55}lak^{213}pai^{33}pai^{213}sai^{31}
你 就 莫 去 拜 官　　你就莫去拜官。

ɕian^{33}ʔdam^{33}pjak^{213}kuə^{31}tsa:ŋ^{33}
仙 栽 菜 做 种　　仙栽菜做种，

məŋ^{42}ji^{55}lak^{213}ʔdam^{33}pjak^{213}kuə^{31}tsa:ŋ^{33}
你 就 莫 栽 菜 做 种　　你就莫栽菜做种。

ɕian^{33}ʔdam^{33}ʒaŋ^{42}kuə^{31}na^{213}
仙 栽 竹笋 做 片　　仙栽竹笋做笋片，

məŋ^{42}ji^{55}lak^{213}ʔdam^{33}ʒaŋ^{42}kuə^{31}na^{213}
你 就 莫 栽 竹笋 做 片　　你就莫栽竹笋做笋片。

ɕian^{33}ʔdam^{33}ka^{31}kuə^{31}ʒoŋ^{33}
仙 栽 粽粑草 做 叶　　仙栽粽粑草做粽粑叶，

məŋ^{42}ji^{55}lak^{213}ʔdam^{33}ka^{31}kuə^{31}ʒoŋ^{33}
你 就 莫 栽 粽粑草 做 叶　　你就莫栽粽粑草做粽粑叶。

ɕian^{33}to^{31}soŋ^{42}kən^{33}lau^{55}
仙 安 桌 吃 酒　　仙安桌吃酒，

məŋ^{42}ji^{55}lak^{213}to^{31}soŋ^{42}kən^{33}lau^{55}
你 就 莫 安 桌 吃 酒　　你就莫安桌吃酒。

ɕian^{33}ʔau^{33}pauɯ^{55}ɦa^{213}lək^{213}
仙 要 儿媳 嫁 儿　　仙要娶儿媳，

məŋ^{42}ji^{55}lak^{213}ʔau^{33}paɯ^{55}ɦa^{213}lək^{213}
你 就 莫 要 儿媳 嫁 儿　　你就莫要娶儿媳。

ʒa^{31}məŋ^{42}pai^{33}ʔdai^{33}sa:m^{33}ɦat^{55}
那时 你 去 得 三 晨　　那时你去得三晨，

ʒa^{31}məŋ^{42}pai^{33}ʔdai^{55}sat^{55}van^{42}
那时 你 去 得 七 天　　那时你去得七天。

ʔdaŋ^{33}məŋ^{42}ɦau^{33}ɕaŋ^{33}ji^{213}
身 你 闻 香 气　　你身已闻到仙界香气，

pak^{213}məŋ^{42}ɦau^{33}tsi^{213}ɕian^{33}
嘴 你 闻 仙味　　你嘴已闻到仙味，

ʔdaŋ^{33}məŋ^{42}ɦau^{33}pin^{33}laŋ^{31}
身 你 闻 槟榔　　你身已闻到仙界的槟榔味。

ɦat^{55}ɕian^{33}tɯ^{42}məŋ^{42}pai^{33}pai^{213}pat^{213}
晨 仙 带 你 去 拜 堂　　早晨仙带你去拜堂，

məŋ^{42}ji^{55}pai^{33}pai^{213}pat^{213}
你 就 去 拜 堂　　你就去拜堂，

ɦam^{31}ɕian^{33}tɯ^{42}məŋ^{42}pai^{33}pai^{213}miau^{31}
晚 仙 带 你 去 拜 庙　　晚上仙带你去拜庙，

məŋ^{42}ji^{55}pai^{33}pai^{213}miau^{31}
你 就 去 拜 庙　　你就去拜庙。

ɕiau^{31}ɕian^{33}tɯ^{42}məŋ^{42}pai^{33}pai^{213}sai^{31}
古 仙 带 你 去 拜 官　　古仙带你去拜官，

məŋ^{42}ji^{55}pai^{33}pai^{213}sai^{31}
你 就 去 拜 官　　你就去拜官。

ɕian^{33}ʔdam^{33}pjak^{213}kuə^{31}tsaŋ^{33}
仙 栽 菜 做 种　　仙栽菜做种，

məŋ^{42}ji^{55}toŋ^{42}ʔdam^{33}pjak^{213}kuə^{31}tsa:ŋ^{33}
你 就 同 栽 菜 做 种　　你就同栽菜做种。

ɕian^{33}ʔdam^{33}ʒaŋ^{42}kuə^{31}na^{213}
仙 栽 竹笋 做 片　　仙栽竹笋做笋片，

məŋ^{42}ji^{55}toŋ^{42}ʔdam^{33}ʒaŋ^{42}kuə^{31}na^{213}
你 就 同 栽 竹笋 做 片　　你就同栽竹笋做笋片。

ɕian^{33}ʔdam^{33}ka^{31}kuə^{31}ʒoŋ^{33}
仙 栽 粽粑草 做 叶　　仙栽粽粑草做粽粑叶，

məŋ^{42}ji^{55}toŋ^{42}ʔdam^{33}ka^{31}kuə^{31}ʒoŋ^{33}
你 就 同 栽 粽粑草 做 叶　　你就同栽粽粑草做粽粑叶。

ɕian^{33}to^{31}soŋ^{42}kən^{33}lau^{55}
仙 安 桌 吃 酒　　仙安桌吃酒，

məŋ^{42}ji^{55}toŋ^{42}to^{31}soŋ^{42}kən^{33}lau^{55}
你 就 同 安 桌 吃 酒　　你就同安桌吃酒。

ɕian^{33}ʔau^{33}paɯ^{55}ɦa^{213}lək^{213}
仙 要 儿媳 嫁 儿　　仙家娶媳和嫁女，

məŋ^{42}ji^{55}toŋ^{42}ʔau^{33}paɯ^{55}ɦa^{213}lək^{213}
你 就 同 要 儿媳 嫁 儿 　　你就同娶媳嫁女。

(十)

məŋ^{42}sap^{213}taŋ^{42}sap^{213}taŋ^{42}
你 走 到 走 到 　　你走着走着，

məŋ^{42}sap^{213}taŋ^{42}van^{31}sa^{55}
你 走 到 日 午 　　你走到午日，

ʔdi^{33}ku^{33}ma^{33}van^{31}sa^{55}laŋ^{33}məŋ^{42}
好 我 来 日 午 陪 你① 　　午日好我布摩来陪着你；

məŋ^{42}sap^{213}pan^{42}ɦa^{213}ŋuat^{213}
你 走 偏坡 边 沟 　　你走偏坡边的沟，

ʔdi^{33}ku^{33}ma^{33}ɦa^{213}ŋuat^{213}laŋ^{33}məŋ^{42}
好 我 来 边 沟 陪 你 　　沟边好我布摩来陪着你；

məŋ^{42}sap^{213}pan^{42}van^{31}fat^{213}
你 走 偏坡 日 未 　　你在未日走偏坡，

ʔdi^{33}ku^{33}ma^{33}van^{31}fat^{213}laŋ^{33}məŋ^{42}
好 我 来 日 未 陪 你 　　未日好我布摩来陪着你；

məŋ^{42}sap^{213}pan^{42}sat^{55}ŋuat^{213}
你 走 偏坡 七 月 　　你在七月走偏坡，

ʔdi^{33}ku^{33}ma^{33}sat^{55}ŋuat^{213}laŋ^{33}məŋ^{42}
好 我 来 七 月间 陪 你 　　七月好布摩我来陪着你；

məŋ^{42}sap^{213}taŋ^{42}sap^{213}pan^{42}
你 走 到 走 偏坡 　　你走到偏坡，

məŋ^{42}sap^{213}pan^{42}van^{31}ʒu^{55}
你 走 偏坡 日 酉 　　你在酉日走偏坡，

ʔdi^{33}ku^{33}ma^{33}van^{31}ʒu^{55}laŋ^{33}məŋ^{42}
好 我 来 日 酉 陪 你 　　酉日好我布摩来陪着你；

məŋ^{42}sap^{213}pan^{42}ku^{55}ŋuat^{213}
你 走 偏坡 九 月 　　你在九月走偏坡，

ʔdi^{33}ku^{33}ma^{33}ku^{55}ŋuat^{213}laŋ^{33}məŋ^{42}
好 我 来 九 月间 陪 你 　　九月好布摩我来陪着你；

məŋ^{42}sap^{213}pan^{42}sap^{213}pan^{42}
你 走 偏坡 走 偏坡 　　你走偏坡又到偏坡，

məŋ^{42}sap^{213}pan^{42}van^{31}ɕi^{42}
你 走 偏坡 日 辰 　　你在辰日走偏坡，

ʔdi^{33}ku^{33}ma^{33}van^{31}ɕi^{42}laŋ^{33}məŋ^{42}
好 我 来 日 辰 陪 你 　　你辰日归逝，你儿就请我布摩一直来陪你。

① 这里的“陪”，是指布摩耽误生产来念经的陪伴那段时间。

məŋ^{42}sap^{213}taŋ^{42}pi^{33}ʔdjeu^{33}kua^{213}
你 走 到 年 一 多
你已走了一年多，

ʔdi^{33}ku^{33}ma^{33}pi^{33}ʔdjeu^{33}kua^{213}laŋ^{33}məŋ^{42}
好 我 来 年 一 多 陪 你
我布摩好好陪了你一年多。

lək^{213}ku^{33}ʔju^{31}la^{213}ti^{31}tai^{213}kən^{33}pja^{33}
儿 我 在 凡间 哭 吃 鱼
我陪着你时间长啦，我布摩在凡间哭着要吃鱼，

ku^{33}ɦa^{213}tau^{213}ʒa^{33}pja^{33}
我 要 回 找 鱼
我布摩要回去找鱼给儿吃。

pa^{42}ku^{33}ʔju^{31}la^{213}ti^{31}tai^{213}kən^{33}ɦau^{55}
妻 我 在 凡间 哭 吃 饭
我布摩妻在凡间哭着要吃饭，

ku^{33}ɦa^{213}tau^{213}ʒa^{33}ɦau^{55}
我 要 回 找 米
我布摩要回去找米。

ku^{33}se^{33}luak^{213}ʒi^{31}ʔdjeu^{33}mi^{31}ʔdai^{55}
我 丢 窝 地 一 不 得
ʔdai^{33}laŋ^{33}məŋ^{42}
薅地 陪 你
我丢窝地庄稼不得薅就来陪你，

ku^{33}se^{33}luak^{213}na^{42}ʔdjeu^{33}mi^{31}ʔdai^{55}ʒai^{31}
我 丢 窝 田 一 不 得 耕
laŋ^{33}məŋ^{42}
陪 你
我丢窝田不得耕就来陪你，

se^{33}ʒum^{31}sai^{31}ʔdjeu^{33}mi^{31}ʔdai^{55}pjaŋ^{33}
丢 粮 官 一 不 得 供
laŋ^{33}məŋ^{42}
陪 你
我丢官粮未供就来陪你，

se^{33}tsu^{55}ŋan^{42}liaŋ^{42}ʔdjeu^{33}mi^{31}ʔdai^{55}
丢 主 银 粮 一 不 得
saŋ^{213}laŋ^{33}məŋ^{42}
上 陪 你
我丢主银粮未得上就来陪你。

ɕian^{213}ni^{55}nak^{55}ma^{31}nak^{55}kɯi^{31}tai^{31}
现 这 重 就 重 姑爷 伙
现在礼重就礼重在姑爷这伙，

nai^{213}ma^{31}nai^{213}kɯi^{31}saɯ^{55}
累 就 累 姑爷 主要①
累就累在主要的姑爷，

kɯi^{31}ʔju^{213}tsaɯ^{55}ʔju^{213}tsai^{33}
姑爷 在 近 在 远
姑爷住得近或住得远，

kɯi^{31}ʔju^{213}tsaɯ^{55}pai^{33}ʒai^{42}
姑爷 在 近 去 叫
姑爷住在近就去叫，

kɯi^{31}ʔju^{213}tsai^{33}pai^{33}ɦeu^{42}
姑爷 在 远 去 喊
姑爷住在远就去喊。

① 主要的姑爷，指仪式中负责砍龙竹做魂幡的那位姑爷。

ɦeu^{42}kɯi^{31}ma^{33}suaŋ^{213}tuŋ^{31}naŋ^{31}nau^{55}
喊　姑爷　来　放　大龙竹幡①　　喊姑爷来放大龙竹幡，

ɦeu^{42}kɯi^{31}ma^{33}suaŋ^{213}sau^{55}van^{33}ȵian^{42}
喊　姑爷　来　放　小龙竹幡　　喊姑爷来放小龙竹幡。

ɦeu^{42}kɯi^{31}ma^{33}suaŋ^{213}tuŋ^{31}naŋ^{31}no^{42}
喊　姑爷　来　放　大龙竹幡②　　喊姑爷来放大龙竹幡，

ɦeu^{42}kɯi^{31}ma^{33}suaŋ^{213}ɦo^{213}wəi^{213}ʔjaŋ^{55}
喊　姑爷　来　放　龙竹幡头③　　喊姑爷来放龙竹幡头，

tɕaŋ^{31}ɦau^{55}po^{55}ko^{55}ʔau^{33}pai^{33}tsai^{33}
竹幡头人骑天鹅和粮斗　也　要　去　远

sau^{42}kɯi^{31}
伙　姑爷　　喊姑爷来放竹幡头人骑天鹅和粮斗。

ɦau^{55}soŋ^{31}ʒeu^{33}ten^{33}ko^{55}ʔau^{33}ʔok^{213}
饭　棺头供桌　那　也　要　出　　棺头供桌上那饭也要他出，

ʔau^{33}pai^{33}lak^{213}tək^{55}tsok^{213}ʒok^{213}
要　去　莫　放　外墙　　要送供品去莫放在外墙，

ʒa^{31}ʔdeu^{33}lək^{213}ʔdek^{213}ʒan^{33}ʒo^{55}pan^{31}van^{42}
不然　儿　孩　见　会　成　憨蠢　　不然孩儿见着了会成憨蠢；

ʔau^{33}pai^{33}lak^{213}tək^{55}tsok^{213}zan^{42}
要　去　莫　放　外　家　　要送供品去莫放在家外边，

ʒa^{31}ʔdeu^{33}lək^{213}lan^{333}ʒan^{33}ʒo^{55}pan^{31}ʔua^{55}
不然　儿　孙　见　会　成　呆子　　不然孙儿见着了会成呆子。

tɯ^{42}pai^{33}ɦam^{33}sa:m^{33}ɕip^{213}ɕiau^{31}fai^{31}ʔdok^{55}
带　去　埋　三　十　辈　永久　　送各种祭品去埋葬三十辈永久，

tɯ^{42}pai^{33}ɦam^{33}ʒok^{55}ɕip^{213}ɕiau^{31}fai^{31}ʔdam^{33}
带　去　埋　六　十　辈　永远　　送各种祭品去埋葬六十辈永远，

tɯ^{42}pai^{33}ɦam^{33}pak^{31}ʔdeu^{31}
带　去　埋　神岩　　送各种祭品去埋神岩。

sau^{31}paɯ^{55}ɦe^{213}sau^{13}paɯ^{55}
伙　儿媳　呵　伙　儿媳　　媳妇伙呵，媳妇伙！

van^{33}ɦau^{55}su^{33}fi^{31}ʔau^{33}ma^{33}ʔau^{33}
谷种　你们　未　要　来　要④　　谷种你们未要快来要，

van^{33}sau^{42}van^{33}ɕian^{42}su^{33}fi^{31}su^{55}ma^{33}su^{55}
种　财　种　钱　你们　未　收　来　收　　财钱种你们未收你们快来收，

van^{33}ɦau^{55}su^{33}fi^{31}kua^{33}ma^{33}kua^{33}
谷种　你们　未　扒　来　扒　　谷种你们未扒快来扒，

van^{33}va^{33}su^{33}fi^{31}su^{55}ma^{33}su^{55}
种子　种种　你们　未　收　来　收　　各种种子你们未收快来收。

---

① "大龙竹幡"见本书第 569—571 页中的图片。
② tuŋ^{31}naŋ^{31}no^{42}：指写有指路字的那棵竹幡。
③ ɦo^{213}wəi^{213}ʔjaŋ^{55}：指挂横杠的那棵竹幡。
④ 经文到此，布摩先生用谷种放于棺木上，让众媳妇用围腰去抢来保留，表示丰收。

mau^{33}van^{33}ɦau^{55}tsaŋ^{33}jie^{42}ɾa:n^{42}ni^{55}
来啦 魂 谷 中 粮囤 家 这　　来啦谷魂！谷魂来到这家中的粮囤内。

mau^{33}van^{33}sau^{42}van^{33}ɕian^{42}tsaŋ^{33}kui^{31}
来啦 魂 财 中 钱 中 柜子
ɾa:n^{42}ni^{55}
家 这　　来啦钱魂！钱魂来到这家里的柜子中。

mau^{33}van^{33}tsin^{33}tie^{35}ʔdan^{33}ɾa:n^{42}ni^{55}
来啦 魂 金 底 箱 家 这　　来啦！这家箱底的金魂。

mau^{33}van^{33}ŋan^{42}tie^{35}kui^{31}ɾa:n^{42}ni^{55}
来啦 魂 银 底 柜 家 这　　来啦！这家箱底的银魂。

mau^{33}van^{33}ɦau^{55}vɯŋ^{213}ʒi^{31}fɯŋ^{42}ɾa:n^{42}ni^{55}
来啦 魂 谷 小米 地 稻草 家 这　　来啦！这家地中稻谷和小米魂。

mau^{33}van^{33}ɦau^{55}vɯŋ^{42}ʒi^{31}lau^{213}ɾa:n^{42}ni^{55}
来啦 魂 谷 玉米 地 熟 家 这　　来啦！这家熟地玉米魂。

mau^{33}van^{33}ɦau^{55}vɯŋ^{213}ʒi^{31}tsa^{33}ɾa:n^{42}ni^{55}
来啦 魂 谷 小米 地 长年 家 这　　来啦！这家长年地的小米谷魂。

mau^{33}van^{33}ɦau^{55}jiaŋ^{42}ʒi^{31}lau^{213}ɾa:n^{42}ni^{55}
来啦 魂 谷 高粱 地 老 家 这　　来啦！这家高粱地的谷魂。

mau^{33}van^{33}ɦau^{55}vɯŋ^{213}ʒi^{31}ʔdoŋ^{33}ɾa:n^{42}ni^{55}
来啦 魂 谷 小米 地 林 家 这　　来啦！这家林地的小米谷魂。

mau^{33}van^{33}ɦau^{55}ɦoŋ^{33}ʒi^{31}tue^{31}ɾa:n^{42}ni^{55}
来啦 魂 谷 甜小米 地 黄豆 家 这　　来啦！这家黄豆地的甜小米谷魂。

mau^{33}van^{33}vai^{31}ʒi^{31}ɦa^{42}ɾa:n^{42}ni^{55}
来啦 魂 棉花 地 长草 家 这　　来啦！这家长草地的棉花魂。

mau^{33}van^{33}ɦau^{55}na^{31}tsaŋ^{33}toŋ^{31}ɾa:n^{42}ni^{55}
来啦 魂 谷 田 中 坝 家 这　　来啦！这家田坝中的谷魂。

mau^{33}van^{33}sam^{31}lək^{213}ʔdek^{213}ɾa:n^{42}faŋ^{42}
来啦 魂 伙 儿 孩 家 丧
məŋ^{42}ni^{55}
你 这　　来啦！你们丧家这伙孩儿的魂。

mau^{33}van^{33}sam^{31}lək^{213}lan^{33}ɾa:n^{42}ni^{55}
来啦 魂 伙 儿 孙 家 这　　来啦！你们丧家这伙儿孙的魂。

mau^{33}van^{33}sam^{31}ʔban^{55}vaŋ^{33}ɾa:n^{42}ni^{55}
来啦 魂 伙 寨 平台 家 这　　来啦！寨内平台家连家的魂。

mau^{33}van^{33}sam^{31}ɾan^{31}taŋ^{55}ɾa:n^{42}ni^{55}
来啦 魂 伙 家 立 家 这　　来啦！立房靠近丧家那伙人的魂。

mau^{33}van^{33}sam^{31}me^{31}leu^{42}ɾa:n^{42}la^{213}
来啦 魂 伙 母 婶 家 下
məŋ^{42}ni^{55}
你 这　　来啦！下家婶母那伙人的魂。

mau^{33}van^{33}sam^{31}me^{31}pa^{213}ɾa:n^{42}kən^{42}məŋ^{42}ni^{55}

来啦　魂　伙　母姑　家　上　你　这　　来啦！上家姑母那伙人的魂。

mau^{33}van^{33}sam^{31}po^{31}ʔau^{33}ɾa:n^{42}ni^{55}

来啦　魂　伙　伯叔　家　这　　来啦！家族中伯叔那伙人的魂。

mau^{33}van^{33}sau^{42}lək^{213}po^{31}ɾa:n^{42}ni^{55}

来啦　魂　众　家族　家　这　　来啦！全部家族众人的魂。

mau^{33}van^{33}to^{31}pi^{55}nuaŋ^{55}vən^{31}lai^{33}ɾa:n^{42}ni^{55}

来啦　魂　全　兄弟姐妹　人　多　家　这　　来啦！全部兄弟姐妹人的魂。

məŋ^{42}kam^{33}van^{33}te^{33}pai^{33}taŋ^{31}tsaŋ^{33}toŋ^{31}

你　捏　魂　他　去　到　中　坝　　你捏他魂去到坝中，

fɯŋ^{31}səi^{55}soŋ^{31}van^{33}te^{33}ma^{33}

手　左　送　魂　他　来　　你就左手送他们的魂回来。

məŋ^{42}kam^{33}van^{33}te^{33}pai^{33}taŋ^{31}tsaŋ^{33}na^{42}

你　捏　魂　他　去　到　中　田　　你捏他魂去到田中，

fɯŋ^{31}kua^{31}sua^{33}van^{33}te^{33}tau^{213}

手　右　送　魂　他　转　　你就右手送他们的魂回来。

taŋ^{213}van^{33}taŋ^{213}ma^{33}so^{31}

每　魂　每　来　名　　各魂各来身。

taŋ^{213}no^{31}taŋ^{213}ma^{33}ʔdaŋ^{33}

每　肉　每　来　身　　各魂各入身。

mau^{33}van^{33}sam^{31}tai^{33}tse^{213}pai^{31}na^{213}

来啦　魂　伙　舅家　面前

məŋ^{42}ni^{55}

你　这　　来啦！前面舅家那伙人的魂。

mau^{33}van^{33}sam^{31}nuaŋ^{55}na^{55}pai^{31}laŋ^{33}

来啦　魂　伙　弟舅　后面

məŋ^{42}ni^{55}

你　这　　来啦！后面舅家那伙人的魂。

mau^{33}van^{33}sam^{31}lək^{213}kɯi^{31}tɕin^{33}tɕi^{55}

来啦　魂　伙　姑爷　真真

məŋ^{42}ni^{55}

你　这　　来啦！姑爷家那伙人的魂。

mau^{33}van^{33}sam^{31}lək^{213}kɯi^{31}li^{55}ʔdiŋ^{33}

来啦　魂　伙　姑爷　礼敬

məŋ^{42}ni^{55}

你　这　　来啦！姑爷家送礼人的魂。

mau^{33}van^{33}sam^{31}lək^{213}kɯi^{31}tɕin^{33}sən^{33}

来啦　魂　伙　姑爷　亲生

li^{55}luai^{31}məŋ^{42}ni^{55}

里面　你　这　　来啦！亲生姑爷家那伙人的魂。

məŋ42kam33van33te33pai33taŋ31tsaŋ33toŋ31
你 捏 魂 他 去 到 中 坝　　你捏他魂去到坝中，

fɯŋ31səi55soŋ31van33te33ma33
手 左 送 魂 他 来　　你就左手送他们的魂回来。

məŋ42kam33van33te33pai33taŋ31tsaŋ33na42
你 捏 魂 他 去 到 中 田　　你捏他魂去到田中，

fɯŋ31kua31sua33van33te33tau213
手 右 送 魂 他 转　　你就右手送他们的魂回来。

taŋ213van33taŋ213ma33so31
每 魂 每 来 名　　各魂各来身。

taŋ213no31taŋ213ma33ʔdaŋ33
每 肉 每 来 身　　各魂各入身。

mau33van33pak213pu55mo33tu33ni55
来啦 魂 嘴 布 摩 我们 这　　来啦！我们念经布摩的魂。

mau33van33ɦo42pu55tau31tu33ni55
来啦 魂 喉 人 念经 我们 这　　来啦！我们用喉念经布摩的魂。

məŋ42ko55kai33lak213kam33van33tu33
你 不该 莫 捏 魂 我们

pai33taŋ31tsaŋ33toŋ31
去 到 中 坝　　你不该捏魂，我们布摩的魂去到坝中，

fɯŋ31səi55məŋ42ji55soŋ31van33tu33ma33
手 左 你 就 送 魂 我们 来　　你就左手送我们的魂回来。

məŋ42ko55kai33lak213kam33van33tu33
你 不该 莫 捏 魂 我们

pai33taŋ31tsaŋ33na42
去 到 中 田　　你不该捏魂，我们布摩的魂去到田中，

fɯŋ31kua31ji55sua33van33tu33tau213
手 右 就 送 魂 我们 转　　你就右手送我们的魂回转。

məŋ42ko55kai33lak213kam33van33ku33pai33na55
你 不该 莫 捏 魂 我 去 前　　你不该捏魂，我们布摩的魂去到前方，

ʒa31ʔdeu33lək213ku33ʒo55ka213lək213məŋ42
不然 儿 我 会 杀 儿 你　　不然我儿会杀您的儿。

məŋ31ko55kai213lak213kam33van33ku33
您 可不能 捏 魂 我

pai33kuan213
去 先　　您亡人可不能捏我魂先去，

ʒa31ʔdeu33lək213ku33ʒo55ʒam213lək213məŋ42
不然 儿 我 会 砍 儿 你①　　不然我儿会砍您的儿。

ʒa31ʒau42ʔjak213tɕi55miau42
要不 我们 恶 几 年　　不然我们会相恶几年。

① “杀、砍”两句，现在布摩先生都省略不念。

ʒa^{31}ʒau^{42}jan^{33}tɕi^{55}ɕiau^{31}
要不 我们 冤 几 辈 　　不然我们冤家几辈。

ʒa^{31}tɕi^{55}miau^{31}ʔbo^{33}ʔdi^{33}
要不 几 年 不 好 　　不然就几年不得好。

jan^{33}tɕi^{55}ɕiau^{31}ʔbo^{33}ʔdi^{33}
冤 几 辈 不 好 　　不然冤家几辈处不好。

mau^{33}van^{33}meŋ^{31}pɯə^{31} pai^{31}laŋ^{33}ku^{33}ma^{33}
来啦 魂 衣着 后面 我 来 　　我布摩衣着后面的魂来入衣。

mau^{33}van^{33}ta^{33}paŋ^{42}pai^{31}na^{55}ku^{33}ma^{33}
来啦 魂 布 眼 前面 我 来 　　来啦！我前面布眼中的魂回来。

vat^{213}pai^{31}sɯi^{55}van^{33}ma^{33}
招 方 左 魂 来 　　招左方魂来，

kua^{213}pai^{31}kua^{42}van^{33}tau^{213}
招 方 右 魂 转 　　招右方魂转。

taŋ^{213}van^{33}taŋ^{213}ma^{33}so^{31}
每 魂 每 来 名 　　各魂各来身。

taŋ^{213}no^{31}taŋ^{213}ma^{33}ʔdaŋ^{33}
每 肉 每 来 身 　　各魂各入身。

tau^{213}ma^{33}ɕian^{42}ta^{31}no^{31}
回 来 全 眼 肉 　　魂回身眼明。

ɕi^{33}so^{31}ma^{33}pai^{42}van^{33}
径直 来 啦 魂 　　径直回来啦！魂！

sam^{31}lək^{213}ʔbək^{55} kən^{31}sai^{31}məŋ^{42}ni^{55}
伙 女儿 棺上方 你 这 　　在棺材上方你的这伙女儿们，

sam^{31}lək^{213}sai^{33} la^{213}pen^{213}məŋ^{42}ni^{55}
伙 男儿 棺下方 你 这 　　在棺材下方你的这伙男儿们。

sam^{31}tai^{33}tse^{31} pai^{31}na^{55}su^{33}ni^{55}
伙 舅家 前面 你们 这 　　前面这伙舅家的人，

sam^{31}nuaŋ^{55}na^{55} pai^{31}laŋ^{33}su^{33}ni^{55}
伙 弟舅 后面 你们 这 　　后面这伙舅家的人，

sam^{31}lək^{213}kɯi^{31} tɕin^{33}tɕi^{55}məŋ^{42}ni^{55}
伙 姑爷 真真 你 这 　　姑爷家的那伙人，

sam^{31}lək^{213}kɯi^{31} li^{55}ʔdiŋ^{33}məŋ^{42}ni^{55}
伙 姑爷 礼敬 你 这 　　姑爷家送礼的那伙人，

vən^{31}lamɯ^{31}fi^{31}tem^{213}jaŋ^{33}suk^{55}ma^{33}
人 哪 未 点 香 捆 来

tem^{213}jaŋ^{33}suk^{55}
点 香 捆 　　人哪未点香捆送出丧就来点，

pu^{55}laɯ^{31}fi^{31}tem^{213}jaŋ^{33}va^{33}ma^{33}
人 哪 未 点 香 花 来

tem^{213}jaŋ^{33}va^{33}
点 香 花　　人哪未点香花送出丧就来点，

tem^{213}jaŋ^{33}suk^{55}soŋ^{213}kap^{213}ʒau^{42}pai^{33}ʒa^{35}
点 香 捆 送 父（母）我们 去 山　　点香捆送我们父（母）上山去，

tem^{213}jaŋ^{33}va^{33}soŋ^{213}kap^{213}ʒau^{42}pai^{33}ti^{31}
点 香 花 送 父（母）我们 去 位置　　点香花送我们父（母）去山地位置。

sam^{31}me^{31}leu^{42}zan^{42}la^{55}su^{33}ni^{55}
伙 母 舅 家 下 你们 这　　舅母家的这伙人，

sam^{31}me^{31}pa^{55}zan^{42}kən^{42}su^{33}ni^{55}
伙 母 婶 家 上 你们 这　　婶母家的这伙人，

pu^{55}ʔju^{213}tsaɯ^{35}ɕian^{31}tɕiaŋ^{42}
人 在 近 转 火塘三脚　　在近处的人请转动火塘三脚，

vən^{42}ʔdən^{33}ɦen^{42}ɕian^{31}sau^{213}
人 站 边 转 锅　　站边上的人转锅。

vən^{42}jiaŋ^{31}laɯ^{31}sau^{55}ʔdu^{55}
人 哪样 造 古　　哪样人造古礼？

pu^{55}jiaŋ^{31}laɯ^{31}sau^{55}ɕian^{31}
人 哪样 造 旋转　　哪样人造旋转鬼场？

vən^{31}jiaŋ^{31}laɯ^{31}sau^{55}ʔdu^{55}
人 哪样 造 先　　哪些人先造礼节？

pu^{55}jiaŋ^{31}laɯ^{31}sau^{55}ɕian^{31}
人 哪样 造 转场①　　哪些人造的转场礼？

lau^{55}su^{33}faŋ^{31}sau^{55}ɕian^{31}
古 寨主 造 转场　　古寨主先造转场礼。

pu^{55}ʔiu^{213}kən^{31}ɕian^{31}kən^{31}
人 在 上 转 上　　人在上方转上方，

vən^{31}ʔiu^{213}la^{213}ɕian^{31}la^{213}
人 在 下 转 下　　人在下方转下方。

ɕian^{31}pai^{33}saːm^{33}tɕep^{213}pen^{35}
转 去 三 块 板　　转去三块板，

kai^{55}pai^{33}saːm^{33}tɕep^{213}tak^{31}
撬 去 三 块 台　　撬去三块台，

pu^{55}lau^{31}kai^{55}lau^{31}kai^{55}
人 棍 撬 棍 撬　　人用棍撬的撬，

pu^{55}mai^{55}ɕi^{33}mai^{55}ɕi^{33}
人 树 推 树 推　　人用树推的推。

tai^{213}ʔit^{55}po^{31}（me^{31}）ʒoŋ^{42}va^{33}
第一 父（母） 下 墙　　第一父（母）下墙，

① 转场礼：指祭牛场中孝家子女、亲戚等人盛装跟着布摩先生旋转的礼仪。其礼为：布摩先生肩扛长剑（“文革”期间不少布摩先生的经书和长剑都被收缴并毁掉，现在留下的已经很少）、手持竹神棍走在前面，边走边念经；孝家亲戚等人皆反穿衣服、头戴长孝帕、手持燃香和稻谷穗等随后跟上。其顺序为最前是大孝子，其余是其他孝子孝媳孝孙、亲戚等。首先从右至左转三遍，再从左至右转三遍。转到最后第三遍，孝家众人即抢着剪断“归逝老人的魂线”。之后又按顺序站在布摩先生背后，听布摩先生念《金竹小魂幡经》。

tai^{31}ŋi^{31}ta^{42}tɕian^{33}ka^{33}ʒoŋ^{42}ɦoŋ^{42}
第二 抬 手脚 出 院门
第二抬手脚出去院门，

ʒa^{31}ʔdeu^{33}məŋ^{42}lɯə^{213}ku^{33}pan^{42}ʔjam^{33}
不然 你 看 我 成 符法
tɯ^{42}ʒoŋ^{42}
赶 下
不准你看我，不然我用符法把你赶下去。

ʒa^{31}ʔdeu^{33}məŋ^{42}lɯə^{213}ku^{33}pan^{42}kuk^{55}
不然 你 看 我 成 虎
ʔdoŋ^{33}tsoi^{33}
打 棺材
不准你看我，不然我变成虎打你棺材。

taŋ^{31}ka^{33}ʒau^{42}taŋ^{31}ʔuai^{213}
每 脚杆 我们 每 转朝
我们各人脚杆各人转，

taŋ^{31}pai^{31}ʒau^{42}taŋ^{31}pai^{33}
每 方 我们 每 走
我们各方各走。

ʔjaŋ^{55}ku^{33}le^{33}lak^{213}ɦok^{55}
长剑 我 拿 放 剑鞘
我布摩拿长剑放进剑鞘，

ʒok^{213}ku^{33}le^{33}ʔiŋ^{33}va^{33}
竹神棍 我 拿 靠 墙
我布摩拿竹神棍靠墙。

lək^{213}sam^{55}sua^{33}soŋ^{31}po^{31}（me^{31}）
儿 响声 送 父（母）
儿们痛哭响声送父（母），

soŋ^{31}po^{31}（me^{31}）ʒau^{42}ʔau^{33}tsau^{33}
送 父（母） 我们 要 活着
送了父（母）我们还要活着，

soŋ^{31}po^{31}（me^{31}）ʒau^{31}ʔau^{33}tseu^{55}
送 父（母） 我们 要 各式各样好
送了父（母）我们还要各样好。

soŋ^{31}leu^{55}ka^{31}pan^{42}kən^{33}pan^{42}ʔdi^{33}
送 了 就 成 吃 成 好
tɕi^{55}ɕiu^{31}
几 辈
送了后代儿孙有吃有富几辈人。

注:《经文》诵读、讲解为布依族“布摩”先生王堂智(云南罗平县中寨村第四代“布摩”传人)。

第九章 《摩经·祭水经》

第一节 《摩经·祭水经》原文图

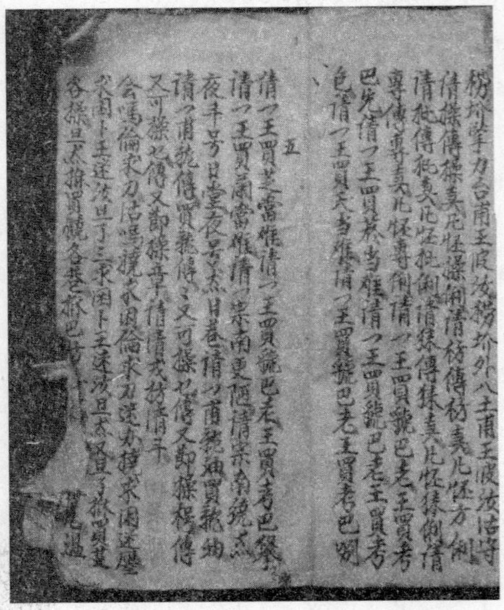

①

第二节　《摩经·祭水经》译注

《祭水经》

ɦau⁵⁵ta³¹

祭　　河　　祭水颂

云南布依族同胞于农历三月初四下午三时许祭水。节日前，由寨老组织，各户出钱若干准备祭山仪式上需要的祭水之物。用猪一头、羊一只、大公鸡两只、鸭一只、酒若干；各家准备香、纸、烛、花糯米饭等物。节日当天，全村男女老少参加，各方客人云集。各户准备丰盛的酒肉饭菜待客。

① 此处《摩经·祭水经》末页有剪裁空白行，是因“布摩”先生所念经文，该首至此止。为了与注释对照，译者采用剪裁方法。特此说明。

由布摩带领各户到河边神庙祭祀。布摩念经并先杀牲畜敬供，称“生敬”，再将牲畜煮熟后又念经敬供，称“回熟敬供”。敬供的牲畜肉煮熟后分给各家，每户分得一大盆。然后众人集中在河边同时吃酒吃肉，河边酒桌连片，场面壮观。吃至夜晚，饭后山歌对唱，相互泼水祝福，有人称之为“泼水节”。

la:u33ka31 sa:ŋ33 lək213 ta:i31 pu55 vɯŋ31
担心 伤 儿 台 人 王
ʔbo33 zo55
不 知[1]
担心伤害王的王子也不知，

la:u33ka31 va:i31 pa42 ʔdu55 pu55 vɯŋ31 ʔbo33 zo55
担心 坏 妻 第一 人 王 不 知
担心损坏王的王后也不知，

ku33 so55 ɕiŋ213 sau55po33 mai55 sau55 ni55
我 才 请 山顶 树 古 这
我布摩才请这山顶古树神。

fat213fai31 sau55le33 ɕiŋ213 pjoŋ33 po31 pjoŋ33
全体 很古 请 求 父 求
mai213
孤神[2]
古时众人请父亲去求神，

fat213fai31 sau55le33 ɕiŋ213 pi55 po31 pi55
全体 很古 请 大伯 伯
mai213
孤神
古时众人请伯父去求神。

fat213fai31 pi55 la:i33 ɕiŋ213 ləi33 po31 ləi33
全体 伯 多 请 托 父 托
mai213
孤神
众大伯又求父亲去请神，

fat213fai31 la:i33le33 ɕiŋ213 po31 tsuan31
全体 多啦 请 父 传
po31 mai213
父 孤神
全体人请父亲去求神。

fat213fai31 po31le33 ɕiŋ213 məŋ42 vɯŋ31
全体 父啦 请 你 王
mai55ŋuat213 ʔbaɯ33 la:u55
条葵树 叶 大
父说，请你大叶的条葵树王，

vɯŋ31 mai55ka:u213 ʔbaɯ33 ɕian33
王 泡桐树 叶 毛绒
父说，请你毛绒叶的泡桐树王，

ɕiŋ213 məŋ42 vɯŋ31 mai55toŋ31 ta:ŋ213 na:ŋ31
请 你 王 刺桐树 各 山峰[3]
请你各山峰的刺桐树王，

ɕiŋ213 məŋ42 vɯŋ31 mai55ŋuat213 ʔbaɯ33 la:u55
请 你 王 条葵树 叶 大
请你大叶的条葵树王，

---

① “台人王”，即大王。
② mai213：孤神，指管辖群山的最高独座山峰。
③ na:ŋ31：可指连延的山头，或丘陵区的高山丘。

vɯŋ31mai55ka:u55ʔbaɯ33ʔbau33
王 泡桐树 叶 轻①
请你叶轻的梧桐树王，

ɕiŋ213məŋ42vɯŋ31mai55zau33ta:ŋ213na:ŋ31
请 你 王 枫香树 各 山峰
请你各山峰的枫香树王，

ɕiŋ213məŋ42vɯŋ31mai55ŋuat213ʔbaɯ33la:u55
请 你 王 条葵树 叶 大
请你条葵树王树叶大，

vɯŋ31mai55ka:u55ʔbaɯ33ʔbe33
王 梧桐树 叶 展开
梧桐树王树叶展，

ɕiŋ213məŋ42vɯŋ31mai55tse33ta:ŋ213na:ŋ31
请 你 王 松树 各 山峰
请你各山峰的松树王，

ɕiŋ213məŋ42vɯŋ31mai55ŋuat213ʔbaɯ33la:u55
请 你 王 条葵树 叶 大
请你条葵树王树叶大，

vɯŋ31mai55ka:u55ʔbaɯ33lan31
王 梧桐树 叶 宽
梧桐树王树叶宽，

ɕiŋ213məŋ42vɯŋ31mai55lan31ta:ŋ213na:ŋ31
请 你 王 板栗树 各 山峰
请你各山峰的板栗树王。

ɕiŋ213məŋ42soŋ213na:ŋ31kən33lau55
请 你 俩 姑娘 吃 酒
请你俩神姑来吃酒，

ɕiŋ213soŋ213na:ŋ31zau55pɯŋ42
请 俩 姑娘 热闹 地方
请俩神姑来地方才热闹，

ʔjak213ta:u55ɦau55zɯ42taŋ42
饿 来 进 赶到
你们赶到啦，饿了吧！

ʔjak213ta:u213ɦau55zɯ42taŋ42
饿 来 入 赶到
你们饿时正赶到。

ɕiŋ213məŋ42pu55lɯŋ42jəu42
请 你 人 龙 游
请你游龙，

ɕiŋ213məŋ42lɯŋ42tiə55ta31
请 你 龙 底 河
请你河底龙。

ɕiŋ213məŋ42pu55lɯŋ42tau42
请 你 人 龙 灰色
请你灰龙。

ɕiŋ213lɯŋ42ɦau33tiə55ta31
请 龙 白 底 河
请你河底白龙。

ʔju31tiə55ta31kuə31zoŋ42
在 底 河 做 宫
龙在河底建宫，

ʔju31tiə55ɦoŋ42kuə31zu55
在 底 塘 做 主②
龙在塘底做主，

ʔju31ɦoŋ31sau55kuə31kua:ŋ33
在 塘 古 做 主力者
龙是古塘之中的主力者，

---

① 泡桐树：又称梧桐树。

② ɦoŋ42：即池塘湖泊。

ʔju^{31}tsaŋ^{33}ɦoŋ^{31}kuə^{31}tɕau^{55}

在　中　塘　做　首领　　龙是塘中的首领。

ɕin^{55}siŋ^{33}zoŋ^{42}

请　就　下　　请你必下，

pjoŋ^{33}siŋ^{33}tau^{55}

求　就　来　　求你必来。

注：以上这段“祭水神”经文是与“祭老人房”共用，但在“祭老人房”之时，布摩先生只是默念，旁人是听不见的。

wai^{31}ma^{33}lən^{31}ɕiau^{31}tau^{33}

我（奴）来　念　古代[①]　　我布摩来念古代。

ku^{33}ma^{33}nau^{31}ɕiau^{31}kuan^{213}

我　来　颂　前代　　我布摩来颂前代。

lən^{31}ɕiau^{31}tau^{33}mi^{31}ʔba:n^{213}

念　古代　不　缺　　古代念不缺。

nau^{31}ɕiau^{31}kuan^{213}mi^{31}se^{33}

讲　前代　不　少　　前代讲不少。

nau^{31}ɕiau^{31}po^{31}vɯŋ^{42}mi^{31}zo^{55}ta:ŋ^{33}

讲　辈　父　王　不　知　盖

ʔjiu^{55}sa:ŋ^{33}

屋　高　　古辈父王不知盖高屋。

nau^{31}ɕiau^{31}po^{31}vɯŋ^{42}mi^{31}zo^{55}ta:ŋ^{33}

讲　辈　父　王　不　知　盖

pɯŋ^{42}ʔju^{213}

地方　居住　　古辈父王不知盖屋居。

ta:ŋ^{33}ʔjiu^{55}ʔau^{33}mai^{55}tse^{33}kuə^{31}sau^{33}

盖　屋　要　松树　做　柱　　不知用松树做柱。

ta:ŋ^{33}pɯŋ^{31}ʔau^{33}mai^{55}zau^{31}kuə^{31}ɦap^{213}

盖　地方　要　枫香树　做　栅栏[②]　　不知用枫香树建栅栏。

ʔau^{33}pa:k^{213}pjoŋ^{33}kui^{55}ɦa:u^{213}ʔja^{33}

要　嘴　靠　神　说　空　　请鬼求神要靠布摩嘴来说：

zum^{42}fat^{213}vən^{33}tau^{213}tək^{213}pa^{42}ʔdik^{55}

风　刮　雨　落　滴　妻　淋湿　　风刮雨落，王妻被淋湿了；

ʔdit^{55}tau^{213}tək^{213}pa^{42}ŋak^{31}

日　出　晒　妻　辣　　日出很晒，王妻被晒辣了。

me^{31}vɯŋ^{42}lin^{55}ʔda^{31}la:i^{33}

母　王　冷　骂　多　　王母因受冷骂多了，

ʔau^{33}pai^{33}kən^{42}ʔda:u^{33}ʔdi^{213}

要　去　上方　星辰　　要去上方星辰住。

---

① wai^{31}：是“我”的谦语词。

② ɦap^{213}：指寨门栅栏，栅栏高度约高出人一个头。

vən^{33}tau^{213}tək^{213}tsau^{55}me^{31}vɯŋ^{42}ʔdik^{55}
雨 落 滴 头 母 王 湿
雨落滴头，王母头被淋湿了；

ʔdit^{55}tau^{55}tək^{213}tɕau^{55}me^{31}vɯŋ^{42}ʔban^{213}
日 出 晒 头 母 王 发落
日出很晒，王母头发被晒落了；

me^{31}vɯŋ^{42}so^{55}ʔda^{33}po^{31}vɯŋ^{42}mjaŋ^{42}
母 王 才 吵骂 父 王 够
王母把父王吵骂够。

pa^{31}vɯŋ^{42}so^{55}tan^{33}po^{31}vɯŋ^{42}ʔja:k^{213}jiaŋ^{31}
妻 王 才 骂 父 王 难听
王妻把父王骂得很难听。

tɕiə^{42}məŋ^{42}kuə^{31}po^{31}mi^{31}zo^{55}taŋ^{33}pɯŋ^{42}
指你 你 做 父 不 知 当 地方
你呵，做王不知管地方，

ku^{33}mi^{31}ʔau^{33}məŋ^{31}kuə^{213}kuan^{33}
我 不 要 你 做 夫
我不要你来做夫。

tɕiə^{42}məŋ^{42}kuə^{31}po^{31}mi^{31}zo^{55}taŋ^{33}ra:n^{42}
指你 你 做 父 不 知 当 家
你呵，你做父不知当家，

ku^{33}mi^{31}ʔau^{33}məŋ^{31}kuə^{213}pau^{213}
我 不 要 你 做 夫
我不要你来做夫。

ɕiau^{31}məŋ^{42}ɦa:u^{213}san^{42}ni^{55}
为 你 说 句 这
父王答：为你说的这句话，

ɕiau^{31}məŋ^{31}pi^{55}san^{42}teŋ^{33}
为 你 讲 句 那
为你说的那句真。

po^{31}vmŋ^{42}so^{55}ʔden^{213}ma^{33}ʔak^{55}
父 王 才 接收 来 胸
父三听了记在胸，

po^{31}vmŋ^{42}so^{55}tsak^{213}ma^{33}sɯ^{33}
父 王 才 记 来 心
父王听了记在心。

ɦan^{213}kən^{42}tau^{55}kai^{33}ma^{55}
方面 天上 出来 什么
天上风刮、雨落、日晒等等什么来？

ku^{33}ʔboŋ^{31}soŋ^{31}ʔdi^{33}pai^{33}
我 凿 洞 好 走
我凿洞好行走，我要出门去考察。

ɦan^{213}la^{55}tau^{55}kai^{33}ma^{33}
方面 地下 出来 哪样
地上风刮、雨落、日晒等等哪样来？

ku^{33}ʔboŋ^{31}soŋ^{31}ʔdi^{33}pai^{33}
我 凿 洞 好 走
我凿洞好行走，我要出门去考察。

jin^{33}zai^{42}tau^{55}kai^{33}wai^{213}
鹰 叫 来 提醒
鹰神欢叫来提醒，

ku^{33}ʔboŋ^{31}soŋ^{31}ʔdi^{33}pai^{33}
我 凿 洞 好 走
我凿洞好行走，我要出门去考察。

pu^{55}ɲoi^{31}tau^{55}kai^{33}ma^{33}
人 年轻 来 什么
我三年轻算什么？

ku^{33}ʔboŋ^{31}soŋ^{31}ʔdi^{33}pai^{33}
我 凿 洞 好 走
我照样凿洞好行走，我照样出门去考察。

pan^{55}pai^{33}puən^{31}ɦɯ^{33}kən^{42}
众人 去 转 街 上　　众人都去街上转，
po^{31}vɯŋ^{42}ko^{55}pai^{33}puən^{31}ɦɯ^{33}kən^{42}
父 王 同 去 转 街 上　　父王同去街上转；
pan^{55}pai^{33}ɕin^{42}ɦɯ^{33}la^{213}
众人 去 行 街 下　　众人去行下街，
po^{31}vɯŋ^{42}ko^{55}pai^{33}ɕin^{42}ɦɯ^{33}la^{213}
父 王 同 去 行 街 下　　父王同去行下街。
pan^{55}θap^{213}taŋ^{42}le^{33}ɦau^{213}
众人 赶 到 得 进　　众人赶到忙进街，
po^{31}vɯŋ^{42}θap^{213}taŋ^{42}le^{33}ʔbo^{33}ɦau^{213}
父 王 赶 到 得 不 进　　父王赶到顾不得进街。
pan^{55}tau^{213}taŋ^{42}le^{33}naŋ^{31}
众人 来 到 得 坐　　众人来到坐休息，
po^{31}vɯŋ^{42}tau^{213}taŋ^{42}le^{33}ʔbo^{33}naŋ^{31}
父 王 来 到 得 不 坐　　父王来到顾不得休息。
po^{31}vɯŋ^{42}so^{55}pai^{33}ɕim^{33}ʔjiu^{55}pu^{55}pan^{33}
父 王 才 去 欣赏 屋 人 匠　　父王去欣赏匠人屋，
po^{31}vɯŋ^{42}so^{55}pai^{33}ɕim^{33}pɯŋ^{42}pu^{55}ɦa:k^{213}
父 王 才 去 欣赏 地方 人 汉　　父王去欣赏地方汉人房。
sat^{213}pai^{33}taŋ^{31}tu^{33}ŋua^{55}
走 去 到 门 瓦　　父王走到瓦门处，
sat^{213}pai^{33}taŋ^{31}na^{213}fi^{42}
走 去 到 前 火塘　　父王走到火塘前。
pi^{31}sat^{213}ɦaɯ^{213}vɯŋ^{42}nin^{55}
铺 席 给 王 睡　　汉人铺席给王睡，
vɯŋ^{42}jiaŋ^{31}ʔbo^{33}ʔdai^{33}nin^{55}
王 也 不 得 睡　　王也不想睡。
pi^{31}ʔbin^{55}ɦaɯ^{213}vɯŋ^{42}nin^{55}
铺 席 给 王 睡　　汉人铺席给王睡，
vɯŋ^{42}jiaŋ^{31}ʔbo^{33}ʔdai^{33}nin^{55}
王 也 不 得 睡　　王有事忙不得睡。
po^{31}vɯŋ^{42}so^{55}ɕim^{33}kən^{31}to^{31}na^{213}
父 王 才 欣赏 上 到 前　　父王欣赏到房前，
pai^{33}ɕim^{33}na^{213}to^{31}laŋ^{33}
去 欣赏 前 到 后　　父王前后观赏遍。
po^{31}vɯŋ^{42}so^{55}pai^{33}tak^{213}ɦoŋ^{31}ɾa:n^{42}ʔdi^{33}
父 王 才 去 量 间 房 和
ɦoŋ^{31}ɾa:n^{42}toŋ^{31}tɯ^{42}
间 房 同 连　　父王又去一间房一间房地量，

tak^{213}lək^{213}ɾa:n^{42}ʔdi^{33}lək^{213}ɾa:n^{42}toŋ^{31}pai^{33}
量 小柱 房 和 小柱 房 同 去　　父王还去看房柱排列，
tak^{213}lai^{33}ɾa:n^{42}ʔdi^{33}lai^{33}ɾa:n^{42}toŋ^{31}tsaŋ^{31}
量 梯 房 和 梯 房 同 卯榫　　父王还去看房梯卯榫。
tak^{213}ɦoŋ^{31}ɾa:n^{42}ʔdi^{33}ɦoŋ^{31}ɾa:n^{42}toŋ^{31}za^{33}
量 间 房 和 间 房 同 挨　　父王又去一间房一间房地丈量，
tak^{213}pjoŋ^{33}ɾa:n^{42}ʔdi^{33}pjoŋ^{33}ɾa:n^{42}toŋ^{31}ho^{31}
量 阳台 房 和 阳台 房 同 合　　父王又去量阳台，
po^{31}vɯŋ^{42}tak^{213}sau^{33}zum^{42}kən^{42}laŋ^{33}
父 王 量 吊脚柱 上 后
sau^{33}zum^{42}la^{213}
吊脚柱 下　　父王还去量上下吊脚柱，
po^{31}vɯŋ^{42}pai^{33}tak^{213}ɦa^{213}sau^{33}zum^{42}kuan^{213}
父 王 去 量 五 吊脚柱 前　　父王量房前五根吊脚柱，
po^{31}vɯŋ^{42}pai^{33}tak^{213}zok^{55}sau^{33}zum^{42}ʔdu^{55}
父 王 去 量 六 吊脚柱 开头　　父王量房前六根吊脚柱，
po^{31}vɯŋ^{42}pai^{33}tak^{213}ku^{55}tiau^{31}
父 王 去 量 九 根
sau^{33}zum^{42}kuan^{213}
吊脚柱 前　　父王量房前九根吊脚柱。
pai^{33}tak^{213}sa:m^{33}soŋ^{42}so^{31}
去 量 三 二 量竹竿　　用竹竿去量两房三房屋，
pai^{33}tak^{213}zok^{55}soŋ^{42}ɕiu^{42}
去 量 六 二 畜圈　　用竹竿去量六圈二圈畜圈。
ɕim^{33}taŋ^{42}ʔdan^{33}leu^{55}ʔdo^{31}
欣赏 到 整房 完全　　欣赏了整房的建筑结构，
nɯ^{31}tək^{55}pak^{213}ʔi^{33}ʔup^{55}
想 放 嘴 边念边记　　边量边记，牢记在心，
nɯ^{31}tək^{55}lin^{55}ʔi^{33}ʔjai^{33}
想 放 舌 边念边记　　边念边记，牢记在心。
nɯ^{31}ʔbo^{33}lum^{42}ʔbo^{33}lan^{31}
想 不 忘 不 掉　　想得忘不掉了，
po^{31}vɯŋ^{42}so^{55}pap^{213}tin^{33}θəi^{44}ta:u^{213}ma^{33}
父 王 才 迈步 脚 左 转回　　父王才迈左脚转回家，
pap^{213}tin^{33}kua^{31}ta:u^{213}ta:u^{213}
迈步 脚 右 转回　　父王才迈右脚转回来。
ta:u^{213}ma^{33}taŋ^{31}sok^{213}ta^{31}
回转 来 到 河口　　转回到河口，
ta:u^{213}ma^{33}taŋ^{31}ŋa^{31}zam^{55}
回转 来 到 水边　　转回到水边，

po31vɯŋ42zan33zam55pan42mo42
父　王　见　水　成　冒冒　　父王见水冒喷涌，

lɯŋ42to42kən33kuan213ʔdjau213
龙　闹　吃水　恫吓人　　龙神闹水恫吓人。

ŋɯk213kuə31kueu55kən33sɯŋ33
龙王　做　旋涡　吃人的样子　　龙王造旋涡是想吃人，

lɯŋ42kuə31mo42kən33no31
龙　做　水冒　吃　肉　　龙王做水冒状是想吃肉。

ɦa213kən33no31po31vɯŋ42
想要　吃　肉　父　王　　龙王想吃父王肉。

ɦa213zɯŋ42laŋ33kuaŋ33ʔba:n55
想要　追　后　寨主　　龙王想要追食寨主人。

kuan31tɕit55ŋɯk213tie213ɦoŋ42
请求　龙王　底　塘　　父王说：请求您了，塘底龙王！

kuan31lo42lɯŋ42tie213ta31
求饶　龙　底　河　　求饶啦，河底龙神！

van31sok213ku33soŋ213ŋa:i42
明天　我　送　早饭　　明天我来送早饭，

van42ten33pai31lau213no31
那天　供　酒　肉　　几天之后我来送酒肉，龙神听了不追赶。

po31vɯŋ42so55ʔau55mai55vet213ma33
父　王　才　要　小青树　来
taŋ55kuə31sat213
建　试验　　父王用小青树来做建房试验，

ka31lauɯ42pan31ta33za:i55
果然　成　真的　　果然建成了。

ma33zan33kok55vɯŋ42zeu33ɦa:u213
来　见　古代　王　笑　说　　人们见到古代王笑了。

zan33pa31vɯŋ42zeu33ʔa:ŋ213
见　妻　王　笑　高兴　　人们见到王妻也高兴了。

ɕiam213ni55ku33taŋ213ʔjau55ko55pan42
在　这　我　造　房　也　成　　现在我这里造房也成，

ɕiam213ni55ku33taŋ213ɾ:an42ko55ʔdai55
现在　这　我　造　屋　也　得　　现在我这里造屋也得，

van42mau55ʔjo33sau33ʔdi33po31vɯŋ42
日　卯　立　柱　好　父　王　　父王算定卯日是立柱吉日，

van42ɕi42ʔjo33sau33li31po31vɯŋ42
日　辰　立　柱　吉　父　王　　算定辰日是立柱吉日。

ɦat55sok213zoŋ31ts（tɕ）i33tɕai33
明早　亮　曚昽　　明早天刚亮曚昽，

ɦa:u55lap213lai33vɯŋ42pai33
饭 装 多 王 去　　　　王率众人装饭装肉到水边去供龙神，

pai42lau55no31vɯŋ42pai33
供 酒 肉 王 去　　　　三拿酒肉去祭龙神，

soŋ31pai33kuaŋ31tie55ɦoŋ31
送 去 祭 底 塘　　　　去祭塘底的龙神，

zoŋ42pai33pai31tie55ta31
下 去 供 底 河　　　　去供河底的龙神。

ŋɯk213tie55ta31ma33foŋ42
龙王 底 河 来 水成浪　　　　河底成浪龙王来，祭了龙神保吉祥。

lɯŋ42tie55ɦoŋ42ma33ŋua31
龙 底 塘 来 水冲浪　　　　塘底冲浪龙神来，祭了龙神保平安。

ɦat55sok213zoŋ31tɕi33tɕai33
明早 亮 曚昽　　　　明早天刚亮曚昽，

ɦa:u55kən33la:i33vɯŋ42pai33
饭 吃 多 王 走　　　　父王饭后率领众人上山伐木建新房，

ŋa:i31kən33zoŋ31vɯŋ42pai33
早饭 吃 早 王 走　　　　吃了早饭王就走，

va:n33ta31ʔda:ŋ33vɯŋ42pai33
斧头 别 身 王 走　　　　斧头别腰身就走。

ziŋ42sok213ɦət213vɯŋ42pai33
午饭 背 腰 王 走　　　　午饭背在腰间就走，

tsep213tɯŋ42ʔdiŋ33vɯŋ42pai33
块 糖 红 王 走　　　　带着红糖块王就走。

pɯn33sak213ʔba213vɯŋ42pai33
锛 扛 肩 王 走　　　　斧锛扛在肩王就走。

ʔdoŋ33laɯ42pan55fi31saŋ213
森林 哪 别人 未 穿　　　　哪个森林别人未穿过，

po31vɯŋ42so55pai33saŋ213ʔdoŋ33ten33
父 王 才 去 穿 林 那　　　　父王带人穿那林；

naŋ31laɯ42pan55fi31ʔau33
山峰 哪 别人 未 采　　　　哪个山峰别人还未采，

po31vɯŋ42so55pai33naŋ31ten33
父 王 才 去 山峰 那　　　　父王带人穿那峰；

po31vɯŋ42so55suan33ʔdoŋ33tok55taŋ42ʔdoŋ33
父 王 才 穿 林 又 到 林　　　　父王带人穿过这林到那林，

suan33ʔdaŋ213tok55taŋ42ʔdaŋ213
穿 峰 又 到 峰　　　　父王带人穿过这峰到那峰，

tok55taŋ31ʔdaŋ213mai55sa33
又 到 峰 构皮树　　　　到过长着构皮树那山，

tok^{55}taŋ^{31}pja^{3}mai^{55}vɯk^{213}
又 到 岩 栗树
到过长着栗树那山岩，

tok^{55}taŋ^{31}tɯk^{213}mai^{55}zau^{33}
又 到 林 枫香树
又到长着枫香树的森林，

ʔau^{33}kuə^{31}sau^{33}le^{33}kua^{31}
要 做 柱 也 可①
枫香树是好树，用来做柱也可。

ma^{33}zau^{42}ʔba:k^{213}kuə^{31}kai^{33}
来 我们 挖 做 楼棱
父王说：来，我们砍树吧，锛挖此树可做楼棱，

sən^{213}zai^{42}kuə^{31}kai^{33}ʔin^{213}
棵 长 做 中堂楼棱
高长的树可做中堂楼棱，

ɾa:n^{31}so^{55}tiŋ^{31}pan^{31}ʔdan^{33}
房子 才 定 成 整幢房
材料准备足，定能建成整幢房。

ɕiau^{31}kuan^{213}fi^{31}sa:u^{55}ʔjau^{55}
古代 未 造 屋
古代未造屋，

ɕiau^{31}kuan^{231}fi^{31}sa:u^{55}ɾa:n^{42}
前代 未 造 房
前代未造房，

mai^{55}po^{33}pa^{31}ti^{55}ʔbən^{33}
树木 坡 坝 顶 天
坡坝树木长顶天，

mai^{55}po^{33}pa^{31}ti^{55}pja^{33}
树木 坡 坝 顶 岩
坡坝树木长顶岩，

ɕiau^{31}ni^{55}so^{55}sa:u^{55}ma^{33}taŋ^{213}ɾa:n^{42}
辈 这 才 造 来 立 房
这辈砍树用来造新房。

zam^{213}mai^{55}zam^{213}kuə^{31}po^{33}
砍 树 砍 整 山
众人砍树砍了整座山，

ʔau^{33}mai^{55}ʔau^{33}kuə^{31}na:ŋ^{31}
要 树 要 整 山峰
众人伐木伐遍整座峰，

zam^{213}mai^{55}zam^{213}kuə^{31}ʔdoŋ^{33}
砍 树 砍 整 林
众人伐树伐了整座林。

pa^{213}mai^{55}pa^{213}ʔdoŋ^{33}sa:ŋ^{33}
破 树 破 林 高
众人伐树满高林，

zam^{213}mai^{55}taŋ^{31}ʔdoŋ^{33}lak^{213}
砍 树 砍 林 光
众人砍光整座林，

pa^{213}mai^{55}taŋ^{31}taŋ^{213}ʔdoŋ^{213}
破 树 破 整 林
众人伐树破整林。

po^{31}vɯŋ^{42}so^{55}pai^{33}zam^{213}mai^{55}taŋ^{31}
父 王 才 去 砍 树 整
po^{33}fok^{213}
山 开木渣
父王砍树砍得整山是木渣，

① 当地建房选材，特别看重用枫香树做房柱。

fok^{213}mai^{55}taŋ^{31}po^{33}ɦau^{33}
劈　树　整　山　白　　砍树砍得木渣整山白，

zam^{213}mai^{55}zam^{213}van^{31}θan^{33}
砍　树　砍　日　申　　砍树选申日为吉，

pɯn^{33}sau^{33}pɯn^{33}van^{31}zu^{55}
锛　柱　锛　日　酉　　锛柱选酉日为吉。

pɯn^{33}mai^{55}ʔdai^{55}ku^{213}ɦo^{31}
锛　树　得　九　节　　高大的树可锛成九节，

mai^{55}ʔjau^{55}po^{31}vɯŋ^{42}ɕin^{33}ʔdai^{55}to^{31}
树木　房屋　父　王　经　得　全　　父王建房的树木备得全，

mai^{55}mo^{213}po^{31}vɯŋ^{42}ɕin^{33}ʔdai^{55}taŋ^{42}
树木　新　父　王　经　得　够　　父王建房的新树备得够，

so^{55}ɦeu^{31}pi^{55}nuaŋ^{55}ma^{33}ŋa:i^{42}
才　喊　弟兄们　来　早饭　　才喊弟兄们来吃早饭，

zai^{42}vən^{42}la:i^{33}ma^{33}ts（tɕ）at^{213}
叫　人　众　来　搬　　叫来众人搬材料。

zam^{33}sau^{33}po^{31}vɯŋ^{31}ni^{55}ma^{33}ɾa:n^{42}
抬　柱　父　王　这　来　家①　　父王需帮忙抬柱，

taŋ^{31}ɦo^{55}ɦɯ^{213}taŋ^{31}la:i^{33}
众伙　全　到　多　　众人全来帮忙。

san^{31}zai^{42}ʔbau^{33}ma^{33}zau^{42}zam^{33}məŋ^{42}
棵　长　轻　来　我们　抬　你
ɕiŋ^{33}tak^{55}
抽　捧　　长棵的我们绑捧抬才轻，

san^{31}zai^{42}ʔbau^{33}ma^{33}zau^{42}ʔda^{33}tin^{33}pit^{55}
棵　长　轻　来　我们　设计　软抬　　重的我们设计用软抬才省力。

zam^{33}ji^{55}tak^{55}su^{55}ʔbau^{33}
抬　和　捧　就　轻　　众人帮忙重变轻，

ʔda^{33}tin^{33}peŋ^{42}so^{55}kua^{213}
设计　软抬　就　过②　　软抬省力好过路。

mai^{55}so^{55}kua^{213}ma^{33}ɾa:n^{42}
树　才　过　来　家　　建房材料到家了，

mai^{55}ʔjau^{55}zim^{33}ti^{31}ʔjau^{55}sam^{55}san^{33}
树木　房屋　满　屋基　整齐　　树木摆得满屋基。

mai^{55}ɾa:n^{31}zim^{33}ti^{31}ɾa:n^{31}sam^{55}sat^{31}
树木　房屋　满　屋基　齐整　　树木摆放好整齐，

po^{31}vɯŋ^{42}so^{55}ma^{33}mai^{33}
父　王　才　来　量尺寸　　父王才来量尺寸，

① 村中如果有人建房，全村人就无偿帮忙建新房。
② tin^{33}pit^{55}、tin^{33}peŋ^{42}：两者都是指“软抬”，软抬是连接多根木棒、多人抬杠分担重物的方法。

vən^{42}la:i^{33}so^{55}ma^{33}ʔboŋ^{31}
人　众　才　来　凿　　　吩咐众人用凿子来凿。

pu^{55}ʔboŋ^{31}kok^{55}soŋ^{33}kok^{55}
人　凿　根　两　根　　　有人一天凿得两根三根柱，

vən^{42}ʔboŋ^{31}soŋ^{31}soŋ^{33}soŋ^{31}
人　凿　洞　两　洞　　　有人一天凿得两个三个榫眼。

ɦat^{55}sok^{213}zoŋ^{31}ɦaɯ^{213}pan^{42}
明早　亮　给　成　　　争取明早天亮时完成房柱活，

van^{42}ʔdi^{33}zau^{31}ɦan^{33}tsai^{213}
吉日　我们　时间紧　　　吉日要到，我们时间紧。

van^{42}laɯ^{42}kuə^{31}van^{42}ʔdi^{33}mo^{31}na^{55}
天　哪　做　吉日　相问　　　哪天做吉日？父王问布摩。

sɯ^{42}fat^{213}kuə^{31}sɯ^{42}ʔdi^{33}
时　未　做　时　吉　　　选的是未时做起房吉时，

sɯ^{42}mau^{213}ʔjo^{33}sau^{33}ʔdi^{33}
时　卯　立　柱　吉　　　选的是卯时为立柱吉时。

ʔbo^{33}tsɯ^{42}tsau^{213}te^{33}lɯŋ^{42}
不　碰　头　它　龙　　　未时卯时不会碰着它龙头。

sɯ^{42}ɕi^{42}ʔjo^{33}sau^{33}li^{31}
时　辰　立　柱　吉　　　辰时立柱是吉时，

ʔbo^{33}tsɯ^{42}zɯŋ^{33}te^{33}ŋɯk^{213}
不　碰　尾　它　龙王　　　不会碰着它龙王尾。

ŋɯk^{213}jiaŋ^{213}ta:u^{213}pai^{33}sɯŋ^{33}
龙王　也　回　去　深潭　　　龙王回到深潭去，

lɯŋ^{42}jiaŋ^{213}ta:u^{213}pai^{33}ɦa:i^{55}
龙　也　回　去　海　　　龙神回到海里去，

ta:u^{213}pai^{33}sɯŋ^{33}ʔbe^{33}ʔbai^{55}
回　去　深潭　摇摇摆摆　　　龙呵，摇摇摆摆归龙潭。

ta:u^{213}pai^{33}ɦa:i^{55}ʔbe^{33}ʔbum^{33}
回　去　海　摆摆摇摇　　　龙呵，摆摆摇摇龙回海。

pan^{33}taŋ^{213}ʔjiau^{55}fuŋ^{33}ʔa:n^{33}
众人　立　房　丰　安　　　众人立房得平安，

po^{31}vɯŋ^{42}taŋ^{213}ʔjiau^{55}ʔbo^{33}fuŋ^{33}ʔa:n^{33}
父　王　立　房　不　丰　安　　　父王立房不平安。

pan^{33}taŋ^{213}ʔjiau^{55}fuŋ^{33}kui^{213}
众人　立　房　丰　贵　　　众人立房富贵，

po^{31}vɯŋ^{42}taŋ^{213}ʔjiau^{55}ʔbo^{33}fuŋ^{33}kui^{213}
父　王　立　房　不　丰　贵　　　父王立房不富贵。

pan^{33}taŋ^{213}ʔjiau^{55}fuŋ^{33}ləu^{42}
众人　立　房　吉祥　　　众人立房吉祥，

po^{31}vɯŋ^{42}taŋ^{213}ʔjiau^{55}ʔbo^{33}fuŋ^{33}ləu^{42}
父　王　立　房　不　吉祥　　　父王立房不吉祥。

pan^{33}taŋ^{213}su^{33}ʔju^{213}tiŋ^{31}
众人　立　高楼　在　稳定　　　众人立高楼住得稳，

po^{31}vɯŋ^{42}taŋ^{213}su^{33}ʔbo^{33}ʔju^{213}tiŋ^{31}
父　王　立　屋　不　稳定　　　父王立屋不稳定。

la:u^{55}ʔba:n^{55}so^{55}ma^{33}tɯn^{33}
寨老　才　来　听　　　寨老才来听，

la:u^{55}pɯŋ^{31}so^{55}ma^{33}ɦa:u^{213}
寨老　才　来　说　　　寨老才来说。

ɕiau^{213}kuan^{213}jiaŋ^{31}ɕiau^{31}kuan^{213}
古代　样　古代　　　古代有古代样子。

taŋ^{55}ɾa:n^{31}mi^{31}za^{33}sɯ^{33}
立　房　不　找　书　　　立房不找书看吉日，

taŋ^{55}ɾa:n^{31}mi^{31}za^{33}sa^{33}
立　房　不　找　纸　　　立房不找纸看吉时，

ka^{31}sɯ^{42}ʔda^{33}ka^{31}taŋ^{55}
自己　设计　自己　立　　　自己设计自己立。

taŋ^{213}ʔjiu^{55}van^{31}sau^{213}ʔa:n^{33}
立　屋　日子　不吉　　　立屋的日子可能选不吉，

taŋ^{213}ɾa:n^{31}van^{31}ʔbo^{33}ho^{31}
立　屋　日子　不　利　　　立屋的日子可能选不利，

taŋ^{213}ɾa:n^{42}van^{31}teŋ^{33}tsim^{42}
立　屋　日子　钉　火钳　　　立屋的日子可能钉火钳了。

ɾa:n^{42}ʔbo^{33}zim^{33}jiaŋ^{31}kau^{213}
家　不　满　样　以前　　　所以家不像以前那样顺！

ʔau^{33}paɯ^{55}van^{31}ti^{31}sau^{213}
讨　媳　天　不吉　　　娶媳妇日子若选得不吉利，

vai^{31}lau^{55}no^{31}pau^{213}ʔja^{33}
败　酒　肉　夫　另外　　　家里败酒肉，妻是外人妻。

mo^{33}laɯ^{31}ɦau^{55}san^{42}ni^{55}
布摩　哪　讲　句　这　　　哪个布摩讲这句？

mo^{33}laɯ^{31}pi^{55}san^{42}ten^{33}
布摩　哪　念　句　那　　　哪个布摩念那句？

mo^{33}tɕe^{213}ɦa:u^{213}san^{42}ni^{55}
布摩　老　讲　句　这　　　老布摩来讲这句，

mo^{33}la:u^{55}pi^{55}san^{42}ten^{33}
布摩　老　讲　句　那　　　老布摩来念那句。

ʔa^{33}kuə^{31}kai^{213}pan^{42}pai^{33}sam^{33}
乌鸦　当　鸡　无论如何　去　问　　　乌鸦当鸡为祭礼，无论如何都要去供祭

pu^{55}tɕau^{55}ʔbo^{31}le^{33}
大井神　　大井神；

lau^{55}pai^{33}sa:m^{33}pu^{55}mo^{33} ʔbo^{31}le^{33}
酒　去　问　布摩　井神　　还要带酒礼去问神井边上的布摩。

mo^{33}kən^{42}ɦa:i^{33}sɯ^{33}lau^{55}
布摩 上方　开　书　古　　上方布摩开书查，

mo^{33}tau^{55}ɦa:i^{33}sɯ^{33}lɯə^{55}
布摩　老　开　书　看　　老布摩来翻书看。

van^{31}ni^{55}kən^{31}ʔbən^{33}ɦa:i^{33}tɕit^{55}tɕi^{31}
今天　上　天　开　解　吉　　布摩说：今天天门开，可请神解吉。

la^{213}ti^{31}so^{55}taŋ^{213}ʔjau^{55}fuŋ^{33}ʔa:n^{33}
下　地　才　立　房　丰　安　　天门开时祭了神，地方立房才平安。

la^{213}ʔbən^{33}so^{55}taŋ^{213}ra:n^{42}fuŋ^{33}kui^{213}
下　天　才　立　房　丰　贵　　天下的人立房才富贵。

so^{55}taŋ^{213}ʔjau^{55}fuŋ^{33}ləu^{42}
才　立　房　吉祥　　天下的人立房才吉祥，

so^{55}taŋ^{213}su^{33}fuŋ^{33}kui^{213}
才　立　高楼　丰　贵　　天下的人立房才富贵。

so^{55}taŋ^{213}ʔjau^{55}fuŋ^{33}ʔa:n^{33}
才　立　房　平安　　天下的人立房才平安，

so^{55}taŋ^{213}ra:n^{42}ʔju^{213}tiŋ^{31}
才　立　房　稳定　　天下的人立房才稳定。

so^{55}ma^{33}tiŋ^{31}van^{31}kok^{55}
才　来　定　日　根　　按布摩选定吉日，

van^{42}ni^{55}tɕau^{55}sau^{33}ʔua:i^{213}pai^{33}kən^{42}
那天　头　柱　朝　去　上　　那天将柱头往上来立起，

kən^{42}ʔbən^{33}mi^{31}tɕit^{55}ma^{42}pja^{213}
上　天　不　打扰　什么　雷　　上天不打扰什么雷神；

tin^{33}sau^{33}ʔua:i^{213}ma^{33}la^{55}
脚　柱　朝　来　下　　那天将柱脚朝下立起，

la^{55}ʔbo^{33}tɕit^{55}ma^{33}ŋɯk^{213}
下　不　打扰　什么　龙　　地下不打扰什么龙；

kən^{31}jiaŋ^{31}ʔbo^{33}tɕit^{55}tɕa^{213}
上　也　不　打扰　灶神①　　上也不打扰灶神，

la^{213}jiaŋ^{31}ʔbo^{33}tɕit^{55}jin^{33}
下　也　不　打扰　阴　　下也不打扰阴间，

van^{31}ni^{55}ʔdi^{33}ta^{213}za:i^{55}
那天　好　真正　　吉日真正好。

ɦat^{55}so^{213}zoŋ^{31}tɕi^{33}tɕai^{33}
明天　亮　曚昽　　得到布摩定下的吉日，次日父王天刚蒙蒙亮就回家。

① tɕa^{213}：是指火塘上的炕架，用于炕干菜用。这里指灶神。

ɦa:u55kən33la:i33vɯŋ42pai33
饭　吃　多　王　走　　　　父王饭后又行路，
ŋa:i31kən33zoŋ31vɯŋ42pai33
早饭　吃　早　王　走　　　　吃了早饭王回程。
vɯŋ42ʔdai55mai55vɯŋ42leu55
王　得　大王树　了　　　　路上王又找到大王树，要用它建房，
za33pu55tɯ42taŋ31toŋ31ʔbo33zɑn33
找　人　带　到　坝　不　见　　　　找不见人带到坝。
vɯŋ42ʔdai55mai55vɯŋ42leu55
王　得　树　王　了　　　　路上王又得到大王树，
za33pu55soŋ213taŋ31ɾa:n31ʔbo33zɑn33
找　人　送　到　家　不　见　　　　找不见人送到家。
la:u55pak213kua:ŋ31ʔdjau33so55ma33nau42
老　嘴　宽　一　才　来　告诉　　　　寨老心宽寨老说，
vən31pak213ʔbau33ʔdjau33so55ma33ɦau213
老　嘴　巧　一　才　来　讲　　　　寨老嘴巧寨老讲：
po31vɯŋ42so55ta:u213ma33ʔbak55ʔen213se33
父　王　才　回　来　刻　印痕　留
kai213tjaŋ33
那种　　　　父三你刻下印痕先回，
tjaŋ33tak31ʔau33suaŋ213tɕi213
量　要　留　记号　　　　量好尺寸留记号先回。
pi55nuaŋ55ta:u213suaŋ213sen42soŋ213ɕi213
亲戚　来　送　钱　送　力　　　　亲戚们听见了，大家送钱又助力。
pu55kuə31pi55ji55kət213ɦo31kok55
人　做　哥　就　扛　根脚　　　　当哥的人扛重的树根那头，
pu55kuə31nuaŋ55ji55zuan31ʔboŋ55pja:i33
人　做　弟　就　连接　节　尖　　　　做弟的人就连接扛到尖，
so55tɯ42mai55ma33taŋ42toŋ31
才　带　树　来　到　田坝　　　　才抬树送到田坝，
soŋ31mai55ma33taŋ31ɾa:n42
送　树　来　到　家　　　　才抬树送到父王家。
mai55ʔjau55po31vɯŋ42ɕiŋ33ʔdai55to31
树　屋　父　王　都　得　齐　　　　建屋材料父王都得准备齐，
mai55mo213po31vɯŋ42ɕiŋ33ʔdai55taŋ42
树　新　父　王　都　得　全　　　　建房用的新树父王都得准备全。
saŋ31ɦa:k213ʔju31kəɯ33laɯ42
匠　汉　在　哪里　　　　又来找汉匠，汉匠在哪里？
saŋ31ɦa:k213ʔju31tɕa:ŋ33su33
匠　汉　在　中　街　　　　汉匠在街中。

sa:ŋ31kui42ʔju31kəɯ33laɯ42
匠 贵 在 哪里　　　　贵匠在哪里？

sa:ŋ31kui42ʔju31wu42sa:ŋ31
匠 贵 在 城里　　　　贵匠在城里。

lau55no31pai33tɯ42sa:ŋ31ten33ma33
酒 肉 去 带 匠 那 来　　　　带了酒肉去请那匠人来，

sa:ŋ31ten33no31ʔdai55ma33
匠 那 肉 得 来　　　　那匠收礼他就来。

sa:ŋ31zoi55ʔdi33zau42za33
匠 心直 好 我们 找　　　　哪位匠人心直又心好，

zau42so55pai33za33sa:ŋ31ten33ta:u213
我们 才 去 找 匠 那 来　　　　我们才去找他来；

sa:ŋ31ten33no31ʔdai55ta:u213
匠 那 肉 得 来　　　　那匠收礼他就来，

sa:ŋ31ten33ka31ko213te33ʔau33ɕip213
匠 那 价格 他 要 十
ŋi31sa:ŋ42
二 两　　　　匠人要价十二两。

za31ten33sa:ŋ31ka31tɯ42
那时 匠 自 带　　　　那时匠人带工具，

pɯn33van33sa:ŋ31ka31pa55
锛 斧 匠 自 背　　　　匠人自己背锛斧。

tak213pɯn33va:n33sa:ŋ31ma33
收捡 锛 斧 匠 来　　　　收捡锛斧匠人来，

sa:ŋ33zuə31mak213sa:ŋ31ma33
准备 墨斗 匠 来　　　　准备墨斗匠人来。

sa:ŋ31ma33taŋ31tu33ŋua55
匠 来 到 门 瓦　　　　匠人来到瓦门前，

sa:ŋ31ma33taŋ31na55fi31
匠 来 到 前 火塘　　　　匠人来到火塘边。

soŋ42θi213ka33ma33pek213
桌 四 脚 来 摆　　　　饭桌有四脚来摆，

taŋ31ka33vet213ma33foŋ42
凳 脚 交叉 来 放置　　　　脚凳来放置。

lau55lap213sam55ta:u55na:i33
酒 装 罐 来 请　　　　酒装罐来请匠人，

ŋa:i31ma33pai31sa:ŋ31la:u55
早饭 来 摆 匠 老　　　　摆早饭来请匠老。

sa:ŋ31kən33leu55jiaŋ31leu55
匠 吃 了 样 了　　　　匠人吃好饭，

sa:ŋ^{31}pjeu^{55}to^{31}jiaŋ^{31}to^{31}
匠 用 了 样 全
匠人用饭全。

sa:ŋ^{31}so^{55}ɦa:u^{213}san^{31}ʔdjeu^{33}
匠 才 说 句 一
匠人才说一句话，

saŋ^{31}so^{55}tɯn^{33}san^{31}lən^{31}
匠 才 讲 句 论
匠人才来论道理：

taŋ^{31}ɦo^{55}ɦe^{213}taŋ^{31}la:i^{33}
全部 呵 众人
众人呵众人，

zuə^{31}mak^{213}ma^{33}zau^{31}suai^{31}
墨斗 来 我们 整理
拿墨斗来我们整理，

kɯ^{55}ȵoi^{31}ma^{33}zau^{31}sa:ŋ^{33}
锯 小 来 我们 备
拿锯子来我们准备，

pɯn^{33}van^{33}ma^{33}zau^{31}se^{31}
锛 斧 来 我们 磨
拿锛斧来我们磨。

sa:ŋ^{31}la:u^{55}kuə^{31}pu^{55}mai^{33}
匠 老 做 人 指点
老匠人在旁作指点，

vən^{31}la:i^{33}kuə^{31}pu^{55}ʔboŋ^{213}
人 众 做 人 凿
众人用凿子来凿。

pu^{55}ʔboŋ^{31}kok^{55}soŋ^{33}kok^{55}
人 凿 根 两 根
有人一天凿两三根柱，

vən^{42}ʔboŋ^{31}soŋ^{31}soŋ^{33}soŋ^{31}
人 凿 洞 两 洞
有人一天凿两三个榫眼。

ɦat^{55}sok^{213}zoŋ^{31}ɦaɯ^{55}pan^{42}
明早 明 给 成
争取明早天亮做成功。

van^{31}ʔdi^{33}zau^{31}ɦan^{33}tsai^{213}
日 吉 我们 时间紧迫
吉日要到，我们时间紧。

taŋ^{213}ʔjiu^{55}ɦa:i^{33}sɯ^{33}fa:n^{33}
立 房 开 书 翻
立房翻书看，

taŋ^{213}ra:n^{31}ɦa:i^{33}sɯ^{33}ʔjin^{213}
立 房 开 书 根据
立房查书找根据。

ȵian^{42}mau^{213}zoŋ^{31}pɯn^{33}va:n^{33}
寅 卯 下 锛 斧
寅卯之时下锛斧，

zoŋ^{31}pɯn^{33}va:n^{33}ma^{33}la^{55}
下 锛 斧 来 下
锛斧动起来；

ka^{33}ma^{55}pe^{31}ti^{31}ra:n^{42}
架 马 摆 屋基
架马摆在屋基上，

ti^{31}laɯ^{31}sa:ŋ^{33}pɯn^{33}kap^{213}
哪里 凸 锛 挖
哪里树凸用锛挖，

ti^{31}laɯ^{31}tam^{33}pɯn^{33}ʔjo^{33}
哪里 凹 锛 收
哪里树凹拿锛收，

ti^{31}laɯ^{31}ko^{42}mak^{213}ta^{55}
哪里 弯 墨 搭　　哪里树弯用墨搭，

mai^{55}ko^{31}pan^{31}mai^{55}so^{31}
树 弯 成 树 直　　弯树让它成直树。

tsuaŋ^{33}ʔdai^{55}sa:m^{33}ɦop^{213}zu^{55}
收 得 三 转 西　　木工做得三转西，

pai^{31}ʔdai^{55}ku^{213}ɦop^{213}ɦɯ^{33}
装 得 九 场 街　　木工装得九场街，

ɾa:n^{42}pjaŋ^{31}ʔdi^{33}sɯ^{42}ziŋ^{42}
房 理 好 中午时　　房架斗好在中午时，

so^{55}ma^{33}tiŋ^{31}van^{31}kok^{55}
才 来 定 吉日　　才来定吉日立房。

pan^{55}zam^{31}mai^{55}zo^{213}ta^{31}
众人 砍 树 边 河　　众人在河边砍树，

tu^{33}zam^{31}mai^{55}zo^{213}ta^{31}
我们 砍 树 边 河　　我们也砍河边的树。

pan^{55}ɦap^{213}mai^{55}to^{31}ʔdan^{33}
众人 相接 树 房架　　众人用树相接做房架，

tu^{33}ɦap^{213}mai^{55}to^{31}ʔdan^{33}
我们 相接 树 房架　　我们也用树相接做房架。

ka^{31}pan^{55}zam^{213}sau^{33}zo^{42}
只 众人 砍 柱 干　　众人帮忙砍来的柱料放干了，

ɾa:n^{31}ni^{55}ʔjo^{33}sau^{33}zən^{213}
家 这 立 柱 起　　吉日这家用来立房柱。

ʔjo^{33}sau^{33}taŋ^{55}kən^{31}na:m^{31}
立 柱 站 上 土　　房柱立在屋基的土上，

ʔjo^{33}sau^{33}naŋ^{31}kən^{31}zin^{33}
立 柱 站 上 石　　房柱立在屋基的石上。

tək^{55}kən^{31}na:m^{31}lak^{213}ɕin^{42}
放 上 土 别 动　　房柱不动又不摇，

kək^{55}kən^{31}zin^{33}lak^{213}tɕat^{213}
放 上 石 别 搬　　房柱立石上稳定。

ʔju^{31}ti^{31}ni^{55}laŋ^{55}laŋ^{55}
在 这里 凉爽　　在这里凉爽，

taŋ^{55}ti^{31}ni^{55}se^{33}se^{33}
住 这里 留住　　住这里长远，

ʔdən^{33}ti^{31}ni^{55}man^{31}man^{31}
站 这里 稳稳　　站这房里稳定。

mai^{55}ʔdi^{33}laŋ^{33}mai^{55}ʔdi^{33}toŋ^{31}to^{213}
树 好 与 树 好 同 连　　房架是好材与好材同连，

mai^{55}mo^{213}laŋ^{33}mai^{55}mo^{213}toŋ^{31}ta:m^{33}
树 新 与 树 新 同 担　　房架是新树与新树共力。
ʔdai^{55}ʔju^{31}vaŋ^{31}muət^{213}pi^{33}ɾa:n^{31}ni^{55}
得 在 空闲 足 年 家 这　　这家享乐呵，全年得空闲。
so^{213}zeŋ^{33}pi^{33}ɾa:n^{31}ni^{55}
欢 千 年 家 这　　这家欢喜千年久，
ʔdi^{33}zeŋ^{33}ɕiau^{31}ɾa:n^{31}ni^{55}
好 千 辈 家 这　　这家好千辈好日子。
van^{31}ni^{55}pɯn^{33}ʔjo^{33}sa:ŋ^{33}
今天 铸 起 高　　今天铸起高，
miŋ^{31}taŋ^{31}to^{213}ɕian^{33}pau^{213}
明 堂 供 仙 保　　非亮堂中供仙保。
***
kuan^{213}fi^{31}sa:u^{55}tian^{33}ji^{31}
古 未 造 天 开　　古时天未开，
kuan^{213}fi^{31}sa:u^{55}ti^{31}pɯŋ^{42}
古 未 造 地 寨　　古未造村寨，
lək^{213}zɑn^{33}po^{31}ʔbo^{33}saɯ^{55}
儿 见 父 不 服侍　　那时儿见父不知服侍，
pi^{55}zɑn^{33}nuaŋ^{55}ʔbo^{33}peŋ^{42}
兄 见 弟 不 尊敬　　那时兄见弟不知尊敬。
kuan^{213}fi^{31}sa:u^{55}tian^{33}ji^{31}
古 未 造 天 开　　古时天未开，
kuan^{213}fi^{31}sa:u^{55}ti^{31}pɯŋ^{42}
古 未 造 地 寨　　古未造村寨，
pi^{55}nuaŋ^{55}ʔbo^{33}toŋ^{31}tɯ^{42}
兄 弟 不 同 带领　　那时兄弟间不知相互扶持，
po^{31}lək^{213}ʔbo^{33}toŋ^{31}nɯ^{31}
父 儿 不 同 想　　父儿之间还不知相互想念，
lək^{213}zɑn^{33}me^{31}ʔbo^{33}saɯ^{55}
儿 见 母 不 服侍　　儿见母不知服侍，
paɯ^{55}zɑn^{33}ja^{31}ʔbo^{33}peŋ^{42}
媳 见 婆 不 尊敬　　媳见婆不知尊敬。
kuan^{213}fi^{31}sa:u^{55}tian^{33}ji^{31}
古 未 造 天 开　　古时天未开，
kuan^{213}fi^{31}sa:u^{55}ti^{31}pɯŋ^{42}
古 未 造 地 寨　　古未造村寨，
pit^{55}kai^{213}ʔbo^{33}ma^{33}vai^{33}
鸭 鸡 不 来 坝　　鸭鸡不在坝喂养，
ɕie^{42}wa:i^{42}ʔbo^{33}ma^{33}koŋ^{31}
黄牛 水牛 不 来 圈　　黄牛水牛也不在畜圈喂养，

paɯ^{55}tok^{213}ʔbo^{33}zɯə^{33}ɾa:n^{42}

媳 独 不 归家管家

独媳也不知归家管家。

ɕiau^{31}ni^{55}so^{55}ma^{33}sa:u^{55}tian^{33}ji^{31}

辈 这 才 来 造 天 开

此辈才来造天开，

ɕiau^{31}ni^{55}so^{55}ma^{33}sa:u^{55}ti^{31}pɯŋ^{42}

辈 这 才 来 造 地 寨

此辈才来造村寨，

lək^{213}zɑn^{33}po^{31}so^{55}saɯ^{213}

儿 见 父 才 服侍

儿见父已知服侍，

pi^{55}zɑn^{33}nuaŋ^{55}so^{55}peŋ^{42}

兄 见 弟 才 尊敬

兄见弟已相尊敬。

ɕiau^{31}ni^{55}so^{55}ma^{33}sa:u^{55}tian^{33}ji^{31}

辈 这 才 来 造 天 开

此辈才来造天开，

ɕiau^{31}ni^{55}so^{55}ma^{33}sa:u^{55}ti^{31}pɯŋ^{42}

辈 这 才 来 造 地 寨

此辈才来造村寨，

ɕiau^{31}ni^{55}so^{55}ma^{33}sa:u^{55}ti^{31}ɾa:n^{42}

辈 这 才 来 造 地 家

此辈才来造家庭，

pi^{55}nuaŋ^{55}so^{55}toŋ^{31}tɯ^{42}

兄 弟 才 同 带领

兄弟间已知相互扶持，

po^{31}lək^{213}so^{55}toŋ^{31}nɯ^{31}

父 儿 才 同 想

父儿间已知相互想念，

lək^{213}zɑn^{33}me^{31}so^{55}saɯ^{55}

儿 见 母 才 服侍

儿见母已知服侍，

paɯ^{55}zɑn^{33}ja^{31}so^{55}peŋ^{42}

媳 见 婆 才 尊敬

媳见婆已知尊敬，

pa^{213}zɑn^{33}leu^{42}so^{55}ʔa:ŋ^{213}

姑妈 见 舅妈 才 高兴

姑妈舅妈喜相见。

ɕiau^{31}ni^{55}so^{55}ma^{33}sa:u^{55}ti^{31}pɯŋ^{42}

辈 这 才 来 造 地 寨

此辈才来造村寨，

ɕiau^{31}ni^{55}so^{55}ma^{33}sa:u^{55}ti^{31}ɾa:n^{42}

辈 这 才 来 造 地 家

此辈才来造家庭，

pit^{55}kai^{31}ta:u^{213}ma^{33}vai^{33}ɾa:n^{42}ni^{55}

鸭 鸡 回 来 坝 家 这

鸭鸡在坝来喂养，

ɕie^{31}vai^{31}ta:u^{213}ma^{33}koŋ^{31}ɾa:n^{42}ni^{55}

黄牛 水牛 回 来 圈 家 这

黄牛水牛在畜圈喂养，

paɯ^{55}tok^{213}so^{55}zɯə^{33}ɾa:n^{42}

媳 独 才 归家管家

独媳知归家管家。

ɕip^{213}ka^{33}vi^{55}toŋ^{42}ka:p^{213}

十 条 沟 同 叉

世间的道理，如同田地中的十条沟分叉般明亮。

经文念至此，往下“布摩”先生用的是口语。

ku^{33}jiaŋ^{31}ɕin^{55}taŋ^{42}leu^{55}
我 也 供 到 全
我布摩已全供到：

θi^{31}pak^{213}sap^{213}toŋ^{31}poŋ^{42}
四 渡口 同 逢
四渡口同逢，

θi^{31}ʔdan^{33}po^{33}toŋ^{31}tau^{55}
四 座 山 同 生
四座山同生，

θi^{31}ka^{33}ɦai^{55}zam^{55}suak^{213}
四 个 海 水 出①
四面海水出，

ku^{33}jiaŋ^{31}ɕin^{55}taŋ^{42}leu^{55}
我 也 供 到 全
我也供到全。

θi^{31}ɦoŋ^{42}ŋɯk^{213}tɯk^{55}sɯŋ^{33}
四 塘 龙王 造 滩
四塘的龙王造滩，

θi^{31}ɦoŋ^{42}lɯŋ^{42}tɯk^{55}ʔbo^{213}
四 塘 龙 造 井
四塘龙造井。

ɕin^{55}məŋ^{31}lɯŋ^{42}tɯk^{55}ʔbo^{213}
请 你 龙 造 井
请你造井龙，

ɕin^{55}məŋ^{31}ŋɯk^{213}tɕa:ŋ^{33}sɯŋ^{33}
请 你 龙王 中 滩
请你滩中龙王，

ɕin^{55}məŋ^{31}lɯŋ^{42}tɕa:ŋ^{33}ɦa:i^{55}
请 你 龙 中 海
请你海中龙，

ɕiŋ^{33}ma^{33}ta:ŋ^{33}toŋ^{31}tu^{55}
请 来 保 安全
请你来保安全，

ɕiŋ^{33}ma^{33}ta:ŋ^{33}su^{55}pɯə^{31}
请 来 保 众人
请来保众人，

ɦaɯ^{213}te^{33}kua^{213}ta^{31}lak^{213}la:u^{33}sɯŋ^{33}
给 他们 过 河 莫 怕 滩
人们过河莫怕滩，

kua^{213}pɯŋ^{42}lak^{213}la:u^{33}ŋɯk^{213}
河 地方 莫 怕 龙王
过河流莫怕龙王。

jiaŋ^{31}soŋ^{33}ʔba:u^{213}tie^{55}ɦoŋ^{31}
那 双 小伙 底 塘
还有那塘底双龙俩小伙，

jiaŋ^{31}soŋ^{33}kua:ŋ^{33}tie^{55}ta^{31}
那 双 小伙 底 河②
还有那河底双龙俩小伙，

za^{31}ʔbat^{213}ku^{33}ɦau^{213}ʔdɯi^{33}
那时 我 空说
那时我布摩空说，

su^{33}ma^{33}taŋ^{31}fe^{33}fɯi^{42}
你们 来 到 烟 火
现在请你们来到烟火处；

pan^{31}fe^{33}fɯi^{42}ɦa:u^{33}piu^{213}
那时 烟 火 白说
那时讲烟火也白说，

① “四个海水”，具体是指哪四个海，还有待考证。
② soŋ^{33}ʔba:u^{213}、soŋ^{33}kua:ŋ^{33}：这里都指双龙子。

sa:u^{213}la:u^{55}tum^{31}ɕiŋ^{31}taŋ^{33}

锅 大 淹 新鲜 汤　　现在有大锅煮鲜汤请你们。

tɕaŋ^{42}ɦa:ŋ^{33}zuŋ^{33}ʔdi^{33}ʔdit^{55}

三脚 生铁 煮 好 生　　生铁三脚煮好菜，

mi^{42}van^{33}kuə^{33}ma^{33}tək^{55}

不 香 盐 来 放　　不香还用盐来放，

mi^{42}ʔduŋ^{33}zam^{55}ma^{33}tum^{31}

不 汤干 水 来 淹　　汤干还用水来加。

tum^{31}sa:m^{33}sap^{213}fən^{42}ko^{55}ʔbok^{55}

淹 三 回 柴 也 浅　　加三回柴火的鲜汤浅，

tum^{31}zok^{55}ʔboŋ^{33}zam^{55}ko^{55}lan^{31}

淹 六 舀 水 也 熟　　加六舀水的鲜肉熟。

no^{31}ʔju^{213}zok^{213}ʔi^{55}ɕin^{33}lan^{31}zok^{213}

肉 在 外 就 清 熟 外　　肉在外也熟了，

ʔdok^{213}ʔju^{31}ʔdaɯ^{33}ji^{55}ɕin^{33}lan^{31}ʔdaɯ^{33}

骨 在 内 就 清 熟 内　　骨在里也熟了。

pu^{55}zo^{55}ɕin^{33}ma^{33}pai^{31}

人 知 造 来 供　　众人知道来供神，

vən^{31}kua:i^{33}ɕin^{33}ma^{33}saɯ^{55}

人 聪明 造 来 服侍　　聪明人造父母、夫妻、兄弟、子孙间的服侍伦常与礼节。

vən^{31}laɯ^{31}fi^{31}kən^{33}ʔdu^{55}

人 哪 未 吃 先　　哪人未先吃？

pu^{55}laɯ^{31}fi^{31}kən^{33}kuan^{213}

人 哪 未 吃 先　　哪神未先吃？

ɕi^{55}ʔdi^{213}tɕi^{55}naŋ^{213}zɑn^{33}

几 块 几 还 见　　几块肉还见，

ɕi^{55}kam^{42}tɕi^{55}naŋ^{213}ʔju^{213}

几 坨 几 还 在　　几坨肉还在。

no^{31}zu^{31}zam^{55}ma^{33}kən^{33}

肉 煮 水 来 吃　　水煮肉来吃，

tap^{55}zu^{31}zən^{55}ma^{33}kən^{33}

肝 煮 熟 来 吃　　肝煮熟来吃，

tap^{55}kai^{31}vət^{213}ma^{33}kən^{33}

肝 鸡 翅膀 来 吃　　来吃煮鸡肝鸡翅，

lɯt^{213}joŋ^{31}va:n^{33}ma^{33}kən^{33}

血 羊 香 来 吃　　来吃香羊血，

ka^{213}joŋ^{31}ʔuən^{33}ma^{33}kən^{33}

腿 羊 嫩 来 吃　　来吃嫩羊腿，

po^{31}kai^{213}tɕe^{213}ma^{33}kən^{33}

公 鸡 老 来 吃　　来吃老公鸡，

no^{31}mu^{33}na^{33}ma^{33}kən^{33}
肉 猪 厚 来 吃　　　　来吃厚猪肉，

ka^{213}mu^{33}ʔuən^{33}ma^{33}kən^{33}
腿 猪 嫩 来 吃　　　　来吃嫩猪腿，

pit^{55}ta^{31}fiau^{42}tɕa:ŋ^{33}ɦoŋ^{31}ma^{33}kən^{33}
水鸭 游 中 塘 来 吃　　　　来吃游塘中水鸭，

tɯi^{55}ɦa:u^{55}ɦa:u^{33}ma^{33}kən^{33}
碗 饭 白米 来 吃　　　　来吃碗中白米饭，

sa^{33}ɦa:u^{55}mo^{31}ma^{33}kən^{33}
碗 饭 冒 来 吃　　　　来吃冒碗饭，

ɦa:u^{55}taŋ^{31}tam^{31}ma^{33}kən^{33}
饭 整 箩 来 吃　　　　来吃整箩饭，

tɯ^{31}taŋ^{31}kam^{33}ma^{33}kən^{33}
筷 整 把 来 吃　　　　龙神多了整把筷来分，

to^{31}jiaŋ^{31}ɕin^{33}tap^{213}sai^{42}ma^{33}kən^{33}
全部 造 配 齐 来 吃　　　　全部酒肉配齐神来吃，

to^{31}vai^{33}ɕin^{42}tap^{213}leu^{55}ma^{33}kən^{33}
全体 造 配 完 来 吃　　　　全体酒肉配完神来吃。

kən^{33}leu^{55}lak^{213}kən^{33}ʔdɯi^{33}
吃 了 莫 白吃　　　　吃了莫白吃，

kən^{33}leu^{55}lak^{213}kən^{33}ʔja^{33}
吃 了 莫 闲吃　　　　吃了莫闲着，

kən^{33}leu^{55}ta:ŋ^{33}toŋ^{31}tu^{55}
吃 了 保 安全　　　　吃了保安全，

kən^{33}leu^{55}ta:ŋ^{33}su^{55}pɯə^{31}
吃 了 保 众人　　　　吃了保众人，

pau^{55}lək^{213}ʔdek^{213}to^{31}tan^{42}
保 儿 小 全 村　　　　保全村小儿，

pau^{55}lək^{213}la:n^{33}to^{31}luaŋ^{213}
保 儿 小 全 寨　　　　保全寨小儿，

vən^{31}laɯ^{31}tɕet^{213}lak^{213}ʔdai^{55}
人 哪 病 莫 得　　　　人人病莫得，

vən^{31}laɯ^{31}tɕa:i^{55}lak^{213}zɑn^{33}
人 哪 灾 莫 见　　　　人人灾莫见。

ɦaɯ^{55}ʔju^{213}sam^{55}mjɯt^{213}pi^{33}
给 在 凉爽 整 年　　　　给身体凉爽整年，

ɦaɯ^{55}ʔju^{213}ʔdi^{33}mjɯt^{213}ɕiau^{31}
给 在 好 整 辈　　　　给生活好过整辈。

ta:ŋ^{213}ka^{33}ʔua:i^{213}
各自 自 转回　　　　吃了龙神们各自回，

ta:ŋ^{213}pa:i^{31}pai^{33}
各自 方 去
各龙神民自己回各方。

ta:ŋ^{213}ka^{33}ʔok^{213}
各自 自 出
吃了龙神各自出，

ta:ŋ^{213}sok^{213}pai^{33}
各自 路 去
各个龙神走各路。

太上老君急急如律令！

注：《经文》诵读、讲解为布依族“布摩”先生王堂智（云南罗平县中寨村第四代“布摩”传人）。

第十章 《摩经》中的山文化、树文化与舟船文化研究

第一节 《摩经》中的山文化研究

在布依族先祖的观念里，大山具有崇高的地位。布依族活动的地区群山巍峨，千峰竞秀；群山之中川流不息，景象万千；山川有如民族的筋脉骨干，有支撑起民族历史与精神的脊梁。《摩经》认为远古族群的诞生与山川关系密切，故历代都有祭山活动，并在祭山仪式上颂扬族群先祖产生的源头。如《摩经·祭山经》记载了古代“山神崇拜”与“‘百越（粤）’人（布依族先祖）、汉人、苗人”、“龙神根源”都来源于创造人类的祖神“燕鸟王神”，这种中华汉藏语系族群“同源论”观点就是该种意识的反映。《摩经·祭山经》中说：

te^{33}ŋɯ^{42}kuə^{31}zam^{55}ma^{33}
它 蛇 做 水 出 蛇神造水出，

te^{33}pja^{213}kuə^{31}zam^{55}ʔdiŋ^{33}
它 雷 做 水 洪 雷神发洪水，

zam^{55}tum^{31}jaŋ^{42}tum^{213}za^{213}
水 淹 各样各种 水淹各样各种，

zam^{55}tum^{31}pu^{55}la^{213}ʔbən^{33}
水 淹 人 下 天 水淹天下人，

zam^{55}tum^{31}vən^{31}la^{213}ti^{31}
水 淹 人 下 地 水淹地上人，

tum^{31}pa:k^{213}ŋi^{31}tsoŋ^{213}te^{33}vən^{42}
淹 一百二十 姓 众 人 一百二十氏人全淹死，

ɕuaŋ^{213}soŋ^{33}pi^{55}nuaŋ^{55}jan^{31}vaŋ^{42}
剩下 双 兄妹 燕子 王 只剩燕子王兄妹二人。

kən^{31}ʔbən^{33}kuan^{42}la^{213}ti^{31}
上 天 管 下 地 兄妹管天又管地，

pɯn^{33}kən^{42}na^{42}nuaŋ^{55}na^{42}
上方 田 妹 田 上方田是兄妹田，

puan^{33}kən^{42}kuan^{55}lɯŋ^{42}ta^{31}
上边 管 龙 河 上方之事河龙管，

puan^{33}la^{213}kuan^{55}mai^{55}ɦuŋ^{33}
下边 管 神树 下方之事神树管，

puan^{33}tɕa:ŋ^{33}kuan^{55}po^{33}ɕie^{55}
中间 管 神山 中间之事山神管。

可能因先祖们上古之时劳动生息在多山环境之中，故布依族人不仅对山岳有一种息息相通的特殊情感和难以割舍的自然之缘，而且造就了族群的邦土观念、民族意识和精神凝聚力。《摩经·祭山经》认为上古之时人类曾经面临灭顶之灾，只剩下“燕子王兄妹二人”，但“燕子王兄妹”并没有被困难吓倒，而是继续英勇奋斗，并在“天王神”的安排下繁衍了人类。后人因之感恩戴德，在古老的“祭山”仪式上颂扬族群先祖的伟大功绩。《摩经·祭山经》又说：

tian^{33}kuan^{55}tian^{33}luŋ^{31}mɯ^{31}
天 管 天 龙 脉 天管天龙脉，
ɦuŋ^{33}ten^{33}ɦuŋ^{33}pu^{55}θai^{213}
大 那 大 人 官 那神为大官，
kai^{213}ten^{33}kai^{213}pu^{55}vɯŋ^{42}
那种 是 天上人王 那神是天王。
tɕie^{42}ten^{33}kuan^{55}vən^{42}pɯŋ^{42}taŋ^{31}ɦo^{55}
这 那 管 人 地方 所有 天王神管所有地方。
san^{42}ku^{33}ɦa:u^{213}ɦaɯ^{213}mjaŋ^{42}
语 我 说 给 算① 天王告诉我布摩，天王说话就算数。
san^{42}ku^{33}taŋ^{31}ku^{33}suaŋ^{213}
语 我 说 给 留 天王留话我布摩，天王说话就算数。
kuan^{55}ka^{31}soŋ^{33}pi^{55}nuaŋ^{55}jan^{31}fuŋ^{42}
管 自 二 兄妹 燕子 逢 天王来安排，兄妹相逢燕相昵。
……
ʔu^{31}lək^{213}pan^{31}lək^{213}ɦau^{55}
生 儿 成 儿 畸形 生了个畸形儿。
tau^{55}lək^{213}pan^{31}lək^{213}ŋam^{42}
养 儿 成 儿 无手脚形② 畸形儿无脚又无手，
ʔau^{33}ma^{33}zam^{55}kuə^{31}ʔboŋ^{213}
拿 来 砍 成 节 拿畸形儿来砍成节，
ʔau^{33}ma^{33}to^{55}kuə^{31}vai^{33}
拿 来 剁 成 块（宗支） 拿畸形儿来剁成块，
ʔau^{33}ma^{33}pa:i^{31}kuə^{31}ɕiŋ^{213}
拿 来 排 成 人氏 用肉块来排人氏宗支。
ɕiŋ^{213}ʔdeu^{33}kuə^{31}pu^{55}ʔjie^{55}
姓 一 做 人 越 一块肉坨做“百越（粤）”人宗支；
pɯŋ^{42}ʔdeu^{33}kuə^{31}pu^{55}mɯŋ^{33}pu^{55}ɦa:k^{213}
寨 一 做 人 苗 人 汉 一块肉坨做苗人、汉人宗支；

① 此句是指布摩先生是古代天王的代言人。
② ʔu^{31}、tau^{55}：出生之意。当地汉语表达也有相同之说。

fa:k^{213}ʔdjeu^{33}kuə^{31}lɯŋ^{42}sa:i^{42}
部分　　一　做　龙　根　　　部分肉坨做龙的根源。
sa:u^{55}vən^{31}la:i^{33}la^{213}ti^{31}
造　人　多　下　地　　　造人多来好种地，
sa:u^{55}pa:k^{213}ŋi^{31}tɕoŋ^{213}te^{33}wən^{42}
造　一百二十　群　他　人　　　造人一百二十氏族人。

“燕子王兄妹”是受命于“天王神”而成婚繁衍人类的。这一神话记载，说明“百越（粤）人（布依族等百越（粤）诸族）、汉人、苗人”等汉藏语系族群之源与“龙神根源”，皆为“天王神”授意下的“燕子王”的子孙；也说明布依族也曾经历过“洪水滔天”的灾难和人类最早的血缘婚阶段，那时先祖们以“燕鸟”为图腾——称之为“燕子王”。也就是说，布依族先祖认为汉藏语系族群是共同来源，自古亲密如一家，不可分割。这里有共同族群的邦土观念，也有执著的民族认同意识。

仅从燕鸟王图腾崇拜时期的观念及其与山神祭典的密切关系，就可看出《摩经·祭山经》文化背景之久远。列宁指出：“在马克思看来，地理环境是通过在一定地方、在一定生产力的基础上所产生的生产关系来影响人的，而生产力的发展的首要条件就是这种地理环境的特性。”[1]布依族源于汉藏语系族群先祖，我国汉藏语系族群居住区自古以来就是一个多山区域。据统计，我国山地丘陵面积约占国土总面积的70%，其中高山面积又占一半左右，真正的平原只有国土的10%，主要指汉藏语系族群的居住区。

考古学证明，山岳丘陵是汉藏语系族群远古文明的孕育诞生地。如珠江上游云贵山区170万年前的云南“元谋人”是我国旧石器时代最早的人类。新石器时代文化遗址，如元谋地区的牛肩包、石垄箐、大那乌、名城下棋柳等地，滇池地区的石寨山，滇东北的闸心场，滇东南麻栗坡小河洞，洱海地区的马龙，滇西北地区的戈登山等。贵州旧石器时代遗址的黔西观音洞、兴义猫猫洞、普定穿洞、水城硝灰洞，新石器时代遗址的平坝飞虎山等古人类文化遗址均与山文化有关。

珠江下游南海西樵山旧石器文化，粤北英德青塘洞穴文化，马坝人发现于广东韶关马坝乡狮子山洞穴，柳江人发现于广西柳江通天岩洞穴等。还有，武鸣遗址发现于广西武鸣境内山陵洞穴内。

长江流域江浙一带的良渚文化发现于太湖地区的瑶山、反山、福泉山等地，长阳人发现于湖北长阳赵家堰山丘洞穴，江西、湘南地区万年仙人洞、玉蟾岩文化，屈家岭文化发现于湖北京山屈家岭，青莲岗文化发现于江苏淮安青莲岗，安徽凌家滩文化发现于巢湖流域的最高峰太湖山，黄河流域龙山文化首次发现于山东章丘龙山镇城子崖遗址等。

这说明原始社会时期，汉藏语系族群先祖赖以生存的最理想环境是山川土地，便于依靠狩猎、采集为生。即使后来进入农业社会时期，虽然先民们的社会生产力有了发展，但他们仍然相信山川大地对人类的恩惠而奉之为神灵。

当汉藏语系族群先祖处于社会生产力和人类理智力所达不到的境地时，人类的想象力如同插上了飞翔的羽翼来填补理智的空白，从而把这些支配日常生活的自然力和自然物变成了超自然、超人间的神物，以至于成为宗教信仰和宗教崇拜的对象。山川里的物质财富对人类极其重要，荀子说：“山林川谷美，天材之利多。”[2]因其重要又不能完全理解，这就是包括布依族在内的汉藏语系族群先祖对特殊地理环境和自然物的依赖性与山神崇拜观念产生和传承的原因。

关于我国对自然物和自然力量崇拜的论说，吕大吉先生曾总结了先秦古籍中的“两种说法”。一种说法认为它们是神灵，殷商时代的宗教已出现作为至上之神的天帝。在甲骨文卜辞中已把风、雨、雷、电之类看成是天帝属下的神灵。这些自然神是与人们生活密切关联的自然现象的主宰，如不崇奉祭祀，它们将带来自然灾害。崇拜自然神的目的在于祈求神灵的恩惠，免除神灵降灾为害之苦。还有一种说法略有不同，认为人们之所以崇拜它们，是因为它们与人们的生活密切相关，有功于人、有益于民。《国语》载展禽论及国之祀典时指出：“山川之神，皆有功烈于民者也；及前哲令德之人，所以为明质也；及天之三辰，民所以瞻仰也；及地之五行，所以生殖也；及入训名山川泽，所以出财用也。”[3]也就是说，国家族群之所以把山川确定为崇拜对象，主要是因为山川有功德于人民，人们崇拜他们所以报恩偿德。

吕大吉先生认为：“这两种说法体现了古代中国人对自然崇拜物的性格的两种观点。前一种肯定自然崇拜物具有神性，即为神灵；后一种则认为自然物之所以成为宗教崇拜对象乃是因其功德，其本身可能是不具神性的物质对象。前一种说法类似泰勒的万物有灵论，后一种说法类似缪勒的物质宗教说。”[4]其总结和分析是很有指导意义的。我们对照布依族《摩经·祭山经》中关于全人类面临灭顶之灾时，只剩下“燕鸟王”兄妹二人，但他们还在奋斗不息，在“天王神”的授意下，繁衍了汉藏语系族群，开创了人类社会新的生活，后人因之感恩戴德，在古老的“祭山”仪式上颂扬“天王神”与“燕鸟王”先祖的功劳。这不就是“崇拜所以报恩偿德”学说的证据吗？

结合《摩经·祭山经》的具体内容，这一时期同时也正是“万物有灵”的时代，说明泰勒的“万物有灵论”也是有道理的。如《摩经·祭山经》中说：

ʔju^{213}sin^{33}mi^{31}ʔju^{213}həu^{213}
有　亲家　不　有　后辈　　　　只因有亲家没有后代，
ʔju^{213}pau^{213}mi^{31}ʔju^{213}la:n^{33}
有　爷　不　有　孙　　　　只因有爷不见孙，
pan^{55}so^{55}kuaŋ^{31}po^{33}sa:ŋ^{33}pau^{213}kuan^{55}
众人　才　供　山　高　爷　管　　　　众人才来祭高山，请山神爷保护。
ʔju^{213}siŋ^{33}mi^{31}ʔju^{213}ja^{42}
有　后代　不　有　奶　　　　只因有孙不见奶，
ʔju^{213}ja^{31}mi^{31}ʔju^{213}la:n^{33}
有　奶　不　有　孙　　　　只因有奶不见孙，
pan^{55}so^{55}kuə^{31}ja^{42}man^{31}
众人　才　做　奶　稳　　　　众人才来祭高山，请山神奶保护地方。
tam^{33}sat^{213}kuə^{31}ja^{42}kuan^{55}
舂　碓　做　奶　管　　　　做奶奶的管舂米。
ʔju^{213}sin^{33}mai^{213}ʔju^{213}həu^{213}
有　亲家　必　有　后代　　　　有亲家必有后代，
mi^{31}siŋ^{33}mai^{213}mi^{31}pan^{213}
有　后代　必　见　爷　　　　有孙必见爷，
mi^{31}pau^{213}mai^{213}mi^{31}la:n^{33}
有　爷　必　有　孙　　　　有爷必有孙，

pan^{55}so^{55}ta^{31}kuə^{31}pau^{213}man^{31}
众人　才　达　做　爷　稳　　众人有爷稳坐寨，
mi^{31}tam^{33}kuə^{31}pau^{213}man^{31}
有　踏实　做　爷　稳　　爷爷踏实坐寨稳。
mi^{31}siŋ^{33}mai^{213}mi^{31}ja^{31}
有　后代　必　有　奶　　有孙必见奶，
mi^{31}ja^{31}mai^{213}mi^{31}la:n^{33}
有　奶　必　有　孙　　有奶必有孙。
pan^{55}so^{55}mi^{31}ta^{31}ta:i^{31}kuə^{31}man^{33}
众人　才　有　外公　外婆　做　花布　　外公外婆做花布给孙，
mi^{31}tam^{33}kuə^{31}ja^{31}kuan^{55}
有　踏实　做　奶　管　　祖母踏实来管家。
ʔbak^{55}tɕiau^{42}pɯŋ^{42}zau^{31}za:i^{31}
搭　桥　地方　我们　走　　在地方搭桥给我们走，
pɯŋ^{42}ɾau^{31}zo^{55}sai^{31}lian^{31}zo^{55}ʔba:n^{55}
地方　我们　知　事　连　知　寨　　人们才有知识懂村寨，
pɯŋ^{42}pan^{31}kən^{33}pan^{31}ʔdi^{33}tɕi^{55}ɕiau^{31}
地方　成　吃　成　好　几　辈　　地方做得吃得好几辈人。

《摩经·祭山经》又说：

ɕiŋ^{213}kuan^{55}kok^{55}kuan^{55}ko^{33}
请　管　根　管　棵　　请山神管树整棵，
ɕiŋ^{213}kuan^{55}pɯŋ^{42}kok^{55}mɯ^{31}
请　管　地方　主　脉　　请山神管主山与龙脉，
kuan^{55}ʔju^{213}kok^{55}po^{33}se^{31}
管　在　脚　“社”山①　　管在“社”山脚，
kuan^{55}ʔju^{213}tse^{31}po^{33}tɕa:ŋ^{33}
管　在　槽　中部山　　管在中部山。
kuan^{55}ʔju^{213}kok^{55}po^{33}se^{31}
管　在　脚　“社”山　　管在“社”山脚，
kuan^{55}ʔju^{213}tse^{31}po^{33}sa:ŋ^{33}
管　在　槽　高山　　管在山脉高山上。
kuan^{55}ʔju^{213}kok^{55}po^{33}se^{31}
管　在　脚　“社”山　　管在“社”山脚，
kuan^{55}ʔju^{213}tse^{31}po^{33}lo^{42}
管　在　槽　大山　　管在大山谷。
kuan^{55}ʔju^{213}laŋ^{33}tiaŋ^{42}pɯŋ^{31}
管　在　后　寨神房　　管在寨神房后面，
kuan^{55}ʔju^{213}tse^{31}luaŋ^{213}tsai^{33}
管　在　槽　寨　远　　远离村寨的山也管。

① “社”山：地名。

kuan^{55}ʔju^{213}kok^{55}po^{33}se^{31}
管 在 脚 “社”山
管在“社”山脚，

kuan^{55}ʔju^{213}tse^{31}po^{33}θai^{213}
管 在 槽 神山
管在神山槽。

kuan^{55}ʔju^{213}kok^{55}sau^{33}me^{31}
管 在 脚 中柱
管在房屋中柱脚，

kuan^{55}ʔju^{213}tse^{31}sau^{33}tɕa:ŋ^{33}
管 在 榫 中柱
管在房屋中柱榫。

kuan^{55}ʔju^{213}kok^{55}sau^{33}me^{31}
管 在 脚 中柱
管在房屋中柱脚，

kuan^{55}ʔju^{213}tse^{31}sau^{33}ȵiu^{33}
管 在 槽 中柱头
管在房屋中柱头。

kuan^{55}ʔju^{213}kok^{55}sau^{33}me^{31}
管 在 脚 中柱
管在房屋中柱脚。

kuan^{55}ʔju^{213}tse^{31}sau^{33}zok^{213}
管 在 榫 外柱①
管在房屋外柱榫。

kuan^{55}ʔju^{213}laŋ^{33}fi^{31}tau^{31}
管 在 后 火塘
管在房屋火塘后，

kuan^{55}ʔju^{213}laŋ^{33}sau^{31}naŋ^{55}
管 在 后 灶 甑
管在厨房灶甑后。

kuan^{55}ʔju^{213}sam^{33}soŋ^{31}so^{31}
管 在 三 山洞 名
管在山洞三个名，

kuan^{55}ʔju^{213}zok^{55}soŋ^{31}ɕiu^{31}
管 在 六 山洞 畜
管在山洞六个畜。

kuan^{55}tse^{31}zok^{213}pok^{213}va^{33}
管 缝隙 外 板壁
管板壁外面的缝隙，

kuan^{55}ta^{31}saŋ^{42}tɕa:ŋ^{33}luaŋ^{213}
管 河 阶地 寨中间
管寨中河岸的阶地。

ɕiŋ^{213}kuan^{55}tsin^{33}pai^{33}tsin^{33}
供 管 清 去 清
祭供全、管得清。

ɕiŋ^{213}kuan^{55}pa^{213}pai^{33}pa^{213}
请 管 山岭 去 山岭
请管山岭您就去山岭，

ɕiŋ^{213}kuan^{55}kua^{213}pai^{33}ʔdoŋ^{33}
请 管 过 去 森林
请管森林您就去森林，

ɕiŋ^{213}kuan^{55}zoŋ^{42}pai^{33}na:u^{213}
请 管 下 去 永远
请您永远管下去，

sam^{213}kaŋ^{33}ka^{213}pɯŋ^{42}ni^{55}
伙 保护 地方 这
请保护地方众人。

① sau^{33}zok^{213}：外柱，指房角的那棵柱子。

sam^{213}za^{31}zoŋ^{33}pɯŋ^{42}ni^{55}
伙 垫 叶 地方 这① 众人在这里用树叶铺垫作供桌来供您，
ɕiŋ^{213}kuan^{55}za^{31}pai^{33}za^{33}
请 管 急 去 找 请您急忙找需要管的地方去管，
ɕiŋ^{213}kuan^{55}fa:ŋ^{42}pai^{33}ta^{31}
请 管 鬼 去 河 请您驱鬼去河中，让村寨众人平安。
pau^{42}fu^{31}pau^{42}jəu^{213}
保 福 保 佑 保福保佑！

在这里，《摩经·祭山经》认为自然神——山神是与人们生活密切关联的自然现象的主宰，如不崇奉祭祀，则它们将带来自然灾害。崇拜自然神的目的，在于祈求神灵的恩惠。“只因有亲家没有后代，只因有爷不见孙，众人才来祭高山，请山神爷保护。只因有孙不见奶，只因有奶不见孙，众人才来祭高山，请山神奶保护地方。”人们礼拜和求告山神的目的很明确，就是“有孙必见爷，有爷必有孙，众人有爷稳坐寨。有孙必见奶，有奶必有孙，外公外婆做花布给孙，祖母踏实来管家。在地方搭桥给我们走，人们才有知识懂村寨，地方做得吃得好几辈人”。这显然说明布依族先祖在万物有灵的观念之下，相信山岳是有神灵、有意志的。山既然能孕育万物，那么山岳神灵就是万物的主宰。如同《左传》说：

> 山川之神，则水旱防疫之灾，于是乎禜之；日月星辰之神，则雪霜风雨之不时，于是乎禜之。[5]

“禜”是古代汉藏语系族群先祖一种专用于禳除自然灾害之祭。崇拜山川之神的目的，在于免除神灵降灾为害之苦，祈求神灵的恩惠与赐福。恩格斯在《反杜林论》中指出：“一切宗教都不过是支配着人们日常生活的外部力量在人们头脑中的幻想的反映，在这种反映中，人间力量采取了超人间的力量的形式。”[6]弗雷泽也认为，“宗教指的是对被认为能够指导和控制自然与人生进程的超人力量的迎合或抚慰”，“宗教包含理论和实践两大部分，就是：对超人力量的信仰，以及讨其欢心、使其息怒的种种企图。这两者中，显然信仰在先，因为必须相信神的存在才会想要取悦于神”[7]。弗雷泽的定义包含了信仰和崇拜活动两个方面。《中国大百科全书·宗教卷》（1988 年）也说：“宗教的正确定义要既能集中地如实反映宗教的根本属性和组成要素，又能科学地明确限定宗教学的研究范围，分辨宗教与相邻社会现象的界限。完整的定义一般应包括：①相信超自然体的存在。②认为超自然体的意志和行动能够影响现实世界和人生的祸福。③信仰者因而对之礼拜、求告。”《摩经·祭山经》的山神崇拜观念与仪式合乎上述理论，显然是反映了汉藏语系族群先祖古老的祭山文化。

我们在调查中发现，在珠江上游南盘江流域的云南罗平县三江口地区，还有名叫“戛山”[po^{33}ka^{33}]和“官山”[poŋ^{213}θai^{55}]的两座神山。当地布依族按传统习俗每年农历正月十五日祭“戛山”，农历三月三日祭“官山”。

农历正月十五上午九时许祭“戛山”，届时由家中年轻男子带香、纸、烛、爆竹到山顶神树脚烧

① za^{31}zoŋ^{33}：垫叶，指祭祀山神之时，用树叶铺垫在地上作为供桌。

纸点香，大家围拢神树脚跪求山神保佑，放爆竹后回家。各家家长则在大门外院子中设祭坛祭供，桌上供酒数碗（按家中人口，每人一碗酒），饭一箩，筷一把，还有腊肉、香肠、豆腐、鸡肉等敬供山神，人们烧纸点香，祈求神山保佑全家平安。此仪式“布摩”先生不出面。

农历三月三日祭“官山”。由寨老组织，节日前各户出钱若干，准备牛、猪各一头，羊数只，大公鸡三只，酒若干；各家准备香、纸、烛、花糯米饭等物。三月初三当天下午三时，各户家长（只准男性上山）由祭师“布摩”先生带领上到高山之顶祭祀。“布摩”念《祭山经》，并杀牲畜敬供，称“生祭”；再将牲畜煮熟后念经敬供，称“回熟祭”。之后，众人集中在山上吃肉饮酒。但祭山神的猪肝、羊肝等不准当时吃，由“布摩”分配给每户一小块，每户家长用神山树枝插上，仪式后带回家中。时至半夜，准备回寨之前，各户家长需举杯再敬神山一杯酒，方才回寨。各户小孩在神山脚下等候迎接家长。分配各家一小块猪肝、羊肝，由家长将其供在炕上灶上（长年不吃），意为保佑田地庄稼丰收。届时还举行植树活动，宣布乡规民约，保护庄稼及防止偷牛盗马等行为，通过祭山活动加强社会秩序的管理。

（清）乾隆《安龙府志》也说：

> 仲家（布依族）每岁三月初三宰猪、牛“祭山”，各寨分肉，男妇饮酒，食花糯米饭……三四两日，各村不通往来，误者罚之。

以“猪、牛‘祭山’，各寨分肉，男妇饮酒，食花糯米饭……”说明“祭山”活动的隆重性。用两天时间专门“祭山”，“各村不通往来，误者罚之”说明其礼仪的庄重性。这在汉文献记载中是少见的。《摩经·祭山经》中也记载用“猪、牛、羊、大公鸡、酒、香、纸、烛、花糯米饭”等祭品供“山神”，同时也祭供“天神”。“天神”与“山神”享受同一祭礼。但“天神”具有最崇高的地位，一般认为“天神”崇拜观念可能产生于阶级社会萌芽初期。那么，汉藏语系族群先祖阶级萌芽是何时开始产生的呢？考古学家研究证明，在我国7000多年前的仰韶文化、河姆渡文化和5000年前的良渚文化时期，汉藏语系族群先祖的社会中就已经产生阶级分化。其“双鸟朝阳”象牙雕刻、大型玉琮和玉钺之上的羽人神徽[8]当为汉藏语系族群先祖祭祀天神和祭祖的象征。如下图所示：

长江下游5000年前良渚文化玉钺与神徽

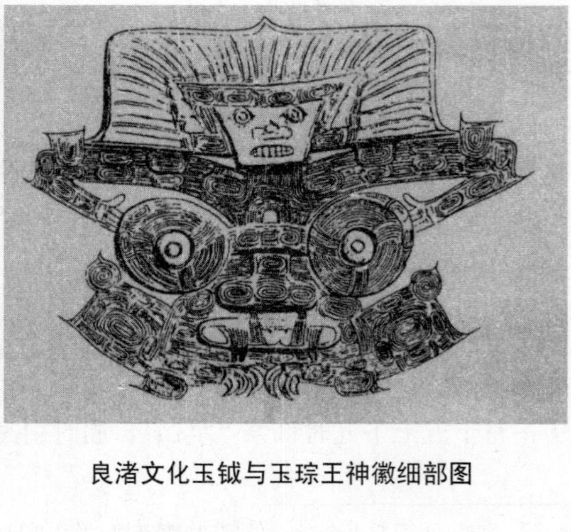

良渚文化玉钺与玉琮王神徽细部图

长江下游5000年前良渚文化玉琮王与神徽

良渚文化玉琮王神徽细部图

“天神”的产生，诚如吕大吉先生在《宗教学通论》中指出的，阶级社会前夕，部落联盟首领就是正在形成的王族。部落联盟打破了原来的氏族和村社的界限，成为广阔地域的最高社会组织，有着支配联盟区域内一切事务的权力。这一切反映到超自然界，也就出现了“天神”及其下属群神。天神是在最高自然神的基础上进一步抽象化、社会化的产物，实质则是部落联盟首领的缩影。“部落联盟首领把自己的祖先和天神联系起来，他们的祖先从而也就有了天神的性能，具有支配自然和社会的两种超自然力。所以他们便把祭天和祭祖结合起来。特权家族（王族）的祖先和天神的结合，反映了自然神的自然属性与祖先神的社会属性互相融合，这也说明原始社会氏族宗教正在丧失它原有的自发性，逐渐向阶级社会的人为性宗教过渡和演变。”[9]《摩经·祭山经》中受命于“天神”的布依族先祖的氏族图腾“燕王鸟神”，其“燕鸟神”又尊称为“王”，当为“部落联盟长的缩影”，“也说明原始社会氏族宗教正在丧失它原有的自发性，逐渐向阶级社会的人为性宗教过渡和演变”。[10]

布依族在高山顶上设祭坛祭祀“天神、山神”，说明先祖们崇拜“山神”的仪式是直接向“山”祭祀，即认为“山”就是“山神”的化身，反映出山神的最初形象也就是“山”。古人还认为高山之巅离“天神”最近，遂于山顶“祭天”。如同《尚书·舜典》说：

舜在璇玑玉衡，以齐七政，遂类于上帝，禋于六宗，望山川，遍群神。辑五瑞，择吉月日，见四岳诸牧，还瑞。岁二月，东巡守，至于岱宗，泰山也。柴，望秩于川。

山者，高尚尊崇也。原始社会末期的汉藏语系族群部落首领“祭岱宗山神”，也正是直接巡狩到泰山上去祭祀和顶礼膜拜的。这大约是我国汉藏语系族群先祖祭天祭山“封禅”的最早记录了，所以司马迁将其列于《封禅书》之首。关于“封禅”观念的含义，《史记·封禅书》解释为：

此泰山上筑土为坛以祭天，报天之功，故曰封；此泰山之下小山上除地，报地之功，故曰禅。[11]

华东地区，泰山是最高峰，有“会当凌绝顶，一览众山小”之势，因此在神话传说中泰山是一座神山。在泰山祭山、祭天显得特别神圣。

从自然崇拜的产生规律看，此礼当始于当地东夷部落的祭祀山神、天神仪式，进而在全国得到认可并上升为天子和诸侯之礼。由于天子率大队人马前往泰山筑坛祭天需要长途旅行，耗费巨大，所以不能经常进行。至春秋时礼乐崩坏，天下混战，周天子就无力封禅了。诸侯王“齐桓公既霸，会诸侯于葵丘，而欲封禅”。贤相管仲劝谏说古之封禅需有祥瑞出现，“今凤凰麒麟不来，嘉禾不生，而蓬蒿藜莠茂，鸱枭数至，而欲封禅，毋乃不可乎?”齐桓公只得放弃封禅。直到秦始皇统一天下，自以为丰功盖世，又开始了泰山封禅之礼。当时“而遂除车道，上自泰山阳至巅，立石颂秦始皇帝德，明其得封也。从阴道下，禅于梁父”，仪式非常隆重。到了汉武帝时，国力强盛，又大规模地搞了一次泰山封禅，并为此改年号为“元封”。[12]秦汉之后，祭泰山神和祭天已是天子垄断的特权，如《礼记·王制》规定：“天子祭天地，诸侯祭社稷，大夫祭五岳。天子祭天下名山大川，五岳视三公，四渎视诸侯。诸侯祭名山大川之在其地者。”[13]

关于泰山祭天、祭山之仪，《礼记·祭法》说：“燔柴于泰坛，祭天也；瘗埋于泰折，祭地也。”《礼记·郊特牲》有详细的描述：“郊之祭也，迎长日之至也，大报天而主日也；兆于南郊，就阳位也；扫地而祭，于其质也；器用陶匏，以向天地之牲也；于郊故谓之郊；牲用骍，尚赤也；用犊，贵诚也，郊之用辛也。周之始郊，日以至，卜郊，受命于祖庙，作龟于祢宫，荐祖考之意也。”[14]《周书》说：“设丘兆于南部，以祀上帝，配以后稷农神，先王皆与食。”[15]“丘”者，泰坛之象征也；“骍牲”，即祭祀用的赤色牛、羊等。《诗·鲁颂·閟宫》记载：“享以骍牺，是飨是宜，降福既多。”毛传：“骍，赤。牺，纯也。”郑玄笺：“其牲用赤牛纯色，与天子同也。”《南齐书·礼志上》记载：“缪袭据《祭法》云：天地骍犊，周家所尚。”周代用作祭品的牲畜主要是牛、羊、猪三牲，其中牛最为贵重。布依族“每岁三月初三宰猪、牛‘祭山’”，用“牛、羊、猪三牲”礼仪正与此类似，应是东夷和“百越（粤）”先祖“诸侯祭名山大川之在其地者”的延续与传承。

《尚书·舜典》记载的“柴，望秩于川”和《礼记·祭法》的“燔柴于泰坛”的祭法，反映出人们相信随着泰坛烟雾冉冉上升，他们虔诚的愿望也随之上达天庭。人们在祭天神和山川之神时也颂扬天神与先祖之功，以示感恩戴德。对照布依族《摩经·祭山经》也在古老“祭山”仪式上颂扬“天王”与“燕鸟王”图腾祖先的功劳，反映出“以祖配祭”天神的礼仪观念在布依族传统宗教礼仪中也存在着。

布依族亦在山顶祭坛上“燔柴”祭“天神”、“山神”，之后集体吃肉饮酒，感谢天神、山神、祖神的恩惠。布依族祭祀“天神”、“山神”、“祖神”除了用“牛、羊、猪三牲”，还用“米酒”、“花糯米饭”，显示了稻作民族的特点。因此，布依族先民的此种礼仪，应是我国汉藏语系族群先祖《尚书》、《礼记·祭法》中山神祭祀礼仪的反映。

应当指出，所谓“天子祭天下名山大川，五岳视三公，四渎视诸侯。诸侯祭名山大川之在其地者”，其祭祀礼仪充满了政治等级和专制性观念。其不如布依族祭祀礼仪中所蕴涵的区域人民群体的团结凝聚力与平等、和谐的民主性。如前述云南布依族农历三月初三祭“官山”仪式的流程和祭祀中每家每户慷慨互助的情景，都体现出和睦的“民主之风”。

这可能因布依族社会保留了氏族公社社会的许多特征，如恩格斯在《家庭、私有制和国家的起源》中说：“在古代德意志人的初期国家之中，氏族消失在马尔克公社中了，但在马尔克公社内，它起源于各成员的亲属关系的痕迹往往还是很显著的。可见，至少在保存着马尔克公社的各个国家——在法国北部，在英国，在德国，在斯堪的纳维亚——氏族制度不知不觉地变成了地区制度，因而才能够和国家相适应。但是，它仍保存了它那种自然形成而为整个氏族制度所特有的民主性质”。[16]布依族祭祀山神活动体现的群体性、和谐性、平等性和民主性。与先秦文献记载我国中原王朝祭祀山神的等级森严性和专制压抑感，两者形成鲜明对照。但它正好反映了布依族《摩经·祭山经》在我国汉藏语系族群文化中，如同古代德意志、法国、英国、斯堪的纳维亚一样，是更为悠久的“自然形成而为整个氏族制度所特有的民主性质”的文化载体。

我国最早的典籍之一、中国古籍中“宏伟瑰奇之最者”的《山海经》，其中就反映了众多汉藏语系族群先民的山岳崇拜观念。《山海经》被誉为中国神话之渊府，书中记载了约40个“国家”、众多的历史人物、550座山、300条水道以及各种草、木、鱼、虫、鸟、兽、矿产。《山海经》所描写的地域在哪里呢？学术界有如下观点：

一种观点是《山海经》写的是巴蜀地区，或者由巴蜀推而广及荆楚地区，此说以蒙文通先生为代表。

一种观点是《山海经》作者与书中所涉地域，与印度婆罗门教徒随巢子来中国旅行路线有关，即“随巢子由印度来，经缅甸、云南、广西、广东、福建由海道北上，至山东芝果登岸”而上泰山，将沿途山川风物与婆罗门教神话相结合，写出《山海经》。此说以卫聚贤先生为代表。

袁珂先生将《山海经》书中的国家区分为两类：一类是确实存在的，如肃慎国、三苗国等，属于现实描写；一类是虚构的，如贯胸国、羽民国、长臂国、云身国、无肠国等，属于神话描写。[17]

还有一种观点，扶永发先生认为：“用现代地理学和地图学知识对《山海经》加以研究，发现书中有三个明显的能确定其地理位置的自然条件，纵观全国（包括台湾省），唯有云南西部可以完全满足。即北面有‘冬夏有雪’（即终年积雪）之山，其西南有‘炎火之山’（即火山）位于昆仑山旁，其西南又有‘正立无景（影）’的寿麻国（在北回归线附近）。这三个自然条件，可以说是万年不变的东西。而只有在今日的云南西部地区，它们才相对集中地存在着。显然《山海经》记载的是云南西部远古时期的地理。”具体来说就是“我国远古时代云南西部东经101°以西，北纬23°以北纵谷地区的地理，书中的昆仑山就在今日云南纳溪河—达旦河和毗雄河—苴力河以云县县城以北、高梨贡山以东、金沙江以南的横断山脉地区”[18]。

我们认为，上述观点虽有不同，但都说明《山海经》所描写的地域在中国汉藏语系族群聚居区域之内，即《山海经》应是包括布依族先祖在内的中国汉藏语系族群聚居区的第一部地理学与山神崇拜礼仪的专著。蔡元培先生在20世纪20年代就曾指出《山海经》对山神的记载在民族学和宗教学上的意义。他说：“记录的民族学，发端甚早。我国有《山海经》一书，相传为益禹所作，当然不确切。然为汉以前的书，是无可怀疑。这部书固然以地理为主，而且有许多古代神话的材料，但就中很有民族学的记载，例如《山经》，每章末段，必记自其山以至某山，凡若干里，其神状怎样，其祠礼怎样。这都是记山间居民宗教状况。”[19]

马昌仪教授曾详细地分析研究了《山海经》文化。他认为《山海经》是一部有图有文的经典，明、清十种《山海经》图本中的山神图像，就展示了各类山神的形貌、职能、神格、祭祀特征与初民的山岳信仰。山岳信仰呈现出“山体信仰、群山山神信仰、一山山神信仰”三种不同的形态，反映了原始山神崇拜的三个不同的发展阶段。因《山经》按山地的方位划分为南、西、北、东、中五个大区，故有《五藏山经》之称。但在所记载的441座山中，只有49例山神有祠礼。各山祠礼的“祭品与祭法”也不尽相同：“关于山神的祭祀，在《山经》中都没有固定的日期。只有一个例外，《中次六经》缟羝山山系对岳的祭祀‘以六月祭之’。祭品和祭法主要有四类：①以牛羊豕鸡等为牺牲。牛羊豕属于太牢，据古之记载，逢大礼才用。祭法有杀与不杀之分。值得注意的是有所谓‘祈’祭之说，‘祈’祭指的是不必杀牲，而用牲血涂抹在祭体身上。这种祭法，其起源甚为古老。笔者在湘西调查时，在土家族中也见到过这种祭祀方式。②以玉为祭品，玉有璧、瑜、珪多种，玉本来就是贵重之物，而这些经过加工、赋予了特别礼俗意义的玉，用于祭祀时显然有轻重之别，其祭法也有瘗（埋）与不埋之别。③食物用糈（精米）。又有稌、稷之分。稌即现代所称之黍子，是粘米；稷即现代所称之粟，有人说是谷子，有人说是高粱，是不粘的米。二者都是北方旱田的作物，但有地区的区别。④酒。只有华山、夫夫山、即公山、尧山、阳帝山等不多几个山冢，祈用酒。祭祀时，有的是既用牺牲，也用糈，或既用玉，也用糈。有的则牺牲与糈、玉与糈不能同时用。此外，祭祀的方式还有置鼓、舞蹈等。《山经》中的冢有十多处，其祭祀与其他山神不同，规格相当高，常用太牢，即牛羊豕三牲大礼。对山冢的祭祀特别值得注意。为什么《毛传》说‘山顶曰冢’，冢土即大社，是天子祭神的地方。冢又指隆起的坟墓，《说文》‘冢，高坟也’。山冢是埋葬祖先的地方。山冢具有神圣性，不仅因为它位于高山之巅，是山神居住的地方，又是祭神的圣地，同时又是祖先的家园，是灵魂回归的处所，是先民向往的地方。因此对山冢的祭祀与众不同，特别神圣，特别隆重。对山神的祭祀带有鲜明的地域色彩，受当时生产力发展水平的制约。例如，《东山经》祭山神用鱼，足见渔业的发展。《北次三经》自太行山至无逢山共46山，46位山神中，有44位‘皆不火食’，而太行恒山、高是山两位山神却‘用火食’。从生食、熟食两种生活方式中，可见出其生产水平和生活状况之差异。又如，《中次十一经》对自翼望山至几山的彘身人首山神的祭祀，‘糈用五种之精’。‘糈用五种之精’者即‘五谷’。对‘五谷’素有不同说法。《周礼·天官·疾医》‘以五味、五谷、五药养其病’。郑玄注‘五谷，麻、黍、稷、麦、豆也’。《孟子·滕文公上》‘树艺五谷’。赵岐注‘五谷，稻、黍、稷、麦、菽也’。可见当地的农耕文明十分发达。这样的例子很多。”[20]

马昌仪教授的分析精当，对我们很有启发。但其中“食物用糈（精米）。又有稌、稷之分。稌即现代所称之黍子，是粘米；稷即现代所称之粟，有人说是谷子，有人说是高粱，是不粘的米。二者都是北方旱田的作物”的结论似有补充修改的必要。因为如“稌”，《广韵》为“他胡切”，平模，透。又“他鲁切”，上姥，透。《诗·周颂·丰年》：“丰年多黍多稌，亦有高廪，万亿及秭。”《毛传》：“稌，稻也。”《周礼·天官·食医》：“凡会膳食之宜，牛宜稌。”郑玄注引郑司农曰：“稌，粳也。”所以，稌不是现代所称之黍子。“稌”亦即“粳稻”。

又如“糈”：《广韵》私吕切，上语，心。祭神用的精米。《史记·日者列传》：“夫卜而有不审，不见夺糈；为人主计而不审，身无所处。”司马贞索隐：“糈音所。糈者，卜求神之米也。”唐韩愈《潮州祭神文》之一：“今以始至……与人吏未相识知，牲糈酒食器皿觕弊，不能严清。”《楚辞·离骚》：“巫咸将夕降兮，怀椒糈而要之。”王逸注：“糈，精米，所以享神。”“楚越之地，饭稻羹鱼。”古代楚越族群乃水稻民族，“糈用五种之精”当指五种精制的大米或糯米。布依语中用稻谷加工成的大米和糯米，国际音标记音即为[sa:n¹³]，是谷类中的“糈，精米，所以享神”。上述布依族以“花糯米饭”祭山神、天神、祖神即是明证。故此能证明起码在长江以南地区祭山神之祭品以稻米为主。

《山海经》是中国神话之渊府，对后世影响深远。《尚书·禹贡》将全国划分为九州岛，就以山脉为标志。杨向奎先生曾在《大禹与夏后氏》一文中指出，在中国阶级社会形成以前，因河水泛滥，古代人多居陵阜之上，“这种陵阜叫做‘州’，所以中国古代‘州’字与‘丘’、‘陵’字全可以通用，如《山海经·海内经》内有九丘，九丘的意义同于‘九州岛’，或曰‘九山’”。杨先生还指出：“《史记·五帝本纪》、《墨子》中有‘古之民未知为宫室，时就陵阜而居’（《辞过》）的记载，《孟子》也有‘是故得乎丘民而为天子’（《尽心》）的话。全可以说明中国古代有一个时期是居山的了。”[21]杨说“‘九州岛’或曰‘九山’”，在逻辑推论上是讲得通的。古代先民“陵阜而居”，由“居山”、“适山”而“崇拜山神”。至今汉藏语系族群的布依族每年仍以“太牢”（牛、羊、豕）和稻米隆重祭山就是一例。这说明汉藏语系族群“崇拜山神”、保护山林的祭祀礼仪渊源久远。

《尚书大传·略说》谓：“山，……出云风以通乎天地之间，阴阳和会，雨露之泽，万物以成，百姓以飨。”《释名》曰：“山，产也。言产生万物。”《说文》：释“山，宣也。宣气散生万物，有石而高，象形也”。《韩诗外传》曰：“夫山，万人之所瞻仰，材用生焉，宝藏植焉，飞禽萃焉，走兽伏焉，育群物而不倦，有似夫仁人志士，是仁者所以乐山也。”在上古先民们的认识观念中，山林“通乎天地之间，阴阳和会，雨露之泽”，其“材用生、宝藏植、飞禽萃、走兽伏”；山林“育群物而不倦，有似夫仁人志士”，因之，山神的神格就有了高尚的伦理属性。加上圣人“得乎丘民而为天子”，更突出了圣人与山川的美德榜样作用。

《尚书·盘庚》曰“古我先王适于山”。《淮南子·齐俗》云“禹令民聚土积薪，择丘陵而处之”。《盘庚》所讲的“先王”和《淮南子》所讲的“大禹”，都是我国汉藏语系族群的祖先神。布依族先祖“百越（粤）”族群奉“大禹”为祖神，而“东夷、百越（粤）”族群又崇拜鸟神。上述长江下游7000年前的河姆渡文化和5000年前的良渚文化时期，汉藏语系“百越（粤）”先祖已经产生阶级分化，其出土的大型玉琮、玉钺之上的神徽和鸟神图腾信仰就是明证。文物出土的文化遗址，均为“百越（粤）”之地的名山，此即为“夫山，万人之所瞻仰，材用生焉，宝藏植焉，飞禽萃焉，走兽伏焉，育群物而不倦，有似夫仁人志士，是仁者所以乐山也”。布依族传统宗教经典《摩经》将“燕鸟王”氏族图腾崇拜与山神崇拜紧密结合，反映了山岳地理环境在布依族氏族社会生活中的显著地位，说明布依族上古文明与中华山崇拜文化有着密切关系。

总之，《尚书·舜典》的“柴，望秩于川”和《礼记·祭法》的“燔柴于泰坛”，在祭天神和泰山之神时颂扬天神与先祖之功，“以祖配祭”，“封禅”以示感恩戴德。布依族《摩经·祭山经》亦在古老的“祭山”仪式上颂扬“天王”与“燕鸟王”图腾祖先繁衍人类族群的功劳，说明在布依族传统宗教经典《摩经·祭山经》中也存在着“以祖配祭”的礼仪观念。《尚书·舜典》、《礼记·祭法》、《山海经》等用“太牢（牛、羊、猪三牲）”、“精米、粳米”祭山，布依族亦用“牛、羊、猪三牲”，还用“米酒”、“花糯米饭”祭山，显示了稻作民族的特点。布依族在山顶祭坛上“燔柴”，对“天神”、“山神”、“祖神”举行“生祭、熟祭”，之后集体吃肉饮酒，感谢天神、山神的恩惠，亦与《尚书·舜典》、《礼记·祭法》、《山海经》相同。

因此，布依族《摩经·祭山经》应是我国汉藏语系族群先祖山川祭祀礼仪的传承。《山海经》、《尚书》、《礼记》等汉语古籍文化与布依族传统宗教经典《摩经·祭山经》文化是相通的，它们都是我国汉藏语系族群的共同文化，只是当时学术界未曾发现。现在我们通过布依族《摩经·祭山经》译注和对比研究，探索并指出中华汉藏语系族群文化的共通性，无疑是对增强中华民族凝聚力提供了文化本源性的强有力的说明。

第二节 《摩经》中的树文化研究

布依族的树崇拜与山川崇拜密切相关。农历正月十五上午祭“戛山”[po^{33}ka^{33}]，届时由家中年轻男子带酒、肉、香、纸、烛、爆竹等到山顶“神树”脚烧纸点香，大家围在“神树”脚跪求山神保佑，放爆竹然后回家。各家家长则在大门外院子中设祭坛祭供，桌上供酒（按家中人口，每人一碗酒）数碗，饭一箩，筷一把，腊肉、香肠、豆腐、鸡肉等敬供，烧纸点香，祈求神山保佑全家平安。

农历三月初四为“祭水”节。节日前，由寨老组织，各户出钱若干准备祭水之物。用猪一头、羊一只、大公鸡两只、鸭一只、酒若干；各家准备香、纸、烛、花糯米饭等物。节日当天，全村男女老少参加，各方客人云集。各户需准备丰富的酒肉饭菜待客。由布摩带领村民们到河边神庙祭祀。布摩念经并先杀牲畜敬供，称“生敬”；再将牲畜煮熟后又念经敬供，称“回熟敬供”。敬供的牲畜肉煮熟后分给各家，每户分得一大盆。然后众人集中在河边同时吃酒吃肉，河边酒桌连片，场面壮观。吃至夜晚，饭后山歌对唱，相互泼水祝福，故当地有人亦称之为“泼水节”。虽曰祭水，但《摩经·祭水经》却记载了古代先民祭祀山川的许多神树。例如：

ɕiŋ^{213}məŋ^{42}vɯŋ^{31}mai^{55}toŋ^{31}ta:ŋ^{213}na:ŋ^{31}
请 你 王 刺桐树 各 山峰① 请你各山峰的刺桐树王，
ɕiŋ^{213}məŋ^{42}vɯŋ^{31}mai^{55}ŋuat^{213}ʔbaɯ^{33}la:u^{55}
请 你 王 条葵树 叶 大 请你大叶的条葵树王，
vɯŋ^{31}mai^{55}ka:u^{55}ʔbaɯ^{33}ʔbau^{33}
王 梧桐树 叶 轻② 请你轻叶的梧桐树王，
ɕiŋ^{213}məŋ^{42}vɯŋ^{31}mai^{55}zau^{33}ta:ŋ^{213}na:ŋ^{31}
请 你 王 枫香树 各 山峰 请你各山峰的枫香树王，
ɕiŋ^{213}məŋ^{42}vɯŋ^{31}mai^{55}ŋuat^{213}ʔbaɯ^{33}la:u^{55}
请 你 王 条葵树 叶 大 请你大叶的条葵树王，
vɯŋ^{31}mai^{55}ka:u^{55}ʔbaɯ^{33}ʔbe^{33}
王 梧桐树 叶 展开 梧桐树王树叶展，
ɕiŋ^{213}məŋ^{42}vɯŋ^{31}mai^{55}tse^{33}ta:ŋ^{213}na:ŋ^{31}
请 你 王 松树 各 山峰 请你各山峰的松树王，
ɕiŋ^{213}məŋ^{42}vɯŋ^{31}mai^{55}ŋuat^{213}ʔbaɯ^{33}la:u^{55}
请 你 王 条葵树 叶 大 请你大叶的条葵树王，
vɯŋ^{31}mai^{55}ka:u^{55}ʔbaɯ^{33}lan^{31}
王 梧桐树 叶 宽 梧桐树王树叶宽，
ɕiŋ^{213}məŋ^{42}vɯŋ^{31}mai^{55}lan^{31}ta:ŋ^{213}na:ŋ^{31}
请 你 王 板栗树 各 山峰 请你各山峰的板栗树王。
……

① na:ŋ^{31}：可指连延的山头，或丘陵区的高山丘。
② mai^{55}ka:u^{55}：称梧桐树。

mai^{55}po^{33}pa^{31}ti^{55}ʔbən^{33}

神木 坡 坝 顶 天　　　　坡坝神木高顶天，

mai^{55}po^{33}pa^{31}ti^{55}pja^{33}

神木 坡 坝 顶 岩　　　　坡坝神木长顶岩。

……

ɕiŋ^{213}məŋ^{42}soŋ^{213}na:ŋ^{31}kən^{33}lau^{55}

请 你 俩 姑娘 吃 酒　　　　请你们神树的俩神姑吃酒，

ɕiŋ^{213}soŋ^{213}na:ŋ^{31}zau^{55}pɯŋ^{42}

请 俩 姑娘 热闹 地方　　　　请俩神姑来地方才热闹。

布依语称“树”为[mai^{55}]，与汉语的“木”字同音。布依族先祖将自然界生长的大树视为“神树”或“神树王”，这合乎原始社会万物有灵的逻辑。其认为“坡坝神木高顶天，坡坝神木长顶岩”，是对远古自然生态环境的夸张描述。

人类最初就居住在丛林之中，恩格斯在《家庭、私有制和国家的起源》中说：“人类的童年，人还住在自己最初居住的地方，即住在热带或亚热带的森林中。他们至少是部分人住在树上，只有这样才可以说明，为什么他们在大猛兽中间还能生存。他们以植物果实、坚果、根作为食物；音节清晰的语言的产生是这一时期的主要成就。在有史时期所知道的一切民族中，已经没有一个是处在这种原始状态的了。虽然这一状态大概延续了好几千年之久，但我们却不能根据直接的证据去证明它；不过，我们既然承认人是起源于动物界的，那么我们就不能不承认这种过渡状态了。”[22]

《庄子·盗跖》也说：“古者禽兽多而人少，于是民皆巢居以避之。昼拾橡栗，暮栖土木，故命之曰有巢氏之民。”《太平御览》卷七八引《巢居》：“号大巢氏。今南方人巢居，北方人穴处，古之遗俗也。”《礼记·礼运》又说：“昔者，先王未有宫室，冬则居营窟，夏则居增巢；未有火化，食草木之实、鸟兽之肉，饮其血，茹其毛；未有丝麻，衣其羽皮。”当时人类生产力低下，但自然生态良好，正因为包括布依族先祖在内的汉藏语系族群先祖仰仗山川森林、树木提供的恩惠得以“居增巢、避禽兽”，过着游猎采集生活，先祖们才可能萌生出对“神树”的信仰和崇拜。

我国古籍中关于“神树”的记载很多，《淮南子· 坠形》曰：“‘建木’在都广，众帝所自上下。日中无景，呼而无响，盖天地之中也。”高诱注：“众帝之从都广山上天还下，故曰上下。”又曰：“‘若木’在‘建木’西，末有十日，其华照下地。”高诱注：“‘若木’端有十日，状如莲华，华犹光也。光照其下也。”《玄中记》：“蓬莱之东，岱岳之间，有‘扶桑’之树，树高万丈。”“天下之高者，有‘扶桑’无枝木焉。上至于天，盘蜿而下屈，通三泉。”‘大树之山，西有‘采华’之树，服之则通万国之言。”《山海经·海外南经》：“有员丘山，上有‘不死树’，食之乃寿。”《山海经·海外北经》：“‘寻木’长千里，在拘缨南。生河上西北。”《山海经·海外东经》：“汤谷上有‘扶桑’，十日所浴。在黑齿北，居水中，有大木。九日居下枝，一日居上枝。”

所谓“扶桑、建木、若木、寻木、不死树、采华之树”等，都是汉藏语系族群先祖的“神树”。《易经·否》荀注：“桑者，上元下黄，以象乾坤也。”贾谊《新书·胎教》谓桑木乃大地“中央之木”；班固《白虎通德论·姓名》云“桑木”使天地“相逢接之”。而《吕氏春秋·本味》曰：“菜之美者，昆仑之苹，寿木之华。”高诱注：“寿木，昆仑山上木也；华，实也，食其实者不死，故曰寿木。”宋张君房《云笈七签》：“月中树名骞树，一名药王，凡有八树，得食其叶者为玉仙。”可见我国古代汉藏语系族群对神树崇拜的传统源远流长。

但“扶桑、建木、若木、寻木、不死树、采华之树”等到底是今日何种具体的树材，大多已不能弄清原貌。而布依族信仰崇拜的神树至今都能找到其原型，如“[mai^{55}toŋ^{31}]”刺桐树，“[mai^{55}lan^{31}]”板栗树，“[mai^{55}ŋuat^{213}]”条葵树，“[mai^{55}ka:u^{55}]”梧桐树，“[mai^{55}zau^{33}]”枫香树，“[mai^{55}tse^{33}]”松树等，它们都是布依族地区常见的优质木材。其中板栗树结出的板栗果、松树结出的松子，至今还是人们喜爱购买的干果。古人因感恩而祭祀树神，说明原始信仰意识具有一定的功利性。

布依族先祖在生产力水平极其低下的远古时期，对自然现象既无法认识，又无力征服，面对千变万化的世界，遂产生一种对自然现象和超自然力量的崇拜以及征服自然的幻想，认为万物皆由神灵主宰。具有神性的树木为人类提供了生活必需品和活动场所。没有森林提供的物质条件，便没有人类的生存与繁衍。如恩格斯所说：“最初的宗教表现是反映自然现象、季节更换等的庆祝活动。一个部落或民族生活于其中的特定自然条件和自然产物，都被搬进了它的宗教里。”这就是先祖们进行树神崇拜的原因。布依族《摩经》还认为树神有性别之分，树神是女神。《摩经·祭水经》说：

ɕiŋ^{213}məŋ^{42}soŋ^{213}na:ŋ^{31}kən^{33}lau^{55}
请 你 俩 姑娘 吃 酒 　　请你们神树的俩神姑吃酒，
ɕiŋ^{213}soŋ^{213}na:ŋ^{31}zau^{55}pɯŋ^{42}
请 俩 姑娘 热闹 地方 　　请俩神姑来地方才热闹。

《摩经·船经》也说：
ɕiŋ^{35}sau^{33}ɕuan^{11}lin^{42}sau^{33}mai^{55}
请 龙骨柱 船 和 龙骨柱 树 　　请的龙骨船和龙骨树神，
fa^{11}fa^{42}sau^{33}li^{55}
个 个 龙骨柱 吉祥 　　个个龙骨柱吉祥。
ɕiŋ^{35}pe^{33}ɕuan^{11}lin^{31}pe^{33}mai^{55}
请 檩 船 和 檩 树 　　请的船檩和檩树神，
fa^{11}fa^{42}sau^{33}li^{55}
个 个 龙骨柱 吉祥 　　个个龙骨柱吉祥。
ɕiŋ^{35}ɕuan^{11}ɕuan^{53}lin^{31}mai^{55}
请 船 檩 和 树 　　请的船檩和檩树神，
fa^{11}fa^{42}sau^{33}li^{55}
个 个 龙骨柱 吉祥 　　个个龙骨柱吉祥。
ɕiŋ^{35}soŋ^{33}na:ŋ^{31}kən^{33}lau^{213}
请 俩 嫂 吃 酒 　　请树神俩嫂吃酒，
ɕiŋ^{35}soŋ^{33}na:ŋ^{31}zao^{213}ra:n^{42}
请 俩 嫂 温暖 家 　　有俩嫂管家家温暖。
……

kəu^{33}ɕi^{55}ɕiŋ^{35}θəu^{33}zuŋ^{42}
我 想 请 你们 下来　　　　我布摩请你们从天上下来，
kəu^{33}ɕu^{55}puoŋ^{33}θəu^{33}tau^{35}
我 想 邀 你们 来　　　　是我布摩邀你们来，
kəu^{33}ɕu^{55}ɕiŋ^{35}θəu^{33}ma^{33}
我 想 请 你们 到　　　　是我布摩请你们到。
……

从经文中可以看出，布依族先祖们把崇拜的树神人格化了。如《玄中记》说："蓬莱之东，岱岳之间，有'扶桑'之树，树高万丈……上至于天，盘蜿而下屈，通三泉。"这正与布依族《摩经》中所说的"坡坝神木高顶天，坡坝神木长顶岩"相吻合。《淮南子·地形》也说："'建木'在都广，众帝所自上下。日中无景，呼而无响，盖天地之中也。"高诱注："众帝之从都广山上天还下，故曰上下。"说的是"众帝"居住在天上。"建木"乃"众帝所自上下"的神树，是"众帝"上下天庭所凭借之神物。布依族《摩经》则说：女性树神平时居住在"天上"，只有在特定的宗教仪式上，才由布依族祭师布摩先生请她们"从天上下来"享受人间的祭祀供品。《摩经》中的"树神"被称为"树神俩神姑"和"树神俩嫂"，并认为人类有了她们"地方才热闹"，"俩嫂管家家温暖"。这说明在布依族先民的意识中，树神是人类可亲可敬的对象，当时已有"龙骨船和龙骨树神"、"船檩和檩树神"的文化产生。这种女性树神的时代当为母系制社会原始宗教的史影，折射出《淮南子·地形》的"建木神"，"众帝神"原型当为女性神，后来才被男性神所取代。

布依族和汉族都是汉藏语系族群先祖的后裔，"蓬莱之东，岱岳之间，有'扶桑'之树，树高万丈……"是说"扶桑神"在古东夷之地。《山海经·海内经》："西南黑水之间，有都广之野，后稷葬焉。"袁珂校注："都广"即广都，"杨慎《山海经补注》云：'黑水广都，今之成都也。'衡以地望，庶几近之"，是说"都广建木神"在今之长江上游的成都平原。《淮南子·坠形训》："东南方曰大穷，曰众女。南方曰都广。"高诱注："都广，国名也。山在此国，因复曰都广山。"（南朝·梁）江淹《空青赋》："都广之国，番禺之野，皆咫尺八极，镜见四荒。""番禺"即今珠江下游的岭南。由此，"番禺"、"都广"、"蓬莱之东、岱岳之间"，皆在长江流域、珠江流域、黄河流域，都是远古汉藏语系"东夷、百越（粤）"等族群聚居区，说明我国南北汉藏语系族群的传统宗教信仰都有神木崇拜，古今可以相互印证。今布依族《摩经》的神木崇拜与远古汉藏语系族群的神木崇拜有共同的文化源头。布依族《摩经》对神木崇拜有更为生动具体的记载，这与汉藏语系族群的文化渊源有密切关系。

布依族《摩经》认为古代布依族先民建造房屋、制造农具和舟船，都需要优质木材，其优质木材即树神所赐。这是布依族《摩经》祭祀树神的又一精彩表述。如《摩经·船经》说：

ɕiu^{42}kuan^{35}wei^{31}ɕa:u^{55}ku^{42}ʔba:n^{35}
辈 早 未 造 做 寨　　　　古代未造村寨时，
ɕiu^{42}kuan^{35}wei^{31}wan^{213}ku^{42}pəŋ^{53}
辈 早 未 创 做 世界　　　　古代未造世界时，
kau^{33}ɕa^{31}la:u^{35}ka^{31}ka^{33}
葛藤 大 如 腿　　　　葛藤大如人脚杆，

kau^{33}pja^{33}la:u^{35}ka^{31}ɦeŋ^{42}

藤　巴　大　像　小腿前部①　　巴藤大如人小腿。

ɕiu^{42}kuan^{35}wei^{31}ɕa:u^{55}ku^{42}ʔban^{35}

辈　早　未　造　做　寨　　古代未造村寨时，

ɕiu^{42}kuan^{35}wei^{31}wan^{42}ku^{42}ɾa:n^{53}

辈　早　未　造　做　房　　古代未造住房时，

kau^{33}ka:t^{31}la:u^{42}ka^{31}tɕien^{33}

藤　旱　大　像　肩②　　旱藤大如人肩膀，

kau^{33}zen^{42}la:u^{42}ka^{31}ɦeŋ^{42}

藤　联　大　像　小腿前部　　联藤大如人小腿。

……

mai^{55}po^{33}pa^{31}ti^{55}ʔbən^{33}

神木　坡　坝　顶　天　　坡坝神木高顶天，

mai^{55}po^{33}pa^{31}ti^{55}pja^{33}

神木　坡　坝　顶　岩　　坡坝神木长顶岩。

……

la:u^{33}kat^{31}wan^{213}lək^{213}ta:i^{31}pu^{55}vəŋ^{42}

怕　犯　影响　儿　台王（台帝）③　　担心得罪台王或台帝影响到后代，

la:u^{33}kat^{31}wai^{31}pa^{31}ʔdəu^{42}pu^{55}vəŋ^{42}

怕　犯　影响　妻　第一（大）人　王　　担心得罪首代人王的大妻子，

ku^{213}ni^{55}kəu^{33}ma^{33}ʔda^{33}

时　这　我　来　摆（祭坛）④　　布摩先生吉时摆祭坛！

……

ɕiŋ^{35}məŋ^{53}fəŋ^{31}mai^{55}ŋuat^{31}ʔbaɯ^{33}puaɯ^{35}

请　你　像是　树　然　叶　团形　　请你团叶的然树神，

fəŋ^{31}mai^{55}zau^{33}ta:ŋ^{213}na:ŋ^{11}

像　树　枫　另一个　山梁⑤　　像是另一山梁的大枫树神。

ɕiŋ^{35}məŋ^{53}fəŋ^{31}mai^{55}ŋuat^{31}ʔbaɯ^{33}sen^{33}

请　你　像是　树　然　叶　硬　　请你硬叶的然树神，

fəŋ^{31}mai^{55}ʔiŋ^{33}ta:ŋ^{213}na:ŋ^{11}

像　树　英　另一个　山梁⑥　　像是另一山梁的大毛辣子树神。

ɕiŋ^{35}məŋ^{53}fəŋ^{31}mai^{55}ŋuat^{31}ʔbaɯ^{33}mai^{213}

请　你　像是　树　然　叶　紫　　请你紫叶的然树神，

fəŋ^{31}mai^{55}zai^{213}tɕa:ŋ^{33}ɦoŋ^{35}

像　树　锥栗　中　山窝⑦　　像是山梁窝的大锥栗树神。

---

① kau^{33}pja^{33}：类葛根（叶不同）。

② kau^{33}ka:t^{31}：类葛根（无毛）。

③ ta:i^{31}pu^{55}vəŋ^{42}：台王皇帝。

④ kəu^{33}：我，这里指布摩先生。

⑤ mai^{55}zau^{33}：枫香树。

⑥ mai^{55}ʔiŋ^{33}：毛辣子树。

⑦ mai^{55}zai^{213}：锥栗树。

ɕiŋ³⁵məŋ⁵³fəŋ³¹mai⁵⁵so³¹ʔbaɯ³³lao⁵⁵
请 你 像是 树 梧桐 叶 大① 请你大叶的梧桐树神，
fəŋ³¹mai⁵⁵ka:u⁵⁵ʔbaɯ³³ʔba:ŋ³³
像 树 考 叶 薄② 像是薄叶的大胡椒树神。
……

《尚书·禹贡》也说："禹敷土，随山刊木，奠高山大川。"帝禹先祖是治水英雄，林河教授认为："此'刊木'即竖立的木质'牂牁神柱'，'奠高山大川'之'木'即为生殖崇拜神木。""'牂牁'一词见于东晋《华阳国志》载楚顷襄王时，遣庄骄伐夜郎的'系船牂牁'。夜郎邑有'且兰'地名，'且'就是'祖'的意思，'兰'就是'房屋'的意思，'且兰'就是'祖宗住的房屋'，也就是'祖庙'之意。夜郎国的风俗，祖庙多建立在水边，所以，牂牁神柱也竖立在水边。甲骨文的'祖'字原作'且'，画的就是男性生殖器，后来加上一个示（礻）字旁，作'祖'，即祭'且'之意。汉朝在灭了夜郎国以后，便在夜郎国的基础上建立了'牂牁郡'。《太平御览》卷一七一载：陆州，秦象郡地，汉以来属交趾，宁海县有牂牁山。同书卷七七一引《异物志》云：'有一山，在海内，小而高，似系船柱，俗谓之越王牂牁。'越人地区的水边牂牁神柱也可系船，故曰'越王牂牁'。"[23] "牂牁"即越王神木生殖崇拜，这与"台帝"大禹先祖信仰和神木生殖崇拜有关。"牂牁"如下图所示[24]：

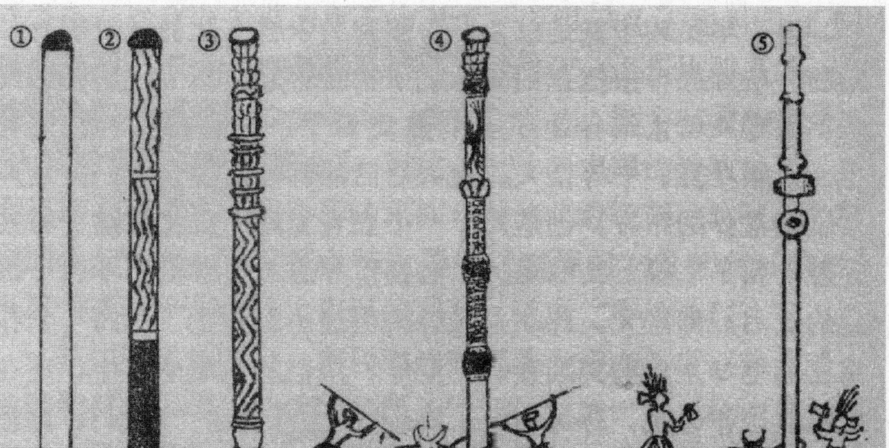

①马王堆3号汉墓《地形图》上的越人牂牁神柱之一。②马王堆3号汉墓《地形图》上的越人牂牁神柱之二。③湖南凤凰县巫师傩祭时所立的牂牁神柱。④湖南花垣县苗族杀牛祭祖时所立的花柱（牂牁）。⑤汉代西南濮越民族祀神铜鼓上的牂牁神柱。

考布依族《摩经》中的"台王"或"台帝"，又可称为"大王"或"大帝"。"台"、"太"同音。古语"太"即"大"之意。那么"台王"或"台帝"是谁呢？我们认为，这可能与汉藏语系族群上

① mai⁵⁵so³¹：梧桐树。
② mai⁵⁵ka:u⁵⁵：大胡椒树。

古时代的“台桑崇拜”有关。《楚辞·天问》说：“焉得彼嵞山女，而通之于台桑？”说的是禹娶涂山氏之女处。朱熹《集注》：“焉得彼嵞山氏之女，而通夫妇之道于台桑之地乎？”说明“台桑之地”是圣地，乃帝禹先祖的结婚之所。帝禹先祖选择“台桑”圣地“通夫妇之道”，是一种明显的“台桑崇拜”，是神木生殖崇拜之意。“嵞山”在今皖南，禹兴于川西“石纽”，两地都在长江流域；黄河流域也有禹凿龙门的传说。这说明长江、黄河两地文化自古一体，故其“台桑之王”可称为“台王”或“台帝”。“台王”、“台帝”实指“台桑之王”，是汉藏语系族群圣王于圣地成婚之意。“台王”、“台帝”亦即帝禹，这与树神生殖崇拜有关。将“台桑”作为婚姻圣地，在原始社会末期和阶级社会初期的神木生殖崇拜阶段是说得通的。

“禹”为中华汉藏语系族群的夏朝之祖，又称夏禹。“夏、越”或“禹、越”的关系如何？卜辞里常见“戫”字。董楚平教授说：“郭沫若断‘戫’为‘殷之先公’，康段释‘戫’作夏代之夏的本字。二人皆释作名词。就词性而言，与句意相合。但究竟是人名还是朝代名？按句意，戫是祭祀对象，应该是人名。康说可排除……祭祀是殷墟卜辞的重要内容，不可能没有禹字，而现有的甲骨文未有‘禹’的祖型字。窃疑‘戫’即禹的初文，该字由‘夏’、‘戉’两字组合而成，是会意结构，‘夏’是‘中国之人’（《说文》），‘戉’是‘王斧’（《字林》）。‘戫’是第一个执钺称王的‘中国之人’，此人即禹。”[25]

“《风俗通义·皇霸》引《尚书大传》：‘禹者，辅也。’《广雅·释诂四》：‘禹，舒也。’这些是声训，说明禹字古音同辅、舒。《春秋》昭公二十年：‘徐于章羽奔楚。’《左传》、《公羊》作‘章禹’。羽、禹古音相同。羽、辅、舒都在鱼部。戉古音同斧，也在鱼部。戫字从夏从戉，除合意外，可能还有形声性质，即从戉声。戫、禹音同，亦为戫为禹字的一条内证。……卜辞的‘戉’即夏，‘戉’即禹，其字表明，夏、禹与戫关系密切。……田野考古表明，二里头夏文化是当时全国钺器最发达的文化，最早的钺器制作中心在长江以南太湖流域，后来转移到中原伊洛平原。长江流域与黄河流域两地先民有族群渊源关系。”[26]

大禹在长江以南之迹，古籍多有记载。《史记·封禅》说：“禹封泰山，禅会稽。”《国语·鲁语》说：“昔禹致群神于会稽之山。”《墨子·节葬下》又说：“禹东教于九夷，道死，葬会稽之山。”《夏本纪》说：“帝禹东巡狩，至于会稽而崩。”《左传》哀公七年，“禹会诸侯于涂山，执玉帛者万国”。（“涂山”即“嵞山”。）此当为大禹主持的在“百越（百粤）”族地区举行的汉藏语系族群部落联盟大会，为的是扩大国家的统治基础。“越国”起于中原少康之世。是少康子“于越”受封于会稽，发展了“百越（粤）”族文化。《史记·越王勾践世家》说：“越王勾践，其先禹之苗裔，而夏后帝少康之庶子也。封于会稽，以奉守禹之祀。”《正义》引贸循《会稽志》云：“少康，其少子号于越，越国之称始于此。”说明古代汉藏语系的“百越（粤）”族奉“帝禹”为先祖，并隆重祭祀帝禹。布依族先祖“‘百越（粤）’族古字称‘戉’或‘钺’，‘越’族即因发明和善于使用钺器而得名。在长江下游距今7000年前的河姆渡文化就已出现玉钺、石钺；而距今5000多年到4200年前的良渚文化则是我国玉钺、石钺最发达的史前文化。在长江中游的屈家岭文化和岭南的石峡文化都有石钺，后者还有玉钺。中原本是椭圆形石斧的主要产地，可是在河南龙山文化中突然出现了扁薄穿孔石斧（即石钺），在晋南的陶寺类型晚期墓葬中也出现了许多磨制精致的石钺和玉钺，甚至有有肩玉钺；在二里头夏文化遗址中，穿孔石斧（石钺）为主要石器之一，制作精良的玉钺大量出现，二里头夏文化还开始出现了青铜钺，揭开了钺史的新篇章。从此，钺的主要产区从长江下游转到了中原，《说文》引司马法云：‘夏执玄戉，殷执白戚（斧），周左杖黄戉，右秉白髦。’《诗·商颂·长发》：‘武王（成汤）载旆，有虔秉戉；如火烈烈，则莫我敢遏。’《史记·殷本纪》：‘汤自把戉，以伐昆吾，遂伐桀。’《尚书·牧誓》：‘（周武）王左杖黄戉，右秉白旄以麾。’斧钺成了夏、商、周三代王权象征。”[27]这就说明自先夏时代开始，南方汉藏语系族群与中原汉藏语系族群已有密切的文化交流。出现这种情况有两种可能：一种是中原汉藏语系族群到南方学习和掌握了石钺、玉钺的先进制造技术并带回中原地区；另一种是南方汉藏语系族群北上中原并同时带去了石钺、玉钺的先进制造技术，留在南方者则继续发展当地的“百越（粤）”文化。不管哪种情形，这都是汉藏语系族群内部的文化交流，相互学习、守望相助是族群内部的手足之情，是中华文化传承和发展的优良传统。

关于汉藏语系族群“于越”先祖的“会稽”地望，学术界有些争论，不可不提。如黄讳城先生认为：“春秋时称霸中原的越国，本称‘于越’。”《竹书纪年》载周成王二十四年（公元前1040年）“于越来宾”。《公羊传·定公五年》“于越入吴”。关于“于越”方国名称的由来，赵晔的《吴越春秋·越王无余外传》留下了一丝蛛丝马迹，“‘禹以下六世而得少康。少康恐禹祭之绝祀，乃封其庶子于越号曰无余。余始受封。人民山居，虽有鸟田之利，租贡才给宗庙祭祀之费。乃复随陵陆而耕种，或逐禽兽而给食。无余质朴，不设官职之饰，从民所居，春秋祠禹墓于会稽。’赵晔为东汉会稽郡山阴县人，会稽郡治在山阴。赵晔年轻时曾任山阴县吏，对本地掌故及口碑相传有关越国史事颇为熟悉。但由于距无余始封于越已两千多年，加之司马迁著《史记》撰写《夏本纪》、《越王勾践世家》、《太史公自序》时，已持夏禹会稽诸侯之山就是春秋时越国都城会稽（今浙江省绍兴市）南十余里的会稽山，因此便误以为少康庶子无余始受封以奉祀禹的‘于越’就在春秋时的会稽一带。比赵晔稍早的袁康所著的《越绝书》，比赵晔稍晚的张勃所著的《吴录》，均以为夏禹曾征今浙江绍兴市南的会稽山‘大会计，爵有德，封有功’。影响所及，自西汉以来，学者遂误以为越国的地望始初便在今浙江绍兴一带。其实，春秋末称霸中原东南地区的越国，是从现在河南省西部嵩县境内搬迁过去的。始初的‘于越’方国及其境内的‘会稽山’，与春秋末称霸中原的‘于越’及其国都南面的‘会稽山’，一西一东，中间相隔三千余里。‘古越’地望，不在今浙江绍兴一带，而在今河南嵩县境内。《国语·周语下》：‘其在有虞，有崇伯鲧’；《国语·周语上》：‘昔伊，洛竭而夏亡。’《史记·夏本纪》‘禹之父曰鲧’。可证伊水、洛水之间，为夏王朝的发祥地。鲧为崇伯，崇必居伊、洛二水之间。”[28]此说似有道理，但只以“伊水、洛水之间，为夏王朝的发祥地”，而轻易否定了司马迁《史记》还很难令人信服。我们认为，从考古发掘证明新石器时代“钺”器起源于长江流域和珠江流域，后来“钺”器又传播到黄河流域，可以说明先夏时代南方汉藏语系族群与中原汉藏语系族群的同胞文化已经相互交流。先夏时代“今河南嵩县有‘古越’”地名，正好印证越族先祖在先夏时代已北迁中原。此外，还有“会稽”地望在今安徽或山东之说，等等。对于这些争论，梁钊韬先生早有灼见。他认为：“《史记·越王勾践世家》：‘越王勾践，其先禹之苗裔，夏后帝少康之庶子也。封于会稽以守禹之祀。文身断发披草莱而邑焉。’这里，司马迁指的是以勾践为代表的东南沿海越族。但其后，《汉书·地理志》臣瓒对此有怀疑，故曰：‘百粤杂处，各有种姓，不尽少康之后也。’并举芈姓夔越为据，说明他的见解，又曰：‘故《国语》曰：芈姓夔越，然则越非禹后明矣。’夔越是指今湖北秭归至四川奉节一带当时民族关系复杂、濮（卜）人居住过的地方，曾被楚国统治，而服了楚姓的夔族。司马迁与臣瓒所处的时代不同，论述对象和地区也不同，这二说均有可取之处，但亦不免有所偏颇。前者指出夏与越的关系，后者指出百越（粤）成分的复杂，都是可取的，其它可暂不论。近人‘越族原出于夏族’说，而又包括了夔越，就不无纷繁未理，嫌有未尽之处。在夏禹的时候，东夷越族已经成为华夏民族的成员，共同建立了夏国，因而东夷越族在传说中流传他们是夏的后裔，其后文字记载便把越王勾践的祖先认为是源出于禹之后，这是合理的。同样，尽管夔越以越人血统为主体，但已与苗族、巴族等江汉地区的一些民族融合，并成为楚民族的成员，所以认为是芈姓之后，这也是合理的。我们应珍视和运用……《淮南子·汜论训》说：‘秦之时……东至会稽浮石。’高诱注：‘会稽，山名也，浮石随水高下，……一说会稽在太山下，封于太山，禅于会稽也。’太山即泰山，会稽与泰山相接近，虽前人已指出，但到底不明其中的关系。可能夏之时，会稽在泰山附近，为东夷越族人所崇敬，其后苏、鲁地区与华夏民族融合，不再被称为越人，后浙江越人因怀念其先祖，会稽一名又出现在浙江。故这个传说颇有来历，并非随便臆造。《汉书·地理志》臣瓒说的‘自交趾至会稽’的越族分布地区，自是商周以后的情况，而更早的越族分布应与东夷、莱夷地区结合，及于山东。”[29]梁钊韬先生的分析研究深刻、合理。既然“在夏禹的时候，东夷越族已经成为华夏民族的成员，共同建立了夏国，因而东夷越族在传说中，流传他们是夏的后裔，其后文字记载便把越王勾践的祖先认为是源出于禹之后，是合理的”。“夏国”是中华文明初始，说明从中华文明初始就有了南方汉藏语系“百越（粤）”族群与北方汉藏语系族群共同创造的文化结晶。南方汉藏语系与北方汉藏语系都是源自一体的族群同胞，考古发掘证明 170 万年前的云贵高原元谋人是我国最早的古人类，即汉藏语系族群都是源于中华最早人类 170 万年前的云贵高原的元谋人后裔。汉藏语系族群后来迁移分布在长江流域、珠江流域和黄河流域，在分布的空间地域上仍然紧密相连，因而他们具有文化的同源性和共同性。加上原始社会末期江南“钺（戉）即越（粤）”文化传入中原二里头夏文化遗址；戫字从夏从戉，除合意外，可能还有形声性质，即从戉声。戫、禹音同，亦是戫为禹字的一条内证。“‘夏’是‘中国之人’（《说文》），‘戉’是‘王斧’（《字林》）。‘戫’是第一个执钺称王的‘中国之人’，此人即禹。”故“百越（粤）”族奉大禹为先祖，是汉藏语系族群历史逻辑的必然。

汉藏语系“百越（粤）”族群奉大禹为先祖并隆重祭祀帝禹，其神木“牂牁”崇拜与帝禹“桑台”神木生殖崇拜有关。后代越王也崇拜神木并留下丰富的考古学、文献学遗迹。《越绝书》卷八，《越绝·外传记地传》第十说：“木客大冢者，勾践父允常冢也。初徙琅琊，使楼船卒二千八百人，伐松柏以为桴，故曰木客，去县十五。一曰勾践伐‘善材’，文刻以献于吴，故曰木客。”《吴越春秋》卷九，《勾践阴谋外传》记载文种献计于勾践又曰：“吴王好起宫室，用工不辍，王选名山‘神材’，奉而献之，以费其财……越王乃使木工三千余人，入山伐木。一年，师无所幸，作士思归，皆有怨怼之心，而歌木客之吟。”同卷又载：“一夜，天生‘神木’一双，大二十围，长五十寻。阳为文梓，阴为楩楠，巧工施校，制以规绳，雕治圆转，刻削磨砻，分以丹青，错画文章，婴以白璧，镂以黄金。状类龙蛇，文采生光。乃使大夫种献之吴王。”文中“勾践”、“允常”都是越国之王，“吴王”即吴国之王。可见到周末春秋之时，吴国与越国的王族还称深山巨木为“神木”、“神材”、“善材”等，其神树崇拜观念还很浓厚。东汉赵晔《吴越春秋·勾践归国外传》曰：“葛不连蔓棻台台，我君心苦命更之。”《汉语大辞典》说：“棻”即香木。古时多用为人名。汉代有刘歆子棻，唐代有令狐德棻。“棻”通“纷”，即茂盛之意。《后汉书·班彪传上》：“五谷垂颖，桑麻敷棻。”

李贤注："棻，茂盛也，音芬。"《吴越春秋》、《越绝书》中的神树崇拜观念和以"香木"喻比君王高尚之心的用法，当是传承了帝禹"台桑之地"树神生殖崇拜的传统信仰。

《说文》："禹，虫也，从禸，象形。"并训"禸"为"兽足蹂地"。此说无论从字形还是从字义来看，都无根据。《说文》中从"禸"的字，甲骨文、金文均不从"禸"，如禽、万等。故钱玄同说："禸字，殆汉人据讹文而杜撰的字。"[30]"金文的禹字作' '（禹鼎）、' '（叔向簋）、' '（秦公簋）；战国印章禹字作' '（《万印楼藏印》）。禹字皆无虫字痕迹，而是由'亽、↑'和'戉'字的省笔组成。'亽、↑''是俞的原始象形字'，'是带有长柄的尖锐工具'。"[31]"《说文》：'俞，空中木为舟也'。'俞是刳木工具。古代独木舟都是质地坚硬的优质木材，刳木为舟的工具自然也是破土的利器，是大禹治水的攻坚主器。禹字以它冠首，可能取意于此。'"[32]布依族先祖"百越（粤）"族古字称"戉"或"钺（越、粤）"，"越（粤）"族即因发明和善于使用钺器而得名。殷墟卜辞"戉"是第一个执钺称王的"中国之人"，此人即"禹"。斧钺是夏、商、周三代王权的象征。汉藏语系族群自古一体，"百越（粤）"族奉大禹为先祖并隆重祭祀帝禹，帝禹与布依族先祖"百越（粤）"族有密切关系，这是不能轻率否认的。

布依族传统宗教经典《摩经》有布依族与汉族同源的记载，即两者都是农耕的生产、生活方式。再者，布依族先民与汉族先民也有相互印证的古籍史料、考古发掘"戉"器出土和宗教信仰等重要佐证。因此，将布依族先祖与汉族先祖强行分开或将长江、黄河文化强行分开的做法，都是站不住脚的。只有把单一民族的布依族文化研究置于大中华文化背景之下，用整个汉藏语系乃至多种语系的综合考察进行对比，才有可能得出可靠的科学论断，从而有利于国家民族的凝聚与发展。

我国汉藏语系族群是历史悠久的农耕民族，自新石器时代便开始形成"男耕女织"的农耕文化。养蚕和丝织业是我国对人类作出的杰出贡献之一，古代就有"帝女桑"的传说。我国素有"丝国"之称。有学者认为西班牙人称中国为"Sino"，就源于丝"Silk"一词。《山海经·中次十一经》宣山"其上有桑焉，大五十尺，其枝四衢，其叶大尺余，赤理、黄华、青柎，名曰帝女之桑"。《山海经·中山首经》："凡薄山之首，自甘枣之山至于鼓镫之山，……桑封者，桑至也，方其下而锐其上，而中穿之加金。"《山海经·海外北经》："欧丝之野在大踵东，一女子跪据树欧丝。"又"三桑无枝，在欧丝东，其木长百仞，无枝"。王廷洽在《中国古代的神树崇拜》中说："《山海经》记录'其木多桑'、'其上多美桑'等等，明显是与树神崇拜有关。桑树有神奇外表，树高'百仞'，树叶茂密，竟使人认为它无枝，其枝叶范围直径五十尺，叶子径也超过一尺。再加上赤色枝干、黄色的花、青葱的叶子，着实给人一种超凡的感觉。于是给她取了一个不俗的雅名——'帝女桑'。《广异记》为这一名称作了这样的解释：'南方赤帝女学道得仙，居南阳鄂山桑树上，赤帝以火焚之，女即升天，因名曰帝女桑。'《淮南子·主术训》说：'汤之时，七年旱，以身祷于桑林之际，而四海之去凑，千里之两至。'赤帝焚其女于桑树之上，一方面反映了传说时代可能存在焚巫之俗；另一方面说明了桑树的树神崇拜。桑树树神崇拜的缘由当即把养蚕、丝织归于桑神的启发。《海外北经》的'一女子跪据树欧丝'，'欧'即呕，吐也。人是不会吐丝的，当然说的是这位女子采集了蚕茧，跪据在树旁抽丝，此树即桑树。反映出发现和利用蚕丝织布帛者是氏族社会的女子，因此桑树的雅名为'帝女之桑'，这也就赋予了桑树以神灵。"[33]20世纪20年代末，在山西夏县西阴村彩陶遗址（距今约6000—5000年）中发现半个蚕茧，考古专家称之为家养蚕，说明当时已发明养蚕取丝。如果说这些仅为传说、孤证的话，那么在距今7000年的浙江河姆渡遗址中，就出土了画有蚕纹的陶器；在距今约5300—4200年的浙江良渚文化的钱山漾遗址中还出土了绢、丝带、丝线等丝织品实物。这说明我国汉藏语系族群先祖的养蚕业和丝织业，最早出现于新石器时代末期的氏族社会，“帝女之桑”神木崇拜传说，当为此时期经济生活的真实反映。

到周末春秋时期的长江流域，汉藏语系族群“百越（粤）”先祖的神木（巨木）崇拜也得到相关考古学的佐证。如浙江绍兴印山越王允常大墓，出土了一具举世罕见的独木大棺。据考古报告称，印山大墓位于越国故都绍兴的印山，依山凿岩挖坑而成，周围隍壕，墓上封，内填青膏泥、木炭等物，为一座极具特色的长墓道甲字形竖穴岩坑木室墓。这座规模巨大的越国王陵，不但耗费了无数的人力物力，同时也以独特的墓室结构向后人展示了越文化奇特的内涵，其中最为重要的是墓主允常的墓室和大棺。据介绍，墓室用巨大的枋木构建而成，规模宏大，形制特殊。墓室平面呈长条形，横断面呈等腰三角形。整体呈“人字坡”形，外长34.8米，外底宽6.7米，内长33.4米，内底宽4.78—4.88米，室内平面面积达160平方米。墓主允常的大棺东西向顺置于中室，系用一巨型圆木一剖为二，再经掏挖而成。独木棺长6.05米，宽1.12米，棺内深0.4米。[34]这种结构独特的墓室和独木大棺举世罕见。林蔚文教授认为“绍兴印山越王允常大墓出土的这具独木大棺，应是古代越人神木崇拜的重要物证。其一，王者葬于独木大棺中，其身份反衬了巨木在古代越人心目中的神圣地位。作为越国的最高统治者，允常死后被安葬于由一棵巨大的树木制成的独木大棺中，这种葬具的选择并非无意识的。恰恰相反，它可能象征或代表着越王与神木的沟通，也显示了死者至高无上的地位和神圣不可侵犯的权威。其二，可以佐证这一观点的有福建和江西两地先秦时期的崖棺葬具。福建和江西等地的考古学者二三十年前分别在武夷山两麓的临江崖洞中，清理发掘出数十具形制特殊的崖棺。它们之中有船形、圆筒形、扁圆形等，其中尤以福建崇安的‘武夷山船棺’最为著名。它们皆以巨大的楠木等树木刳制而成。如1978年9月发掘清理的崇安白岩船棺，棺如船形，全长4.89米，宽0.55米，高0.73米，分底盖两部分，作上下套合。虽然该棺棺盖呈半圆形如篷状，棺底如梭形，前后起翘，整体如船状而称‘船棺’，但上下套合之后，如一独木巨棺呈现在世人面前。又如江西贵溪1980年清理发掘的一批崖棺，多为巨木刳制而成独木棺，其中一大棺为整根楠木刳制而成，长3.90米，宽1米，盖呈屋顶形，为仿屋式独木大棺。先秦时期古越人的木作手工艺水平已较成熟，如果他们要将一些中等大小的木材制成精致的棺椁，不过是轻而易举。为什么他们要舍此而不辞辛劳地去选择那些罕见的千年巨木，再费尽力气刳制成棺呢？这是因为古代越人对这些神木巨树的崇拜。研究者也比较一致地认为安葬于武夷山两麓数十米高悬崖峭壁中的崖棺的死者身份地位是比较高的，其中不乏氏族首领之类的人物。把王者首领葬于神木之躯以通达于神灵，在当时越人心目中可能是神圣之举。武夷山两麓先秦时期古越人船棺等巨木刳成的大棺，在选材方面除了从表层意义上选用楠木等质地坚硬防虫防蛀的良木之外，还选用千年神木为棺安葬氏族首领，乃祈求其以‘神舟’通达于上天神灵的深层思想含义。其三，古代越人的神木崇拜现象在于越地区还有其他文物可以佐证。如1982年在绍兴出土的越国306号战国墓，其出土物中有一件铜屋模型，屋顶树有一图腾柱，柱上饰有云雷纹等图案。此屋的性质属于祭祀场所，应是当时越人原始宗教祭祀活动的缩影。”[35]在现实生活中，越人的这个图腾柱不可能用铜铸造，其唯一选择势必是以巨木为之。说明春秋时期“百越（粤）”族群的神木崇拜还非常浓厚，并反映在其王族的隆重礼仪之上。布依族是“百越（粤）”族群后裔，其《摩经》神木崇拜当与此有关。

树木崇拜至今在汉藏语系族群之中也较普遍。如藏缅语族中的彝族“无论什么树，只要高大的老树或茂密的原始老林，彝族都认为是神灵载体，故加以崇拜。滇南彝族尼苏支系忌砍伐作为神树祭献过的树，即使树老枯干倒地也不去砍伐，让其腐朽化尽。1955年，云南红河县大羊街乡奴玛彝村‘咪嘎’树林中的一棵老栋树被风刮倒，此村彝民认为是神树，谁也不敢砍做用柴。……除神树外，其他老树可以砍伐，但砍伐之前，须举行砍伐仪式，加以祭献，进行解释、抚慰，祈求宽恕和保佑。……云南大姚县彝族，每年农历二月初八要祭山神，所要祭山神的多为老树。祭时以酒、肉、锄、斧、刀、枪为祭品，布摩念诵条词。参祭者用锄挖土、用镰刀割草、用刀砍树等动作，把老树视作集天、地、父、母、神于一身的山神之象征，祈求保佑人畜安宁，五谷丰登”[36]。又如在汉藏语系壮侗语族中，“云南傣族很早就认识到自身和森林的密切关系。他们视森林为第一生命，认为‘没有森林就没有水，没有水就没有稻田，没有稻田就没有粮食，没有粮食就没有人类’。为了尊崇这一古训，傣族人民历来爱护森林，从来不乱砍滥伐森林，并对森林及其功能做了严格的规定，不同的森林及树木具有不同的作用，这在其它民族中是不多见的，因而形成了极具生态保护价值的森林文化禁忌系统。在这个系统中，被傣族视为村寨的‘保护神’的‘龙山林’，既是傣族森林文化禁忌的核心，又具有极高的生态环境保护价值。……西双版纳每个傣族村子都有一处面积大小不等（小的数十亩，大的数百亩乃至数千亩）的保护得十分完好的森林——‘龙山林’，傣族人民认为那是死者的归宿之处。任何人不敢随意进入采集狩猎，不敢伐木，连落在地上的枯枝也不敢捡来当柴烧，即便熟得落到地上的果子，也无人敢捡来吃。因此树木得到蓄养、保护，动物无人侵扰。众多‘龙山林’成了实际上的自然保护区。这种源于对死去神灵敬畏的做法，本质上反映了傣族人民对待环境的态度，从而起到了规范傣族人民正确对待森林及其中万物的作用。在我们调查过的曼井堡、曼俄村等几个傣族村寨中，几乎所有傣族男女老幼对‘龙山林’都表现出极大的敬畏之情，有的傣族妇女甚至不敢谈起，更不用说无故进去。难怪在傣族村寨四周至今仍保留着一片片绿色的热带雨材，即使在动乱年代，本族人也没有谁敢破坏，人们除了安葬死者的时候能进去，其他时候是不能随便进入的，否则就会给进入的人，甚至整个村子带来噩运，因而大部分‘龙山林’得到了有力的保护，甚至比国家划定的自然保护区保存得还好。据云南本土田野学者们的调查，目前西双版纳共有这样的‘龙山林’一千余处，不少于10万公顷，占全州总面积1 922万平方千米的5%。它有效地保护了西双版纳的生物多样性和生态环境，从而使西双版纳成为名副其实的‘动物王国’和‘植物王国’”[37]。在云南新平县的傣族中，“‘候登社冈曼’直译为祭祀寨中的寨神树。神树为两株万年青，一株叫‘梅海赛’即线形叶万年青，果大、色黄、不能吃，叶细长如线形而得名；另一株叫‘梅海朗姆’即黑万年青，果小如豌豆，人、雀均吃，色黑故名。两株树脚下有块大石板作祭台，一年祭三次。第一次，在冬月撒谷种时，傣语称‘候社万憂’，杀红公鸡一对，解放前由‘布干’，即火头买，现在由村小组长即村长买，鸡由竜头杀，拔毛蘸血粘在祭台石板边上，煮熟后祭全鸡。祭品除鸡外，还有稻谷一小箩、糯米饭一盒、酒一瓶、香三柱。由竜头主祭，一边祷告、奠酒，一边用手撕鸡冠肉、鸡内脏及糯米饭各一点放在祭台上。祭毕，鸡头、鸡脚、内脏留给火头、竜头及部分老人在竜树脚吃，鸡肉按户平分，每户派小孩去领。第二次，在傣历九月（阳历六月），傣语称‘候社冷告’。需杀水牛一头，每户出资10元，全寨合计620元。祭祀头天，由竜头在寨子中心用竹席搭一凉棚，傣语称‘厅社’，直译为寨神亭，简称竜房。内置供桌一张，上摆炖鸭蛋2碗、熟的牛肉干巴2条、腌鱼酢、腌肉酢、腌火雀各一碗、酒2杯、筷2双、香2柱，另有酒1瓶、糯米饭1盒。供品摆齐，水牛拴在附近仓库柱脚，女巫洗头洗脚，沐浴净身，换上干净衣裙，进竜房请神，江下游请到岩子脚落水洞渡口；江上游请到楚雄、大理州交界，接近双柏县境的各路勐神竜神都要请到，请他们来参加一年一度的盛大宴会，领受村民的杀牛祭祀，并从下午6时一直念到半夜12时。参加进竜房请神的还有竜头及老年妇女数人。祭祀日，女巫及其他妇女均回避。先杀鸡，后杀牛，均由竜头操刀；先生祭，后熟祭，谓之‘领生在前，回熟在后’。熟祭品有酸莱、芹菜炒肉、炒内脏、煮排骨、血拌凉肉菜等。竜头率全寨男户主跪拜，竜头主祭、祷告：‘寨神老爷，今天是吉日，子孙们杀水牛来祭您，请您来领受，请您保福保佑，儿孙清洁平安，睡好吃甜，人畜兴旺。下河得挑鱼，下田得挑稻，养鸭满塘，养鸡满笼，养猪肥满厩，养黄牛水牛满栏。’祭奠毕，分肉，生肉一户分一份，重约一两，留着新米节及叫谷魂时用；买牛钱按户平摊，熟肉熟菜也按户平分。牛头脚、牛尾留至第三天早上烧、刮洗净，煮、炒熟了再祭一次，祭品有饭一盒，酒、茶二杯，筷两双。至下午2—3时，竜头拆除寨中临时搭的竜棚，祭竜结束，才解除两天半不干农活、家务，本村人不得出村，外村人不得入村的禁忌。戛洒全勐46寨于傣历九月（阳历六月）均祭祀寨神，但需杀水牛的只有5个寨，即曼秀、新、老鱼塘共计三寨，杀三头；上、下南蚌两寨合杀一头。其余41寨只杀黄牛，不杀水牛。第三次在傣历十月（阳历七月），傣语称‘候社冷西扑’，因时在收获中稻结束，又称‘候社尾丹’（祭竜拣尾穗）。需杀小母猪一头，重约10—20斤，每户出资2元，全寨合计124元。祭祀头天，竜头送一斤大米给女巫，即表示由她通知各路竜神于明天来领受祭礼。祭祀日一早，在竜树下由竜头杀猪杀鸡祭，祭词为：‘竜神爷爷，今天杀猪来祭您，户户收粮回家，家家挑谷装仓，望您保福保佑，儿孙九代不受饿，谷仓百代吃不完。’祭毕，按户分肉分菜，分剩的留给火头、竜头及部分老人在竜树下吃”[38]。

上述彝族、傣族和布依族都是我国汉藏语系的兄弟民族，彝族以山地旱作农业为主，还保留少量畜牧业；傣族和布依族则以水稻农业为主，以山地旱作农业为辅，其生产方式不尽一致。傣族与布依族还是汉藏语系中的同语支民族，傣族人与布依族人在互不相识的情况下，不用翻译便能各用本族语言进行简单交流。傣族祭祀树神的“领生在前，回熟在后”礼仪和祭词，与布依族祭树神礼仪和祭词基本相同，两者可以互为参照。因此，布依族传统宗教经典《摩经》丰富的树神崇拜文化，无疑是历史悠久的中华汉藏语系农耕族群的共性文化。

第三节　《摩经》中的舟船文化研究

布依族《摩经》将树神崇拜与人类制造船舶、征服江河水域联系起来。这与布依族先祖在稻作农业经济之中具有多种副业的生产方式有关，也是对汉藏语系族群先祖神木崇拜文化的传承与扩展。

汉藏语系“百越（粤）”族群后裔即包括布依族、壮族、侗族、水族、傣族、黎族、仫佬族等壮侗语族，是我国少数民族族群中人数最多的水稻农耕民族。历史上他们不仅精于水稻农业耕作，而且善于纺织、制造舟船。我国著名历史学家、民族学家、中国民族学会会长宋蜀华先生说：“百越（粤）民族分布广阔，支系众多，从文献记载和考古数据的研究来看，中东南、岭南的越人，总的说来都居住在平原低地或靠近江河湖海水道纵横的地区，甚至分布在山区和云贵高原上的越人，也是沿着较低平的河谷平坝地区居住。……由于这种生态环境和人类活动的交互作用，在生产和生活上，百越（粤）民族表现为和水具有特殊的密切关系，如善种水稻，习水用舟，多吃水产，居住干栏，鸟崇拜、龙蛇崇拜等多姿多彩的百越（粤）文化，是中华民族文化的一个重要组成部分。”“特别是对野生水稻的驯化、栽培和推广，稻米随之成为我国主要粮食作物之一。这项具有世界意义的发明，使百越（粤）民族的名字铭刻在人类文化成果光荣榜上。至于我国沿海航运的发展，也和百越（粤）民族分不开。”[39]耕种水稻与水乡交通，离不开舟船。布依族《摩经》就认为“百越（粤）”先祖建造房屋、加工水稻农具、制造舟船征服水域都需要优质木材，优质木材即为树神所赐，故而要祭祀树神、水神、船神。如《摩经·船经》说：

ka^{33}ni^{55}kəu^{33}ma^{33}ɕiŋ^{35} 这里　我（布摩）来　请	这里我布摩来请神，
ɕiŋ^{35}məŋ^{42}pu^{42}loŋ^{42}ɕuan^{11} 请　你　人　龙　船	请的“龙船人”，
mai^{42}loŋ^{42}ɕuan^{11} 树神　龙　船	请的“龙船树神”，
pu^{42}loŋ^{42}jou^{31} 人　龙　掌舵	请的“龙船掌舵头人”，
mai^{42}loŋ^{42}jou^{31} 树神　龙　掌舵	请的“龙舵大树神”。
ɕiŋ^{35}ɕuan^{11}kok^{55}sau^{33}me^{31} 请　船　根　柱　母（大）	请的大船龙骨强如母柱根，
ɕiŋ^{35}ɕuan^{11}tɕe^{31}sau^{33}tɕa:ŋ^{33} 请　船　节　柱　中	请的大船龙骨坚如屋中柱，采用树中最好的一节。

“大船龙骨强如母柱根”、“大船龙骨坚如屋中柱”是形容制造舟船的高超技艺。《摩经》将舟船称为“龙船树神”、“龙舵大树神”即源于神木崇拜。而‘龙船人”观念出现，因古代发明制造舟船不易，人们在使用舟船的过程中对之爱护和珍惜；平时靠舟船穿行水乡，运输人畜、农具、耕作水稻、收割粮食也靠舟船运载；使用舟船航行水上进行捕捞，给人们带来丰厚的水产，增加肉食生活，特别是这种食物对于儿童发育的有利影响，增强了族人的体质。久而久之，人们便将舟船神话了，并进而使之人格化，舟船遂被称为“龙舟”、“龙船”，这反映出古时布依族先祖可能盛行“龙舟”、“龙船”文化。

古代汉藏语系“百越（粤）”族群创造发明水稻农业，捕获水产、兽类，增加肉食以增强族人的体质就主要靠舟船，这是相当重要的体质人类学文化。舟船崇拜文化也因之具有重要地位。如同恩格斯所说：“在东大陆，野蛮时代的中级阶段是从驯养供给乳和肉的动物开始的，而植物的种植，在这里似乎直到这一时期的晚期还不为人所知。牲畜的驯养和繁殖以及较大规模的畜群的形成，看来是使雅利安人和闪米特人从其余的野蛮人群中分离出来的原因。在欧亚两洲的雅利安人中间，家畜的名称还是共通的；而栽培植物的名称却几乎完全不同。畜群的形成，在适于畜牧的地方导致了游牧生活：闪米特人在幼发拉底河和底格里斯河的草原上，雅利安人在印度，以及奥克苏斯河及药杀水、顿河和第聂伯河的草原上。动物的驯养，最初大概是在这种牧区的边缘上实行的。……雅利安人和闪米特人这两个种族的卓越的发展，或许应归功于他们的丰富的肉乳食物，特别是这种食物对于儿童发育的有利影响。”[40]“雅利安人”（梵文：âryâ，“高尚”之意）属高加索人种（白色人种），他们身材高大、皮肤白皙、毛发浓密、高鼻子、蓝眼睛、浅色头发，是原居于今天俄罗斯南部乌拉尔山脉附近的古代部落，使用印欧语系的语言，被誉为印欧语系民族的共同祖先。畜牧业在他们的经济生活中占有重要地位。“闪米特人”又称闪族人或塞姆人，是起源于阿拉伯半岛的游牧民族，相传《圣经》中诺亚的儿子闪姆即为其祖先。阿拉伯人、犹太人及叙利亚人都是闪米特人后裔。同理，考古学发掘也证明我国汉藏语系“百越（粤)”族群先祖早在1万年前就从事水稻农耕，同时使用竹筏、独木舟航行以捕捞大量水产改善生活。如距今7000年的浙江河姆渡文化遗址，出土各种动物遗骨多达61种，这在我国其他史前遗址中是很突出的。“这61种古生物显然都是河姆渡人的肉食来源，它宛如一张项目繁多的‘菜单’，向人们昭示着河姆渡人‘食谱’的丰盛。从出土动物标本统计可知，当时捕获最多的是水生动物。现场发掘的许多陶器内鱼骨狼藉，龟壳鳖甲遗物成堆。仅以清理的一小部分龟的遗骨为例，明显可分的龟类个体竟有1 570余个。遗址中许多煮食用的陶釜中都装有龟、鳖、蚌、鱼等水生动物遗骸，其中有一陶罐内竟存有满满一罐完整的龟、鳖甲壳，蚌壳更是被成堆地发现，甚至在家狗粪中还发现许多鱼骨。经过浙江省自然博物馆专家的鉴定，在河姆渡人的‘食谱’中已经识别出的61种动物分属34个种属。例如：

无脊椎动物：无齿蚌、方形环棱螺和锯缘青蟹三种。

脊椎动物和鱼类：真鲨、鲟鱼、鲤鱼、鲫鱼、鳙鱼、鲶鱼、黄颡鱼、鲻鱼、灰裸顶鲷、乌鳢等。

爬行类：海龟、陆龟、黄缘闭壳龟、乌龟、中华鳖、中华鳄及相似种等。

鸟类：鹈鹕、鸬鹚、鹭鸶、鹤、鸭、雁、鸦科、鹰科等。

哺乳类动物：亚洲象、苏门犀、爪哇犀、红面猴、猕猴、穿山甲、豪猪、黑鼠、鲸鱼、狗、貉、豺、黑熊、青鼬、黄鼬、猪獾、普通水獭、江獭、大灵猫、小灵猫、花面狸、食蟹獴、虎、豹猫、家猪、野猪、大角麂、小麂相似种、水鹿、梅花鹿、四不像鹿、獐、圣水牛、苏门羚等。

“从这些动物的生活习性看，既有常栖息于芦苇沼泽地带的雁、鸭、鹤、鸬鹚、鹭鸶等水鸟，又有生活于山地林间的鹿类，如水鹿、梅花鹿、四不像鹿和麂等；既有水中滋生的鱼类和蚌类，又有海生的锯缘青蟹、真鲨、鲸、灰裸顶鲷等；同时还有出没于密林深处的虎、熊、象、犀等巨兽。在第三和第四文化层内发现了鲸鱼脊椎骨和鲨鱼牙。这两种海中的庞然大物的捕获，说明河姆渡人已利用舟船从事海上捕捞大型鱼类及水产。……其‘食谱’中的荤菜部分，现代人可能会感慨，他们的生活水平不低啊。”[41]恩格斯在分析古代雅利安人和闪米特人时，强调古人“食用肉乳类和鱼类对于儿童发育的有利性”和对人类“大脑发育的重要影响”就是这个道理。河姆渡文化遗址出土的多达10余吨稻米及丰富鱼类、兽类食物资源，改善了汉藏语系“百越（粤)”先祖的稻米与肉食生活，增强了族群先祖的大脑和体质，促进了社会发展。这就是人们利用舟船、敬重舟船与龙舟崇拜和舟船神话的社会经济基础。

“龙”为中华民族之族神，“龙舟、龙船”即为神舟、神船。恩格斯曾认为“雅利安人和闪米特人这两个种族的卓越发展，或许应归功于他们先祖的丰富的肉乳食物”。按此，我们可以说中华民族卓越的发展，或许也应归功于中华先祖发达的粟稻农业、鱼肉食物和“龙舟、龙船”文化。布依族《摩经》的“龙舟、龙船”文化显然是中华古代水稻文化、水乡龙文化的生动反映。

在我国距今 6000 多年的河南濮阳和湖北黄梅的墓葬中，出土了用水产之物河蚌铺出的龙形图案；在距今 5000 多年的浙江良渚文化遗址中，亦出土有精美龙纹玉雕；在距今 7400 年的黔阳高庙遗址中，出土了以棂船祭神画面；在距今 4000 多年的湖北荆山屈家岭文化遗址中，出土了陶纺轮棂船祀神的画面，画面上有一位头戴巫冠的巫师坐在小舟上手持木桨划舟而行，舟上设有神台，神台上立着神幡和神鼓，舟的头部颇似后代的龙头，舟的前方飞翔着神鸟。画的背景是一弯河岸，河岸上布满栅栏，栅栏上也立有神幡，这十分形象地记录了 4000 多年前楚地区水上竞渡的情景，是广大南方地区舟船迎神之远古风习。后代中国人认为神仙都住在海外的“蓬莱仙岛”，就是其遗俗。当今“龙舟竞渡”实际上也是水上祭祀的遗俗。长沙楚墓出土了两幅《人物御龙图》帛画，两幅帛画都是《亡灵升天图》，那幅画有女亡灵的帛画上，女亡灵正在虔诚地合掌祈祷，乘着一叶小舟，向她心目中的“天国水府”进发，其头顶上腾越着一龙一凤，非常神气地在指挥着龙驾牵引着亡灵之舟前进。另一幅男性《亡灵升天图》上则是男亡灵在乘坐着龙舟向“天国水府”进发，而鸾鸟则站立在龙尾上，充当舵手的角色，驾驭着龙舟前进。这些显然是我国汉藏语系族群“龙舟”崇拜文化的反映。

我国汉藏语系族群先祖从发明制造竹筏到发明制造舟船应当经历了一个艰难的过程。“船舵”产生于独木舟时代之后，“大船”又产生于“小船”时代之后。发展到布依族《摩经》所说的“龙船树神”、“龙船人”观念盛行阶段，说明已将其舟船人格化，人们相信“龙船”像人一样也有思想和感情。再延续至“龙舵神”、“龙船掌舵头人”、“大船龙骨强如母柱根”、“大船龙骨坚如屋中柱”阶段，人们希望“大船龙骨”像陆地楼房之中最高最大的柱头——中柱一样坚实牢固。这就证明当时社会已有巨大船体和固定的信仰与祈福礼仪了。

我国舟船文化曾对世界产生了重要影响。如席龙飞教授在《中国造船史》中所说：“中国是国土广袤的大陆国家，黄河和长江作为母亲河哺育了中华民族并使中国以其古老的文明而著称于世。中国又是有绵长海岸线和辽阔河海的国家，内涵丰富的海洋文化，是中华民族古老文明的重要组成部分。……古人类学和考古学的研究成果表明，到了新石器时代，为‘龙山文化’所哺育并生长在山东半岛和北方沿海的先民，为‘河姆渡文化’所哺育并生长在长江下游和东南沿海的百越（粤）人，都是我国先民乘舟船‘弄潮’的先驱。产生于中国东南沿海的新石器时代的典型器物‘有段石锛’，按着一定的时间序列，次第传到周边国家和太平洋诸多海岛上，正是极为重要的依据，这已为中国和世界的著名考古学家所公认。在河姆渡新石器时代的文化遗址，发掘到 7000 多年前的雕花木桨，再联系到许多新石器时代的舟形陶器的出土，证明中国与其他文明古国一样，早在 8000 多年前甚至更早就已经使用了独木舟。商代甲骨文的‘舟’字，象形为用纵向和横向构件织成的木板船，说明我国木板船已经至少产生于距今约 3500 到 3000 年以前。”[42]这就是说，从 8000 多年前的“独木舟”到 3000 多年前的“木板船”，其发展经历了数千年之久，艰难程度可想而知。

关于舟船起源问题，《易经·系辞》有“黄帝尧舜……刳木为舟，剡木为楫，舟楫之利，以济不通，至远以利天下”的记述。按黄帝距今才 4700 多年，其年代相差甚远。为什么古人会这样认识呢？根本原因乃在于古代盛传黄帝尧舜为华族先祖，古代学者也普遍承认黄帝尧舜为华族先祖，因而一切文物制度都追溯到黄帝尧舜。舟船在中国社会甚至变成讴歌民族先王圣哲的一种符号。《东薪发蒙记》谓："伯益作舟。"《山海经》谓："番禺始作舟。"《物源》更是将整条船作为零组件搭配到各位圣哲的身上："燧人以匏济水，伏羲始乘桴，轩辕作舟，颛顼作篙桨，帝喾作柁樯，尧作维牵，夏禹作舵加以篷碇帆樯，伍员作楼船。"这些记载除了突出舟船的出身不凡以外，似乎也涉及舟船文化起源的原始地域与宗教神话学意义。如"伯益"为舜时东夷部落首领，是嬴姓祖先。相传伯益助禹治水有功，禹欲让位于益，益避居箕山之北。(见《尚书·舜典》、《孟子·万章上》)。《竹书纪年》卷上又说："(夏帝启)二年，费侯、伯益出就国……六年，伯益薨，祠之。""番禺"是今广东省境内的一个古地名。《史记·秦始皇本纪》载："三十三年（公元前 214 年）发诸尝逋亡人赘婿贾人略取陆梁地，为桂林、象郡、南海。"番禺即为南海郡郡治，故《史记·货殖列传》载："番禺亦其一都会也"。番禺一名之起源，历来史志都说其得名于番山、禺山两山。番禺之"番"，又作"贲"或"蕃"，故"番禺"亦作"贲禺"或"蕃禺"。但"番禺"之得名尚有几种说法：一说"番山之隅"（禺通隅），一说古蛮夷之地谓之蕃，禺即区域；一说源于人名（据《山海经》记载，黄帝之曾孙叫番禺）；一说源于南海神；还有一说"番禺者盘古也"。皆可作参考。"番禺"实为汉藏语系古越（粤）语之名。"伯益"与"番禺"，一在东夷，一在岭南"百越（粤)"，均为汉藏语系族群靠近江海、生产生活需用舟的区域，古人将其作为舟船起源地之一，应有相当根据。

《物源》所载："燧人氏以匏济水，伏羲始乘桴……"则比较能说明原始渡水工具由低级形式向高级形式发展的层次和规律。"匏"即瓠、壶，后又称为壶芦、葫芦等。浙江余姚新石器时代河姆渡遗址出土有葫芦种子，这是我国汉藏语系"百越（粤)"先祖早在 7000 多年前就栽培葫芦的有力物证。《易经》中有"包荒冯河"。包是匏的假借同义字，就是葫芦；荒是空虚的意思，冯河是指涉水渡河。"包荒冯河"即抱着空心的葫芦渡河。这种情形，在《诗经·邶风·匏有苦叶》中也有记载"匏有苦叶，济有深涉。深则厉，浅则揭"，说的是当葫芦叶子干枯之时，就可采来渡水用。深水要漫过腰带，浅水只要提起衣裳就行了。《庄子·逍遥游》也说："今子有五石之瓠，何不虑以为大樽而浮乎江湖？""虑"即用绳穿缀，樽为酒器，缚之亦可自渡。用绳缀起"五石大葫芦"以增加浮力，渡者双手可以解放，用于划水。这确实是一种聪明之举。我国汉藏语系族群多有葫芦助力于繁衍人类的传说，布依族也有洪水滔天时，燕子王兄妹乘坐"大葫芦"漂流于洪水之上，洪水过后又重新繁衍人类的神话。看来古代《庄子·逍遥游》等"以瓠渡水"创作绝非无源之水、无本之木。"以瓠渡水"与原始舟船所起的作用相当。

而"桴"，《广韵》"缚谋切，平尤，奉"。"桴"，通"罘"、"苯"。古无轻唇音，"桴"其声母读为[p]。"桴"，就是渡水用的筏，以竹木制作。北盘江一带布依语称竹筏为[pa¹¹]，正与古汉语"桴"读音相同。至今在布依族地区的南、北盘江，红水河上早已航行现代轮船，木船因大型木料难寻、价格昂贵，也早已更换为铁船。但在江河湖岸村庄还普遍使用自制竹筏为交通工具。汉藏语系族群把"乘桴"归结于崇拜的先祖神"伏羲"，说明"筏"是舟船文化低级发展阶段的交通工具，其起源久远矣。

到了周末春秋时期，我国社会经济和科技水平有了很大发展。吴国"伍员作楼船"所记载的，就是从舟船制造方面反映出来的长江流域汉藏语系族群"百越（粤)"先祖的历史真实。伍员（？—公元前484年）字子胥，封于申地，故又称申胥。春秋时期楚国人。吴国大夫，杰出的政治家、军事家。《越绝书·逸文》载："（吴王）阖闾见子胥，敢问船军之备何如，对曰：船名大翼、小翼、突冒、楼船、桥船。今船军之教，比陵军之法，乃可用之。大翼者，当陵军之重车。小翼者，当陵军之轻车。突冒者，当陵军之冲车。楼船者，当陵军之行楼车。桥船者，当陵军之轻足骠骑也。”

同书又说：“伍子胥《水战兵法内经》曰：大翼一艘，广一丈五尺二寸，长十丈。容战士二十六人，棹五十人。舳舻三人，操长钩矛斧者四，吏仆射长各一人，凡九十一人。当用长钩矛长斧各四，弩各三十二，矢三千三百，甲兜鍪各三十二。中翼一艘，广一丈三尺五寸，长九丈六尺。小翼一艘，广一丈二尺，长九丈。”

越国的水师、战船也极强大。《越绝书·外传记地传》说：“勾践伐吴，霸关东，从琅琊起观台；台周七里，以望东海。死士八千人，戈船三百艘。”又说：“初徙琅琊，使楼船卒二千八百人，伐松柏以为桴。”“戈船”是越族首创的战船，后来传到中原。《史记·南越尉佗列传》有“故归义越侯二人为戈船下厉将军”句，《集解》引张晏曰：“越人于水中负人船，又有蛟龙之害，故置戈于船下，因此为名也。”又引臣瓒曰：“《伍子胥书》有戈船，以载干戈，因谓之戈船也。”旧题刘韵《西京杂记》六：“戈船，上建戈矛，四角悉垂幡旄旌葆麾盖。”董楚平教授分析说：

“可能戈船是一种近战快艇，体积较小，故勾践在琅琊一处就有‘戈船三百艘’。吴越善于制戈，这种近战的快艇以铜戈为主要兵器，故名。”

“楼船始见于周末春秋时吴、越两国的水师，盛传于后世。吴越楼船的规模、形式，可从汉代著述中考见其大概。《越绝书·外传记地传》说：‘（越王勾践）初徙琅琊，使楼船卒二千八百人……种山者，勾践所葬大夫种也，楼船卒二千人，钓足羡，葬之三蓬下。’对后一件事，《吴越春秋·勾践伐吴外传》写道：‘越王葬种于国之西山，楼船之卒三千余人，造鼎足之羡，或入三峰之下’。到汉代也有楼船。《史记·平准书》：‘是时，越欲与汉用船战逐，乃大修昆明池，列观环之，治楼船，高十余丈，旗帜加其上，甚壮。’楼船的特点是一高二大，是一种有迭层的大船，与戈船适成对照。”[43]

“越国灭吴国之后，为了争霸中原，不选择中原某一内陆城邑为都城，而以滨海的琅琊为都，便于南北二都以海运相连，正为了扬长避短，充分发扬‘海洋文化’的优势。中原‘上国’即使能从陆地上打败越国，仍难以在海洋上彻底征服越国；后来楚威王‘大败越’，楚怀王再次败越，楚国却始终未能灭越。直到秦始皇统一全国时，越国才被秦所灭，而越国公族后裔仍能从海上南迁，影响及于‘百越（粤）’族群……吴越的造船、航运事业在春秋战国时期居全国领先地位。”[44]结合“百越（粤）”后裔布依族的传统宗教经典《摩经》的内容分析，我们认为，春秋战国时期江南汉藏语系“百越（粤）”先祖能创造出如此门类齐全、功能先进的舟船文化，应该不是突然出现的飞跃式前进。科技创新在今日尚且艰难，上古之时更甚。所以，其先进的舟船文化可能在西周之时就已缓慢地得到发展，只是缺乏文献记载而已。现实经济生活是人类意识的产生基础，只有在现实生活中制造和使用了“大船”，才可能在宗教信仰中产生出“大船”崇拜。这就是《摩经·船经》所说的：

ɕiŋ³⁵məŋ⁴²pu⁴²loŋ⁴²ɕuan¹¹
请　　你　　人　　龙　　船　　　　　　　　　　请的“龙船人”，
mai⁴²loŋ⁴²ɕuan¹¹
树神　　龙　　船　　　　　　　　　　　　　　　请的“龙船树神”，
pu⁴²loŋ⁴²jou³¹
人　　龙　　掌舵　　　　　　　　　　　　　　　请的“龙船掌舵头人”，

mai⁴²loŋ⁴²jou³¹ 树神　龙　掌舵	请的"龙舵大树神"。
ɕiŋ³⁵ɕuan¹¹kɔk⁵⁵sau³³me³¹ 请　船　根　柱　母（大）	请的大船龙骨强如母柱根，
ɕiŋ³⁵ɕuan¹¹tɕe³¹sau³³tɕa:ŋ³³ 请　船　节　柱　中	请的大船龙骨坚如屋中柱，采用树中最好的一节。

也就是说，《摩经》所反映的正是一种坚固高大的"大船"形象。但如果说这种信仰产生于"百越（粤）"先祖制造出诸如"大翼、小翼、突冒、楼船、戈船、桥船"并用于武装大规模"水军"的时代之后，还是令人难以理解。那么，对《摩经》"大船龙骨强如母柱根"、"大船龙骨坚如屋中柱"等该如何解释呢？布依族民间住房，一般为三层干栏式楼房，下层圈养畜禽，中层住人，上层堆放粮食。房屋的"中柱"又称"母柱"，都是选用上等的高大木料。布依族《摩经》的"大船"信仰意识，可能产生于人们看到"大船"的实际效用巨大，但又难于制造，"大船"还处于珍贵、稀缺的时代。所以，这种意识的产生，应早于春秋战国，或在西周时期就有了，且当时人们已形成相应的对"大船"进行祭祀、祈福的礼仪和礼词。按此，布依族《摩经》的"大船"信仰意识，可能产生于西周时期。

在导言中，我们曾论述了早在新石器时代末期，黄河流域汉藏语系族群与长江流域汉藏语系族群"百越（粤）"先祖就已相互影响，往后又持续不断地来往，历夏商周三代至春秋战国，使中华文化粲然辉煌。其时，长江流域中下游与珠江流域为汉藏语系"百越（粤）"先祖聚居区，文化上的相互影响也很深，新石器时代珠江流域上下游丰富的水稻文化与舟船文明就是一例。

岭南新石器时代文化，早期是翁源"青塘类型"遗址，主要发现于粤西、粤北的石灰岩溶洞中，年代距今约8000—7000年。发展至曲江"石峡文化"距今约为6000—4700年。1985年考古工作者在原"石峡文化遗址"又发现了早于石峡Ⅰ期墓葬的文化层，出土了陶器、有肩石器、稻谷，被学者称之为"前石峡文化"遗存，使"石峡文化"的年代又往前推了1000年。6000—4700年前的石峡文化遗址出土不少炭化的米粒、稻谷、稻壳、稻秆等，这些遗存散见于墓葬、窖穴和作为建筑遗存的烧土块中。经鉴定，其水稻遗存属于栽培稻的籼稻和粳稻两种，以籼稻为主。石峡遗址下层及Ⅰ、Ⅱ、Ⅲ期墓葬出土石制生产工具约300件。其中可视作水稻农业生产工具的有弓形石镢18件，扁平磨光石铲37件，占比例的18.3%；后者在长江中下游、东南沿海地区同时代的新石器时代文化中均为常见的农业生产工具。为适应炊煮稻米的需要，石峡文化先民制作了形制多样的陶器。夹砂陶有盘形鼎、釜形鼎、盆形鼎、釜、罐、鬶、子口圈足陶甑等。大量使用玉器是石峡文化的一大特征。据统计，在石峡发掘的41座墓中，共出土163件玉器。种类有琮、璧、瑛、镯、珠、管锥形器、松绿石饰、玉片等。

在广东曲江、始兴、翁源、连平、仁化、英德、南雄、封开等县都发现和发掘了数十个属于这一文化的遗址。近年来又在珠江三角洲平原的三水银洲发现了三足鼎、泥质橙黄陶豆等一批既有石峡文化特征，又有珠江三角洲新石器时代晚期文化特征的陶器。[45]

20多年前朱非素教授在《石峡文化墓葬所反映的若干问题》中就指出了浙江良渚文化与广东石

峡文化的若干共性。主要有：第一，两地都耕种水稻。陶器制作普遍采用轮制技术，辅以模制和手制。炊煮器用各类鼎，有釜形鼎（罐形鼎）、盘形鼎、盆形鼎等，鼎足形制独特多样。其中的圈足盘和豆是各文化遗存中常见的典型陶器。第二，流行二次葬与竖穴墓，墓坑壁大都经火烧，有的保存厚约两三厘米的烧土壁。第三，石器制作通体磨光，边棱规整，刃部锐利，形制多样，双面管钻透孔。不少遗址发现的炭化稻谷说明这些文化都以农业经济为主。第四，晚期墓葬随葬品出现多寡不同，厚葬、薄葬的贫富分化现象，反映出当地社会已开始迈入文明门槛。石峡文化和良渚文化常见有制作精美的玉石礼器。出土玉石礼器相似者很多，用玉石或石料制作璧、琮、瑗、臂环、笄、玦、璜、管、珠等，工艺制作技术水平很高。如下图所示：

广东石峡文化玉琮 1：马坝石峡遗址出土

广东石峡文化玉琮 2：封开禄美村对面岗出土

广东石峡文化玉琮 3：海丰乾镇盐厂出土

石峡文化与良渚文化的先民们可能通过海路，或者经五岭隘口进入赣江流域河谷平原，北经鄱阳湖区，再沿着长江中下游平原，到达太湖流域互相交流。[46]著名考古学家苏秉琦先生评价广东石峡文化“与江西、苏南、浙北诸文化具有许多共性，是说明它们之间的关系特别密切”。但“石峡文化有自己的特征”。“我国东南沿海地区的新石器诸文化，尽管它们呈现出许多相似之处，存在着明显的共性，这只能说明在当时它们之间有比较密切的关系，它们之中各个地区，各个板块的社会历史文化的发展必然还是它们各自的范围内，按照它们各自的社会关系和文化传统而发展的。”[47]梁钊韬先生也认为“很可能这时期赣江流域和北江中上游地区的文化发生全面接触而达到融合，进而构成同一文化体系”[48]。杨式挺先生进一步把江西樊城堆文化与石峡文化之间的关系推测为“赣江—北江区”同一原始文化系统的两种类型。[49]这些理论观点都是很有道理的。也就是说自古一体的黄河流域汉藏语系族群与长江流域、珠江流域的汉藏语系族群，早有相互学习、相互促进的文化结晶。汉藏语系族群先祖本来就有共同渊源，后来形成多区域文化整体，每个区域文化都对中华整体文化作出了巨大贡献。区域文化之间相互影响和借鉴创新，至今仍然存在。这正是民族发展和进步的永恒动力。同时，我们还应该看到，先祖们不管从“海上”，还是“经五岭隘口进入赣江流域河谷平原，北经鄱阳湖区，再沿着长江中下游平原，到达太湖流域”，都需要“舟船”作为运输工具。如恩格斯在《家庭、私有制和国家的起源》中所说，远古人类是“沿着河流和海岸，甚至在蒙昧状态中也可以散布在大部分地面上”[50]。古代陆地古树参天、荆棘遍地，运输不便，但四通八达的水路，功能如同今日的公路和铁路，为古人运用舟船来往运输提供了优越的交通条件。南北汉藏语系先祖的远距离文化交流，主要靠的就是舟船文化。

正是有了舟船作为文化交流载体，南北相同的墓葬文化才得以产生。如“广东石峡文化的墓坑烧烤现象，在江西樊城堆类型文化的新余拾年山遗址中也有发现，除此之外，在湖北黄梅县塞墩、大汶口文化的邹县野店、石家河文化的房县七里河，以及黄冈螺坳山等处都有烧燎墓坑的迹象。但是，没有哪个遗址、哪种文化有石峡文化这样普遍，几乎有70%的墓经过烧烤成为红烧土硬面。……在环珠江口地区，比石峡文化早的新石器时代中期及与石峡文化年代相当的遗址中，也流行一种人骨火烧的现象”[51]。这种烧燎墓坑习俗的遗存，至今在布依族丧葬礼仪中还能见到。如布依族丧葬中有停棺待葬和迁坟即二次葬。无论是一次葬还是二次葬都有烧燎墓坑之俗，杀牛羊猪祭祀祖先等礼仪。还要请布依族祭师“布摩”先生选好墓地、画线并指挥挖好墓坑。墓坑为竖向长方形。安葬时，由“布摩”先生念《摩经》，在井坑中烧化一大把苏麻籽（或芝麻）秆和纸钱，称为“暖墓井”；“布摩”先生又用雄黄粉或红石粉于坑内中部画一幅“八卦图”，再将一只活雄鸡放入墓坑，让雄鸡自己从墓坑内跳出，才移棺柩入墓坑之中，用罗盘定方位，称为“定中墨”。在布依族意识中，不管在山洞还是在土中，只要雄鸡能存活，就是吉祥之地。接着，由四人各执一角“盖棺锦被”或“盖棺布单”遮住棺材、开棺清理，称“清棺”。其目的是观察送丧时是否因抬棺路上颠簸而使死者睡姿、衣物等穿戴不正，须整理一番，让死者安稳睡于棺中，然后盖棺，撤去盖棺锦被，进行掩土埋坟。在今黔中地区的安顺、镇宁、关岭、六枝、普定等县市的布依族中还盛行石室墓，墓坑以大石头垒砌或用大石板镶成长方形竖穴，盖上大石板。有的乡村在老人病重期间，就先开挖出数米长的大石板，石板两头还打制成铆榫结构以备用。安葬时将棺材放入石板墓坑中，上盖大石板，掩土，再用石头垒坟，形成了一种特殊的木棺石椁石室墓葬式。石室墓葬式也要用苏麻籽（或芝麻）秆烧燎墓坑“暖墓井”。这种布依族丧葬礼仪中的烧燎墓坑“暖墓井”习俗，当即为6000年前石峡文化、江西樊城堆、湖北黄梅县塞墩、大汶口文化的汉藏语系“百越（粤）”先祖烧燎墓坑“暖墓井”习俗的传承。

古代汉藏语系族群“百越（粤）”先祖的舟船祭祀文化，还发现在珠海市高栏岛宝镜海湾新石器时代的石刻岩画之中。共五处七幅石刻岩画，“有三幅石刻岩画上都雕刻船形，而且有四艘船，从上向下，划分出两个不同的境界，船所能达到的境界，有图腾崇拜的动物形人，有显现的先人……有大小舞蹈人，有房子，有倒立人，有戴面具的男性头人，有鹿，有神秘的图案花纹等，真实地记录和反映了岩画族属的先民们祭祀船所能平安到达的另一个图腾祖先崇拜的境界”[52]。另一幅石刻岩画“大坪石岩画”（见下图：“珠海高栏岛宝镜湾古代石刻 1”）反映先民出海的仪式，一群乡民载歌载舞欢送渔民出海，一块木板搭在船舷上，有两人正在上船。也有研究者解释为，此画反映的是丰收时的场面。这是南中国规模最大、内容最丰富的史前石刻岩画，最早年代距今有4000多年。这些石刻岩画，描绘了古代汉藏语系“百越（粤）”先祖制造和驾驶舟船搏风击浪的雄姿，为珠江流域的史前经济文化状态、宗教情绪与审美意识的研究提供了生动的第一手资料。

香港出土的船用石网坠

珠海宝镜湾石刻的舟船形象出现得较为集中

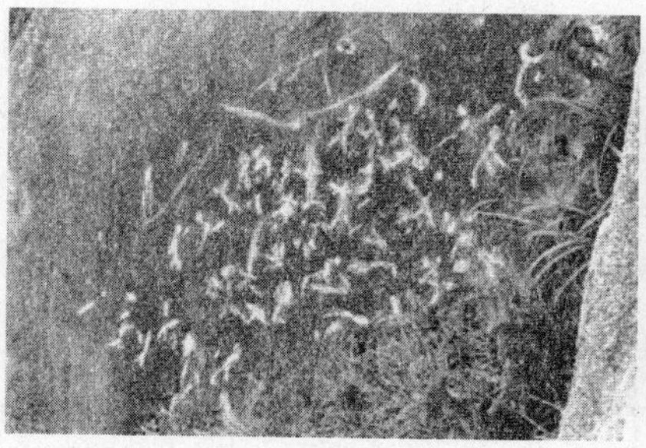

珠海高栏岛宝镜湾古代石刻1

珠海高栏岛宝镜湾古代石刻2

进入青铜时代，珠江流域汉藏语系族群“百越（粤）”先祖的舟船文化就被生动地铸造于滇国、南越国的铜鼓、铜提筒等神圣青铜礼器之上。学界对于铜鼓船纹大致有三种解释，即超渡船说、竞渡船说和过海船说。[53]第一为超渡船说：法国学者戈鹭波（V. Goloubew）创立此说。他认为铜鼓上的船纹和婆罗洲达亚克族“超度死者灵魂到天堂”所用的“黄金船”颇为相似。[54]第二为竞渡船说：我国铜鼓学家闻宥教授首创此说，[55]其后民族学家冯汉骥教授同意此论。他们认为铜鼓上的船纹是五月端阳“龙舟竞赛”的“竞渡船”，在船纹上，船舷之间没有横木，如在海上遭遇风暴，极易倾覆。船上无舵，仅用短桨，又无樯桅，这种船当然不能在远海航行，因而不是过海船，并举云南晋宁出土的一具残铜器上的船纹为证，指出这幅船纹把龙舟竞渡场面充分地反映出来了。[56]汪宁生教授也支持这种说法。[57]第三为过海船说：此说也是戈鹭波提出的。他说在成为达亚克族的“黄金船”之前，这种船曾载达亚克人的祖先从远方来到婆罗洲。

对于铜鼓船纹和铜提筒船纹的真实含义，石钟健先生认为：“由于船纹刻划和冶铸技术的原始性，一些情节未能充分表达出来，是显而易见的。如果说铜鼓‘船纹中的一类是过海船’，首先应从船的形式和结构上找到根据。如船形是否较大，有无首舵和尾舵，单锚、双锚，樯桅以及船舷横木等，凡有这些特征的，说明船只具备了远海航行的条件。因此对于铜鼓船纹必须做认真细致的观察，否则对于船的结构、性质和用途就不会得到正确的理解。船纹中有双身船和单身船两类，铜鼓研究家对此往往注意不够，其实区别是很大的。如前者两头两尾，后者一头一尾，当注意到这些差别时，便可对此作出正确的判断，梁钊韬先生在《西瓯族源初探》一文中指出广西罗泊湾铜鼓船纹中有双身船的说法是有充分根据的。双身船在古代曾广泛使用于长江流域，也是古代远海航行的重要交通工具。双身船见于古代历史记载和字书。双身船古称‘方舟’，见于《越绝书》卷三‘方’字作‘舫’，见于《尔雅·释言》称‘舫，舟也’。晋人郭璞注说：‘舫，并两船。’双身船分布的地区较广，使用的时期较长，直到今天，在南洋和南太平洋，仍在使用双身船。从事远海航行的船只除双身船外，还有单身船，这在铜鼓船纹中亦可找到。此外还有桴筏之类，除见于记载外，在近代南洋仍可见到实物。”[58]分析指出青铜礼器上的船纹在汉藏语系先祖的生产生活与宗教意识中占有重要地位。也就是说，其中除了“一类为过海船”外，还有船纹中的“超渡船”、“竞渡船”。上述三种解释都各有根据，但都是确指的汉藏语系先祖船文化而已。

当然，在这些船纹中，可能真有渔船、交通船和越海船。如同云南晋宁石寨山 M1：58 号铜鼓胸部有 6 组船纹，船形简单，不分首尾，船中坐 3—4 个裸体羽人，船的一端立鸬鹚，船体外装有一块停鸟板。腰部也有 4 组船纹，其中 3 条船内背向坐 2 人，1 条船内立两只鸬鹚，似正准备下水捕鱼。这种船，无桨无橹，有停鸟板，有鸬鹚，应是用水鸟捕鱼的舟船。龙村倪指出，多数船首尾高翘，不仅有桨、有橹、有梢，有的还有舵和石锚，构造精致，已非简单的独木舟所能比拟。此类木船可用于近海沿岸航行。伴船而行的则有大海龟、大鲨鱼、大海鸟，显示它们已驶进海洋。云南晋宁石寨山 M14：1 号铜鼓上有 4 组船纹，其中两条船尾设有橹，船尾有一只巨大的海龟；广西西林普驮 280 号铜鼓有 6 组船纹，其中 4 条船头船尾之间各有一条大鲨鱼；广西贵县罗泊湾 10 号铜鼓船纹中船前有章鱼，船尾有海龟。这些船应是行海船。因没有发现桅和帆，能否越海远航尚难确定（见石钟健：《从铜鼓船纹看越人航海》，中国南方及东南亚地区古代铜鼓和青铜文化第四次国际学术讨论会论文，1998 年 10 月）。但是，不管是渔船、交通船、越海船还是祭祀船在铜鼓上出现，都有竞渡的意味。龙舟竞渡既是水网地区居民日常生活的反映，又是一种最广泛的祭祀水神的活动。船的首尾装饰鸟羽、鸟眼和站立着的鹭鸟，是古代珠江流域汉藏语系“百越（粤）”先祖的图腾和保护神。人们通过龙舟竞渡，寄望消灾赐福，人寿年丰。所以说这些船都可以称为“百越（粤）”龙舟竞渡船。

“百越（粤）”龙舟竞渡船与水稻文化密切相关。古代珠江流域汉藏语系族群“百越（粤）”先祖早在 6000 年前的广东石峡文化和云贵高原的新石器时代晚期就已经以水稻农业为主，辅之以水产渔业来改善生活，至青铜时代仍然保持这种生产生活方式。“海船”是使用时间最长的渔业生产船。“超渡船”、“竞渡船”只是在特定节日和宗教仪式上使用。注意到这一点，对我们认识滇国、南越国的铜鼓船纹和铜提筒船纹的真实含义很有帮助。水稻农业与舟船都离不开水。如珠江上游的滇国水产品捕捞，反映在出土的青铜器上有用鱼钩垂钓、用渔网捕捞、用铜叉刺捕、用铜渔罩罩捕等方法。滇国还有一种“水鸟捕鱼船”，水鸟为秃顶、长喙、曲颈状，两翅较短，但有一双带蹼的爪，善于游水。云南李家山 24 号墓出土的铜鼓上多有船纹，其中一船下有游鱼四尾，一只秃顶、长喙的水鸟正在追逐一鱼，鱼作快速游动状。也有的水鸟立于船尾甲板上，似作短暂休息后重返水中捕鱼。上有三人持桨划动，一人掌舵，舵设在船尾，舵叶与船底平行。[59]司马迁《史记·西南夷列传》说滇国、夜郎国人民“耕田，有邑聚”。即当地从事水稻农业，居住区域有不少湖泊河流，渔业也是一项重要的副业生产活动。“所出土的青铜器上，有许多以鱼为题材的纹饰和装饰，如石寨山 M6：98

铜斧为鱼尾形，还有一些雕有水岛和水獭捕鱼的铜扣饰。在 M12：26 贮贝器上，还有一人双手抱大鱼的铸像。”[60]至今滇池沿岸的渔民驾船捕鱼仍用此秃顶、长喙、曲颈的水鸟，俗称“鱼鹰”。说明滇国时期的舟船鱼鹰捕鱼法，与现在滇池区域的大致相同，所用的鱼鹰也属于同一种水鸟。李家山 24 号墓铜鼓船纹下有游鱼和水鸟（鱼鹰）捕鱼图像，即用此渔船。

滇国的汉藏语系族群“百越（粤）”先祖以耕种水稻农业为主，然而居住区多江河湖泊，水上交通的主要工具是舟船。平时他们或出入珠江上游水道、湖泊，或节日里举行龙舟竞渡。因而云南石寨山和李家山等地出土的铜鼓划船图像，有的作长条形，中间较宽，两端较窄，首尾皆上翘。船上一般有两至四人持桨划动，一人掌舵，划桨动作整齐统一，显然与经过专门训练或经常在水上训练有关。云南广南铜鼓上不仅有四人划船，一人船尾掌舵，船上还有特制的灶台和饮食器，可见此类船不是一般的渔船或竞渡船，而是专供较长距离航行的“大船”。石寨山出土的铜鼓残片的竞渡船纹，船上共坐有十五人，划桨者七对、一人于前指挥，船头饰两个角形物，与汉藏语系“百越（粤）”后裔西双版纳傣族的龙船颇为相似。此类“龙舟”可能源于原始时代的独木舟。

竞渡是一种古老的竞技活动，曾经流行于我国东南沿海一带，后来在楚越地区又被附会上屈原、伍子胥的故事。滇池地区竞渡之风，不知起于何时，但与滨水生活有紧密联系，对于湖滨居民显然具有重要的实际意义。如同江南“楚越稻作之民，陆事寡而水事众”，云贵高原从晋宁到江川有滇池、阳宗海、抚仙湖、星云海等，因此竞渡之风的出现绝非偶然。在农业逐渐成为社会生产的主要部门之后，竞渡又常与水稻农业求雨祈年相结合，并由宗教活动变成风俗。因此，出现了“龙舟鹊首悦河伯，浮吹枞鼓娱雷神”的情景。关于滇国青铜文化族属，学界多认为“当地新石器时代晚期出土有肩石斧、有段石锛等‘百越（粤）’器物，与岭南、长江中下游地区出土的同类器物相似。说明从新石器时代晚期开始滇池区域就有‘百越（粤）’文化，青铜时代出土更多”[61]。滇国青铜文化是由汉藏语系族群“百越（粤）”先祖创造的。

滇国青铜器上的舟船图

滇国青铜器上的水上交通乘船图

珠江下游南越国的汉藏语系族群“百越（粤）”先祖也以水稻农业为主，人们在精心经营水稻农业的同时，又直接面对江面宽阔的珠江和广阔无际的海洋。因而“百越（粤）”先祖们征服和利用江河海洋资源的活动早已在 6000 多年前的石峡文化和 4000 多年前的珠海宝境湾石刻岩画上得到生动反映。发展至青铜时代仍然保持水稻农业生产生活方式，且水稻农业生产和青铜制造技术相互促进，大大推动了社会生产能力的提高，这些都反映在丰富的舟船文化上。如下图所示：

广州南越王墓铜提筒及船纹

广西贵港 M1:10 号铜鼓及船纹

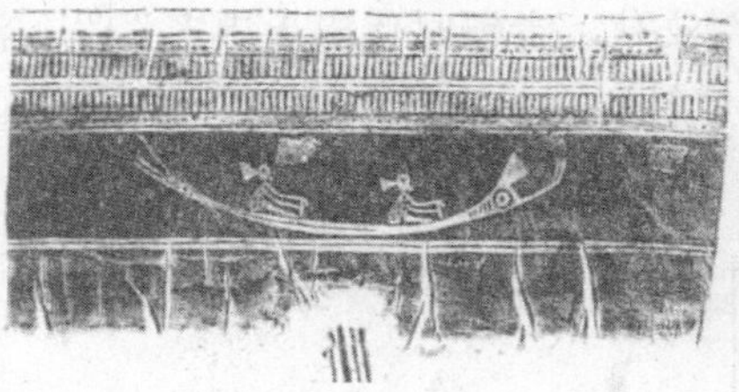

广西贵港 M1:11 号铜鼓船纹

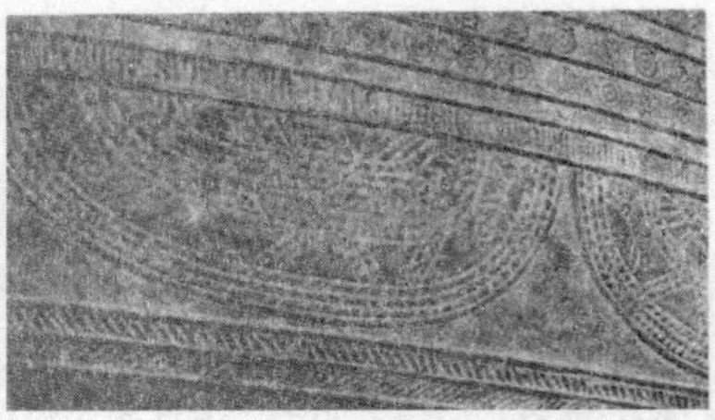

广西藤县 100 号铜鼓船纹

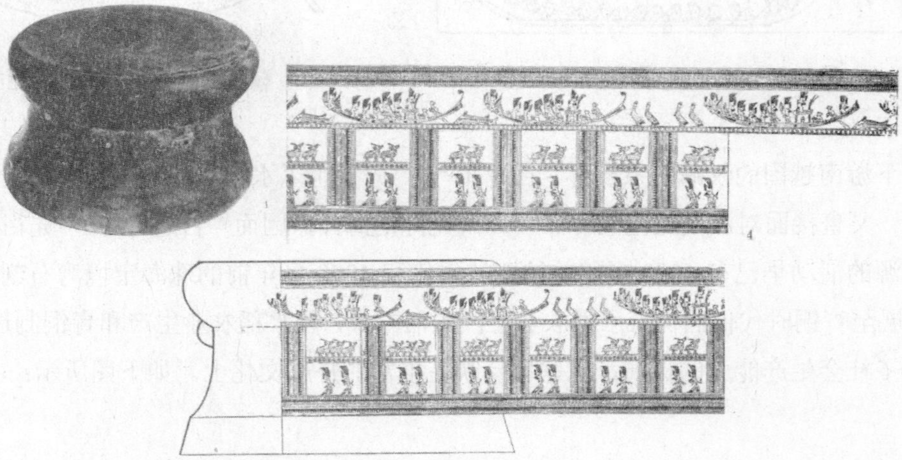

广西西林 280 号铜鼓及船纹

上述多姿多彩的青铜器舟船纹饰，在现实中当为木船纹饰。但文献记载又有岭南越人创造的“铜船”，如《岭外代答》引《交趾记》：“越人铸铜为舶。”舶即大船、海船，故当地人称外来货为舶来品。又《赤雅》载：“苍梧郡，有铜船沉于滩，天霁水澄，隐隐见之，云伏波所铸。”有人说此船叫越王船，沉处在合浦。马伏波使用的是楼船，铜船为越人所铸，故说越王船为是。前述长江下游吴越人习于水战，善于制造戈船等战舰。《越绝书·兵法》记“阖闾见伍子胥，敢问船军之备何如？对曰：‘船名大翼、小翼、突冒、楼船、桥船。令船军之教北陵军之法，乃可用之。’大翼者当陵军之重车，小翼者当陵军之轻车，突冒者当陵军之冲车，楼船者当陵军之楼车，桥船者当陵军之轻足骠骑也。”珠江流域的越人亦然，《史记·南越尉佗列传》“故归义越侯二人为戈船下厉将军”句，师古注：“从粤来归而汉封之。”指的是南越水军统领降汉后获封官职。戈船是一种近战快艇。“戈船”一词之意，《集解》引张晏曰：“越人于水中负人船，又有蛟龙之害，故置戈于船下，因此为名也。”实际情况可能是南海北部湾沿岸有鳄窟，故岭南越人“文身断发，以避蛟龙之害”，但还要用戈船防备。西汉元鼎六年汉武帝以路博德为伏波将军（水军统帅），用“楼船”发五路水军直取南越番禺。“楼船”（即形如船上建高大楼房的海上战舰），始于春秋战国吴越水军，上可搭载数百名弓箭手和水兵，战斗力极强。至宋代，与布依族同为汉藏语系同一语支的壮族制造“木兰舟”（即巨型海船），据《岭外代答》载，此船“舵长数丈”，“帆若垂天之云”，大约是巨大的楼船。可载几百人到一千人，存一年粮食，在海上航行不怕巨浪。[62]此当为上古楼船的传承，造楼船本是汉藏语系族群“百越（粤）”人的普遍技艺。

其实，我国汉藏语系族群“百越（粤）”先祖的造船业不但为军事服务，也为民间水运服务。春秋战国时期，我国有五大港口，即碣石（今河北秦皇岛）、转附（今山东烟台）、琅琊（今山东胶南县）、会稽（今浙江绍兴）、句章（今浙江宁波）。这五大港口联结了全国海路交通。五大港口中，浙江占了两个。公元前 473 年，越灭吴后，迁都今山东琅琊。这样，五大港口，越有其三，几乎控制了全国海运事业。越国拥有三大贸易港口，两个在浙江。当时的会稽、杭州湾之间应有水路直通。而主要的海港还是句章，即今宁波。史载越国在宁波地区设有句章与鄞二县，秦时又从鄞县析出一个鄮县。战国与秦代，南方设县甚稀，在宁波这个海隅竟先后设了两三个县，这在全国沿海地区是少有的。鄮县治所在今鄞县东的鄮山之北。《方舆胜揽》引《四蕃志》说，鄮山“以海人持货贸易于此，故以名山”。《鄞县舆地记》也说：“邑中以其海中物产，方山下贸易，因名鄮县。”根据古地名惯例，邑字仅表示这是城镇地名，“贸”才是命意所在。鄮县地处海隅，前来贸易的主要是“海人”。[63]此地与“海人”“贸易”发达，故称之谓“鄮”，此为春秋战国时期长江下游地区。

珠江下游的岭南地区，秦汉时期出现了著名的对外贸易口岸——番禺（今广州），这是南中国海上丝绸之路的重要始发港，商贸业和造船业相当发达。1974 年年底发现的广州秦汉造船工场遗址是广东考古的重要收获之一。这个造船工场规模巨大，船台结构采用船台与滑道下水相结合的原理，可同时建造数艘载重五六十吨的木船，显示了秦汉时岭南先进的造船技术。类似的木构遗迹在不少地方也有发现。广东汉墓多次出土木船和陶船模型。西汉木船中有较大的舱房，盖顶为四回式，前有四人划桨，后有一人以桨作桩掌握方向。东汉陶船规模更大，分前中后三舱，舱上有篷盖，尾部设望楼，后舱右侧还附一小间，有门相通，两舷设撑篙用的边走道。船尾安有舵，船头设有锚，表明造船和航行技术已达到相当高的水平。船首两边安插三根桨架，船舱部分横架梁檐八根，这样能使船只骨干结实，加深吃水量，经受大的风浪，从而起到平稳作用。此外，还出土一些陶、木制的下田使用的农用船、渔船和小艇等模型。[64]说明当时岭南地区社会经济发达，交通贸易繁荣，这为造船业的发展提供了有利条件。黄启臣教授在《广州成为海上“丝绸之路”起点的地理经济条件》一书中认为，广州是中国南海沿岸中央一大天然良港，前为一马蹄形溺谷湾，自踞谷湾北缘海岸中点，背靠五岭余脉白云、越秀二山，面向浩瀚南海，地处太平洋、印度洋、亚洲和澳洲之间海上航路之要冲，具备建成港市的天然便利条件。同时，旁边珠江入海航道具有水位深、流量大、石淤浅、水量足、水位高等优良航行条件。珠江上游的云、贵、川、湘、赣等省是广州海上“丝绸之路”的经济腹地。内地的土特产可转运至广州出口，为广州海上“丝绸之路”提供更充足的货源。而广州进口的外国货物亦可以经珠江水道运销云南、贵州和四川诸省。航海自广州西行可达印度洋，前往西亚、北非和南欧洲诸国；南行直达东南亚，过太平洋与美洲各国交往。广州至亚丁湾海路相距9836海里，比泉州、宁波、上海等东南各港口近得多。故自秦汉以来，便开辟了广州到东南亚和印度洋沿岸的航线，当时称为东西洋航线。[65]其分析是正确的。“番禺”是汉藏语系古越（粤）语，可译为“越人”之意，反映当地即汉藏语系“百越（粤）”先祖一支的族群聚居地。

《山海经·海内经》说：“帝俊生禺号，禺号生淫梁，淫梁生番禺，是始为舟。番禺生奚仲，奚仲生吉光，吉光是始以木为车。”说明“番禺”是“帝俊”之后代。唐《通典》又说：“夏禹声教，至南海交趾。”“夏禹声教”为中华文明之先声，“南海交趾”为今岭南地区。至秦统一黄河、长江流域内地之后，秦始皇又派50万大军进攻并统一岭南，设南海、桂林、象郡。岭南三郡之中南海最大，当时“番禺”即南海郡的郡治。

《淮南子》说：“（秦始皇）利越之犀角、象齿、翡翠、珠玑，乃使尉屠睢发卒五十万，为五军。一军塞潭城之岭，一军守九嶷之塞，一军处番禺之都，一军守南野之界，一军结余干之水，三年不解甲驰弩。使监禄转饷，又以卒凿渠而通粮道，以与越人战，杀西瓯君译吁宋。”“西瓯”即岭南汉藏语系粤（越）族方国。西瓯方国主要农作物为水稻，《说文》引（商）伊尹说“南海之秏”为“饭之美者”。今布依语、壮语仍称稻米为“秏”，说明西瓯国生产水稻早已闻名于中原黄河流域之地。岭南粤（越）族有“国君译吁宋”，经济、军事实力较强，因此，秦始皇采取高压政策，一次性派出大军五十万，目的是尽快打败西瓯君，完成统一岭南大业。《淮南子》又说当地越人在西瓯君译吁宋战死后“而皆入丛薄中与禽兽处，莫肯为秦虏。相置杰骏以为将，而夜攻秦人，大破之，杀尉屠睢，伏尸流血数十万。乃发适戍以备之”。秦军有装备精良的大军“五十万”人，虽“三年不解甲驰弩”仍不免于吃败仗，首将尉屠睢战死。秦军统一岭南所用时间甚至比统一中原某些诸侯国的时间还长，说明岭南粤（越）族方国的经济、军事实力不弱。其中不乏粤（越）族先进的水稻文化、青铜文化与船文化之功。

岭南广州乃天然良港，先秦时当地越人有发达的船文化，已从事海外贸易，经济实力可观。汉初南越国“和集百越（粤）”，设国都于番禺，大兴土木扩大城市规模，广州在原有基础上继续发展，成为南中国海上“丝绸之路”的重要始发地。故《史记·货殖列传》说：“番禺亦其一都会也，珠玑、犀、琼瑶、果、布之凑。”《汉书·地理志》也说：“处近海、多犀、象、毒冒（玳瑁）、珠玑、银、铜、果、布之凑，中国往商贾者多取富焉。番禺，其一都会也。”此“中国”者，汉代国之中也，指岭外内地各省。“都会”即对外通商的重要港埠，商人云集，是进出口货物聚散之地。

《汉书·地理志》还说："自徐闻（在今雷州半岛）、合浦（在今广西）船行可五月，有都元国（今苏门答腊岛西北部）；又船行可四月，有邑卢没国（今缅甸勃固附近）；又船行可20余日，有湛离国（今缅甸悉利）。步行可十余日，有夫召都卢国（今缅甸卑程附近）。自夫甘都卢船行可二月余，有黄支国（今印度南部康契普腊姆），民俗略与珠崖（今海南岛）相类，其州广大，户口多，多异物，自（汉）武帝以来皆献见。"古籍所描述的正是番禺（广州）、合浦在南中国海上"丝绸之路"的重要地位。因有海上丝绸之路的远洋贸易之利，在广州汉代南越王墓出土的文物中，我们还能看到许多2000年前海外舶来的珍宝。广州古代地名称为"番禺"，曾昭璇教授也认为即"百越（粤）"语。[66]他说"古越人语音可证。学者多以为岭南地名、人名多保存古越人语音。'百'，与'布'、'白'、'鄱'、'卜'、'泊'等汉字同音或近似语音，意为'人'。'越'和'依'、'禺'、'于'等字语音近。今天'布依'族亦为该族自称之词，亦古音为'越人'之意。故所谓'百越（粤）'，即'人越（粤）'，故越语多用倒装语法，即汉语'越（粤）人'之意"。"鄱"通"蕃"、"番"。我们认为，曾昭璇教授的观点是正确的。

总之，考古学资料与文献记载说明，长江流域、珠江流域自古就是中华汉藏语系族群的生息繁衍之地，古时就与黄河流域汉藏语系同源族群一道，共同开发了中华文明，使北方旱地粟作文化与南方水田稻作文化交相辉映，其中南方汉藏语系族群"百越（粤）"先祖就创造了灿烂辉煌的水稻农业与舟船文化。"百越（粤）"先祖自新石器时代起，就利用巨木刳制独木舟，进而到青铜时代制造出了"大翼、小翼、突冒、楼船、桥船"，再到"熔铜铸船"，从一个方面反映了汉藏语系族群的古老文明从低级到高级、从简单到复杂的科学技术进步历程。古代"百越（粤）"先祖们创造舟船，率先从江河、近海到远洋航行。经历数千年之久，是中华民族现代远洋船舰征服海洋事业的先驱。

正因汉藏语系"百越（粤）"先祖创造了如此优秀的稻作文化与舟船文化传统，作为"百越（粤）"先祖后裔的布依族才可能传承悠久的稻作文化与《摩经·船经》所载的舟船文化。这是极为珍贵的。《摩经·船经》说：

ɕiŋ^{35}ɕuan^{11}kɔk^{55}sau^{33}me^{31}
请 船 根 柱 母（大） 请的大船龙骨大如母柱根，
ɕiŋ^{35}ɕuan^{11}tɕe^{31}sau^{33}ȵiu^{33}
请 船 节 柱 高 请的大船龙骨高如屋中柱。
ɕiŋ^{35}məŋ^{53}fəŋ^{31}mai^{55}ŋuat^{31}ʔbaɯ^{33}ʔba:ŋ^{33}
请 你 像是 树 然 叶 薄① 请你薄叶的然树神，
fəŋ^{31}mai^{55}kaŋ^{42}ta:ŋ^{213}na:ŋ^{11}
像 树 刚 另一个 山岭② 像是另一山岭的大夜蒴树神。
fəŋ^{31}mai^{55}tɕi^{33}tɕa:ŋ^{33}ɦaŋ^{31}
像 树 杉 中 山岭③ 像是山梁的大杉树神。
ɕiŋ^{35}sau^{33}ɕuan^{11}lin^{42}sau^{33}mai^{55}
请 龙骨柱 船 和 龙骨柱 树 请的龙骨船和龙骨树神，

① mai^{55}ŋuat^{31}：树名。
② mai^{55}kaŋ^{42}：夜蒴树。
③ mai^{55}tɕi^{33}：杉树。

fa^{11}fa^{42}sau^{33}li^{55}
个 个 龙骨柱 吉祥　　个个龙骨柱吉祥。
ɕiŋ^{35}pe^{33}ɕuan^{11}lin^{31}pe^{33}mai^{55}
请 標 船 和 標 树　　请的船標和標树神，
fa^{11}fa^{42}sau^{33}li^{55}
个 个 龙骨柱 吉祥　　个个龙骨柱吉祥。
ɕiŋ^{35}ɕuan^{11}ɕuan^{53}lin^{31}mai^{55}
请 船 標 和 树　　请的船標和標树神，
fa^{11}fa^{42}sau^{33}li^{55}
个 个 龙骨柱 吉祥　　个个龙骨柱吉祥。
ɕiŋ^{35}soŋ^{33}na:ŋ^{31}kən^{33}lau^{213}
请 俩 嫂 吃 酒　　请俩嫂吃酒，
ɕiŋ^{35}soŋ^{33}na:ŋ^{31}zao^{213}za:n^{42}
请 俩 嫂 温暖 家　　有俩嫂管家家温暖，
ji^{213}tau^{213}ʔau^{213}za:n^{42}zau^{213}ʔaŋ^{213}
客 来 到 家 热情　　有客到家也热情。
kəu^{33}ɕi^{55}ɕiŋ^{35}θeu^{33}zuŋ^{42}
我 想 请 你们 下来　　我布摩想请你们从天上下来，
kəu^{33}ɕu^{55}puoŋ^{33}θeu^{33}tau^{35}
我 想 邀 你们 来　　是我布摩邀请你们来，
kəu^{33}ɕu^{55}ɕiŋ^{35}θeu^{33}ma^{33}
我 想 请 你们 到　　我布摩请你们到。

接着，布摩依次念供桌上所摆供品名称。

以上这些经文，均需由布依族祭师布摩先生在主持祭祀礼仪中虔诚念诵，表现了古代先祖希望制造的舟船坚固高大，驾驶舟船航行于江河、湖海时有能力战胜风浪，因而造船要选择具有神性的优质材料，这种意识在古代是普遍的。况且布依族地区至今仍有使用舟船的便利环境，为古代舟船文化的传承提供了条件。

下面一组图片为伍文义教授田野调查时所拍摄，这些图片反映了布依族地区优美的自然风光、鲜明的稻作文化、颇具特色的村庄农舍和人们驾驶舟船航行江河、湖泊之上的惬意的生产生活方式，可帮助读者形象地理解布依族古代《摩经·船经》舟船文化能够传承至今的原因。

云南罗平县南盘江畔竹林掩映的布依族农舍

菜园中劳作的布依族妇女

课题主持者伍文义教授在云南当地调查研究中乘坐的木船

调查组成员罗祖虞教授在当地的九龙瀑布前

布依族人在水码头将鲜活鱼装车，进城出售

清晨，布依族人利用水码头做商品买卖

云南南盘江岸布依族乡镇的货运码头

宽阔江面，布依族人利用江水网箱养鱼

晨曦中，南盘江流域布依族地区的俊山秀水

布依族老人在牧牛

南盘江流域布依族的田地

南盘江流域布依族的村庄农舍1

南盘江流域布依族的村庄农舍2

南盘江流域布依族乡的山川美景

有如此优良的自然环境，在水稻农耕文化的社会背景下，布依族先祖有意识地将巨树尊为神木并加以顶礼膜拜，是很自然的事。优质巨树还可以造独木舟，可以制造大船。古时人们先对神木祭祀，再加以砍伐刳凿加工，就认为其神性遂被引申运用到舟船之上。森林巨木可以保持水土，良好的山水是人们赖以生存的自然资源。由此，以神木制作的舟船就自然具有神性了。

古代舟船文化在布依族意识中之所以占有重要位置，源于学术界公认的汉藏语系族群“百越（粤）”先祖是中华水稻农耕文化与舟船文化的伟大创造者。布依族乃汉藏语系“百越（粤）”先祖后裔，古今文化可以互相印证，这是对汉藏语系族群文化的重要贡献。据我们所知，在我国汉藏语系族群中，类似布依族《摩经·船经》的传统宗教古籍文献至今还未发现过。如同文献学、史料学专业学者经历多年努力沙里淘金，一旦发现新的史料便有了成就感。我们不辞艰辛，深入偏僻的山区村庄，发现了布依族同胞的古代《摩经·船经》，并将其翻译后公布出来，让世人知晓，并且在中华民族大背景下对之进行了分析研究，为中华文化大厦增加些许珍贵史料，弥补了汉藏语系百越（粤）后裔诸民族古籍的舟船文化史料之空缺，这不是很有学术价值吗？

注释

[1]《列宁全集》（38卷），人民出版社1986年版，第459 页。

[2]《荀子·强国》。

[3]《国语·鲁语上》。

[4]吕大吉：《宗教学通论》，中国社会科学出版社1989年版，第126页。

[5]《左传·昭公元年》。

[6]《马克思恩格斯选集》（第3卷），人民出版社1972年版，第354页。

[7]弗雷泽：《金枝》，中国民间文艺出版社1987年版，第77页。

[8][9]陈剩勇：《东南地区——夏文化的崛起》，见浙江省社会科学院国际百越文化研究中心、中国百越民族史研究会编，魏桥主编：《国际百越文化研究》，中国社会科学出版社1994年版，第3页。

[10]吕大吉：《宗教学通论》，中国社会科学出版社1989年版，第379页。

[11] [12]《史记·封禅书》。

[13][14]《礼记》。

[15]《周书》。

[16]恩格斯：《家庭、私有制和国家的起源》，人民出版社1999年版，第157—158页。

[17]中国地名杂志社整理：《〈山海经〉地域之谜》，《中国地名》1998年第4期，第22页。

[18]扶永发：《神州的发现——〈山海经〉地理》（修订本），云南人民出版社1998年版，（序言）第2页，（正文）第3页。

[19]蔡元培：《说民族学》，《一般杂志》1926年第12期；转引自何联奎：《蔡孑民先生对于民族学之贡献》，《民族学研究所集刊》1960年第9期。又转引自马昌仪：《〈山经〉古图的山神与祠礼》，《民族艺术》（1994—2009），第135页。

[20]马昌仪：《〈山经〉古图的山神与祠礼》，《民族艺术》（1994—2009），第150页。

[21]杨向奎：《大禹与夏后氏》，《中国社会科学院学者文选·杨向奎集》，中国社会科学出版社2006年版。

[22]恩格斯：《家庭、私有制和国家的起源》，人民出版社1999年版，第21页。

[23][24]林河：《中华文明基因初探》，花城出版社2001年版，第195、204页。

[25][26][27]董楚平：《吴越文化新探》，浙江人民出版社1988年版，第45页。

[28]黄讳城：《古越地望自议》，百越民族史研究会：《百越民族史论丛》，广西人民出版社1985年版，第58页。

[29]梁钊韬：《百越对缔造中华民族的贡献——濮、莱的关系及其流传》，见百越民族史研究会：《百越民族史论集》，中国社会科学出版社1982年版，第16页。

[30]钱玄同：《答顾颉刚先生书》，见《古史辩》（第一册），第69页。转引自董楚平：《吴越文化新探》，浙江人民出版社1988年版，第45页。

[31]唐兰：《关于江西吴城文化遗址与文字的初步探索》，《文物》1975年第7期。转引自董楚平：《吴越文化新探》，浙江人民出版社1988年版，第45页。

[32]董楚平：《吴越文化新探》，浙江人民出版社1988年版，第46页。

[33]王廷洽：《中国古代的神树崇拜》，《青海师范大学学报（社会科学版）》1995年第2期。

[34][35]浙江省文物考古研究所：《浙江绍兴印山大墓发掘简报》，《文物》1999年第11期。转引自林蔚文：《古代越人的神木崇拜》，《中央民族大学学报（人文社会科学版）》2001年第2期。

[36]张纯德、龙倮贵、朱琚元：《彝族原始宗教研究》，云南民族出版社2008年版，第31页。

[37]李本书：《傣族“龙山林”文化禁忌与边疆生态环境的安全》，《北京师范大学学报（社会科学版）》2008年第3期。

[38]高立士：《新平县傣族传统文化》，《德宏师范高等专科学校学报》2007年第4期。

[39]宋蜀华：《中国少数民族文库·百越》，吉林教育出版社2008年版，第1—2、262页。

[40]恩格斯：《家庭、私有制和国家的起源》，人民出版社1999年版，第24页。

[41]周新华：《稻米部族——河姆渡遗址考古大发现》，浙江文艺出版社2002年版，第77页。

[42]席龙飞编：《中国造船史·绪论》，湖北教育出版社2000年版，第2页。

[43]董楚平：《吴越文化新探》，浙江人民出版社1988年版，第279页。

[44]董楚平：《吴越文化新探》，浙江人民出版社1988年版，第281页。

[45]肖一亭：《先秦时期的南海岛民：海湾沙丘遗址研究》，文物出版社2004年版，第280页。

[46]朱非素：《石峡文化墓葬所反映的若干问题》，《中国考古学会第三次年会论文集》，文物出版社1981年版。朱非素：《广东石峡文化出土的琮和钺》，《良渚文化研究》，科学出版社1999年版。

[47]苏秉琦：《考古论述选集》，文物出版社1984年版。

[48]梁钊韬、张家钊：《简论南岭南北地区新石器时代晚期文化的关系——兼析“石峡类型”的文化结构》，《纪念马坝人化石发现三十周年文集》，文物出版社1988年版。

[49]杨式挺：《石峡文化类型遗存的内涵、分布及其与樊城堆文化的关系》，《纪念马坝人化石发现三十周年文集》，文物出版社1988年版。

[50]恩格斯：《家庭、私有制和国家的起源》，人民出版社1999年版，第21页。

[51]肖一亭：《先秦时期的南海岛民：海湾沙丘遗址研究》，文物出版社2004年版，第283页。

[52]乔晓勤：《古越族向海洋的拓展及考古证据》，香港博物馆编：《岭南古越族文化论文集》，香港市政局1993年版。

[53]石钟健：《铜鼓船纹中有没有过海船》，《石钟健民族研究文集》，中央民族学院出版社1996年版，第136页。

[54]转引自石钟健：《石钟健民族研究文集》，中央民族学院出版社1996年版，第136页。

[55]闻宥：《古铜鼓图录》。

[56]冯汉骥：《云南晋宁出土铜鼓研究》，《文物》1974年第1期。

[57]汪宁生：《试论中国古代铜鼓》，《考古学报》1978年第2期。

[58]石钟健：《铜鼓船纹中有没有过海船》，《石钟健民族研究文集》，中央民族学院出版社1996年版，第138页。

[59]张增祺：《滇国与滇文化》，云南美术出版社1997年版，第72页。

[60]刘小兵：《滇文化史》，云南人民出版社1991年版，第39页。

[61]张增祺：《云南青铜文化的类型与族属问题》，云南省博物馆编：《云南青铜文化论集》，云南人民出版社1991年版，第223页。许智范、肖明华：《南方文化与百越滇越文明》，凤凰出版社2005年版。

[62]梁庭望：《壮族文化概论》，广西教育出版社2000年版，第223页。

[63]董楚平：《吴越文化新探》，浙江人民出版社1988年版，第279页。

[64]广东省博物馆：《广东考古结硕果，岭南历史外新篇》，文物编辑委员会：《中国文物考古工作三十年（1949—1979）》，文物出版社1979年版，第325页。

[65]黄启臣：《广州成为海上“丝绸之路”起点的地理经济条件》，广州市国家历史文化名城发展中心编：《论广州与海上丝绸之路》（论文集），中山大学出版社1993年版。

[66]曾昭璇、曾新、曾宪珊：《西瓯国与海上丝绸之路》，《岭南文史》2004年第3期。

第十一章 《摩经》中的鸟文化研究

第一节 《摩经》中的“燕子王”图腾崇拜

布依族的传统宗教经典《摩经》中的“鸟”崇拜观念，是原始时期布依族“鸟图腾”观念在宗教意识中的反映，也是布依族最早的图腾祖先观念之一。这种图腾观念及其解释方式，还是布依族先祖探寻人类族群起源和文化发展的思维方式之一。

严复于 1903 年翻译英国学者甄克思的《社会通诠》一书时，曾结合我国古代图腾文化进行研究，指出“图腾是群体的标志，旨在于区分群体”[1]。往后论图腾者众多，何星亮教授所著《中国图腾文化》可谓这方面的权威著作之一，他认为“图腾的产生是基于原始时代人们求安全的心理：图腾亲属观念是人类早期的宗教意识；图腾祖先观念是最早的祖先观念；最早的神是图腾神；图腾名称是最早的社会组织名称，姓氏、人名、地名、官名的起源都与图腾名称有关；图腾标志是最早的社会组织标志和象征，象形文字渊源于图腾标志；图腾圣物是原始的宗教圣物；图腾圣地是人类早期的宗教活动场所，是中国古代‘社’的前身；图腾生育信仰是最早的生育观念，崇拜图腾是最早的生殖崇拜方式；图腾繁殖仪式是人类早期自身生产仪式；龙崇拜是祖先崇拜与自然崇拜相结合的产物，中国古代政治权威的产生与龙崇拜有密切关系”。作者最后得出结论：“就思想文化体系而言，图腾文化是中国文化最早的基层文化。”[2]

布依族传统宗教经典《摩经》中的动物崇拜主要有对“鸟、凤、蛙、龙、虎、大象”等的崇拜。其中，“燕鸟”崇拜就具有明显的鸟图腾文化特征。《摩经·祭山经》说：

mai^{213}ʔdi^{33}vən^{31}pu^{55}ʔbək^{55}ʔa^{213}sa:u^{55}
妻 好 人 女性 鸟神 造　　好妻、好女人是鸟神造。

kuan^{33}ʔdi^{33}ʔju^{213}pɯŋ^{31}sa:ŋ^{33}ʔa^{213}sa:u^{55}
夫 好 有 地方 高 鸟神 造　　好夫管高地是鸟神造。

pɯŋ^{42}ʔdi^{33}ʔju^{213}pu^{55}pan^{213}ʔa^{213}sa:u^{55}
地方 好 有 伙伴 鸟神 造　　好地方、好伙伴都是鸟神造。

fi^{31}ta:i^{33}naŋ^{213}lɯ^{33}tso^{213}ʔa^{213}sa:u^{55}
火 死 还 剩 炭 鸟神 造　　火灭还剩炭是鸟神造。

po^{31}ta:i^{33}naŋ^{213}lɯ^{33}lək^{213}ʔa^{213}sa:u^{55}
父 死 还 剩 儿 鸟神 造　　父死还剩儿是鸟神造。

pi^{33}ta:i^{33}naŋ^{213}lɯ^{33}nuaŋ^{55}ʔa^{213}sa:u^{55}
兄 死 还 剩 弟妹 鸟神 造　　兄死还剩下弟妹是鸟神造。

to^{213}pi^{55}me^{31}kuə^{31}pɯŋ^{42}ʔa^{213}sa:u^{55}
靠 嫂嫂 做 地方 鸟神 造　　靠嫂嫂经营地方是鸟神造。
to^{213}pi^{55}nan^{31}kuə^{31}ʔba:n^{55}ʔa^{213}sa:u^{55}
靠 嫂嫂 做 寨 鸟神 造　　靠嫂嫂管寨是鸟神造。
pau^{42}fu^{31}pau^{42}jəu^{213}
保 福 保 佑　　鸟神保福保佑！

《摩经》认为人类生产生活、“夫妻”组成家庭、繁衍后代均得益于“鸟神”创造，每个人的生死命数也是“鸟神”所规定的。其表现方式是“父死还剩儿”、“兄死还剩下弟妹”，如同“火灭还剩火炭（火种）”。这显然是鸟图腾亲属观念在宗教意识中的反映。

《摩经》还认为人类社会期望的“好地方”、“好伙伴”、“女性为好妻”、“好夫管高地”等文化制度都是从“鸟神”开始的。当时的社会“靠嫂嫂管理村寨”、“靠嫂嫂经营地方”，有社会管理才有社会安全，亦因于“鸟神”之功。这说明当时的社会还处在女性权威的母系社会阶段。“鸟”图腾崇拜是人们寻求社会和谐与社会安全的心理表现，其社会心理通过庄严的宗教仪式得到了族群群体的普遍认同。

那么人类从何而来？《摩经·祭山经》进一步解释说：

ɕiau^{31}kuan^{213}pu^{55}lamɯ^{31}sa:u^{55}
前代 人 哪 造　　前代哪人造经文？
ɕiau^{31}la:u^{55}pu^{55}lamɯ^{31}suaŋ^{213}
老辈 人 哪 留　　老辈哪位留经文？
ɕian^{33}laŋ^{33}pau^{213}lok^{213}to^{42}ma^{33}sa:u^{55}
仙 和 布洛陀 来 造　　仙与“布洛陀”祖神来创造，
ɕian^{33}laŋ^{33}pau^{213}lok^{213}to^{42}ma^{33}suaŋ^{213}
仙 和 布洛陀 来 放　　仙与“布洛陀”祖神来留存。
……
te^{33}ŋɯ^{42}kuə^{31}zam^{55}ma^{33}
它 蛇 做 水 出　　蛇神造水出，
te^{33}pja^{213}kuə^{31}zam^{55}ʔdiŋ^{33}
它 雷 做 水 洪　　雷神发洪水，
zam^{55}tum^{31}jaŋ^{42}tum^{213}za^{213}
水 淹 各样 淹 各种　　水淹各样各种，
zam^{55}tum^{31}pu^{55}la^{213}ʔbən^{33}
水 淹 人 下 天　　水淹天下人，
zam^{55}tum^{31}vən^{31}la^{213}ti^{31}
水 淹 人 下 地　　水淹地上人，
tum^{31}pa:k^{213}ŋi^{31}tsoŋ^{213}te^{33}vən^{42}
淹 一百二十 氏 类 人　　一百二十氏的人全淹死，
ɕuaŋ^{213}soŋ^{33}pi^{55}nuaŋ^{55}jan^{31}vaŋ^{42}
剩下 双 兄妹 燕子 王　　只剩燕子王兄妹二人。

……

tian^{33}kuan^{55}tian^{33}luŋ^{31}mɯ^{31}

天 管 天 龙 脉 　　天管天龙脉，

ɦuŋ^{33}ten^{33}ɦuŋ^{33}pu^{55}θai^{213}

大 那 大 人 官 　　天神为大官，

kai^{213}ten^{33}kai^{213}pu^{55}vɯŋ^{42}

那种 是 天上人王 　　天神是天王，

tɕie^{42}ten^{33}kuan^{55}vən^{42}pɯŋ^{42}taŋ^{31}ɦo^{55}

这 那 管 人 地方 所有 　　天王管所有人所有地方。

san^{42}ku^{33}ɦa:u^{213}ɦaɯ^{213}mjaŋ^{42}

语 我 说 给 算① 　　天王告诉我布摩，天王说话就算数。

san^{42}ku^{33}taŋ^{31}ku^{33}suaŋ^{213}

语 我 说 留给 　　天王留话我布摩，天王授意创后世。

kuan^{55}ka^{31}soŋ^{33}pi^{55}nuaŋ^{55}jan^{31}fuŋ^{42}

管 自 二 兄妹 燕子 逢 　　天王来安排，兄妹相逢燕相昵。

……

sau^{42}ŋa:i^{42}le^{33}toŋ^{31}to^{31}

早晚 是 一起 　　兄妹早晚在一起，

ʔu^{31}lək^{213}pan^{31}lək^{213}ɦau^{55}

生 儿 成 儿 畸形 　　生了个畸形儿。

tau^{55}lək^{213}pan^{31}lək^{213}ŋam^{42}

养 儿 成 儿 无手脚形② 　　畸形儿无脚又无手，

ʔau^{33}ma^{33}zam^{55}kuə^{31}ʔboŋ^{213}

拿 来 砍 成 节 　　拿畸形儿来砍成节，

ʔau^{33}ma^{33}to^{55}kuə^{31}vai^{33}

拿 来 剁 成 块（宗支） 　　拿畸形儿来剁成块，

ʔau^{33}ma^{33}pa:i^{31}kuə^{31}ɕiŋ^{213}

拿 来 排 成 人氏 　　用肉块来排人氏宗支，

ɕiŋ^{213}ʔdeu^{33}kuə^{31}pu^{55}ʔjie^{55}

姓 一 做 族 越 　　一块做“百越（粤）”人宗支，

pɯŋ^{42}ʔdeu^{33}kuə^{31}pu^{55}mɯŋ^{33}pu^{55}ɦa:k^{213}

地方 一 做 族 苗 族 汉 　　一块做苗人、汉人宗支。

fa:k^{213}ʔdeu^{33}kuə^{31}lɯŋ^{42}sa:i^{42}

部分 一 做 龙神 根 　　一部分肉块做了龙神的根源。

sa:u^{55}vən^{31}la:i^{33}la^{213}ti^{31}

造 人 多 下 地 　　造人多来好种地，

sa:u^{55}pa:k^{213}ŋi^{31}tɕoŋ^{213}te^{33}vən^{42}

造 一百二十 姓 他 人 　　造一百二十氏人类。

① “天王告诉我布摩，天王说话就算数”：意为布摩先生是天王的代言人。

② ʔu^{31} 生、tau^{55} 养：这里都是出生之意。当地汉语口语表达也有相同之说。

《摩经》的“布洛陀”神，是布依族祭师“布摩”先生信奉的祖师，是神话中无所不能的智者，亦是“天神”或“天王”的代言人。故有“天王留话我布摩，天王说话就算数”之说。

《摩经》认为远古时期“蛇神”与“雷神”发动滔天洪水，把全人类都淹死了，当时只剩下“燕子王兄妹”。“燕子王兄妹”以“燕”为标志，又有“王”之称号，且兄妹俩与“天神”或“天王”有密切关系，因而“燕子王”接受“天王”的安排繁衍了人类，是布依族先祖确认“天神”或“天王”的崇高地位与认定“燕子王”为人类始祖图腾崇拜的标志。这种图腾祖先“授命于天”的意识，说明布依族最早的祖先崇拜与“天授”观念开始产生。这与何星亮教授所著《中国图腾文化》中关于“图腾的产生是基于原始时代人们求安全的心理：图腾亲属观念是人类早期的宗教意识；图腾祖先观念是最早的祖先观念；图腾圣物是原始的宗教圣物；图腾生育信仰是最早的生育观念，崇拜图腾是最早的生殖崇拜方式；图腾繁殖仪式是人类早期自身生产仪式；图腾名称是最早的社会组织名称，姓氏、人名、地名、官名的起源都与图腾名称有关”的理论阐述相吻合。

洪水滔天乃人类灾难，灾后孑遗的“燕子王”兄妹在“天王”安排下结合，又遭遇到“畸形儿”的生育灾难，可谓艰险异常。“燕子王”兄妹一气之下将“畸形儿”砍为肉块，不想这种义无反顾、破旧图新之举却让新的人类族群诞生了。这是《摩经》用“灾变说”解释人类和族群起源的一种特殊思维方式，类似“灾后孑遗兄妹婚”的神话在20世纪30年代末至40年代初，曾引起了一些人类学者、民族学者、考古学者及文艺学者的注意。他们对它进行了科学的考察和探究，成果颇丰，如芮逸夫的《苗族的洪水故事与伏羲、女娲的传说》（1937）、马长寿的《苗瑶之起源神话》（1940），以及常任侠的《重庆沙坪坝出土之石棺画像研究》（1939）等。其中，闻一多的《伏羲考》（1942年前后）更是扛鼎力作。20世纪80年代之后，我国陆续编辑出版了在全国范围收集的故事、歌谣、谚语并集编成册的《民间文学》，分三套集成，业经查阅，发现这种“灾变说”类型的神话除甘肃、新疆、内蒙古三个省区还没见到有关的记录外，其他省、区、市都有记载，有的地区甚至十分丰富（如河南、浙江、四川、云南、贵州、广西、广东、湖南、湖北等地区）。这说明该类型的神话是我国汉藏语系族群的共性文化。

《摩经》记载了“燕鸟王”这一创造人类的伟大的始祖神，并认为今布依族等汉藏语系的族群，如“汉族”、“百越（粤）族”（即壮族、布依族、侗族、傣族、水族、仫佬族、仡佬族等壮侗语族族群）、“苗族”等，都是古代“燕鸟王”神的后裔，甚至中华各族所信奉的“龙神”根源也是“燕鸟王”神的后代。这些神话一方面反映了布依族对本民族先祖乃至整个汉藏语系族群先祖来历的关注与阐述；另一方面，这类神话给人类学的族群认同观带来了灵感和研究素材。在人类学研究中，族群认同体现为个人与群体，甚至群体与群体的归属，即族群的边界，也就是说他们认同的族群边界是对“燕鸟王”神的后代——汉藏语系族群的手足血缘关系的认同。从神话表层上看，其似乎反映出古人对巨大洪水的恐惧和无能为力，但事实上非常关键的一点，是神话毫不掩饰地歌颂了人在与洪水抗争的过程中表现出来的顽强和智慧，呼唤着永不黯淡的生命之光，意味着神的力量的淡化和人的自我价值的提升。

我们知道，“汉藏语系族群”概念是20世纪初期现代历史语言学从西方传入我国之后，结合我国实际进行研究所得出的科学归纳。但在布依族传统宗教经典《摩经》中，却早已指出“汉族”、“越族”（壮侗语族族群）、“苗族”等汉藏语系族群出于同源，其观点与现代历史语言学的科学结论相符合。布依族《摩经》从人类宗教学角度记载的我国汉藏语系族群源流的重要观点，显示了《摩经》古籍在族群历史文化研究上的重要性和宝贵的价值。

语言学家吴安其教授在《历史语言学》中指出："今日汉藏语系不同支系的语言只是古代许多汉藏支系中的一部分。它们的发生学关系可表示为：'原始汉藏语'（8000—6000年前）分化出'原始汉语、原始藏缅语、原始侗台语、原始苗瑶语'。各支系共同语的形成则有先有后，其中藏缅共同语（5000年前）；侗台共同语（3000多年前）；苗瑶共同语（东汉）；汉语方言共同语（西晋时期）。"[3]按此，布依语为我国汉藏语系语言发展过程中的重要支系之一，"侗台共同语"在3000多年前（即商代之前）还使用"原始汉藏语"母语文化，这是探寻布依族传统宗教经典《摩经》文化之谜的重要科学依据。

文化是依靠特定自然地理和族群先祖的主动创造而产生的。自然地理是相对静止的，但族群先祖却是不断流动的。今日的布依族主要聚居在云贵高原，'原始汉藏语"文化的共同之源，最早可能就发生在云贵高原一带。考古发现，云南"元谋人"距今已有170万年的历史，已能用火，是我国境内迄今发掘的最早的古人类。汉藏语系族群先祖可能即由"元谋人"向外迁出，迁徙至珠江流域、长江流域、黄河流域并促生了当地的地域文化，形成我国汉藏语系族群星罗棋布的农业文明。

邵靖宇教授在《汉族祖源试说》中指出："人类发源地现已证实只有一处，即在非洲东部。人类属一个物种。人科动物从南方古猿算起已有近800万年的历史，当年漫游的元谋直立人在约170万年前已经到达了我国的云南，但线粒体DNA分析显示现代东亚人类的祖先应该是晚期智人。不过这一结论应该还有商榷余地。……现代黄色人种也许并非单独由晚期智人进化而来，直立人的后代应有可能参与了这个过程……换言之，区域进化假说与夏娃假说是可以在特定的条件下统一的。"邵靖宇教授还认为："汉语属汉藏语系，实际上是世界上使用人数最多的语种。这个独特的语系的原始语言当年在缅甸和我国云南边陲一带出现，并逐渐在此分化发展为许多语族、语支和语种，它们在地理上的分布特征是相互为邻，连成一片的。属于这个语系的大部分语种在我国境内，多数分布在西南一带，尤其集中在云南。说原始汉语的远祖应是早年生活在我国西南滇缅一带并与汉藏语系其他兄弟民族有很密切的联系的，而又是当年最具进取心的一支，是后来外迁往北挺进走得最远的一支。"邵教授继而得出结论：**"早年分布在长江以南的所谓'百越（粤）'应该就是生活在南方的汉族祖先，很明确的一点，他们的语言其实就是带有方言口音的南方汉语。"**[4]云贵高原最适宜于早期人类的生存繁衍，"原始汉藏语"先祖即由此迁出，这种分析研究是很有道理的。

恩格斯在《家庭、私有制和国家的起源》中指出："蒙昧时代的低级阶段，这是人类的童年。人还住在自己最初居住的地方，即住在热带的或亚热带的森林中……他们以果实、坚果、根作为食物；音节清晰的语言的产生是这一时期的主要成就。在有史时期所知道的一切民族中，已经没有一个是处在这种原始状态的了。……不过，我们既然承认人是起源于动物界的，那么，我们就不能不承认这种过渡状态了。"到了"蒙昧时代中级阶段。从采用鱼类（我们把虾类、贝壳类及其他水栖动物都算在内）作为食物和使用火开始。这两者是互相联系着的，因为鱼类食物，只有用火才能做成完全可吃的东西。而自从有了这种新的食物以后，人们便不受气候和地域的限制了；他们沿着河流和海岸，甚至在蒙昧状态下已散布在地球上的大部分地区"[5]。云贵高原属热带、亚热带气候条件，有动植物物种立体分布优势，最适宜早期人类生存繁衍，且原始汉藏语系的古人类即由此迁出，具有考古学依据。这是合乎恩格斯所提出的“人类迁徙原理”的。

邵靖宇教授所说的“原始汉语”即吴安其教授的“原始汉藏语”，两者内涵与外延基本一致。邵教授认为“汉祖”即分布在长江以南者为“南方汉祖百越（粤）”，“所谓‘百越（粤）’应该就是生活在南方的汉族祖先，很明确的一点，他们的语言其实就是带有方言口音的南方汉语”。而布依族就是学术界公认的“百越（粤）”先祖后裔，证明了侗台语族（壮侗语族）与汉族同根同源。这种同语系族群同根同源的远古记忆，能长期留存并记载在布依族传统宗教经典《摩经》之中，从民族传统宗教古籍方面印证了汉藏语系族群源流的科学根据。

《摩经》中的“蛇神”、“雷神”、“龙脉”，可能也是布依族先祖的图腾标志。汉藏语系族群古有蛇氏族，其中声名最为显赫的是中华民族的女性始祖“女娲”。《楚辞·天问》王逸注曰：“女娲人头蛇身。”《文选·鲁灵光殿赋》曰：“女娲蛇躯。”《帝王世纪》曰：“女娲氏……蛇身人首。”《列子·黄帝》曰：“女娲氏……蛇身人面。”司马贞《三皇本纪》曰：“女娲氏风姓，亦蛇身人首。”《山海经·大荒西经》郭璞注曰：“女娲，古神女而帝者，人面蛇身。”《夏本纪索隐》引《世本》曰：“（禹娶）涂山氏女名女娲。”《正义》引《帝系》也说：“涂山氏之子，谓之女娲，是生启。”在汉石刻画砖中，还发现了大量的女娲像，画像上的女娲上身呈人形，下身则拖着一条长长的蛇尾，形象地体现了蛇图腾标志。关于汉藏语系族群“百越（粤）”先祖的龙（蛇）崇拜，《说文·虫部》“蛮”条释：“南蛮，蛇种。”《国语·吴语》曰：“欲并大越，越在东南，故立蛇门。”《吴越春秋》也有相同记载：“越在巳地，其位蛇也，故南大门上有木蛇、北向首内，示越属于吴也。”说明夏、越族群崇拜蛇（女娲图腾）。

“雷神”图腾崇拜亦然，《海内经》曰：“流沙之东，黑水之西，有朝云之国、司彘之国。黄帝妻雷祖，生昌意。”《诗含神雾》曰：“大迹出雷泽，华胥履之，生宓牺。”“宓牺”即伏羲。《淮南子·地形训》曰：“雷泽有神，龙身人头，鼓其腹而熙。”《海内东经》也说：“雷泽中有神，龙身而人头，鼓其腹。”雷泽神即雷神，不言而喻，华胥所履之迹自是雷神所踏出的了。王逸《章句·补注》引《山海经图》云：“女娲之时，乘雷车，服驾应龙。”伏羲、女娲配对，故曰“乘雷车”。《帝王世纪》云：“黄帝……次妃方雷氏女，曰女节，生青阳。”说明汉藏语系族群很早就产生了“蛇神图腾、雷神图腾”崇拜。今南粤珠江流域还有地名曰雷州，并存有雷神庙宇。布依族是我国古代汉藏语系族群“百越（粤）”的后裔，其“蛇神图腾”和“雷神图腾”当与古代夏、越族群“蛇神图腾”和“雷神图腾”有关。

《摩经》在记述“燕鸟王”繁衍人类和族群的同时，还提出了“天王”观念。《摩经·祭山经》认为：

tian^{33}kuan^{55}tian^{33}luŋ^{31}mɯ^{31}
天　管　天　龙　脉　　　天管天龙脉，
ɦuŋ^{33}ten^{33}ɦuŋ^{33}pu^{55}θai^{213}
大　那　大　人　官　　　天神为大官，
kai^{213}ten^{33}kai^{213}pu^{55}vɯŋ^{42}
那种　是　天上人王　　　天神是天王，

tɕie^{42}ten^{33}kuan^{55}vən^{42}pɯŋ^{42}taŋ^{31}ɦo^{55}

这　那　管　人　地方　所有　　天王管所有人所有地方。

san^{42}ku^{33}ɦa:u^{213}ɦaɯ^{213}mjaŋ^{42}

语　我　说　给　算　　天王告诉我布摩，天王说话就算数。

san^{42}ku^{33}taŋ^{31}ku^{33}suaŋ^{213}

语　我　说　给　留　　天三留话我布摩，天王说话就算数。

kuan^{55}ka^{31}soŋ^{33}pi^{55}nuaŋ^{55}jan^{31}fuŋ^{42}

管　自　二　兄妹　燕子　逢　　天王来安排，兄妹相逢燕相昵。

……

sa:u^{55}vən^{31}la:i^{33}la^{213}ti^{31}

造　人　多　下　地　　造人多来好种地，

sa:u^{55}pa:k^{213}ŋi^{31}tɕoŋ^{213}te^{33}vən^{42}

造　一百二十　姓　他　人　　造一百二十氏人类。

此段经文认为“天王”授意“燕子王兄妹”，“相逢燕相昵”繁衍了人类“一百二十氏”。“一百二十氏”表示人类之意。

在布依语中，“王”与“帝”为同一概念，统称为“王”。布依族《摩经》认为人类社会因“天王授意”和“燕鸟王”繁衍而得以发展，此“天王”亦即“天帝”，这种观念是具有意志性的天神观念。古汉语“天”或“天帝”出现较早，卜辞记载殷商之“天”是有意志性的自然天神观念：

天御量？十一月。　《合集》22093

于天御？　《合集》22431

天弗祸凡？　《合集》14197

壬寅卜，天不其启？少。十月。　《英藏》619

己亥卜，出（侑）岁于天？　《乙编》5348

癸巳卜，或贞：天绗？　《京都》3165

卜辞中的“天不其启”，意即卜问天晴。“御量”、“御”、“侑岁”都是以“天”作为祭祀对象的祭名。《吕氏春秋·下贤》曰：“帝也者，天下之所（启）迪也；王也者，天下之所往也。”“往”者，人所归也。“王”乃“天下人所归”的人间之王；“帝”则指自然天神，亦即“上帝”，其乃（启）迪天下之根本。在布依语中，“王”与“帝”为同一概念，统称为“王”。《摩经·祭山经》只用“天王”一词，其意已明，没必要将“天王”与“天帝”区分开来。“天三”授意“燕子王兄妹”繁衍人类，亦指自然天神“上帝”为天下所（启）迪的根本。这说明卜辞与布依族《摩经》所诠释的原理是一致的。

“天王”一词在汉语中出现较晚。《孔子家语》载季康子问王帝而引孔子所云：“天有五行，木、火、金、水及土，分四时化育以成万物，其神谓之五帝，是五帝之佐也。犹三公辅王，三公可得称王辅，不得称‘天王’。五帝可得称天佐，不得称上天。”此乃五行观念产生之后的现象。但“天”

的概念早已产生，故卜辞以“天”作为祭祀的对象。卜辞中的“天”，应该是人格化的“天王”或“天帝”。

关于“帝”的本义，宋朝郑樵的《通志·六书略一》主张是“花蒂”。就此，不少现代学者也做了很多考证：叶玉森先生主张“像燎柴祭天时积薪置架之形”[6]；卫聚贤先生主张“像女性生殖器之形”[7]；赤冢忠先生主张“像神柱或巫柱之形”[8]等等。我们认为，汉藏语系多分布于农耕民族，“帝”应与相应的农耕生产生活方式结合，本义当为农作物的“花蒂”。《说文·卿部》曰：“蒂，瓜当也。”《声类》曰：“蒂，果鼻也。”《老子》曰：“深根固柢。”柢亦作蔕。《文选·左太冲吴都赋》：“抚白蔕。”刘渊林《注》：“蔕，花本也。”可见“瓜当、果鼻”是同类。如同“花本、果鼻”皆言花果之祖，“帝”为“花蒂”本字，遂引申为天上源祖的意思。

至秦始皇以统一四海之功首称人间“始皇帝”，布依族《摩经》则保持秦以前的称谓，“皇”和“王”称“vaŋ^{42}”或“vɯŋ^{42}”。故布依族《摩经》“燕鸟王”称为“jan^{31}vaŋ^{42}”；“天王”称为“kən^{31}ʔbən^{33} pu^{55}vɯŋ^{42}”，意即为“天上之王”。自然天神“上帝”（或“天王”）是文明发展初期观念。宗教信仰是现实的侧面反映，当人间产生了“王”，宗教世界观念中随之有了“王”。布依族与汉族都是汉藏语系族群先祖的后裔，故古汉语与古布依族语才有相通之处。

布依族《摩经》记载之远古族群“天王”崇拜和“燕鸟王”图腾崇拜的神话，绝非只是一种梦幻性的存在。相反，这是上古历史的真实表述。作为早期文化的象征性标记，远古神话是每个民族族群历史文化的源泉之一，神话中蕴涵着哲学、艺术、宗教、风俗习惯以及早期整个价值体系的起源。黑格尔曾说：“古人在创造神话的时代，生活在诗的气氛里。他们不用抽象演绎的方式，而用凭想象创造形象的方式，把他们最内在最深刻的内心生活转变成认识的对象。”[9]凡是传统宗教都离不开神话。何新先生曾说，从功能观点看，神话至少具有以下三种社会作用：

①它是一个解释系统；

②它是一个礼仪系统；

③它是一个操作系统。

所谓解释系统，就是说，神话是远古先民的“哲学”和“科学”，远古族群要用这种意识形态来解释各种自然现象、解释人类与自然的关系、解释人与社会的关系，并且解释他们自身的来源和历史发展。

所谓礼仪系统，就是说，神话对于远古先民，不仅具有超现实理论的力量，而且具有礼仪规范和价值规范的效力。礼教起源于祭神的仪式，且艺术起源于敬神的庆典和装饰。神话，其实就是先民们所信仰和崇拜的整个天神地祇系统的宗教理论基础。

所谓操作系统，就是整个宗教仪式的礼仪行为过程。上古神话是从属并表现人类史上一个特定文化阶段的符号系统。它不仅体现了先民们最初的知（而不是无知），从而存储重要的文化信息，而且具有自身的生成——变形逻辑。[10]布依族《摩经》的“天王”崇拜和“燕鸟王”图腾崇拜神话，并指出今日同属汉藏语系族群的“汉族”、“越族”（即壮族、布依族、侗族、傣族、水族、仫佬族、仡佬族等壮侗语族族群）”、“苗族”等都是“燕鸟王”神的后裔，“龙神”也是“燕鸟王”神的后代。这种神话就是布依族先民的“哲学”和“科学”，他们要用这种意识形态来解释自然现象，解释人与自然的关系，解释人与社会的关系，并且解释他们自身的来源和历史发展。

《摩经》的记载从宗教人类学方面认定“汉藏语系族群同源”的重要观点，与《历史语言学》“今日汉藏语系不同支系的语言只是古代许多汉藏支系中的一部分。它们的发生学关系可表示为：‘原始汉藏语’（8000—6000 年前）分化出‘原始汉语、原始藏缅语、原始侗台语、原始苗瑶语’。各支系共同语的形成则有先有后，其中藏缅共同语（5000 年前）；侗台共同语（3000 多年前）；苗瑶共同语（东汉）；汉语方言共同语（西晋时期）”的科学结论相吻合。布依语即来源于“侗台共同语（3000 多年前）”，[11]两者可相互印证。说明布依族传统宗教经典《摩经》文化是汉藏语系族群历史文化的重要传承，其中反映的是布依族先祖的邦土观念、执著的族群认同观和中华民族的凝聚力意识和精神。

第二节 《摩经》“燕鸟”图腾文化之对比分析

在古代汉藏语系族群之中，关于“燕鸟”文化的记载很多。例如：

《诗经·邶风》曰：“燕燕于飞，差池其羽”、“燕燕于飞，颉之颃之”、“燕燕于飞，上下其音。”

《尔雅》曰“燕燕鳦”，注：“齐人呼鳦。”

《广雅》曰：“燕一名鷾鸸，齐曰燕；梁曰鳦。”

《说文》曰：“齐鲁谓之乙，取其名自呼。”

《礼记·月令》曰：“仲春之月元鸟至。……仲秋之月元鸟归。”

《尔雅义疏》曰：“《广雅》又以朱鸟为燕。”

《酉阳杂俎》曰：“世说薅泥为窠，声多，稍小者谓之汉燕。”

《本草纲目》曰：“燕有两种，紫胸轻小者是越燕……越燕，多在堂室中梁上作巢。”

《尔雅》曰：“巢于梁间，春社来，秋社去。故谓之社燕。”

所言“社燕”、“越燕”、“汉燕”，皆为“巢于堂室中梁”的同一种鸟燕。其形体稍小，喜欢巢于梁间。“社燕”为“神社庙宇之燕”，“越燕”即“百越（粤）之燕”。“燕鸟”又有“元鸟”、“朱鸟”、“鳦”、“乙”、“鷾鸸”、“意而”、“鸷鸟”等不同称谓。

古人认为“人见白燕，主生贵女，故燕名天女”；人能“奋身化作元鸟，飞入云中”；“燕一名神女”；“鸟燕”能“兴波祈雨”等等，皆是明显的“燕鸟”宗教崇拜特征。如：

《本草纲目》曰：“燕字篆文象形，乙者取其名自呼也。元者，其色也。鹞食之则死，能制海东青鹘，故有鸷鸟之称。能兴波祈雨，故有游波之号；《雷》云‘海竭江枯，投游波而立泛’是矣。《京房》云：‘人见白燕，主生贵女，故燕名天女。’”

《娜嬛记》曰：“周穆王迎意而子，居灵卑，访以至道。后欲以为司徒，意而子愀然不悦，奋身化作元鸟，飞入云中。故后人呼元鸟为意而。”

《庄子》曰：“鸟莫智于意而，目之所不宜处不给视，虽落其实，弃之而走；其畏人也而袭诸人间，社稷存焉尔。”

《中华古今注》曰："燕一名神女。"

《田家杂候》曰："紫燕来巢，主其家益富。"

《尔雅·翼》曰："燕以春分来，而秋分去，开生之候，其来主为孚孔蕃滋……荆楚之俗，燕始来睇，有入室者，以双箸掷之令人有子。"

其中"周穆王迎意而子（燕子）……奋身化作元鸟"，"（燕以）开生之候，其来主为孚孔蕃滋"，说的是以"燕鸟"为生育之神的图腾标志。这适与布依族传统宗教经典《摩经》"燕子王"图腾记载相吻合。

《太平广记》有记载："后魏元道康，字景怡，居林虑山，云栖幽谷，静掩衡茅，不下人间，逾二十载服饵芝术，以娱其志。高欢为丞相，前后三辟不就。道康以时方乱，不欲应之，至高洋，又征，亦不起。道康书斋常有双燕为巢，岁岁未尝不至。道康以连征不去，有惧见抑不觉嗟咨。是夕，秋月朗然，清风飒至，道康向月微思，忽闻燕呼康字云：'景怡，卿本澹然为乐，今何愁思之深耶？'道康惊异，乃知是燕。又曰：'景怡景怡，乐以终身。'康曰：'尔为禽而语，何巢我屋？'燕曰：'我为上帝所罪，暂为禽耳。以卿盛德，故来相依。'道康曰：'我忘利，不售人间，所以闭关服道，宁昌其德，为卿所谓。'燕曰：'海内栖隐，尽名誉耳。卿独知道，卓然嚣外，所以神祇敬属，万灵归德，我来日昼时，往前溪相报。'道康乃策杖南溪，以俟其至。及昼，见二燕自北岭飞来而投涧下，一化为青衣童子，一化为青衣女子。前来谓道康曰：'今我便归，以卿相命，故来此。然无以留别，卿为隐志，幽阴见嘉，卿之寿更四十岁，以此相报。'言讫，复化为双燕，飞去不知所往。时道康已年四十，后果终八十一。"

《刘斧摭遗》有王谢误入燕子国的神话："王谢，金陵人，航海遇风，抵一洲，其王以女妻之。女曰：'此鸟衣国也。'后谢思归，王命取飞云车送之，至家，见梁上双燕呢喃，乃悟所止燕子国也。至秋，二燕将去，悲鸣庭户。谢书一绝系燕尾曰：'误到华胥梦里来，玉人终日苦怜才。云轩飘去无消息，泪沥春风几百回。'燕寄诗去，来春复至。尾有小柬，乃女所寄诗曰：'昔日相逢冥数合，如今睽远是生离。来春纵有相思字，三月天南燕不飞。'"

《太平广记》与《刘斧摭遗》均认为"人鸟可以互化，可以婚配"。"上帝左右的仙童玉女化为燕子"以报人间"盛德"君子，其"我忘利，不售人间，所以闭关服道，宁昌其德"已有明显的儒、佛观念传道意味。《刘斧摭遗》的"鸟衣国"或"燕子国"神话则已有道家缥缈的仙景色彩。壮族和布依族亦有《百鸟衣》神话流传，两者有明显相通之处。

又有"鸟燕衔土筑冢"之记载。《曹州志》曰："汉丁太后，定陶王妃，哀帝母也。帝即位后，迎居京师，以建平二年崩。帝为起陵共皇之园，送葬定陶贵震山东。及王莽秉政，贬号丁姬，遣公卿子弟及诸生四彝十余万人操作具，助将掘作其陵，二旬皆平。时有群燕数千，衔土投于墓圹中，令坟冢巍然。"东汉王莽篡政，已不得人心，执政后又掘丁太后陵，遂更不得人心。故"时有群燕数千，衔土投于墓圹中，令坟冢巍然"。说明"燕鸟图腾"标志是一种匡扶正义，护佑国家政权与族群子孙的信仰观念。

特别是古代属汉藏语系的东夷族之"玄鸟"（或"元鸟"）的"燕鸟"图腾说对后世影响最深。《史记·殷本纪》曰："简狄有娀氏之女，为帝喾次妃，三人行浴，见元鸟堕其卵，简狄取吞之，因孕生契。"

《竹书纪年》曰："初高辛氏之世，妃曰简狄，以春分元鸟至之日，从帝祀郊禖，与其妹浴于元丘之水，有元鸟衔卵而堕之，五色甚好，二人竞取，覆以二筐，简狄先得而吞之，遂孕，胸剖而生契。"

《楚辞·天问》曰："简狄在台，喾何宜？玄鸟至贻，女何嘉？"《列女传》曰："契母简狄者，有娀氏之长也，当尧之时，与其娣浴于玄丘之水。有玄鸟衔卵过，坠之，五色甚好，简狄与其娣竞往取之，简狄得而含之，误而吞之，遂生契焉。简狄性好人事之治，上知天文，乐于施惠，及契长而教之理，顺以序。契之性聪明而仁，能育其教，卒致其名，尧使为司徒，封于亳。及尧崩，舜即位，乃敕之曰：'契，百姓不亲，五品不逊，汝作司徒而敬，敷五教在宽，其后世世居亳。'至汤兴为天子，君子谓简狄仁而有礼。《诗》曰：'有娀方将，立子生商。'又曰：'天命玄鸟，降而生商。'此之谓也。"

毛公《诗传》曰："春分玄鸟降，简狄配高辛氏，帝与之祈于郊禖而生契，故本为天所命，以玄鸟至而生焉。"《楚辞》王逸注曰："玄鸟，燕也。""燕鸟"是殷商、东夷先祖的图腾标志无疑。

苏联著名人类学家海通在《图腾崇拜》中说："许多研究结果表明，图腾崇拜内容包括如下几方面：①相信群体起源于图腾或与图腾结合的祖先；②具有共同的群体图腾名称；③图腾群体相信自己与图腾存在血缘亲属关系，崇敬图腾；④相信图腾群体成员能化身为图腾或图腾化身为人。"[12]按此，汉藏语系族群的殷商、东夷图腾氏族之祖是"燕鸟"。"天命玄鸟，降而生商"、"燕来主为孚孔蕃滋……令人有子"、"人而奋身化作元鸟"、"燕鸟衔土筑冢"等神话，反映了人类社会从生命诞生、成长，到年老逝世，整个过程皆有"燕鸟"图腾护右之功。这些关于殷商、东夷先祖"燕鸟"崇拜的记载，正与布依族传统宗教经典《摩经》的记载相互印证，很能说明其文化渊源问题。即布依族《摩经》的"燕子王"图腾崇拜，认为我国汉藏语系族群中汉族、"百越（粤）"族群（布依族等壮傣语族）、苗族是"燕鸟王"神的后裔，"龙神"也是"燕鸟王"神的后代。"燕鸟"崇拜在我国汉藏语系族群之中有深刻的族群文化背景，其中东夷、殷商的"燕鸟"图腾崇拜影响最深，布依族《摩经》"燕子王"图腾崇拜的记载，当源于上古时期的东夷、殷商文化。

那么，包括布依族在内的汉藏语系族群，为何选择"燕鸟"作为图腾？这与"燕鸟"的习性和农业族群对"燕鸟"的观察认识有关。

实际生活中，"燕鸟"喜筑巢于人类的堂屋之内。能长期与人共处一屋檐下，在鸟类之中，"燕鸟"确是唯一的例子。"燕鸟"对人十分亲近，因而受到人类喜爱。《谭子化书》记："黄雀之为物也，日游于庭，日亲于人而常畏人，而人常挠之。元鸟（燕鸟）之为物也，时游于户，时亲于人而不畏人，而人不挠之。彼行促促，此行佯佯，彼鸣啾啾，此鸣锵锵，彼视瞿瞿，此视汪汪，彼心戚戚，此心堂堂。"这就是对此情形的生动写照。

古人经过观察图腾物——"燕鸟"哺育雏鸟的过程，认识到"燕鸟"于其中总是异常辛苦，从而感悟出人类日出而作、日落而息的农耕文明，以及父母之辛劳和母子之亲情。白居易《燕诗示刘叟》云："梁上有双燕，翩翩雄与雌。衔泥两椽间，一巢生四儿。四儿日夜长，索食声孜孜。青虫不易捕，黄口无饱期。嘴爪虽欲弊，心力不知疲。须臾千来往，犹恐巢中饥。辛勤三十日，母瘦雏渐肥。喃喃教言语，一一刷毛衣。一旦羽翼成，引上庭树枝。举翅不回顾，随风四散飞。雌雄空中鸣，声尽呼不归。却入空巢里，啁啾终夜悲。燕燕尔勿悲，尔当反自思。思尔为雏日，高飞背母时。当时父母念，今日尔应知。"其"辛勤三十日，母瘦雏渐肥"，待到"高飞背母时"、"雌雄空中鸣，声尽呼不归”、“当时父母念，今日尔应知”的母子亲情，用“燕诗”形式阐述人间的孝道伦理，感情细腻动人，至今仍有很强的教育意义。这不单因于白居易情操高尚、文笔精妙，亦是族群深厚的“燕鸟”图腾文化熏陶与传承所致。

实际上，汉藏语系族群先祖不只崇拜“燕鸟”一种鸟类。其下又分为“凤鸟、玄鸟、青鸟、丹鸟、祝鸠、鸤鸠、雎鸠、爽鸠、鹘鸠”等等。如东夷少皞氏“纪于鸟，为鸟师而鸟名”。《左传·昭公十七年》说：

> 秋，郯子来朝，公与之宴。昭子问焉，曰：“少皞氏鸟名官，何故也？”郯子曰：“吾祖也，我知之。昔者黄帝氏以云纪，故为云师而云名；炎帝氏以火纪，故为火师而火名；共工氏以水纪，故为水师而水名；太皞氏以龙纪，故为龙师而龙名。我高祖少皞，挚之立也，凤鸟适至，故纪于鸟，为鸟师而鸟名。凤鸟氏历正也，玄鸟氏司分者也，伯赵氏司至者也，青鸟氏司启者也，丹鸟氏司闭者也。祝鸠氏司徒也，雎鸠氏司马也，鸤鸠氏司空也，爽鸠氏司寇也，鹘鸠氏司事也。五鸠，鸠民者也。五雉为五工正，利器用，正度量，夷民者也。九扈为九农正，扈民无淫者也。自颛顼以来，不能纪远，乃纪于近，为民师而命以民事，则不能故也。”仲尼闻之，见于郯子而学之。既而告人曰：“吾闻之天子失官，学在四夷。犹信。”

“纪于鸟，为鸟师而鸟名。”其意在设立“五鸠之官”管理国家，以“五雉”管理五工，以利器用，正度量，使人民能够安居乐业；又以“九扈”为九农正，以督促人民勤耕无惰。对此，圣人孔子也认为“天子失官，学在四夷”的说法是可信的。

古代东夷少皞氏和“百越（粤）”先祖都属古代汉藏语系的重要族群。少皞氏崇拜“凤鸟、玄鸟、青鸟、丹鸟”，“百越（粤）”先祖亦崇拜“百鸟、丹鸟”。少皞氏以“鸠鸟”为图腾，由“祝鸠、鸤鸠、雎鸠、爽鸠、鹘鸠”等命名宗族支系；“百越（粤）”先祖之后的“僚人”亦称“鸠僚”，“鸠僚”即“鸠鸟”，是以“鸠鸟”为图腾的“僚人”支系。两者的图腾信仰是一致的。

张华《博物志》说：“荆州极西南界至蜀，诸民皆曰僚子。”《华阳国志》则说，巴蜀及南中（今云南、贵州及广西、广东）各地都有“僚”，如“夷僚”、“僚僰”、“鸠僚”等，并指出永昌郡有“鸠僚”，兴古郡（今黔西南）多“鸠僚”。东晋《拾遗记》也说：“越王入国，有丹鸟夹王而飞，故勾践之霸也，起望鸟台，言丹鸟之异也。”陶元藻《广会稽风俗赋》又说：“越王入吴时，有鸟夹王而飞，以为瑞也，因筑望鸟台，属山阴。”《吴越春秋》说越王治国时，“麒麟步于庭，百鸟佃于泽”，说明“百越（粤）”先祖以鸟为图腾，更将鸟的出现视为国之将兴的象征来鼓舞人心。《博物志·异鸟》和《吴越备史》云“鸟为越祝之祖”，“鸟主越人祸福，敬则福，慢则祸，于是民间悉图其形以祷之”。“越祝”可能即东夷“祝鸠”。“百越（粤）”先祖的“百鸟、丹鸟”当然包括东夷“凤鸟、玄鸟、青鸟、丹鸟、鸠鸟”等鸟类。这说明“百越（粤）”与“东夷”是汉藏语系族群之中鸟图腾文化最突出的族群。

与布依族同为汉藏语系“东夷、百越（粤）”后裔的傣族，亦有“鸟姑娘”图腾神话和以鸟命名村寨的习俗。傣族“鸟姑娘”神话讲述了这样一个故事，“很古很古的时候，森林里有一种人头鸟身的女人，被称为‘鸟姑娘’。她们的头跟人一模一样，有美丽的眼睛，有秀丽的头发，但她们的身子却又跟鸟一模一样，有能飞翔的翅膀，有彩色艳丽的羽毛。有一天，寨里的一个小伙子到森林里打猎，恰巧遇到了一个长得很漂亮的鸟姑娘。他很惊奇，看了又看，当他要走开的时候，鸟姑娘却唱起动听的歌。悦耳的歌声把年轻的猎人迷住了，他忘记了饥饿，忘记了回家，只得跟鸟姑娘在大森林里住宿，这一夜，猎人跟鸟姑娘一起唱到天亮，甜蜜的歌声使他们产生了感情，小伙子爱上了鸟姑娘，鸟姑娘也爱上了小伙子。年轻的猎人要求鸟姑娘做他的妻子，鸟姑娘也很高兴，笑着答应了，但提出不让小伙子离开森林。因此，小伙子跟鸟姑娘结为夫妻后，便没有离开森林，一直跟鸟姑娘住在云雾弥漫的大森林里。他们恩恩爱爱，生了许多儿女。后来，这些儿女又分到森林的四面八方，建立了许多寨子。据说，如今用鸟做寨名的，便是他们的后代子孙。”[13]“被称为‘鸟姑娘’的人头鸟身的女人”与傣族小伙婚配繁衍后代，说明古人相信人类祖先曾与鸟婚配，生下许多儿女，后来以鸟命名的村寨是鸟神的后代，人类与鸟神有着某种血缘关系。从这一角度上看，“鸟姑娘”的神话故事确实包含着鸟图腾文化的因素，它可以帮助人们去追溯数千年前远古时代的傣族先祖最初信仰的奥秘。这与“东夷、百越（粤）”的鸟文化是相一致的。

布依族《摩经》还认为，人类年老逝世是自然规律，是“神鸟搬家”所致。这显然是“人类为鸟神后裔”的逻辑演绎。如《摩经·老人吉时归逝》说：

wan^{53}ʔdi^{33}pjau^{213}məŋ^{42}pjau^{213}
日　吉　搬　你　搬　　　　选着吉日你归逝，
ɕiau^{213}ʔdi^{33}ts‘ai^{33}məŋ^{42}ts‘ai^{33}
一生　吉祥　迁去　你　迁去　　　　一生吉祥你迁移。
tɕau^{24}məŋ^{42}tam^{55}se^{31}zok^{213}
头　你　穿过　神鸟纹枕头①　　　　你的头已枕到仙界的鸟枕头，
tɕau^{24}məŋ^{42}tok^{55}se^{31}seu^{213}
头　你　落　神鸟纹枕头②　　　　你的头已落到神鸟纹的花枕头，
tam^{55}se^{31}zok^{213}pai^{33}ʔdjeu^{213}
穿过　神鸟纹枕头　去　上界　　　　穿过层层神鸟纹枕头去天界，
nin^{42}se^{42}seu^{213}mi^{42}ma^{33}
睡眠　神鸟纹枕头　不　来　　　　睡在仙界的鸟纹枕上不肯来，
nin^{42}se^{42}sə^{33}se^{42}sa^{33}ta:i^{33}na:u^{213}
睡觉　花　垫　花　盖　死　永远　　　　睡在金花银花中永不回。
……
ʔboŋ^{213}ʔdjau^{33}se^{33}ti^{31}ʔdjau^{33}
节　一　留　位　一　　　　仙路上他（她）留记号，
tuan^{31}ʔdjau^{33}se^{33}tɕaŋ^{33}po^{33}
段　一　留　中　山　　　　一段山中留一符印信，
se^{33}koŋ^{33}lo^{42}kau^{55}jiaŋ^{213}
留　鹰　看　样　　　　留下鸟鹰作看样。

① se^{31}zok^{213}：神鸟纹枕头。
② se^{31}seu^{213}：又称为 se^{31}zok^{213}，zok^{213} 即鸟。

《摩经·神鸟搬家》又说：

ʔə^{33}tɕim^{31}ɦə^{55}ʔə^{33}tɕim^{31}
阿　俊　啊　阿　俊　　　　“雅俊”啊“雅俊”，

tu^{33}ʔbo^{33}pjau^{33}ma^{31}zok^{213}
我们　不　得罪　哪　鸟　　　　我们不曾得罪神鸟呀，

zok^{213}tək^{55}ʔbu^{213}ɕian^{33}ɦen^{55}
鸟　放　新位置　先　黄　　　　神鸟为何要搬家？神鸟羽毛为何干黄？

fa:ŋ^{42}au^{33}po^{31}（me^{31}）tu^{33}zəŋ^{42}se^{33}
鬼　拿　父（母）　我们　跟上　留

laŋ^{33}ka^{31}ʔan^{55}
跟　那点　　　　为何鬼神要我们的父（母）逝世？

tu^{33}ʔbo^{33}pjau^{33}ma^{31}zok^{213}
我们　不　得罪神鸟　哪　鸟　　　　我们不曾得罪神鸟呀，

zok^{213}tək^{55}^{5}ʔbu^{213}ɕian^{33}kan^{35}
鸟　放　新位置　先　寨墙门外　　　　神鸟为何要搬家？为何搬到寨墙外？

fa:ŋ^{42}au^{33}po^{31}（me^{31}）tu^{33}tau^{55}laŋ^{55}
鬼　拿　父（母）　我们　倒　直

se^{33}laŋ^{33}ka^{33}ʔan^{55}
留　跟　那点　　　　为何鬼神要我们的父（母）逝世？

tu^{33}ʔbo^{33}pjau^{33}ma^{31}zok^{213}
我们　不　得罪神鸟　哪　鸟　　　　我们不曾得罪神鸟呀，

zok^{213}tək^{55}^{5}ʔbu^{213}ɕian^{33}ȵian^{35}
鸟　放　新位置　先　寨墙门内　　　　神鸟为何要搬家？神鸟为何搬到寨墙内？

fa:ŋ^{42}au^{33}po^{31}（me^{31}）tu^{33}tau^{55}laŋ^{55}
鬼　拿　父（母）　我们　倒　直

se^{33}laŋ^{33}ka^{33}ʔan^{55}
留　跟　那点　　　　为何鬼神要我们的父（母）逝世？

tu^{33}ʔbo^{33}pjau^{33}ma^{31}zok^{213}
我们　不　得罪神鸟　哪　鸟　　　　我们不曾得罪神鸟呀，

zok^{213}tək^{55}^{5}ʔbu^{213}ɕian^{33}tie^{31}
鸟　放　新位置　先　贴寨墙　　　　神鸟为何要搬家？神鸟为何站在寨墙上？

fa:ŋ^{42}au^{33}po^{31}（me^{31}）tu^{33}tək^{55}pen^{55}
鬼　拿　父（母）　我们　放　棺材

se^{33}laŋ^{33}ka^{33}ʔan^{55}
留　跟　那点　　　　为何鬼神要把我们的父(母)放进棺材里？

《摩经》先提出人类是“燕子王”鸟神的后裔，又认为“神鸟搬家”象征年老逝世，这就是“生于鸟图腾，死后归于鸟图腾”的宗教感情和原理使然。如迪尔克姆所说：“图腾不仅仅是名称或称谓，而是具有象征意义的标志。这些象征、标志、符号表明，人们分别属于一定的氏族。图腾属性即人

们相信，自己既是人，同时又是某种图腾动物或植物。对于原始人来说，名称的等同，意味着实质上的同一。崇拜某种物象是因为相信存在某种属于这些物象的共同力量。这种力量存在于每一个个体之中，但又是超越于个体之上而融为一体的。凡是存在这种力量的地方，都引起人们的宗教感情。”[14] C.Ⅱ.托尔斯托夫也指出，“作为祖先血缘亲属的图腾观念，说明血缘亲属意识已进入到一定的阶段”，此阶段“图腾崇拜实际上已开始消亡，已开始向人祖先崇拜过渡，直到维系图腾崇拜的氏族制度消亡时还长期存在”。[15]只要维系人类图腾崇拜的氏族制度没有解体，图腾文化观念就可能长期存在。这就是布依族《摩经》的“燕子王”图腾文化和“神鸟搬家”象征年老逝世等观念得以长期传承，并在老人逝世的隆重宗教仪式上由祭师“布摩”先生主持念诵的原因。

布依族“燕子王”图腾文化和“神鸟搬家”观念，如同东夷、殷商的“燕鸟”图腾崇拜一样，“作为祖先的图腾文化是图腾崇拜的最后一种变体”，是汉藏语系族群祖先崇拜文化的共同特征。

“神鸟搬家”象征年老逝世，那么寻找并争取“神鸟回迁”，不就象征着老人复活吗？所以，布依族《摩经》描述了孝家请女祭师“雅俊奶”上到“天庭寻找老人”的生动过程。如《摩经·神鸟搬家》说：

zeu^{31}məŋ^{31}tɕim^{213}zo^{55}za^{33} 听说 您 “雅俊奶”会 找	听说您“雅俊奶”会找，
tɯ^{31}məŋ^{31}tɕim^{213}pai^{33}za^{33} 带 您 “雅俊奶” 去 找	才请您“雅俊奶”去找。
zeu^{31}məŋ^{31}ja^{42}zo^{55}tau^{55} 听说 您 奶 会 测算	听说您老会测算，
tɯ^{31}məŋ^{31}ja^{31}pai^{33}tau^{55} 带 您 奶 去 测算	才请您老去测算。
ɕiau^{42}su^{33}ɦa:u^{31}san^{42}ni^{55} 算得 你们 说 句 这	“雅俊奶”答：我已算得你们这样说，
ɕiau^{42}su^{33}pi^{55}san^{42}tan^{33} 算得 你们 讲 句 此	早已算得你们这样讲。
ko^{213}ku^{33}ʔdai^{55}zo^{55}mi^{31} 给 我 得 会 不	是否给礼信？
tai^{55}ku^{33}sai^{42}zo^{55}mi^{31} 给 我 足 够 不	给够礼信否？
ko^{213}ku^{33}ʔdai^{55}ku^{33}pai^{33} 价格 我 得 我 去	给够礼信我就去，
tai^{55}ku^{33}sai^{42}ku^{33}ʔja:m^{213} 给 我 足 我 走	礼信给足我就走。
ʔə^{33}tɕim^{213}ɦə^{55}ʔə^{33}tɕim^{213} 阿 “雅俊奶”啊 阿 “雅俊奶”	两个小伙答：“雅俊奶”啊“雅俊奶”，
kuə^{31}laɯ^{42}kuə^{31}ʔbo^{33}ʔdai^{55} 哪样 给 不 得	您要哪样礼信都给足，

kuə^{31}lamɯ^{42}tai^{55}ʔbo^{33}sai^{42}
哪样 给 不 够　　　　您要什么礼信都给够。

sa^{55}pan^{31}p‘ə^{33}saŋ^{33}ma^{33}
刚才 我们 开始 来　　　　刚来的时候，

me^{31}liau^{42}tap^{213}tai^{55}ɕa^{213}
妈 姑 准备 等　　　　我家姑妈备着礼信等。

sa^{55}pan^{31}p‘ə^{33}saŋ^{33}ma^{33}
刚才 我们 开始 来　　　　刚来的时候，

me^{31}pa^{213}tap^{213}tai^{55}suaŋ^{213}
母 姑姑 准备 留给　　　　我家姑母备有礼信留。

paŋ^{42}fɯ^{42}ɦa^{213}ʔdai^{55}tsim^{213}
布 色 五 得 “雅俊奶”　　　　五色布留给雅俊奶。

sa^{55}luaŋ^{42}ɦam^{213}ʔdai^{55}tɕim^{213}
刀 铜 给 得 “雅俊奶”　　　　铜刀也留等她。

man^{31}taŋ^{42}ʔo^{33}ʔdai^{55}tɕim^{213}
辣 整 棵 给 “雅俊奶”　　　　辣椒整棵给她。

so^{33}taŋ^{31}fak^{213}ʔdai^{55}tɕim^{213}
锄头 整 把 给 “雅俊奶”　　　　锄头整把给她，

ʔja:k^{213}taŋ^{31}kan^{42}ʔdai^{55}tɕim^{213}
板锄头 连锄把 给 “雅俊奶”　　　　板锄连把给她。

ʔjam^{33}ɦa:u^{55}na^{31}ʔdai^{55}tɕim^{213}
青水稻 谷 田 给 “雅俊奶”　　　　田中尚青的稻谷也给她，

va^{33} ɦa:u^{55}zi^{31}ʔdai^{55}tɕim^{213}
青旱稻 谷 地 给 “雅俊奶”　　　　地里尚青的旱稻都给她。

po^{31}kai^{31}tɕie^{213}ʔdai^{55}tɕim^{213}
雄 鸡 老 给 “雅俊奶”　　　　大公鸡也给她，

me^{31}kai^{31}la:u^{55}ʔdai^{55}tɕim^{213}
母 鸡 大 给 “雅俊奶”　　　　老母鸡也送她。

ko^{33}tɕim^{213}zim^{33}ts‘uai^{33}sai^{55}
给 “雅俊奶” 满 大竹篓 冒　　　　礼信装满大竹篓，

tai^{55}tɕim^{213}zim^{33}ts‘uai^{33}pan^{42}
给 “雅俊奶” 满 大筐篮 码高　　　　礼筐码高高。

ɾan^{42}tɕim^{213}zim^{33}tɕau^{33}tɕe^{213}
家 “雅俊奶 ”满 家具　　　　需用家具都给齐。

……

tɕa^{33}tɯ^{42}tɕim^{33}ma^{33}taŋ^{31}sɯ^{55}taŋ^{31}ɾa:n^{31}
小伙 带 “雅俊奶”到 八角楼 到 家　　　　小伙带着“雅俊奶”进八角楼的孝家。

soŋ^{42}si^{213}ka^{33}ma^{33}pek^{213}
桌 四 脚 来 放　　　　抬八仙桌安祭坛，

taŋ^{31}ka^{33}vet^{213}ma^{33}foŋ^{42}
凳 脚 跷 来 摆　　　　搬跷脚凳来祭供。

……

tɕim213ma33au213lau31kən31ʔbən33
“雅俊奶”来 转天台 上 天 “雅俊奶”去转天台。

kən31ʔbən33mi31sip213ŋi31ɕoŋ31tu33
上 天 有 十 二 洞 门 天上有十二洞门，

tu33lauɯ31tɕim213ko55lan31
门 哪 “雅俊奶”要 达 门门“雅俊奶”都到达。

kən31ʔbən33mi31sip213ŋi31ɕoŋ31ta:ŋ213
上 天 有 十 二 洞 窗 天上有十二洞窗，

ta:ŋ213lauɯ31tɕim213jiaŋ31ɕian42
窗 哪 “雅俊奶” 也 行 窗窗“雅俊奶”都走到。

tɕim213liau31pai33liau31ma33
“雅俊奶”转 去 转 来 “雅俊奶”转去又转来，

ja31za33pai33za33ta:u213
奶 找 去 找 来 “雅俊奶”找来又找去。

zan33ka31me31（po31）su33ʔjiu213
见 只 母（父） 你们 在

ɾa:n31ʔuan55
户 神秘 只见你们的母（父）住在天上神秘的仙家，

zan33ka31me31（po31）su33tian55
见 只 母（父） 你们 选

ɾa:n31ɕian33
屋 仙 只见你们的母（父）选择了天上的仙屋。

ʔjiu213ɾa:n31li55sa:ŋ31fa42
在 屋 理 师 铁 坚定住在仙屋心像铁，

ʔjiu213ɾa:n31ja42tɕak213tɕum31
在 屋 奶 成 定 坚定去和先辈祖奶在一处。

……

məŋ31kuə31lauɯ42ma33na55ma33lu55li42
你 做 哪样 来 前 来 永远 “雅俊奶”问：你为何来仙台不转？

ʔdi33ʔju31laŋ33ɦa55vɯ213
苦胆 在 后 要 烂 你肉身中的胆在凡间要烂了。

məŋ31kuə31lauɯ31ma33na55ma33lu55lan42
你 做 哪样 来 前 来 永久 你为何来仙界就永不回凡间？

tap55ʔju213laŋ33ɦa55vɯ213
肝 在 后 要 烂 你肉身中的肝在凡间要腐烂了。

məŋ31kuə31lauɯ31ma33tan55pɯ31ʔdi33ɕian33
你 做 哪样 来 穿 衣 好 仙 你为何来仙界穿新衣？

ɦo31pɯ31lək213jiaŋ31ji42
衣领 儿 也 脏 你儿在凡间操心得衣领脏了都无心洗。

məŋ³¹kuə³¹laɯ³¹ma³³tə³¹təi⁵⁵ʔdi³³ɕian³³
你 做 哪样 来 用 碗 好 仙 你为何来仙界端仙碗？
soŋ³¹tei⁵⁵lək²¹³jiaŋ³¹ji⁴²
桌 碗 儿 也 脏 你儿在凡间操心得饭桌饭碗脏了都无心洗。

母（父）回答“雅俊奶”，说：
ɾa:n³¹ɕian³³ʔdam³³ma:k²¹³ta:u³¹va³³
家 仙 栽 果 桃 花
ʔjiu²¹³tɕi³¹
发 嫩芽 仙家栽桃发嫩芽，
ku³³kuə⁵⁵toŋ³¹ʔdam³³ma:k²¹³ta:u³¹va³³
我 做 同 栽 果 桃 花
ʔjiu²¹³tɕi³¹
发 嫩芽 我也同样栽得桃树发嫩芽。
ɕian³³sip²¹³ɕi³¹ʔu³³kən³³
仙 十 四 得 吃 仙家栽桃十四天得收，
ku³³ko⁵⁵toŋ³¹sip²¹³ɕi³¹ʔu³³kən³³
我 同样 十 四 得 吃 我同样也栽桃十四天得吃。
ɾa:n³¹ɕian³³ʔdam³³ma:k²¹³ta:u³¹va³³
家 仙 栽 果 桃 花
ʔjiu²¹³kok⁵⁵
发 根 仙家栽桃树根发，
ku³³kuə⁵⁵toŋ³¹ʔdam³³ma:k²¹³ta:u³¹va³³
我 做 同 栽 果 桃 花
ʔjiu²¹³kok⁵⁵
发 根 我也同样栽得桃树根发。
zan³¹ɕian³³ʔdam³³ma:k²¹³ta:u³¹va³³
家 仙 栽 果 桃 花
ʔjiu²¹³zu⁵⁵
发 嫩果 仙家栽桃结嫩果，
ku³³kuə⁵⁵toŋ³¹ʔdam³³ma:k²¹³ta:u³¹va³³
我 做 同 栽 果 桃 花
ʔjiu²¹³zu⁵⁵
发 嫩果 我也同样栽得桃树结嫩果。
ɕian³³sip²¹³ku⁵⁵ʔu³³kən³³
仙 十 九 得 吃 仙家栽桃十九天得收，
ku³³ko⁵⁵toŋ³¹sip²¹³ku⁵⁵ʔu³³kən³³
我 同样 十 九 得 吃 我同样也栽桃十九天得吃。

母（父）又回答“雅俊奶”，说：

pan^{55}taŋ^{213}ʔjiu^{55}lan^{31}ȵi^{31}
别人 盖 房 宽 丈二 　　原在凡间别人盖房宽丈二，

ku^{33}ko^{55}toŋ^{31}taŋ^{213}ʔjiu^{55}la:ŋ^{31}ȵi^{31}
我 同样 盖 房 宽 丈二 　　我同样也盖房宽丈二。

pan^{55}taŋ^{213}ʔjiu^{55}ɕi^{213}sau^{33}
别人 盖 房 四 柱 　　原在凡间别人盖四柱房，

ku^{33}ko^{55}toŋ^{31}taŋ^{213}ʔjiu^{55}ɕi^{213}sau^{33}
我 同样 盖 房 四 柱 　　我也同样盖四柱房。

ʔdan^{33}ʔdjau^{33}suaŋ^{213}su^{33}ɦa:u^{55}na^{213}la^{55}
房 一 留 装 粮 田 下 　　我留有楼房装的下方田的稻谷，

suaŋ^{31}ɦa^{55}tɕa^{33}me^{31}lək^{212}（po^{31}lək^{213}）
留 五 他们 母 儿 （父 儿） 　　留给他们五母儿（父子）。

ʔdan^{33}ʔdjau^{33}suaŋ^{213}su^{33}ɦa:u^{55}na^{213}lok^{55}
房 一 留 装 粮 田 水车 　　我还有一幢楼房装的水车田的稻谷，

suaŋ^{31}zok^{55}tɕa^{33}me^{31}lək^{212}（po^{31}lək^{213}）
留 六 他们 母 儿 （父 儿） 　　留给他们六母儿（父子）。

suaŋ^{213}kuə^{31}mai^{213}ʔdi^{33}ɾa:n^{42}
留 做 卖 好 家 　　留下财物给他们卖了好当家。

ku^{213}mi^{31}nak^{55}ma^{31}fa:i^{31}
我 不 想 转回 　　我不想转回凡人，

ku^{213}mi^{31}ŋa:i^{31}ta:u^{213}laŋ^{33}
我 不 爱 回转 　　我不爱回转凡间。

məŋ^{31}pai^{33}nau^{42}kai^{31}pat^{213}
你 去 说 这样 　　你回去就这样说，

məŋ^{31}pai^{33}mjak^{42}kai^{31}lək^{55}
你 去 讲 给 儿 　　你回去给我儿讲。

pen^{55}fi^{31}za^{33}ɦaɯ^{55}za^{33}
大木 没 找 给 找 　　棺木未找就去找，

sa^{33}fi^{31}sɯ^{55}ɦaɯ^{213}sɯ^{55}
纸 没 买 给 买 　　孝房纸未买叫他去买。

tuə^{31}ka^{33}ʔdi^{55}fi^{31}au^{33}ɦaɯ^{55}au^{33}
牲畜家禽等祭品 没 要 给 要 　　备全牲畜家禽等需用的祭品。

fən^{55}kai^{31}fi^{31}zət^{33}ɦaɯ^{55}zət^{33}
孝帕 没 剪 给 剪 　　孝帕没剪说他剪，

paŋ^{31}pak^{33}fi^{31}tat^{55}ɦaɯ^{55}tat^{55}
布 白 没 割 给 割 　　孝布未备说他备。

tɕim^{213}ko^{55}ta:u^{213}ma^{33}ʔja^{33}te^{33}zu^{31}
“雅俊奶”就 回 来 空 他 降 　　“雅俊奶”空手降天庭，

tɕim^{213}ko^{55}ta:u^{213}ma^{33}p‘jiu^{213}te^{33}zuaŋ^{42}
“雅俊奶”就 回 来 空 他 下 　　“雅俊奶”空手降凡间。

tɕim²¹³ko⁵⁵ta:u²¹³ma³³nau³¹kai³³pat²¹³

“雅俊奶”就 回 来 讲 这样 “雅俊奶”回到孝家传原话，

tɕim²¹³ko⁵⁵ta:u²¹³ma³³nau³¹kai³³lək²¹³

“雅俊奶”就 回 来 讲 这 儿子 传话说给孝子听。

由此段长长的经文，可以看出布依族传统宗教经典《摩经》亦有“绝地通天说”，或者说这是布依族《摩经》版的“绝地通天说”。这与《尚书》、《国语·楚语》的“绝地通天说”可以相互佐证。

在布依族传统宗教中，人们认为女祭师“雅俊”虽然地位不及“布摩”高，祭祀活动全凭口头语言，没有书面经典记载流传，但“雅俊”却能“上到天庭”会见神灵，与天上神灵对话。男祭师“布摩”地位高，留有宗教书面经典《摩经》，垄断了所有祭祀主持权，但他不能“上到天庭”。男祭师“布摩”若需“上到天界办事”，就只能请女祭师“雅俊”代劳。因此，《摩经》之中才保留了“神鸟搬家”象征人年老逝世，请女祭师“‘雅俊奶’上到天庭寻找逝世老人的灵魂”，争取“神鸟回迁”使老人复活的生动记载。

类似布依族《摩经》的汉族“绝地通天说”，在《国语·楚语》之中也有记载：约在公元前500年的某一天，身为春秋霸主之一的楚昭王（公元前515—前489年在位），读了《尚书·周书·吕刑》而陷入沉思。据称这是公元前11世纪末周穆王诰吕侯之辞。文中说帝颛顼“命重、黎，绝天地通”。昭王对此语不解，转而问大臣观射父：“若无然，民将能登天乎？”观射父便向昭王讲了一个“绝天地通”的神话。《国语·楚语》载：

昭王问于观射父，曰：“《周书》所谓重、黎实使天地不通者，何也？若无然，民将能登天乎？”对曰：“非此之谓也。古者民神不杂，民之精爽不携贰者，而又能齐肃衷正，其智能上下比义，其圣能光远宣朗，其明能光照之，其聪能听彻之。如是则明神降之，在男曰觋，在女曰巫。是使制神之处位次主，而为之牲器时服，而后使先圣之后之有光烈，而能知山川之号、高祖之主、宗庙之事、昭穆之世、齐敬之勤、礼节之宜、威仪之则、容貌之崇、忠信之质、禋絜之服、而敬恭明神者，以为之祝。使名姓之后，能知四时之生，牺牲之物。玉帛之类、采服之仪、彝器之量、次主之度、屏摄之位、坛场之所、上下之神、氏姓之出，而心率旧典者为之宗。于是乎，有天地神民类物之官，是谓五官，各司其序，不相乱也。民是以能有忠信，神是以能有明德，民神异业，敬而不渎，故神降之嘉生，民以物享，祸灾不至，求用不匮。及少皞之衰也，九黎乱德，民神杂糅，不可方物。夫人作享，家为巫史，无有要质，民匮于祀，而不知其福。烝享无度，民神同位，民渎齐盟，无有严威，神狎民则，不蠲其为，嘉生不降，无物以享，祸灾荐臻，莫尽其气。颛顼受之，乃命南正重司天以属神，命火正黎司地以属民，使复旧常，无相侵渎，是谓绝天地通。”

“其后，三苗复九黎之德，尧复育重黎之后，不忘旧者，使复典之。以至于夏、商，故重、黎氏世叙天地，而别其分主者也。其在周，程伯休父其后也，当宣王时，失其官守，而为司马氏。宠神其祖，以取威于民，曰：‘重实上天，黎实下地。’遭世之乱，而莫之能御也。不然，夫天地成而不变，何比之有？”

《国语·楚语》的“重、黎使天地不通者”即《尚书·周书·吕刑》的“乃命重、黎，绝地天通”。对于这则“绝天地通”神话，历史学家张光直先生认为“这是有关古代中国巫觋最重要的材料，它为我们认识巫觋文化在古代中国政治中的核心地位提供了关键的启示”[16]。陈梦家先生也认为古人的“天”，是全部有关人事的知识汇聚之处。正如同代后期哲学家墨子在《墨子·耕柱》中所言：“鬼神之明智于圣人，犹聪耳明目之与聋瞽也。”当然，取得这种知识的途径是谋取政治权威。在古代，任何人都可借助“巫”的帮助与天相通。自天地交通断绝之后，只有控制着沟通手段的人，才握有统治的知识，即权力。于是，巫便成了每个宫廷中必不可少的成员。事实上，研究古代中国的学者都认为：帝王自己就是众巫的首领。[17]

历史学家杨向奎先生也认为：如果再看一看三代王朝创立者的功德，我们就会发现，他们的所有行为都带有巫术和超自然的色彩。如夏禹便有阻挡洪水的神力，所谓“禹步”，即夸张的病形步态，便成了后代巫师的特有动作。“国王们断绝了天人的交通，垄断了交通上帝的大权”。又如商汤能祭天求雨；后稷竟能奇异地使自己的庄稼比别人的长得好而又成熟快。这种传统的信仰已为商代甲骨文所证实。甲骨卜辞表明：商王的确是巫的首领。[18]陈梦家先生说，甲骨文中，常有商王卜问风雨、祭祀、征伐或田狩的记载。又有“王果曰：……”的文句，均与天气、疆域或灾异、疾病之事有关。据卜辞所记，唯一握有预言权的便是商王。此外，卜辞中还有商王舞蹈求雨和占梦的内容。所有这些，既是商王的活动，也是巫师的活动。它表明：商王即是巫师。[19]

张光直先生还认为：“商王当然不是唯一的巫师，他有许多宗教的助手。《楚辞》中有关于古代中国巫觋的著名凭据。它包括诗歌卜七篇，据说多为楚人屈原（公元前 340—前 278 年）所作。在其中《九歌》一诗里，‘巫男巫女沐浴芳香，华服盛装，随乐曲而翩跹起舞，邀众神降临殿堂’。此处的‘殿堂’，在《云中君》里有一段描写：

浴兰汤兮沐芳，华采衣兮若英。
灵连蜷兮既留，烂昭昭兮未央。
謇将憺兮寿宫，与日月兮齐光。
龙驾兮帝服，聊翱游兮周章。
灵皇皇兮既降，猋远举兮云中。
览冀州兮有余，横四海兮焉穷。
思夫君兮太息，极劳心兮忡忡。

“这很像一首情诗。显然，巫师（或诗中的女巫）是个中介的角色，他（或诗中的她）用迷人的舞蹈和音乐招引神明降临。公元前 4 世纪的屈原时代之前，巫觋在楚国以外的地区是否流行过？答案无疑是肯定的。”[20]总之，张光直、杨向奎、陈梦家诸位先生确认“绝天地通”神话是我国文明初期“巫觋与政治”的反映，他们的分析和观点是很正确的。

屈原是千古传颂的民族国家的忠义之臣，他笔下的“鸷鸟”意象就存在一种超凡脱俗、勇于进取的精神。《楚辞·离骚》曰：“鸷鸟之不群兮，自前世而固然。”《天问》曰：“苍鸟群飞，孰使萃之？”《离骚》曰：“凤凰翼其承旗兮，高翱翔之翼翼。”《九辩》曰：“骐骥伏匿而见兮，凤凰高飞而不下……骥不骤进而求服兮，凤亦不贪饵而妄食。”《离骚》曰：“鸾鸟为余先戒兮，宙师告余以未具。吾令凤鸟飞腾兮，继之以日夜。”前述的“鸷鸟”为汉藏语系族群的图腾标志之一，屈原笔下的“鸷鸟”意象，彰显了作者为国为民的伟大品格和“虽九死其犹未悔”的奋斗意志，为后人留下了光辉的典型形象。

那么，楚昭王“若无然，民将能登天乎”是否有所本呢？答案是肯定的。“绝天地通”之前，“夏后启”就能“上三嫔于天”；炎帝的后裔“百互人”也能“上下于天”。《山海经·大荒西经》曰：“西南海之外，赤水之南，流沙之西，有人珥两青蛇，乘两龙，名曰夏后开。开上三嫔于天，得《九辩》与《九歌》以下。此天穆之野，高二千仞，开焉得始歌《九招》。”又曰：“有互人之国，炎帝之孙名曰灵恝，生百互人，是能上下于天。”

“夏后开”即“夏后启”。因禹妻涂山氏化身为石而生“启”，故取名为“夏后开”，后世称为“夏后启”，其声母［ts］古音读［k］。说明炎帝与夏禹族群的宗教祭师确有“上下于天”、“上嫔于天”之说。炎帝与夏禹都是包括布依族先祖在内的汉藏语系族群先祖。《白虎通义》载：“炎帝者，太阳也，其神祝融。祝融者，其精为鸟，离为鸾。”炎帝也是以鸟为崇拜对象的。“离”是八卦中的方位，代表“南方的离火”，所谓“离为鸾”，就是“火鸾凤”之义。炎帝重孙“百互人”能“上下于天”，“夏后启”也能“上三嫔于天”。此当为布依族传统宗教经典《摩经》中请女祭师“雅俊奶”“上到天庭”，争取“神鸟回迁”让老人复活的生动记载之所本。

楚大臣观射父所言“颛顼受之，乃命南正重司天以属神，命火正黎司地以属民，使复旧常，无相侵渎，是谓绝天地通”，目的是加强国家管理。说明自天地交通断绝之后，只有控制着沟通手段的人，才握有统治的知识，即权力。于是，巫便成了国家宫廷中必不可少的成员。事实上，研究古代中国的学者都认为：文明初期帝王自己就是众巫的首领。卜辞中还有商王舞蹈求雨和占梦的内容。这既是商王的活动，也是巫师的活动，表明商王自己就是巫师。故“绝地通天”神话当在夏代初期至商代中期就已产生。《山海经·大荒西经》中的“嫔”通“宾”。《诗·小雅·鹿鸣》：“我有嘉宾，鼓瑟吹笙。”刘勰《文心雕龙·哀吊》曰：“故宾之慰主，以至到为言也。”“嫔”字从女，由此可看出“夏后启”让女祭师“上达天庭”。如果这个解释没错，当时国家初期仍然少量保留使用女祭师的习俗，这种情况的存在完全是有可能的。随着阶级社会的发展，女祭师逐渐被男祭师取代，但男祭师也同时失去了“上下于天”的能力，这就是“绝地通天”神话的社会基础。布依族《摩经》的观念亦然。布依族女祭师“雅俊”全凭口头语言祭祀，能“上到天庭”会见神灵，与天上神灵对话。但女祭师“雅俊”无宗教祭祀主持权，一般只从事算命等低级宗教活动。男祭师“布摩”有书面宗教经典《摩经》，全面垄断了布依族传统宗教祭祀的主持权，但不能“上到天庭”，此乃“绝地通天”。《摩经》的“绝地通天”观念与《国语·楚语》、《尚书·周书·吕刑》的“绝地通天”观念是相通的。两者表述的性质相同，这就说明，布依族传统宗教经典《摩经》乃是夏、商汉藏语系族群先祖文化的传承经典。

一般来说，文献记载晚于社会的客观存在。所谓“夏后启”曾“上三嫔于天，得到《九辩》与《九歌》”，适好反证出类似《九辩》与《九歌》的宗教仪式与祭祀颂歌在民间早已存在。《楚辞》可能就是屈原在民间宗教颂歌的基础上，结合自己的人生感悟和理想，进行艺术提炼的文学作品。

神在天上，人在地上，古代祭师怎样“上天”施展自己的才能呢？这是古人思维借鉴了“神鸟”的飞翔之力。《山海经》记载许多汉藏语系族群先祖的祭师与“神鸟”同处一地，可作为我们考察的切入点：

《大荒西经》曰：“有巫山者……有比翼之鸟。有白鸟，青翼，黄尾，玄喙。……有灵山，巫咸、巫即、巫盼、巫彭、巫姑、巫真、巫礼、巫抵、巫谢、巫罗十巫……鸾凤自歌，凤鸟自舞，爰有百兽，相群是处，是谓沃之野。……有青鸟，身黄，赤足，六首，名曰鸀鸟。”

《南山经》曰：“南山经之首曰鹊山。……其神状皆鸟身而龙首。其祠之礼，一璋一璧，糈用稌米、稻米、白菅为席。……有鸟焉，其状如鸡，五采而文，名曰凤凰，首文曰德，翼文曰义，背文曰礼，膺文曰仁，腹文曰信。是鸟也，饮食自然，自歌自舞，见则天下安宁。”

《海内西经》曰：“开明西有凤凰、鸾鸟，皆戴蛇践蛇，膺有赤蛇。……开明东有巫彭、巫抵、巫阳、巫履、巫凡、巫相……开明南有树鸟，六首。”《海内经》曰：“西南有巴国。大皞生咸鸟，咸鸟生乘厘，乘厘生后照，后照是始为巴人。……西南黑水之间，有都广之野，后稷葬焉。爰有膏菽、膏稻、膏黍、膏稷，百谷自生，冬夏播琴。鸾鸟自歌，凤鸟自鸣。灵寿实华，草木所聚。此草也，冬夏不死。”又曰：“南方苍梧之丘，苍梧之渊，其中有九嶷山，舜之所葬，在长沙零陵界中。北海之内，有蛇山者，蛇水出焉，东入于海。有五采之鸟，飞蔽一乡，名曰翳鸟。”

《海外南经》曰：“比翼鸟在其东，其为鸟青、赤，两鸟比翼。一曰在南山东。羽人国在其东南，其为人长，身生羽。一曰在比翼鸟东南，其为人长颊。有神人二八，连臂，为帝司夜于此野。”

《海外西经》曰：“此诸夭之野，鸾鸟自歌，凤鸟自舞皇卵，民食之；甘露，民饮之：所欲自从也。其人两手操卵食之，两鸟居前导之。”

《海外北经》曰：“务隅之山，帝颛顼葬于阳，九嫔葬于阴……平丘在三桑东。爰有遗玉、青鸟……北方禺强，人面鸟身，珥两青蛇，践两青蛇。”

《海外东经》曰：“东方句芒，鸟身人面，乘两龙。”

《国语·楚语》说：“明神降之，在男曰觋，在女曰巫。”《山海经》中“巫咸、巫即、巫盼、巫彭、巫姑、巫真、巫礼、巫抵、巫谢、巫罗十巫……鸾凤自歌，凤鸟自舞。”言“巫”不言“觋”，“十巫”即女祭师，证明记载还保留母系社会遗风。

自然界中唯有鸟类善于飞翔，图腾“神鸟”的自由英姿为汉藏语系族群的先祖们提供了想象的翅膀，故有“羽人”、“羽冠”、“鸟身人面”或“人面鸟身”乘两龙“上下于天”的神话艺术形象。她们耕种“稌米、稻米”，有“膏菽、膏稻、膏黍、膏稷百谷”，在“鸾凤自歌，凤鸟自舞”的氛围之中开展宗教祭祀活动。这显然是农业部族借助于族群图腾标志——“神鸟”飞翔能力的艺术思维。

“凤鸟”形象的来历与现实分不开，但生活中，谁也未曾见过真正的凤鸟。为什么这种“凤鸟”图案却有明显特征和独特风格，且能在中华民族文化发展过程中延续数千年之久呢？我国著名工艺美术史专家、中国美术学院顾方松教授的《凤鸟图案研究》可说是凤文化研究的权威之作。他认为：“要解决这一疑问，还需追溯到凤鸟图案出现前后的古代社会中去。从殷商的甲骨文中已经有‘凤’字（见商周青铜器凤纹图）。据考证，甲骨文的‘凤’和‘凨’是通用的，凤的象形文字就是一只有冠、长羽、卷尾的鸟形，从尾部的特征来看却像一只孔雀。象形文字是客观事物的记录，那么早在殷商以前就应该有凤鸟这一概念和形象了。”[21]还说：“凤鸟，是商的图腾标记。在商、周的每一件青铜器上，都离不开它。早商时期主题是饕餮（称为‘兽纹期’）。到了商末和西周初期的‘带纹期’（以二方连续形式为装饰特征）开始，饕餮逐渐让位于凤鸟，成为主题纹饰了。不管主题也罢，从属也罢，其造型特征都是以闭嘴瞪眼，长冠卷尾，昂首凝视，规矩严谨为主要特征，表现出一种静中见动，神秘莫测的内在潜力将要随时向外发展的一种力量和意志，也就是上述统治阶级威严、神圣地位的具体体现。可是，凤鸟的神秘、恐怖感与同时代的饕餮相比，大为逊色，到了奴隶社会后期，就连吓人的饕餮也趋向于体现为抽象的线条美了。显然，新生的封建意识已经在孕育和发展着，逐步在冲击和挣脱旧的宗教束缚，代表一种新的观念、理想、趣味的勃起。”[22]往后，历代纹饰艺术的凤图案都离不开这一基本形象。如下图（选引自顾方松编著的《凤鸟图案研究》）：

甲骨文的凤字

仰韶文化彩陶凤鸟纹一

仰韶文化彩陶凤鸟纹二

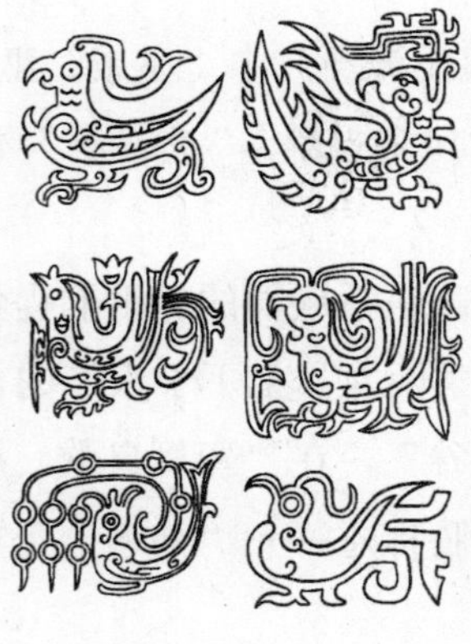
商周青铜器凤纹

商周青铜器、玉器凤纹

战国青铜器凤纹

凤鸟文化是中华民族最有代表性的文化之一。布依族《摩经》也有关于“凤”的记载，认为凤是吉祥鸟，并以“凤”纹装饰物祭祖。如《摩经·用牛祭祖词》（第四卷）《姑爷祭祀》记载：

pu^{55}jiaŋ^{31}laɯ^{31}zo^{55}zat^{213}
人　哪样　会　剪　　　什么人会剪？
vən^{31}ɕi^{31}fu^{55}zo^{55}zat^{213}
人　“四福”　会　剪　　　“四福”人会剪；

pu^{55}<u>ɕi^{31}ɕian^{31}</u>zo^{55}zat^{213}
人 “四贤” 会 剪① “四贤”人会剪。

zat^{213}kuə^{31}tuə^{31}ma^{31}ʔdu^{55}
剪 做 动物 什么 头 先头剪成什么动物呢？

zat^{213}kuə^{31}ku^{42}ma^{31}kuan^{213}
剪 做 圆形 什么 先 剪做什么圆形先？

zat^{213}kuə^{31}foŋ^{42}ʔiu^{31}la^{213}
剪 做 凤鸟 在 底 剪做凤鸟贴下面，

jiaŋ^{31}pan^{31}foŋ^{42}ʔiu^{31}la^{213}
也 成 凤鸟 在 底 也成凤鸟贴下面。

zat^{213}kuə^{31}ʔba^{55}ʔiu^{31}kən^{42}
剪 做 彩蝶 在 上 剪做彩蝶贴上面，

jiaŋ^{31}pan^{31}ʔba^{55}ʔiu^{31}kən^{42}
也 成 蝴蝶 在 上 也成彩蝶贴上面。

zat^{213}kuə^{31}<u>ɾa:n^{42}liaŋ^{31}li^{31}</u>
剪 做 小孝房② 剪做小孝房，

jiaŋ^{31}pan^{31}<u>ɾa:n^{31}liaŋ^{31}li^{31}</u>
也 成 小孝房 也成小孝房，

ɕi^{213}ɕi^{31}tək^{55}<u>ʔdan^{33}ʔdən^{33}</u>
四 角 贴 弯月亮 四角贴着弯月亮。

ʔau^{33}ma^{33}sap^{55}la^{213}sa:i^{31}
拿 来 插 下方 棺材 拿来放在灵堂棺材前，

ʔau^{33}ma^{33}na:i^{33}ta^{33}ta:i^{213}
拿 来 供 外公 外婆 拿来供外公（外婆）。

kuan^{213}le^{33}ɦam^{31}jan^{213}pan^{31}va^{33}
古代 换 栏杆 院 成 花 古时院栏杆做成花，

suŋ^{42}le^{213}ɦam^{31}ʔdan^{33}tsa^{42}pan^{31}fuŋ^{31}
棺四周 换 栏杆 周围 雕 成 凤鸟 四周雕成栏杆和凤鸟。

……

zai^{31}ʔdek^{213}ʔba:u^{213}ma^{33}saŋ^{33}
喊 众 小伙 来 商量 姑爷喊众小伙来商量，

zai^{31}vən^{31}<u>ʔdaɯ^{33}tan^{31}</u>ma^{33}la:u^{213}
喊 众 寨中 来 误工 姑爷寨中人误工也来帮忙。

布依族先祖崇拜凤鸟，并以“凤鸟纹”装饰物祭祖。这种宗教信仰，是古代社会血缘集团在繁衍生息过程中处理人与自然关系的意识反映。宗教仪式上的血缘观念，既巩固了氏族的血缘感情、增强了氏族的内聚力，又与始祖神话有水乳交融、难解难分的关系。“氏族就是一切”的特点，决定了原始宗教仪式只可能在具有血缘关系的相关部落部族中进行。这就是古人说的“神不歆非类，民

① “四福”、“四贤”：相传是古代能人，具体含义待考。
② ɾa:n^{42}liaŋ^{31}li^{31}：活人称为“小孝房”，死者称它“灶房”。

不祀非族”。“非我族类，不在祀典”。也就是说，“凤鸟”文化与祭祀礼仪文化，在上古时期应普遍存在于具有血缘关系的汉藏语系族群之中。“凤鸟文化”在布依族《摩经》中的记载与祭祀礼仪中的传承，就是明证。

汉藏语系族群还将“凤鸟”图腾穿在身上。如浙江的畲族传统服饰，尤其是凤冠及凤纹，充分体现了畲民族最具特色的传统文化——凤凰文化。一个完整的凤冠大致可以分为黑色缠头纱、凤箍和抓头3个主要部分，主体以银饰制成。椎髻高钗的形状是模仿凤头；缀在凤冠银链上的银片，形如翎羽，应是模仿凤羽；而盘垂的瓷珠，叮咚作响，宛如凤鸣。[23]

侗族是我国南方的古老民族之一，主要分布在贵州黔东南苗族侗族自治州和湖南的新晃、通道、靖州、芷江、会同，广西壮族自治区的三江、龙胜、融水等地。侗锦的纹饰繁缛而华丽，除有其他民族的织锦和绣花中常见的条纹、水波纹、锯齿纹、方格纹和花草纹外，还可见颇具特色的动物纹饰，如蜘蛛纹、鱼纹和凤鸟纹等。特别是凤鸟纹，不但数量多，表现形式也较特别。所谓数量多，即在一块侗锦上可见多种和多组凤鸟纹，而且所有侗锦中，饰以凤鸟纹的侗锦比其他纹饰的侗锦数量多得多。例如，湖南省怀化市博物馆曾在1998年举办侗锦展览，所展的11件被面中有10件的主题纹饰就是凤鸟纹，18件头巾中有13件有凤鸟纹，展出的芦笙服上不但饰有凤鸟纹，而且每一件都饰有白色的羽毛（怀化市博物馆藏品）。可以说，几乎所有的侗锦（包括被面、头巾、背包、衣裙等），无处不见凤鸟的身影。在这些服饰用品中，凤鸟纹表现形式特别，如侗锦被面上凤鸟的图案都位于中央，个头大而醒目。头巾上的凤鸟纹一般是在两头，由于头巾被包在头上，凤鸟的图案便暴露于外，尤为引人注意。有的特意安排与人纹相结合，如怀化市博物馆的一块侗锦头巾，其上下边的纹饰为人纹和凤鸟纹，人为行走中的人形，鸟为站立着的鸟，昂头、展翅，作欲飞状，把人和凤鸟安排在一起，显然意义不同一般。像这样把人和鸟安排在一起的还有5件。更为出奇的是几件芦笙服，件件都饰满了鸟的羽毛，而这种饰鸟羽毛的芦笙服是侗民在过年过节或重大祭祀活动中，跳芦笙舞时领舞者穿的服装，穿上这种衣服跳舞，尤像一种“凤鸟崇拜的仪式”。[24]

布依族、畲族和侗族同属汉藏语系族群，其中，布依族和侗族就是汉藏语系族群“百越（粤）”先祖的后裔。布依族、畲族和侗族等族群的“凤鸟崇拜”显然是传承了殷商时期太皞、少皞族群“凤鸟”图腾的远古记忆。

凤的原型是鸟。进入文明社会之后，先民在社会生产力提高的条件下，理性思维、形象思维和抽象概括能力不断提高，众多鸟的形象遂逐步升华为凤的形象。凤是什么？凤，古文写为鳯，都是从鸟的。《说文》释：“凤，神鸟也。天老曰：‘凤之象也，鸿前麟后，蛇颈鱼尾，龙文龟背，燕颔鸡喙，五色备举。’”《尔雅·释鸟》曰：“凤其雌凰。”郭璞注：“瑞应鸟，高六尺许。”《山海经》载：“丹穴山鸟，状如鹤，五采而文，名曰凤。”《南山经》曰：“南山经之首曰䧿山。……其神状皆鸟身而龙首。其祠之礼，一璋一璧，糈用稌米、稻米、白菅为席。……有鸟焉，其状如鸡，五采而文，名曰凤凰，首文曰德，翼文曰义，背文曰礼，膺文曰仁，腹文曰信。是鸟也，饮食自然，自歌自舞，见则天下安宁。”《广雅》记：“凤凰，鸡头、燕颔、蛇颈、鸿身、鱼尾骿翼，五色。”《孔演图》载：“凤为火精，生丹穴，非梧桐不栖，非竹实不食，非醴泉不饮，身备五色，鸣中五音，有道则见，飞则群鸟从之。”可见，凤之形状乃取众鸟之长，已非一般的鸟，实为鸟中之王，亦即神鸟，是鸟的艺术化和抽象化的形象。尽管如此，它的原型还是鸟，这是无疑的。故见诸史料之记载往往“鸟”、

“凤”并存，鸟的地位并不因凤形象的出现而被降低，这是一个历史真实。由此亦可证明“凤”、“鸟”同类，凤的原型是鸟。

前述汉藏语系族群“东夷”、“百越（粤）”先祖以鸟为图腾，楚人亦然。《楚辞·涉江》载：“鸾鸟凤皇，日以远兮。”此鸾鸟乃属凤一类的飞禽，与凤并称。《庄子·逍遥游》曰：“北冥有鱼，其名为鲲。鲲之大，不知其几千里也；化而为鸟，其名为鹏，鹏之背，不知其几千里也；怒而飞，其翼若垂天之云。”此鸟（鹏）神通广大，实为鸟中之王。《战国策·楚策一》记载，吴人入郢，楚昭王出逃，一片混乱中，蒙谷“入大宫，负鸡次之典以浮于江，逃于云梦之中。昭王返郢，五官失法，百姓昏乱。蒙谷献典，五官得法而百姓大治”。“鸡次”，亦作“离次”，楚法典名。“鸡”，即“雉”（野鸡、山鸡）。上面列举的鸷鸟、鸟、大鸟、鹄、鹏、鸡（雉），均属鸟类，都为楚人所崇尚之物。如描写鹏的威力、鹰的强劲、鹄的美丽，在楚人看来是神通广大又高洁不可方物的，故对其顶礼膜拜，充满了无限敬仰之情。故楚庄王以鸟自诩，“三年不蜚，蜚将冲天；三年不鸣，鸣将惊人”（《史记·楚世家》）。楚人鹖冠子以鹖（鹖鸡）羽为冠，时人遂以鹖冠子名之，其隐居深山，所著道、名、阴阳之说杂糅，是楚国一大思想家。其终生以鸟自诩，对鸟一定是寄寓了深厚的眷恋之情的。楚人以鸡（雉）命名法典，信仰鸟，亦以鸟为图腾，说明“楚”的鸟图腾文化与“东夷、百越（粤）”的鸟文化一致。

商周至秦汉的巴蜀之人亦以鸟为图腾。四川新都县（今成都市新都区）出土的汉代画像砖，其上有“日轮金鸟”图。而更具意义的是成都金沙遗址所出的“太阳神鸟”金箔图，年代为商周时期，由 4 只首尾相接的金鸟（凤凰）环绕、呈光芒放射状的日轮组成。它鲜明地反映出古巴蜀之人崇鸟敬日的文化特征。下图右日轮中的鸟，有《淮南子·精神训》“日中有踆（鸟）”为证。如图：

新都出土“日轮金鸟”（汉画像砖）

金沙遗址出土“太阳神鸟”金箔

钱玉趾先生甚至提出左图可释为“凤鸟朝日”，“它可能是古代成都的徽图的一部分”。（《文史杂志》，2003 年第 3 期）伏元杰先生也认为：“《淮南子》所说的踆鸟应即南朝《南越志》所说的鵔鸃，也即杨慎在《艺林伐山》中所说的金鸡。杨慎说：‘日中有金鸡，乃酉之属。’太阳为金色，所以称为金鸡，也称阳鸟、太阳鸟，亦即蜀族的主要图腾凤鸟。三星堆居民——古蜀先民的源头在伏羲，伏羲应是其始祖。《补史记·三皇本纪》云：‘太皞庖牺氏，风姓，代燧人氏继天而王。’上古风、凤相通，风姓即凤姓，‘伏羲风姓’是说伏羲是以凤鸟为图腾的氏族。《南越志》记：‘曾城县多鵔鸃。鵔鸃，山鸡也。利距善斗，世（人）以家鸡斗之，可禽也。光色鲜明，五彩炫耀。’《南越志》还说鵔鸃状若凤凰，而被视为吉祥之鸟。《淮南子·览冥训》载：‘轶鶤鸡于姑馀。’高诱注：‘鶤鸡，凤凰之别名。’知鶤鸡即鵕鸃，鵕通鶤，鸃通鸡。从伏羲为凤凰这一含义来看，伏羲的羲通鸃，通鸡，难怪有些古籍把伏羲写成‘伏奚’，此‘奚’即‘鸡’的异体字。伏羲的‘伏’字当为‘凫’的通假字。《华夏文明探秘丛书·中国天文考古录》考证说：‘伏羲生四子，其一曰儿。’此‘儿’字是凫的初文，读若熟，意为鸟，几字头上的鸟字头应是后世所增益（如同‘然’字一样，下面四点已有火义，后世又增益一火字旁成‘燃’）。以上诸证可以证明，‘伏羲’二字的本字应是‘凫驭’。因为蜀人‘左言’的缘故（如蜀人把‘公鸡、母鸡、牧马河’要反过来说成‘鸡公、鸡母、马牧河’一样），‘凫鸃’的左言是‘鸃鸟’，即鸡鸟。可见，‘伏羲’二字的本义是鸡鸟，亦即凤鸟之义，而非‘伏牺牲，供庖厨’。我们借用‘图腾说’民族学理论，可以解开这个在中国西部大地至少隐藏了三四千年、并可以上溯到距今六七千年之久的文化之谜。三星堆出土青铜树上那高昂的铜公鸡，陶益（鸡彝），正是古蜀人怀念、祭祀始祖伏羲的遗证。”[25]这是“巴蜀”与“东夷、百越（粤）、楚”鸟文化的一致性，即汉藏语系族群文化的一致性。

布依族主要来源于汉藏语系的“东夷”、“百越（粤）”先祖，考古发掘证明自新石器时代起古代“东夷”、“百越（粤）”就有丰富的鸟文化。这就为布依族《摩经》的鸟文化提供了直接的考古学依据。以“吴越”鸟文化为例，在距今7000年至5000年之前的“吴越”水稻农耕文化遗址中，一些作为祭器的陶器、玉器或骨器上，太阳神鸟纹（一种将太阳与神鸟结合于一体的图案）是经常可以看到的。例如，浙江余姚市的河姆渡文化遗址中出现了“双鸟捧日”、“双鸟拱嘉禾”、“双鸟共日”等纹饰。

河姆渡文化是浙江宁绍平原上闻名遐迩的新石器文化，杭嘉湖平原良渚文化被称为“东方文明圣地”，且良渚文化多处遗存叠压在河姆渡文化四期之上，说明了两者有密切关系。正如著名考古学家苏秉琦先生指出，河姆渡文化和良渚文化是浙江史前文化的两朵花。江浙地区新石器时代的良渚文化出现了神人头戴太阳神冠、双颊黥有鸟纹和饕餮兽面纹的大批玉器。商周青铜器的饕餮兽面纹与凤鸟纹，其实就是对这一纹饰的继承与发展。从1973年开始，有关部门对距今7000年前的浙江河姆渡文化遗址进行大规模的考古发掘，先后进行了两期。出土的陶器上有“鸟朝嘉禾图”，被林河先生解释为“炎帝族的神徽”。他认为纹饰中神像头上的“”为圆形神冠，“”为鸟的羽冠，鸟腹下的鸟爪纹为“鸟耕”符号。[26]“鸟朝嘉禾图”陶器装饰如下图：

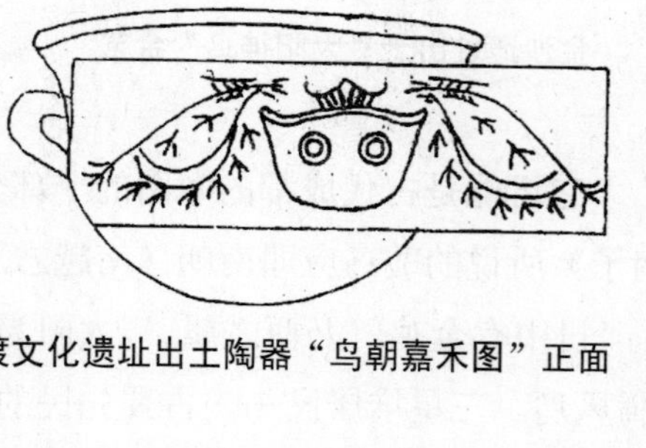

河姆渡文化遗址出土陶器“鸟朝嘉禾图”正面

河姆渡文化遗址出土陶器“鸟朝嘉禾图”背面

河姆渡文化遗址出土的鸟首纹豆盘片，其纹饰线刻于质灰胎黑皮陶的豆盘外壁，盘曲纹似鸟巢，巢中均匀地分布着鸟蛋。鸟巢旁以一群尖喙、羽冠高耸的鸟头为主体构图，前后相连。盘壁一周有9组相同的纹饰，构图严谨，内涵深邃。此器于1989年奉化市名山后遗址出土。

河姆渡文化遗址出土的象牙鸟形匕长13.6厘米，象牙质，圆雕，正面呈匕形，侧面为飞翔的鸟的侧影。正面剔刻植物纹，也可能是表现“社”的图案。背面镂挖可供系挂的小孔。雕刻精美，制作讲究，当非一般的日用器皿。

出土的另一骨匕为镌刻鸟纹骨匕，骨匕长15.8厘米，宽3.4厘米，厚0.8厘米。还有一件骨匕仅存柄部，正面镌刻有一只蹲立雏鸟，头大而身小，形象惹人喜爱，残长10厘米，宽3.2厘米，厚0.2厘米。如下图：

鸟纹骨匕

鸟形象牙匕

鸟首纹豆盘片

河姆渡文化遗址还出土有“连体双鸟纹”骨匕，中间部位雕刻相同的两组异首连体的双鸟纹图像。上有背翼，下有蹼足，喙如利钩，双眼炯炯有神，羽冠于后飘逸。腹部刻火球纹，其中心和鸟的眼睛系以经火炙后的钻具钻成。线条圆润流畅，娴熟的工艺生动地刻画出了猛禽的特点，形神毕肖，栩栩如生，是一件罕见的骨雕艺术品。如下图：

“连体双鸟纹”骨匕

骨匕上的“连体双鸟纹”

又有河姆渡文化遗址出土的“双鸟朝阳纹”象牙雕，长16.6厘米，残宽5.9厘米，厚1—2厘米。关于这件精美牙雕上的图案的寓意，学界认为应称之为“双鸟舁日”，“舁”是“共举”的意思，联系古书中“一日方至，一日方出，皆载于乌”的记载，学者们认为牙雕上的图案表现的就是古代汉藏语系“百越（粤）”先祖的鸟神与太阳神崇拜。如下图：

“双鸟朝阳”纹象牙雕

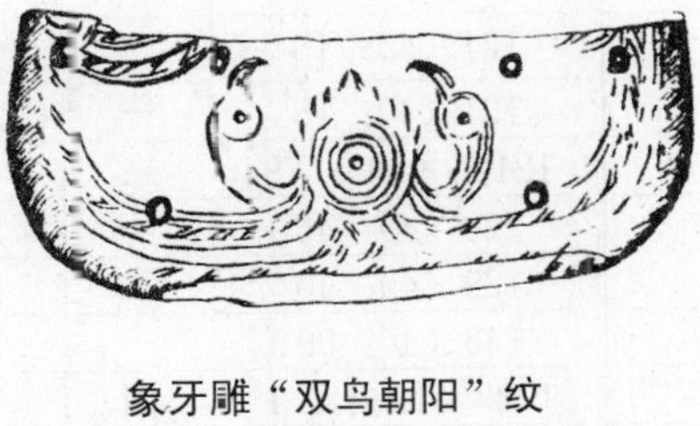
象牙雕“双鸟朝阳”纹

黄厚明教授指出，太阳和双鸟连体图像是一种复合形式，这种图式的产生与原始意象思维的分解、组合有着密切的关系。意象的分解与组合，是原始人加工意象和思维操作最基本的方法，也是原始人进行生产和从事社会文化活动最基本的条件。所谓意象的分解，就是把一个复杂的意象维分解为若干简单的意象块。所谓意象的组合，则是以“同一性或相似性”原则把若干意象维或意象块组织成一个更复杂的整体意象。对于河姆渡人而言，太阳和鸟都是其观念系统中的相对独立的意象维。根据相似性原则，两者的共生关系体现了图式背后内在意义的逻辑联动。由此所及，可以直接获得两点新的认识：第一，太阳的飞翔功能。可以设想，太阳每天早晨从地平线升起、傍晚又从地平线落下，这种恒定不变的自然现象势必会在河姆渡人心目中形成太阳自身就能行空的心理反应，是人们对其共性的认识在形象思维上所取得的统一。第二，太阳的生殖繁衍能力。由于世间万物的生长皆离不开太阳，河姆渡人在抽象思维过程中会把太阳看成是有生命和有生殖能力的神秘物体。在两侧配置生殖鸟形象，一方面为了突出太阳的永生性质，另一方面也是强化鸟的生殖能力。一般说来，抽象纹饰的出现并不像现代人所认为的只是为了视觉的审美愉悦，而是古人生殖崇拜与信仰的需要。

在河姆渡人心目中，可能已经产生了有关“天”的一些感性认识，但从象征“天”的纵横弓形纹和弧形纹的形状和配位情况看，这种认识还处于十分模糊的状态。可以这样理解，图中的抽象符号“天”是附属于太阳的，也就是说，“天”的存在只是河姆渡人对太阳本源的一种探究，反映了河姆渡人为了经济生活所需要的天文知识而产生的对太阳运行规律的一种追索精神。

河姆渡文化“太阳鸟”圈纹或重圈纹作为一种相对稳定的符号形式，大量见于与之在时间上前后相连、在文化传统上一脉相通的良渚文化中。考古人员曾在浙江嘉兴双桥良渚文化遗址发现史前陶鬶残片一件，其上刻有一只展翅飞鸟，飞鸟的胸背部刻有一个重圈纹图案，内填象征太阳的红色彩绘（见下页图）。这个发现，为研究河姆渡文化“太阳鸟说”提供了弥足珍贵的实物资料。至此，“太阳鸟说”可以视为定论。

在以上论断的基础上，黄厚明先生指出：“东、南沿海地区是中国古代鸟崇拜的地理文化重心，早在河姆渡文化时期，鸟形象就成为该地区原始艺术创作活动一个核心题材。作为上古时期崇鸟文化的最初源头，河姆渡文化的鸟形象材料不仅为我们探讨河姆渡人精神生活提供了很好的素材，而且也是我们理解中国鸟文化发生机制的一扇窗口。”[27]此说是很有见地的。

黄教授将学界所涉及的鸟纹图像资料进行了统计，共计5件7幅（组），它们皆出土于河姆渡文化遗址，反映出古代汉藏语系“百越（粤）”先祖鸟神与太阳神崇拜的深厚文化，曾引起我国学界热烈探讨。具体统计结果见下表：

“百越（粤）”先祖河姆渡人的鸟神图像资料统计表

	出土单位	期别	型式	资料来源
1	T21（4）：18	一	AⅠ型	《河姆渡——新石器时代遗址考古发掘报告》
2	T21（4）：18	一	AⅡ型	同上
3	T2126（3B）：79	二	AⅢ型	同上
4	T29（4）：46	一	BⅠ型	同上
5	T29（4）：46	一	BⅡ型	同上
6	T33（4）：98	一	BⅢ型	同上
7	T233（1）M4：1	四	C型	同上

此后，王士伦、刘军、姚仲源、陈忠来、董楚平、牟水亢、陈勤建、李修松、唐德中等著名学者纷纷著文附同或确认了这一观点。即古代汉藏语系“百越（粤）”先祖 7000 年前的河姆渡文化遗址出土的陶器和众多骨器上，常见雕刻或线刻的精致鸟神图像和太阳纹图像，这既是学界公认的观点，又是“我们理解中国鸟文化发生机制的一扇窗口”。

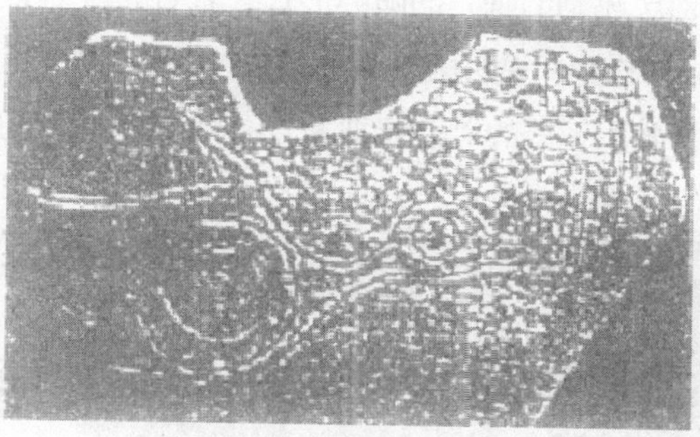

良渚文化出土的鸟日复合纹

浙江杭嘉湖平原良渚文化距今 4200 年至 5000 年左右。在良渚文化遗址出土的大量玉器上面，考古学家看到了更多的鸟纹雕刻图案，如“羽冠神人玉琮王”、“羽人神徽玉钺”、“鸟纹玉冠状器”、“鸟纹玉三叉戟器”等，说明“圈纹或重圈纹作为一种相对稳定的符写形式，不仅在河姆渡文化区域内广为流传，而且还大量见于与之在时间上前后连贯、在文化传统上根脉相通的良渚文化中”。如下图：

良渚文化玉琮王（余反 M12：98）

玉琮王局部羽人神像刻纹一

玉琮王局部羽人神像刻纹二

“良渚文化玉琮王”又称“羽冠神人玉琮王”（余反 M12：98），1986 年于浙江余杭反山墓地出土。高 8.8 厘米，射径 17.1—17.6 厘米，孔径 4.9 厘米。外形为扁矮方柱体，内圆外方，上下端为圆面的射口，中有对钻圆孔，俯视如玉璧形。琮体四面中间为 5 厘米宽的直槽，四角由横槽分为等距的四节。器体宽阔硕大，重达 6 500 克，纹饰独特繁缛，为良渚文化玉琮之首，堪称“琮王”。直槽内琢刻八个羽人兽面复合图像。图像为头戴大羽冠之神人，双手扶执兽头，骑跨在兽身上。整个图像精细繁缛，含义神秘奇特，是良渚人尊崇的徽像，可称为“良渚神徽”。在有兽面纹的一节上，另一例雕琢神鸟纹，亦为八只神鸟。这件玉琮是唯一在直槽内雕琢良渚神徽的孤品，制作之精、纹饰之细，可谓神工鬼斧，是良渚玉器中的瑰宝。

集财权、宗教祭祀权、军事权于一身的军事首领墓葬（汇观山 M4）：位于祭台顶间偏西部，表土下开口，打破了祭台顶面的灰土框。墓长 4.75 米、南端宽 2.6 米、北端宽 2.3 米、保留深度 0.2

米，墓向 190°。这是目前所知墓坑规模最大的良渚墓葬。该墓有棺有椁，椁长 3.87 米、宽 1.70 米，棺长 2.7 米、宽 1 米。随葬陶器、玉璧、玉琮、玉钺器共计 72 件（组），其中仅钺器就有 48 件之多。学界认为玉璧代表财权，玉琮代表宗教祭祀权，玉钺代表军事权。可见该墓的主人生前应是一位集财权、宗教祭祀权、军事权于一身的首领。另外，该墓有棺有椁，格式高贵，在棺外椁内单独随葬一组陶器，也为目前所见到的唯一的随葬形式。著名的雕刻羽人“良渚神徽”玉钺就出土于此。相反，其他墓葬之中，随葬品却极少，说明南方汉藏语系“百越（粤）”先祖的良渚部落已出现阶级分化，开始迈入阶级社会。“良渚神徽”玉钺的“羽冠神人”与“良渚文化玉琮王”相同。如汇观山 M4 图。

军事首领墓葬中的羽人神像刻纹玉钺（汇观山 M4）

玉钺上的羽人神像刻纹（汇观山 M4）

鸟纹玉冠状器 2（余反 M2：11）：1986 年余杭反山墓地出土。高 4.25 厘米，上宽 8.35 厘米，宽 6.85 厘米，厚 0.55 厘米。器表呈白色，有茶褐色块斑。上端中部琢成三层的冠顶状，两侧稍斜弧，近下端处凹弧内收，下端扁榫上钻有 3 个小孔。正反纹样相同对称，以浅浮雕和阴刻线结合技法在中部雕琢兽面纹，两侧上角都雕琢鸟纹。

鸟纹玉三叉戟器（余反 M14：135）：1986 年余杭反山墓地出土。通体高 3.65 厘米，宽 5.9 厘米，器表呈灰白色。上端为三叉，左右两叉平齐，中叉略短，下端圆弧。正面稍有弧凸，背面三叉的上端和下端的正中部均有凸块，凸块上均钻有上下贯孔。正面中部为阴刻的蹲踞状兽面纹，左右两叉上端阴刻鸟纹一对。背面四个凸块上均以阴刻技法布满卷云纹、弧曲纹和重圆眼纹等。此器制作精细，构图严谨。尤其阴刻纹极纤细，肉眼难以辨认，为良渚玉器中刻纹纤细之冠。

羽人兽面像串挂玉饰（余反 M22：8）：1986 年余杭反山墓地出土。玉管长 27—30 厘米，直径 1—1.1 厘米，小玉璜宽 6.3 厘米，高 4.2 厘米。其挂饰由 12 根玉管和 1 件小玉璜组成。玉管呈白色，均带茶褐色斑点，玉色玉质一致，粗细基本吻合，为同一块玉料分割制成。小玉璜呈白色，正面略弧凸，背面平整，两角各钻一小孔，与玉管联结系挂。玉璜正面用浅浮雕和阴刻线结合技法雕琢羽人兽面像。

羽人玉冠状器（瑶山 M2：1）：1987 年余杭下溪湾村瑶山出土。高 5.8 厘米，上宽 7.7 厘米，厚 0.3 厘米。青白色，玉质优良，具有透光性。正面雕刻羽人兽面图纹。器底边刻饰一扁薄半圆体，全器用透雕和阴线刻法琢出兽面图纹。造型颇为奇特，正视为兽面，俯视似伏蛙。

玉鸟（瑶山 M2：50）：1987 年余杭下溪湾村瑶山出土。长 32 厘米，青玉质，整体形状近似三角形。正面尖端用浅浮雕和阴刻线琢出兽面团纹，背面平索而有三对隧孔。如将鸟嘴向下，其状犹如俯冲而下的青鸟，又似挺角露齿的牛首。

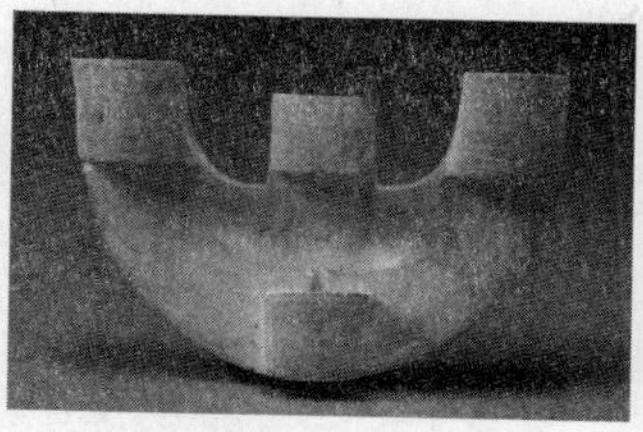
鸟纹玉三叉戟器正面

鸟纹玉三叉戟器反面

玉三叉戟器羽人纹饰

羽人龙身玉冠状器

玉冠状器羽人龙身纹饰

上述良渚玉器文化出土文物中，“人面羽冠”像最突出。河姆渡文化以“太阳、鸟”圈纹或重圈纹作为一种相对固定的符号形式，饰有太阳纹和鸟纹的器物大量见于与之在时间上前后连贯、在文化传统上根脉相通的良渚文化中。浙江嘉兴双桥良渚文化遗址发现的一件史前陶鬶残片就是明证，其上刻有一只展翅飞鸟，飞鸟的胸背部刻有一个重圈纹图案，内填象征太阳的红色彩绘。从写实的鸟纹到抽象的羽人纹，反映了古代汉藏语系“百越（粤）”先祖审美水平和思维能力的提高。

河姆渡文化与良渚文化是古代汉藏语系“百越（粤）”先祖创造的文化。其鸟崇拜文化与布依族《摩经》记载的认为人类是“燕子王”鸟神的后裔；汉族、百越（粤）族、苗族等汉藏语系族群与“龙神根源”都是“燕子王”鸟神的后代；“神鸟搬家象征年老逝世”回归祖神等观念相一致。这就为布依族《摩经》记载的鸟文化找到了考古学依据。

这种鸟崇拜文化还被珠江流域的汉藏语系“百越（粤）”族群继承于春秋战国至秦汉以前的青铜文化之中。如位于珠江上游的滇国是一个“耕田有邑聚”的稻作农业方国。滇国出土文物有“孔雀铜锄”、“孔雀牛头纹铜锄”、“鱼鹰铜啄”、“鸟蛇铜斧”、“鸟钮铜斧”、“三孔雀铜扣饰”、“铜鸳鸯”、“铜孔雀”、“铜水鸟捕鱼”、“鸟衔蛇杖头铜饰”、“飞鹰杖头铜饰”、“鸳鸯蛇杖头铜饰”、“羽人竞渡纹铜鼓”、“羽人纹铜锣”等。具体见下面所列之图：

滇国孔雀铜锄

滇国孔雀牛头纹铜锄

滇国鱼鹰铜啄

滇国三孔雀铜扣饰

滇国铜孔雀

滇国飞鹰杖头铜饰

滇国三孔雀铜鸳鸯

滇国铜水鸟捕鱼

滇国鸟蛇饰铜斧

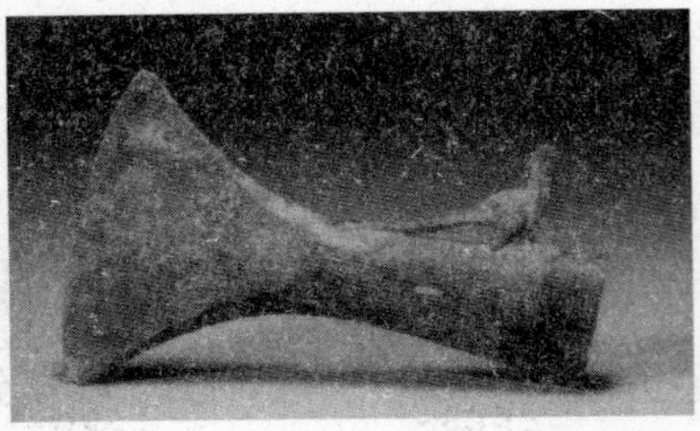
滇国鸟饰铜斧

滇国蛇钮金印一

滇国蛇钮金印二

滇国铜器上的舟船羽人图

滇国铜鼓上的舟船羽人图

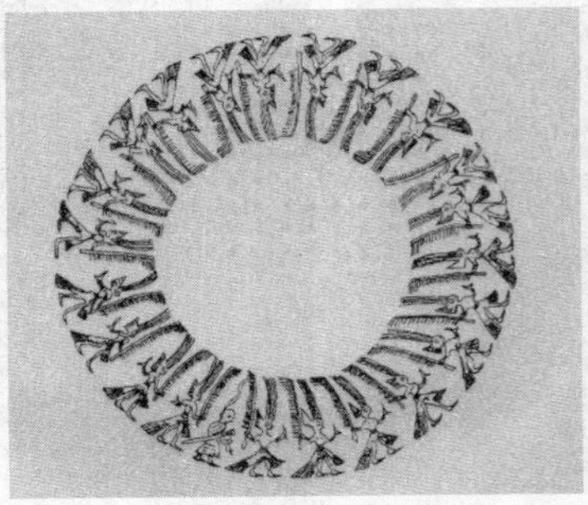
滇国石寨山铜锣上的羽人纹（M12：1）

滇国石寨山舟船羽人纹铜鼓 [28]

地处珠江下游的南越国，亦是一个“耕田有邑聚”的稻作农业方国。出土有“玉雕凤纹牌形饰”、“青铜朱鸟顶饰”、“骨雕天鹅”、“羽人竞渡纹铜鼓”、“羽人竞渡纹铜提筒”等等。如下图：

南越王墓出土玉雕凤纹牌形饰（局部）

南越王墓出土青铜朱鸟顶饰

南越王墓出土骨雕天鹅

南越王墓出土舟船羽人纹铜提筒

南越王墓出土文旁龙钮金印

南越王墓出土铜提筒舟船羽人纹饰[29]

广西贵港 M1：10 号铜鼓及舟船羽人纹

广西西林：280 号铜鼓舟船羽人纹[30]

上述滇国、南越国的“鸟”文化、羽人青铜纹饰的一致性绝不是凭空产生的，这正是史前河姆渡文化与良渚文化的汉藏语系“百越（粤）”先祖对“鸟”崇拜与玉器雕刻“人面羽冠”图腾神像的传承。特别是铜鼓上头著羽冠、身饰羽毛、竞渡龙舟的羽人图像比比皆是，这显然是源于傍水而居主要从事水稻农业，兼及龙舟竞渡与渔业、航运的人们对鸟神崇拜的图腾标志。如广西贵县罗泊湾铜鼓腰部有龙舟竞渡羽人图案，上空有口中叼鱼、展翅飞翔的水鸟，船头兀立衔鱼的水鸟。可见，青铜文化与鸟文化对“百越（粤）”族群的影响是巨大的。

从7000年前的河姆渡文化的“双鸟朝阳”或“双鸟昇日”和5000年前良渚文化的“人面羽冠”，发展至2000年前的滇国、南越国文化的“人面羽冠”。从新石器时代的骨器、象牙雕刻、陶器、玉器，到阶级社会的青铜器铜鼓、铜提筒，精美的鸟图腾纹饰，前后持续了5000年之久。这在世界文化史上也是罕见的，是中华汉藏语系族群先祖对世界文化艺术史的重要贡献，也说明布依族《摩经》记载的鸟文化渊源久远。

布依族《摩经》还有“鸟虎印”、“鸟狮印”、“鸟官印”等记载。说明古代布依族先祖崇拜“鸟”、“虎”、“狮”等动物。如《摩经·用牛祭祖词》（第一卷）《留下“宝印”重价》说：

lək^{213}ɦa^{55}sa:m^{33}au^{33}tɕeu^{55}
儿　想　问　要　重价　　　　儿问要重价，
sa:m^{33}au^{33}tɕeu^{55}ɦaɯ^{55}tɕeu^{55}
问　要　重价　给　重价　　　　问要重价给重价。
ʔin^{31}zok^{213}kok^{55}tɕeu^{55}ɕian^{42}jaŋ^{31}laɯ^{31}
印　鸟　虎　重价　钱　哪样①　　　　鸟虎印那样的重价，
au^{33}ma^{33}lək^{213}kuə^{213}tɕeu^{55}
要　来　儿　做　重价　　　　要来给儿做重价。
wan^{42}ma^{33}sa:m^{33}ɕip^{213}ɕian^{42}
每天　来　三　十　钱　　　　每天进得三十金钱，
ʔin^{31}zok^{213}zei^{33}tɕeu^{213}ɦau^{55}jaŋ^{31}laɯ^{31}
印　鸟　狮　重价　钱　哪样②　　　　鸟狮印那样的重价。
van^{31}ma^{33}sa:m^{33}ɕip^{213}ɦa:u^{55}
每天　来　三　十　粮米　　　　每天进得三十粮米，
au^{33}ma^{33}lək^{213}kuə^{213}tɕeu^{55}
要　来　儿　做　重价　　　　要来给儿做重价。

《摩经·用牛祭祖词》（第四卷）《姑爷孝礼》也说：

lək^{213}ɦa^{55}sam^{33}ʔau^{33}tsau^{33}
儿　想　问　要　长寿　　　　儿孙想问要长寿，
sam^{33}ʔau^{33}tsau^{33}ɦaɯ^{55}tsau^{33}
问　要　长寿　给　长寿　　　　问要长寿给长寿。
tsau^{33}sɯ^{31}ʑam^{55}pak^{213}sok^{213}
活　如　水　渡口　　　　长寿如渡口长流水；

① 鸟虎印：古代王之印玺，上刻有虎形和鸟形，或虎钮鸟纹印。
② 鸟狮印：古代王之印玺，上刻狮形和鸟形，或狮钮鸟纹印。

tsau^{33}sɯ^{31}ʔdok^{213}ŋan^{31}sa:ŋ^{55}
寿 如 骨 银 大象　　长寿如大象白银骨；

tsau^{33}jaŋ^{31}ʔja:ŋ^{55}suaŋ^{213}tsin^{33}
寿 像 神剑 留 金　　长寿如神剑金长留；

tsau^{33}jaŋ^{31}ʑin^{33}jaŋ^{31}ʑe^{213}
寿 像 石头 像 河边圆彩石　　长寿像河边坚硬又古老的圆彩石；

tsau^{33}jaŋ^{31}se^{31}sɯ^{42}ʔdɯn^{33} sɯ^{42}ʔda:u^{33}
寿 像 雪山 月亮 星星　　长寿如永不融化的雪山，长寿如天上永

kən^{31}ʔbən^{33}
上 天　　恒的月亮和星星。

……

lək^{213}ɦa^{55}sam^{33}au^{33}tɕeu^{55}
儿 想 问 要 重价　　儿孙想问要重价，

sam^{33}au^{33}tɕeu^{55}ɦaɯ^{55}tɕeu^{55}
问 要 重价 给 重价　　问要亘价给重价，

ʔin^{31}zok^{213}kuan^{31}tɕeu^{55}ɕian^{42}jaŋ^{31}laɯ^{31}
印 鸟 官 重价 钱 哪样　　鸟官印那样的重价。

wan^{42}ma^{33}sa:m^{33}ɕip^{213}ɕian^{42}
每天 来 三 十 钱　　每天进得三十金钱，

au^{33}ma^{33}lək^{213}kuə^{213}tɕeu^{55}
要 来 儿 做 重价　　要来给儿做重价。

ʔin^{31}zok^{213}zei^{33}tɕeu^{213}ɦau^{55}jaŋ^{31}laɯ^{31}
印 鸟 狮 重价 钱 哪样　　鸟狮印那样的重价。

van^{31}ma^{33}sa:m^{33}ɕip^{213}ɦa:u^{55}
每天 来 三 十 粮米　　每天进得三十粮米，

au^{33}ma^{33}lək^{213}kuə^{213}tɕeu^{55}
要 来 儿 做 重价　　要来给儿做重价。

考察已出土的滇国、南越国考古文物，只有“蛇钮”或“龙钮”金印。不知布依族《摩经》的“鸟虎印”、“鸟狮印”、“鸟官印”之原型为何，可能是“虎钮鸟文印”、“狮钮鸟文印”之类。如春秋战国时期吴国和越国的青铜器上，有一种富有特色的鸟篆艺术体铭文，学界称为“鸟文”或“鸟书”。如图：

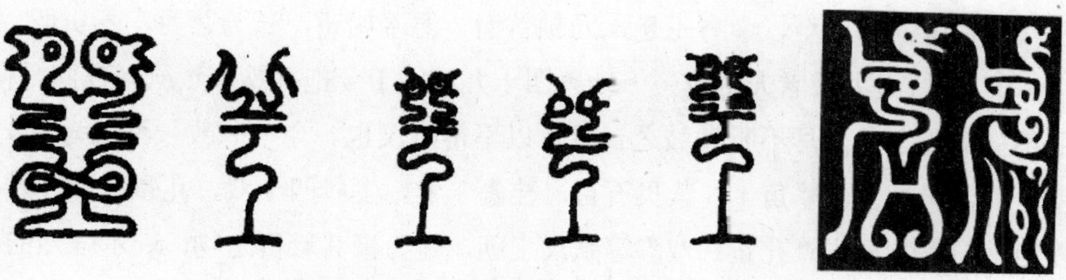

春秋战国时期吴国和越国青铜器上的“鸟书”

容庚先生早在1964年就统计研究过，认为这类“鸟书”铭文青铜器中，国别可考者有27件，其中越国4件，吴国15件。[31]陈勤建先生认为，近年吴、越鸟篆铭文的青铜器、石器不断有新的发现。如安徽省淮南蔡家岗的“越王者旨于剑”，湖北江陵望山号墓出土的“越王勾践剑”，浙江省绍兴义桥出土的“戉王”石矛，等等。由于鸟篆铭的器物多出自吴越，故鸟篆铭文被一部分学者认为是吴越地的文字。但这种鸟篆文字，同中原地区使用的篆书没有多大区别，不同的是每个字附加了鸟形纹饰，这只是字体的差别，所以，也有不少学者认为这不是吴越人自己特殊的文字。这类鸟形文字的基础，是否属吴越人自己本土创造的文字，可以作进一步的研究，但即使是中原地区的篆书，到了吴越地，就被“鸟形化”了，这是不争的事实。将文字鸟形化是该地区自上古以来崇鸟的传统习俗使然。在这种风习下，当地民众以鸟为美，并把它作为衡量事物好与坏、美与丑的标准。鸟化的确成了他们思维的一种原型，心灵的一把尺度。今天，江浙地区民间尚存一种鸟书鸟画，也是一种以鸟的变形为体的书画。[32]布依族是汉藏语系“百越（粤）”先祖后裔，布依族《摩经》记载的“鸟虎印”、“鸟狮印”、“鸟官印”，是鸟崇拜、虎崇拜的体现。其原型可能是春秋战国时期吴国和越国“鸟书”的“虎钮鸟文印”、“狮钮鸟文印”之类。但我们还不能肯定，因其与“鸟”文化有关，提出于此，有待今后考古发掘和研究证实。

古代“百越（粤）”之地多为水乡，盛产鸟类。文献记载“百越（粤）”先祖与中原王朝交往也多以鸟类为礼。《尚书·大传》载，“交趾之南，有越裳国”，“周成王时，越裳氏来献白雉”。《国语·齐语》曰：“越裳献雉。”《竹书纪年》曰：“周成王十年，越裳氏来朝。”《后汉书·南蛮西南夷传》曰：“交趾之南，有越裳国”，“越裳国以三象重译而献白雉”。《论衡·恢国》曰：“成王之时，越裳献雉。”又《论衡·儒增》曰：“越裳献巨雉。”《韩诗外传》卷五曰：“成土之时，越裳氏重九译而献白雉于周公。”《超奇》曰：“白雉献于越。”“雉”即鸡。东汉许慎《说文》释凤有“鸡喙”，《尔雅·释鸟》郭璞注认为凤有“鸡头”。汉代云南还有“金马碧鸡”传说，《汉书·效祀志》载：“（宣帝时）或言益州有金马碧鸡之神，可醮祭而至，于是谏大夫王褒使持节而求之。”又据《汉书·地理志》载金马碧鸡的所在地为益州越嶲郡青岭县的“禺同山”。汉时南越有“番禺”，越嶲郡亦有“禺同”，地名相似。“碧鸡”即“碧雉”。明代，位于滇池湖畔的昆明城内建起了金马坊和碧鸡坊，此二坊成为昆明城的象征和标志。王大有在其《龙凤文化源流》中也考证凤的形象为阳鸟、鹰鹗、孔雀和鸡四类鸟的变异和升华，将“碧鸡”与凤联系起来。可见“雉”也是凤的原型之一。

“孔雀（凤鸟）”纹。鉴于甲骨文中“凤”的象形文字就是一只有冠、长羽、卷尾的鸟形，从尾部的特征来看更像一只“孔雀”。商、周至战国的青铜器纹饰，亦多以“孔雀”为原型的凤纹。文献记载“百越（粤）”地区多产孔雀，并崇拜孔雀（凤鸟）。西汉桓宽《盐铁论·崇礼》曰“南越以孔雀珥门户”，即是以孔雀（凤鸟）为图腾标志物的象征。《汉书·卷九十五·西南夷两粤朝鲜传》曰：“（汉使者）陆贾至，南粤王恐，乃顿首谢，愿奉明诏，长为籓臣，奉贡职。……王甚恐，为书谢，称曰：‘蛮夷大长老夫臣佗……处粤四十九年，于今抱孙焉。然夙兴夜寐，寝不安席，食不甘味，目不视靡曼之色，耳不听钟鼓之音者，以不得事汉也。今……改号不敢为帝矣！谨北面因使者献白璧一双，翠鸟千，犀角十，紫贝五百，桂蠹一器，生翠四十双，孔雀二双。以闻皇帝陛下。’”南粤王以当地图腾物标志“孔雀二双”等献汉王朝，是为极其珍贵之物，表示强烈的归顺中央之心。南朝《南越志》也说：“义宁县社山多孔雀。”“社山”是南越汉藏语系“百越（粤）”族群的祭祖圣地，圣地“社山”多养孔雀这一历史记载，亦为孔雀（凤鸟）图腾标志物的反映。

考古发掘出土的滇国青铜器，也有孔雀铜锄、孔雀水牛铜锄等。这与云南傣族意识中孔雀是最具有灵性的动物的观念相吻合。如傣族民间传说“两个王子的故事”，讲述王子弟兄俩因用箭射死了母雁而被公雁告发，国王定两位王子死罪，在王后的请求下，执行员放了两位王子。两位王子流浪异国，射死了那个国家国王的孔雀，大王子吃了孔雀的头浑身闪闪发光，并且后来成为国王，小王子吃了孔雀的蛋之后，说话时有金银财宝从口中喷出。又如傣族英雄史诗《厘俸》中的英雄桑洛，其行军军旗上绣有孔雀。据说古代西双版纳宣慰使的仪仗旗上有凤凰图案，以孔雀或凤凰为土司政权的徽征。现今，傣族以孔雀为吉祥物，他们跳孔雀舞，以孔雀为织锦、刺绣、剪纸、绘画的重要主题，以孔雀图样为房屋的装饰或妇女的饰品式样等。傣族族民还以孔雀为文身图案。[33]这都说明傣族以孔雀（凤鸟）为图腾。侗族和畲族还有穿戴在身上的“凤”图腾装饰。布依族《摩经》也讲述“凤”，认为凤是吉祥鸟，并以“凤”纹装饰物祭祖。这一切应与古代汉藏语系族群的凤鸟图腾崇拜密切相关。

由“燕子王”图腾扩展至“凤鸟”——“鸟虎印”、“鸟狮印”、“鸟官印”，是布依族《摩经》中叙述的农业社会从原始社会过渡到阶级社会这一发展进程的一种逻辑提示。汉藏语系“百越（粤）”先祖是亚洲开创水稻农业的族群，这已为学界所公认。中国最早的农耕文化是从稻作文化开始的，稻作约萌芽于一万年前的湖南道县的玉蟾崖和江西万年的吊桶环、广东英德牛栏洞等文化遗址，发展至七千年前的河姆渡文化时期（水稻遗存数量有100余吨之多），汉藏语系“百越（粤）”先祖的水稻文化已相当发达，发展至四五千年前的良渚文化时期，社会开始产生阶级分化。商周和春秋战国时期，汉藏语系“百越（粤）”先祖的文化已粲然可观。

文献记载古代“百越（粤）”族群还有“鸟田之利”，说明汉藏语系族群“百越（粤）”先祖的鸟图腾文化与水稻耕作有密切关系。如《越绝书》卷八云：

> 昔者，越之先君无余，乃禹之世，别封于越以守禹冢。问天地之道，万物之纪，莫失其本。神农尝百草、水土甘苦；黄帝造衣裳；后稷产穑制械；人事备矣。畴粪桑麻，播种五谷，必以手足；大越海滨之民，独以鸟田，小大有差，进退有行，莫将自使，其何故也？曰：禹始也，忧民救水，到大越，上茅山，大会计，爵有德，封有功，更名茅山曰会稽。及其王也，巡狩大越，见耆老，纳诗书，审铨衡，平斗斛，因病亡死。葬会稽，苇椁桐棺，穿圹七尺，上无漏泄，下无积水，坛高三尺，土阶三等，延袤一亩。尚以为居之者乐，为之者苦，无以报民，教民鸟田。一盛一衰，当舜之时，舜死苍梧，象为民田也。禹至此者亦有因矣，亦覆釜也。

《越绝书》叙述了汉藏语系族群“神农、黄帝、后稷、舜、大禹”等先祖，特别是阐明了“舜、大禹”与“百越（粤）”先祖“大越先君无余”的密切关系。言“鸟田”为神灵报德，独以“鸟田”代替“大越”族群用手足从事农活的辛劳。受此种洪福的对象就是“大越”之民。

又见《吴越春秋》曰：

（禹功告成）凤凰栖于树，鸾鸟巢于侧，麒麟步于庭，百鸟佃于泽……禹崩之后，众瑞并去，天美禹德而劳其功，使百鸟还为民田，大小有差，进退有行。……余始受封，人民山居，虽有鸟田之利，租贡才给宗庙祭祀之费，乃复随山陆而耕种，或逐禽鹿而给食。……（无壬）后复夏王之祭，安集鸟田之瑞，以为百姓请命，自后稍有君臣之义。

文中阐述的“凤凰、鸾鸟、麒麟、百鸟”等都是汉藏语系族群“百越（粤）”先祖信奉崇拜的对象。“凤凰栖于树，鸾鸟巢于侧，麒麟步于庭，百鸟佃于泽”描述了人寿粮丰的社会美景。

“无壬”即“越君无余”。越君无余“复夏王之祭，安集鸟田之瑞，以为百姓请命，自后稍有君臣之义”，意即“越君受封，率领越人恢复祭祀大禹先祖”，感动了神灵，遂有“安集鸟田之瑞”。“天帝”命“玄鸟”（或“百鸟”）在“百越（粤）”或“大越”的居住地区为人民耕田，为“百越（粤）”族群的生产生活资料及祭祀“大禹”先祖提供了费用，民族传统伦理和“君臣之义”也因之得以发扬。

这些记载曾引起东汉思想家王充的高度重视，并著书阐述。东汉王充《论衡·书虚篇》亦载：

传书云：舜葬于苍梧，象为之耕，禹葬会稽，鸟为之田，以圣德所致，天使鸟兽报佑之也。……实者，苍梧多象之地，会稽众鸟所居……象自蹈土，鸟自食苹，土蹶草尽，若耕田状，壤糜泥易，人随种之。

“苍梧”指洞庭以南的苍梧之野，即今日的湖南、广西地区。“会稽”指江浙地区。可知从江浙到湖广地区，都有“象耕鸟耘”的风俗。当地的人民都以为是天神使鸟兽来报答舜、禹两位古帝的圣德的。王充是中国古代的无神论者，他并不相信迷信说法，并科学地加以解释为：“实者，苍梧多象之地，会稽众鸟所居……象自蹈土，鸟自食苹，土蹶草尽，若耕田状，壤糜泥易，人随种之。”这就把古人依赖鸟兽耕耘的道理分析得相当透彻。

后人治学，大多沿着王充的思路发展，说明人类历史上有过利用动物觅食时踩踏地面的天性来帮助疏松土壤的做法。董楚平教授却力排众议，按照人类思维的一般规律，坚持认为“鸟田”之说是神话。董教授认为：“不相信神话为真实，是王充的科学精神表现；但不允许神话存在，则又是不科学地违背人类的历史实际。”[34]此说甚是。顾希佳先生也认为：“用今天的科学知识去评判远古神话，神话必然会暴露出它幼稚可笑的一面，犹如童话一样。但是成年人不会笑话儿童，更不会去批判儿童，因为童话还有着率真可爱的另一面。对于人类童年时代所创作出来的神话，今天我们也应该抱有这样的态度。既然古代越地盛行鸟崇拜，他们把鸟当作自己的祖先神；他们要把自己的身体也打扮成鸟的形状；他们甚至模仿鸟巢，居住着干栏式建筑；他们还说‘鸟语’，写‘鸟字’，他们当然也完全有可能竭力宣扬鸟的神奇本领，说鸟可以帮助人们种田，而且‘进退有行，莫将自使’。由此可见，把《越绝书》中的这一段记载理解为是神话文本是可行的。它记下了当时人对遥远的古代生活的朦胧回忆。”[35]这种分析判断是正确的。

林河教授的考证则认为：“直到北魏时期，江南的稻作农业，仍以‘鸟耘’为主，‘人耘’为辅。北魏·郦道元《水经注·浙水条》载：‘有鸟来为之耘，春拔草根，秋啄其秽，是以县官禁民不得妄害此鸟，犯则有刑无赦。’晋·张华著《博物志》载：‘海陵县扶江接海，多麋兽，千千为群，掘食草根，其处成泥，名曰麋田，民人随此田种稻，不耕而获，其所收百倍。’再一次证明了江南地区不但有‘兽耕鸟耘’的风俗，而且丰产的效果还相当明显。”

但人们什么时候又把“兽耕鸟耘”的古俗给忘记了呢？现在，人类生态环境破坏严重，城乡人口密集处，几乎已看不到飞禽走兽，当然看不到古代“兽耕鸟耘”的奇观了，就是古代，随着人口的增多，生态环境同样也会受到破坏的，只不过程度有所不同罢了。随着人口的增多和鸟兽的减少，单靠“兽耕鸟耘”已不能保证人们的温饱，于是，人们只得另行创造发明，改兽耕为牛耕，改鸟耘为耙耘。这也有文献为证：

“元·王祯著《农书·农器图谱集》之四载：‘耘爪 耘田器也，即古所谓鸟耘者。’王祯还解释这种‘耘爪’是用竹管或铁管模仿鸟爪做成的用以取代鸟耘的农具，他明确地指出，这种方法‘犹鸟之用爪也’。可知‘人耘’是由‘鸟耘’发展而来的，也可知中国真正地以‘人耘’取代‘鸟耘’的年代并不遥远。”

“以民俗学为证：‘兽耕鸟耘’的耕作方法，在今日并未绝迹。就是50年代初期，海南岛的黎族人民，还不知用牛犁田，而是将牛群赶到田里踩田，湖区人民也经常采用‘赶湖鸭子下田’的方法来进行耨草耘田，至今，山区一些耕牛不能转弯的小田，也还是在以牛踩田来代替牛耕。”[36]林先生的考证再加上人类学田野调查资料说明，是合乎实际的民族学研究成果的。也就是说“象耕、鸟田”展示了汉藏语系“百越（粤）”先祖在水稻耕作初期、生产工具尚未发达的情况下，利用当地盛产“象、鸟”动物的生物习性所带来的一些辅助行为和天然形成的生态环境种植水稻。说明“鸟田”是水稻栽培初期在“百越（粤）”地区普遍流行的人工栽培、耕作的特色。

人类随鸟而作，以收鸟田之利。发展至东汉王充时代，人们的思维能力与生产力水平已大大提高。传统的舜田、禹田及无余鸟田，后人不解，添上了神秘光环遂变成了神话。说明“百越（粤）”先祖对水稻生产的把握，如同最初认识稻谷一样，也得益于鸟类，从而激起了稻作区民众对鸟的格外敬重。随着人们的生活对稻米饭的依赖，人们对鸟的崇敬和信仰也有了升华。初民原逻辑的认知思维中，收获水稻似乎是鸟给予的。人们不仅将鸟类的功德流传在口头上，表现在宗教仪式中，而且将自己对鸟类的炽热情感，融化在人们最初稚拙的造型祭祀艺术中，希望随时得到它们的青睐和相助。[37]这是“百越（粤）”族群先祖特有的水稻农耕文化，反映了《摩经》记载的稻作农业与鸟图腾文化的真实内涵。

同时，考古发掘出土的文物也说明，自新石器时代起，中华先祖创造的稻作文明就与鸟图腾文化结下了不解之缘，并延续了数千年之久，这点又可与《摩经》等古籍文献记载相互印证。可以肯定，《论衡》、《越绝书》、《吴越春秋》所记载的“神农、黄帝、后稷、舜、大禹、越君无余（无壬）”等中华汉藏语系“百越（粤）”族群先祖的农业文明与鸟图腾文化，就是布依族先祖稻作农业与鸟图腾文化之源头。

注释

[1][2]何星亮：《中国图腾文化》，中国社会科学出版社1992年版，第2页。

[3]吴安其：《历史语言学》，上海教育出版社2006年版，第130页。

[4]邵靖宇：《汉族祖源试说》，浙江大学出版社2001年版，序言。

[5]恩格斯：《家庭、私有制和国家的起源》，中央编译局、人民出版社2009年版，第21页。

[6]叶玉森：《殷契钩沉》，北平富晋书社 1929 年版，第 5 页。

[7]卫聚贤：《古史研究》（第三集），商务印书馆 1936 年版，第 168—169 页。

[8]赤冢忠：《殷代における祈年の祭祀形态の复元》，见《中国古代の宗教と文化》，角川书店 1977 年版，第 506、509 页。

[9]黑格尔著，朱光潜译：《美学》（第 2 卷），商务印书馆 1979 年版，第 18 页。

[10]何新：《论远古神话的文化意义》，《学习与探索》1986 年第 3 期。

[11]吴安其：《历史语言学》，上海教育出版社 2006 年版，第 130 页。

[12]海通著，何星亮译：《图腾崇拜》，广西师范大学出版社 2004 年版，第 39 页。

[13]西双版纳傣族自治州民族事务委员会：《傣族文学简史》，云南民族出版社 1988 年版，第 90 页。

[14][15]海通著，何星亮译：《图腾崇拜》，广西师范大学出版社 2004 年版，第 203、209 页。

[16]张光直：《美术、神话与祭祀》，辽宁教育出版社 2002 年版，第 28 页。

[17]陈梦家：《商代的神话与巫术》，《燕京学报》1936 年第 20 期。

[18]杨向奎：《中国古代社会与古代思想研究》，上海人民出版社 1962 年版，第 52 页。

[19]陈梦家：《商代的神话与巫术》，《燕京学报》1936 年第 20 期。

[20]张光直：《美术、神话与祭祀》，辽宁教育出版社 2002 年版，第 30 页。

[21]顾方松：《凤鸟图案研究》，浙江人民美术出版社 1984 年版，第 10 页。

[22]顾方松：《凤鸟图案研究》，浙江人民美术出版社 1984 年版，第 1、20 页。

[23]吴微微、骆晟华：《浙江畲族凤冠凤纹及其凤凰文化探讨》，《浙江理工大学学报》2008 年第 1 期。

[24]朱卫红：《试析侗锦中的鸟文化》，《怀化学院学报》2009 年第 9 期。

[25]伏元杰、何堤：《崇鸟敬日：古蜀先民的文化特征》，《文史杂志》2004 年第 3 期。

[26]林河：《中国巫傩史》，花城出版社 2001 年版，第 249 页。

[27]黄厚明：《河姆渡文化鸟纹及相关图像辨正》，《南方文物》2005 年第 4 期。

[28]滇国青铜鸟文化图（16 幅），引自张增祺：《滇国与滇文化》，云南美术出版社 1997 年版，第 2—44 页。

[29]南越国青铜鸟文化图（6 幅），引自麦英豪、王文建：《岭南之光：南越王墓考古大发现》，浙江文艺出版社 2002 年版，第 25—66 页。

[30]广西青铜鸟文化图（M1：10、280 号铜鼓），引自广西壮族自治区博物馆：《广西铜鼓图录》，文物出版社 1991 年版。

[31]陈勤建：《中国鸟信仰：关于鸟化宇宙观的思考》，学苑出版社 2003 年版，第 40 页。

[32]陈勤建：《中国鸟信仰：关于鸟化宇宙观的思考》，学苑出版社 2003 年版，第 41 页。

[33]刀承华：《傣族古代文学中的动物图腾崇拜》，《中央民族大学学报》2009 年第 4 期。

[34][35]顾希佳：《从鸟崇拜到鸟神话——史前时期浙江民间故事母题寻绎》，《浙江学刊》2003 年第 1 期。

[36]林河：《中国巫傩史》，花城出版社2001年版，第249页。

[37]陈勤建：《中国鸟信仰：关于鸟化宇宙观的思考》，学苑出版社2003年版，第26页。

第十二章 《摩经》宗教仪式中的“大竹”文化研究

第一节 竹与生育文化——“舅家送竹即送子、人由竹而生”的竹图腾观念及崇拜仪式

如果说自然崇拜和祖先崇拜是原始氏族的基本观念和基本崇拜对象，图腾崇拜则是原始人意识中关于人与自然的关系的认识还处于混沌未分之时，将自然物视为亲属和氏族象征的幻想反映。“图腾”一词源于北美印第安人奥吉布韦（Ojibway）部落方言。奥吉布韦人称那些以命名本部落各氏族的动植物为“totem”，相信它们与各自对应的氏族有亲属关系。自 1791 年英国人 L. 朗在《一位印第安语翻译家的游记》中首次介绍奥吉布韦人的图腾信仰以来，1861 年印第安人首领琼斯教士在《奥吉布韦人的历史》遗著中又特别强调了图腾信仰在明确氏族的血缘关系、禁止同一氏族成员互相通婚等方面的社会作用。往后，随着科学研究的进一步深入，图腾崇拜逐渐成了民族学、人类学的专业用语。人们发现，图腾崇拜是原始人类群体认为自己与自然物存在某种超自然联系的信仰，以及由此引起的人类各种行为所构成的总和。一般说来，图腾崇拜有以下五方面特征：

第一，古老的图腾崇拜物，大都是由某种特定动物或植物来充任；

第二，崇拜图腾的氏族成员，一般都认为图腾对象与自己祖先有血缘关系；

第三，同一氏族内部禁止通婚，其婚姻缔结必须在氏族与氏族之间进行；

第四，每个氏族对自己的图腾都有一定的宗教崇拜礼仪；

第五，认为图腾对象对本氏族的兴旺发达能起到保护神的作用。

用宗教仪式反映人类与某个自然物有一定血缘联系是图腾崇拜的本质特征，也是识别图腾崇拜的主要依据。图腾崇拜仪式，在原始社会不仅作为氏族的主要标志，而且是维系氏族团结的重要纽带。

也就是说，仅仅依据口传图腾故事，而无相应图腾物崇拜的宗教仪式，那是不可靠的。因为口传图腾故事属于民间文学范畴，民间口头传说故事在流传过程中往往会产生变异，且可能该传说故事在传播过程中吸收了外来文化，它原本就不是该民族的固有文化。相反，图腾崇拜的宗教仪式显得特别庄重，其观念根深蒂固。在原始时代，氏族成员不可能用其他氏族图腾来取代本氏族图腾，除非产生了氏族部落的联盟和融合，或者他们原本就有共同的文化源头。因此，在图腾文化调查中特别关注和研究其有无该图腾崇拜的宗教仪式，是非常重要的。我们研究布依族同胞的竹图腾崇拜宗教仪式，从“舅家送竹即送子、人由竹而生”的“保福”仪式、小孩出生“满三朝栽竹”等生育

文化，到年老逝世的超度仪式上由女婿“立大竹神位”、“祖灵归入大竹神位、升上天堂”等仪式都反映了这一特点。

在毗邻滇、桂、黔地区的南盘江流域和北盘江流域，布依族生育文化中的竹图腾崇拜宗教仪式一般都很隆重。举行这类宗教仪式，要请本民族祭司“布摩”先生设坛祭供神竹，念诵《摩经》。届时并由舅家送来象征竹神的“新鲜竹子”，表示“舅家送竹即送子、人由竹而生”的图腾崇拜观念。如：

1. 竹神送子“保福”宗教仪式

一般要到妻子怀上第一胎的临产当月（或前两个月）举行，称为 [$ke^{42}tu^{11}ʔja^{55}$]，音似“戈都雅”，意为“保福”。 仪式要在主人家堂屋设坛祭祖，由舅家两名男性长老带队送来两棵高约 2 米的金竹为礼，意为“舅家送竹送子孙”。“双竹”意为夫妻恩爱，互相扶持，子孙发达和家庭幸福。此“双竹”要选择竹节大小相配、竹竿高矮一致，竹尖留有几层竹叶的两棵金竹以示生命旺盛。“布摩”先生用此“双竹”做成门框状，两竹之中用竹片弯成拱形门状使之相连，又用红纸剪成三排人形图案挂在竹门上，人形图案互相牵手（每排九个人形），表示竹神保佑子孙发达。“布摩”先生还在双竹门前设坛诵《摩经》祈祷祖神保佑。祭品有猪肉、公鸡、酒、鸡蛋、糯米饭等。诵《摩经》毕，“布摩”先生又将双竹门安放到孕妇卧室门上或床头上方，意为夫妻便能子孙昌盛。届时主人家设“保福”酒宴待客，酒席中要请舅家长老坐在上席，由主人家族长老相陪以示尊重。“舅家双竹”要保持到该妇女超过生育年龄时才取下。这种竹神送子“保福”宗教仪式，至今还流行于珠江上游北盘江流域的镇宁布依族苗族自治县、关岭布依族苗族自治县、普定县，以及六盘水市的水城、六枝等地区。

2. “搭花桥”宗教仪式

此仪式流行于珠江上游的南盘江、都柳江流域等地区。有的布依族村寨若遇久婚不孕者，要为他们夫妇举行“搭花桥”仪式，称为[$kau^{53}tɕiu^{24}$]。届时由“布摩”先生在主人家堂屋祭坛上用一节大竹做个“花竹筒”，竹筒里装上纸花，象征着未投胎的孩子。桌上燃香点烛，供品有三碗糯米饭、三挂粽子、三个红蛋等。“布摩”先生在仪式上手持一根上有自纺布条的木棒（木棒一头绑有刚从织布机上剪下的尺许长的土棉布条）唱诵《摩经·引花经》，边唱边用土棉布条去沾出“花竹筒”里的纸花。“布摩”先生一边诵经，一边从“花竹筒”中把花沾上来，这套程序标志着主人家“得了孩子”。每沾上一朵花，参加仪式的亲戚们都欢呼庆祝。经此仪式后，夫妇便高高兴兴地过性生活。不久女方果然受孕，有人说在心情舒畅的状态下女方容易受孕，但人们宁愿相信是“搭花桥”宗教仪式把他们的孩子引来的。

3. “竹船送子”宗教仪式

有的布依族村寨若遇久婚不孕者，便由“布摩”先生采来三节新鲜大竹做成一只竹船，竹船上放置编扎的小竹人（小人身穿衣服），身缠一支竹制船桨，作为祈子的神物，称为“竹船送子”。仪式中将此竹船放在主家水缸脚或堂屋中柱前祭祀，主人家亦设酒宴待客庆贺，相信经过此宗教仪式，便能香火兴旺，子孙成群。

4. “祭竹神栽竹护子”宗教仪式

若遇到只有一个男孩的独子之家，家长害怕独子难以长成，便要请“布摩”先生祭竹神，即栽上大金竹或大水竹一蓬，意为“神竹与儿做伴，护儿生长”。因此，仪式上负责栽竹的人都很细心，必须保证所栽之竹成活。“布摩”在祭词中祝贺独子“ma^{42} ləŋ^{42} ɾaŋ^{11}、saŋ^{33} ləŋ^{42} mai^{55}”（ɾaŋ^{11}即竹笋，意为“像竹笋一样生长，如树木不惧风霜”）。仪式之后，独子长至18—20岁之前，不得任意砍伐竹子。若需用竹，也要举行祭竹仪式，用酒肉再行祭供竹篷，并由该独子亲手砍下第一棵竹子，其他人才能采用。有的地方，当小孩出生满“三朝”时，要请“布摩”祭竹神，举行栽竹仪式。生男孩者，栽大金竹一蓬；生女孩者，栽大水竹两棵，意为“竹神与儿做伴，护儿生长”。

上述布依族生育文化中的宗教仪式，表现了深厚的竹图腾崇拜观念。人们通过特定“祭竹”宗教仪式来阐释生命诞生、种族繁衍、人口增长的历程，崇拜繁衍力极强的大竹，希望大竹的神力能向自身转化，使部族人口兴旺。这明显是原始大竹图腾崇拜的特征。

布依族是汉藏语系族群“濮（卜）越”或“百越（粤）”先祖后裔，其族群聚居区主要在长江流域和珠江流域，当地生态环境和气候条件最适宜于竹类生长。在众多的植物当中，竹子密集丛生，四季常青，尤其是雨后竹笋表现出的蓬勃的生命力以及竹子枝干相扶、生不离本的自然状态甚似人类社会母子相依、家族相聚的情况特征。这是对人类族群生育文化的启示，布依族先祖在“竹文化区”，可能是从食竹笋、用竹、识竹开始，进而崇拜竹。生育是氏族部落的大事，人口群体即生产力的实际创造集团，它促使人们对生育迫切关心，逐渐形成了布依族先祖的竹生殖图腾崇拜。

人类学、民族学原理认为，舅权代表母系家庭权威。布依族生育文化的宗教仪式中“舅家送竹送子孙”；宗教仪式上“从花竹筒中把花沾上来时，就标志着主人家得了孩子”；“人由竹神而生”等信仰观念和竹崇拜礼仪行为；“保福”庆贺酒席中“要请舅家长老坐在上席，由主人家族长老相陪以示尊重”等等，一系列竹崇拜礼仪都生动地反映出竹图腾崇拜特征与舅权密切结合，这显然是母系社会生育文化的传承。

类似布依族竹图腾崇拜的生殖文化，在我国南方汉藏语系的兄弟民族中也存在。例如，西双版纳的傣族在小孩出生时，只能用削好的竹皮将脐带割断，然后将小孩胎衣置一竹筒内，由父母或其他亲戚挂到树林中的树枝上，或埋在房屋附近。还要用一竹筒镌刻上小孩的出生年月日时，挂在寝室之中[1]。其实质是通过与竹神的沟通，使婴儿得到祖先的保护，消灾免难，健康成长。

云南富林及广西边地的彝族妇女快要分娩的时候，她的丈夫或兄弟就会砍一根长约6.6厘米的兰竹筒，在孩子出生之后，将一些胎衣胎血放进兰竹筒里，然后塞以芭蕉叶子，拿到“种场”，吊在兰竹枝上，以显示他们是兰竹的血裔。[2]

基诺族妇女生小孩的地点必须在竹楼阳台的栏杆边（基诺语称“札郭”），割婴儿脐带要用削得锋利的新竹刀，忌用剪刀；婴儿父亲的左手拿竹筒、右手拿胎盘，将胎盘放进竹筒里，埋在婴儿父母睡处的竹楼下，罩上竹箩，在四周打青冈栗树桩，男打9根、女打7根，竹箩的正中插一竹编多孔的“祛鬼竹编器”。婴儿脐带疤蒂落后，父亲要点燃7（女）或9（男）根竹柴，把脐带放入罩胎盘的竹箩里，燃烧竹柴，也插入竹箩四周的土中，然后才能给婴儿穿衣服。[3]这种习俗同傣族、彝族的生育习俗具有同样的意义。

在湘、桂、黔三省交界地区聚居的汉族、壮族、侗族等民族中，凡生育的妇女，都要在家中立一块“花林祖婆”的神位，并到野外去采摘一束鲜花，将它供在“花林祖婆”神位面前，祈求“花林祖婆”赐予花魂。婴儿出生后，要栽一株代表婴儿花魂所寄托的花树。这些地方的汉族，“花林祖婆”的神话似已消失，但对“花魂”的崇拜依旧。当小儿满三、六、九岁时，一定要请巫师来为小儿“渡花树关”，即让神灵来保佑小儿渡过各种关刹。“渡花树关”所请的神灵叫“九天卫房神母元君”，显然是道教化了的“花林祖婆”。所谓“花树”，其实是一根“翠竹”，巫师把下部的枝叶削去，只在上部留几层枝叶。渡花树关时，巫师在神坛前摆两把椅子，将一座小竹桥架在两把椅子之间，竹花树则绑在桥头，为代表小儿的花树浇水除虫后，便取小儿的一双鞋子，从“桥”上“走”过去。这样做了，就算是渡过“花树关”了。[4]

上述汉族、壮族、侗族、傣族、基诺族、彝族、布依族等都是我国汉藏语系族群，说明布依族竹图腾崇拜不是孤立现象，而是南方汉藏语系族群的共性文化。此即汉藏语系族群先祖在原始社会中把自身生育现象同自己朝夕相处并供给自己生产生活之需的竹类资源联系起来，且有感于竹林雨后春笋蓬勃的生机，争先恐后的气势与热烈向上的精神，遂产生了借竹生育、获得生殖神力、无子者得子、小孩健康成长的良好愿望。同时还应该看到，在各民族竹崇拜生育观念之中，有的相应的竹崇拜祭祀仪式已失传。其中，布依族竹崇拜生育观念是突出的，相应的竹崇拜宗教祭祀仪式也保留得比较完整，这就丰富了汉藏语系族群的竹文化。

中国素以“竹文化”享誉世界。《本草纲目》卷三十七说，“(江南）竹处处有之”，“江河之南甚多……五岭实繁”。西晋嵇含所撰《南方草木状》记载有长江以南的草木果竹四类植物，具体数目达八十种之多。一首古老的中华民歌《弹歌》唱道：“断竹、续竹、飞土、逐肉。”古代占卜用词在甲骨文和金文中都有象形文字“竹”。古人以竹片作为文字的载体，用牛皮绳串起来编结成书，就是所谓的“编”。大教育家孔子勤于读书，为了读《易》，把牛皮绳多次翻断，被人们作为“韦编三绝”的佳话传颂千古。我国历史文献《竹书纪年》，以及《尚书》、《礼记》、《论语》等经典，都写在竹简上。《汉·律历志》中记有一个传说，黄帝指使一个叫伶伦的人定“音律”。伶伦便赴大夏之西，从昆仑山南麓取来了竹子，断面节间，长六寸九分，吹之，恰似黄钟宫调，音律优美，从此便有了箫、笛等乐器。考古学家在湖北随县曾侯乙墓出土文物中发现了竹制的十三管古排箫实物，是目前考古文物中发现的年代最早的排箫。古时称音乐为“丝竹”，有“丝不如竹”之说。唐代称乐器演奏者为“竹”，我国南方民族乐器就直接称为“江南丝竹”。苏东坡《咏竹诗》曰：“宁可食无肉，不可居无竹。无肉令人瘦，无竹令人俗。”其《记岭南行》又曰：“岭南人，当有愧于竹。食者竹笋，庇者竹瓦，载者竹筏，爨者竹薪，衣者竹皮，书者竹纸，履者竹鞋，真可谓一日不可无此君也耶！”在中华文明的产生与发展过程中，竹不仅仅是生产和生活不可或缺的一种重要工具或用具，而且早已渗透到宗教、艺术、伦理等各个领域，传播与表现着中华民族的意识、审美情感和人格理想。因此，我国汉藏语系族群竹崇拜文化与祭祀仪式应为早期中华文化符号之一。

第二节　超度仪式“仙逝者魂归大竹神位、升到天堂”的祭祀礼仪

布依族意识中，竹不仅联系着生命之源，也是生命的归宿之所。在老人逝世后的“超度”仪式上，布依族通过竹的神性来表达对祖先神灵的信仰和崇拜，沟通氏族或同宗成员之间的精神联系和

情感交流，达到其氏族和民族的血脉源远流长、子孙绵廷不已的目标。这是中华竹文化符号的重要组成部分。

在布依族《摩经》的记载中，有孝家女婿依次从第一女婿到第七女婿着急赶到已仙逝的岳父家，接着按礼立“大竹神位”的过程。因为在“大竹图腾崇拜”丧葬“超度”宗教仪式中，按照祭师“布摩”先生的安排，只有孝婿才能负责在祭祀场立起“大竹神位”。这是祭祀“祖先灵魂归入大竹神祖位、升到天堂”的重要礼仪。《摩经·用牛祭祖词》（第一卷）《派人去姑爷家报丧》说：

pai^{33}pa:u^{213}kəi^{31}ta:i^{213}ʔit^{55}
去 报 姑爷 第 一 　　去报大姑爷，
ʔdjaŋ^{55}sa^{55}lɯ^{33}ka^{31}ɦok^{55}kəi^{42}ma^{33}
别 刀 剩 只 壳 姑爷 来 　　大姑爷急得别刀只剩刀壳来，刀掉路上都不知。

pai^{33}pa:u^{213}kəi^{31}ta:i^{213}ŋi^{42}
去 报 姑爷 第 二 　　去报二姑爷，
tan^{55}ma:t^{213}lɯ^{33}ka^{31}sa:i^{33}kəi^{42}ma^{33}
穿 袜 剩 只 带 姑爷 来 　　二姑爷急得只剩袜带来。
pai^{33}pa:u^{213}kəi^{31}ta:i^{213}sa:ŋ^{33}
去 报 姑爷 第 三 　　去报三姑爷，
tan^{55}ɦa:i^{42}lɯ^{33}ka^{31}jiau^{213}kəi^{42}ma^{33}
穿 鞋 剩 只 鞋底 姑爷 来 　　三姑爷急得穿鞋只剩鞋底来。
pai^{33}pa:u^{213}kəi^{31}ta:i^{213}ɕi^{213}
去 报 姑爷 第 四 　　去报四姑爷，
to^{213}zok^{213}lɯ^{33}ka^{31}jian^{213}kəi^{42}ma^{33}
栽纺织绕线桩 剩 只 线节 姑爷 来 　　四姑爷正栽纺织绕线桩，急得身上沾着断线来。

pai^{33}pa:u^{213}kəi^{31}ta:i^{213}ɦa^{55}
去 报 姑爷 第 五 　　去报五姑爷，
nam^{31}zi^{31}ɕin^{33}vit^{55}ka^{33}kəi^{42}ma^{33}
土 地 还 沾 脚 姑爷 来 　　五姑爷在地里，急得泥沾脚赶来。
pai^{33}pa:u^{213}kəi^{31}ta:i^{213}ʑok^{55}
去 报 姑爷 第 六 　　去报六姑爷，
nan^{31}na^{31}ɕin^{33}vit^{55}ɦen^{31}kəi^{31}ma^{33}
土 田 还 沾 脚杆 姑爷 来 　　六姑爷在田里，急得田泥沾脚杆来。
pai^{33}pa:u^{213}kəi^{31}ta:i^{213}sat^{55}
去 报 姑爷 第 七 　　去报七姑爷，
kəi^{31}ta:i^{31}sat^{55}ma^{33}taŋ^{31}
姑爷 第 七 来 到 　　七姑爷来到。

“孝家七位姑爷”听到岳父（母）逝世消息时的着急心态：有的“急得穿鞋只剩鞋底来”；有的在田地劳动顾不上“泥沾脚”就赶来，有的在“栽纺织绕线桩，急得身上沾着断线来”，有的“急得别刀只剩刀壳来，刀掉路上都不知”。《摩经》所载形象地反映了古代布依族子女对父母的孝道伦理；另一方面也表现出孝家仅姑爷就有七位的人丁兴旺。其姑舅关系亲密和睦，家族互助团结。孝家等姑爷们一到，便可安排“立大竹神位”祭祀。所以，《摩经·用牛祭祖词》第一卷《女婿砍龙竹，立“大竹神位”》说：

pjan^{33}lauɯ^{31}mi^{31}fai^{31}ta:i^{31}
边 哪 有 龙竹 　　哪里有龙竹？
pa:i^{31}lauɯ^{31}mi^{31}fai^{31}ɕi^{55}
方 哪 有 大龙竹 　　哪方有大龙竹？
vi^{213}lauɯ^{31}mi^{31}fai^{31}ʔdam^{33}
沟 哪 有 栽种的龙竹 　　哪个沟里栽龙竹？
pjan^{33}ʔan^{55}mi^{31}fai^{31}ta:i^{31}sau^{42}kei^{42}
边 那 有 龙竹 阿 姑爷 　　那里有龙竹呵，姑爷。
pa:i^{31}ʔan^{55}mi^{31}fai^{31}ɕi^{55}
边 那 有 大龙竹 　　那边有大龙竹。
vi^{213}ʔən^{55}mi^{31}fai^{31}ʔdaŋ^{33}
沟 那 有 栽龙竹 　　那条沟栽有龙竹。
pan^{55}ʔduan^{55}ʑan^{33}pai^{33}so^{31}
别人 穿 路 去 边上 　　别人穿路去竹林，
kəi^{31}məŋ^{42}ko^{55}toŋ^{31}ʔduan^{55}ʑan^{33}
姑爷 你 同样 穿 路
pai^{33}so^{31}
去 边上 　　姑爷你也穿路去竹林。
pan^{55}ʔduan^{55}lo^{31}pai^{33}au^{33}
别人 穿 路 去 要 　　别人穿路去要龙竹，
kəi^{31}məŋ^{42}ko^{55}toŋ^{31}ʔduan^{55}lo^{31}pai^{33}au^{33}
姑爷 你 同样 穿 路 去 要 　　姑爷你也穿路去要龙竹。
au^{3}kuə^{31}toŋ^{31}na:ŋ^{31}nau^{55}
要 做 神位大竹竿 　　要龙竹来做神位大竹竿，
jiaŋ^{31}pan^{31}toŋ^{31}na:ŋ^{31}nau^{55}
也 成 神位大竹竿 　　也成神位大竹竿。
au^{3}kuə^{31}sau^{55}wei^{213}ȵian^{42}
要 做 幡杆 挂 圆柱形吊龙幡① 　　要做圆柱形吊龙幡，
jiaŋ^{31}pan^{31}sau^{55}wei^{55}ȵian^{42}
也 成 幡杆 挂 圆柱形吊龙幡 　　也成圆柱形吊龙幡。
……

布依族“立大竹神位”之礼的具体流程是：孝家女婿找上数名帮手，带香烛、纸钱、鞭炮等为礼物到龙竹林。选定要的那棵大龙竹后，先点香烛、烧纸钱、放鞭炮，孝婿对大龙竹所在的竹林跪

① 圆柱形吊龙幡，有一竹顶部编飞天鹅。

拜三次，然后砍竹。因大龙竹重量很大，砍时需多人扶住竹身，不能让竹尖落地（若不慎竹尖落地，就要重新选择一棵），砍倒后再一同将大龙竹抬到孝家祭祀场栽上，称为“立大竹神位”。“立大竹神位”要让竹尖朝向孝家八角楼的滴水屋角。大竹尖部留有几层竹叶，竹高20—30米，上挂五彩圆柱形“吊龙幡”，象征“十二层天”，意为仙逝老人“魂归大竹神位，上升天堂”。这就是立“大竹神位”的过程。

祭祀第三日，待到孝家出殡之日清晨，亦先由姑爷带人焚化“大竹神位”上象征十二层天的五彩圆柱“大龙幡”、竹伞盖，放倒并截断“大竹神位”，表示阴阳相隔。截下“大竹神位”的几段大竹不能丢弃，出殡时此竹又要被用作抬杠去抬棺材上山。

在本课题调查研究的过程中，我们先后三次遇到布依族同胞隆重的“用牛祭祖”的丧葬“超度”宗教仪式。于是我们翻山越岭，踏着泥泞的山路赶赴现场调研，晚上还跟着乡亲们熬更守夜，却竟然不觉得累，这是科学研究事业心使然吧。调研过程中，伍文义教授分别在三个调查点拍摄了布依族进行宗教仪式的三组重要图片，其中“立大竹神位”与祖先“魂归大竹神位、升到天堂”等生动场面，形象地阐明了布依族的“大竹”崇拜文化。

（一）以云南罗平县乃革村为例

1.“竹屋灵位”

老人逝世装棺入殓，即在孝家堂屋设灵堂祭祖。灵堂棺材之上，由祭师“布摩”先生用大竹做成一幢两层或三层的“干栏式”竹屋，以竹屋盖住棺木，外用各色纸花装饰一新，灵位设在竹屋正中，称为“竹屋灵位”。前置供桌，供品有酒肉、糕点、整猪、竹条纸钱、金童玉女、糯米饭等物。灵前的整猪嘴里含有食物（一个玉米），表示生祭。孝家子弟合族守灵，请人奏乐伴灵。如下列六图：

孝家守灵

“布摩”先生设竹屋灵位

奏乐伴灵

竹屋灵位前的金童玉女

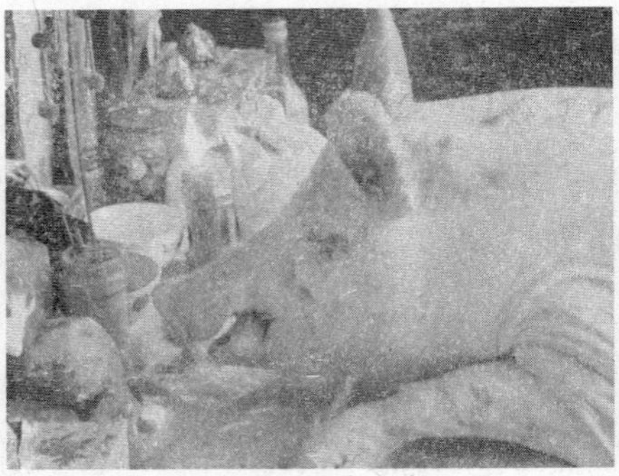
供整猪

灵位前竹箩、竹条纸钱

2.“大竹神位”

孝家于村口祭祀场设立“大竹神位”，以一棵高20—30米的大竹为标志，上挂圆柱形五彩“大龙幡”，象征十二层天。

“大竹神灵位”底部设供桌，其上供有酒肉、糕点、红蔗糖、糯米饭。又有五彩纸马一匹，有马鞍，马背铺有坐垫及伞盖数顶、中央金竹神一棵。舅家客人到来，孝子要到路口跪迎，以此表示尊重。

又于东、西、南、北、中央五方设高约3米的金竹神（其中一棵金竹神上挂甑子，内装糯米饭），祭师“布摩”先生念《摩经》并带领孝家子孙跪拜“大竹神位”。之后，“布摩”先生手持竹神棍，边诵经边带领孝家子孙绕“大竹神位”数圈，意为送“祖辈灵魂归入大竹神祖位、升到天堂”。

祭祀祖先“大竹神位”要用黄牛（注：祭祀祖先的牛，民国以前，一般为孝子每人供牛一头，女婿亦每人供牛一头，故子女众多的孝家用牛数量有十余头之多），先用竹叶喂此牛，再在仪式中宰牛祭献。此仪式所用牛的牛头也戴着孝帕。待到祭祀“大竹神位”，祭师“布摩”先生率领孝家子孙环绕大竹神位“送灵升天”等仪式完毕后，在“大竹神位”之处宰牛，表示该牛即为逝世老人的牛。按礼孝家子孙不食该黄牛的牛肉。纸马则焚化，意为给逝世老人当坐骑用。如下列十三图：

孝子迎接母舅家

大竹神位（十二层天大龙幡）

大马驮灵

“布摩”先生布置的五方方位金竹神，其中一竹有甑，甑内装有糯米饭

路口，族中妇女分发孝帕

“布摩”先生诵读《摩经》，孝家子孙跪大竹神位

“布摩”先生带领孝家子孙绕大竹神位送老人升天（手持竹神棍者是“布摩”先生）

祭祖用黄牛（牛也头戴孝帕），选用竹叶喂牛

屠黄牛祭祖

（二）以云南罗平县八大河村为例

（1）亲戚们持竹伞盖、竹幡、竹屋、糯米饭、猪肉、糕点等供品前往孝家奔丧。其竹幡、竹伞盖的形制，据说是古代王室所用的伞盖形制。至今，布依族“用牛祭祖”中仍普遍沿用此种形制。如下列四图：

竹幡、竹伞盖形制据说是古代王室的形制

亲戚们持竹幡、竹屋等供品前往孝家奔丧吊唁

（2）“布摩”先生设“大竹神位”，“竹屋灵位”，东、西、南、北、中央“五方方位金竹神位”，诵《摩经》，孝子孙守灵，奏乐伴灵。灵位前供品有糯米粽、米饭、鱼、猪肉、鸡、鸭、鸡蛋、酒，等等，显示了南方汉藏语系族群水稻农耕民族的特征。如下列十二图：

孝家屋外由“布摩”先生布置的东、西、南、北、中央五方方位金竹神位

“布摩”先生设“竹屋灵位”、“大竹神位”，诵《摩经》，孝子守灵。灵位前供品：糯米粽、米饭、鱼、猪肉、鸡、鸭、鸡蛋、酒，等等，显示了南方水稻农耕民族特征。

孝家迎客

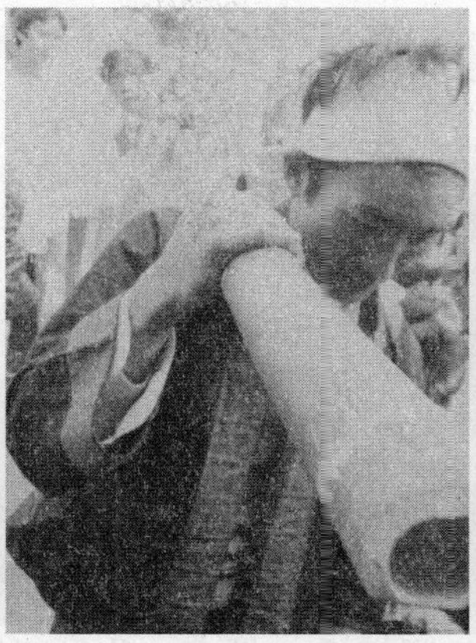

姑爷用大竹抬全猪来祭祀

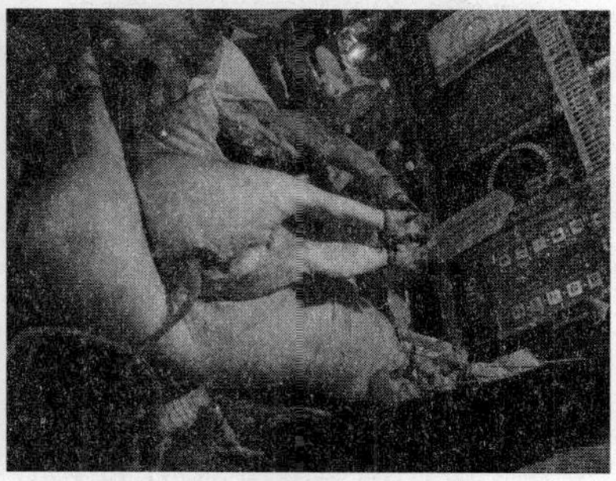

竹屋灵位前的供品

孝重孙跪拜竹屋灵堂祖灵

奏乐伴灵

（三）以云南罗平县纳灰村为例

（1）灵堂设于孝家堂屋，“竹屋灵位”上方有“人与竹神图”两幅。其中一幅图为当年生长一棵大竹，新竹形态茂盛，表示逝世老人此岸生命终结，在彼岸世界又获得新生。另一幅图为丧葬仪式中的“大竹神位”，象征十二层天，一层一层直到天堂。“竹屋灵位”上方还有三个鸟形纸花，供桌上有糯米饭、整猪、整鱼、糕点等供品。棺材上方鸟形纸花之下有三棵竹子，竹上挂着老人生前崭新的衣服。如下列六图：

云南罗平县纳灰村的灵堂设于孝家堂屋，竹屋灵位上方有鸟形纸花三个，供鱼、猪、糯米饭等

竹屋灵位一侧棺头处还设一供桌，灵位上方有“人与大竹神图”两幅

（2）“竹屋灵位”中的棺材头部同样设一供桌，此供桌设有“金竹神位”。待到出殡时，由孝子扛着此“金竹神位”走在棺材前，意为“给逝世老人引路上山”。供桌上点油灯一盏，称“长明灯”。供品有大米饭、酒、肉、糕点等。灵堂祭祀三日，孝家请“布摩”先生念经“超度”，夜晚举行“奏

乐绕棺”、“唱孝歌伴灵”、“竹筛点灯照守灵”、“竹屋灵位前跪祖”等仪式。届时族中长者讲述古代，教育后代遵循伦理孝道、和睦乡里、为人忠良的道理。如下列九图：

棺头供桌同样置有金竹神位

奏乐绕棺

竹筛点灯照守灵

竹屋灵位前孝子孝女跪祖

奏乐伴灵

孝歌队人手一根竹棍唱孝歌伴灵

族中长者在讲谈古代，人们抽着筒烟倾听

（3）亲戚送来祭祀的“竹孝房”多为三层，四边屋面。当地布依族的民间住房也多为三层，四边屋面，形制为长方形。“竹孝房”则多为四方形，可能是为了节省材料所致。“竹孝房”用五色彩纸装饰，有一定艺术性。丧葬仪式中摆出这些艺术品，增添了热闹气氛。当地人们认为年老逝世是一种自然规律，办丧事应当热热闹闹，这样才对得起老人，故这种丧事被称为“白喜”。河边，帮忙的亲友在洗祭祀后的牛、羊、猪肉，准备待客。如下列七图：

罗平县纳灰村“白喜”上的有艺术性的竹屋祭品

河边洗牛肉羊肉准备待客

举行祭祖仪式的孝家远景

伍文义教授与大孝子

（4）仪式在孝家寨旁宽敞处立上“大竹”三棵为“大竹神位”，其中最高的一棵大竹尖部须留有竹叶。相应仪式即在“大竹神位”脚举行。

以“大竹神位”为中心，分东、西、南、北、中央，各插金竹一棵，称为“五方金竹”。“大竹神位”脚设供桌一张，桌上供九只杯或九个碗。其中酒三杯（表示辈辈有）、茶三杯（表示辈辈发）、大米饭三碗（表示辈辈粮稻丰收）。之所以用“三”、“九”之数，表示以“三”、“九”为尊，儿孙发达久远。又置四方斗一只，内装稻谷，表示粮食丰收；粮斗上置白孝布数叠，表示尽孝道，还有祭祀后割下的牛耳、羊耳、猪耳等。置酒一壶，表示永久；摆上黄豆串（黄豆泡涨后用竹片穿成串），表示庄稼收成好；青芭蕉一坨用来插香烛；孝子孝女手持燃香听“布摩”先生念经，念毕将燃香插于芭蕉坨上才转回家。供桌四角还有糯米饭、糍粑糕饼、蔗糖等物。“大竹神位”脚，面对供桌中间位供有“白龙神”牌位，旁边插有孝婿送来的小金竹魂幡、竹孝伞（每个女婿一个“竹孝伞”和一个“竹孝房”，但“竹孝房”摆在屋中灵堂）、配有马鞍的“大竹马”等物。

“大竹神位”呈三级神台，在距离最高“大竹神位”不远处，又设无尖“大竹神位”两棵，依高矮排列。较矮的大竹挑圆柱形五彩“龙幡”两个（须做得一头矮一头高），象征天界宽广；中间大竹又挂圆柱形彩“大龙幡”一个，象征“圆形十二层天，上至天堂”。圆形“大龙幡”的“十二层天”与大竹底部供桌四方粮斗共同组成“天圆地方”的天地观念。

此三棵大竹，须选择当地江河边生长的高二三十米的大龙竹，由孝婿亲自上竹林砍来栽上。大龙竹顶部挂有长达数丈的象征“十二层天界”的五彩圆柱纸花，统称“大龙幡”。“大龙幡”上十二层天呈现层层彩云，层层彩云之上又有莲花一座。莲花座上置有四方斗台（内装稻谷）。斗台上立着一只竹编飞天鹅。飞天鹅上骑有身穿花彩衣服的竹人一个，表示“祖先灵魂归回大竹神位”。

“布摩”先生先在堂屋灵堂念经，念到祭牛、祭“大竹神”时，又走到“大竹神位”脚的供桌前继续念经，并带领孝家子孙跪拜“大竹神位”。之后，‘布摩”先生又手持竹神棍，边诵经边带领孝家子孙环绕“大竹神位”数圈，意为送逝世老人“祖辈灵魂归入大竹神位、升到天堂”。下列八图便是其中情景：

共立三层大竹为祖灵升天之树

第一、二层大竹神

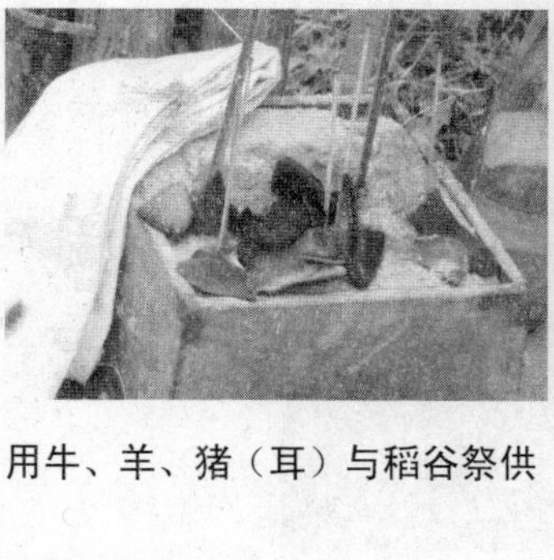

用牛、羊、猪（耳）与稻谷祭供

大竹神幡底部供桌、伞盖

酒、茶、大米饭（以三、九为尊）

大竹神幡上驾鸟升天一

大竹神幡上驾鸟升天二

象征十二层天的大竹神幡

（5）以自然实物——江河边生长的大龙竹为“大竹神位”，并装饰以象征“十二层天界”的五彩圆柱“吊龙幡”。加上隆重的祭祀大竹神礼仪，祭期三日，典礼非常隆重，体现了布依族特别重视孝道和崇尚礼仪的观念。

祭期之内，乡里村邻无偿相助，热情待客，显示出布依族社会人与人之间和谐友好的民风。宗教仪式祭祀之中所立的“大竹神位”在青山绿水间高耸入云，特别壮观，“祖辈灵魂归入大竹神祖位、升到天堂”的庄严隆重的宗教氛围，给人一种心灵上的震撼，仿若接受了洗礼。如下列五图：

祭期之内，乡里村邻无偿相助，热情待客，显示出人与人之间和谐友好的民风

“大竹神位”景色佳，孝家尽孝心为祖先描绘出祥和的彼岸世界

（6）孝家出殡之日清晨，先由姑爷带人焚化“大竹神位”上象征十二层天的五彩圆柱“大龙幡”、竹伞盖，放倒并截断“大竹神位”，表示阴阳相隔。截下的几段“大竹神位”不能丢弃，而是用它作抬杆去抬棺材上山。出殡时，孝子肩扛灵堂上供奉于棺材头部的“金竹神位”，按长幼顺序依次下跪迎引灵柩，出殡路上，相关人员会将灵柩从孝子的身上抬过。

届时奏乐送行，鞭炮、火药炮齐鸣，棺上有大竹、称“引路雄鸡”的雄鸡一只、稻谷草一捆，体现水稻农耕民族的特征。送灵人数众多，鼓乐声声，队五长达里许，显示出庄严隆重的礼仪风俗。灵柩抬到山上墓地后，先用稻谷草焚化于选定之地，称为“暖地”。又用“布摩”先生设灵位的竹屋盖棺，插上孝子肩扛的“金竹神位”，之后整理竹屋，殡礼完毕。当地有停棺待葬习俗，日后孝家经济条件允许时，再择吉日垒土埋坟。如下列十三幅图：

出殡日清晨，先由姑爷带人焚化大竹神幡祭品

女婿截断大竹神幡，表示阴阳相隔，又用此大竹作抬杆去抬棺材，图中戴孝帕者是孝家大女婿

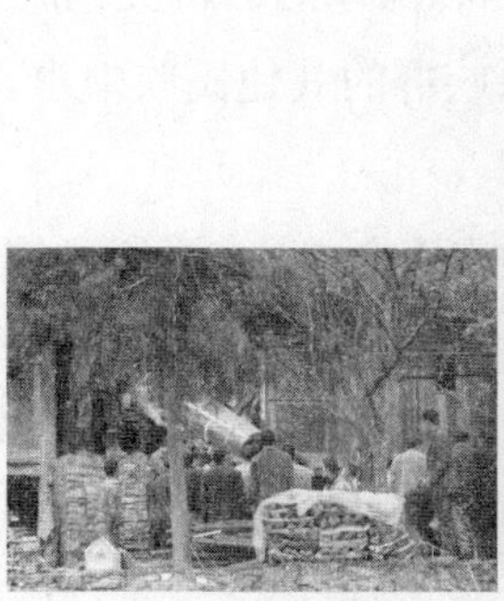

孝家出殡

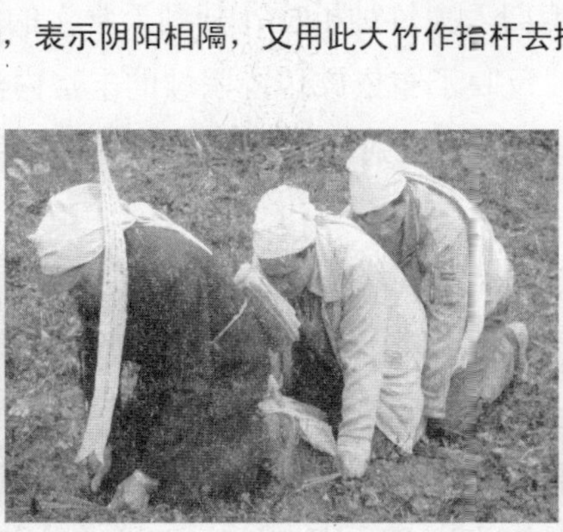

孝子肩扛金竹神幡按长幼顺序下跪迎引

棺上的大竹、引路雄鸡、稻谷草

奏乐出殡

灵柩从孝子身上抬过

出殡路上

灵柩到山上墓地，用“布摩”先生设灵位的竹屋盖棺，插孝子金竹神幡，整理竹屋，完毕。

我国汉藏语系族群中的布依族同胞，就是通过上述隆重庄严的丧葬宗教礼仪彰显着深厚的孝道伦理，为祖先描绘出祥和的彼岸世界。直接以自然实物——江河边生长的大龙竹为“大竹神位”的宗教祭祀所表现的“大竹图腾崇拜”，以“大竹神位”上五彩圆柱“大龙幡”象征十二层天；“祖灵归入大竹神位、升到天堂”的观念；“‘大龙幡上圆柱形十二层天’与大竹底部供桌四方粮斗，共同组成‘天圆地方’的天地空间概念”；“大竹神位供桌上的碗、酒杯以三、九为尊”；以牛、羊、猪三牲和稻米谷物、酒礼祭祀；届时族中长者讲述古代，教育后代遵循孝道伦理、为人忠良、和睦乡里的道理，等等，都是典型的表现。丧葬宗教礼仪中所立的“大竹神位”在青山绿水间高耸入云，特别壮观，体现出庄严隆重的“祖辈灵魂归入大竹神祖位、升到天堂”的宗教氛围，给人一种心灵上的震撼和洗礼。这种宏大的祭仪场面，反映了布依族传统宗教的丰富内涵和深厚的农耕文化底蕴。

类似布依族“大竹图腾崇拜”的丧葬宗教仪式，在我国南方汉藏语系族群的其他民族中也存在。为了比较研究，特转引如下：

彝族对死去老人，都要将其灵魂请进“竹灵筒”，然后安放在家或供奉于山洞内。“竹灵筒”由“一小截竹子”制成，彝族称之为“玛都”，意为由竹内所生的，死后也回归竹内。“竹灵筒”内部还有用竹片制成人形，画上五官，缠上各色羊毛线、丝线的“竹人”，周围放入五谷。这种“竹灵筒”，20 世纪 80 年代在贵州黔西北威宁一带还可看到。[5]《皇清职贡图》中记载彝族白倮倮：“葬无棺，缚以火麻，焚之于山，既焚……以竹签裹少许，置‘小篾篓’，悬生者床间。”云南《宣威州志》也说：“黑倮倮死则覆以裙毡，罩以锦缎，不用棺木，三五七举而焚之于山，以‘竹叶根’，用必磨（毕摩）

捆裹以棉，缠以彩线，置‘竹筒’中，插‘篾篮’内，供屋深暗处。”《姚州志》地理志记载，彝族“择地以葬死者，惟神主与汉人不同，亲丧彝号朵觋者，鸣征引孝子入山寻‘小竹’或小松以作主，既得，孝子尽哀仅手拔之归付朵觋，朵觋刻之略如人形，长寸许，施眼耳口鼻以银屑，遂祀之，其用松用竹，则因其种类之异。相传用松者变汉易，用竹者变汉难”[6]。有关彝族用“小竹筒做祖灵牌”的竹崇拜内容，在张纯德、龙倮贵、朱琚元合著的《彝族原始宗教研究》中记载甚详：

彝族用竹筒做祖灵牌“玛都”，各地做法各异，其形式上主要分为“竹根、竹条、竹筒、篾箩箩”等。

四川凉山彝族用一根手指粗的树枝，截为五寸长，在一端用刀劈一寸长的缝，将“竹根”放入缝内，再放点碎银片，然后用线缠好，女的用红线，男的用绿线。滇南红河南岸彝族也是类似的做法，用小指粗和长的“竹根”，男的裹红绿布九层，并缠红绿丝线九道；女的裹红绿布七层，并缠红绿线七道。然后放置于用木做的灵牌内槽里。

云南宣威市落水乡彝族的做法是由死者亲属从竹林中选择一棵直而无伤疤的竹子，祭鸡蛋和酒后连根挖起从中取下一截“长短与长子拇指第一节相等的竹根”，外包羊毛，依死者性别扎以红绿线，女的用绿线扎七匝，男的用红线扎九匝。然后装入一小布袋中，再用篾皮插起小布袋，放入“小篾箩”内。毕摩拿着篾箩到死者坟边念经作法使死者灵魂依附其上，之后死者亲属拿回家悬挂于供桌右侧墙上。

云南巍山县彝族竹祖灵的做法：由毕摩和孝子从山上砍“一截竹子”和挖“一截竹根”带回家，毕摩把竹根雕成人形，穿上衣服，把竹子划成千篾片，编成一个“小篾箩”，然后把穿上衣服的竹根小人放进竹箩之内。

云南宣威市宝山乡彝族由毕摩砍一棵金竹，横截成“五寸长”，然后用“一尺长的竹节”拉成弓形，插入横竹两端，再于横竹中间插一直竹节，这一节竹节用篾皮扎住，中间用一块麻布包上羊皮、米粒、花椒，用丝线扎紧，经毕摩念诵《玛都经》后即成祖灵。

云南大理市彝族竹祖灵的做法：由毕摩和孝子带着刀子、炒面、鸡蛋到山上选一棵竹子，用炒面和鸡蛋敬祭后，把竹子连根挖起，取下根部“一粒米般大的竹芽”，然后用三五根雪白的羊毛，将这粒“竹芽”捆在一截约五寸长的树枝中间。

四川盐边县彝族竹祖灵的做法：削“一粒米大的竹笋”，装进用刺笼包刻成的灌木似的东西里面。

云南楚雄市彝族和水仁、宁蒗彝族竹祖灵的做法：截取一段“竹根节”，依死者性别，男的用红线扎九匝，女的用绿线扎七匝，然后放入一小篾箩中。云南中甸县彝族用竹子划成“篾片”，编织成三角形作为祖灵。

云南澄江县松子园彝族取金竹一枝，内放一点死者的骨灰，外用红羽纱布或彩色纸包卷。

云南漾濞县顺温乡、瓦厂乡彝族用一棵三叉形的“金竹根”沾上一些羊毛，用布包起来，放入一个小篾箩中。

云南宣威市一带的彝族还有另一种竹祖灵做法：用“一根约四寸的竹筒”，底端注明逝者姓名，内部放置羊毛、花针、花线、米粒等五物。灵筒的制作方法是将一个长约四寸的竹筒去掉皮，尖端劈成“X”形，再将另一长约二寸的中段削扁，插入竹筒的入口处，成十字架形。这种灵位并非任何人死后都能设立，死时不足20岁的人和无子女的妇女均不得设立。

云南泸西县彝族支系白彝人同宗同姓的人家，共择村郊岩洞穴设“祖洞”，依古历每年一小祭，三年一大祭，按他们的传统习俗，正常死亡的，治丧下葬后，后代要用“竹须根草”将死者的灵魂“收在草上”，然后置入由麻栗树制成的小木槽内，由女婿连同死者的后亲剪给死者的“衣服”一起背回家中，悬于堂屋左侧或者置于供奉桌，逢大祭之年的十月正式入祖洞。有趣的是，白彝人活着的时候相亲相爱，死后也要男女两人一起入祖洞，因此，白彝人的夫妻两人不论谁先死均要等到另一方也死了，并且遇大祭之年才一起入祖洞。

哀牢山彝族竹祖灵的制作方法，人死后到山中选一棵长得标直没有被虫蛀的竹子，供献鸡、酒后连根挖出，取孝子“拇指第一节长的一节竹根”，裹上羊毛，扎上红绿丝线，男的扎9圈，女的扎7圈，毕摩念《招魂经》，并以死者骨灰少许放入“竹筒”中，装入一小布裳，插以篾刺，置于“小竹箩”内悬挂在锅庄石前面的墙上。[7]

居住在云南北部山区自称“纳苏”的彝族，盛行一种称为“耐姆”的“氏族祭祖”宗教仪式，该地区彝族的殡葬仪式不用“竹灵筒”，而是用“野樱桃木制作祖灵筒”。彝语“耐”义为“氏族”或“宗族”，“姆”义为“作”或“举行”，二者合言为“氏族公共祭祖”之意。人丁兴旺的氏族举行祭祖大典，会有成千上万的人参加，祭祀用猪、牛、羊为牺牲。对此，彝文经典中形象生动地记述道：“祭祀场面宏大无比，椎牛似红岩层叠，屠猪像黑石满坡，宰羊如白茧遍地。”举行祭祖大典的时间，一般为7~9天。祭场搭建以青松树作立柱，并用青枝绿叶铺盖成若干座高大宽敞的青棚。按传统方法制作祖妣偶像，祖公脸谱用银，祖妣脸谱用金，骨骼则用翠石，并用铜线将其连接成偶像，放进用獐子皮缝制的皮囊之后，装入用“野樱桃木制作的祖灵筒”中。第九天，祖灵归宗神。由呗耄先生率领年轻力壮的氏族成员和乐队，将新祖灵筒送入氏族祖先岩洞（祠堂），呗耄念诵《封闭岩洞（祠堂）经》，诵毕，将洞口封闭。队伍返回主祭场，把整个祭场的青棚和布插的柴枝神座统统拆了一起焚烧，以主祭场燃烧的冲天大火宣告本次祭祖大典圆满结束。[8]

傣族和仡佬族也有竹图腾崇拜宗教礼仪。傣族平民多数实行土葬，“棺材用竹制作”。出殡时，要把竹棺材放到一个竹架上，此架亦用竹做成，架形如床，围有栏杆，糊以花纸，乃成一长方箱形。前面扎成鸟首，后面扎成鸟尾，葬后将竹架放到墓上。瑞丽一些地区的傣族，在为死者装棺后，要用竹编制一个类似“干栏”式样的竹房盖在棺材上，然后将坟的四周用竹条围起来。其含义是很清楚的，无论鸟首鸟尾的竹架抬竹棺，还是用竹编“干栏”屋覆盖于棺材上，显然是因为竹是他们沟通祖先的载体，死者的灵魂可通过这一载体，去和祖先团聚。[9]“仡佬族视竹为有灵之物，他们在祭祖时，于神龛上放置‘竹筒’代表祖宗灵位，说明他们对竹的崇拜。”[10]

汉族丧葬宗教仪式中也遗存有竹图腾崇拜文化。宋代吴淑《事类赋注》卷24“杖赋”曰，“昌邑求积竹之制”，自注：“《新序》曰：昌邑王征为天子，到荥阳，买积竹刺杖二枚。龚遂谏曰：‘积竹刺杖者，骄蹇少年杖也。大王奉大丧，当拄竹杖。’”[11]考‘昌邑王”，即西汉昌邑王刘贺。汉武帝第五子刘髆于公元前97年受封为昌邑王，建都昌邑（今山东金乡县北），刘髆在位10年，后去世，公元前87年其子刘贺承嗣王位。龚遂（生卒不详），字少卿，山阳郡南平阳县（今邹城市平阳寺）人，为昌邑王郎中令，刚正不阿，为人忠厚，对昌邑王刘贺屡屡进行劝谏。“昌邑王征为天子”，指汉昭帝驾崩，因昭帝无子而立昌邑王刘贺为天子。刘贺国丧期间，不履行帝王之责，不听劝谏，即位二十七日即被废。另立刘询为帝，是为汉宣帝。“大王奉大丧，当拄竹杖”，说明丧葬宗教仪式中的竹崇拜礼仪，在汉代王室之中还在流行。“今江浙一带，子孙为前辈送葬，要手捧青竹竿，谓之‘哭丧棒’”[12]，此当为汉王朝“大王奉大丧，当拄竹杖”的传承。

2005年8月，我们在进行广东乡镇文化调研时，伍文义教授拍摄于广东佛山市三水区大旗头村的汉族丧葬仪式“大竹神位”图片，也说明珠三角地区汉族民间至今仍保留着大竹崇拜遗存。请参见下图：

广东省佛山市三水区大旗头村汉族丧葬的大竹崇拜与稻米文化

我们将上述丧葬竹崇拜文化及相关宗教仪式进行比较，总结其主要特征如下：

第一，如同竹与生育文化一样，丧葬仪式中的竹崇拜是汉族、布依族、傣族、仡佬族、彝族等汉藏语系族群的共性文化。竹崇拜文化的一致性，说明汉藏语系各族有着共同的文化源头，是汉藏语系族群文化的重要根据之一。中国文化是“竹的文化”，中国文明乃“竹子的文明”。竹性坚贞、刚烈不屈，虚心宜节，不畏霜雪，竹子的坚韧挺拔所代表的精神气节和高尚品质乃是渊源于中华民族深厚的先祖文明，早已成为中华民族的象征。

第二，以“竹”作为竹图腾崇拜标志物。在丧葬“超度”宗教仪式上，汉族、布依族、傣族、仡佬族、彝族等汉藏语系兄弟民族中又有不同的特征和类型。考古学方法对旧石器文化的分类，有大型“砾石器”、微型“细石器”的类型区分法。我们仔细分析比较上述汉藏语系兄弟民族的竹图腾标志物，明显地也可将其分为大型“大竹”图腾标志物、微型“小竹”图腾标志物两种文化类型。

大型“大竹”图腾标志物是选取高大之竹，经特定礼仪砍竹，保留原竹枝干，且竹尖留有几层竹叶，以高达数米至二三十米的竹子作为“大竹”图腾标志物，形制高大突出。微型“小竹”图腾标志物是选取小型竹，经特定礼仪砍竹或拔竹，且加工成 “小竹筒”，高度较低，形制很小。甚至有的仅用数厘米的“孝子拇指第一节长的一节竹根”或更小的“一粒米般大的竹芽”作为“小竹”图腾标志物。

在汉族、布依族、傣族、仡佬族、彝族五个民族中，彝族的竹图腾文化属于微型“小竹”图腾文化类型，且用“小竹”与他物共同组成祖灵牌“玛都”。因是微型，如果不经过解释，一般人是难以识别和理解的。

汉族、布依族、傣族、仡佬族四个民族的竹图腾文化则属于大型“大竹”图腾文化类型。因保留原竹枝干，所以竹体相对高大，且竹尖留有几层竹叶，在特定的宗教仪式上标志非常明显，不经解释，一般人都能识别和理解。这就是“大竹”图腾和“小竹”图腾两种文化类型的基本区别。

彝族竹图腾崇拜，主要表现为丧葬宗教仪式的祖灵牌“玛都”所用的“竹根、竹条、竹筒、篾箩”等都是形体很小的竹图腾崇拜象征物。如四川凉山彝族是用一端开缝、手指粗细、五寸长的树枝，又将“竹根”放入“树枝缝内”，以此为象征，竹根细如发丝，但它却是图腾象征物；云南红河南岸彝族用“小拇指粗长的竹根”作为象征物；宣威是“取与长子拇指第一节相等长度的竹根” 为象征物，再用篾皮插起小布袋，放入“小篾箩”内，挂于供桌右侧墙上；哀牢山彝族也“取孝子拇指第一节长的一节竹根”为象征，裹上羊毛、红绿丝线，并以死者骨灰少许放入“竹筒”中，装入一小布袋，插以篾刺，置于“小竹箩”内，悬挂在锅庄石前面的墙上；大理市彝族用“一粒米般大的竹芽”为象征物，与三五根白羊毛捆在一截约五寸长的树枝中间；楚雄彝族是截取一段“竹根节”为象征，分性别用红绿线捆扎，放入一“小篾箩”中；澄江县彝族取金竹一枝，内放一点死者的骨灰，外用红羽纱布或彩色纸包卷；沪西县彝族则用虽不是竹类但有竹之名的“竹须根草”，仪式上将死者的灵魂“收在草上”，然后放入用麻栗树制成的小木槽内，连同死者的后亲剪给死者的“衣服”由女婿一起背回家中，悬于堂屋左侧或者置于供奉桌上，逢大祭之年的十月正式入祖洞；居住在云南北部山区自称“纳苏”的彝族,盛行一种称为“耐姆”的“氏族祭祖”宗教仪式，但他们可能因氏族支系不同是用“野樱桃木制作祖灵筒”，这已不属于竹图腾范围了。总体来说，彝族的竹图腾象征物较普遍，但用的是“小竹”，有的甚至以“拇指第一节长的一节竹根”或“一粒米般大的竹芽”为竹图腾象征。这与汉族、布依族、傣族、仡佬族的“大竹”图腾象征类型有明显区别。

傣族、仡佬族的大竹图腾崇拜，主要表现为丧葬仪式的“大竹棺材”和“大竹棺架”的“大竹”图腾崇拜物。傣族平民多数实行土葬，“竹棺”需要牢固能承重，必须大竹制作才行。出殡时，傣民把棺材放到一个竹棺架上，此竹棺架更要有承重力，故也用大竹做成。竹棺架围有干栏，糊以花纸，呈长方箱形。前面扎成鸟首，后面扎成鸟尾，葬后将长方箱形竹架放到墓上。瑞丽一些地区的傣族，在为死者装棺后，要用竹编制一个类似干栏式样的竹房盖在棺材上，然后在坟的四周用竹条围起来。其含义是很清楚的，无论鸟首鸟尾的竹棺，还是用竹编干栏屋覆盖于棺上，显然都是用“大竹”作为沟通祖先的载体，意为年老归逝者灵魂可通过“大竹”载体，去和祖先团聚。仡佬族视竹为有灵之物，他们在祭祖时，于神龛上放置“大竹筒”代表祖宗灵位。此均为“大竹”图腾崇拜的象征类型。

汉族的"大竹"图腾崇拜与布依族"大竹"图腾崇拜最为相近，形制基本相同（见下图）。说明汉族竹文化与布依族竹文化，在"大竹"图腾类型上关系密切。两者都是以大竹尖部留有几层竹叶的整棵大竹作为竹图腾标志物，使"大竹"图腾标志高大而明显。其中汉族的"大竹"图腾崇拜标志物高约7米，布依族"大竹"图腾崇拜标志物的大龙竹更高达20—30米。特别是布依族"大竹"图腾崇拜标志物形体高大伟岸，加上象征十二层天的三级"大竹神位"与五彩圆柱"大龙幡"，在青山绿水间高耸入云，特别壮观。此为突出的"大竹"图腾崇拜类型。

广东汉族大竹崇拜

布依族大竹崇拜一

布依族大竹崇拜二

布依族直接以自然实物——江河岸边生长的大龙竹为"大竹神位"。大龙竹，英文名称 Dendrocalamus Giganteus，是牡竹属大型丛生竹类，在我国主要分布在珠江流域。云贵高原的南盘江、北盘江、红水河流域的河谷地区，以及滇南、滇东南等地区。大龙竹适生环境为北热带季雨林、季风常绿阔叶林覆盖的温暖气候区域，地貌上属宽谷间山盆地。海拔800—1 000米以上的地区不适合大龙竹生长。大龙竹要求的气候条件是：年均≥10℃积温为5 500℃以上，1月份均积温应大于1 000℃，年降水量应大于1000毫米，年均相对湿度应在75%以上，河谷立地类型越好，大龙竹生长也越好。珠江上游的南盘江流域、北盘江流域、红水河流域地区是布依族聚居区，当地盛产大龙竹。大龙竹是高大的笋材两用竹种，对水土保持有巨大作用，经济价值很高。布依族特别喜爱种植大龙竹，布依族村庄一般都有茂盛的大龙竹竹林。这就是布依族"大竹"图腾文化得以产生和传承的良好生态环境。如下图所示：

布依族村边栽培有茂盛的大龙竹竹林，自然生态好

我国著名竹类研究专家周裕苍先生说："我国在海拔 1 000 米以上地带分布的竹种，大多秆形矮小，经济价值低，形成高山灌丛或高山森林的林下伴生植物。竹秆高大而有工艺价值的竹种，一般都分布在海拔 600—800 米以下的平原和丘陵、河谷地带。"[13]了解这一点，对我们理解上述大型"大竹图腾崇拜"与微型"小竹图腾崇拜"两种类型的产生和区别的原因很有帮助。彝族以耕种旱地为主，还保留部分游牧业经济。彝族村寨一般在半山以上，地势较高，那里的自然条件不能生长大龙竹，只能生长小竹，与彝民朝夕相伴的就只有小竹，因而产生了微型的"小竹图腾崇拜"，且"竹灵筒"上还加上几根羊毛，一定程度上体现了古代游牧经济特征。

汉族、布依族、傣族、仡佬族等民族则不同，他们以水稻农业为主，以耕种旱地为辅，村寨一般依山傍水，自然条件适宜生长大竹。特别是布依族村旁一般都有茂盛的大龙竹竹林，布依族与大竹朝夕相伴，这是"大竹图腾崇拜"产生的原因之一，且"祭竹神"离不开稻米、糯米，正体现了水稻农业经济特征。

因此，我国汉藏语系族群的"大竹图腾崇拜型"、"小竹图腾崇拜型"差异，当源于自然生态环境与生产生活方式的不尽一致，但两者都同为中华汉藏语系族群竹图腾文化的重要组成部分。

第三节　布依族"大竹图腾"文化溯源

布依族活动的地区，古代就有"大竹图腾"文化记载。《后汉书·南蛮西南夷列传》曰："夜郎者，初，有女子浣于遯水，有三节'大竹'流入足间，闻其中有号声，剖竹视之，得一男儿，归而养之。及长，有才武，自立为夜郎侯，以竹为姓。武帝元鼎六年，平南夷，为牂牁郡，夜郎侯迎降，天子赐其王印绶。后遂杀之。夷獠咸以竹王非血气所生，甚重之，求为立后。牂牁太守吴霸以闻，天子乃封其三子为侯。死配食其父。今夜郎县，有竹王三郎神是也。初，楚顷襄王时，遣将庄豪从沅水伐夜郎，军至且兰，椓船于岸而步战。既灭夜郎，因留王滇池。以且兰有椓船牂牁处，乃改其名为牂牁。牂牁地多雨潦，俗好巫鬼禁忌……""牂牁地"即"夜郎地"，其地温暖"多雨潦"，故适宜大竹生长，遂有"大竹生人"的"夜郎竹王"神话。

东晋常璩《华阳国志·南中志》也说："南中在昔盖夷越之地，滇濮、句町、夜郎、叶榆、桐师、嶲唐侯王国以十数。"又说："有竹王者，兴于'遯水'。有一女子浣于水滨，有三节'大竹'流入女子足间，推之不肯去。闻有儿声，取持归破之，得一男儿。长养，有才武，遂雄夷濮。氏以竹为姓。

捐所被竹于野，成竹林，今竹王祠竹林是也。王与从人尝止大石上，命作羹。从者曰：‘无水。’王以剑击石，水出，今竹王水是也，破石存焉。后渐骄恣。……东越攻南越，大行王恢救之。恢使番阳令唐蒙晓喻南越。南越人食有蒟酱，蒙问所从，曰：‘牂牁来。’蒙亦以白帝，因上书曰：‘南越地东西万里，名为外臣，实一州主。今以长沙、豫章往，水道多绝，难行。窃闻夜郎精兵可得十万，若从牂牁（江）浮船番禺，出其不意，此制越之一奇也。可通夜郎道，为置吏主之。’帝乃拜蒙中郎将，发巴、蜀兵千人，奉币帛见夜郎侯，喻以威德，为置吏。旁小邑皆贪汉增帛，以为道远，汉终不能有也，故且听命。……后西南夷数反，发运兴役，费甚多。（司马）相如知其不易也，乃假巴、蜀之论以讽帝，且以宣于百姓。卒开僰门，通南中。相如持节开越嶲。按道侯韩说开益州。武帝转拜唐蒙为都尉，开‘牂牁’，以重币喻告诸种侯王，侯王服从。因斩竹王，置牂牁郡，以吴霸为太守……后夷濮阻城，咸怨诉竹王非血气所生，求立后嗣。霸表封其三子列侯；死配食父祠，今竹王三郎神是也。”其记载与《后汉书》所载大同小异，亦言“夜郎”与“牂牁”有关。

《后汉书》、《华阳国志》所言夜郎“遯水”亦名“牂牁江”，即今珠江上游南、北盘江、红水河流域，皆在古夜郎国境内。“遯水”，《汉志》、《水经注》作“豚水”，《水经》作“存水”（古代“存”、“豚”、“遯”音近，可通用）。著名民族史学家方国瑜先生曾在《汉牂牁郡地理考释》中说：“元鼎六年开牂牁郡设夜郎为一县，则其境当较广。夜郎城所在之地，《史记·西南夷列传》说：‘夜郎者，临牂牁江，江广百余步。’《汉书·地理志》说‘夜郎有豚水’。按豚水即牂牁江，亦即今之北盘江……可知夜郎城在沿北盘江之处。”[14]此论精当。夜郎国源于“牂牁”国名或地名，刘琳先生在《华阳国志校注》中说：“以牂牁为国名或地名，最早见于《管子·小匡》：‘南至吴、越、巴、牂牁……’《小匡》为战国著作，则战国时确已有牂牁之称。”[15]此言先有“牂牁”，后有夜郎。其实“牂牁”之名，不只夜郎国有，南越国也有。《异物志》说：“牂牁者，系船杙物也。其山在海中，小而高，可以系船，俗人谓之越王牂牁。”“海中”即“南海”，“越王牂牁”亦即南越国牂牁文化。清代的《南越笔记》卷三“西江”说：“郁水，亦曰牂牁江，盖东粤江之大者，无如牂牁。故南海亦名牂牁海，亦曰牂牁大洋。南海固以江为重也，则祠牂牁于广州，以为南渎也亦宜。牂牁者，江中两山名。左思云：‘浪吐牂牁。’西江之水，以牂牁之山为始，以厓门之口为终，牂牁其即西江之岷山也。”“郁水、西江”皆称为“牂牁江”，南海也称“牂牁海”，是南越国与夜郎国同有“牂牁”之名。两国都在珠江流域，一个在上游，一下在下游，都是我国汉藏语系“百越（粤）”族群的汉代方国。两国都被西汉中央封王、授印。正是汉藏语系“濮（卜）越”或“百越（粤）”族群的南越国、夜郎国对珠江流域的努力经营，发展了经济文化，为后来同语系的西汉中央王朝统一全国打下了牢固的基础。

著名史学家江应梁先生也指出，“夜郎”为汉藏语系“濮（卜）越”或“百越（粤）”族群的方国。他认为：“当时的夜郎，不仅受南越王赵佗‘以财物役属’，而且倚南越而生存，并随南越之亡而亡。《史记·西南夷列传》载唐蒙上书武帝说：‘窃闻夜郎所有精兵，可得十余万，浮船牂牁江，出其不意，此制越一奇也。诚以汉之强，巴蜀之饶，通夜郎道为置吏，易甚。’汉王朝十分清楚，只要把夜郎分化出来，南越就很容易征服，结果也正是如此。‘夜郎侯始倚南越，南越已灭，会还诛反者，夜郎遂入朝，上以为夜郎王。’夜郎与南越的关系无论在政治、经济和军事上都是非常密切的。若说夜郎不属百越（粤），就很令人费解了。……有人认为，‘牂牁’二字乃越人语言的音译，是‘苍梧’或‘橦牯僚’的音转，苍梧为越人地区之名，亦为越人的一个部落名，所以牂牁应为越人分布区域。凡有‘牂牁’之名的地区，恰是越人的分布区，‘牂牁’之名，应当与越人有密切关联。”[16]其考证分析很有说服力，无疑是正确的。

尤中教授在所著《云南民族史》中认同这一观点，他说，秦汉时期的“西南夷”分属于“氐羌”、“百越（粤）”、“百濮”三个系统。其中氐羌系统的民族有“僰”、“昆明”、“叟”、“摩沙”等；百越（粤）系统的民族有“僚”、“濮”、“鸠僚”等；百濮系统的民族有“苞满”、“楪榆”、“闽濮”等。三个系统民族之中，“氐羌、百越（濮）”属汉藏语系族群；“百濮”则属南亚语系族群。对于夜郎属“濮、僚族”，该书认证说：“濮族。汉代牂牁郡内出自‘百越（粤）’系统的民族群体，除有一部分称之为‘僚’外，另有一部分却称之为‘濮’。《华阳国志·南中志》载汉武帝杀夜郎竹王、设牂牁郡之事说：‘后夷濮阻城，咸怨诉竹王非血气所生，求立后嗣。’同样的一件事情，这里所说的‘夷濮’，在《后汉书·西南夷传》中却说成‘夷僚’。可见，‘濮’与‘僚’是一个民族群体中开始产生了差别的不同部分。他们仍然居住在同一地域之内，甚至仍然传统地共同拥护夜郎竹王，夜郎竹王被杀害之后，他们共同去向汉官吏请求为之‘立后嗣’。夜郎这个民族群体内部的‘僚’和‘濮’，已经开始了分化，但还没有完全分开。”

“《后汉书·西南夷·夜郎传》着重记录了被称为‘僚’的部分，《华阳国志·南中志》却突出濮族。濮族在牂牁郡内的绝大部分地方与僚族共同杂居在一起，除夜郎王统治的中心地带（今贵州）而外，西部如谈稿县（今云南富源、陆良二县以东与贵州省连接地带），《华阳国志·南中志》载其地‘有濮、僚’；在某些地方则以濮族为主，如句町县（今云南省广南、富宁二县和广西的右江上游地带），《华阳国志·南中志》说：‘故句町王国，其置自（汉武帝时）濮王姓毋。’当然以濮族为主。濮族的分布，更自句町县往西，延伸至‘仆水’（濮水）中、下游地带。‘仆水’即今红河。《水经·江水注》说：‘仆水东至交州交趾麊泠县（今越南河内）南流入于海。’可见‘仆水’即今红河。红河当时之所以被称为‘仆水’，是因其在将入交趾（今越南北方）的中、下游地段多有濮族居住的缘故。‘仆水’中、下游地段的濮族即分布在今云南省文山州西部和红河州南部一带。近代贵州省和云南省的布依族，以及云南壮族中的‘布侬’、‘布雅依’、‘布雄’等，在名称上都仍然带有‘濮’（‘布’）的遗留。布依族和壮族中的一部分便是由秦、汉时期的濮族发展演变而来的。”[17]按此，《后汉书》、《华阳国志》的“越、濮、僚”即是古代布依族等汉藏语系“百越（粤）”先祖的不同称谓。“‘濮族’，汉代牂牁郡内出自‘百越（粤）’系统的民族群体，除有一部分被称为‘僚’外，另有一部分却被称为‘濮’”，故亦可称之为“濮越”或“百越（粤）”，这也是毋庸置疑的。

《后汉书》、《华阳国志》中“夷越、夷濮、夷僚”之“夷”或“夷人”也与布依族有密切关系。因为时至中华人民共和国成立之初，从未有“布依族”这一民族称谓，“民国”以前的文献上也找不出“布依族”这一民族称谓，当时人们认为“越（粤）、夷”就是布依族的族称。如民国时的《镇宁县志》即称布依族为“夷人”或“夷族”。中华人民共和国成立初期，布依族地区地方人民政府挂牌都以“夷族”命名，如“扁担山夷族自治区人民政府”，黔南惠水县也成立有“惠水夷族自治县人民政府”，等等，所用“夷族”是对当地布依族的传统称谓。当地汉族习惯地称布依族为“夷族”。需要指出，布依族还有“仲家”的族称，清《贵阳府志》载：“仲家”族称源于“五代时楚王马殷”的武装部队，因“身穿重甲，故称仲家”。“夷”在上古时期是身上背着弓箭的尚武民族，其意正与“仲家”因“身穿重甲，故称仲家”的尚武文化相类似。布依族地区当地的汉语方言中“夷”、“彝”同音，再加上后来全国民族登记时又没有“夷族”族名，只有“彝族”族名，曾导致许多布依族人申报民族成分时错报为“彝族”。甚至我国前国防部部长张爱萍将军在“回忆长征”的《巧渡北盘江》提到“夷”族时，其文中也错把长征途中红水河、北盘江流域的“布依族”称为“彝族”，[18]实际应该记为“布依族”或“夷族”。

在珠江上游南盘江、北盘江流域，居住在农村的汉族人至今仍称布依族为“夷族”，布依族人亦习惯自称为“夷族”。作为族名的“布依”，无疑是后起的，是用“依靠”的“依”字取代传统的“夷”字；“布”是自称[pu⁴²]的汉字注音；“布依族”在20世纪50年代由中华人民共和国国务院确定下来，并沿用至今。假如当时不是用“布依族”这一新族名，而是沿用传统的族名“夷族”，那么布依族至今就仍然叫“夷族”，那就省去了诸如现在仍需做解释的许多麻烦。阐明这一点对理解《史记》、《汉书》、《后汉书》、《华阳国志》中的“西南夷、夷越、夷濮、夷僚”、“夜郎”、“牂牁”是很有帮助的。

布依族自称“布夷”、“布越”、“布依”等，“布”是“人或族”的意思。布依族称汉族为“布汉”，称水族为“布水”，称苗族为“布尤”，称仡佬族为“布荣”等。而“依、夷、越”在布依族自称中就是[ʔjai⁴²]或[ʔji⁴²]，意为“越”或“夷”。按此，若据布依族传统族称，应是“布夷”或“布越”，倒装语称，意为“夷人、夷族”或“越人、越族”，即“夷族”、“越族”是布依族的传统族名。

习惯自称为“夷人”、“夷族”的布依族族名称谓，应与古代汉藏语系族群“东夷”族有关，也可以说“夷、越（粤）”都是汉藏语系族群布依族先祖的族名称谓，“夷”、“越”同称，遂有“夷越”之名。《华阳国志·南中志》说“南中在昔盖‘夷越’之地”；《史记·楚世家》说“成王恽元年，初即位……使人献天子，天子赐胙，曰：镇尔南方‘夷越’之乱，无侵中国。于是楚地千里”；《史记》载赵佗亦自称“蛮夷大长老”，赵佗为南越国王，在越（粤）国越（粤）民之地仍自称“蛮夷”，说明西汉时期的“蛮夷”、“夷越”即“蛮越（粤）”。古代牂牁国、夜郎国亦有“夷越”、“夷濮”、“夷僚”族群称谓。这些都说明作为汉藏语系族群后裔的布依族的传统族名“夷人”、“夷族”并非偶然产生，而是布依族对古代“东夷”、“蛮夷”、“蛮越（粤）”、“夷濮”、“夷僚”、“夷越”等族群称谓文化的传承。

再看古代“濮（卜）人”源流，以何光岳教授的《南蛮源流史》论证最详，影响也最大，但我们认为其观点不免有自相矛盾之处。如《南蛮源流史》说：“濮族是黄帝族系中的分支，在古代时分布很广，被称为‘百濮’。濮族和它的亲族夏族，都起源于甘川交界地区。为了寻找丰富的肥沃平原，他们和夏族同时逐渐东迁。夏、商时，濮族已分布于河南郑州至山东曹县一带的古濮水流域。因遭东夷族所建立的商朝压迫，又往西退避，后加入亲族周国的联盟，参与了灭商的战争。”其论据是，“《今本竹书纪年》：‘帝颛顼高阳氏，元年，帝即位居濮。’这是濮的最早记载。而《史记·五帝本纪》云：‘帝颛顼高阳者，黄帝之孙而昌意之子也。’又称：‘昌意，降居若水。昌意娶蜀山氏女，曰昌濮，生高阳。’昌含有昌盛之义。据《白虎通·姓氏篇》所引《刑德放》云：‘禹姓姒氏，祖昌意以薏苡生。’苡即苢字，原来昌意及他的孙子禹，即以薏苡为图腾。薏苡即《逸周书·王会解》所说的‘康民以桴苢者，其实如李，食之宜子’。《说文解字》亦称：‘苢，芣苢，一名马舄（古同“舄”），其实如李，食之宜子。'《史记正义》引《王帝世纪》论修巳'又吞神珠薏苡，胸拆而生禹'。《论衡·奇怪篇》又论'禹母吞薏苡而生民，故夏姓曰姒。'昌意之孙禹乃夏族的部落联盟首领，他们祖孙均因感薏苡而生，可见他们有血缘的继承关系。……昌意的妻子叫昌濮，都以'昌'为名字之首，这并非偶然。《路史·后纪五》注引《古今姓氏书辩证》曰：'昌出昌意，则昌或始封也，然任后自有昌。'这时黄帝族已由母系氏族社会进入了父系氏族社会。昌濮嫁往男方昌意，而从夫姓为昌，犹如周代的姜姬、嬴姬那样，即系姬姓女儿嫁于姜姓、嬴姓，而将男方的姓冠于女方的姓之上。那么，昌濮即为濮族的女儿。……'昌意娶蜀山氏女'亦即蜀濮族女"。[19]说明古代濮（卜）人源于"黄帝族"，又说"禹姓姒氏，祖昌意以薏苡生"，即是说"濮（卜）人"源于"黄帝、大禹"先祖，"濮（卜）人"为汉藏语系族群是毫无疑问的。

但《南蛮源流史》又说："唐高宗时云南'闽濮'分为三濮，即文面濮、赤口濮、黑僰濮。到南诏王国时，又转称'扑子蛮'。……姚州（姚安县）西有濮子蛮。"《云南通志》引《清职贡图》说："'蒲人即蒲蛮。相传为百濮苗裔。……今顺宁、澄江、镇沅、普洱、楚雄、永昌、景东七府有此种。'康熙《永昌府志》：保山西南有地名蒲缥，扑、蒲与濮同音，蒲曼即蒲蛮。望蛮即今瓦族，望、瓦古音相通。因蒲人居地而得名。分布于今德宏、西双版纳、临沧地区一带的'闽濮'，成为现在布朗、崩龙、佤族的先民。"[20]其所说的布朗、崩龙、佤族是我国云南省澜沧江以西的南亚语系族群，他们来源于"蒲缥，扑、蒲与濮"。但南亚语系族群的"蒲缥，扑、蒲与濮"与云南澜沧江以东的汉藏语系族群的"濮"不是一回事，一属南亚语系，一属汉藏语系，两者语系不同，族源显然也是不同的。这是《南蛮源流史》未能注意的自相矛盾之处。

《南蛮源流史》还说"濮又作布，转变为'人'的意义。战国时湘北的濮族，还有的南迁到湘南、粤北及广西，而融合于百越（粤）族之中，故至今壮族自称为布爽、布依、布钜、布曼、布沙、布陇、布土，侗族自称布金，还有贵州的布依族等都带有'布'字，仍保留有濮（卜）人血缘'融入'的痕迹。在国内的濮族，从四千多年的民族发展和民族杂居的进程中，大部分'融入'汉族，有的'融入'白族和彝族，有的'融入'布依族、壮族和侗族，有的'融入'土家族，有的与僚族结合，都成为今天中华民族的成员"[21]。其所说的布依族、壮族、侗族和白族、彝族、土家族皆是我国的汉藏语系族群。

这就是说，《南蛮源流史》首先提出"濮（卜）人"源于"黄帝、大禹"族系，肯定"濮（卜）人"为汉藏语系族群。但《南蛮源流史》同时又认定南亚语系族群的"蒲缥，扑、蒲与濮"在逻辑上才是真正源于"黄帝、大禹"的"濮（卜）人"。这是不可回避的自相矛盾。因为"黄帝、大禹"是学界公认的我国汉藏语系族群的先祖，怎么可能又成了南亚语系族群的先祖呢？

同样，《南蛮源流史》认为"黄帝、大禹"族系的"濮（卜）人"与同语系的布依族、壮族、侗族和白族、彝族、土家族等汉藏语系族群的关系只是"融入"而已，相反，"黄帝、大禹"族系与布朗、崩龙、佤族等南亚语系族群才是直系"后裔"的关系。这不是对"黄帝、大禹"是我国汉藏语系族群先祖的历史定论的彻底翻盘吗？著者何光岳教授是我们相识多年的朋友，可能他未考虑到这一点。因此，我们善意地提出来，期望能补充《南蛮源流史》之不足。

我们认为，云贵高原澜沧江以西的南亚语系"濮（卜）人"，与澜沧江以东并延至珠江、长江和黄河流域的汉藏语系的"濮（卜）人"并不是一回事。澜沧江以西的古代"濮（卜）人"与越南语、柬埔寨语同属南亚语系，是今我国云南布朗、崩龙、佤族等南亚语系族群的先民。

而澜沧江以东延至珠江、长江和黄河流域的"濮（卜）人"实际上是古代汉藏语系族群的"濮（卜）越"或"百越（粤）"族群，他们是源于汉藏语系"炎、黄、大禹"族群的后裔，两者绝不只是"融入"的关系，而是真正的族源关系。"炎、黄、大禹"是学界公认的我国汉藏语系族群先祖，即"炎、黄、大禹"与汉族、布依族、壮族、侗族、白族、彝族、土家族等汉藏语系族群有不可分割的族源关系。今汉藏语系族群源于古代"炎、黄、大禹"先祖，这才是历史的真实。

古代长江、珠江流域的南方汉藏语系族群"濮（卜）越"或"百越（粤）"先祖以耕种水稻为主要农业耕作方式，上古时期早已进入阶级社会。而澜沧江以西的"濮（卜）人"，即南亚语系族群，直到中华人民共和国成立初期，他们仍处于山地刀耕火种阶段，处于原始社会末期，其生产力和生产方式都与内地汉藏语系"濮（卜）越"或"百越（粤）"族群不可同日而语。族群与族群之间，最大的差别来自于语系、生产力和生产方式的不同。南亚语系和汉藏语系两个族群，源流不同，所属语系也不相同。这是应该明确肯定的学术观点。

再说澜沧江以东延至珠江、长江和黄河流域的汉藏语系"濮"与"越"的关系。前述夏、商时，濮族已分布于河南郑州至山东曹县一带的古濮水流域，属"炎、黄、大禹"族系。古代文献记载"濮"亦可称为"越"，《左传·昭公元年》曰："吴濮有衅，楚之执事，岂其顾盟?"这是公元前541年、周景王四年的事。当时吴国以其强盛侵凌邻邦，而其最主要的敌人无疑是越国，"吴濮"就是指"吴越"，即"濮"亦可称为"越"。《左传·昭公九年》曰："然丹迁城父人于陈，以夷濮西田益之。"对此，著名史学家梁钊韬先生指出："这里所称的'夷濮'为什么两字相连?《越绝书·吴内传》解释夷字云'习之于夷，夷海也'。'夷濮'解为'海濮'，是指近海而居的濮（卜）人。山东近海而居的古代民族是莱人，故濮（卜）人就是莱人。《吴内传》又曰'宿之于莱，莱、野也'。野即指野山，'宿之于莱'即居于山野。《越绝书·外传记地传》云，越人'水行而山处'，正与莱、夷两字之义相合，即居于近海的山野、长于水行（驶舟航行）的人。综言之，东夷是泛指东方近海而居的人，并非自称，其自称为濮、为莱，其习性'水行而山处'，与后来被称为越人的习性相同。因此，濮与莱是古老的原始越族自称的族名。海南岛黎族的黎字，该为[loi]与"莱"同音。1952年，笔者到海南岛黎族腹地社会调查、厘清当地历史，问黎族老妇是什么意思?老妇指山地和树木多的地方，示意山野就是[loi]。《太平寰宇记·柳州·风俗》：'儋州俗呼山岭为黎。'正和我所耳闻目睹的相合。黎族为古代越族的后裔，从其自称可见其与古代濮与莱有历史关系，[loi]之为山野并作为民族自称，盖由来久矣。'濮（卜）越'所居之地，常与雷、里、历等地名相合，雷、里、历、俚、黎、佬于当地同音，均来源于莱，并与濮相连。濮莱相合为古越族的自称，到春秋战国之世，越国强盛，曾称霸中原，其族已以越而著称。"又说："濮，是越人的自称。濮音仆，广州话为[p'u]，与卜、不、布音近。现代壮侗语族的布依族自称布饶，'布'是人的意思，饶即僚，越语倒装，布僚即僚人。布即濮，故濮亦为人的意思。古代越人分布颇广，超过以'有段石锛和印纹陶'等为特征的新石器时代文化分布范围，当为夏商以后濮（卜）人迁徙的足迹。"[22]我们认为梁钊韬先生的考证翔实，其观点是正确的。

上述先秦古籍记载的"东夷"、"吴濮"、"夷濮"、"夷獠"、"濮莱"、"濮（卜）越"、"夷越"，即古代汉藏语系"濮（卜）越"或"百越（粤）"族群的自称族名。著名民族史学家江应梁先生的《傣族史》（四川民族出版社 1984 年版），龙中先生的《中国西南民族史》（云南人民出版社 1985 年版）等也持相似观点。先辈们治学严谨，采取多学科结合的考证方法及得出的研究结论是值得肯定和学习的。

“有段石锛和印纹陶”是新石器时代汉藏语系“濮（卜）越”或“百越（粤）”族群文物，不仅内地有，还广泛分布于云贵高原。如贵州发现新石器的地点有威宁、毕节、赫章、清镇、平坝、盘县、贵阳（乌当）等十七个县（市），器形有斧、锛、钺、有孔石刀、刮刀、凿等。这批石器，石料坚硬，磨制精湛，有的石钺表面光滑似玉，刃部多有使用痕迹。全部石器中，有肩、有段石斧（锛）占有相当比例。如北盘江上游乌蒙山区的威宁、水城两地出土的 38 件石锛中，有段石锛达 11 件。这就改变了过去曾有过的“北盘江以北，不见有肩石斧（锛），与四川相似”的说法[23]。其实四川盆地也是汉藏语系族群聚居区，亦有有肩、有段石器出土。

云南滇池区域和抚仙湖沿岸的新石器遗址，普遍存有较厚的水产贝壳堆积层，出土有大量石锛和梯形石斧、有肩石斧和有段石锛。陶器以手制的泥质红陶为主，也有夹砂灰陶。常见的器形有泥条盘筑的浅底盘、小碗、鼓腹平底罐等。陶器上往往印有稻谷和稻壳痕迹，说明稻谷在当时人们的生产生活中占有重要地位。云南昭通县闸心厂、鲁甸县马厂等地，在草煤层下发现了不少完整的带流、带把陶器。这些遗址如何沉没到湖底的草煤层下，是一个很值得研究的问题。澜沧江中游云县境内发现的忙怀遗址中，很少发现陶片，但有用砾石打制成的有肩石斧，此类石斧的数量很多。工作者在忙怀遗址旧地基西部开了一条 1 米×5 米的探沟，出土的石斧就有 140 件。值得注意的是，这些石斧中有钺形、靴形和梯形三种基本形式，和后来云南各地出土的“铜钺”、“铜斧”和“靴形铜斧”器形十分相似，存在因袭关系。此类打制石器，在四川雅安和云南怒江地区及广西右江沿岸都有发现。[24]

贵州、云南和四川出土的此类有肩石斧和有段石锛，在长江中、下游地区及东南沿海也屡有发现；洱海区域的半圆形穿孔石刀及木结构房屋遗迹、瓮棺葬等，在中原地区新石器文化遗址中也有发现。由此可见，从新石器时代起，云贵高原边疆就和祖国内地有着密切关系。他们是我国汉藏语系族群先祖的重要组成部分，出土的水稻遗迹、有肩石器、有段石锛及几何印纹陶器等文物是我国汉藏语系族群“濮（卜）越”、“百越（粤）”先祖的文化发展产物。

发展到秦汉时期，云贵高原被称为“西南夷”，用“越”的族称来记录越人的文献不多，这是有人认为“濮”是南亚语系而与汉藏语系“百越（粤）”无关的主要原因。但持这种观点者未能充分注意到“濮”、“僚”、“鸠僚”等所记述的能反映出夷越人文化特点的事实。司马迁《史记·西南夷列传》说：“西南夷君长以什数，夜郎最大；其西靡莫之属以什数，滇最大；自滇以北君长以什数，邛都最大；此皆椎髻，耕田，有邑聚。其外西自同师以东，北至叶榆，名为巂、昆明，皆编发，随畜迁徙，毋（无）常处，毋君长，地方可数千里。”这就把“西南夷”划分为“西夷”和“南夷”。前者属“随畜迁徙”的“氐羌”族群后裔，后者属“耕田有邑聚”的“百越（粤）”族群后裔。“氐羌”和“百越（粤）”两族都是我国古代汉藏语系族群，这是学术界所公认的。

《史记·西南夷列传》说，“上使相如以郎中将往喻皆知南夷”，“上罢西夷，独置南夷、夜郎两县一都尉”。又说“已平头兰（又名且兰）遂平南夷为牂牁郡。……夜郎遂入朝”。

《史记·司马相如列传》说：“当时邛、筰之君长闻南夷与汉通，得赏赐多，多欲愿为内臣妾，请吏，比南夷。”《平津侯主父列传》也说：“今欲招南夷，朝夜郎，降羌僰。”说明当时“西南夷”

中的“南夷”率先归服汉朝中央，对“西夷”产生了很大影响。“西夷”继“南夷”之后，也逐渐归服汉朝中央。我们认为，“西夷”、“南夷”同为边疆汉藏语系族群，归服中央王朝，是一种汉藏语系同源同根的民族文化认同之心理趋向表现。

中国民族学会会长、著名民族史学家宋蜀华先生在《中国少数民族文库·百越》中也说：“我们把语言学、考古学和文献资料结合起来分析，不难看出我国的古代西南地区存在着两个大的民族群体，或曰‘西夷’和‘南夷’两个族属集团。把‘西夷’视作氐羌系统的民族，‘南夷’视作百越（粤）系统的民族无疑是有道理的。高原上各族交错杂居，确切地说应是‘西夷’地区以氐羌族系为主，‘南夷’地区以百越（粤）族系为主。……根据《史记·西南夷列传》和《汉书·西南夷传》可以明确划归‘西夷’者有邛、筰、冉駹、叶榆、白马；可以明确划归‘南夷’者则有夜郎、句町、漏卧。”这是有道理的。

宋蜀华先生还进一步论证：“据（晋）《华阳国志·南中志》说‘句町县，故句町王国名也。其置自濮，王姓毋，汉时受封至今。’句町王是濮（卜）人，其民自以濮（卜）人为主。‘句町’一名清楚地反映出越人命名的习惯。越人命名，在人名之前常冠以‘句’（古时与‘勾’互通）或‘无’（又作‘毋’或‘亡’）字，如‘句吴’、‘句卑’、‘句践’、‘无颛’、‘无疆’、‘无诸’等。地名前亦常冠以‘句’字，如‘句无’、‘句容’、‘句章’等。句町一名既以‘句’字冠于前，其王又姓‘毋’，另有一王则名‘亡波’，这种命名习惯恰与越人相同。因而应视为越人的名字。……故夜郎、句町、漏卧的濮（卜）人实际应是越人。”[25]宋蜀华先生是全国民族学、人类学学界的领头人，站得高看得远，见多识广，先生进行研究时，注重宏观与微观结合，论证实为精当，为我们继续研究汉藏语系“濮（卜）越”或“百越（粤）”族群的“大竹”崇拜文化提供了科学依据。

上述“遯水”流域，即珠江上游“牂牁江”流域的夜郎地区，也即今之布依族地区南盘江、北盘江、红水河流域。“遯水”或“牂牁江”流域是布依族、仡佬族等汉藏语系族群“濮（卜）越”或“百越（粤）”先祖聚居区，当地出土有大量的“有段石锛、几何印纹陶”等新石器时代“濮（卜）越”、“百越（粤）”文物就是明证。夜郎“遯水”亦名“牂牁江”，因江名而得郡名牂牁郡。当地布依族、仡佬族又有“大竹图腾”崇拜和相应的宗教仪式，这显然就是古代牂牁、夜郎“大竹图腾”文化的传承。

《后汉书》、《华阳国志》等文献所载“大竹”崇拜神话，是“夜郎侯”、“竹王”源于“大竹生人”的图腾宗教神话，明确了古代牂牁、夜郎是信奉“大竹图腾”的汉藏语系民族。这正与上述布依族传统宗教经典《摩经·用牛祭祖词》的记载和布依族因“大竹图腾崇拜”而举行庄严隆重的祭祖宗教仪式相吻合。

汉藏语系族群的布依族和壮族亦有“大竹生人”的神话故事。

布依族有个流传颇广的神话传说：古代有个英雄，智勇双全，力大无比，皇帝担心他危及自己的统治，就派人砍下了他的头颅。他死后人们就把他安葬了，结果其坟边长出了蓬大茂盛的竹子，人们把竹子砍掉，发现每节竹子都长出了许多小人。人们猜想，如果不砍竹子，可能会长出许多人呢。后来布依族居住的许多地区都建有庙宇纪念这位英雄，如望漠城。[26]我们在本课题调查中，发现这个古代布依族英雄，在北盘江流域和黄果树瀑布一带被称为“得者”，又称“得者神话”。关岭布依族、苗族自治县北盘江坝陵河段的关索岭上还建有“得者庙”和“得者母亲庙”，只是在“文革”

时期被毁掉了。被毁庙宇当为古代夜郎地众多“竹王祠”之一。“得者”神话，布依语称“密得者”[mie¹³tə²²tsə⁴²]。明郭子章《黔书》也说：“竹王祠在今杨老驿，去清平县西三十里（今布依族、苗族自治州黔南福泉县东三十里）。三月间香火极盛。……黄丝驿（今黔南布依族、苗族自治州福泉县西南三十里）亦有其庙，香火亦盛。”或许古代布依族神话的英雄“得者”，其人就是“夜郎侯”或“竹王”。“得者”神话其实反映了布依族“大竹生人”的图腾观念与“大竹”对人类繁衍生息、生存发展所发挥的神奇作用。

壮族流传有“竹子与人的繁衍关系”神话，如一直流传着的神话《莫一大王》，在其“种竹”一章中，竹子的“生殖功能”得到了生动体现：

（莫一）梦见亲爹，
勉励自己莫灰心。
爹送包金竹种，
“赶快种竹造神兵。”
……
莫一醒来不见爹，
只见包竹种在床头。
莫一看了人心喜，
赶快起床磨锄头。
……
严冬过去就是春，
竹子千丈快长成林。
竹子长得高又大呵，
莫一越看越欢心。

再如壮族神话《布伯的故事》：伏羲兄妹再往前走，突然一棵大竹子向他们弯腰叩头还说起话来：“地上没有什么人了，你们兄妹结婚再造新世界吧！”伏羲兄妹说：“兄妹怎么能结婚？如果我们把你砍了，你能再活转来，我们就结婚。”说完把竹子砍断成节。当他们走开时，竹子又一节一节连接起来并且长活了，还向他们点头弯腰笑着。

布依族和壮族两个兄弟民族的神话故事中，“竹节生小人”、“竹子造神兵”和“竹子复活”等情节都与“大竹图腾崇拜”联系在一起，体现了汉藏语系族群对“竹能生人”信仰之强烈。[27]这与布依族《摩经》记载的“大竹图腾崇拜”仪式的生动祭祀场面（见前图）相互支撑，可说是“夜郎国大竹图腾崇拜”问题的有力注解。

布依族金氏家族自称夜郎竹王后裔，贵州贵阳市花溪区竹林村金氏家族保留至今的古代《金氏家谱》，是研究夜郎国文化的重要材料之一。其原件保存于花溪区竹林村金在纯村长处，伍文义教授于 1985 年进行民族调查时收集并进行了复印，现将复印版原文示出，如下图：

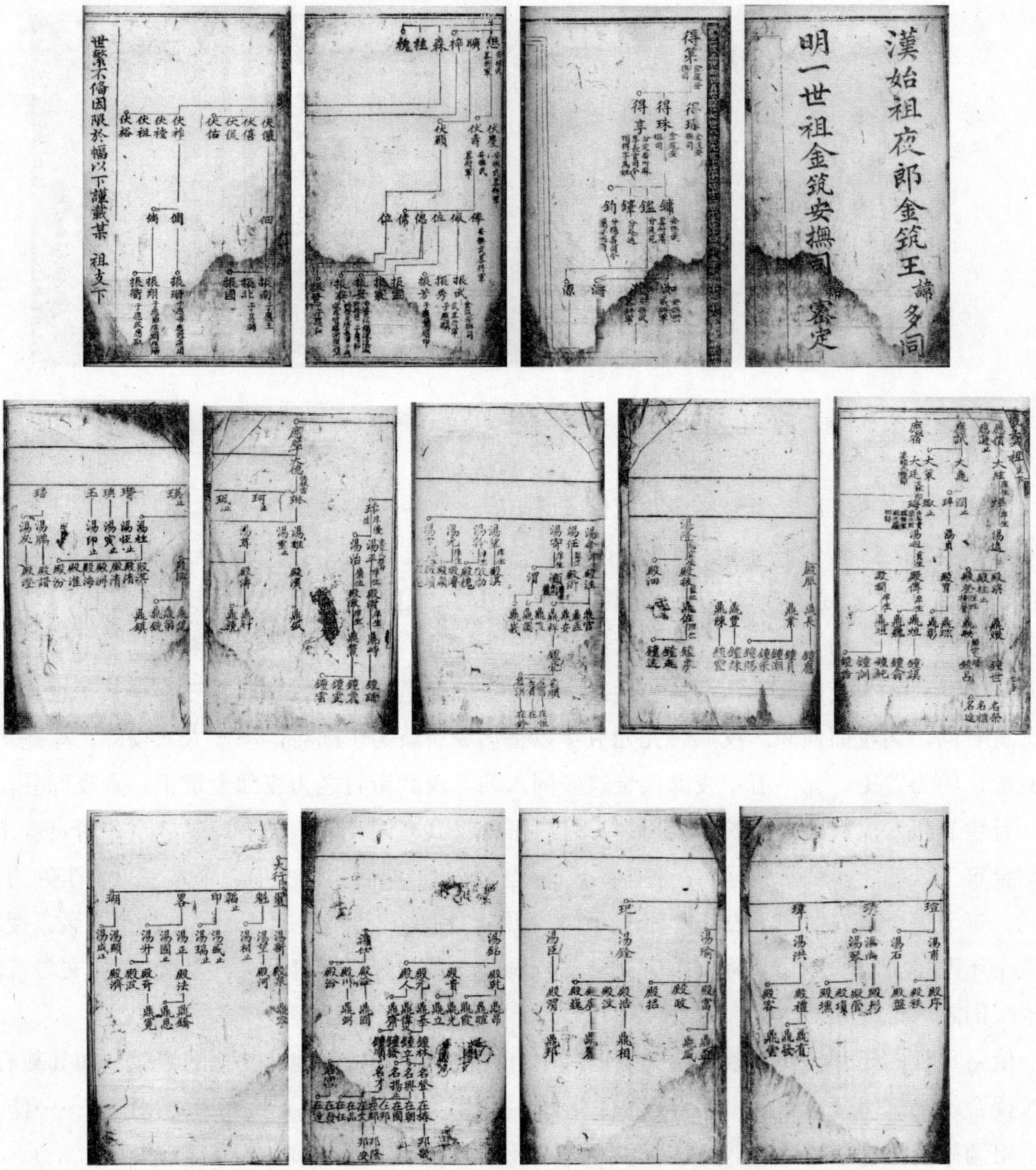

布依族《金氏家谱》之世系（选）

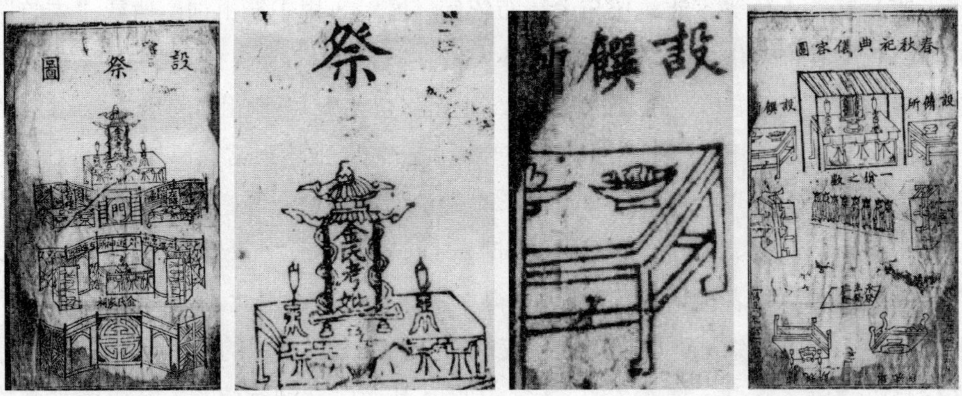

布依族《金氏家谱》祭祖礼仪图：三层竹屋，上部为鸟首形的灵位设于竹屋前，供品有糯米饭、鱼等

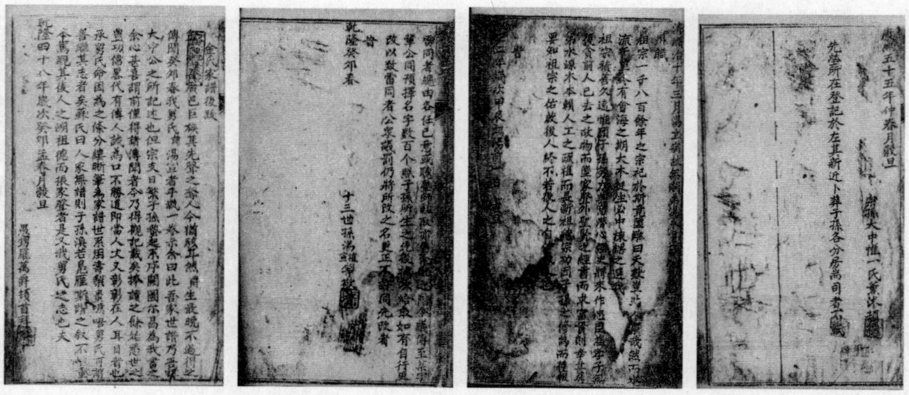

清（康熙、雍正、乾隆）《金氏家谱》序、跋（选）

布依族夜郎竹王后裔为何姓金？清代《贵阳府志》卷八载：“金筑金氏，自谓夜郎王之冑也。竹王既灭，吴霸表封其三子为侯，以慰夷濮。其一子为金筑侯，世守其土，久之，以金为姓。”今贵阳市古名称为“筑”，是“金筑”即“金竹”，久之省竹，用“金”为姓。《金氏家谱·序》也说：“传闻汉初有西蜀女浣物于遯水，有大金竹长三节流入足间，其中有声，剖之得一儿，归养之，有才武，众归从之，自立为夜郎侯。指金竹为姓，今杨老三郎塘是其地。竹二郎、三郎是其子也。越三世而有金筑多同，袭夜郎侯职。汉武帝元光五年以番扬令唐蒙为中郎将，率千人入夜郎，厚赐多同，喻以威德，约为置吏。元鼎五年夜郎侯金筑多同入朝，汉武帝封之为夜郎金筑王。置夜郎县，属牂牁郡。且兰君叛，汉武帝诏金筑多同讨之，且兰平，汉武多同夜郎王功，厚赐之至。唐贞观十七年，夜郎金筑王入朝，太宗嘉其远归，赐李姓，改置夜郎州。属四川遵义府，今本宗有承李姓为土司者。开元二年改为金筑安抚司，去其夜郎王号。”又说：“明洪武四年十二月，密定赴京朝觐，授承直郎。洪武十年改授金筑安抚司。降到维字二十二号铜印一颗，升授奉直大夫，世袭。”此文与《汉书》、《华阳国志》记载类同。

值得重视的还有，布依族《金氏家谱》中有直接反映布依语地名文化的记载。如其载有洪武十年改授金筑安抚司金氏家族祖坟地点的“党武斗篷山，一世祖金筑安抚司密定祖□。……傍合杉树，四世祖镛祖□”等。其中，“党武”、“斗篷”、“傍合”都是布依语地名。

又布依族《金氏家谱》中的祭祖图：灵堂设三层竹屋，上部为鸟首形装饰的祖灵位设于竹屋前，供品有糯米饭、整条大鱼等。此礼仪与上述布依族《摩经·用牛祭祖词》所载“大竹图腾崇拜”祭祀礼仪的“鸟首形装饰，供品有糯米饭、整条大鱼等”类似。

再者，布依族《金氏家谱》的“世系”有二世祖“得弟”、三世祖“得珠”、四世祖“得琛”、“得亨”等。这种以“得”字开头的命名习惯，在今天的布依族中还很常见。如今黔中地区安顺、镇宁、关岭、六枝等地有“得文”、“得群”、“得兵”、“得正”、“得德”等，此名相当于汉族人的乳名或小名。年纪小时直呼“得文”、“得群”，长大读书时，才按家族姓氏字辈起名入学。布依族又有反映“大竹生人”图腾观念的“得者神话”，亦是以“得”字开头命名。因此，《金氏家谱》以“得”字开头的命名习惯与“大竹图腾崇拜”应视为古代夜郎国文化在布依族中的传承形式。

竹文化是汉藏语系族群一种悠久的文化。中华民族竹文化源远流长，从竹崇拜到竹部首的众多文字出现，反映了中华民族认识和利用竹子的过程。东汉许慎《说文解字》曰：“竹，冬生艸也，象形，下垂者，箁箬也。凡竹之属皆从竹。箭，矢也，从竹前声。箘簬也，从竹囷声，从竹路声（箘簬美竹也）。筱，箭属，小竹也，从竹攸声（筱可为矢）。簜，大竹也，从竹汤声。”考古发掘证明，7000年前的浙江河姆渡新石器文化遗址考古发现，河姆渡先民已开始种植竹子，并且此遗址有竹席等竹器出土。6000年前的马家滨文化遗址亦发现有“大竹”文化遗物。同时期的浙江钱山文化遗址中亦出土了200余件竹编器物。这都是中华汉藏语系族群竹文化卓骄人成绩。

“大竹”与稻作农业关系密切。《孝经·河图》曰：“少室之山，大竹堪为釜甑。”《水经注》曰：“东阳定县、夹岸、绿溪悉生大竹及芳木连，杂以稻菊金登。”

“大竹”亦称为“帝竹”。《毛诗·竹竿》曰：“籊籊竹竿，以钓于淇。”《韩诗·外传》曰：“黄帝时，凤凰栖帝梧桐，食帝竹实。”“帝竹”有实，故凤凰“食帝竹实”。《晋书·载记》：“长安谣曰‘凤凰，凤凰，止阿房。’苻坚以凤凰非梧桐不栖、非竹实不食，乃植桐竹数十万株于阿房宫，诚以待之。”可见，凤凰图腾与“帝竹”有关。

古代天子有“封神竹”之礼。《穆天子传》曰：“天子西征，至于玄池。天子休于玄池之上，乃奏广乐三日而终，是曰乐池，乃封之竹，是曰竹林。”《毛诗·斯干》曰：“如竹苞矣，如松茂矣。”

古代官员有“重竹”之礼。《汉书》曰：“（汉）高祖为亭长，乃以竹皮为冠。”又曰：“上使发卒数万人，塞瓠子河下，淇园之竹以为楗。”又曰：“竹大者，一节受一斛，小者数斗以为柙榼。”

古代“竹笋”亦称“稚子、稚龙、箨龙、龙孙”。《万物异名录·笋》曰：“竹谱，笋世呼为稚子，又曰稚龙、曰箨龙、曰龙孙。”这是明显的竹图腾崇拜意识。

早在周代，我国南方汉藏语系族群“濮（卜）越”或“百越（粤）”先祖就有向中央王朝贡献“大竹”的记载。《周书·王会》曰：“（周）成王时，路人献大竹。”《字汇·竹部》曰：“簬，美竹，可为箭者。”“路”通“簬”、“骆”；“路人”、“簬人”即骆越。簬字从竹，是“簬人”（骆越）的竹图腾标志，故“路人献大竹”亦即“骆越献大竹”。

骆越是古代珠江流域的汉藏语系“濮（卜）越”或“百越（粤）”族群之一。地域相隔中原万里之遥，何以骆越人专门北上献“大竹”？乃因“大竹”是骆越先祖所信仰的大竹图腾，上述布依族等“濮（卜）越”或“百越（粤）”后裔“大竹图腾”文化是其有力证据。骆越先祖将本族的大竹图腾标志物贡献给中央王朝，表示对周王朝的拥戴，这是珠江流域布依族“濮（卜）越”或“百越（粤）”先祖维护国家统一和民族团结的重大举措。此举对于骆越先祖和周王朝双方，无疑都是极庄重的礼节仪式。

再者，冷兵器时代制造弓箭，对国家武装来说不可或缺，“大竹”正是中央王朝制造弓箭的重要战略物资。《尔雅》曰：“东南之美者，有会稽之竹箭焉。”《说文·竹部》云：“箭，矢竹也。”颜师古注：“以竹为箭，以木为矢。”段玉裁注：“矢竹者，可以为矢之竹也。”晋戴凯之《竹谱》曰：“会稽之箭，东南之美。”自注：“箭竹，江南诸山皆有之，会稽所生最精好。”《字汇·竹部》曰：“簬，美竹，可为箭者。”《周书·王会》曰：“（周）成王时，路人献大竹。”所以，“大竹”当然是制造弓箭的战略物资。按此，周王朝获得布依族“濮（卜）越”或“百越（粤）”先祖进献“大竹”重礼以示对周王朝的拥戴，同时又得到万里之遥送来的、且是中原缺乏的国家战略物资“大竹”，周成王应该是万分高兴的。布依族“濮（卜）越”或“百越（粤）”先祖自古就有拥戴中央王朝，努力维护国家统一和民族团结的优良传统，这是毋庸置疑的。

按此，“大竹图腾崇拜”同为牂牁、夜郎、滇、句町、南越的共性文化，也是整个珠江流域汉藏语系族群的共性文化，又是南方汉族、壮族、仡佬族、布依族等族群传承至今的古老文明。其实我国“竹文化”范围很广，当包括珠江流域、长江流域和黄河流域。《山海经·大荒北经》载：“卫丘方圆三百里，丘南帝俊，竹林在焉，大可为舟。”“帝俊”，即帝喾、帝舜。“大竹为舟”的记载，应当是可信的。宋张溪在其所著《云谷杂记》中谈到“竹之异品”时，曾引《罗浮山记》云：“第三峰有竹，大径七尺，用节长丈二，叶若芭蕉，谓之龙公竹。”罗浮山在今广东省。《本草纲目》卷三十七说，“江南，竹处处有之”，“江河之南甚多……五岭实繁”。珠江流域自古盛产大竹，可资佐证。

总之，包括布依族先祖“濮（卜）越”或“百越（粤）”在内的中华汉藏语系族群筚路蓝缕，以启山林，从生活环境和实际需要出发，对竹资源加以认识和利用，逐渐创造了河姆渡文化、良渚文化乃至牂牁、夜郎、南越、骆越等地的“大竹图腾”文化。布依族传统宗教经典《摩经》记载的“大竹图腾”文化，其祭祖宗教仪式反映出人类与大竹的血缘联系，在此文化基础上，氏族宗族与亲戚得以凝聚团结、相互扶持，这一切反映出“大竹图腾崇拜”的本质特征，也是识别“大竹图腾崇拜”的主要依据。

图腾崇拜宗教仪式，在原始社会里不仅是氏族主要标志，而且是维系氏族团结的重要纽带。如果说仅仅依据口传图腾故事，而无相应的对该图腾物崇拜的宗教仪式之文字记载，那是不可靠的。因为口传图腾故事属于民间文学范畴，民间口头传说故事在流传过程中往往产生变异，且可能该传说故事在传播过程中吸收了外来文化，它原本就不是该民族固有的文化。相反，图腾崇拜宗教仪式则是氏族成员确认氏族部落群体的重要标志，图腾崇拜观念根深蒂固，其宗教仪式也显得特别庄严隆重。在原始时代，原始氏族成员不可能让其他氏族的图腾来取代本氏族图腾，除非氏族部落间发生了联盟和融合，或者他们原本就有共同的文化源头。以前有的文章在论说此问题时往往过于笼统，不能真正说明问题。因此，我们认为在调查研究中，特别关注其有无图腾物——大竹崇拜的具体宗教仪式，相信这是正确认识大竹图腾文化的关键。深入细致地研究和探讨图腾物崇拜及其宗教仪式，是非常重要的。这是学界应当提倡的研究方法之一。

我们通过翔实的调查，研究了布依族传统宗教经典《摩经》记载的“大竹图腾”文化以及布依族祭祖宗教活动中的“大竹图腾崇拜”仪式，又从生育文化中的“舅家送竹即送子、人由竹而生”的“保福”仪式、小孩出生“满三朝栽竹”等仪式，祭祖超度仪式上由女婿“立大竹神位”，“祖灵归入大竹神位、升入天堂”等庄严隆重的宗教仪式及现场采集的图片，以及布依族、壮族的“得者”、“莫一大王”、“布伯的故事”等“大竹生人神话”，还有布依族康熙年间《金氏家谱》的“汉始祖夜郎金筑（讳）多同——明一世祖金筑安抚司（讳）密定”、“金氏祭祖图”等人类学、民族学、宗教学、考古学、族谱、文献学一系列资料，在此基础上结合前人研究成果，以汉藏语系族群文化为大背景进行了综合研究。研究成果让我们可以肯定，布依族庄严隆重的“大竹图腾崇拜”宗教仪式，就是对古代“牂牁、夜郎、句町、南越、骆越”先祖“大竹图腾崇拜”文化的传承和心理积淀，是源于珠江流域、长江流域汉藏语系族群“濮（卜）越”或“百越（粤）”先祖的源远流长的竹文化。竹文化是我国汉藏语系族群共性文化，其与炎、黄、舜、大禹农耕文化密切相关，布依族“大竹图腾崇拜”文化是其中突出的典型之一，是中华竹文化华美篇章中浓墨重彩的一笔，是对中华竹文化的重要贡献。

著名史学家陈寅恪先生曾指出中国文化是“竹的文化”，英国的李约瑟博士也认为中国的文明是“竹子的文明”。[28]竹子全身皆宝，其叶、枝、秆、茎、箨、根、鞭、笋、箨、实等，无不可派上用场，为世上最有实用性的植物之一，具有极高的经济价值。在中华文明的产生与发展过程中，“竹”不仅仅是社会生产和人民生活不可或缺的重要资源，而且渗透到历史、宗教、艺术、伦理等各个领域，传播着中华民族的意识、审美情感和人格理想。长江流域、珠江流域的汉族、布依族、仡佬族、壮族、侗族、傣族、彝族等汉藏语系族群庄严隆重的“竹图腾崇拜”文化应当受到珍视，因为“竹文化”实为早期的中华文化符号之一。

注释

[1]何斯强：《傣族文化中的稻和竹》，《思想战线》1990 年第 5 期。

[2]何耀华：《彝族的图腾与宗教的起源》，《思想战线》1981 年第 6 期。

[3]杜玉亭：《论基诺族生育禁忌》，《思想战线》1994 年第 1 期。

注：前三条转引自关传友：《论云南地区少数民族的竹崇拜》，《世界竹藤通讯》2007 年第 5 卷第 4 期。

[4]林河：《中华文明基因初探》，花城出版社 2001 年版，第 206 页。

[5]唐文元、刘卫国：《夜郎文化寻踪》，四川人民出版社 2002 年版，第 25 页。

[6]（清）《姚州志》，转引自王平：《中国竹文化》，民族出版社 2001 年版，第 365 页。

[7]张纯德、龙倮贵、朱琚元：《彝族原始宗教研究·竹崇拜》，云南民族出版社 2008 年版，第 79—80 页。

[8]朱崇先：《彝族氏族祭祖礼俗及其文化内涵》，《中央民族大学学报》2008 年第 2 期。

[9]王平：《中国竹文化》，民族出版社 2001 年版，第 369 页。

[10]唐文元、刘卫国：《夜郎文化寻踪》，四川人民出版社 2002 年版，第 22 页。

[11]（宋）吴淑《事类赋注》卷24《杖赋》，转引自麻国钧：《竹崇拜的傩文化印迹——兼考竹竿拂子》，《民族艺术》1994年第4期。

[12]麻国钧：《竹崇拜的傩文化印迹——兼考竹竿拂子》，《民族艺术》1994 年第 4 期。

[13]周裕苍：《中国竹文化》，黄河出版社 1992 年版，第 30 页。

[14]方国瑜：《汉牂牁郡地理考释》，见贵州省社科院历史所：《夜郎考》（之三），贵州人民出版社 1983 年版，第 60 页。

[15]（晋）常璩撰，刘琳校注：《华阳国志校注》，巴蜀书社 1984 年版，第 339 页。

[16]江应梁：《傣族史》，四川民族出版社 1983 年版，第 55 页。

[17]尤中：《云南民族史》（修订本），云南大学西南边疆民族历史研究所编印，1985 年，第 32 页。

[18]罗漫：《布依族族名、族源与文化丛论》，《中央民族大学学报》1998 年第 3 期。又见贵州省地方志编纂委员会：《贵州省志·民族志·布依族志》，贵州民族出版社 2005 年版，第 151 页。

[19]何光岳：《南蛮源流史》，江西教育出版社 1988 年版，第 250 页。

[20]何光岳：《南蛮源流史》，江西教育出版社 1988 年版，第 261 页。

[21]何光岳：《南蛮源流史》，江西教育出版社 1988 年版，第 262 页。

[22]梁钊韬：《百越对缔造中华民族的贡献——濮，莱的关系及其流传》，见百越民族史研究会：《百越民族史论集》，中国社会科学出版社 1982 年版，第 15 页。

[23]贵州省博物馆:《“夜郎”故地的探索——贵州省文物考古工作三十年》,见中国文物编辑委员会:《文物考古工作三十年(1949—1979)》,文物出版社1979年版,第362页。

[24]云南省博物馆:《云南古代文化的发掘与研究》,见中国文物编辑委员会:《文物考古工作三十年(1949—1979)》,文物出版社1979年版,第374页。

[25]宋蜀华:《中国少数民族文库·百越》,吉林教育出版社1991年版,第221页。又见覃圣敏:《句町古史钩沉》,《广西民族研究》1988年第3期。

[26]姚尧:《从自然崇拜的角度试论布依族的族源问题》,《安徽文学》2008年第6期。

[27]蓝鸿恩:《壮族民间故事选》(第一集),上海文艺出版社1984年版,第17页。转引自姚尧:《从自然崇拜的角度试论布依族的族源问题》,《安徽文学》2008年第6期。

[28]何明:《中国竹文化小史》,《寻根》1999年第2期。

第十三章 《摩经》中的青铜文化研究

第一节 《摩经》中的“铜矿发现”与冶炼技术研究

创造青铜文化，需要具备矿产资源，也就是说要有“铜源”。没有“铜源”，任何古人要发明创造青铜文化都是不可能的。布依族《摩经》就记载了汉藏语系“濮（卜）越”或“百越（粤）”先祖在族群聚居区里“如何探矿”、“发现铜矿”和“冶炼铜器”的相关情况。如《摩经·用牛祭祖词》（第一卷）《铜矿、冶炼与铜器、铜鼓》说：

ɕiau^{31}kuan^{213}kok^{55}luaŋ^{42}ʔiu^{213}ka^{33}laɯ^{42}
代 古 源 铜 在 哪里　　古代铜源在哪里？

kok^{55}luaŋ^{42}ʔiu^{213}po^{33}sa:m^{33}səp^{213}
源 铜 在 山 三 高山台地　　铜源在三座高山相连的台地。

ɕiau^{31}kuan^{213}zak^{213}luaŋ^{42}ʔiu^{213}ka^{33}laɯ^{42}
代 古 矿石 铜 在 哪里　　古代铜矿石在哪里？

zak^{213}luaŋ^{42}ʔiu^{213}po^{33}sa:m^{33}sau^{55}
矿石 铜 在 山 三 柱　　铜矿石在高高的三柱山，

zak^{213}luaŋ^{42}ʔiu^{213}po^{33}tau^{55}ʔbən^{33}
矿石 铜 在 山 擎 天　　铜矿石在高高的擎天山。

wən^{33}tau^{213}kau^{33}luaŋ^{42}ʑa^{213}
雨 下 响 铜 滴　　雨下滴着铜矿石响，

pja^{213}pet^{213}zak^{213}luaŋ^{42}θin^{42}
雷 爆 矿石 铜 飞　　雷爆引得铜矿石飞。

ti^{31}tok^{55}ti^{31}ʔbo^{33}tok^{55}
位置 掉 位置 不 掉　　铜矿石飞散掉何处？

tok^{55}tsaŋ^{33}zek^{213}fak^{213}foŋ^{42}
掉 中 边 发 宝　　铜矿石飞散掉在山中边发宝。

ɦoŋ^{42}tok^{55}ɦoŋ^{42}ʔbo^{33}tok^{55}
塘 掉 塘 不 掉　　铜矿石飞散掉何塘？

tok^{55}tɕa:ŋ^{213}ɦoŋ^{42}fak^{213}fuŋ^{42}

掉　中　塘　发　冠子　　　　铜矿石飞散掉在水塘中发冠子。

pau^{213}sa:ŋ^{31}pum^{31}pai^{33}zan^{33}

爷　智者“商”摸　去　见　　　　智者“商爷”摸去采铜矿，

pau^{213}sa:ŋ^{31}ʔdam^{33}pai^{33}ʔdai^{55}

爷　智者“商”穿　去　得　　　　智者“商爷”穿去得铜矿。

这里“商爷”的“商”[sa:ŋ^{31}]，在布依语中有“智慧”、“技术”、“巧干”、“正确方法”等含义。《摩经》认为智者“商爷”最先发现铜矿，说明他不是一般人。但这位智者“商爷”是人而不是神，这与神创论是不同的。古代往往将某种发明创造归为一人之功，实际可能不止一个人，而是一群人。《摩经》表达的是歌颂汉藏语系“百越（粤）”或“濮（卜）越”先祖勇于探索自然界奥秘、创造青铜文化的功绩。

《摩经·用牛祭祖词》中《铜矿、冶炼与铜器、铜鼓》一开始就提出“古代铜源在哪里？”的问题，接着指出“铜源在三座高山相连的台地”，“铜矿石在高高的三柱山”，“铜矿石在高高的擎天山”。所指的地区应在长江中下游和珠江流域山脉的“铜源”成矿带，因为古代汉藏语系“百越（粤）”或“濮（卜）越”先祖就主要聚居于长江中下游和珠江流域。

文献记载与考古发掘证明，这一地区正是我国青铜文化的“铜源”产区和古代冶铜遗址的主要分布区。《旧唐书·地理志》曰：“藤州镡津（今广西藤县）有铅，临贺（贺县）桔山有铜冶，冯乘（富川）有锡冶三。”《桂海虞衡志·金石》曰：“铜，邕州右江州峒所山，掘地数尺即有矿，故蛮人好用铜器。”《太平寰宇记》卷158载广西“铜陵县，东汉临先县地，汉属合浦郡，宋立龙潭县，隋改为铜陵，以界内铜山。铜山，昔越王赵佗于此山铸铜”。说明南越国及西瓯骆越地皆有丰富的铜矿资源，“掘地数尺即有矿”。“蛮人”即当地“百越（粤）”或“濮（卜）越”族群，他们被称为“好用铜器”之人。此为珠江下游岭南地区。

东晋《华阳国志·南中志》说：“南中在昔盖夷越……蜀地南接于越，东接于巴。”又说：“（南中）堂狼，出银铅、白铜。”堂狼县即今云南东川、会泽一带。另载：“朱提，出银、铜。”朱提即今云南昭通、鲁甸等地。《汉书·地理志》说“俞元，怀山出铜”，“律高，石空山出锡，监町山出银铅”。汉代俞元县为益州郡属县，即今云南澄江、江川等地；律高县在今云南通海县，汉代同属益州郡。另载：“贲古，采山出银，羊山出银铅，乌山出锡。”汉代贲古县即今云南个旧、蒙自一带，为益州郡最南端一县。[1]此皆为珠江上游地区。

以上记载说明从珠江上游的云贵高原至下游的岭南地区，皆有丰富的“铜源”资源。古时，“铜源”不仅在当地被开发利用，而且已受到中原地区的重视，并将其相关情况载入《汉书》、《华阳国志》等文献之中。

有关长江中下游“铜源”——“金三品”、“锡”的记载更早。《尚书·禹贡》说：“淮海惟扬州……厥贡惟‘金三品’、瑶（美玉）、琨（美玉）、筱（小竹）、簜（大竹）、齿（象牙）、革（犀牛皮）、羽（鸟羽）、毛（牦牛尾）、惟木。岛夷卉服。厥篚织贝，厥包桔、柚、‘锡’贡。沿于江、海，达于淮泗。”可见，其经由水路输送到中原的传运轨迹大致是清晰的。《诗·鲁颂·泮水》曰：“憬彼淮夷，来献其琛。元龟象齿，大赂南金。”所说的“南金”，是指产于长江以南的“南铜”。相对于建都中原地区的商周王朝，生活在长江中下游地区的“楚、越”之地，则被称为“南乡”或“南土”。《诗·商颂·殷武》曰：“维汝荆楚，居国南乡。”《左传·昭公九年》载周景王的话说：“及武王克商，蒲姑、商奄，吾东土也；巴、濮、楚、邓，吾南土也。”孔颖达疏：“荆、扬之州于诸州最处南偏。又，此二州出金，今云‘南金’，故知南谓荆、扬也。”“荆”即“荆楚”，“扬”即“扬越”，古称“荆州”和“扬州”。《尚书·禹贡》又说：“荆及衡阳惟荆州……厥贡羽毛齿革，惟‘金三品’，杶（chūn椿树）干（柘木，制弓用）栝（桧木）柏，砥砺（磨刀石）砮（石制箭头）丹（丹砂，红色颜料），惟箘簵（美竹名）楛（木名，作箭杆）……包匦（匣子）菁茅（一种茅草，祭祀时用以滤酒）……九江纳锡、大龟。浮于江、沱、潜、汉，逾于洛，至于南河（黄河自潼关东流的一段称南河）。”对此，裘士京教授指出，“《尚书》是我国最早的政事史料汇编，有极高的史料价值。《尚书·禹贡》成书于战国时期，为我国古代最早的、最有价值的地理学著作。……古时贡物，必是当地特产。既是贡品，一年数贡或数年一贡必有定数，没有一定的产量保证将何以为贡？扬州、荆州都进贡‘金三品’，一说指三种不同的贵金属：黄金、白金（银）、赤金（铜）；一说仅指铜，是铜的三个等级，也有人推测其中有锡。无论采用哪一种说法，都有‘铜’无疑。……《越绝书》也说：‘赤莹之山破而出锡，若耶之谷涸而出铜。’赤莹山、若耶谷具体地点不可考，但应在越地无疑。山破谷涸即有铜锡出现，应是一露天矿点，开采较易。《战国策》有‘涸若耶以取铜，破堇山而出锡’之语，指的应是同一回事。《拾遗记》提及范蠡为越相时，‘铜铁之类，积如山阜’。《太平寰宇记》载，‘铜牛山在（会稽）县东南五十八里’，夏侯曾先《会稽地志》云：‘射的山西南铜牛是越王铸冶之处。云涸若耶而采铜，破堇山而取锡。赤堇山在（会稽）县南三十三里。’《会稽记》：‘昔欧冶造剑于此山。云涸若耶而采铜，破堇山而取锡。若耶溪在（会稽）县南二十八里’”。[2]《天工开物》下卷曰：“铜坑所在有之，西自四川、贵州为最盛，湖广武昌、江西广信，皆饶铜穴。”《明史·货志》载：“铜场，明初，惟江西德兴、铅山。”

总之，古代汉藏语系“百越（粤）”或“濮（卜）越”先祖聚居的长江中下游和珠江流域盛产铜矿，当地“皆饶铜穴”，为我国“铜源”的主要分布区，又是南方汉藏语系“百越（粤）”或“濮（卜）越”族群青铜文化的发祥地。此当为布依族《摩经·用牛祭祖词》中《铜矿、冶炼与铜器、铜鼓》指出的“铜源在三座高山相连的台地”，“铜矿石在高高的三柱山”，“铜矿石在高高的擎天山”等记载的客观依据。“三”是多的意思，所谓“三座高山相连”、“台地”、“擎天山”、“三柱山”等，说明南方汉藏语系的“百越（粤）”或“濮（卜）越”先祖们主产生活于该地区，对本地“铜源”资源产生浓厚兴趣，遂逐渐认识它，并进行开发和利用。

青铜文化的产生，体现了人类文明发展的划时代进程。它跨过了石木并用的原始阶段，具有标志金属时代到来的重要意义。考古发掘证明，我国汉藏语系族群先祖的青铜文化最先产生于黄河流域。考古工作者在河南偃师二里头文化遗址的发掘中，发现了相互叠加的四个文化层次。他们发掘了墓葬和宫殿遗址，发现的青铜器却不多，大多是一些小工具和矢镞、戈等兵器。此遗址发掘出的青铜礼器爵，虽还不足10件，但在铸造史上极为重要——从铸造简单的兵器、工具到铸造容器，在技术上是一个飞跃。目前二里头文化遗址有数十处之多，据C-14测定，整个二里头文化距今大约公元前3800—前3500年，属于夏代历史范围，这说明中原夏人能铸造铜器，是汉藏语系族群先祖最早的青铜文化。南方汉藏语系“百越（粤）”或“濮（卜）越”族群的青铜文化，当在中原夏人的影响下产生的。如上海马桥文化是继良渚文化之后，处于东南太湖地区的又一支土著文化。其年代上限相当于二里头文化二期，下限相当于商代晚期之初，具体为公元前 3900—前 3200 年。马桥文化中层出土有大批二里头类型文化及小件青铜器。[3]与上海马桥文化年代相近的浙江西部地区也出土有中原的文化因素。例如，淳安进贤高祭台遗址出土有风格逼似河南龙山文化晚期的夹砂罐残片，并伴有小件青铜器。[4]“上海马桥文化中层出土有大批二里头类型文化。例如，一件长条形小铜刻刀与一件长条形铜凿，与二里头出土者类似。两种器物是二里头类型的代表性铜器。一件瓦形足三足盘与二里头同类器风格一致，特别是三瓦足更为相像，一只是盘腔较浅，有良渚文化遗风。I 式觚（T13：6）呈细长圆筒形，与二里头类型早期同类器相似，I 式觚（T13：10）体较粗大，呈喇叭形，与二里头类型晚期同类器相似。”董楚平教授说：“根据考古资料与有关文献，似可作假设：南方太湖地区的先民曾于四千二百年前来到中原，成为华夏族的一支。他们把太湖玉器带到中原，成为中原文明的一大特色。夏亡后，夏裔重返桑梓，南奔太湖流域，带来了中原青铜文化。良渚玉器与中原铜刀至少有五六百年‘金玉良缘’。先是‘禹为越后’，然后是‘越为禹后’。”[5]徐中舒先生指出：“夏商之际，夏氏族一部分南迁为‘越’。”[6]这就是南方汉藏语系的“百越（粤）”或“濮（卜）越”族群在中原夏人的影响下产生青铜文化的明证。

初期因青铜器稀少珍贵，主要用于制作小型工具和小件礼器。进入青铜时代后，人们信奉“国之大事，在祀在戎”，青铜器遂发展为制造兵器和大型礼器。张光直先生说：“从本质上说，中国古代青铜器等于中国政治权力的工具，《左传》有一句话：‘国之大事，在祀与戎。’青铜硬度大，是可以制作生产工具的。但是，在中国却用来制作政治的工具，用以祭祀与打仗。”[7]这是很有见地的学术观点。布依族将“青铜文化”记载于传统宗教经典《摩经·用牛祭祖词》的《铜矿、冶炼与铜器、铜鼓》之中，将青铜主要用于布依族隆重的祭祖典礼，也是相同之理。

《摩经》认为，布依族先祖对“铜源”的认识和开采以及铜矿的冶炼，经历了长期的探索，甚至有些记载充满着神话色彩。如《摩经·用牛祭祖词》（第一卷）《铜矿、冶炼与铜器、铜鼓》说：

kuan^{213}ʔbo^{33}zo^{55}na^{213}kuə^{31}luaŋ^{42}	
古 不 知 道 是 铜	古代不知是铜，
au^{33}kuə^{31}ʑuə^{213}nuai^{31}kə^{33}mu^{33}	
要 当 槽 小 喂 猪	拿铜矿石当猪槽喂小猪，
au^{33}kuə^{31}va^{33}tu^{33}ʑuŋ^{42}kai^{213}	
要 当 板 门 圈 鸡	要铜矿石当门板拦鸡圈。
au^{33}kuə^{31}zuə^{213}nuai^{31}kə^{33}ma^{33}	
要 当 槽 小 喂 狗	拿铜矿石当狗槽喂小狗，
au^{33}kuə^{31}va^{33}tu^{33}pit^{55}ɦa:n^{213}	
要 当 板 门 鸭 鹅	要铜矿石当门板拦鸭鹅圈。

古人可以随意拿“铜矿石当猪槽喂小猪”、“铜矿石当门板拦鸡圈”、“铜矿石当狗槽喂小狗”、“铜矿石当门板拦鸭鹅圈”，说明“铜源”在古代布依族“百越（粤）”或“濮（卜）越”先祖居住区的储量是丰富的。但起先人们“不知是铜”，如同中草药资源一样，对其“识者是宝，不识者是草”，

这是可理解的。20 世纪 80 年代，我们进行民族社会调查时，甚至还发现布依族村寨有用宝贵的“冰洲石”垒砌猪圈、牛圈的现象。其实，“冰洲石”价比黄金，是现代科技加工高级照相机镜头的宝贵资源，但不能用锤子敲打，理想的利用方法是用激光切割。边远村寨起初不识“冰洲石”的价值，后来当地正式开采并外销“冰洲石”，不少人因此致富。所以，《摩经》认为在“古代不知是铜”的阶段，曾将铜矿石作为一般石料对待，用来“垒砌鸭鹅圈”，用来“当猪槽喂小猪”，这应该是真实的。《摩经》认为经历这一过程之后，人们才真正认识和正确地利用起铜矿资源，并开创了青铜文化。这是合乎人类认识规律的。《摩经·用牛祭祖词》（第一卷）《铜矿、冶炼与铜器、铜鼓》说：

wən^{33}tau^{213}kau^{33}luaŋ^{42}za^{213}
雨 下 响 铜 滴　　雨下滴着铜矿石响，
pja^{213}pet^{213}zak^{213}luaŋ^{42}θin^{42}
雷 爆 矿石 铜 飞　　雷爆引得铜矿石飞。
ti^{31}tok^{55}ti^{31}ʔbo^{33}tok^{55}
位置 掉 位置 不 掉　　铜矿石飞散掉何处？
tok^{55}tsaŋ^{33}zek^{213}fak^{213}foŋ^{42}
掉 中 边 发 宝　　铜矿石飞散掉在山中边发宝。
ɦoŋ^{42}tok^{55}ɦoŋ^{42}ʔbo^{33}tok^{55}
塘 掉 塘 不 掉　　铜矿石飞散掉何塘？
tok^{55}tɕa:ŋ^{213}ɦoŋ^{42}fak^{213}fuŋ^{42}
掉 中 塘 发 冠子　　铜矿石飞散掉在塘中发冠子。
pau^{213}sa:ŋ^{31}pum^{31}pai^{33}zan^{33}
爷 智者“商” 摸 去 见　　智者“商爷”摸去采铜矿，
pau^{213}sa:ŋ^{31}ʔdam^{33}pai^{33}ʔdai^{55}
爷 智者“商” 穿 去 得　　智者“商爷”穿去得铜矿。

值得注意的是，《摩经》叙述人们“摸去采铜矿”、“穿去得铜矿”，实际就是对古代开采铜矿资源的生动描述。“穿”[ʔdam^{33}]，在布依语中是“向下远距离的穿插过程”之意。如果只是“表面浅层的穿插”则称为“ɕiak^{55}”或“ɬiak^{55}”，用词是不同的。故“穿去得铜矿”或指向下远距离穿插过程的地面露采；“摸去采铜矿”当指因矿道低矮狭窄和照明不足所采用的摸爬方法。说明古代汉藏语系“百越（粤）”或“濮（卜）越”先祖的铜矿开采，应有“地上露天开采”和“地下发掘矿脉开采”两种方式。

“雨下滴着铜矿石响”指江南多雨季节的特殊现象；“雷爆引得铜矿石飞”指雷电天气作用下的自然情境。此说折射出“濮（卜）越”或“百越（粤）”之地多雨和雷电自然天气作用下致使“铜矿石飞”，古代布依族先祖因此发现了“铜源”矿脉的重要方法。所以，《摩经》叙述曰：“铜矿石飞散掉何处？铜矿石飞散掉在山中边发宝”、“铜矿石飞散掉何塘？铜矿石飞散掉在水塘中发冠子”，“智者‘商爷’摸去采铜矿”、“智者‘商爷’穿去得铜矿”。其中铜在“山中边发宝”、铜在“发冠子”实际是氧化作用下铜块表面的铜氧化物凝结的现象（如下页图），古人觉得很稀奇，把铜块的这种现象称之为能够“发宝”、“发冠子”，并视作宝贵之物。

铜块在氧化作用下的"发宝"现象

布依族《摩经》中利用江南多雨和雷电天气的自然作用发现铜矿"矿脉"的记载，在古代，这种方式是科学找矿的方法之一。如同清代《大冶县志》载："铜绿山山顶高平，巨石对峙，每骤雨过时，有铜绿如雪花小豆点缀土石之上，故名。"此段记载发现铜矿的文献只提"骤雨"，没有"雷电"，比布依族《摩经》发现铜矿的方法少了一个条件。但江南"骤雨"之时一般伴有雷电轰鸣，文献中只是没有写出而已。这说明活动于大冶"铜绿山"地区的古代族群也曾通过与布依族《摩经》记载的相同方法，认识和开发了铜矿资源，著名的"铜绿山"因此得名。这种找矿方法的类同性，绝非偶然巧合。因为开采冶炼铜绿山古铜矿者是古代汉藏语系"百越（粤）"族群的"扬越人"。布依族即是汉藏语系"百越（粤）"族群的后裔。

张正明教授等在《楚史论丛》中对"铜绿山铜矿"有详细考证，他们认为：鄂东南地区古铜矿最早年代可能早到西周初期，而至西周晚期以前活跃于此地的居民仍是汉藏语系"百越（粤）"族群的"扬越人"，所以"铜绿山铜矿"是先由"越人"开采，春秋后易手于"楚人"的。[8]学界研究认为铜绿山铜矿开采，经西周一直延续到西汉，是国内古矿遗址中年代久远、生产时间长、规模最大的古矿遗址之一，已被列为古矿遗址中唯一的全国文物保护单位。其分布范围约两平方公里，地表遗留古代炼渣40万吨以上。从1974年起，已清理出西周至西汉千余年间不同结构、不同支护方法的竖井、斜井数百座，平巷百余条，以及一批春秋早期的炼铜竖炉，同时出土的还有大量用于采矿和冶炼生产的铜、铁、竹、木、石制生产工具。这些都真实地见证着当地矿冶业悠久的历史和卓越的技术成就，集中并完整地反映了我国青铜文化时期采矿生产中井巷的开拓与支护和矿井的提升、排水、通风、照明等一系列技术水平，也真实地反映了这一时期炼炉的形态和结构、筑炉材料的选择、矿石和燃料的选用及其工艺水平，是当时矿冶生产力发展状况最富特色的典型例证。[9]林蔚文教授在《中国百越民族经济史》中分析了"湖北铜绿山古矿"等"扬越人"的大部分青铜文化遗址后也指出："从总的情况看，商周时期地处湘、鄂部分地区的'扬越人'，已有一定规模的青铜冶铸业，器型及制造风格具有明显的越文化特征。在数量上虽不能与吴越地区相媲美，但也不在少数。如1978年发掘资兴旧市春秋墓，20座有随葬品的墓中共出土铜器60件，器型有鼎、矛、戈、镞、镦、剑、锛、斧、削、钺、铜条、铜片等，铜器占出土物总数的52%。当然，从现有考古资料看，扬越人青铜冶铸业的最大成就当在于开采铜矿。"[10]这是很有见地的学术观点。

"百越（粤）"或"濮（卜）越"与"楚"同为汉藏语系重要族群，水稻文化是两个族群的共同特征，其相互影响与融合是中华民族的凝聚力和社会进步所致，后来当地"楚、越"族群大都融入汉族之中，但其后裔始终生存于汉藏语系族群之内（汉族就是汉藏语系族群中人数最多者），这是应该充分肯定的。所以，在"楚"与"百越（粤）"文化之中，都能寻找到布依族《摩经》青铜文化的源头。

布依族是汉藏语系"百越（粤）"或"濮（卜）越"族群的后裔，又与楚文化有重要关系（楚、越都崇拜鸟图腾，布依族亦然）。西周时期大冶铜绿山的古铜矿开采者为"扬越人"，春秋时属"楚"，只是行政区划变动。当地人还是原来的"扬越人"为主，因行政区划属楚故称"楚人"。大冶铜绿山地区的"楚、越"先祖，利用江南多雨和雷电天气的自然作用发现铜矿"矿脉"的找矿方法与布依族《摩经》记载的找矿方法有高度类同性。两种青铜文化的找矿方法可相互印证，是因其汉藏语系族群文化渊源相同，在理论逻辑上顺理成章。由此说明布依族《摩经》中的青铜文化，当源于西周大冶铜绿山文化，也可以说“百越（粤）、楚”文化即布依族《摩经》青铜文化之源。

青铜冶炼的最早工序在于找矿、选矿、采矿，之后才开始冶炼工作。江苏及安徽南部、江西瑞昌等地区的越人，其青铜冶铸活动早在商代早中期就已开始，如相当于“湖熟文化”早期的一些遗址，如南京北阴阳营、锁金村、镇江马迹山、江宁汤山点将台遗址、江西瑞昌铜岭遗址等，都曾分别出土了如铜镞、刀、斧、锥、鱼钩、戈、钺以及小型炼铜坩埚、挹灌铜液用的铜勺青铜器等，一些遗址还发现了大量铜渣等遗物。这些文物表明，在商代早中期，“百越（粤）”地区的越人已经开始进行青铜冶铸活动了。[11]

“百越（粤）”族群的采掘工具与采矿技术能够反映出当时生产力发展的水平，值得认真考察。各古铜矿遗址出土一大批用于采掘、装载、照明、排水、选矿、提升、运输的，以铜、铁、竹、木、石等材料所制的多类生产工具，以及陶器、铜锭等遗物。其中采掘工具有斧、凿、锛、锤、锄、钻等，装载工具有木铲、竹框、草绳、藤篓等，排水工具有木槽、木桶、木勺、木瓢、水车、船形木斗等，提升工具有辘轳、滑轮（滑车）、绳索、木钩等，所出皆甚为珍贵。一般先秦多用铜质采掘工具，到了战国早中期如斧、锄、耙等铁制工具已开始出现，普遍使用铁制工具是在西汉以后。

铜斧：采掘工具。各采铜遗址均有发现，以铜绿山遗址为例，该遗址共出土几十件铜斧和铁斧，仅从12线一处老窿中就发现11件形制相同的铜斧，其中较大型的斧长25厘米，刃宽22厘米，重35公斤。经测定这批铜斧的化学成分是：铜90.27%、锡6.25%、铁1.05%，铅、锑、铝、锌等微量。铜绿山遗址还出土了一些大型和特大型铜斧，大型铜斧的重量约为5～7公斤或更重，另发现特大型的铜斧一件，该铜斧有明显使用痕迹，刃部磨损严重，出土时仍泛着青铜的光泽，重约15公斤，号称“铜斧之王”。这些铜斧和锛，有的还保留着木柄残段，器体一般采用直装木柄，可单独使用，也可与锤配合使用。此外，还出土铁斧等铁制工具，发现一件重达6公斤的铁锤。瑞昌铜岭、阳新港下出土的铜斧形体较小，有长条形的，也有中部呈束腰形的，与铜锛一样长10厘米左右。同时出土的还有**“滑轮”**、**“辘轳”**等简易机械工具。

船形木斗：亦是一种探矿选矿、淘洗矿石的工具。简单适用，其原理类似今天的“重力选矿法”，用来鉴定矿石品位的高低，确定井巷的开掘方向。该工具在铜绿山遗址被发现，皖南铜矿遗址尚未见到。

木溜槽：选矿工具。瑞昌铜岭、铜绿山等遗址均有发现，一般由整木制成。最长的一件达350厘米，两头有活动挡板，此槽作分节水冲法选矿用。铜绿山出土的一件木溜槽全长160厘米，两端各30多厘米，深20厘米，边厚3厘米，横断面呈U形。槽头有挡板，槽尾也有一可活动的挡板，木溜槽紧靠尾砂池。就选矿的原理而言，它与船形木斗（淘金斗）一样，采用的是重力选矿。这种分节选矿法，文献记载最早见于宋代。江南古铜矿遗址出土的选矿槽，把我国这种进步的选矿技术往前推了数百年。[12]江西“瑞昌铜岭遗址”比“湖北铜绿山遗址”年代更早，1988年发现于江西瑞昌县夏畈乡铜岭村，经发掘发现了商代中期的陶鬲、斗等遗物，从而证明了这是我国年代最早的古铜矿遗址之一。

江西是汉藏语系“百越（粤）”族群“干越”支系聚居区。江西瑞昌古铜矿遗址有露天采矿、地下开采井巷遗迹等。所见露采遗迹有采坑、槽坑、选矿槽、尾砂池、工棚等，再现了早期露天采矿的真实情况。第一期发掘发现矿井27口，平巷3条，斜巷1条，井巷均用木支护以保安全和加快采掘进度。矿井以木棍作顶棚，顶棚以顶梁、立柱、地袱连接的木立框支撑，以防顶压和侧压。井巷相通，井巷联合开拓，采用凿井的高低引起气流变化解决通风问题。发现的文物中，照明用的工具有竹签；开掘用的工具有青铜斧、钺、锛、凿；翻土工具有木锨、铲等；装载工具有竹筐、竹畚箕；提升工具有木轳辘、木钩；生活用具有陶鬲、斗、罐等。出土的木溜槽长 3.5 米，两头有活动挡板，此槽作分节水冲法选矿用，在当时是十分先进的选矿设备。木轳辘为机械装备的雏形，在当时得以运用也是难能可贵的。出土的大型陶鬲，口径 42 厘米，通高 46 厘米，用其盛装食物，可同时供二十余人食用。瑞昌铜矿遗址的年代从商代中期延续到春秋时期，这在国内乃至世界范围内都属最早的矿冶遗址之一。单从这一点看，当地古越人的历史功绩就值得赞颂。[13]如下图（图片均引自《江西文物》1990 年第 3 期）：

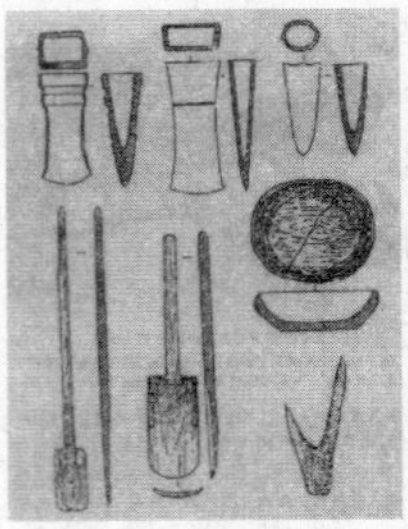

瑞昌铜岭商周遗址采矿工具

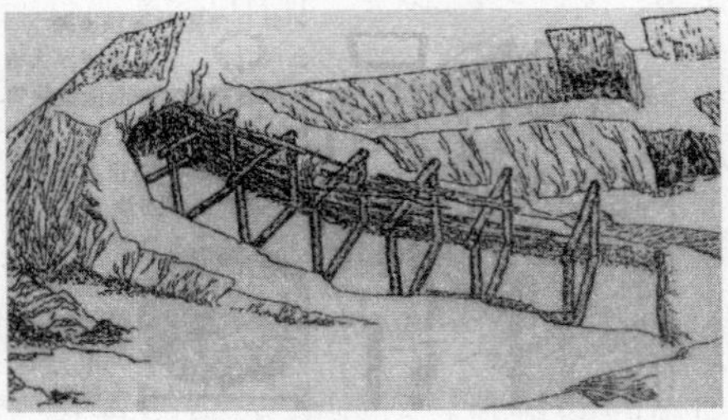

瑞昌铜岭商周遗址 X2 木支架复原图

瑞昌铜岭遗址选矿、尾砂池示意图

“瑞昌铜矿遗址”、“铜绿山古矿遗址”是我国汉藏语系族群“百越（粤）”或“濮（卜）越”先祖的具有代表性的两大铜矿遗址，代表了当时世界技术最先进的、规模较大的采矿与青铜冶炼水平。这里铜矿丰富，矿石品位高，开采年代久远，证明我国汉藏语系族群早在商周时期不仅能找富矿、大矿，而且已能开掘深矿井。冶炼的竖式炼炉、风沟结构等发明都具有一定的科学性，这在当时世界是没有先例的。[14]如图：

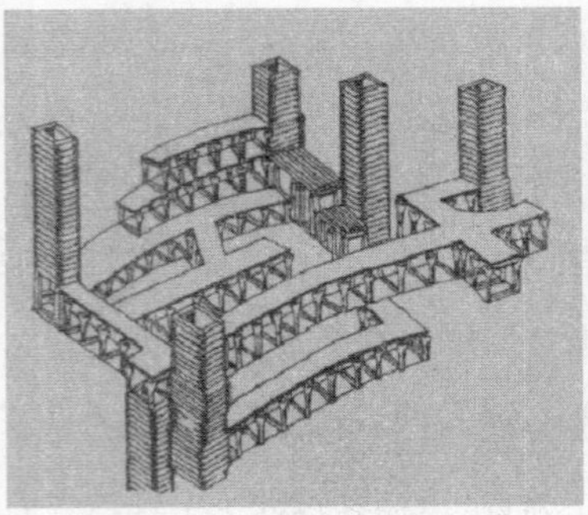

铜绿山西周矿井系统复原图

铜绿山考古现场一角[15]

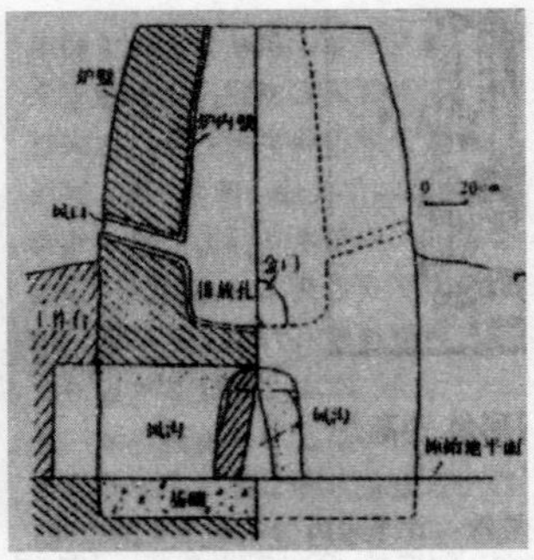

铜绿山炼铜竖井复原图[16]

皖南“越地”的周代古铜矿遗址群也是颇具代表性的古矿藏遗址，在安徽省南部长江北岸和南岸都有大量的古代铜矿采冶遗址的分布，其中，长江南岸主要分布于铜陵、南陵、贵池、繁昌、青阳、泾阳等地，比较重要的遗址有铜陵金牛洞、木鱼山，南陵大工山、江木冲等古矿冶遗址。矿藏之开采始于西周，贯穿整个周代，此矿藏遗址发现有古代采矿井巷遗迹、炼渣堆积和各种材质的采掘遗物等。同时，皖南铜矿冶炼技术的发现和确认，解答了我国硫化矿炼铜术起源时间的问题。[17]

“越地”先秦铜矿遗址和其他部分遗址中也经常发现有铜块、铜锭等，鉴证了旧时此地冶铜业的发达。如 1974 年，安徽铜陵木鱼山遗址发现 200 余斤铜锭，外形呈菱形；1984 年，安徽铜陵万迎山的一处春秋时期铜器窖藏中发现 1 件菱形铜锭；1985 年考古工作者在安徽南陵戴镇乡江木冲冶炼场遗址的表层采集了 2 件铜锭、1 件银铅锭；此外，安徽铜陵凤凰山古矿区、繁昌梨山冶铜遗址也先后发现了多块铜锭。[18]

其他“百越（粤）”古文化遗址也发现有铜锭、铜矿等矿藏遗物，如 1963 年浙江温州水嘉春秋末窖藏中出土了 50 余公斤黄铜块和少量锡块[19]；1976 年在江苏金坛县城东公社鳖墩西周后期墓所出的一个几何印纹陶坛中发现有 230 件铜块，这些都是由一整块铜饼打碎的碎块，共 70 公斤[20]；1977 年安徽贵池徽家冲窖穴中出土了 7 件菱形铜坯[21]；1977 年在浙江海盐县东厨舍村一个印纹陶罐内发现一批铜块[22]；江苏昆山盛庄东周遗址中出土 48.5 公斤铜块；江苏余坛城东发现 130 公斤铜块；句容茅山西麓发现 10 件铜块，共重 7.5 公斤[23]；广东阳春县岗美公社出土 1 件铜锭[24]，等等。说明南方汉藏语系“百越（粤）”或“濮（卜）越”族群的采矿冶炼业相当发达。

我国目前发现的最早的古代采矿遗址，是广东省佛山市南海西樵山新石器时代采石工场遗址（距今约有 5000 多年）。矿洞中发现了一排开采硬度很高的霏细岩的矿坑，横向坑穴最深在 37 米以上。尤其使人惊讶的是，这些矿坑内壁上有火烧痕迹，巷道地面堆积着很厚的一层经过火烧的磷石块和炭屑。经专家研究，确认当时采石的方法是“火攻”法，即把岩石烧得炽热，然后泼水骤然冷却使其开裂。在 5000 年前，我国岭南汉藏语系族群“百越（粤）”或“濮（卜）越”先祖已掌握了热胀冷缩的规律，并利用其来开采岩石，这在世界矿业史上是一个创举。[25]这种采矿技术显然为千年之后——商周时期“百越（粤）”族群的铜矿开采，提供了可靠的生产实践经验与科学依据。从 5000 年前的南海西樵山采矿遗址，到商周时期的“瑞昌铜矿遗址”、“铜绿山古矿遗址”、“皖南古铜矿遗址群”延续承继成一个从矿石开采到冶炼铸造的技术发展系列。这是包括布依族在内的汉藏语系族群“百越（粤）”先祖对中华文明的巨大贡献，充分证明了学术界关于“中华文明史是各民族共同创造”的论断是正确的。

上述“百越（粤）”先祖高超的采矿与青铜冶炼水平，就其规模和技术，在当时世界上都是位居首位的。这种先进文化必然传承于“百越（粤）”后裔民族之中。布依族是汉藏语系“百越（粤）”先祖的后裔，这就为我们分析、理解布依族传统宗教经典《摩经》的“铜矿、冶炼、铜器、铜鼓”文化，提供了可靠的考古学依据。如《摩经·用牛祭祖词》（第一卷《铜矿、冶炼与铜器、铜鼓》说：

kuan²¹³le³³<u>si³³to²¹³</u> <u>pu⁵⁵jaŋ³³</u>

古　　时　合拢　　人皇①　　　　　古时由人皇率领来炼铜。

jaŋ³³<u>ɕuaŋ²¹³ziau⁴²</u>mai⁵⁵zai²¹³

皇　　留下　　树　吹榴树　　　　　人皇留下吹榴树。

kuan²¹³le³³<u>si²¹³to²¹³</u> <u>pu⁵⁵kai³¹</u>

古　　时　　合拢　　人皇台　　　　　古时先祖们归在“人皇台”。

① “人皇”时代，是传说中最古的年代之一。

pei^{31}naŋ^{33}kuk^{55}ma^{33}zaŋ^{213} 鼓风器 皮 虎 来 挣破	曾经炼铜用的虎皮风箱也挣破，
pei^{31}naŋ^{33}sa:ŋ^{55}ma^{33}po^{213} 鼓风器 皮 大象 来 裂	曾经炼铜用的大象皮风箱也拉裂，
pei^{31}naŋ^{33}zok^{213}ma^{33}ʔdaɯ^{33} 鼓风器 皮 鸟 进来 里面	只有炼铜用的大鸟皮风箱撑得住。
au^{33}ziau^{42}si^{55}se^{33}za^{33} 要 留住 是 永久留 找	留东西就要找能够永久留下的铜器，
ziau^{31}mai^{55}zai^{31}pai^{31}zok^{213} 留 树 吹榴树 面 外	还要留下外面那棵吹榴树为证。
pei^{31}lok^{213}pai^{33}lok^{213}ma^{33} 鼓风器 拉 去 拉 来	鼓风炼铜扯去又吸来，
pei^{31} ta^{42} pai^{33}ta^{42}ta:u^{213} 鼓风器 扯 去 扯 来	鼓风炼铜吸来又扯去。
zam^{55}luaŋ^{42}tok^{55}se^{33}si^{55} 液 铜 掉 铜范（盒）①	铜液掉在那装铜液的铜范，
zam^{55}ta^{33}si^{55}se^{33}liaŋ^{33} 泪 眼 装铜液盒 拼	铜液炼出来了，铜智者激动得眼泪掉进铜范，与铜液融合；
zam^{55}luaŋ^{42}tok^{55}se^{33}sai^{55} 液 铜 掉 冶铜范（盒）②	铜液掉在那装铜液的各种盒，
zam^{55}ta^{33}ɦai^{55}lak^{213}lie^{42} 泪 眼 淌 参 连	铜液炼出来了，铜智者激动得眼泪淌入铜范，与铜液参连连。

《摩经》首先强调鼓风技术是对青铜熔炼法的辅助性乃至前提性的发明。可以说，没有鼓风器的发明，青铜熔炼法是无法操作完成的。冶金生产对温度的要求较高，一般都是在1000℃以上。要达到高温，就必须使燃料在燃烧时有充足的氧气。将一定压力的气流鼓入炉内，不仅能使燃料充分燃烧，提高燃料的利用率，增强燃烧强度，提高炉温，而且能增强气流穿透炉内料层的能力，提高冶炼质量和效率。《摩经》阐述了鼓风设备就是为此而发明的。

布依族《摩经》还认为，鼓风器的发明与制作是因为使用了“虎皮”、“大象皮”、“大鸟皮”等。其使用效果是：“曾经炼铜用的虎皮风箱也挣破，曾经炼铜用的大象皮风箱也拉裂，只有炼铜用的大鸟皮风箱撑得住。”这是古人用神话方式记述汉藏语系“百越（粤）”先祖创造和应用鼓风器的艰难历程，反映出人们对先祖发明的冶金鼓风器，可能也视之为珍贵神器。

“虎、大象、大鸟”等三种动物在人们的意识中绝非一般动物，它们都是布依族“百越（粤）”先祖的崇拜对象。前述汉藏语系“百越（粤）”先祖崇拜鸟图腾，实际上，他们对“大象”崇拜亦然。《摩经·用牛祭祖词》（第一卷）有祭祀祈福企望“长寿如大象白银骨”的记载。《摩经·祭山经》也说：

① 铜范（盒）：装铜液的模具，因花样多，民间也称之为工艺范。
② 冶铜范（盒）：装铜液的模具，有泥范、石范、陶范、沙石范等很多种。

ɕie^{55}vən^{31}pɯŋ^{31}taŋ^{31}ɦo^{55}

神 人 地区 全部 山神呵！地方众人皆敬您！

ɦau^{213}po^{33}la:u^{55}naŋ^{33}sa:ŋ^{55}

进 山 大 皮 大象 进大山里采大象皮来祭，

ɕiŋ^{213}po^{33}sa:ŋ^{33}naŋ^{33}ɕie^{55}

供 山 高 皮 神 供山的大象皮即是神皮。

“供山的大象皮即是神皮”、“采大象皮来祭”，这就说明“大象”是布依族“百越（粤）”先祖的崇拜对象。距今7000年前的浙江河姆渡文化遗址出土有大型艺术文物——陶塑“大象”，此陶象也作祭祀之用。陶塑“大象”高19厘米，宽24厘米，器物较厚重。遗址中出土不少大象骨、象牙和象牙雕刻，可能当时河姆渡人不仅以大象为狩猎对象，还以“大象”为神物。大象本身高大壮硕，力量极强，令河姆渡人震撼。因大象不是随便就能捕获的，他们才专门制作了古朴的“大象”陶塑，供祭祀之用，并视大象为吉祥神，他们喜爱精美象牙雕刻亦应该与这种大象崇拜意识有关。

浙江河姆渡文化遗址出土陶塑大象（采自周新华：《稻米部族》）

在“百越（粤）”地区的湖南醴陵也出土有商周时期青铜礼器——“大象尊”。醴陵出土的象尊（失盖），长26.5厘米、高22.8厘米，象鼻昂举，中空与腹相通，鼻前后有扉棱，鼻上饰鳞纹，鼻端饰兽首，前足上有一伏虎，额上有一对蛇纹，卷曲如角。躯干侧饰形状各异的夔纹和虎纹，后足饰兽面纹，从臀至尾皆有扉棱。美国弗利尔美术馆所藏的象尊与醴陵象尊造型非常相近，象身高17.5厘米。带盖，盖上有一个小象为纽，象鼻上饰有兽首和伏虎。美国弗利尔美术馆所藏的象尊（如下图）当从“越地”流出。[25]3000年前商周青铜礼器——“大象尊”反映的“大象崇拜”与河姆渡文化一脉相承。与布依族同为汉藏语系“百越（粤）”后裔的傣族人民也崇拜“大象”，傣族村寨的寺庙里供奉着精美的“大象”雕塑，节日里人们喜爱跳象脚鼓舞等。布依族也把“大象神”作为吉祥神，《摩经》有“大象神是吉祥神”的记载。这就是文化共性。

湖南醴陵出土商周时期象尊

弗利尔美术馆所藏象尊[27]

《摩经·祭山经》说：“大象神皮祭山神”、“村寨得平安”。《摩经·用牛祭社词》（第一卷）“铜矿、冶炼与铜器、铜鼓”也说：“用大象皮制作鼓风器炼铜。”这些都是人们对族群先祖“大象”崇拜的传承。青铜时代人们的崇拜对象与青铜文化密切相关，因而商周时期的人们制作了精美的青铜礼器——“大象尊”。

对于布依族“百越（粤）”先祖的“虎”崇拜，《摩经·用牛祭祖词》（第一卷）有古代王之印玺“鸟虎印”、“鸟狮印”的记载。《摩经·用牛祭祖词》（第一卷）《留下“宝印”重价》说：

lək^{213}ɦa^{55}sa:m^{33}au^{33}tɕeu^{55}
儿 想 问 要 重价　　　　儿问要重价，

sa:m^{33}au^{33}tɕeu^{55}ɦaɯ^{55}tɕeu^{55}
问 要 重价 给 重价　　　　问要重价给重价。

ʔin^{31}ʒok^{213}kok^{55}tɕeu^{55}ɕian^{42}jaŋ^{31}laɯ^{31}
印 鸟 虎 重价 钱 哪样①　　　　“鸟虎印”那样的重价，

au^{33}ma^{33}lək^{213}kuə^{213}tɕeu^{55}
要 来 儿 做 重价　　　　要来给儿做重价。

wan^{42}ma^{33}sa:m^{33}ɕip^{213}ɕian^{42}
每天 来 三 十 钱　　　　每天进得三十金钱，

ʔin^{31}ʒok^{213}ʒei^{33}tɕeu^{213}ɦau^{55}jaŋ^{31}laɯ^{31}
印 鸟 狮 重价 钱 哪样②　　　　“鸟狮印”那样的重价。

van^{31}ma^{33}sa:m^{33}ɕip^{213}ɦa:u^{55}
每天 来 三 十 粮米　　　　每天进得三十粮米，

au^{33}ma^{33}lək^{213}kuə^{213}tɕeu^{55}
要 来 儿 做 重价　　　　要来给儿做重价。

《摩经·用牛祭祖词》（第一卷）《请“雅俊”经》还记载了“居住于湖中岛屿石头城”的布依族女祭师“雅俊”家的“虎纹”装饰。具体记载说：

pan^{55}zeu^{42}tɕim^{213}ʔju^{31}pja^{33}
别人 说 女布摩 在 石岩　　　　听说女布摩住在石岩，

lək^{213}məŋ^{31}ko^{55}taŋ^{31}pja^{33}
儿 你 也 到 石岩　　　　你儿也去到石岩请。

pan^{55}zeu^{42}ja^{42}ʔju^{31}tau^{55}
别人 说 奶 在 岛　　　　听说“雅俊”住在岛上，

lək^{213}məŋ^{31}ko^{55}taŋ^{31}tau^{55}
儿 你 也 到 岛　　　　你儿也上到岛去请。

pan^{55}zeu^{42}la:u^{55}ʔju^{31}su^{33}
别人 说 老 在 城③　　　　听说“雅俊”住在岛上石头城中，

lək^{213}məŋ^{31}ko^{55}taŋ^{31}su^{33}
儿 你 也 到 城　　　　你儿也进城去请。

……

① 鸟虎印：虎钮鸟文的古代王之印玺。
② 鸟狮印：狮钮鸟文的古代王之印玺。
③ 城：“雅俊”居住的岛上石头城中。

tɕa^{33}ʔduan^{55}pai^{33}ʔduan^{55}pai^{33}
小伙 走着 走着　　俩小伙又走着、问着，
tɕa^{33}pai^{33}taŋ^{31}pak^{213}naŋ^{31}la^{213}ra:n^{42}
小伙 去 到 口 场院 下 屋　　走到“雅俊”的屋旁场院口，
tɕa^{33}pai^{33}taŋ^{31}pan^{31}la^{55}taŋ^{213}
小伙 去 到 院中 下 楼　　来到“雅俊”院中的楼下，
zan^{33}pa:k^{31}tu^{33}tɕim^{213}suk^{55}ɕiaŋ^{42}
见 口 门 “雅俊” 筑 墙
ɕi^{31}lom^{55}pja^{33}
像 鱼　　见着“雅俊”家的花鱼纹墙，
zan^{33}pa:k^{31}tu^{33}tɕim^{213}suk^{55}ɕiaŋ^{42}
见 口 门 “雅俊” 筑 墙
ɕi^{31}loŋ^{55}kam^{55}
像 半圆拱　　见着“雅俊”家的圆拱大门，
zan^{33}pa:k^{31}tu^{33}tɕim^{213}za:i^{31}kuk^{55}
见 口 门 “雅俊” 画 虎
lian^{31}za:i^{31}ŋək^{213}
连 画 龙　　见着“雅俊”家画虎又画龙。

“雅俊”，又称“密莫”[mie^{213}mo^{33}]，是布依语对女祭师的称谓。石头城中古代女祭师家的“圆拱大门”，其“古代石头城”的具体方位待考。据戴夏东、罗德启、伍文义编著的《石头与人》（中国民族文化丛书之一）载，今黔中地区就有著名的覆盖数百平方公里的布依族石头住宅建筑群。近年来，云南抚仙湖水下考古，也发现湖底有古代石头建筑群遗址，可能就与此有关。女祭师家中“画虎又画龙”，是布依族“虎、龙”崇拜的反映。古代布依族男祭师“布摩”先生的装束，更是“脚杆有龙纹连虎纹来祭祀”，显然是“虎、龙”文身习俗之外观，“双脚踏双蛇”，身披“好虎皮”、“好神皮”、“好燕皮”、“双龙立双腋”等记载，都是“虎、龙、鸟、蛇”等宗教崇拜的体现。如《摩经·用牛祭祖词》（第五卷）第四节说：

pai^{33}ʔdoŋ^{33}ʔau^{33}pɯŋ^{55}kuk^{55}ʔdi^{33}ku^{33}
去 林 取 皮 虎 好 我　　布摩说：你去林中取我的“好虎皮”，
pai^{33}tsa:ŋ^{33}ʔau^{33}pɯŋ^{55}ɕie^{55}ʔdi^{33}ku^{33}
去 中间 取 皮 神 好 我　　你进中间取我的“好神皮”，
pai^{33}sɯ^{213}ʔau^{33}pɯŋ^{55}ʔen^{31}ʔdi^{33}ku^{33}
去 角 取 皮 燕 好 我　　你去房角取我的“好燕皮”。
ku^{33}ʔduan^{55}ma^{33}ʔduan^{55}ma^{33}
我 走 来 走 来　　布摩我走来走来。
ŋɯ^{42}nan^{31}kuə^{31}sai^{33}kan^{33}ku^{33}ma^{33}
红脖蛇 做 带 巾 我 来　　红脖蛇做巾带我布摩来，
ŋɯ^{42}pan^{42}kuə^{31}sai^{33}ʔja:ŋ^{55}ku^{33}ma^{33}
扁脖蛇 做 带 长剑 我 来　　扁脖蛇做长剑带我布摩来，

pi^{42}ʔba^{55}tək^{55}ʔdaɯ^{33}pɯ^{31}ku^{33}ma^{33}
扇　蝴蝶　放　内　衣　我　来　　　　蝴蝶扇风放衣内我布摩来，
soŋ^{33}ŋɯ^{42}kuə^{31}soŋ^{33}tin^{33}ku^{33}ma^{33}
双　蛇　做　双　脚　我　来　　　　双脚踏双蛇我布摩来，
soŋ^{33}lɯŋ^{42}tau^{55}soŋ^{33}ʔi^{31}ku^{33}ma^{33}
双　龙　立　双　腋　我　来　　　　双龙立双腋我布摩来，
tuə^{31}ʔdu^{55}ʔdi^{31}pa:u^{55}ʔda:ŋ^{33}ku^{33}ma^{33}
只　鸣蝉　保　身　我　来　　　　鸣蝉保身我布摩来。
ka^{33}ku^{33}za:i^{42}tsin^{55}lian^{31}za:i^{31}tsen^{213}
脚杆　我　龙纹　连　虎纹
taŋ^{31}məŋ^{42}
祭祀　你　　　　我布摩的脚杆有“龙纹连虎纹”来祭祀你。

《摩经·用牛祭祖词》还记载有古代王之印玺“鸟虎印”、“鸟狮印”。“鸟虎印”即为虎钮鸟文印（古代吴越就有“鸟文”）；“鸟狮印”即为狮钮鸟文印。但我国自然环境不适合狮子生存，境内亦无狮，至东汉时期，才有西域安息国两次向东汉王朝进献狮子的记载（见《后汉书·西域传》）。故“鸟狮印”之“狮”，可能为豹，可视为虎豹之类。在长江流域和珠江流域汉藏语系“百越（粤）”族群地区考古发掘中，也有“虎纹、豹纹”青铜礼器出土，这可以明证。

由此看出，《摩经·用牛祭祖词》（第一卷）《铜矿、冶炼与铜器、铜鼓》曰：“曾经炼铜用的虎皮风箱也挣破，曾经炼铜用的大象皮风箱也拉裂，只有炼铜用的大鸟皮风箱撑得住。”这是借用族群先祖的崇拜对象——“虎、大象、大鸟”之力，特别是借用了图腾物“大鸟”的神力来形容冶金鼓风器的强大，从而歌颂先祖发明创造青铜文化的伟大功绩。这进一步说明了以皮橐为冶金鼓风设备，是汉藏语系族群先祖的发明。

如同《吴越春秋·阖闾内传》曰：“……童男童女三百人鼓橐装炭，金铁及濡。”橐即皮橐，为古代冶金鼓风器。《管子·揆度》曰：“摇炉橐而立黄金也。”老子《道德经》曰：“天地之间其犹橐龠乎，虚而不屈，动而愈出。”《墨子·备穴》曰：“具炉橐，橐以牛皮，炉有两瓴，以桥鼓之。”又曰：“灶用四橐。”这就明确了《摩经》关于布依族“百越（粤）”先祖以皮橐为冶金鼓风设备之记载不虚。

秦汉时期的文献更明确了皮橐用于冶金鼓风。《论衡》曰：“铜锡未采，在众石之间，工师凿掘炉橐铸铄，乃成器。”《淮南子·本经训》载：“鼓橐吹埵，以销铜铁。”《淮南子·齐俗训》曰：“炉橐埵坊，设非巧，不能以冶金。”1930 年山东滕县出土的汉画像石刻中，有一幅冶铁图，其中部分为皮橐用于鼓风作业的场景。

“橐”，又称为“鞴”或“排”。《资治通鉴·梁武帝中大同元年》：“于堑外积柴贮火，敌有在地道内者，塞柴投火，以皮排吹之。”胡三省注：“排，读与鞴同，音步拜翻，革囊也，所以吹火。”宋沈括《梦溪笔谈·药议》：“五脏之含气呼吸，正如冶家之鼓鞴。”《汉语大词典》说：“鞴，《广韵》蒲拜切，鼓风吹火之器，又称‘皮鞴’或‘鼓鞴’，俗称风箱。”这些记载与布依族《摩经·用牛祭祖词》（第一卷）中《铜矿、冶炼与铜器、铜鼓》一文的“虎皮风箱、大象皮风箱、大鸟皮风箱”等冶金鼓风器，其意义一致。布依语亦称冶金鼓风器为[pei^{31}]（见《摩经·用牛祭祖词》第一卷《铜矿、冶炼与铜器、铜鼓》）。今布依族地区早已使用活塞式木制风箱，但语言上仍称活塞式木制风箱为[pei^{31}]，保留了冶金鼓风器一词的古音。布依语与汉语的冶金鼓风器一词发音一致，这也是汉藏语系族群在青铜文化方面的共性特征。

《摩经》所说的“皮制鼓风器”能承受较大压力，被用作早期冶金业的主要鼓风设备，这是可信的。应用于商周时期汉藏语系族群“百越（粤）”先祖的“瑞昌铜矿遗址”、“铜绿山古矿遗址”的竖式炼炉、风沟结构等设备之上的皮制冶金鼓风器，具有一定科学性，能保证青铜冶炼成功，因而载于先秦典籍之中。《摩经·用牛祭祖词》（第一卷）《铜矿、冶炼与铜器、铜鼓》也说：

pei^{31}naŋ^{33}kuk^{55}ma^{33}zaŋ^{213}
鼓风器 皮 虎 来 挣破　　　　曾经炼铜用的虎皮风箱也挣破，
pei^{31}naŋ^{33}sa:ŋ^{55}ma^{33}po^{213}
鼓风器 皮 大象 来 裂　　　　曾经炼铜用的大象皮风箱也拉裂，
pei^{31}naŋ^{33}zok^{213}ma^{33}ʔdaɯ^{33}
鼓风器 皮 鸟 进来 里面　　　　只有炼铜用的大鸟皮风箱撑得住。
……
pei^{31}ta^{42}pai^{33}ta^{42}ta:u^{213}
鼓风器 扯 去 扯 来　　　　鼓风炼铜吸来又扯去，
zam^{55}luaŋ^{42}tok^{55}se^{33}si^{55}
液 铜 掉 铜范（盒）　　　　铜液掉在那装铜液的铜范，
zam^{55}ta^{33}si^{55}se^{33}liaŋ^{33}
泪 眼 装铜液盒 拼　　　　铜液炼出了，铜智者激动得眼泪掉进铜范与铜液拼合；
zam^{55}luaŋ^{42}tok^{55}se^{33}sai^{55}
液 铜 掉 冶铜范（盒）　　　　铜液掉在那装铜液的各种盒，
zam^{55}ta^{33}ɦai^{55}lak^{213}lie^{42}
泪 眼 淌 参 连　　　　铜液炼出了，铜智者激动得眼泪淌入铜范与铜液参连连。
suaŋ^{213}zam^{55}luaŋ^{42}ta:i^{213}ʔit^{55}
放 液 铜 第 一　　　　第一次放液铜啦！
au^{33}kueə^{31}le^{42}pa:k^{213}na^{55}
要 做 喇叭口　　　　要铸成喇叭口铜器，
jiaŋ^{31}pan^{31}le^{42}pa:k^{213}na^{55}
也 成 喇叭口　　　　也成喇叭口铜器。
suaŋ^{213}zam^{55}luaŋ^{42}ta:i^{213}ŋi^{31}
放 液 铜 第 二　　　　第二次放液铜啦！
au^{33}kueə^{31}laɯ^{42}pa:k^{213}pɯn^{42}
要 铸 锣（铙） 面 大口　　　　要铸成大口铜锣（铙），
jiaŋ^{31}pan^{31}la^{42}pa:k^{213}pɯn^{42}
也 成 锣（铙） 面 大口　　　　也成大口铜锣（铙）。
suaŋ^{213}zam^{55}luaŋ^{42}ta:i^{213}sam^{33}
放 液 铜 第 三　　　　第三次放液铜啦！

au^{33}kuə^{31}ȵian^{42}pak^{213}na^{55}

要　铸　铜鼓　面　前　　　　要铸成铜鼓面上的花纹，

jiaŋ^{31}pan^{31}ȵian^{42}pa:k^{213}na^{55}

也　成　铜鼓　面　前　　　　也成铜鼓面上的花纹。

suaŋ^{213}ʑam^{55}luaŋ^{42}ta:i^{213}si^{213}

放　液　铜　第　四　　　　第四次放液铜啦！

au^{33}kuə^{31}ɕuaŋ^{33}ʔdɯ^{33}suat^{213}

要　铸　铓锣　铓锣中部冒出的敲击点　　　　要铸成铓锣中部冒出的敲击点，

jiaŋ^{31}pan^{31}ɕuaŋ^{33}ʔdɯ^{33}suat^{213}

也　成　铓锣　铓锣中部冒出的敲击点　　　　也成铓锣中部冒出的敲击点。

suaŋ^{213}ʑam^{55}luaŋ^{42}ta:i^{213}ɦa^{55}

放　液　铜　第　五　　　　第五次放液铜啦！

au^{33}kuə^{31}ȵian^{31}na^{55}pəŋ^{42}

要　铸　铜鼓　面上 地区　　　　要铸成全部村寨使用的铜鼓，

jiaŋ^{31}pan^{31}ȵian^{31}na^{55}pɯn^{42}

也　成　铜鼓　面上 地区　　　　也成全部村寨使用的铜鼓。

这是《摩经》中记录的对汉藏语系“百越（粤）”先祖发明创造青铜冶铸技术的颂歌，其间充满真挚情感。从商代到西周时期，越地有冶铸青铜的遗址和大量遗物。如江苏湖熟文化中出土有用来熔铜的厚胎陶钵范和挹灌铜液的陶勺类。更引人注目的是，在江西吴城遗址中，出土有三百多件用来铸造青铜器的石质铸型——石范，其中大部分都是铸造工具、武器的铸型，计有锛范、斧范、刀范、凿范、戈范、矛范、镞范、钺范等。此种石范在赣省各地，如乐东、赣县、兴国、上高、萍乡、九江、永修和永丰等地都有出土；在珠江流域地区，诸如广东海丰、香港、云南剑川海门口等地也有不少发现。[28]这就是布依族《摩经·用牛祭祖词》（第一卷）《铜矿、冶炼与铜器、铜鼓》相关记载的客观依据。

《摩经·铜矿、冶炼与铜器、铜鼓》曰，“曾经炼铜用的虎皮风箱也挣破，曾经炼铜用的大象皮风箱也拉裂，只有炼铜用的大鸟皮风箱撑得住”，“铜液炼出了，炼铜人激动得眼泪掉进铜范与铜液融合”、“铜液炼出了，炼铜人激动得眼泪淌入铜范与铜液参连连”。反映的是布依族等百越（粤）族群先祖们艰难探索，屡败屡试，直至成功的伟大历程。科技发明靠的是长期的艰苦探索，靠的是锲而不舍的钻研精神。待到成功之时，或让疲倦随激动的泪水抛下，内心享受着成功带来的甘甜；或将一切艰苦历程视为砥砺，又焕发出崭新的力量与智慧。科学研究与发明创造本不容易，其中滋味至今仍令从事科学研究者多有感受，何况在条件简陋的古代？《摩经·铜矿、冶炼与铜器、铜鼓》展现了汉藏语系“百越（粤）”先祖青铜冶炼成功的盛举与当时人们的激情，其壮美场面跃然纸上。古代中华科技曾辉煌数千年之久，靠的就是民族先祖的科学钻研与锲而不舍的发明创造精神，这都是应该充分肯定和发扬的民族精神。

第二节 《摩经》中的“铜剑、铜柱”等青铜器研究

我国汉藏语系族群先祖的铜器究竟是什么时候发明的？《史记·封禅书》曰：“黄帝采首山之铜，铸鼎于荆山之下。”《尸子》曰：“蚩尤作冶。”《世本》曰：“蚩尤以金作兵器。”布依族《摩经》也说：“古时先祖们归在‘人皇台’……古时‘人皇’率领来炼铜。”但黄帝、蚩尤、人皇所处的真实年代难以论定。《摩经·用牛祭祖词》（第一卷）《铜矿、冶炼与铜器、铜鼓》说：

kuan^{213}le^{33}si^{33}to^{213}pu^{55}jaŋ^{33}
古　时　合拢　人皇　　　古时“人皇”率领来炼铜。

jaŋ^{33}ɕuaŋ^{213}ziau^{42}mai^{55}zai^{213}
皇　留下　树　吹榴树　　　人皇留下吹榴树。

kuan^{213}le^{33}si^{213}to^{213}pu^{55}kai^{31}
古　时　合拢　人皇台　　　古时先祖们归在“人皇台”。

pei^{31}naŋ^{33}kuk^{55}ma^{33}zaŋ^{213}
鼓风器 皮　虎　来　挣破　　　曾经炼铜用的虎皮风箱也挣破，

pei^{31}naŋ^{33}sa:ŋ^{55}ma^{33}po^{213}
鼓风器 皮　大象　来　裂　　　曾经炼铜用的大象皮风箱也拉裂，

pei^{31}naŋ^{33}zok^{213}ma^{33}ʔdaɯ^{33}
鼓风器 皮　鸟　进来　里面　　　只有炼铜用的大鸟皮风箱撑得住。

au^{33}ziau^{42}si^{55}se^{33} za^{33}
要　留住　是 永久留 找　　　留东西就要找能够永久留下的铜器。

ziau^{31}mai^{55}zai^{31}pai^{31}zok^{213}
留　树　吹榴树　面　外　　　还要留下外面那棵吹榴树为证。

布依族《摩经》中有“人皇”，汉文古籍中亦有“人皇”。《洛书》曰：“人皇始出，继地皇之后，兄弟九人，分理九州，为九囿。人皇居中州，制八辅。”这是“人皇”的最早记载。《易经·系辞》亦曰：“河出图，洛出书。”安徽阜阳双古堆西汉汝阴侯墓出土的太一行九宫占盘，是汉初方士依据《灵枢经·九宫八风篇》制作的占卜吉凶祸福的仪器。蔡运章先生认为：“它的发现不但证明《灵枢经》确为战国晚期的文献，而且说明与洛书紧密相关的九宫图在战国晚期也已出现。因为九宫图是从洛书演化来的，也是洛书的一种表现形式。所以《灵枢经·九宫八风篇》和太一行九宫占盘上的九宫图，当是我们现今所知最早的洛书图，而《洛书》产生的年代，当在战国初年。”[29]殷墟卜辞有征伐“人方”之事，郭沫若先生《卜辞通纂》释“人字作尸，即夷的古写”，其地在淮河流域，认为殷代尸方乃合山东岛夷与淮夷（今安徽地区）而言。董作宾氏则求“人方”于山东境内。陈梦家先生则以为人方与尸方是不同时间所记的不同地点，而“人方”属于“淮夷”，当无可疑。[30]“方”与“皇”同为阳声韵，同音相假，故“人方”应即“人皇”。商代山东岛夷、淮夷与“百越（粤）”同为汉藏语系的主要族群，且活动的地域相连。同语系族群在经济文化上相互学习和影响是很正常的。

前述布依族与东夷、“百越（粤）”有密切关系，正与“人方”相互印证。故《摩经》所说的“人皇”时代当不晚于夏商时代。中原在更早于仰韶文化晚期和龙山文化时就已发现小件铜器。

所以，包括布依族在内的汉藏语系“百越（粤）”族群的青铜文化是在中原青铜文化影响下产生的。又因“百越（粤）”地区盛产铜矿，有自然资源“铜源”之利，前述“百越（粤）”族群先祖从5000年前广东南海西樵山石矿采矿，到商周“皖南古铜矿遗址群”、“瑞昌铜矿遗址”、“铜绿山古矿遗址”的历史印记是一个从矿石开采到铜矿冶炼铸造的技术发展系列。越地蕴藏有丰厚的铜锡矿藏。《周礼·职方氏》载：“东南曰扬州，其川三江，其浸五湖，其利金、锡、竹箭。”《禹贡》也载扬州“厥贡唯金三品”。但金属矿产不同于一般之物，开采出来的矿石其有效成分比例较小，非经过熔炼甚至进一步提炼是无法作为贡品的。如同王充《论衡·量知》曰：“铜铁未采，在众石之间，工师凿掘，炉橐铸铄，乃成器。”殷商时期，“百越（粤）”族群先祖进入了我国历史上光辉灿烂的青铜时代，并在很长的一个时期内，为我国的青铜文化作出了重要贡献。

铜和许多金属一样具有美丽的光泽，又富有延展性，经过锤炼可以做出很细很薄的器具。铜器经久耐用，用坏了可以回炉重新锻打或铸造，再做成新的器具。铜器的质量与生产劳动效率大大超过传统石器、木器。所以，《摩经》说：“留东西就要找能够永久留下的铜器。”铜器的发明是先祖“人皇”的功劳，这就增加了英雄祖先的分量。

布依族《摩经》中关于青铜器的记载，包括青铜农具、青铜兵器、青铜礼器。如“铜板”、“喇叭口铜器”、“铜锣（铙）”、“大口铜锣（铙）”、“铜铓锣”、“铜锄”、“铜板锄”、“铜扇”、“铜刀”、“铜剑”、“铜鼓”、“铜棺”、“铜桩”、“铜柱”等都是要遵从一定原则和方法的，如《摩经·用牛祭祖词》（第一卷）《铜矿、冶炼与铜器、铜鼓》说：

jiaŋ^{213}lum^{55}jiaŋ^{213}luaŋ^{42}ma^{42}
样子　像　样　铜　哪　　　　铜是哪种铜？
sau^{33}lum^{55}sau^{33}luaŋ^{42}li^{42}
柱　像　柱　铜　哪　　　　“铜柱”像哪种铜柱？
lum^{55}luaŋ^{42}ʔdi^{33}ɕiau^{31}kuan^{213}
像　铜　好　代　古　　　　“铜柱”是古代好铜铸。
jiaŋ^{213}lum^{55}jiaŋ^{213}luaŋ^{42}ma^{42}
样子　像　样　铜　哪　　　　“铜柱”纹样像哪样？
sau^{33}lum^{55}sau^{33}luaŋ^{42}ta:u^{42}
柱　像　柱　铜　桃花　　　　“铜柱”花纹闪亮像桃花，
lum^{55}luaŋ^{42}ɦa:u^{33}ɕiau^{31}kuan^{213}
如同　铜　白　代　古　　　　如同古代的白铜。
……
suaŋ^{213}ʑam^{55}luaŋ^{42}tai^{213}ʔit^{55}
放　液　铜　第　一　　　　第一次放液铜啦！
au^{33}kuə^{31}le^{42}pa:k^{213}na^{55}
要　做　喇叭口　　　　要铸成“喇叭口铜器”，
jiaŋ^{31}pan^{31}le^{42}pa:k^{213}na^{55}
也　成　喇叭口　　　　也就成了“喇叭口铜器”。

suaŋ^{213}zam^{55}luaŋ^{42}ta:i^{213}ŋi^{31}
放　液　铜　第　二　　　　第二次放液铜啦！
au^{33}kuə^{31}laɯ^{42}pa:k^{213}pɯn^{42}
要　铸　锣（铙）　面　大口　　　　要铸成大口铜锣（铙），
jiaŋ^{31}pan^{31}la^{42}pa:k^{213}pɯn^{42}
也　成　锣（铙）　面　大口　　　　也就成了大口铜锣（铙）。
……　　　　……
koŋ^{33}ʔdi^{33}məŋ^{31}tau^{55}lian^{42}
弓　好　你　来　捡　　　　好弓你铜鼓来捡，
ɕian^{31}ʔdi^{33}məŋ^{31}tau^{55}θim^{42}
箭镞　好　你　来　修　　　　好“铜箭镞”你铜鼓来修。

此段《摩经》记载的青铜器有“铜箭镞”、“大口铜锣（铙）”、“喇叭口铜器”、“铜柱”等。《摩经》强调“‘铜柱’是古代好铜铸”、“‘铜柱’纹样像哪样”、“‘铜柱’花纹闪亮像桃花”，说明古代布依族特别看重“铜柱”。

可印证汉藏语系“百越（粤）”文化的出土“铜柱”，主要有两处。一是浙江绍兴306号战国早期墓出土的青铜器，该墓共出17件铜器，其中有徐式器数件，余为越式器。越式器中的青铜屋模型最富有特色。该模型通高17厘米，平面作长方形，面宽13厘米，进深11.5厘米，房屋进深三间，各间深度均等，南面敞开，无门窗，东西两面为长方格落地式立壁。屋内分别塑有鼓师、乐师及歌手等数人，人物的发髻、衣饰、表情面目等均栩栩如生。屋顶为四坡式攒尖顶，顶上还竖一青铜图腾柱，柱顶塑一大尾鸠（鸟）。整个图腾柱饰S形纹络，通体鎏金灿烂。这是一件不可多得的珍品，反映当时越人青铜冶铸工艺的高超水平。[31]另一处是滇国晋宁石寨出土的贮贝器，器上就有“杀人祭铜柱场面”。此图像中的铜柱约二人高，直径等于人的腰围（与同一场面中的铜铸人像比较）。柱下端横卧一鳄鱼，中段盘绕二蛇，顶端立一虎。参加祭祀者多围绕铜柱，有的奉祭品，有的跪于柱旁做祈祷状。柱侧木桩上捆一待杀之人，想必为牺牲。整个祭祀活动在一个奴隶主的监督下进行。考古学家张增祺先生认为：“铜柱为什么成为当地民族的崇拜对象，这显然和古代‘百越（粤）’民族普遍视铜柱为神物有关。刘恂《岭表异录》记有这样一个故事，韦公干为爱州刺史时，闻其境有马援铜柱。‘公干利其财，即摧熔货之于胡贾。土人不知援之所铸，且谓神物。哭曰：使者果坏之，吾属于海人所杀矣。公干不听，百姓奔走，诉于都督韩约，移书辱之，公干乃止。’文中所说‘土人不知援之所铸，且谓神物’，这很明显是刘恂等内地文人既不了解越人崇拜铜柱的习俗，又不知当年马援立铜柱的真正意图的无知看法。不过从中也可看出越人崇拜铜柱，视铜柱为神物的真实情况。滇池区域的古代民族也崇拜铜柱，和古越人一样。”[32]306号战国墓还出土有滇国汉藏语系“百越（粤）”族群的传统建筑模型——青铜干栏式房屋。房前直立一蛇纹浮雕方形柱，柱高超过屋檐，上宽下窄，类似华表，形制非常醒目，似应视其为一方形图腾柱（如下页图）。

滇国青铜干栏式屋前方形图腾柱（采自张增祺：《滇国与滇文化》）

浙江绍兴 306 号战国墓出土青铜屋（左图）及图腾柱结构图（右图：1. 正面，2. 侧视，3. 北壁。转引自林蔚文：《中国百越民族经济史》，图采自《文物》1984 年第 1 期）

铜鸠杖亦为“柱型器”。铜鸠杖的实物主要发现于江苏宁镇和浙江省部分地区，在江苏丹徒青龙山 M1、丹徒北山汉墓、浙江吴兴埭溪和绍兴漓渚中庄村各发现 1 件。广西虽然没有发现此类实物，但在恭城秧家村出土的铜尊腹部纹饰中，却有此类鸠杖形状，年代均为春秋晚期到战国早期。鸠杖的基本构造可分为杖首和杖镦两部分，杖首顶端站立一鸠鸟，其主体部分由呈三角形或扁圆的凸棱和扁圆形箍界格成三段，在界格和扁圆形箍及二者两侧饰有细密的交连纹和锯齿纹，有的还有连珠纹和棘刺纹。杖镦形制与之相近，反向施为，底部为一跪坐的人像。绍兴漓渚中庄村山上的器物在各段之间还饰有三角雷纹，并且器体通身布满纹饰。关于鸠杖的用途，学界多认为是一种权力杖，是至高无上的权力的象征，但也有人认为是悬鼓的“鸠柱”。

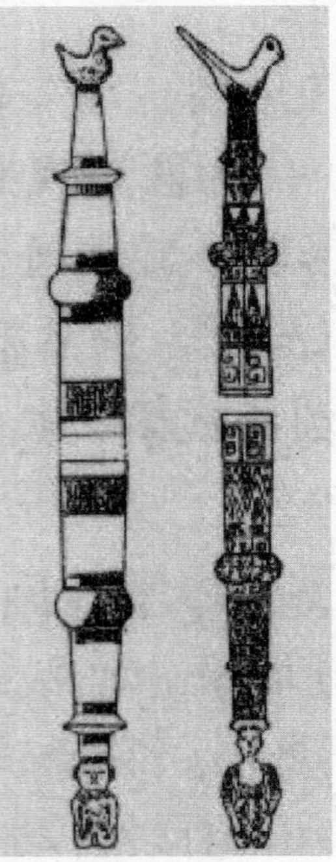

越地出土铜杖图

另外还有动物形杖首饰。在安徽繁昌汤家山出土 2 件，圆筩形身，前端铸成一飞鸟形，其中 1 件还在筩上部加铸一小立鸟，从鸟的形状来看，该类器物当横置，年代当属春秋早期。云南青铜时代文物中，各种杖头饰物颇多。以出土杖头饰最多的晋宁石寨山古墓群为例，在九座墓内共出土杖头饰 27 件，有牛、牛头、鹿、鹿头、兔、蛙、女俑、凫鸟、孔雀等。其中少数如鱼杖头饰者，錾甚大，可能为仪仗中的用具。

《摩经》所说的“喇叭口铜器”，目前已出土的“越器”中主要有“铜罍”、“鼓腹铜尊”、“铜釜”、“铜盘”等，以“铜罍”和“大口尊”、“鼓腹铜尊”最为典型。越式铜罍出土数量不多，西周前期，铜罍皆为中原样式，西周后期以后出现的少量龙耳罍则有明显的地方特点。这种铜罍折肩明显，肩上饰夔龙纹、重环纹等，耳作立龙状，可将之分为二式。Ⅰ式体较瘦高，喇叭口，双耳在半环形斗基础上突出一龙首，腹饰蒸叶纹，圈足较高。Ⅱ式体宽扁，喇叭口，双耳为非常形象的龙形，腹饰瓦棱纹，圈足较矮。目前铜罍只发现于广西和皖南地区。

越式铜罍：广西荔浦出土

越式铜罍：安徽南陵绿岭出土[33]

越式鼓腹铜尊主要的特点是喇叭口，腹部特别鼓出，呈三段式。发现的数量较多，考证其所出时期，延续的时间也较长，从西周晚期一直到战国早期。腹部布满纹饰，多为交连纹，还有棘刺纹、圆圈纹、圈点纹、锯齿纹、乳丁纹、云雷纹、曲折纹、简化饕餮纹等。[34]如下图：

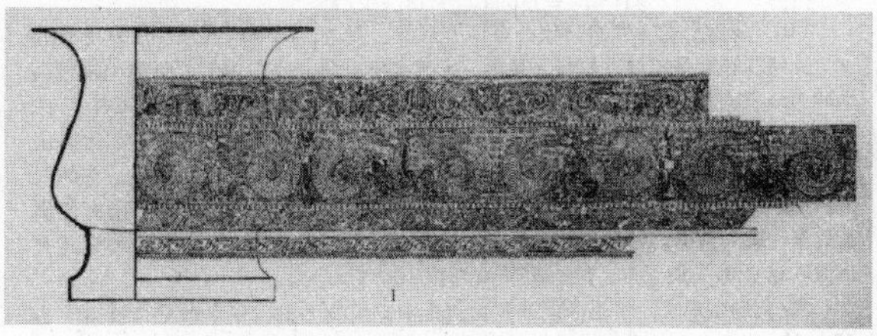
越式鼓腹尊 1 广西恭城秧家尊

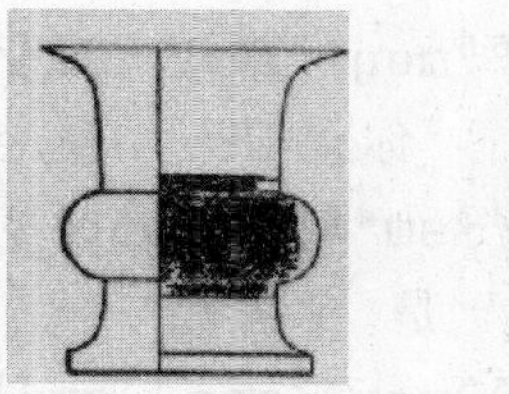
浙江绍兴 M306：17 尊

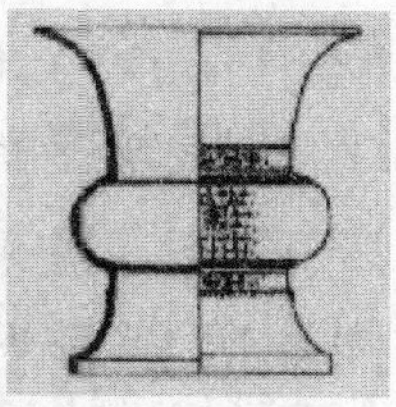
安徽屯溪 M1：89 尊[35]

《摩经》所说的“铜剑、铜戈、铜刀”都是古代汉藏语系“百越（粤）”族群的代表性兵器。不仅有大量地下出土的实物为证，且有较多文献记载。古书多记载吴越（粤）兵器制造技术发达，工艺精湛，且对其赞词颇多，评价极高。如《周礼·考工记》曰：“吴粤（越）之剑，迁乎其地弗能为良，地气然也。……吴粤之金锡，此材之美者也。”

《庄子·刻意》曰：“夫干（吴）越之剑者，押而藏之，不敢用也，宝之至也。”

《楚辞·国殇》曰：“操吴戈兮披犀甲。”

《战国策·赵策》记赵奢的话说：“夫吴干之剑，肉试则断牛马，金试则截盘匜，薄之柱上而击之则折为三，质之石上而击之则碎为百。”

《吕氏春秋·行论》曰：“鲧……殛之于羽山，剖之以吴刀。”

《淮南子·修务训》曰：“夫宋画、吴冶，刻刑镂法，乱修曲出，其为微妙，尧舜之圣不能及。”

《越绝书》还专门为吴越铸剑辟出一卷，题曰《越绝外传记宝剑》，反映了当时当地发达的剑文化。《越绝外传记宝剑》曰：“当造此剑之时，赤堇之山破面出锡，若耶之溪涸而出铜，雨师扫洒，雷公击橐；蛟龙捧鑪，天帝装炭，太一下观，天精下之，‘欧冶’乃因天之精神，悉其伎巧，造为大刑三，小刑二：一曰湛卢，二曰纯钧，三曰胜邪，四曰鱼肠，五曰亘阙。”其对越人欧冶子的夸张描写，明显带有神话色彩。

布依族是古代汉藏语系“百越（粤）”族群的后裔，亦有《摩经·铜剑经》传世，使用铜剑以表现祭师“布摩”先生的“神力”。如《摩经·用牛祭祖词》（第二卷）《铜剑经》说：

ʔə^{33}ʔja:ŋ^{55}ɦə^{33} ʔə^{33}ʔja:ŋ^{55}

阿 铜剑 像 阿 铜剑　　铜剑呵铜剑，

to^{11}pi^{33}məŋ^{31}lap^{213}loŋ^{55}ʔbo^{33}ji^{11}

整 年 你 装 剑鞘 不 抽　　整年你装在剑鞘不拔出，

to^{11}pi^{33}məŋ^{31}kɯ^{55}k'ui^{31}ʔbo^{33}ɦa:i^{33}

整 年 你 装 柜 不 开　　整年你装在柜中不开，

muət^{33}kən^{33}tam^{33}muət^{35}sai^{55}

虫子 吃 整 虫 锈　　整年铜剑生铜锈，

nai^{55}kən^{33}taŋ^{33}muət^{33}san^{33}

霉 吃 整 虫 把　　铜锈满剑把。

fəŋ^{42}ku^{33}ʔit^{55}məŋ^{42}ʔjoŋ^{213}məŋ^{42}ʔjoŋ^{213}

手 我 拉 你 冒出 你 冒出　　我手拉铜剑冒就冒，

fəŋ^{31}ku^{33}tuan^{213}məŋ^{31}ɦa:i^{33} məŋ^{31}ɦa:i^{33}

手 我 敲 你 开 你 开　　我手敲铜剑开就开；

fəŋ^{42}ku^{33}ʔit^{55}məŋ^{42}zoŋ^{33}sɯ^{42}ʔdən^{33}

手 我 拉 你 亮 是 月亮　　我手拉铜剑亮如月，

məŋ^{31}ji^{55}zoŋ^{33}sɯ^{42}ʔdən^{33}

你 就 亮 是 月亮　　铜剑就光亮如月；

fəŋ^{42}ku^{33}ʔit^{55}məŋ^{42}zoŋ^{33}sɯ^{31}ʔda:u^{33}

手 我 拉 你 亮 是 反射　　我手拉铜剑光反射，

məŋ^{42}ji^{55}zoŋ^{33}sɯ^{31}ʔda:u^{33}

你 就 亮 是 反射　　铜剑就有光亮反射；

ku^{213}ʔjaŋ^{55}min^{42}ka^{33}ni^{55}

首 铜剑 完 点 这　　铜剑经念完到这点，

ɕiaŋ^{33}ʔjaŋ^{55}kua^{31}ka^{33}ni^{55}

首 铜剑 过 点 这　　铜剑经念完这点完。

《摩经》认为："铜剑"长期暴露在空气中，整个"剑把"都生铜锈了，但剑身仍然能"光亮如月"、"光亮反射"。这是形容古代铸剑技术高超，生产出"宝剑"级的青铜剑器。因为一般铜剑如果长期不用，剑身也难保持不生锈。《摩经》又认为："我手敲铜剑开就开"、"我手拉铜剑冒就冒"，似乎是剑鞘与宝剑之间设置有便于使用的相应机关。《摩经》说："铜剑呵铜剑，整年你装在剑鞘不拔出，整年你装在柜中不开……铜锈满剑把。"说明祭师"布摩"先生的"宝剑"是贵重礼器，只在祭祖仪式上使用。这就如同《庄子·刻意》曰："夫干（吴）越之剑者，押而藏之，不敢用也，宝之至也。"遗憾的是"文革"之后，在宗教仪式上，很少能见到"布摩"先生佩带"宝剑"。但《摩经》反映了先祖们对"宝剑"之宝贵的珍视心理，也从传统宗教经典的角度肯定了古代汉藏语系"百越（粤）"族群发达的宝剑文化。

出土的古代汉藏语系"百越（粤）"族群的青铜剑数量多，形制多样。郑小炉先生曾将"百越（粤）"族群青铜剑分为A型、B型、C型三类及若干亚型和若干式制，是目前学术界研究"百越（粤）"族群青铜剑中分类最翔实的成果之一。[36]考古发掘也证明，古代汉藏语系"百越（粤）"先祖的剑文化

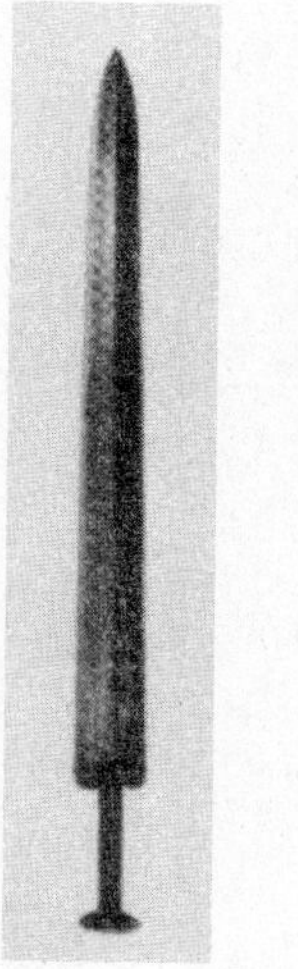
越王勾践剑

确实先进。中华人民共和国成立后，相关人员先后在湖北江陵、湖南益阳等地挖掘出土几件越王（勾践）铭文的青铜剑，剑身满布黑色菱形格纹，虽然埋藏地下两千三百余年，至今仍光泽如新，锋利异常。这种剑身上的黑色菱形花纹及黑色剑格，经测试研究，是经过硫化铜处理的，也就是用硫或巯的化合物和铜金属表面作用所形成，所以造出的宝剑既透亮、美观、锋利，又有很强的抗腐蚀性能，这是当时中原地区所铸的青铜宝剑也无法比拟的。上引《越绝书》把欧冶子铸剑描写得十分神奇，出土的越王勾践剑也的确神奇。1977 年，复旦大学静电加速器实验室等单位，利用质子 X 荧光非真空分析，对越王勾践剑进行了无损伤测定，测试结果显示该剑各部位是由铜、锡、铅、铁、硫、砷诸元素组成，并且各部位的元素含量是不同的。详见下表：

越王勾践剑各部位元素成分检测表[37]

所含元素 / 分析部位	元素成分（%）					
	Cu（铜）	Sn（锡）	Pb（铅）	Fe（铁）	S（硫）	As（砷）
剑冈	80.3	18.8	0.4	0.4		微量
黄花纹	83.1	15.2	0.8	0.3		微量
黑花纹	73.9	22.8	1.4	1.3	微量	微量
黑花纹特黑处	68.2	29.1	0.9	1.2	0.5	微量
剑格边缘	57.3	29.6	8.7	3.4	0.9	微量
剑格正中	41.5	42.6	6.1	3.7	5.9	微量

从上表可以看出，剑脊含铜较多，所以韧性好，不易折断；刃部含锡量高，硬度大，可以使剑锋利。由于脊部与刃部成分不同，专家认为此剑是采用复合金属工艺制成，即先浇铸含铜量高的剑脊，再浇铸含锡量高的剑刃，这是因为剑脊的熔点高，可以承受第二次浇铸的高温而不致熔化。这种复合金属工艺，使剑既坚韧又锋利。世界上其他国家到近代才开始使用这种工艺。从上表还可以看到，剑茎、剑格和剑身上优美的菱形黑色暗纹，含硫量高 是硫化铜。硫化铜可以防止锈蚀，利用硫化铜防锈，是当时一种独特的先进工艺。[38]其分析很是精当。所以，布依族《摩经》认为："铜剑"长期不用以致整个"剑把"都生铜锈了，但剑身仍然"光亮如月"、"光亮反射"的记载是可信的。

布依族《摩经》还将铜剑作为人们财富的象征。如《摩经·用牛祭祖词》（第一卷）《老人留给后代的心愿：财富》说：

lək^{213}ɦa^{213}sa:m^{33}au^{33}se^{31}
儿　问　说　要　富　　　　　　　　儿孙要财富，
sa:m^{33}au^{33}se^{31}ɦɯ^{55}se^{31}
说　要　富　给　富　　　　　　　　要富给儿富。

se^{31}sɯ^{42}zam^{55}ʔbo^{213}ʔbən^{33}
富 像 水 井 冒　　财富来如水井冒。
ɕin^{42}sɯ^{42}zam^{55}ʔbo^{213}lai^{33}
均匀 像 水 井 淌　　财富来像井水淌。
man^{31}sɯ^{42}tɕau^{55}tɕiau^{31}teŋ^{42}
稳 如 头 桥 桩　　财富稳如桥头桩。
zaŋ^{42}sɯ^{42}ʔjaŋ^{55}tok^{55}tam^{213}
力 如 铜剑 下 斩　　财力如“铜剑”斩下之力。
kan^{213}sɯ^{42}ʔjia:ŋ^{55}tɕin^{33}mo^{213}
稳当 如 铜剑 金 新　　钱财稳当如“铜剑、新金”。
so^{31}sɯ^{42}kau^{33}taŋ^{42}sat^{55}
直 如 高 到 七层　　钱财码高上七层。
……
mi^{31}sɯ^{31}ɦau^{55}vɯŋ^{42}wai^{33}
有 如 米 皇王 灰　　钱财密像皇王存多年的米灰。
sɯ^{31}paŋ^{42}ʔduai^{33}ɕiau^{31}kuan^{213}
如 布 织机绕线筒 辈 古　　钱财密像古辈绕线筒上的织布线。

《摩经》说“财力如‘铜剑’斩下之力”、“钱财稳当如‘铜剑、新金’”，这是将铜剑作为财富的象征之一。汉文古籍亦有以宝剑为财富的记载，《越绝书》、《吴越春秋》等书就认为“越剑”之美，“扬其华如芙蓉始出，观其烁烁如列星之行，观其鈲焕焕如冰释”，能“穿铜釜，绝铁镉，胥中决如粢米”。据说有人欲以“市之乡二、骏马千匹、前户之都二”换取越王之剑未果。后因种种原因，“湛卢”剑遗失，最终为楚庄王所得。秦王求之不得，竟然兴师击楚，并以不得此剑不退师相威胁，这说明宝剑已成为权力和财富的象征。《摩经》将铜剑作为人们财富象征的含义正与此相同。其“钱财密像皇王存多年的米灰”、“钱财密像古辈绕线筒上的织布线”则是汉藏语系“百越（粤）”稻作文化的反映。

“百越（粤）”宝剑文化与稻作文化密切相关。因为古代汉藏语系“百越（粤）”族群聚居于长江和珠江流域，该地区气候温和，土地肥沃，水网密布，雨量丰沛，得天独厚的自然环境为人们的物质文化创造提供了理想的平台。裘士京教授长期从事先秦史研究，对长江流域早期文明发展尤有专精。他指出：考古发掘证明，与中原地区以粟、稷旱粮作物为主的农业不同，7000年前的河姆渡文化、马家浜文化就开始了水稻种植；5000年前的良渚文化时期，已有相当发达的玉器、陶器、丝织业等手工制造业。春秋时期越地水稻种植、青铜冶铸业等已达到相当发达的水平。“百越（粤）”民众“习于水，利于舟”，日常生活、生产，甚至战争都与水结下不解之缘。纵横交错的河网，林莽丛生的水乡不利于车战，故“百越（粤）”以舟师主水上作战。步兵作战不像车战，可以远攻近防，步兵主要以近体格斗为主，这样短兵器更实用，也更容易发挥威力。剑短小、锋利，便于随身携带，既可防身杀敌，又可用于装饰。这一特点反映在“百越（粤）”兵器中是青铜剑尤为发达。[39]其观点无疑是正确的,这就是布依族《摩经》青铜剑文化的来源。

布依族是汉藏语系“百越（粤）”先祖的后裔，青铜礼器在布依族先祖社会上层建筑领域的地位和作用，甚至超过了青铜器在日常生产生活中的地位和作用，这说明布依族曾经历过青铜时代。布依族《摩经》所反映的青铜文化，印证了汉藏语系“百越（粤）”先祖丰富多彩的青铜文化，它是中华民族青铜文化的重要组成部分。布依族《摩经》所载青铜文化内容丰富，青铜器门类众多。青铜文化不仅已经进入日常生产、生活和军事领域，而且以铜礼器的形式在上层建筑领域发挥了精神支柱的作用，并有按照本民族礼制要求构成相应的组合，为维护社会的稳定和统治秩序的平安有序效力。

第三节　《摩经》中的“铜棺”文化研究

布依族《摩经》关于青铜器的记载，包括青铜农具、青铜兵器、青铜礼器三类。不仅有“铜板”、“铜桩”、“铜柱”、“喇叭口铜器”、“铜锣（铙）”、“大口铜锣（铙）”、“铜铓锣”、“铜锄”、“铜板锄”、“铜扇”、“铜刀”、“铜剑”、“铜鼓”等，还有用“铜棺”安葬祖先的民族礼仪。如《摩经·用牛祭祖词》（第一卷）《铜棺经》说：

məŋ^{31} ka:p^{31}la:u^{55}pai^{33}ɕian^{33}
你　合　老　去　仙　　　　你年老去成仙，
ts‘ian^{33}nian^{31}pai^{33}fa:n^{31}θi^{31}
千　年　去　万　世　　　　去千年，好万世；
tsit^{55}li^{31}ta:u^{55}tɯ^{31}pai^{33}
允许　来　领　去①　　　　仙人允许仙领去，
ʔbən^{33}ʔdan^{33} ta:u^{55}ti^{31}zum^{42}
天　开　来　位置 占　　　　天开给你占位置，
ti^{31}zum^{42}la:u^{55}pai^{33}ʔbən^{33}
位置　占　老　去　天　　　　上天给你占位置。
……
tap^{213}miŋ^{31}məŋ^{42}tan^{55}pɯ^{31}luaŋ^{42}pi^{33}ni^{55}
达到　命　你　穿　衣　青铜　年　今②　今年你命达到享受青铜棺，
miŋ^{31}məŋ^{31}sa:ŋ^{33}pəŋ^{31}mo^{213}
命　你　换　地区　新　　　　你命转换了新世界。
tap^{213} miŋ^{31}məŋ^{31}tan^{55}pɯ^{31}ka^{31}pi^{33}ni^{55}
达到　命　你　穿　衣　黄铜　年　今　　今年你命达到享受黄铜棺；
miŋ^{31}məŋ^{31}sap^{55}soŋ^{33}taŋ^{213}
命　你　穿　两　套　　　　你命达到享受双铜棺。
məŋ^{31}ma^{33}lam^{55}ma^{33}lai^{42}
你　来　倒　来　给　　　　你倒下了来送你铜棺，
məŋ^{31}ma^{33}ta:i^{35}ma^{33}pjaŋ^{55}
你　来　死　来　送　　　　你死了才来送你铜棺，

① tsit^{55}li^{31}：意为仙人允许。
② pɯ^{31}luaŋ^{42}：铜衣，即铜棺。

maa^{33}pjaŋ^{55}məŋ^{31}pai^{33}kua:ŋ^{213}

来　送给　你　去　广阔　　　　铜棺送给你去广阔的仙界，

ma^{33}sa:ŋ^{213}məŋ^{42}pai^{33}pat^{213}pai^{33}ɕian^{33}

来　送上　你　去　金台　去　仙①　　　　铜棺送给你去天上做成金银的仙台。

ku^{213}ni^{55}mian^{42}ka^{33}ni^{55}

首　这　完　点　这　　　　这首经念毕，

ɕian^{33}ni^{55}kua^{213}ka^{33}ni^{55}

段　这　完　点　这　　　　这段经念完这点。

《摩经》记载的“铜衣（铜棺）”、“赤铜棺”、“青铜棺”、“双铜棺”、“铜棺送给你去广阔的仙界”等使用“铜棺”安葬祖先的礼仪，是一种很特别的民族礼仪。制造铜棺需要大量青铜，没有发达的青铜制造技术和雄厚的经济实力作为基础，“铜棺”文化是不可能产生的。

“赤铜”也称红铜、紫铜。古代传说昆吾之山出赤铜，其色如火，质极坚，以铸刀剑，锋利无比。《山海经·中山经》有四条关于“赤铜”的记载，“溪山，其上多赤铜，其阴多铁”；“橿谷之山，其中多赤铜”；“鼓镫之山，多赤铜”；“昆吾之山，其上多赤铜”。郭璞注：“此山出名铜，色赤如火，以之作刃，切玉如割泥也。《尸子》所谓昆吾之剑也。”《管子·地数》曰：“上有陵石者，下有铅锡赤铜。”元杨载《次韵子正雪中杂兴》：“坐想玉堂风味在，赤铜官鼎试春茶。”明李时珍《本草纲目·金石一·赤铜》曰：“赤铜出川、广、云、贵诸处山中，土人穴山采矿炼取之。”“赤铜”指纯铜。“青铜”是铜锡合金，冶铸青铜离不开锡。我国锡矿主要集中在云南、广西、广东、湖南、江西等省（自治区），而云南又主要集中在个旧，广西集中在大厂。个旧和大厂两个地区是多金属超大型锡矿区，仅锡的储量就占了全国总储量的50%左右。两地锡矿以原生锡矿为主（占80%），还有多种金属伴生。现代科学证明，纯铜的熔点为1083摄氏度，且硬度差。冶炼青铜过程中加入锡后，青铜的熔点就会降低，而且硬度会增强。按摩氏硬度计，纯铜的硬度为35度，加锡5%—7%后硬度增为50—60度；加锡7%—9%，硬度增为65—70度；加锡9%—10%，硬度增为100度。铜加入锡后，还能使铜液流动性能加强，注入范内时，能充满范腔，这就有利于提高铸造质量。[40]布依族《摩经》中有“赤铜”和“青铜”之分，似证明古代汉藏语系“百越（粤）”先祖已认识到青铜冶炼温度、金属成分、色泽和铸造的关系。

但汉语古籍中未发现有关“铜棺文化”的记载，不过查考古学资料得知，我国古代汉藏语系族群的“铜棺文化”，目前确有云南省、广西壮族自治区的“西林铜棺”和“祥云铜棺”出土。这就给布依族《摩经》中以“铜衣（铜棺）”、“赤铜棺”、“青铜棺”、“双铜棺”等安葬祖先的礼仪提供了考古学的佐证。

“西林铜棺”，学界研究认为1969年修筑广西百色至西林公路时，筑路民工在距地表深约1.5米的土层中挖出一具精美华贵的铜棺是夜郎各部中句町的墓葬。铜棺露出土层后虽然受到严重破坏，但从所存残片上看，原棺呈长槽形，长约200厘米，高约68厘米，宽约66厘米，棺板厚约1.5厘米。其外表鎏金，有与一般铜鼓相同的羽人、翔鹭、梅花、鹿、鱼、龙舟等图案，两端和两侧各悬挂面具或镶嵌云彩、鸟、兽等鎏金、鎏银的铜附件，棺内置玉玦等玉石器。这种极为奢华的葬式，

① pat^{213}：意为天上金银做成的仙台。

无疑表明死者身份为句町王国的最高统治者。[41]

更详细的铜棺描述：1969年12月15日，在广西西林县普驮屯的南盘江支流驮娘江边，土黄、呈寨的修路民工掘见一座罕见古墓，墓内有一口完整铜棺。铜棺出土时距地表深150厘米，棺长200厘米，高68厘米，宽66厘米,壁厚1.5—2厘米，净重约400公斤，外表鎏金。铜棺上下盖较厚，上盖外侧略呈龟背形，并印有云雷印纹。两端两侧棺板印锯齿纹饰，并镶嵌有人面具、兽头、流云等鎏金铜饰件，棺内有玉环、玉管、玛瑙串球等陪葬品和灰屑。但出土时墓址被破坏，铜棺被打破，其碎片被民工和当地群众拿走，其他玉器和玛瑙陪葬品全部遗失。3天后，县革委会才派人到实地检查了解，并将追缴回的铜棺碎片(四大块)运回，置于县革委会院内的小礼堂。约两个月后，县农械厂因制造碎石机缺铜，便向县革委提出要铜棺碎片铸铜，无知的革委会领导同意了农械厂的要求，铜棺碎片被熔化作了碎石机的部件。据说当时某些县领导还把熔毁铜棺碎片看成是破“四旧”的“正义之举”。此事发生后，中央领导极为重视，当时周恩来总理曾指示对此事要认真调查处理。广西西林县县名源于古句町国。清代学者考证，其辖地包括今云南省的广南、富宁、文山、西畴，广西西林、隆林、田林、凌云、百色等县。广西西林和云南广南等地是句町人活动中心。《广西通志稿》载：“西林县，汉益州群柯郡句町县地。三国益州牂牁郡句町县地。”[42]说明“西林铜棺”即古句町国珍贵遗物，可惜未保存下来。

“祥云大波那铜棺”，1964年3月出土于云南省祥云县大波那村的石头山。1975年中国科学院考古研究所对这具铜棺进行放射性碳素鉴定，确定其年代距今已有2350年的历史。铜棺为“干栏式”房屋，呈人字坡顶，棺长2米，宽0.62米，边高0.45米，顶高0.69米，重280余公斤。这座木椁铜棺有墓随葬品青铜器90余件。铜棺顶用两块铜板合顶脊两端各铸出一尖状物。铜棺棺身用四块铜板斗合。两端的铜壁板左右两侧各伸出一耳，正好插入两边壁板头部的长方形孔内。耳上也有小孔，插入后再加铜门。棺身的四壁板下都铸出支脚。这些支脚正好穿过底板边缘相应的小长方孔。棺底板的中间也铸出互相平行的三支脚，均为11厘米，与壁下的支脚等高。整个铜棺用了7块铜板斗合，可以拆卸。棺盖面布满三角形双线图案，中间填实回纹，边上加一道回纹装饰。棺身壁外表铸出以鹰、燕为主的动物图形，另外还有虎、豹、野猪、鹿、马、水鸟等动物图样。两侧壁的外表则布满回纹图案，整个铜棺达到了铸造与雕刻工艺的统一。[43]“祥云大波那铜棺”现存于云南省博物馆，学界对之多有论述。汪宁生教授认为，大波那铜棺上花纹较复杂，除几何花纹外还有写实性的“鸟纹、虎纹”等。从随葬大量青铜器并且以铜为棺来看，当时铜的产量是相当大的。铜棺由七块铜板合成，每块铜板只能一次铸成，说明冶炉的容量不会太小。经过化学分析，大波那铜器掺锡10%以上的仅有匕、环、钟这几种器物，大部分器物掺锡很少，接近纯铜，包括矛、锄等需要坚硬锋利的兵器和工具也一样。这反映出人们当时虽能大量制造青铜，但还不知如何适当地控制比例。经过放射性碳素的测定，祥云大波那墓葬为公元前465±75年，当春秋中晚期。[44]许智范、肖明华两位教授认为“祥云大波那铜棺”是一件奇特的葬具，铜棺为七块铜板用榫铆组合而成，除底板外，其上均饰有纹饰，两侧壁板饰云雷纹，一端壁板饰“鹰、燕、鹭、虎、狮、猪”等动物图样；另一端饰“鹿、孔雀、蜥蜴”等动物图样；顶板饰云雷纹组成的六组“V形组纹”，两端并附有方齿纹。出土时棺内仅存一铜杖及几根人骨。使用铜棺是青铜文化中的特殊现象，它是“昆明人”青铜冶炼技术成就的集中展现，其上丰富多彩的纹饰和图案也显示了“昆明人”绘画及雕刻的技艺和他们的美术思想，[45]下二图分别为“祥云大波那铜棺”原件图和许、肖两位教授绘制的棺形及棺纹图案：

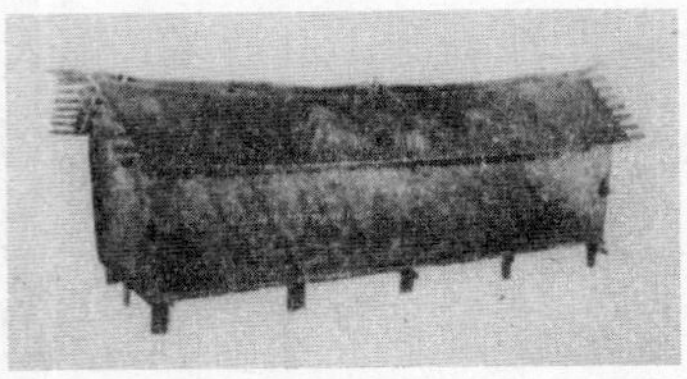

“祥云大波那铜棺”原件图
（采自汪宁生：《云南考古》）

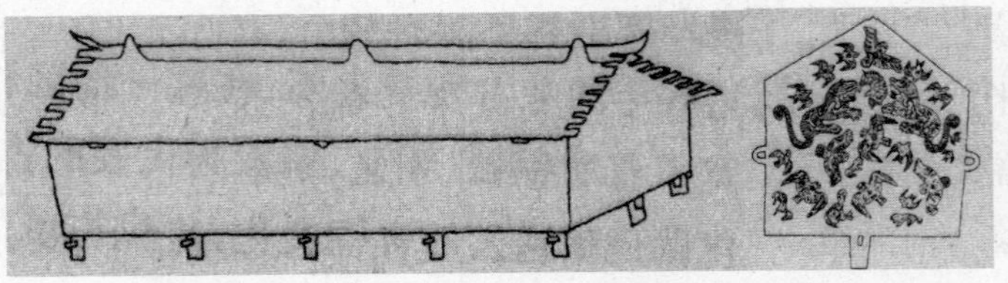

“祥云大波那铜棺”和铜棺一端图案（采自许智范、肖明华：《南方文化与百越滇越文明》）

许、肖二位教授的研究成果为我们的分析研究提供了直观资料。我们认为“祥云大波那铜棺”一端壁板饰“燕、鹰、鹭、虎、狮、猪”等动物图样，另一端饰“鹿、孔雀、蜥蜴”等动物图样，不仅显示了古代雕刻技艺和“祥云大波那人”的美术思想，同时也体现了古代“祥云大波那人”的动物崇拜和信仰。这正与布依族传统宗教经典《摩经》记载的“燕鸟王”图腾崇拜、“鸟虎印”、“鸟狮印”等相吻合。

《摩经》所说的“古代王之印玺‘鸟虎印、鸟狮印’”，“鸟虎印”即虎钮鸟文印（古代吴越就有“鸟文”）；“鸟狮印”即狮钮鸟文印。但我国缺乏关于狮子的记载，汉荀悦《汉纪·武帝纪三》曰：“乌弋国去长安万五千三百里，出狮子、犀牛。”至东汉时期，才有西域安息国两次向东汉王朝进献狮子的记载（见《后汉书·西域传》）。故“鸟狮印”之“狮”可能为豹，可视为虎豹之类。故汪宁生教授只提“鸟纹、虎纹”，不提“狮纹”。许智范、肖明华两位教授都是考古学界的著名专家，他们的临摹图上确有“狮纹”，其临摹图案确切而精细，这也应与布依族《摩经》的“鸟狮印”记载有关。我国黄河、长江和珠江流域皆有舞狮风俗活动，人们视狮为瑞兽，甚至海外华人也有舞狮习俗，其来源值得探究。《摩经》曾描述古代布依族女祭师家中“画虎又画龙”，是古代布依族“虎、龙”崇拜的反映。布依族男祭师“布摩”先生的装束，更是“脚杆有龙纹连虎纹来祭祀”，显然是“虎、龙”文身习俗，还有“双脚踏双蛇”、“身披好虎皮”、“好神皮”、“好燕皮”等等。这些都是古代布依族崇拜和信仰“虎、龙、鸟、蛇”等宗教观念的体现，可与“祥云大波那人”的动物崇拜和信仰相互印证。

再从“祥云大波那铜棺”原件上看，我们认为“祥云大波那铜棺”是包括布依族先祖在内的汉藏语系“百越（粤）”先祖的“干栏式竹屋”形制的铜棺，即铜棺形制明显源于古代“干栏式竹屋”的形制。铜棺盖上的几何纹即竹编制品所呈现的交连纹；铜棺两端伸出的“方齿纹”即编竹时两边留出的“大竹片”编纹。铜棺的“V形组纹”实际上都是布依族农村人们所熟知的竹编纹饰，布依族用大竹片编制房屋山墙所呈现的纹饰，亦为“V形组纹”，说明在春秋中晚期，汉藏语系“百越（粤）”先祖的“祥云大波那人”尚居住于“干栏式竹屋”。进入青铜时代后，人们遂将“干栏式竹屋”的样式移入“铜棺文化”之中，并在铜棺上铸造了“百越（粤）”先祖所崇拜的“鸟、虎、狮（豹）”等动物纹饰，以显示出铜棺的珍贵。《摩经》认为布依族先祖年老逝世后，享受铜棺既是身份和财富的象征，也是象征一种美好归属。故《摩经·用牛祭祖词》（第二卷）《老人吉时归逝》说：

məŋ^{31}ka:p^{31}la:u^{55}pai^{33}ɕian^{33}
你　合　老　去　仙　　　　你年老去成仙，

ts'ian^{33}nian^{31}pai^{33}fa:n^{31}θi^{31}
千 年 去 万 世 　　去千年，好万世。
tap^{213}miŋ^{31}məŋ^{31}tən^{213}pɯ^{31}ka^{31}pi^{33}ni^{55}
踏 命 你 穿 衣 想 年 今 　　命到今年你踏进仙界穿仙衣。
miŋ^{31}məŋ^{31}sap^{55}soŋ^{33}taŋ^{213}
命 你 遇 两 凳① 　　你命遇着去仙界坐双凳。
tap^{213}miŋ^{31}məŋ^{31}tən^{213}pɯ^{31}luaŋ^{42}pi^{33}ni^{55}
踏 命 你 穿 衣 青铜 年 今 　　命到今年你踏进仙界享受青铜棺。

《摩经·用牛祭祖词》（第四卷）《老人吉时归逝》又说：

məŋ^{31}ka:p^{31}la:u^{55}pai^{33}ɕian^{33}
你 合 老 去 仙 　　你年老去成仙，
ts'ian^{33}nian^{31}pai^{33}fa:n^{31}θi^{31}
千 年 去 万 世 　　去千年，好万世。
tap^{213}miŋ^{31}məŋ^{31}tən^{213}pɯ^{31}ka^{31}pi^{33}ni^{55}
踏 命 你 穿 衣 想 年 今 　　命到今年你踏进仙界穿仙衣。
miŋ^{31}məŋ^{31}sap^{55}soŋ^{33}taŋ^{213}
命 你 遇 两 凳 　　你命遇着去仙界坐双凳。
tap^{213}miŋ^{31}məŋ^{31}tən^{213}pɯ^{31}luaŋ^{42}pi^{33}ni^{55}
踏 命 你 穿 衣 铜 年 今 　　命到今年你踏进仙界享受青铜棺。

《摩经》多次强调使用“青铜棺”，是为让逝者升天成仙后有美好享受，表现的是布依族先祖对人类生命的终极关怀。由居住“干栏式竹屋”，发展到铸造和使用“干栏式竹屋”样式的铜棺，这一历程当然是古代汉藏语系族群在农耕社会里大力发展生产力，并取得跨越性进步的重要表现。

居住竹屋，是我国古代汉藏语系农耕族群的特有文化。大约从六七千年前的新石器时代开始，竹就进入了房屋建筑领域，这已为考古材料所证实。在浙江钱山漾的汉藏语系“百越（粤）”先祖良渚文化遗址发现的 “干栏式建筑”遗迹，其上盖有“九层竹席”。大溪文化是长江中下游地区的新石器时代文化，流行红烧土房屋并较多地使用“竹材建房”，地面起来的房子往往先挖墙槽，再用黏土掺和烧土碎块填实，墙内夹柱之间编扎竹片和植物秆茎。此二例证明，早在新石器时代就有以竹作为建筑材料的建筑方式，房屋或以竹席为盖，或编竹为墙。[46]可见，我国南方古代汉藏语系“百越（粤）”族群的“干栏式竹屋文化”历史久远，最早可以追溯到新石器时代。

《汉书·礼乐志》载：“以正月上辛用事甘泉圆丘……夜常有神光如流星止集于祠坛，天子自竹宫而望拜。”又《三辅黄图》载：“竹宫，甘泉祠宫也，以竹为宫，天子居中。”表明汉代有“竹宫”，汉武帝曾入居于“竹宫”望天而拜，此后改作祠坛，名“甘泉祠宫”。

南方汉藏语系“百越（粤）”族群更盛行居住竹屋，唐代李嘉祐为官袁州（今江西）刺史，写有《竹楼》一诗：“做吏身闲笑五侯，西江取竹起高楼。南风不用蒲葵扇，纱帽闲眠对水鸥。”尽管诗作表现了士大夫简做清闲的情调，但同时也反映出当时江西多竹，以竹为楼的建筑风格。即使屋顶，亦不用瓦，上下以竹覆之。唐白居易《溢浦行》诗中也有“谁肯送浦头，同眼看修竹。……剖劈青

① soŋ^{33}taŋ^{213}：两凳，意为灵堂垫棺材的两凳。

琅玕，家家盖墙屋”之句。清沈日霖在其《粤西琐记》中称粤西一带住宅“不瓦而盖，盖以竹，不砖而墙，墙以竹；不板而门，门以竹。其余若椽、若榜、若宙编、若承壁，莫非竹者。衙署上房，亦竹屋”。

民国时期，我国汉藏语系“百越（粤）”族群中的傣族以居住竹楼、多数实行“竹棺”土葬的丧葬礼仪著称。“竹棺”需要承重与牢固，必须用大竹制作才行。出殡时，送葬队伍把棺材放到一个大竹制成的竹棺架上。竹棺架围有栏杆，糊以花纸，呈长方箱形。前面扎成鸟首，后面扎成鸟尾，葬礼结束后将竹架放到墓上。瑞丽一些地区的傣族，在为死者装棺后，要用竹编制一个类似“干栏”式样的竹房放在棺材上。[47]其含义是很清楚的，无论鸟首鸟尾的竹架抬棺，还是用竹编“干栏屋”覆盖于棺上的方式，显然都是在用大竹作为沟通祖先的载体，希望死者的灵魂可通过这一载体，去和祖先团聚。此谓“大竹图腾”崇拜象征类型。布依族亦崇拜“大竹图腾”，丧葬礼仪中设有“竹屋灵位”。老人逝世装棺入殓，孝家即在堂屋设灵堂祭祖，灵堂棺材之上由祭师“布摩”先生用竹子做成一幢“干栏式竹屋”，以竹屋遮住棺木，外用各色纸花装饰一新，灵位设在竹屋正中，称为“竹屋灵位”。丧葬队伍将灵柩抬到山上墓地后，又用“布摩”先生设灵位的竹屋盖棺，并整理竹屋，流程做完后，仪式宣告完毕。我们将现场拍摄的布依族丧葬仪式“灵位竹屋图”与“祥云大波那铜棺”原件图放在一起进行比较，发现两者的形制和丧葬使用方式有惊人的一致性（如下图）：

灵柩到山上墓地，用“布摩”设灵位的竹屋盖棺，插孝子金竹神幡，整理竹屋，形成“内木棺，外竹椁”，形制与春秋“祥云大波那铜棺”一致。

“祥云大波那铜棺”原件图
（采自汪宁生：《云南考古》）

这就充分说明，布依族《摩经》中的“铜棺文化”，即使用“铜棺”安葬祖先的记载，应与春秋中晚期“祥云大波那人”的“铜棺文化”有关。古人生时居住“干栏式竹屋”，逝世后亦享受“干栏式竹屋”样式的铜棺，这才是“祥云大波那铜棺文化”的真正含义。古代“祥云大波那人”的“铜棺文化”无疑同样属于汉藏语系“百越（粤）”族群先祖的文化。

许智范、肖明华两位教授所持的“祥云大波那铜棺”是“昆明人”青铜冶炼技术成就的观点明显采纳了《云南祥云大波那木椁铜棺墓清理报告》的观点。“昆明人”与“百越（粤）”或“濮（卜）越”同属汉藏语系，但“百越（粤）”族群耕种水稻，发饰椎髻，居住“干栏式竹屋”，这与“祥云大波那铜棺”文化背景一致；“昆明”族群则是游牧经济、随畜迁徙、尚饰编发，这与“祥云大波那铜棺”的文化背景明显不同。《史记·西南夷列传》曰：“西南夷君长以什数，夜郎最大；其西靡莫之属以什数，滇最大；自滇以北君长以什数，邛都最大。此皆魋结（即椎髻）、耕田、有邑聚。其外西自同师以东，北至楪榆，名为巂、昆明，皆编发，随畜迁徙，毋常处，毋君长，地方可数千里。”据《史记会注考证》引丁谦曰：桐师即龙陵，楪榆即今大理一带。故昆明族活动的楪榆、桐师之间，当指今保山、腾冲等洱海西南的广大区域，与祥云相去甚远。著名史学家童恩正教授对此早有辨析：“《云南祥云大波那木椁铜棺墓清理报告》（以下简称《报告》）的编者认为该墓的死者为昆明族，其主要依据是《史记·西南夷列传》言‘滇’以西有‘昆明’，同时祥云县在东汉初曾隶属益州西部都尉，而《后汉书·郡国志》有永平十年置益州西部都尉管辖哀牢夷人及楪榆蛮夷之说。《报告》编者认为楪榆蛮夷即为本地的居民，亦即昆明族。实际上，这一推断是与历史记载及出土文物反映的情况不符的。”因为“祥云大波那铜棺”属于农耕文化的产物。《报告》编者认为铜棺墓的死者为昆明族的说法，是与历史记载相矛盾的。《史记·西南夷列传》明言，西汉时期昆明族的社会经济生活是“随畜迁徙，毋常处，毋君长”，这与铜棺墓显示出的农业定居社会的特征迥然相异。因此，编者提出了一种假设，即西汉中期以后，昆明族经历了一段由畜牧到农业，由迁徙到定居的转变过程。这一说法过于绝对了。

“《新唐书·南蛮传》（卷 222）记‘昆明蛮’云：‘爨蛮西有昆明蛮，……人辫首、左衽，与突厥同。随水草畜牧，夏处高山，冬入深谷。尚战死，恶病亡，胜兵数万。……咸亨三年，昆明十四姓率户二万内附，析其地为殷州、揔州、敦州，以安辑之。’”由这段记载可以看出，直至唐代，昆明（氐羌）的社会生产情况仍然与《史记》的记载基本符合，并没有产生由游牧向农业的转变。

“我们试将铜棺墓出土文物与晋宁石寨山滇族文物相比较，则二者在社会经济、工艺美术、器物形态等方面之密切关系反映得尤为清晰。两地同为定居的农业社会，富有地方色彩的精神生活亦相一致。铜棺墓所出绝大部分文物，器形均与晋宁石寨山滇族墓葬所出者相似。如铜棺墓所出之Ⅰ式锄、Ⅱ式锄同于晋宁之Ⅱ式犁，Ⅲ式锄同于Ⅶ式锄，矛同于Ⅶ式矛，剑同于Ⅱ式剑，啄同于Ⅱ式啄，勺同于直柄勺，豆同于晋宁 47 号墓所出喇叭形器上的‘盖子’，尊同于喇叭形铜器等。此外，二地所出之刀状铜器、葫芦笙、钟、杖头饰、丰字及十字形铜器、家畜家禽及房屋模型等，作风均大同小异。在装饰方面，两地的纹饰母题亦属于同一系统。如铜棺墓所出蟾蜍圆牌饰上之蟾蜍纹与晋宁出土蛤蟆纹铜矛、蛤蟆纹铜钺上之蛤蟆纹极为近似；铜棺墓出土之铜钟上有蛇纹，而蛇纹为晋宁铜器上最常见的纹饰之一。最后尚有一点不能忽视的，即铜棺墓出土一骑马人像，脑后有椎髻，这与滇族梳发髻的情况相同，而显然不是‘编发’的昆明族。《后汉书·南蛮西南夷列传》更有‘建武十八年，夷渠帅栋蚕与姑复、楪榆、梇栋、连然、滇池、建伶、昆明诸种反叛’之记载，将楪榆与昆明并列，二者的差别是很明显的。……《太平御览·四夷部》（卷 791）引《唐书》曰：‘昆弥国，一曰出昆明西南夷也。在爨之西，洱河为界，即叶榆河。’此处之爨，当指西爨而言，其居民主要是汉代的滇族，而其郡望亦当滇国故地。叶榆河，即今洱海。所谓‘洱河为界’，是明言昆明与爨之间以洱海为界；昆明在西，爨（亦即滇族）在东。《报告》将洱海以东之祥云的居民看成昆明族，是缺乏根据的。”因此，童恩正教授指出祥云大波那铜棺墓的族属应该是“滇族”。他们所创造的铜器时代的文化，代表了云南较早的一种地方文化；以后滇族鼎盛时期的青铜文化就是在这种基础之上，再接受了内地文化（特别是楚文化）的影响而发展起来的。[48]童恩正教授指出“祥云大波那铜棺墓的族属不是游牧文化的‘昆明族’，而是水稻文化的‘滇族’”的研究结论无疑是正确的。

考古发掘证明，云南新石器文化遗址迄今已发现百余处，其中至少有五个地点发现了古代稻谷：宾川白羊村遗址出土了古稻谷粉末并发现了稻壳和稻秆的痕迹，C-14 测定年代为公元前 1820±85 年；剑川海门口遗址发现四处稻穗遗存和谷物凝块，C-14 测定年代为公元前 1150±90 年；元谋大墩子遗址出土有稻叶、谷壳粉末和大量碳化稻粒，C-14 测定年代为公元前 1260±90 年；滇池东岸新石器文化遗址中出土大量泥质陶残片，其上夹有稻谷壳和谷穗芒的印迹，其年代距今在 3000 年上下；耿马南碧桥和石佛洞两个相邻洞穴遗存着大量古稻凝块，C-14 测定年代距今 2820 ± 75 年。而汉藏语系“百越（粤）”或“濮（卜）越”族群是水稻文化的开创者，这是学术界所公认的。这些云南祥云周边地区出土并早于“祥云大波那铜棺文化”的新石器时代水稻文化应为汉藏语系族群“百越（粤）”先祖创造的稻作文化。“祥云大波那铜棺”是在水稻文化的基础上产生的青铜文化，无疑也属于汉藏语系稻作族群“百越（粤）”文化。

“百越（粤）”或“濮（卜）越”与“昆明（氐羌）”同属汉藏语系族群，如果从汉藏语系族群层次上看没错，但具体落实为氐羌后裔的“昆明”确实有误。如童恩正教授指出秦汉时期“昆明”主要社会生产方式是“游牧”，“直至唐代，昆明的社会生产情况仍然与《史记》的记载基本符合，并没有产生由游牧向农业的转变”。[49]所以我们认为，“祥云大波那铜棺文化”属于汉藏语系“百越（粤）”或“濮（卜）越”族群先祖的“滇文化”合乎考古和文献记载事实。上述岭南和长江流域地区“百越（粤）”或“濮（卜）越”族群先祖有 5000 年前的采矿技术和商周时期发达的青铜冶铸技术即是明证。

古代云贵高原主要是“氐羌、百越（粤）、百濮”三大族群。其中“氐羌、百越（粤）”是汉藏语系族群。关于“濮和百越（粤）”的关系，我国著名学者、中国民族学会会长宋蜀华教授的《百越》，梁钊韬教授的《百越对缔造中华民族的贡献——濮、莱的关系及其流传》，江应梁、刘小兵教授的《论汉代以前云南内地的百越部落》，李昆声教授的《云南考古材料所见百越文化考》等，皆认为“历史上凡分布在云南澜沧江以东广大地区的濮人，虽名为濮，实际属于汉藏语系百越（粤）族系；而居住在云南澜沧江以西的西南边疆的部分濮人则不属于百越（粤）族系，而为今南亚语系孟高棉语族部分民族的先民”。[50]《中国西南民族史》也说，直至民国时期，云南澜沧江以西的佤族、布朗族等南亚语系“濮人”族群大部分仍处于原始社会末期，他们居住于高山，刀耕火种，从事粗放型的旱地耕作农业。其社会发展进程与壮族、布依族、傣族、水族等居住平坝、河谷地区，从事精耕细作的水稻农业的汉藏语系“百越（粤）”或“濮（卜）越”族群有明显不同。[51]

再者，我国古代中原地区有“濮（卜）人”，如山东有“濮莱”、河南有“濮阳”、安徽有“濮水”、“濮在楚西南”等，考古学和文献记载都证明这些“濮（卜）人”虽名为濮，实际属于汉藏语系“百越（粤）”或“濮（卜）越”族系，是汉藏语系族群“东夷、濮（卜）越”族群的一部分。假如坚持说古代中原的“濮（卜）人”是南亚语系族群，或者认为我国西南“青铜文化”是由南亚语系族群从越南、柬埔寨传入的，那都是说不通的。所以，青铜时代的“滇文化”与我国内陆的中原文化实为一体，即是汉藏语系“百越（粤）”或“濮（卜）越”族群先祖文化，明确此认识是极为重要的，也是合乎历史事实的。

对此，著名考古学家张增祺教授曾指出滇国的主体民族为越人，张教授还指出：“滇国主体民族，即滇国古代居民中人数最多、占统治地位的民族。滇王及其亲属为首的统治集团，就是滇国主体民族的代表。滇国主体民族是我国古代越系民族中的一支，滇国绚丽多姿的青铜文化也主要是由越人创造的。云南古代有大量越人分布。越人是我国长江以南的古老民族，因其种属繁多，故以‘百越（粤）’称之。《汉书·严助传》：‘越，方外之地，断发文身之民也，不可以冠带之国法度理也。自三代之盛，胡越不受正朔……’又《浬书·地理志》：‘粤地，牵牛婺女之分野也。今之苍梧、郁林、合浦、交趾、九真、南海，皆粤分也。’此知越人分布区域辽阔，汉代之前已自成体系，因为他们比中原地区的华夏民族落后，被看成是‘不受正朔的蛮夷’。越系民族不仅遍布我国东南沿海及两广地区，云南古代也有大量越人。《华阳国志·南中志》说：‘南中在昔盖夷、越之地。’司书《蜀志》也说：‘(蜀）东接于巴，南接于越。’古代所说的南中，主要是指现在的云南省。当地多夷、越民族，夷即滇西地区的‘昆明夷’、‘摩沙夷’等民族，越即滇池区域及滇东地区的越人。又《史记·大宛列传》说：‘昆明……其西千余里有乘象国，名曰滇越。’此滇越也是古代越系民族中的一支，其地在今云南腾冲、德宏一带。东汉以来，云南的越人又多以僚或鸠僚称。《后汉书·西南夷传》：‘武帝元鼎六年平南夷，为牂牁郡。夜郎侯迎降，天子赐其王印绶，后遂杀之。夷、僚咸以竹王非血气所生，甚重之，求为立后。’按：汉代牂牁郡共17县，其中11县在今云南省东部及东南部。当地的夷、僚，即《华阳国志》上所说的夷、越，越被僚称取代了。又《三国志·蜀志·张嶷传》：‘牂牁、兴古僚种复反，(马）忠令嶷领诸营往讨。’此僚种亦即古越人。《太平御览》引郭义恭《广志》说：‘僚在牂牁、兴古、郁林、苍梧、交趾……’进一步证明所谓僚即古代越人无疑。云南古代的越人亦称作鸠僚。《华阳国志·南中志》：‘兴古郡，建兴三年（公元225年）置。属县十一……多鸠僚、濮。’同书《永昌郡》：‘永昌郡，古哀牢国，哀牢山名也……有闽濮、鸠僚、骠越、裸濮、身毒之民。’由上述记载可知，西汉时期，云南不仅有越人，而且分布较广。今滇池区域、滇东、滇南及滇西南地区均有越人部落，他们和贵州西南部、广西西部及越南北部的越系民族连成一片，文化上有许多相似之处。滇池区域发现的越文化遗物，我国考古学界普遍认为，有肩石斧、有段石锛、靴形铜斧和铜鼓等，属古代越文化遗物。以上器物在滇池区域均有发现。”古代越人多椎髻，这在我国古代文献上屡见不鲜。《史记·陆贾列传》说南越王赵佗“椎髻、箕踞以见陆生”。《索隐》曰：“为髻、撮，似椎而结之。”按：椎即圆形木锤，用以击鼓。故《说文·木部》曰：“椎，所以击也。”又《隋书·地理志》曰：“自岭南二十余郡，大率土地下湿，皆多瘴疠，人尤夭折……椎髻、箕踞乃其旧风。”可见古越人多流行椎髻，即将头发挽于头顶成结，就像圆形的击鼓木锤。滇池区域的古代民族也多流行椎髻。《史记·西南夷列传》及《汉书·西南夷传》俱载：“西南夷君长以什数，夜郎最大；其西靡莫之属以什数，滇最大；自滇以北君长以什数，邛都最大。此皆椎髻、耕田、有邑聚……”从滇国青铜器人物图像看，当地主体民族无论男女老幼均以椎髻为特征。一般男子的椎髻在其头顶，妇女则下垂至后颈。有的髻上系一飘带，迎风招展，以示美观。有关越人的服装，我国古文献上仅有零星的片断记载。《太平御览》引《永昌郡传》曰：“兴古郡……皆号鸠民。鸠民咸以三尺布割作两裆。”同书《钦州风俗》曰：“又有僚子……椎髻、凿齿、赤裤、短褐。”按：鸠民、僚子亦即鸠僚，属古越人。他们服装比较简单，有的用两尺宽的布割作前后两大块无袖或短袖上衣，腰间用带子来使之成衣，多不着裙裤，这大概就是古代所说的“贯头衣”。滇国主体民族服装与古代越人大致相同。从青铜器图像看，不论男女均穿一件宽大对襟的短袖上衣，衣长及膝，着时不系不扣，以带束之。皆跣足。[52]所论翔实清晰，严谨正确，为我们研究布依族传统宗教经典《摩经》的“铜棺文化”提供了科学依据。如下图：

滇国青铜器上的滇国主体民族——越人（采自张增祺：《滇国与滇文化》）

张增祺教授所说的“滇国的主体民族——越人”与童恩正教授所说的“祥云大波那铜棺墓”的族属是“滇族”，实际上都是指汉藏语系稻作族群的“滇人”或“滇族”。他们是古代汉藏语系“百越（粤）”或“濮（卜）越”族群的一支。宋蜀华、梁钊韬、江应梁、刘小兵、李昆声等我国著名学者皆有类似的学术观点。

因此，布依族《摩经》中的“铜棺文化”即使用“铜棺”安葬祖先的记载，应与春秋中晚期“祥云大波那人”的“铜棺文化”有关，这一观点是有充分依据的。青铜时代的汉藏语系族群先祖生时居住“干栏式竹屋”，逝世后亦享受“干栏式竹屋”样式的铜棺，这才是“祥云大波那铜棺文化”的真正含义。显然，布依族《摩经》中的“铜棺文化”即使用“铜棺”安葬祖先的记载，为春秋中晚期“祥云大波那人”的“铜棺文化”找到了属于汉藏语系族群先祖文化的民族学、人类学和宗教学依据。这是很有学术意义的。

应该指出的是，“铜棺”价值昂贵，不是一般布依族人能使用的。其中，《摩经》中又有“买来木料做棺材”的记载。如《摩经·用牛祭祖词》（第一卷）《买来木料做棺材》说：

tɕep^{213}kən^{31}ka^{31}me^{31}ma^{55}
块　上　价　母　马　　　上块值母马一匹，
tɕim^{33}laŋ^{33}ŋaŋ^{42}kuə^{31}ma^{55}ɦaɯ^{213}ku^{33}
金　和　银　做　马　给　你　　　我拿金和银作母马价给你。
tɕep^{213}la^{55}ka^{31}me^{31}va:i^{42}
块　下　价　母　水牛　　　下块值水母牛一头，
tɕim^{33}laŋ^{33}ŋaŋ^{42}ka^{31}va:i^{42}ɦaɯ^{213}məŋ^{42}
金　和　银　做　水牛　给　你　　　我拿金和银作水牛价给你。
soŋ^{33}tɕep^{213}tɕa:ŋ^{33}soŋ^{33}wei^{213} ɦaɯ^{213}
二　块　中　二　丫头（奴）　给
məŋ^{42}
你　　　棺墙二块值丫头（奴）二人，
tɕim^{33}laŋ^{33}ŋaŋ^{42}kuə^{31}wei^{213}ɦaɯ^{213}məŋ^{42}
金　和　银　做　丫头　给　你　　　金和银作丫头价给你。
soŋ^{33}tɕep^{213}ȵuai^{31}soŋ^{33}sau^{42}
二　块　棺头尾　二　榫　　　棺材头尾都可做榫，
tɕim^{33}laŋ^{33}ŋan^{42}kuə^{31}sau^{42}ɦaɯ^{213}məŋ^{42}
金　和　银　做　榫头　给　你　　　金和银作榫头价给你。
soŋ^{33}taŋ^{213}tau^{42}kuan^{31}kuan^{213}
二　凳　垫　珍贵　　　还有两个珍贵的长凳垫棺木，
tɕim^{33}laŋ^{33}ŋan^{42}kuə^{31}kuan^{213}ɦaɯ^{213}məŋ^{42}
金　和　银　做　贵　给　你　　　我又拿金和银作价给你。
ʑa^{31}fi^{31}ʔdai^{55}tɕie^{42}ʔdai^{55}
找　不　得　想　得　　　未得好棺木时想找好棺木，

ʔdai^{55}liau^{55}lək^{213}ji^{31}tɯ^{42}
得 后 儿 气 使[①]　　得到好棺木后儿却生气地使用。

tɕap^{55}ɦan^{213}po^{31}（me^{31}）zau^{31}ʔbak^{55}
棺面 黄 父（母） 我们 把　　未漆的棺面木纹漂亮黄澄澄，父（母）

ʔjian^{213}se^{213}kai^{213}tien^{33}
愿意 留 那点　　呵，这是儿女的心意。

tien^{33}so^{55}pan^{31}ma^{55}tɕi^{31}
那点 才 成 齐全　　得到好棺木心意才齐全。

po^{31}（me^{31}）ʔa^{33}ji^{213}ta:u^{213}laŋ^{33}
父（母） 回忆 到 后　　父（母）逝世父（母）恋，

fi^{31}saŋ^{33}toŋ^{31}saŋ^{33}va^{55}
没 害 亲戚 害 家门　　没害着亲戚和家门。

ti^{31}soŋ^{213}pu^{55}ʔdjau^{33}wuŋ^{33}
两亲 人 一 说了算数者　　亲戚和家门中一人说了这样的话，

koŋ^{33}su^{33}vən^{42}ʔdjau^{33}la:u^{55}
文明者 人 一 大　　一位文明的大人说了这样的话：

ʔdi^{33}ʑi^{42}tɯ^{42}pen^{213}tok^{55}taŋ^{31}ti^{31}
稀奇 带 棺木 到位　　将稀奇的棺木材料带到位，

soŋ^{213}pen^{55}tok^{55}taŋ^{31}ɾa:n^{31}
送 棺木 到达 家　　把稀奇的棺木材料送到家。

va:i^{31}ɕip^{213}ŋi^{31}ma^{33}ka^{55}
水牛 十 二 来 杀　　杀水牛十二头来庆，

lau^{55}ɕip^{213}ɦa^{55}ma^{33}tɕeu^{33}
酒 十 五 来 饮　　抬十五坛酒来饮，

kən^{33}le^{33}liau^{55}mət^{213}ɦam^{31}
吃 连 接 到黑　　亲戚家门接连吃到天黑。

pu^{55}sa:ŋ^{31}jiaŋ^{31}pu^{55}sa:ŋ^{31}
智者师傅 也是 智者师傅　　智者师傅会传名，

ziau^{42}sa:ŋ^{31}zo^{55}tau^{55}pən^{33}
传名 师 会 用 锛　　智者师傅会用锛。

mak^{213}tam^{33}mə^{31}so^{55}lan^{42}
墨 连 墨 才 直　　墨线连墨线才直，

kam^{33}tɕau^{213}lan^{55}ta:u^{213}laŋ^{33}
握 头 抬 朝 后　　手拿墨线抬头弹，

mai^{33}ʔdjau^{33}sam^{55}pai^{31}ʔdjau^{33}
线 一 搭 面 一　　一条线搭一头，

mak^{213}ʔdjau^{33}ta^{55}pai^{31}ʔdjau^{33}
墨 一 放 面 一　　一方墨放一面。

kuek^{213}mai^{55}kue^{31}soŋ^{33}ʔuan^{55}sa:ŋ^{33}ʔuan^{55}
剖 树 做 二 拱 三 拱　　剖树做二拱三拱，

① 生气：指花费许多金银，也抵不上老人逝世后儿女的痛苦。

ʔuaŋ^{55}ʔdjau^{33}su^{55}zok^{213}vet^{213}
拱 一 装 鸟 啄　　做一拱像鸟窝形。

kuek^{213}mai^{55}kuə^{31}soŋ^{33}kuŋ^{31}saŋ^{33}kuŋ^{31}
剖 树 做 二 拱 三 拱　　剖树做二拱三拱，

kuŋ^{31}ʔdjau^{33}su^{55}ʔan^{31}pjai^{33}
拱 一 装 小燕　　做一拱像燕窝形。

kuek^{213}mai^{55}kuə^{31}soŋ^{33}ʔuan^{33}saŋ^{33}ʔuan^{33}
剖 树 做 二 拱 三 拱　　剖树做二拱三拱，

ʔuan^{33}ʔdjau^{33}su^{55}θa^{213}lan^{31}lian^{31}
拱 一 装 绞线机 连

su^{55}zai^{42}
纺线机　　做一拱像绞线机和纺线机形。

kuek^{213}mai^{55}kuə^{31}soŋ^{33}kuŋ^{31}saŋ^{33}kuŋ^{31}
剖 树 做 二 拱 三 拱　　剖树做二拱三拱，

kuŋ^{31}ʔdjau^{33}su^{55}sai^{33}lian^{31}su^{55}za:u^{213}
拱 一 装 犁头 连 耙田机　　做一拱像犁头和耙田机形。

mai^{55}ni^{55}zam^{55}tək^{55}ʔdaɯ^{33}mi^{31}zo^{31}
棺木 这 水 放 里 不 漏　　这棺木真好，放水也不渗。

man^{55}kai^{213}so^{213}mi^{31}tɯ^{42}
鸡卦细竹签 插 不 入　　鸡卦细竹签也插不入。

ʐum^{42}tai^{31}fɯ^{33}mi^{42}pjau^{213}
风 力 冲 不 漏气　　刮大风也不漏气。

ku^{33}le^{33}au^{33}məŋ^{31}ma^{33}tək^{55}mai^{55}ni^{55}
我 们 要 您 来 放 棺 这　　我们要这棺材来装您父（母）。

《摩经》认为木棺的“上块值母马一匹”、“下块值水母牛一头”、“棺墙二块值丫头（奴）二人”、“金和银作价给你”，是说明棺材的贵重。因此，要“杀水牛十二头来庆”、“抬十五坛酒来饮”、“亲戚家门接连吃到天黑”。木匠加工制作的木棺质量精良，才能做到“这棺木真好，放水也不渗”、“鸡卦细竹签也插不入”、“刮大风也不漏气”。木棺的形制，则是“做一拱像鸟窝形”、“做一拱像燕窝形”、“做一拱像犁头和耙田机形”，反映的仍然是布依族“鸟崇拜”与稻作文化特征。其“鸟崇拜”、稻作文化与上述汉藏语系“濮（卜）越”族群“铜棺文化”的特征是相通的。

第四节 《摩经》中的“铜鼓”文化研究

我国的铜鼓，主要分为万家坝型、石寨山型、冷水冲型、遵义型、麻江型等。**万家坝型铜鼓**，以云南省楚雄万家坝古墓出土者为代表。纹饰简单古朴，主要突出太阳纹，其余部分多为素面。年代为春秋早期至战国末期。**石寨山型铜鼓**，以云南省晋宁石寨山古墓出土者为代表。鼓面亦突出太阳纹，光体与光芒浑然一体，太阳纹之外是一道道晕圈，晕中饰锯齿纹、圆圈纹、点纹及旋转飞翔的鹭鸟纹。腰部或胸部饰羽人渡船纹。年代为战国至东汉时期。**冷水冲型铜鼓**，以广西藤县濛江镇横村冷水冲出土的铜鼓为代表。鼓面也突出太阳纹，有立体蛙饰，或饰骑马、牛橇、水禽等动物塑像及变形羽人纹和翔鹭纹、船纹，鼓腰有变形舞人图案和细方格纹，鼓足多有圆心垂叶纹，这些都是匠人精雕细刻的结果，有着一种纤巧的美。年代为东汉晚期至南朝。**遵义型铜鼓**，以贵州遵义市南宋土司杨粲墓出土者为代表。鼓面皆突出太阳纹，鼓面边缘已无青蛙塑像，但仍有蛙趾装饰。其余部分多为同心圆纹、连续角形纹、羽状纹、雷纹、游旗纹等。年代为唐至宋代。**麻江型铜鼓**，以贵州省麻江县谷峒乡一座古墓出土者为代表。鼓面亦突出太阳纹，其余部分多为简体翎眼纹、雷纹、同心圆纹、三角纹等。年代为南宋至清代。

铜鼓与其他青铜文化一样，是古代南方汉藏语系族群在“中原”和“楚越”文化影响下，结合本地资源和审美情趣所创造的文化结晶，是中华文化的重要组成部分。铜鼓纹饰中最突出的是“太阳纹”、“鸟纹”两种，显然是新石器时代汉藏语系“百越（粤）”或“濮（卜）越”族群先祖图腾标志符号的继承和发展。《白虎通义》载：“炎帝者，太阳也，其神祝融。祝融者，其精为鸟，离为鸾。”炎帝以“太阳鸟”为图腾。“离”是八卦中的方位，代表“南方的离火”。所谓“离为鸾”，即“火鸾凤”。《史记·楚世家》说：楚庄王以鸟自诩，“三年不蜚，蜚将冲天；三年不鸣，鸣将惊人”。《春秋元命包》中说：“日中有三足乌。”《淮南子·精神训》“日中有踆（乌）”。考古学也证明：在古代吴越地区距今7000年至5000年之间的水稻农耕文化遗址中，一些作为祭器的陶器、玉器或骨器上面，太阳神鸟纹（一种将太阳与神鸟结合于一体的图案）是经常可以看到的。如浙江余姚市的河姆渡文化出现了“双鸟捧日”、“双鸟拱嘉禾”、“双鸟共日”等纹饰。河姆渡文化是宁绍平原上闻名遐迩的新石器文化，杭嘉湖平原良渚文化被称为“东方文明圣地”，且多处良渚文化遗存叠压在河姆渡文化四期之上，说明了两者存在密切关系。正如已故著名考古学家苏秉琦先生指出，河姆渡文化和良渚文化是浙江史前文化的两朵花。江浙地区的良渚文化出现了头戴太阳神冠、双颊黥有鸟纹的大批玉器。商周青铜器的饕餮兽面纹，其实就是对这一纹饰的继承与发展。成都金沙遗址所出“太阳神鸟”金箔图，图样是4只首尾相接的金鸟（凤凰）环绕呈光芒放射状的日轮。它鲜明地反映出“崇鸟敬日”的文化特征。如下图：

浙江河姆渡文化“双鸟共日”或“双凤朝阳”象牙雕刻

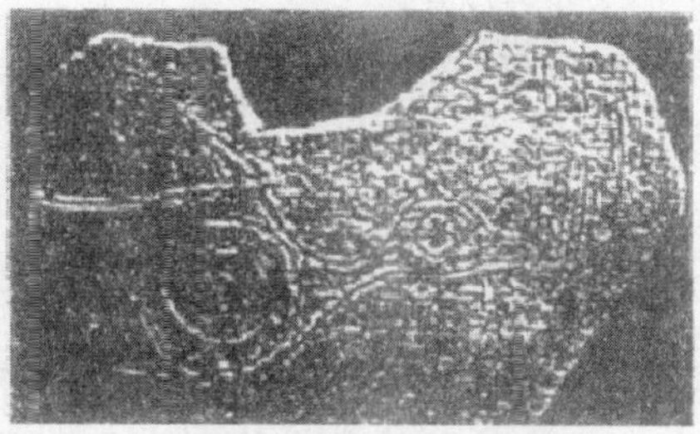

浙江良渚文化陶鬶残片“鸟日复合”图

浙江河姆渡文化“众鸟圆圈纹”陶片

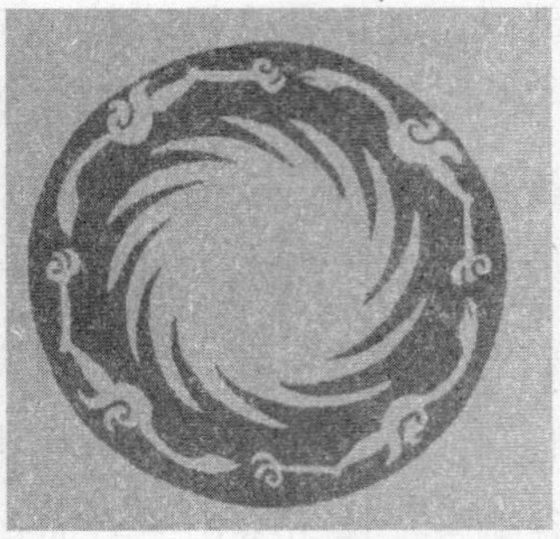

成都金沙文化“四鸟护日”金箔图

祁庆富教授在《晋宁石寨山铜鼓朱鹭纹的文化阐释》中指出，这种鸟崇拜实质是崇拜太阳。鸟是古越人的一种图腾,演变成族徽。日本学者林巳奈夫先生把良渚文化和大汶口文化综合起来研究，认为山东大汶口文化遗址中发现的“钺”形、“有段石锛”形陶文图形,应是古越人一种古老的族徽。“有段石锛”是一种制造独木舟的工具，演变成武器，被记为“戉”，使用这种工具和武器的人，就是“越人”。古代百越（粤）发祥于山东半岛。值得注意的是，大汶口陶纹中有太阳纹，表明大汶口人与河姆渡人具有共同的太阳崇拜之宗教特征。太阳的象征颜色是红色，正如俗话所谓红日东升。代表太阳崇拜的鸟也是红色，如俗言所谓“丹凤朝阳”。《山海经》中有“丹穴之山”，是凤凰居处。古越人最崇拜红色之鸟。晋王嘉《拾遗记·周灵王》记载:“初，越王入国，有丹乌夹王而飞，故勾践入国，起望乌台，言丹乌之异也。”“丹乌之异”，证明越人崇拜红色之鸟。从铜鼓的万家坝型、石寨山型到冷水冲型、遵义型、麻江型，皆突出太阳纹，特别是晋宁石寨山型，其通过鼓面晕纹朱鹭环绕的中心是太阳纹，来表现百越（粤）民族的鸟崇拜就是太阳崇拜。[53]此论是正确、翔实的。

在布依族传统宗教经典《摩经》中,“铜鼓文化”是很突出的。铜鼓在布依族意识中表现为礼器、葬具、财产、权势、娱乐和族群崇拜符号等文化内涵，因而历代布依族人民都崇拜和敬重铜鼓。甚至在古时的动乱年代，有的布依族家族迫不得已搬迁异地，往往会携带铜鼓一同搬迁。因此，至今凡是有布依族村寨的地方一般都有传世铜鼓（“大跃进”大炼钢和“文革”期间铜鼓损失不少）。铜鼓是我国汉藏语系“百越（粤）”或“濮（卜）越”族群文化的重要组成部分；铜鼓在布依族文化中有重要地位，渊源久远。

自春秋战国以来，珠江流域汉藏语系“百越（粤）”或“濮（卜）越”族群中就已产生了一种古老的礼乐文明，即以铜鼓、铜棺为礼器、葬具。考古发掘的古代滇族和句町族文化出土遗址中，就发现有使用“铜鼓”与“铜棺”安葬祖先的墓葬文化，甚至在一个墓中同时出土了“铜棺”和“铜鼓”。布依族《摩经》中也记载了古代冶炼铸造“铜鼓”祭祀祖先，用“铜棺”与“铜鼓”作为棺椁安葬祖先的内容。这显然与古代滇族和句町族使用“铜鼓”与“铜棺”安葬祖先的文化是一致的。《摩经》（第一卷）《铜棺经》说：

məŋ³¹ ka:p³¹la:u⁵⁵pai³³ɕian³³		
你　合　老　去　仙		你年老去成仙，

ts'ian^{33}nian^{31}pai^{33}fa:n^{31}θi^{31}
千 年 去 万 世　　去千年，好万世；

tsit^{55}li^{31}ta:u^{55}tɯ^{31}pai^{33}
允许 来 领 去　　仙人允许仙领去，

ʔbən^{33}ʔdan^{33}ta:u^{55}ti^{31}zum^{42}
天 开 来 位置 占　　天开给你占位置。

tap^{31}miŋ^{31}məŋ^{42}tan^{55}pɯ^{31}luaŋ^{42}pi^{33}ni^{55}
达到 命 你 穿 衣 铜 年 今　　今年你命达到享受铜棺，

miŋ^{31}məŋ^{31}sa:ŋ^{33}pəŋ^{31}mo^{213}
命 你 换 地区 新　　你的命转换了，可以得到新世界。

tap^{213} miŋ^{31}məŋ^{31}tan^{55}pɯ^{31}ka^{31}pi^{33}ni^{55}
达到 命 你 穿 衣 黄铜 年 今　　今年你的命达到可以享受黄铜棺了；

miŋ^{31}məŋ^{31}sap^{55}soŋ^{33}taŋ^{213}
命 你 穿 两 套　　你的命达到可以享受双铜棺了。

……

ma^{33}pjaŋ^{55}məŋ^{31}pai^{33}kua:ŋ^{213}
来 送给 你 去 广阔　　双铜棺送给你，去广阔的仙界，

ma^{33}sa:ŋ^{213}məŋ^{42}pai^{33}pat^{213}pai^{33}ɕian^{33}
来 送上 你 去 金台 去 仙　　双铜棺送给你，去天上做成金银的仙台。

《摩经》（第一卷）《铜矿、冶炼与铜器、铜鼓》又说：

pei^{31}naŋ^{33}kuk^{55}ma^{33}zaŋ^{213}
鼓风器 皮 虎 来 挣破　　曾经炼铜用的虎皮风箱也挣破，

pei^{31}naŋ^{33}sa:ŋ^{55}ma^{33}po^{213}
鼓风器 皮 大象 来 裂　　曾经炼铜用的大象皮风箱也拉裂，

pei^{31}naŋ^{33}zok^{213}ma^{33}ʔdaɯ^{33}
鼓风器 皮 鸟 进来 里面　　只有炼铜用的大鸟皮风箱撑得住。

au^{33}ziau^{42}si^{55}se^{33}za^{33}
要 留住 是 永久留 找　　留东西就要找能够永久留下的铜器，

ziau^{31}mai^{55}zai^{31}pai^{31}zok^{213}
留 树 吹榴树 面 外　　还要留下外面那棵吹榴树为证。

pei^{31}lok^{213}pai^{33}lok^{213}ma^{33}
鼓风器 拉 去 拉 来　　鼓风炼铜扯去又吸来，

pei^{31}ta^{42}pai^{33}ta^{42}ta:u^{213}
鼓风器 扯 去 扯 来　　鼓风炼铜吸来又扯去。

zam^{55}luaŋ^{42}tok^{55}se^{33}si^{55}
液 铜 掉 铜范（盒）　　铜液掉在那装铜液的铜范，

zam^{55}ta^{33}si^{55}se^{33}liaŋ^{33}
泪 眼 装铜液盒 拼　　铜液炼出了，制铜者激动得眼泪掉进范盒与铜液拼合；

zam^{55}luaŋ^{42}tok^{55}se^{33}sai^{55} 液 铜 掉 冶铜范（盒）	铜液掉在那装铜液的各种盒，
zam^{55}ta^{33}ɦai^{55}lak^{213}lie^{42} 泪 眼 淌 参 连	铜液炼出了，制铜者激动得眼泪淌入范盒与铜液参连连。
……	
au^{33}kuə^{31}ȵian^{31}tək^{55}tɕau^{213}pu^{55}ta:i^{33} 要 铸 铜鼓 放置 头 人 死	要铸铜鼓来放置死人的头，
jiaŋ^{31}pan^{31}ȵian^{31}tək^{55}tɕau^{213}pu^{55}ta:i^{33} 也 成 铜鼓 放置 头 人 死	也就铸成铜鼓来放置死人的头。
ʔə^{33}ȵian^{42}ɦə^{213}ʔə^{33}ȵian^{42} 阿 铜鼓 呵 阿 铜鼓	阿铜鼓呵，阿铜鼓！
ʔdi^{33}ku^{33}au^{33}məŋ^{31}ma^{33}tək^{55}tɕau^{55} 好 我 要 你 来 放置 头	吉祥，我要用你铜鼓来放置爷（奶）
pau^{55}（ja^{31}） 爷（奶）	的头！
……	
au^{33}ziau^{42}si^{55}se^{33} za^{33} 要 留住 是 永久留 找	留东西就要找能够永久留下的铜器。

古代墓葬文化是古代生产力的表现，也是古人宗教信仰的重要表现。汉藏语系“百越（粤）”或“濮（卜）越”先祖早在新石器时代就产生了丰富的陪葬葬俗，人们使用磨光石器的有段石锛、有肩石斧、石钺、玉钺、玉琮、玉璧、陶器等物陪葬，是希望祖先像在世之时过上好生活。进入青铜时代，随着生产力的发展，古代汉藏语系“百越（粤）”或“濮（卜）越”先祖开始考虑用更先进的青铜物品陪葬。这就是《摩经》所说的“（给祖先）留东西就要找能够永久留下的铜器”。它揭示了布依族《摩经》与古代的滇、夜郎、句町族群使用“铜棺”与“铜鼓”来安葬祖先的考古文化具有密切的关系，道出了布依族先祖铸造和使用青铜器“铜棺”与“铜鼓”来安葬祖先的原因，作为礼器的“铜棺”与“铜鼓”是布依族祖先崇拜文化的重器之物。《摩经·用牛祭祖词》（第一卷）《铜矿、冶炼与铜器、铜鼓》还说：

po^{31}（me^{31}）van^{31}ma^{31}məŋ^{31}ni^{55} 父（母） 哪天 你 啊	父（母）归逝哪天啊？
pu^{55}laɯ^{31}ɦa:u^{213}san^{31}ɦan^{33} 人 哪 说 话 急	哪个人说急话？
vən^{31}laɯ^{31}saŋ^{33}san^{31}ʔjak^{213} 人 哪 讲 话 恶	哪个人讲恶话？
koŋ^{33}ʔdi^{33}məŋ^{31}tau^{55}lian^{42} 弓 好 你 来 捡	好弓你铜鼓来捡，
ɕian^{31}ʔdi^{33}məŋ^{31}tau^{55}θim^{42} 箭 好 你 来 修	好铜箭你铜鼓来修。

pɯn^{55}vən^{31}məŋ^{31}lak^{213}taŋ^{33}
类 人 你 不要 拦　　好人你铜鼓莫拦挡，
pɯn^{55}fa:ŋ^{42}məŋ^{31}lak^{213}zam^{31}
类 鬼 你 不要 阻　　好鬼你铜鼓莫阻挡。
ʔə^{33}ȵian^{42}ɦe^{213}ʔə^{33}ȵian^{42}
阿 铜鼓 呵 阿 铜鼓　　阿铜鼓呵，阿铜鼓！
pu^{55}laɯ^{31}ɦa:u^{213}san^{31}ɦan^{33}
人 哪 说 话 急　　哪个人说急话，
vən^{31}laɯ^{31}saŋ^{33}san^{31}ʔjak^{213}
人 哪 讲 话 恶　　哪个人讲恶话，
koŋ^{33}ʔdi^{33}məŋ^{42}lak^{213}lian^{42}
弓 好 你 来 捡　　好弓你铜鼓来捡，
ɕian^{31}ʔdi^{33}məŋ^{31}lak^{213}θim^{42}
箭 好 你 来 修　　好铜箭你铜鼓来修。
pɯn^{55}vən^{31}məŋ^{31}tau^{55}taŋ^{33}
类 人 你 来 拦　　你铜鼓来拦住坏人，
pɯn^{55}fa:ŋ^{42}məŋ^{31}tau^{55}zam^{31}
类 鬼 你 来 阻　　你铜鼓来阻挡坏鬼。
ʔə^{33}ȵian^{42}ɦe^{213}ʔə^{33}ȵian^{42}
阿 铜鼓 呵 阿 铜鼓　　阿铜鼓呵，阿铜鼓！
ʔdi^{33}ku^{33}au^{33}məŋ^{31}ma^{33}tək^{55}pau^{55}（ja^{31}）
好 我 要 你 来 放置 爷（奶）　　吉祥，我要用你铜鼓来放置爷（奶）！
po^{31}（me^{31}）van^{31}ma^{31}məŋ^{31}ni^{55}
父（母） 哪天 你 啊　　父（母）归逝哪天啊？
zo^{213}ʔdaŋ^{33}ʔbu^{33}no^{213}ȵian^{42}
敲 响 轻 呵 铜鼓　　铜鼓轻敲响呵，
zo^{213}ʔdaŋ^{33}ʔbau^{33}no^{213}ȵian^{42}
敲 响 轻音 呵 铜鼓　　铜鼓响轻音，
ʔdaŋ^{33}lak^{55}la:u^{33}lak^{55}lən^{42}
响 不 怕 不 惊　　铜鼓响不怕不惊。
ʔdaŋ^{33}si^{33}si^{55}kua^{55}na^{42}
响 长音 过 稻田　　铜鼓响着长音过稻田，
ʔdaŋ^{33}si^{33}ɕua^{55}kua^{55}toŋ^{31}
响 拉长音 过 田坝　　铜鼓拉着长音过田坝。
tak^{213}ma^{55}lok^{213}kua^{31}po^{33}
公 马 驮 过 山　　骏马驮铜鼓过山，
θi^{33}zi^{42}lo^{42}kau^{55}jiaŋ^{213}
找 印 骡马 看 样　　想看样子找脚印。

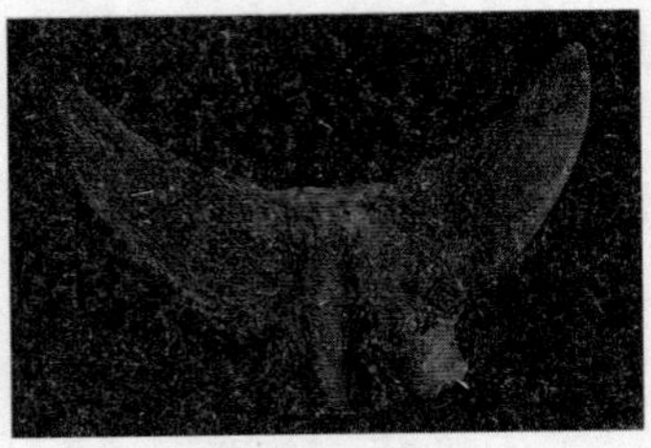

7000 年前浙江河姆渡文化“圣水牛头”（采自周新华：《河姆渡遗址·骨器的世界》）

“用牛祭祖”是汉藏语系族群一种古老而隆重的祭祖礼仪，《大戴礼记·曾子天圆》曰：“诸侯之祭，牲牛，曰太牢；大夫之祭，牲羊，曰少牢；士之祭，牲特豕，曰馈食。”《诗经·我将》曰：“我将我享，维羊维牛，维天其右（祐）。”《礼记·王制第五》曰：“天子社稷皆大牢，诸侯社稷皆少牢。大夫士宗庙之祭，有田则祭，无田则荐。”《本草纲目·兽一·牛》曰：“（牛）《周礼》谓之大牢。牢乃豢畜之室，牛牢大，羊牢小，故皆得牢名。”考古发掘发现，7000 年前的浙江河姆渡文化遗址就有切割整齐的 30 余具“圣水牛头”出土（如左图），其中保存较完整的牛头骨有 16 个。说明在汉藏语系族群“百越（粤）”或“濮（卜）越”族群内，早在水稻农业初期就已产生“太牢祭祖”文化。这与《诗经》、《礼记》等中华“太牢祭祖”文化是一脉相承的。

进入青铜时代，“百越（粤）”或“濮（卜）越”后裔布依族又将冶炼铸造的“铜棺”、“铜鼓”加进“太牢祭祖”文化之中，为的是“（给祖先）留东西就要找能够永久留下的铜器”，丰富了汉藏语系族群的青铜文化。

《摩经》认为“铜鼓”在丧葬祭祖仪式上有重要功能，它能避免有人讲“急话”、“恶话”，保证庄严肃穆的丧葬仪式顺利进行，甚至在彼岸世界也有“好弓你铜鼓来捡、好铜箭你铜鼓来修”，“好人你铜鼓莫拦，好鬼你铜鼓莫阻挡”，“你铜鼓来拦住坏人，你铜鼓来阻挡坏鬼”的重要功能。也就是说，假如有侵犯先祖利益者，它将受到“铜鼓”的惩罚。所以，《摩经》说：“阿铜鼓呵，阿铜鼓！吉祥，我要用你铜鼓来放置爷（奶）！”又说：“铜鼓响轻音，铜鼓响不怕不惊。铜鼓响着长音过稻田，铜鼓拉着长音过田坝。骏马驮铜鼓过山，想看样子找脚印。”这是对古代布依族葬礼仪式伦理观念和“铜鼓”文化的生动描述。

所谓“铜鼓、稻田”，“铜鼓、田坝”，“骏马驮铜鼓过山”反映了布依族“百越（粤）”或“濮（卜）越”先祖悠久的水稻文化与铜鼓文化之间的密切关系；“阿铜鼓呵，阿铜鼓！吉祥，我要用你铜鼓来放置爷（奶）”即是用“铜鼓”作为棺椁的“吉祥”意识，“铜鼓”既然能作棺椁，用铜鼓和其他青铜器陪葬当然就必不可少。因此，“铜鼓葬”与 “铜棺葬”共同组成了布依族《摩经》记载的古代汉藏语系“百越（粤）”或“濮（卜）越”这个水稻农业族群的墓葬文化特色。

其实，云南“祥云大波那木椁铜棺”墓就是“铜棺”与“铜鼓”同处一墓的墓葬。铜棺为“干栏式”房屋型，重 280 余公斤。还有其他青铜器，葬品中青铜器共有 90 余件之多。前述著名历史学家童恩正教授将该“祥云大波那铜棺”墓出土的青铜器文物与晋宁石寨山滇族青铜器文物相比较，指出二者之密切关系，即两地同为定居的水稻农业社会，富有地方色彩的精神生活亦相一致，与《史记》“耕田，有邑聚”的记载相吻合。铜棺墓所出的绝大部分文物，器型均与晋宁石寨山滇族墓葬所出者相似。该铜棺墓出土一骑马人像，“脑后有椎髻”，这显然不是“编发”的氐羌族群的“昆明族”，而与“滇族”梳发髻的情况相同。[54]其中有一面“铜鼓”，称为“祥云大波那鼓”，鼓面有太阳纹，其外有 4 芒，芒宽而大，胴、腰、足部光素无纹，鼓身有两道合范纹，4 扁耳。面径 23 厘米、胴径 33 厘米、 腰径 23 厘米、 足径 38.2 厘米、高 27.8 厘米。化学成分所占百分比呈现如下——铜：87.96%，锡：6.87%，铅：3.43%，铁：1.64%，属我国早期铜鼓之一。“祥云大波那铜棺、铜鼓”

属汉藏语系族群的“滇族”文化。著名考古学家张增祺教授又明确指出：“滇国的主体民族——越人。”[55]其青铜器上的“太阳纹、鸟纹（铜棺鸟纹）、蟾蜍纹、蛤蟆纹、蛇纹”等皆为珠江流域汉藏语系“百越（粤）”或“濮（卜）越”族群的共性文化标志。故布依族《摩经》的“铜棺、铜鼓”文化与滇国“铜棺、铜鼓”文化相一致，也是族源文化逻辑的必然。

夜郎国、句町国也是从事水稻农业的汉藏语系族群。其文化遗址亦发现将祖先尸体或骨骼放置于“铜棺、铜鼓”之内入土安葬的墓葬文化。如贵州毕节地区赫章县可乐区有一批战国至西汉中期的、与夜郎文化有关的墓葬，均为无墓道的小型竖穴土坑墓，墓坑内无棺椁痕迹。在近20座墓中，墓坑一端放置有铜釜、铜鼓等，里面有人的头盖骨和牙齿，还有鎏金铜柄木梳、铜发钗等头饰，有的头骨四周有残存的纺织品或草席。学界认为这是当时只有“王、侯”一类的统治阶级上层人物才能在死后“享用”的青铜葬具。[56]在毗邻赫章、早于赫章可乐区的毕节地区威宁县鸡公山商周文化遗址中，考古工作者们还发现了大量水稻标本，据贵州省文物考古研究所副研究员张合荣介绍，在鸡公山遗址发掘的300多个坑中，80%以上都有水稻颗粒出土，这些稻米的存放方式又分为两种，一种是以稻草、稻穗的形式捆在一起，另一种是把稻米做成熟饭团以后，在祭祀活动之时将其焚烧。除此之外，考古人员还发现，这些稻米颗粒短胖[57]，当为“糯米”。《“夜郎”故地上的探索——贵州省文物考古工作三十年》还说：“威宁、毕节、赫章、盘县等县（市），出土或征集了150余件新石器时代磨光石器。全部石器中，有肩、有段的斧（锛）占一定比例。如威宁、水城两地的38件石锛中，有段石锛达11件。”[58]考古学研究认为：“它们与云南、广东、广西出土的有段石锛如出一辙……西南地区有段石锛的一致性，说明这一地区当时就存在一个族群共同体，他们是古越人的一支。”[59]且今贵州毕节地区和六盘水市还居住着汉族、布依族、彝族、苗族等汉藏语系族群，但当地各民族中，只有布依族保存和使用传世铜鼓。这种显著的铜鼓文化现象是值得重视的。布依族自古以来是稻作民族，布依族《摩经》的“铜鼓葬”文化记载与当地出土的夜郎“铜鼓葬”一致，证明两者无疑有密切关系。

属于同类型的“铜鼓葬”墓葬文化，在古代句町国地域的广西西林县普驮亦有发现。1972年广西西林普驮发掘出一个西汉前期“铜鼓墓”，为椭圆墓坑，上以石板作盖，用两大两小的四面铜鼓套合作葬具，两小铜鼓内盛入骨骸，用数以万计的小粒绿松石连缀的“珠襦”裹殓，为二次葬。随葬品有铜器、铁器、玉石器400余件，列置于大铜鼓内外。此外，在与西林毗连的广西百色龙川，也发现有铜鼓墓葬。铜鼓下面是石板，石板上放置人骨（如下图）：

夜郎国“铜鼓套头葬”中的“铜鼓”（采自王庆文：《夜郎文明》，《中国民族报》2003年5月13日）

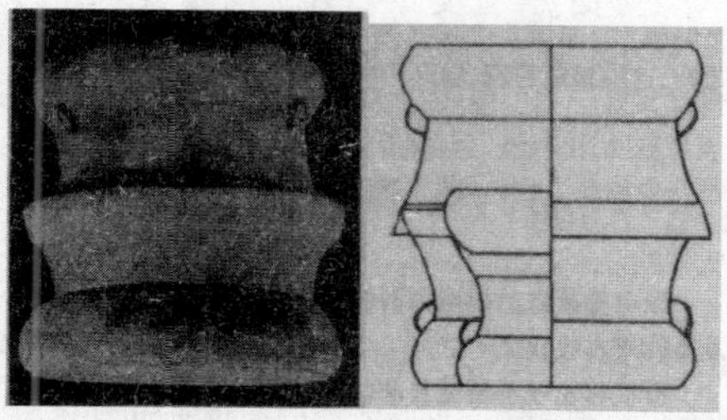

句町国“铜鼓套葬”，鼓内还有两面鼓，共由四面铜鼓组成（采自朱俊明：《夜郎史稿》）

在西林普驮“铜鼓葬”地点旁近 20 米的地方，1969 年修筑百色至西林的公路时，筑路民工在距地表深约 1.5 米的土层中挖出一具精美华贵的铜棺，铜棺露出土层后受到严重破坏。从所存残片看，其外表鎏金，有与滇国和岭南地区出土“铜鼓”相同的羽人、翔鹭、梅花、鹿、鱼、龙舟等图案，两端和两侧各悬有挂面具或镶嵌云彩、鸟、兽等鎏金、鎏银的铜附件，棺内置玉玦等玉石器。这种极为奢华的葬式，无疑表明死者身份为句町王国的统治者。[60]

夜郎国文化的“铜鼓葬”为一次葬，句町国的“铜棺葬”和“铜鼓葬”为二次葬，但两地葬俗并无本质差异，都是以铜鼓作为葬具，且两地皆为水稻农业文化。其中句町的“铜棺葬”又与“滇族”、“铜棺葬”文化相一致。一次葬与二次葬亦无本质差异，只是土葬的不同方式，结合《摩经》中记载的古代布依族冶炼铸造“铜鼓”祭祀祖先，用“铜棺”与“铜鼓”作为安葬祖先的葬具等内容看，明显具有文化渊源与传承关系。至今布依族仍然实行一次葬和二次葬两种土葬方式。

我们在云南南盘江流域调查时，听到罗平县布依族“布摩”先生讲述：“相传 100 多年前，三江口中寨南盘江江边有一小山名为‘坡嘎’[po^{33}ka^{33}]，原来坡嘎山上住有 360 户布依族王氏家族，后来战乱中被火烧掉。山顶也垮掉一块，当时地下冒出一对公母铜棺，滚到南盘江三江口深深的江底。现在坡嘎山上仍有数十处布依族村寨。当地距离广西西林县不远，正是古代句町王国的国境区域。这说明当地汉藏语系“百越（粤）”或“濮（卜）越”族群的“铜棺葬”应有多处，有待新的考古发现。

西南地区珠江流域的壮族、布依族、水族等汉藏语系族群至今仍保存和使用传世铜鼓。据不完全统计，壮族民间约有传世铜鼓 1 000 余面；水族民间约有传世铜鼓 300 余面；布依族民间约有传世铜鼓 600 余面。明弘治年间的《贵州图经新志》说“仲家（布依族）……铸铜为鼓”，说明元、明时期布依族（仲家）还在铸造和使用铜鼓。铜鼓文化源远流长，是中华汉藏语系族群文化的重要组成部分。由此可见，那种认为我国西南“铜鼓文化”是由南亚语系的“濮（卜）人”族群从越南、柬埔寨传入的观点，是完全说不通的。

在布依族意识中“铜鼓”不仅有祭祖、葬礼等礼器功能，还有财产、权势等象征功能。《摩经 •用牛祭祖词》（第一卷）《老人心愿：后代发家》说：

lək^{213}ɦa^{55}sa:m^{33}au^{33}ɦən^{55}
儿　想　问　要　发家　　　　儿孙问要发，

sa:m^{33}au^{33}ɦən^{55}ɦaɯ^{55}ɦən^{55}
问　要　发　给　发家　　　　问要发给发。

zam^{55}tam^{31}ɦoŋ^{42}jaŋ^{31}laɯ^{42}
水　大湖　区域　哪样　　　　大湖宽又广，

ɾa:n^{42}lək^{213}hoŋ^{42}jaŋ^{31}ten^{33}
家　儿　区域　那样　　　　儿家发展的区域宽又广。

tsoŋ^{33}ȵian^{42}ɦən^{213}jaŋ^{31}laɯ^{42}
皮鼓　铜鼓　发家　哪样①　　　　皮鼓、铜鼓像鼓点“发家”多，

ɾa:n^{42}lək^{213}ɦən^{213}jaŋ^{31}ten^{33}
家　儿　发家　那样　　　　儿家发展如皮鼓、铜鼓的鼓点那样多。

① 发家：指皮鼓、铜鼓的像鼓点般的发展速度。

……

ɦən^{213}jaŋ^{31}na^{42}ɦən^{55}ɦa:u^{55}

发家　如　稻田　发　稻谷　　发家如稻田之中发稻谷。

sau^{55}sɯ^{42}ɦan^{213}sɯ^{42}se:n^{33}

柱　如　高塔　如　带头　　发家钱柱高如塔。

zen^{42}sɯ^{42}po^{33}lo^{42}ti^{213}

使力　如　山　落　地　　发家财力大如山。

mi^{31}sɯ^{31}ɦa:u^{55}vuəŋ^{42}wai^{33}

有　如　稻米　皇　灰　　钱财密似皇家的存稻米。

sɯ^{31}paŋ^{42}ʔduai^{33}ɕiau^{31}kuan^{213}

如　布　织机绕线筒　辈　古　　钱财密如古辈绕线筒上的织布线。

θai^{42}lap^{213}ɦən^{213}jaŋ^{31}ʔdai^{55}

大笼　装　发家　也　得　　发家钱财要用大笼装。

所谓“皮鼓、铜鼓像鼓点‘发家’多，儿家发展如皮鼓、铜鼓的鼓点那样多”，是指皮鼓、铜鼓的鼓点般的“发家速度”。这种以敲击铜鼓的鼓点速度象征“发家速度”的财富意识确实少见。“钱柱高如塔、财力大如山；钱财密似皇家的存稻米，钱财密如古辈绕线筒上的织布线”，“发家如稻田之中发稻谷”，更是布依族先祖表达对“铜鼓”的崇拜意识，期望“铜鼓”带来稻米丰收、生活富裕的良好愿望。《摩经·用牛祭祖词》（第一卷）《保佑后代》又说：

ta:i^{31}pa:u^{213}lək^{213}pu^{55}sa:i^{33}

第　保佑　儿　男子　　保佑儿子们。

ɦaɯ^{213}te^{33}ʔdən^{33}kən^{42}ma^{55}zai^{42}ma^{55}

给　他　站　上　马　喊　马①　　给他拥有马队多又多。

ʔdən^{33}na^{213}ȵian^{42}zai^{42}ȵian^{42}

站　前　铜鼓　喊　铜鼓②　　给他拥有铜鼓多又多。

ʔdən^{33}tɕa:ŋ^{33}su^{33}zai^{42}zə:n^{31}

站　中　大城　喊　力量③　　他统领大城显力量。

se^{33}taŋ^{31}san^{31}zai^{42}sɯ^{33}

留　蹬　台　写　字④　　给他留下蹬台好写字。

se^{33}tɕa:ŋ^{33}su^{33}ɦa:k^{213}məi^{31}

留　中　大城　汉人　稀奇　　给他留在城中管理人。

pen^{55}ka^{33}laɯ^{42}fɯ^{55}ɦoŋ^{42}

走遍　哪里　人家　赞美　　让他走到哪里都被人赞美。

zoŋ^{42}ka^{33}laɯ^{42}kən^{33}lau^{55}

停　哪点　吃　酒　　让他走到哪里都吃招待酒。

---

① 站在马上又喊马：指众多马队的拥有者。
② 站铜鼓前面喊铜鼓：为身份高贵，可调动铜鼓者。
③ 大城中喊力量：为可调兵遣将，统领大城者。
④ 蹬台写文章：古时写字有台无凳，人盘腿坐于台前写字。

tau^{55}ka^{33}laɯ^{42}kən^{33}tɕa^{42}

走　哪点　吃　茶　　　让他走到哪里都吃招待茶。

ma^{33}ka^{33}laɯ^{42}pan^{55}ɦeu^{42}

来　哪点　伙伴　请　　　让他走到哪里都有伙伴请。

sa:m^{33}au^{33}pa:u^{55}ɦaɯ^{55}pa:u^{55}

问　要　保佑　得　保佑　　　儿要保佑得保佑。

这就是说，“拥有铜鼓”与“拥有马队”、“管理城中人”、“统领大城”都是密切相关的。布依族《摩经》认为拥有“铜鼓”越多，掌握马队就越多，调动的军事力量就越强大，这叫“统领大城显力量”。“大城”是政权和经济文化中心，可“统领大城”者，当然就能统领广大乡村。我们在滇国和岭南青铜器上见到许多骑马人像，有的骑马人像就铸造在铜鼓或铜鼓贮贝器之上，当是这种意识的反映。拥有“铜鼓”的统治者或身份高贵者“走到哪里都被人赞美”，都能享受“招待酒、招待茶”，显然，这说明“铜鼓”所代表的是地位权势。如同《太平御览》引晋裴渊《广州记》曰：“俚僚贵铜鼓……鸣此鼓，到者如云。有是鼓者，极为豪强。”《太平寰宇记·风俗》曰：“通典云五岭之南，人杂夷僚……以富为雄，铸铜为大鼓，初成，悬于庭中，置酒以招同类……欲相攻击，鸣此鼓，到者如云。”“俚僚”、“夷僚”是“百越（粤）”或“濮（卜）越”的不同称谓。《隋书》曰：“有鼓者号为都老，群情推服。”李寿在《续资治通鉴长编》中曰：“家有铜鼓，号为右族。”《太平寰宇记·岭南道》曰：“豪渠之家，丧祭则鸣铜鼓。”这些汉文古籍记载与布依族传统宗教经典《摩经》的记载基本一致，即说明了“铜鼓”象征着财富、高贵和权威。

“铜鼓”数量多少是财富和权势的象征，故而考古发掘中大多数墓葬没有铜鼓，个别墓葬则出土铜鼓达数面之多。1975年年底至1976年年初，云南省博物馆在楚雄万家坝发掘了79座古墓葬，只出土5面铜鼓。其中Ml出土铜鼓l面，M23出土铜鼓4面，5面铜鼓出土时鼓面皆朝下。M23出土的4面铜鼓的鼓身皆有烟熏痕迹，且两面相对，排列成平行的两组，鼓上置长条形木板两条。棺置于木板上，该墓随葬品有577件，它就是著名的“万家坝型铜鼓”。[61]“祥云大波那铜棺”墓出土的铜鼓亦属“万家坝型”铜鼓。万家坝79座古墓葬中只有两座墓葬陪葬铜鼓，而M23中的陪葬铜鼓多达4面，显示了墓主的高贵地位。此为春秋时期滇国早期铜鼓。

这种情形在夜郎属邑的句町文化中亦有反映。1972年，广西西林县发现了一座铜鼓墓，墓坑略成圆形，用石板覆盖，石板下面另有12块石条，石条下是互相套合的4面铜鼓，一具男性骸骨即放在铜鼓内，墓葬为“二次葬”。随葬器物以铜器为主，如俑、钟、洗、铜、耳杯、六博棋盘、车马饰等；铁器有剑、镞两种。其铜鼓形制同于晋宁石寨山和江川李家山所出者。以翔鹭、竞渡、羽人、鹿、鱼形纹饰为主，顶端的羊角形扳钮钟与楚雄所出完全一样。经鉴定年代在西汉初期。

这种多达4面铜鼓同出一墓的安葬规模，是布依族《摩经》中“拥有铜鼓多又多，他统领大城显力量”，即“拥有铜鼓数量多少是财富和权势的象征”的考古学实物反映。

值得指出的是，云南楚雄万家坝“M23出土4面万家坝型铜鼓，鼓身皆有烟熏痕迹”，学界遂有万家坝型铜鼓曾作为“炊具”的观点。然而，需要注意的是，鼓面无烟熏痕迹，那么仅就鼓身上的烟熏痕迹如何判断炊煮方式？难道铜鼓横置之时还能“炊煮”？那炊煮的食物不就漏光了吗？且有烟熏痕迹的铜鼓虽然多达4面，但也只是M23一个墓葬的孤立现象，其他墓葬出土的铜鼓均无烟熏痕迹，不好通盘解释。至于铜鼓内壁有纹饰，有的新石器时代陶器的内、外壁都有纹饰。M23 铜鼓鼓身的烟熏痕迹原因似乎仍是个谜，应为丧葬仪式上“用火暖墓井”，在“暖井”之时，首先“两面相对”即横置放入铜鼓，再用火暖墓井留下的烟熏痕迹。因为先“用火暖墓井”，然后放入棺木，至今仍是布依族葬礼中采用的基本形式。M23 出土铜鼓多达 4 面，且铜鼓“两面相对，排列成平行的两组，鼓上置长条形木板两条，棺置于木板上”亦合此理。原定“万家坝型铜鼓”为炊具显然有误，所以我们认为万家坝型铜鼓应是“礼器”而非“炊具”。

万家坝型铜鼓主要出在云南，广西也有出土。如“1993 年 3 月 18 日在广西田东县祥周乡联合小学门前南哈坡出土两面万家坝型铜鼓，分别命名为南哈坡 A 鼓（田东 0003 号鼓）和 B 鼓（田东 0004 号鼓）。”“1994 年 6 月 13 日在田东县林逢乡和同村大岭坡又出土万家坝型铜鼓 1 面，再次说明珠江流域右江地区是早期铜鼓的分布区之一。”[62]我国早期万家坝型铜鼓纹饰简单而稀少，其中主要突出鼓面“太阳纹”，这可能是设计制造技术不成熟的原因。而后来出土的滇国石寨山型铜鼓，不仅数量多，而且纹饰丰富、精美，并有“铜鼓与农神崇拜”场面的铜鼓贮贝器，这显示了成熟的铜鼓设计制造技术和浓厚的农耕文化特征。如晋宁石寨山出土的祭祀贮贝器，有的在祭坛上陈列了 16 面大铜鼓，有的将三个铜鼓重叠在一起，立于祭祀场所正中。铜鼓是滇国居民崇拜的对象之一，参与祭祀的人有的肩荷铜锄，有的手持点种棒，也有的头顶籽种篮，在主祭人的带领下，围绕铜鼓举行祭祀活动。这充分说明汉藏语系“百越（粤）”或“濮（卜）越”族群铜鼓文化和稻作农神之间有密切联系。[63]如下图：

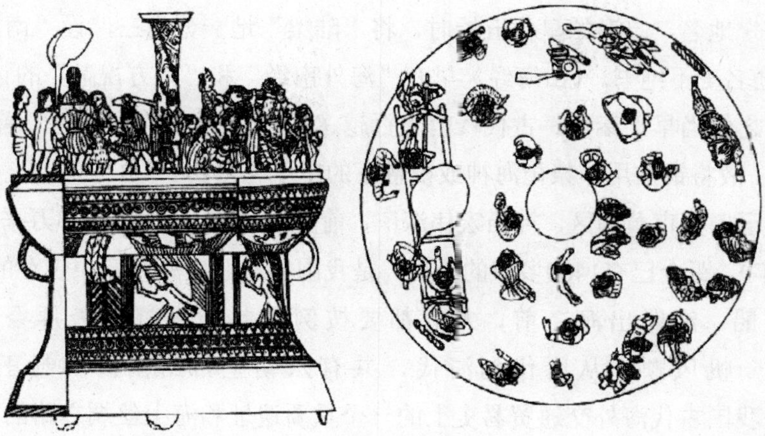

滇国祭祀铜鼓与稻作农神图像正视及顶视图（采自张增祺：《滇国与滇文化》）

这种祭神与祭祀铜鼓相结合的文化在珠江下游的岭南“百越（粤）”或“濮（卜）越”地区延续至明、清时期。明代魏浚《峤南琐记》曰：“二月十三日祝融生日，土人击铜鼓以乐神。”所谓“土人”即珠江流域的汉族、壮族等汉藏语系“百越（粤）”或“濮（卜）越”族群。清代岭南诗家梁佩兰诗《南海神庙铜鼓歌》曰：“铜鼓置在王庙左，庄严鼓悬四小锁。大巫一扣潮水平，小巫一扣江水清。二月望日王生日，鼓声掌人拜出入。”岭南近海，南海神庙甚多，清代顺德县就有十四座，其中以“广州南海神庙”规模最大。将铜鼓祭祀与“祝融”崇拜结合起来，这是中华信仰文化的重要组成部分。

祝融乃传说中的古代帝王。一说为炎帝裔，《山海经·海内经》：“炎帝之妻，赤水之子听訞，生炎居，炎居生节并，节并生戏器，戏器生祝融。”一说为颛顼裔，《山海经·大荒西经》：“颛顼生老童，老童生祝融。”《海外南经》：“南方祝融，兽身人面，乘两龙。”《淮南子·时则训》：“南方之极，自北户孙之外，颛顼之国，南至委火炎风之野，赤帝（炎帝），祝融之所司者万二千里。”《管子·五行》：“昔者黄帝……得祝融而辩于南方。”说明祝融为主管南方之神。平时铜鼓被供在“祝融王庙之左”，是铜鼓作为“庄严礼器”的象征。岭南族群在“祝融王”诞日举行盛大祭典，祭祀铜鼓和祝融，显示了乐神的神圣性。在人们的意识中，铜鼓音乐能平定江海滔天浊浪，为当地生产、生活带来安宁和幸福，故而有“大巫一扣潮水平，小巫一扣江水清”的表述。在盛大的祝融祭典上唯有“大巫”、“小巫”才能敲扣铜鼓，强调了主祭者的身份特性。“大巫”、“小巫”我国古已有之，他们是早期国家地位高尚者——国家巫史官吏的前身。此种礼仪文化渊源久远。著名文化史学家饶宗颐在《铜鼓余论》中引证新加坡大学中文图书馆所藏《叻报》在光绪戊子（1888年）六月十一日载《铜鼓逐疫》的一则报道也说：“二月十三日为祝融生日，岁时报赛，粤人击之以乐神。声噌吰以鞺鞳，色斑驳而陆离。番禺杨大令饬差请鼓于神，舁至狱中，击以驱邪避疫。”说明岭南汉藏语系“百越（粤）”或“濮（卜）越”族群珍视铜鼓、保护铜鼓和铜鼓信仰习俗，民间如此，官方亦然，并一直延续至清朝末年。

祝融又是海神，故“南海神庙”亦称“祝融庙”。祝融这个“主管南方之神”曾被中原称为“火神”，但在岭南实为“海神”，此乃地域文化差异之处，可能“南方属火”，北人视南人之神为“火神”；而南人耕海，则视此神为“海神”。这与岭南靠海、气候炎热、珠江水系水网纵横的自然环境有关。“南海”地名，自秦始皇伐五岭时，将“陆梁”地一分为三，设“南海、桂林、象”三郡之后，“南海”之名史不绝书。《山海经》早有“海外南经”和“南方祝融”的记载，似说明“南海”与“祭祀祝融”之俗当早于秦代。古代岭南“百越（粤）”或“濮（卜）越”善铸铜鼓，视铜鼓为财富、权势的象征，故将铜鼓用作祭祀海神或祝融王的庄严礼器。

南海神庙位于广州市黄埔区，神庙宏伟深广，前堂后寝，占地面积约3万平方米，官方建于隋开皇十四年（594年），距今已有1400多年的历史，是我国古代四大海神庙中仅存的最大最古老的神庙。历代岭南人的商船、渔船出海之前，人们都要按例到此庙敲打铜鼓拜祭南海神祝融王，祈求出入平安、一帆风顺。从唐代到清代，共有六朝皇帝给南海神封王、封帝，拜祭用王侯之礼。这里是我国古代海外交通贸易史上的一个重要遗址和海上丝绸之路的起点。“海神诞”又称“波罗诞”。龚伯洪《广府文化源流》载：“二月上旬，南海神庙前已开始热闹，最盛时大小船只连泊十余里，不能上岸者，架长篙接木板，有些经几十重船才能上岸。到了正诞之日，南海神庙前一带更成热闹圩市，广州、佛山的日用器物，无不运来销售。年轻人在此时日还可借机谈情说爱，进行社交活动。故而广州俗语说：‘第一游波罗，第二娶老婆。’南海神庙不仅为当地人民信仰场所，而且是经济活动、海外贸易和文化交流的重要场所。人们用铜鼓礼器奏出美妙音乐祭神，娱神又娱人，既可拜神还愿，又可经商做生意。年轻人还可借此物色意中人，完成人生婚姻大事。南海神庙铜鼓文化的内涵丰富，这是珠江流域汉藏语系‘百越（粤）’或‘濮（卜）越’族群文明的重要象征之一。”[64]

在农村乡间，汉藏语系“百越（粤）”或“濮（卜）越”族群祭祀铜鼓，娱神又娱人的文化现象很普遍。如珠江上游的北盘江一带的布依族，传说在远古时，铜鼓是用于作战时发号令和鼓舞士气的战鼓。布依族古时有一位姓文的大王，人们都称他为文王，文王是铸铜鼓的开山祖先，同时又是布依族的头领，布依族人民都很爱戴他。文王家门前有两座大山，一座是金山，一座是银山。不知什么时候，上天把金银点化去了，只剩下了两座铜山。为了使布依族族群日益强盛，文王把两座铜山挖下来，铸造成铜鼓和各式各样的武器，发给各个布依部落。铜鼓作为战斗的信号、征战的号令，在抵御敌人进犯，保卫家园的战斗中发挥了重要的作用。久而久之，铜鼓成为布依族人民意志的象征。过去布依族聚居的每个村寨都有一面到几面铜鼓。名为轮流在每家保管一年，但实为由家族中的长房保管。人们认为，迎接铜鼓到家，子孙就会发达，从而就把铜鼓看成神物了，没有子女的人家，特别想把铜鼓接进家门。每年的农历正月十五就是交接保管铜鼓的传统日期。每年大年三十，布依族族人首先要把铜鼓作为神器供祭，然后请有威望的老人开鼓——击铜鼓三下，之后铜鼓才能付诸使用。整个正月都是学习敲击铜鼓的时间。这一风俗流传至今。

当地布依族演奏铜鼓时通常有两人，一人击铜鼓，一人击羊皮鼓，节日和丧葬时演奏铜鼓的曲调不同，春节固定曲目有五首，丧葬固定曲目有十二首。“序曲”为固定曲目中必奏的曲牌，无论在节日或丧葬演奏铜鼓，都要先演奏序曲或者演奏其他曲目后要接奏序曲。它包含有叙事语意和音律。唱名共有七个音，代表演奏时不同的敲击位置。聆听布依族铜鼓演奏，可听到十分丰富的音响。时而雷声滚滚，时而和风细雨；有的如刀兵拼杀，有的如跳跃欢舞。声洪大时可远传二三里，声轻柔时犹如清泉流沙。

“白喜事”中用铜鼓是给去世的老人送行，这时敲鼓要把握好鼓点的音律“轻轻敲击”，如泣如诉，催人泪下，以表达对死者一生辛勤劳动的缅怀之情。而欢庆新春的铜鼓要奏得“欢腾雀跃”，让大家跳起来舞起来，还要在铜鼓的演奏中逐步加入锣、镗锣、钗等打击乐，锦上添花，使整个山寨欢天喜地，使人民对未来充满信心。铜鼓在这个地区用途非常广泛，无论是婚丧嫁娶，还是节日庆典，均会使用。可以说，作为礼器和乐器的布依族铜鼓．已深深植根于人民社会生活之中。[65]

在安顺市和黔西南州布依族中还流传有《铜鼓“十二则”鼓乐》，“十二则”代表每年十二个月。有单独演奏铜鼓或铜鼓与其他乐器配合演奏两种演奏形式。单独演奏铜鼓，主要靠敲击鼓面（鼓心、鼓边）和鼓腰发音（有时与皮鼓合奏）。击鼓腰时，发音清脆、短促，对鼓点的节奏、音色上具有填充、加花的功能，起到了调节和丰富鼓点节奏、渲染气氛的作用。击鼓面时，所发出的声音浑厚、低沉，较明显地形成两个不同的音高，突出“十二则”鼓点的基本节奏型骨架。铜鼓音乐的表现方式为：通过敲击铜鼓的不同部位，发出不同的音色，组合不同的节奏，在音色和音量、节奏上形成一定的对比，传达音乐的信息，还运用重击、轻击、缓击、急击等击法，几种音色交融在一起，使节奏清晰，声音洪亮悠扬，声传数里，具有较强的震撼力。铜鼓与锣、镲、皮鼓等乐器相互配合演奏时，场面宏大，声音雄浑敦厚，气氛热烈，亲切感人，充分表现了铜鼓这一独特的乐器在民间打击乐队合奏中的主导地位，丰富了音乐的表现力。铜鼓以其独具特色的声响与特定的音乐语言，诉说着民族的历史和布依人对生活的向往，其音乐别具风韵。[66]

云南广南出土和乡人传世的铜鼓共37面，分为早期万家坝型、石寨山型，晚期遵义型、麻江型等。当地为壮族、彝族聚居区，壮族、彝族均有在春节敲铜鼓为乐的习俗。

壮族从正月初一至十五兴敲铜鼓为乐，彝族一般只在春节初一日敲铜鼓，其使用习俗与壮族相似。[67]彝族建新房、办婚礼和庆生满月酒等皆不用铜鼓。壮族在建新房、婚礼、庆生满月酒等重大活动中，皆有祭铜鼓神、喝铜鼓酒、跳铜鼓舞等礼仪。壮族中流传铜鼓有灵性，能自动飞，与骚扰人类的海龙王决斗，为民除害，故铜鼓被壮族认定为“守护神”。在春节期间，有鼓的壮族村寨都于老人厅畔栽桩支架，用红布条吊着鼓，或由两人扛着，然后击鼓跳舞。敲击铜鼓前，一般都要举行祭鼓仪式，用公鸡、谷物、茅草等物作为祭品。那洒镇贵马村于春节迎春夜，在上交天时（即大年初一子时）举行隆重的祭鼓神、喝鼓酒、跳鼓舞的活动，活动场地一般选在老人厅或寨老家。活动程序为：在子时初，村民取来新水，将铜鼓洗净，然后将米酒倒入鼓腹中，并以鸡、谷物等进行祭祀，祭毕由寨老将鼓酒分给参加祭鼓的人喝，人们便喜气洋洋地边喝酒边跳鼓舞。喝铜鼓酒迎春是壮族辞旧迎新、驱邪纳福、庆太平盛世的一种传统的迎春方式。人们认为祭了鼓神，喝了鼓酒，跳了鼓舞，来年则会人丁兴旺，物丰财茂，这表明了壮族人民对铜鼓的敬重和对美好生活的向往和追求。另外，壮族敲铜鼓、跳鼓舞一般在春节初一、初三、十五较为热闹，因为那时公、母鼓并用。

壮族遇婚娶、生育等活动喜庆时会用铜鼓。珠琳镇弄江，者兔乡克业村的壮族，每逢哪家娶亲嫁女，必先携一份酒到藏鼓者家中去，祭祀铜鼓神后，才将铜鼓接到家中敲击，以此来祝贺新婚夫妇喜结良缘，早生贵子，白头偕老。一般是在办客（酒席）的当天晚上开始，把铜鼓悬挂于正中堂，人们边敲边舞，并与远方的客人对唱酒歌、古歌，直到深夜人们都不肯离去。部分壮族村寨在新娘到来之际，则在门外屋檐下敲击铜鼓进行迎接（有以鼓声驱除在新娘身上的“五鬼”之说）。有些地方的壮族则由男方带着铜鼓到女方家去接亲。过去，大富人家还以铜鼓作为陪嫁之物，以此来显达贵，陪嫁铜鼓则取母鼓，表示娘祖之魂。壮族在生儿育女办粥米酒或满月酒时，都要敲击铜鼓，以祝福小孩健康成长。

壮族在起盖和迁入新房时，众人在铜鼓声中将房梁上顶，其间，主人不断将糯米饭团分发给参加立柱上梁的人食用。迁入新居时，有的在头天晚上就在新居里敲击铜鼓，并请来亲戚朋友进行守夜，据说这样能驱邪纳福，人丁兴旺，吉祥如意。[68]

这种情形在汉藏语系“百越（粤）”或“濮（卜）越”族群后裔的水族、侗族中亦然。如同布依族《摩经·用牛祭祖词》（第一卷）《铜矿、冶炼与铜器、铜鼓》说：

zak^{213}luaŋ^{42}ʔiu^{213}po^{33}sa:m^{33}sau^{55}
矿石　铜　在　山　三　柱　　　铜矿石在高高的三柱山，

zak^{213}luaŋ^{42}ʔiu^{213}po^{33}tau^{55}ʔbən^{33}
矿石　铜　在　山　擎　天　　　铜矿石在高高的擎天山。

wən^{33}tau^{213}kau^{33}luaŋ^{42}ʑa^{213}
雨　下　响　铜　滴　　　雨下滴着铜矿石响，

pja^{213}pet^{213}zak^{213}luaŋ^{42}θin^{42}
雷　爆　矿石　铜　飞　　　雷爆引得铜矿石飞。

……

tok^{55}tsaŋ^{33}zek^{213}fak^{213}foŋ^{42}
掉　中　边　发　宝　　　铜矿石飞散掉在山中边发宝。

ɦoŋ^{42}tok^{55}ɦoŋ^{42}ʔbo^{33}tok^{55}
塘　掉　塘　不　掉　　　铜矿石飞散掉何塘？

tok^{55}tɕa:ŋ^{213}ɦoŋ^{42}fak^{213}fuŋ^{42}
掉 中 塘 发 冠子　　铜矿石飞散掉在水塘中发冠子。

pau^{213}sa:ŋ^{31}pum^{31}pai^{33}zan^{33}
爷 智者“商” 摸 去 见　　智者“商爷”摸去采铜矿，

pau^{213}sa:ŋ^{31}ʔdam^{33}pai^{33}ʔdai^{55}
爷 智者“商”穿 去 得　　智者“商爷”穿去得铜矿。

……

kuan^{213}le^{33}si^{33}to^{213}pu^{55}jaŋ^{33}
古 时 合拢 人皇　　古时由人皇率领来炼铜。

jaŋ^{33}ɕuaŋ^{213}ziau^{42}mai^{55}zai^{213}
皇 留下 树 吹榴树　　人皇留下吹榴树。

kuan^{213}le^{33}si^{213}to^{213}pu^{55}kai^{31}
古 时 合拢 人皇台　　古时先祖们归在“人皇台”。

pei^{31}naŋ^{33}kuk^{55}ma^{33}zaŋ^{213}
鼓风器 皮 虎 来 挣破　　曾经炼铜用的虎皮风箱也挣破，

pei^{31}naŋ^{33}sa:ŋ^{55}ma^{33}po^{213}
鼓风器 皮 大象 来 裂　　曾经炼铜用的大象皮风箱也拉裂，

pei^{31}naŋ^{33}zok^{213}ma^{33}ʔdaɯ^{33}
鼓风器 皮 鸟 进来 里面　　只有炼铜用的大鸟皮风箱撑得住。

au^{33}ziau^{42}si^{55}se^{33}za^{33}
要 留住 是 永久留 找　　留东西就要找能够永久留下的铜器。

……

suaŋ^{213}zam^{55}luaŋ^{42}ta:i^{213}sam^{33}
放 液 铜 第 三　　第三次放液铜啦！

au^{33}kuə^{31}ȵian^{42}pak^{213}na^{55}
要 铸 铜鼓 面 前　　要铸成铜鼓面上的花纹，

jiaŋ^{31}pan^{31}ȵian^{42}pa:k^{213}na^{55}
也 成 铜鼓 面 前　　也成铜鼓面上的花纹。

suaŋ^{213}zam^{55}luaŋ^{42}ta:i^{213}si^{213}
放 液 铜 第 四　　第四次放液铜啦！

au^{33}kuə^{31}ɕuaŋ^{33}ʔdɯ^{33}suat^{213}
要 铸 铓锣 铓锣中部冒出的敲击点　　要铸成铓锣中部冒出的敲击点，

jiaŋ^{31}pan^{31}ɕuaŋ^{33}ʔdɯ^{33}suat^{213}
也 成 铓锣 铓锣中部冒出的敲击点　　也成铓锣中部冒出的敲击点。

suaŋ^{213}zam^{55}luaŋ^{42}ta:i^{213}ɦa^{55}
放 液 铜 第 五　　第五次放液铜啦！

au^{33}kuə^{31}ȵian^{31}na^{55}pəŋ^{42}
要 铸 铜鼓 面上 地区　　要铸成全部村寨使用的铜鼓，

jiaŋ^{31}pan^{31}ȵian^{31}na^{55}pɯn^{42}
也 成 铜鼓 面上 地区　　也成全部村寨使用的铜鼓。

au^{33}kuə^{31}ȵian^{31}kən^{33}lau^{55}
要 铸 铜鼓 吃 酒 　　要铸铜鼓来办酒，
jiaŋ^{31}pan^{31}ȵian^{31}kən^{33}lau^{55}
也 成 铜鼓 吃 酒 　　也成铜鼓来办酒。
au^{33}kuə^{31}ȵian^{42}zau^{213}ɾa:n^{42}
要 铸 铜鼓 热闹 家 　　要铸铜鼓热闹家，
jiaŋ^{31}pan^{31}ȵian^{31}zau^{213}ɾa:n^{42}
也 成 铜鼓 热闹 家 　　也成铜鼓热闹家。
au^{33}kuə^{31}ȵian^{31}kən^{33}lau^{55}
要 铸 铜鼓 吃 酒 　　要铸铜鼓办喜酒，
jiaŋ^{31}pan^{31}ȵian^{31}kən^{33}lau^{55}
也 成 铜鼓 吃 酒 　　也成铜鼓办喜酒。

这就是汉藏语系“百越（粤）”或“濮（卜）越”族群采矿、铸造和传承铜鼓，将铜鼓用于办酒喜庆和节日娱乐的生动反映。铜鼓文化成为我国南方汉藏语系族群青铜文化的重要标志，是“百越（粤）”或“濮（卜）越”族群的重要贡献。

总之，布依族传统宗教经典《摩经》记载的青铜文化源于中原二里头的夏文化，上海马桥青铜文化是二里头夏代青铜文化的继承，其开启了南方汉藏语系“百越（粤）”或“濮（卜）越”族群先祖的青铜文明。同时，在 5000 年前我国岭南西樵山文化遗址的发掘勘探中，证实了“百越（粤）”或“濮（卜）越”先祖已掌握热胀冷缩的规律并利用其来开采岩石，这在世界矿业史上是一个创举。这种采矿技术为商周时期对“百越（粤）”铜矿的开采，提供了可靠的生产实践经验与坚实的科技基础。往后，从商周时期的“瑞昌铜矿遗址”、“铜绿山古矿遗址”、“皖南古铜矿遗址群”，至秦汉时期的广西、云南铜矿遗址群，它们串联起来的是一个从矿石开采到冶炼铸造的技术发展系列。以铜矿开采、宝剑文化、铜鼓文化为代表的青铜文明，是包括布依族在内的汉藏语系族群“百越（粤）”或“濮（卜）越”先祖对中华文明的巨大贡献，充分证明了“中华文明史是各民族共同创造”的科学论断。

注释

[1]张增祺：《滇国与滇文化》，云南美术出版社 1997 年版，第 23 页。

[2]裘士京：《江南铜研究》，黄山书社 2004 年版，第 24 页。

[3]宋建：《论马桥文化的时空结构》，见宿白：《苏秉琦与当代中国考古学》，科学出版社 2001 年版。

[4] [5]董楚平：《吴越文化新探》，浙江人民出版社 1988 年版，第 124、128 页。

[6]徐中舒：《夏文化初探》，《中国史研究》1979 年第 3 期。

[7]张光直：《考古学专题六讲》，文物出版社 1986 年版，第 126 页。

[8]张正明、刘玉堂：《大冶铜绿山古铜矿的国属》，见张正明：《楚史论丛》初集，湖北人民出版社 1984 年版。

[9]黄又平：《世界第九大奇迹——大冶铜绿山古铜矿遗址》，《前进论坛》2002 年第 10 期。

[10]林蔚文：《中国百越民族经济史》，厦门大学出版社 2003 年版，第 113 页。

[11]南京市博物馆：《南京市北阴阳营第一、二次的发掘》，《考古学报》1958 年第 1 期。又见曾昭燏、尹焕章：

《试论湖熟文化》，《考古学报》1959 年第 4 期。转引自林蔚文：《中国百越民族经济史》，厦门大学出版社 2003 年版，第 103 页。

[12]裘士京：《江南铜研究》，黄山书社 2004 年版，第 55 页。

[13] [15]贡同：《江西瑞昌发现商周时期采铜遗址》，《江西文物》1989 年第 1 期。转引自林蔚文：《中国百越民族经济史》，厦门大学出版社 2003 年版，第 133 页。

[14]黄又平：《世界第九大奇迹——大冶铜绿山古铜矿遗址》，《前进论坛》2002 年第 10 期。

[16]常秉义：《中国古代发明》，中国友谊出版公司 2002 年版，第 176 页。

[17]姚方妹：《商周时期古越人的矿冶技术》，《南方文物》1994 年第 4 期。

[18]裘士京：《江南铜研究》，黄山书社 2004 年版，第 40 页。

[19]徐定水：《浙江永嘉出土的一批青铜器简介》，《文物》1980 年第 8 期。

[20]镇江市博物馆等：《江苏金坛鳖墩西周墓》，《考古》1978 年第 3 期。

[21]安徽省博物馆：《安徽贵池发现东周青铜器》，《文物》1980 年第 8 期。

[22]曹锦炎：《浙江出土商周青铜器初论》，《东南文化》1989 年第 6 期。

[23]肖梦龙：《试论江南吴国青铜器》，《东南文化》1986 年第 2 期。

[24]何纪生：《略论广东东周时期的青铜文化及其与几何形印纹陶的关系》，《文物集刊》1981 年第 3 期。

注：[17]—[24]转引自郑小炉：《吴越地区和百越地区周代青铜器研究》，科学出版社 2007 年版，第 221 页。

[25]常秉义：《中国古代发明》，中国友谊出版公司 2002 年版，第 176 页。

[26] [27]施劲松：《长江流域青铜器研究》，文物出版社 2003 年版，第 115 页。

[28]彭适凡：《百越对中国古代文明的贡献》，见王懿之、李景煜等：《百越史论集》，云南民族出版社 1989 年版，第 258 页。

[29]蔡运章：《论洛书的真伪及其产生年代——从西汉汝阴侯墓出土太一行九宫占盘谈起》，见洛阳市历史学会：《河洛文化论丛》（第一辑），河南大学出版社 1990 年版。

[30]陈梦家：《殷墟卜辞综述》，科学出版社 1956 年版，第 301—309 页。

[31]浙江省文管会：《绍兴 306 号战国墓发掘简报》，《文物》1984 年第 1 期。

[32]张增祺：《云南青铜器研究》，见云南省博物馆：《云南青铜文化论集》，云南人民出版社 1991 年版，第 36 页。

[33] —[35]郑小炉：《吴越和百越地区周代青铜器研究》，科学出版社 2007 年版，第 99、101、135 页。

[36]郑小炉：《吴越和百越地区周代青铜器研究》，科学出版社 2007 年版，第 104 页。

[37] [38]复旦大学静电加速器实验室、中国科学院上海原子核研究所活化分析组、北京钢铁学院《中国冶金史》编写组：《越王剑的质子 X 荧光非真空分析》，《复旦大学学报》（自然科学版）1979 年第 11 期。转引自董楚平：《吴越文化新探》，浙江人民出版社 1988 年版，第 231 页。

[39]裘士京：《江南铜研究》，黄山书社 2004 年版，第 151 页。

[40]中国矿业网：《锡矿·锡矿资源》，http://www.chinamining.com.cn/report/default.asp?V_DOC_ID=1129。

[41]朱俊明：《夜郎史稿》，贵州人民出版社 1990 年版，第 233 页。

[42]赵义华：《西林铜棺、铜鼓探源》，《广西右江民族师范高等专科学校学报》1999 年 7 月（增刊）。又见廖武仕、梁祝福：《罕世西汉铜棺出土纪实》，《文史春秋》2002 年第 6 期。

[43]文化：《祥云铜棺》，《农村成人教育》1996 年第 1 期，http://www.cnki.net。

[44]汪宁生:《云南考古》,云南人民出版社 1980 年版,第 39 页。

[45]许智范、肖明华:《南方文化与百越滇越文明》,凤凰出版社 2005 年版,第 428 页。

[46]王平:《中国竹文化》,民族出版社 2001 年版,第 45 页。

[47]关传友:《论云南地区少数民族的竹崇拜》,《世界竹藤通讯》2007 年第 5 卷第 4 期。

[48][49]童恩正:《略谈云南祥云大波那木椁铜棺墓的族属》,《考古》1966 年第 1 期。

[50]宋蜀华:《百越》,吉林教育出版社 1991 年版;江应梁、刘小兵:《论汉代以前云南内地的百越部落》,《云南社会科学》1985 年第 4 期;梁钊韬:《百越对缔造中华民族的贡献——濮、莱的关系及其流传》,见百越民族史研究会:《百越民族史论集》,中国社会科学出版社 1982 年版,第 16 页;李昆声:《云南考古材料所见百越文化考》,《云南文物》1983 年 12 月号。

[51]尤中:《中国西南民族史》,云南民族出版社 1985 年版,第 632—645 页。

[52]张增祺:《滇国与滇文化》,云南美术出版社 1997 年版,第 33 页。

[53]祁庆富:《晋宁石寨山铜鼓朱鹭纹的文化阐释》,《艺术探索》2006 年第 3 期。

[54]童恩正:《略谈云南祥云大波那木椁铜棺墓的族属》,《考古》1966 年第 1 期。

[55]张增祺:《滇国与滇文化》,云南美术出版社 1997 年版,第 33 页。

[56] [58]朱俊明:《夜郎史稿》,贵州人民出版社 1990 年版,第 232~233 页。

[57]贵州省文物考古研究所:《贵州威宁中水遗址》,见百度百科:《2005 年全国十大考古新发现》,http://baike.baidu.com/View/1727439.htm。

[59]王海平:《贵州有段石锛研究》,《贵州省博物馆馆刊》1985 年创刊号。

[60]朱俊明:《夜郎史稿》,贵州人民出版社 1990 年版,第 232—233 页。又见赵义华:《西林铜棺、铜鼓探源》,《广西右江民族师范高等专科学校学报》1999 年 7 月(增刊)。

[61]李昆声、黄德荣:《再论云南早期铜鼓》,见云南省博物馆:《云南青铜文化论集》,云南人民出版社 1991 年版,第 376 页。

[62]万辅彬、田丰、蒋廷瑜:《论田东出土万家坝型铜鼓的意义》,《广西民族学院学报》1997 年第 3 期。

[63]张增祺:《滇国与滇文化》,云南美术出版社 1997 年版,第 207 页。

[64]伍文义:《南海神庙铜鼓诗与铜鼓文化考》,《学术研究》2005年第11期。

[65]陈桂湘:《六枝花得河村布依族铜鼓简介》,《贵州大学学报》2000 年第 3 期。

[66]蒋英:《布依族铜鼓"十二则"鼓乐研究》,《中南民族大学学报》2009 年第 3 期。又见廖有银:《布依族铜鼓调五个基本音合成图解》,见贵州省布依学会:《布依学研究》,贵州民族出版社 1989 年版,第 365 页。

[67]陆贵庭、农开文:《广南铜鼓文化》,《文山师专学报》1999年第1期。

[68]陆贵庭:《广南壮族与铜鼓》,《民族艺术研究》1999年第4期。

第十四章 《摩经》语言与文学艺术研究

第一节 《摩经》语言研究

一、语音

云南布依族属布依语第一土语区，其语音的声、韵、调系统分别是：

（一）辅音

1. 声母

双唇	唇齿	齿间	齿龈	后齿龈	舌面前	舌面	软腭	喉音
p, pj, p‘			t, t‘				k, kw, k‘	s, ʔj, ʔ
ʔb			ʔd					
					tɕ			
	f		s		ɕ		X	h, hw
	v		z	ʒ			ɣ	ɦ
m			n		ȵ		ŋ, ŋw	
			l					
w						j		

2. 韵尾

-p，-t，-k，-m，-n，-ŋ

（二）元音

首		中		后	
展音	唇音	展音	唇音	展音	唇音
i		ɨ，ʅ		ɯ	u
i					ʊ
					o，o:
		ə，ə:			
e, e:					o
ε, ε:					
a, a:					

（三）声调

调类	1	2	3	4	5	6	7	8	9
调值	33	31	24	55	213	42	11	13(长)，35（短）	31(长)，33（短）

（四）对立关系注解

[tɕ]和[t]有对立关系。

[f]，[v]两个音都发得很清楚而不混淆。两个音都是音位。

[z]和[ʒ]发音地位经常有变化，音位是[z]。可以断定[ʒ]是[z]的变体，也可统一记音作[z]。

[s]和[z / ʒ]有对立关系。[s]和[ɕ]也有对立关系。

[h]有时发音为[x]，[x]是[h]的变体。可统一记音作[h]。

[ɦ]有时发音为[ɣ]，这两个音都是一个音位[ɦ]，区别只是在擦音性的程度。也可统一记作[ɦ]。[ɦ]和[h]有对立关系。

[ȵ]和[ŋ]都跟[n]不同，都是音位。

[w]出现多次。[hw]出现较少，[kw]也是音位。

[pj]出现多次，[pj]与[p]有对立关系。

虽然[ŋw]多出现在两个词上，而没有跟[ŋ]有很好的最小对立体，但还是要把它当作音位。

[ʔu]有时发音为[ʔw]，[ʔw]的唇化不是很强，所以断定为[ʔu]的底层形式。可统一记音为[ʔu]。

[aː]、[a]都是音位。

[ɨ]是[i]的自由变体。可统一记音作[i]。

[oː]出现很少，[oː]长音是不是有意义区别很难断定。

[ʊ]是[u]的自由变体。可统一记音作[u]。

[eː]出现了多次。

[e] 有时发音为[ɛ]，[ɛ]是[e]的变体。可统一记音为[e]。

(五)《摩经》语言最小对立体的表现

[tɕ],[t]：头[tɕau^{213}]；回[tau^{213}]。中间[tɕaːŋ^{33}]；保[taːŋ^{33}]。

姓氏[tɕoŋ^{213}]；痛[toŋ^{213}]。病疼[tɕet^{213}]；破[tet^{213}]。

[v],[f]：云[vuə^{55}]；别人[fuə^{55}]。损坏 [vai^{31}]；饱满[fai^{31}]。

天、日子[van^{42}]；獐子[fan^{42}]。

[s]，[ɕ]：恋[si^{213}]；紫[ɕi^{213}]。赞美[soŋ^{42}]；桌[ɕoŋ^{42}]。

喊[sau^{213}]；孝[ɕau^{213}]。

[s],[z]：盖[sa^{33}]；找[za^{33}]。编[san^{33}]；见[zan^{33}]。槽[soŋ^{31}]；

亮[zoŋ^{31}]。主[su^{55}]；嫩果[zu^{55}]。伙[sau^{31}]；我们[zau^{31}]。

[ɦ],[h]：阿[ɦo^{55}]；火[ho^{55}]。呵[ɦə^{213}]；骂[hə^{213}]。

节(段) [ɦo^{31}]； 利[ho^{31}]。

[w]，[v]：斧[wan^{33}]；魂[van^{33}]。坝[vai^{33}]；灰[wai^{33}]。

[ŋ],[ȵ]： 二[ŋi^{31}]；丈二[ȵi^{31}]。

[ŋ],[n]：早饭[ŋai^{31}]；累[nai^{31}]。看[ŋam^{31}]；土[nam^{31}]。

调（悲）[ŋak^{55}]；重意[nak^{55}]。二、两[ŋi^{31}]；宜[ni^{31}]。

[pj],[p]：祭[pjaŋ^{55}]；尖[paŋ^{55}]。鞭[pjan^{33}]；分[pan^{33}]。

烧[pjau^{33}]；螃蟹[pau^{33}]。菜[pjak^{33}]；白[pak^{33}]。

[ʔj]，[ʔ]，[j]：在[ʔju^{33}]；生[ʔu^{33}]。空[ʔja^{33}]；乌[ʔa^{33}]；

要[ʔau^{33}]；蹬[ʔjau^{33}]。

[k]，[kw]：缸[ka:ŋ^{33}]；著名[kwa:ŋ^{33}]。把[kan^{31}]；树桩[kwan^{31}]。

卖[ka:i^{33}]；乖[kwa:i^{33}]。

《摩经》词汇的国际音标记音，均是布摩先生的诵经读音。类似汉语有“文、白两读”，《摩经》中也有个别单词“一词两读”或“一词二音、三音”现象，还呈现经文前后同一个词的调值分别为42调或31调、35调或55调、213调或35调等情况。例如：“迼”为[sa:u^{55}、ɕa:u^{55}]；“房”或“屋”为[za:n^{42}、ɾa:n^{42}、ɾa:n^{31}]；“我们”为[zau^{42}、ʒau^{31}、ɾau^{31}]；“请”为[siŋ^{213}、ɕin^{35}、ɕiŋ^{55}]；“王”为[wɯŋ^{42}、vɯŋ^{31}、vəŋ^{31}]；又如“耂”为[ɕiau^{31}、ɕau^{31}、ɕiu^{31}]；“做”为[kuə^{31}、ku^{31}]等。说明其流音很不稳定，个别词汇的前后鼻音[-n、-ŋ]与声母[w、v]、[z、ʒ、ɾ]或[ɕ、s]等正处于互变阶段，调值亦然。对此，我们尊重语言事实，保留《摩经》的读音原貌，力求体现《摩经》语音变化的实际情形。

本语音点属布依语第一土语（即无送气音声母），但却有个别[pʻ、tʻ、kʻ]声母。这可能是历史上曾与第三土语区交流或浊音清化所致。因其为个别现象遂暂时不列出最小对立体，留待今后进一步考证。

语言是一个由语音、词汇和语法构成的符号系统。布依族《摩经》已有上千年历史，虽然历经沧桑后必然发生变异，但作为传统宗教经典，要求不能随便改动，所用经文须经由师徒相传。这就保证了很多布依族古代文化内容能保存下来。这些内容包括语言及社会历史、文化艺术等，具有重要的学术参考价值。下面分别从词汇、语法、文字几个方面进行分析。

二、词汇

《摩经》词类主要包括名词、动词、形容词、数词、代词、量词、介词、副词、连词、助词、叹词、象声词等等。例如：

（一）名词（选）

太阳[ʔdit^{55}]、月亮[sɯ^{42}ʔdɯn^{33}]、星星[sɯ^{42}ʔdau^{33}]

风[zum^{42}]、雨[wən^{33}]、雷[pja^{55}]、雾[vuə^{55}]

金[tɕin^{33}]、银[ŋan^{42}]、铜[luaŋ^{42}]、铁[fa^{42}]

石岩[pja^{33}]、矿石[zak^{213}]、石头[zin^{33}]

江[nie^{33}]、河[ta^{31}]、湖[tam^{31}]、海[ɦa:i^{55}]、塘[ɦoŋ^{42}]、水[zam^{55}]

土[nam^{31}]、地[zi^{31}]、稻田[na^{31}]、井[ʔbɔ^{213}]、大米[ɦa:u^{55}]、籽（种子）[van^{33}]

甘蔗[ʔoi^{55}]、猪[mu^{33}]、羊[juaŋ^{42}]、水牛[wa:i^{31}]、黄牛[ɕie^{31}]

花[va^{33}、ʔda:i^{55}]、草[n̥ie^{213}]、树[mai^{55}]、森林[ʔdoŋ^{33}]
年[pi^{33}]、月[ʔdən^{33}]、日[van^{31}]
人[vəŋ^{42}、pu^{55}]、王[vəŋ^{31}]、王太[vɯŋ^{31}ta:i^{213}]
箭[n̥iə^{213}]、宝剑[ʔja:ŋ^{55}]、铜鼓[n̥ian^{42}]、鸟虎印[ʔin^{31}zok^{213}kok^{55}]
鸟狮印[ʔin^{31}zok^{213}zei^{33}]

（二）动词（选）

出[tau^{213}]、进[ɦau^{55}]、去[pai^{33}]、来[ma^{33}]
吃[kən^{33}]、穿（衣）[tan^{55}]、问[ɦam^{213}]、讲[nau^{42}]
种[ʔdam^{33}]、穿插[tam^{55}]、砍[fak^{213}]、编[sa:n^{33}]
开[ɦa:i^{33}]、冒出[ʔjoŋ^{213}]、落[tok^{55}]、敲[kau^{33}]
踩[n̥ian^{55}]、踏[n̥am^{31}]、拉[ta^{31}]、压[nap^{55}]
买[sɯ^{55}]、卖[ka:i^{33}]、给[ɦaɯ^{213}]、找[za^{33}]
叼[kuan^{31}]、垫[ɕia^{31}]、盖[ɦam^{31}]

（三）形容词（选）

大[la:u^{55}]、小[n̥e^{42}]、多[la:i^{33}]、少[n̥oi^{31}]
长[zai^{42}]、高[sa:ŋ^{33}]、直 [so^{31}]、弯[ŋam^{42}]
重[nak^{55}]、轻[ʔbau^{33}]、深[zak^{213}]、浅[ʔbok^{55}]
热[zau^{55}]、冷[lin^{55}]、好[ʔdi^{33}]、坏[va:i^{31}]
干[zo^{42}]、湿[ʔdik^{55}]、新[mo^{213}]、辣[ŋak^{31}]
宽阔[kwa:ŋ^{213}]、熟软[ʔun^{213}]

（四）数词、量词（选）

一[ʔdjau^{33}、ʔit^{55}]、二[soŋ^{33}、ŋi^{31}]、三[sa:m^{33}]
四[θi^{31}]、五[ɦa^{55}]、六[zok^{55}]
七[sat^{55}]、八[pet^{213}]、九[ku^{55}]
十[ɕip^{213}]、十一[ɕip^{213}ʔit^{55}]、十二[ɕip^{213}ŋi^{31}]
百[pa:k^{213}]、千 [zeŋ^{33}、tɕ‘ian^{33}]、万[wan^{213}]
只[tuə^{31}]、棵[ko^{33}]、次（回）[fan^{33}]

（五）代词（选）

我[ku^{33}]、我们（咱们）[tu^{33}、zau^{31}]
你[meŋ^{42}]、你们[su^{33}]
他[te^{33}]、他们[tɕa^{33}]
这[ni^{55}]、那[ʔan^{55}]、哪[laɯ^{42}]、什么[ma^{31}]

布依族《摩经》中有一类词（多为双声联绵词）专用在动词或形容词后，似不能归入形容词或副词中，《摩经·用牛祭祖·晕人》说：

ʔə^{33}viŋ^{55}ɦə^{213}ʔə^{33}viŋ^{55}
阿　晕　呵　阿　晕　　　　阿晕人呵阿晕人，
ɦam^{31}məŋ^{31}pɯn^{33}te^{33}tap^{55}
晚上　你　锛挖　叮　响　　　　晚上你用锛挖得叮当响，
ɦat^{55}məŋ^{31}pɯn^{33}te^{33}tiat^{31}
早上　你　锛挖　嘀　声　　　　早上你拿锛挖出嘀嗒声。
pɯn^{33}kuə^{31}ma^{55}pu^{55}viŋ^{55}
锛挖　做　哪　人　晕　　　　你到底挖些什么呀？
ɦam^{31}məŋ^{31}pɯn^{33}te^{33}tap^{55}
晚上　你　锛挖　叮　响　　　　晚上你使锛挖得叮当响，
ɦat^{55}məŋ^{31}pɯn^{33}te^{33}tiat^{31}
早上　你　锛挖　嘀　声　　　　早上你用锛挖得嘀嗒响。

其中[te^{33}tap^{55}]、[te^{33}tiat^{31}]是双声联绵象声词。这种现象在其他地区也较突出，又如贞丰《摩经·下场经》也说：

ɣo^{11}lɯk^{24}ɣam^{11}ka^{35}li^{11}
颈　儿　愤恨　　　　儿心中愤恨，
ɣo^{11}lɯk^{24}ɣam^{11}ka^{35}ŋuan^{42}
胆　儿　愤恨　　　　儿心里烦躁。
vuŋ^{11}ðiau^{35}ʔja:ŋ^{42}ʔdak^{35}ʔduan^{24}
手　提　长剑　　　　手挥舞长剑，
ʔduan^{24}ʔju^{11}ʔdai^{33}ʔdak^{35}ʔdiau^{42}
在　内（里）　　　　在屋里发怒；
vuŋ^{11}ðiau^{35}ʔja:ŋ^{42}ʔdak^{35}ʔdɛŋ^{24}
手　提　长剑　　　　手挥动长剑，
ʔduan^{24}ʔju^{11}ʔdai^{33}ʔdak^{35}ʔdiau^{42}
在　内（里）　　　　在屋里咆哮。
……

其中的[ka^{35}li^{11}]、[ka^{35}ŋuan^{42}]放在动词[ɣam^{11}]之后，状其愤恨之貌；而[ʔdak^{35}ʔduan^{24}]、[ʔdak^{35}ʔdiau^{42}]、[ʔdak^{35}ʔdɛŋ^{24}]这几个双声联绵词在[ðiau^{35}ʔja:ŋ^{42}]（提长剑）后，承前两句，进一步形容[lɯk^{24}]（儿，即虚拟中死者的儿子）孝子的痛苦、愤怒至极的情态：他在屋里挥动着长剑，来回走着，咆哮着，欲砍杀没有履行职责、让恶鬼进来夺走亲人生命的窝神、家神、门神等。这些联绵词与动词或形容词的搭配并不是固定的，而且很多在日常口语中并无定型。甲可以这样用，乙可以那样用；或者这句可以这样用，另一句则可以换一种用法。根据表达或押韵的需要，还可以“生造”。这种情况《摩经》中很多。显然，把它们归入形容词或副词并不恰当。准确地说，它们可称为状词或声貌词。

词序是《摩经》语言中的重要语法手段。句子构成的一般格式为：

主（定）（状）谓（补）（定）宾（补）

《摩经》多为五言体，句子中的词序一般与此相同。如《摩经·祭山经》说：

ku^{33}ɦa^{213}lən^{31}ɕiau^{31}tau^{33}
我 要 念 古代 我要念古代的经，
（主）（状） （谓） （宾）

ku^{33}ɦa^{213}nau^{31}ɕiau^{31}kuan^{213}
我 要 讲 前代 我要讲前代的事。
（主）（状）（谓） （宾）

ɕiau^{31}kuan^{213}pu^{55}lauɯ^{31}sa:u^{55}
前代 人 哪 造 前代哪人造经文？
（定） （主） （谓）

ɕiau^{31}la:u^{55}pu^{55}lauɯ^{31}suaŋ^{213}
老辈 人 哪 留 老辈哪位留经文？
（定） （主） （谓）

ɕian^{33}laŋ^{33}pau^{213}lok^{213}to^{42}ma^{33}sa:u^{55}
仙 和 布洛陀 来 造 仙与“布洛陀”祖神来造。
（主） （状）（谓）

因经文为韵文体，受字数和押韵的限制，不可能每个句子都包含有主谓宾几个主要成分。如《摩经·祭水经》说：

wai^{31}ma^{33}lən^{31}ɕiau^{31}tau^{33}
我（奴）来 论 古 代 我布摩来论古代，
（主） （状）（谓） （宾）

ku^{33}ma^{33}nau^{31}ɕiau^{31}kuan^{213}
我 来 说 前 代 我布摩来说前代。
（主）（状）（谓） （宾）

lən^{31}ɕiau^{31}tau^{33}mi^{31}ʔba:n^{213}
论 古 代 不 缺 论古代不缺，
（谓） （宾） （补）

nau^{31}ɕiau^{31}kuan^{213}mi^{31}se^{33}
讲 前 代 不 少 讲前代不少。
（谓） （宾） （补）

nau^{31}ɕiau^{31}po^{31}vɯŋ^{42}mi^{31}zo^{55}taŋ^{33}
讲 辈 父 王 不 知 盖
（谓）（定） （主） （状） （谓）

ʔjiu⁵⁵sa:ŋ³³
屋 高 古辈父王不知盖高屋，
（宾） （定）
nau³¹ɕiau³¹po³¹vɯŋ⁴²mi³¹zo⁵⁵ta:ŋ³³
讲 辈 父 王 不 知 盖
（谓）（定） （主） （状） （谓）
pɯŋ⁴²ʔju²¹³
地方 居住 古辈父王不知盖屋居。
（宾） （定）

这节经文只有第一、二句是主谓宾主要成分齐全的句子，其余都是无主句。事实上，像上面这样包含主谓宾成分的句子在《摩经》中并不多。这是《摩经》语言的基本特点。

三、 古词反映的布依族社会历史文化

《摩经》反映了布依族古代语言及社会经济文化，具有重要的学术参考价值。如《摩经·祭山经》认为上古之时人类曾经遭受了灭顶之灾，只剩下“燕子王兄妹”二人，但“燕子王兄妹”并没有被困难吓倒，而是继续英勇奋斗，并在“天王神”的安排下繁衍了人类。后人因之感恩戴德，在古老的“祭山”仪式上颂扬族群先祖的伟大功绩。

te³³ŋɯ⁴²kuə³¹zam⁵⁵ma³³
它 蛇 做 水 出 蛇神造水出，
te³³pja²¹³kuə³¹zam⁵⁵ʔdiŋ³³
它 雷 做 水 洪 雷神发洪水，
zam⁵⁵tum³¹jaŋ⁴²tum²¹³za²¹³
水 淹 各样各种 水淹各样各种，
zam⁵⁵tum³¹pu⁵⁵la²¹³ʔbən³³
水 淹 人 下 天 水淹天下人，
zam⁵⁵tum³¹vən³¹la²¹³ti³¹
水 淹 人 下 地 水淹地上人，
tum³¹pa:k²¹³ŋi³¹tsoŋ²¹³te³³vən⁴²
淹 一百二十 姓 他 人 一百二十氏人全淹死，
ɕuaŋ²¹³soŋ³³pi⁵⁵nuaŋ⁵⁵jan³¹vaŋ⁴²
剩下 双 兄妹 燕子 王 只剩燕子王兄妹二人。
kən³¹ʔbən³³kuan⁴²la²¹³ti³¹
上 天 管 下 地 兄妹管天又管地，
pɯn³³kən⁴²na⁴²nuaŋ⁵⁵na⁴²
上方 田 妹 田 上方田是兄妹田，
puan³³kən⁴²kuan⁵⁵lɯŋ⁴²ta³¹
上边 管 龙 河 上方之事河龙管，

puan^{33}la^{213}kuan^{55}mai^{55}ɦuŋ^{33}
下边　管　神树　　下方之事神树管，

puan^{33}tɕa:ŋ^{33}kuan^{55}po^{33}ɕie^{55}
中间　管　神山　　中间之事山神管。

……

tian^{33}kuan^{55}tian^{33}luŋ^{31}mɯ^{31}
天　管　天　龙　脉　　天管天龙脉，

ɦuŋ^{33}ten^{33}ɦuŋ^{33}pu^{55}θai^{213}
大　那　大　人　官　　那神为大官，

kai^{213}ten^{33}kai^{213}pu^{55}vɯŋ^{42}
那种　是　天上人王　　那神是天王。

tɕie^{42}ten^{33}kuan^{55}vən^{42}pɯŋ^{42}taŋ^{31}ɦo^{55}
这　那　管　人　地方　所有　　天王神管所有地方。

san^{42}ku^{33}ɦa:u^{213}ɦaɯ^{213}mjaŋ^{42}
语　我　说　给　算①　　天王告诉我布摩，天王说话就算数。

san^{42}ku^{33}taŋ^{31}ku^{33}suaŋ^{213}
语　我　说　给　留　　天王留话我布摩，天王说话就算数。

kuan^{55}ka^{31}soŋ^{33}pi^{55}nuaŋ^{55}jan^{31}fuŋ^{42}
管　自　二　兄妹　燕子　逢　　天王来安排，兄妹相逢燕相昵。

……

ʔu^{31}lək^{213}pan^{31}lək^{213}ɦau^{55}
生　儿　成　儿　畸形　　生了个畸形儿。

tau^{55}lək^{213}pan^{31}lək^{213}ŋam^{42}
养　儿　成　儿　无手脚形②　　畸形儿无脚又无手，

ʔau^{33}ma^{33}zam^{55}kuə^{31}ʔboŋ^{213}
拿　来　砍　成　节　　拿畸形儿来砍成节，

ʔau^{33}ma^{33}to^{55}kuə^{31}vai^{33}
拿　来　剁　成　块（宗支）　　拿畸形儿来剁成块，

ʔau^{33}ma^{33}pa:i^{31}kuə^{31}ɕiŋ^{213}
拿　来　排　成　人氏　　用肉块来排人氏宗支。

ɕiŋ^{213}ʔdeu^{33}kuə^{31}pu^{55}ʔjie^{55}
姓　一　做　人　越　　一块肉砣做“百越（粤）”人宗支；

pɯŋ^{42}ʔdeu^{33}kuə^{31}pu^{55}mɯŋ^{33}pu^{55}ɦa:k^{213}
寨　一　做　人　苗　人　汉　　一块肉砣做苗人、汉人宗支；

fa:k^{213}ʔdeu^{33}kuə^{31}lɯŋ^{42}sa:i^{42}
部分　一　做　龙　根　　部分肉块做龙的根源。

sa:u^{55}vən^{31}la:i^{33}la^{213}ti^{31}
造　人　多　下　地　　造人多来好种地，

① 此句是指布摩先生是古代天王的代言人。
② ʔu^{31} 生、tau^{55} 养：都是出生之意。当地汉语表达也有相同之说。

sa:u^{55}pa:k^{213}ŋi^{31}tɕoŋ^{213}te^{33}wən^{42}

造 一百二十 群 他 人 造人一百二十氏族人。

“燕子王兄妹”受命于“天王神”而成婚并繁衍人类的神话记载，说明“百越（粤）人（布依族）、汉人、苗人”等汉藏语系族群之源与“龙神根源”皆为“天王神”授意下的“燕子王”的子孙；也说明布依族也曾经历过“洪水滔天”的灾难和人类最早的血缘婚阶段。那时先祖们以“燕鸟”为图腾——称之为“燕子王”。也就是说，布依族先祖认为汉藏语系族群有共同的来源，自古亲密一家，不可分割。这里有共同族群的邦土观念，也有执著的民族认同意识。

洪水滔天乃人间灾难，灾后孑遗“燕子王”兄妹，在“天王”安排下结合，又遇到“畸形儿”的生育灾难，可谓波折多。“燕子王”兄妹一气之下将“畸形儿”砍为肉块，不想这种义无反顾、破旧图新之举却让新的人类族群诞生了。这就是《摩经》用“灾变说”解释人类和族群起源的一种特殊思维方式。类似“灾后孑遗兄妹婚”这种神话在20世纪30年代末至40年代初，曾引起了一些人类学者、民族学者、考古学者及文艺学者的注意。他们对它进行了科学考察和探究，并有众多成果产出，如芮逸夫的《苗族的洪水故事与伏羲、女娲的传说》（1937年）、马长寿的《苗瑶之起源神话》（1940年），以及常任侠的《重庆沙坪坝出土之石棺画像研究》（1939年）等。而闻一多的《伏羲考》（1942年前后）更是扛鼎的力作了。20世纪80年代之后，我国陆续编辑出版了全国性的《民间文学（故事、歌谣、谚语）》三套集成，发现这种类型的神话除甘肃、新疆、内蒙古三个省和自治区还没见到有关的记录外，其他省、市、自治区都有记载，有的地区甚至十分丰富（如河南、浙江），说明该类型的神话是我国汉藏语系族群的共性文化。

上古时期中原汉藏语系族群亦有“燕鸟”图腾氏族，最显赫者是东夷商族。《史记·殷本纪》曰：“简狄有娀氏之女，为帝喾次妃，三人行浴，见元鸟堕其卵，简狄取吞之，因孕生契。”所谓“元鸟”即“玄鸟”、“燕鸟”。《楚辞·天问》曰：“简狄在台，喾何宜？玄鸟至贻，女何嘉？”《列女传》曰：“契母简狄者，有娀氏之长也，当尧之时，与其娣浴于玄丘之水。有玄鸟衔卵过坠之，五色甚好，简狄与其妹娣竞往取之，简狄得而含之，误而吞之，遂生契焉。简狄性好人事之治，上知天文，乐于施惠，及契长而教之理，顺以序。契之性聪明而仁，能育其教，卒致其名，尧使为司徒，封于亳。及尧崩，舜即位，乃敕之曰：‘契 百姓不亲，五品不逊，汝作司徒而敬，敷五教在宽，其后世世居亳。’至汤兴为天子，君子谓简狄仁而有礼。《诗》曰：‘有娀方将，立子生商。’又曰：‘天命玄鸟，降而生商。’此之谓也。”《诗经》曰：“春分玄鸟降，简狄配高辛氏，帝与之祈于郊禖而生契，故本为天所命，以玄鸟至而生焉。”《楚辞》王逸注曰：“玄鸟，燕也。”“燕鸟”是殷商、东夷先祖的图腾标志无疑。布依族《摩经》也记载了“燕鸟王”这一伟大的创造人类的始祖神，并认为今布依族汉藏语系族群，如“汉族”、“百越（粤）族”、“苗族”等，都是源于古代“燕鸟王”神的后裔，甚至中华各族所信奉的“龙神”根源也是源于“燕鸟王”神的后代。此神话一方面反映了布依族对本民族先祖乃至整个汉藏语系族群先祖来历的关注与阐述；另一方面，此神话给人类学的族群认同观带来了灵感和研究素材。在人类学研究中，族群认同体现为个人与群体，甚至群体与群体的归属，即族群的边界，也就是他们认同的边界，是对“燕鸟王”神的后代——汉藏语系族群的血缘关系的认同。从表层上看，神话似乎反映出古人对巨大洪水的恐惧和无能为力，但事实上，非常关键的一点是神话毫不掩饰地歌颂了人与洪水抗争时表现出来的顽强和智慧。它呼唤着永不黯淡的生命之光，表现出神的力量的淡化和人的自我价值的提升。

其中[te^{33}ŋɯ^{42}kuə^{31}zam^{55}ma^{33}，te^{33}pja^{213}kuə^{31}zam^{55}ʔdiŋ^{33}]“蛇神造水出，雷神发洪水”等就属古语，在口语中很难发现。又如记载布依族祭师“布摩”先生的奇异装束“双蛇做双脚”、“身披好虎皮”、“身披好神皮”、“身披好燕皮”等，显然是“鸟、龙、虎、蛇”等宗教动物崇拜的体现。如《摩经·用牛祭祖词》第五卷第四节说：

pai^{33}ʔdoŋ^{33}ʔau^{33}pɯŋ^{55}kuk^{55}ʔdi^{33}ku^{33} 去 林 取 皮 虎 好 我	布摩说：你去林中取我的“好虎皮”，
pai^{33}tsa:ŋ^{33}ʔau^{33}pɯŋ^{55}ɕie^{55}ʔdi^{33}ku^{33} 去 中间 取 皮 神 好 我	你进中间取我的“好神皮”，
pai^{33}sɯ^{213}ʔau^{33}pɯŋ^{55}ʔen^{31}ʔdi^{33}ku^{33} 去 角 取 皮 燕 好 我	你去房角取我的“好燕皮”。
ku^{33}ʔduan^{55}ma^{33}ʔduan^{55}ma^{33} 我 走 来 走 来	布摩我身披神衣走来，走来。
ŋɯ^{42}nan^{31}kuə^{31}sai^{33}kan^{33}ku^{33}ma^{33} 红脖蛇 做 带 巾 我 来	红脖蛇做巾带，我布摩来，
ŋɯ^{42}pan^{42}kuə^{31}sai^{33}ʔja:ŋ^{55}ku^{33}ma^{33} 扁脖蛇 做 带 长剑 我 来	扁脖蛇做长剑带，我布摩来，
pi^{42}ʔba^{55}tək^{55}ʔdaɯ^{33}pɯ^{31}ku^{33}ma^{33} 扇 蝴蝶 放 内 衣 我 来	蝴蝶扇风放衣内，我布摩来，
soŋ^{33}ŋɯ^{42}kuə^{31}soŋ^{33}tin^{33}ku^{33}ma^{33} 双 蛇 做 双 脚 我 来	双脚踏双蛇，我布摩来，
soŋ^{33}lɯŋ^{42}tau^{55}soŋ^{33}ʔi^{31}ku^{33}ma^{33} 双 龙 立 双 腋 我 来	双龙立双腋，我布摩来，
tuə^{31}ʔdu^{55}ʔdi^{31}pa:u^{55}ʔda:ŋ^{33}ku^{33}ma^{33} 只 鸣蝉 保 身 我 来	鸣蝉保身，我布摩来。

其中“身披好神皮”、“身披好燕皮”、“身披好虎皮”和“双龙立双腋”、“双蛇做双脚”等均属非口语语汇。中央民族大学教授周国炎博士在《布依族摩经中非口语词的电脑统计分析》中，曾对贞丰县北盘江镇岜浩村《摩经》进行过统计，这套《摩经》共 20 部 54 卷，共 10 287 行。电脑系统参数显示，《摩经》数据库中的有效词汇共有 2 710 个。其中非口语用词 906 个，占词汇总数的 33%。906 个词中单音节词 452 个，复音词（主要是双音节词）454 个，占 50.1%。在双音节词中，双声叠韵联绵词占很大的比例（约占 42.1%），其中双声词 143 个，占双音节词总数的 31%，双声叠韵词 8 个，占 1.5%，叠韵联绵词 24 个，占 5.3%，叠音词 16 个，占 3.5%；总数占非口语词总数的 49.9%。[1] 这是很有道理的。应该说，不仅仅上述的经文是这种情况，各地《摩经》中均有大量非口语词的问题。

这些词之所以成为非口语词，有各种原因导致，而社会历史的发展变化致使一些词在口语中消失则是主要原因。上述祭师“布摩”先生的奇异装束显然是布依族先祖“龙、蛇、燕鸟、老虎”等图腾崇拜标志物的反映。因此，要理解这些词的含义，就必须了解布依族的历史和文化，反过来，通过这些古词，也可以了解布依族的古代历史文化。下面试就部分主要的非口语词作分析。

（1）[vɯŋ^{31}]或[vaŋ^{42}]（王）。一般有两个义项，即：

①造物主；

②氏族或部落首领，国家最高统治者。

这个词在口语中并非完全不用。例如，如果小孩问大人山川万物是谁创造的，大人会告诉他们说是“布王”[pu^{55}vɯŋ^{42}]创造的；又如，人们在交谈中提到现在的国家最高领导人时，主要称“主席”、“总书记”、“总理”，有时（特别是老年人）也会按传统的称谓法称“王”[pu^{55}vɯŋ^{42}]。但总的来说使用的频率是非常非常小的。

“王”在摩经中使用很频繁，且主要指首领和统治者，如《摩经·用牛祭祖词》中创造人类的是“燕鸟王”[jan^{31}vaŋ^{42}]、天王[pu^{55}vɯŋ^{42}]；《安王与祖王》中有混沌王、盘果王、安王、祖王以及《赎谷魂经》中的“兴王”等，都应该是父系氏族社会或奴隶社会初期人们追诉历史上的氏族部落首领和称呼现实中国家最高统治者的称谓。

“王”是“造物主”和“最高统治者”的含义应该是后起的，它是人们对国家首领和最高统治者神化的结果。而这种情况在阶级分化和国家产生后才会出现。“王”的多重含义中包含了社会历史演变的历时因素。

而在《摩经·祭水经》中，“王”还有另一个义项，即“物中之硕大者”，这是古代汉藏语系族群先祖“树木崇拜”文化的反映。如：

ɕiŋ^{213}məŋ^{42}vɯŋ^{31}mai^{55}toŋ^{31}ta:ŋ^{213}na:ŋ^{31}
请 你 王 刺桐树 各 山峰 请你各山峰的刺桐树王，

ɕiŋ^{213}məŋ^{42}vɯŋ^{31}mai^{55}ŋuat^{213}ʔbaɯ^{33}la:ɯ^{55}
请 你 王 条葵树 叶 大 请你大叶的条葵树王，

vɯŋ^{31}mai^{55}ka:u^{55}ʔbaɯ^{33}ʔbau^{33}
王 泡桐树 叶 轻 请你叶轻的梧桐树王，

ɕiŋ^{213}məŋ^{42}vɯŋ^{31}mai^{55}zau^{33}ta:ŋ^{213}na:ŋ^{31}
请 你 王 枫香树 各 山峰 请你各山峰的枫香树王，

ɕiŋ^{213}məŋ^{42}vɯŋ^{31}mai^{55}ŋuat^{213}ʔbaɯ^{33}la:ɯ^{55}
请 你 王 条葵树 叶 大 请你条葵树王树叶大，

vɯŋ^{31}mai^{55}ka:u^{55}ʔbaɯ^{33}ʔbe^{33}
王 梧桐树 叶 展开 梧桐树王树叶展，

ɕiŋ^{213}məŋ^{42}vɯŋ^{31}mai^{55}tse^{33}ta:ŋ^{213}na:ŋ^{31}
请 你 王 松树 各 山峰 请你各山峰的松树王，

ɕiŋ^{213}məŋ^{42}vɯŋ^{31}mai^{55}ŋuat^{213}ʔbaɯ^{33}la:ɯ^{55}
请 你 王 条葵树 叶 大 请你条葵树王树叶大，

vɯŋ^{31}mai^{55}ka:u^{55}ʔbaɯ^{33}lan^{31}
王 梧桐树 叶 宽 梧桐树王树叶宽，

ɕiŋ^{213}məŋ^{42}vɯŋ^{31}mai^{55}lan^{31}ta:ŋ^{213}na:ŋ^{31}
请 你 王 板栗树 各 山峰 请你各山峰的板栗树王。

（2）[wei^{213}]。在布依语中的含义有二：

①奴隶、仆人、丫头；

②小的，在下（谦称）。

《摩经》中作第一种含义用的[wei^{213}]，如《摩经·用牛祭祖词》“值钱的棺材木料”载：

ʔə^{33}ʔjei^{55}ɦə^{213}ʔə^{33}ʔjaŋ^{33}
阿　越人　呵　阿　扬人[①]　　越人呵扬人，

ku^{31}lo^{31}ku^{33}fi^{11}ka:i^{33}
棺　材料　我　未　卖　　这个棺材料我未卖，

ka:i^{33}ɦaɯ^{213}məŋ^{31}kən^{33}ka^{31}
卖　给　你　吃　价　　好价钱我卖给你。

kan^{33}sa:i^{42}ku^{33}fi^{31}mai^{213}
棺　材料　我　没　卖　　这个棺材料我没卖，

mai^{31}ɦaɯ^{55}məŋ^{31}kən^{33}sen^{42}
卖　给　我　吃　钱　　我卖给你好价钱。

tɕep^{213}kən^{31}ka^{31}me^{31}ma^{55}
块　上　价　母　马　　上块值母马一匹，

məŋ^{31}au^{33}ma^{42}kuə^{31}ma^{55}ɦaɯ^{213}ku^{33}
你　要　什么　做　马　给　我　　你拿什么作母马价给我？

tɕep^{213}la^{55}ka^{31}me^{31}va:i^{42}
块　下　价　母　水牛　　下块值母水牛一头，

məŋ^{31}au^{33}ma^{42}kuə^{31}va:i^{42}ɦaɯ^{213}ku^{33}
你　要　什么　做　水牛　给　我　　你拿什么作水牛价给我？

soŋ^{33}tsep^{213}tɕa:ŋ^{33}soŋ^{33}wei^{213}
二　块　中　二　奴　　棺墙两块值奴两个，

məŋ^{31}au^{33}ma^{42}kuə^{31}wei^{213}ɦaɯ^{213}ku^{33}
你　要　什么　做　奴　给　我　　你拿什么作奴价给我？

soŋ^{33}tɕep^{213}ȵuai^{31}soŋ^{33}sau^{42}
二　块　棺头尾　二　榫　　棺木头尾都可做榫，

məŋ^{31}au^{33}ma^{42}kuə^{31}sau^{42}ɦaɯ^{213}ku^{33}
你　要　什么　做　榫头　给　我　　你拿什么作榫头价给我？

《摩经》中作第二种含义用的[wei^{213}]。如《摩经·祭水经》载：

wai^{31}ma^{33}lən^{31}ɕiau^{31}tau^{33}
奴　来论　古代[②]　　奴来论古代。

① 越人、扬人：布依族的古代族名。
② 奴[wai^{31}]：与下句的我[ku^{33}]同指“布摩”。

ku^{33}ma^{33}nau^{31}<u>ɕiau^{31}kuan^{213}</u>

我　　来说　　前代　　　　　　　　　　　　我来说前代。

前者是给贵重木材制作的棺木论价，孝家以水牛、马及两个[wei^{213}]作价购买棺木，[wei^{213}]含义是“奴隶、仆人、丫头”，反映棺木的重价。后者[wei^{213}]则是祭师“布摩”先生对至上之神的谦称，意为“小的，在下”之意。从摩经中[wei^{213}]的两和含义看，它深刻地反映出布依族社会的阶级分化和社会分层，同时反映了布依族的宗教观念。当然，在阶级对立和阶级矛盾十分尖锐的社会历史条件下，宣扬死后灵魂能成为上层阶级，事实上暴露出了宗教的共有通病：虚伪性和麻醉性。

（3）[kwa:ŋ^{33}]、[na:ŋ^{42}]。意思分别为“少爷”、“小姐”。

这在布依语日常口语中已不再使用，但在民间故事、长诗中却普遍存在。例如民间叙事长诗《光铁芳》中的“光铁芳”[kwa:ŋ^{33}tə^{11}faŋ^{33}]，《金竹情》中的“榔秀”[na:ŋ^{42}ɕiu^{24}]等。“光”、“囊”是古代布依族对上层阶级人家青少年男女的称谓，或对成年男性或女性的尊称，这种用法时至清代仍在使用。例如清嘉庆年间，布依族南笼起义的领袖中就有“光仙”、“囊仙”等称谓。《摩经·用牛祭祖词》中的《模八难·夫妻阴阳别经》有[kwa:n^{33}]、[kwa:ŋ^{33}]、[pau^{213}]、[pa^{31}]等词，“布摩”先生指出这些词均指夫或妻。其中[kwa:n^{33}]指年龄较长者，[kwa:ŋ^{33}]指较年轻者，[pau^{213}]是年老者；[pa^{31}]则不分年龄。

摩经中有很多汉语借词或同源词，如[pat^{213}]、[ɕian^{33}]等。[pat^{213}]、[ɕian^{33}]表示摩教观念中构想的人死后亡灵所归的极乐世界，《摩经》中多次出现，且常常并用。例如《摩经·用牛祭祖词》（第一卷）《老人吉时归逝》说：

tap^{213}miŋ^{42}məŋ^{42}tan^{55}pɯə^{31}luaŋ^{42}pi^{33}ni^{55}

踏　命　你　穿　衣　铜　年　今　　命到今年你踏进仙景穿铜衣。

miŋ^{42}məŋ^{42}sa:ŋ^{33}pueŋ^{42}mo^{213}

命　你　沾　地方　新　　　　　　　你命沾着仙界新地方。

məŋ^{42}ma^{33}lam^{55}ma^{33}lai^{42}

你　来　倒　来　念　　　　　　　　你逝世了请布摩来念经，

məŋ^{31}ma^{33}ts'ai^{33}ma^{33}pjaŋ^{213}

你　来　归逝　来　祭　　　　　　　你归逝了布摩来祭祀。

ma^{33}pjaŋ^{55}məŋ^{31}pai^{33}kwa:ŋ^{213}

来　祭　你　去　宽阔　　　　　　　来祭你，望你去宽阔的地方。

ma^{33}sa:ŋ^{213}məŋ^{31}pai^{33}pat^{213}pai^{33}ɕian^{33}

来　拜　你　去　仙地（佛）去　仙　　来拜你，望你去神仙居住的地方。

[pat^{213}]指仙地、[ɕian^{33}]指仙，或可译作“佛地”、“仙”。这除了《摩经》观念中的死后世界与之有相似性外，还有语音上的原因。佛，汉语普通话今读[fo^{35}]，根据王力先生的观点，“佛”在中古属非母、质部、物韵的字。隋唐前，非母读[p]，质部读作[at]，拟音为[pat^{55}]，现代汉语粤方言将“佛”读作[fɐt^{55}]或[pɐt^{55}]，即仍保留了古读音，布依语今之读音与之相同，因而该词可能属布依语早期的汉语借词。[ɕian^{33}]借自汉语官话方言“仙”的可能性更大。当然，摩教

中[pat^{213}]、[ɕian^{33}]的内涵与佛教中的“佛”和道教中的“仙”并不完全一致，甚至可以说差别很大，但摩教受过佛教和道教的影响，这是肯定的。摩教在接受“佛”、“仙”概念时对其进行了改造，所以它们虽读音相同或相近，但内涵有所差异。

《摩经》中，虽然有些布依语固有词语在口语中已转义或消失，但它们对研究布依族文化史具有不可忽视的重要价值。如[lai^{33}]（梯坎、台阶）在现代布依语中，作为名词“梯坎、台阶”在有些地区已基本上不再使用，但动宾词组[zoŋ^{42}lai^{33}]（出嫁）却仍在流行。“出嫁”按布依语直译是“下梯坎”，这很形象。汉语称“出阁”，布依语则称“下梯坎”，说明“梯坎”[lai^{33}]在布依族建筑中的重要性。这就要联系到布依族的建筑文化了。研究表明，布依族建筑是从巢居发展到干栏式建筑，最后，部分地区又吸收了汉族平地房的建筑风格，形成了多样性民居建筑形式。现在很多地区的布依族民众仍居于干栏式房屋。布依族的“干栏式”建筑，是指这样一种建筑格式：在木结构的三层楼中，第一层用来关牲畜、置放农具、柴草及其他杂物，第二层住人，第三层用于储存粮食。因为人住第二层，所以梯坎[lai^{33}]在建筑中是十分重要的部件。第二层的大门口建有晒台，梯坎即由地面直接通晒台。正如闺阁是汉族姑娘主要的活动场所，晒台对布依族姑娘来说也是重要的活动场所。她们在这里纺纱、刺绣、挑花、缝纫衣物。那么，正如汉族姑娘出嫁是“出阁”，布依族姑娘出嫁当然就是“下梯坎”[zoŋ^{42}lai^{33}]了。

布依族干栏式建筑的梯坎有石砌、木制两种。从《摩经》的记载看，可能木制梯坎的出现最早。如《摩经·用牛祭祖词》（第二卷）《感恩父母的孝顺伦理》说：

ku^{33}poŋ^{55}naŋ^{33}məŋ^{31}ʒən^{52}
我　拍　皮　您　起　　　　布摩我拍皮您起，
ku^{213}ɦa^{213}tɕaŋ^{31}ɕi^{33}lai^{33}
我　要　移　顺　梯　　　　布摩我移您顺梯，
ku^{213}ɦa^{213}pai^{33}ɕi^{33}se^{31}
我　要　去　顺　台　　　　布摩我移您顺台。
ɕie^{55}va^{33}tu^{33}mai^{55}lian^{31}ɾa:n^{31}ni^{55}
神　板　门　树　连　家　这　　　　这家的门是连树做的神门板。

总之，《摩经》中保存的大量古词古语，无论是固有词还是借词，都具有语言活化石的宝贵价值。它们积淀、包容了丰富的历史文化内涵，是研究布依族社会历史文化的重要资料。

第二节 《摩经》文学艺术研究

对于《摩经》中的文学作品，由于过去收集整理和发表的资料不多，加上受教条主义、形而上学思维方式的影响，往往视其为具有封建迷信色彩的作品，简单地加以否定，置之于布依族文化及文学史研究的视野之外。随着资料的不断发掘，事实已清楚地表明：《摩经》具有重要的历史文献价值和文学艺术价值。因为《摩经》是以文学的形式呈现的，从《摩经》中可以根据现行的分类原则梳理出若干文学类型。这些文学作品具有较高的艺术性，它们曾对布依族民间文学及文化产生过较大影响。因此，《摩经》文学显然是研究布依族文学史不能忽视的对象。

从《摩经》文学的内容和特征考察，它的产生是久远的，之前有过相当长的口耳相传阶段，而后作为一种书面形式出现也有上千年的历史。其作品的内容，可以说通过不同的文学形式反映了布依族社会发展进程中不同历史时期的社会生活。

一、《摩经》文学的性质

"《摩经》文学"即《摩经》中的文学。它有两种含义：一是从文学角度对《摩经》的称谓；二是从《摩经》中梳理出来的文学类型。首先，《摩经》是以韵文的形式呈现出来的，其形式特征是诗，也是文学。《摩经》文学也可以说是作为文学的《摩经》。其次，《摩经》是一个较为庞杂的文献系统，如果按照现行的文学分类标准，可以从中梳理出若干文学类型。因而《摩经》文学也就是这些文学类型的统称。

《摩经》文学是宗教经典中的文学，但它与一般宗教文学不同。以世界三大宗教为例，它们的经典中的文学，都是用来宣扬教义的。但《摩经》文学的这一特点并不明显，有些作品与一般的民间文学似乎没有什么不同。

在民族文化研究中，往往存在将一些民族在宗教仪式上演唱的作品当作民间文学作品的情况。从《摩经》文学的实际情况看，这一点是需要进一步明确的。首先，一些宗教仪式中往往进行民间文学演唱，如布依族丧葬仪式活动中的唱《孝歌》行为。《孝歌》与《摩经》在演唱者和是否配合仪式等问题上显示出了区别。其次，《摩经》文学与一般民间文学也有不同。民间文学具有集体性、口头性、流传变异性和传承性等特点。《摩经》文学在创作、改编和传承等方面可说基本上是以个体的师传形式进行。作为宗教经典，祭师师徒相传的传承性是《摩经》文学的显著特点之一，正是这个特点使它具备了一种相对的稳定性。但可以断定，在中原汉语文化大量传入布依族社会之前，由于没有掌握汉语和汉字以用来记录经文，《摩经》曾有过数千年的口耳相传的历史。因此口头性也不是绝对与《摩经》文学无缘的。此外，《摩经》曾吸收了民间文学作品的创作手法与特色，这部分作品无疑在一定程度上保持了民间文学的特点。

《摩经》文学中有些是布摩的创作，有些则是布摩将民间文学作品吸收并改造过来的。能不能说《摩经》文学是旧时代的作家文学呢？除去创作和改编的因素外，《摩经》作为一种较为固定的文体传承，给《摩经》文学赋予了一定的作家文学色彩。然而，客观而言，《摩经》至多是一种"准作家文学"，因为作者都是佚名的，且作为一种书面形式的文学，并不存在人人都能读的普遍情况。

综上所述可以得到这样一个认识：《摩经》文学既区别于一般民间文学，又区别于严格意义的作家和宗教文学。它可说是由布依族早期祭师"布摩"创作、改编和传承，并配合宗教仪式进行演唱的一种带有原始性的宗教文学。在布依族文学史中，它属于一种独立范畴的文学。

二、《摩经》文学的形成、发展和断代问题

通过对云南和黔西南、黔南、黔中在内的各地布依族《摩经》的比较，可以发现各地《摩经》内容大同小异。这说明《摩经》应有共同的历史来源，只是由于长期的传承演变，产生了很多差异。

现在我们可以肯定的是，《摩经》以"经书"的形式出现，当是中原汉语教育传入布依族地区，

布依族同胞接受学校汉语教育以后的事。考察布依族地区的学校教育，其始于东汉时期，创办学舍的是黔南著名学者尹珍。《后汉书·西南夷列传》说："桓帝时，牂牁郡人尹珍，自以为生于荒裔，不知礼义，乃从许慎，应奉受经书、图纬。学成还乡里教授，于是南域始有学焉。"《贵州古代史》又说："尹珍，字道真，汉牂牁郡毋敛县（今黔南独山、荔波县一带）人。"该地至今仍是布依族聚居区之一。《唐书》说他乃"牂牁苗裔"，生活在汉章帝至桓帝（约79—153年）之际。青年时期，由于家乡文化落后，没有学校，尹珍便不辞艰难，跋涉千里奔赴京城洛阳，投师于经学大师和文学大师许慎门下，后返回家乡教授生徒。从此，布依族地区开始利用学校传授儒家文化。清代布依族大学者莫与俦在担任遵义府学教授时，曾于府学宫创建"汉三贤祠"，奉祀舍人、盛览、尹珍。莫氏门生郑珍写有《汉三贤祠》，阐明三贤事迹及奉祀原由。光绪十年（1884年），黔南独山州建"尹公祠"，表示故乡人民对尹珍的怀念。尹珍因对故乡的学校教育贡献巨大而声名远播，周春元等著《贵州古代史》中有所引述，说尹珍于"凡属牂牁旧县，无地不称先师"。

尹珍于东汉兴办学校，至唐、宋时期，经历五六百年风雨，汉文学校教育获得了很大发展。故《遵义府志》说："唐武德中，州县及乡皆置学。"专家学者们考证布依族《摩经》作为古籍的产生年代，多认为《摩经》是形成于唐宋时期的作品，是古代学校汉语文教育的结果。[2]安顺镇宁的《摩经·古谢经》记载有"矩州"、"罗甸国"、"广南西路"等唐宋时期的历史地名。按《新唐书·地理志》载："'矩州'于唐初高祖武德四年（621年）置，初为经制州，后玄宗天宝三年（744年）降为羁縻州，其地在今贵州贵阳市一带。""罗甸国"亦首建于唐代。《新唐传》又载："（武宗）会昌中，封建别部为罗甸王。"罗甸国辖地亦在今贵州安顺市西部一带。"广南西路"则是宋代行政区划，是今广西壮族自治区的前身及贵州省南部部分地区。布依族《摩经》出现并保存至今，里面记载了丰富的布依族古代文化，同时载入了唐宋时期国家行政区划名制，是唐宋时期布依族地区学校教育发展的最好鉴定。

《宋史·地理志》载："徽宗（政和）三年（1109年）以黔南路并入广西，以广西黔南路为名。四年（1110年）依旧称广南西路。"其地约当今广西壮族自治区全部和云南、贵州黔南布依族苗族自治州。清道光年间，云南《广南府志•城池》载："莲城，唐为侬氏据地，宋为特磨道治所——福州。至元十二年（1275年）改为广南西路宣抚司治所。明洪武十五年（1382年）改设广南府署，十九年（1386年）开始建城池。""府城建在平关坡上，建排栅，周四里，设西南二门。莲城，仅明清之间就建有六阁、二十四座庙宇、五座学宫、书院。"此当为与广西、贵州毗邻的属"广南西路"的云南广南地区。

元代，黔中地区"有顺元路儒学"，顺元路在今贵阳，以何成禄为教授。何成禄"富文学，饬容止，训迪诚恳"，循循善诱，使"郡中人才勃兴"。延祐四年（1317年）普定路军民府判官赵将仕在普定（今安顺县）"立学校，明礼义，通商贾"。至此，布依族地区正式有了官办学校。明代是布依族地区学校教育发展较快的历史时期。明初，中央王朝实行"安边"国策，明太祖朱元璋为加强对西南民族地区的统治，派大军深入边区。沿途设立屯垦，布依族地区交通沿线出现了很多卫、所等军事组织，这就是所谓的"卫所制度"。明王朝在加紧政治军事统治的同时，提倡"移风善俗，礼义为本，敷训导民，教为之先"，强调"广教化，变土俗，使之同于中国"，为了使少数民族"向化朝廷"而"兴礼乐教化"，大力推行儒学，并辅以佛、道两教，潜移默化，进行"同化"教育。

朱元璋亲谕礼部："边夷土官，皆世袭其职，鲜知礼义，治之则激，纵之则玩。为预教之何由能化。其边夷土官，皆设儒学，选其子弟侄之俊秀者以教之，使之知君臣父子之义，而无悖理争斗之事，亦安边之道也。"皇帝的号召对民族地区儒学的兴起产生了极大的推动作用。明洪武二十八年（1395年），监察御史裴承祖进言："贵州都指挥使司、平越（福泉县）、龙里、新添（贵定县）、都匀等长官司诸种苗蛮，不知王化，宜设儒学使知诗书之教。"朝廷准奏，并多次下诏："未经儒学教化者不得承袭土司。"这便从制度上保证了学校教育的推广。经过明政府的大力推广，布依族地区逐渐形成了以官学、书院、社学、义学、私塾为主要形式的教育体制，推动了当地儒学学校教育的发展。

再者，红水河北岸的"盘江八属"（即黔西南八县市），在清代"改土归流"之前还隶属于广西泗城府管辖。桂北壮族地区，自唐代著名学者柳宗元在柳州兴办学校推广儒学之后，当地"学者道尧、舜、孔子，如取诸左右，执经书，引仁义，旋辟唯诺"，确实培养了不少人才，对当时和后世的影响都很大，加上黔中、黔南学校教育的发展，布依族人民为了发展自己，也需要向化儒学，大量学习汉语汉文。这就是布依族《摩经》得以广泛传播的原因。[3]

总之，布依族《摩经》是采用汉语的读音和偏旁部首，采用六书造字法编组而成的方块字，用以记录传统口头宗教颂辞而形成的书籍，是布依族民间传统宗教常用的祭祀经典。显然，能创造这种《摩经》，没有经过对汉字的系统性学习和熟练掌握是不可能的。可能唐宋时期在布依族地区推行汉文学校教育的结果是使布依族中出现了熟悉和掌握汉语文的人才。于是，"布摩"先生自然地采用了汉字记音的方式，如果所学的汉字不够用则再创造一些方块布依字，把世代口耳相传的经词记录下来，形成了《摩经》。文字固定下来的经书，一般很少再发生变异。因而，现在各地布依族流传的《摩经》经文大同小异。

其实，根据"矩州"、"罗甸国"、"广南西路"等唐宋时期的历史地理概念的出现并不能完全断定唐宋时期是《摩经》经文形成的最早年代。探讨《摩经》形成的年代和发展演变的情形必须从多方面进行。现在我们拟从布摩的一些传说并结合人类文化发展的一般规律进行探讨。

据"布摩"先生们说，其开山祖师是"布洛陀"[pau^{213}lok^{213}to^{42}]。有关"布洛陀"的神话传说，广泛流传于布依族和壮族中。从这些作品的内容和"布洛陀"的形象来看，他生活的时代应该是非常早的。因此《壮族文学史》以"布洛陀"为远古文学命名，这基本上是没问题的。现在我们从宗教史的角度来探讨这个问题，会获得更为清晰的印象。"布洛陀"是布摩的开山祖师，这既是布摩们的口头传说，又在《摩经》中有明显的反映。在摩经中，"布洛陀"俨然是一个无所不知的智者和"交摩"[tɕau^{55}mo^{33}]，[tɕau^{55}]即头，[tɕau^{55}mo^{33}]即布摩头领、师傅。张光直先生曾认为华夏古代文明是一种"萨满文明"，巫师在其中扮演着十分重要的角色。[4]所论极是。其实这不单是我们华夏民族存在的个别现象，也是在特定历史时期全世界各民族文明的特点。所谓"萨满文明"实际上就是"巫术文明"。由于原始初民知识贫乏，生产力水平低，不能有效地控制和支配自然，于是就发明了"巫术"这一"技术性"的辅助手段，企图通过此达到控制和支配客体的目的。这种"巫术文明"曾在相当长的历史时期内占据着人类文明的舞台，布依族自然也不例外。原始时代"布摩"的活动与其他民族的巫师、萨满有何异同不得而知，现今布依族"布摩"先生主要是主持"丧葬超度用牛祭祖"、"祭山"、"祭水"等大型传统宗教仪式，并在宗教仪式上念诵《摩经》为人们祈福。显然这已经不是最早的宗教形式了。

布依族“布摩”的最早形式应该与宗教观念的产生基本同步。早期主持宗教仪式者当为女性，后来才逐渐被男性取代。布依族的宗教信仰并非自古有之，当人类处在蒙昧初期的时候，布依族先祖还分不清自身与自然的关系，在很大程度上，只是本能地适应自然条件，就像其他动物一样，不可能产生信仰或崇拜的概念。人类在 300 万年以前由森林古猿进化为人类后的 200 多万年里没有宗教，宗教信仰是后来产生的。正如吕大吉先生在《宗教学通论》中提出：“人类产生之初不可能有任何宗教观念。……宗教不是与人类相伴产生的。在人类出现于世之后的漫长历史年代里，没有也不可能有任何宗教观念和宗教信仰活动。宗教本质上是把支配人们日常生活的异己力量，用幻想的方法予以超自然化、超人间化的结果。宗教观念作为幻想的反映当然是虚假的，但却是一种相当复杂和高级的思维活动。它不可能产生于刚从类人猿脱颖而出的早期人类。原始人必须经历长期的发展，才有可能积淀出产生宗教观念所需的智力机能和相应社会条件。”[5]

牟钟鉴先生在《中国宗教与文化》中也认为：“在人类认识史上，人类最早的世界观，是在人的思维具备了相当的概括、联想能力之后形成的；而世界观以哲学理论的姿态出现则更晚。人类在最初一段漫长的岁月里，思维极其简单低下，不能形成关于事物的总体观念。”只有社会实践前进了，才能“提出种种具有世界观意义的问题，例如万物生成和宇宙起源的问题，人类起源和社会历史动力问题，生死和形神关系问题。能够提出这类问题是认识进步的表现。但是由于当时人们知识极度贫乏，抽象思维的不发达，人们不仅谈不上正确对待这些问题，甚至不能为这些问题提供一个理论性的答案。人们只能借助于想象力，在幻想中构造自己的世界图式，建立起最初的幼稚而又形象化的世界观”。因此，“原始社会的意识形态只能是宗教和神话，原始人最早的世界观只能采取有神论的形态，这是与当时低下的生产力和狭隘的生产关系相适应的，在世界、在中国都是如此。只有当社会实践的水平使人类的抽象思维达到这样的程度，能够从个别到一般，并产生出哲学的概念和范畴时，思维才冲破原始宗教和神话的形式，一步一步建立起具有内在逻辑联系的世界观体系，于是真正的哲学便诞生了。由此可知，哲学史同人类的文明史一样，也有自己的史前时期，文明时代的哲学就是从原始宗教和原始神话的胚胎中孕育出来的”[6]。随着人类的发展及其生存能力的提高，大脑也随之发达起来，在谋生的长期实践中，人类开始逐步认识一些自然现象与人类本身生存的关系，并开始萌发出对自然现象进行控制的，期望于是也就自然产生出一种幻想反映，以找到心灵上的平衡，这时才有了原始信仰和崇拜。这就是马克思指出的“古代各族是在幻想中、神话中经历了自己的史前时期”[7]。又说：“哲学最初在意识的宗教形式中形成”。[8]马克思所揭示的是人类早期认识发展的一条普遍规律。

布依族来源于汉藏语系，我国汉藏语系分布区的旧石器时代的考古人类，属于旧石器时代早期的有云南元谋人（距今约 170 万年）、陕西蓝田人（距今约 80 万年）、北京人（距今约 5—20 万年）；属于旧石器时代中期的有湖北长阳人（距今 19 万年）、广东马坝人（距今 13.5—12.95 万年）、山西丁村人（距今 10 万年左右）等；属于旧石器时代晚期的有广西柳江人（距今 5—3 万年）、山顶洞人（距今 2—1.8 万年）等。云南元谋是我国考古学发现的最早的人类遗址，表明人类生息繁衍在我国这片广大而富饶的土地上，至少已有 170 万年的悠久历史了。然而之后的 160 多万年的漫长历史中，始终未见人类原始宗教观念的遗迹，直到距今 2—1.8 万年的山顶洞人遗迹被发现，才开始有了原始宗教观念的遗物。山顶洞人以燧石、石器、石珠、穿孔兽牙等物品随葬，并在死者身旁撒上红色铁矿粉，他们可能认为死者的灵魂还要继续生存下去。在晚于山顶洞人遗址的甑皮岩遗址中，也曾发现有关反映宗教意识的材料。甑皮岩遗址位于我国华南地区的广西壮族自治区桂林市独山西南麓，1973年被发掘，经测定，其最早年代距今9000年以上。洞穴中共清理出18 具人骨架，人骨多呈垂手、弯腰、屈肢、蹲坐的姿势，有的头骨和盆骨上残存赤铁矿红色粉末，仅有一座墓随葬有两件收割用的蚌刀，可能当时已经产生了最原始的农业。[9]这也是中国内地发现的较早的宗教遗迹之一，对认识早期宗教在珠江流域的形成具有重要意义。这种情形颇能说明包括布依族先祖在内的我国汉藏语系原始人群思维发展的一般状况。

人类学者和宗教学者一般认为，原始人的墓葬，一方面表现了他们对亲人的眷恋之情或敬畏之心，说明人们之间已结成以血缘为纽带的社会关系，形成了氏族制度；另一方面则表明原始人这时已有了某种关于灵魂不死和死后生活的遐想。C.G.F.布兰顿说："埋葬死人……含有特别关心死亡或死者的意思。如有随葬食物或其他器物的情况，我们就有理由设想其中必然含有一种死后继续存在的观念。"[10]当代著名的美籍罗马尼亚宗教学者M.伊利亚德则认为，灵魂观念在未有墓葬以前即已存在，墓葬的出现则进一步证实了死后存在的信仰。[11]埋葬死者无疑是一种以灵魂观念为内在根据的宗教性行为。贾兰坡说，山顶洞人使用的赤铁矿粉，一般认为是血的象征，"人死血枯，加上同色的物质，希望他（她）们到另外的世界永生"。[12]牟钟鉴也说："红色是血和生命的代表，是火与温暖的象征，撒赤矿粉可能表示给死者以温暖，企望死者获得再生。红色便是崇拜的对象。这是人的思维能力的一大进步。而丧葬有制，则知他们开始思考人死何往的问题，能从忙碌的现实生活中联想到死后的情景。这都证明思维已能离开当时的行为和对象而作类推和联想。山顶洞人'灵魂不死'的观念，是由于对睡眠、做梦、生病、死亡等生理现象的不理解和对死去亲人的怀念之情而引起的。在他们看来，精神是一种灵魂的活动，而灵魂既能寓于体内，又能离开肉体而独立存在。肉体与精神的关系问题，是哲学基本问题的最早表现。山顶洞人对生死的看法，可以说是一种最原始的形神观，也是最原始的宗教观念之一。从此以后，人类开始有了称得上为世界观的观念。"[13]山顶洞人和广西甑皮岩人为我们提供的最早的宗教资料清楚地表明，早在1.8万至0.9 万年以前，包括布依族先祖在内的我国汉藏语系古人类才知道有意识地埋葬死者，并以物随葬，即当时的原始社会已经产生了最早的宗教信仰和灵魂崇拜。可以说，这是我国汉藏语系族群先祖的一项重大发明，谱写了我国人类意识史上光辉的一页。

进入新石器时期，我国南方汉藏语系"濮（卜）越"或"百越（粤）"先祖开始发展水稻农业，原始宗教得到进一步发展。考古发掘证明，我国长江流域和珠江流域的水稻遗存渊源久远，至今全国已发掘出200多处。时间从新石器时代早期起，直到西汉年间湖南长沙马王堆汉墓出土的稻谷，跨度长达一万年左右，且有相对连续性。最早的距今约 12000 年，如湖南道县玉蟾岩古水稻（12000—9000 a BP）、江西万年仙人洞古水稻（12000—9000 a BP）[14]，广东英德牛栏洞水稻植硅体也距今一万年左右。[15]反映水稻农业与宗教信仰关系的最早的考古实物中，最丰富者当数长江流域新石器时代的"百越（粤）"先祖河姆渡文化遗存。河姆渡文化遗存，属于距今7000年的母系氏族社会的繁荣阶段，因 1973 年发掘于杭州湾姚江平原河姆渡村而得名。遗址分为四个文化层，"在距今6000—7000年前期间，河姆渡一带的气候暖热湿润，与现代广东，广西中部、南部和海南岛气候条件差不多。"[16]遗址自下而上叠压着四个文化层，文化内涵丰富。其第四文化层还发现有大量人工栽培的稻谷、谷壳、稻秆和稻叶等堆积，平均厚20—50厘米，最厚处超过3米。有人从稻谷堆积的厚度及面积推算，当时的稻谷总量当在100吨左右，其数量之多，保存之完整，都是世界考古史上少有的。这是亚洲数量最多的、最古老的水稻实物遗存。第三文化层还发现一只木质漆碗，外表有薄层朱红涂料，微显光泽，经化学方法和光谱分析，鉴定涂料为生漆。这是我国迄今发现的最早的涂漆制品。在第二文化层则发现一口水构浅水井，这是我国迄今发现的最早的水井遗迹。第三、四文化层还出土有玉质的玦、璜、管、珠等，是我国迄今发现最早的玉器，显示出浓厚的原始信仰特色。

拥有丰富的原始宗教元素，是河姆渡遗址的文化特色。河姆渡人还用捏塑、雕刻等方法，用陶、骨、木、象牙等原料制作了大量原始艺术珍品，用于祭祀祖先和神灵，以鸟神或鸟神与太阳神结合的宗教崇拜图案为主。出土的鸟形象牙圆雕、堆塑“双飞燕”、刻鸟骨片、连体鸟骨匕柄、木雕立鸟、“太阳纹”蝶形器、“双鸟朝阳”蝶形器等，数量远远超过饰以大象、猪、狗、兔、羊、鱼等动物题材的作品，而选用的材料之好、雕刻之精美也非其他的作品可比，在中国新石器时代遗址中当首屈一指。董楚平先生认为：“河姆渡的艺术风格是写实朴素的，只有鸟的形象富于幻想。例如一件双鸟朝阳象牙雕刻，其中心为五个大小相套的同心圆，外圆边刻有烈焰，应为太阳。两侧各刻一昂首相望的鸟。太阳与鸟都不属写实，而富有浪漫情调。与此相仿的还有双鸟纹骨匕，匕的柄部正面刻两组相同的图案，每组都以一圆居中，右边一圆刻有四射的光芒，应为太阳。左边一圆没有光芒，似为月亮。两圆左右分别刻一对称的鸟。在远古时代，太阳与月亮是人们心目中最崇高、最神圣的东西，把鸟与它们连在一起，这就赋予了鸟不同凡俗的含义，给它涂上了神秘色彩。与此相关的是，在艺术手法上，鸟与猪、稻叶等东西不同，猪、稻叶等形象的刻画都是写实的，鸟的形象却是写意的、变形的。显然，在河姆渡人的精神生活中，鸟具有特殊的位置，河姆渡人可能崇拜鸟图腾。文明时代的吴越人也有崇拜鸟图腾的遗俗。两者之间相距4000年之久，可能有因袭关系。”[17]河姆渡遗址的鸟形器是长江流域汉藏语系水稻文明中的原始鸟图腾崇拜器物，这是我国学术界的共识。如宋兆麟先生认为：“河姆渡鸟形器，与某些南方民族住宅鸟形图腾柱一样，也是当时干栏建筑顶部的一种建筑装饰，其所以雕成鸟形，与他们信仰鸟图腾是分不开的。”[18]王士伦先生对连体双鸟纹骨匕和双鸟朝阳纹象牙雕刻图像进行了探索，认为前者“上面刻着两组双头鸟。每组有两个鸟头，朝着相反的方向伸颈，鸟体相连，中间有一个圆圈，头上有英冠，从形状判断似属鹰鸠之类”。后者“刻划两只振翅的鸟，鸟头相对，连体，中间有五重圆图，外绕火焰纹，好似太阳。鸟嘴尖，长尾，这种异首连体，并且中间刻有太阳，可能表示鸟是空中神秘的动物，是介乎人天之间的神使；或者与鸟生的传说有关，连体意味着双鸟交感繁殖。”[19]万斗云先生却认为双鸟朝阳象牙雕刻蝶形器中的双鸟，与圆雕象牙鸟形匕中的鸟形象类似。从其图像看，好像鱼鹰身子上长着孔雀的尾巴，大概是以鹗鹰作原型的。鹗是候鸟，也是凶猛的鱼鹰。我们的古人把能感知鱼汛按时来去的鹗鹰叫做凤，说凤能知天时。万先生进而主张由于河姆渡凤鸟形象的发现，说明河姆渡人已经掌握了初步的天文历法知识，并且形成了一套祈年的风俗和祭祀礼仪。[20]牟永抗先生主张：“河姆汉文化蝶形器的功能和良渚文化玉质的冠状器相似。前者可能是后者的早期形态，它们都是某种崇拜偶像的冠冕。”[21]林华东先生则主张：“事实上，河姆渡出土的蝶形器器形并不全都相同，不但质料不同，有木、骨、石和象牙等，而且形体大小也相差悬殊，故蝶形器之用途，当不可一概而论。如象牙雕刻品，制作相当考究，雕刻也十分精细，在当时，显然被视作神圣、庄严的象征，应与原始宗教活动有关。而以石质或木质制作的素面蝶形器，多有使用磨损痕迹（有些已残断），则又似为生产工具之属。但无论如何，就制作精细的双鸟朝阳象牙雕刻蝶形器、圆雕象牙鸟形匕、连体双鸟纹骨匕等等，均足以表明鸟是河姆渡人的图腾崇拜。此种鸟的形象多作钩喙，显然为猛禽类的鸷鸟之属，它曾对以后的良渚文化氏族和三代时的越族产生过深远而又重大的影响。”[22]林华东所说的“古代越族”即我国长江流域汉藏语系族群的先祖，这种农业文明的宗教信仰还存在于相邻的“良渚文化氏族”之中，甚至影响到三代之后的中国广大地区。布依族是古代越族后裔之一，其传统宗教经典《摩经》中的“鸟神”、“燕子王”、“驾鸟神升天”等浓厚的鸟图腾崇拜符号，应是“河姆渡文化氏族”和“良渚文化氏族”鸟图腾崇拜文化的传承，作为宗教职业者的“布摩”当在此阶段形成。

由此可以推知布摩的出现已有十分久远的历史。在往后漫长的历史进程中，人类社会从母系制跨入父系制，作为宗教职业者的“布摩”也由女性转为男性。“布摩”为适应各种宗教仪式的需要，或自行创作，或将民间文学加以改造，逐步形成了一套宗教经典。正因为《摩经》是在这样漫长的历史时期逐步形成和传承的，它必然打上了不同历史时代的烙印。因而，我们既可从中看到诸如唐宋时期的“矩州”、“罗甸国”、“广南西路”这样一些有明显时代印迹的历史地理概念，也可以看到属于更早时代的神话、传说以及一些自然崇拜、图腾崇拜等观念和内容，在《赎买经·柔番沃番钱》中，还反映了古代布依族的国家观念等。

作为宗教经典，《摩经》具有一定的神圣性，不能随意删改，但布摩根据自己的理解，对经文进行局部增补、修订却是允许的，这使《摩经》有了开放性的特点。把握这一特点，有助于我们理解各地《摩经》的差异，同时也可以了解到《摩经》的动态性。如果没有重新统一修订的工作，那么它的变异将继续发生。开放性带来的变异性又使经文具有了历时性。同一经文经由若干历史时代因子的积淀给《摩经》文学的断代造成了困难。当然，对《摩经》的变异性不能过分强调，但完全忽略实际上也是不科学的。

总之，《摩经》文学的产生与宗教的产生基本同步。它是各个时代的布摩不断创作，或将民间文学改编后吸收进来而逐步丰富发展起来的，因而《摩经》文学的断代有很大困难。我们只能根据具体作品的主要内容作出大致的判断。可以肯定的是，作为书面文学的《摩经》约成于唐宋时期，在《摩经》文学系统中，又汇集了不同历史时代的内容。

三、《摩经》文学的主要类型及其内容

《摩经》中的文学类型，有图腾神话、古史诗、劳动歌等。

（一）图腾神话

1. 燕鸟图腾神话

《摩经·祭山经》记载，滔天洪水过后，“燕子王兄妹”受命于“天王神”而成婚繁衍人类。这一神话记载，说明“百越（粤）人（布依族）、汉人、苗人”等汉藏语系族群之源与“龙神根源”皆为“天王神”授意下的“燕子王”的子孙；也说明布依族也曾经历过人类最早的血缘婚阶段，那时先祖们以“燕鸟”为图腾，即《摩经》中称之为“燕子王”者。也就是说，布依族先祖确认汉藏语系族群有共同的来源，自古亲密一家，不可分割。考古发掘证明新石器时代鸟崇拜是我国最早的

图腾文化符号，文献记载上古时期东夷商族、“濮（卜）越”或“百越（粤）”族群亦有“燕鸟”图腾崇拜。

仅从燕鸟图腾崇拜时期的观念及其与山神祭典的密切关系，就可看出《摩经·祭山经》文化背景之久远。列宁指出：“在马克思看来，地理环境是通过在一定地方、在一定生产力的基础上所产生的生产关系来影响人的，而生产力发展的首要条件就是这种地理环境的特性。”[23]布依族源于汉藏语系族群先祖，我国汉藏语系族群居住区自古以来就是一个多山的区域。据统计，我国山地、丘陵面积约占国土总面积的70%以上，其中山地面积又占一半左右，真正的平原只占国土的10%，主要就是指汉藏语系族群的居住区。

考古学证明，山岳、丘陵是汉藏语系族群远古文明的孕育诞生地。如珠江上游云贵山区的、距今170万年前的云南“元谋人”是我国旧石器时代最早的人类，而新石器时代文化遗址有元谋地区的牛肩包、石垄箐、大那乌、名城下棋柳等地，还有滇池地区的石寨山，滇东北的闸心场，滇东南麻栗坡小河洞，洱海地区的马龙，滇两北地区的戈登山等。贵州旧石器时代遗址的黔西观音洞、兴义猫猫洞、普定穿洞、水城硝灰洞，还有新石器时代遗址的平坝飞虎山等古人类文化遗址均与山文化有关。

珠江下游南海西樵山细石器文化，粤北英德青塘洞穴文化，马坝人发现于广东韶关马坝乡狮子山洞穴，柳江人发现于广西柳江通天岩洞穴等，还有发现于广西武鸣境内山陵洞穴内的武鸣遗址等，都与山洞，即山文化密切相关。

蕴含有丰富山文化的文化遗址不胜枚举，例如，长江流域的良渚文化发现于江浙太湖地区的瑶山、反山、福泉山等地；长阳人发现于湖北长阳赵家堰山丘洞穴；万年仙人洞、玉蟾岩文化发现于江西、湘南地区；屈家岭文化发现于湖北京山屈家岭；青莲岗文化发现于江苏淮安青莲岗；安徽凌家滩文化发现于巢湖流域的最高峰太湖山；黄河流域龙山文化首次发现于山东章丘龙山镇城子崖等等。

这就说明原始社会时期，汉藏语系族群先祖赖以生存的最理想的环境是山地，因为山地便于依靠狩猎、采集为生。即使后来进入了农业时期，社会生产力有了发展，但先民仍然相信山川大地对人类的恩惠而信之为神灵。当汉藏语系族群先祖在社会生产力和人类科学视野所达不到的地方，人类的想象力便长上了飞翔的羽翼，用来填补科学知识贫乏带来的思想上的空白，把这些支配日常生活的自然力和自然物，变成了超自然、超人间的神物，成为宗教信仰和宗教崇拜的对象。山川里的财富对人类极其重要，甲骨卜辞中把风、雨、雷、电之类看成是天帝属下的神灵。这些自然神是与人民生活密切关联的自然现象的主宰，如不崇奉祭祀，它们将带来自然灾害。人们崇拜自然神的目的，在于祈求神灵的恩惠，从而免除神灵降灾为害之苦。还有一种说法略有不同，即认为人们之所以崇拜它们，是因为它们与人们的生活密切相关，有功于人、有益于民。《荀子·强国》说：“山林川谷美，天材之利多。”《国语·鲁语》载展禽论及国之祀典时也说：“山川之神，皆有功烈于民者也；及前哲令德之人，所以为明质也；及天之三辰，民所以瞻仰也；及地之五行，所以生殖也；及入训名山川泽，所以出财用也。”也就是说，我国汉藏语系族群对山川崇拜对象的确定，主要是因为山川有功德于人民，崇拜其以报恩偿德。对照布依族《摩经·祭山经》中全人类面临灭顶之灾时，只剩下“燕鸟王”兄妹二人，但他们还在奋斗不息，在“天王神”的授意下，繁衍了族群，开创了人类社会新的生活，后人因之感恩戴德，在古老的“祭山”仪式上颂扬“天王神”与“燕鸟王”先祖的功劳，这种记载不就是“崇拜所以报恩以偿德”学说的证据吗？

2. 大竹图腾神话

布依族地区，古代就有“大竹图腾”文化的记载。《后汉书·南蛮西南夷列传》曰：“夜郎者，初，有女子浣于遯水，有三节‘大竹’流入足间，闻其中有号声，剖竹视之，得一男儿，归而养之。及长，有才武，自立为夜郎侯，以竹为姓。武帝元鼎六年，平南夷，为牂牁郡，夜郎侯迎降，天子赐其王印绶。后遂杀之。夷獠咸以竹王非血气所生，甚重之，求为立后。牂牁太守吴霸以闻，天子乃封其三子为侯。死配食其父。今夜郎县，有竹王三郎神是也。初，楚顷襄王时，遣将庄豪从沅水伐夜郎，军至且兰，椓船于岸而步战。既灭夜郎，因留王滇池。以且兰有椓船牂牁处，乃改其名为牂牁。牂牁地多雨潦，俗好巫鬼禁忌……”“牂牁地”即“夜郎地”，其地温暖“多雨潦”，故适宜大竹生长，遂有“大竹生人”的“夜郎竹王”神话。

东晋常璩《华阳国志·南中志》也说：“南中在昔荒夷越之地，滇濮、句町、夜郎、叶榆、桐师、嶲唐侯王国以十数。”又说：“有竹王者，兴于‘遯水’。有一女子浣于水滨，有三节‘大竹’流入女子足间，推之不肯去。闻有儿声，取持归破之，得一男儿。长养，有才武，遂雄夷濮。氏以竹为姓。捐所被竹于野，成竹林，今竹王祠竹林是也。王与从人尝止大石上，命作羹。从者曰：‘无水。’王以剑击石，水出，今竹王水是也，破石存焉。后渐骄恣。……东越攻南越，大行王恢救之。恢使番阳令唐蒙晓喻南越。南越人食有蒟酱，蒙问所从，曰：‘牂牁来。’蒙亦以白帝，因上书曰：‘南越地东西万里，名为外臣，实一州主。今以长沙、豫章往，水道多绝，难行。窃闻夜郎精兵可得十万，若从牂牁（江）浮船番禺，出其不意，此制越之一奇也。可通夜郎道，为置吏主之。’帝乃拜蒙中郎将，发巴、蜀兵千人，奉币帛见夜郎侯，喻以威德，为置吏。旁小邑旨贪汉增帛，以为道远，汉终不能有也，故皆且听命。……后西南夷数反，发运兴役，费甚多。（司马）相如知其不易也，乃假巴、蜀之论以讽帝，且以宣于百姓。卒开僰门，通南中。相如持节开越嶲。按道侯韩说开益州。武帝转拜唐蒙为都尉，开‘牂牁’，以重币喻告诸种侯王，侯王服从。因斩竹王，置牂牁郡，以吴霸为太守……后夷濮阻城，咸怨诉竹王非血气所生，求立后嗣。霸表封其三子列侯；死配食父祠，今竹王三郎神是也。”其记载与《汉书》所载大同小异，亦言“夜郎”与“牂牁”有关。《后汉书》、《华阳国志》所言夜郎“遯水”亦名“牂牁江”，即今珠江上游南盘江、北盘江、红水河流域，皆在古夜郎国境内。这一地区至今仍是布依族聚居区，有以布依族、苗族为主体的两个自治州、三个自治县和数十个布依族民族自治乡。

当地布依族通过隆重庄严的丧葬宗教礼仪彰显积淀深厚的孝道伦理，为祖先描绘出祥和的彼岸世界。他们直接以自然实物——江河边生长的大龙竹作为“大竹神位”用以宗教祭祀，以此来表现其“大竹图腾崇拜”文化。他们以“大竹神位”上五彩圆柱“大龙幡”象征十二层天，他们有着“祖灵归入大竹神位、升到天堂”的观念和“‘大龙幡上圆柱形十二层天’与大竹底部供桌四方粮斗共同组成‘天圆地方’的天地空间概念”。他们认为“大竹神位供桌上的碗杯以三、九为尊”，同时还以牛、羊、猪三牲和稻米谷物、酒礼祭祀，届时族中长者讲述古代圣人之事，教育后代们遵循孝道伦理、为人忠良、和睦乡里的道理等。有此礼仪教化，祭期之内，乡里村邻无偿相助，热情待客，显示出布依族社会人与人之间和谐友好的民风。丧葬宗教礼仪中所立的“大竹神位”，在青山绿水间高耸入云，特别壮观，体现“祖辈灵魂归入大竹神祖位、升到天堂”的庄严隆重的宗教意识，给人一种心灵上的震撼和洗礼。这种宏大的祭祀场面，反映出布依族传统宗教的丰富内涵和深厚的农耕文化底蕴，使人们可以联想到古代“牂牁”、“夜郎”的“大竹图腾”文化的生动场面。具体实况如下图：

竹屋灵位一侧棺头处还设一供桌，灵位上方有“人与大竹神图”两幅（摄于云南罗平县纳灰村）

灵堂设于孝家堂屋，竹屋灵位上方有鸟形纸花三个

供鱼、猪、糯米饭等（摄于云南罗平县纳灰村）

祭期之内，乡里村邻无偿相助，热情待客，显示出人与人之间的和谐友好民风（摄于云南罗平县纳灰村）

共立三层大竹为祖灵升天之树

第一、二层大竹神（摄于云南罗平县纳灰村）

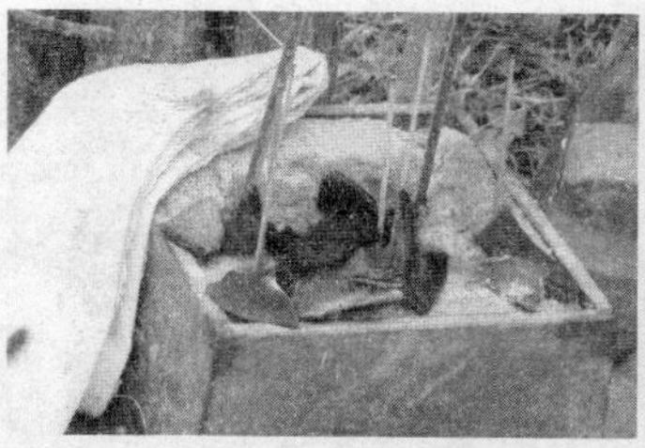

用牛、羊、猪（耳）与稻谷祭供

大竹神幡底部供桌、伞盖

酒茶大米饭（以三、九为尊）

（摄于云南罗平县纳灰村）

大竹神幡上驾鸟升天一　　象征十二层天的大竹神幡　　大竹神幡上驾鸟升天二

“布摩”先生带领孝家子孙绕大竹神位送老人升天（手持竹神棍者是“布摩”先生）（摄于云南罗平县乃革村）

祭祖用黄牛（牛头也戴着孝帕），选用竹叶喂牛

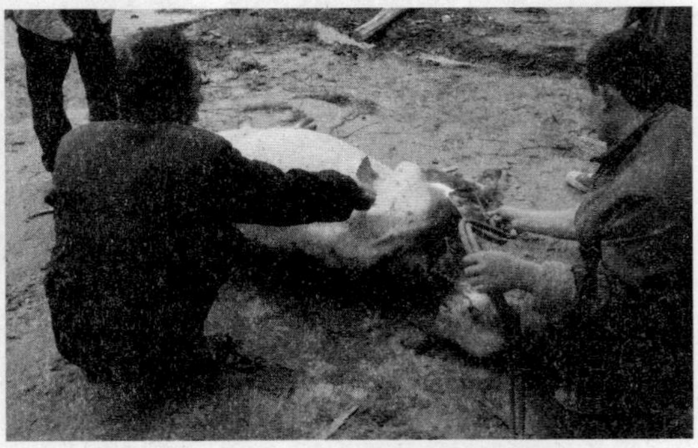

屠黄牛祭祖（摄于云南罗平县乃革村）

这种以自然实物——江河边生长的大龙竹为“大竹神位”，并装饰以象征“十二层天界”的五彩圆柱“吊龙幡”，再加上隆重的祭祀大竹神礼仪，体现了布依族特别重视孝道和崇尚礼仪的观念。

汉藏语系族群的布依族和壮族亦有“大竹生人”的神话故事。

布依族有个流传颇广的神话传说：古代有个英雄，智勇双全，力大无比，皇帝担心他危及自己的统治，就派人砍下了他的头颅。他死后人们就把他安葬了，结果其坟边长出了蓬大茂盛的竹子，人们把竹子砍掉，发现每节竹子都长出了许多小人。人们猜想，如果不砍竹子，可能不会长出许多人呢。后来布依族居住的许多地区都建有庙宇纪念这位英雄，如望漠城。编著者在课题调查中，发现这个古代布依族英雄在北盘江流域和黄果树瀑布一带被称为“得者”，又称“得者神话”。早前关岭布依族苗族自治县北盘江坝陵河段的关索岭上还建有“得者庙”和“得者母亲庙”，只是在“文革”时期被毁掉了。调查组研究此当为古代夜郎地众多“竹王祠”之一。“得者”神话，布依语称“密得者”[$mie^{13}tə^{22}tsə^{42}$]。明郭子章《黔书》也说：“竹土祠在今杨老驿，去清平县西三十里（今布依族苗族自治州黔南福泉县东三十里）。三月间香火极盛。……黄丝驿（今黔南布依族苗族自治州福泉县西南三十里）亦有其庙，香火亦盛。”或许古代布依族神话的英雄“得者”，其人就是“夜郎侯”或“竹王”。“得者”神话其实反映了布依族“大竹生人”的图腾观念与“大竹”对人类繁衍生息、生存发展所发挥的作用。

壮族亦流传有“竹子与人的繁衍关系”神话，如一直流传着的“莫一大王”神话，在其“种竹”一章中，竹子的“生殖功能”得到了生动的体现：

（莫一）梦见亲爹，
勉励自己莫灰心。
爹送包金竹种，
“赶快种竹造神兵。”
莫一醒来不见爹，
只见包竹种在床头。
莫一看了人心喜，
赶快起床磨锄头。
……
严冬过去就是春，
竹子千丈快长成林。
竹子长得高长呵，
莫一越看越欢心。

再如壮族神话“布伯的故事”：伏羲兄妹再往前走，突然一棵大竹子向他们弯腰叩头还说起话来：“地上没有什么人了，你们兄妹结婚再造新世界吧！”伏羲兄妹说：“兄妹怎么能结婚？如果我们把你砍了，你能再活转来，我们就结婚。”说完把竹子砍断成节。当他们走开时，竹子又一节一节连接起来并且长活了，还向他们点头弯腰笑着。

布依族和壮族两个民族的神话故事中，“竹节生人”、“竹子造神兵”和“竹子复活”等情节都与“大竹图腾崇拜”联系在一起，体现了汉藏语系壮侗语族族群“竹能生人”信仰之强烈。[24]这与布依族《摩经》记载的“大竹图腾崇拜”仪式的生动祭祀场面相互支撑，可说是“夜郎国大竹图腾崇拜”问题的有力注解。

布依族金氏自称夜郎竹王后裔，贵州贵阳市花溪区竹林村金氏家族至今还保留有古代的《金氏家谱》，这是研究夜郎国文化的重要材料之一。其原件保存于花溪区竹林村金在纯村长处，伍文义教授1985年进行民族调查时收集复印，现将复印版原文示出，如下图：

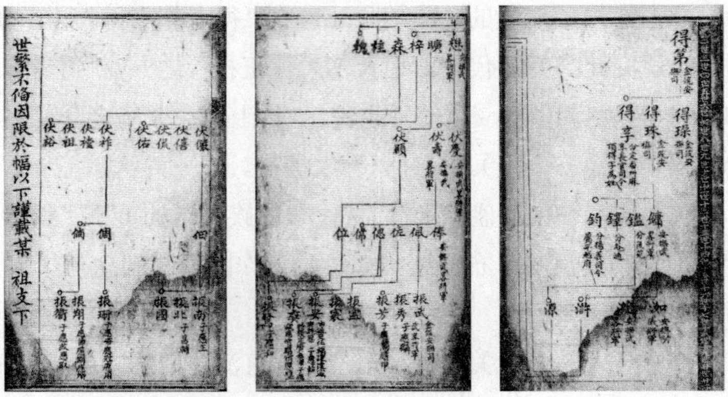

布依族《金氏家谱》之世系（选）

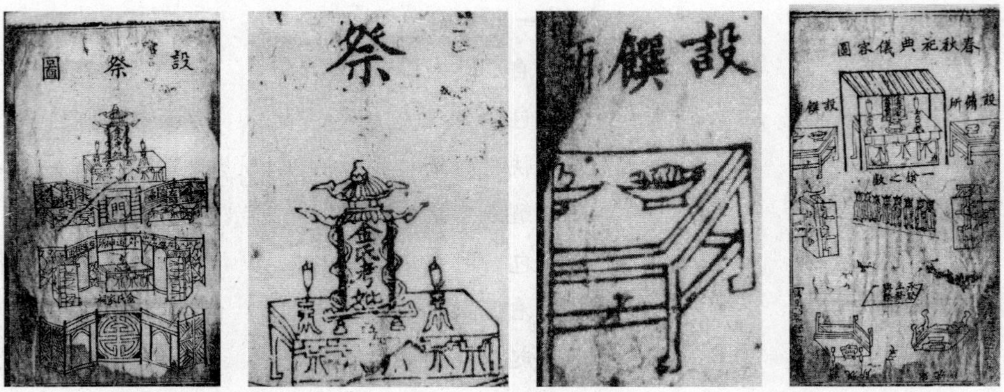

布依族《金氏家谱》祭祖礼仪图：三层竹屋，灵位设于竹屋前部，上部为鸟首形，供品有糯米饭、整条鱼等

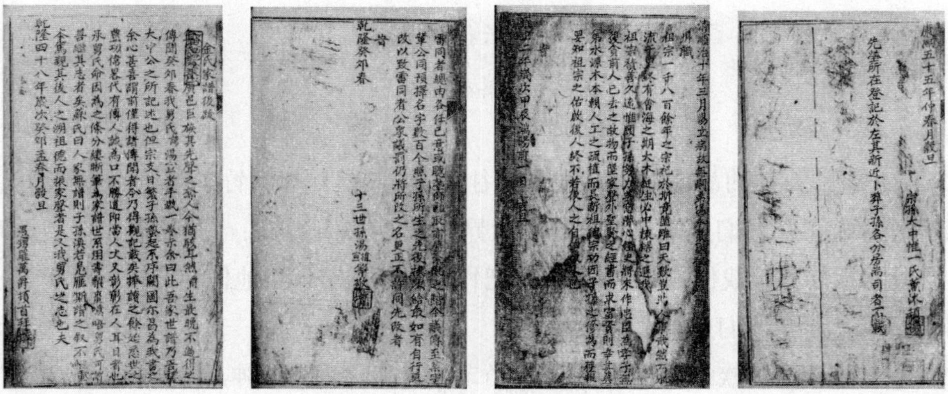

清（康熙、雍正、乾隆）《金氏家谱》序、跋（选）

布依族夜郎竹王后裔为何姓金？清《贵阳府志》卷八载："金筑金氏，自谓夜郎王之胄也。竹王

既灭，吴霸表封其三子为侯，以慰夷濮。其一子为金筑侯，世守其土，久之，以金为姓。”是“金筑”即“金竹”，久之省竹，用“金”为姓。《金氏家谱·序》也说：“传闻汉初有西蜀女浣物于遯水，有大金竹长三节流入足间，其中有声，剖之得一儿，归养之，有才武，众归从之，自立为夜郎侯。指金竹为姓，今杨老三郎塘是其地。竹二郎、三郎是其子也。越三世而有金筑多同，袭夜郎侯职。汉武帝元光五年以番扬令唐蒙为中郎将，率千人入夜郎，厚赐多同，喻以威德，约为置吏。元鼎五年夜郎侯金筑多同入朝，汉武帝封之为夜郎金筑王。置夜郎县，属牂牁郡。且兰君叛，汉武帝诏金筑多同讨之，且兰平，汉武多同夜郎王功，厚赐之至。唐贞观十七年，夜郎金筑王入朝，太宗嘉其远归，赐李姓，改置夜郎州。属四川遵义府，今本宗有承李姓为土司者。开元二年改为金筑安抚司，去其夜郎王号。”又说：“明洪武四年十二月，密定赴京朝觐，授承直郎。洪武十年改授金筑安抚司。降到维字二十二号铜印一颗，升授奉直大夫，世袭。”此文与《汉书》、《华阳国志》记载类同。

类似布依族“大竹图腾崇拜”的丧葬宗教仪式，在我国南方汉藏语系族群的汉族、傣族、仡佬族、彝族等四个民族中也存在（详见第十二章《摩经》宗教仪式中的“大竹图腾”崇拜研究），说明“竹文化”是南方汉藏语系族群的共性文化。早在周代，我国南方汉藏语系族群“濮（卜）越”或“百越（粤）”先祖就有向中央王朝贡献“大竹”的记载。《周书·王会》曰：“（周）成王时，路人献大竹。”《字汇·竹部》曰：“簬，美竹，可为箭者。”“路”通“簬”、“骆”，“路人”、“簬人”即“骆越”。簬字从竹，是“簬人”（骆越）的竹图腾标志。故“路人献大竹”亦即“骆越献大竹”。骆越是古代珠江流域的汉藏语系“濮（卜）越”或“百越（粤）”族群之一。他们的活动区域相隔中原有万里之遥，何以骆越人专门北上献“大竹”？乃因骆越先祖信仰大竹图腾，“大竹”是其图腾标志物。上述布依族等“濮（卜）越”或“百越（粤）”后裔都有“大竹图腾”文化就是其有力证据。骆越先祖将本族的大竹图腾标志物贡献给中央王朝，表示对周王朝的拥戴，这是珠江流域布依族“濮（卜）越”或“百越（粤）”先祖维护国家统一和民族团结的重大举措。此举对于“骆越”先祖和周王朝双方，无疑都是极庄重的礼节仪式。

（二）古代史诗

古史歌，著名的有《安王与祖王》。它属于超度凶死者经文的重要部分，因而也属于《摩经》的一部分。各地经文中均有这一作品。它既不像创世史诗也不属严格意义的英雄史诗，但它有讲史的因素，姑且叫做“古史歌”。和摩经文学中的其他作品相比，《安王与祖王》堪称鸿篇巨制。各地作品的主要情节大体一致，但也有变异或脱落的情况。从目前的资料看，流行于望谟一带的一个作品较为完整。

故事梗概是：最初世界一片混乱，仙女喝了混沌水后生下一石块，在上面画上五官后，石块变成了人。仙女为其取名为混沌王，令其四处经商。混沌王在经商过程中死去。大鲤鱼投胎，混沌王之母又生下一男，取名盘果王。盘果王长大后，一日到河边打到一条鱼。此鱼是龙王之女，变成人形与盘果王结婚，生下一男，取名安王。安王长大后，一次打得鱼回家，欲烹食，其母告诉他说鱼是舅爷，不能吃，安王不听劝阻，其母一气之下回了龙宫。盘果王续娶一寡妇为妻，生下一子，取名祖王。安王和祖王本来相处得很好，但祖王之母欲让祖王独占家业和王位，唆使祖王害死安王。安王知道后离家出走，盘果王因此病倒。安王闻讯后回来探望。祖王以取药为名，欲将安王害死于深井之中，但在龙王的帮助下安王得以脱险。安王对祖王发出多种诅咒，表示要以各种灾害迫使祖王屈服，祖王均不认输。最后安王上天，向人间撒下了痧子、天花、旱灾等恶疾和灾难，这时，天上出现了二十个太阳，晒得石头都可以融化，人死了不少。祖王这才请鹰作使者去向安王认输请罪，表示愿交回王位权力。最后，以安王管上方，祖王管下方，下方对上方每年交租进贡的协议，解决了安王和祖王的纷争。

《安王与祖王》在云南布依族地区的《摩经》中反映得不明显，还有待今后进一步挖掘和研究。

（三）劳动歌

上古时期人们赖以生存的条件首先是劳动，其次是伴随劳动而产生的语言。当时的劳动异常艰苦，工具极为粗简。因此，原始集体劳动就成为基本的劳动组织形式。为了提高劳动效率，有必要借助语言来组织劳动、协调动作，借助有节奏、有韵律的歌声鼓舞劳动者的情绪，以减轻劳动的沉重负担。《礼记》郑注说：“古人劳役必讴歌。”《淮南子》也说：“今夫举大木者，前呼邪许，后以应之，此举重劝力之歌也。”这便是最早的劳动歌。

随着历史的发展，原始的简单劳动歌演变为篇幅较长的抒情歌。《左传》记载吴季扎观看歌舞并做评论的事：当时让演员“歌”了《周南》、《召南》以及《邶》等十二国风，子扎都连声赞之“美哉”。听完了“歌”，他又“见舞大武”等四种歌舞。在这长篇记录里，“歌”与“舞”是明确分述的，说明“国风”大都是表演时唱的。《离骚》中开始唱的家世和大段的咏叹抒情，与“女媭”、“灵雰”、“巫咸”的交替演唱，大段的怀古，留有余味的尾声等都有演唱成分。那种演唱神话传说的驰骋想象，十分惊人也十分动人。布依族《摩经》中的劳动歌正与此相类似。如《摩经·祭水经》的《建房歌》说：

lən^{31}ɕiau^{31}tau^{33}mi^{31}ʔba:n^{213}
念　古代　不　缺　　　古代念不缺，

nau^{31}ɕiau^{31}kuan^{213}mi^{31}se^{33}
讲　前代　不　少　　　前代讲不少。

nau^{31}ɕiau^{31}po^{31}vɯŋ^{42}mi^{31}zo^{55}
讲　辈　父　王　不　知

taŋ^{33}ʔjiu^{55}sa:ŋ^{33}
盖　屋　高　　　古辈父王不知盖高屋，

nau^{31}ɕiau^{31}po^{31}vɯŋ^{42}mi^{31}zo^{55}
讲　辈　父　王　不　知

ta:ŋ^{33}pɯŋ^{42}ʔju^{213}
盖　地方　居住　　　古辈父王不知盖屋居。

ta:ŋ^{33}ʔjiu^{55}ʔau^{33}mai^{55}tse^{33}kuə^{31}sau^{33}
盖　屋　要　松树　做　柱　　　不知用松树做柱，

ta:ŋ^{33}pɯŋ^{31}ʔau^{33}mai^{55}zau^{31}kuə^{31}ɦap^{213}
盖　地方　要　枫香树　做　栅栏①　　　不知用枫香树建栅栏。

zum^{42}fat^{213}vən^{33}tau^{213}tək^{213}pa^{42}ʔdik^{55}
风　刮　雨　落　滴　妻　淋湿　　　风刮雨落，王妻被淋湿了；

① ɦap^{213}：是指寨门栅栏。

ʔdit55tau213tək213pa42ŋak31
日 出 晒 妻 辣 日出暴晒，王妻被晒辣了。

me31vɯŋ42lin55ʔda31la:i33
母 王 冷 骂 多 王母受了冷，便多骂，

ʔau33pai33kən42ʔda:u33ʔdi213
要 去 上方 星辰 要上天去星辰上住。

vən33tau213tək213tɕau55me31vɯŋ42ʔdik55
雨 落 滴 头 母 王 湿 雨滴落头，王母头被淋湿了；

ʔdit55tau55tək213tɕau55me31vɯŋ42ʔban213
日 出 晒 头 母 王 发落 日出照晒，王母头发被晒落了。

me31vɯŋ42so55ʔda33po31vɯŋ42mjaŋ42
母 王 才 吵骂 父 王 够 王母把父王吵骂了个够，

pa31vɯŋ42so55tan33po31vɯŋ42ʔja:k213jiaŋ31
妻 王 才 骂 父 王 难听 王妻把父王骂得很难听，

tɕiə42məŋ42kuə31po31mi31zo55taŋ33pɯŋ42
指 你 做 父 不 知 当 地方 你呵，做王不知管地方。

……

ɕiau31məŋ42ɦa:u213san42ni55
为 你 说 句 这 父王答：为你说的这句话，

ɕiau31məŋ31pi55san42teŋ33
为 你 讲 句 那 为你说的那句话。

po31vɯŋ42so55ʔden213ma33ʔak55
父 王 才 接收 来 胸 父王听了记在胸，

po31vɯŋ42so55tsak213ma33sɯ33
父 王 才 记 来 心 父王听了埋在心。

……

jin33zai42tau55kai33wai213
鹰神 叫 来 提醒 鹰神欢叫来提醒，

pu55ȵoi31tau55kai33mu33
人 年轻 来 什么 我王年轻算什么？

……

po31vɯŋ42so55ʔau55mai55vet213
父 王 才 要 小青树

ma33taŋ55kuə31sat213
来 建 试验 父王用小青树来试建房，

ka31laɯ42pan31ta33za:i55
果然 成 真的 果然真的建成了。

ma33zan33kok55vɯŋ42zeu33ɦa:u213
来 见 古代 王 笑 说 人们见到古代王笑了，

zan33pa31vɯŋ42zeu33ʔa:ŋ213
见 妻 王 笑 高兴 人们见到王妻也高兴了。

ɕiam213ni55ku33taŋ213ʔjau55ko55pan42
在　这　我　造　房　也　成　　　现在我这里造房也成，
ɕiam213ni55ku33taŋ213ɾan42ko55ʔdai55
现在　这　我　造　屋　也　得　　　现在我这里造屋也得。

《摩经》首先唱出“古代念不缺，前代讲不少”作为“歌头”，提醒听众注意。唱歌先唱“歌头”，这是民歌的一般格式。接着大段咏叹抒情，“古辈父王不知盖高屋”，“雨滴落头，王母头被淋湿了；日出照晒，王母头发被晒落了”。王母才把父王吵骂了个够：“你呵，做王不知管地方！（王母）我要上天去星辰上住。”人类只能居住在地上，怎能因不尽如人意就上到“天上星辰”去居住呢？这显然是神话笔法的描述。《摩经》认为“父王”面对困难，“听了记在胸，听了埋在心”，于是“鹰神欢叫来提醒，父王用小青树试验作建房，果然真的建成了”。“人们见到古代王笑了，人们见到王妻也高兴了。”古人叙述创造居室建筑，亦有“建房试验”之举，不忘强调“鹰神欢叫来提醒”，终于取得“试验成功”，“父王笑了，王母也笑了”。《摩经》塑造的“父王”是人间居室建筑创造者，他与“欢叫的鹰神”有密切关系，这应是“鹰鸟崇拜”文化的一种反映，也是劳动创造时欢乐情怀的歌颂。

《摩经》接着描述了人们上山伐木、加工立房等劳动过程。如《摩经·建房歌》说：

mai55po33pa31ti55ʔbən33
树木　坡　坝　顶　天　　　坡坝树木高顶天，
mai55po33pa31ti55pja33
树木　坡　坝　顶　岩　　　坡坝树木长顶岩。
……
ŋaːi31kən33zoŋ31vɯŋ42pai33
早饭　吃　早　王　走　　　吃了早饭王就走，
vaːn33ta31ʔdaːŋ33vɯŋ42pai33
斧头　别　身　王　走　　　斧头别腰身就走。
ziŋ42sok213ɦət213vɯŋ42pai33
午饭　背　腰　王　走　　　午饭背在腰间就走，
tsep213tɯŋ42ʔdiŋ33vɯŋ42pai33
块　糖　红　王　走　　　王带着糖块就走，
pɯn33sak213ʔba213vɯŋ42pai33
锛　扛　肩　王　走　　　王把斧锛扛上肩就走。
ʔdoŋ33lam42pan55fi31saŋ213
森林　哪　别人　未　穿　　　哪林别人未穿过，
po31vɯŋ42so55pai33saŋ213ʔdoŋ33ten33
父　王　才　去　穿　林　那　　　父王带人穿那林；
naŋ31lam42pan55fi31ʔau33
山峰　哪　别人　未　采　　　哪个山峰别人还未采，
po31vɯŋ42so55pai33naŋ31ten33
父　王　才　去　山峰　那　　　父王带人穿那峰。

po^{31}vɯŋ^{42}so^{55}suan^{33}ʔdoŋ^{33}
父 王 才 穿 林
tok^{55}taŋ^{42}ʔdoŋ^{33}
又 到 林 父王带人穿过这林到那林，
suan^{33}ʔdaŋ^{213}tok^{55}taŋ^{42}ʔdaŋ^{213}
穿 峰 又 到 峰 父王带人穿过这峰到那峰。
tok^{55}taŋ^{31}ʔdaŋ^{213}mai^{55}sa^{33}
又 到 峰 构皮树 到过长着构皮树那山，
tok^{55}taŋ^{31}pja^{3}mai^{55}vɯk^{213}
又 到 岩 栗木树 到过长着栗木树那块岩，
tok^{55}taŋ^{31}tɯk^{213}mai^{55}zau^{33}
又 到 林 枫香树 又到长着枫香树的森林，
ʔau^{33}kuə^{31}sau^{33}le^{33}kua^{31}
要 做 柱 也 可① 枫香树是好树，用作柱也可。
ma^{33}zau^{42}ʔba:k^{213}kuə^{31}kai^{33}
来 我们 挖 做 楼棱 父王说：来，我们砍树吧，挖此树可做楼棱，
sən^{213}zai^{42}kuə^{31}kai^{33}ʔin^{213}
棵 长 做 中堂楼椎 高长的树可做中堂楼椎，
ɾa:n^{31}so^{55}tiŋ^{31}pan^{31}ʔdan^{33}
房子 才 定 成 整幢房 材料准备足，定能建成整幢房。

《摩经》认为建房选材，人们特别看重用枫香树、栗木树做房柱。栗木树即所谓 “红木”树中的一种，木质坚实，但生长缓慢，至今还是贵重的建材。“坡坝树木高顶天”、“坡坝树木长顶岩”，说明古时自然生态及山地植被覆盖情况极好。《摩经·建房歌》又说：

fok^{213}mai^{55}taŋ^{31}po^{33}ɦau^{33}
劈 树 整 山 白 砍树砍得整山白木渣，
zam^{213}mai^{55}zam^{213}van^{31}θan^{33}
砍 树 砍 日 申 选申日砍树为言，
pɯn^{33}sau^{33}pɯn^{33}van^{31}zu^{55}
锛 柱 锛 日 酉 选酉日锛柱为吉。
pɯn^{33}mai^{55}ʔdai^{55}ku^{213}ɦo^{31}
锛 树 得 九 节 高大的树可锛成九节，
mai^{55}ʔjau^{55}po^{31}vɯŋ^{42}ɕin^{33}ʔdai^{55}to^{31}
树木 房屋 父 王 经 得 全 父王建房的树木备得全，
mai^{55}mo^{213}po^{31}vɯŋ^{42}ɕin^{33}ʔdai^{55}taŋ^{42}
树木 新 父 王 经 得 够 父王建房的新树备得够。

① 当地建房选材，特别看重用枫香树、栗木树做房柱。

so^{55}ɦeu^{31}pi^{55}nuaŋ^{55}ma^{33}ŋa:i^{42}
才 喊 弟兄们 来 早饭　　喊弟兄们来吃早饭，

zai^{42}vən^{42}la:i^{33}ma^{33}ts（tɕ）at^{213}
叫 人 众 来 搬　　叫来众人搬材料。

zam^{33}sau^{33}po^{31}vɯŋ^{31}ni^{55}ma^{33}ɾa:n^{42}
抬 柱 父 王 这 来 家①　　父王需帮忙抬柱，

taŋ^{31}ɦo^{55}ɦɯ^{213}taŋ^{31}la:i^{33}
众伙 全 到 多　　众人全到来帮忙。

san^{31}zai^{42}ʔbau^{33}ma^{33}zau^{42}zam^{33}məŋ^{42}
棵 长 轻 来 我们 抬 你
ɕiŋ^{33}tak^{55}
抽 捧　　长棵的我们绑捧抬才轻，

san^{31}zai^{42}ʔbau^{33}ma^{33}zau^{42}ʔda^{33}tin^{33}pit^{55}
棵 长 轻 来 我们 设计 软抬②　　重的我们设计用软抬才省力。

zam^{33}ji^{55}tak^{55}su^{55}ʔbau^{33}
抬 和 捧 就 轻　　众人帮忙重变轻，

ʔda^{33}tin^{33}peŋ^{42}so^{55}kua^{213}
设计 软抬 就 过　　软抬省力好过路。

布依族“选申日砍树为吉”、“选酉日锛柱为吉”的观念当是受到中原文化的影响。“绑捧抬”、“软抬”都是劳动过程中的技艺。“软抬”即连接多根木棒，用多人抬扛分担重量的省力方法。通过聆听劳动歌，人们亦可增长劳动知识和技巧。其中“众人全到来帮忙”都是不计报酬的，至今布依族农村建房，全村寨乡友仍然有无偿帮忙的优良传统。《摩经·建房歌》还说：

mai^{55}ɾa:n^{31}zim^{33}ti^{31}ɾa:n^{31}sam^{55}sat^{31}
树木 房屋 满 屋基 齐整　　树木摆好放整齐，

po^{31}vɯŋ^{42}so^{55}ma^{33}mai^{33}
父 王 才 来 量尺寸　　父王才来量尺寸。

vən^{42}la:i^{33}so^{55}ma^{33}ʔboŋ^{31}
人 众 才 来 凿　　吩咐众人用凿子来凿，

pu^{55}ʔboŋ^{31}kok^{55}soŋ^{33}kok^{55}
人 凿 根 两 根　　有人一天凿得两柱三柱，

vən^{42}ʔboŋ^{31}soŋ^{31}soŋ^{33}soŋ^{31}
人 凿 洞 两 洞　　有人一天凿得两三个榫眼，

ɦat^{55}sok^{213}zoŋ^{31}ɦaɯ^{213}pan^{42}
明早 亮 给 成　　争取明早天亮时搭起房柱。

……

① 村民无偿帮忙建成新房。
② 软抬：连接多根木棒抬扛的省力方法。

mo^{33}tau^{55}ɦa:i^{33}sɯ^{33}lɯə^{55}
布摩 老 开 书 看　　老布摩来翻书看。

van^{31}ni^{55}kən^{31}ʔbən^{33}ɦa:i^{33}tɕit^{55}tɕi^{31}
今天 上 天 开 解 吉　　布摩说：今天天门开，可请神解吉，

la^{213}ti^{31}so^{55}taŋ^{213}ʔjau^{55}fuŋ^{33}ʔa:n^{33}
下 地 才 立 房 丰 安　　天门开时祭了神，地方立房才平安，

la^{213}ʔbən^{33}so^{55}taŋ^{213}ɾa:n^{42}fuŋ^{33}kui^{213}
下 天 才 立 房 丰 贵　　天下的人立房才富贵，

so^{55}taŋ^{213}ʔjau^{55}fuŋ^{33}ləu^{42}
才 立 房 吉祥　　天下的人立房才吉祥。

……

ɾa:n^{31}ni^{55}ʔjo^{33}sau^{33}zən^{213}
家 这 立 柱 起　　吉日这家用来立房柱。

ʔjo^{33}sau^{33}taŋ^{55}kən^{31}na:m^{31}
立 柱 站 上 土　　房柱立在屋基的土上，

ʔjo^{33}sau^{33}naŋ^{31}kən^{31}zin^{33}
立 柱 站 上 石　　房柱立在屋基的石上。

tək^{55}kən^{31}na:m^{31}lak^{213}ɕin^{42}
放 上 土 别 动　　房柱不动又不摇，

kək^{55}kən^{31}zin^{33}lak^{213}tɕat^{213}
放 上 石 别 搬　　房柱立石上稳当。

ʔju^{31}ti^{31}ni^{55}laŋ^{55}laŋ^{55}
在 这里 凉爽　　在这里凉爽，

taŋ^{55}ti^{31}ni^{55}se^{33}se^{33}
住 这里 留住　　立这里长远，

ʔdən^{33}ti^{31}ni^{55}man^{31}man^{31}
站 这里 稳稳　　站这房里稳当。

mai^{55}ʔdi^{33}laŋ^{33}mai^{55}ʔdi^{33}toŋ^{31}to^{213}
树 好 与 树 好 同联　　房架是好材与好材相连，

mai^{55}mo^{213}laŋ^{33}mai^{55}mo^{213}toŋ^{31}ta:m^{33}
树 新 与 树 新 同担　　房架是新树与新树共担。

ʔdai^{55}ʔju^{31}vaŋ^{31}muət^{213}pi^{33}ɾa:n^{31}ni^{55}
得 在 空闲 足 年 家 这　　这家享乐呵，全年得空闲，

so^{213}zeŋ^{33}pi^{33}ɾa:n^{31}ni^{55}
欢 千 年 家 这　　这家欢喜千年久，

ʔdi^{33}zeŋ^{33}ɕiau^{31}ɾa:n^{31}ni^{55}
好 千 辈 家 这　　这家万代千辈好日子。

van^{31}ni^{55}pɯn^{33}ʔjo^{33}sa:ŋ^{33}
今天 锛 起 高　　今天锛起高高，

miŋ^{31}taŋ^{31}to^{213}ɕian^{33}pau^{213}
明 堂 供 仙 保　　明堂供仙得保。

这就是《摩经·祭水经》中的“建房歌”，歌词充满了人们劳动时的欢乐和对幸福的向往。其间大段的怀古，留有余味的尾声等都有演唱成分。那种演唱神话传说的驰骋想象也十分动人。云南布依族以农历三月初三为“祭山节”， 三月初四为“祭水节”。“祭水节”之前，由寨老组织，各户出钱若干置办祭水之物，猪一头、羊一只、大公鸡两只、鸭一只、酒若干，另有香、纸、烛、花、糯米饭等。节日当天，全村男女老少参加，各方客人云集。各户准备丰盛的酒肉饭菜待客。到了吉时，由布摩带领村民到河边神庙祭祀。布摩念经并先杀牲畜敬供，称“生敬”，再将牲畜煮熟后又念经敬供，称“回熟敬供”。敬供的牲畜经烹煮后分给各家，每户分得一大盆。然后众人集中在河边一起吃酒吃肉，河边酒桌遍连，场面壮观。饭后村民们对唱山歌，相互泼水祝福，有人称之为“泼水节”。虽曰“祭水”，《祭水经》中却记载了古代先民建造住房成功时的欢乐场面，故“祭水节”是欢迎各族兄弟姐妹参加的庆祝活动，可说此节日就是当地的狂欢节。

《摩经》中相关的劳动歌还有许多，如《摩经·用牛祭祖词》（第一卷）《铜矿、冶炼与铜器、铜鼓》记载布依族“濮（卜）越”或“百越（粤）”先祖开采铜矿、冶炼、铸造青铜器等生产劳动的过程（详见“第十三章：《摩经》中的青铜文化研究”）。布依族《摩经》一直由一条抒情诗的线索贯穿着，很多经文抒情如汪洋恣肆，其中有的简直就是散文诗。它以独特的形式穿插着与情节、人物浑然一体的大量诗与歌，传承着布依族民间文艺的优秀传统，这是应当受到重视的。

四、摩经文学的艺术特点

布依族《摩经》是韵文体文学，其中复沓、对仗和排比等修辞手法表现得十分突出。《摩经》文学的复沓，指结构和意义相同或相近，但个别词或句子不同或段落重复。前者可称为句式复沓，后者称为段式复沓。实际上，所谓对仗、排比也是复沓的一种表现形式，只不过在一对复沓的句子中，上句和下句的各个成分构成对比和对照的关系，故称对仗。而排比则是三个以上句子的连续复沓。在修辞学教科书中，一般把对仗、复沓和排比等看作修辞手法。一首歌通常由几个复沓的段落构成，一个段落则由一组复沓（或对仗、间有排比）的句子组成。这种结构方式还与句式、节奏、押韵等构成布依族韵文的韵律。如果没有复沓（主要句式复沓），韵文便失去了一种对称性和平衡感，这必然使作品的音韵和谐美遭到损伤。而复沓本身也构成了一种节奏，使作品具有一种特殊的韵味。

在摩经文学中，复沓的特点表现得非常充分，它使作品收到了很好的艺术效果。先看段式的复沓，《安王与祖王》中，开头部分分别唱述了盘果王、安王和祖王三人的身世，三大段就是三个大段落构成的复沓，各大段中又有若干小段的复沓。这里的复沓起到了强调三个人的“根源”作用。在安王与祖王的矛盾冲突充分展开时，两者论辩情节又以复沓的形式出现，每一次复沓都使人物性格得到进一步充实。又如在《摩经·用牛祭祖词》中，仙逝者进入仙界的途中要经过若干地方，每一个地方都有若干关口。到了每个地方、每道关口，都有一些新奇的事物和需要仙逝者注意的事项。作品每唱述一个地方、一道关口，就是一次复沓。这里的复沓则使可能流于枯燥重复的“报站”式的叙述变成了一首舒缓悠长而富有节奏的叙歌……在丧葬祭祖活动这一特定的场景中，作品中段式复沓在总体上营造出一种让人回肠荡气的厚重气氛，加重了仪式的庄严感。《摩经》的句式复沓，如《摩经·用牛祭祖词》（第五卷）《送魂上天堂经》说：

zən^{213}nin^{31}tan^{213}pɯə^{31}fon^{55}
起床铺　穿　衣　黑　　起床铺，穿黑衣。
zən^{213}nin^{31}suan^{55}pɯə^{31}ɦuŋ^{33}
起床铺　穿　衣　古①　　起床铺，穿古衣。
zən^{213}nin^{31}tan^{213}tɕaŋ^{31}sak^{55}
起床铺　穿　纽扣衣　　起床铺，穿纽扣衣。
zən^{213}nin^{31}sak^{55}ɣa:i^{42}ȵiə^{33}
起床铺　穿　翘首鞋　　起床铺，穿翘首鞋。
zən^{213}nin^{31}tan^{213}tɕaŋ^{31}sak^{55}
起床铺　穿　纽扣衣　　起床铺，穿纽扣衣。
zən^{213}nin^{31}sak^{55}ɣa:i^{42}lɯŋ^{42}
起床铺　穿　翘统鞋　　起床铺，穿翘统鞋。

“古衣”[pɯə^{31}ɦuŋ^{33}]，又叫“老衣”，即仙逝者的衣着。“老衣”生前由舅家专门派人来缝制，其色尚黑，故称“穿黑衣”。“翘统鞋”、“翘首鞋”、“纽扣衣”，其色亦尚黑，并要有美观的刺绣纹饰。“翘统鞋”、“翘首鞋”目前在民间已不多见。此段经文用多达六次的“起……穿……”句式，形成复沓句式来描述仙逝者的装束，加深了倾听者的印象。《摩经》又说：

si^{33}laŋ^{33}pɯŋ^{31}pau^{213}ja^{31}məŋ^{42}pai^{33}
跟着　地域　祖爷　祖奶　你　去　　顺着祖先的地域，你去。
si^{33}laŋ^{33}tam^{42}na^{42}sa:u^{55}pau^{213}
跟着　坝子　田　造　祖爷
ja^{31}məŋ^{42}pai^{33}
祖奶　你　去　　顺着祖先造的田坝，你去。
si^{33}laŋ^{33}lau^{213}ʒi^{31}fɯŋ^{42}məŋ^{42}pai^{33}
跟着　台　地　稻草　你　去　　跟着台地上的稻草，你去。

si^{33}laŋ^{33}pɯŋ^{31}pau^{213}ja^{31}məŋ^{42}pai^{33}
跟着　地域　祖爷　祖奶　你　去　　顺着祖先的地域，你去。
si^{33}laŋ^{33}lau^{213}zi^{31}ɦoŋ^{33}məŋ^{42}pai^{33}
跟着　台　地　宽阔　你　去　　跟着宽阔的台地，你去。
si^{33}laŋ^{33}ʔdoŋ^{33}pau^{213}ja^{31}məŋ^{42}pai^{33}
跟着　林　祖爷　祖奶　你　去　　顺着祖先的森林，你去。
si^{33}laŋ^{33}lau^{213}zi^{31}ɦa^{42}məŋ^{42}pai^{33}
跟着　台　地　长草　你　去　　跟着宽阔台地的长草，你去。
si^{33}laŋ^{33}na^{42}pau^{213}ja^{31}məŋ^{42}pai^{33}
跟着　田　祖爷　祖奶　你　去　　顺着祖先的田，你去。
si^{33}laŋ^{33}zin^{33}pan^{31}sa^{55}məŋ^{42}pai^{33}
跟着　石　磨　刀　你　去　　跟着磨刀石，你去。

① pɯə^{31}ɦuŋ^{33}：古衣，又叫老衣。生前由舅家派人来缝制。

si^{33}laŋ^{33}na^{55}pan^{31}van^{33}məŋ^{42}pai^{33}
跟着 块 磨 斧 你 去 顺着磨斧石，你去。

si^{33}laŋ^{33}ɾa:n^{31}pau^{213}ja^{31}məŋ^{42}pai^{33}
跟着 家 祖爷 祖奶 你 去 跟着祖先家，你去。

si^{33}laŋ^{33}zin^{33}kuə^{31}mo^{55}məŋ^{42}pai^{33}
跟着 石 做 锅 你 去 顺着石做锅，你去。

si^{33}laŋ^{33}so^{213}pɯŋ^{42}ɕian^{33}məŋ^{42}pai^{33}
跟着 顺 地域 仙 你 去 跟着仙人的地域，你去。

si^{33}laŋ^{33}zin^{33}pak^{213}mit^{213}məŋ^{42}pai^{33}
跟着 扁似尖刀的石头 你 去 顺着古石刀，你去。

si^{33}laŋ^{33}ɕip^{213}ɕau^{31}pɯŋ^{31}ɕian^{33}
跟着 十 辈 地域 仙
məŋ^{42}pai^{33}
你 去 跟着十辈仙人的地域，你去。

si^{33}laŋ^{33}kok^{55}ɕan^{31}suaŋ^{213}məŋ^{42}pai^{33}
跟着 根源 古铜钱 你 去 顺着古铜钱的根源，你去。

其中“祖先的地域”、“祖先的森林”、“祖先造的田坝”、“宽阔的台地”、“台地上的稻草”、“磨刀石”、“磨斧石”、“古铜钱根源”、“仙人地域”，显示了浓厚的水稻农业特征。此段经文用“跟着……你去”的复沓句式，复沓多达十六次，具有特殊的韵律特点。但句式的复沓在译成汉语时如果处理不当，很容易造成单调重复和累赘，在原文中则不存在这个问题。由于选用意义相同、相近或相对，而语音又不相同的词，并跟独特的押韵方式结合起来，作品因此有了一种和谐铿锵的韵律美和节奏美。

《摩经》经文的押韵方式也有特色。它有下句第一或第二、第三个音节分别跟上句末尾音节押韵等几种情况。第一种情况可称为“头尾韵”，其余可统称为“腰尾韵”。这样的押韵方式可说是非常自由的。首先是它不要求一韵到底，而几乎是每句一换韵。其次是除末尾音节外，前边几个音节都可以与上句句末音节构成押韵关系，这给选择相同韵母的音节留下了较宽的余地。由于下句总是在音韵上跟上句句末产生联系，句与句之间就像被套上了连环套一样串联起来了。因而，看似各自独立的一组组复沓（或对仗）、排比，便在音律上连接成互相不能分离的有机整体。这种韵律上的特点，使作品付诸我们听觉的是一种对称，一种平衡，一种顿挫中的流动。它使我们联想到一种亦步亦趋的舞蹈。因此，复沓在这里绝不是单调的重复和多余的累赘，而是韵律整体美中不可或缺的有机因素。

《摩经》对于“天堂美景”有长篇幅的描述，如《摩经·天堂歌》说：

ʔju^{55}ɕian^{33}sa:ŋ^{33}ti^{31}ten^{33}
屋子 仙 高 那里 那里仙屋高，

ɾa:n^{42}ɕian^{33}mo^{213}ti^{31}ten^{33}
家 仙 新 那点 那里仙家房子新。

ʔju^{55}ɕian^{33}sa:ŋ^{33}ti^{31}ten^{33}
屋子 仙 高 那点 那里仙屋高，

ɾaːn^{42}ɕian^{33}ȵɯ^{55}ti^{31}ten^{33}
家 仙 女 那点 　　那里就是女仙家。

məŋ^{42}lan^{31}taŋ^{42}lan^{31}taŋ^{42}
你 走 到 走 到 　　你走到了，走到了，

lan^{31}lan^{31}taŋ^{42}po^{33}kaːp^{213}ɦau^{213}
走 走 到 山 归仙老人 进[①] 　　你走到归仙老人进的那座山，

pau^{213}ja^{31}ʔju^{213}ten^{33}sai^{42}
祖爷 祖奶 在 那 全 　　祖爷祖奶全部在那里，

wai^{33}vən^{42}ʔju^{213}ten^{33}leu^{55}
先去世 人 在 那 完全 　　先逝的祖辈全在那里。

məŋ^{42}lan^{31}taŋ^{42}lan^{31}taŋ^{42}
你 走 到 走 到 　　你走到了，走到了，

lan^{31}lan^{31}taŋ^{42}zaːi^{31}na^{42}paːk^{213}tu^{33}
走 走 到 丘 田 门口

kaːm^{55}ɾaːn^{42}ɕian^{33}
围墙门 家 仙 　　你走到丘田房边仙家的围墙门口，

lan^{31}lan^{31}taŋ^{42}zaːi^{31}na^{42}paːk^{213}tu^{33}
走 走 到 丘 田 门口

kua^{213}ɾaːn^{42}ɕian^{33}
过 家 仙 　　你走过丘田房边仙家的围墙门口，

zan^{33}pak^{213}tu^{33}kaːm^{55}ɾaːn^{42}ɕian^{33}
见 门口 大门 家 仙

ve^{31}kau^{213}vaːi^{42}
画 角 水牛 　　你见着仙家大门上画的水牛角图，

ʔdaɯ^{33}te^{33}zai^{42}tsin^{55}tɕan^{213}
里面 划 种种花古纹 　　屋里刻划的种种花古纹。

ʒan^{33}pak^{213}tu^{33}kam^{55}zan^{42}ɕian^{33}
见 门口 大门 家 仙

ve^{31}kau^{213}juaŋ^{42}
画 角 羊 　　你见着仙家大门上画的羊角图，

ʔdaɯ^{33}te^{33}zɯŋ^{42}tsin^{55}tɕan^{213}
里面 刻 种种花古纹 　　屋里雕刻的种种花古纹。

……

ɾaːn^{42}ɕian^{33}ʔdi^{33}ʔiŋ^{213}ʔdi^{33}
家 仙 好 又 好 　　仙家好又好，

ɾaːn^{42}ɕian^{33}ʔdi^{33}ʔiŋ^{213}so^{35}
家 仙 好 又 乐 　　仙家好又乐。

ɕian^{33}ʔbo^{33}ɦo^{55}ma^{31}pɯŋ^{42}
仙 不 难 什么 地域 　　家仙地域无难事，

① kaːp^{213}：布摩语言指办仪式的归仙老人。

ɕian^{33}ʔbo^{33}zɯŋ^{42}ma^{31}ʔba:n^{55}

仙 不 赶得上 什么 寨

没有什么寨能赶得上仙寨。

ɕian^{33}ʔbo^{33}ɦo^{55}ma^{31}sat^{213}

仙 不 难 什么 晒席

仙不缺晒席晒东西，

ɾa:n^{42}ɕian^{33}mi^{31}sat^{213}tsin^{33}

家 仙 有 晒席 金

sat^{213}ŋan^{42}

晒席 银

仙家有许多金晒席和银晒席，

sat^{213}ʔdeu^{33}za^{33}pu^{55}lin^{55}ʔbo^{33}zan^{33}

晒席 一 找 人 领 不有

还有一张金银晒席找不到人来领，

ɦaɯ^{35}məŋ^{42}ka:p^{213}pai^{33}lin^{55}

给 你 归仙老人 去 领

是给你归仙老人领去用。

ɾa:n^{42}ɕian^{33}mi^{31}ʔbin^{55}tsin^{33}lian^{42}

家 仙 有 睡席 金 连

ʔbin^{55}ŋan^{42}

睡席 银

仙家有许多金睡席连银睡席，

ʔbin^{55}ʔdeu^{33}za^{33}pu^{55}ȵin^{42}ʔbo^{33}zan^{33}

睡席 一 找 人 睡 不有

还有一张金睡席找不到人睡，

ɦaɯ^{35}məŋ^{42}ka:p^{213}pai^{33}ȵin^{42}

给 你 归仙老人 去 睡

是给你归仙老人领去睡。

ɾa:n^{42}ɕian^{33}mi^{31}tɯi^{35}tsin^{33}lian^{42}

家 仙 有 碗 金 连

tɯi^{55}ŋan^{42}

碗 银

仙家有许多金碗连银碗，

tɯi^{55}ʔdeu^{33}za^{33}pu^{55}tɯ^{42}ʔbo^{33}zan^{33}

碗 一 找 人 用 不有

还有一张金银碗找不到人用，

ɦaɯ^{35}məŋ^{42}ka:p^{213}pai^{33}tɯ^{42}

给 你 归仙老人 去 用

是给你归仙老人领去用。

……

ɾa:n^{42}ɕian^{33}ʔdi^{33}ʔiŋ^{213}ʔdi^{33}

家 仙 好 又 好

仙家好又好，

ɾa:n^{42}ɕian^{33}ʔdi^{33}ʔiŋ^{213}so^{35}

家 仙 好 又 乐

仙家好又乐。

ɕian^{33}ʔbo^{33}ɦo^{55}ma^{31}ŋan^{42}

仙 不 难 什么 银

仙家不缺什么银，

tsin^{33}ŋan^{42}sɯ^{42}tsam^{213}tsai^{31}

金 银 成 水白菜

ɾa:n^{42}ɕian^{33}

家 仙

仙家有金银做成的水白菜。

ɕian^{33}ʔbo^{33}ɦo^{55}ma^{31}va:i^{213}

仙 不 难 什么 棉花

仙家不缺什么棉花，

va:i^{213}ka^{31}ɦa:u^{33}tək^{213}ɦa^{42}ɾa:n^{42}ɕian^{33}
棉花 自然 开 片 草 家 仙 　　仙家的草地自然棉花成片开。

ɕian^{33}ʔbo^{33}ɦo^{55}ma^{31}na^{42}
仙 不 难 什么 田 　　仙家不缺什么田，

zai^{31}na^{42}sɯ^{42}ve^{213}to^{31}ɾa:n^{42}ɕan^{33}
丘 田 成 层层马蜂窝 家 仙[1] 　　仙家的丘田像层层马蜂窝。

ɕian^{33}ʔbo^{33}ɦo^{55}ma^{31}zam^{55}
仙 不 难 什么 水 　　仙家不缺什么水，

zam^{55}po^{33}lai^{33}ma^{33}so^{31}
水 山 流 来 近 　　山中清水自然近处流。

ɕian^{33}ʔbo^{33}ɦo^{55}ma^{31}no^{31}
仙 不 难 什么 肉 　　仙家不缺什么肉，

to^{213}ka^{31}kuan^{42}ma^{33}ɾa:n^{42}
马蜂 自然 叼 来 家 　　马蜂自然叼肉送到家。

ɕian^{33}ʔbo^{33}ɦo^{55}ma^{31}ɾa:n^{42}
仙 不 难 什么 房 　　仙家不缺什么屋，

ɾa:n^{42}ti^{31}po^{31}ti^{31}pjaŋ^{31}ɕian^{33}ʔju^{213}
家 位置 宝 平地 仙 在 　　仙家的位置在宝平地。

……

ɾa:n^{42}ɕian^{33}ʔdi^{33}ʔiŋ^{213}ʔdi^{33}
家 仙 好 又 好 　　仙家好又好，

ɾa:n^{42}ɕian^{33}ʔdi^{33}ʔiŋ^{213}so^{35}
家 仙 好 又 乐 　　仙家好又乐。

ɕian^{33}ʔbo^{33}ɦo^{55}ma^{31}pit^{213}
仙 不 难 什么 蝉 　　仙家不缺什么蝉，

pit^{213}ji^{55}zɯn^{42}ji^{55}lai^{33}
蝉 越 叫 越 多 　　蝉儿越叫越多，

pɯŋ^{42}ɦa:i^{33}mja:i^{42}ʔdi^{33}ʔju^{31}pɯŋ^{42}ɕian^{33}
地域 开阔 好 在 地域 仙 　　开阔又好的是仙家的地域。

ɕian^{33}ʔbo^{33}ɦo^{55}ma^{31}pit^{213}
仙 不 难 什么 蝉 　　仙家不缺什么蝉，

pit^{213}ji^{55}ʒɯn^{42}ji^{55}sau^{42}
蝉 越 叫 越 晚饭 　　听蝉叫就吃晚饭。

pɯŋ^{42}ɦai^{33}lau^{42}ʔdi^{33}ʔju^{31}pɯŋ^{42}ɕian^{33}
地域 开大 好 在 地域 仙 　　开阔又好的是仙家地域。

……

ɾa:n^{42}ɕian^{33}ʔdi^{33}ʔiŋ^{213}ʔdi^{33}
家 仙 好 又 好 　　仙家好又好，

ɾa:n^{42}ɕian^{33}ʔdi^{33}ʔiŋ^{213}so^{35}
家 仙 好 又 乐 　　仙家好又乐。

① 传说古人受马蜂建层层蜂窝的启发而造田。

ɕian^{33}ʔbo^{33}ɦo^{55}ma^{31}kuə^{33}
仙 不 难 什么 盐
仙家不缺什么盐，

ka^{31}puŋ^{55}pak^{213}ka^{31}zo^{33}
自然 拍 筷尖 自然 盐味
拍拍筷尖自然有盐味，

ka^{31}puŋ^{55}ɦo^{42}ka^{31}kən^{33}
自然 拍 筷尖 自然 吃
拍拍筷尖自然吃，

ka^{31}puŋ^{55}pak^{213}ka^{31}zo^{33}
自然 拍 筷尖 自然 盐味
拍拍筷尖自然有盐味，

ka^{31}puŋ^{55}tsem^{55}ka^{31}vaːn^{33}
自然 拍 脸颊 自然 香味
拍拍脸颊自然有香味。

……

ɾaːn^{42}ɕian^{33}ʔdi^{33}ʔiŋ^{213}ʔdi^{33}
家 仙 好 又 好
仙家好又好，

ɾaːn^{42}ɕian^{33}ʔdi^{33}ʔiŋ^{213}so^{35}
家 仙 好 又 乐
仙家好又乐。

ɕian^{33}ʔbo^{33}ɦo^{55}ma^{31}pɯŋ^{42}
仙 不 难 什么 地域
仙家不缺什么地域，

ɕian^{33}ʔbo^{33}ʒɯŋ^{42}ma^{31}ʔbaːn^{55}
仙 不 赶得上什么 寨
没有什么村寨能赶得上仙寨。

tak^{55}tai^{213}kuə^{31}kai^{213}ʔu^{33}pɯŋ^{42}ɕian^{33}
蟋蟀 做 鸡 养 地域 仙
蟋蟀做鸡肉营养着仙域的仙人，

nu^{33}lu^{42}kuə^{31}ma^{33}ta^{31}pɯŋ^{31}ɕian^{33}
花领獐 做 狗 守 地域 仙
花领獐做狗守卫着仙域之地。

pau^{31}tse^{213}ʔdai^{55}ja^{31}saːu^{33}pɯŋ^{42}ɕian^{33}
爷老 得 妻 仙姑娘 地域 仙
老爷得仙域的仙女做妻子，

tsau^{35}ɦaːu^{33}ʔdai^{55}saːu^{33}zeu^{31}pɯŋ^{42}ɕian^{33}
头发 白 得 仙姑娘 年轻 地域 仙
头发白了还得年轻仙女相伴。

……

ɕian^{33}pan^{33}na^{42}lak^{213}ɦaɯ^{213}na^{42}lin^{42}
仙 分 田 莫 给 田 零散
仙分田莫给零散田，

na^{42}lin^{42}po^{31}（me^{31}）tu^{33}mi^{31}zo^{55}
田 零散 父（母） 我们 不 会
分零散田给父（母），我们难得为其保水

kuat^{213}ʔjak^{213}
抽田埂
抽田埂；

ɕian^{33}pan^{33}na^{42}lak^{213}ɦaɯ^{213}na^{42}
仙 分 田 莫 给 田

zaːi^{31}la^{213}
下丘
仙分田莫给下丘田，

na^{42}zaːi^{31}la^{213}po^{31}（me^{31}）tu^{33}
田 下丘 父（母） 我们

mi^{31}zo^{55}pok^{213}
不 会 铲田埂　　分下丘田给父（母），我们不会铲田埂；

ɕian^{33}pan^{33}na^{42}lak^{213}ɦaɯ^{213}na^{42}kum^{31}
仙 分 田 莫 给 田 窝　　仙分田莫给窝荡田，

na^{42}kum^{31}po^{31}（me^{31}）tu^{33}mi^{31}zo^{55}sai^{33}
田 窝 父（母） 我们 不 会 犁　　分窝荡田给父（母），我们难犁田；

ɕian^{33}pan^{33}na^{42}lak^{213}ɦaɯ^{213}na^{42}zai^{42}
仙 分 田 莫 给 田 长　　仙分田莫给长田，

na^{42}zai^{42}po^{31}（me^{31}）tu^{33}mi^{31}zo^{55}ɕuai^{31}
田 长 父（母） 我们 不 会 耙　　我们父（母）不会耙长田，

na^{42}ȵoi^{31}mi^{31}zo^{55}ʔu^{33}
田 小 不 会 收　　小田不会收。

ti^{31}laɯ^{42}ʔdi^{33}ɕian^{33}za^{33}
哪里 好 仙 找　　哪里仙好找，

na^{42}laɯ^{42}tsaɯ^{55}ɕian^{33}ja:i^{42}
田 哪 近 仙 给　　哪里田近请仙给哪里，

na^{42}laɯ^{42}lai^{33}ɕian^{33}soŋ^{213}
田 哪 多 仙 送　　哪里田多请仙送哪里。

ɦaɯ^{35}na^{42}la:u^{55}la^{213}ɾa:n^{42}
给 田 大 下 家　　仙分给屋下的大田，

ɦaɯ^{35}na^{42}ɦuŋ^{33}la^{213}ta:ŋ^{213}
给 田 宽 下 窗　　仙分给窗下的宽田。

……

ʒa^{31}məŋ^{42}pai^{33}ʔdai^{55}sat^{55}van^{42}
那时 你 去 得 七 天　　那时你去得七天，

ʔdaŋ^{33}məŋ^{42}ɦau^{33}ɕaŋ^{33}ji^{213}
身 你 闻 香 气　　你身已闻到仙界香气，

pak^{213}məŋ^{42}ɦau^{33}tsi^{213}ɕin^{33}
嘴 你 闻 仙味　　你嘴已“闻到”仙味。

ɦat^{55}ɕian^{33}tɯ^{42}məŋ^{42}pai^{33}pai^{213}pat^{213}
晨 仙 带 你 去 拜 堂　　早晨仙带你去拜堂，

məŋ^{42}ji^{55}pai^{33}pai^{213}pat^{213}
你 就 去 拜 堂　　你就去拜堂。

ɦam^{31}ɕian^{33}tɯ^{42}məŋ^{42}pai^{33}pai^{213}miau^{31}
晚 仙 带 你 去 拜 庙　　晚上仙带你去拜庙，

məŋ^{42}ji^{55}pai^{33}pai^{213}miau^{31}
你 就 去 拜 庙　　你就去拜庙。

ɕiau^{31}ɕian^{33}tɯ^{42}məŋ^{42}pai^{33}pai^{213}sai^{31}
古 仙 带 你 去 拜 官　　古仙带你去拜官，

məŋ^{42}ji^{55}pai^{33}pai^{213}sai^{31}
你 就 去 拜 官　　你就去拜官。

ɕian^{33}ʔdam^{33}pjak^{213}kuə^{31}tsaŋ^{33}

仙　栽　菜　做　种　　仙栽菜做种，

məŋ^{42}ji^{55}toŋ^{42}ʔdam^{33}pjak^{213}kuə^{31}tsaŋ^{33}

你　就　同　栽　菜　做　种　　你就同栽菜做种。

ɕian^{33}ʔdam^{33}ʒaŋ^{42}kuə^{31}na^{213}

仙　栽　竹笋　做　片　　仙栽竹笋做笋片，

məŋ^{42}ji^{55}toŋ^{42}ʔdam^{33}ʒaŋ^{42}kuə^{31}na^{213}

你　就　同　栽　竹笋　做　片　　你就同栽竹笋做笋片。

ɕian^{33}ʔdam^{33}ka^{31}kuə^{31}ʒoŋ^{33}

仙　栽　粽粑草　做　叶　　仙栽粽粑草做粽粑叶，

məŋ^{42}ji^{55}toŋ^{42}ʔdam^{33}ka^{31}kuə^{31}ʒoŋ^{33}

你　就　同　栽　粽粑草　做　叶　　你就同栽粽粑草做粽粑叶。

ɕian^{33}to^{31}soŋ^{42}kən^{33}lau^{55}

仙　安　桌　吃　酒　　仙安桌吃酒，

məŋ^{42}ji^{55}toŋ^{42}to^{31}soŋ^{42}kən^{33}lau^{55}

你　就　同　安　桌　吃　酒　　你就同安桌吃酒。

ɕian^{33}ʔau^{33}paɯ^{55}ɦa^{213}lək^{213}

仙　要　媳　嫁　儿　　仙娶媳嫁女，

məŋ^{42}ji^{55}toŋ^{42}ʔau^{33}paɯ^{55}ɦa^{213}lək^{213}

你　就　同　要　媳　嫁　儿　　你就同娶媳嫁女。

……

这里《摩经》经文采用段式复沓的篇幅多达六段。以“仙家好又好，仙家好又乐”的“歌头”形式，**依次描述了“天堂仙界”六个方面的“好又乐”。**这种记载方式在汉藏语系族群的**“天堂观”**中确实少见。

“好又乐”的第一方面是：“那里仙家房子新、那里仙屋高，仙屋建有栅栏围墙。大门装饰着雕刻精美的水牛角和羊角图案，屋内装饰着雕刻精美的花古纹。祖爷祖奶全部在那里，先逝祖辈全都在那里。”这说明《摩经》认为逝者会归于天堂与祖先共同相处。“水牛角图、羊角图”纹饰应为古代布依族先祖住宅建筑的主要艺术纹饰，因而被想象为仙屋的典型装饰图。

“好又乐”的第二方面是：“家仙地域无难事。仙家有许多金晒席和银晒席，还有一张金银晒席找不到人领，是给你仙逝老人领去用；仙家有许多金睡席和银睡席，还有一张金银睡席找不到人睡，是给你归仙老人领去睡；仙家有许多金碗连银碗，还有一个金银碗找不到人用，是给你归仙老人领去用。”仙逝者在仙界使用“金银晒席”晒谷物，使用“金银睡席”睡觉，使用“金银碗”吃饭，这是奇特的想象，说明仙界财富充足。

“好又乐”的第三方面是：“仙家不缺什么银，仙家有金银做成的水白菜；仙家不缺什么棉花，仙家的草地自然棉花成片开；仙家不缺什么田，仙家的丘田像层层马蜂窝；仙家不缺什么水，山中清水自然近处流；仙家不缺什么肉，马蜂自然叼肉送到家；仙家不缺什么屋，家仙位置在宝平地。”说明仙家也是农耕社会，但其轻松程度远远胜过凡间的农耕社会。

“好又乐”的第四方面是：“仙家不缺什么蝉，蝉儿越叫越多；听蝉叫就吃晚饭，开阔又好的地域是仙家的地域；仙家不缺什么盐，拍拍筷尖自然有盐味，拍拍脸颊自然有香味。”这就确有仙家的味道了。

“好又乐”的第五方面是：“没有什么村寨能赶得上仙寨，蟋蟀做鸡肉营养着仙域的仙人，花领獐做狗守卫着仙域之地；老爷得仙域的仙女做妻子，头发白了还得年轻仙女相伴。”说明仙逝者能“娶仙女为妻”，甚至“白发了还得年轻的仙女相伴。”这种想象是极为大胆的。

“好又乐”的第六方面是：“那里田多仙送给，仙分给你屋下的大田，仙分给你窗下的宽田；早晨仙带你去拜堂，晚上仙带你去拜庙；古仙带你去拜官，你就去拜官；仙栽菜做种，你就同栽菜做种；仙栽竹笋做笋片，你就同栽竹笋做笋片；仙栽粽粑草做粽粑叶，你也同栽粽粑草做粽粑叶；仙安桌吃酒，你就同安桌吃酒；仙娶媳嫁女，你就同娶媳嫁女。”仙家的居住地稻田连片，“屋下的大田”、“窗下的宽田”是最理想的耕作条件，周围竹林竹笋，粮棉丰实，社会生活是非常美好的。《摩经》认为仙人也从事农耕，仙逝者既能娶仙女为妻生儿育女，也能同仙人一样“娶媳嫁女”，生活其乐融融。

总之，《摩经》反映的是一个祥和、优美的彼岸世界。历代布依族农民起义军反抗压迫，不畏强敌，英勇战斗，不怕牺牲的高尚精神可能与《摩经》的“天堂”宗教信仰有关。

《天堂歌》中描写的层层天界之间的天路，都是想象的产物。经文中运用对比、比拟、象征等修辞手法也较多。其间描写到去往天界的途中有一座铜桥，这座铜桥是会变化的，德行好的人越走桥面越宽；而行偷行抢、为歹为恶者则越走越窄，最后窄得如同刀口。这是用宗教神话来教育人们活在世间要与人为友、为善，要为人忠良、正义；否则逝世后过不了天路“铜桥”，进不了“天堂仙界”。总之，奇妙的想象、大胆的夸张、浓郁的抒情气氛是《摩经》文学的突出特点。它使《摩经》文学作品收到了感人至深的艺术效果。《摩经》文学具有较高的艺术水平，这足以证明它确实是汉藏语系族群的文学珍品，在中华民族文学史上占有重要的位置。

第三节　与《摩经》有关的音乐研究

《摩经》是用于祭祀的经书，与《摩经》有关的音乐即摩教仪式活动中的音乐，包括乐器、演奏、乐调、歌调等。它是摩教艺术中一个重要的门类。

歌调属于音乐范畴，是人们内心情感的自然外露。正如《诗・大序》所说：“诗者，志之所之也。在心为志，发言为诗，情动于中而形于言。言之不足，故嗟叹之。嗟叹之不足，故咏歌之。咏歌之不足，不知手之舞之，足之蹈之也。” 如果简单的话语不足以表达感情，那么就感叹，如果感叹也不足以表达感情，那么就歌咏，歌咏还不足以表达，于是就手舞足蹈，用有节律的肢体语言来表达内心所想。在人类的远古时代，艺术与宗教总是紧密联系着的。这种艺术被初民当作一种娱神又娱人、沟通此岸世界与彼岸世界的手段。摩教音乐的产生，也顺从人类社会艺术发展的这一规律。

布依族祭祀音乐，有演唱的经腔和器乐演奏两种表现形式。由于《摩经》为唱颂作品，在相应的宗教仪式上，用什么腔调唱什么词一般是固定的，不能随意改变。这种“祭祀经腔”从内容上可大体分为三类：第一类是祷告式驱邪；第二类是追叙祖宗起源（唱家谱），赞颂祖先功德，超度逝世者升入天堂仙界；第三类是祈求祖神保佑人间子孙。“经腔祭”也可分为两种：领生——在宰杀活祭物之前吟诵；回熟——祭物煮熟后敬献时吟诵。无论“领生”歌还是“回熟”歌都有词首、奉请神灵、词尾三个部分。

布依族《摩经》祭祀经腔，曲调多由四声、五声音阶组成，六声音阶中的“清角”或“变宫”多为过渡音；有复合拍子交替出现；曲调多为四句一段或上下句重复演唱；乐句不规整，常常伸长或缩短，变化较大，比较自由。

唱词多为五言布依语，一般唱词要经过严格传诵，一代代完整地传承下去，注重韵味，但衬词较多，吟唱结合。

祭祀歌多由“布摩”先生独唱。《献三牲》即“献牛、羊、猪”，由献祭的女婿请两个人（或本人参与）齐唱。“闹丧”的晚上，由女婿家请数人对唱（一般两人以上），这种“闹丧”仪式，布依语称“故温”，又称“唱孝歌”。如下图：

祭祀歌多由“布摩”先生独唱

女婿家献祭“故温”，又称“唱孝歌”

《摩经》一般都比较长，事实上，一卷经文不可能由一个结构完整、一气呵成的曲调唱出。诵经曲调一般根据经文句段形成乐句和乐段，然后由这些基本乐句、乐段连续反复，构成整卷经文的曲调。为避免因反复造成的单调，布摩在吟诵时会在乐句中进行一些小小的调整，使之富于变化，这就形成了一种特殊的“诵经调”。“诵经调”因经文的性质、内容差异和方言口音而各不相同。如《祈福经》是在正月为老年人举行的祈福禳灾仪式上吟诵的，它曲调平和，吟诵的语调亲切委婉；《下场经》中多含驱邪内容，故曲调高亢，吟诵时也铿锵有力，以显示出威严和气势；《温经》主要为情歌，内容多表现情侣恋爱过程，故曲调抒情性较浓；《祭祀经》于亲友祭奠亡灵时吟诵，故曲调也平缓而抒情。例如：

《下场经》“诵经调”

1=b 2/4　略快、有力

‖: 5　6 | 5　32 | 3　0 | 2　1 | 2　32 | 3　0 |

5　5 | 5　5 | 6　0 | 5　5 | 6　32 | 3　0:‖

《温经》“献祭调”

1=B 2/4 中速、抒情

‖: 5 1 2 3|3 2 1|1 1 1|3 1 1 3|
2 1 3 1|1 5 1|1 0 5 1|3 2 1 3 2|
3 1 2 1|1 2 3|1 1 5|1 1:‖

布依族祭祀活动中使用的乐器有牛角、竹号、唢呐、铜鼓、单面大皮鼓、双面鼓、大钵、小镲、大锣、小锣、铜锣、手铃等。牛角是将水牛角尖磨通，表面磨光滑，以作号角，多于春节期间年三十晚和初二晚吹响作为信号，以昭示全寨统一放鞭炮，上山镇邪、赶鬼、撵野兽。竹号是拇指粗，长三四寸至七八寸的竹筒，无音孔，吹起来声音传得很远，可作信号。铜鼓是布依族世代相传的宝器，鼓面直径约 46—48 厘米，足径约 45—48 厘米，鼓身高约 27—29 厘米，内壁光滑；鼓有四耳，两耳为一组，对称分铸于鼓的肩腰部，耳扁平，每耳各有四道绳纹，上有方孔；鼓面稍出沿，正中有太阳纹，光体凸起。铜鼓用于各种祭祀报信，聚众或在鼓乐中敲击。单面大皮鼓用 0.8—1 米长的中间凿空的树干，一面蒙牛皮或羊皮，另一面空着，鼓面径大约 45—50 厘米，被铜鼓失传的布依村寨用以代替铜鼓。双面鼓直径约 30 厘米，高度 20 厘米左右；大钵口径约 30 厘米，小镲口径约 20 厘米；大锣面径约 35 厘米，小锣面径约 22 厘米；铓锣一对（当地称公、母铓），口径约 30 厘米。锣、鼓、镲、铓为一套打击乐，在祭祀活动中可单独演奏，也可与唢呐合奏。手铃口径约 8 厘米，高约 10 厘米，手柄约 14 厘米，为“布摩”先生念经时使用的伴诵工具。

吹打乐，一般由一对唢呐（一支高音，一支低音，俗称“公、母”）齐声演奏，配合锣、鼓、镲、铓伴奏，作为一种地方风俗音乐形式，广泛运用于春节、嫁娶、起房建屋等喜庆活动。在丧葬祭祀活动中更是必不可少，尤其是唢呐吹奏，几乎贯穿于整个丧祭过程始终，成为丧祭活动的一个有机组成部分。[25]如下图：

丧祭奏乐（云南罗平县纳灰村）

在布依族的民族意识中，铜鼓既是乐器，也是礼器、法器。《旧唐书·南蛮西南夷列传》载：“东谢蛮，其地在黔州之西数百里……有功劳者，以牛马铜鼓赏之。……宴集则击铜鼓，吹木角，歌舞以为欢。”东谢蛮是东汉末年崛起于南中（包括今四川大渡河以南，云南、贵州大部分地区及广西北部边缘地区）的大姓势力之一。据学界考究，谢氏是出自少数民族上层的大姓势力，主要活跃于牂牁郡一带，而这一带是布依族先民活动的地区。因此，这条记载反映的应是古代布依族的习俗。明《贵州图经新志》中也有“仲家……遇死丧，待宾客，击（铜鼓）为乐”的记载。清嘉庆《黔西州志》载：“仲家岁时击铜鼓为欢。”黔南荔波一带，至今仍有在丧葬活动中跳“铜鼓刷把舞”的习俗。作为礼器，打奏铜鼓增加了仪式的庄重感，而作为法器，铜鼓则具有一种神秘感，人们相信它能沟通阴阳、沟通神界与人间。在布依族传统丧祭仪式上，铜鼓必不可少。人们相信，只有敲击铜鼓，祖先才能听到子孙的祝福，逝者才能得到超度升入天堂仙界，加入祖先行列之中。在“大跃进”大炼钢铁时期，许多布依族村寨的祖传铜鼓被强行投入炼钢炉中而被毁；到“文革”期间，铜鼓又被当作“四旧”（即“旧思想、旧文化、旧风俗、旧习惯”）而收缴，此后祖传铜鼓下落不明。但在没有能够保存祖传铜鼓的布依族村寨，村民会用单面大皮鼓替代铜鼓演奏，而且，“布摩”先生在宗教仪式上唱诵《摩经》时，也必须唱诵《铜鼓经》。

在农村乡间，布依族铜鼓祭祖祭神、娱神又娱人的文化现象很普遍。前文提到布依族有一个传说，说到铜鼓在远古时是用于作战行军时发号令和鼓舞士气的战鼓。古时布依族的文王是铸铜鼓的开山祖先，同时又是布依族的头领，布依族人民都爱戴他。为了使布依人民日益强盛，文王把两座铜山挖下来，铸造成铜鼓和各式各样的武器，发给各个布依部落。于是，铜鼓作为战斗的信号、征战的号令，在抵御敌人进犯、保卫家园的战斗中发挥了重要的作用。久而久之铜鼓便成了布依族人民意志的象征。过去，布依族聚居的每个村寨都有一面到几面铜鼓。名义上是轮流在每家保管一年，但实为由家族中的长房保管。人们认为迎接铜鼓到家，子孙就会发达，从而就把铜鼓看成神物了，没有子女的人家，特别想把铜鼓接进家门。每年的农历正月十五就是交接保管铜鼓的传统日期。每年大年三十，首先要把铜鼓作为神器进行供祭，然后请有威望的老人开鼓——击铜鼓三下，之后铜鼓才能付诸使用。整个正月都是后辈学习敲击铜鼓的时间。这一风俗流传至今。

当地布依族演奏铜鼓时一般有两个人，一人击铜鼓，一人击羊皮鼓，节日和丧葬场合演奏铜鼓的曲调不同，春节固定曲目有五首，丧葬固定曲目有十二首，但“序曲”为固定曲目中必奏的曲牌，无论在节日或丧葬祭祀中演奏铜鼓，都要先演奏序曲或者演奏其他曲目后要接奏序曲。序曲包含叙事语意和音律。唱名共有七个音，演奏时代表不同的敲击位置：

zǎo	zuǒ	guā	lè	jí	chén	guà
早	左	瓜	勒	及	陈	挂

早——打十二角星的中心（鼓心）

左——打十二角星的右上角

瓜——打十二角星的左下角

勒——打铜鼓腰

及——打羊皮鼓腰

陈——打羊皮鼓边

挂——打羊皮鼓中心

曲例如下：

2/4 序曲

‖:早陈 早| 陈早 陈|挂陈 早|陈早 及|早勒 挂挂 |早勒 瓜瓜|
早勒 早|陈挂 瓜|陈挂 瓜|挂挂 瓜|挂陈 左勒|早 勒早|挂陈勒|
左勒 0|陈陈 早|挂陈 早|挂陈 早|勒早 早|陈 早:‖

2/4 春节铜鼓曲（一）

‖:早勒 挂挂|早 勒挂|挂 早|陈挂 勒|陈挂 勒|挂挂 瓜|挂陈 瓜|
挂陈 左|勒早 陈|挂陈 左|陈陈 左|勒早 勒|勒早 0|挂陈 勒|
左勒 0|陈陈 勒|陈陈 早|挂陈 早|勒早 陈早:‖

2/4 春节铜鼓曲（二）

‖:挂挂 瓜|挂挂 左|早勒 早|陈陈 早|挂及 瓜|左勒 早:‖:早勒
左及 O|左勒 早及 0:‖及及 及 0|及及 左|早勒 早|挂及 瓜勒
左勒|早 0 0:‖ 接序曲

2/4 丧葬铜鼓曲

‖:挂挂 瓜|挂挂 左勒|早 挂及|瓜 左勒|早 早勒|左勒 早:‖ 接序曲

聆听布依族铜鼓演奏，可感受到其音响十分丰富。时而雷声滚滚，时而和风细雨；有的如刀兵拼杀，有的如跳跃欢舞；声洪大时可远传二三里，声轻柔时犹如清泉流沙。

丧祭中用铜鼓是给去世的老人送行，这时敲鼓要把握好鼓点的音律，并“轻轻敲击”，以表达对死者一生辛勤劳动的缅怀之情，所出效果如泣如诉、催人泪下。而欢庆新春的铜鼓要奏得“欢腾雀跃”，让大家跳起来、舞起来，还要在铜鼓的演奏中逐步加入锣、铓锣、钗等打击乐器，锦上添花，使整个山寨欢天喜地，使村民对未来充满信心。铜鼓在这个地区用途非常广泛，无论是婚丧嫁娶，还是节日庆典，均使用铜鼓。可以说，作为礼器和乐器的布依族铜鼓，已深深植根于人民的社会生活之中。[26]

在安顺市和黔西南州的布依族中还流传有《铜鼓“十二则”鼓乐》，“十二则”代表每年十二个月。有单独演奏铜鼓或与其他乐器配合演奏铜鼓两种。单独演奏铜鼓，主要靠敲击鼓面（鼓心、鼓边）和鼓腰发音（有时与皮鼓合奏）。击鼓腰时，发音清脆、短促，对鼓点的节奏、音色具有填充、加花的功能，起到了调节和丰富鼓点节奏、渲染气氛的作用。击鼓面时，声音浑厚、低沉，较明显地形成两个不同的音高，突出“十二则”鼓点的基本节奏型骨架。铜鼓音乐主要通过敲击铜鼓的不同部位，发出不同的音色，组合不同的节奏，在音色、音量和节奏上形成一定的对比，来传达音乐的信息，还运用重击、轻击、缓击、急击等敲击法，几种音色交融在一起，音乐节奏清晰，声音洪亮悠扬，声传数里，具有较强的震撼力。铜鼓与锣、镲、皮鼓等乐器相互配合演奏时，场面宏大，声音雄浑淳厚，气氛热烈，亲切感人，充分表现了铜鼓这一独特的乐器在民间打击乐队合奏中的主导地位，丰富了音乐的表现力。铜鼓以其独具特色的声响与特定的音乐语言，述说着民族的历史和布依人对生活的向往，其音乐别具风韵。[27]

类似布依族铜鼓音乐的敲击乐器，在汉藏语系族群中也有不少。如云南广南出土的和乡人传世的铜鼓共有37面，分为早期万家坝型、石寨山型，晚期遵义型、麻江型等。当地为壮族、彝族聚居区，壮族、彝族均有在春节敲铜鼓为乐的习俗，只是在现今，两者使用铜鼓的广泛程度已不相同。

壮族从正月初一至十五兴敲铜鼓为乐，彝族一般只在春节初一敲铜鼓，其使用习俗与壮族相似。[28]彝族建新房、办婚礼或庆生满月酒等皆不用铜鼓。壮族在建新房、婚礼、庆生满月酒等重大活动中，皆有祭铜鼓神、喝铜鼓酒、跳铜鼓舞的礼仪。壮族中流传铜鼓有灵性，能自动飞去与骚扰人类的海龙王决斗，为民除害，故铜鼓被壮族视为“守护神”。在春节期间，有鼓的壮族村寨都于老人厅畔栽桩支架，用红布条吊着鼓，或由两人扛着，然后击鼓跳舞。敲击铜鼓前，一般都要举行祭鼓仪式，用公鸡、谷物、茅草等物作为祭品。那洒镇贵马村于春节迎春夜，在上交天时（即大年初一子时）举行隆重的祭鼓神、喝鼓酒、跳鼓舞的活动，活动场地一般选在老人厅或寨老家。活动程序为：在子时初，村民取来新水，将铜鼓洗净，然后将米酒倒入鼓腹中，并以鸡、谷物等进行祭祀，祭毕由寨老将鼓酒分给参加祭鼓的人喝，人们便喜气洋洋地边喝酒边跳鼓舞。喝铜鼓酒迎春是壮族辞旧迎新、驱邪纳福、庆太平盛世的一种传统的迎春方式。人们认为祭了鼓神，喝了鼓酒，跳了鼓舞，来年则会人丁兴旺，物丰财茂，这表现出壮族人民对铜鼓的敬重和对美好生活的向往和追求。另外，壮族敲铜鼓、跳鼓舞一般在正月初一、初三、十五较为热闹，因为那时公鼓、母鼓并用。

壮族婚娶、生育等喜庆活动中用铜鼓。珠琳镇弄江，者兔乡克业村壮族，每逢哪家娶亲嫁女，必先携一份酒到藏鼓者家中祭祀铜鼓神后，才将铜鼓接到家中敲击，以此来祝贺新婚夫妇喜结良缘，早生贵子，白头偕老。一般是在办客（酒席）的当天晚上开始，把铜鼓悬挂于正中堂，人们边敲边舞，并与远方的客人对唱酒歌、古歌，直到深夜人们还不肯离去。部分壮族村寨则在新娘到来之际，在门外屋檐下敲击铜鼓进行迎接（有以鼓声驱除新娘身上的“五鬼”之说）。有些地方的壮族则由男方带着铜鼓到女方家去接亲。在过去，大富人家还以铜鼓为陪嫁之物，以显达贵，陪嫁铜鼓则取母鼓，表示娘祖之魂。壮族在为生儿育女办粥米酒或满月酒时，都要敲击铜鼓，以祝福小孩能健康成长。

壮族在起盖和迁入新房时，众人在铜鼓声中将房梁上顶，其间，主人不断将糯米饭团分发给参加立柱上梁的人食用。迁入新居时，有的在头天晚上就在新居里敲击铜鼓，并请来亲戚朋友进行守夜，据说这样能驱邪纳福，人丁兴旺，吉祥如意[29]。

这种情形在汉藏语系“百越（粤）”或“濮（卜）越”族群后裔的水族、侗族中亦然。如同布依族《摩经·用牛祭祖词》（第一卷）《铜矿、冶炼与铜器、铜鼓》所说：

……

suaŋ^{213}zam^{55}luaŋ^{42}ta:i^{213}sa:m^{33}
放　液　铜　第　三　　　　第三次放液铜啦！

au^{33}kueə^{31}ȵian^{42}pak^{213}na^{55}
要　铸　铜鼓　面　前　　　　要铸成铜鼓面上的花纹，

jiaŋ^{31}pan^{31}ȵian^{42}pa:k^{213}na^{55}
也　成　铜鼓　面　前　　　　也成铜鼓面上的花纹。

suaŋ^{213}zam^{55}luaŋ^{42}ta:i^{213}si^{213}
放 液 铜 第 四 第四次放液铜啦！
au^{33}kuə^{31}ɕuaŋ^{33}ʔdɯ^{33}suat^{213}
要 铸 铓锣 铓锣中部冒出的敲击点 要铸成铓锣中部冒出的敲击点，
jiaŋ^{31}pan^{31}ɕuaŋ^{33}ʔdɯ^{33}suat^{213}
也 成 铓锣 铓锣中部冒出的敲击点 也成铓锣中部冒出的敲击点。
suaŋ^{213}zam^{55}luaŋ^{42}ta:i^{213}ɦa^{55}
放 液 铜 第 五 第五次放液铜啦！
au^{33}kuə^{31}ȵian^{31}na^{55}pəŋ^{42}
要 铸 铜鼓 面上 地区 要铸成全部村寨使用的铜鼓，
jiaŋ^{31}pan^{31}ȵian^{31}na^{55}pɯn^{42}
也 成 铜鼓 面上 地区 也成全部村寨使用的铜鼓。
au^{33}kuə^{31}ȵian^{31}kən^{33}lau^{55}
要 铸 铜鼓 吃 酒 要铸铜鼓来办酒，
jiaŋ^{31}pan^{31}ȵian^{31}kən^{33}lau^{55}
也 成 铜鼓 吃 酒 也成铜鼓来办酒。
au^{33}kuə^{31}ȵian^{42}zau^{213}ɾa:n^{42}
要 铸 铜鼓 热闹 家 要铸铜鼓热闹家，
jiaŋ^{31}pan^{31}ȵian^{31}zau^{213}ɾa:n^{42}
也 成 铜鼓 热闹 家 也成铜鼓热闹家。
au^{33}kuə^{31}ȵian^{31}kən^{33}lau^{55}
要 铸 铜鼓 吃 酒 要铸铜鼓办喜酒，
jiaŋ^{31}pan^{31}ȵian^{31}kən^{33}lau^{55}
也 成 铜鼓 吃 酒 也成铜鼓办喜酒。

这就是我国汉藏语系“百越（粤）”或“濮（卜）越”族群将铜鼓用于喜庆酒和节日娱乐庆典中的生动反映。布依族铜鼓有专门的敲击鼓谱，以及代表一年十二个月、表示圆满的“十二则”鼓调（也有的是十二的倍数“二十四则”），寄寓了布依民族的一种美好愿望。铜鼓文化从春秋战国传承至今，早已成为我国南方汉藏语系族群文化之重要标志，这是中华民族文化的骄傲。

注释

[1]周国炎：《布依族摩经中非口语词的电脑统计分析》打印稿。

[2]侯绍庄：《布依族“古谢经”研究》，见贵州省布依学会编：《布依学研究》，贵州民族出版社 1989 年版。

[3]伍文义：《布依族地区学校教育的产生与发展研究》，贵州省哲学社会科学规划项目 1979 年课题（已验收，未刊稿）。

[4]张光直：《考古学专题六讲》，文物出版社 1986 年版，第 4 页。

[5]吕大吉：《宗教学通论》，中国社会科学出版社 1989 年版，第 344 页。

[6]牟钟鉴：《中国宗教与文化》，巴蜀书社 1989 年版，第 9—10 页。

[7]马克思：《马克思恩格斯选集》（第一卷），人民出版社 1995 年版，第 6 页。

[8]马克思：《马克思恩格斯选集》（第二十六卷），人民出版社 1995 年版，第 26 页。

[9]巫惠民、阳吉昌：《广西桂林甑皮岩洞穴的试掘》，《考古》1976 年第 3 期。

[10]C.G.F.布兰顿：《宗教的起源》，见《观念辞典》第 4 卷，纽约 1973 年版，第 98 页。

[11]M.伊利亚德：《宗教观念史》（第一卷），芝加哥 1978 年版，第 9 页。

[12]贾兰坡：《中国大陆上的远古居民》，天津人民出版社 1978 年版，第 10 页。

注：[9][10][11]皆转引自吕大吉：《宗教学通论》，中国社会科学出版社 1989 年版，第 347 页。

[13]牟钟鉴：《中国宗教与文化》，巴蜀书社 1989 年版，第 13 页。

[14]刘志一：《从玉蟾岩与牛栏洞对比分析看中国稻作农业的起源》，《农业考古》2003年第1期。

[15]卫斯：《关于确定中国稻作起源地“三条标准”的补充——续说“中国稻作起源于长江中游”》，《农业考古》2000年第1期。

[16]魏丰、吴维棠等：《浙江余姚河姆渡新石器时代遗址动物群》，海洋出版社 1989 年版，第 108 页。

[17]董楚平：《吴越文化新探》，浙江人民出版社 1988 年版，第 71 页。

[18]宋兆麟：《河姆渡遗址出土蝶形器的研究》，见田昌石、石兴邦主编：《中国原始文化论集——纪念尹达八十诞辰》，文物出版社 1989 年版，第 215 页。

[19]王士伦：《越国鸟图腾和鸟崇拜的若干问题》，《浙江学刊》1990 年第 6 期。

[20]万斗云：《河姆渡文化与凤鸟的关系》，（杭州）国际百越文化学术讨论会论文，1990 年 8 月。

[21]牟永抗：《钱塘江以南的古文化及其相关问题》，《福建文博》1990 年增刊。

[22]林华东：《河姆渡文化初探》，浙江人民出版社 1992 年版，第 234 页。

[23]列宁：《列宁全集》第 38 卷，人民出版社 1986 年版，第 459 页。

[24]姚尧：《从自然崇拜的角度试论布依族的族源问题》，《安徽文学》2008 年第 6 期。又见蓝鸿恩：《壮族民间故事选》（第 1 集），上海文艺出版社 1984 年版，第 17 页。

[25]张亚森：《布依族自然宗教音乐》，《民族音乐》2008 年第 1 期。

[26]陈桂湘：《六枝花得河村布依族铜鼓简介》，《贵州大学学报》2000 年第 3 期。

[27]蒋英：《布依族铜鼓“十二则”鼓乐研究》，《中南民族大学学报》2009 年第 3 期。又见廖有银：《布依族铜鼓调五个基本音合成图解》，见贵州省布依学会编：《布依学研究》，贵州民族出版社 1989 年版，第 365 页。

[28]陆贵庭、农开文：《广南铜鼓文化》，《文山师专学报》1999年第1期。

[29]陆贵庭：《广南壮族与铜鼓》，《民族艺术研究》1999年第4期。

后　记

本书是国家社会科学基金项目，立项批准号06BZJ017，结项证书号20101018。国家哲学社会科学规划办鉴定等级:良好。项目主持人：伍文义；主要参加人：罗祖虞、周国茂、郑坚强；项目顾问：吴启禄。项目的调查与研究历经四年多时间。本书撰写分工如下：

第一章　导言(伍文义)

第二章　《摩经·祭山经》(伍文义、罗祖虞)

第三章　《摩经·船经》(伍文义、罗祖虞)

第四章　《摩经·用牛祭祖词》(第一卷)(伍文义、罗祖虞)

第五章　《摩经·用牛祭祖词》(第二卷)(伍文义、罗祖虞)

第六章　《摩经·用牛祭祖词》(第三卷)(伍文义、郑坚强)

第七章　《摩经·用牛祭祖词》(第四卷)(伍文义、罗祖虞)

第八章　《摩经·用牛祭祖词》(第五卷)(伍文义、罗祖虞)

第九章　《摩经·祭水经》(伍文义、罗祖虞)

第十章　《摩经》中的山文化、树文化与舟船文化研究(伍文义)

第十一章　《摩经》中的鸟文化研究(伍文义)

第十二章　《摩经》宗教仪式中的“大竹”文化研究(伍文义)

第十三章　《摩经》中的青铜文化研究(伍文义)

第十四章　《摩经》语言与文学艺术研究(伍文义、周国茂)

周国茂还参与了《摩经》国际音标记音的语音核对工作。最后，由伍文义统纂全书。在调查研究过程中，得到广东省哲学社会科学规划办，广东佛山大学，佛山大学的科研处、政法学院、环境与建筑学院、文学与艺术学院，云南省民族事务委员会，云南罗平县县政府、县政协、县民委、县文化局，乃革布依族乡政府等单位的领导及黄礼江、蒙斯牧、王进高、李树芳、刘德崇、韦华山、王国辉、赵有义、李树杰，特别是布依族“布摩”先生王堂智等的大力支持，特在此表示感谢！

佛山大学科研处崔志新处长给予了大力支持，王静琼科长为本课题提供了周到的后勤工作；我妻子邓玲红女士默默承担家务，照顾小孩，使我能全心投入并圆满完成课题研究；暨南大学出版社徐义雄社长，李战副社长，责任编辑周玉宏、黄球、卜颖等同志为本书的出版付出了辛勤劳动，特一并致谢！

本书的公开出版，中共佛山市委宣传部给予出版资助；佛山大学给予出版资助；佛山大学政法学院给予出版资助。特予鸣谢！

伍文义

2011 年 8 月 1 日于广东佛山